Marie-Theres Tinnefeld, Benedikt Buchner, Thomas Petri, Hans-Joachim Hof
Einführung in das Datenschutzrecht

Marie-Theres Tinnefeld, Benedikt Buchner,
Thomas Petri, Hans-Joachim Hof

Einführung in das Datenschutzrecht

Datenschutz und Informationsfreiheit
in europäischer Sicht

6., vollständig überarbeitete und aktualisierte Auflage

ISBN 978-3-11-041672-5
e-ISBN (PDF) 978-3-11-041673-2
e-ISBN (EPUB) 978-3-11-042394-5

Library of Congress Cataloging-in-Publication Data
A CIP catalog record for this book has been applied for at the Library of Congress.

Bibliografische Information der Deutschen Nationalbibliothek
Die Deutsche Nationalbibliothek verzeichnet diese Publikation in der Deutschen Nationalbibliografie; detaillierte bibliografische Daten sind im Internet über http://dnb.dnb.de abrufbar.

© 2018 Walter de Gruyter GmbH, Berlin/Boston
Umschlaggestaltung: alexskopje/iStock/Thinkstock
Satz: PTP-Berlin, Protago-T$_{\!E\!}$X-Production GmbH, Berlin
Druck und Bindung: CPI books GmbH, Leck
♾ Gedruckt auf säurefreiem Papier
Printed in Germany

www.degruyter.com

Vorwort

Auch die sechste Auflage befasst sich schwerpunktmäßig wieder mit Fragen der Integration Europas und den Herausforderungen, die mit einer Harmonisierung des Datenschutzes und der Informationsfreiheit in der Europäischen Union verbunden sind. Dass es heute ein Datenschutzrecht gibt, ist eine der größten Errungenschaften der Informationsgesellschaft und eine bedeutende zivilisatorische Leistung. Jedoch zeigt sich auch, dass informationelle Selbstbestimmung und Privatheit angesichts von Big Data und der sich permanent verändernden digitalen Welt und der Weiterentwicklung neuer Technologien stets eine gefährdete Errungenschaft sind. Noch nie in der Menschheitsgeschichte gab es solche Möglichkeiten der globalen Kommunikation und der freien Meinungsäußerung. Und noch nie waren die Risiken einer schrankenlosen digitalen Überwachung der Privatheit und vertraulichen Telekommunikation so groß wie heute.

Information und Meinungsbildung sind in offenen Demokratien eine originäre Aufgabe journalistischer Medien. Heute kursieren im Internet eine Fülle nicht journalistischer Angebote sowie Schlammfluten von Drohungen, persönlichen Diskriminierungen, Schmähungen, Hassbotschaften und Halbwahrheiten (Fake News) über alle Grenzen hinweg, die eine demokratische Gesellschaft gefährden und häufig das Persönlichkeitsrecht der Bürgerinnen und Bürger verletzen.

Wesentlich im Prozess der europäischen Fortschreibung des Rechts auf Privatheit und Datenschutz sind die allgemeine Datenschutz-Grundverordnung (DS-GVO) und die spezielle Richtlinie für den Bereich der Strafjustiz (DSRLJ). Verordnung und Richtlinie haben den Mitgliedstaaten der Union die Herkulesaufgabe aufgegeben, das nationale Recht neu aufzustellen und mit dem Unionsrecht abzustimmen. Inzwischen ist der deutsche Bundesgesetzgeber dieser Aufgabe nachgekommen. In der vorliegenden Einführung werden all diese neuen Regelungen auf europäischer und nationaler Ebene ausführlich erörtert – einschließlich eines Ausblicks auf die geplante ePrivacy-Verordnung für den Bereich der elektronischen Kommunikation.

Ein weiterer Schwerpunkt der Erörterungen liegt auf dem Einfluss globaler Freiheitsrisiken. Dazu gehören im Datenschutzrecht die zwar bekannten, aber i. d. R. nur schwer greifbaren Gefahren durch Terrorakte. Wie sind in diesem Zusammenhang Regulierungen in den Mitgliedstaaten und in Staaten außerhalb der Union (sog. Drittstaaten) einzuordnen? Erfordert das Internet eine restriktivere Innen- und Sicherheitspolitik, etwa eine Vorratsspeicherung von Telekommunikationsdaten zur Terrorbekämpfung? Ist die deutsche Regelung rechtmäßig und von Nutzen? Und schließlich widmet sich diese Einführung auch den Fragen der Datenschutz-Risikovorsorge, dem Datenschutz durch Technik sowie der Transparenz der Datenverarbeitung hoheitlicher Entscheidungsträger, wie sie etwa in den Informationsfreiheitsgesetzen zum Ausdruck kommt.

Das Buch richtet sich zwar in erster Linie an Studentinnen und Studenten, ebenso aber auch an Praktikerinnen und Praktiker, die sich mit dem reformierten Datenschutzrecht befassen. Vor diesem Hintergrund haben die Autorin und die Autoren bei der Neuauflage besonderen Wert darauf gelegt, möglichst zahlreich konkrete Fälle aus der Praxis als Beispiele für die Erörterung von datenschutzrechtlichen Grundbegriffen darzustellen. Zugleich bringt es der Charakter des Buches als Einführung mit sich, dass die Darstellung auf wesentliche Grundfragen des Datenschutzes beschränkt bleibt und nicht alle Detailfragen geklärt werden können. Die Neufassung des Buches ist das Ergebnis der intensiven Zusammenarbeit zwischen der Autorin Marie-Theres Tinnefeld (Prolog und Kapitel 1) und den Autoren Benedikt Buchner (Kapitel 2 und 4), Thomas Petri (Kapitel 3) sowie Hans-Joachim Hof (Kapitel 5). In vielfältiger Weise unterstützt haben uns die Mitarbeiterinnen und Mitarbeiter am Institut für Informations-, Gesundheits- und Medizinrecht (IGMR) der Universität Bremen. Ihnen allen sei an dieser Stelle für ihren Einsatz gedankt, allen voran Merle Freye für ihren ebenso kundigen wie geduldigen Umgang mit den Fußnoten, Simon Schwichtenberg für seine stete Einsatzbereitschaft als kompetenter Probeleser und Petra Wilkins für ihre wie immer souveräne Auf- und Übersicht, egal ob es um die Vielzahl an Dateiversionen oder den sprachlichen und formalen Feinschliff ging.

Gedankt sei des Weiteren auch Kai Brobeil, der als Informatikstudent alle Grafiken noch einmal sorgfältig bearbeitet hat. Und last but not least gilt unser ganz besonderer Dank Herrn Dr. Stefan Giesen und Frau Annette Huppertz vom Verlag De Gruyter. Beide haben die Herausgabe der Neuauflage mit viel Geduld, kompetentem Rat und großem Verständnis begleitet.

November 2017

Marie-Theres Tinnefeld
Benedikt Buchner
Thomas Petri
Hans-Joachim Hof

Marie-Theres Tinnefeld
Prolog

Verabsolutierung eines immer partikulären Erkennens zum Ganzen einer Menschenerkenntnis führt zur Verwahrlosung des Menschenbildes. Die Verwahrlosung des Menschenbildes aber führt zur Verwahrlosung des Menschen selber. Denn das Bild eines Menschen, das wir für wahr halten, wird selbst ein Faktor unseres Lebens.
(Karl Jaspers)[1]

1 Big Data und neue Bilder vom Menschen

Die Fragen „Wer und was der Mensch ist" gehören zu den Urthemen der Menschheit. Die Antworten werden von der jeweiligen Sicht mitbestimmt, aus der das Bild des Menschen betrachtet wird. Die Perspektiven sind kulturell, religiös, wissenschaftlich und technisch geprägt.[2] Sie wirken häufig in der jeweils eigenen Religions- und Kulturgeschichte des Menschen auch außerhalb seines Herkunftslandes fort.

Im Zeitalter der Renaissance begann der Mensch, sich als eigenständiges Individuum zu betrachten. Der Blick auf den Menschen war körpergebunden.[3] Im 21. Jahrhundert gewinnt dagegen eine datenzentrische Sicht auf den Menschen an Bedeutung. Das Individuum wird von privaten Unternehmen und von Geheimdiensten algorithmisch als „digitales Double" in Form von Daten aus vielfältigen Quellen erfasst und verliert dabei seine Bindung an den konkreten Körper.[4]

In der nahöstlichen Kultur ist der Sehprozess ein anderer. Das Bilderverbot in der arabischen Kultur hat in jüngster Zeit zu Kontroversen mit der westlichen Welt geführt. „Vom Verbot der Bilder ist ein Bildbegriff betroffen, bei dem es darum geht, körperliches Leben mit Stimme und Atem auf leblose Bilder zu übertragen." Solche Bilder werden als Verrat am Lebendigen gesehen. „Ein Kopf blickt oder scheint im Bild zu blicken. Deshalb lässt er sich auch mit dem Leben verwechseln."[5]

Beim Streit darüber, wie mit Bildern der islamischen Religion im Allgemeinen und mit satirischen Bildern des Propheten Mohammed im Besonderen umzugehen ist,[6] spielt die Meinungsfreiheit als elementares Menschenrecht eine zentrale Rolle. Menschen müssen im Ausdruck ihrer eigenen Auffassung geschützt werden und auch die funktionale Bedeutung der Meinungs-, Presse- und Medienfreiheit in einer offenen

---
1 Jaspers, zit. nach Meinberg, Das Menschenbild der modernen Erziehungswissenschaft (1988), S. 318.
2 Weis (Hg.), Bilder von Menschen in Wissenschaft, Technik und Religion (1993).
3 Belting, Eine weltöstliche Geschichte des Blicks (2008), S. 17.
4 Bauman/Lyon, Daten, Drohnen, Disziplin (2013), S. 19.
5 Belting, Eine weltöstliche Geschichte des Blicks (2008), S. 77.
6 S. dazu etwa Schloemann, Mohammed-Karikaturen. Leider nicht lustig, SZ v. 30.09.2015, S. 4.

Demokratie kann nicht überschätzt werden. Andererseits bedingen der Gedanke und das Prinzip der Menschenrechte im Kontext von Toleranz, dass die Person des Anderen respektiert und seine Überzeugungen und Meinungen toleriert werden.[7] Das politische Eintreten für Ziele und Forderungen, die sich z. B. aus einem religiösen Bilderverbot herleiten, ist also keineswegs ausgeschlossen. Im Kern geht es um die Verteidigung von Freiheitsrechten im gesellschaftlichen Raum und die Vermeidung ethisch begründeter Diskriminierungen von Personen, für die bestimmte Werte eine besondere existenzielle Bedeutung haben. Daraus folgt jedoch nicht, dass der Staat religiösen oder weltanschaulichen Überzeugungen, welchen Rückhalt sie bei Menschen auch haben mögen, die Chance einräumt, seine freiheitliche Ordnung von innen aufzurollen und schließlich mit Gewalt abzubauen.

Zum Szenario von Toleranz gehört die Schärfung des Blicks für Konfliktkonstellationen und Bedeutungszusammenhänge. Die skizzierten Probleme erfordern einen wechselseitigen Blick zwischen Kulturen und Wissenschaften, aber auch zwischen zwei oder mehreren Menschen. Dabei können schwierige Wissens- und Kompetenzfragen entstehen, etwa zwischen Religionswissenschaftlern und Politikern, Hirnforschern, Medizinern und Philosophen, zwischen Sicherheitspolitikern und den Verteidigern der Freiheitsrechte eines jeden Menschen.

Im 21. Jahrhundert gewinnt das Bild des Menschen in Verbindung mit Big Data neue Konturen. Dahinter verbergen sich Fragen nach der Autonomie des Menschen und des freien Willens, Fragen der informationellen Selbstbestimmung und Fremdbestimmung etwa durch Daten, welche basierend auf Heuristiken aus einer Vielzahl von Datenquellen errechnet wurden. In diesem Zusammenhang ergeben sich zugleich aktuelle Fragen nach den Folgen der Überwachung von Menschen, die von Sensoren oder eingebetteten Systemen durch Kameradrohnen erfasst werden.

Wo sind die roten Linien bei der Schaffung von zunehmend einseitig bestimmten (partikulären) Bildern des Menschen im Kontext der Informatik, der Gentechnologie oder Gehirnforschung? In welche Richtung wandeln sich universale Menschenrechte unter dem Einfluss von technischen, wissenschaftlichen, religiösen und politischen Entwicklungen, die ihre eigenen Bilder prägen?

2 Big Data

Big Data beschreibt in Zeiten der Digitalisierung aktuelle technische Entwicklungen, welche die jederzeitige Erfassung, Speicherung und Analyse eines großen und beliebig erweiterbaren Volumens unterschiedlich strukturierter, komplexer Daten ermög-

---

[7] Forst, Toleranz im Konflikt (2003), S. 46.

lichen.[8] Daten werden durch eingebettete IT-Systeme in technischen Geräten oder der jeweiligen Lebensumgebung des Betroffenen erfasst. Es kann sich um Daten handeln, die der Benutzer selbst eingegeben hat (z. B. E-Mails oder Daten in Sozialen Netzwerken). Es kann sich aber auch um Daten handeln, die erhoben werden, „ohne dass der Einzelne sie eingibt – nur durch das schlichte Verhalten in einer technikgeprägten Umgebung."[9] Diese Datenmengen sind jederzeit für diejenigen verfügbar, die Zugang zu ihnen haben.[10]

Hinter der permanenten Zugänglichkeit von Daten verbirgt sich das Risiko, dass periodische Zeiten, von denen das menschliche Leben in den meisten Kulturen der Welt seit Jahrtausenden geprägt wurde, verschwinden. Zwar bestehen die Unterscheidungen von Wochen- und Feiertagen, von Tag und Nacht fort. Aber dieser Takt wird in einer durchgängig eingeschalteten Welt zunehmend aufgelöst. Dadurch verändert sich der Blick auf das persönliche und soziale Leben.[11]

Der Einsatz digitaler Technologien ermöglicht es, durch Big-Data-Analysen bisher unbekannte Korrelationen im menschlichen Leben zu entdecken und Muster des Denkens und Handelns zu erkennen, die in Staat und Wirtschaft Grundlage für viele Entscheidungen sind. Hier besteht das Risiko, dass nicht nach der Ursache für eine Korrelation gesucht wird, sondern diese als vorhanden hingenommen und daraus eine Heuristik abgeleitet wird. Der Philosoph Bernard Stiegler befürchtet eine vereinheitlichte Wahrnehmung in der heutigen (Technik-)Kultur. Er ist der Auffassung, dass der Einzelne dadurch seine subjektive Identität und seine individuelle Fähigkeit verliert, am sozialen Leben teilzunehmen.[12]

Die sich anbahnende Externalisierung des Menschen zu einem überprüfbaren „Objekt" steht in engem Zusammenhang mit flächendeckenden staatlichen Antiterrormaßnahmen und dem viralen Marketing (Virusmarketing) von Großunternehmen. Beim Abhören und Tracking von Nutzern der Mobilkommunikation sind auch mächtige Geheimdienste beteiligt. Sie übermitteln ebenso wie transatlantische Unternehmen freizügig persönliche Daten. Big-Data ermöglicht es, Sicherheitsbehörden und Unternehmen, jeden Menschen über räumliche und zeitliche Distanzen hinweg zu tracken, zu überwachen und zu steuern. Viele Big-Data-Anwendungen bauen z. B. auf Tracking als zentraler Technologie im Bereich „Smart Mobility".

Die gegenwärtige Entwicklung versammelt Fragen nach den Bildern vom Menschen in unserer Gesellschaft: Welcher Wert kommt dem Menschen zu? Worin bestehen seine Aufgaben, seine Bedürfnisse und sein Nutzen? Der Mensch wird im Fort-

---

[8] Deutscher Bundestag, Wissenschaftlicher Dienst, Aktueller Begriff Nr. 37/13: Big Data; s. a. Untersuchung des DIVSI, Big Data, 2016 unter: www.divsi.de (letzter Abruf 13.05.2016).
[9] Roßnagel/Nebel, DuD 2015, 455.
[10] Rifkin, The Age of Access (2000).
[11] Zu Erscheinungsformen von Big Data vgl. auch Schmale/Tinnefeld, Privatheit im digitalen Zeitalter (2014), S. 152–162.
[12] Stiegler, De la misère symbolique, Bd. 1: L'époque hyperindustrielle (2004).

schritt der Technik betrachtet – prägt sie ihn oder prägt er sie? Darf er algorithmisch erfasst werden und wenn ja, in welcher Form? Wird er nur als Datensatz und damit als ein „hochgradig fluides und mobiles digitales Double" dargestellt?[13] Kann vorausgesagt werden, wie der Mensch „funktioniert"? Welche Bedeutung hat der Einsatz von unbemannten Drohnen, die Menschen bei Tag und bei Nacht beobachten und zu ihren Zielobjekten machen?[14]

Der Science-Fiktion-Film „Minority Report" von Steven Spielberg (2002) zeigt, wie mit Mitteln der Überwachung und softwaregestützter Statistik der Versuch unternommen wird, das Denken und zukünftige Agieren eines Menschen zu erfassen. Der Film spielt in Washington D.C. im Jahre 2054. Er zeigt den Verlust geschützter privater Sphären. Jede Person ist überall erkennbar. Allerorts sind Überwachungskameras angebracht, die die Individuen per Augenscan identifizieren. Sowohl die Abrechnung der eigenen Gebühren für die Benutzung des öffentlichen Verkehrssystems als auch die Übermittlung persönlicher Werbebotschaften erfolgt aufgrund von Big-Data-Analysen. Bei der präventiven Verbrechensbekämpfung werden mobile Überwachungsdrohnen eingesetzt. Sogenannte Precogs besitzen seherische Fähigkeiten und können mittels Gedankenlesetechnik vermeintliche Mörder vorher erkennen, sodass die Polizei sie verhaften kann, bevor sie ihre Tat begehen können. Dieses Vorgehen beruht nicht auf einer Tat, sondern auf einem Gesinnungsstrafrecht. Letztlich wird hier mit dem Mittel der Strafverfolgung im Vorfeld konkreter Gefahren Gefahrenabwehr in Form von Verhinderungsvorsorge betrieben. Der Film zeigt die Verwundbarkeit eines solchen vorausschauenden Systems. Denn im Film geht es auch darum, dass ein Mörder durch einen klug geplanten Mord unter Ausnutzung des Systems (fast) nicht ergriffen wird.

Bezieht sich das Menschenbild, von dem der Film ausgeht, auf einen Menschen, dessen Wille determiniert und im Voraus berechenbar ist? Der Protagonist des Films lässt Zweifel an dieser Betrachtungsweise aufkommen. Die Hirnforschung befasst sich aktuell mit dem Bild des determinierten Menschen. Die Forscher untersuchen die Frage, ob das menschliche Gehirn eine „neuronale Maschine" ist, deren Systemzustände in ihrer endlosen Vielfalt für die Wissenschaft „berechenbar" sind. Dann wären die Denkprozesse des Menschen tatsächlich ausrechenbar, instrumentalisier- und nutzbar. Dann wäre der Mensch in erster Linie bloß „Objekt" und nicht ein Rechtssubjekt mit Würde, persönlicher Freiheit und dem Anspruch auf Persönlichkeitsschutz.

Davon zu unterscheiden ist die Frage nach dem Cyborg als einem Menschen, der aus biologischen und künstlichen Teilen besteht.[15] Hier ist der Bereich der subkutanen

---

13 Bauman/Lyon, Daten, Drohnen, Disziplin (2013), S. 14 m. w. N.
14 Vgl. allgemein zum Thema Drohnen Biermann/Wiegold, Drohnen – Chancen und Gefahren einer neuen Technik (2015); zu den Drohnen der NSA über das GILGAMESH-System siehe Schneier, Everything We know About How the NSA Tracks People's Physical Location, The Atlantic, v. 11.02.2014 unter: https://schneier.com/essays/archives/2014/02/everything_we_know_a.html (letzter Abruf 13.05.2016).
15 Der Begriff Cyborg stammt aus der Raumfahrt und steht für cybernetic organism (kybernetischer Organismus).

Chips und anderer Implantate wie Neuro-Implantate angesprochen, die im medizinischen Bereich eine wichtige Rolle haben können, etwa zur Verbesserung der Gehirnfunktion bei gelähmten Menschen. Der nicht medizinische Einsatz von technischen Elementen wie Neuro-Implantaten – etwa zu Überwachungszwecken nach Art der Gedankenpolizei im Minority Report – muss dagegen über die Frage der Willensfreiheit des Menschen angesprochen und als potenzielle Bedrohung der Menschenwürde und darüber hinaus der demokratischen Gesellschaft betrachtet werden.[16]

3 Hirnforschung

Die unaufhörliche und teils unbemerkte Erweiterung verfügbarer Daten aus allen denkbaren Lebensbereichen kann eine wichtige Quelle für die empirische Erforschung sozialer Zusammenhänge und für die Erforschung der Gene oder des Gehirns bieten. Es wird wissenschaftlich untersucht, ob der Mensch eine „Marionette seiner Gene" ist. Zeitweise wurde angenommen, dass alle menschlichen Prägungen, Vorlieben und Handlungsweisen bereits im Erbgut festgelegt sind. Einige Wissenschaftler tendieren zu der Annahme, dass der Mensch von seinen Nervenzellen (Neuronen im Gehirn) und ihren Verbindungen (Synapsen) bestimmt ist.

Auch wenn die Gensequenz eines Menschen unveränderlich sein sollte, so wird doch die Aktivität der Gene durch von außen kommende Signale (mit-)gesteuert. Funktioniert nun das Denkorgan unabhängig von Umwelt, kultureller Prägung, mentalen Gegebenheiten, Traditionen und deren Erfahrung? Es ist unbestritten, dass das Gehirn ein Wissen darüber hat, was es im Laufe der Evolution gelernt hat. Dazu tritt aber auch das Wissen, was sich dem Menschen von früher Jugend an eingeprägt hat. Kann es sein, dass Verschaltungen des Wissens in der Gehirnarchitektur den Willen des Menschen festlegen?[17]

Die Hirnforschung geht in viele verschiedene Richtungen. Bekannt ist das sehr umstrittene Human-Brain-Projekt. Ziel des Projektes war es, das gesamte Wissen über das menschliche Hirn zusammenzufassen und mittels computerbasierter Modelle zu simulieren. Das interdisziplinäre Wissen für das Projekt reicht von der Molekularbiologie über die Zellbiologie bis zum Netzwerk des Gehirns. Das Projekt wurde inzwischen umfunktioniert. Die Kernprojekte befassen sich nun ausschließlich mit dem Aufbau einer „Informations- und Kommunikationsplattform", während genuine Bereiche wie die kognitive Neurowissenschaft aus dem Kernbereich ausgeklammert worden sind.[18]

---

[16] Vgl. Stellungnahme der European Group on Ethics in Science and New Technologies der Europäischen Kommission zu ICT-Implantaten unter: https://ec.europa.eu/research/ege/index.cfm (letzter Abruf 24.05.2016).
[17] Singer, in: Geyer (Hg.), Hirnforschung und Willensfreiheit. Zur Deutung der neuesten Experimente (2004).
[18] Stallmach, Flaggschiff auf Schlingerkurs, NZZ v. 16.06.2014, S. 50.

(Mechanisch verstandene) Hirnfunktionen sind zwar notwendig für geistige Akte wie Denken, Empfinden und Wahrnehmen, sie können diese aber nicht hinreichend erklären. Diese Einsicht findet sich bereits in dem Mühlengleichnis des Mathematikers und Philosophen Gottfried Wilhelm Leibniz (1646–1716), der in seiner Monadologie schrieb:

> Man muss übrigens notwendig zugestehen, dass die Perzeption und das, was von ihr abhängt, aus mechanischen Gründen [...] nicht erklärbar ist. Denkt man sich etwa eine Maschine, die so beschaffen wäre, dass sie denken, empfinden und perzipieren könnte, so könnte man sich diese derart proportional vergrößert denken, dass man in sie wie in eine Mühle eintreten könnte. Dies vorausgesetzt, wird man bei der Besichtigung des Inneren nichts weiter als einzelne Teile finden, die einander stoßen, niemals aber etwas, woraus eine Perzeption erklärbar wäre.[19]

Persönliche Erfahrung, insbesondere die Erfahrung von Freiheit ist nach dem Mediziner und Philosophen Günter Rager eine unmittelbare, „nicht hintergehbare" und „nicht auf etwas anderes zurückführbare Gewissheit".[20] Diese Einsicht findet sich in dem berühmten Satz des Königsberger Philosophen Immanuel Kant (1724–1804) wieder: „Das: Ich denke, muß alle meine Vorstellungen begleiten können."[21]

Die eigenen Vorstellungen beruhen auf der Geschichte und Kultur des Einzelnen, den Einflüssen von Kindheit an, auf den Medien, die Nachrichten, Unterhaltungen und andere Informationen in Wort und Bild liefern, auf Social Media, den privat oder beruflich genutzten Netzwerken und Multimedia-Plattformen. Das Ich und nicht das Gehirn fügt die vielfältigen Eindrücke und Einzelinformationen zusammen. Der Mensch entscheidet aufgrund dieser Informationen, seiner Gedanken, Empfindungen, Fantasien und Erinnerungen. Das bedeutet gleichzeitig, dass er niemals von diesen ursächlichen Teilen frei ist. Die grundsätzliche Frage, die sich stellt, ist: Verfügt der Mensch über einen freien Willen?

Der Philosoph Peter Bieri stellt in seinem Buch „Das Handwerk der Freiheit"[22] fest, dass es einen unbedingt (absolut) freien Willen nicht gibt. Der freie Wille kommt nicht aus dem Nichts. Er ist immer der verstandene Wille, der anders als Automaten um seine Beschränkung weiß. Andernfalls würde sich ein Tor zu offener oder versteckter Fremdbestimmung öffnen.

Freiheitsbezogene Staaten wissen, dass sich eine lebendige Selbstbestimmung des Bürgers und seine autonome Mitwirkung an öffentlichen Belangen vor allem über die Medien, über Information und über Teilhabe herstellen lässt. Information ist beides, die Voraussetzung von Selbstbestimmung ebenso wie die von Teilhabe.

---

19 Leibniz, Monadologie (1714), § 17.
20 Rager/Brück, Grundzüge einer modernen Anthropologie (2012), S. 37.
21 Kant, Kritik der reinen Vernunft (1787), B 131.
22 Bieri, Das Handwerk der Freiheit (2001); s. aber Singer, Der Beobachter im Gehirn. Essays zur Gehirnforschung (2002).

In Zeiten wachsender Datenfluten und von Big-Data-Analysen wird es allerdings für den Menschen zunehmend schwieriger, sein eigenes Datenbild und dasjenige, das sich andere von ihm machen, zu verfolgen und zu steuern. Die europäische Rechtsordnung versucht den Einzelnen dabei zu unterstützen, indem sie ihm das Recht auf Privatheit und Datenschutz gegen den Staat und Dritte an die Hand gibt. Sie staffelt rechtlich die Schutzbereiche, die gesetzlich einem Zugriff offen bzw. nicht offen stehen. Skizzieren lässt sich dies wie folgt:

Der intime und private Bereich und entsprechend sensible (besondere) Informationen entziehen sich ganz oder überwiegend der rechtlichen Gestaltung: Sie sind tabu. Dagegen sind Informationen über gemeinschaftsabhängige Lebensbedingungen (Beruf, Eigentum, Mitgliedschaft in Vereinen, Teilhabe am öffentlichen Leben) für eine digitale Datenerfassung und Verwendung grundsätzlich unter bestimmten Voraussetzungen zulässig. Dabei spielt das Gebot der Zweckbindung eine wichtige Rolle.

Das Gebot der Zweckbindung soll sicherstellen, dass personenbezogene Daten nur zu dem Zweck verwendet werden dürfen, zu dem sie erhoben worden sind. Eine Weiterverarbeitung zu einem neuen Zweck muss ggf. kompatibel mit dem ursprünglichen Zweck sein, für den die Daten erhoben worden sind. Eine Datenspeicherung auf Halde (Vorratsdatenspeicherung zu unbestimmten Zwecken) ist grundsätzlich unzulässig. Sie ist auch kein angemessenes Instrument im Rahmen von Ermittlungsverfahren, die weit im Vorfeld konkreter Gefahren die repressive Nutzung von Daten ermöglichen, etwa die der auf Vorrat gespeicherten Telekommunikationsverkehrsdaten. Digitale Datenverarbeitung und Datennutzung jenseits des Grundsatzes der Zweckbindung wären wie eine Streubüchse. Niemand könnte wissen, wo seine Daten verbleiben und wer sie möglicherweise für fremde Zwecke verwendet, etwa für eine vorbeugende Verbrechensbekämpfung (Verhinderungsvorsorge). Seit Jahrzehnten streiten Kämpfer für Bürger- und Freiheitsrechte gegen eine solche Entwicklung.[23]

Je näher die reale Umgebung (die eigene Wohnung als räumliche Privatheit, Tagebuchaufzeichnungen, die vertrauliche Telekommunikation) und die Lebenssituation (Geburt, Tod, Scheidung) dem Einzelnen zugehören und von der Mitbetroffenheit anderer abgegrenzt werden können, desto strenger müssen die gesetzlichen Anforderungen an eine Datenerfassung, -verarbeitung und -nutzung sein. Falls sie nicht erfüllt sind, kommt alternativ eine Einwilligung des Betroffenen in den Umgang mit seinen Daten in Betracht. Eine Einwilligung kann jedoch nur dann Wirkkraft entfalten, wenn der Betroffene zuvor über den Zweck der Verarbeitung (durch Behörden, Forscher, Mediziner, Händler usw.) aufgeklärt worden ist. Jedoch darf eine solche kontextbezogene „sprechende" Information nicht ausarten in zu viel Information – *too much information* (TMI). Nur unter diesen Voraussetzungen kann von einer informierten Einwilligung (*informed consent*) gesprochen werden, die am ehesten als frei und verantwortlich bezeichnet werden kann.

---

[23] Baum/Hirsch, Deutschland von seiner liberalen Seite (2016).

4 Algorithmen

Wer sich das handlungsleitende Bild eines selbstbestimmten Menschen vor Augen hält, fragt nach den Risiken für die reale Existenz und Selbstbestimmung eines Menschen, der durch Algorithmen auf ein „digitales Double" verengt werden kann. Der amerikanische Journalist Stephen Baker befasst sich in seinem Buch „Numerati"[24] mit der Frage, wie Menschen als Wähler, Käufer oder Blogger von leistungsfähigen Rechenprogrammen codiert und beeinflusst werden. Wirken Algorithmen als mächtige Verstärker etwa bei der Willensbildung von Wählern? Nach Studien der Verhaltensforscher Robert Epstein und Ronald E. Robertson können sie nachweisbar eine Mehrheitsumkehr in einer Demokratie herbeiführen.[25] Unbekannt ist allerdings, in welcher Hand die Einflussquellen liegen, wer für sie verantwortlich zeichnet.

Was genau ist ein Algorithmus? Der Algorithmus kann als rein mathematisches Konstrukt definiert werden, also eine Abbildung der Eingabe auf eine Ausgabe. Um einem Algorithmus ein „Gedächtnis" hinzuzufügen, kann als Eingabe auch ein interner Zustand des Algorithmus verwendet werden – über die mehrfache Anwendung des Algorithmus kann sich dieser Zustand dann weiterentwickeln. Den Entscheidungskriterien eines Algorithmus kann ein statistisches Modell oder eine Heuristik zugrunde liegen, welche fest im Algorithmus integriert ist. In diesem Fall ist das Urteil über einen Menschen im Algorithmus hinterlegt, ähnlich wie bei einem Credit Scoring. Der Algorithmus kann aber auch das statistische Modell selbst bilden. In einer Lernphase (oder kontinuierlich) wird er dann mit einer großen Menge an Daten gespeist, von denen einzelne markiert werden. Der Algorithmus sucht in der Folge nach Gemeinsamkeiten in den übergebenen Daten und erstellt darauf basierend das statistische Modell. Häufig kommen Mischformen der beiden Arten vor, etwa wenn Sicherheitsbehörden versuchen, Terroristen über statistisch aufgeladene Algorithmen rechtzeitig zu erkennen (*predictive policing*). Die auszuwertenden Datentypen wie „gewählte Mahlzeit im Flugzeug" und „Zahlungsart des Tickets" oder „Herkunft" und „Religionszugehörigkeit" können im Algorithmus vorgegeben werden, sodass der Algorithmus nur noch die Gewichtung lernt, mit der die Datentypen in den Terroristen-Score einfließen.

In diesem Prozess wird gleichsam ein transparentes „digitales Double" erzeugt. Die Daten, die damit an die Stelle des Betroffenen treten, sind dessen Kontrolle so gut wie entzogen. So können nicht nur Unbeteiligte in das Kontrollraster geraten. Es entstehen auch „soziale Klassifizierungen", für die niemand mehr verantwortlich zeichnet.[26]

Ein Beispiel für die Logik der neuen Ermittlungsmethoden ist, dass „Araber" und „Muslime" häufiger als andere auf westlichen Flughäfen einer Überprüfung unter-

---

[24] Baker, Die Numerati: Datenhaie und ihre geheimen Machenschaften (2008).
[25] Siehe unter: http://www.faz.net/aktuell/wirtschaft/mayers-weltwirtschaft/mayers-weltwirtschaft-die-digitale-revolution-13841924.html (letzter Abruf 13.05.2016).
[26] Bauman/Lyon, Daten, Drohnen, Disziplin (2013), S. 19.

zogen werden. Anders formuliert: Nach den Suchkriterien ist ein Araber vorhanden, der die Eigenschaft hat, ein Muslim zu sein, und dem nun weitere Eigenschaften zugeschrieben (angeklebt) werden wie die, „gefährlich" zu sein. Ein solches Vorgehen bezeichnet der Rechtsphilosoph Lothar Philipps als Ausdruck einer falschen Sichtweise.[27]

Zusammengefügte und „überklebte" Merkmale sparen hinterfragbares Wissen über den Betroffenen aus. Der Ermittler weiß nicht, welche Daten nach welchem Algorithmus auf seinem Rechner angezeigt werden. Daraus resultierende Diskriminierungen aufgrund einer Religion oder einer ethnischen Zugehörigkeit (*racial profiling*) sind für ihn nicht erkennbar. Menschenbilder der Gesuchten erscheinen als Vorurteile, eben Vorab-Urteile. Sie steuern mit ihrer Eigendynamik die entsprechende Wahrnehmung der Ermittler. Zudem ist die Analysesoftware öffentlich nicht nachprüfbar.[28]

Ermittlungsbehörden zeichnen hier nicht für Entscheidungen im Sinne von „Konsequenzen-tragen-Müssen", wie es Hans Jonas formuliert hat; sie sind nicht verantwortlich.[29] Sie können unbeteiligt wie Automaten Terroristen ausmachen. Die Überwachungssysteme bringen zwar aufgrund der softwaregestützten statistischen Erfassung viele konsistente Resultate hervor. Sie bewirken aber gleichzeitig soziale Klassifizierungen. Der Blick auf den Einzelnen erfasst nicht mehr den Menschen, wie er sich in seinen Eigenheiten und Lebenssituationen von anderen unterscheidet.

Nach dem Grundsatz von der Gleichheit aller Menschen kann nur eine Aussage über den Grad ihrer Ähnlichkeit oder Verschiedenheit getroffen werden. Ist die Wirklichkeit im Blickwinkel der zu beurteilenden Ermittlungsfrage „Terrorist oder NichtTerrorist" realitätsgerecht abgebildet? Oder entwickelt sie Folgen, weil Vorurteile existieren? Die Problematik, die ein derlei verengter Blickwinkel mit sich bringt, hat der britische Astrophysiker Arthur Eddington (1882–1944) in seiner Parabel vom Ichthyologen („Fischkundiger") anschaulich vor Augen geführt. Dieser Ichthyologe erforschte das Leben im Meer und stellte nach vielen Fangzügen mit dem immer gleichen Netz fest: Alle Fische sind größer als fünf Zentimeter. Er ignorierte den Einwurf, dass damit nur etwas über die Maschengröße seines Netzes ausgesagt würde, nicht aber die Natur der Fische. Er merkte an: „Was ich mit meinem Netz nicht fangen kann, liegt prinzipiell außerhalb fachkundlichen Wissens […]. Für mich als Ichthyologe gilt, was ich nicht fangen kann, ist kein Fisch."[30]

Wie vergleichbar ist die Feststellung des Fischforschers mit dem Vorgehen von vielen Terroristenfahndern? Vereinfacht formuliert könte die Antwort lauten: Jede

---

[27] Philipps zit. nach Tinnefeld, PinG 2015, 26.
[28] Zur Diskriminierung von Afroamerikanern in den USA durch Algorithmen siehe erst jüngst Heise Online v. 24.05.2016; abrufbar unter http://www.heise.de/newsticker/meldung/US-Justiz-Algorithmen-benachteiligen-systematisch-Schwarze-3216770.html (letzter Abruf 25.05.2016).
[29] Jonas, Das Prinzip Verantwortung, Versuch einer Ethik für die technologische Zivilisation (1984).
[30] Dürr, in: ders. und Zimmerli (Hg.), Geist und Natur (3. A. 1990), S. 29 ff.

Person, die im Algorithmus der jeweiligen Spähsoftware hängenbleibt, ist ein Terrorist. Dieser verallgemeinerte Mensch ist jedoch nicht real. Die Folge ist, dass Menschenbilder von großer Ungleichheit geschaffen werden können. Besonders derjenige, der einer verdächtigen Bevölkerungs- oder Religionsgruppe angehört, muss sich verunsichert fühlen. Der Journalist Frank Schirrmacher sprach von dem wachsenden Wahn, „aus Angst vor Kontrollverlust die Welt in Formeln, Systematiken und Algorithmen [...] zu verwandeln."[31] Der amerikanische Publizist Jamie Holmes analysiert diese Entwicklung und ihre Folgen: „When our need for closure is high, we tend to revert to stereotypes, jump to conclusions, and deny contradictions."[32]

5 Drohnen

Die Revolution der Algorithmen und ihre Auswirkungen auf menschliches Leben werden durch den Einsatz von Drohnen noch einmal verstärkt. Die Entwicklung unbemannter, ferngesteuerter Drohnen, die auch „Predator" (Raubtier) genannt werden, ist am weitesten in den USA fortgeschritten. Nach den Ausführungen des US-Verteidigungsministeriums sollen erhebliche Teile der Verteidigung in der Luft, am Boden sowie auf und unter dem Wasser auf unbemannte Systeme umgestellt werden.[33] Die Drohnen sind mit Kameras und anderen Sensoren versehen und können Gebiete stunden- und tagelang beobachten. Dazu benötigt jedes System einen eingebetteten Computer, auf dem die eingehenden Daten aller Sensoren gesammelt, zusammengeführt, aufbereitet, ausgewertet und zu Kommandostellen übertragen werden. Diese verfügen ebenfalls über ein Computersystem, mit dem weitere Auswertungen der Daten möglich sind. Durch den Bordcomputer werden alle Geräte gesteuert.

Mit Raketen bestückt können unbemannte Drohnen in Kampfeinsätzen Verwendung finden. Sie sind i. d. R. mit kritischen Programmen und als geheim klassifizierten Daten ausgestattet. Zunehmend werden autonome Waffensysteme eingesetzt. Diese sollen selbst signifikante Daten ausmachen und „eigenständig" über weitere Aktionen entscheiden. Das autonome Waffensystem führt Algorithmen aus, die ggf. auch über Leben und Tod entscheiden. Fraglich ist, ob und wer in dieser Phase noch Verantwortung für Tötungen trägt, die auch zivile Personen treffen können. Die Drohnen revolutionieren die Kriegsführung und den Kampf gegen den Terror.[34]

Drohnen gibt es inzwischen in allen Preislagen, Formen und Größen. Die kleinsten Modelle kann das menschliche Auge nicht mehr von Vögeln oder Insekten unter-

---

31 Schirrmacher, Payback (2. A. 2011), S. 32, S. 155 f.
32 Holmes, The Power of Not Knowing (2015), S. 13.
33 Unmanned Systems Integrated Roadmap FY 2013–2038 unter: http://www.defense.gov/Portals/1/Documents/pubs/DOD-USRM-2013.pdf (letzter Abruf 24.05.2016).
34 Braml, Der amerikanische Patient (2012), S. 82 ff; zur datenschutzrechtlichen Dimension der Überwachung durch Auflärungs- und sog. Killerdrohnen vgl. Tinnefeld, ZD 2016, 253, 254.

scheiden. Sie weisen geringere Kosten auf, aber auch weniger Transparenz für diejenigen, deren Daten erfasst werden. Sie ersetzen gefährliche Einsätze von Soldaten vor Ort und dienen Journalisten für Recherchen, auch im Überflug umgrenzter privater Wohnbereiche.[35] Der veraltete Schlüssellochblick wird mittels in Drohnen eingebauter Sensoren abgelöst. Die neue Technik der amerikanischen Air force nennt sich „Gorgon stare".[36] Die Bezeichnung spielt auf die Gorgonen in der griechischen Mythologie an. Der Anblick der Gorgone Medusa ließ jeden Betrachter zu Stein erstarren.

Ein Mensch kann im Blickfeld der Drohne pausenlos „überprüft, beobachtet, getestet, bewertet und in Kategorien eingeteilt werden".[37] Das System, da regelmäßig geheim gehalten, ist für den überwachten Menschen undurchsichtig. Dagegen wird der Einzelne für die Überwacher transparent, ohne Rücksicht auf private Räume und Zeiten für Ruhe und Intimität. Die neue Transparenz unter dem Blick der Medusa ist tyrannisch. Sie „schafft" das Bild eines Menschen ohne Gemeinschaft und Zivilgesellschaft.

Die Chance des Menschen, seine Privatheit und Selbstbestimmung in Freiheit mit anderen zu leben, geht durch eine angestrebte totale Überwachung, die einäugig auf das Ziel „Sicherheit" gerichtet ist, verloren, Diese Gefahr zeichnet sich auch durch die grenzenlose Tätigkeit von Geheimdiensten deutlich ab. Sie ist durch den Whistleblower Edward Snowden ins Scheinwerferlicht der Öffentlichkeit gelangt.[38] Franz Kafka hat in seiner Parabel „Der Bau" die trostlose Existenz eines verwahrlosten kleinen „Ruinenbürgers" dargestellt, der von jeglichem Miteinander abgeschnitten ist.[39]

Dieter Suhr spricht davon, dass Menschen sich erst durch andere Menschen entfalten.[40] Der Einzelne sei innerhalb der sozialen Gemeinschaft auf Kommunikation angewiesen. Die anderen seien das soziale Umfeld, in dessen Rahmen sich die Persönlichkeit des Einzelnen auch in vernetzten sozialen Lebensräumen entfalten kann. In der digitalen Zivilgesellschaft lebt die Idee der „Freiheitsausübung auf Gegenseitigkeit"[41] insbesondere vom Grundrecht auf Datenschutz als einem Dialogrecht, das auch in Zeiten von Big-Data-Anwendungen in der alltäglichen Rechtsverwirklichung nicht unterwandert werden darf. Der Einzelne soll grundsätzlich Herr seiner Daten bleiben und über ihre Verwendung mitbestimmen können. Und das heißt auch, dass eine Entscheidung allein aufgrund der Gewichtung von Algorithmen grundsätzlich

---

[35] Hofmann/Hödl, DuD 2015, 167, 170.
[36] Siehe unter: https://de.wikipedia.org/wiki/Gorgon_Stare (letzter Abruf 13.05.2016).
[37] Bauman/Lyon, Daten, Drohnen, Disziplin (2013), S. 14.
[38] Rosenbach/Stark, Der NSA Komplex. Edward Snowden und der Weg in die totale Überwachung (2014); Bromwich, Snowden & Citizenfour, in: The New York Review of Books (2014), Vol. LXI, No. 19, S. 4–7.
[39] Kafka, Nachgelassene Schriften und Fragmente, hg. von Schillemeit (1992), S. 590 f.; vgl. auch Tinnefeld/Schmale, DuD 2012, 401.
[40] Suhr, Entfaltung der Menschen durch die Menschen (1976).
[41] Hoffmann-Riem, Ganzheitliche Verfassungsrechtslehre und Grundrechtsdogmatik, AöR 1991, 501.

nicht zulässig ist. Grund- und Menschenrechte bilden das Fundament für die gesetzgeberische Sicherung dieser und weiterer realen Freiheitsausübung der Menschen.

6 Grund- und Menschenrechte

Schon im Begriff „Grundrechte" kommt zum Ausdruck, dass es sich um Rechte handelt, denen etwas Grundsätzliches und Dauerhaftes innewohnt.[42] Eine entsprechende Bedeutung kommt dem Begriff „Menschenrechte" zu. Menschenrechte haben sich in der Zeit der Aufklärung näher herausgebildet. Die Niederlegung der Menschenrechte im 17./18. Jahrhundert gilt als Fanfarenstoß der Aufklärung, der auch in Zeiten wachsender Datenmonopole von Konzernriesen und mächtigen Geheimdiensten seine Wirkung nicht verlieren darf.[43] Thomas von Danwitz spricht in diesem Kontext von der extremen Gefährdung der Privatsphäre, die durch eine umfassende Speicherung von Verkehrsdaten auf Vorrat eintrete, weil sie sehr genaue Schlüsse auf das Privatleben der Betroffenen zulasse.[44]

In einer vernetzten Welt kann der Schutz von digitalen Grund- und Menschenrechten nur noch auf mehreren Ebenen verwirklicht werden: international, supranational und national. Nach zwei schrecklichen Weltkriegen haben die Vereinten Nationen 1948 in der Allgemeinen Erklärung der Menschenrechte (AEMR) zum ersten Mal grundlegende Prinzipien des menschlichen Zusammenlebens in freier Entscheidung mit der Mehrheit der auf Erden lebenden Menschen angenommen, vertreten durch ihre Regierungen.[45] Die ersten Worte der Menschenrechtsdeklaration lauten: „Alle Menschen werden frei geboren, mit gleicher Würde und mit gleichen Rechten". Hinter dieser Formulierung steht auch ein Grund für die Notwendigkeit eines toleranten Verhaltens. Die universalen Menschenrechte gestehen jeder Person Freiheitsrechte zu. Jeder hat das Recht, eine eigene Meinung zu haben. Toleranz ist so gesehen ein Gebot der Gleichheit.

Intoleranz wächst dann, wenn Menschen aufgrund ihrer Rasse, ihres Geschlechts, ihrer ethnischen Herkunft oder Religion als unwerte Personen adressiert, stigmatisiert und diskriminiert werden, wie dies im Nationalsozialismus, in faschistischen und neuerdings in radikal fundamentalistischen Staaten der Fall ist. Eine solche Entwicklung führt zu Menschenbildern extremer Ungleichheit. Sie sprechen Menschen einer anderen Rasse oder Religion und insbesondere auch Frauen einen

---

[42] Hornung, Grundrechtsinnovationen (2015), S. 2 f.
[43] Von Danwitz, DuD 2015, 581.
[44] Von Danwitz, DuD 2015, 581 unter Bezug auf die Rechtsprechung des EuGH v. 08.04.2014, DuD 2014, 488.
[45] Bobbio, Das Zeitalter der Menschenrechte. Ist Toleranz durchsetzbar? (1998/1990).

geringeren oder fehlenden Wert zu und zerstören in Extremfällen ihre Intimität und räumliche Privatheit.[46]

Angesichts der Zählebigkeit solcher Menschenbilder ist es in digitaler Zeit besonders notwendig, den Blick auf die Grund- und Menschenrechte zu richten. Diese Rechte sind die eigentliche und primäre Leistung in vielen Gemeinwesen nach dem Zweiten Weltkrieg. In ihrer Gesamtheit bilden sie die Grundlage eines Rechtsstaates (*rule of law*). Schon die Präambel der Allgemeinen Erklärung der Menschenrechte von 1948 stellt fest, „that human rights should be protected by the rule of law".

Die Grund- und Menschenrechte sollen nicht nur entfaltet, sondern auch ins Detail des positiven Rechts umgesetzt werden. Angesichts des technischen Fortschritts von Big Data, der Digitalisierung und flächendeckenden Vernetzung und Überwachung der Menschen ist für Gesetzgeber in allen Staaten der Welt das Recht auf Privatheit und Datenschutz von besonderer Relevanz.

Die wichtigsten grund- und menschenrechtlichen Regelungen zum Schutz der Privatheit und des Datenschutzes finden sich in folgenden Bestimmungen (siehe Abb. 1):

In Art. 12 AEMR ist der Schutz der Privatheit (*right to privacy*) formuliert, der im Kontext von Datenschutz und Informationsfreiheit eine wichtige Rolle spielt.

Im internationalem Pakt über bürgerliche und politische Rechte (IPbpR) von 1966, auch Zivilpakt der Vereinten Nationen genannt, werden auf der Basis der AEMR die Vertragsstaaten verpflichtet, die verbrieften Rechte zu respektieren und zu gewährleisten. Der Schutz des Privaten ist in Art. 17 IPbpR ausdrücklich geregelt.

In Europa finden sich entsprechende Gewährleistungen in der Europäischen Menschenrechtserklärung (EMRK) von 1948 und der EU-Grundrechte-Charta (GRCh), die 2009 zu verbindlichem Primärrecht in der EU erstarkte. Art. 8 EMRK schützt in teilweiser Orientierung an Art. 12 AEMR das Private in seinen vielen Facetten (räumliche Privatheit, Korrespondenz bzw. Telekommunikation u. a.). An dieser internationalen Regelung hat sich die EU ausgerichtet und den Schutz der Privatsphäre 2009 als

Abb. 1: Privatheit und Datenschutz.

---

46 Vgl. den Text des Executive Directors von Human Rights Watch Kenneth Roth, Slavery: The ISIS Rules, in: The New York Review of Books (2015), Vol. LXII, No. 14, S. 69 f. m. w. N.

Grundrecht in ihre supranationale Rechtsordnung aufgenommen. In die EU-Grundrechte-Charta sind explizit neue Entwicklungen der digitalen Datenverarbeitung eingeflossen. Art. 7 GRCh nimmt im Wesentlichen den Wortlaut von Art. 8 EMRK auf, der inhaltlich in Art. 8 GRCh als Schutz der personenbezogenen Daten einer jeden Person vertieft und mit ausdrücklichen prozeduralen Vorschriften zu Kontrollen und Auskunfts- und Korrekturrechten der betroffenen Personen verbunden ist.

Auch in den nationalen Verfassungen der EU-Mitgliedstaaten finden sich Datenschutzgrundrechte. Im deutschen Grundgesetz (GG) wird der Datenschutz durch die benannten Persönlichkeitsrechte z. B. aus Art. 10 Abs. 1 GG (Post- und Fernsprechgeheimnis) und Art. 13 Abs. 1 GG (Die Wohnung ist unverletzlich.), vor allem aber durch das allgemeine Persönlichkeitsrecht aus Art. 2 Abs. 1 in Verbindung mit Art. 1 Abs. 1 GG gewährleistet.

Der UN-Zivilpakt und das europäische Recht sprechen jedem Menschen eine unantastbare Würde zu, allein weil er lebt und unabhängig von der Frage, wie er lebt. Demzufolge darf es keine Diskriminierung geben, die auf spezifischen Unterschieden zwischen den Menschen oder Gruppen von Menschen gründet (Art. 2 Abs. 1 AEMR).

Kein Mensch ist mit einem anderen identisch. Dies gibt allerdings Anlass für Differenzierungen. Hier beginnt die Kunst, gleichheitsgerechte Lösungen zu finden. Das heißt einerseits, dass der Mensch, sein Handeln und sein Umfeld in ihren Ähnlichkeiten und Verschiedenheiten gesehen und angemessen erfasst werden müssen. Da kein Mensch sich vom anderen in allen seinen Eigenheiten und Lebenssituationen unterscheidet, kann andererseits der Grundsatz von der Gleichheit aller Menschen nur eine Aussage über den Grad ihrer Ähnlichkeit oder Verschiedenheit treffen. Menschen, Reiche oder Arme, Junge oder Alte, Europäer oder Amerikaner, Afrikaner oder Araber, Muslime oder Christen sind daher jeweils nur mit Blick auf ein bestimmtes Vergleichsziel ähnlich oder verschieden. Die Anwendung des Gleichheitssatzes sagt über die Berechtigung der Befunde aber nur dann etwas aus, wenn er im Vergleichsmaßstab durch zusätzliche Informationen und Rechtswertungen auch in der digitalen Welt und ihren an Zielgruppen ausgerichteten Strategien vervollständigt wird.

Die Rechtsprechung der europäischen Gerichte
- des Europäischen Gerichtshofs für Menschenrechte (EGMR) mit Sitz in Straßburg
- des Europäischen Gerichtshofs (EuGH) mit Sitz in Luxemburg
- der nationalen Verfassungsgerichte wie des deutschen Bundesverfassungsgerichts (BVerfG) mit Sitz in Karlsruhe

steuert die Entwicklung des europäischen Grundrechtsschutzes.

Der EuGH spielt eine zentrale Rolle als Originalinterpret der Verträge. Er war zunächst Hüter der wirtschaftlichen Freiheiten im europäischen Binnenmarkt (Raum ohne Binnengrenzen), in dem der freie Verkehr von Waren, Personen, Dienstleistungen und Kapital gewährleistet ist. Inzwischen ist das Gericht aber vor allem auch zu einer herausragenden Instanz in Fragen des Grundrechtsschutzes geworden. Hier ist ein zentrales Feld der Datenschutz, den er in einer Reihe von grundlegenden Entscheidungen zu einem wichtigen Projekt der EU gemacht hat.

Nach dem Urteil zur Vorratsdatenspeicherung[47] hat sich der EuGH im Fall „Google Spain"[48] mit dem Recht auf Vergessen befasst. Berichterstattungen auf Webseiten, die persönlichkeitsverletzend sind, sollen zukünftig nicht mehr für immer im Internet auffindbar sein. Der EuGH widerlegte dabei auch die Argumente von Google, dass die Suchmaschine nicht „im Rahmen einer Tätigkeit" einer Niederlassung in Europa betrieben werde.[49] Er stellte fest, dass ohne die Werbevermarktung von Google Spain die Suche gar nicht zu finanzieren sei. Damit knüpft der EuGH bei der Anwendung der Datenschutzregeln an das Markortprinzip an, wie es künftig auch die Datenschutz-Grundverordnung vorsieht. Zugleich bejahte der EuGH eine Verantwortlichkeit des Suchmaschinenbetreibers für die Suchergebnisse. Die Maschine funktioniere keineswegs „von allein" nur aufgrund des eingesetzten Algorithmus.[50]

Der EuGH hat sich auch mit dem umstrittenen Safe-Harbor-Übereinkommen der EU-Kommission auseinandergesetzt und dieses aufgehoben.[51] Das Gericht hat insbesondere hervorgehoben, die Kommission habe nicht hinreichend gewichtet, dass nach US-Recht die Belange der nationalen Sicherheit und der Strafverfolgung Vorrang vor den im Übereinkommen niedergelegten Grundsätzen des europäischen Datenschutzes haben.[52] Damit entfällt die bisherige zentrale Grundlage für Datenübermittlungen an Stellen mit Sitz in den USA. Die Forderung des Gerichtshofs nach Aussetzung des Datentransfers in die USA hätte zur Folge, dass geschützte Daten zukünftig in Europa verarbeitet werden müssen. Die Kommission und die USA haben sich daher auf ein neues Übereinkommen geeinigt (EU-US Privacy Shield), das an die Stelle von Safe Habor treten soll.[53] Der EuGH hat zudem festgestellt, dass die nationalen Datenschutzbehörden ein Klagerecht gegen Entscheidungen der EU-Kommission haben müssen. Diese Entscheidung hat sowohl im wirtschaftlichen Bereich als auch im nicht-öffentlichen Bereich enorme Auswirkungen.

Die Safe-Harbor-Entscheidung des EuGH ist durch den österreichischen Jurastudenten Max Schrems ausgelöst worden. Diesem war es gelungen, von Facebook eine endlose Liste seiner angeblich gelöschten, aber immer noch auf Servern in den USA gespeicherten Daten zu erhalten, die dem beliebigen Zugriff etwa von

---

47 EuGH v. 08.04.2014, DuD 2014, 488.
48 EuGH v. 13.05.2014, DuD 2014, 559; zur Bedeutung des Google-Urteils vgl. Leutheusser-Schnarrenberger, DuD 2015, 586.
49 EuGH v. 13.05.2014, DuD 2014, 559, 562.
50 EuGH v. 13.05.2014, DuD 2014, 559, 560; ausführlich zu Sachverhalt und Hintergrund von „Google Spain", zum Urteil des EuGH und den Kritikpunkten vgl. Holznagel/Hartmann, MMR 2016, 228.
51 EuGH v. 06.10.2015, DuD 2015, 823; siehe dazu die Anmerkung von Petri in DuD 2015, 801.
52 EuGH v. 06.10.2015, DuD 2015, 823, 828.
53 Stellungnahme der Art. 29 Datenschutzgruppe zum Privacy Shield vom 13.04.2016 unter: www.bvdw.org/mybvdw/media/download/art29gruppe-privacy-shield-en.pdf?file=3869 (letzter Abruf 13.05.2016). Eine Analyse und Bewertung erfolgt ebenso durch Weichert, ZD 2016, 209.

USA-Überwachungsprogrammen ausgeliefert sind. Die von Schrems erstrittene Entscheidung ist ein Meilenstein im Recht des Datenschutzes. Datenübermittlungen in Drittstaaten, also Staaten außerhalb der EU, sind nur dann zulässig, wenn diese Staaten ein gleichwertiges Datenschutzniveau gewährleisten. Künftige Vereinbarungen über den transatlantischen Datenverkehr unterliegen zudem der Kontrolle der Datenschutzbehörden und können vom EuGH verworfen werden.

Der EuGH hat mit seinen Entscheidungen das Versprechen der EU-Grundrechte-Charta eingelöst; der Gerichtshof schützt die bürgerliche Freiheit der Menschen in Europa. Er verändert mit seinem Urteil die globale zweckfreie Datenwirtschaft. Der Datenschutz ist damit zu einem zentralen Gemeinschaftsprojekt geworden.[54] Ein wesentlicher Ausgangspunkt sind die neuen EU-Normen: die allgemeine Datenschutzgrundverordnung (DS-GVO)[55] und die spezielle Richtlinie (RLDSJ)[56], die den Bereich der vorbeugenden Bekämpfung von Straftaten regelt. Es kommt nun auf die nationalen Gesetzgeber an, im Anwendungsbereich des Unionsrechts den reformierten Datenschutz in ihren Ländern umzusetzen.

Hierbei sind auch die Möglichkeiten der neuen Technologien zu beachten. Sie bergen Risiken, menschliches Denkverhalten durch Maschinenmodelle zu erläutern oder allein aufgrund von Algorithmen zu errechnen. Sie können aber auch zur Sicherung menschlicher Freiräume ausgeschöpft werden. Schließlich bedeutet Technik im Sinne des aristotelischen Begriffs „techne" die kunstvolle Realisierung von Voraussetzungen und Mitteln für die Ausübung einer Lebensform, hier in menschenrechtlichen Dimensionen. Dieses Interesse kann durch eine Datenschutz-Folgenabschätzung unterstützt werden. Sie ist in der DS-GVO mit dem Ziel vorgesehen, bestehende Mängel und Risiken in Verfahren und Systemen der Datenverarbeitung frühzeitig zu identifizieren, sodass sie bereits vor einer Inbetriebnahme behoben werden können.[57]

---

[54] Zum Stellenwert der EuGH-Entscheidungen im Vergleich zu nationalen Verfassungsgerichten vgl. von Danwitz, DuD 2015, 583.
[55] Verordnung (EU) 2016/679 zum Schutz natürlicher Personen bei der Verarbeitung personenbezogener Daten, zum freien Datenverkehr und zur Aufhebung der Richtlinie 95/46/EG (DS-GVO), ABl. v. 04.05.2016 L 119, S. 1; zu Entstehungsprozess und Ausführung vgl. Albrecht/Jotzo, Das neue Datenschutzrecht der EU (2017).
[56] Richtlinie 2016/680 zum Schutz natürlicher Personen bei der Verarbeitung personenbezogener Daten durch die zuständigen Behörden zum Zwecke der Verhütung, Ermittlung, Aufdeckung oder Verfolgung von Straftaten oder der Strafvollstreckung sowie zum freien Datenverkehr und zur Aufhebung des Rahmenbeschlusses 2008/977/JI des Rates, ABl. v. 04.05.2016 L 119, S. 89.
[57] Vgl. dazu Forum Privatheit, White Paper, „Datenschutz-Folgenabschätzung" unter: https://www.forum-privatheit.de/ (letzter Abruf: 13.05.2016).

Abkürzungsverzeichnis

A.	Auflage
a. M.	anderer Meinung
ABl.	Amtsblatt
ACTA	Anti-Counterfeiting Trade Agreement
AEUV	Vertrag über die Arbeitsweise der Europäischen Union
AfP	Archiv für Presserecht (Zeitschrift für Medien- und Kommunikationsrecht)
AGG	Allgemeines Gleichbehandlungsgesetz
AktG	Aktiengesetz
AO	Abgabenordnung
ArbG	Arbeitsgericht
ArbGG	Arbeitsgerichtsgesetz
ArbSichG	Arbeitssicherstellungsgesetz
ATDG	Antiterrordateigesetz
AufenthG	Aufenthaltsgesetz
AuR	Arbeit und Recht
AuslG	Ausländergesetz
BAFin	Bundesanstalt für Finanzdienstleistungen
BAG	Bundesarbeitsgericht
BAGE	Entscheidung des Bundesarbeitsgerichts
BÄK	Bundesärztekammer
BAnz.	Bundesanzeiger
BayHSchG	Bayerisches Hochschulgesetz
BayKrG	Bayerisches Krankenhausgesetz
BayLT	Bayerischer Landtag
BayPAG	Bayerisches Polizeiaufgabengesetz
BayVSG	Bayerisches Verfassungsschutzgesetz
BB	Betriebsberater
BBG	Bundesbeamtengesetz
BDSG	Bundesdatenschutzgesetz
BerlHG	Berliner Hochschulgesetz
BerufO	Berufsordnung
BetrVG	Betriebsverfassungsgesetz
BfDI	Bundesbeauftragte für den Datenschutz und die Informationsfreiheit
BFStrMG	Bundesfernstraßenmautgesetz
BGB	Bürgerliches Gesetzbuch
BGH	Bundesgerichtshof
BGHSt	Entscheidungssammlung des Bundesgerichtshofes in Strafsachen
BGHZ	Entscheidungen des Bundesgerichtshofes in Zivilsachen
BKA	Bundeskriminalamt
BKAG	Bundeskriminalamtgesetz
BlnDSG	Berliner Datenschutzgesetz
BND	Bundesnachrichtendienst
BNDG	Gesetz über den Bundesnachrichtendienst
BPersVG	Bundespersonalvertretungsgesetz
BPolG	Bundespolizeigesetz
BRAO	Bundesrechtsanwaltsordnung

BR-Drucks.	Drucksache des Deutschen Bundesrates
BRRG	Beamtenrechtsrahmengesetz
BSG	Bundessozialgericht
BSGE	Entscheidungen des Bundessozialgerichts
BSI	Bundesamt für Sicherheit in der Informationstechnik
BStatG	Bundesstatistikgesetz
BT-Drucks.	Drucksache des Deutschen Bundestages
BVerfG	Bundesverfassungsgericht
BVerfGE	Entscheidungen des Bundesverfassungsgerichts
BVerfSchG	Bundesverfassungsschutzgesetz
BVerwG	Bundesverwaltungsgericht
BVerwGE	Entscheidungen des Bundesverwaltungsgerichts
BYOD	Bring Your Own Device
BZR	Bundeszentralregister
BZRG	Bundeszentralregistergesetz
CAD	Computer-aided design
CAM	Computer-aided manufacturing
CCC	Chaos Computer Club
CCTV	Closed Circuit Television
CGK	Corporate Governance Codex
CIS	Customs Information System
CR	Computer und Recht
CRM	Customer Relationship Management
CTG	Counter Terrorist Group
DDoS	Dedicated Denial of Service
DIN	Deutsches Institut für Normung
DMZ	demilitarisierte Zone
DNA	Desoxyribonukleinsäuren
DNS	Desoxyribonukleinsäuren
DSB	Datenschutzbeauftragter
DSG-EKD	Datenschutzgesetz der Evangelischen Kirche in Deutschland
DS-GVO	EU-Datenschutzgrundverordnung 2016/679
DSRL	EU-Datenschutzrichtlinie 95/46/EG
DSRLJ	EU-Datenschutzrichtlinie 2016/680 für den Bereich Justiz und Inneres
DSVO	Datenschutzverordnung 45/2001
DuD	Datenschutz und Datensicherheit
DvH	Declaration of Helsinki
DVO	Durchführungsverordnung
DWG	Deutsche-Welle-Gesetz
EAG	Europäische Atomgemeinschaft
ECJ	European Court of Justice
EEA	Einheitliche Europäische Akte
EFTA	Europäische Freihandelszone
EG	EG-Vertrag in der nach dem 1.5.1999 geltenden Fassung
EG	Europäische Gemeinschaft(en)
EG	Erwägungsgrund
EGKS	Europäische Gemeinschaft für Kohle und Stahl
EGMR	Europäischer Gerichtshof für Menschenrechte
EGRC	Europäische Grundrechte-Charta

EMRK	Europäische Menschenrechtskonvention
endg.	endgültig
EP	Europäisches Parlament
EU	Europäische Union
EU	EU-Vertrag in der nach dem 1.5.1999 geltenden Fassung
EuG	Europäisches Gericht 1. Instanz
EuGH	Europäischer Gerichtshof
EuGRZ	Europäische Grundrechte-Zeitschrift
Euratom	Europäische Atomgemeinschaft
Eurodac	Fingerabdruckdatenbank
EurRatS	Satzung des Europarates
EUV	EU-Vertrag
EWG	Europäische Wirtschaftsgemeinschaft
EZB	Europäische Zentralbank
FAR	False Acceptance Rate
FIDE	Customs File Identification Database
fMRT	funktionelle Magnetresonanztomographie, auch Kernspintomographie
FS	Festschrift
GASP	Gemeinsame Außen- und Sicherheitspolitik
GATS	Allgemeines Übereinkommen über den Handel und Dienstleistungen
GATT	Allgemeines Zoll- und Handelsabkommen
GBO	Grundbuchordnung
GenDG	Gendiagnostikgesetz
GewO	Gewerbeordnung
GPS	Global Positioning System
GRCh	EU-Grundrechte-Charta
GRUR	Gewerblicher Rechtsschutz und Urheberrecht
HGB	Handelsgesetzbuch
HSOG	Hessisches Gesetz über die öffentliche Sicherheit und Ordnung
IaaS	Infrastructure as a Service
ICMP	Internet Control Message Protocol
IFG	Informationsfreiheitsgesetz
IfSG	Infektionsschutzgesetz
ILO	Internationale Labour Organization (Internationale Arbeitsorganisation)
IP	Internet Protocol
ISO	International Organization for Standardization
ITK	Informations- und Telekommunikationstechnologie
JMStV	Jugendmedienschutz-Staatsvertrag
JR	Juristische Rundschau
JZ	Juristische Zeitung
KDO-DVO	Anordnung über den kirchlichen Datenschutz-Durchführungsverordnung
KIS	Krankenhausinformationssystem
KJM	Kommission für den Jugendmedienschutz
KMK	Kultusministerkonferenz
KUG	Kunsturhebergesetz
LBS	Location-based Services
LDSG	Landesdatenschutzgesetz
MAD	Militärischer Abschirmdienst
MADG	Gesetz über den militärischen Abschirmdienst

MAVO	Mitarbeitervertretungsordnung der katholischen Kirche
MDStV	Mediendienste-Staatsvertrag
MedR	Medizinrecht (Zeitschrift)
MfS	Ministerium für Staatssicherheit
MMR	MultiMedia und Recht
MPI	Max-Planck-Institut
MVG-EKD	Mitarbeitervertretungsgesetz der Evangelischen Kirche in Deutschland
NATO	North Atlantic Treaty Organization
NJW	Neue Juristische Wochenschrift
NZA	Neue Zeitschrift für Arbeitsrecht
OECD	Organization for Economic Co-operation and Development
OEEC	Organization for European Economic Cooperation
OWASP	Open Web Application Security Project
OWiG	Ordnungswidrigkeitengesetz
PaaS	Platform as a Service
PDA	Personal Digital Assistant
PET	Privacy-Enhancing Technologies
PID	Präimplantationsdiagnostik
PJZS	polizeiliche und justizielle Zusammenarbeit in Strafsachen
PND	pränatale Diagnostik
PNR	Passenger Name Records
PolG	Polizeigesetz
QuoS	Quality of Service
RDV	Recht der Datenverarbeitung
REFA	Verband für Arbeitsstudien und Betriebsorganisation e.V.
RFC	Request for Comment
RFID	Radio Frequency Identification
RL	Richtlinie
RNA	Ribonukleinsäuren
RStV	Rundfunkstaatsvertrag
SaaS	Software-as-a-Service oder Storage-as-a-Service
SächsPolG	Sächsisches Polizeigesetz
SchulG	Schulgesetz
SDÜ	Schengener Durchführungsbestimmungen
SGB	Sozialgesetzbuch
SIM	Subscriber Identity Module
SIS	Schengener Informationssystem
Slg.	Sammlung (der Rechtsprechung des EuGH)
SOX	Sarbanes-Oxley Act
SprAuG	Gesetz über Sprecherausschüsse der leitenden Angestellten
SSL	Secure Socket Layer
StGB	Strafgesetzbuch
StPO	Strafprozessordnung
StUG	Stasi-Unterlagen-Gesetz
SÜG	Gesetz über die Voraussetzungen und das Verfahren von Sicherheitsüberprüfungen des Bundes
TCP	Transmission Control Protocol
TK	Telekommunikation
TKG	Telekommunikationsgesetz

TKÜ	Telekommunikationsüberwachung
TMG	Telemediengesetz
TRIPS	Agreement on Trade-Related Aspects of Intellectual Property Rights
TVG	Tarifvertragsgesetz
UDP	User Datagram Protocol
UKlaG	Unterlassungsklagengesetz
UN	United Nations
UNESCO	United Nations Educational, Scientific and Cultural Organization
URI	Uniform Resource Indicator
URL	Uniform Ressource Locators
VG	Verwaltungsgericht
VGH	Verwaltungsgerichtshof
VIS	Visa-Informationssystem
VO	Verordnung
VvA	Vertrag von Amsterdam
VvL	Vertrag von Lissabon
VvM	Vertrag von Maastricht
VvN	Vertrag von Nizza
VwGO	Verwaltungsgerichtsordnung
VwVfG	Verwaltungsverfahrensgesetz
VZG	Volkszählungsgesetz
WEU	Westeuropäische Union
WHO	World Health Organization
WMA	World Medical Association
WRV	Weimarer Reichsverfassung
WSA	Wirtschafts- und Sozialausschuss
WTO	World Trade Organization
WWW	World Wide Web
ZD	Zeitschrift für Datenschutz
ZPO	Zivilprozessordnung
ZSI	Zentralstelle für Sicherheit in der Informationstechnik

Inhalt

Vorwort —— V

Marie-Theres Tinnefeld
Prolog —— VII
1   Big Data und neue Bilder vom Menschen —— VII
2   Big Data —— VIII
3   Hirnforschung —— XI
4   Algorithmen —— XIV
5   Drohnen —— XVI
6   Grund- und Menschenrechte —— XVIII

Abkürzungsverzeichnis —— XXIII

Marie-Theres Tinnefeld
1   Grundfragen —— 1
1.1   Technologische Entwicklung – Auswirkung auf menschliche Lebenswelten —— 1
1.1.1   Informations-, Wissens- und Zivilgesellschaft —— 11
1.1.2   Internetkommunikation und technischer Grundrechtsschutz —— 14
1.1.3   Neue Räume und Zugriffsmöglichkeiten in der digitalisierten Netzwelt —— 19
1.1.4   Entwicklung des Internets —— 21
1.1.5   Explosion von Information —— 35
1.1.6   Ganzheitliche Regelungsansätze —— 38
1.2   Freiheit der Meinung, Presse und Information – Zeichen einer offenen Gesellschaft? —— 43
1.2.1   Historische Eckpunkte und Definitionen —— 43
1.2.2   Besondere Konflikte und Maßstäbe —— 51
1.2.3   Vom Wert der Privatheit im sozialen und kulturellen Kontext —— 60
1.2.4   Technologischer Wandel und das Prinzip Verantwortung —— 67
1.3   Entwicklung von Datenschutz und Informationsfreiheit —— 70
1.3.1   Kennzeichen und Grenzen einer transparenten Verwaltung —— 71
1.3.2   Datenschutz und Informationszugang bei den Stasi-Akten —— 74
1.4   Datenschutz in Europa —— 78
1.4.1   Exkursion in die deutsche Entwicklung —— 78
1.4.2   Datenschutz im Völkerrecht —— 82
1.4.3   Schutznormen im supranationalem Recht (Unionsrecht) —— 89
1.5   Dimensionen der Privatheit und des Datenschutzes in Deutschland —— 101
1.5.1   Welche Grundrechte gewährleisten den Datenschutz? —— 102

1.6	Bundes- und Landesrecht im Gefüge supra- und internationaler Rechtsquellen —— 124
1.6.1	Kompetenzverteilung zwischen Bund und Ländern —— 126
1.6.2	Rangordnung und Anwendbarkeit nationaler Parlamentsgesetze —— 128
1.6.3	Rangverhältnis: Unionsrecht und nationales Recht —— 128
1.6.4	Völkerrecht, Unionsrecht und nationales Recht —— 133
1.6.5	Kooperation oder Konfrontation in der Union —— 135
1.7	Bereichsspezifische Regelungen in Auswahl —— 144
1.7.1	Beschäftigtendatenschutz in der Arbeitswelt 4.0 —— 145
1.7.2	Freiheit der Meinungsäußerung und Informationsfreiheit —— 168
1.7.3	Freiraum der Wissenschaft und Forschung —— 177
1.7.4	Datenverarbeitung zu Archiv-, Forschungs- und statistischen Zwecken —— 182
1.7.5	Geheimhaltungspflichten —— 189
1.7.6	Kirche, religiöse Vereinigungen oder Gemeinschaften —— 200
1.7.7	Schalter des Erbguts —— 205

Benedikt Buchner

2	**Grundsätze des Datenschutzrechts —— 215**
2.1	Das datenschutzrechtliche Regelungsgefüge —— 215
2.1.1	Datenverarbeitung im öffentlichen und nicht-öffentlichen Bereich —— 215
2.1.2	Allgemeine und bereichsspezifische Datenschutzgesetzgebung —— 218
2.1.3	Anwendungsbereich des Datenschutzrechts —— 219
2.1.4	Umfassender versus punktueller Regelungsansatz —— 233
2.2	Datenschutzrechtliche Regelungsprinzipien —— 237
2.2.1	Allgemeine Grundsätze —— 237
2.2.2	Verarbeitung besonderer Kategorien personenbezogener Daten —— 245
2.2.3	Videoüberwachung —— 247
2.2.4	Automatisierte Entscheidungen —— 259
2.2.5	Profiling —— 267
2.2.6	Auftragsverarbeitung —— 271
2.2.7	Grenzüberschreitender Datenverkehr —— 277
2.2.8	Betroffenenrechte —— 288
2.2.9	Datenschutzkontrolle —— 310
2.2.10	Sanktionen —— 323

Thomas Petri

3	**Datenverarbeitung im öffentlichen Interesse —— 331**
3.1	Überblick —— 331
3.2	Verarbeitung außerhalb des Anwendungsbereichs des EU-Datenschutzrechts —— 333
3.3	Verarbeitung zu Zwecken der Straftatenbekämpfung —— 335
3.3.1	Gegenstand und Ziele —— 337

3.3.2	Grundsätze für die Verarbeitung —— **339**	
3.3.3	Risikoträchtige Verarbeitungen, insbesondere besondere Kategorien personenbezogener Daten, automatisierte Entscheidungsfindung —— **346**	
3.3.4	Rechte der Betroffenen nach der Richtlinie —— **350**	
3.3.5	Übermittlung personenbezogener Daten an Drittstaaten oder internationale Organisationen nach der Richtlinie (EU) 2016/680 —— **353**	
3.3.6	Weitere Bestimmungen in der Richtlinie (EU) 2016/680 —— **355**	
3.4	Verarbeitung zur Erfüllung einer im öffentlichen Interesse liegenden Aufgabe nach der DS-GVO —— **356**	
3.4.1	Folgen weitreichender Öffnungsklauseln am Beispiel der Verantwortlichkeit —— **357**	
3.4.2	Überblick zu bereichsspezifischem Recht —— **358**	
3.4.3	Anwendungsbereiche der allgemeinen Datenschutzgesetze —— **380**	
3.5	Datentransfers —— **380**	
3.5.1	Auftragsverarbeitung als Sonderfall der Datenweitergabe —— **381**	
3.5.2	Wesentliche Grundsätze der Datenübermittlung —— **382**	
3.5.3	Anforderungen an die Zulässigkeit der Datenübermittlung —— **383**	
3.5.4	Besonderheiten beim Datentransfer in Drittländer oder an internationale Organisationen —— **390**	

Benedikt Buchner
4   Datenverarbeitung im nicht-öffentlichen Bereich —— 393
4.1   Öffentlicher und nicht-öffentlicher Bereich —— **393**
4.1.1   Bislang: zweigeteilter Regelungsansatz —— **393**
4.1.2   DS-GVO: Öffnungsklauseln für die Datenverarbeitung im öffentlichen Interesse —— **394**
4.1.3   Rechtmäßigkeit der Datenverarbeitung im öffentlichen und nicht-öffentlichen Bereich —— **395**
4.2   Der Erlaubnistatbestand der Einwilligung —— **396**
4.2.1   Allgemeines —— **396**
4.2.2   Wirksamkeit der Einwilligung —— **407**
4.2.3   Einwilligung im Online- und Telekommunikationsbereich —— **422**
4.2.4   Einwilligung und ärztliche Schweigepflicht —— **425**
4.3   Gesetzliche Erlaubnistatbestände —— **429**
4.3.1   Überblick —— **430**
4.3.2   Durchführung eines (vor-)vertraglichen Schuldverhältnisses —— **431**
4.3.3   Erfüllung einer rechtlichen Verpflichtung —— **436**
4.3.4   Wahrung lebenswichtiger Interessen —— **437**
4.3.5   Aufgabe im öffentlichen Interesse oder in Ausübung öffentlicher Gewalt —— **438**
4.3.6   Datenverarbeitung auf Grundlage einer Interessenabwägung —— **438**

4.4	Datenverarbeitung im Bereich Telemedien und Telekommunikation —— 449	
4.4.1	Überblick Telemediengesetz (TMG) —— 449	
4.4.2	Bereichsspezifischer Datenschutz für Telemedien —— 451	
4.4.3	TKG und ePrivacy-Verordnung —— 460	

Hans-Joachim Hof

5	**Datenschutz mittels IT-Sicherheit —— 469**	
5.1	Aktuelle Entwicklung der IT-Sicherheit —— 470	
5.1.1	Digitalisierung —— 470	
5.1.2	Internet der Dinge —— 471	
5.1.3	Big Data —— 473	
5.1.4	Selbstlernende Maschinen —— 475	
5.1.5	Gleichbleibend schlechte Softwarequalität —— 476	
5.1.6	Zunehmende Verwendung von Fremdkomponenten —— 478	
5.1.7	Cloud Computing —— 479	
5.1.8	Smart Grid, Smart Metering, Smart Home und Smart City —— 481	
5.1.9	Web-Anwendungen ersetzen Desktop-Anwendungen —— 481	
5.1.10	Allgegenwärtige Nutzung von Smartphones und Apps —— 482	
5.1.11	Social Media als wichtige Kommunikationsplattform und Nachrichtenquelle —— 485	
5.1.12	Geschäftsmodelle im Internet —— 486	
5.1.13	Entwicklung von Angreifern und Angriffen —— 487	
5.1.14	Zukünftige Trends —— 489	
5.2	Informationstechnische Bedrohungen —— 490	
5.2.1	Schadsoftware —— 490	
5.2.2	Ausnutzen von Sicherheitslücken —— 492	
5.2.3	Social Engineering und Phishing —— 494	
5.2.4	Lauschangriff —— 495	
5.2.5	Ausnutzen von schlechter Konfiguration —— 496	
5.2.6	Fehler aufgrund von mangelhafter Benutzbarkeit —— 497	
5.3	IT-Sicherheitskriterien und IT-Sicherheitsmanagement —— 497	
5.3.1	Vorgehensweise bei einem IT-Sicherheitskonzept —— 500	
5.3.2	Allgemeine Ziele der IT-Sicherheit —— 501	
5.3.3	Intrusion Detection —— 505	
5.3.4	Verschlüsselung —— 505	
5.3.5	Biometrie —— 511	

Glossar —— 515

Verzeichnis der häufig zitierten Literatur —— 527

Stichwortverzeichnis —— 529

Marie-Theres Tinnefeld

1 Grundfragen

1.1 Technologische Entwicklung – Auswirkung auf menschliche Lebenswelten

Der anhaltende Fortschritt in der **Informations- und Kommunikationstechnologie** (IKT) formt in immer stärkerem Maß menschliches Leben bis hin zum digitalisierten Alltag. Rund um die Uhr und überall entstehen erhebliche Mengen an Daten. Sie können fast lückenlos nachverfolgt, gespeichert und analysiert werden, um bisher unbekannte Korrelationen zu entdecken und menschliche Verhaltensmuster zu erkennen, die dann auch Grundlage vieler Entscheidungsprozesse in Staat und Wirtschaft sein können.

IKT ermöglicht eine allgegenwärtige Verfügbarkeit von Informationen und Diensten zu jeder Zeit und an jedem Ort, eine „24/7-Welt", in der Menschen ohne Rücksicht auf einen Schlaf- und Nachtrhythmus 24 Stunden am Tag und sieben Tage die Woche kommunizieren.[1] Diese Entwicklung wird auch durch den Begriff des **„ubiquitous computing"** gekennzeichnet. Dadurch sollen die Sinne des Menschen über körperabhängige Fähigkeiten hinaus technisch erweitert und geschärft und ganz allgemein Hilfeleistungen angeboten werden. Zu den Grundlagen gehören winzige, energiesparsame Sensoren, die vielfältige Informationen erfassen, sowie energieeffiziente und preiswerte Prozessoren mit integrierter drahtloser Kommunikationsfähigkeit. Wird die Umwelt mit Prozessoren und Sensoren versehen, dann entstehen Sensornetze, die ihre Umgebung beobachten und Ereignisse melden können, ohne dass der Betroffene davon weiß.[2]

Chipkarten bieten als Datenspeicher Platz für sämtliche relevanten Informationen über Menschen in ihrer Rolle als Patient, Kunde, Arbeitnehmer, Autofahrer, Kontoinhaber und Strafgefangener. Personalisierte **Radio-Frequency-Identification(RFID)-Chips** (in Form von auslesbaren Funketiketten) werden von kommunizierenden RFID-Chips (aktive RFID-Tags) abgelöst und verändern private und öffentliche Lebenswelten. Viele Alltagsdinge werden „smart", indem sie mit Informationstechnologie zum Sammeln, Speichern, Verarbeiten und Kommunizieren von Daten ausgestattet werden. Beispiele für smarte Dinge sind Autoreifen, die den Fahrer rechtzeitig benachrichtigen, wenn der Luftdruck abnimmt, oder Medikamente, die sich bemerkbar machen, bevor das Haltbarkeitsdatum abläuft, Patientenarmbänder, die der Lokali-

---

[1] Crary, 24/7. Schlaflos im Spätkapitalismus (2014).
[2] Fragen der Privatheit und (digitaler) Selbstbestimmung vgl. Forum Privatheit, White Paper, Datenschutz-Folgenabschätzung unter: https//www.forum-privatheit.de/forum-privatheit-de/texte //veroeffentlichungen-des-forums/themenpapiere-white-paper/Forum_privatheit_White_Paper_ Datenschutz-Folgenabschaetzung_2016.pdf/ (letzter Abruf 26.05.2017).

sierung von demenzkranken oder desorientierten Menschen dienen oder die Erfassung von Vitalparametern (Blutdruck usw.) von Personen in Verbindung mit mobilen Endgeräten wie Smartphones. Aktuelle Beispiele sind Smart Watches und Fitness Tracker, die z. B. die Herzfrequenz und Geschwindigkeit eines Menschen erfassen und ggf. seine bisher zurückgelegte Strecke in sozialen Medien veröffentlichen. In diese Kategorie gehört auch das Smart Home, das z. B. mit einer intelligenten Glühbirnenbeleuchtung ausgestattet ist. Aktuelle Lösungen sollen die Gemütsverfassung eines Menschen erkennen und für entsprechende Beleuchtung und Musik sorgen.

Die Vernetzung von intelligenten Dingen über das Internet wird als **„Internet der Dinge"** bezeichnet. Die Lokalisierung von Dingen aus der Ferne wird immer einfacher und billiger. Die Dinge können ihre „erfahrenen" Informationen protokollieren, sodass sie dem Nutzer, dem Hersteller oder einem Diensteanbieter zur Verfügung stehen. In diese Rubrik gehören auch WLAN-Verbindungen oder das satellitengestützte Global-Positioning-System (GPS), mit dem der Aufenthaltsort von Fahrzeugen und Personen festgestellt werden kann.

Beispiel
Bei hochwertigen Mietfahrzeugen wird von einigen Autoverleihern GPS eingesetzt, um vertraglich nicht erlaubte Fahrten (z. B. Grenzübertritte) mit technischen Mitteln zu verhindern. Nähert sich das Fahrzeug einem vertraglich nicht erlaubten Grenzübertritt, wird eine zentrale Leitstelle des Autoverleihers informiert, die dann über weitere Maßnahmen zu entscheiden hat.

Zunehmend verbreiten sich leistungsfähige digitale Endgeräte wie Smartphones, Tablet-PCs und Notebooks im Verbund mit einer breitbandigen drahtlosen Infrastruktur. Die mobilen Geräte laufen mit schlanken Betriebssystemen und Interaktionsmöglichkeiten z. B. durch berührungsempfindliche Bildschirme und Sprachsteuerungssysteme. Sie verfügen über erheblichen Speicherplatz und weitreichende Möglichkeiten im Zusammenhang mit der mobilen Internet- und E-Mail-Nutzung oder dem Abspielen von Audio- und Videodateien. Dafür wurden kleine **Softwareprogramme** („Apps"/Applications, Anwendungen) „erfunden", die dem Nutzer bestimmte Funktionalitäten zur Verfügung stellen. Viele **Apps** nutzen die Ortung der aktuellen Position, gespeicherte Kontaktdaten oder die von den Geräten zur Verfügung gestellten Sensordaten, die den Nutzungskontext erfassen (z. B. Ort, Lage, Licht- und Bewegungsdaten, Bild und Ton). Vernetzte Smartphone-Dienste sind riskant, wenn die persönlichen Daten Dritten zugänglich sind und nicht mehr ausschließlich zu den vorgesehenen Zwecken genutzt werden. Es zeichnet sich auch ein Trend zu mobilen Geschäftsprozessen und zur Personalisierung von Produkten durch (Business) Apps ab.

Neue Technologien für die Identifizierung und/oder die Lokalisierung von Menschen bergen einiges an sozialem Sprengstoff, wenn sie zum Ausspionieren etwa von Mitarbeitern oder als Instrumente zur Kontrolle etwaiger Verdächtiger durch die Sicherheitsbehörden genutzt werden. In Deutschland ist die Einführung der mit RFID und **Biometrie** versehen Pässe seit dem Jahre 2007 Pflicht. Dasselbe gilt für den elektronischen Personalausweis, der seit dem Jahre 2010 biometrische Verfahren (Vermessung des Gesichts und auf freiwilliger Basis zwei Fingerabdrücke) vorschreibt. Er soll darüber hinaus auch das Internet sicherer machen und rechtssichere elektronische Anwendungen ermöglichen. Die auf dem Ausweis zu lesenden Daten sind in einem integrierten RFID-Chip gespeichert, der kontaktlos ausgelesen werden kann.

Grundsätzlich stellt sich die Frage nach den sozialen Auswirkungen biometrischer Verfahren, die unsichtbar zur Identifikationsfeststellung (maschinellen Ähnlichkeitsmessung) verwendet werden können, ohne dass der Betroffene dies durchschauen kann. Biometrische Merkmale auf elektronischen Dokumenten oder genetische Daten sollen auch dazu beitragen, Täter zu überführen. Werden Menschen angesichts dieser Entwicklung künftig noch über ihre Lebensführung selbst bestimmen können? Werden sie noch eine geschützte Privatsphäre haben? Wird die offene Kommunikation gefährdet?

Spätestens seit den 1970er-Jahren ist es absehbar, dass im Zuge der technologischen Entwicklung immer mehr personenbezogene Informationen (in der EDV-geprägten Sprache: personenbezogene Daten) von Staat und Wirtschaft verarbeitet werden. Der weltweite Ausbau vernetzter privater Datenbestände wird gleichzeitig zum „potenziellen Datenreservoir" für staatliche Stellen. Dadurch wächst staatlichen Einrichtungen und wirtschaftlichen Unternehmen eine **Informationsmacht** zu, die zu neuen Informationsbedürfnissen und Begehrlichkeiten führt. Der Bürger selbst hat es nicht mehr nur mit einer Technologie der (Orwell'schen) Bedrohung,[3] sondern auch mit einer Technologie der Verführung zu tun, die ihn dazu verleitet, privaten Unternehmungen (Arbeitgebern, Banken, Versicherungen, Medienanstalten, Krankenhäusern) alle geforderten Informationen über sich preiszugeben, um im marktwirtschaftlichen Netz von Angebot und Nachfrage zu bestehen und sich tatsächliche oder vermeintliche Vorteile zu verschaffen.[4]

Darüber hinaus haben Menschen im 21. Jahrhundert begonnen, in digitalen sozialen Netzwerken nicht nur vertrauensvoll neue Beziehungen und Freundschaften zu knüpfen, sondern wie Narziss[5] private und intime Informationen über sich selbst, gleichsam das eigene Tagebuch offenzulegen. Das Phänomen **„Social Media"** ist in

---

[3] Orwell, Nineteen Eighty-Four (1949), S. 23; in seinem Roman beschreibt Orwell Big Brother „Telescreen", der die Menschen ununterbrochen mit Propaganda überschüttet und der sog. „Thought Police" die (unsichtbare) Observierung des Einzelnen ermöglicht: „There was of course no way of knowing whether you were being watched at any given moment. How often, or on what system, the Thought Police plugged in on any individual wire was guesswork [...] You had to live – did live, from habit that became instinct – in the assumption that every sound you made was overheard [...]".
[4] Ström, Die Überwachungsmafia (2005).
[5] Narziss, griechisch Narkissos, der narkotisierte Jüngling, der sich in sein Spiegelbild verliebt, ist eine Gestalt aus der griechischen Mythologie.

seinen ganz unterschiedlichen Ausprägungen Bestandteil des Alltags von vielen Menschen geworden.

Die heute üblichen sozialen Praktiken des Teilens, Empfehlens und Filterns umfassen „alle Darstellungsformate, alle Medienformate und alle multimedialen Formen wie Text, Bild, Bewegtbild und Audio".[6] Es ist zwischen dem Potenzial des sozialen Mediums und seinem tatsächlichen Gebrauch zu unterscheiden. Die genutzten Kontakte nehmen eine wichtige Rolle bei der Entstehung von Öffentlichkeit im Sinne einer weltweit offenen Gesellschaft, aber auch einer Art Gesellschaft am Pranger ein. Die digitale Netzwelt verleitet Menschen als (aktive) Prosumenten dazu, Mitmenschen heimlich und anonym wegen körperlicher Gebrechen, aus Eifersucht und Rache an den digitalen Pranger zu stellen, mit Kindern über das Internet Verbindung zum Zwecke eines späteren sexuellen Kontakts oder zur Vorbereitung eines Missbrauchs aufzunehmen (Cyber Grooming) oder sich als Konsumenten Zugang zu kinderpornografischen Inhalten zu verschaffen.[7]

„Information", wie sie in der Welt der sozialen Medien zur Debatte steht, kann die Persönlichkeitsrechte der Betroffenen massiv schädigen. Sie kann zu einem „negativen Wert" werden, der auch demokratisches Verhalten gefährdet. Anknüpfend an Orwells Albtraum einer perfekten Tyrannis mit technischen Mitteln schrieb Ernst Benda bereits 1983:

> Die fortschreitende Erweiterung der technischen Möglichkeiten, die menschlichen Fähigkeiten zu einer sinnlichen Wahrnehmung um ein Vielfaches zu verstärken, stellt einen revolutionären Schritt dar, an dessen Ende die völlige Schutzlosigkeit der Privatsphäre stehen könnte [...]. George Orwell's 1984 mag eine unrealistische Vision sein. Die wirkliche Gefahr ist weniger die Unterwerfung der Menschen durch Menschen, also die subjektive Despotie mit Hilfe der Technik, als vielmehr die politische Herrschaft der Technik selbst, die freilich ihre Nutznießer finden wird.[8]

Die Entwicklung und Ausgestaltung der IKT bis hin zur Netzwerkstruktur digitaler Kommunikation verändert menschliches Wissen und Tun tief greifend. Beides, Wissen und Tun, hängt zusammen. Der Einzelne orientiert sich bei seinem Tun am Wissen. „Wo das (eigene) Wissen fehlt, wird der Mensch orientierungslos oder von fremdem Wissen abhängig. Er gehört in diesem Fall nicht sich selbst, weil ihm seine Orientierungen nicht gehören."[9]

Eine deutende und erklärende Aneignung von Wissen ist dem Einzelnen nur möglich, wenn ihm „seine" Informationen nicht entfremdet werden. Menschen müssen die Möglichkeit haben „zu wissen, wer was wann wo und bei welcher Gelegenheit

---

[6] Hohlfeld/Godulla, in: Hornung/Müller-Terpitz (Hg.), Rechtshandbuch Social Media (2015), Kap. 2 Rn. 3–8.
[7] Palfrey/Gasser, Generation Internet (2008), S. 114 ff., 107 f.
[8] Benda, in: Benda/Maihofer/Vogel (Hg.), Handbuch des Verfassungsrechts der Bundesrepublik Deutschland (2. A.1995), S. 122, 127.
[9] Mittelstraß, Leonardo-Welt (2. A. 1992), S. 12 f.

über sie weiß".[10] Ohne dieses Wissen, so hat das Bundesverfassungsgericht (BVerfG) im „Volkszählungsurteil" aus dem Jahre 1983[11] eindringlich festgestellt, kann der Einzelne nicht angstfrei am öffentlichen Leben teilnehmen. Jeder habe grundsätzlich das Recht, selbst zu bestimmen, welche Lebenssachverhalte er offenbaren will. Jeder hat, wie es Samuel Warren und Louis Brandeis (ein späterer Richter am Supreme Court der USA) schon im Jahre 1890 ausdrückten, den Anspruch auf das Recht „to be let alone" (in Ruhe gelassen zu werden).[12] Der amerikanische Politikwissenschaftler Alan F. Westin erweitert den Begriff um den Aspekt der Selbstdarstellung und definiert Privatheit (privacy) als „the right of the individual to decide for himself, with only extraordinary exceptions in the interest of society, when and on what terms his acts should be revealed to the general public"[13].

Ganz in diesem Sinn ergänzt das BVerfG mit Blick auf die Möglichkeiten der automatisierten Datenverarbeitung, der Einzelne habe auch das Recht zu wissen, wer welche Informationen bei welcher Gelegenheit über ihn erfasst, speichert, für oder gegen ihn verwendet. Nur derjenige werde sich am öffentlichen Leben beteiligen, der sich seines Persönlichkeitsrechts sicher sein könne. Unter dem Aspekt der stetig expandierenden Datenverarbeitung verknüpfte das BVerfG den Schutz personenbezogener Daten mit dem Konzept der Privatsphäre und dem **allgemeinen Persönlichkeitsrecht,** das grundrechtlich in Art. 2 Abs. 1 („Jeder hat das Recht auf die freie Entfaltung seiner Persönlichkeit, soweit er nicht die Rechte anderer verletzt") und in Art. 1 Abs. 1 GG („Die Würde des Menschen ist unantastbar") verankert ist.[14] Damit hat das Gericht auf technikbedingte Freiheitsgefahren reagiert, die jünger sind als das Grundgesetz, das am 23. Mai 1949 in Kraft getreten ist. Die Rechtsprechung des BVerfG hat wesentlich dazu beigetragen, dass grundrechtliche Schutzbereiche fortgeschrieben wurden. So hat das Gericht im Volkszählungsurteil 1983 den rechtlichen und politischen Durchbruch für die Anerkennung des Grundrechts auf **informationelle Selbstbestimmung** bzw. des Datenschutzes bzw. des Rechts auf informationelle Privatheit und Intimität (Art. 2 Abs. 1 i. V. m. Art. 1 Abs. 1 GG) eingeleitet. Es soll dem Einzelnen die Chance sichern, seine Individualität auch unter den Bedingungen subtiler Informationstechnologien zu entwickeln, sodass er sich in unterschiedlichen sozialen Kontexten darstellen und kommunizieren kann (personale Entfaltung durch Kommunikation).[15] Dabei gehe es dem Datenschutz auch um das Gemeinwohl im demokratischen Rechtsstaat und seine Voraussetzung: den mündigen, informierten Bür-

---

10 Podlech, in: Hohmann (Hg.), Freiheitssicherung durch Datenschutz (1987), S. 21.
11 BVerfG v. 15.12.1983, BVerfGE 65, 1.
12 Warren/Brandeis, The Right to Privacy, in: Harv. L. Rev. (1890), Vol. 4, No. 5, S. 193.
13 Westin, Privacy and Freedom (1967), S. 36; vgl. auch Britz, Freie Entfaltung durch Selbstdarstellung (2007).
14 BVerfG v. 15.12.1983, BVerfGE 65, 1, 43.
15 BVerfG v. 05.06.1973, BVerfGE 35, 202, 220; ähnlich BVerfG v. 26.06.1990, BVerfGE 82, 236, 269; Freiheit des Einzelnen, selbst zu bestimmen, welches Persönlichkeitsbild er von sich vermitteln will.

ger, der sich politisch einmischen will.[16] Der Datenschutz bildet somit die Basis für die **Kommunikations- und Partizipationsfähigkeit der Individuen** und damit die **Demokratiefähigkeit der Gesellschaft**.[17] Datenschutz in diesem Sinn steht in enger Verbindung mit den kommunikativen Grundrechten (Meinungs- und Informationsfreiheit – Art. 5 Abs. 1 Satz 1 GG, Schutz der vertraulichen Kommunikation durch das Fernmelde- bzw. Telekommunikationsgeheimnis – Art. 10 GG; Schutz der Wohnung – Art. 13 GG u. a.).[18] In allen diesen Fällen werden zugleich Sonderaspekte der Verarbeitung personenbezogener Daten angesprochen.[19]

Mit der Anerkennung der individuellen Freiheitsrechte erhält der Einzelne die Möglichkeit, autonom in sozialen Kontexten zu handeln. Er gewinnt damit gleichzeitig die Chance, persönliche Verantwortung zu übernehmen.[20] Dadurch kommen „gemeinschaftliche Bezüge" ins Spiel, von denen Zusammenhalt und **Solidarität** in einer Gesellschaft abhängig sind.[21] Dieses Verständnis legt es nahe, Einschränkungen im Grundrechtsschutz zu hinterfragen, die insbesondere durch die internationale Kriminalität und das Phänomen des **Terrorismus** entstanden sind.

Seit den brutalen Terroranschlägen in den USA vom 11. September 2001 und aufs Neue nach den Attentaten von Paris im Januar und November 2015/2016 und in Deutschland 2016 tendieren die Strafverfolgungsbehörden und Geheimdienste verstärkt dazu, aktiv zu werden, bevor eine bestimmte Gefahr aufgetreten ist oder sich realisiert hat. Das so verstandene Postulat „Freiheit durch Sicherheit" führt potenziell dazu, dass der Staat ohne Rücksicht auf Privat- und (Tele-)Kommunikationssphären tendenziell alles und jeden präventiv beobachten und die so gewonnenen Daten zu weiteren Sicherungszwecken auf Vorrat verarbeiten darf;[22] er versucht nicht erst nach dem Entdecken einer Straftat, mit den ab diesem Zeitpunkt erfassbaren Informationen die Identität des Täters zu ermitteln, es genügt vielmehr die Tatsache, dass eine Person die Straftat begehen könnte.

Der Europäische Gerichtshof (EuGH) in Luxemburg hat sich mit der grundrechtlichen Problematik der verdachtsunabhängigen Speicherung von Kommunikationsdaten auf Vorrat eingehend befasst und für einen angemessenen Schutz der Kom-

---

16 Hirsch, Das Ende der Zuschauerdemokratie, SZ v. 30.10.2010, S. 2.
17 BVerfG v. 15.12.1983, BVerfGE 65, 1, 42.
18 Simitis, KritV 2000, 368.
19 BVerfG v. 14.07.1999, BVerfGE 100, 313, 359.
20 Wilhelm von Humboldt schreibt bereits 1792 in seiner subtilen Schrift „Ideen zu einem Versuch, die Grenzen der Wirksamkeit des Staates zu bestimmen", dass die Entscheidung für die individuelle Freiheit auch eine Entscheidung zugunsten der persönlichen Verantwortung sei. Dazu Schmale/Tinnefeld, Privatheit im digitalen Zeitalter (2014), S. 25 f., 43.
21 Zur Solidarität mit den Schwächeren vgl. Herzog, in: Köbler/Heinze/Hromadka (Hg.), FS für Alfred Söllner (2000), S. 441; s. a. Denninger, Menschenrechte und Grundgesetz (1994), S. 46.
22 Leutheusser-Schnarrenberger, ZRP 2007, 9; s. a. Bäumler/Leutheusser-Schnarrenberger/Tinnefeld, DuD 2002, 562.

munikationsfreiheit plädiert.[23] Andernfalls wäre Sicherheit in erster Linie nicht mehr „die Gewissheit der dem Individuum verbürgten Freiheit", sondern eine nie endende „staatliche Aktivität zum Schutz des Bürgers [...]".[24] Bei einer solchen Entwicklung könnte „der Einzelne den Staat durch legales Verhalten nicht mehr auf Distanz halten".[25] Daher ist es rechtsstaatlich geboten, grundrechtlich verankerte Freiheiten grundsätzlich über die Möglichkeiten einer umfassenden Straf- und Rechtsverfolgung zu stellen und zu diesem Zweck ein Minus an Sicherheit und Aufklärung bewusst in Kauf zu nehmen: „Zielgröße ist immer die Freiheit".[26] Erst daran, dass der Staat auch den Umgang mit seinen Gegnern den allgemein geltenden Grundsätzen unterwirft, zeigt sich die Kraft des Rechtsstaates. Angesichts von immer neuen Terrorwarnungen und den allgegenwärtigen Einsatzmöglichkeiten der IKT auch im militärischen Bereich (Cyberwar) sehen sich nationale europäische Gesetzgeber veranlasst, die rechtlichen Schranken für den Zugriff auf Daten des Bürgers immer niedriger zu halten. Das höchste deutsche Gericht hat dazu kritisch angemerkt:

> Inzwischen scheint man sich an den Gedanken gewöhnt zu haben, dass mit den mittlerweile entwickelten technischen Möglichkeiten auch deren grenzenloser Einsatz hinzunehmen ist. Wenn aber selbst die persönliche Intimsphäre [...] kein Tabu mehr ist, vor dem das Sicherheitsbedürfnis Halt zu machen hat, stellt sich auch verfassungsrechtlich die Frage, ob das Menschenbild, das eine solche Vorgehensweise erzeugt, noch einer freiheitlich-rechtsstaatlichen Demokratie entspricht.[27]

In einer langen Kette von Entscheidungen hat das BVerfG das **Prinzip der Verhältnismäßigkeit** in den Dienst der Persönlichkeitsentfaltung gestellt.[28] Nicht von ungefähr hat dieses Prinzip etwas mit dem Gedanken des Maßhaltens zu tun. Spiros Simitis spricht angesichts der tendenziell schrankenlosen Verarbeitung persönlicher Daten vom „Informationsverzicht als freiheitssicherndes Prinzip".[29]

Der Schutz der Bürger vor Kriminalität und terroristischen Anschlägen ist zwar wesentlicher Teil staatlicher Verantwortung. Je mehr aber im Interesse der inneren Sicherheit der vorbeugende Rechtsschutz Platz greift (Rasterfahndung, elektronische Abhörmaßnahmen, staatliche Trojaner usw.), desto deutlicher stellt sich die Frage nach dem Rangverhältnis zwischen der kollektiven Sicherheit und den individuellen Freiheitsrechten der Bürger. Auch angesichts neuer technikbestimmter Bedrohungen

---

23 EuGH v. 08.04.2014, DuD 2014, 488 – Digital Rights/Ireland.
24 Bizer, in: Bizer/Koch (Hg.), Symposium zum 65. Geburtstag von Erhard Denninger (1998), S. 29; zur Staatslegitimation durch Sicherheit Hobbes, Das Grundrecht auf Sicherheit (1983), S. 1 f., 31 ff.
25 Grimm, Die Verfassung und die Politik (2001), S. 103.
26 Baum, Rettet die Grundrechte (2009), S. 31.
27 Sondervoten in BVerfG v. 03.03.2004, BVerfGE 109, 279, 391.
28 So auch BVerfG v. 15.12.1983, BVerfGE 65, 1.
29 Simitis, in: Kroker/Dechamps (Hg.), Information – eine dritte Möglichkeit neben Materie und Geist (1995), S. 287 f.

ändert sich nichts an der Aufgabe des Staates, eine Kombination beider Zielsetzungen so auszubalancieren, dass ein maximales Maß an Freiheit durch optimale technikunterstützte Sicherheitsmaßnahmen erhalten bleibt.[30] Auf diese Weise trägt das Verhältnismäßigkeitsprinzip mittlerweile die Hauptlast der Freiheitssicherung.

Teil der verfassungsmäßigen Verhältnismäßigkeit ist das Prinzip der Erforderlichkeit, das auf Strukturen und Zusammenhänge verweist, welche regelmäßig empirischer Natur sind und der rechtlichen Regelung vorausgehen. Mit anderen Worten: Die Erforderlichkeit bringt die rechtsrelevanten Tatsachen (z. B. Korruption oder Betrug) und ihre rechtliche Beurteilung (datenschutzrechtlich, strafrechtlich usw.) in einen nachvollziehbaren Zusammenhang. In Anwendung dieser Grundsätze ist bei den grundrechtseinschränkenden Maßnahmen jeweils zu fragen,
- ob sie überhaupt geeignet (tauglich) sind, das erstrebte Ziel zu erreichen (z. B. den Terrorismus erfolgreich zu bekämpfen),
- ob sie den geringsten Eingriff unter den möglichen Varianten darstellen (der klassische Fall der Erforderlichkeit),
- ob die damit verbundene Einbuße an Freiheit in einem angemessenen Verhältnis zur Schwere des Eingriffs steht (verhältnismäßig im engeren Sinn) und schließlich
- ob „die beabsichtigten Maßnahmen nicht mit gravierenden Nebenfolgen verbunden sind, sodass sie in ihrer Summe die Freiheit verkümmern lassen".[31]

Bei einem Ausgleich zwischen den rivalisierenden Forderungen ist immer zu prüfen, ob etwa eine verdachtslose Vorratsdatenspeicherung über die näheren Umstände einer Telekommunikation (Verkehrs- und Standortdaten, einschließlich erfolgloser Anruf- und Verbindungsversuche) zu Zwecken einer umfassenden Sicherheitsüberwachung noch den Anforderungen der Verhältnismäßigkeit genügen kann.[32] Von ihrer Wirkungsweise her kann auch eine verdachtslose Rasterfahndung unerwünschte Nebenfolgen haben. Es ist nicht auszuschließen, dass sie „einen demütigenden Effekt hat und eher Feinde schafft als dass sie Schläfer aufdeckt".[33]

Im Zuge neuer Persönlichkeitsgefährdungen durch die Vernetzung von informationstechnischen Systemen, z. B. über das Internet, hat das Bundesverfassungsgericht im Jahre 2008 ein weiteres Grundrecht aus dem allgemeinen Persönlichkeitsrecht abgeleitet: **Das Grundrecht auf Gewährleistung der Vertraulichkeit und Integrität informationstechnischer Systeme** (IT-Grundrecht).[34] Im Ausgangsfall ermächtigte das Verfassungsschutzgesetz eines Bundeslandes die eigene Verfassungsschutzbehörde, Computer von verdächtigen Personen zu infiltrieren und Spionageprogramme

---

30 Denninger, Recht in globaler Unordnung (2005), S. 207–220; zu neuen Sicherheitsinstrumenten Schneider, ZD 2011, 6, 12.
31 Dazu Grimm, Die Verfassung und die Politik (2001), S. 103.
32 Vgl. Petri, RDV 2010, 197, 201 f.
33 Limbach, Festvortrag anlässlich des 53. Deutschen Anwaltstages (2000).
34 BVerfG v. 27.02.2008, BVerfGE 120, 274; s. a. Hoffmann-Riem, JZ 2008, 1009, 1015 f.

einzusetzen, um die Kommunikation und abgelegte Daten auf internetfähigen Rechnern verdächtiger Personen heimlich zu erforschen. Der „Zugriff" auf die gesamten Datenbestände eines privat genutzten PC gehe „in seinem Gewicht für die Persönlichkeit des Betroffenen über einzelne Datenerhebungen, vor denen das Recht auf informationelle Selbstbestimmung schützen soll, weit hinaus".[35] Das IT-Grundrecht soll dem Umstand Rechnung tragen, dass eigene „informationstechnische Systeme einen besonders großen Funktionsumfang und besonders weitreichende Entfaltungschancen bieten, zugleich für den Nutzer aber wenig beherrschbar sind".[36] Da der Einzelne wesentlich von der Nutzung informationstechnischer Systeme abhängig ist, betont das Gericht den grundrechtlichen Schutz der **Integrität** dieser **physischen Systeme.** Bestehende softwaretechnische Schutzmechanismen werden damit durch verfassungsrechtliche Schranken abgesichert, ein wirkungsvoller technischer Selbstschutz für Nutzer (z. B. bei PDAs und Mobiltelefonen) bleibt zwar schwierig, wird aber durch diese normativen Vorgaben gestärkt.

Das BVerfG fordert daher verfahrensrechtliche Vorkehrungen zum Schutz des Betroffenen. Sie sollen insbesondere ein Eindringen in den „absolut geschützten Kernbereich privater Lebensgestaltung" verhindern:

Zur Entfaltung der Persönlichkeit im Kernbereich privater Lebensgestaltung gehört die Möglichkeit, innere Vorgänge wie Empfindungen und Gefühle sowie Überlegungen, Ansichten und Erlebnisse höchstpersönlicher Art ohne die Angst zum Ausdruck zu bringen, dass staatliche Stellen dies überwachen.[37]

In einem früheren Urteil, in dem sich das Gericht mit dem Abhören von Gesprächen innerhalb der Wohnung (Wanze) zu Zwecken der Strafverfolgung durch die Polizei befasste, hieß es weiter: „Die Privatwohnung ist als ‚letztes Refugium' ein Mittel zur Wahrung der Menschenwürde"[38]. Totalitäre Regime haben sie immer missachtet und hemmungslos observiert. Der Schutz der räumlichen Privatheit war seit jeher Teil einer zivilen Rechtskultur und trägt in tatsächlicher Hinsicht zur Wahrung und Erweiterung innerer Freiräume bei.[39]

Dazu gehört die Möglichkeit der höchstpersönlichen Selbstdarstellung etwa in Tagebüchern oder in Film- und Tonaufzeichnungen, unabhängig davon, ob sie an geografisch bestimmbaren Orten oder im virtuellen Raum stattfindet.[40] Gleichwohl spielt der geografische Raum als „organisierendes Prinzip und als ein Konstituens sozialer

---

35 BVerfG v. 27.02.2008, BVerfGE 120, 274, 313.
36 Bäcker, in: Uerpmann-Wittzack (Hg.), Das neue Computergrundrecht (2009), S. 11.
37 BVerfG v. 27.02.2008, BVerfGE 120, 274, 335 unter Berufung auf BVerfG v. 03.03.2004, BVerfGE 109, 279, 313; zur Bedeutung des Kernbereichs vgl. Hornung, Grundrechtsinnovationen (2015), S. 321.
38 BVerfG v. 03.03.2004, BVerfGE 109, 279, 314; dazu Hohmann-Dennhardt, in: Duttge/Tinnefeld (Hg.), Gärten, Parkanlagen und Kommunikation (2006), S. 85–95.
39 S. a. Britz, Freie Entfaltung durch Selbstdarstellung (2007), S. 36 f.
40 BVerfG v. 27.02.2008, BVerfGE 120, 274, 335 f.

Beziehungen" weiterhin eine besondere Rolle.[41] Der virtuelle Raum ist durch die IKT mit der physikalischen Welt verknüpft (Cyber Physical Systems). In beiden stellen sich neue Herausforderungen an den Datenschutz und die Informationsfreiheit.

Im europäischen Datenschutz ist der Schutz der Privatheit mit der Forderung nach **Transparenz** verbunden. Der Betroffene muss klar und deutlich darüber informiert werden, welche Daten (Gesundheits- und Sozialdaten, Konto-, Kredit-, und Steuerdaten usw.) über ihn gesammelt werden und zu welchem Zweck, und für wen sie transparent sind. Insbesondere im Internet erfahren Nutzer häufig nicht, für wen Daten einsehbar sind und an wen sie weitergeleitet werden.[42]

Viele grundrechtlich hoch entwickelte Staaten der Welt haben das datenschutzrechtliche Transparenzprinzip mit dem Recht auf **Informationsfreiheit** verbunden. In erster Linie handelt es sich um das Recht auf **Zugang zu den Informationen der öffentlichen Verwaltung** (freedom of information).[43] Die Informationsfreiheit ist ein Kennzeichen moderner Verwaltung und soll dem Einzelnen einen möglichst unbeschränkten Zugang zu Informationen und Dokumenten des Staates einräumen. In einer Demokratie bilden öffentlich zugängliche Informationen auch die Voraussetzung für die politische Auseinandersetzung und die Einflussnahme der Bürger auf Staatsgeschäfte.

Social-Media-Angebote, die sich an eine breite Internet-Öffentlichkeit richten, sind i. d. R. allgemein zugängliche Informationsquellen, die international einen „free flow of information" ermöglichen. Sie haben ggf. Auswirkungen für die Rechtspositionen des Datenschutzes. Das bedeutet, beide Rechte in eine jeweils optimale Konkordanz zu bringen. Denn: Datenschutz und Informationsfreiheit sind beide Bedingung für eine freie Entfaltung des Einzelnen und eine freiheitliche, demokratische Ordnung.[44]

Seit dem 1. Dezember 2009 ist der (supranationale) Vertrag von Lissabon in Kraft. Damit ist auch die Charta der Grundrechte der Europäischen Union (GRCh) rechtswirksam geworden. Der deutsche Staat ist wie alle Mitgliedstaaten der Europäischen Union als Unterzeichnerstaat an die Europäische Menschenrechtskonvention (EMRK) und im Geltungsbereich des Lissaboner Vertrags an die Grundrechte der Union gebunden. Die Erhaltung und Entfaltung der Grundrechte richten sich wesentlich nach den Vorgaben der Konvention, die 1953 als völkerrechtlicher Vertrag wirksam geworden ist. Die Konvention enthält zwar keine Bestimmungen über die Art ihrer Geltung in den einzelnen Mitgliedstaaten. Einigkeit besteht aber darüber, dass mangels besonderer Regelungen für die Bestimmungen des Beitrittsabkommens sowie für die

---

[41] Schlögel, Im Raume lesen wir die Zeit (3. A. 2003), S. 36 f.
[42] Pariser, The Filter Bubble: What the Internet is Hiding from You (2012), S. 47 ff.
[43] Zur Entstehungsgeschichte vgl. Masing, Transparente Verwaltung: Konturen eines Informationsverwaltungsrechts, VVDStRL 63 (2004), S. 377; grundlegend Vismann, Akten: Medientechnik und Recht (5. A. 2011).
[44] Simitis, KritV 2000, 368.

EMRK selbst die allgemeinen Regeln über den Rang völkerrechtlicher Verträge der Union zum Tragen kommen.[45] Als Teil der Unionsrechtsordnung hat die EMRK in den Mitgliedstaaten Geltung. Unabhängig davon ist für jede Norm der EMRK zu bestimmen, ob sie eine eindeutige Verpflichtung für die Unterzeichnerstaaten enthält. Mit der Erklärung von Menschenrechtsverträgen erklären sich die Staaten dazu bereit, ihre Souveränitätsrechte einzuschränken, sodass sich betroffene Bürger im Einzelfall auf Menschenrechtsverletzungen vor dem Europäischen Gerichtshof für Menschenrechte (EGMR) berufen können.[46] Der Gerichtshof in Straßburg bezieht in seinen Entscheidungen die Rechtsordnungen der Mitgliedstaaten im Wege einer wertenden Rechtsvergleichung mit Blick auf die Zielsetzung der EMRK für seine eigenständige Interpretation heran und kann als einflussreiches Gericht, ebenso wie der EuGH, Entscheidungen der nationalen Verfassungsgerichte infrage stellen.[47] Schon bisher hat insbesondere der EGMR den unantastbaren Menschenrechtsgehalt der Freiheitsrechte unmissverständlich verteidigt.

1.1.1 Informations-, Wissens- und Zivilgesellschaft

Die vernetzte Welt-Gesellschaft versteht sich als Informations- und Wissensgesellschaft. Was aber bedeuten Information und Wissen in Verbindung mit den Informations- und Kommunikationstechnologien (IKT)? Welcher Zusammenhang besteht zwischen menschlichem Tun, Kulturen und Zivilisationen?

Information zeichnet sich durch ihren immateriellen Charakter aus. Sie bestimmt als dritte Grundgröße neben der Materie und der Energie alle Lebensbereiche. Information ist Grundlage der interaktiven Freiheit aller Menschen und zugleich unentbehrlich für die Funktionserfüllung des Staates.[48] Information leistet Dienste und erzeugt Wirkungen (pragmatische Dimension). Sie ist zu einer dynamischen Produktivkraft im Wirtschaftsleben geworden und gewinnt als **Wirtschaftsgut** und damit auch als **Wettbewerbsfaktor** zunehmend an Bedeutung.[49]

Wissen und Information stehen zueinander in einer Verbindung bzw. Wechselbeziehung. Informationsinhalte beeinflussen menschliches Bewusstsein und das Wissen über die Bedeutung der Privatheit in unterschiedlichen situationsspezifischen **Kontexten.** Insofern ist es konsequent, wenn der Datenschutz hervorhebt, dass die

---

45 Vgl. Gragl, ZeuS 2011, 414; Leutheusser-Schnarrenberger, DuD 2010, 519.
46 Schiedermair, Der Schutz des Privaten als internationales Grundrecht (2012), S. 172 f.
47 EuGH v. 09.11.2010, DuD 2011, 137.
48 Hoffmann-Riem, in: Der Landesbeauftragte für Datenschutz und für das Recht auf Akteneinsicht Brandenburg (Hg.), Dokumentation internationales Symposium Informationsfreiheit und Datenschutz in der erweiterten Europäischen Union (2001), S. 28 f.
49 Zur marktwirtschaftlichen Orientierung des Datenschutzes Roßnagel/Pfitzmann/Garstka, Gutachten Modernisierung des Datenschutzrechts (2001), S. 72 ff.

persönliche Information nur im Rahmen einer konkreten sozialen Relation rechtlich zugeordnet werden kann. Das datenschutzrechtliche Gebot der Zweckbindung, wonach Informationen nur zu bestimmten, legitimen Zwecken verwendet werden dürfen,[50] folgt dieser Einsicht.

> **Beispiel**
> Die Berufsbezeichnung „Staatsanwalt" oder „Organist einer Kirche" usw. kann in Verbindung mit einer Namensliste von Patienten, die sich vorübergehend in psychiatrischer Behandlung befunden haben, eine berufliche Gefährdung einleiten. Die Verknüpfung der Patientennamen mit dem jeweiligen Beruf auf der Namensliste ist für die Zwecke der Behandlung nicht erforderlich. Das Wissen des Dienstherrn oder des Arbeitgebers über die Tatsache der Behandlung kann dazu führen, dass der Betroffene als „psychisch Kranker" diskriminiert sowie als untauglich für das Arbeitsleben eingestuft und entlassen wird. Das Recht auf informationelle Selbstbestimmung und Diskriminierungsverbote garantieren, dass die betroffene Person „sich selbst" darstellen kann und nicht automatisch als Mitglied einer bestimmten Gruppe mit bestimmten (vermeintlichen) Eigenschaften wahrgenommen wird.[51]

Wo die kontextgebundene Einbettung der Information durch eine zweckfreie Verarbeitung verloren geht, verliert sich Wissen und mithin auch die Transparenz über bedeutungstragende Zusammenhänge. Wenn aber die an einem Informationsprozess Beteiligten nicht mehr durchschauen können, was ihnen in Form von Informationen zur Verfügung steht, wachsen „die Abhängigkeiten gegenüber Informationen und das selbst erworbene und selbst beherrschte Wissen nimmt ab".[52]

Francis Bacon (1561–1626) hat sich bereits vor dem eigentlichen Zeitalter der Aufklärung nach der Maxime **„Wissen ist Macht"** mit den Informationsbedingungen befasst, unter denen der wissenschaftliche und technische Fortschritt wirkungsvoll organisiert werden kann.[53] Danach ist es nicht mehr die Wissenschaft selbst (ipsa scientia), sondern „die gezielt erhobene, sicher gespeicherte, vernetzbare und abrufbare Information über ein spezifisches Faktum", welche Macht schaffen kann.[54] Die Einsicht von Bacon kann angesichts der digitalen Datenverarbeitung auch so formuliert werden: Macht, die nur auf unzureichender Information basiert, ist **Macht ohne Wissen,** die Unsicherheit, Angst und Unterlegenheit bei vielen Menschen erzeugt. Der Philosoph Hans Jonas verdeutlicht diese Situation, wenn er auf die „enorme Entmündigung des Einzelnen durch den faktischen und psychologischen Massenzwang der technologischen Ordnung" hinweist.[55]

---

50 BVerfG v. 15.12.1983, BVerfGE 65, 1, 43.
51 Britz, Freie Entfaltung durch Selbstdarstellung (2007), S. 55.
52 Mittelstraß, Leonardo-Welt (2. A. 1992), S. 232 ff.
53 Bacon, Neues Organ der Wissenschaften (1974).
54 Hassemer, Datenschutz und Datenverarbeitung heute (1995), S. 28.
55 Jonas, Das Prinzip Verantwortung (1985), S. 219; Beck, Risikogesellschaft (1986), S. 24, charakterisiert die heutige Gesellschaft als Risikogesellschaft, die zur „Einschätzung und Abwendung des Schlimmsten an das Urteil der Techniker (aus)geliefert ist."

Kultur ist die Art, wie Menschen miteinander und mit der Umwelt umgehen. Sie ist das Ergebnis einer Wechselwirkung, in der zunehmend verschiedene Kulturen aufeinandertreffen. Kulturen müssen mit Mehrdeutigkeiten leben: Sprache, Gesten und Zeichen sind häufig nicht eindeutig, Handlungen müssen interpretiert und Werte müssen miteinander versöhnt oder unversöhnt nebeneinander toleriert werden. Die Konsequenzen für die jeweiligen Gesellschaften sind einschneidend. Politik, Recht und Religion, der Umgang mit sexuellem Verhalten, mit Freunden, Fremden und mit Minderheiten wird wesentlich davon geprägt. Die menschenrechtlichen Probleme, die im Umgang mit „kultureller Differenz" auftreten, sind vielgestaltig und im vereinten Europa jeweils aus der konkreten verfassungsrechtlichen Perspektive der EU und ihren Mitgliedstaaten auch für Flüchtlinge zu erschließen.[56] Heute greifen oft auch Algorithmen kulturelle Ähnlichkeiten und Verschiedenheiten auf. Wie betroffene Menschen mit dieser Technologie umgehen können, zeigt der Datenschutz als Lotse in der Informationsgesellschaft.[57]

Eine umweltbezogene Modifikation des Begriffs „Kultur" findet sich bei Andrea Raschèr und Christoph Reichenau. Beide verbinden Kultur mit den drei Dimensionen des Begriffs „Nachhaltigkeit" im Sinne des Brundtlandberichts von 1987, der von der Untrennbarkeit der ökologisch-ökonomisch-sozialen Lebensgrundlagen ausgeht.[58] Die so verstandene Kultur ist Ausdruck einer ganzheitlichen Sicht menschlichen Lebens, die den **„zivilisatorischen Kulturbegriff"** ausmacht.[59] Dieses Verständnis ist relevant, um die inneren und äußeren Voraussetzungen für den Schutz der Privatheit näher darzustellen.[60] Auch der EGMR in Straßburg hat die umweltbezogenen Einwirkungen auf die Entfaltung des Privatlebens (Art. 8 Abs. 1 EMRK) betont und ausgeführt, dass sie als äußerer Teil zur Lebenswirklichkeit der Privatsphäre des Einzelnen gehören, in der er die Entwicklung und Erfüllung seiner Persönlichkeit anstreben kann.[61]

Zu der als **Zivilisation** verstandenen Kultur gehört die Anerkennung der Allgemeinen Menschenrechte (1948), „die als der bisher größte Beweis [...] hinsichtlich eines bestimmten Wertesystems angesehen werden kann".[62] Seither betonen europäische Grundrechtskataloge die **Achtung der Menschenwürde** (Art. 1 GRCh, Art. 1 Abs. 1 GG), die jedem Menschen zusteht, die unantastbar und unveräußerlich ist. Es

---

56 S. a. Britz, Kulturelle Rechte und Verfassung (2000), S. 2 f.
57 Zum Datenschutz als Lotse in der Informationsgesellschaft Tinnefeld, DuD 2005, 328; Schmale/Tinnefeld, Privatheit im digitalen Zeitalter (2014), S. 77–94.
58 S. unter: https://www.nachhaltigkeit.info/artikel/brundtland_report_1987_728.htm (letzter Abruf 03.11.2015); s. a. Klein, Die Entscheidung Kapitalismus vs. Klima, (2015).
59 Zum Begriff Kulturen – Zivilisationen vgl. Raschèr/Reichenau, in: Mosimann/Renold/Raschèr (Hg.), Kultur, Kunst und Recht (2009), Kap. 1 § 1 Rn. 1 ff. m. w. N.
60 Tinnefeld, DuD 2011, 598 m. w. N.
61 Vgl. EGMR v. 19.02.1998, NVwZ 1999, 57. In dem Urteil ging es um Staatenpflichten im Zusammenhang mit Umweltverschmutzungen aufgrund industrieller Emissionen.
62 Bobbio, Das Zeitalter der Menschenrechte (1999), S. 9.

gehört zu den maßgeblichen Prinzipien einer Verfassung, die in der Menschenwürde wurzelnde Gleichheit aller zu respektieren: Die Anerkennung der **Gleichheit jedes Menschen** vor dem Gesetz (vgl. etwa Art. 20 GRCh; Art. 3 Abs. 1 GG) verbietet das Entwürdigen und die Verächtlichmachung Anderer, begründet ein rechtliches Unterscheidungsverbot bei der Verarbeitung personenbezogener Daten nach Abstammung, Geschlecht, Stand, Herkunft und Religion (vgl. etwa Art. 14 EMRK; Art. 21 GRCh; Art. 3 Abs. 3 GG). Die DS-GVO befasst sich vor dem Hintergrund neuer Entwicklungen mit der Frage besonders **risikoträchtiger Daten** (besondere Kategorien von personenbezogenen Daten), aus denen die „rassische, und ethnische Herkunft, politische Meinungen, religiöse oder weltanschauliche Überzeugungen oder die Gewerkschaftszugehörigkeit hervorgehen, sowie die Verarbeitung von genetischen Daten, biometrischen Daten zur eindeutigen Identifizierung einer natürlichen Person, Gesundheitsdaten oder Daten zum Sexualleben oder der sexuellen Orientierung einer natürlichen Person" (Art. 9 Abs. 2 DS-GVO). Sie sind als Selektionskriterien in gesetzlichen Regelungen bzw. als Grundlage für Entscheidungen grundsätzlich nicht zulässig.

Seit den zwei brutalen Weltkriegen im 20. Jahrhundert leben Menschen- und Grundrechtserklärungen von der Bindung an die Menschenwürde und den daraus folgenden Grundsätzen individueller Selbstbestimmung und gleicher Freiheit.[63] Sie schützen die Autonomie der verschiedenen Subsysteme: politische und wirtschaftliche Instanzen, Gewerkschaften oder andere Einrichtungen und mithin eine pluralistische (tolerante) Demokratie.[64] Der moderne (liberale) Staat ist verpflichtet, die Menschenrechte mit den rechtsstaatlichen Grundsätzen der Verfassung (Gesetzmäßigkeit der Verwaltung und Unabhängigkeit der Gerichte) zu verbinden und einzuhalten.[65] Aus diesem Standard heraus lassen sich Antworten auf fundamentalistische Bewegungen finden, die von ihrer Überlegenheit überzeugt sind und radikale Vorstellungen etwa religiöser oder politischer Art zum einzig verbindlichen Prinzip der Weltordnung machen wollen.

1.1.2 Internetkommunikation und technischer Grundrechtsschutz

Im Zusammenhang mit den neuen **Technologien** zeichnet sich zunehmend eine **kulturelle Wende** in Verbindung mit einer globalen Kommunikationsstruktur ab.[66] Das Denken und Tun des Menschen ist zwar nach wie vor durch seine Kultur (in Stamm, Volk, Nation, Religion, Klasse usw.) geprägt. Es wird aber mehr und mehr durch die Internetkommunikation verändert.

---

[63] Dazu Joas, Die Sakralität der Person (2011), S. 108 ff.
[64] Zur Respekt-Toleranz vgl. Forst, Toleranz im Konflikt (2003), S. 45.
[65] Grundlegend Häberle, Europäische Rechtskultur (1997).
[66] Raschèr/Reichenau, in: Mosimann/Renold/Raschèr (Hg.), Kultur, Kunst und Recht (2009), Kap. 1 § 1 Rn. 10.

Wir sind sprachliche Wesen. Wir verstehen uns nur im Gespräch mit anderen. Erzählend entwickeln wir unsere Vorstellung von uns selbst. Von unserer Herkunft erfahren wir durch die Geschichten, die erinnerten, die erfundenen unserer Vorfahren, von uns selbst erfahren wir durch die Reaktionen der anderen. Als solche sprachlichen Wesen, die sich dialogisch, mit und durch andere begreifen, sind wir abhängig davon, dass wir unsere Erfahrungen in eine Geschichte betten können. Wie mäandernd sich unsere Leben auch ihren Weg bahnen, suchen wir doch danach, den Verlauf in ein Narrativ bringen zu können. [...]. Durch Anerkennung oder Abweisung der Gegenüber zeichnen sich unsere Eigenarten und Andersartigkeiten, Ähnlichkeiten und Verschiedenheiten, unsere Individualität also, erst ab und aus.[67]

Oder anders ausgedrückt: Andere Menschen bilden online und offline das soziale Umfeld, in dessen Rahmen sich der Einzelne kulturell entfaltet.[68]

Im Internet konnte bisher niemand sicher wissen, wer der Kommunikationspartner war. Jedem war es möglich, prinzipiell jedwede „Identität" annehmen, die nichts oder wenig mit ihm als „Persönlichkeit" zu tun hat. Die Zeit, in der das Internet ein anonymes Medium war, wo jeder in der Maske eines Anderen auftreten konnte, wo, so die Worte auf der berühmten New Yorker Karikatur von Peter Steiner (1993), „nobody knows you're a dog", wandelt sich. Das Internet wird zunehmend zu einem Medium der personalisierten Suche und Analyse, wo die Ergebnisse für neue Zwecke (z. B. durch Auslesen von Profildaten für das Beschäftigtenverhältnis, für speziell ausgesuchte Werbung oder für „Friendfinder" in sozialen Netzwerken) verwandt werden.[69] Die umstrittene anlasslose Speicherung von Daten über die näheren Umstände einer Telekommunikation (Verkehrsdaten) für Zwecke der Strafverfolgung ist ein besonders aussagekräftiges Beispiel für die Tendenz, unbeobachtete menschliche Kommunikation zu eliminieren. Vor dem Hintergrund dieser Entwicklung ist es fraglich, ob und wie Kommunikationspartner noch anonym an vertrauliche Nachrichten gelangen können.

Zahlreiche Menschen, insbesondere Jugendliche, erproben neue kommunikative Rollen im World Wide Web (WWW). In welcher Gestalt und in welcher Rolle (identifizierbar, anonym oder pseudonym) wollen und können sie ihre Privatheit und Selbstbestimmung leben? Im Zusammenhang mit den technischen Möglichkeiten und Maßnahmen zum Schutz der Privatheit sind die dafür wesentlichen Begriffe der Anonymität, Pseudonymität und Vertraulichkeit näher zu betrachten.

Die Sprache gibt erste Hinweise auf die Bedeutung von **Anonymität**. Das Wort ist griechischen Ursprungs. „Anonymus" ist der Namenlose, aber auch der Un-Bekannte, den man nicht kennt oder der nicht identifiziert werden kann. Menschen identifizieren sich gegenseitig vornehmlich über ihren Namen. Damit wird bereits deutlich, dass Anonymität sich auf zwei oder mehrere Parteien beziehen kann.

---

67 Emcke, Stumme Gewalt, Zeit Online v. 06.09.2007 unter: http://www.zeit.de/2007/37/Herrhausen-Emcke (letzter Abruf 24.02.2017).
68 Dazu Suhr, Entfaltung der Menschen durch die Menschen (1976), S. 78 f.
69 Übersicht bei Pariser, The Filter Bubble: What the Internet is Hiding from You (2012), S. 6 ff.

> **Beispiel**
> Der Sender einer Nachricht will gegenüber seinem Kommunikationspartner unerkannt, also anonym bleiben. Der Patient möchte nicht, dass seine Kommunikation mit einem Arzt gegenüber Dritten offenbar wird. Sie soll „geheim" und vertraulich bleiben. In der Verbindung Arzt – Patient wird der Inhalt der Kommunikationsbeziehung als solche durch das Patientengeheimnis und ggf. durch das Telekommunikationsgeheimnis geschützt.

Rechtlich handelt es sich um „Senderanonymität", wenn der Empfänger einer Nachricht nicht weiß, wer sie verschickt hat. Dagegen spricht man von „Empfängeranonymität", wenn der Sender eine Nachricht abschicken kann, ohne dass er weiß, wer der Empfänger ist. Technisch gesehen wäre bei einer Web-Anfrage Senderanonymität gegeben, wenn der Rechner nicht einem bestimmten Webserver zugeordnet werden kann.[70]

> **Beispiel**
> Ein Aidsverdächtiger möchte, dass sein HIV-Test anonym durchgeführt wird. Der Getestete kann zu diesem Zweck ein Codewort mit der testenden Stelle vereinbaren und darüber das Ergebnis der Blutuntersuchung erfahren. Das Verfahren ist aufgrund des Selbstbestimmungsrechts der betroffenen Person geboten und auch möglich, da die testende Einrichtung bei einem positiven Ergebnis keine namentliche Meldepflicht an das Robert-Koch-Institut in Berlin hat, das für seine Zwecke nur die Anzahl der infizierten Personen, nicht aber die persönliche Zuordnung der besonderen (sensiblen) Information benötigt.[71]

Anonymität hat pragmatisch betrachtet immer auch etwas mit den konkreten Gefährdungslagen zu tun, aus denen heraus sich der wesentliche Inhalt, das Ausmaß und die Wirkungen des grundrechtlichen Schutzes bestimmen lassen.

> **Beispiel**
> Bankräuber maskieren sich, um eine Bank auszurauben. Sie wollen anonym bleiben, damit ihnen die Tat nicht zugerechnet werden kann. Whistleblower, die erhebliche Missstände in ihrer Firma öffentlich machen, wollen anonym bleiben, um vor einer Kündigung durch den betroffenen Arbeitgeber geschützt zu sein. Wenn ihnen die Meldung nicht zugerechnet werden kann, ist es aber für einen anderen angeschuldigten Mitarbeiter wesentlich schwerer, sich zu rechtfertigen. Datenschutzrechtlich ist ein Verfahren zu suchen, dass auch den Angegriffenen schützt.[72] Strafverfolgungsbehörden nutzen deanonymisierende Elemente wie biometrische Merkmale, DNA-Material, Daten aus einer Videoüberwachung, um verdächtige Personen zu identifizieren oder anlasslos gespeicherte Telekommunikationsdaten, um mögliche Täter zu finden.[73]

---

[70] Ausführlich Brunst, Anonymität im Internet (2009), S. 7–31.
[71] Vgl. § 7 Abs. 3 Nr. 2 i. V. m. Abs. 2 IFSG. Damit identische Fälle nicht mehrfach erfasst werden, muss eine fallbezogene Verschlüsselung übermittelt werden.
[72] Tinnefeld/Rauhofer, DuD 2008, 717 m. w. N.
[73] Zur Verfassungswidrigkeit und zur Datenschutzfrage in Europa vgl. Petri, DuD 2011, 607.

> **Beispiel**
> Informanten von Journalisten wollen anonym bleiben. In Fällen schwerer Kriminalität und Menschenrechtsverletzungen (z. B. Folter) hängt häufig der Schutz ihres Lebens davon ab, dass sie unbekannt bleiben. Der EGMR hat den Schutz journalistischer Quellen als eine der Grundbedingungen der Pressefreiheit und als wichtigen Beitrag zur Meinungsfreiheit anerkannt.[74] Anonymität steht daher häufig nicht nur im Zusammenhang mit dem Schutz der Privatheit, sondern auch mit den Möglichkeiten der freien Meinungsäußerung und der Informationsfreiheit.

In der Realität liegt Anonymität immer nur relativ vor. Die Frage ist, welche zusätzlichen Informationen mit welchem Aufwand für eine De-Anonymisierung notwendig sind. Roger Dingledine formuliert treffend: „[...] the question shifts from, is it anonymous? to is it anonymous enough?"[75] Es gibt verschiedene Auffassungen darüber, wie Anonymität zu definieren ist. Die Informatik orientiert sich an internationalen Standards (z. B. an ISO 15408) und spricht von einem Zustand, in dem jemand oder etwas innerhalb der ihn umgebenden Subjekte nicht identifizierbar ist (Anonymitätsset).[76] Das Risiko personenbezogener Datenspuren in einer vernetzten Welt lässt sich durch Maßnahmen der Nutzer oder durch die Inanspruchnahme von Anonymisierungsdiensten (z. B. von JAP) oder anderen datenschutzfördernden Techniken (z. B. attributbasierter Zertifikate statt Identitätszertifikate) selbst minimieren. Sie sind Teil begrenzter Möglichkeiten des **Selbstdatenschutzes**[77] und der digitalen Selbstverteidigung im Internet.[78] Werden mehr als nur die erforderlichen Informationen offenbart, dann erhöht sich die Gefahr des Identitätsmissbrauches, etwa im Rahmen mobiler sozialer Netzwerke. Ein gewisses Dilemma ergibt sich allerdings für die Sicherheitsbehörden: Der kriminelle Nutzer soll enttarnt, der unbescholtene Nutzer aber nicht identifiziert werden.

In vielen Fällen, in denen von Anonymität die Rede ist, handelt es sich allerdings um pseudonyme Konstruktionen. Unter dem aus dem Griechischen kommenden Begriff **Pseudonym** wird ein Deckname verstanden. Die Handlungen eines pseudonymen Nutzers sind mit einer alternativen Identität, etwa einem frei gewählten Nutzernamen oder auch einer Nummer verbunden.

---

74 EGMR v. 27.03.1996, MR 1996, 123; zum Schutz des Vertrauensverhältnisses von Informanten vgl. BVerfG v. 27.02.2007, BVerfGE 117, 244.
75 Dingledine, The Free Haven Project (2000), S. 11.
76 Pfitzmann/Hansen, Anonymity, Unlikability, Undetectability, Unobservability, Pseudonymity, and Identity Management – A consolidated proposal for Terminology (2008).
77 Albrecht, Finger weg von unseren Daten! (2014), S. 70–94.
78 S. unter: https://digitalcourage.de (letzter Abruf 06.06.2016).

> **Beispiel**
> Ein weltberühmtes Pseudonym war „Deep Throat". Unter diesem Decknamen gab der wichtigste Informant in der Watergate-Affäre (1972–1974) Journalisten der Washington Post Einblicke in korruptes Regierungsverhalten, die zum Rücktritt des US-Präsidenten Nixon führten.[79] Die Zuordnung des Pseudonyms zum „realen" Namen des Agenten William Mark Felt wurde 30 Jahre lang geheim gehalten.[80] Mit dem Skandal verbunden ist gleichzeitig ein Plädoyer zugunsten einer allgemeinen Zugänglichkeit von Regierungsunterlagen (freedom of information).[81]

Pseudonymität ermöglicht es den interagierenden Parteien, untereinander erkennbar zu bleiben (z. B. im rechtsgeschäftlichen Verkehr bei Karten einer Payback-Gruppe oder bei Mobiltelefonen mit SIM- und E-Mail-Nummer). Sicherheitsbehörden decken nicht nur Pseudonyme auf, sondern nutzen sie ihrerseits, um etwa im Rahmen von Zeugenschutzprogrammen Informanten eine Tarnidentität zu geben oder verdeckte Ermittlungsaufgaben durchzuführen.[82] Denkbar ist auch, dass Anbieter eine Reihe von Interessensdaten beobachten, ohne die Betroffenen zu identifizieren (Klassenbildung unter Pseudonym). Das kann dazu führen, dass Nutzer Angebote erhalten, die für sie nicht transparent sind.

Anonymität und Pseudonymität betreffen die Identität der Partner. Pseudonymität zeichnet sich im Gegensatz zur Anonymität vor allem dadurch aus, dass vorherige mit gegenwärtigen Aktionen verknüpft werden. Dagegen bezieht sich der Begriff **Vertraulichkeit** auf den Inhalt einer übertragenen Information, der nur für Befugte zugänglich und verfügbar sein soll. Im Hinblick auf die digitale Kommunikation bedeutet dies, dass Sender und Empfänger Informationen austauschen können, zu denen eine dritte Partei keinen Zugang hat.

> **Beispiel**
> Anonymisierungsdienste haben die Aufgabe, den Nutzer gegenüber einem Anbieter unkenntlich zu machen. Wenn zusätzlich der Datenverkehr zwischen Nutzer und Anonymisierungsdienst verschlüsselt wird, kann auch ein externer Beobachter nicht erkennen, welche Inhalte zwischen Nutzer und Anbieter vertraulich ausgetauscht werden. Voraussetzung ist, dass die richtigen Schlüssel für ein anonymes verschlüsselndes Verfahren ausgesucht werden.

Der Vertraulichkeitsschutz steht im Zentrum des grundrechtlich verankerten Post- und Fernmeldegeheimnisses. Eingriffe in diesen Schutz unterliegen einer besonderen richterlichen Kontrolle. Exemplarisch hat der EGMR auf die „Bedeutung einer

---

79 Detaillierter Überblick bei Bernstein/Woodward, All The President's Men (1974).
80 Day, Credit Management 2006, 38, 39.
81 Vgl. etwa den novellierten Freedom of Information Act von 1974, der US-Behörden dazu verpflichtet, den Bürgern größtmögliche Akteneinsicht zu gewähren unter: http://www.loc.gov/rr/frd/Military_Law/pdf/FOIA-1974.pdf (letzter Abruf 22.03.2012).
82 § 110a Abs. 1 StPO.

richterlichen Kontrolle auf einem Gebiet [hingewiesen], in dem Missbräuche in Einzelfällen so leicht möglich sind und derart schädliche Folgen für die demokratische Gesellschaft insgesamt haben können".[83]

1.1.3 Neue Räume und Zugriffsmöglichkeiten in der digitalisierten Netzwelt

Die Entwicklung und Ausgestaltung der Gesellschaft und ihres Umfeldes (z. B. in der Stadt) ist von der digitalisierten Netzwelt nicht mehr zu trennen. Es entstehen neue Räume, die nicht an geografische Territorien gebunden sind. Die Menschen rücken darin aufeinander zu und kommunizieren im Rahmen verschiedener Zeiten, Kulturen und Zivilisationen. Zugleich finden sich in den globalen „Informationsströmen" Merkmale und Verhaltensweisen einer Vielzahl von Personen, an denen Staaten und Dritte interessiert sind. Vom Schub der Entgrenzung von Kommunikation und Information profitieren insbesondere organisierte Cyberkriminelle, aber auch Geheimdienste. Mit der explosiven Verbreitung audiovisueller Inhalte über das Internet sind neue Herausforderungen für die Fortschreibung des Rechts auf Privatheit und Datenschutz sowie für die Informationsfreiheit verbunden.[84]

Mit überzeugenden Gründen hat das BVerfG darauf hingewiesen, dass nicht nur die private Wohnung, sondern auch die Öffentlichkeit Räume bieten muss, in denen der Einzelne ungestört kommunizieren kann.[85] Nichts anderes kann grundsätzlich im Cyperspace gelten. Das schließt allerdings nicht aus, dass sich in der Netzwelt interkulturelle Wertkonflikte anbahnen, die insbesondere den grundrechtlichen Schutz der Privatheit sowie der Meinungs- und Pressefreiheit berühren. Ein herausragendes Beispiel ist WikiLeaks. Dabei geht es um eine Webseite, auf welcher der Betreiber geheim gehaltene Meinungen und Informationen von Staaten oder von privaten Einrichtungen (z. B. Banken) der Öffentlichkeit zugänglich macht.

Beispiel
Ein Staatsdiener hat Zugriff auf die zentrale Datenbank der US-Administration, in der Botschafterdepeschen gespeichert sind. Er lädt mehrere tausend Dokumente auf einen oder mehrere Memorysticks und sendet den Inhalt an WikiLeaks. Damit unterläuft er nicht nur die ursprünglichen Zweckbindungsgebote der vertraulichen Depeschen, sondern verrät möglicherweise auch Staatsgeheimnisse.

In der Allgemeinen Erklärung der Menschenrechte von 1948 wird die Meinungs- und Informationsfreiheit definiert als „freedom to receive and impart information and

---

[83] EGMR v. 06.09.1978, NJW 1979, 1755, 1758; vgl. auch EGMR v. 25.03.1998, StV 1998, 683.
[84] Zu den Herausforderungen für das Gemeinwesen 2.0 Heckmann, digma 2011, 12.
[85] BVerfG v. 15.12.1999, BVerfGE 101, 361; s. a. BGH v. 19.06.2007, GRUR 2007, 899, 900; vgl. Übersicht über die Rechtsprechung zur „Privatsphäre in der Öffentlichkeit" bei Kröner, in: Paschke/Berlit/Meyer (Hg.), Hamburger Kommentar Gesamtes Medienrecht (3. A. 2016), 31. Abschnitt, Rn. 40.

ideas through any media and regardless of frontiers" (Art. 19 AllgErklMR). Darf dieses Recht aus Gründen des Gemeinwohls eingeschränkt werden? Wer entscheidet darüber, wem und wann eine Nachricht mitzuteilen ist, die bei der Bevölkerung, im eigenen Land oder in anderen Teilen der Welt Panik auslösen könnte? Kann das Informationsinteresse der Bürger zugunsten des Rechts auf Privatheit und Datenschutz eingeschränkt werden? Es sind Fragen, die im Zentrum internationaler Bürgerdebatten stehen. Sie sind insbesondere auch von Enthüllungsplattformen ausgelöst worden und können den demokratischen Diskurs in Richtung einer Strukturreform in der Verbindung von Datenschutz und Informationsfreiheit bzw. einer effektiven Verwaltungs-Transparenz weiter bewegen.[86]

Prominente Journalisten fordern mit überzeugenden Gründen „Enthüllungsjournalisten" auf, „handwerkliche Tugenden wie das Einordnen und die Gewichtung von Informationen in die digitale Welt hineinzuretten".[87] Das BVerfG hat diese Aufgabe der Presse beredt skizziert: „[...] Soll der Bürger politische Entscheidungen treffen, muss er umfassend informiert sein, aber auch die Meinungen kennen und gegeneinander abwägen können, die andere sich gebildet haben. Die Presse hält diese ständige Diskussion in Gang; sie beschafft die Informationen, nimmt selbst dazu Stellung und wirkt damit als orientierende Kraft in der öffentlichen Auseinandersetzung. In ihr artikuliert sich die öffentliche Meinung."[88]

In der politischen Auseinandersetzung um die Legalität der Enthüllungsplattform von WikiLeaks wurden von Netzaktivisten unter dem Motto „Alle Informationen sind frei" sog. Dedicated-Denial-of-Service(DDoS)-Attacken gegen Kreditgesellschaften durchgeführt, die Spendengelder für WikiLeaks einbehalten haben. Durch die Überfülle von koordinierten Massenanfragen (Denial-of-Service-Angriffen) sind die Rechner zusammengebrochen und haben den Dienst verweigert.[89] Solcherart **Cyberproteste** gehen über legale Proteste gegen wirtschaftliche Maßnahmen im realen Leben weit hinaus und führen zu einer Art Selbstjustiz. Von ihnen zu unterscheiden sind **Cyberangriffe**, die **militärische Reaktionen** auslösen können und dem Cyberwar zuzurechnen sind.[90] Cyperoperationen mit Daten, die kritische Infrastruktur (z. B. Energie- und Trinkwasserversorgung) lahmlegen und somit erhebliche Schäden verursachen können, werden teilweise als Anwendung von Gewalt eingeordnet und würden demnach unter das Kriegsrecht fallen.[91]

---

86 Dazu Schaar, Presserklärung v. 30.12.2010.
87 Leyendecker, Die Systemfrage, SZ v. 11./12.12.10, S. 23.
88 BVerfG v. 05.08.1966, BVerfGE 20, 162, 174 f.; s. a. BVerfG v. 27.02.2007, BVerfGE 117, 244.
89 Helft, Delete it or leave it? Drawing a line on Facebook comments, International Herald Tribune v. 13.12.10, S. 14; s. a. Boie, „Anonymous" zieht in den Krieg, SZ v. 10.12.10, S. 1.
90 Zu den militärischen Vorfällen vgl. Gaycken, Cyberwar (2010), S. 87, 169; vgl. Cyber-Sicherheitsstrategien unter: https://ccdcoe.org/strategies-policies.html (letzter Abruf 03.08.2015).
91 Schmitt, Tallinn Manual on the International Law Applicable to Cyber Warfare (2013); zum Begriff „Anwendung von Gewalt" im Sinne des Völkerrechts nach Art. 2 Zif. 4 UN-Charta von 1945.

1.1.4 Entwicklung des Internets

1.1.4.1 Geschichte

Das **Internet** und das darauf aufbauende World Wide Web (WWW) sind eine der wichtigsten technischen Innovationen in der Geschichte der Neuzeit. Die Weiterentwicklung der Kommunikationsmöglichkeiten charakterisiert den Fortgang menschlicher Kulturtechniken, also das, was den Menschen vor anderen Lebewesen auszeichnet. Information wurde erst nur im menschlichen Gedächtnis, dann in schriftlichen Texten und immer größeren Bibliotheken für die Menschheit gespeichert. Sie wandert nun in immer kleinere und leistungsfähigere Chips und wird heute in digitalisierter Form sekundenschnell weltweit übertragen. Für menschliche Kommunikation ist menschliche Anwesenheit und Gleichzeitigkeit nicht mehr erforderlich.[92] Sind die neuen technischen Medien „Symbole menschlicher Vereinsamung"?[93] Welche Bedeutung haben die neuen Zentren globaler Kommunikation wie die Netzwerkplattform Facebook, die in enger Beziehung zu den Multimedia-Plattformen stehen, die Inhalte wie Video (YouTube, Vimeo), Fotos (Flickr. 500px) oder Audio (last.fm, spotify) über eine Internetverbindung zur Verfügung stellen, oder Microblogging-Dienste, die Kurznachrichten (Twitter & Co) in beliebig großen Gruppen ermöglichen, für die individuelle Entwicklung des Menschen?

Zum besseren Verständnis der neueren Entwicklung des Internets sollen deren Phasen skizziert werden, die sich durch die Formen der Nutzung, den technischen Kontext, die Eigenschaften der Angreifer, deren Kultur und Methoden unterscheiden.

Das Internet begann 1969 als ARPANET (Advanced Research Projects Agency Network): erstes drahtloses Funknetz (1970), erste Satellitennetzwerkverbindung (1975), Aufteilung in MILNET (militärisch) und ziviles ARPANET (1983), Backbone-Netz NSFNET (1986) und erster kommerzieller Internetprovider (1989).

In der Pionierzeit (1980er-Jahre bis 1993) waren die Nutzer des Internets gleichzeitig dessen Designer und Entwickler, die in einer überwiegend akademischen Umgebung mit neuen Technologien experimentierten. Die teilweise noch bis heute verwendeten Protokolle dienen in erster Linie der Funktionalität. Sicherheitsaspekte rückten erst nach Missbrauchsfällen (z. B. durch den ersten Internetwurm „Morris") in den Fokus der Betrachtung. Aufgrund weiterer Experimente (1993–1999) wurde das Internet durch die „Killer-Applikation" WWW (erster Browser, um Dokumente am Forschungszentrum CERN auszutauschen) und später den für jedermann verfügbaren Web-Browser „Mosaic" (1993) in der Öffentlichkeit bekannt. Nutzer waren in den Anfangsjahren Akademiker und Studenten, später dann innovative Privatpersonen und Mitarbeiter größerer Firmen, die vor allem das Web nutzten und die E-Mail anwandten. Die Sicherheit im Internet wurde in dieser Zeit allenfalls durch Hacker beeinträchtigt, die Schwachstellen in Protokollen und Systemen für Attacken auf ein-

---

92 Vgl. Frühwald, in: Weis (Hg.), Bilder von Menschen (1993), S. 191 ff., 203.
93 Frühwald, in: Weis (Hg.), Bilder von Menschen (1993), S. 191 ff., 203 m. w. N.

zelne Server nutzten. Bis heute steht die Subkultur vieler Hacker für den Grundsatz „Alle Daten sind frei!" und damit auch für einen schrankenlosen Informationsfluss.[94] Davon zu unterscheiden ist die Tätigkeit des Chaos Computer Clubs (CCC) oder von Digitalcourage, die explizit hervorragende und sinnvolle Projekte im Dienste von Datenschutz und Informationsfreiheit verfolgen.

In einer weiteren Phase (1999–2004) verliefen Kommunikationsprozesse vieler Menschen aus den Industriestaaten und praktisch aller Firmen über das Netz und es begannen die ersten Web-Anwendungen für E-Commerce. Bereits Ende der 1980er-Jahre wurden auch die ersten Anleitungen für Angriffstechniken im Netz verbreitet, um kostenlose Datenverbindungen zu „erhacken". Darauf folgten Techniken und Angriffsprogramme sog. „Script-Kiddies", die i. d. R. zwar über kein großes Fachwissen verfügten, aber mit vorbereiteten Hacking-Tools in Systeme einbrachen und großen Schaden anrichteten. Es verbreiteten sich massive Störungen im Netz, z. B. durch sog. Würmer, die sich schnell verbreiteten. Die kriminellen Angreifer bedienten sich verschiedener Medien für ihre Attacken, z. B. via E-Mail, aber auch direkt über die Netzwerkinfrastruktur. Von diesen Angreifern unterschieden sich Cracker, die Sicherheitsmechanismen wie Kopierschutzmechanismen von Computerprogrammen umgingen (cracken). Die personelle wie auch die technische Aufrüstung des Internets in Verbindung mit neuen Angriffstechniken (2004–2006) dauert an. Zu betonen ist, dass die Angreifer heute stark arbeitsteilig vorgehen.

Unter dem Begriff **„Social Engineering"** (arbeitsteilige soziale Manipulation) entwickeln sich neue kriminelle Angriffsmethoden (z. B. Phishing-Attacken), mit denen Kriminelle versuchen, arglose Internetnutzer zur Preisgabe von Zugangsdaten zu bringen, wie Passwörter und persönliche Daten ihrer Bankkonten. Dabei werden häufig zwischenmenschliche Beziehungen ausgenutzt. Die Durchführung krimineller Aktivitäten wie Kreditkartenbetrug, Hosting von Phishing-Webseiten oder Spearphishing (Senden personalisierter E-Mails mit schädlichen Anhängen) ist ohne eine entsprechende Infrastruktur kaum möglich. So nutzen Angreifer Schwachstellen gut erreichbarer, leistungsstarker PCs der Internetnutzer aus, um diese unbeobachtet in ein sog. Botnetz (Netz von Robotern) einzufügen, das dann planmäßig Attacken gegen Dritte ausführt. In Hackerkreisen wird ein sog. Bulletproof Hosting mit zweifelhaftem bzw. illegalem Inhalt angeboten, welches geschickt die weltweit unterschiedlichen rechtlichen Regelungen der Strafverfolgung ausnutzt.

Die Angriffstechniken werden laufend weiterentwickelt und perfektioniert. Mit dem Wurm „Stuxnet" wurde 2010 eine erste Malware entdeckt, die in Produktionsanlagen, in Satelliten und Kraftwerken eingesetzt wurde und als Teil einer militärischen Entwicklung, als **Cyberwar** interpretiert werden kann. Stuxnet wurde zwar zunächst über eine klassische Geheimdienstaktion, also durch einen Menschen in ein Werk ein-

---

94 Zum Thema WikiLeaks und Subkultur der Hacker vgl. Kreye, Alle Daten sind frei, SZ v. 30.11.2010, S. 11.

geschmuggelt. Der Wurm besaß aber in manchen Varianten eine Ausbreitungsfunktion, welche sowohl über das Netzwerk als auch einen Updatemechanismus arbeitete, der zunächst feste Server im Internet, dann ein Peer-to-Peer-Netz verwendete. Die Vorfälle um Stuxnet zeigen, dass vernetzte Computersysteme über das Internet angreifbar sind und im Extremfall ernsthafte physische Schäden zur Folge haben können.[95]

Mit dem Aufkommen des interaktiven Internets **Web 2.0** und der damit verbundenen Verbreitung komplexer Web-Dienste (z. B. Software as a Service mit Google Docs und Social Networks) entwickelt sich das Web zu einem Zweiweg-Medium bzw. zu einer Zweiweg-Kommunikationsplattform.[96] Darüber hinaus ist zu beobachten, dass reale und virtuelle Lebenswelten immer mehr konvergieren, sich auch die Grenzen zwischen lokalen und Cyberkriegen aufheben.

Das semantische **Web 3.0** ist kulturell von besonderer Relevanz. Die in menschlicher Sprache ausgedrückten Informationen im Internet sollen mit einer Beschreibung ihrer Bedeutung versehen werden, die auch von Computern „verstanden" und verarbeitet werden kann. So sollen etwa Informationen über Orte, Menschen und Dinge mithilfe des semantischen Webs kontextbezogen verarbeitet werden können. Es handelt sich um ein „bewertendes" Web, das den notwendigen Zusammenhang zwischen Lebens- und Maschinenwelten herstellen soll.

Unter dem Schlagwort **Industrie 4.0** entwickelt sich die digitale Vernetzung der Industrie in Echtzeit und damit eine neue Stufe der digitalen Organisation und Steuerung der Wertschöpfungskette. Die dort organisierte Arbeit unterliegt einem tief greifenden Wandel. So werden etwa Arbeitnehmer zunehmend mit einem cyberphysischen System (CPS) interagieren.[97] Die Möglichkeiten, den Datenschutz in der Industrie 4.0 allein auf nationaler Ebene zu regeln, sind gering.[98] In derart organisierten globalen Netzen kommt der unionsweiten Regelung in der EU-Datenschutzgrundverordnung sowie in einer Richtlinie zum Know-how-Schutz[99] eine wichtige Rolle zu.

Die steigende Verbreitung von digitalen „sozialen Kreisen" bzw. **sozialen Netzwerken** ermöglicht neue Beziehungsformen und politische Aktivitäten, die bis hin zu Social-Media-Plattformen in Wahlkämpfen oder Bürgerrevolutionen an Bedeutung gewinnen, etwa über gut verlinkte Twitter-Nutzer zu Massenverabredungen auf Face-

---

[95] Gaycken, Cyberwar (2010), S. 175 f.
[96] Hoeren/Vossen, DuD 2010, 463.
[97] Hornung/Hofman, in: Hirsch-Kreinsen (Hg.), Digitalisierung digitalisierter Arbeit (2015), S. 165–182.
[98] Noerr Gutachten unter: bdi.eu/Gutachten_Digitalisierte-Wirtschaft_industrie-40.pdf (letzter Abruf 01.11.2015).
[99] Richtlinienentwurf zum Schutz von Geschäftsgeheimnissen unter: http://data.consilium.europa.eu/doc/document/ST-15382-2015-REV-1/en/pdf (letzter Abruf 06.06.2016).

book.[100] Es wächst auch die Zahl der sog. **Blogger,** die nicht nur in einem Webblog eigene Meinungen zu speziellen Themen publizieren. Sie gestalten auch Plattformen zum Austausch von Meinungen und Informationen oder stellen regelmäßig aktuelle Nachrichten ein, auf die in erheblichem Umfang zugegriffen wird. In letzterem Fall arbeiten sie als Journalisten, sodass sie an **journalistische Sorgfaltspflichten** gebunden sind. Anders sieht dies etwa bei rechtsalternativen Angeboten aus, wie sie vor allem rund um die Flüchtlingspolitik zunehmen. In diesem Zusammenhang ist mimikama.at zu nennen, eine Art „Social Media Watch-Blog", wo unzählige Falschmeldungen aufgeklärt werden, die zu einem großen Teil von rechtsalternativen Medien stammen.

Nutzer finden ihren Zugang zum Internet zunehmend direkt über Netzwerke wie Facebook, das zu einem „All-in-one-Medium" geworden ist.[101] Das Geschäftsmodell des Betreibers von Facebook sowie von Amazon basiert weitgehend auf der Bildung von **Interessen- und Persönlichkeitsprofilen** ihrer Nutzer als Grundlage individualisierter Werbung und dem Weiterverkauf der entsprechenden Informationen.[102] Social Media wecken Begehrlichkeiten der Marketingfachleute, weil dort Millionen von Personen bereitwillig ihre persönlichen und intimsten Gedanken und Vorlieben offenlegen. Dabei handelt es sich auch um die Veröffentlichung von Abbildungen anderer Personen oder von Meinungen über diese (Lehrer, Mitschüler, Professoren, Richter, Polizisten, Ärzte oder Finanzdienstleister) in Bewertungsportalen (ranking sites). Solche Formen des „User Generated Content" fallen nach deutschem Recht unter den Begriff „Telemedien" (Online-Dienste). Sie übernehmen teilweise die Funktionen eines Prangers oder von Schwarzen Brettern, Foren und visuellen Kuschelecken. Weitere Problemfelder sind das Cyberstalking und **Cybermobbing** bzw. Cyberbullying. Aber auch Beschäftigte und Arbeitgeber/Dienstherren nutzen soziale Netzwerke für vertrauliche Äußerungen, für Recherchen in Bewerbungsverfahren oder für Überwachungen.[103]

Durch den Einsatz von sozialen Netzwerken in Unternehmen kann einerseits der Wissenstransfer innerhalb einer Firma erleichtert und das Betriebsklima positiv beeinflusst werden, andererseits aber auch ein über Jahre aufgebautes Marketing-Image blitzschnell im Wege eines sog. **„Shitstorms",** der zum Teil mit beleidigenden Äu-

---

100 Heitmeyer, Wie Eskalation funktioniert, SZ v. 13.01.2016, S. 2; Helm, ISIS in Gaza, in: The New York Review of Books (2016), Vol. LXIII, No. 1, S. 18–20; Kocher, Ägypten mit verändertem Gesicht, NZZ International v. 29.01.2011, S. 5.
101 Aktuell versucht Facebook in Entwicklungsländern, einen eingeschränkten, aber kostengünstigen/kostenlosen Internetzugang zu erreichen und zwar über die Plattform Facebook.
102 Hornung, in: Hornung/Müller-Terpitz (Hg.), Rechtshandbuch (2015), Kap. 4 Rn. 3; Bolsinger unter: http://datenschutz.wirtschaftsethik.biz/ (letzter Abruf 06.06.2016).
103 Zu den datenschutzrechtlichen Problemen Tinnefeld/Petri/Brink, MMR 2011, 427, 432; zu Recherchen über Stellenbewerber vgl. Bayreuther, in: Hornung/Müller-Terpitz (Hg.), Rechtshandbuch Social Media (2015), Kap. 8 Rn. 56–62.

ßerungen einhergeht, zerstört werden. Betreiber von sozialen Netzwerken wie der Business Community Xing können beobachten, worüber Menschen reden und daraus nützliche Analysen für Marketingexperten, Prognosen für Aktienwerte usw. ableiten. Der informationelle Machtgewinn für diejenigen, die soziale Netzwerke für ihre Interessen auch personenbezogen abschöpfen, ist gewaltig.[104]

Beispiel
Der Online-Buchhändler Amazon und Facebook kombinieren ihre Datenbanken. Amazon stellt aus den vorhandenen Informationen eine Wunschliste zusammen und veröffentlicht sie bei Facebook. Freunde in der Facebook-Community registrieren die Wünsche des Einzelnen und kaufen ihm etwa ein bestimmtes Buch zum Geburtstag. Dabei handelt es sich um eine besondere Form des Word of Mouth Marketing (WoMa).

Beispiel
Der kostenlose Internetdienst Google Analytics befasst sich u. a. mit dem Surfverhalten von Internetnutzern. Die Betreiber von Webseiten erhalten ein Analysewerkzeug, um Aufschluss darüber zu gewinnen, welche Seiten die Surfer zuvor besucht, wo sie danach hingeklickt und wie lange sie dort verweilt haben usw. Der Nutzen für Google besteht darin, dass auf den Rechnern des Konzerns in den USA alle Informationen zusammenkommen und ausgewertet werden können. Google ermöglicht den Nutzern über eine Zusatzsoftware, die nicht überall einsetzbar ist, der Verwendung ihrer Daten für Google Analytics zu widersprechen. Bei der Zusatzsoftware wird auch die IP-Adresse des Nutzers an Google übermittelt.[105]

Auf Online-Plattformen werden zunehmend auch illegale Inhalte verbreitet, vor allem Kinderpornografie, Drogen, Falschgeld (sog. Silk Road 2.0), aber auch rechtsextremistische Angebote.[106] Wissenschaftliche Studien im Deliktsbereich belegen, dass der Anteil von Kindern und Jugendlichen, die im Internet gewollt oder ungewollt mit harter Pornografie konfrontiert werden, sehr hoch ist.[107] Schließlich haben insbesondere kleine Länder illegale Internetangebote als Geschäftsmodell entdeckt und hosten illegale Spielplattformen sowie Film- und Musikdownloadseiten, ohne auf internationale Anfragen nach den Betreibern der Seiten zu reagieren.

Daten werden häufig nicht nur auf lokalen Computern, sondern auf Online-Speicherplätzen, sog. Online-Repositories, abgelegt. Für Anbieter mit Massenangeboten wird auch der Begriff „Share Hoster" verwendet. In allen angesprochenen Fällen ist die Polizei im Rahmen einer klassischen Durchsuchung nicht mehr in der Lage, auf gespeicherte Daten zuzugreifen. Dies war einer der Gründe, dass der deutsche

---
[104] Dazu Mislove/Viswanath/Gummadi/Druschel, You are who you know. Interfering user profiles in Online Social Networks (2010).
[105] Zum datenschutzrechtlichen Problem Hoeren, ZD 2011, 3, 5.
[106] Dazu Sieber/Nolde, Sperrverfügungen im Internet (2008), S. 12 m. w. N.
[107] Esser, in: Hornung/Müller-Terpitz (Hg.), Rechtshandbuch Social Media (2015), Kap. 7 Rn. 93 ff., 101 ff.

Gesetzgeber die sog. Online-Überwachung, den heimlichen Zugriff auf persönliche IT-Systeme des Nutzers, erlaubt hat, allerdings mit deutlichen Anforderungen für den zu entscheidenden Fall der Gefahrenabwehr.

Weltweit nimmt **Cloud-Computing** zu, eine über Netze angeschlossene Rechnerlandschaft, in welche die eigene Datenverarbeitung ausgelagert wird. Wissen die Anwender dann noch, wo sich ihre Daten befinden und wie sie verarbeitet werden? Haben sie die notwendige Kontrolle? Denn es ist keineswegs selten, dass Daten und Informationen auf Servern in Ländern außerhalb Europas verarbeitet werden, die eine divergierende Rechtsprechung und unterschiedliche technische Vorgaben im Bereich des Datenschutzes und der IT-Sicherheit aufweisen.[108]

So legen Betreiber in den USA ohne Anbindung an ein angemessenes Datenschutzregime für die Cloud geltende Regeln im Wege der Selbstverpflichtung fest und arbeiten mit Zertifikaten,[109] Cloud-Management ist damit Gegenstand privater Regelsetzung, die viele offene Fragen aufwirft, insbesondere im Bereich besonderer (sensibler) Daten, zu denen etwa Gesundheitsdaten zählen, aber auch zum Beschäftigtendatenschutz in internationalen Konzernen. Die Gestaltung einer sicheren Cloud-Umgebung, die den europäischen Datenschutzanforderungen genügt, „ohne dass auf die Vorteile von Cloud-Computing verzichtet werden muss, also z. B. auf Kostenersparnis, Skalierbarkeit der angebotenen Leistungen und Datenverfügbarkeit", ist auch ein Forschungsschwerpunkt in der EU.[110]

1.1.4.2 Beteiligte und Adressen
Im Rahmen von Kommunikationsvorgängen in der Netzwelt sind Nutzer und Provider beteiligt.
– **Nutzer** sind diejenigen, die angebotene Dienste oder Informationen über das Internet oder andere Netze in Anspruch nehmen. Es ist nicht immer einfach, einen Nutzer zu identifizieren. Mit dem Auffinden eines benutzten Rechners kann nicht immer der Nachweis erbracht werden, dass eine konkrete Kommunikation durch eine bestimmte Person stattgefunden hat, insbesondere wenn ein Rechner von mehreren Personen (bspw. in der Familie, der Firma, der Universität) benutzt wird. Der Nutzer kann auch selbst etwa durch Anonymisierungs- und Verschlüsselungsverfahren daran mitwirken, dass eine vorhandene Datenspur zwar den Rechner, nicht aber ihn als Sender oder Empfänger erkennen lässt. Aus Sicht des Datenschutzes ist es allerdings problematisch, dass viele Nutzer, etwa in sozialen Netzwerken, bereitwillig umfangreiche eigene Profile erstellen, die von Dritten, insbesondere auch von Wirtschaftsunternehmen, zu eigenen Zwe-

---

[108] Zu den Risiken vgl. Bericht der Firma Cisco unter: http://www.cisco.com/go/securityreport/ (letzter Abruf 14.01.2016); Roßnagel/Richter/Nebel, ZD 2013, 103, 105.
[109] Foitzik/Plankemann, CCZ 2015, 180, 182.
[110] Dazu Helmbrecht, DuD 2010, 554, 555.

cken genutzt werden, etwa bei Berufsbewerbungen.[111] Ein weiteres Problem sind nutzerseitig anfallende Daten, die zur Identifizierung verwendet werden können, etwa **Cookies**. Mit Cookies können verschiedene textbasierte Informationen auf dem Rechner des Nutzers bspw. für eine aktuelle Browser-Sitzung (z. B. für die Realisierung einer Einkaufskorbfunktion) oder auf Dauer von einem Betreiber (Web-Server) gespeichert werden.

Beispiel
Häufig legen auch Marketingfirmen Werbebanner mithilfe eines gemeinsam betriebenen Servers ab, um dienstübergreifende personenbezogene Nutzerprofile zu erstellen. Um ein Cookie lesen zu können, müssen gemäß Spezifikation[112] Top-Level- und erste Unterdomain mit den Angaben beim Setzen des Cookies übereinstimmen (z. B. de-mail.de), eine Variante der sog. Same Origin Policy. In Ländern wie Großbritannien, wo es quasi zwei Top-Level-Domains gibt (.co.uk), ist die Lesbarkeit der Cookies dann besonders großzügig. Werbeblocker wie Adblock Plus können eine solche Überwachung inzwischen verhindern.

– **Access-Provider** ermöglichen den Zugang zu Computernetzen. Sie betreiben Router (Netzknoten zur Zusammenschaltung des Nutzers mit dem Internet – Verbindungsrechner), DNS Server (Domain Name System, etwa www.hm.edu) usw. Teilweise werden die Dienstleistungen der Access-Provider zum Dienstangebot der sog. Carrier (reinen Network-Betreiber) abgegrenzt. Sie bieten die Infrastruktur für die Verbindungen der Access-Provider untereinander. Carrier stellen also lediglich Leistungen zur Verbindung mit weiteren Netzknoten zur Verfügung.[113]
– **IP-Adressen,** die über die Rechner im Internet gefunden werden, bestehen aus einer Zahl, die traditionell als vier durch Punkte getrennte Dezimalzahlen angegeben wird (z. B. 192.168.123.145). Die Zahl der möglichen IPv4-Adressen ist auf 2^{32} Adressen beschränkt, die Anfang 2011 vollständig vergeben waren. Der Mangel an IPv4-Adressen führte dazu, dass Provider – insbesondere im Privatkundengeschäft – keine festen (statischen), sondern sich regelmäßig ändernde (dynamische) IP-Adressen zugewiesen haben. Es ist auch möglich, eine IP-Adresse mehreren Nutzern zuzuweisen (z. B. bei Carrier-Grade-NAT). Es wird über eine Port Range festgelegt, an welchen Nutzer die Daten gehen (z. B. bei Kabel Deutschland). Wenn aber ein Rechner ständig unter einer anderen IP-Adresse im Internet agiert, können die Aktionen des Nutzers zunächst einmal nicht mehr so leicht nachverfolgt werden, eine Profilbildung ist entsprechend schwieriger, sodass mehr Datenschutz auf technischer Ebene gewährleistet ist.

---

111 Zum Beschäftigtendatenschutz vgl. Tinnefeld/Petri/Brink, MMR 2010, 727, 730 f.
112 RFC 2109 und RFC 2965.
113 Pfitzmann/Köpsel/Kriegelstein, Sperrverfügung gegen Access-Provider – Technisches Gutachten (2006), S. 48.

Die neue **IPv6-Adresse** besteht aus einem Providerteil (maximal 32 Bit; der vordere Teil der IP-Adresse), der dem Provider von der Regional Internet Registry zugewiesen wird. Die nachfolgenden 32-Bit können vom Provider dem Kunden zugewiesen, die letzten 64 Bit der IP-Adresse (Interface Identifier) können vom Kunden selbst festgelegt werden. Dabei ist vorgesehen, dass der Interface Identifier eindeutig aus Hardwareeigenschaften des Netzwerkinterfaces bestimmt wird[114]. Damit wären die letzten 64 Bit einer IP-Adresse eindeutig einem Rechner zuzuordnen; der Rechner wäre weltweit verfolgbar. Um dieses Datenschutzproblem zu umgehen, wurden die Privacy Extensions[115] eingefügt. Über diesen Mechanismus ändert ein Rechner seine IPv6-Adresse regelmäßig. Derzeit unterstützen (noch) nicht alle Betriebssysteme diese Datenschutzerweiterung.

- **Host-Provider** sind diejenigen Dienstleister, die fremde Informationen auf ihren IT-Systemen speichern und ggf. Dritten zum Abruf zur Verfügung stellen. Host-Provider werden als Anbieter von E-Mail-Lösungen (z. B. GMX oder Hotmail), Webspace oder anderen internetbasierten Diensten auch als Service-Provider bezeichnet.
- **Proxy-Cache-Provider** speichern Informationen kurzfristig und automatisiert zwischen (Cache). Sie leiten Anfragen, die sie nicht aus dem Cache beantworten können, unter einer eigenen IP-Adresse weiter. Dies gilt für Application Level Gateways. Es gibt inzwischen auch Caches, die völlig transparent arbeiten und keine Adressumsetzung/-maskierung vornehmen. Sie können auch als Filter eingesetzt werden. Diese Funktion wird genutzt, um Zugriffe auf pornografische Angebote oder andere unerwünschte Angebote aus Firmennetzen zu unterbinden. Es gibt zudem sog. Content Distribution Networks, die ausschließlich den Content schnell zu Benutzern übermitteln.
- **Content-Provider** sind Server, die Inhalte der Nutzer vorhalten oder Informationen für Dritte bzw. für den anfordernden Client bereithalten. Die Content-Betreiber nehmen zur Darstellung der Inhalte die Angebote eines Service- oder Host-Providers in Anspruch oder treten parallel selbst in dieser Eigenschaft auf.
- **Suchmaschinenbetreiber** erleichtern nicht nur den Zugang zu Informationen im Internet. Sie bestimmen oft auch, welche Informationen im Internet zugänglich sind bzw. faktisch unzugänglich bleiben. Sie haben gleichsam eine Funktion wie Gatekeeper im öffentlichen Kommunikationsprozess.[116] Diese Kontrollpunkte, über die Informationen ins In- und Ausland fließen, haben Auswirkungen auf den Prozess der Meinungsbildung. Sie berühren das Grundrecht auf Meinungsfreiheit sowie die Informationsfreiheit, die ggf. bei staatlich angeordneten Zugangsbe-

---

114 RFC 4291, Anhang A.
115 RFC 3041.
116 Schulz/Held/Laudien, Suchmaschinen als Gatekeeper in der öffentlichen Kommunikation (2005).

schränkungen zu beachten sind.[117] Anders als in westlichen Ländern setzen Länder wie z. B. China grundsätzlich auf eine Zensur und Steuerung der Internetkommunikation über wenige Gateways.[118]

Das zentrale Angebot von Suchmaschinen wie Google besteht in der Zusammenstellung von Informationen, die auf den von Nutzern angegebenen Suchbegriffen beruhen. Google indiziert (i. S. v. Indexerstellung) das WWW. Aufgrund der Suchbegriffe recherchiert Google im Index die Hyperlinks. Der Suchmaschinenbetreiber bewertet die gefundenen Informationen nicht. Die hinter der Ergebnisliste stehenden Angebote können unter Umständen jugendgefährdend sein.[119]

- **Suchmaschinenbetreiber** wie **Google, Yahoo und Microsoft** planen neuartige Maschinen für Zwecke der **Social Search.** Bisher gibt es integrierte Lösungen wie „See what your friends are sharing on facebook", „E-mailed –Blogged – Viewed most" auf den Seiten der New York Times und den Service Buzz (zu deutsch Summen, Brummen, also alles, was um die Menschen herum passiert), der in gmail von Google integriert ist.
- **Suchmaschinenoptimierung (SEO)** umfasst alle Modifikationen einer Webseite, die auf die Generierung eines höheren Rankings in den Trefferlisten von Suchmaschinen abzielen. SEO arbeitet lokal und optimiert Webseiten. Die Optimierung muss nicht auf den Inhalt beschränkt bleiben. Google bewertet z. B. Webseiten effektiver, die ein responsives Design für mobile Geräte bieten. Die entsprechenden Programme analysieren die gefundenen Webseiten unter dem Aspekt ihrer Bedeutung für bestimmte Stichwörter und Themen.
- **Social Networks** sind Plattformen der Selbstdarstellung und des Austausches. Die Teilnehmer melden sich bei der gewünschten Community an. Die übertragene Adresse muss nicht die Adresse des eigenen Rechners sein. Das ist dann nicht der Fall, wenn ein Proxy eingesetzt wird oder ein Anonymisierungsnetz (z. B. Tor). Die Nutzer übermitteln Informationen und rufen die der anderen Nutzer ab, die der Betreiber der Plattform bereithält. Die Nutzer und Diensteanbieter verbinden außerdem Nutzerinformationen durch Verlinkungen und Tagging. In jeder Phase fallen personenbezogene Daten an.

---

[117] Verfassungsrechtliche Bewertung vgl. Heckmann, Gutachterliche Stellungnahme (2010) unter: http://www.bundestag.de/bundestag/ausschuesse17/a06/anhoerungen/archiv/03_Zugangserschwerung/04_Stellungnahmen/Stellungnahme_Heckmann.pdf (letzter Abruf 22.03.2012).
[118] Davis, China's Eye On The Internet, Science Daily v. 12.09.2007 unter: www.sciencedaily.com/releases/2007/09/070911202441.htm (letzter Abruf 06.06.2016).
[119] Dazu Schindler, in: Machili/Schneider (Hg.), Suchmaschinen: Neue Herausforderungen für die Medienpolitik (2005), S. 55.

> **Beispiel**
> Die Anbieter der Plattformen verfolgen aus wirtschaftlicher Sicht das Ziel, die Informationen ihrer Nutzer für eine personalisierte Werbung auszuwerten und das Ergebnis sodann zu „verkaufen". Um dieses Ziel zu erreichen, bietet der Anbieter einen technisch-organisatorischen Rahmen und Handlungsmöglichkeiten, die so allgemein gehalten sind, dass der Nutzer sie weitgehend selbst gestalten kann. Anders ist die Situation etwa bei spickmich.de. Hier geben die Anbieter Rahmenangaben wie Bewertungskriterien und Bewertungssysteme detailliert vor. Der Nutzer ist Lieferant der personenbezogenen Informationen, die der Anbieter verarbeitet und präsentiert.

Ein weitere Kategorie Beteiligter im Internet sind die **„Cyber-Angreifer"** wie Hacker und Cracker. Der Begriff Hacker ist nicht eindeutig. Eine grobe Unterscheidung ist die zwischen White Hat und Black Hats. Als White Hats werden häufig Penetrationstester bezeichnet, die im Auftrag einer Firma das eigene Netzwerk oder eigene Anwendungen untersuchen. Sie zeichnen sich insbesondere dadurch aus, dass sie keinen Schaden anrichten.[120]

- **Hacker** nutzen ihre Fähigkeiten zu Forschungszwecken, für Sicherheitstests an Systemen, für die Optimierung des Datenschutzes. Ein herausragendes Beispiel ist der CCC, der sich explizit für eine White-Hat-Ethik positioniert hat.[121] Seine Tätigkeit lässt sich im weitesten Sinn mit der von Whistleblowern vergleichen, die schwerwiegende Missstände in ihrem Arbeitsumfeld aus primär uneigennützigen Motiven aufdecken.[122] Davon zu unterscheiden sind die Grey Hats, die illegal in fremde Systeme einbrechen, um öffentlichkeitswirksam auf Sicherheitslücken hinzuweisen und ggf. ausgespähtes Rohmaterial wie Kriegsdokumente etwa im Internet zu veröffentlichen. Sie sind insoweit auch die Informationsquelle ihrer Nachrichten.
- **Cracker,** denen es etwa um die illegale Beschaffung von Geld durch Kreditkartenbetrug und ähnliche Techniken des Social Engineering geht, werden auch unter der Kategorie **Cyberkriminelle** geführt. Sie können aber ohne kriminelle Motive aus Neugier illegal in Systeme einbrechen oder Viren und Würmer programmieren.

Im Ganzen werden Menschen, die im Internet aktiv sind, ohne Selbstdatenschutz immer verwundbarer: Im Rahmen des sog. Information Gathering können mit Footprinting zahlreiche persönliche Basisinformationen erfasst und Profile der betroffenen Ziel-Personen entwickelt werden usw.

---

120 Vgl. zu den Begriffen Gaycken, Cyberwar (2010), S. 49 ff.
121 Vgl. unter: http://www.ccc.de/hackerethics (letzter Abruf 22.03.2012).
122 Vgl. Deutscher Bundestag Wissenschaftlicher Dienst, Aktueller Begriff Nr. 06/09: Whistleblower, S. 1.

1.1.4.3 Netzverbindungen und Netzneutralität

Den Zusammenschluss vieler einzelner Netze (z. B. Telekom, Deutsches Forschungsnetz) bezeichnet man auch als das Internet. Dabei ist die Interoperabilität durch detailliert festgelegte Standards, die sog. RFCs (Request for Comment), sichergestellt. Insgesamt gibt es mehrere tausend derartiger Dokumente. Ob es um den Aufbau von Datenpaketen beim IP-Protokoll oder um die Details der Zustellung einer E-Mail geht, alle Parameter, Abläufe von Protokollen oder Namenskonventionen, sind in den entsprechenden RFCs detailliert beschrieben. Im Gegensatz zu vielen anderen Normungsdokumenten entstehen die RFCs in einem offenen Prozess, an dem jeder, auch eine Privatperson, teilnehmen kann.

Eine Adressierung von Rechnern im Internet geschieht häufig über ihre IP-Adressen. In IPv6 kann als Teil der IP-Adresse die Hardwareadresse der Netzwerkkarte verwendet werden. Somit kann es einen Zusammenhang mit der hardwarespezifischen Adressierung geben, die sich aus dem konkret eingesetzten technischen Medium (z. B. Glasfaser, Kupferkabel, FunkLAN) ergibt.

IP (Internet Protocol) ist ein einziges Protokoll. Davon unabhängig existieren weitere Protokolle, z. B. TCP, UDP, ICMP und andere. Diese gehören formal nicht zu IP. Es gibt jedoch gewisse Abhängigkeiten, die damit zusammenhängen, dass der geschichtete Aufbau von Kommunikationssystemen, der allgemein verwendet wird, zeitgleich mit der TCP IP-Protokollsuite aufgekommen ist und manche Ansätze übernommen hat. Die weiteren Protokolle erlauben die Verwendung bestimmter Dienstgütemerkmale.

Eine TCP-Verbindung ist verbindungsorientiert und sendet verloren gegangene Pakete automatisch neu. Eine UDP-Verbindung ist dagegen nicht verbindungsorientiert und ignoriert einen Paketverlust.

Die häufig verwendeten Protokolle TCP und UDP erlauben weiterhin die konkrete Adressierung eines bestimmten Dienstes über eine Dienstbezeichnung, die sog. Portnummer (z. B. 80 für http und 443 für https). So können auf einem Server über die zahlreichen Portnummern verschiedene Dienste adressiert werden.

Das Internet wird in der Öffentlichkeit oft fälschlich als WWW bezeichnet. Unter den einschlägigen Internetdiensten ist das maßgeblich auf Text basierende WWW ein Dienst unter vielen, der allerdings am häufigsten genutzt wird, um Web-Seiten aufzurufen.

Eine Ressource im Internet kann nur abgerufen werden, wenn sie adressiert ist. Dafür steht die Notation mittels Uniform Resource Indicator (URI), insbesondere die Spezialform Locator (URL) zur Verfügung, mit der die Quellen im Internet angegeben werden. Nach diesen allgemeinen Schemata können sowohl Dateien auf Web-Seiten (http://...), E-Mail-Adressen (mailto://name@...) oder Videostreams (mms://...) bezeichnet werden.

Zu den wesentlichen Konzepten des Internets gehört die Transportfreiheit durch Sicherung der **Netzneutralität.** Anders formuliert: Es geht um den diskriminierungsfreien Transport von Internetpaketen.[123] Jede Diskriminierung wegen des Inhalts eines Informationspakets, der Identität des Senders oder des dabei benutzten Geräts ist verboten. Danach dürfen Netzbetreiber grundsätzlich keine Prioritäten bei der Durchleitung der Datenpakete durch das Netz setzen (z. B. durch ein besonderes Entgelt für schnellere Beförderung). Sie müssen alle Datenpakete gleich behandeln, also Netzneutralität bewahren.[124] Die Debatte um Netzneutralität und Quality of Service (QuoS) ist Teil des Zusammenspiels von Inhalten und Netzen, Telemedien und Telekommunikation. Dabei ist zu berücksichtigen, dass bei zunehmenden Datenmengen in besonderen Fällen eine gewisse Steuerung der Netzströme dann notwendig werden kann, wenn die Übertragungskapazitäten etwa für eine Rundfunksendung nicht ausreichen.

Beispiel
Internet Television (TV) muss anders als E-Mail unterbrechungsfrei laufen. Eine störungsfreie Übertragung bei Netzengpässen kann eventuell nur gewährleistet werden, wenn solche Anwendungen bevorzugt behandelt werden. Das gilt ebenso für die Internettelefonie.

Netzbetreiber sind technisch in der Lage, durch differenzierte Transportgeschwindigkeiten oder Blockaden von Diensten die freie Kommunikation über das Internet zu beeinträchtigen. Dazu gehören technische Methoden, die eine **Just-in-Time-Inhaltsprüfung** ermöglichen. Sie gefährden das an sich offene Internet durch
- Inhaltsüberwachung (Bruch des TK-Geheimnisses, Art. 10 GG) und
- Zensur (Verstoß gegen Meinungs- und Informationsfreiheit, Art. 5 Abs. 1 S. 1 GG).

Als Arbeitshypothese gilt im Internet der Grundsatz:
- Unterschiedliche Anwendungskategorien dürfen unterschiedlich behandelt werden und
- innerhalb einer Kategorie ist eine Unterscheidung nicht erlaubt.

Offen ist die praktische Frage, wer die Kategorien wie unterscheiden soll. Verbraucher und Inhaltsanbieter können die Transportqualitäten nicht nachvollziehen. Es obliegt insbesondere dem Unionsrecht, erweiterte Transparenzverpflichtungen und die Einführung von Mindeststandards zu sichern.

1.1.4.4 Beschäftigungsflexibilität und Kontexte
Der schnelle Ausbau vernetzter Unternehmen ermöglicht Flexibilität bei der Beschäftigungsstrategie. Dabei ändern sich die Raum-Zeit-Koordinaten für Beschäftigte an verschiedenen Orten. Es herrscht praktisch weltweit **Gleichzeitigkeit.** Werden Be-

---
123 Zum Begriff Holznagel/Ricke, DuD 2011, 611.
124 Der freie Austausch von Informationen bzw. Paketen entspricht auch amerikanisch libertären Überzeugungen, dazu Garton Ash, Redefreiheit, aus dem Englischen von Dierlamm (2017), S. 38 f.

schäftigte aus materiellen oder bestimmbaren Grenzen herausgelöst und durch die Abfolge ununterbrochener Arbeitsprozesse bestimmt? Die Kommunikation der Beschäftigten in und außerhalb der Firma war i. d. R. im Kontext des örtlichen und zeitlichen Miteinanders verständlich. Das ändert sich, wenn Ort und Zeit der Arbeit oder der Wert von Pausen die Arbeitswelt nicht mehr bestimmen, betriebliche Telekommunikation rund um die Uhr möglich ist und zusätzlich in wirtschaftliche Strukturen anderer Länder (Indien, China, Russland, USA usw.) eingebunden ist (siehe Abb. 1.1). Auch bei diesen Formen der Globalisierung im **Non-Stop-Arbeitsmarkt** kann auf feste oder dauerhafte Arbeitsformen nicht verzichtet werden. Denn die Beteiligten sind nicht nur an feste Raum- und lebendige Zeitvorstellungen (z. B. betriebliche Orte/Familienhaushalt, 8-Stunden-Tag und 40-Stunden-Woche), sondern auch an eine soziale Verständigung gebunden, die auf den jeweiligen Gesellschaftsordnungen und spezifischen Kulturtraditionen basiert.[125] Niemand kann zwar rund um die Uhr arbeiten, bloggen, downloaden oder Texte schreiben. Aber da es i. d. R. keine Zeit gibt, wo dies nicht möglich wäre, darf der 24-Stunden-Takt nicht zu allen Zeiten das Arbeitsleben bestimmen.

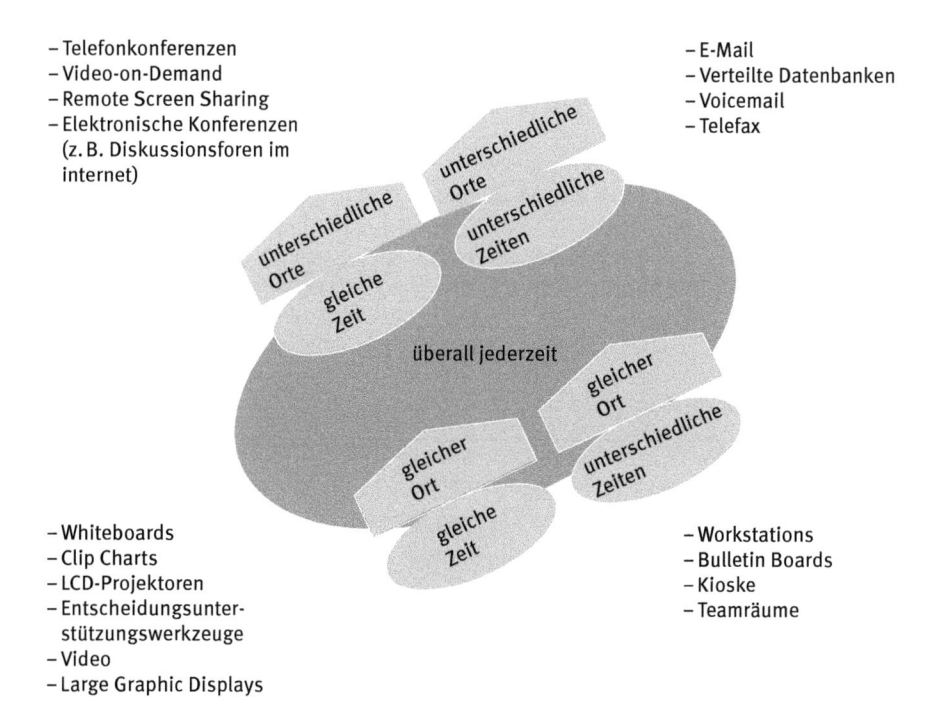

– Telefonkonferenzen
– Video-on-Demand
– Remote Screen Sharing
– Elektronische Konferenzen
  (z. B. Diskussionsforen im internet)

– E-Mail
– Verteilte Datenbanken
– Voicemail
– Telefax

– Whiteboards
– Clip Charts
– LCD-Projektoren
– Entscheidungsunterstützungswerkzeuge
– Video
– Large Graphic Displays

– Workstations
– Bulletin Boards
– Kioske
– Teamräume

Abb. 1.1: Globalisierung der Arbeitswelt.

---

[125] Sennett, Der flexible Mensch. Die Kultur des neuen Kapitalismus (1998), S. 37; zutreffender ist der Titel des amerikanischen Originals „The Corrosion of Character".

Die mobilen drahtlosen Technologien sind **Wegbereiter neuer sozialer Kontrollen.** Mit dem Einsatz von computerunterstützten und „Digital-Cellular-Netzwerksystemen" sind staatliche und private Stellen in der Lage, Einzelne und Gruppen über Grenzen hinweg unbemerkt zu beobachten und ihre Datenspuren auszuwerten. Nachrichtendienste, polizeiliche Fahnder und Ermittler verlangen ebenso nach diesen Instrumentarien wie Arbeitgeber oder Wirtschaftsspione. So macht es technisch keine Schwierigkeiten, mit speziellen Geräten den jeweiligen Standort der Handys auszumachen, und zwar auch dann, wenn der Teilnehmer nicht telefoniert.[126] Wo immer Netze abgehört werden können, ist auch **vertrauliche Kommunikation** gefährdet.

Beispiel
Bei einem aktiven modifizierten Handy kann das Display abgeschaltet werden, sodass der Eindruck entsteht, das Handy sei ausgeschaltet. Wenn das Handy mit einem besonders sensiblen Mikrofon ausgestattet ist, können mittelgroße Räume überwacht werden. Ruft man das Handy an, so kommt sofort das „Gespräch" zustande – ohne Klingelzeichen und bei ausgeschaltetem Display. Das Herausnehmen des Akkus hilft nur bedingt gegen Abhörattacken. Eine „Wanze" benötigt immer eine Stromversorgung. Sofern daher ein als Wanze umgebautes Handy den Handy-Akku zur Stromversorgung nutzt, deaktiviert ein Herausnehmen des Akkus die Arbeitsfähigkeit der Wanze. Es ist aber auch möglich, dass ein modifiziertes Handy mit einer Sekundärstromversorgung ausgestattet ist. Ein solcher versteckter Zweitakku muss extrem klein sein. Er reicht aus, die Daten aufzuzeichnen und später zu verwenden.

Beispiel
Konzerne bauen zentrale **Kompetenzdatenbanken** auf, in denen Qualifikationen und Leistungen (Skills) von potenziellen Mitarbeitern oder Arbeitnehmern global erfasst und zusammengeführt werden, um von Projekt zu Projekt den Mitarbeiter zu finden, der sich in das **Skill-(Persönlichkeits-)Profil** einpassen lässt. Diese Informationen sind faktisch kulturabhängig. Es fehlt häufig das situationsspezifische kulturelle Wissen, wenn die jeweils betroffene Person bei der Verarbeitung ihrer Daten kein informationelles (Mit-)Entscheidungsrecht hat.

Der Zugriff auf international vernetzte Datenbestände setzt Staat und Wirtschaft faktisch in den Stand, personenbezogene Informationen massenhaft zu erfassen und in neuer Qualität und für unterschiedliche Zwecke und ohne Rücksicht auf den ursprünglichen Kontext zu verarbeiten und zu analysieren. Es wächst das Risiko, dass relativ autonome Lebensbereiche des Menschen durch das Eindringen ständig operierender Kommunikation, Informationsverarbeitung und Big-Data-Analysen verloren gehen.

---

126 Fox, DuD 2002, 212, 213 f.

1.1.5 Explosion von Information

In der Netzwelt finden sich unendliche Informationsströme, die sich von Mensch zu Mensch, von Fach zu Fach, von Staat zu Staat global bewegen. Das Phänomen **Informationsfülle** hat der Nobelpreisträger und Wirtschaftsexperte Herbert Simon hinterfragt und festgestellt: „A wealth of information creates a poverty of attention."[127] Seine Analyse gilt nicht nur für den Bereich der Wirtschaft, sondern ist grundsätzlicher Natur.

Menschen können aufgrund von Big-Data-Analysen auf eine Rolle festlegt werden, in der sich der Betroffene seinem kulturellen, geschlechtlichen, religiösen oder ethischen Selbstverständnis nach nicht sieht.[128] Das gilt insbesondere dann, wenn er mit der von anderen auferlegten Kategorisierung Muslim, schwarzer Vollbart, dicke Lippen usw. etwa in einer staatlichen Terrorliste leben muss, obwohl der konkrete Verdacht einer Straftat gegen ihn nicht vorliegt. Gleichzeitig ist die Frage der Typengerechtigkeit berührt. Sie betrifft die Gleichheit in der Verschiedenheit bzw. die Forderung nach gleichem Zulassen von Ungleichheit. Problematisch ist auch die automatische Auswertung von Big Data mithilfe von Algorithmen. Sie bergen das Risiko, dass sie die Akteure von einer eigenen Beurteilung „freistellen". So können etwa Grenzbeamte Asylsuchenden mit der „falschen" ethnischen Herkunft die Einreise aufgrund der automatischen „Entscheidung" verweigern, obwohl diese im Herkunftsland um ihr Leben fürchten müssen.[129] Relevante Informationen werden oft nicht mehr wahrgenommen: sie bieten sich vergeblich an (siehe Abb. 1.2).[130]

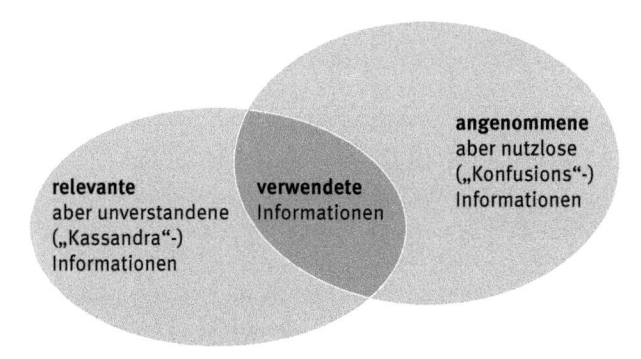

Abb. 1.2: Überinformation in Datenreservoirs (nach J. N. Druey).

---

127 Zit. nach Shapiro/Varian, Information Rules (1998), S. 6.
128 Goffmann, Stigma. Über Techniken der Bewältigung beschädigter Identität (13. A. 1998), S. 136 ff.
129 Baumann/Lyon, Daten, Drohnen Disziplin (2013), S. 18 f.; s. a. Kleinz, 32C3: Wenn Algorithmen entscheiden und töten, heise online v. 31.12.2015 unter: https://www.heise.de/newsticker/meldung/32C3-Wenn-Algorithmen-entscheiden-und-toeten-3057086.html (letzter Abruf: 14.02.2017).
130 Druey, Information als Gegenstand des Rechts (1996), S. 68 f.

Der Aufwand und die Machtposition der staatlichen Behörden beim Zugriff auf die Daten wachsen in Abhängigkeit von der
– Unbestimmtheit der Selektionskriterien und der
– Ausdehnung des Begriffs der Verfügbarkeit.

Hinreichende Auswahlkriterien fehlen etwa bei einer anlasslosen Vorratsspeicherung der TK-Verkehrsdaten auf der ersten Ebene: Statt an einer am tatsächlichen Bedarf im Einzelfall orientierten Speicherung, die bei Vorliegen eines konkreten Verdachts verlängert werden könnte, sollen anfallende Daten aller Nutzer (verdachtlos und ohne eine vorliegende Rechtsgutverletzung) bei einem Provider über einen längeren Zeitraum für Zwecke der Strafverfolgungsbehörden gespeichert werden. Auf der Zugriffsebene soll eine Verfügbarkeitsschranke die Strafverfolgungsbehörden verpflichten, personenbezogene Daten nur nach bestimmten Selektionskriterien (Fälle schwerer Kriminalität) abzurufen.[131]

Fraglich ist, ob das Sammeln einer Überfülle von personenbezogenen Informationen im Rahmen einer Vorratsspeicherung noch verhältnismäßig ist. Eine Maßnahme ist danach nur dann erforderlich, wenn keine gleichermaßen geeignete Maßnahme denkbar ist, die die Rechte des Betroffenen i. S. d. grundrechtlich geschützten Telekommunikationsgeheimnisses weniger beschneiden würde. Mit dem Quick-Freeze-Verfahren, das in der Cybercrime-Konvention des Europarates vorgesehen ist, liegen heute Methoden vor, die den Schutz der Telekommunikation weit weniger beeinträchtigen würden.[132] Bei dem Verfahren übermitteln Ermittler, die einen Verdächtigen anhand einer IP-Adresse gefunden haben, diese an den Provider, der daraufhin dessen Daten „einfriert". Wenn sich die Verdachtsmomente für die Ermittler verdichten, können sie (mithilfe eines gerichtlichen Verfahrens) die Herausgabe der eingefrorenen Daten verlangen.

In einer Gesamtschau ist zu fragen, ob das mit der Beschränkung der Freiheitsrechte verfolgte Ziel, den Terror präventiv zu bekämpfen, gleich oder höher zu bewerten ist als die Beschränkung des TK-Geheimnisses und des Rechts auf Privatheit und Datenschutz. Bei den von Geheimdiensten und Konzernriesen häufig angewandten Formen der maßlosen Akkumulation von Daten für Formen der Datenanalyse und Überwachung stellt sich die Frage noch deutlicher. Durch diese Methoden wird zwangsläufig auf individuelles und kollektives Verhalten eingewirkt und die diffuse Angst vieler Menschen vor dem Terror bedient. Gräbt sich der Rechtsstaat nicht durch

---

[131] Dazu BVerfG v. 11.03.2008, BVerfGE 121, 1.
[132] Europarat, Übereinkommen über Computerkriminalität (2002), SEV-Nr. 185 für gespeicherte Computerdaten (Art. 16) und für Verkehrsdaten (Art. 17).

anlassloses Anhäufen von persönlichen Daten i. S. v. von Goethes Faust sein eigenes Grab?[133]

Es gibt viele bekannte und verwandte Datenanhäufungen, die der Überwachung und Datenabschöpfung dienen, etwa im Zusammenhang mit der „Sentient City", einer Stadt, die von allgegenwärtiger Information geprägt ist. Dies geschieht beispielsweise durch den Einsatz optisch-elektronischer Einrichtungen (Videos), die Menschen in der Stadt kontinuierlich und in Echtzeit präventiv überwachen. Um etwa Selbstmordattentäter oder andere Kriminalität im Vorfeld zu entdecken, setzen Großstädte wie London flächendeckend digitale Überwachungssysteme ein, z. B. CCTV (Closed-Circuit-Television)-Kameras. Die noch im vergangenen Jahrhundert unterstellte „Anonymität der Großstadt" (Georg Simmel) weicht damit einer „Rund-um-die-Uhr-Überwachung", nicht zuletzt infolge der Fortschritte bei der Gesichtserkennung und der personenbezogenen Auswertung von Videos, in denen Akustiksensoren zunehmend an Bedeutung gewinnen. Umso entscheidender kommt es daher in der Organisation der technischen Umgebung darauf an, dass angemessene Maßnahmen zum Schutz der Privatheit eingebaut werden bzw. die Überwachung in datenschutzfreundliche Wege gelenkt wird.

Der vorbeugende heimliche Einsatz von Videokameras im öffentlichen Raum oder in Betriebsstätten von Unternehmen ist immer geeignet, Angst und Unsicherheit zu erzeugen. Dadurch wird eine unbefangene Kommunikation beeinträchtigt und Mitbürger oder Mitarbeiter können isoliert werden:

> Video is a powerful medium: it can make a point or convince people in ways that other media cannot. Video captures aspects of human behaviour, such as gaze and body language, that are not available in any other form. Somehow video seems "real" yet, perhaps it is too powerful. Just as statements taken out of context can be very damaging, so can video clips misconstrue events or violate the privacy of the subjects involved.[134]

Zu den Kernbereichen des verfassungsrechtlichen Demokratieprinzips gehört auch die notwendige Aufgabe einer politischen Selbstregulierung.[135] Sie umfasst lebenswichtige Bereiche wie den **Beschäftigtendatenschutz.** Nach der DS-GVO können die EU-Mitgliedstaaten spezifische Regelungen zum Beschäftigtendatenschutz (Art. 88 DS-GVO) schaffen. Zulässig sind insoweit auch Kollektivvereinbarungen wie Betriebs- und Dienstvereinbarungen. Eines der hier wohl dringendsten Anliegen betrifft die Regelungsbefugnisse der kollektiven Instanzen etwa beim Einsatz von Videos oder

---

[133] Goethe beschreibt in Faust II, 5. Akt, wie Lemuren, Knechte des Faust und des Mephisto, den Weltbesitz des gierigen Faust verkleinern, der die Arbeit nur noch am Geklirr des Spaten erkennt: Graben und Grablegung gehen ineinander über (erstmals veröffentlicht 1832).
[134] Mackay, Ethics, Lies and Videotape (1995), S. 1; zur Frage gefährliche Orte oder gefährliche Kamera Stoll/Hefendehl, Kriminologisches Journal 2002, 257.
[135] BVerfG v. 02.03.1977, BVerfGE 44, 125, 142.

von Handys rund um die Uhr, die jeweils auch am Prinzip der Verhältnismäßigkeit zu messen sind.

Das Datenschutzrecht hat seit seinen Anfängen nach Möglichkeiten gesucht, um den Schutz personenbezogener Daten rechtlich und technisch angemessen einzubinden. Dazu zählen Forderungen der Datenvermeidung und Datensparsamkeit bei der Erhebung und Verwendung von personenbezogenen Daten. Im modernen Datenschutzrecht spielen zudem Privacy by Design (Datenschutz durch Technikgestaltung, vgl. Art. 25 Abs. 1 DS-GVO) und Privacy by Default (Datenschutz durch Voreinstellung, vgl. Art. 25 Abs. 2 DS-GVO) sowie Zertifizierungsverfahren (Art. 42 DS-GVO) eine entscheidende Rolle.[136]

Insgesamt beruht der **Datenschutz durch Technik** auf der Einsicht, dass unter den Bedingungen weltweiter digitalisierter Datenflüsse Technikgestaltung präventiv zur Risikominimierung beitragen kann.[137] Rechtsdogmatisch beruht der Grundsatz auf einer Konkretisierung des Erforderlichkeitsprinzips. Die Umsetzung des Prinzips der Informationsaskese sowie eine frühzeitige datenschutzgemäße Technikgestaltung finden sich heute nicht nur in nationalen und supranationalen gesetzlichen Regelungen,[138] sondern auch in internationalen Selbstregelungen der Unternehmen.[139]

1.1.6 Ganzheitliche Regelungsansätze

Der normative Datenschutz in Europa bindet den Staat und die Wirtschaft. Aus Sicht des Staates könnte insbesondere im weltweiten Informationstransfer die Nutzung von Selbstregulierungspotenzialen eine entlastende Wirkung haben. Sie könnte nicht nur die Durchsetzungskosten staatlichen Rechts vermindern, sondern auch das Vertrauen der Nutzer in die Integrität der Datenerhebung und Datenverwendung und damit in eine zivile Informationsgesellschaft stärken.[140] Durch das Zulassen von Problemlösungen in relativer Autonomie der Beteiligten und durch die Anerkennung je eigener sozialer Felder und kultureller Konfliktlagen könnten Probleme selbstregulativ in Verbindung mit geltenden Gesetzen bewältigt werden.

Die USA setzt traditionell auf die Impulskräfte der Selbstregulierungsprozesse (bottom up). Europa hat sich bislang überwiegend auf den Gegenpol hin bewegt, nämlich den Weg der staatlichen Regulierung (top down) (siehe Abb. 1.3).[141]

---

136 Zu Fragen der Selbstregulierung und zu Zertifizierungsverfahren nach der DS-GVO vgl. Spindler, ZD 2016, 407.
137 Bizer, in: Bäumler/von Mutius (Hg.), Datenschutzgesetze der dritten Generation (1999), S. 26 ff.
138 Vgl. etwa § 3a BDSG.
139 Roßnagel, in: ders. (Hg.), Datenschutz beim Online-Einkauf (2002); zu den Verhaltensregeln der Marktpartner vgl. Kolonko, in: Paschke/Berlit/Meyer (Hg.), Hamburger Kommentar Gesamtes Medienrecht (3. A. 2016), 54. Abschnitt, Rn. 88 ff.
140 Hoffmann-Riem, AöR 1998, 537.
141 Tinnefeld, DuD 2002, 232 m. w. N.

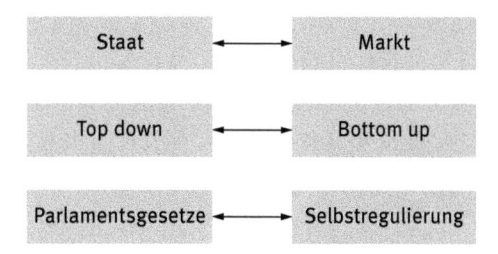

```
Staat  ⟷  Markt

Top down  ⟷  Bottom up

Parlamentsgesetze  ⟷  Selbstregulierung
```

Abb. 1.3: Staatliche Regulierung — Selbstregulierung.

Die Kombination staatlicher Regulierung und Selbstregulierung des Marktes eröffnet die Chance, wichtige Bereiche (Exportmarkt, Gesundheitswesen, Medien und Wissenschaft usw.) angemessen zu regeln und die materiellen Rechte des Einzelnen auch unter kulturellen Aspekten zu respektieren.[142] Einen Strang im Rahmen von Selbstregulierungsprozessen bilden organisatorische Maßnahmen, im Datenschutz etwa die Einrichtung von behördlichen oder betrieblichen Datenschutzbeauftragten, wie sie etwa die DS-GVO vorsieht (Art. 37 Abs. 4, Art. 38 Abs. 5 DS-GVO). Einen weiteren Strang im Rahmen einer Regulierung stellen Zertifizierungsverfahren sowie Datenschutzsiegel und -prüfzeichen dar, die den Nachweis für verantwortliche Datenverarbeiter erbringen sollen, dass sie den EU-Datenschutz etwa bei Datenübermittlungen in sog. Drittländer (Länder außerhalb der EU) einhalten und mit geeigneten Schutzgarantien belegen (Art. 42-43 DS-GVO).

1.1.6.1 Von der Eidesformel des Hippokrates und anderen Standesregeln

Es gibt alte und neue Optionen für eine ganzheitliche Konfliktbewältigung. Das älteste Beispiel einer Regelung für den Umgang mit besonderen (sensiblen) Informationen ist das Patientengeheimnis in Form des **Hippokratischen Eids,** der seit circa 2500 Jahren ein wesentlicher Bestandteil des ärztlichen Berufsethos ist. Die alte Eidesformel dokumentiert einen „kulturgeschichtlich einzigartigen Vorgang".[143]

Beispiel
In der alten Eidesformel findet sich die Erklärung des Arztes: „Was ich bei der Behandlung oder auch außerhalb meiner Praxis im Umgang mit Menschen sehe und höre, das man nicht weiter reden darf, werde ich verschweigen und als Geheimnis bewahren." Damit schützt der Eid „die Privatsphäre und achtet die Intimität in einer Weise, wie es sie sonst in der antiken Welt nicht gab". Der Eid bestimmt ein Verhältnis zwischen Individuum und Gemeinwesen, das sich aus der Achtung vor dem Kranken ergibt.

---

[142] Zum notwendigen Aufbau von Kombinationsmodellen vgl. Hoffmann-Riem, Modernisierung von Recht und Justiz (2001), S. 28 ff.
[143] Dazu Negt, Arbeit und menschliche Würde (2001), S. 543 m. w. N.

In Europa wurde der „Hippokratische Eid" zum Gegenstand ärztlicher **Standesregeln** (codes of conduct). Sie geben dem medizinischen Datenschutzrecht ein eigenes Profil. Bertolt Brecht hat in der letzten Fassung seines Theaterstückes „Galilei" (1954), erschreckt durch die atomare Rüstung, beklagt, dass Naturwissenschaftler es versäumt haben, so „etwas wie den hippokratischen Eid der Ärzte" zu entwickeln. Heute sind Standesregeln und verbindliche Unternehmensrichtlinien bzw. Verhaltensregeln in Form von Privacy Policies auch im Unionsrecht verankert.[144]

Eine besondere Beachtung verdienen medieneigene Verhaltensregeln. Kern der Freiheit der Presse und anderer Medien ist die Sicherung eines ungehinderten Nachrichtenflusses und freien Meinungsaustausches in einer offenen Gesellschaft einschließlich des Internets. Es gehört zum Charakter der Medienfreiheit, dass sie „wertvolle und wertlose Artikel, anständige und anstößige Fotos, langweilige und provozierende Karikaturen" erträgt.[145] Aus diesem Grund erfährt der journalistisch-redaktionelle Bereich eine datenschutzrechtliche Sonderbehandlung. Dies ist auch der Hintergrund für einen **Pressekodex** bzw. für standesrechtliche Grundsätze der Berufsethik. Der seit 1956 bestehende deutsche Presserat hat sich in einem „presseethischen Regelwerk" mit Fragen des Redaktionsdatenschutzes und der Informationsfreiheit offline und online befasst. Die Regelungen werden von Gerichten als Auslegungshilfe bei der Bestimmung des Umfangs publizistischer Sorgfalt herangezogen.

> **Beispiel**
> WikiLeaks hat nur einen Teil der verfügbaren amerikanischen Depeschen-Dokumente veröffentlicht. Der Betreiber der Plattform hat fünf bekannten Printmedien einen exklusiven Zugang zu allen unpublizierten Akten unter der Voraussetzung zugesagt, dass er den Zeitpunkt der Veröffentlichung mitbestimmt.[146] Hier ist unter dem Stichwort „Exklusivverträge" der Richtlinie 1.1 des deutschen Pressekodex folgende Verhaltensregel bedenkenswert:
> „Die Unterrichtung der Öffentlichkeit über Vorgänge oder Ereignisse, die für die Meinungs- und Willensbildung wesentlich sind, darf nicht durch Exklusivverträge mit den Informanten oder durch deren Abschirmung eingeschränkt oder verhindert werden. Wer ein Informationsmonopol anstrebt, schließt die übrige Presse von der Beschaffung von Nachrichten dieser Bedeutung aus und behindert damit die Informationsfreiheit."

---

[144] Art. 27 der Richtlinie (95/46/EG) zum Schutz natürlicher Personen bei der Verarbeitung personenbezogener Daten und zum freien Datenverkehr (Datenschutzrichtlinie), ABl. v. 23.11.1995 L 281, S. 31.
[145] Prantl, in: Deutscher Presserat (Hg.), Selbstkontrolle der gedruckten Medien 1956–2006 (2006); zum kulturellen Umfeld des Karikaturenstreits vgl. Knieper/Tinnefeld, in: Schweighofer et al. (Hg.), Komplexitätsgrenzen der Rechtsinformatik (2008), S. 473–482.
[146] Herrmann, Ohne Assange. Wie „Aftenposten" das Monopol bei Wikileaks umgeht, SZ v. 21.01.2011, S. 15; s. a. Caryl, Why WikiLeaks Changes Everything, in: The New York Review of Books (2011), Vol. LVIII, No. 1, S. 28: „The Guardian ended up sharing its own copies with the Times, thus in effect, leaking the leak".

1.1.6.2 Selbstregulierung, Datenschutz und Compliance

Unternehmenseigene Regeln und **Ethik-Richtlinien,** die Unternehmen etwa in Umsetzung des europäischen Datenschutzes aus eigenem Antrieb erstellen, gewinnen zunehmend an Bedeutung.[147] So hat die Deutsche Post DHL (ein global agierender Konzern) eine unternehmensweite Datenschutzregelung (binding corporate rule) nach einem umfassenden Kooperationsverfahren zwischen den Datenschutzbehörden der EU anerkannt. Bindende Unternehmensregeln können schnell und flexibel Datenschutzexporte in Drittstaaten legitimieren. Dieses Konzept ist ursprünglich von Deutschland entwickelt worden und wurde dann von anderen europäischen Datenschutzbehörden umgesetzt.[148] Auch nach der Datenschutzgrundverordnung der EU sind verbindliche unternehmensinterne Vorschriften unter bestimmten Voraussetzungen zulässig.[149] Die Mitgliedstaaten und die zuständigen Aufsichtsbehörden sollen die Ausarbeitung von Verhaltensregeln fördern (Art. 40 Abs. 1 DS-GVO).

Das Ziel von Ethik-Richtlinien ist häufig, bestimmte erwünschte Verhaltensweisen bei den Mitarbeitern zu fördern bzw. unerwünschte bei ihnen zu unterbinden. Dazu gehören unter anderem Regeln wie das Verbot der Verbreitung von Bildern, Karikaturen oder Witzen sexueller Natur, selbst wenn diese die Schwelle der Rechtswidrigkeit nicht überschreiten.[150]

Die Verhaltensregeln sind geeignet, den Gedanken der Datenschutz-Compliance voranzutreiben. Unter dem Stichwort **Compliance** werden i. d. R. alle organisatorischen Maßnahmen verstanden, die erforderlich sind, damit sich ein Unternehmen im Ganzen rechtskonform verhält.[151] Compliance hat sich gleichsam als ein Strukturelement moderner Organisation und Verwaltung nach den Skandalen großflächiger, heimlicher Überwachung in deutschen Unternehmen etabliert.[152] Eine möglichst vollständige, frühzeitige und transparente Informationsverarbeitung soll Fälle von Betrug und Korruption, Schmiergeldzahlungen, Außenwirtschaftsdelikte und schwarze Konten, also tatsächliche erhebliche Missstände in Unternehmen, unterbinden.[153] Bislang haben häufig Informanten bzw. Whistleblower solche schwerwiegenden Missstände in Unternehmen aufgedeckt. Nach der Rechtsprechung und der h. M. ist die Anzeige eines Whistleblowers zulässig, wenn er in Erfüllung staatsbürgerlicher Pflichten unei-

---

[147] Im Gegensatz zum anglo-amerikanischen Recht begründet das deutsche Recht keine Pflicht zur Einführung von Ethik-Richtlinien in Unternehmen, vgl. Kort, in: Bauer et al. (Hg.), FS für Herbert Buchner (2009), S. 477, 479.
[148] Büllesbach, Transnationalität und Datenschutz – Die Verbindlichkeit von Unternehmensregeln (2008).
[149] Vgl. Art. 43 DS-GVO; s. a. Art. 43a zur Frage der Nichtzulässigkeit.
[150] Vgl. BAG v. 22.07.2008, BAGE 127, 146.
[151] Thüsing, Arbeitnehmerdatenschutz und Compliance (2010); Petri, in: Schweighofer et al. (Hg.), Globale Sicherheit und proaktiver Staat – Die Rolle der Rechtsinformatik (2010), S. 305–312 m. w. N.
[152] Hamm, NJW 2010, 1332.
[153] Zu den Folgen einer Treueverletzung der Geschäftsleitung vgl. Thüsing, Arbeitnehmerdatenschutz und Compliance (2010), Rn. 25.

gennützig und nicht leichtfertig handelt.[154] Andernfalls ist er ein Denunziant, insbesondere dann, wenn er vorsätzlich Falschangaben macht.[155] Solche Angaben verändern die Lebens- und Arbeitsbedingungen der Angezeigten in jenen Fällen besonders hart, in denen die Denunziation anonym erfolgt und ins Netz gestellt wird.

Compliance-Regeln finden sich etwa im Deutschen Corporate Governance Codex (CGK), der neben der Zusammenfassung gesetzlicher Regelungen auch Empfehlungen und Anregungen dafür enthält, wie börsennotierte Gesellschaften im Sinne der Einhaltung „international und national anerkannter Standards guter und verantwortungsvoller Unternehmensführung" geleitet und überwacht werden sollten.[156] Compliance-Regeln in Unternehmen mit Sitz in der Union müssen mit dem europäischen Datenschutz übereinstimmen. Andernfalls sind sie unzulässig, wie z. B. die datenschutzrelevanten Regelungen zur Einrichtung von anonymen Wistleblower-Hotlines, die im amerikanischen Sarbanes-Oxley Act von 2002 [SOX] niedergelegt sind, der dem Schutz von Investoren dient.

Compliance kann als Schnittpunkt für neue Tendenzen im Bereich von Ökonomie, Ethik und Recht betrachtet werden. In **ethischer Hinsicht** wird Compliance als Schrittmacher gesellschaftlicher Remoralisierungstendenzen verstanden, wie sie etwa die US-amerikanischen codes of conduct zeigen. In **rechtstheoretischer Hinsicht** steht Compliance für die nicht-staatliche Fundierung normativer Ordnungen, mithin für „weiche" Normen (soft law), deren Folgen im datenschutzrechtlichen Normengefüge der Union in einer Richtlinie zum Schutz von Geschäftsgeheimnissen angesiedelt werden sollen.[157]

Der Schutz von Betriebs- und Geschäftsgeheimnissen ist von erheblicher Bedeutung für den wirtschaftlichen Erfolg eines Unternehmens. Verschiedentlich werden sie dem Eigentumsrecht in der Grundrechtecharta zugerechnet (Art. 17 Abs. 1 GRCh; vgl. auch den Schutz der Eigentumsfreiheit in Art. 14 Abs. 1 Satz 2 GG). Die bisherige gesetzliche zentrale Vorschrift zum Schutz der Geheimnisse findet sich in Deutschland im Informationsfreiheitsgesetz des Bundes (§ 6 IFG). Die datenschutzrechtlichen Vorgaben des EU-Rechts sind ggfs. von Bedeutung.

---

154 Vgl. Deutscher Bundestag Wissenschaftlicher Dienst, Aktueller Begriff 06/09: Whistleblower.
155 BVerfG v. 02.07.2001, NJW 2001, 3474; s. a. Tinnefeld/Rauhofer, DuD 2008, 717, 721 f. m. w. N.
156 Vgl. Regierungskommission, Deutscher Corporate Governance Kodex i. d. F. v. 18.06.2009, Präambel.
157 S. unter: http://data.consilium.europa.eu/doc/document/ST-15382-2015-REV-1/en/pdf (letzter Abruf 06.06.2016).

1.2 Freiheit der Meinung, Presse und Information – Zeichen einer offenen Gesellschaft?

1.2.1 Historische Eckpunkte und Definitionen

Die **Meinungsfreiheit** wurde in der Zeit der **Aufklärung** im 17./18. Jahrhundert erstmals von Bürgern eingefordert. Sie steht am Anfang aller Startversuche in eine rechtsstaatliche Demokratie. Der ungarische Verfassungsrechtler Laszló Sólyóm apostrophiert das **Recht auf freie Meinungsäußerung** als „**Mutterrecht aller kommunikativen Grundrechte**", welches auch alle anderen Freiheitsrechte wie die Presse-, Religions-, Medien- und Wissenschaftsfreiheit gewährleiste.[158] Die Meinungsfreiheit selbst ist ein **elementares Menschenrecht**, aufgrund dessen sich Menschen ohne staatliche Zensur oder Drohungen äußern und ihre Meinungen unbehindert verbreiten und austauschen können. Die funktionale Bedeutung der Meinungs- und insbesondere der Presse- bzw. der Medienfreiheit für eine Demokratie kann nach der Rechtsprechung des EGMR nicht hoch genug eingeschätzt werden.[159] Denn in jeder Demokratie ist Öffentlichkeit sowohl das typische Medium zur Kontrolle der Staatsgeschäfte als auch das der Einflussnahme auf Staatsgeschäfte. Öffentlichkeit ist mit der Grundvorstellung verbunden, dass „jeder diejenigen Ereignisse und Verhältnisse, die ihn angehen, auch kennen solle – da dies die Bedingung davon ist, dass er über sie zu beschließen hat [...]".[160]

Der Wissenschaftstheoretiker Karl R. Popper hat im Jahre 1945 für die Unterscheidung von demokratisch gewählten und diktatorisch geführten Gesellschaften (z. B. im Faschismus oder leninistischen Sozialismus)[161] die Begriffe „**offene**" und „**geschlossene**" **Gesellschaft** gewählt. Popper bezeichnet solche Gesellschaften als offen, die die Einstellung selbstkritischer Wirklichkeitswahrnehmungen nicht nur zulassen, sondern in ihre Verfassung einbauen.[162] Damit spricht er den grundrechtlichen Gehalt der Meinungs- und Pressefreiheit an, wonach Kritik und abweichende Meinungen in einer offenen Gesellschaft unverzichtbar sind. Das BVerfG hat bereits im Spiegel-Urteil vom 5. August 1966 klargestellt, dass die Kritik an Regierung, Regierungspolitik, Parlament und anderen Verfassungsorganen sowie an den konkreten politischen und sozialen Verhältnissen zulässig ist, auch wenn sie hart, unsachlich und uneinsichtig ausfällt.[163]

---

[158] Sólyóm, in: Tinnefeld/Philipps/Heil (Hg.), Informationsgesellschaft und Rechtskultur in Europa (1995), S. 72 ff.
[159] EGMR v. 08.07.1986, EuGRZ 1986, 424; s. a. BVerfG v. 15.01.1958, BVerfGE 7, 198, 208.
[160] Simmel, in: Rammstedt (Hg.), Georg Simmel Gesamtausgabe in 24 Bänden (6. A. 1992), S. 413.
[161] Zur „Gesinnungsverwaltung" in der ehemaligen DDR.
[162] Popper, Die offene Gesellschaft und ihre Feinde (6. A. 1980), S. 126, 246.
[163] BVerfG v. 05.08.1966, BVerfGE 20, 162.

Die **verfassungsrechtliche Anerkennung** der **Meinungs- und Pressefreiheit** begann in Nordamerika mit der Bill of Rights des Staates Virginia von 1776. In Europa folgte Art. 11 der französischen Erklärung der Menschen- und Bürgerrechte von 1789. In den USA wird die Redefreiheit *(free speech)* und Pressefreiheit bis heute durch den berühmten ersten Zusatzartikel (First Amendment) zur Bundesverfassung ausdrücklich geschützt.[164] Seit 1886 vertritt die mächtige Frau mit der Fackel der Aufklärung (Freiheitsstatue) im Hafen von New York symbolhaft die Kultur politischer Freiheit. Der Standort, der perspektivische Code ist auf den Ankömmling im Hafen ausgerichtet und signalisiert jedem ankommenden Menschen ein Recht auf Meinungs- und Redefreiheit in den USA.

Der Begriff **Pressefreiheit** knüpfte zwar ursprünglich an den technischen Vorgang des Drucks an, zielte aber von jeher auf die kommunikative Entfaltung des Einzelnen, ohne strenge Grenzen zwischen Denk-, Gedanken-, Gewissens- und Pressefreiheit zu ziehen.[165] Die Meinungs- und Pressefreiheit richtete sich zunächst nur gegen einen staatlichen Zugriff. Der Austausch von Informationen und Meinungen unter den Bürgern sollte die Wahrheit ans Licht bringen und Gesetze bewirken, die dem Wohl „aller" dienen.[166] Nach der Konsenstheorie kann sich eine vernünftig agierende Gemeinschaft nur im Rahmen eines dauernden Prozesses der Irrtumskorrektur allmählich der Wahrheit annähern. Der Soziologe Jürgen Habermas geht vom gesellschaftlichen Diskurs als Instrument der Wahrheitsfindung aus.[167] Ein richtiger Konsens stelle sich dann ein, wenn nach dem Austausch aller Argumente allen Diskursteilnehmern das betreffende Argument einsichtig sei. Zu den Aufgaben der Presse gehöre es, einen solchen „herrschaftsfreien" Diskurs durch wahre und richtige Informationen zu ermöglichen. Seit der Mitte des 20. Jahrhunderts wird eine umfassende **Meinungs-** und **Pressefreiheit** zusammen mit der **Informationsfreiheit** in der Allgemeinen Erklärung der Menschenrechte (Art. 19 AEMR) und im nachfolgenden internationalen Pakt über bürgerliche und politische Rechte (Art. 19 IPbpR)) als universelles Menschenrecht anerkannt. Bezogen auf dieses Prinzip spricht Art. 19 von „der Freiheit, ohne

---

164 The First Amendment (45 Wörter, 5 Freiheitsrechte): „Congress shall make no law respecting an establishment of religion, or prohibiting the free exercise thereof; or abridging the freedom of speech, or of the right of press, or of the people peacably to assemble, and to petition the Government for a redress of grievances." Zur Auslegung vgl. Supreme Court v. 09.06.1969, 395 U.S. 367, 390: „It is the purpose of the First Amendment to preserve an uninhibited marketplace of ideas in which truth will ultimately prevail, rather than to countenance monopolization of that market, whether it is the government itself or a private licensee […] It is the right of the public to receive suitable access to social, political, esthetic, moral and other ideas and experience which is crucial here."
165 Schneider, Pressefreiheit und politische Öffentlichkeit (1966), S. 104.
166 Simitis, KJ 1989, 157.
167 Habermas, Theorie des kommunikativen Handelns (1981); ders., Vorstudien und Ergänzungen zur Theorie des kommunikativen Handelns (1984). S. a. Lessig, The Regulation of Social Meaning, in: Chicago L. Rev. (1995), Vol. 62, No. 3, S. 943, 1037.

Rücksicht auf Staatsgrenzen Informationen und Gedankengut jeder Art [...], sich zu beschaffen, zu empfangen und weiterzugeben".

Die Meinungs- und Informationsfreiheit wird in der Europäischen Menschenrechtserklärung (Art. 10 Abs. 1 EMRK) und der Grundrechtecharta (Art. 11 Abs. 1 GRCh) implizit mit garantiert. Die Medienfreiheit wurde in der Charta eigens geregelt (Art. 11 Abs. 2 GRCh). Ausdrücklich führt Abs. 2 dabei auch die Sicherung der Pluralität der Medien an, die offen für mediale Weiterentwicklungen ist.

Schließlich ist auch zu beachten, dass beispielsweise vertikal und horizontal verflochtene Medienkonzerne nicht nur ökonomische Großmächte bzw. Monopole, sondern auch politische Machtfaktoren sind, welche die verfassungsgemäße Erfüllung öffentlicher Aufgaben der Medien drastisch durch illegale Restriktionen bzw. durch Zensur vermindern können. Die wohl schlimmste Gefährdung des Pluralismus beruht auch auf verzerrten Versionen der Realität oder auf Lügen (Fake News), durch die Bürger falsch informiert werden. Es bedarf daher des bewussten Drucks der Nutzer, damit mehr Nachrichtentransparenz entsteht.

Die **Meinungsäußerungsfreiheit** schließt die Vermittlung von **Nachrichten,** die Berichterstattung durch Presse, Rundfunk und neue Medien ein (vgl. für das nationale Recht Art. 5 Abs. 1 Satz 2 GG). Weil ohne hinreichende Information eine **Meinungsbildung** nicht möglich ist, wird aus der grundrechtlich verbürgten Meinungsfreiheit die **Informationsfreiheit** abgeleitet, namentlich der Zugang zu bestimmten Informationen bzw. Informationsträgern wie Akten *(records)* der Verwaltung *(freedom of information)*. Das deutsche Grundgesetz enthält zwar kein Grundrecht auf Informationszugang, aber eine ausdrückliche Regelung zur Informationsfreiheit.[168] Danach hat jeder das Recht, sich „aus allgemein zugänglichen Quellen ungehindert zu unterrichten" (Art. 5 Abs. 1 Satz 1 2. Hs. GG). Die Herausforderungen für das Recht haben sich insoweit gerade auch im Hinblick auf allgemein zugängliche digitalisierte Daten/Informationen im Internet geändert,[169] was immer häufiger auch unter dem Schlagwort einer „Charta der digitalen Grundrechte" thematisiert wird.[170]

Die allgemeine Zugänglichkeit von digitalisierten Informationen und die vielfältigen Formen der Verlinkung haben Auswirkungen für die Austarierung von Persönlichkeitsschutz und Informationsfreiheit. Verwiesen sei hier nur auf das Paradebeispiel der Suchmaschinen, wenn durch Eingabe eines Namens in die Suchmaschine Google und ohne Kenntnis der Quellseite persönliche Informationen immer wieder aufgefunden werden können. Ein besonderes Problem ergibt sich im Rahmen des (strafbaren) Zugangs zu krimineller Kinderpornografie.[171]

---

[168] Kloepfer/Schaerdel, JZ 2009, 453, 458.
[169] Dazu Rifkin, The Age of Access (2000).
[170] Unter: https://digitalcharta.eu (letzter Abruf 13.05.2017); Schliesky, ZRP 2015, 56.
[171] Zu § 184b StGB – Verbreitung pornographischer Schriften vgl. Keller/Liesching, in: Paschke/Berlit/Meyer (Hg.), Hamburger Kommentar Gesamtes Medienrecht (3. A. 2016), 86. Abschnitt,

In der Zeit des Absolutismus herrschte in Europa eine **Kultur der Geheimhaltung.**[172] Sie beruhte auf der Lehre von den Geheimnissen des Reiches *(arcana imperii)*,[173] die die Staatslehre bestimmte[174] und sich u. a. in den weit gefassten Amtseiden der Bediensteten spiegelte. Die Forderung, staatliches Wissen geheim zu halten, ist bis heute ein Fixpunkt absoluter Staaten, die jede Kritik schon im Ansatz unterbinden wollen. Diese Tendenz hat auch in westlichen Demokratien seit den Anschlägen des 11. September 2001 zugenommen. Die Politik und ihre Geheimdienste stehen vor neuen Herausforderungen, zumal nicht mehr Staaten allein, sondern auch nichtstaatliche Gruppierungen an den Anschlägen beteiligt sind.

Ein Teil der Kriegsführung findet zunehmend im digitalen Raum statt. Das Internet und speziell die sozialen Netzwerke haben die Informationsebene zwischen Staaten und Bürgern geändert. Dieser Wandel ermöglicht wachsende Einsichten in Regierungsakten *(government files)*.[175] Sie werden politisch treffend von Gabor Benedek (2011) karikiert: Die Computermaus fliegt in zwei Bürotürme, heraus fallen tausende von Dokumenten, darüber steht: „WikiLeaks". Darüber hinaus veröffentlichen der britische Guardian und die amerikanische Washington Post geheime Dokumente der National Security Agency (NSA), die ein weltweites Netz von Spionagesystemen beschreiben.[176] Die von dem Whistleblower Edward Snowden preisgegebenen Dokumente sollten den US-Bürgern die massenhafte personenbezogene Datensammlung und -überwachung der Geheimdienste offenbaren.[177]

Den **Zugang zu amtlichen Informationen** eröffnete Schweden, wo im Jahre 1788 auch das erste allgemeine Informationszugangsgesetz in Kraft trat; das zweite Gesetz folgte im Jahre 1966 in den USA und ein weiteres in Kanada. In Europa hat sich der Europarat seit dem Jahre 1979 zunächst mit unverbindlichen Empfehlungen für eine Informationszugangsgesetzgebung eingesetzt, die 2009 von einem rechtsverbindlichen Übereinkommen über den „Zugang zu amtlichen Dokumenten" entsprechend

---

Rn. 56–61. Zur Frage Informationsfreiheit, DNS-Blockierungen statt Löschung kinderpornografischer Inhalte Tinnefeld, DuD 2010, 15, 16; Petri, DuD 2008, 443, 448.
172 Vgl. Wegener, Der geheime Staat – Arkantradition und Informationsfreiheit in Deutschland (2006).
173 Vgl. Stolleis, Arcana imperii und Ratio status (1980).
174 Dazu Thomasius, Grundlehren (1699), Teil I, C 17, § 97, S. 135 f. Der Frühaufklärer Christian Thomasius (1655–1728) war sich nicht sicher, ob und inwieweit staatsrechtliche Angelegenheiten wegen ihres geheimen Charakters überhaupt gelehrt werden dürfen.
175 Vgl. Caryl, Why WikiLeaks Changes Everything, in: The New York Revies of Books (2011), Vol. LVIII, No. 1, S. 27: "The implications for the conduct of Government policy (not to mention individual lives) are monumental."
176 The Washington Post v. 07.06.2013, A Selection of phone logs, Lawmakers defend, citizise NSA collection; The Guardian v. 05.06.2013, Revealed: NSA collecting phone records of millions of Americans daily.
177 Rosenbach/Stark, Der NSA Komplex. Edward Snowden und der Weg in die totale Überwachung (2014), S. 56 ff.

der Konvention (Art. 10 EMRK) abgelöst wurde.[178] Das **Übereinkommen des Europarates** gilt als **erster völkerrechtlicher Vertrag,** der die allgemeine Informationszugangsfreiheit im öffentlichen Sektor vorsieht.[179] Auf der **supranationalen** Ebene wurde im Jahre 1990 im Rahmen einer **Informationsrichtlinie** ein voraussetzungsloser (d. h. von keinem rechtlichen oder berechtigten Interesse abhängiger) Zugang zu Informationen im Bereich des Umweltrechts erstmalig statuiert.[180] Die allgemeine Informationsfreiheit wurde 1997 im Vertrag von Amsterdam (Art. 225) verankert.[181] Sie wird als „Schlüsselressource" in der EU[182] rechtlich weiterentwickelt.

Die Entwicklung der **Informationsfreiheitsgesetze** im Bund (IFG) und in den Ländern **Deutschlands** hat wesentliche Impulse durch das europäische Recht erhalten. Sie sollen auf der Grundlage der Informationsfreiheit (Art. 5 GG Abs. 1 S. 1 Alt. 2 GG) dem Bürger die Chance geben, sich grundsätzlich über das Regierungsgeschehen zu informieren.[183] Es genügt nicht allein ein **Recht im Sinne des Sich-Informierens,** sodass der Einzelne den Informationsvorgang erst in Gang bringen muss. Dazu bedarf er entsprechender Informationen. Daher ist in vielen Fällen eine vorverlagerte (proaktive) Veröffentlichung der Behörde im Sinne einer im Einzelnen zu gestaltenden **Publizität** erforderlich.[184] Die Verwirklichung **demokratischer Selbstbestimmung** setzt schließlich eine informierte Öffentlichkeit *(informed public, opinion public)* voraus.[185] Im Rahmen der zunehmenden Verlagerung staatlicher Aufgaben auf Private wächst allseitig die Forderung nach einer transparenten Gestaltung der Informationsvorgänge in allen Sektoren, insbesondere auch in wirtschaftlichen Bereichen. Für Beschäftigte und Verbraucher werden sie teilweise bereits durch **Compliance-Regelungen** angestrebt, die sich gleichzeitig am Grund- und Menschenrecht auf Datenschutz orientieren müssen. Dabei stehen Datenschutz und Informationsfreiheit naturgemäß in einem Spannungsverhältnis; die widerstreitenden Interessen müssen jeweils zu einem schonenden Ausgleich gebracht werden.

---

178 Schoch, in: ders. (Hg.), IFG (2. A. 2016), Einl. Rn. 188 ff.
179 Schoch, in: ders. (Hg.), IFG (2. A. 2016), Einl. Rn. 193.
180 Richtlinie 90/313/EWG über den freien Zugang zu Informationen über die Umwelt (Umweltinformationsrichtlinie), ABl. v. 23.06.1990 L 158, S. 56; s. a. neue Umweltinformationsrichtlinie: Richtlinie 2003/4/EG über den Zugang der Öffentlichkeit zu Umweltinformationen und zur Aufhebung der Richtlinie 90/313/EWG des Rates (Umweltinformationsrichlinie), ABl. v. 14.02.2003 L 41, S. 26.
181 Zur Entwicklung in der EU vgl. Bernsdorff, in: Meyer (Hg.), GRCh (4. A. 2014), Art. 11 Rn. 1 ff.
182 RL 90/313/EWG (Umweltinformationsrichtlinie).
183 Vgl. etwa Gesetz zur Regelung des Zugangs zu Informationen des Bundes (IFG) v. 01.01.2006 (BGBl. I, S. 2722).
184 Schaar, Presserklärung v. 30.12.2010; zur Entwicklung des Zugangs zu Informationen der öffentlichen Verwaltung im Jahr 2011 vgl. Schnabel, ZD 2012, 67.
185 Zur nachherigen Rechtfertigung getroffener Entscheidungen bei Planfeststellungsverfahren vgl. Prantl, Basta. Planung von Großprojekten: Wenn Bürger als Störer betrachtet werden, sind Störungen programmiert, SZ v. 08./09.01.2011, S. 4.

Europa ist ein bedeutender **Motor** im Bereich von **Informationsfreiheit und Datenschutz**. Beide Rechte betonen die Prinzipien der Offenheit und der größtmöglichen **Partizipation in einer Demokratie**. Der Datenschutz steht einerseits für Transparenz beim Umgang mit personenbezogenen Daten: Ohne Information darüber, wer was über ihn weiß, kann der Bürger nicht angstfrei am öffentlichen Leben und der politischen Kommunikation teilnehmen (z. B. an einer politischen Demonstration).[186] Der Privatheitsschutz ist gleichzeitig ein Schild gegen unzulässige **Überwachung** in Form einer unangemessenen Erfassung und Verwendung persönlicher Daten. Wenn Menschen befürchten müssen, dass ihnen aus der Äußerung ihrer Meinung Nachteile erwachsen können, dann werden sie diese häufig unterlassen. Diese Wirkung wird in der amerikanischen Verfassungsrechtsprechung als „chilling effect" (vereisende Wirkung) bezeichnet.[187] Sie kann durch ein „Lockspitzelwesen" intensiviert werden, d. h. durch einen exzessiven Einsatz von sog. V-Personen (die aus der Szene kommen und dem Staat für Geld Informationen liefern) sowie von verdeckten Ermittlern (Staatsbediensteten, die unter einer Legende arbeiten).[188] Schließlich nähert sich jede geheime Observierung immer auch einem **„Verbot, privat zu sein"**. Es ist das Signum absoluter bzw. diktatorischer Staaten, die immer schon ein ausgefeiltes Spitzel- und Denunziantentum gepflegt haben.

Bürger, die sich am öffentlichen Diskurs beteiligen wollen, sind auf eine **Kultur der Transparenz** angewiesen. Das gilt sowohl beim datenschutzgemäßen Umgang mit ihren Informationen als auch für den Zugang zu verlässlichen Informationen der Verwaltung und ggf. auch der Wirtschaft. Die Erfahrungen mit totalitärer Propagandapolitik, der informationellen Abschottung der eigenen Bürger von der Außenwelt, und die Verbote, ausländische Rundfunksender zu hören, haben nach dem Zweiten Weltkrieg in der Bundesrepublik Deutschland maßgeblich dazu beigetragen, die Informationsfreiheit als selbstständiges Grundrecht anzuerkennen.[189] In einer Demokratie sind Informationsfreiheit und Datenschutz eine wesentliche **Voraussetzung für „Gutes Regieren"** (good governance). Insoweit ist der Datenschutz mit der Informationsfreiheit eng verbunden und sein demokratiebezogenes Spiegelbild. Beide Rechte bilden eine notwendige Voraussetzung für die offene Gesellschaft.

Der Begriff **Freiheit der Information** ist nicht deckungsgleich mit dem der Informationsfreiheit. Er bezeichnet den Informationsvorgang selbst als frei. Im Zusammenhang mit Fragen der Informationsverteilung entwickelten die USA im Konflikt mit den ehemaligen Ostblockländern, „welche eine Abschirmung ihrer Territorien gegen den externen Einfluss der Massenmedien, namentlich vom ausländischen Radio und

---

[186] BVerfG v. 15.12.1983, BVerfGE 65, 1, 43.
[187] Supreme Court v. 30.01.1976, 424 U.S. 1.
[188] Zum Begriff V-Personen vgl. Kinzing, Die rechtliche Bewältigung von Erscheinungsformen organisierter Kriminalität (2004), S. 100 f.; zur Entwicklung vgl. Prantl, Wenn der Spitzel lockt, SZ v. 31.01.2011, S. 4.
[189] Dazu BVerfG v. 03.10.1969, BVerfGE 27, 71; BayVerfGH v. 27.09.1985, BayVerfGH 38, 134, 139.

Fernsehen suchten", die **Doktrin vom freien Informationsfluss** *(free flow of information)*.[190] Das Postulat des freien Informationsflusses soll global einen freien Informationsmarkt, einen unbegrenzten Informationsaustausch zwischen Sendern und Empfängern ermöglichen.[191]

Franz Kafka hat sich eindringlich mit dem Thema der fehlenden Information in einem Staat in Form der „Unzugänglichkeit" des Gesetzes befasst. Der Dichter hat in seiner ausgefeilten Erzählung „Vor dem Gesetz" (1915)[192] den vergeblich erbetenen **Zugang** des Mannes vom Land „K" zu der Welt der staatlichen Instanzen und ihren **Geheimnissen** dargestellt. Niemand teilt K mit, was hinter dem Tor des unbekannten Gesetzes und dessen Verwaltern liegt.

Heute stehen zwar Informationsfreiheitsgesetze für eine wachsende Verwaltungstransparenz, die auch online fortentwickelt werden muss.[193] Zu Beginn des 21. Jahrhunderts ist aber eine grundlegende **Informationswende** eingetreten: Nicht allein das Gesetz, sondern die **Netzwelt** eröffnet einen weltweiten Zugang zu Informationen aller Art. Medien werden integraler Bestandteil der vernetzten Lebenswelten.

Neue Kommunikationsformen wie Internet-Zeitungen, Blogs, SMS, Nachrichten über Twitter usw. enthalten ein gewisses Freiheitspotenzial, das Nachrichten und Diskussionen etwa über Leistungen und Fehlleistungen von Regierenden nützt. Dabei werden zunehmend staatliche oder private **Informationsschranken** aufgelöst, insbesondere durch manipulierte Nutzerkommentare, alternative Blogs bzw. Video-Blogs und **Hacker**. Das bekannteste Beispiel sind die Netzaktivisten von WikiLeaks, die nicht nur Geheimnisse von Regierungen (Afghanistan-Feldberichte, Diplomaten-Depeschen u. a.), sondern auch von Unternehmen (z. B. Banken) veröffentlichen, die sie entweder als Hacker ausgespäht oder von Informanten erhalten haben.[194] Die Netzaktivisten von WikiLeaks haben teilweise das (unbearbeitete) Rohmaterial auf ihre Webseite gestellt, ohne Rücksicht auf **schützenswerte personenbezogene Daten** und **Geheimhaltungsinteressen** z. B. von Diplomaten, die in Depeschen befreundete und verfeindete Politiker charakterisieren, Staats- oder Geschäfts- und Betriebsgeheimnisse vertraulich austauschen.[195]

Dass die Geheimhaltung von Informationen auch eine Schutzfunktion haben kann, zeigt sich nicht nur im Daten- und Privatheitsschutz. Die Dimension des Ge-

---

190 Druey, Information als Gegenstand des Rechts (1996), S. 87 m. w. N.; zu Pressetexten und Karikaturen in kulturpolitischen Wochenzeitschriften ehemaliger Ostblockländer vgl. auch Gulińska-Jurgiel, Die Presse des Sozialismus ist schlimmer als der Sozialismus (2010).
191 Kübler, in: Simon/Weiss (Hg.), FS für Spiros Simitis (2000), S. 215 f.; Tinnefeld, RDV 2002, 167; zur begrenzten Anerkennung des Grundsatzes im Völkerrecht vgl. Degenhardt, EuGRZ 1983, 212, 213.
192 Teil des Romans „Der Prozess", Pasley, Franz Kafka, Der Prozess, Roman in der Fassung der Handschrift (8. A. 2000), S. 226–235.
193 Picot/Quadt, Verwaltung ans Netz! (2001).
194 Kritische Darstellung der Tätigkeit bei Rosenbach/Stark, Staatsfeind WikiLeaks (2010).
195 Vgl. etwa § 117 UWG.

heimnisses hat Georg Simmel in seiner feinsinnigen Studie „Das Geheimnis und die geheime Gesellschaft" (1908) ausgelotet. Danach steht zwar nicht jedes Geheimnis mit dem Bösen, wohl aber das Böse mit dem Geheimnis in einem unmittelbaren Zusammenhang.[196]

Der entscheidende **Unterschied** der Tätigkeit von WikiLeaks und vergleichbarer Einrichtungen des **klassischen Journalismus** liegt im Anspruch der **Netzaktivisten,** jede Art von Dokumenten im Internet zu veröffentlichen, wenn sie nur einen Test auf Authentizität bestehen.[197] Das zielt auf eine grenzenlose „Freiheit der Information" und ein reines **Input-Modell,** wonach keinem Beitrag, von wem und woher er auch stammt, der Zugang zur Öffentlichkeit verwehrt werden darf. Die Auswahl der veröffentlichten Informationen ist nicht transparent. Es fehlt auch jede erkennbare Selbstbeschränkung, die dem **Qualitätsjournalismus** eigen ist. Das Vorgehen entspricht nicht dem Prinzip der „Informationsfreiheit" und den anerkannten **publizistischen Standesregeln** (Selbstregulierung) der Medien. Ihre Einhaltung ist insbesondere vor dem Hintergrund der Debatte um sog. „Fake News" (Lügen, Falschmeldungen und Halbwahrheiten) von besonderer Relevanz. Sie können zugleich Konflikte zwischen der Wahrheitspflicht, der Pflicht zur Aktualität und dem Persönlichkeitsschutz aufgreifen. Wo immer es zu Enthüllungen kommt, sind i. d. R. auch personenbezogene Daten der beteiligten Akteure im Spiel. Das gilt für die Pentagon-Papiere[198] und Watergate[199] ebenso wie für Spendenaffären und andere Vertuschungsmanöver.[200]

Dem verantwortlich arbeitenden Journalisten bzw. Redakteur obliegt es, gesellschaftlich relevante Vorgänge sorgfältig zu beschreiben, Informationen einzuordnen, zu hinterfragen und zu ergänzen, bevor er sie als Nachrichten veröffentlicht, jedenfalls idealtypisch betrachtet. Die Messlatte „publizistischer Sorgfalt" liegt dann besonders hoch, wenn Menschen und ihre Privatsphäre im Mittelpunkt der Berichterstattung stehen.

Die spezielle **Aufgabe der Presse** bzw. der digitalen Massenmedien kann das **Entscheidungsverhalten der Bürger** im positiven Sinn beeinflussen. Diesen Teil der **politischen Kultur** in einer Demokratie betont der EGMR, wenn er die Rolle der Presse als „public watchdog" umreißt,[201] also einer kontrollierenden Einrichtung, die ausreichend Distanz zu den Kräften voraussetzt, die sie im Rechtsstaat kontrollieren soll.

Es genüge nicht, so das Bundesverfassungsgericht, „wenn eine Obrigkeit sich bemühe, noch so gut für das Wohl ihrer Untertanen zu sorgen". Der Staat habe vielmehr

---

196 Vgl. Simmel, in: Rammstedt (Hg.), Georg Simmel Gesamtausgabe in 24 Bänden (6. A. 1992), S. 407.
197 Ebd. 295.
198 Vgl. Supreme Court v. 30.06.1971, 403 U.S. 713.
199 Bernstein/Woodward, All the President's Men (1974).
200 Dazu Schmale/Tinnefeld, MMR 2011, 786.
201 So EGMR v. 08.07.1986, EuGRZ 1986, 428; s. a. Entschließung Nr. 2 und 4 der 4. Europäischen Ministerkonferenz über Massenmedienpolitik in Prag v. 07./08.12.1994 unter: https://www.bundesregierung.de/Content/DE/Bulletin/1990-1999/1994/122-94_-.html (letzter Abruf 28.05.2017).

dem Bürger den Weg zu öffnen, dass er an Entscheidungen für die Gesamtheit mitwirken könne.[202] Er darf ihn grundsätzlich nicht bei der Beschaffung von Informationen behindern;[203] denn sie sind der Stoff, aus dem Entscheidungen gemacht werden.[204] Nur **gut informierte Bürger** können ihre Rechte richtig und **verantwortlich** wahrnehmen.

Ein Nachrichtenrisiko besteht beim Austausch von E-Mails im **Internet.** Dieser Austausch ist auf Vertrauen, Privatheit und Sicherheit *(confidence, privacy and security)* zwischen den Nutzern angewiesen. Mit definierten Anforderungen können auf diesem Weg **Bürgerportale** und ihre Dienste etwa E-Government-Angebote verbessern.[205] Ein besonderes Problem besteht beim Nachrichtenkontakt über Suchmaschinen, die zu einem höheren Anteil personalisierter Inhalte führen, die persönlichen Interessen entsprechen. Diesen Trend verfolgen Facebook und andere Social Networks Sites. Sie sind anders als die klassischen Nachrichtenmedien „universelle Filter der personalisierten Umweltwahrnehmung". Ihre Algorithmen liefern den Nutzern die Inhalte, die diese interessieren.[206] Da Menschen häufig Nachrichten bevorzugen, die ihrer politischen Meinung entsprechen, werden dazu passende Nachrichten eher rezipiert und widersprechende Inhalte nicht aufgenommen, eine Entwicklung, die eine offene Demokratie gefährden kann.

1.2.2 Besondere Konflikte und Maßstäbe

Die Grund- und Menschenrechte stellen die Presse bzw. die (audiovisuellen) Medien im Allgemeinen und andere Personen, die nicht nur für sich selbst, sondern für eine Vielzahl von Personen sprechen, unter ihren besonderen Schutz. Dabei geht es um folgende Inhalte:
– Verbot der Vorzensur
– Achtung der Persönlichkeitsrechte
– Redaktionsgeheimnis
– kulturelle Rechte

1.2.2.1 Zensur
Der Philosoph Immanuel Kant (1724–1804) hat in seiner Schrift „Beantwortung der Frage: Was ist Aufklärung?" **Mündigkeit als Befreiung** aus „selbstverschuldeter Un-

---

202 BVerfG v. 17.08.1956, BVerfGE 5, 85, 204 f.
203 BVerfG v. 24.01.2001, BVerfGE 103, 44.
204 Steinbuch, GRUR 1982, 582.
205 Vgl. Brunst, DuD 2011, 623 m. w. N.
206 Schweiger, Der (des)informierte Bürger im Netz (2017), S. 68 f.

mündigkeit"[207] beschrieben. Desinformation, Geheimhaltung bzw. der fehlende Zugang zu notwendigen Informationen ist mit den Anforderungen einer wirksamen Aufklärung unvereinbar. Eine solche Aufklärung bedarf, um wirksam zu sein, einer breit gestreuten (unzensierten) Weitergabe von Gedanken, Meinungen und Informationen durch die Presse.[208] In diesem Sinn äußerte sich auch der preußische Staatsmann und Reformer Wilhelm von Humboldt (1767–1835), der die herrschende Pressezensur infrage stellte. Ein fehlender öffentlicher gedanklicher Austausch sei weder im Sinne der geistigen Bildung des Einzelnen und noch im Interesse des Volksganzen.[209]

In Schillers Schauspiel „Don Carlos" fordert Marquis von Posa „Gedankenfreiheit": Der König solle die Äußerung der Gedanken nicht unterbinden.[210] Der Ideendichter Schiller verteidigt damit die Freiheit der inneren Überzeugung gegen jede Art ideologischer Einflussnahme, wie sie auch in Art. 10 GRCh gewährleistet ist.[211] Hier wird die Nähe der Gedankenfreiheit zur **Freiheit der Meinungsäußerung** sichtbar, die den „geistigen Kampf der Meinungen gewährleisten will".[212] Sie umfasst gleichzeitig die **Freiheit der Medien** (vgl. etwa Art. 3 Abs. 1 S. 2 GG).[213]

Der kommunikative Sinn des Grundrechts auf freie Meinung gilt „[…] nicht nur für die günstig aufgenommenen oder als unschädlich oder unwichtig angesehenen Informationen oder Gedanken, sondern auch für die, welche den Staat oder irgendeinen Bevölkerungsteil verletzen, schockieren oder beunruhigen. So wollen es Pluralismus, Toleranz und Aufgeschlossenheit, ohne die es eine demokratische Gesellschaft nicht gibt."[214] Eine generelle präventive **Zensur** von Äußerungen verstößt gegen den grundrechtlichen Schutz der Meinungsfreiheit. Ein solcher Eingriff soll nach der Rechtsprechung des EGMR im Einzelfall und nach besonderer Prüfung zulässig sein, etwa wegen eines rassistischen Inhalts.[215]

Mit seinem berühmten **Lüth-Urteil** vom 15. Januar 1958 hat das BVerfG eine Grundsatzentscheidung über die Bedeutung von Grundrechten mit Blick auf die **Meinungsfreiheit** gefällt. Das Gericht hat betont, dass der Meinungsfreiheit in der De-

---

207 Kant, in: von Weischedel (Hg.), Werke in 6 Bänden, Bd. VI Schriften zur Anthropologie, Geschichtsphilosophie, Politik und Pädagogik (1956), S. 57 f.; dazu Hinske, in: Schwartländer/Willoweit (Hg.), Meinungsfreiheit (1986), S. 31, 46 ff.
208 Habermas, Strukturwandel der Öffentlichkeit. Untersuchungen zu einer Kategorie der bürgerlichen Gesellschaft (4. A. 1995).
209 Humboldt, in: Gebhardt (Hg.), Wilhelm von Humboldts Politische Denkschriften, Bd. 1 (1903), S. 54.
210 Schiller, Don Carlos, 3. Akt, 10. Auftritt (Erstaufführung 1787).
211 Dazu Bernsdorff, in: Meyer (Hg.), GRCh (4. A. 2014), Art. 10 Rn. 11.
212 BVerfG v. 26.02.1969, BVerfGE 25, 256, 165; vgl. Grimm, NJW 1995, 1697.
213 Vgl. auch Art. 10 EMRK, der die Freiheit der Medien als implizite Form der Meinungsäußerung ansieht und Art. 11 Abs. 2 EGRC, der sie einer besonderen Regelung zuführt.
214 EGMR v. 07.12.1976, EuGRZ 1977, 42.
215 EGMR v. 23.09.1994, NL 1994, 294; vgl. zum Verbot der Auschwitzlüge BGH v. 12.12.2000, MMR 2001, 228 m. Anm. Clauß.

mokratie ein hoher Stellenwert zukomme. Der **grundrechtliche Schutz** umfasse nicht nur das **äußere,** sondern auch das **geistige Wirken durch die Meinungsäußerung.** Die Schranken der Meinungsfreiheit (Art. 5 Abs. 2 GG) seien im Licht der besonderen Bedeutung dieses Grundrechts auszulegen.[216] Denn in den Grundrechten des Grundgesetzes verkörpere sich „auch eine objektive Wertordnung, die als verfassungsrechtliche Grundentscheidung für alle Bereiche des Rechts gilt"[217], also auch im Konflikt mit privaten Interessen Anderer. Die Entscheidung machte anhand der Meinungsfreiheit wieder deutlich, dass die Grundrechte nicht allein subjektive Abwehrrechte des Einzelnen gegenüber dem Staat sind, sondern für alle Bereiche des Rechts gelten und auch gegenüber Dritten Wirkung entfalten können: die sog. **Drittwirkung der Grundrechte.**

Die Grundrechte begründen staatliche Schutzpflichten für die grundrechtlich garantierte Meinungsfreiheit wie für andere Freiheiten auch, wo diese von dritter Seite gefährdet sind, etwa im Falle eines Presseunternehmens durch einen Boykottaufruf, wenn diesem die Sorge um politische, wirtschaftliche, soziale oder kulturelle Belange der Allgemeinheit zugrunde liegt.[218] Die **Ausübung wirtschaftlichen Drucks** widerspreche dem Sinn des Grundrechts auf freie Meinungsäußerung.[219] Das BVerfG hat immer wieder klargestellt, dass die **Kritik** an Regierungen, Parlamenten und anderen Verfassungsorganen sowie an den konkreten politischen und sozialen Verhältnissen zulässig ist, auch wenn sie hart und uneinsichtig ausfällt.[220] Das BVerfG lässt nur solche Einschränkungen der Meinungsfreiheit zu, „die sich nicht gegen die Äußerung der Meinung als solche richten".[221]

Das Grundgesetz verbietet – wie alle menschenrechtlich basierten Verfassungen auch – eine vorgängige (präventive) systematische Inhaltskontrolle von Äußerungen (Art. 5 Abs. 1 S. 3 GG). Eine **Vorzensur** würde die Freiheit, auch die vorbehaltlose Freiheit des künstlerischen Ausdrucks (Art. 5 Abs. 3 GG) etwa im Bereich der Satire und Karikatur, unterbinden. Um der bürokratischen Kontrolle durch eine Vorzensur zu entkommen, ging der deutsche Jurist, Dichter und Journalist Heinrich Heine 1831 nach Paris ins Exil. Sein radikaler Protest gegen die Zensur findet sich am Ende seiner berühmten Verse „Deutschland. Ein Wintermährchen" (1844), wo er dem preußischen König mit der literarischen Hölle drohte, falls er die Dichter nicht unbehelligt lasse.[222]

---

[216] BVerfG v. 15.01.1958, BVerfGE 7, 198.
[217] So der Wortlaut des 1. Ls. der Entscheidung, BVerfG v. 15.01.1958, BVerfGE, 7, 198.
[218] Vgl. BVerfG v. 26.02.1969, BVerfGE 25, 256.
[219] BVerfG v. 26.02.1969, BVerfGE 25, 256, 265.
[220] BVerfG v. 17.08.1956, BVerfGE 5, 85, 318; BVerfG v. 17.08.1956, BVerfGE 5, 85, 368 f.
[221] BVerfG v. 15.01.1958, BVerfGE 7, 198, 209 f.
[222] Heine, Deutschland. Ein Wintermährchen. (1844), Kap. 27; s. a. v. Woesler, in: Vormbaum (Hg.), Heinrich Heine. Deutschland. Ein Wintermährchen. Geschrieben im Januar 1844 (2006), S. 133 f.; s. a. v. Eichendorff, in: Baum/Grosse, Neue Gesamtausgabe der Werke und Schriften, Bd. 4 (1957), S. 1187 ff., 1193 ff.

Gerade in Situationen besonderer gesellschaftlicher Unzufriedenheit ist der Kabarettist, Karikaturist oder Kolumnist gefragt. Nach Kurt Tucholsky „beißt, lacht, pfeift und trommelt [er] die große bunte Landknechtstrommel gegen alles was stockt und träge ist".[223] „Satire ist nicht der Freund der heilen Welt, sondern die Forderung danach."[224] Vor diesem Hintergrund erhält die Freiheit der Satire eine wichtige gesellschaftliche und politische Dimension, die auch heute noch relevant ist, wie etwa der Streit um die Karikaturen im Satiremagazin Charlie Hebdo[225] oder das diffamierende Gedicht im Fall Erdogan/Böhmermann[226] zeigen. Dabei ist der sprachliche oder, wie bei der Karikatur, der bildliche Exzess das genuine Kennzeichen der Satire. Sie deckt nach dem grundrechtlichen Verständnis der Meinungs- und Kunstfreiheit auch Unverschämtheiten und qualitativ minderwertige Kunst ab, solange sie nicht an die Grenze des Persönlichkeitsschutzes bzw. an strafrechtliche Verbote wie das der Volksverhetzung (§ 130 StGB) stößt.

Zensurmaßnahmen können über die bloße **Verbotswirkung** hinausreichen und zur **Selbstzensur** führen. So kann das polizeiliche Filmen von Demonstrationen Menschen von einer Meinungskundgabe so nachhaltig abhalten, dass sie auf die Ausübung der entsprechenden Grundrechte verzichten.[227] Jeder Kommunikationsprozess, der durch die Meinungsfreiheit sowie die Versammlungsfreiheit (Art. 8 GG) und ggfs. die Vereinigungsfreiheit (Art. 9 GG) grundrechtlich abgesichert ist, ist auch im Recht des Datenschutzes verankert, das die Erfassung und Verwendung von personenbezogenen Daten nur unter bestimmten gesetzlichen Voraussetzungen erlaubt.[228] Die Medien können zu einer Selbstzensur durch die Androhung von Strafen veranlasst werden, etwa wegen der Ehrverletzung eines Politikers oder durch eine strafbewehrte Kontrolle der Berichterstattung. Das wäre dann der Fall, wenn etwa regierungsnahe Medienanstalten nationale Medien zur Zahlung erheblicher Summen verpflichten können, auch wenn ein tatsächlicher Hintergrund für deren kritische Berichterstattung vorliegt. In einer Demokratie ist es zudem erforderlich, dass Werturteile in einer politischen Auseinandersetzung grundsätzlich in vollem Umfang geschützt sind. Andernfalls droht die Gefahr von „Maulkörben" mit dem Ziel, ein gleichgerichtetes „Denken und Sinnen" in Staat und Gesellschaft zu erreichen, das brutale Diktaturen oder überwiegend autoritäre Regime und deren politische Propaganda regelmäßig anstreben.[229] Andererseits trachten in der digitalen Gesellschaft Vertreter des Manipulations-„Journalismus" danach, ihre Meinungen

---

[223] Tucholsky unter dem Pseudonym von Ignaz Wrobel, Berliner Tageblatt 36 v. 27.01.1919.
[224] Tucholsky, Was darf Satire? In Feinäugle, Satirische Texte (1976), S. 126.
[225] Tinnefeld/Knieper, MMR 2016, 156–161.
[226] Prantl, Erdogans Recht, SZ v. 13.04.2016, S. 4.; Tinnefeld, DuD 2016, 376, 377.
[227] Grimm, NJW 1995, 1697, 1703.
[228] So schon BVerfG v. 15.12.1983, BVerfGE 65, 1, 43.
[229] Zur Gefahr der Selbstzensur durch ein umstrittenes ungarisches Mediengesetz Martin Winter, Orbán gegen Europa, SZ v. 07.01.2011, S. 4.

und Vorurteile ohne Rücksicht auf Tatsachen und Persönlichkeitsrechte zu vermitteln, insbesondere im Internet. Auch das ist ein Akt der Entmündigung des Bürgers.

1.2.2.2 Persönlichkeitsschutz

Die Schutzkonzepte der Privatheit und des allgemeinen Persönlichkeitsrechts verlangen, dass die Medien **sensible Interessen Privater** achten. Eine entsprechende datenschutzrechtliche Regelung findet sich im europäischen **„Medienprivileg"**,[230] wie z. B. auch im Codex des Deutschen Presserats. Das Privileg wird durch gegenläufige Bindungen kompensiert wie
- das Recht auf Gegendarstellung, Widerruf,
- die Verpflichtung zu besonderer Sorgfalt im Umgang mit belastendem Material,
- die Bindung an die Wahrnehmung publizistischer Aktivitäten.

Es bedarf etwa einer besonderen Rechtfertigung, wenn Fotos von Prominenten, die deutlich der privaten Sphäre zuzuordnen sind, veröffentlicht werden. Diese Situation haben der EGMR und das BVerfG im Zusammenhang mit Bildveröffentlichungen aus der Privat- und Familiensphäre der Prinzessin Caroline von Monaco/Hannover intensiv erörtert.[231]

Der EGMR lehnt ebenso wie das deutsche BVerfG die von jeder tatsächlichen Würdigung entfernte und nicht weiter begründete reine **Schmähkritik** (Überschuss an nicht mehr hinnehmbarer Kritik oder Demütigung) ab.[232] Auch die Kritik an prominenten Personen darf die Grenzen zum Takt- und Geschmacklosen weit überschreiten.[233] Andere, etwa rassistisch motivierte Diffamierungen, durch die Einzelne oder Gruppen als Ratten oder anderes Ungeziefer apostrophiert werden, sind unzulässig, weil sie darauf abzielen, ihre Opfer sozial auszugrenzen und mundtot zu machen.[234] Der EGMR hat auch Freiheiten der **Satire und Ironie,** insbesondere die der Gesellschaftssatire geprüft und sie als eine Form künstlerischen Ausdrucks und des Sozialkommentars bezeichnet, die naturgemäß darauf abziele, zu provozieren. Jeder Eingriff müsse daher mit besonderer Aufmerksamkeit untersucht werden.[235]

Die **Unterscheidung zwischen Werturteilen** (dazu gehören auch scharfe Ansichten im Zusammenhang mit einem sachlichen Anknüpfungspunkt) **und Tatsa-**

---

230 Vgl. Art. 85 DS-GVO; s. a. Art. 9 DSRL.
231 Dazu BVerfG v. 26.02.2008, BVerfGE 120, 180 mit deutlicher Berücksichtigung der Rechtsprechung des EGMR.
232 Zur Schmähkritik und Demütigung eines Querschnittsgelähmten durch seine Bezeichnung als Krüppel in der Zeitschrift Titanic vgl. BVerfG v. 25.03.1992, DuD 1993, 47.
233 Zu Äußerungen, die die Menschenwürde verletzen, vgl. BVerfG v. 03.06.1987, BVerfGE 75, 369, 380.
234 Vgl. etwa EGMR v. 23.09.1994, NL 1994, 294.
235 EGMR v. 25.01.2007, NL 2007, 19.

chenbehauptungen kann im Einzelfall zu einem Problem mit der Meinungsfreiheit führen (Art. 5 Abs. 1 S. 1 GG).[236] Häufig werden wertende und tatsächliche Bestandteile einer Äußerung vermischt. Die Zulässigkeit der Äußerung kann dann schwer von tatsächlichen Elementen getrennt werden. Daher sind Werturteile grundsätzlich zwar keinem Wahrheitsbeweis zugänglich. Sie müssen sich aber auf eine **ausreichende Tatsachengrundlage** stützen können.[237]

> **Beispiel**
> Ein Journalist behauptet, dass der BKA-Präsident eine positive Rasterfahndung betreibe, obwohl er sich allein für den negativen Datenabgleich ausgesprochen hat.[238] Dabei handelt es sich um eine unwahre **Tatsachenbehauptung,** wenn er sie nicht erkennbar als eine subjektive Einschätzung wiedergibt.[239] Somit stehen dem Präsidenten die äußerungsrechtlichen Gegendarstellungsansprüche zu.[240]

> **Beispiel**
> Der Inhaber einer Homepage bringt in einer Internet-Kampagne den Chefredakteur einer Zeitschrift als Publizisten mit rechtsextremen politischen Positionen in Verbindung, die weder als richtig noch als falsch nachgewiesen werden können. Bei Äußerungen im politischen Meinungskampf, bei denen es sich um **Werturteile** handelt und die keine verbotene Schmähkritik beinhalten, überwiegt die Meinungsfreiheit.[241]

> **Beispiel**
> Eine prominente Person *(public figure)* begibt sich für Dritte erkennbar an einen abgeschiedenen Ort. Diese Möglichkeit muss grundsätzlich auch einer **Person der Zeitgeschichte** zustehen, sodass ein „Paparazzo" sie nicht behelligen und fotografieren darf.[242] Die **Privatsphäre** endet auch im Verhältnis zur Presse nicht immer an der Haustür. Aus diesem Grund ist eine einwilligungsfreie Verbreitung oder Zurschaustellung des Bildnisses auch im Sinne des Kunsturhebergesetzes nicht zulässig, wenn dadurch ein berechtigtes Interesse des Abgebildeten verletzt wird.[243]

---

236 Grimm, NJW 1995, 1697, 1699.
237 EGMR v. 24.02.1997, NL 1997, 50.
238 Die positive Rasterfahndung sucht nach unbekannten Tätern mit beschreibenden, also positiven Kriterien (Ausländer, Student, Muslim zwischen 20 und 30 Jahren). Die negative Rasterfahndung gilt dem Aufspüren von Trägern falscher Namen oder mit falschen Identitäten. Wenn der Verdacht besteht, dass in einem außerpolizeilichen Datenbestand solche Daten vorhanden sind, müssen alle legalen Namensträger so lange herausgelöst werden, bis nur noch illegale Namensträger übrig bleiben.
239 BVerfG v. 04.10.1988, NJW 1989, 1789 f.
240 Zivilrechtliche Ansprüche auf Widerruf und Unterlassung (§ 1004 i. V. m. § 823 Abs. 2 BGB) sowie der presserechtliche Gegendarstellungsanspruch.
241 OLG Braunschweig v. 18.09.2000, ITRB 2001, 105 mit Beraterhinweis: „Jeder Domain-Inhaber haftet für die in seiner Homepage gemachten Äußerungen."
242 BVerfG v. 15.12.1999, BVerfGE 101, 361.
243 Vgl. § 23 Abs. 2 KUG.

Beispiel
Eine Rechtsanwaltskanzlei betreibt **Webseiten** im Sinne der „Telemedien", wenn sie journalistisch redaktionell gestaltet sind, regelmäßig über juristische Neuigkeiten berichten und kanzleieigene Pressemitteilungen öffentlich zugänglich machen. Bei unrichtigen Mitteilungen besteht das Recht auf Veröffentlichung einer Gegendarstellung.[244]

Unter den Schutzbereich der Meinungsfreiheit fallen keine Tatsachenbehauptungen, deren Unwahrheit der Autor kennt (bewusste Lüge), oder deren Unwahrheit im Zeitpunkt der Äußerung evident ist, wie beispielsweise die Auschwitzlüge.[245] An Mitteilungen aus der Intimsphäre besteht grundsätzlich kein legitimes Interesse Dritter, auch wenn sie wahr sind.

1.2.2.3 Redaktionsgeheimnis und Quellenschutz

Es liegt auf der Hand, dass viele Skandale ohne mutige Journalisten nie aufgedeckt worden wären. Allerdings erhalten Journalisten sehr oft Informationen von Menschen, die dadurch Gesetze brechen, etwa das Dienstgeheimnis oder besondere Geheimhaltungspflichten (§ 353b StGB). Das Grundgesetz schützt die „institutionelle Eigenständigkeit" der Presse (Art. 5 Abs. 1 S. 2 GG) „von der Beschaffung der Information bis zur Verbreitung der Nachricht und Meinung".[246] Daraus ergibt sich, dass auch die Informationsfreiheit zu den grundrechtlich verankerten Rechten gehört, die der autonomen Recherchefreiheit des Journalisten dienen.[247] Das bedeutet, dass die grundrechtliche Qualifikation eines Zugriffs „aus allgemein zugänglichen Quellen" (Art. 5 Satz 2 2. Hs. GG) „allein explikative und keine einschränkende Wirkung hat".[248] Das **Redaktionsgeheimnis** und das damit korrespondierende Schweigerecht der Journalisten[249] sind ein Indiz dafür, dass diese sich auch aus anderen Quellen informieren dürfen.

Die Tätigkeit des investigativen Journalismus steht und fällt mit dem **Quellenschutz**. Das Schweigerecht des Journalisten bezieht sich nicht nur auf die Person des Informanten und auf dessen Mitteilungen, sondern auch auf alles selbst recherchierte Material, wobei beides oft nicht exakt abgegrenzt werden kann. Nach der Rechtsprechung des EGMR darf eine Offenlegung der Quellen nur erzwungen werden, wenn

---

244 OLG Bremen v. 14.01.2011, MMR 2011, 337, 338.
245 BVerfG v. 13.04.1994, BVerfGE 90, 241, 249, 254.
246 BVerfG v. 25.01.1984, BVerfGE 66, 116, 133.
247 BVerfG v. 16.06.1981, BVerfGE 57, 295, 319.
248 So zutreffend Kübler, in: Simon/Weiss (Hg.), FS für Spiros Simitis (2000), S. 219 m.w.N.
249 BVerfG v. 05.08.1966, BVerfGE 20, 162, 176, 187; BVerfG v. 28.11.1973, BVerfGE 36, 193, 204.

ein überragendes öffentliches Interesse daran besteht.[250] Im **Cicero-Urteil**[251] aus dem Jahre 2009 hat das BVerfG wie zuvor schon im Spiegel-Urteil[252] aus dem Jahre 1966 deutlich darauf hingewiesen, dass Durchsuchungen und Beschlagnahmen in einem Ermittlungsverfahren gegen Presseangehörige verfassungsrechtlich unzulässig sind, wenn sie ausschließlich oder vorwiegend dem Zweck dienen, die **Person des Informanten** zu ermitteln.[253] Geschützt wird allerdings nicht die Person des Informanten, sondern die Vertraulichkeit der Redaktionsarbeit und das Vertrauensverhältnis zwischen ihm und dem Medienmitarbeiter.[254] Diesem Ziel dienen im Zivil- oder Strafprozess auch das **Zeugnisverweigerungsrecht** des Medienmitarbeiters sowie das **Beschlagnahmeverbot** (§ 383 ff. ZPO; §§ 53, 97 StPO). Wenn Medienmitarbeiter bei ihrer Zeugenvernehmung vor Gericht durch den sog. **Zeugniszwang** (§ 390 ZPO; § 70 StPO) genötigt werden können, den Namen des Informanten oder den Inhalt der ihnen anvertrauten Mitteilungen preiszugeben, dann würde mit Sicherheit der für die Medientätigkeit notwendige Informationsfluss versiegen. Dem Informanten selbst steht allerdings bislang kein Anspruch auf Geheimhaltung seiner Identität zu, auch dann nicht, wenn er in Erfüllung seiner Bürgerpflicht etwa brisantes Material über Rauschgiftbanden oder Korruption in Staat und Wirtschaft den Medien zuspielt. Dies entspricht auch der gegenwärtigen Rechtslage von Whistleblowern, die erhebliche Missstände in ihren Unternehmen oder Behörden den Medien gegenüber offenlegen und damit einer Verpflichtung gegenüber dem Gemeinwohl und dem Bedürfnis nachkommen, es zu schützen. Eine gesetzliche Regelung zugunsten von Whistleblowern und zum Schutz von anderen Informanten sowie der von diesen gemeldeten bzw. angezeigten Personen gehört zu den dringenden Aufgaben einer datenschutzgemäßen Rechtsfortbildung.

1.2.2.4 Kulturelle Rechte

Die Meinungs- und Informationsfreiheit ist insbesondere im Kontext **kultureller Rechte** von Bedeutung. Sie bilden einen zentralen Aspekt im Integrationsprozess der EU, in dem das gemeinsame kulturelle und rechtskulturelle Erbe der Mitgliedstaaten durchlebt und durch Medienrechte gesichert wird. Nach Werner Maihofer beauftragt

---

250 EGMR v. 21.01.1999, EuGRZ 1999, 54. Ausführlich dazu Berka, Redaktionsgeheimnis und Pressefreiheit (2001), S. 14 ff.; s. a. Berka, in: Österreichische Juristenkommission (Hg.), Recht und Öffentlichkeit (2004), S. 66 ff.
251 BVerfG v. 27.02.2007, BVerfGE 117, 244.
252 BVerfG v. 05.08.1966, BVerfGE 20, 162, 191 f.; BVerfG v. 05.08.1966, BVerfGE 20, 162, 217.
253 BVerfG v. 27.02.2007, BVerfGE 117, 244; vgl. auch BVerfG v. 01.02.2005, NJW 2005, 965, 966. Zu den Grenzen vgl. BVerfG v. 22.08.2000, NJW 2001, 507, 508; s. a. EGMR v. 22.11.2007, NJW 2008, 2563; EGMR v. 27.11.2007, NJW 2008, 2565; vgl. Leutheusser-Schnarrenberger, ZRP 2007, 249.
254 BVerfG v. 27.02.2007, BVerfGE 117, 244, 245.

1.2 Freiheit der Meinung, Presse und Information – Zeichen einer offenen Gesellschaft?

die Kultur den Staat, „die Zerstörung aller bisherigen Fortschritte in der Kultur zu hindern und den künftigen Fortschritt seiner Bürger zu fördern".[255]

Die **Informationsfreiheit** schützt nach Art. 5 Abs. 1 S. 1 GG generell auch das Informationsinteresse des Einzelnen, sich über die **eigene Kultur** laufend zu informieren. Die **Meinungsfreiheit** (Art. 5 Abs. 1 S. 1 GG) sowie die Presse- und Rundfunkfreiheit bzw. die Freiheit der Massenmedien (Art. 5 Abs. 1 S. 2 GG) garantieren jedem die Möglichkeit, selbst mithilfe der Medien Maßnahmen zu ergreifen, um eigene Vorstellungen zu erhalten und zu verbreiten.[256] Dabei sind rechtskonforme, verhältnismäßige Begrenzungen anderer Freiheiten (z. B. der Verfügungsbefugnis über das Privateigentum, Art. 14 GG) im Interesse der Wahrung kultureller Freiheiten möglich.

Es gibt allerdings **keine verfassungsrechtliche Privilegierung** für kulturell motivierte Anliegen des Einzelnen. In bestimmten Fällen lässt sich jedoch begründen, dass eine Nutzung der Informationsfreiheit etwa im Zusammenhang mit einer Ausübung des Berufs (Art. 12 Abs. 1 GG) oder des elterlichen Erziehungsrechts (Art. 6 Abs. 2 S. 1 GG) geboten ist. Kulturelle Handlungsmotive sind grundrechtlich nicht geschützt. Anders ist die Rechtslage bei religiös motivierten Handlungen (Art. 4 Abs. 1 und Abs. 2 GG).[257]

Das BVerfG hat in den **Parabolantennen-Entscheidungen**[258] die kulturelle Dimension der Informationsfreiheit betont. Es müsse das Motiv von Menschen, die ihre **kulturelle Identität** durch den Gebrauch der Informationsfreiheit wahren wollen, berücksichtigt werden. Konkret handelte es sich um das „gesteigerte Informationsinteresse" ausländischer Mieter am Empfang ihrer Heimatprogramme, die sie ohne Einschränkung des Verfügungsrechts des Hauseigentümers durch Anbringung einer Antenne am Balkon nicht hätten empfangen können. Die Entscheidungen beinhalten zwei kulturelle Aspekte:
- Die objektive Komponente berührt die gegenständliche Seite: die Erhaltung, Wiedergabe und Überlieferung des Informationsgehalts etwa durch Heimatprogramme.
- Die subjektive Komponente zeigt die Bedeutung der kulturellen Werte für die Entfaltung der Persönlichkeit.

Die Entscheidungen des BVerfG können als Rechtsfortbildung verstanden werden, um dem dynamischen Charakter der Kultur insgesamt sowie kulturellen Handlungsmotiven im Rahmen der Grundrechte, insbesondere der Meinungs- und Informationsfreiheit und des Persönlichkeitsrechts mehr Gewicht zu geben.[259]

---

[255] Maihofer, in: Benda/Maihofer/Vogel (Hg.), Handbuch des Verfassungsrechts der Bundesrepublik Deutschland (2. A. 1995), S. 966.
[256] Britz, Kulturelle Rechte und Verfassung (2000), S. 114 f.
[257] Britz, Kulturelle Rechte und Verfassung (2000), S. 115 ff.
[258] BVerfG v. 09.02.1994, BVerfGE 90, 27, 36 f.; BVerfG v. 09.06.1994, NJW 1994, 2143.
[259] Zu den Rechten i. S. d. EMRK vgl. Batliner, in: Fleiner-Gerster (Hg.), Die multikulturelle und multiethnische Gesellschaft (1995), S. 23.

Eine besondere Gruppe kultureller Anliegen, die im Zusammenhang mit dem Persönlichkeitsschutz stehen, lässt sich unter dem Stichwort **Integritätsschutz** zusammenfassen. Damit sind Fallkonstellationen gemeint, in denen eine Person etwa aus Gründen ihrer ethnischen Herkunft oder Religionszugehörigkeit diskriminiert wird. Die Herabwürdigung eines Anderen z. B. wegen seiner abweichenden Lebensgewohnheiten ist unter dem Schirm des europäischen Datenschutzes grundsätzlich nicht erlaubt.[260]

1.2.3 Vom Wert der Privatheit im sozialen und kulturellen Kontext

Daten haben eine Doppelfunktion. Sie vermitteln nicht nur Informationen über eine bestimmte Person, sondern schaffen auch ein „Abbild sozialer Realität".[261] Potenziell kann die Sichtweise, das Urteil der Anderen dem Einzelnen die Möglichkeit nehmen, sich unabhängig zu entwerfen, zu interpretieren und zu begreifen.[262] Die soziale Realität kann zudem durch die Manipulation von Text-, Ton- und Bilddaten beliebig verfälscht dargestellt werden. Abhilfe kann unter diesen Umständen v. a. eine strenge Zweckbindung der Daten im Rahmen des Verarbeitungsprozesses schaffen. Das Gebot der Zweckbindung hat so gesehen auch mit der Frage einer angemessenen Informationssicherheit (IT-Security) zu tun. Falls diese fehlt, gewinnt „die Logik zur Triebkraft" derjenigen, die verantwortungslos mit Computersystemen umgehen.[263]

Die multifunktionale Verknüpfung und Auswertung von Daten kann bei einem hohen Automatisierungsgrad soziale Realitäten verändern. Zahlreiche Umstände des Einzelschicksals können bei einer formalisierten Auswertung durch den Rechner verloren gehen (Qualitätsaspekt).[264] Soweit sich persönliche Angaben gegenüber dem ursprünglichen Verarbeitungskontext verselbstständigen, verlieren sie den konkreten Bezug zum Einzelnen.

Das Problem tritt im Arbeitsleben häufig dann auf, wenn der Computer im Rahmen von Bewerbungen oder bei der sozialen Auswahl im Kündigungsschutzverfahren nach bestimmten Kriterien oder mithilfe eines Algorithmus „eigenständig" selektiert und sich damit einen fatalen Anstrich von Objektivität gibt. Der Einzelne ist keine statistische Datenmenge, die zuverlässige Angaben über ihn machen kann. Das Datenschutzrecht der Union begrenzt daher automatisierte Entscheidungen, die

---

260 Zum Verbot der Verarbeitung besonderer Daten vgl. Art. 9 DS-GVO; Art. 8 DSRL.
261 BVerfG v. 15.12.1983, BVerfGE 65, 1, 43.
262 Rössler, Der Wert des Privaten (2001), S. 272 ff.
263 Dieses Phänomen beschreibt Kerr in seinem preisgekrönten Kriminalroman „Das Wittgenstein-Programm" (1996).
264 Vgl. Jonas, Verantwortung (1985), S. 47, der zum Thema „Der Mensch als Objekt der Technik" ausführt: „Homo faber kehrt seine Kunst auf sich selber und macht sich dazu fertig, den Erfinder und Verfertiger alles Übrigen erfinderisch neu zu fertigen."

rechtliche oder andere erhebliche Folgen für den Betroffenen haben.[265] Bei erlaubten automatisierten Entscheidungen muss der Betroffene insbesondere die Gelegenheit haben, seine Stellungnahme und die Entscheidung anzugreifen. Im globalisierten Markt sind zudem kulturelle Unterschiede (in China, Japan, Russland, USA usw.) relevant, deren Kenntnis für eine kritische bzw. richtige Personalentscheidung in weltweiten Geschäftsprozessen eine Rolle spielt.

Zwischen **Menschen** und zwischen **Kulturen** bestehen **unterschiedliche Wissens- und Bewusstseinshorizonte.** Wer mit anderen Menschen und Gesellschaften (Kulturen) nicht kommunizieren und sich verständigen kann, dem fehlt auch die Eigenschaft eines partizipationsfähigen Weltbürgers. Schon der auf zeitlose Geltung bedachte Philosoph Immanuel Kant bezog die Weltgesellschaft in seine Betrachtungen ein: „Handle so, dass du die Menschheit sowohl in deiner Person, als in der Person eines jeden anderen, jederzeit zugleich als Zweck, niemals bloß als Mittel brauchest."[266] Mehr denn je ist es daher eine Schlüsselaufgabe der Unternehmen, Wissen und Fähigkeiten ihrer Mitarbeiter auszubauen (Weiterbildungskultur) und datenschutzrechtliche Anforderungen in die Geschäftsprozesse, in die Qualität der jeweiligen Informations- und Kommunikationstechnologien zu integrieren.

1.2.3.1 Gestörte Balance zwischen Öffentlichkeit und Privatheit

Der von Menschen bestimmte interkulturelle Kommunikationsprozess wird empfindlich gestört, wenn personenbezogene Informationen hinter dem Rücken der betroffenen Personen in Datentools auf Vorrat gelagert und beliebig verfügbar und abrufbar gehalten werden. Begriffe wie **„Data Mining"** und **Big-Data-Anwendungen** beziehen sich auf Techniken für die Suche nach bisher ungeahnten Verwendungsmöglichkeiten personenbezogener Daten und kennzeichnen eine maßlose Goldgräberstimmung im Wirtschaftswettbewerb und zugleich auch eine datenschutzfremde Entwicklung. Ein ähnlicher Ansatz zeichnet sich bei der Ausweitung staatlicher Prävention zum Zweck der Sicherheit ab.[267]

Eine zweckoffene Datenspeicherung und ungebundene Datensuche ist geeignet, Privatheit und Intimität offenzulegen. Entprivatisierungsprozesse bzw. den **Verlust von Trennlinien zwischen öffentlichen und privaten Bereichen** hat der Soziologe Richard Sennett bereits im Jahre 1983 als **Gefährdung von Kommunikation und Geselligkeit** bezeichnet: „Sichtbarkeit und Isolation treiben einander auf die

---

[265] Art. 22 DS-GVO; s. a. Art. 15 Abs. 1 DSRL.
[266] Kant, in: von Weischedel (Hg.), Werke in 6 Bänden, Bd. IV Grundlegung zur Metaphysik der Sitten (1956), S. 61.
[267] Zur übermäßigen Datenspeicherung auf Vorrat bei nicht-deutschen Staatsangehörigen bspw. Frankenberg, in: Simon/Weiss (Hg.), FS für Spiros Simitis (2000), S. 104 ff.

Spitze".²⁶⁸ Sennett spricht damit die Tendenz vieler Menschen an, sich in das Rampenlicht der Öffentlichkeit zu begeben und dabei Privates und Intimes bloßzulegen. Als der Schriftsteller Milan Kundera 1975 aus „der mit Abhörgeräten gespickten" ehemaligen Tschechoslowakei ins Exil nach Frankreich ging, beschrieb er die **gestörte Balance zwischen Nähe und Distanz,** zwischen Öffentlichkeit und Privatheit in den Ländern diesseits und jenseits des ehemaligen sog. Eisernen Vorhangs und stellte fest: „[...] wenn es zur Gewohnheit und Regel wird, die Intimität des anderen unter die Leute zu bringen, dann treten wir in eine Epoche ein, in der das Überleben oder das Verschwinden des Individuums auf dem Spiel steht".²⁶⁹ Totalitäre Staaten sind sich dieser Folgen immer bewusst gewesen. Sie haben ihren Bürgern so weit wie möglich die Verfügung über private Räume genommen, um sie so an der Entwicklung individueller Autonomie zu hindern.²⁷⁰

„Der [...] verfassungsrechtliche Schutz gerade der Wohnung im engeren Sinn entspricht dem grundgesetzlichen Gebot unbedingter Achtung der Privatsphäre des Bürgers [...] und hängt eng zusammen mit dem Schutz der Persönlichkeitsentfaltung [...]."²⁷¹ Er ist ein wirkmächtiger Teil alter Kulturwerte.²⁷²

Der Datenschutz will die **Autonomie des Einzelnen** durch den Schutz von Privatheit und informationeller Selbstbestimmung gewährleisten. Mit der rechtlichen Institutionalisierung des Datenschutzes ist das Recht des Einzelnen verbunden, über das Schicksal der Informationen, die ihm zugerechnet werden können, (mit-)zubestimmen.²⁷³ Darin klingt die Vorstellung an, jeder könne sein eigener Identitätsstifter sein. Tatsächlich kann aber v. a. über die digitalen Netzwerke eine persönliche Datenhistorie entstehen, die mit der gegenwärtigen Person wenig zu tun hat. Diese Entstehung von „Fremdbildern" kann fatale Folgen haben, von denen insbesondere auch das Arbeitsleben betroffen ist.

Der Mensch gewinnt seine Individualität als Persönlichkeit im sozialen Austausch.²⁷⁴ Es kommt für ihn darauf an, dass Andere auf seine Selbstdarstellung, sei es durch Konsens, sei es durch Dissens, reagieren. Zu den Möglichkeiten seiner Selbstdarstellung und Selbstfindung gehört auch, dass er unterschiedliche Rollen in der sozialen Umwelt wahrnehmen kann (Verhaltensoption). Im sozialen Prozess der Persönlichkeitsentfaltung ist es für seine **Orientierung** wesentlich, dass er, um von Anderen verstanden und akzeptiert zu werden, Kenntnis von Vorgängen erhält, die für ihn bedeutsam sind. Dies erhöht seine **Verhaltenssicherheit** und damit seine

---

268 Sennett, Verfall und Ende des öffentlichen Lebens. Die Tyrannei der Intimität (1983), S. 292 ff., 300 ff., 319.
269 Kundera, Verratene Vermächtnisse (1993), S. 248.
270 Margalit, The Decent Society (1996), S. 201 f.
271 BVerfG v. 03.04.1979, BVerfGE 51, 107; BVerfG v. 14.09.1989, BVerfGE 80, 373.
272 Tinnefeld, NZZ v. 01/02.02.2003, S. 91.
273 BVerfG v. 15.12.1983, BVerfGE 65, 1.
274 Suhr, Entfaltung der Menschen durch die Menschen (1976), S. 82.

soziale Kompetenz. Andernfalls wächst das Risiko, dass er sich zurückzieht und sich von freien Entscheidungen „befreit" fühlt – und das kann auch immer heißen, dass er nicht mehr die Verantwortung für die eigene Lebensgestaltung übernimmt und auch die soziale Einbeziehung des Anderen nicht mehr wahrnimmt.

1.2.3.2 Phänomen der Scham und der Maske

Mit der Formulierung, „Alle Beziehungen von Menschen untereinander beruhen selbstverständlich darauf, dass sie etwas voneinander wissen", spricht der Soziologe Georg Simmel 1908 die Wechselwirkung und Funktionszusammenhänge menschlicher Beziehungen an. Die **innere Struktur menschlicher Beziehungen** ist nach Simmel von den **Elementen Wissen/Nichtwissen bzw. Mitteilen/Verbergen** (Geheimhalten) **geprägt,** auch in intimen Beziehungen.[275] Die **Kundgabe** von persönlichen Informationen wie auch deren **Verschweigen** bilden jeweils eine wesentliche Seite menschlicher Sozialität. Das Verbergen ist, unbesehen seiner Inhalte, eine notwendige Bedingung für die Beziehungen der Menschen untereinander und eine notwendige Bedingung für ein differenziertes soziales Leben. Die verbreitete These „Wer vor anderen etwas verbirgt, hat sich etwas zuschulden kommen lassen", ist damit im Kern widerlegt. Das heißt andererseits nicht, dass sich hinter dem Schild des Verbergens nicht auch Kriminelles verbergen kann.

Im Phänomen der **Scham** kommt das Streben nach Verbergen in elementarer Form zum Ausdruck: In der Scham schützt der Einzelne etwa intime „Inhalte und Beziehungen, die durch das Eindringen Unbefugter gestört, zerstört oder im Keim verhindert werden".[276] Für den Religionsphilosophen Max Scheler ist die Scham Wurzel der Moral.[277] Der Ethnologe Hans Peter Dürr hält das Gefühl der Scham nicht für das Ergebnis eines Zivilisationsprozesses, sondern für den Ausdruck einer symbolischen Abgrenzung zwischen Öffentlichem und Intimem.[278]

Es sind Vorstellungen dieser Art, die auch in dem antiken Gedanken der **Persona „als Maske"**[279] zum Ausdruck kommen: es geht um die Rolle, „die das Individuum in seinen verschiedenen Umfeldern spielt und spielen dürfen soll".[280] Geheim ist, was anderen Personen unbekannt bleiben soll. Wenn „Wahrheit" in Anlehnung an die ursprüngliche griechische Wortbedeutung so viel wie „Unverborgenheit" bedeu-

---

[275] Simmel, in: Rammstedt (Hg.), Soziologie. Untersuchungen über die Formen der Vergesellschaftung, Gesamtausgabe, Bd. 11 (1992), S. 303, 393, 394 ff.
[276] Seif, Daten vor dem Gewissen (1986), S. 74 ff.
[277] Scheler, in: ders. (Hg.), Gesammelte Werke, Bd. 10 (1957), S. 67 ff., 92 ff.
[278] Duerr, Der Mythos vom Zivilisationsprozess, Bd. 1 (2. A. 1988); zur ethnologischen Differenzierung zwischen Scham- und Schuldgesellschaften vgl. Benedict, Urformen der Kultur (1957).
[279] Das Wort Persona in der Bedeutung Maske ist nach neueren Erkenntnissen etruskischer Herkunft, vgl. Der neue Pauly, Bd. 7 (1999), Sp. 975.
[280] Dazu Druey, Information als Gegenstand des Rechts (1995), S. 157 m. w. N.

tet, dann ergibt sich daraus nicht – so der polnische Philosoph Leszek Kolakowski –, „dass die Menschen im Unverborgenen, also Enthüllten, Nackten leben sollen".[281] Die Maske vor dem Gesicht (abgesehen von Strumpfmasken, die Terroristen oder Bankräuber in Aktion tragen) bedeutet nicht, dass der Einzelne in den Augen Fremder eine andere Identität annehmen will. Wenn man die Maske im Sinne des Kunsthistorikers Hans Belting allgemein als Bild versteht, verweist die Akteur-Maske-Konfiguration auf einen entsprechenden anthropologischen Befund: Mittels Maske bzw. mittels Bilderzeugung kann der Mensch zu sich selbst auf Abstand gehen.[282] Die Möglichkeit des „Sichzusichverhaltens" ist ein Element autonomer Handlungsorientierung.[283]

Die Maske ist ein Schlüsselmotiv in pseudonym oder anonym veröffentlichen Werken, bei der Nachrichtenweitergabe von Informanten, beim Austausch von E-Mails. Eine Art „Privatheits-Maske" steht im Mittelpunkt der Datenschutzpraxis, wonach die Gestaltung von Systemen und Verfahren nach den Grundsätzen der **Datenvermeidung** (durch Anonymität) und der **Datensparsamkeit** (durch Pseudonymität) zum Schutz der Privatheit geboten sein können. So gesehen ermöglichen die verschiedenen Formen der Maske erst die Freiheit, das eigene soziale Auftreten selbst bestimmen zu können.[284] Dies gilt für alle gesellschaftlichen Bereiche und lässt sich besonders anschaulich im Kontext des Arbeitsrechts darstellen.

„Vertragsgegenstand" bei der Begründung des Arbeitsverhältnisses ist eine Person. Der Arbeitgeber ist daher an weitgehenden „persönlichen" Informationen interessiert. Die Rechtsprechung hat dieser Ausgangsposition Rechnung getragen und das Fragerecht des Arbeitgebers auf berufsbezogene Angaben eingeschränkt.[285] Setzt sich der Arbeitgeber über die ihm gezogenen Grenzen hinweg, dann hat der Bewerber das Recht auf eine Maske bzw. das „Recht zur Lüge"[286], da andernfalls sein Recht auf Privatsphäre verletzt würde. Anders und präziser ausgedrückt: Ein unangemessener Enthüllungs- bzw. Transparenzruf des Arbeitgebers würde den Arbeitnehmer „entkleiden". In der ökonomischen Wissenschaft wird „entkleiden" mit „disembedding" (entbetten) übersetzt, eine Variante, welche die Folgen des Niederreißens persönlicher Grenzen aufzeigt.

Insbesondere Nachrichtendienste sind seit der Terrorismus- und neuerdings der Cyberwar-Debatte an der Kategorie „personenbezogene Information" interessiert. Das Aufzeichnen von Gesprächen, die Überwachung von Wohnungen, der Einsatz von Lügendetektoren, das Lesen von Tagebüchern, die nicht zur Veröffentlichung bestimmt sind, sind Mittel, geheime Informationen zu erlangen und unterscheiden sich von

---

281 Kolakowski, Neue Mini-Traktate über Maxi-Themen (2002), S. 101.
282 Belting, Bild-Anthropologie, Entwürfe für eine Bildwissenschaft (2001), S. 34.
283 Rössler, Der Wert des Privaten (2001), S. 99.
284 BVerfG v. 15.12.1983, BVerfGE 65, 1, 43.
285 BAG v. 20.02.1986, NZA 1986, 739, 740.
286 BAG v. 05.12.1957, BAGE 5, 159.

den überkommenen Instrumenten der Nachforschung (z. B. Durchsuchung, Beschlagnahme).

Die Rechtsprechung bejaht bei der Abwehr und Aufklärung schwerer Delikte die Zulässigkeit einer vorbeugenden Überwachung der Telekommunikation.[287] Die Aufklärung von Verbrechen mithilfe eines polygrafischen Verfahrens, der **Lügendetektion,** ist rechtlich jedoch unzulässig, weil man dem Einzelnen sein Innenleben nicht auf diese technische Art „entreißen" und der Manipulation aussetzen dürfe.[288] Ein solches Verfahren wird von Wissenschaftlern bislang auch als ungeeignet abgelehnt, weil sich die Grenzen der Zuverlässigkeit nicht genau bestimmen lassen.[289] Fraglich ist allerdings, ob Lügendetektion bzw. Neuroimaging zulässig sein kann, wenn sie vom Angeklagten selbst bzw. von seinem Verteidiger nach einer entsprechenden Aufklärung über die Grenzen des Verfahrens beantragt wird.

Die Intimität eines **Tagebuchs** (offline und online), in dem es dem Schreibenden um spezifisch Persönliches, in vielen Fällen um seine Selbstfindung oder auch um fantasievolle Rollenvorstellungen geht, ist nicht immer geschützt.[290] Wenn aber der Inhalt kontrolliert und bekannt gegeben werden darf, ist auch die Funktion eines Tagebuchs, das wegen seiner Beschaffenheit einen sehr persönlichen Charakter besitzt, gefährdet.

1.2.3.3 Geheimnisschutz und Kommunikationsfähigkeit

Die Rechtsprechung des Bundesverfassungsgerichts hat im Zusammenhang mit der psychischen Integrität einer Person bei beratenden und seelsorglichen Gesprächen darauf verwiesen, dass die Rat suchende Person nicht verpflichtet ist, unter ihrem Namen aufzutreten. Sie kann etwa bei einer Schwangerschaftsberatung anonym oder pseudonym auftreten. Andernfalls sei der oder die Ratsuchende häufig nicht in der Lage, sich an der Suche nach einer Lösung des Konflikts aktiv zu beteiligen. Dies sei aber eine wesentliche Voraussetzung für eine erfolgreiche Beratung.[291] Das Gericht hat aus diesem Grund die Verfassungsmäßigkeit der Beschlagnahme von Akten über Beratungsgespräche einer differenzierten Wertung nach dem Verhältnismäßigkeitsprinzip unterzogen.[292]

---

287 Dazu rechtlich und tatsächlich BVerfG v. 14.07.1999, BVerfGE 100, 313, 317 ff., 336 ff.
288 Wegleitend BGH v. 16.02.1954, BGHSt 5, 332, 333.
289 Dazu Markowitsch/Merkel, in: Bonhoeffer/Gruss (Hg.), Zukunft des Gehirns (2011), S. 210–240; zur Funktionsweise des Hirnscanners vgl. Schleim, Die Neurogesellschaft (2011), S. 51 f.
290 Vgl. Minderheitenvotum bei der Tagebuchentscheidung, BVerfG v. 14.09.1989, BVerfGE 80, 367, 381; vgl. BGH v. 30.03.1994, CR 1995, 51, wonach die Verwendung von Tagebüchern als Beweismittel im Interesse der Strafverfolgung unzulässig sein kann, je nach den Umständen des konkreten Einzelfalles.
291 BVerfG v. 28.05.1993, BVerfGE 88, 203, 282.
292 BVerfG v. 24.05.1977, BVerfG 44, 353, 376.

Eine Forderung nach unbedingter Mitteilung sowie dem Zugriff auf **intime Informationen** (Geheimnisse) hat zur Folge, dass der Einzelne persönlich unsicher und misstrauisch wird, das gegenseitiges Vertrauen schwindet und der soziale Zusammenhalt gefährdet wird. Aus diesem Grund sind **Geheimhaltungspflichten** innerhalb von **bestimmten Berufsgruppen** entstanden, die den Kommunikationskanal etwa zwischen Anwalt und Mandant oder Arzt und Patient durch Schweigepflichten, Zeugnisverweigerungsrechte und Beschlagnahmeverbote usw. schützen sollen. Diesen Zusammenhang verdeutlicht auch der uralte Hippokratische Eid, zu dessen Bestandteil die Formel gehört: „Was ich bei der Behandlung oder auch außerhalb meiner Praxis im Umgang mit Menschen sehe und höre, das man nicht weiterreden darf, werde ich verschweigen und als Geheimnis bewahren". Die vertraulichen Gespräche zwischen Arzt und Patient, dem Beschuldigten und seinem Verteidiger wie auch das Gespräch zwischen dem Seelsorger und dem Gläubigen haben Staaten seit Jahrhunderten rechtlich anerkannt.

Das Seelsorgegeheimnis hat seine Wurzeln im **Beichtgeheimnis,** das nach katholischem Kirchenrecht nicht angetastet werden darf.[293] Eine Verletzung kann die schwere Schädigung des guten Rufes eines Pönitenten zur Folge haben.[294] Das Beichtgeheimnis soll eine negative Festlegung (Bloßstellung), die den Menschen aus der Gemeinschaft herausdrängen könnte, verhindern.[295] Dieser Schutzgedanke findet sich unter ähnlichen Vorzeichen im säkularisierten Bereich in der Ausgestaltung des Zeugnisverweigerungsrechts.[296] Dadurch, dass die zeugnisverweigerungsberechtigte Person über die strafrechtlich oder polizeirechtlich relevanten Sachverhalte schweigen darf, ergeben sich aus Sicht der Strafverfolgungs- und Gefahrenabwehrbehörden etwa beim Abhören solcher Gespräche grundrechtliche Probleme.

Ist jemand strafrechtlich verurteilt worden, so hat er seine namentliche Erwähnung in den Medien hinzunehmen, wobei die Besonderheit des Angriffsobjekts, Art der Begehung oder die Schwere der Begehung einen gewissen Maßstab für den Umfang der Berichterstattung abgeben (Abwägung zwischen Medienfreiheit und Persönlichkeitsschutz). Ein Entlassener darf mit Rücksicht auf die **Resozialisierung** grundsätzlich nicht oder nicht auf Dauer in der medialen Kommunikationsgesellschaft (Öffentlichkeit) bloßgestellt werden.[297] Das Bedürfnis, einen Neubeginn zu wagen und schmerzliche oder verwerfliche Teile des Lebens hinter sich zu lassen, reicht bis in die tiefsten Bereiche einer Person. „Das unerbittliche Gedächtnis" (Jorges Luis Borges) wäre psychologisch nahezu unerträglich.[298] Diesem Gedanken ent-

---

293 Vgl. Can. 983 § 1 CIC.
294 Schwendenwein, Lexikon für Theologie und Kirche, Bd. 2 (3. A. 1994), Sp. 160 f.
295 BVerfG v. 03.03.2004, BVerfGE 109, 279, 322 f.
296 Ausführlich Petri, KuR 2008, 640.
297 BVerfG v. 05.06.1973, BVerfGE 35, 202.
298 Borges in ders., Fiktionen, Erzählungen (6. A. 1999) , S. 95–104; s. a. Garton Ash, Redefreiheit, aus dem Englischen v. Dierlamm (2017), S. 462 ff.

spricht ein **Recht auf Vergessen** *(right to be forgotten)*, das insbesondere mit Blick auf das digitale Gedächtnis in der Online-Welt Gestalt annimmt. Im Datenschutzrecht der Union umfasst der individuelle Löschungsanspruch des Betroffenen ein Recht auf Vergessenwerden.[299] Die Ausgestaltung des Individualschutzes ist allerdings zu spezifizieren, wenn es sich etwa um Sexualstraftäter handelt (z. B. bei sexuellem Missbrauch von Kindern). Hier fällt ins Gewicht, dass diese häufig rückfallgefährdet sind. Der Journalist hat also nicht nur zu prüfen, ob seine Darstellung mit dem zugrunde liegenden Sachverhalt übereinstimmt. Er muss auch prüfen, ob die Veröffentlichung unabhängig vom Wahrheitsgehalt rechtlich vertretbar ist. Dies gilt insbesondere bei Schilderungen aus dem Intimbereich.

Nach dem Grundgesetz sowie der europäischen Verfassungstradition ist die Rolle zwischen der Öffentlichkeit bzw. den Medien und dem Datenschutz nicht so verteilt, dass die Tätigkeit der Medien immer dem Gemeinwohl dient und der Datenschutz nur dem Interesse des Einzelnen nutzt. Der vergleichende Blick auf beide Rechte zeigt, dass der Einzelne auf ein intaktes privates und öffentliches Umfeld angewiesen ist, wenn er zu einer eigenen Identität finden will. Vor diesem Hintergrund ist die Forderung des Soziologen Niklas Luhmann zu verstehen, dass „Freiheit und Würde des Menschen im Sinne einer uneingeschränkten Kontaktfähigkeit der Persönlichkeit als Werte zu institutionalisieren sind".[300]

1.2.4 Technologischer Wandel und das Prinzip Verantwortung

Die Gesellschaft ist mit technischen Risiken bis in die ferne Zukunft hinein konfrontiert, wie sie in dieser Tragweite neu sind. Dies zeigen bereits die öffentlich umlaufenden Stichworte: Entschlüsselung der Baupläne des menschlichen Lebens (Genomprojekte), Präimplantationsdiagnostik (PID), Stammzellenforschung, Klonen von Menschen usw. Dabei geht es um die Anwendung der Gentechnik auf menschliches Leben, um die Frage der Manipulationsmöglichkeiten, die in die Zukunftsvision einer genetisch herstellbaren Population münden können. Nichts scheint mehr unmöglich zu sein. Exemplarisch sei auch auf die Bedeutung der Hirnforschung für Ethik und Recht hingewiesen.

1.2.4.1 Entscheidungsfindung und Verantwortungsethik

Die Menschheit in der eigenen Person zu achten, bezeichnete Kant als einen **Ausdruck von Würde.** Ausgehend von diesem Grundtext seiner Philosophie setzte Kant einen Handlungsmaßstab in Form des kategorischen Imperativs, wonach jeder nur nach der Maxime handeln soll, von der er zugleich wollen kann, dass sie ein allge-

---

[299] Art. 17 DS-GVO; s. a. Art. 12 DSRL.
[300] Luhmann, Grundrechte als Institution (1974), S. 70 ff.

meines Gesetz werde.[301] Hans Jonas hat den Imperativ Kants umformuliert und auf die Spannung zwischen der Weltgesellschaft und dem Individuum in der heutigen Welt zugespitzt: „Handle so, dass die Wirkungen deiner Handlungen verträglich sind mit der Permanenz echten menschlichen Lebens auf Erden"; oder negativ ausgedrückt „Handle so, dass die Wirkungen deiner Handlungen nicht zerstörerisch sind für die künftige Möglichkeit solchen Lebens"; oder wieder positiv gewendet: „Schließe in deine gegenwärtige Wahl die zukünftige Integrität des Menschen als Mitgegenstand deines Wollens ein."[302] Jonas fordert nicht nur verantwortliches individuelles Verhalten ein, sondern wendet sich v. a. an Politiker und die Öffentlichkeit.[303]

Am Beginn des 21. Jahrhunderts zeichnet sich ab, „dass traditionelle Formen der Steuerung, Lenkung, Kontrolle und Entscheidungsfindung im öffentlichen Sektor, im Unternehmensbereich und in der Gesellschaft weitgehend überholt sind".[304] Damit wächst die Chance, Probleme ganzheitlicher zu betrachten und zu bewältigen als im Rahmen der bisherigen rechtlichen Lösungsansätze. Der neue Imperativ kann für verlässliche ethische Maßstäbe in allen Bereichen fruchtbar gemacht werden.

Ethik fordert eine **Selbstverpflichtung der Handelnden auf ein ethisches Gut.** Im vorliegenden Kontext geht es um den Wert der Privatheit bzw. den **Datenschutz als Grundrechtsschutz.** Die Verantwortlichen müssen Regeln entwickeln, die es ihnen erlauben, im Wege der Güterabwägung zu entscheiden, ob und wie dieses Gut etwa mit politischen, ökonomischen oder anderen Interessen konkurriert. Sie müssen sich also mit den voraussehbaren Folgen ihrer Handlungen auch unter dem Aspekt des Gemeinwohls auseinandersetzen (Verantwortungsethik). Ein wesentliches Element der **Verantwortungsethik** ist nach Max Weber die Verantwortung für unbeabsichtigte Nebenfolgen des eigenen Handelns.[305] In diesem Zusammenhang kommt es konkret darauf an, sich etwa bei einem Datentransfer mit dem politischen Charakter staatlicher Systeme (totalitär, diktatorisch, demokratisch) in den Empfängerländern zu befassen, die etwa bestimmte personenbezogene Informationen ganz anders und zweckentfremdet verwenden als dies im Interesse der betroffenen Person beabsichtigt war und rechtlich zulässig ist.

Zu den Ausprägungen ethischer Prinzipien gehört der **Grundsatz von Treu und Glauben,** der in der Grundrechte-Charta ausdrücklich niedergelegt ist (Art. 8 Abs. 2 S. 1 GRCh).[306] Verantwortliche im Bereich des Datenschutzes sind verpflichtet, danach

---

301 Kant, in: von Weischedel (Hg.), Werke in 6 Bänden, Bd. IV Grundlegung zur Metaphysik der Sitten (1956), S. 36 f., 54.
302 Jonas, Das Prinzip Verantwortung. Versuch einer Ethik für die technische Zivilisation (1984), S. 36.
303 Jonas, Das Prinzip Verantwortung. Versuch einer Ethik für die technische Zivilisation (1984), S. 37.
304 OECD, Governance im 21. Jahrhundert (2001), Klappentext.
305 Weber, Gesammelte politische Schriften (1958), S. 533 f.
306 Zum Vertrauensschutz als überdachendes Prinzip der gesamten Rechtsordnung vgl. Verdross/Simma, Universelles Völkerrecht (3. A. 1984), §§ 583, 615.

zu handeln.³⁰⁷ In einer multikulturellen, vernetzten Welt liegt es nahe, den Grundsatz anwendungsspezifisch zu konkretisieren. Dies gilt ebenso für gesetzliche Generalklauseln, nach denen die Interessen eines Unternehmens an der Datenverarbeitung mit den schutzwürdigen Interessen der betroffenen Person in Einklang gebracht werden sollen (allgemeine Abwägungsklausel). Die Forderung, „fairly and lawfully" zu handeln, gilt insbesondere für diejenigen Organisationen und Unternehmen, die bei einer Gestaltung des Datenschutzes als (Selbst-)Regulierer miteinbezogen werden.³⁰⁸ Weniger Staat heißt hier gleichzeitig mehr Verantwortung für den Selbstregulierer.

1.2.4.2 Verhaltensregeln (Codes of Conduct)

Bertolt Brecht hat in der letzten Fassung seines Theaterstückes „Galilei" (1954), erschreckt durch die atomare Rüstung, beklagt, dass Naturwissenschaftler es versäumt haben, so „etwas wie den hippokratischen Eid der Ärzte" zu entwickeln. Diese Erkenntnis mit ihrer zugleich moralischen Dimension ist von großer Aktualität für die Lösung von datenschutzrechtlichen Fragen in unterschiedlichen sozialen Feldern und Konfliktlagen.³⁰⁹

Die um die Privat- und Kommunikationssphäre gelegten datenschutzrechtlichen Schutzschichten können stabiler werden, wenn **Verhaltensregeln** (Codes of Conduct, Privacy Policy usw.) mit Wissen und Kompetenz von den Verantwortungsträgern so entwickelt werden, dass die jeweiligen Interessenlagen, sozialen Gewohnheiten, kulturellen Unterschiede einbezogen werden. Zu vieles wird vom Gesetzgeber von oben *(top down)* entschieden, was unten, vor Ort *(bottom up)*, von beruflichen Gruppen, Branchen oder Unternehmen mit mehr Kenntnis geregelt werden könnte. Das Zulassen von Datenschutzregelungen in relativer Autonomie der Beteiligten eröffnet eine Verantwortungsverteilung zwischen Staat und Privaten und zugleich neue Möglichkeiten einer Interessenoptimierung. In diesem Prozess müssten die kooperativen Momente betont werden. Sie sind auf Unionsebene neu gestaltet worden.³¹⁰

Vor diesem Hintergrund sind Formen der kontrollierten **Selbstregulierung** geeignet, eine verantwortliche Gestaltung des Datenschutzes insbesondere in global agierenden Konzernen oder Branchen zu fördern. Sie können
- eine größere Wirkung erreichen als nationale Gesetze, die teilweise divergieren oder (noch) nicht bestehen oder grenzüberschreitend häufig nur mit Konzessionen durchgesetzt und kontrolliert werden können;³¹¹

---

307 So explizit Art. 5 Abs. 1 lit. a DS-GVO; Art. 6 Abs. 1 lit. a DSRL.
308 Zur staatswissenschaftlichen Diskussion in Verbindung mit Fragen der Selbstregulierung in relativer Autonomie vgl. Hoffmann-Riem, AöR 1998, 537, 538.
309 Etwa zu datenschutzrelevanten Fragen der Berufsethik vgl. Lamnek/ Tinnefeld, DuD 1995, 629.
310 Zur Regelung von Verhaltensregeln vgl. Art. 40 und 41 DS-GVO, zur Regelung von Zertifizierungen vgl. Art. 42 und 43 DS-GVO.
311 Büllesbach/Höss/Löw, DuD 2001, 135.

- die allgemeinen Datenschutzgrundsätze an die Technikentwicklung vorausschauend, flexibel und zügig anpassen;
- fachlich wie psychologisch so vorbereitet werden, dass sie von den betroffenen Bürgern als vertrauensbildende Maßnahmen akzeptiert werden können.

1.3 Entwicklung von Datenschutz und Informationsfreiheit

Die Geschichte der **Informationsfreiheit** (Art. 5 Abs. 1 S. 1 GG) und des **Datenschutzes** (Art. 2 Abs. 1 i. V. m. Art. 1 Abs. 1 GG) bewegt sich im 21. Jahrhundert auch in Deutschland aufeinander zu. Es gibt inzwischen eine Reihe grundrechtlich hoch entwickelter Staaten, die den Schutz der Privatheit mit dem Recht auf Information eng verbinden. Im 19. Jahrhundert ging es um den freien Zugang zu Informationen in archivierten Akten, im 20. Jahrhundert werden auch Akten der laufenden Verwaltung und der Regierung zum Gegenstand von Einsichtsbegehren der Bürger. Im 21. Jahrhundert entfaltet sich eine europäische Kultur, die einerseits das **Transparenzgebot moderner Verwaltung** und andererseits den Einzelnen vor der zunehmenden widerrechtlichen Ausspähung und Öffentlichmachung von Privatheit und jeder Intimität schützen will. Der EuGH sieht in der Forderung nach Transparenz der öffentlichen Verwaltung ein Grundanliegen der Unionsrechtsordnung,[312] das mit Datenschutzanforderungen in Einklang gebracht werden muss.

In Deutschland ist das Recht der Informationsfreiheit entsprechend der föderalen Kompetenzverteilung in Bundesgesetzen[313] und Landesgesetzen[314] geregelt; einschlägig sind darüber hinaus auch Richtlinien[315] und Verordnungen[316] der EU. Anders als im Datenschutzrecht hat die EU keine (Rechtsetzungs-)Kompetenz auf dem Gebiet des

---

[312] Dazu von Danwitz, JN InfoR 2009, 9.
[313] Gesetz zur Regelung des Zugangs zu Informationen des Bundes (IFG) v. 05.09.2005 (BGBl. I, S. 2722); Umweltinformationsgesetz (UIG) v. 22.12.2004 (BGBl. I, S. 3704), Verbraucherinformationsgesetz (VIG) v. 05.11.2007 (BGBl. I, S. 2558), Geodatenzugangsgesetz (GeoZG) v. 10.02.2009 (BGBl. I, S. 278) und Informationsweiterverwendungsgesetz (IWG) v. 13.12.2006 (BGBl. I, S. 2913).
[314] Alle Bundesländer haben ein Umweltinformations- und Geodatenzugangsgesetz. Die Ausgestaltung des allgemeinen Informationsfreiheitsgesetzes zur Herstellung besserer Verwaltungstransparenz durch Einräumung eines Informationszugangsanspruchs des Bürgers ist in den einzelnen Ländern unterschiedlich ausgefallen.
[315] RL 2003/4/EG (Umweltinformationsrichtlinie); Richtlinie 2003/98/EG über die Weiterverwendung von Informationen des öffentlichen Sektors (Weiterverwendungsrichtlinie), ABl. v. 31.12.2003 L 345, S. 90; Richtlinie 2007/2/EG zur Schaffung einer Geodateninfrastruktur in der Europäischen Gemeinschaft (INSPIRE-Richtlinie), ABl. v. 25.04.2007 L 108, S. 1.
[316] Verordnung (EG) Nr. 1049/2001 über den Zugang der Öffentlichkeit zu Dokumenten des Europäischen Parlaments, des Rates und der Kommission (Transparenzverordnung), ABl. v. 31.05.2001 L 145, S. 43; Verordnung (EG) Nr. 1367/2006 über die Anwendung der Bestimmungen des Übereinkommens von Århus über den Zugang zu Informationen, die Öffentlichkeitsbeteiligung an Entscheidungsverfahren und den Zugang zu Gerichten in Umweltangelegenheiten auf Organe und Einrichtungen der

allgemeinen Informationsfreiheitsrechts.[317] Da es keinen unionsrechtlichen Vorgaben unterliegt, fehlt es auch an einer **Simultangesetzgebung** in den EU-Mitgliedstaaten.

Beide, Informationsfreiheit (Informationszugangsrecht im engeren Sinn) und Datenschutz, streben die Zugänglichkeit (Offenlegung/Transparenz) von Information an, um Bürgerrechte zu stärken. Im Mittelpunkt des Datenschutzes steht das Recht des Bürgers auf Zugang zu Informationen, die in Staat und Gesellschaft über ihn erfasst und verwendet werden. Bei der Informationsfreiheit handelt es sich um das Recht der Bürger auf Zugang zu allen bei den Behörden vorhandenen Informationen, ohne Rücksicht darauf, ob sie davon selbst betroffen sind. Beide Rechte sind, positiv betrachtet, ein politisches Instrument, dem Bürger mehr Teilnahme am demokratischen gesellschaftlichen Geschehen zu ermöglichen.

1.3.1 Kennzeichen und Grenzen einer transparenten Verwaltung

Die konkrete Ausgestaltung der Informationsfreiheit und des Datenschutzes soll eine **informierte Öffentlichkeit** herstellen, wobei Rechte am geistigen Eigentum sowie Betriebs- und Geschäftsgeheimnisse nicht schutzlos gestellt werden dürfen:

- Die **demokratische Öffentlichkeit** soll nicht nur die Kontrolle der Staatsverwaltung, sondern v. a. die allgemeine politische Auseinandersetzung und Einflussnahme der Bürger auf die Staatsgeschäfte in Gang halten. Dazu sind Verfahren öffentlicher Kommunikation erforderlich.[318] Sie sind Teil der Staatsform und Lebensnerv der Demokratie entsprechend dem prägnanten Grundsatz „Alle Staatsgewalt geht vom Volke aus" (Art. 20 Abs. 2 GG). Die demokratische Öffentlichkeit dient so der Kundgabe und Integration gesellschaftlicher Interessen, um so politisch wirken zu können.
- Die **rechtsstaatliche Öffentlichkeit** (Art. 20 Abs. 3 GG) soll primär den Missbrauch der Staatsgewalt verhindern. Sie hat eine Schutzfunktion und sichert garantierte Rechte des Einzelnen und der Allgemeinheit gegen Verletzungen durch die Staatsgewalt oder andere Machteinflüsse. Je durchsichtiger staatliches Handeln für den Bürger ist, desto weniger sind Behörden korrumpierbar.
- Die **Legitimation staatlicher Tätigkeit durch Transparenz** hat Louis D. Brandeis mit seinem Diktum: „Sunlight is said to be the best of all desinfectants"[319] auf den Punkt gebracht. Er hat zusammen mit Samuel D. Warren erstmals auch den

---

Gemeinschaft (Aarhus-VO), ABl. v. 25.09.2006 L 264, S. 13, die auf der Aarhus Konvention v. 25.06.1998 als UN/ECE Konvention beruht. Zu dem völkerrechtlichen Abkommen, das von 35 Staaten und der EU unterzeichnet wurde vgl. Meßerschmidt, Europäisches Umweltrecht (2011), § 9 Rn. 11 ff.
317 Ausführlich Kap. 1.6.
318 Zu prozeduralisierten demokratischen Verfahren vgl. Scherzberg, Die Öffentlichkeit der Verwaltung (2000), S. 294
319 Brandeis, Others People's Money and How the Bankers Use It (1914), S. 92.

Privatheitsschutz als right to an „inviolate personality" bzw. als Teil des generellen „right to be let alone" dem Recht auf Informationsfreiheit zur Seite gestellt.[320]
- Die **Geheimhaltung als Gegenbegriff zur Transparenz** findet sich im Datenschutz und der Informationsfreiheit. Auf der Seite des Datenschutzes besteht das Gebot, die Intim- und Privatsphäre gegen unzulässigen Zugriff zu sichern bzw. das Verbot, den Einzelnen als Informationsobjekt zu betrachten und zu behandeln. Die Forderung nach Transparenz der Verwaltung und dem allgemeinen Zugang zu ihren Daten ist für den Bürger daher immer auch mit der Sorge um den Schutz seiner persönlichen Informationen verbunden (§ 5 IFG).[321] Wenn der Bürger aber über Regierungsfragen informiert werden will, stößt er seinerseits auf staatliche **Geheimhaltungs- und Funktionsinteressen:** das Amtsgeheimnis (z. B. bei der Strafverfolgung, Verteidigung, Wirtschaft und Außenpolitik). Die Forderung nach Transparenz der öffentlichen Verwaltung führt mittelbar auch zu einer partiellen Offenlegung von Informationen, die private Unternehmen den Behörden zugänglich machen. Dabei wird der Schutz von **Betriebs- und Geschäftsgeheimnissen** tangiert,[322] der für das jeweilige Unternehmen einen Vermögenswert darstellt und im deutschen Recht dem Schutz der Eigentumsfreiheit (Art. 14 Abs. 1 S. 1 GG) bzw. der Berufsfreiheit (Art. 12 Abs. 1 GG) zugerechnet wird. In der Rechtsprechung ist zudem anerkannt, dass **Rechte am geistigen Eigentum** (Urheberrechte, verwandte Schutzrechte, Patentrechte, Rechte des Datenbankherstellers, geografische Herkunftsangaben u. a.) durch das Grundgesetz (Art. 14 Abs. 1 GG) geschützt sind.[323]
- Im Unionsrecht ergibt sich ein Regelungszusammenhang mit dem Eigentumsrecht in der Grundrechtecharta (Art. 17 GRCh); dieser Bezug ist auch für Betriebs- und Geschäftsgeheimnisse anerkannt.[324]
- In aller Regel enthalten Informationsfreiheitsgesetze in der Bundesrepublik Deutschland mindestens drei Schranken des Informationszugangsanspruchs zur öffentlichen Verwaltung:
    - **noch nicht abgeschlossene Willensbildungsprozesse,** die etwa in verantwortlichen Gremien oder innerhalb einer Behörde stattfinden,[325]
    - **Staatsgeheimnisse,**[326] die insbesondere durch die Pflicht zur Amtsverschwiegenheit geschützt werden. Zu beachten ist im Verhältnis zur Presse die

---

320 Warren/Brandeis, The Right to Privacy, in: Harv. L. Rev. (1890), Vol. 4, No. 5, S. 193.
321 Albers, Analyse und Neukonzeption des Rechts auf informationelle Selbstbestimmung (2004), Teil 4, Kap.10; so schon Westin, Privacy and Freedom (1967), S. 34.
322 Zum Begriff BGH v. 01.07.1960, GRUR 1961, 40, 43; s. a. Wiebe, Know-How-Schutz von Computersoftware (1992), S. 221 f.
323 Dazu Schwartmann/Hentsch, ZUM 2012, 760.
324 Kloepfer, JB InfoR 2011, 179.
325 Vgl. z. B. § 4 Abs. 1 IFG.
326 Vgl. z. B. § 3 IFG, insbesondere Nr. 4. Zum Begriff des Staatsgeheimnisses vgl. etwa § 94 StGB (Landesverrat): Ein Staatsgeheimnis ist danach ein Geheimnis, das vor einer fremden Macht geheim

Rechtsprechung des BVerfG, wonach Durchsuchungen und Beschlagnahmen in einem Ermittlungsverfahren gegen Presseangehörige verfassungsrechtlich unzulässig sind, wenn sie ausschließlich oder vorwiegend dem Zweck dienen, die Person des Informanten zu ermitteln.[327] Der ermittlungsrechtliche Ansatz ist die Strafbarkeit einer Verletzung von Dienstgeheimnissen und besonderen Geheimhaltungspflichten.[328] Es gibt zu dieser Frage eine entsprechende Rechtsprechung des EGMR.[329]
– **Persönlichkeitsrechte,** die insbesondere durch das Recht auf Privatheit und den Datenschutz, das Recht am eigenen Bild usw. relevant sind.[330]

In der Realität liegt also immer eine Kombination von Geheimhaltung und Transparenz vor. Im Falle des Amtsgeheimnisses bleibt dem Einzelnen allerdings der Zugang zu den Akten/Unterlagen der Verwaltung grundsätzlich versperrt. Im Übrigen legen die einschlägigen Regelungen den Grundsatz der Öffentlichkeit der Verwaltung fest. Danach hat jede Person das Recht, amtliche Unterlagen einzusehen oder Auskünfte darüber zu erhalten, ohne in ihren eigenen Rechten betroffen zu sein oder ein berechtigtes Interesse nachweisen zu müssen. Dieses grundsätzliche Recht wird durch die angesprochenen Ausnahmen wieder eingeschränkt. Dabei kann sich bei den allgemeinen Zugangsrechten, die unabhängig vom Nachweis eines berechtigten Interesses und insofern „zweckfrei" sind, unter Umständen ein schwer zu lösendes datenschutzrechtliches Problem stellen.[331] Diese Frage ist im Stasi-Unterlagengesetz eigens geregelt worden. Es geht als Fachgesetz dem Informationsfreiheitsgesetz (§ 1 Abs. 3 IFG) vor.[332] Der **Anwendungsvorrang** ergibt sich aus dem **StUG,** wonach ein Zugang zu den Akten nur infrage kommt, soweit es dieses Gesetz erlaubt oder anordnet (§ 4 Abs. 1 S. 1 StUG).[333]

---

gehalten werden muss, um die Gefahr eines schweren Nachteils für die äußere Sicherheit der BRD abzuwenden.
327 BVerfG v. 27.02.2007, BVerfGE 117, 244; vgl. auch BVerfG v. 01.02.2005, NJW 2005, 965 f.; zu den Grenzen vgl. BVerfG v. 22.08.2000, NJW 2001, 507, 508.
328 Vgl. § 353b StGB: Die Vorschrift wurde in einigen Fällen so ausgelegt, dass sich ein Journalist der Beihilfe schuldig macht, wenn er Material veröffentlicht, das ihm zugespielt wurde, vgl. dazu Leutheusser-Schnarrenberger, ZRP 2007, 249.
329 Entscheidungen des EGMR zu Rügen von Verletzungen der Pressefreiheit in europäischen Ländern: EGMR v. 22.11.2007, NJW 2008, 2563; EGMR v. 27.11.2007, NJW 2008, 2565.
330 Vgl. z. B. § 5 IFG.
331 Masing, Transparente Verwaltung: Konturen eines Informationsverwaltungsrechts, VVDStRL 63 (2004), S. 377.
332 Vgl. zur lex-specialis-Wirkung des StUG OVG Berlin v. 27.05.1992, RDV 1992, 182.
333 Vgl. zur lex-specialis-Wirkung des StUG OVG Berlin v. 27.05.1992, RDV 1992, 182.

1.3.2 Datenschutz und Informationszugang bei den Stasi-Akten

Die ehemalige DDR war eine „geschlossene Gesellschaft". Sie besaß ein flächendeckendes Kontrollsystem zur Überwachung der eigenen Bürger.[334] Wer den Mut hatte, sich abweichend zu verhalten, wurde in eine oft lebensgefährliche Randsituation gedrängt. „Sie haben die Menschen als austauschbare Teile einer Staatsmaschinerie behandelt, die nach Maßgabe staatlicher Erfordernisse benutzt, ausrangiert oder vernichtet werden können."[335] Diesen Zustand dokumentieren die zahlreichen aufgefundenen Akten des vormaligen Ministeriums für Staatssicherheit (MfS), die heute einem unabhängigen Sachwalter unterstehen, der/die als **Bundesbeauftragte/r** noch als selbstständige Archivbehörde arbeitet. Das StUG regelt den Umgang mit den Akten.[336]

Die sog. Stasi-Akten enthalten umfangreiches Material über Bespitzelungen der einzelnen Bürger durch Nachbarn, Freunde, Mitarbeiter, Parteigenossen oder eigene Ehepartner und Kinder. Die privaten, die beruflichen wie auch die sonstigen Lebensbereiche aller DDR-Bürger (und nicht nur dieser) wurden systematisch von Stasi-Mitarbeitern ausgeforscht. Sie stammten möglichst aus dem engeren, wenn nicht engsten Verwandten- und Freundeskreis. „Der besondere Wert der inoffiziellen Mitarbeiter besteht in deren Anpassung, Beweglichkeit, und Reaktionsfähigkeit. Die inoffiziellen Mitarbeiter sind in der Lage, sich Personen ohne Verdacht zu nähern und anzupassen, Verbindungen und Vertrauensverhältnisse herzustellen und das Wesen der Person zu studieren."[337]

Die auf diese Weise zustande gekommenen personenbezogenen Sammlungen sind geordnet nach:
- offiziellen Mitarbeitern, die hauptamtlich für das MfS tätig waren,
- inoffiziellen Mitarbeitern, die Zuträger des MfS waren,
- Opferakten, die einen Personenkreis betreffen, der wegen angeblicher konspirativer (staatsfeindlicher) Tätigkeit vom Staatssicherheitsdienst verfolgt wurde. Diese Akten enthalten eine genaue Dokumentation über die Vorgehensweise des Dienstes und decken die Wege auf, wie er – etwa im Wege von Rufschädigung und Untergrabung von beruflichen Existenzen und Bedrohung von Familienangehörigen – unbotmäßige Bürger nachhaltig schwer geschädigt hat,
- Personendossiers, die Angaben über Reisekader oder andere wichtige Personen enthalten, die z. B. als Zuträger infrage kamen,
- Sachakten über volkseigene Betriebe, die größtenteils auch personenbezogene Daten enthalten.

---

334 Dazu Geiger/Klinghardt, Stasi-Unterlagengesetz mit Erläuterungen für die Praxis (2. A. 2006).
335 Kolakowski, Die Moderne auf der Anklagebank (1993), S. 69.
336 Vgl. Gesetz über die Unterlagen des Staatssicherheitsdienstes der ehemaligen Deutschen Demokratischen Republik (StUG) v. 20.12.1991 (BGBl. I, S. 2272) i. d. F. v. 21.12.2006 (BGBl. I, S. 3326).
337 Bauer, Kontrolle und Repression – individuelle Erfahrungen in der DDR (1979–1989). Historische Studien und methodologischer Beitrag zur Oral History (2006), S. 67 f.

Nach der Wende haben nicht nur Reißwölfe gearbeitet, sondern auch Kopierer. Sie setzten Kundige in die Lage, Stasi-Akten den Tätern und Opfern bzw. interessierten Dritten zu Marktpreisen anzubieten.[338] Der Inhalt der aufgefundenen Akten eignet sich für Manipulations- und Erpressungsversuche und sorgt für Verunsicherung und ein tief greifendes Misstrauen innerhalb der Bevölkerung.[339] Ziel des bundesdeutschen Gesetzgebers war eine Regelung, mit der die Bevölkerung vom Mythos „MfS" befreit werden sollte.[340] Dabei spielte der technische Stand der Datenverarbeitung keine Rolle. Das Gesetz regelt die Einsicht in „die eigene Akte".[341] Bei dem spezifischen Einsichtsrecht geht es um die Möglichkeit, dass
- der freie Bürger Informationen, die überwiegend rechtsstaatswidrig über ihn angelegt wurden, kennen lernen kann (informationelle Selbstbestimmung),
- Mitglieder und Mitarbeiter des Staatssicherheitsdienstes und andere Personen, die etwa wegen Verstößen gegen Grundsätze der Menschlichkeit bekannt werden, von verantwortlichen öffentlichen Ämtern oder Funktionen (Regierung, Parlament, Bildung) ausgeschlossen werden.

In den mittelosteuropäischen Staaten sind wesentlich später ähnliche Bestrebungen entstanden, die unter dem Stichwort Lustration (Reinigung) den Versuch unternehmen, individuelle und gesellschaftliche Folgen der sozialistischen Regime rechtlich zu bewältigen.[342]

In den Stasi-Akten finden sich Informationen über Opfer und Täter: **Schutzbedürftige und Enthüllungswürdige.** Der Gesetzgeber hat versucht, mit dem StUG dieser Sondersituation Rechnung zu tragen. Abweichend von sonstigen Regelungen eröffnet er den Opfern weitgehende Auskunfts- und Einsichtsrechte, denen gegenüber die Rechte der Täter zurücktreten müssen. Besonders geregelt ist auch die Zulässigkeit der Datenverwendung durch öffentliche und nicht-öffentliche Stellen. Die Vielzahl der Regelungen kann an dieser Stelle nicht erschöpfend aufgelistet werden. Betont sei aber, dass den Nachrichtendiensten grundsätzlich kein Datenzugangsrecht zusteht.

---

338 Vgl. z. B. Loest, der in seiner Veröffentlichung „Die Stasi war mein Eckermann" (1990) dokumentiert, wie ihm ehemalige Stasi-Mitarbeiter 300 Blatt Aktenkopien (Wanzenberichte) zu seiner Person angeboten haben; s. a. Ash, Die Akte „Romeo" (1997), S. 19, der nach Aktenlage sein Schicksal aufklärt und danach seine „Persönliche Geschichte" schreibt, wie der Untertitel seiner Lebensbeschreibung lautet.
339 Vgl. Gauck, Akteneinsicht fördert inneren Frieden, SZ v. 30.04.1991; ders., in: Schädlich (Hg.), Aktenkundig (1992), S. 256–276.
340 Geiger, in: Lamnek/Tinnefeld (Hg.), Globalisierung und informationelle Rechtskultur in Europa (1998), S. 231–240.
341 Vgl. zum Einsichtsrecht §§ 12 ff. StUG.
342 Zur kontroversen Debatte vgl. die erste Ombudsperson in Polen, Letowska, DuD 1997, 133; Banaszak, DuD 1997, 142. Vgl. Sólyom, in: Lamnek/Tinnefeld (Hg.), Globalisierung und informationelle Rechtskultur in Europa (1998), S. 259–269.

Dagegen haben die wissenschaftliche Forschung, die Presse, der Film und das Fernsehen abgestufte Zugangsrechte.[343]

Im Rahmen der Neuregelungen hat der Gesetzgeber den Datenschutz von Tätern, die bspw. keine Personen bespitzelt haben, stärker berücksichtigt und die Verwendung der Stasi-Unterlagen zum Zwecke der historischen, politischen und juristischen Aufarbeitung nutzbar gemacht.[344] Probleme bereiten **Abhörprotokolle prominenter Personen der Zeitgeschichte.** Rechtswidrig, also unter Verletzung elementarer Grundrechte wie des Brief-, Post- und Fernmeldegeheimnisses sowie des Schutzes der Wohnung erlangte Informationen sollen gegen den Willen der betroffenen Person nicht veröffentlicht werden dürfen.[345] Die Unterlagen von Personen der Zeitgeschichte, Inhabern politischer Funktionen und Amtsträgern können gegen deren Willen dann herausgegeben werden, wenn der Schutz der Privatsphäre sichergestellt ist (Abwägungsklausel).[346]

Die Stasi-Akten werden für verschiedene Zwecke – wissenschaftliche, journalistische, administrative, gerichtliche oder biografische – offengelegt. Das StUG (§ 32) öffnet im Interesse der zeitgeschichtlichen Forschung die Akten und weicht damit von den ansonsten üblichen Regelungen ab, die den Ablauf bestimmter Fristen gesetzlich vorschreiben. Die ausdrückliche Einschränkung der Forschungszwecke und die besondere unterschiedliche Behandlung personenbezogener Informationen sollen die Forschung vor unangemessenen Einschränkungen bewahren, aber auch die Interessen der Betroffenen angemessen berücksichtigen. Die Unterlagen können als Urkunden im Sinne der Zivilprozessordung (§ 415 ff. ZPO) oder der Strafprozessordnung (§ 249 Abs. 1 StPO) verwendet werden. Sie gehören zur Kategorie „Akten der öffentlichen Verwaltung", sobald sie einer anderen Behörde übersandt werden dürfen, die Unterlagen daraus für ein laufendes Verwaltungsverfahren verwenden will. Und sie werden jeweils zur fremdgeführten biografischen Akte, sobald eine Privatperson Einsicht darin nimmt.[347] Insgesamt zeichnen sich die Regelungen durch einen angemessenen Ausgleich zwischen den rechtsstaatlichen Forderungen der Informationsfreiheit und des Datenschutzes aus. Ein Gesetz, dass die Entlassung von ehemaligen MfS-Mitarbeitern in der Stasi-Behörde plant, widerspricht verfassungsrechtlichen Regeln, wonach nach „Ablauf einer bestimmten Zeit Rechtsfrieden einkehren, also der eingetretene Zustand akzeptiert werden kann".[348] Sinngemäß können sich betroffene

---

343 Vgl. StUG zum Verwendungszweck in der Forschung § 32, zur Benachrichtigung Betroffener § 32a, zum Verfahren § 33, zur Verwendung durch Presse und Medien § 34.
344 Ausführlich bei Stoltenberg, DuD 1997, 149; zum Problem der Täter vgl. Garstka, DuD 1997, 146, 147.
345 Vgl. BfD, 19. TB (2001–2002), 1.12.
346 Kritisch BfD, 19. TB (2001–2002), 1.12.
347 Zu den einzelnen Facetten Vismann, Akten (2000), S. 306–316.
348 Geiger zit. nach Berg, Der Chef als Bürge, Der Spiegel v. 19.09.2011, S. 42; zum Konflikt Prantl, Alte Akten, neuer Furor, SZ v. 13.09.2011, S. 4.

Personen auf ein Recht auf Vergessenwerden berufen, wenn eine Speicherung bzw. Nutzung durch eine Behörde nicht mehr notwendig ist (s. Art. 17 Abs. 1 lit a DS-GVO). Die Unterscheidung zwischen Stasi-Unterlagen und Behördenakten zur Dokumentation allgemeiner Verwaltungsvorgänge kann bei komplexen Anträgen zur Anwendung des IFG neben dem StUG führen. Dieses Problem zeigt sich etwa bei dem Zugang zu den sog. **Rosenholz-Dateien** des einstigen DDR-Auslandsgeheimdienstes.[349]

In der Erzählung von Franz Kafka „Vor dem Gesetz"[350] findet sich ein Tor, davor ein Türhüter und der Mann K vom Land, der durch das Tor Einlass in die Welt der Gesetze begehrt. Das Tor zum Gesetz ist nicht verschlossen, und der Türhüter hindert K auch nicht mit Gewalt daran einzutreten. Aber er weist ihn darauf hin, dass hinter ihm weitere Türhüter stehen, einer mächtiger als der andere.[351]

Die Erzählung lässt sich auf den häufig vergeblich erbetenen Zugang der Menschen zu Informationen der Verwaltung übertragen. Das Problem mit den Akten der Staatssicherheit hat auch Deutschland das Modell einer grundsätzlichen Transparenz des Staatsgeschehens nahegelegt. In vielen Ländern der Welt und im Recht der EU hat sich die Erkenntnis durchgesetzt, dass Datenschutz und Informationszugang als komplementäre Aspekte einer abgewogenen Informationsordnung zu begreifen sind.[352] Im Reformvertrag von Lissabon wurde nicht nur der Datenschutz, sondern auch ein Transparenzgebot im primären und sekundären Recht der Union verankert.[353]

Die Gesetze dürfen nicht durch weit gefasste Ausnahmeregelungen den Informationszugang von Bürgern verhindern.[354] Der offene Zugang ist für Journalisten und Rechtsanwälte von besonderer Bedeutung. Sie müssen wie jeder Bürger auch kein „berechtigtes Interesse" an den von ihnen begehrten behördlichen Informationen mehr nachweisen. Zuvor hatte das Verwaltungsverfahrensgesetz allein dem Verfahrensbeteiligten einen Anspruch auf die ihn betreffenden Verwaltungsakten gewährt. Der Vorteil für Journalisten besteht v. a. darin, dass sie offiziell in Akten und Dokumenten der Verwaltung recherchieren können und weniger auf Indiskretionen angewiesen sind. In den USA ist der Urtyp eines Informationsfreiheitsgesetzes, der Freedom of Information Act von 1966, durch eine Novelle nach der Watergate-Affäre zur scharfen Waffe der Presse geworden.[355] Viele Nachrichten über Kriege und Korruption und Überwachungsinstrumente (z. B. Spy Files) werden jedoch heute häufig über eine Plattform wie WikiLeaks verbreitet.[356] Im Interesse des Demokratieprinzips ist es eine Aufgabe des Rechts, die öffentliche Hand für ihre Bürger durchsichtig zu machen.

---

349 Dazu Bossak, JB InfoR 2013, 219.
350 Teil des Romans „Der Prozeß" (1915).
351 Zur irritierenden Erzählung über die Macht der Diener des Gesetzes vgl. Foegen, Das Lied vom Gesetz, (2006) S. 80 f.
352 Vgl. Burkert, in: Bayeriswayl/Rudin (Hg.), Perspektive Datenschutz (2002), S. 193 f.
353 Kap. 1.4.3 und 1.6.4.
354 Dazu Wendt, ZD 2011, 166–173.
355 Kap. 1.2.1.
356 Steier, Wenn Daten zu Waffen werden, NZZ International v. 03.12.2011, S. 18.

1.4 Datenschutz in Europa

Datenschutzrechtliche Bestimmungen im weiteren Sinn gab es bereits, bevor sich der Begriff „Datenschutz" im Zusammenhang mit neuen Technologien einbürgerte. Dazu gehören die rechtlich geschützten Sondergeheimnisse (z. B. Patientengeheimnis, Brief-, Post- und Fernmeldegeheimnis, das Statistik- und Sozialgeheimnis) sowie der räumliche Schutz der Privatheit.

1.4.1 Exkursion in die deutsche Entwicklung

Die (eigentliche) Datenschutzdiskussion in Deutschland beginnt mit der automatisierten Datenverarbeitung auf zentralen Großrechnern Anfang der siebziger Jahre des 20. Jahrhunderts. Sie ist eng mit der weiteren Entwicklung der Informations- und Kommunikationstechnologie verbunden, die eine Umstellung
– von der analogen zur elektronischen Übertragungstechnik,
– von der elektromechanischen zur digitalen Vermittlungstechnik zur Folge hatte und zu einem Integrationsprozess von Übertragungswegen und Inhalten führt.

Im Hinblick auf die Entwicklung zukünftiger Computer erwarten einige Neuroinformatiker einen weiteren Paradigmenwechsel.[357] Ihrer Prognose zufolge wird der Computer der Zukunft weitgehend autonom sein, indem er Informationen nicht mehr nach einem vorgegebenen Ablaufschema verarbeitet, sondern die in ihm ablaufenden Informationsprozesse nach dem Prinzip des lebenden Organismus selbst organisiert. Die Möglichkeiten der **Neurotechnologie** haben die Leistungsfähigkeit des menschlichen Gehirns aber noch nicht erreicht und werden sie vielleicht auch nie erreichen. Die „maschinelle" Bestimmung der Glaubwürdigkeit eines Menschen wird zurzeit noch auf ihre Verlässlichkeit geprüft. Ähnliches gilt für die Methode des „Brain Scanning", bei der bestimmte Gehirnaktivitäten und ihre Funktionsdefizite in bildgebenden Verfahren sichtbar gemacht werden sollen.[358] Zwei neuere Vernehmungsmethoden sind in diesem Zusammenfang in das Blickfeld geraten. Dazu gehören der Einsatz von polygrafischen Untersuchungen als strafprozessuale Ermittlungsmethode sowie hypnotherapeutische Verfahren als Vernehmungsmethode.[359] Bislang sind zwar in Deutschland Verfahren untersagt, die das Erinnerungsvermögen oder die Einsichtsfähigkeit eines Beschuldigten beeinträchtigen. Aber die Reichweite des Verbots ist ungeklärt. Differierende Interpretationen haben Auswirkungen auf die

---

[357] Dazu Müller-Schloer et al., Informatik-Spektrum 2004, 332.
[358] Schleim, Die Neurogesellschaft (2011), S. 49 ff., 95 ff.; Rizzolatti/Sinigaglia, Empathie und Spiegelneurone. Die biologische Basis des Mitgefühls (2008), S. 122 ff.
[359] Dazu Bayerischer LfD, 24. TB (2010), 5.3.1; Beetz/Wiest, Kriminalistik 2008, 355.

Wertung der Methoden am Maßstab des allgemeinen Persönlichkeitsrechts und des Datenschutzes.

Die Forderung nach mehr Persönlichkeitsschutz in der wachsenden Informationsgesellschaft beschäftigt Regierung und Parlament der Bundesrepublik seit Ende der 1960er-Jahre. Das Bundesinnenministerium erteilte bereits 1970 einen Forschungsauftrag an die Universität Regensburg mit dem Ziel, ein Datenschutzkonzept zu erarbeiten.[360] Ebenso beeinflusste eine differenzierte Rechtsprechung die Entwicklung des Datenschutzrechts.[361] Dies lässt sich exemplarisch am folgenden Beispiel zeigen:

Beispiel

Der Untersuchungsführer in einem Disziplinarverfahren erbat im Wege der Rechts- und Amtshilfe bei einem Zivilgericht die Scheidungsakte eines Stadtdirektors ohne Einwilligung des betroffenen Ehepaares. Die Richter des Bundesverfassungsgerichts sahen in diesem Vorgehen das vom Grundgesetz (Art. 2 Abs. 1 i. V. m. Art. 1 Abs. 1 GG) garantierte allgemeine Persönlichkeitsrecht der Eheleute in seinem Wesensgehalt angetastet (Art. 19 Abs. 2 GG). Sie entschieden, dass die Weitergabe dieser sensiblen Daten ohne Einwilligung der Betroffenen oder ohne eine gesetzliche Grundlage nicht zulässig ist.[362]

In der Scheidungsaktenentscheidung des BVerfG wird bereits die Grundregel der späteren deutschen Datenschutzgesetze angesprochen, wonach schutzwürdige personenbezogene Daten nur aufgrund
- von Gesetzen oder
- mit der Einwilligung des Betroffenen

verarbeitet werden dürfen (Prinzip des Verbots mit Erlaubnisvorbehalt). In der Mikrozensusentscheidung betont das BVerfG, dass es dem Staat verboten ist, „den Einzelnen wie eine Sache zu behandeln, die einer Bestandsaufnahme in jeder Hinsicht zugänglich ist".[363]

Der verfassungsrechtliche Meilenstein auf dem Weg zur Einrichtung und Ausführung des Datenschutzes ist das Urteil des Bundesverfassungsgerichts vom 15. Dezember 1983 zum Volkszählungsgesetz. Im sog. **Volkszählungsurteil**[364] leitet das höchste deutsche Gericht aus dem verfassungsrechtlichen allgemeinen Persönlichkeitsrecht

---

360 Steinmüller/Lutterbeck/Mallmann et al., Grundfragen des Datenschutzes, Gutachten im Auftrag des Bundesministeriums des Innern (1971), BT-Drs. 6/3826, S. 5 ff.
361 Zur Auseinandersetzung vgl. Podlech, in: Stein/Denninger/Hoffmann-Riem, Kommentar zum Grundgesetz für die Bundesrepublik Deutschland, AK-GG (3. A. 2001), Art. 2 Abs. 1 Rn. 35 ff.
362 BVerfG v. 15.01.1970, BVerfGE 27, 344, 350; BVerfG v. 18.01.1973, BVerfGE 34, 205.
363 BVerfG v. 16.07.1969, BVerfGE 27, 1, 6 f.
364 BVerfG v. 15.12.1983, BVerfGE 65, 1.

(Art. 2 Abs. 1 i. V. m. Art. 1 Abs. 1 GG)[365] das **Grundrecht auf informationelle Selbstbestimmung/Datenschutz** ab,[366] worunter der rechtliche Schutz der Intimität und Privatheit zu verstehen ist. Das Gericht verpflichtet den Gesetzgeber, diesen Schutz „mit Blick auf moderne Entwicklungen und der mit ihnen verbundenen neuen Gefahren" zu konkretisieren und dynamisch fortzuschreiben. Wer heute am gesellschaftlichen Leben teilnehmen und seine Persönlichkeit entfalten möchte, ist darauf angewiesen, informationstechnische Systeme zu nutzen. Die meisten Nutzer können ihre Systeme kaum zuverlässig gegen Einblicke von Dritten abschirmen.[367] Um dieses besondere Schutzbedürfnis zu sichern, schöpfte das BVerfG aus dem entwicklungsoffenen Persönlichkeitsschutz am 27.02.2008 ein weiteres Grundrecht: das **„Grundrecht auf Gewährleistung der Vertraulichkeit und Integrität informationstechnischer Systeme"** (IT-Grundrecht).[368] Mit der Schaffung des IT-Grundrechts hat das BVerfG die Weichen für eine praxisnahe Auseinandersetzung mit den neuen technischen Entwicklungen und der zeitgleichen Zunahme von Kontroll- und Überwachungsmaßnahmen in Staat und Gesellschaft gestellt. Durch die global angelegten digitalen Netzwerke gewinnt die Forderung „Datenschutz durch Technik" in Europa an Bedeutung und hat mittlerweile auch gesetzlich einen Niederschlag in Art. 25 DS-GVO gefunden.[369] Im Hintergrund wächst der Interessenkonflikt zwischen Persönlichkeitsrechten und einer freien ungehinderten Kommunikation.[370]

Im Folgenden soll die **Wirkungsgeschichte des normativen Datenschutzes** in der Bundesrepublik Deutschland kurz skizziert werden:

1. Mit der Verabschiedung des Bundesdatenschutzgesetzes (BDSG) vom 27. Januar 1977 und den vorangehenden bzw. nachfolgenden Landesdatenschutzgesetzen (LDSG) beginnt als Reaktion auf die zunehmende Automatisierung der Datenverarbeitung die erste allgemeine Datenschutzgesetzgebung. Dabei verdient das Hessische Datenschutzgesetz vom 7. Oktober 1970 besondere Aufmerksamkeit.[371]
2. Mit dem Volkszählungsurteil des Bundesverfassungsgerichts hat das höchste deutsche Gericht betont, dass durch die Entwicklung der modernen Informationstechnologie dem Staat und der Gesellschaft eine Informationsmacht zugewachsen ist, der die Bürger ohne flankierende verfahrensrechtliche und organisatorische Schutzvorkehrungen (z. B. Verbot der Weitergabe und anderweitigen

---

365 Zum verfassungsrechtlichen Persönlichkeitsschutz vgl. Vesting, in: Götting/Scherz/Seitz (Hg.), Handbuch des Persönlichkeitsrechts (2008), § 6; Ladeur, in: Götting/Scherz/Seitz (Hg.), Handbuch des Persönlichkeitsrechts (2008), § 7.
366 BVerfG v. 15.12.1983, BVerfGE 65, 1, 3 f.
367 Bäcker, in: Uerpmann/Wittzack (Hg.), Das neue Computergrundrecht (2009), S. 8 f.
368 BVerfG v. 27.02.2008, BVerfGE 120, 274.
369 Zum Datenschutz durch Technik in Europa s. schon Hornung, ZD 2011, 51–56 m. w. N.
370 Zum Konflikt Schneider/Härting, ZD 2011, 64.
371 Zur Pionierleistung Hessens vgl. Hassemer/Möller, 25 Jahre Datenschutz (1996); Simitis, Zwanzig Jahre Datenschutz in Hessen, abgedr. im Anhang zu HDSB, 19. TB, S. 138 ff.

Verwendung von Daten – Zweckbindungsprinzip, Grundsatz der frühzeitigen Anonymisierung von Daten, Garantierung unabdingbarer Auskunftsrechte des Betroffenen und die Einrichtung unabhängiger Datenschutzinstanzen) nicht mehr gewachsen seien.

3. Mit der Neufassung des Bundesdatenschutzgesetzes vom 20. Dezember 1990[372] reagiert der Bundesgesetzgeber auf die besonderen Gefahrenpotenziale, die durch die neuen Technologien entstanden sind und entwickelte das Datenschutzrecht auf der Basis des Volkszählungsurteils weiter. Die Gesetzgeber aller sechzehn Länder haben ihre allgemeinen Datenschutzgesetze entsprechend ausgestaltet. Da die Datenschutzgesetze Querschnittsregelungen sind und zu wenig Einzelregelungen für die unterschiedlichen Lagen der Datenverarbeitung enthalten, wurden nach Maßgabe des Volkszählungsurteils auch eine Reihe bereichsspezifischer Regelungen neu geschaffen.

4. Mit der Neufassung des Bundesdatenschutzgesetzes am 6. April 2001[373] passt der Gesetzgeber das BDSG an die Vorgaben der EG-Datenschutzrichtlinie (DSRL) vom 24. Oktober 1995 an.[374] Im Rahmen seiner Verpflichtung zu einer „grundsätzlich umfassenden Harmonisierung"[375] transformiert der Gesetzgeber die unionsrechtlichen Vorgaben in das nationale Recht. Dazu gehören etwa das grundsätzliche Verbot der Verarbeitung besonderer Daten (z. B. Gesundheitsdaten), das Verbot automatisierter Einzelentscheidungen und Elemente der Selbstregulierung. Im Jahre 2009 hat der Gesetzgeber das BDSG in Einzelbereichen weiter modernisiert.[376]

5. Mit der Forderung nach einer „Modernisierung" wurde eine allseitige Diskussion über die Zukunft des Datenschutzes eingeleitet.[377] Die EU-Kommission hat 2010 eine Mitteilung zu einem „Gesamtkonzept für den Datenschutz in der Europäischen Union" veröffentlicht.[378] Mit der EU-Datenschutzgrundverordnung (DS-GVO)[379] soll eine Modernisierung durchgeführt und unionsweit ein kohärenter sowie durchsetzbarer Rechtsrahmen geschaffen werden.[380] Die DS-GVO gilt vom

---

372 Vgl. Neubekanntmachung des BDSG i.d.F v. 20.12.1990 (BGBl. I, S. 2954) in der ab 28.08.2002 geltenden Fassung.
373 Vgl. Neubekanntmachung des BDSG i.d.F. v. 20.12.1990 (BGBl. I, S. 2954) in der ab 28.08.2002 geltenden Fassung.
374 RL 95/46/EG (Datenschutzrichtlinie).
375 EuGH v. 06.11.2003, DuD 2004, 244.
376 Das BDSG wurde zuletzt geändert durch Art. 1 zur Änderung datenschutzrechtlicher Vorschriften v. 14.08. 2009 (BGBl. I, S. 2814).
377 Vgl. Roßnagel/Pfitzmann/Garstka, Modernisierung des Datenschutzrechts (2001); Kühling/Bohnen, JZ 2010, 600.
378 Mitteilung der Kommission v. 04.11.2010, Gesamtkonzept für den Datenschutz in der EU, KOM(2010) 609 endg.
379 VO (EU) 2016/679 (DS-GVO).
380 Vgl. EG 3 und 9 DS-GVO.

25. Mai 2018 an in allen Mitgliedstaaten unmittelbar und wird Teil ihrer Rechtsordnungen. Für die weitere Anwendbarkeit des nationalen Datenschutzrechts sind die Regelungen im Text der Verordnung und deren direkte sowie indirekte Öffnungsklauseln maßgebend.[381] Gleichzeitig tritt eine spezielle Richtlinie (DSRLJ) in Kraft,[382] die den Bereich der Bekämpfung von Straftaten regelt.

1.4.2 Datenschutz im Völkerrecht

Das Recht auf Privatheit und Datenschutz ist ein international anerkanntes Menschenrecht. Das Recht findet sich in völkerrechtlichen Regelungen der Vereinten Nationen, der OECD und des Europarats. Das Völkerrecht ist um die Lösung von Konflikten zwischen der absoluten Freiheit der Staaten einerseits und um die Schaffung einer Rechtsordnung in einer vernetzten Welt andererseits bemüht, um die widerstrebenden Interessen der Staaten tatsächlich in Ausgleich zu bringen.[383] Es ist daher naheliegend, den Datenschutz in der digitalisierten (globalen) Welt im Gefüge des Völkerrechts internationaler Organisationen zu erfassen.

1.4.2.1 Leitlinien der Vereinten Nationen

Dem Schutz des Privaten *(privacy)* kommt bei den Vereinten Nationen eine große Bedeutung zu. Er wird in Art. 12 AEMR als universelles Menschenrecht festgehalten. Art. 17 IPbPR enthält eine fast wortgleiche Formulierung mit identischen Schutzgütern.[384] Die Auslegung der Bestimmung kann nach ihrem Ziel und Zweck zu einer dynamischen Interpretation führen.[385]

Einen wichtigen Impuls erhielt der Datenschutz durch die **Leitlinien** der Vereinten Nationen (Guidelines for the Regulation of Computerized Personal Data Files), die 10 Jahre nach denjenigen der OECD von der **Generalversammlung der UN** am 14.12.1990 verabschiedet wurden. Die Leitlinien wenden sich an alle Mitglieder der Vereinten Nationen und erstrecken sich sowohl auf den öffentlichen als auch auf den privaten Sektor. Sie enthalten Mindestgarantien, welche die Adressaten in ihrer nationalen Gesetzgebung vorsehen sollen. Als Empfehlungen (Art. 10 UN-Charta) sind sie allerdings **kein bindendes Völkerrecht**. Bei den Verarbeitungsgrundsätzen lehnen

---

381 Dammann, ZD 2016, 301 f.
382 RL 2016/680 (Richtlinie zum Datenschutz in Strafsachen).
383 Vgl. Koskenniemi, From Apologie to Utopia (2005), S. 14. Zum völkerrechtlichen Schädigungsverbot im Zusammenhang mit der grenzüberschreitenden Datenverarbeitung vgl. Bäumler, Das Schädigungsverbot im Völkerrecht (2017), S. 297 ff.
384 S. Prolog.
385 Schiedermair, Der Schutz des Privaten als internationales Grundrecht (2012), S. 80 ff.

sie sich eng an die Datenschutzkonvention des Europarates und die OECD-Leitlinien an.

Eine Besonderheit bildet die humanitäre bzw. **Menschenrechtsklausel** in den Leitlinien. Sie billigt den Mitgliedstaaten **Ausnahmen** von den Verarbeitungsgrundsätzen zu, soweit es sich um personenbezogene Dateien handelt, die der humanitären Hilfe oder dem Schutz der Menschenrechte und Grundfreiheiten dienen, z. B. beim Internationalen Roten Kreuz, bei Amnesty International oder beim UN-Hochkommissar für Flüchtlinge.[386] Diese Organisationen könnten daran gehindert sein, den Opfern politischer Verfolgung oder rassistischer Diskriminierung zu helfen, wenn sie etwa deren Daten nur mit einer Einwilligung speichern dürften. Ein weiteres Problem könnte sich bei einem Auskunftsverlangen der Verfolger über die zu ihrer Person gespeicherten Daten ergeben, die sich gleichzeitig auch auf die Opfer beziehen und diese in Gefahr bringen können.

1.4.2.2 Leitlinien der OECD

Das **Übereinkommen über die Organisation für Wirtschaftliche Zusammenarbeit und Entwicklung (OECD)** wurde am 14.12.1960 von zahlreichen Staaten der westlichen Welt unterzeichnet und ist 1961 für die Bundesrepublik Deutschland in Kraft getreten.[387] Die OECD hat sich aus der 1948 gegründeten OEEC[388] entwickelt. Sie ist eine Organisation westlicher Industrieländer, die über den europäischen Bereich hinausreicht (USA, Kanada, Japan, Australien, Neuseeland, Mexiko usw. einschließt), mit Sitz in Paris. Hauptorgane sind der aus allen Mitgliedern zusammengesetzte Rat, der allein zur Rechtsetzung berufen ist, und der Generalsekretär.

Die international ausgerichtete OECD verfolgt einen ungestörten **freien Informationsfluss.** Die Mitgliedstaaten sollen Maßnahmen vermeiden, die über den erforderlichen **Datenschutz** hinaus **Handelshemmnisse** schaffen. Die OECD hat mit den **Leitlinien über den Datenschutz und grenzüberschreitende Ströme personenbezogener Daten,** die am 23.09.1980 vom Ministerrat der OECD verabschiedet wurden,[389] das erste internationale Dokument zum Datenschutz geschaffen. Die Leitlinien enthalten gleichermaßen materielle und verfahrensrechtliche Regelungen für den öffentlichen und privaten Sektor, für Daten, die aufgrund der Art ihrer Verarbeitung, der Datenart oder den Umständen, unter denen sie genutzt werden, eine Gefahr für Privatheit oder individuelle Freiheiten bedeuten (§ 2). Der Anwendungsbereich der Leitlinien ist auf natürliche Personen beschränkt (§ 2 b) Die Leitlinien enthalten Emp-

---

386 Dazu Joinet/CNIL, 11e rapport d'activité 1990 (1991), S. 77.
387 Dazu Burkert, in: Roßnagel (Hg.), Handbuch Datenschutzrecht (2003), Kap. 2.3 Rn. 30 ff.
388 Organisation für europäische und wirtschaftliche Zusammenarbeit.
389 OECD, Guidelines governing the Protection of Privacy and Transborder Flows of Personal Data (1980); s. a. OECD, Recommendation on Cross-border Co-operation in the Enforcement of Laws Protecting Privacy (2007).

fehlungen und **kein bindendes Völkerrecht**. Denn es steht den Mitgliedstaaten frei, ob sie die Leitlinien im Rahmen ihrer nationalen Datenschutzgesetzgebung umsetzen wollen. Hier liegt ein wesentlicher Unterschied zu der Datenschutzkonvention des Europarates, zu deren Einhaltung die beigetretenen Staaten nach Ratifizierung der Konvention verpflichtet sind.[390]

Die Leitlinien betonen das Zweckbindungsprinzip im Datenschutzrecht. Personenbezogene Daten dürfen nur begrenzt und allein mit rechtmäßigen lauteren Mitteln und, wo dies angemessen erscheint, nur mit Wissen oder Zustimmung der betroffenen Person erhoben werden (§ 7). Die Leitlinien unterstützen das Prinzip der **Selbstregulierung** in den Mitgliedstaaten (Nr. 19 lit. b). Die Selbstregulierung verantwortlicher Stellen soll bei **grenzüberschreitenden Datenübermittlungen** ausreichen (Nr. 19 Satz 2). Die Forderung trägt zwar der veränderten Rolle der Staaten im Globalisierungsprozess Rechnung. Sie vernachlässigt indessen die neuen Möglichkeiten des Missbrauchs, die zunehmen, wenn verantwortliche Stellen den Umgang mit den Daten ausschließlich selbst regulieren und der eigenen Kontrolle unterstellen.

Die globale Veränderung der Kommunikationsstrukturen hat die OECD 1996 veranlasst, eine Expertengruppe zu bilden, die sich mit Fragen der Datensicherung, des Datenschutzes, des geistigen Eigentums und der Krypto-Politik befasste, um den Kommunikationspartnern eine gesicherte Telekooperation zur Erhaltung ihrer wirtschaftlichen Freiheit und des Schutzes der Privatheit zu gewährleisten.[391] Die verabschiedeten Leitlinien zur Kryptografie[392], die Erklärung zum Datenschutz in globalen Netzwerken[393] sowie der Anfang 2000 vorgestellte Datenschutz-Generator[394] dienen diesem Ziel. Die Bestrebungen nach mehr Selbstregulierung sollen durch ein internes Datenschutz-Audit sowie durch eigens auf Datenschutzkonflikte zugeschnittene Mediationsverfahren gestärkt werden. Die Empfehlung der OECD aus dem Jahre 2007 zur grenzüberschreitenden Zusammenarbeit bei der Durchsetzung von Datenschutzregelungen hat eine Verbesserung des Datenschutzes in den Mitgliedstaaten und die Entwicklung internationaler Mechanismen für die Vereinfachung des grenzüberschreitenden Datenschutzes zum Ziel.[395]

1.4.2.3 Schutznormen des Europarats

Keine internationale Organisation hat die **Entwicklung** der Menschenrechte insgesamt und die des **Grund- und Menschenrechts auf Privatheit und Datenschutz**

---

[390] Ellger, CR 1994, 559.
[391] Abgedr. in: CR 1996, 709.
[392] OECD, Guidelines for Cryptography Policy (1997).
[393] OECD, Declaration on Privacy in Global Networks (1998).
[394] OECD, Privacy Policy Statement Generator (2000).
[395] OECD, Recommendation on Cross-border Co-operation in the Enforcement of Privacy Laws (2007).

im Besonderen so nachhaltig beeinflusst wie der **Europarat**. Er wurde von den Mitgliedern der Westeuropäischen Union (WEU) am 5. Mai 1949 in der Absicht gegründet, Demokratie, Rechtsstaatlichkeit und die Menschenrechte dauerhaft in Europa zu sichern (Art. 3 der Satzung des Europarates – EurRatS). Das Tätigkeitsfeld des Europarats umfasst heute alle Aspekte der EU mit Ausnahme von Fragen der Verteidigung (Präambel Abs. 4 EurRatS). Die Europaratssatzung[396] betont den freiheitlichen Aspekt der Menschenrechte („politische Freiheit und Herrschaft des Rechts") und betrachtet so gesehen die **Menschenrechte** als Grundlage „jeder wahren Demokratie" (Art. 1). Dementsprechend verpflichtet die Satzung jedes Mitglied des Europarates auf die Menschenrechte (Art. 3). Konkret folgt hieraus die Verpflichtung für die Mitglieder, die **Europäischen Menschenrechtskonvention (EMRK)** und ihre Zusatzprotokolle innerhalb einer bestimmten Frist zu ratifizieren.[397]

1.4.2.3.1 Bedeutung der EMRK

Zielsetzung des Europarates ist die Schaffung eines effizienten Menschenrechtsschutzes auf der Grundlage der **EMRK** vom 4. November 1950 und den entsprechenden Zusatzprotokollen.[398] Nach der Hinterlegung von zehn Ratifikationsurkunden trat die EMRK am 3.09.1953 in Kraft.[399] Dem Europarat stehen – anders als der EU – **keine Hoheitsrechte** zu. Die im Rahmen des Europarates ausgearbeiteten Abkommen bedürfen der Unterzeichnung und ggf. der Ratifikation durch die Mitgliedstaaten.

Der Europarat verfügt nach seiner Satzung über eigene Organe: Ministerkomitee (Art. 13 f.), Parlamentarische Versammlung (Art. 22) und das Sekretariat (Art. 36 lit. a), dessen Generalsekretär dem Komitee unmittelbar verantwortlich ist. Auf der Grundlage der EMRK wurde der ständige **Europäische Gerichtshof für Menschenrechte** (EGMR) als ständige Einrichtung zum alleinigen Entscheidungsorgan in Straßburg (Art. 19 EMRK). Als **internationale Rechtsschutzinstanz** arbeitet er im Rahmen des Europarats und wird auch aus seinem Budget finanziert.

Die EMRK eröffnet als erstes Instrument des völkerrechtlichen Menschenrechtsschutzes Durchsetzungsmechanismen im Rahmen eines justizförmigen Verfahrens (vgl. zur Individualbeschwerde beim EGMR – Art. 34 und 35 Abs. 1; zur Staatenbeschwerde – Art. 33; zum Gutachterverfahren – Art. 47).

Die EMRK gehört zu den herausragenden multilateralen **völkerrechtlichen Verträgen** zugunsten Dritter und hat von allen **internationalen Menschenrechtsinstru-**

---

396 Satzung des Europarates v. 05.05.1949 (BGBl. 1950 I, S. 263).
397 Überblick der Staaten, die das Übereinkommen ratifiziert haben unter: http://www.coe.int/de/web/conventions/full-list/-/conventions/treaty/108/signatures (letzter Abruf 21.05.2017).
398 Abgeschlossen am 04.11.1950, von der Bunderepublik Deutschland ratifiziert am 05.12.1952 (BGBl. II, S. 685); soweit Zusatzprotokolle zur EMRK deren Menschen- und Grundrechtskatalog neue Rechte hinzufügen, gelten sie entsprechend.
399 Dazu Guradze, Die Europäische Menschenrechtskonvention (1968), S. 6 f.

menten am nachhaltigsten auf das **europäische Recht** eingewirkt.[400] Sie ist nach der Grundrechtsrechtsprechung des EuGH[401] **Rechtserkenntnisquelle** für die Gewinnung der **Gemeinschaftsgrundrechte.**[402] Dies gilt auch nach dem Unionsvertrag, nach dem die in Art. 6 Abs. 3 EUV angesprochene EMRK zu den wichtigsten Quellen des EU-Rechts zählt.

Die EMRK hat in den Rechtsordnungen der Vertragsstaaten einen unterschiedlichen Rang, etwa in Griechenland und Österreich Verfassungsrang, in Deutschland formell den Rang eines einfachen Gesetzes. Aber schon das BVerfG betont, dass andere gesetzliche Bestimmungen nach der EMRK und der Rechtsprechung des EGMR auszulegen sind.[403] Damit steht die EMRK de facto über dem einfachen Gesetz.

1.4.2.3.2 Datenschutz nach der EMRK

Der Schutz der Privatheit in der Europäischen Menschenrechtskonvention (Art. 8 EMRK) knüpft teilweise an die Regelungen in der Allgemeinen Erklärung der Menschenrechte (Art. 12 AEMR) an, die sich fast wortgleich im Menschenrechtspakt der Vereinten Nationen (Art. 17 IPbpR) wiederfindet. Im Rahmen der Auslegung des Schutzes der Privatheit (Art. 8) kann der EGMR den menschenrechtlich verankerten weltweiten Schutz der Privatheit (17 IPbpR) einbeziehen, zumal die überwiegenden Unterzeichner auch die EMRK unterzeichnet haben.[404] Damit verzahnt der Gerichtshof den globalen mit dem europäischen Schutz der Privatheit.

Die EMRK gewährleistet den Anspruch eines jeden Menschen auf **Achtung** seines **Privat-** und seines **Familienlebens,** seiner **Wohnung** und seiner **Korrespondenz** (Art. 8 Abs. 1). Nach der Rechtsprechung des EGMR umfasst dieser Anspruch auch das Recht, „Beziehungen zu anderen Menschen einzugehen und zu entfalten".[405] Die Norm enthält eine umfangreiche Schrankenregelung (Art. 8 Abs. 2). Sie ist ihrer Tendenz nach dynamisch und als Abwehrrecht wie als Schutzpflicht zu interpretieren. Sie ist so weit gefasst, dass sie gegenüber neu entstehenden Schutzbedürfnissen, wie sie sich aus der digitalisierten Datenverarbeitung ergeben, offen ist.

Schon früh hat die Europäische Menschenrechtskommission den Schutz personenbezogener Daten dem Schutzbereich der Privatheit zugeordnet. Unter den Begriff der Korrespondenz fällt die Vertraulichkeit der Telekommunikation, wozu u. a. auch

---

400 Vgl. Häberle, Das Grundgesetz zwischen Verfassungsrecht und Verfassungspolitik (1996), S. 489, 525 m. w. N.
401 Art. F Abs. 2 EUV/Maastricht; Art. 6 Abs. 2 EUV/Amsterdam/Nizza.
402 Streinz, Europarecht (10. A. 2016), Rn. 757 m. w. N.; s. a. Sobotta, in: Grabitz/Hilf/Nettesheim (Hg.), Das Recht der Europäischen Union: EUV/AEUV (60. EL 2016), Art. 16 AEUV Rn. 5 m. w. N.
403 BVerfG v. 26.03.1987, BVerfGE 74, 358, 370.
404 Ausführlich dazu Schiedermaier, Der Schutz der Privatheit als internationales Grundrecht (2012), S. 308 f.
405 Vgl. EGMR v. 16.12.1992, EuGRZ 1993, 66.

Telefongespräche, E-Mails und Internet-Telefonie gehören.[406] Soweit der Schutz der Privatheit in der EU-Grundrechtecharta (Art. 8 GRCh) dem in der EMRK (Art. 8) entspricht, hat er die gleiche Bedeutung wie dieser. Ein weitergehender Schutz durch Art. 8 GRCh bleibt unberührt. Der EuGH nimmt regelmäßig und übereinstimmend auf die Rechtsprechung von Art. 8 EMRK Bezug.[407]

Ausgehend von Art. 8 Abs. 1 EMRK hat das Ministerkomitee im Mai 1979 das „Übereinkommen zum Schutz des Menschen bei der automatischen Verarbeitung personenbezogener Daten" (Europäische Datenschutzkonvention) verabschiedet, das am 28. Januar zur Zeichnung für die Mitgliedstaaten aufgelegt wurde.[408] Damit hat der Europarat die erste internationale Datenschutzregelung geschaffen, die für die zeichnenden Staaten **völkerrechtlich verbindlich** ist. Die Konvention wird durch ein Zusatzprotokoll ergänzt.[409]

Der Konvention formuliert **Grundprinzipien des europäischen Datenschutzes.** Sie verpflichtet die Unterzeichnerstaaten, die dort niedergelegten Grundsätze (Art. 5 bis 11) als gemeinsames datenschutzrechtliches Minimum (common core/ noyau dur/ harter Kern) zu verwirklichen, trifft aber nicht selbst eine entsprechende Anordnung.[410] Die beitretenden Staaten müssen die Regelungen in innerstaatliches Recht umsetzen.

Typische Verletzungen der Konvention, die der EGMR im Kontext der repressiven **Terrorismusbekämpfung** festgestellt hat, sind Folter von Gefangenen, Auslieferungen in Staaten, in denen die Todesstrafe droht[411] und die Missachtung der Rechte auf persönliche Freiheit und Sicherheit (Art. 5 EMRK) oder auf ein faires Verfahren (Art. 6 EMRK).[412]Der Europarat plant angesichts der neuen technischen und grenzüberschreitenden Entwicklungen die über mehr als 30 Jahrzehnte alte Datenschutzkonvention zu reformieren.

---

406 Grabenwarter/Pabel, EMRK (6. A. 2016), § 22 Rn. 25.
407 Britz, EuGRZ 2009, 6 f.; EGMR v. 04.12.2008, NJOZ 2010, 696 – Marper/UK: Vernichtung des gespeicherten DNA-Materials und der Fingerabdrücke; vgl. Schafer, DuD 2009, 484, 485.
408 Europarat, Übereinkommen zum Schutz des Menschen bei der automatischen Verarbeitung personenbezogener Daten (1981), SEV-Nr. 108.
409 Europarat, Zusatzprotokoll zum Übereinkommen zum Schutz des Menschen bei der automatischen Verarbeitung von personenbezogener Daten bezüglich Kontrollstellen und grenzüberschreitendem Datenverkehr (2001), SEV-Nr. 181.
410 Burkert, CR 1988, 753.
411 Vgl. etwa EGMR v. 15.11.1996, NVwZ 1997, 1093; EGMR v. 28.02.2008, NVwZ 2008, 1330, 1331 f.; EGMR v. 10.04.2012, NVwZ 2013, 925, 927.
412 Vgl. etwa EGMR v. 29.11.1988, Nr. 10/1987/133/184-187; EGMR v. 25.05.1993, Nr. 14553/89 und 14554/89; EGMR v. 28.10.1994, Nr. 14310/88.

Die **Datenübermittlung** in einen **Nicht-Vertragsstaat** ist in einem Zusatzprotokoll (Art. 2) zur Datenschutzkonvention geregelt.[413] Danach dürfen personenbezogene Daten in einen solchen Staat nur dann übermittelt werden, wenn dieser ein angemessenes Datenschutzniveau gewährleistet. In Staaten ohne angemessenes Datenschutzniveau dürfen Daten dann weitergegeben werden, wenn dies das nationale Recht vorsieht. Voraussetzung ist, dass spezifische Interessen des Betroffenen oder wichtige öffentliche Interessen dies gebieten. Eine Übermittlung ist auch zulässig, wenn die verantwortliche Stelle Garantien bietet (z. B. in Form von Vertragsklauseln), die von der zuständigen nationalen Stelle für hinreichend angesehen werden. Das Zusatzprotokoll (Art. 1) sichert die Durchsetzung der materiell-rechtlichen Voraussetzungen durch Kontrollinstanzen ab, die ihre Aufgaben in völliger Unabhängigkeit wahrnehmen sollen.

Die Konvention enthält Bestimmungen für eine praktische Zusammenarbeit der Vertragsstaaten. Diese haben die Aufgabe, ein „Beratendes Komitee" zu bilden, das die Auswirkungen der Konvention beobachtet und Ergänzungs- oder Änderungsvorschläge beim Europarat einbringt.

Am 19. November 1996 hat der Europarat die datenschutzrelevante **Konvention über Menschenrechte und Biomedizin** (Bioethik-Konvention) verabschiedet[414] und damit einen **Verhaltenskodex** für den Umgang mit der Gentechnik, Embryonenforschung und Organtransplantation in einem **völkerrechtlichen Vertrag** festgelegt. Er liegt seit dem 4. April 1997 zur Zeichnung auf. Die Konvention verpflichtet den nationalen Staat nach Ratifizierung zur Schaffung und Überwachung rechtlicher Rahmenbedingungen in konfliktreichen Sektoren der Biomedizin.

In der Konvention fehlen weitgehend spezielle datenschutzrechtliche Regelungen. So ist die Weitergabe von personenbezogenen Gentest-Ergebnissen nicht geregelt. Die Konvention enthält ein grundsätzliches Recht des Betroffenen auf Schutz des privaten Lebens sowie auf Information über die zu seiner Person gesammelten Gesundheitsdaten (Art. 10 Abs. 1 und 2). Das Recht auf Nichtwissen ist nur bedingt geschützt („…shall be observed" – Art. 10 Abs. 2 Satz 2). Die Forschung an nicht einwilligungsfähigen Personen, die ihrer Zielrichtung nach nicht unmittelbar dem Nutzen dieser Personen dient, soll möglich sein. Die Konvention stellt Mindestvoraussetzungen auf – ein höherer nationaler Schutzstandard kann unbeschränkt beibehalten oder auch neu eingeführt werden (Art. 27).

---

413 Europarat, Zusatzprotokoll zum Europäischen Übereinkommen zum Schutz des Menschen bei der automatischen Verarbeitung personenbezogener Daten bezüglich Kontrollstellen und grenzüberschreitendem Datenverkehr (2001), SEV-Nr. 181.
414 Vgl. Europarat, Übereinkommen zum Schutz der Menschenrechte und der Menschenwürde im Hinblick auf die Anwendung von Biologie und Medizin: Übereinkommen über Menschenrechte und Biomedizin (1997), SEV-Nr. 164.

Im Rahmen der Strafverfolgung ist die **Cybercrime Convention** von großem Interesse.[415] Mit ihr hat der Europarat eine weltweit als **Modellgesetzgebung** genutzte Konvention geschaffen, „zu deren Kernzielen die Harmonisierung der legislativen Standards der Internetkriminalität zählt".[416] Sie enthält Vorgaben zur Kriminalisierung von daten- und systembezogenen Delikten (Art. 3 ff.). Sie regelt strafprozessuale Zugriffsmöglichkeiten auf die Telekommunikations- und allgemeinen Computerdaten, die datenschutzrechtlich relevant sein können, wie etwa das in der Konvention (Art. 16) niedergelegte „Quick-Freeze-Procedere". Dieser Ansatz wird auch im Rahmen der umstrittenen EU-Richtlinie zur Vorratsdatenspeicherung verfolgt.[417,418]

Der Europarat hat außer den genannten Konventionen zahlreiche spezifische datenschutzrechtliche (unverbindliche) **Empfehlungen** in bestimmten Bereichen von Wirtschaft, Verwaltung und wissenschaftlicher Forschung geschaffen, etwa zur Erstellung von **Persönlichkeitsprofilen** anhand der im Netz gesammelten Daten durch Unternehmen und staatliche Stellen (Profiling).[419] Hervorzuheben ist auch die Empfehlung zum **Arbeitnehmerdatenschutz** im Allgemeinen.[420] Parallel dazu hat sich die **Internationale Arbeitsorganisation (ILO)** für den Arbeitnehmerdatenschutz eingesetzt und einen **Verhaltenskodex** entworfen.[421] Dieser soll grundsätzlich der Ergänzung gesetzlicher Bestimmungen oder deren Vorbereitung dienen. Zu betonen ist, dass er in der Einwilligung der betroffenen Arbeitnehmer eine vollwertige Alternative zu gesetzlichen Vorschriften sieht. Der Kodex bezieht sich damit auf die spezifischen Bedingungen eines abhängigen Arbeits- bzw. Beschäftigtenverhältnisses. Die Regelung des Beschäftigtendatenschutzes obliegt nach der DS-GVO (Art. 88) den nationalen Mitgliedstaaten der Union.

1.4.3 Schutznormen im supranationalem Recht (Unionsrecht)

Europa wurde nach dem Ende des Zweiten Weltkrieges in zwei etwa gleich große Hälften geteilt. Gleichwohl begannen in der westlichen Hälfte europäische Integrati-

---

415 Europarat, Übereinkommen über Computerkriminalität (2001), SEV-Nr. 185.
416 Gercke/Brunst, Praxishandbuch Internetstrafrecht (2009), Rn. 42.
417 Gercke/Brunst, Praxishandbuch Internetstrafrecht (2009), Rn. 44 m. w. N.; zur Einschränkung der Vorratsdatenspeicherung vgl. EuGH v. 21.12.2016, DuD 2017, 187.
418 Gercke/Brunst, Praxishandbuch Internetstrafrecht (2009), Rn. 44 m. w. N.
419 Europarat, https://wcd.coe.int/ViewDoc.jsp?id=1710949&Site=CM&BackColorInternet=C3C3C3& BackColorIntranet=EDB021&BackColorLogged=F5D383 Empfehlung CM/Rec(2010) 13 des Ministerkomitees an die Mitgliedstaaten über den Schutz des Menschen bei der automatischen Verarbeitung personenbezogener Daten im Zusammenhang mit Profiling.
420 Europarat, Empfehlung Nr. R (89) 2 des Ministerkomitees an die Mitgliedstaaten über die Nutzung personenbezogener Daten für Beschäftigungszwecke.
421 International Labour Office, Protection of workers' personal data (1997); dazu Simitis, in: ders. (Hg.), BDSG (8. A. 2014), Einl. Rn. 199 ff.

onsbestrebungen, deren Wurzeln sich bis zum Mittelalter zurückverfolgen lassen.[422] In der Zeit der Aufklärung rief der Königsberger Philosoph Immanuel Kant in der 1794 erschienen Schrift „Zum ewigen Frieden" bereits zu einer Organisierung der Staatengemeinschaft auf, wobei er allerdings nicht nur die Integration Europas, sondern auch die Einbeziehung außereuropäischer Staaten im Auge hatte. Pläne für eine Integration nahmen im Schatten des sog. „Kalten Krieges" und im Schutz des von den USA 1949 gegründeten Verteidigungsbündnisses, der Nordatlantik-Vertragsorganisation (NATO), konkrete Formen an. Seit der sog. Wende im Jahre 1989 werden die mittel- und osteuropäischen Länder in diesen Prozess einbezogen.

Die **nationale verfassungsrechtliche Grundlage** zugunsten der europarechtlichen Entwicklung gründet in der Bundesrepublik Deutschland auf dem seit 1992 geltendem Art. 23 GG (vormals Art. 24 Abs. 1 GG): Darin bekennt sich Deutschland zur **Verwirklichung eines vereinten Europas.** Die Bestimmung nimmt den in der **Präambel des Grundgesetzes** von Anfang an als Staatsziel enthaltenen Begriff auf und betont die Integrationsoffenheit der Verfassung.[423] Sie enthält die Regeln für eine **integrationsbezogene Hoheitsrechtsübertragung** (Abs. 1), die vom Bundestag mit Zustimmung des Bundesrats (Satz 2) durchgeführt werden kann und weitgehend einer qualifizierten Mehrheit bedarf (Satz 3 mit Verweis auf den Art. 79 Abs. 3 GG).

Bei aller Integrationsoffenheit darf der Kern der deutschen Staatlichkeit nicht angetastet werden. Im **Lissabon-Urteil** hat sich das BVerfG mit dieser Frage befasst und geprüft, ob der unantastbare Kerngehalt der Verfassungsidentität des Grundgesetzes (Art. 23 Abs. 1 S. 3 i. V. m. Art. 79 Abs. 3 GG) gewahrt ist.[424] Als Gegenstände der „Identitätskontrolle", die auf die Union übertragbar sind, lassen sich u. a. Bereiche nennen, in denen den Mitgliedstaaten ein „ausreichender Raum zur politischen Gestaltung der wirtschaftlichen, kulturellen und sozialen Lebensverhältnisse" bleiben muss.[425] Dies gelte insbesondere „für Sachbereiche, die die Lebensumstände der Bürger, vor allem ihren von den Grundrechten geschützten privaten Raum der Eigenverantwortung und der persönlichen und sozialen Sicherheit prägen, sowie für solche politischen Entscheidungen, die in besonderer Weise auf kulturelle, historische und sprachliche Vorverständnisse angewiesen sind, und die sich im parteipolitisch und parlamentarisch organisierten Raum einer politischen Öffentlichkeit diskursiv entfalten".[426] Das BVerfG nennt ausdrücklich Bereiche wie den Freiheitsentzug in der Strafrechtspflege oder bei Unterbringungsmaßnahmen sowie die „Gestaltung der Bildungs- und Familienverhältnisse, die Ordnung der Meinungs-, Presse- und Versammlungsfreiheit oder

---

422 Schmale/Tinnefeld, DuD 2017, 343.
423 BVerfG v. 12.10.1993, BVerfGE 89, 155, 183.
424 BVerfG v. 30.06.2009, BVerfGE 123, 267, 352; vgl. dazu Streinz, Europarecht (10. A. 2016), Rn. 238.
425 BVerfG v. 30.06.2009, BVerfGE 123, 267 Ls. 4.
426 BVerfG v. 30.06.2009, BVerfGE 123, 267, 357 f. Ls. 2b.

den Umgang mit dem religiösen oder weltanschaulichen Bekenntnis".[427] Diese Bereiche berühren zugleich das Recht auf Privatheit und Datenschutz.

1.4.3.1 Entwicklung der EU

Die europäischen Staaten haben den Vertrag von Lissabon (2009) als vorläufig letzte Stufe der Integration abgeschlossen. Sie haben ihn teils durch Abstimmung ihrer Bürger, teils durch ihre Parlamente gebilligt. Der Vertrag ist zwar keine Verfassung im herkömmlichen Sinn. Er bildet aber einen rechtlich höherrangigen Überbau zu den EU-Mitgliedstaaten, zumal er über eine europäische Grundrechtecharta verfügt.

Die strukturellen Veränderungen in Europa führten über die heutige OECD zum Europarat und über die **drei Europäischen Gemeinschaften** zur **Gründung der Europäischen Union:**

- Die Gemeinschaft für Kohle und Stahl – EGKS, Montanunion 1952–2000 (ausgelaufen). Sie wurde in die Wirtschaftsgemeinschaft übernommen.
- Die Europäische Wirtschaftsgemeinschaft – EWG 1957 mit einem gemeinsamen Markt für Waren und Dienstleistungen, die seit der Einheitlichen **Europäischen Akte (EEA)** 1987 als Europäische Gemeinschaft – EG zum **Kern der Integration** wurde.
- Die Europäische Atomgemeinschaft – EAG/ Euratom (1957) mit dem Abkommen über gemeinsame Organe für die Europäischen Gemeinschaften (Gründungsverträge), die auf den sog. Römischen Verträgen (1957) beruhen.
- Die Europäische Union (EU) wurde als erste Stufe der **politischen Einheit** Europas durch den **Vertrag von Maastricht** (VvM) 1992 gegründet, als politisches Dach für die drei Europäischen Gemeinschaften und zwei neue politische Einheiten, eine für Zwecke der gemeinschaftlichen Außen- und Sicherheitspolitik, die andere für die Zusammenarbeit in den Bereichen Justiz und Inneres (sog. Dreisäulenmodell). Im VvM wurde auch eine weitere Neuerung beschlossen, die der Integration dienen soll: die Währungsunion (Einführung des Euro und stufenweise Abschaffung der Landeswährungen bis 2002). Im **Vertrag von Amsterdam** (VvA) wurde 1999 die Revision der EU mit den drei Gemeinschaften fortgesetzt. Die sog. „left overs" wurden im **Vertrag von Nizza** (VvN) 2003 geregelt. Der Verfassungsvertrag von 2004 trat nicht in Kraft.

Die EU wurde im Rahmen des Reformvertrags von **Lissabon** 2007 mit Blick auf die neuen Technologien zeitgemäß erneuert und institutionell geändert. Die Neuerungen finden sich im **EU-Vertrag (EUV)** und im (Ex-)EG-Vertrag, dem **Vertrag über die Arbeitsweise der EU (AEUV)**. Darüber hinaus ist die **EU-Grundrechte-Charta(GRCh)** mit dem Inkrafttreten des Reformvertrages zum 01.01.2009 rechtsverbindlich gewor-

---

[427] BVerfG v. 30.06.2009, BVerfGE 123, 267, 358.

den. Damit ist neben dem allgemeinen Recht auf Achtung des Privatheit (Art. 7 GRCh) explizit auch der Schutz personenbezogener Daten (Art. 8 GRCh) Teil des (primären) Unionsrechts geworden.

Die **Union** ist nun einschließlich ihrer Organe (Rat, Parlament, Europäische Kommission) **Völkerrechtssubjekt**. Ihre Grundordnung wird durch das in den Gründungsverträgen von den Mitgliedstaaten vertraglich geregelte **primäre Unionsrecht** bestimmt. Es beruht auf dem EUV (Art. 1 Abs. 3 S. 1 EUV) und dem AEUV („die Verträge"). Entsprechendes gilt für die Charta der Grundrechte (Art. 6 Abs. 1 EUV). Danach sind die Charta und die Verträge „rechtlich gleichrangig". Damit steht fest, dass die Grundrechte der Charta dem Primärrecht angehören. Die Schaffung des **sekundären Unionsrechts** (z. B. Datenschutzrichtlinie oder Datenschutz-Grundverordnung) obliegt den Rechtsetzungsorganen der EU. Die Charta gilt als rechtlich verbindliche Formulierung einer „Europäischen Werteordnung".[428] Anders als die EMRK normiert sie den **Schutz der Menschenwürde** (Art. 1) – und stellt so – wie bereits das deutsche Grundgesetz (Art. 1 Abs. 1GG) ein „Gegenprogramm zur totalitären Missachtung des Individuums".[429] Dieses Verständnis hat dazu beigetragen, dass die Menschenwürde als „Schutzwall gegen schwere Formen von Demütigung, Misshandlung, Diskriminierung, Ächtung und Verfolgung" verstanden wird.[430] Schon in der Allgemeinen Erklärung der Menschenrechte der Vereinten Nationen wurde die Verpflichtung auf die Menschenwürde damit begründet, „dass die Verkennung oder Missachtung der Menschenrechte zu Akten der Barbarei führten".[431] Es ist diese schleichende Tendenz, die durch ein absolutes Folterverbot verhindert werden soll.[432]

Die Charta (Art. 52 Abs. 3) verfügt, dass die in ihr enthaltenen Rechte „die gleiche Bedeutung und Tragweite" haben, wie sie ihnen in der EMRK verliehen werden. Nach dem EUV (Art. 6 Abs. 3) gehören sie zum Primärrecht der Union. Damit hat der Schutz der Privatheit in der Konvention (Art. 8 EMRK) in den Grenzen der der Europäischen Union übertragenen Zuständigkeiten zumindest mittelbar einen primärrechtlichen Rang in der Unionsrechtsordnung erhalten.

Art. 52 Abs. 3 GRCh soll die notwendige Kohärenz zwischen der Charta und der EMRK herstellen: Die Grundrechte unterliegen den gleichen zulässigen Einschränkungen wie sie für die entsprechenden Menschenrechte in der EMRK vorgesehen sind. Der EuGH hat dies sowohl in der Gewährleistungs- als auch in der Rechtfertigungsdimension für Art. 7 GRCh und Art. 8 GRCh im Hinblick auf Art. 8 EMRK im sog. Agrar-

---

[428] Meyer, in: ders. (Hg.), GRCh (4. A. 2014), Präambel Rn. 6.
[429] Dreier, in: ders. (Hg.), GG (3. A. 2013), Art. 1 I Rn. 41.
[430] Borowsky, in: Meyer (Hg.), GRCh (4. A. 2014), Vorb. Titel I Rn. 3a.
[431] Zur Entstehung der Erklärung vgl. Morsink, The Universal Declaration of Human Rights (1999), S. 36 ff.
[432] Zur Reichweite und Legitimität des absoluten Folterverbots EGMR v. 01.06.2010, NJW 2010, 3145; dazu Petri, DuD 2010, 539; zur Folterproblematik vgl. Reemtsma, Folter im Rechtsstaat? (2005).

beihilfenfall am 9. November 2010 ausdrücklich betont.⁴³³ In dem Fall ging es speziell um das Verhältnis des Schutzes natürlicher Personen bei der Verarbeitung personenbezogener Daten zu der durch das Unionsrecht angeordneten und dem Gebot der Transparenz dienenden Veröffentlichung von Informationen über die Empfänger von Agrarbeihilfen.

Die datenschutzrelevanten Grund- und Menschenrechte der EU-Bürger werden damit nach dem Vertrag von Lissabon in doppelter Form garantiert:
- durch die Rechtsverbindlichkeit der GRCh
- durch die EMRK.

Die Regelung über den Schutz personenbezogener Daten in der GRCh verlangt, dass diese Daten „nur nach Treu und Glauben für festgelegte Zwecke und mit Einwilligung der betroffenen Person oder auf einer sonstigen gesetzlich geregelten legitimen Grundlage verarbeitet werden" (Art. 8 Abs. 2 Satz 1 GRCh). Damit werden neben dem Erfordernis einer gesetzlichen Grundlage (Art. 52 Abs. 1 GRCh) weitere datenschutzrechtlich entwickelte europäische Vorgaben im Primärrecht verankert:
- rechtmäßige Verarbeitung aufgrund der Einwilligung einer betroffenen Person, gesetzlicher Spezialregelungen oder allgemeiner Gesetze (Art. 8 Abs. 2 Satz 1 GRCh)
- Verarbeitung nach Treu und Glauben (Art. 8 Abs. 2 S. 1 GRCh)
- Grundsatz der Zweckbindung (Art. 8 Abs. 2 S. 1 GRCh)
- Auskunftsanspruch (Transparenz) für die betroffene Person (Art. 8 Abs. 2 Satz 2 GRCh)
- unabhängige Kontrollinstanzen (Art. 8 Abs. 3 GRCh) in Form einer ausdrücklichen Institutsgarantie (z. B. keine Schiedsverfahren)

Der AEUV enthält ein Transparenzgebot (Art. 15 Abs. 1 AEUV) und eine datenschutzrechtliche Kompetenzregel (Art. 16 Abs. 2 AEUV). Es muss dem Bürger Einsicht in jene Angelegenheiten vermittelt werden, über die er demokratisch zu entscheiden hat. Es ist daher Aufgabe des Gesetzgebers, den Grundsatz der Öffentlichkeit der Verwaltung mit den Grundrechten der Charta in Einklang zu bringen, wozu insbesondere die Grundrechte auf Privatheit (Art. 7) und Datenschutz (Art. 8 GRCh) zählen.⁴³⁴

1.4.3.2 Einrichtungen, Kompetenzen und Regelungsinstrumente der Union

Die EU besitzt seit dem Vertrag von Lissabon eine eigene und einheitliche Rechtspersönlichkeit. (Art. 47 EUV). Sie wird bestimmt von einem institutionellen Rahmenwerk (Art. 13–19 EUV), in dem der Europäische Rat mit zahlreichen Institutionen zusam-

---
433 EuGH v. 09.11.2010, DuD 2011, 137, 141.
434 EuGH v. 12.09.2007, EuZW 2009, 108, 110; EuGH v. 09.11.2010, DuD 2011, 137, 140.

menarbeitet, die ursprünglich im Rahmen der EG geschaffen wurden. Das Demokratiedefizit in der EU wird weiter abgebaut: Die Kompetenzen des Europaparlaments werden erweitert. Bei der Gesetzgebung ist es nunmehr mit dem (Minister-)Rat fast gleichberechtigt. Dem Parlament ist es am 3. Mai 2012 außerdem gelungen, bei der Bestätigung der Kommission eine Regelung zu vereinbaren, nach der es praktisch die Möglichkeit hat, selbst den Erlass eines Gesetzes einzuleiten.[435]

Die politische Spitze der EU bildet der **Europäische Rat** – European Council, der auch die Verträge zeichnet (Art. 15 EUV). Er setzt sich zusammen aus den Staats- und Regierungschefs, den jeweiligen Präsidenten von Rat und Kommission; der Hohe Vertreter für die Außen- und Sicherheitspolitik nimmt an seiner Arbeit teil (Art. 15 Abs. 2 EUV). Der Rat wählt mit qualifizierter Mehrheit einen hauptamtlichen Präsidenten für einen Zeitraum von 2,5 Jahren (Art. 15 Abs. 5 EUV), der auf seiner Ebene auch die Außenvertretung in Angelegenheiten der Gemeinsamen Außen- und Sicherheitspolitik wahrnimmt (Art. 15 Abs. 5d EUV).

Weitere politische, rechtliche und geldwirtschaftliche Institutionen in der EU sind (Art. 13 EUV):

- das **Europäische Parlament** – European Parliament (EP). Es wird gemeinsam mit dem Rat als Gesetzgeber tätig und wählt den Präsidenten der Kommission (Art. 14 Abs. 1 EUV). Das EP besteht aus Vertretern der Unionsbürger. Sie belaufen sich auf 750 Mitglieder zuzüglich des Präsidenten (Art. 14 Abs. 2 EUV). Italien steht ein zusätzliches Mitglied zu (Deklaration Nr. 4, Schlussakte des Lissaboner Vertrags). **EP und Rat** werden grundsätzlich gleichberechtigt als „Gesetzgebungsorgane" tätig. Das Verfahren ist kompliziert (Art. 294 Abs. 14 AEUV). Das EP muss gegenüber dem Standpunkt des Rats in erster Lesung für Ablehnungen und Abänderungsvorschläge die Mehrheit seiner Mitglieder und nicht nur der abgegebenen Stimmen aufbringen: „Das erfordert eine im Gesetzgebungsverfahren generell wünschenswerte Präsenz der Abgeordneten."[436] Das EP hat außerdem die Möglichkeit, selbst den Erlass eines Gesetzes einzuleiten (Art. 223 Abs. 2, Art. 226 Abs. 3, Art. 228 Abs. 4 AEUV). Dies dient dem Abbau des Demokratiedefizits in der EU.
- der **Rat** – Council. Er besteht aus je einem Vertreter eines jeden Mitgliedstaates auf Ministerebene. Dieser muss für seinen Staat verbindlich handeln und das Stimmrecht ausüben können. Zusammen mit dem EP ist der Rat Gesetzgeber der EU (Art. 14 Abs. 1, Art. 16 Abs. 1 EUV), soweit in den Verträgen nichts anderes festgelegt ist, sind EP und Rat gleichberechtigte Mitgesetzgeber (Art. 289 Abs. 1 AEUV). Die Abstimmungen im Rat sollen nach 2014 nach dem Prinzip der „doppelten Mehrheit" stattfinden (Art. 16 Abs. 5 EUV). Die Datenschutzrichtlinien von 1995

---

[435] Zur Vereinbarung des Europaparlaments mit der Kommission über eigene Gesetzesinitiativen vgl. SZ v. 10.02.2010, S. 7.
[436] Streinz, Europarecht (10. A. 2016), Rn. 556.

und 2002 sind im Verfahren der Mitentscheidung (Art. 294 AEUV, vormals Art. 251 EG) erlassen worden.[437]
- die **Europäische Kommission** – European Commission (im Folgendem Kommission). Sie besteht „ab dem 1. November 2014, einschließlich ihres Präsidenten und des Hohen Vertreters der Union für Außen- und Sicherheitspolitik, aus einer Anzahl von Mitgliedern, die zwei Dritteln der Zahl der Mitgliedstaaten entspricht" (Art. 17 Abs. 5 EUV). Sie wird vom EP bestätigt und kann von ihm zum Rücktritt gezwungen werden. Die Kommission übt ihre Tätigkeit in voller Unabhängigkeit aus (Art. 17 Abs. 3 EUV). Sie hat grundsätzlich das **Vorschlagsrecht für Gesetzgebungsakte** (Art. 17 Abs. 2 EUV; vgl. auch Art. 294 Abs. 1 AEUV). Es war die Kommission, die im Mai 2009 umfangreiche Konsultationen mit dem Rat und dem Parlament einleitete, die zu einem Gesamtkonzept für den Datenschutz in der EU führten.[438]
- der **Gerichtshof der Europäischen Union** – European Court of Justice (EuGH/ECJ) mit Sitz in Luxemburg. Er umfasst den Gerichtshof, das Gericht und Fachgerichte, die die Wahrung des Rechts bei der Auslegung und Anwendung der Verträge sichern (Art. 19 Abs. 1 EUV). Der Gerichtshof besteht aus mindestens einem Richter je Mitgliedstaat und Generalanwälten, die das Gericht unterstützen (Art. 19 Abs. 2 EUV).
- die **Europäische Zentralbank** – European Central Bank (EZB) mit Sitz in Franfurt am Main. Sie hat die Aufgabe, für Preisstabilität im Währungsgebiet des Euro zu sorgen (Art. 11 Abs. 1 AEUV).
- der Europäische **Rechnungshof** – European Court of Auditors.

Einrichtungen *(bodies)* und neue Einrichtungen *(offices)* und Agenturen *(agencies)* der EU sind
- beratende Einrichtungen der EU: **Wirtschaft und Sozialausschuss** (Economic and Social Committee) und **Ausschuss der Regionen** (Committee of Regions)
- der **Hohe Vertreter der Union für Außen- und Sicherheitspolitik** (The High Representative of the Union for Foreign Affairs and Security Policy). Er sitzt dem Rat für Auswärtige Angelegenheiten vor und ist gleichzeitig **Vizepräsident der Kommission.**

---

[437] Vgl. Art. 1 Abs. 1 und EG 10 der RL 95/46/EG (Datenschutzrichtlinie) sowie Art. 1 Abs. 1 und EG 2 der Richtlinie 2002/58/EG über die Verarbeitung personenbezogener Daten und den Schutz der Privatsphäre in der elektronischen Kommunikation (Datenschutzrichtlinie für elektronische Kommunikation), ABl. v. 31.07.2002 L 201, S. 37.
[438] S. unter: http://ec.europa.eu/justice/news/consulting_public/003/summery_replies_en.pdf (letzter Abruf 21.05.2017). Zu den einzelnen Schritten der steinigen Reform vgl. Albrecht/Jotzo, Das neue Datenschutzrecht der EU (2017), S. 40 ff.

Die Rechtsetzungsorgane der Union können nur im Rahmen einer **ausdrücklichen Kompetenzzuweisung** tätig werden. Im Vertrag von Lissabon ist der **Grundsatz der begrenzten Einzelermächtigung** in Art. 5 Abs. 1 S. 1, Abs. 2 EUV verankert worden. Er entspricht der Regelung in Art. 288 Abs. 1 EUV, wonach die Rechtsetzungsorgane in der vorgesehenen Art nur dort tätig werden dürfen, wo die **Verträge** eine Kompetenz der Union begründen. Das Unionsrecht hat prinzipiell Vorrang gegenüber mitgliedstaatlichen Gesetzen.

Der **Anwendungsvorrang** ist eine ungeschriebene Norm des primären Unionsrechts. Er hat zur Folge, dass das Unionsrecht im konkreten Fall vorrangig ist und die nationale Vorschrift unbeachtet bleiben muss.[439] Ein Konflikt, der den Anwendungsvorrang auslöst, kann nur zu einer Regelung in der Unionsordnung bestehen, die **unmittelbar anwendbar** ist.[440] Das bedeutet insbesondere eine Beschränkung des Vorrangs für (noch) unvollständige Unionsverordnungen.[441]

Die Kompetenz der Union zum Erlass der **DS-GVO** beruht auf **Art. 16 Abs. 1 S. 1 AEUV**. Die Norm ermächtigt die Union Rechtsakte im Gesetzesverfahren (Art. 288 AEUV und Art. 294 AEUV) zu erlassen, die dem Schutz natürlicher Personen bei der Verarbeitung personenbezogener Daten durch die Mitgliedstaaten oder dem Schutz des freien Datenverkehrs dienen (Art. 1 Abs. 1 DS-GVO; EG 12). Die Verordnung dient nicht nur der Verwirklichung des digitalen Binnenmarktes (EG 3 und 9), sondern auch dem unmittelbaren Grundrechtsschutz im öffentlichen und privaten Bereich (EG 1, 2 und 4). Insofern unterscheidet sich die Verordnung von der Richtlinie 95/46/EG, nach der der grundrechtliche Datenschutz nur ein Reflex der Binnenmarktharmonisierung war.[442] In der Schlussakte zum Vertrag von Lissabon wurde die Erklärung Nr. 20 zum Schutz personenbezogener Daten im Bereich der justiziellen Zusammenarbeit in Strafsachen und der polizeilichen Zusammenarbeit[443] (PJZS) angefügt. Diese Erklärungen sind als Auslegungshilfen relevant. Für die Gemeinsame Außen- und Sicherheitspolitik (GASP) enthält Art. 39 EUV besondere Bestimmungen. Das heißt: Bei der personenbezogenen Datenverarbeitung im Rahmen des **GASP** ist der **Rat** befugt, erforderliche datenschutzrechtliche Bestimmungen zu erlassen. In allen anderen Fällen ist das EP zusammen mit dem Rat ermächtigt, solche Gesetzesverfahren durchzuführen (Art. 16 Abs. 2 AEUV).

Im Folgenden werden die Rechtsakte der Union näher definiert:
- **Verordnungen** *(regulations)* sind in allen ihren Teilen verbindlich und gelten unmittelbar in jedem Mitgliedstaat. (Art. 288 Abs. 2 S. 1 AEUV) Sie dienen als „Europäische Gesetze" der **Rechtsvereinheitlichung** in den Mitgliedstaaten. Durch

---

439 Kirchhof, NVwZ 2014, 1537; Streinz, in: ders. (Hg.), EUV/AEUV (2. A. 2012), Art. 4 EUV Rn. 35.
440 Streinz, in: ders. (Hg.), EUV/AEUV (2. A. 2012), Art. 4 EUV Rn. 40.
441 Schröder, in: Streinz (Hg.), EUV/AEUV (2. A. 2012), Art. 288 AEUV Rn. 61.
442 Kingreen, in: Calliess/Ruffert (Hg.), EUV/AEUV (5. A. 2016), Art. 16 AUEV Rn. 5.
443 Erklärung Nr. 20 des Vertrags über die Europäische Union und des Vertrags über die Arbeitsweise der Europäischen Union, ABl. v. 30.03.2010 C 83, S. 345.

einheitliche Vorgaben für gleiche wirtschaftliche Bedingungen in der Union will etwa die DS-GVO den Binnenmarkt stärken (EG 3 und 9). Eine Verordnung (wie die DS-GVO) kann allerdings auch Öffnungsklauseln für Spezialregelungen vorsehen, damit besondere verfassungsrechtliche Prinzipien im einzelnen Mitgliedstaat berücksichtigt werden können. Anders als Richtlinien (Art. 288 Abs. 3 AEUV) sind Verordnungen nicht nur hinsichtlich des zu erreichenden Ziels in allen ihren Teilen verbindlich, sondern gelten unmittelbar in jedem Mitgliedstaat (Art. 288 Abs. 2 AEUV), ohne dass es weiterer Umsetzungsakte bedarf. Aus Sicht des EUGH werden daher auch die nationalen Grundrechte im Anwendungsbereich des europäischen Rechts verdrängt.[444]

- **Richtlinien** *(directives)*. Sie müssen in einem bestimmten Zeitraum in nationales Recht umgesetzt werden. Sie sind hinsichtlich des zu erreichenden Ziels für jeden Mitgliedstaat verbindlich. Den innerstaatlichen Stellen wird die Wahl der Form und der Mittel überlassen (Art. 288 Abs. 4 AEUV). Vorrangiges Ziel der RL ist die **Rechtsangleichung** in den Mitgliedstaaten. Im Bereich Polizei und Justiz finden sich nationale verfassungsrechtliche Vorgaben, die angepasst werden müssen. Diese gilt etwa für die spezielle Richtlinie (DSRLJ), die den Bereich der Bekämpfung von Straftaten regelt.
- **Beschlüsse** *(not traditional decisions)* sind in all ihren Teilen für die bestimmten Adressaten, an die sie gerichtet sind, verbindlich. Sie sind im deutschen Recht mit einem Verwaltungsakt vergleichbar.
- **Empfehlungen und Stellungnahmen** *(recommendations and opinions)* sind nicht verbindlich *(soft law)*.

Die EU hat als Völkerrechtssubjekt auch die Möglichkeit, datenschutzrelevante **internationale Übereinkünfte** abzuschließen (Art. 216 Abs. 1 AEUV), die sowohl die EU als auch deren Mitgliedstaaten binden (Art. 216 Abs. 2 AEUV). Davon sind im Bereich der öffentlichen Sicherheit, des Strafrechts und des personenbezogenen Datentransfers Fluggastdaten im Rahmen des **PNR(Passenger-Name-Records)-Abkommens** zwischen der Union und Drittstaaten wie etwa der USA[445], Kanada oder Australien betroffen.[446]

---

[444] Vgl. EuGH v. 10.07.2014, NZA 2014, 1325; BVerfG v. 31.05.2016, NJW 2016, 2247.
[445] Beschluss 2007/551/GASP/JI über die Unterzeichnung – im Namen der Europäischen Union – eines Abkommens zwischen der Europäischen Union und den Vereinigten Staaten von Amerika über die Verarbeitung von Fluggastdatensätzen (Passenger Name Records – PNR) und deren Übermittlung durch die Fluggesellschaften an das United States Department of Homeland Security (DHS) (PNR-Abkommen), ABl. v. 04.08.2007 L 204, S. 16.
[446] Zum EU-System für Fluggastdatensätze vgl. Europäische Kommission v. 28.04.2015 KOM(2015) 185 endg., S. 8.

> **Beispiel**
> Nach den Terroranschlägen von 9/11 bindet die USA Landeerlaubnisse für einfliegende Passagierflugzeuge daran, dass der zuständigen Zollbehörde zuvor ein Zugriff auf die im automatisierten Reservierungssystem der Fluggesellschaften erfassten Passagierdaten (Herkunft, Essensgewohnheiten usw.) erlaubt wird. Entsprechende Abkommen werden zwischen der Union und der USA auf Initiative der Kommission und auf Beschluss des EP und des Rates beschlossen (Art. 16 Abs. 2 AEUV i. V. m. Art. 25 Abs. 1 DSRL von 1995). Darin wird der grenzüberschreitende Transfer personenbezogener Fluggastdaten durch europäische Fluggesellschaften an die USA geregelt.[447] Anders als bei der Vorratsdatenspeicherung handelt es sich nicht um eine Speicher-, sondern um eine Übermittlungspflicht der privaten Unternehmer an einen dezentralen Datenbankverbund. In den Mitgliedstaaten selbst sollen die Daten ausschließlich für die Verhütung, Aufdeckung, Aufklärung und strafrechtliche Verfolgung schwerer Kriminalität einschließlich terroristischer Straftaten gespeichert und ausgewertet und sodann zweckgebunden an dafür zuständige Behörden übermittelt werden.[448]

1.4.3.3 Polizeiliche und justizielle Zusammenarbeit: Insbesondere das Beispiel Schengen und Europol

Auf Unionsebene zeichnet sich zunehmend eine Entwicklung zur Zentralisierung von Sicherheitsaufgaben nicht nur an den Außen-, sondern auch auch an den Innengrenzen ab.[449] Die EU-Einrichtungen und EU-Informationssysteme sammeln und tauschen personenbezogene Daten mit den Mitgliedstaaten, aber auch untereinander aus. Vor allem die EU-Agentur für justizielle Zusammenarbeit „Eurojust" (Art. 85 AEUV) und die EU-Strafverfolgungsagentur „Europol" (Art. 88 AEUV) haben Zugang zu dem Schengen-, dem Visa- und dem Zollinformationssystem.[450] Daten, die für einen bestimmten Zweck gesammelt worden sind, werden somit immer häufiger für andere Zwecke übermittelt und genutzt, ohne angemessene Kontrollen.[451]

Angesichts der zunehmenden Sicherheitsbedrohungen durch schwere grenzüberschreitende Kriminalität und des sich international ausbreitenden Terrors sollen weitere für den Bereich Justiz und Inneres zuständige Behörden wie die EU-Agentur für die operative Zusammenarbeit an den Außengrenzen „Frontex", die Europäische Polizeiakademie „CEPOL", die EU-Agentur für IT-Großsysteme „euLISA" und die Europäische Beratungsstelle für Drogen und Drogensucht „EMCDDA" sowie darüber hinaus zuständige Agenturen miteinander abgestimmt werden. In Grenzregionen bringen die Zentren der Polizei- und Zollzusammenarbeit „ZPZZ" die nationalen Strafverfolgungsbehörden der Mitgliedstaaten in Kontakt.

---

447 Vgl. KOM(2010) 492 endg.
448 Ausführlich zu verfassungsrechtlichen Problemen der PNR-Speicherung Knierim, ZD 2011, 19.
449 Vgl. KOM(2016) 670 end.: „Auf dem Weg zu einer wirksamen und echten Sicherheitsunion – Erster Fortschrittsbericht"; KOM(2016) 732 endg.: „Auf dem Weg zu einer wirksamen und echten Sicherheitsunion – Zweiter Fortschrittsbericht".
450 Vgl. de Buck, ERA Forum 2007, 263.; da Mota, Eucrim 2009, 88.
451 Vgl. Europäischer Datenschutzbeauftragter: EDPS opinion, OJ v. 25.05.2008 C 310, S. 1.

Europol und Schengen waren nur die ersten Anläufe auf dem Weg zu zahlreichen, in ganz unterschiedlichen Bereichen angesiedelten Informationssystemen. Zu **Schengen** wurde das sog. Schengenprotokoll als Bestandteil des EUV ausgearbeitet.[452] Der Schengen-Acquis umreißt den Schengen-Besitzstand. Er bezeichnet die Gesamtheit der auf „Schengen" bezogenen Regelungen, die durch das „Schengen-Protokoll" mit In-Kraft-Treten des Amsterdamer Vertrages in das EU-Primärrecht einbezogen wurden. Er bindet allerdings nicht alle EU-Mitgliedstaaten gleichermaßen. Für das Vereinigte Königreich, Irland und Dänemark gelten Sonderregelungen. In das Protokoll wurden für das Vereinigte Königreich und Irland Bereiche eingefügt, an denen beide Staaten aufgrund eines Opt-out nicht beteiligt sind.

In seiner heutigen Ausgestaltung hat sich das System der Schengen-Regelungen von seinem ursprünglichen Zweck, einen kontrollfreien Grenzverkehr zu ermöglichen, teilweise gelöst. Die „Schlagbäume" abzubauen gehört zwar zu den großen Erfolgen der europäischen Einigung: Nach innen sollte Europa keine Grenzen mehr haben, dafür aber eine gemeinsame Grenze nach außen. Für Flüchtlinge soll dies bedeuten, dass sie nur dort aufgenommen werden können, wo sie zuerst den Boden eines Schengenstaates betreten. Der Druck durch illegale Zuwanderung sowie durch die grenzüberschreitende organisierte Kriminalität hat dazu geführt, dass im Vordergrund der Schengen-Regelungen der Zweck steht, zu Sicherheit und Ordnung in der Union beizutragen. Die Entwicklung zum sicherheitsbehördlichen System wird deutlich am Beispiel des **Schengener Informationssystems** (SIS).[453] Es besteht aus einer umfassenden Datenbank, die der Personen- und Sachfahndung dient. Ihre „Zentrale" befindet sich in Straßburg. Sie hat die Funktion, den Datenbestand in den nationalen Teilen des Systems identisch zu halten. Die Inhalte selbst liegen in den nationalen Teilen des Systems, sodass es sich technisch um ein Verbundsystem mit Sternstruktur handelt. Das SIS wurde Anfang 2015 erweitert, um den Informationsaustausch über mutmaßliche Terroristen zu verbessern. Neben dem SIS sind weitere sicherheitsbehördliche Informationssysteme in Betrieb wie etwa das **Informationssystem für die Betrugsbekämpfung** (AFIS). Der **Prüm**-Rahmen[454] zur Durchführung des Be-

---

[452] Den Inhalt der Regelungen (Schengen-Protokoll, Schengen I, Schengen II, Beitrittsprotokolle und -abkommen sowie eine Reihe von Beschlüssen und Erklärungen) hat der Rat durch den Beschluss 1999/435/EG zur Bestimmung des Schengen-Besitzstands zwecks Festlegung der Rechtsgrundlagen für jede Bestimmung und jeden Beschluss, die diesen Besitzstand bilden, nach Maßgabe der einschlägigen Bestimmungen des Vertrags zur Gründung der Europäischen Gemeinschaft und des Vertrags über die Europäische Union (EG-Schengen-Besitzstands-Beschluss), ABl. v. 10.07.1999 L 176, S. 1, fixiert; vgl. auch Verordnung (EG) Nr. 2424/2001 über die Entwicklung des Schengener Informationssystems der zweiten Generation (SIS II), ABl. v. 13.12.2001 L 328, S. 4.
[453] Verordnung (EG) Nr. 1987/2006 über die Einrichtung, den Betrieb und die Nutzung des Schengener Informationssystems der zweiten Generation (SIS II), ABl. v. 28.12.2006 L 381, S. 4.
[454] Beschluss 2008/615/JI zur Vertiefung der grenzüberschreitenden Zusammenarbeit, insbesondere zur Bekämpfung des Terrorismus und der grenzüberschreitenden Kriminalität, ABl. v. 06.08.2008 L 210, S. 1; Beschluss 2008/616/JI zur Durchführung des Beschlusses 2008/615/JI.

schlusses 2008/615/JI zur Vertiefung der grenzüberschreitenden Zusammenarbeit, insbesondere zur Bekämpfung des Terrorismus und der grenzüberschreitenden Kriminalität, ABl. v. 06.08.2008 L 210, S. 12. ist ein Informationsaustauschinstrument, das den Abgleich von DNA-Profilen, Fingerabdruckdaten und Kraftfahrzeugzulassungsdaten zur Aufdeckung von Straftaten vorsieht.

Rechtsgrundlage für die Tätigkeit des Europäischen Polizeiamtes ist das Europol-Übereinkommen vom 26. Juli 1995.[455] Das Amt hat keine exekutiven Befugnisse auf den Gebieten der Strafverfolgung oder der Gefahrenabwehr (Art. 88 Abs 1 AEUV).[456] Es darf „operative Maßnahmen nur in Verbindung und in Absprache mit den Behörden der Mitgliedstaaten ergreifen, deren Hoheitsgebiet betroffen ist. Die Anwendung der Zwangsmaßnahmen bleibt ausschließlich den zuständigen einzelstaatlichen Behörden vorbehalten" (Art. 88 Abs. 3 AEUV).

Aufbau und Aufgaben von Europol werden im Rahmen des ordentlichen Gesetzgebungsverfahrens von EP und Rat durch Verordnungen festgelegt (Art. 88 Abs. 2 AEUV).[457] Dazu gehören insbesondere auch die datenschutzrelevanten Bereiche der Erfassung und Analysen von Informationen und Erkenntnissen, die von den Behörden der Mitgliedstaaten oder Drittländern übermittelt werden (Art. 88 Abs. 2 lit. a AEUV). Nach Einschätzung der Kommission ist ein besserer Informationsaustausch und ein stärkerer Schutz der Außengrenzen bei der Terrorismusbekämpfung durch eine Stärkung von Einrichtungen bei Europol erforderlich.[458]

Gemeinsame Vorschriften für den **Datenschutz** im Rahmen der DS-GVO und insbesondere der DSRLJ sollen es den Strafverfolgungs- und Justizbehörden ermöglichen, erfolgreicher auch im Bereich der Bekämpfung von Straftaten zusammenzuarbeiten. Ihre Bestimmungen orientieren sich weitgehend an denen der DS-GVO, v. a. im Hinblick auf die Grundsätze, Begriffsbestimmungen und individuellen Rechte. Nach der DS-GVO (Art. 2 Abs. 2 lit. d) ist die Datenverarbeitung durch die zuständigen Behörden zum Zweck der Verhütung, Ermittlung, Aufdeckung oder Verfolgung von Straftaten oder Strafvollstreckung, einschließlich des Schutzes vor und der Abwehr von Gefahren für die öffentliche Sicherheit vom Anwendungsbereich der DS-GVO ausgenommen. Sie fällt in den Anwendungsbereich der DSRLJ (Art. 1 Abs. 1). Daneben sind im Bereich der polizeilichen und justiziellen Zusammenarbeit folgende EU-Rechtsakte zu beachten:

---

[455] S. a. Rechtsakt 95/C316/01 über die Fertigstellung des Übereinkommens über die Errichtung eines Europäischen Polizeiamts (Europol-Übereinkommen), ABl. v. 27.11.1995 C 316, S. 1.
[456] Petri, Grenzüberschreitende polizeiliche Tätigkeit in Europa (2001), S. 209.
[457] Verordnung (EU) 2016/794 über die Agentur der Europäischen Union für die Zusammenarbeit auf dem Gebiet der Strafverfolgung (Europol) und zur Ersetzung und Aufhebung der Beschlüsse 2009/371/JI, 2009/934/JI, 2009/935/JI, 2009/936/JI und 2009/968/JI des Rates (Europol-Verordnung), ABl. v. 24.05.2016 L 135, S. 53.
[458] Zu den Zentren von Europol zur Terrorismusbekämpfung, zur Bekämpfung der Migrantenschleusung, zur Bekämpfung der Cyberkriminalität vgl. KOM(2016) 602 endg., S. 14.

- die Richtlinien über die Verarbeitung von Passenger Name Records und die Europäische Ermittlungsanordnung[459]
- die Rechtsgrundlagen für Europol, Eurojust und Frontex
- die Rechtsgrundlagen für besondere Datenverarbeitungs- und Datenschutzbestimmungen für die Informationssysteme Ecris, Eurodac, SiS, CIS und VIS
- die sektorspezifischen Regelungen im Rahmen des Prüm-Abkommens zum Datenabgleich zwischen Informationssystemen beim Grenzschutz

Im Rahmen der EU-Datenschutz-Reform sind diese und weitere bereichsspezifische Rechtsakte in Überarbeitung.

1.5 Dimensionen der Privatheit und des Datenschutzes in Deutschland

Das Wort „Datenschutz" wird im deutschen Grundgesetz zwar nicht ausdrücklich verwandt. Dennoch ist es grundrechtlich fest im allgemeinen Persönlichkeitsrecht (Art. 2 Abs. 1 i. V. m. Art. 1 Abs. 1 GG) verankert, das durch zahlreiche weitere Grundrechte konkretisiert wird. Eine ausdrückliche grundrechtliche Gewährleistung des Datenschutzes findet sich dagegen in der GRCh (Art. 8).

Das **allgemeine Persönlichkeitsrecht** hat seine materielle Wurzel im Recht auf **freie Entfaltung der Persönlichkeit** (Art. 2 Abs. 1 GG). Eine zentrale Bedeutung kommt dabei der Vorstellung von „autonomer Freiheit" zu. Sie wird letztlich nicht von der Handlung, sondern vom handelnden Menschen und seinen menschenspezifischen Eigenschaften her verstanden.[460] Geht man diesem Gedanken auf den Grund, so führt er zum Recht auf Privatheit, wie es in der EMRK (Art. 8) und fast wortgleich in der GRCh (Art. 7) formuliert ist. In beiden Fassungen wird das Recht auf Privatheit insgesamt unter Hervorhebung einzelner Aspekte „Privatleben, Familienleben, Wohnung und Kommunikation" geschützt.[461] Das Recht soll dem Einzelnen die Chance geben, sich selbst zu entfalten. Im Zentrum der Überlegung steht dabei nicht nur der innere Prozess der Selbstfindung einer Person. Die Entwicklung der Persönlichkeit ist auch ein kommunikativer Vorgang. Je genauer die Vorstellungen sind, die sich andere von der eigenen Person machen, desto schwieriger kann es sein, dem Anderen ein abweichendes eigenes Selbstbildnis entgegenzuhalten.

Schäden, die Diffamierungen, Diskriminierungen und unberechtigte Verletzungen der Privatheit anrichten, können so gravierend sein, dass sie das Leben der be-

---

[459] Richtlinie 2014/41/EU über die Europäische Ermittlungsanordnung in Strafsachen (EEA), ABl. v. 01.05.2014 L 130, S. 1.
[460] Zum grundrechtlichen Freiheitsverständnis Britz, Freie Entfaltung durch Selbstdarstellung (2007), S. 7 ff.; s. a. Luhmann, Grundrechte als Institution (4. A. 1999), S. 78.
[461] Gersdorf, in: Gersdorf/Paal (Hg.), Informations- und Medienrecht (2014), Art. 7 GRCh Rn. 8.

troffenen Person zerstören. Grundrechtliche **Diskriminierungsverbote** knüpfen daher an spezifische Gefährdungslagen an (vgl. Art. 14 EMRK, Art. 21 Abs. 1 GRCh, Art. 3 Abs. 3 GG), die besondere Merkmale (Geschlecht, genetische und biometrische Merkmale, Weltanschauung, Religion, sexuelle Abweichung, ethnische Herkunft usw.) mit sich bringen können.[462] Die Merkmale können eine Anzahl von Stereotypen vermitteln und dadurch den Blick auf die eigentliche Person versperren. Dies kann schon durch die Verknüpfung eines einzelnen Datums mit Merkmalen und Tätigkeiten anderer bzw. von Gruppen geschehen. Hier wird bereits deutlich, warum der Persönlichkeitsschutz im Datenschutz der EU durch Diskriminierungsverbote als erforderliches Mittel zum Schutz gegen abwertende Fremdbilder ergänzt worden ist.[463] Darüber hinaus ist die Entfaltung der Person auch durch die Verhinderung „richtiger" Fremdbilder erforderlich. Der Einzelne muss grundsätzlich über Strategien des Zeigens und Verbergens verfügen, um seine Privatheit schützen zu können.[464] Die Anerkennung einer Privatrechtswirkung der Grundrechte (mittelbare Drittwirkung) ist darum eine notwendige Konsequenz aus der Rückführung des Privatheit- bzw. Datenschutzes und der Diskriminierungsverbote auf das Schutzziel des allgemeinen Persönlichkeitsrechts.[465] Das allgemeine Persönlichkeitsrecht „schützt Elemente der Persönlichkeit, die nicht Gegenstand besonderer Freiheitsgarantien sind, aber diesen in ihrer konstituierenden Bedeutung für die Persönlichkeit nicht nachstehen [...]".[466] Die hier relevanten Grundrechte werden genauer bestimmt.

1.5.1 Welche Grundrechte gewährleisten den Datenschutz?

Nach herrschender Grundrechtsdogmatik gewährleistet das Grundgesetz zunächst durch spezielle Grundrechte den Schutz des Persönlichkeitsrechts in besonderen Situationen.

Beispiel
Das Brief-, das Post- und das Fernmeldegeheimnis werden in Art. 10 Abs. 1 GG gewährleistet. Diese Grundrechte schützen die Vertraulichkeit von Kommunikationsverhältnissen, in denen die Kommunikationspartner aufgrund der Kommunikationsweise auf Dritte (Post, Telekommunikationsanbieter usw.) angewiesen sind. Die Unverletzlichkeit der Wohnung wird durch Art. 13 GG garantiert. Sie schützt die Wohnung als Inbegriff all jener Räumlichkeiten, denen eine besondere Privatsphäre anhaftet.

---

462 S. etwa BVerfG v. 04.04.2006, BVerfGE 115, 320, 242; Tinnefeld, Überleben in Freiräumen. 12 Denk-Stücke (2018), S. 20, 26, 28, 42, 57.
463 Vgl. Art. 9 DS-GVO zur Verarbeitung „besonderer Kategorien personenbezogener Daten".
464 Suhr, Entfaltung der Menschen durch die Menschen (1976), S. 96.
465 Vgl. zum Rahmen und zur Herleitung des Antidiskriminierungsrechts Somek, Rechtliches Wissen (2006), S. 225.
466 Vgl. nur BVerfG v. 10.11.1998, BVerfGE 99, 185. 193.

Die ausdrücklich im Grundgesetz benannten Grundrechte werden durch das allgemeine Persönlichkeitsrecht als „unbenanntes" Freiheitsrecht ergänzt. Für alle Fälle eines fehlenden speziellen Grundrechtsschutzes sollte die allgemeine Handlungsfreiheit als „Auffangtatbestand" bereitstehen (Art. 2 Abs. 1 GG),[467] allerdings mit dem einschränkenden Zusatz, dass der Bürger sich nicht auf sie berufen dürfe, wenn sein umstrittenes Tun im Kernbereich eines speziellen Grundrechts liege und dessen Verletzung abgelehnt werde. Die so eingeleitete Heranziehung der allgemeinen Handlungsfreiheit diente als Wegbereiter für die grundrechtliche Ausformung des „allgemeinen Persönlichkeitsrechts".[468] Nach Feststellungen des Bundesverfassungsgerichts ist es Aufgabe dieses Rechts „im Sinne des obersten Konstitutionsprinzips der ‚Würde des Menschen' (Art. 1 Abs. 1 GG) die engere persönliche Lebenssphäre und die Erhaltung ihrer Grundbedingungen zu gewährleisten, die sich durch die traditionellen konkreten Freiheitsgarantien nicht abschließend erfassen lassen; diese Notwendigkeit besteht namentlich auch im Blick auf moderne Entwicklungen und die mit ihnen verbundenen neuen Gefährdungen für den Schutz der menschlichen Persönlichkeit."[469] Das allgemeine Persönlichkeitsrecht ist folglich **entwicklungsoffen**.

Wenn die eigentliche Funktion der Grundrechte darin besteht, Menschen wirksam vor unangemessenen Beschränkungen ihrer Freiheit zu schützen, dann müssen Grundrechte Antworten auf neue Gefährdungen der individuellen Freiheit geben können.[470] Treten durch den zunehmenden Einsatz der modernen Informationstechnologie – etwa durch Erscheinungsformen der Sozialen Netzwerke – neue Gefährdungen der Freiheit zutage, dann ergeben sich im Zusammenhang mit dem dynamischen Verständnis des allgemeinen Persönlichkeitsrechts **neue Schutzdimensionen**.

Wie die Rechtsprechung des BVerfG und der Fachgerichte zeigt, weist das allgemeine Persönlichkeitsrecht große Verwandtschaft zu anderen grundrechtlichen Garantien auf, die ebenfalls dem Schutz des Persönlichkeitsrechts dienen.[471] So liegen den sonstigen Grundrechtsverbürgungen aus Art. 2 Abs. 1, Art. 1 Abs. 1 GG und den spezielleren persönlichkeitsrechtsgeprägten Vorschriften z. B. aus Art. 10 Abs. 1 GG und Art. 13 Abs. 1 GG weitgehend vergleichbare Schutzgedanken zugrunde. Gemäß der höchstrichterlichen und verfassungsgerichtlichen Rechtsprechung sind deshalb die aus ihnen folgenden Grundsätze einheitlich zu behandeln, soweit nicht die besonderen Schutzwirkungen der Spezialgewährleistungen etwas anderes verlangen.[472] Nachfolgend sollen die grundrechtlichen Gewährleistungen aus Art. 13 Abs. 1 GG, Art. 10 Abs. 1 GG und weitere wichtige Ausprägungen des allgemeinen Persönlichkeitsrechts erläutert werden.

---

467 Smend, Das Recht der freien Meinungsäußerung, VVDStRL 4 (1928), S. 44.
468 Jarrass, NJW 1989, 857.
469 BVerfG v. 03.06.1980, BVerfGE 54, 148, 153.
470 Zu dem Problem vgl. Petri, KJ 2004, 201, 204.
471 Ähnlich wie hier Tinnefeld, in: Lamnek/Tinnefeld (Hg.), Zeit und kommunikative Rechtskultur in Europa (2000), S. 47 f.
472 Vgl. BVerfG v. 04.04.2006, BVerfGE 115, 320, 347.

1.5.1.1 Unverletzlichkeit der Wohnung

„Niemand soll eigenmächtiger und ungesetzlicher Einmischung in seine Privatheit, Wohnung oder Kommunikation unterworfen werden."[473] Die Garantie der Unverletzlichkeit der Wohnung aus Art. 13 Abs. 1 GG bewahrt daher dem Einzelnen einen elementaren Lebensraum, der als reale Bedingung der Persönlichkeitsentfaltung in besonderem Maß geeignet ist.[474] Dort hat jedermann das Recht, in Ruhe gelassen zu werden.[475] Der Mensch benötigt solche privaten Rückzugsräume, damit er wenigstens zeitweise unbehelligt zu sich selbst kommen kann. Die grundrechtliche Gewährleistung umfasst auch den Schutz der räumlichen Privatsphäre vor technisch unterstützten Überwachungsmaßnahmen, selbst wenn sie von außerhalb der Wohnung eingesetzt werden.[476]

Beispiel
Bei der akustischen Wohnraumüberwachung (sog. „Großer Lauschangriff") setzen Sicherheitsbehörden technische Mittel ein, um Gespräche innerhalb von Wohnräumen abzuhören und aufzuzeichnen. Die Maßnahme stellt einen schwerwiegenden Eingriff in das Grundrecht auf Unverletzlichkeit der Wohnung dar. Immer dann, wenn erkennbar „höchstpersönliche Gespräche" in Räumen geführt werden, ist von einem absoluten Schutz auszugehen. Nach den Ausführungen des BVerfG ist „ein gewichtiger Anhaltspunkt für die Menschenwürderelevanz des Gesprächsinhalts [...] die Anwesenheit von Personen des höchstpersönlichen Vertrauens. Ehe und Familie haben eine besondere Bedeutung. Nichts anderes gilt für das Gespräch mit anderen engsten Familienangehörigen." Zum „Kernbereich privater Lebensgestaltung" können auch Gespräche mit dem Strafverteidiger oder dem Arzt gehören.[477]

Die Garantie der Unverletzlichkeit der Wohnung erstreckt sich auf den (digitalisierten) Informations- und Datenverarbeitungsprozess, der sich an die Erhebung anschließt.[478] Werden erlangte Kenntnisse gespeichert und weiter genutzt, ist dieser Umgang mit personenbezogenen Daten auch an dem Grundrecht aus Art. 13 GG zu messen.[479]

---

473 Baum/Hirsch/Leutheusser-Schnarrenberger, DuD 2017, 337, 338.
474 Dazu Westin, Privacy and Freedom (1970), S. 36 f., der den Wert der räumlichen Abgeschiedenheit für die Begründung der Privatheit betont.
475 So bereits BVerfG v. 03.04.1979, BVerfGE 51, 97, 107; BVerfG v. 20.02.2001, BVerfGE 103, 142, 150 f.; zum „right to be let alone" als Gegenstand des Schutzes der Privatheit vgl. Warren/Brandeis, The Right to Privacy, in: Harv. L. Rev. (1890), Vol. 4, No. 5, S. 193.
476 Vgl. BVerfG v. 03.03.2004, BVerfGE 109, 279, 309.
477 BVerfG v. 03.03.2004, BVerfGE 109, 279, 322 f., in Bezug auf das Arztgespräch unter Verweis auf BVerfG v. 08.03.1972, BVerfGE 32, 373, 379.
478 Zur grundrechtlichen Bewertung von erhobenen Nutzerdaten im Smart-Grid, die aus der räumlichen (häuslichen) Sphäre stammen vgl. Hornung/Fuchs, DuD 2012, 22, 23.
479 Vgl. BVerfG v. 03.03.2004, BVerfGE 109, 279, 326 unter Verweis auf BVerfG v. 14.07.1999, BVerfGE 100, 313, 359.

> **Beispiel**
> Der Ermittlungsdienst eines Sozialamtes will mit einem unangekündigten Hausbesuch die Wohnverhältnisse eines Sozialleistungsempfängers prüfen. Jedenfalls die Durchführung eines unangekündigten Hausbesuchs ist datenschutzrechtlich unzulässig. Eine ausdrückliche gesetzliche Grundlage für die Durchführung von Hausbesuchen gibt es nicht.[480] Verweigert die aufgesuchte Person den Zutritt, darf diese Entscheidung regelmäßig nicht als Verletzung der Mitwirkungspflicht bei der Aufklärung des Sachverhalts ausgelegt werden.

Als Wohnungsinhaber gilt jeder Bewohner oder Inhaber einer Wohnung, unabhängig davon, ob er als Eigentümer oder Mieter den Wohnraum nutzt.[481] Der Begriff der Wohnung umfasst die Stätte privaten Lebens und Wirkens. Mit dieser Funktion ist notwendig ein Mindestmaß an gewollter räumlicher Abschottung nach außen verbunden.

> **Beispiel**
> Neben den typischen Wohnräumen zählen auch abgegrenzte Nebenräume wie Keller, Garagen und Terrassen zur grundrechtlich geschützten Wohnung. Gleiches gilt für Räume, die nur vorübergehend zu Wohnzwecken dienen, beispielsweise Krankenhauszimmer.[482] Unter diesen Bedingungen sind auch Betriebs- und Geschäftsräume geschützt.[483] Dazu gehört der umfriedete Hof oder Garten.[484] Sie werden unter bestimmten Voraussetzungen vom Schutzbereich des Art. 13 GG miterfasst.[485]

1.5.1.2 Fernmeldegeheimnis

Das Fernmeldegeheimnis aus Art. 10 Abs. 1 GG garantiert den **Schutz des Kommunikationsinhalts und der Kommunikationsumstände** hinsichtlich aller mittels Fernmeldetechnik ausgetauschten Informationen, also auch das Wissen, „ob, wann, wie oft und zwischen welchen Personen Telekommunikation stattgefunden hat oder versucht worden ist",[486] also wer mit wem per Telefon, Handy oder E-Mail eine Verbindung versucht oder aufgenommen hat. Damit fallen auch die näheren Umstände einer Kommunikation, die **Verkehrsdaten** unter den Schutz des TK-Geheimnisses. Jede Art der TK-Überwachung (TKÜ) ist ein **Eingriff in das Fernmeldegeheimnis**.

---

480 Die Frage der Zulässigkeit von unangekündigten Hausbesuchen ist streitig. Wie hier Sozialgericht Lübeck v. 14.02.2008, Az.: S 27 AS 106/08 ER.
481 Vgl. BVerfG v. 03.03.2004, BVerfGE 109, 279, 326.
482 Vgl. BGH v. 10.08.2005, RDV 2005, 266; für Haftraum eines Strafgefangenen noch verneinend Sächs.VerfGH v. 27.07.1995, NJW 1995, 2980.
483 Vgl. BVerfG v. 14.01.2005, NJW 2005, 1707.
484 Vgl. zum uralten Schutz der räumlichen Privatheit in Gärten, Tinnefeld, Überleben in Freiräumen. 12 Denk-Stücke (2018)
485 Vgl. z. B. die Legaldefinition in Art. 23 Abs. 1 S. 2 BayPAG.
486 Vgl. BVerfG v. 02.03.2006, BVerfGE 115, 166; s. a. BVerfG v. 20.06.1984, BVerfGE 67, 157, 127; BVerfG v. 10.03.1992, BVerfGE 85, 366, 396; BVerfG v. 12.03.2003, BVerfGE 107, 299, 312; BVerfG v. 14.07.1999, BVerfGE 100, 313, 358.

Die TKÜ gehört nach der Postkontrolle zu den ältesten heimlichen Überwachungsmethoden der Sicherheitsbehörden. Die öffentliche Aufmerksamkeit gegenüber der TKÜ nimmt nicht nur aufgrund ihrer Bedeutung in einem national und international vernetzten Kommunikationsmarkt zu. Sie löst auch hinsichtlich ihrer rechtlichen Begrenzung heftige politische Kontroversen anlässlich zunehmender Maßnahmen der Terrorbekämpfung aus. Grund für die Debatten ist die besondere Sensibilität dieser Überwachungsmethode, die
- unter Mitwirkung des Diensteanbieters gegenüber dem Betroffenen heimlich durchgeführt wird,
- mit einer erheblichen Streubreite das soziale Umfeld der Zielperson einbezieht und
- sich auch auf völlig unverdächtige Kommunikationsteilnehmer erstreckt.

Das BVerfG hat unter ausdrücklicher Bezugnahme auf das Volkszählungsurteil darauf hingewiesen, dass die durch Art. 10 GG zu sichernde freie Kommunikation gefährdet ist, wenn der Staat Kenntnisse aus einer TKÜ verwertet.[487] Deshalb wird der Schutz des Fernmeldegeheimnisses auch auf den Informations- und Datenverarbeitungsprozess erstreckt, der sich an das Abhören und die Kenntnisnahme von geschützten Kommunikationsvorgängen anschließt und die erlangten Kenntnisse weiterverwendet.[488]

Beispiel
Die Strafverfolgungsbehörden haben ein Telefongespräch aufgezeichnet. Die weitere Speicherung der aufgezeichneten Daten in einer polizeilichen Datenbank ist an Art. 10 GG zu messen.

Nach der Rechtsprechung des BVerfG schützt das Fernmeldegeheimnis die private Fernkommunikation. Der Schutz beziehe sich nur auf den **Übertragungsvorgang**. Er ende in dem Moment, in dem eine Nachricht bei dem Empfänger angekommen, der Übertragungsvorgang mithin beendet sei. Die an diesen Vorgang anschließende Speicherung von Daten unterscheide sich nicht mehr von Daten, die der Nutzer selbst angelegt habe.[489]

Beispiel
Die Bundesanstalt für Finanzdienstleistungen (BAFin) hat einen Hinweis erhalten, dass bestimmte Mitarbeiter eines Kreditinstituts gegen das Verbot des Wertpapier-Insiderhandels verstoßen. Deshalb verlangt die BAFin, dass das Kreditinstitut alle E-Mails der namentlich bezeichneten Mitarbeiter innerhalb eines bestimmten Zeitraums herausgibt. Das Kreditinstitut macht geltend, es müsse dann auf die Mail-Accounts seiner Mitarbeiter zugreifen, was das Fernmeldegeheimnis verbiete. Das Fernmeldege-

---

487 Vgl. BVerfG v. 15.12.1983, BVerfGE 65, 1, 42 f.; BVerfG v. 05.07.1995, BVerfGE 93, 181, 188.
488 So z. B. BVerfG v. 03.03.2004, BVerfGE 110, 33, 68 f. unter Bezugnahme auf BVerfG v. 15.12.1983, BVerfGE 65, 1, 42 f.
489 Vgl. BVerfG v. 02.03.2006, BVerfGE 115, 166, 184.

heimnis schützt jedoch keine Daten, die auf dem Arbeitsplatzrechner der betroffenen Beschäftigten abgespeichert sind.

Beispiel
Die Mailbox eines Chefredakteurs zeichnet die Nachricht eines bekannten Politikers oder eines Staatsoberhaupts auf. Das TK-Geheimnis schützt nur gegen Eingriffe in die Nachrichtenübermittlung, nicht aber gegen eine Veröffentlichung durch den Gesprächspartner. Hier kann das allgemeine Persönlichkeitsrecht greifen, das allerdings nur einen eingeschränkten Schutz des Betroffenen gegenüber der Presse gewährt.

Wird insoweit der Schutz durch das Fernmeldegeheimnis verneint, dann kann gleichwohl das allgemeine Persönlichkeitsrecht einer Veröffentlichung oder der weiteren Verwendung der Daten entgegenstehen. In seiner Ergänzungsfunktion zum Fernmeldegeheimnis kann schließlich der Datenschutz die Schutzlücke ausfüllen.[490]

Für große **politische Aufmerksamkeit** sorgt europaweit die **Vorratsdatenspeicherung** im Kontext der TKÜ.[491]

Rückblick
Die Richtlinie 2006/24/EG des Europäischen Parlaments und des Rates vom 15. März 2006[492] sah vor, dass die Mitgliedstaaten der EU alle Unternehmen, die öffentlich zugängliche Telekommunikationsdienstleistungen anbieten, zu einer mindestens sechsmonatigen Speicherung von Verkehrsdaten verpflichten. Erfasst werden sollen dabei Daten, die insbesondere Auskunft geben:
- über die an einer Telekommunikationsverbindung beteiligten Anschlüsse,
- über die Zeit, zu der eine Telekommunikation stattgefunden hat,
- über die Orte, von denen aus kommuniziert worden ist.

Mit seinem Urteil vom 8. April 2014 hat der EuGH die Richtlinie für ungültig erklärt.[493]

Nach dieser Regelung waren Überwachungsmaßnahmen nicht nur gegen Beschuldigte oder Kontaktpersonen zulässig, wenn bestimmte Tatsachen den Verdacht der Begehung einer Straftat begründen. Davon sind auch TK-Daten aus besonderen Vertrauensverhältnissen betroffen (z. B. Anwalts- und Arztberatungen, der Schutz journalistischer Quellen).

Das BVerfG hat in seinem Urteil von 2010 zwar die deutschen Regelungen zur Umsetzung der Richtlinie 2006/24/EG für grundrechtswidrig erklärt. Allerdings soll die

---

490 Vgl. BVerfG v. 02.03.2006, BVerfGE 115, 166, 187.
491 BVerfG v. 02.03.2010, BVerfGE 125, 260.
492 Richtlinie 2006/24/EG über die Vorratsspeicherung von Daten, die bei der Bereitstellung öffentlich zugänglicher elektronischer Kommunikationsdienste oder öffentlicher Kommunikationsnetze erzeugt oder verarbeitet werden, und zur Änderung der Richtlinie 2002/58/EG (Vorratsdatenspeicherungs-Richtlinie), ABl. v. 13.04.2006 L 105, S. 54.
493 EuGH v. 08.04.2014, DuD 2014, 488 – Digital Rights/Ireland.

Pflicht zu einer anlasslosen, also verdachtsfreien sechsmonatigen Erfassung von Verkehrsdaten nicht schlechthin unvereinbar mit Art. 10 Abs. 1 GG sein. Der Grundsatz der Verhältnismäßigkeit verlange jedoch, dass die gesetzliche Ausgestaltung einer solchen Datenerfassung „dem besonderen Gewicht des mit der Speicherung verbundenen Grundrechtseingriffs angemessen Rechnung trägt. Erforderlich sind hinreichend anspruchsvolle und normenklare Regelungen hinsichtlich der Datensicherheit, der Datenverwendung, der Transparenz und des Rechtsschutzes".[494] Das Gericht hat damit allerdings nur die Bedingungen für eine Vorratsdatenspeicherung erschwert.

Ende 2016 hat der EuGH sodann aufgrund gerichtlicher Anträge aus dem Vereinigten Königreich und aus Schweden entschieden, dass eine anlasslose Vorratsdatenspeicherung grundsätzlich unzulässig ist. Sie kommt nur in Fällen konkreter schwerer Bedrohungen in Betracht.[495] Da ein nationaler Gesetzgeber in den Mitgliedstaaten kein gegen das Unionsrecht verstoßendes Recht setzen darf,[496] ist er ggf. verpflichtet, widersprechende Regelungen aufzuheben.

1.5.1.3 Allgemeines Persönlichkeitsrecht

Begriff und Konzept des allgemeinen Persönlichkeitsrechts haben Ende des 19. Jahrhunderts ihre erste Ausprägung erhalten. Von besonderer Bedeutung ist in der Folgezeit die Rechtsprechung des Bundesgerichtshofs (BGH), der 1954 in seiner Leserbrief-Entscheidung[497] das allgemeine Persönlichkeitsrecht nicht nur gegenüber dem Urheberpersönlichkeitsrecht, sondern als ein i. S. v. § 823 Abs. 1 BGB gegen jedermann wirkendes Freiheitsrecht anerkannt hat.[498] Die weitere Entwicklung des Persönlichkeitsschutzes in Deutschland ist deutlich vom Gedanken des Schutzbereichs der Privatsphäre geprägt, wie er von Samuel D. Warren und Louis D. Brandeis bereits 1890 umrissen worden ist.[499] Das BVerfG weitete den Schutz aus und leitete aus dem verfassungsrechtlichen Persönlichkeitsschutz den Anspruch des Einzelnen auf Respektierung eines privaten Lebensbereichs ab.

Im Zusammenhang mit der Verarbeitung personenbezogener Daten hat das BVerfG am 15. Dezember 1983 in seinem berühmten Volkszählungsurteil das **Recht auf informationelle Selbstbestimmung** als „Grundrecht auf Datenschutz" geprägt.[500] Das Gericht hat dieses Recht aus dem allgemeinen Persönlichkeitsrecht abgeleitet und sich bei der Bestimmung des Schutzbereichs auf eine Reihe von Entscheidungen

---

494 BVerfG v. 02.03.2010, BVerfGE 125, 260, 261.
495 EuGH v. 21.12.2016, DuD 2017, 187.
496 Ehlers, in: Schulze/Zuleeg/Kadelbach (Hg.), Europarecht (3. A. 2015), § 11 Rn. 54.
497 BGH v. 25.05.1954, NJW 1954, 1404.
498 Zum zivilrechtlichen Persönlichkeitsschutz vgl. Hubmann, Das Persönlichkeitsrecht (2. A. 1967), S. 5 f.
499 Warren/Brandeis, The Right to Privacy, in: Harv. L. Rev. (1890), Vol. 4, No. 5, S. 193; s. a. Kap. 1.2.3.
500 BVerfG v. 15.12.1983, BVerfGE 65, 1; s. a. Kap. 1.4.

zum allgemeinen Persönlichkeitsrecht berufen. Zu nennen ist u. a. die „Arztkartei-Entscheidung" aus dem Jahr 1972. Danach betreffen ärztliche Karteikarten „mit ihren Angaben über Anamnese, Diagnose und therapeutische Maßnahmen zwar nicht die unantastbare Intimsphäre, wohl aber den privaten Bereich des Patienten".[501] Beachtenswert ist dabei die sinngemäße Feststellung, dass es nicht allein darauf ankommt, ob die Aufzeichnungen in den Karteien besondere Informationen enthalten. Vielmehr verdient ganz allgemein der Wille des Einzelnen Achtung, höchstpersönliche Dinge wie die Beurteilung seines Gesundheitszustandes durch einen Arzt vor fremdem Einblick zu bewahren.[502] In diesem Zusammenhang spielt auch die **Vertraulichkeit eines Kommunikationsverhältnisses** als solches eine Rolle. Sie wird im Verhältnis Arzt-Patient durch das Patientengeheimnis auch strafrechtlich geschützt (§ 203 Abs. 1 Nr. 1 StGB).

Beispiel
Die Diagnose eines Arztes, dass ein Patient kerngesund sei, ist nur bei isolierter Betrachtung wenig risikoträchtig. Gleichwohl ist das Vertrauensverhältnis zwischen Arzt und Patient von besonderer Qualität und genießt eine große Schutzwürdigkeit. Für überwiegende Belange des Gemeinwohls sind zwar Ausnahmen zugelassen. Das Interesse an der Aufklärung einer Straftat rechtfertigt jedoch nicht generell den staatlichen Datenzugriff.[503]

Gesundheitsbezogene Informationen können für den Betroffenen immer gravierende Auswirkungen entfalten. Man könnte das genannte Beispiel etwa dahingehend fortentwickeln, dass der Patient sich zuvor unwohl gefühlt und bei seinem Arbeitgeber krank gemeldet hat. Spätestens dann, wenn der Betroffene in der Vergangenheit wiederholt krankheitsbedingt gefehlt hatte, liegen Rückschlüsse nahe („krankfeiern"), die objektiv betrachtet möglicherweise unrichtig sind. Es ist daher folgerichtig, dass das BVerfG seine Rechtsprechung zum gesteigerten Schutz von besonderen Vertrauensverhältnissen in der Suchtberatungsstellen-Entscheidung bestätigt hat.[504] In Bezug auf die Rechtfertigung von Eingriffen hat es die Strafverfolgungsbehörden auf die strenge Beachtung des **Verhältnismäßigkeitsprinzips** verpflichtet.[505]

Im Zusammenhang mit dem Recht des Einzelnen auf freie Entfaltung durch **Selbstdarstellung in der Öffentlichkeit** ist die Lebach-Entscheidung hervorzuhe-

---

[501] Das BVerfG kennzeichnet den absolut geschützten Bereich des allgemeinen Persönlichkeitsrechts nicht mit einem einzigen Begriff. Verwendet werden Begriffe wie „unantastbarer Bereich privater Lebensgestaltung" (z. B. BVerfG v. 16.07.1969, BVerfGE 27, 1, 6), „innerster Lebensbereich" (BVerfG v. 16.07.1969, BVerfGE 27, 1, 7) sowie „unantastbare Intimsphäre" (vgl. BVerfG v. 08.03.1972, BVerfGE 32, 373, 379).
[502] BVerfG v. 08.03.1972, BVerfGE 32, 373, 380 mit Hinweis auf BGH v. 02.04.1957, NJW 1957, 1146.
[503] BVerfG v. 08.03.1972, BVerfGE 32, 373, 381.
[504] Vgl. BVerfG v. 24.05.1977, BVerfGE 44, 353, 372 f.
[505] Vgl. BVerfG v. 24.05.1977, BVerfGE 44, 353, 373.

ben.[506] Danach kann das Informationsinteresse der Öffentlichkeit an der aktuellen Presse-Berichterstattung über schwere Straftaten Vorrang gegenüber dem Persönlichkeitsschutz des Straftäters haben. Dabei ist jedoch der unantastbare innerste Lebensbereich zu achten und ggf. der Grundsatz der Verhältnismäßigkeit zu prüfen. Die Herstellung von Transparenz durch Namensnennung, Abbildungen oder sonstige Identifikation des Täters ist nach diesen Maßstäben nicht immer zulässig.

Beispiel
Die Staatsanwaltschaft veröffentlicht eine Pressemitteilung, wonach sie eine bekannte Popsängerin verhaftet habe. Sie stehe im Verdacht, mindestens einen Mann bei ungeschütztem Geschlechtsverkehr mit dem HIV-Erreger infiziert zu haben, obwohl sie von ihrer eigenen Infektion gewusst habe. Eine solche Pressemitteilung stellt einen schwerwiegenden Eingriff in das Persönlichkeitsrecht der Sängerin dar. Auch wenn man bei der Verhaftung von prominenten Personen ein gesteigertes Informationsinteresse der Öffentlichkeit unterstellen kann, muss eine unnötige Bloßstellung der beschuldigten Person vermieden werden.[507]

Wesentlich strengere Maßstäbe gelten regelmäßig für die spätere Berichterstattung über einen bereits verurteilten Täter. Nach rechtsstaatlichen Grundsätzen zielt die Strafe (auch) auf seine Wiedereingliederung in die Gesellschaft. Eine personenbezogene Berichterstattung über die Tat nach erfolgtem Strafvollzug kann geeignet sein, die Resozialisierung des ehemals Verurteilten nachhaltig zu gefährden.[508] Der EGMR betont, dass die Publikation einer früheren strafrechtlichen Verurteilung die Ehre und Reputation der betroffenen Person besonders stark berühre sowie die moralische und psychologische Integrität beeinträchtige.[509] Die Länge der rechtlich noch zu billigenden Zeitspanne zwischen einer strafrechtlich relevanten Tat und späteren nochmaligen Veröffentlichungen der Verurteilung sei abhängig von den konkreten Gegebenheiten des Einzelfalles.[510] Die höchstrichterlichen Urteile sind von besonderer Bedeutung für die Onlinewelt, in der das Recht auf Vergessenwerden eine zentrale Rolle spielt.[511]

---

506 Vgl. BVerfG v. 05.08.1973, BVerfGE 35, 202.
507 Anschaulich dazu Kerscher, Details von der Quelle, SZ v. 16.04.2009, S. 15.
508 Vgl. BVerfG v. 05.08.1973, BVerfGE 35, 202, 203 Ls. 3; vgl. a. Kap. 1.2.2.3.
509 EGMR v. 09.04.2009, NJW-RR 2010, 1483.
510 Werro, in: Colombo Ciacchi/Godt/Smith/Rott (Hg.), Liability in the Third Millenium, Liber Amicorum Gert Brüggemeier (2009), S. 285 ff.
511 Vgl. aber BGH v. 22.02.2011, AfP 2011, 180: zur Zulässigkeit des Bereithaltens nicht mehr aktueller Beiträge in dem für Altmeldungen vorgesehenen Teil eines Internetportals („Online-Archiv"), in denen ein verurteilter Straftäter namentlich genannt wird. S. a. Kap. 1.2.2.3.

Die Lebach-Entscheidung bestätigt die Grundsätze der **mittelbaren Drittwirkung der Grundrechte**, die sich im **Elfes-Urteil** (1957)[512] andeuten und später im **Lüth-Urteil** (1958)[513], das zu einer der „Großen Leitentscheidungen" des BVerfG gehört,[514] rechtsdogmatisch entfaltet wurden. Die erstgenannte Entscheidung diente der Schließung potenzieller Lücken im Grundrechtsschutz. Seine eigentliche Wirkung lag in der programmatischen Interpretation der allgemeinen Handlungsfreiheit (Art. 2 Abs. 1 GG), die nun als Auffanggrundrecht herangezogen wurde. Die andere Entscheidung bewirkte die Umsetzung der Wertordnung des Grundgesetzes in das Privatrecht. Mit diesem Urteil wurde anerkannt, dass die **Grundrechte** nicht allein subjektive Abwehrrechte des Einzelnen gegenüber dem Staat, sondern zugleich „objektive Prinzipien bilden, die der Rechtsordnung Maß und Richtung geben".[515] Sie begründen damit auch Schutzpflichten für grundrechtlich garantierte Freiheitsrechte, wo diese von dritter Seite gefährdet oder ohne staatliche Vorkehrungen tatsächlich nicht realisiert werden können.

Das BVerfG hat im Zusammenhang mit dem allgemeinen Persönlichkeitsrecht betont, dass grundrechtliche Anforderungen rundum gelten und sich mittelbar auch im Privatrecht entfalten. Aus diesem Grund muss auch die Rechtsprechung im Rahmen einer privatrechtlichen Streitigkeit den Schutzgehalt des allgemeinen Persönlichkeitsrechts beachten.[516] Danach müssen die zu Maßnahmen der öffentlichen Gewalt entwickelten Grundsätze der Grundrechtswirkung im Rahmen der Auslegung des einfachen Gesetzesrechts berücksichtigt werden, wenn es um den Interessenausgleich zwischen Privaten – im Lebachurteil um die Presse und freigelassene Gefangene nach abgebüßter Strafe – geht.[517] Auch in solchen Fällen ist anhand einer Betrachtung des jeweiligen Einzelfalls die Intensität des Eingriffs in das Persönlichkeitsrecht gegen das Informationsinteresse der Öffentlichkeit abzuwägen.[518]

Das allgemeine Persönlichkeitsrecht umfasst nicht nur das Recht des Einzelnen auf Einsamkeit, sondern auch die Befugnis, „grundsätzlich selbst und allein zu bestimmen, ob und inwieweit andere sein Lebensbild im ganzen oder bestimmte Vorgänge hiervon aus seinem Leben öffentlich darstellen dürfen."[519] Dieses Rechts bedarf der Einzelne auch dann, wenn er sich aus der räumliche Privatsphäre im engeren (im

---

[512] BVerfG v. 16.01.1957, BVerfGE 6, 32. Die Entscheidung stützt die Ausreisefreiheit aus dem Bundesgebiet nicht auf Art. 11 Abs. 1 GG (Freizügigkeit), sondern auf die Handlungsfreiheit des Art. 2 Abs. 1 GG.
[513] BVerfG v. 28.11.1957, BVerfGE 7, 183; zum Verhältnis Privatrecht und Grundrechte.
[514] Limbach, NZV 2001, 97, 98.
[515] Grimm, Die Verfassung und die Politik (2001), S. 307.
[516] Vgl. auch BVerfG v. 11.06.1991, BVerfGE 84, 192, 194 f.
[517] Vgl. dazu bereits BVerfG v. 15.01.1958, BVerfGE 7, 198, 210, seither st. Rspr. des BVerfG.
[518] Zur Kritik an dieser Rechtsprechung vgl. z. B. Petri, KJ 2004, 203 m. w. N.
[519] Vgl. BVerfG v. 05.06.1973, BVerfGE 35, 202, 220.

wörtlichen Sinn) hinaus in eine Beziehung zur sozialen Umwelt begibt.[520] Auch im Kontakt mit der Öffentlichkeit ist er auf mentale Rückzugsräume angewiesen. Hier deutet sich bereits der Gedanke einer informationellen Selbstbestimmung an, wonach dem Einzelnen ein **(Mit-)Gestaltungsrecht an ihn betreffenden Informationsverarbeitungen** zusteht. Das Recht ist später vom BVerfG[521] und ausdrücklich vom EGMR[522] mit Bezug auf einen unbeobachteten „Freiraum" in der Öffentlichkeit erweitert worden.

Die Möglichkeiten der Selbstdarstellung durch Sicherungen gegen eine unangemessene Informationsverarbeitung sind durch die Rechtsprechung des BVerfG schon frühzeitig durch die sog. „Eppler-Entscheidung"[523] und die Entscheidung zum Gegendarstellungsrecht im Presserecht fortentwickelt worden.[524] In der Eppler-Entscheidung wird die bereits erwähnte Entwicklungsoffenheit des allgemeinen Persönlichkeitsrechts betont, die im Volkszählungsurteil als Rechtfertigungsgrund dient, um eine grundrechtliche Antwort auf die neuartigen Bedrohungen durch die automatisierte Verarbeitung personenbezogener Daten zu geben:

> Das allgemeine Persönlichkeitsrecht ergänzt als „unbenanntes" Freiheitsrecht die speziellen „benannten" Freiheitsrechte, die [...] ebenfalls konstituierende Elemente der Persönlichkeit schützen. Seine Aufgabe ist es, im Sinne des obersten Konstitutionsprinzips der „Würde des Menschen" (Art. 1 Abs. 1 GG) die engere persönliche Lebenssphäre und die Erhaltung ihrer Grundbedingungen zu gewährleisten, die sich durch die traditionellen konkreten Freiheitsgarantien nicht abschließend erfassen lassen; diese Notwendigkeit besteht namentlich auch im Blick auf moderne Entwicklungen und die mit ihnen verbundenen neuen Gefährdungen für den Schutz der menschlichen Persönlichkeit.[525]

Zum Gegendarstellungsrecht im Presserecht wird festgestellt, dass das allgemeine Persönlichkeitsrecht nach einer den sachlichen Erfordernissen entsprechenden **Ausgestaltung durch Verfahrensrecht** verlangt: „Erfüllt das vom Gesetzgeber geschaffene Verfahrensrecht seine Aufgabe nicht oder setzt es der Rechtsausübung so hohe Hindernisse entgegen, dass die Gefahr der Entwertung der materiellen Grundrechtsposition entsteht, dann ist es mit dem Grundrecht, dessen Schutz es bewirken soll, unvereinbar."[526]

---

520 Höfling, Offene Grundrechtsinterpretation (1987), S. 24; Podlech, in: Perels (Hg.), Grundrecht als Fundament der Demokratie (1979), S. 50 f.
521 BVerfG v. 15.12.1999, BVerfGE 101, 361, 382 f.
522 EGMR v. 24.06.2004, NJW 2004, 2647.
523 BVerfG v. 03.06.1980, BVerfGE 54, 148.
524 BVerfG v. 08.02.1983, BVerfGE 63, 131.
525 BVerfG v. 03.06.1980, BVerfGE 54, 148, 153.
526 BVerfG v. 08.02.1983, BVerfGE 63, 131, 143.

1.5.1.4 Recht am eigenen Bild, Recht am eigenen Wort und das Namensrecht

Neben dem Recht auf informationelle Selbstbestimmung sind für den Umgang mit personenbezogenen Informationen auch die Rechte am eigenen Bild[527], am eigenen Wort[528] und am eigenen Namen[529] relevant. Sie wurden bereits vor der verfassungsrechtlichen Entwicklung des allgemeinen Persönlichkeitsrechts durch Gesetz und Rechtsprechung bereichsspezifisch konkretisiert: das Recht am eigenen Bild im Kunsturhebergesetz (§§ 22 ff. KUG)[530], das Recht am eigenen Wort im Strafgesetzbuch (§ 201 StGB) und das Namensrecht im Bürgerlichen Gesetzbuch (§ 12 BGB). Das Namensrecht ist nicht übertragbar. Es wird in seinen diversen Ausprägungen (z. B. als Familienname, Künstlername oder Deckname) grundsätzlich vom Persönlichkeitsschutz umfasst.[531] Durch die übrigen beiden sektorspezifischen Rechte wird jeweils die grundsätzliche Verfügungsbefugnis des Einzelnen geschützt, ob und inwieweit sein Bild bzw. sein gesprochenes Wort aufgenommen werden darf und was mit diesen Aufnahmen geschehen soll.[532] Danach dürfen Bildnisse grundsätzlich nur mit dessen Einwilligung verbreitet werden (§ 22 Satz 1 KUG). Eine Ausnahme gilt für Bildnisse aus dem Bereich der Zeitgeschichte, allerdings nur dann (§ 23 Abs. 1 Nr. 1 KUG), wenn keine berechtigten Interessen des Abgebildeten verletzt werden (§ 23 Abs. 2 KUG).[533]

Das KUG schützt im Gegensatz zum verfassungsrechtlichen Persönlichkeitsschutz nur die Verbreitung und öffentliche Zurschaustellung von Bildnissen, nicht aber deren Herstellung.[534] Da das Recht am eigenen Bild von seiner Rechtsnatur her ein Persönlichkeitsrecht und kein Urheberrecht ist,[535] finden sich seine Rechtsgrundlagen im allgemeinen Persönlichkeitsrecht und inzwischen auch im Strafrecht (§ 201a StGB). Nach dem BVerfG ergibt sich das Schutzbedürfnis „vor allem aus der Möglichkeit, das

---

527 Vgl. BVerfG v. 05.06.1973, BVerfGE 35, 202, 224; BVerfG v. 03.06.1980, BVerfGE 54, 148, 154; BVerfG v. 17.02.1998, BVerfGE 97, 228, 268.
528 Vgl. BVerfG v. 21.08.2006, NJW 2007, 671.
529 Vgl. BVerfG v. 31.01.1973, BVerfGE 34, 238, 246.
530 Das Reichsgericht (vgl. RG v. 28.12.1899, RGZ 45, 170) verurteilte bereits 1899 zwei Reporter, die sich Zutritt zu Bismarcks Sterbezimmer verschafft und Fotos von dem Leichnam des ehemaligen Reichskanzlers gemacht hatten, die Verbreitung des im Wege des Hausfriedensbruchs widerrechtlich erlangten Materials zu unterlassen und dieses zu vernichten. Die Diskussion über das Ob und Wie des Schutzes am eigenen Bild führte 1907 zu einer gesetzlichen Regelung, die bis heute Geltung hat, dazu Tinnefeld/Viethen, NZA 2003, 428.
531 Vgl. detaillierte Übersicht zum Namensschutz bei Vendt, in: Paschke/Berlit/Meyer (Hg.), Hamburger Kommentar Gesamtes Medienrecht (3. A. 2016), 34. Abschnitt, Rn. 10–19.
532 Vgl. BVerfG v. 09.10.2002, BVerfGE 106, 28, 39 f.
533 Zur Verbreitung eines identifizierenden Fotos aus einer Hauptverhandlung vgl. BGH v. 07.06.2011, ZD 2011, 31; zur Übersicht und Erörterung der Rechtsprechung des BVerfG und des EGMR zum Bildnisschutz von Personen der Zeitgeschichte vgl. Kröner, in: Paschke/Berlit/Meyer (Hg.), Hamburger Kommentar Gesamtes Medienrecht (3. A. 2016), 32. Abschnitt, Rn. 49–59.
534 BVerfG v. 26.02.2008, BVerfGE 120, 180, 198; BVerfG v. 19.12.2007, BVerfGE 119, 309, 323; BVerfG v. 15.12.1999, BVerfGE 101, 361, 381 f.
535 Zum urheberrechtlichen Bildschutz vgl. § 60 UrhG.

Erscheinungsbild eines Menschen in einer bestimmten Situation von diesem abzulösen, datenmäßig zu fixieren und jederzeit vor einem unübersehbaren Personenkreis zu reproduzieren",[536] sodass sich auch der Sinngehalt eines digitalisierten Bildes in Wort und Ton ändert.[537]

> **Beispiel**
> Bei der Öffentlichkeitsfahndung gibt die Polizei zu Fahndungszwecken Bilder beschuldigter Personen an die Allgemeinheit weiter. Dies stellt einen erheblichen Eingriff in das Persönlichkeitsrecht der jeweils gesuchten Person dar. Stellt sich die Person später als unschuldig heraus, ist zu befürchten, dass sie gleichwohl Zeit ihres Lebens sozial abgestempelt ist.

Das Recht am eigenen Bild weist Verbindungen zu anderen Grundrechten auf, etwa zur Versammlungs- bzw. Demonstrationsfreiheit (Art. 8 GG), die von herausragender Bedeutung für die politische Meinungsbildung ist.[538]

> **Beispiel**
> Die Versammlungsfreiheit aus Art. 8 GG kann vor Bildaufnahmen und Aufzeichnungen durch Polizei und Verfassungsschutz schützen, weil und soweit diese Datenerhebungen dazu geeignet sind, eine unbefangene Teilnahme an einer Versammlung zu beeinträchtigen. Das gilt insbesondere für sog. Übersichtsaufnahmen, bei denen eine Versammlung ganz oder zumindest in ihren wesentlichen Teilen aufgenommen und aufgezeichnet wird.[539] Insoweit stellt Art. 8 GG die speziellere Norm da.

Bei jeder Form der optischen Überwachung von Wohnraum ist zumeist Art. 13 Abs. 1 GG als die speziellere Grundrechtsverbürgung betroffen.[540] Das Recht am eigenen geschriebenen Wort ist durch jede Form des Abhörens, der Tonaufnahme und deren Verwendung (z. B. durch das Abspielen eines privaten oder geschäftlichen Gesprächs) oder durch eine mündliche Kommunikation über das Internet (z. B. über VoIP) betroffen, soweit der Schutzbereich nicht spezieller geregelt ist (z. B. Art. 10 Abs. 1 GG; Art. 13 Abs. 1 GG).[541]

---

536 BVerfG v. 15.12.1999, BVerfGE 101, 361, 381.
537 Dazu Albers, Informationelle Selbstbestimmung (2005), S. 260 f.; richtigerweise dürften Karikaturen, Comic-Figuren, Puppen oder Schattenrisse einer Person dagegen nicht unter den Bildnisschutz, sondern unter den allgemeinen Persönlichkeitsschutz fallen: so auch Kröner, in: Paschke/Berlit/Meyer (Hg.), Hamburger Kommentar Gesamtes Medienrecht (3. A. 2016), 32. Abschnitt, Rn. 11.
538 Vgl. BVerfG v. 14.05.1985, BVerfGE 69, 315.
539 Vgl. dazu BVerfG v. 17.02.2009, BVerfGE 122, 342, 368.
540 Vgl. BVerfG v. 03.03.2004, BVerfGE 109, 279, 327.
541 BVerfG v. 09.10.2002, BVerfGE 106, 28, 39.

1.5.1.5 Das „Grundrecht auf Datenschutz" – Recht auf informationelle Selbstbestimmung

Ende der siebziger Jahre des vergangenen Jahrhunderts begann die öffentliche Verwaltung zunehmend, personenbezogene Daten automatisiert zu verarbeiten. Auf diese Weise erlangte sie die schier unerschöpflichen Möglichkeiten, personenbezogene Informationen schnell zu verknüpfen, zu übermitteln und in neue Sachzusammenhänge zu stellen. Die neuen Datenzentralen ließen die Furcht vor einem nummerierten, gänzlich erfassten „gläsernen" Bürger aufkommen, der unsichtbar und unkontrolliert gesteuert werden kann. Der „verdatete" Bürger und die damit einhergehenden Risiken für das Persönlichkeitsrecht haben das Bundesverfassungsgericht im Jahr 1983 veranlasst, in seinem berühmten **Volkszählungsurteil** aus dem allgemeinen Persönlichkeitsrecht ein Grundrecht auf informationelle Selbstbestimmung abzuleiten. Mit dem Urteil vom 15. Dezember 1983 hat das Gericht eine Entscheidung verkündet, die Geschichte gemacht hat.[542]

Anlass des Urteils waren über tausend Verfassungsbeschwerden gegen das Volkszählungsgesetz (VZG) 83. Stein des Anstoßes war der Melderegisterabgleich und die Vermischung administrativer und statistischer Funktionen. Die protestierenden Bürger wollten verhindern, mit einer strafbewehrten Auskunftspflicht dazu gezwungen zu werden, jede nur gewünschte Information für die unterschiedlichen Verwendungszwecke der öffentlichen Verwaltung preiszugeben. Wegen der Schärfe des Konflikts hat sich das Gericht nicht nur zum Streitfall geäußert, sondern sich grundsätzlich auch mit der Notwendigkeit von Volkszählungen und der automatisierten Datenverarbeitung auseinandergesetzt. Schon im Mikrozensusurteil[543] und im Scheidungsaktenbeschluss[544] hatte sich das BVerfG von einer rein mechanischen Akkumulation personenbezogener Daten distanziert. Im Mikrozensusurteil heißt es: „Mit der Menschenwürde wäre es nicht zu vereinbaren, wenn der Staat das Recht für sich in Anspruch nehmen könnte, den Menschen zwangsweise in seiner ganzen Persönlichkeit zu registrieren und zu katalogisieren [...]."[545] Aus diesem Grund müssen etwa Erhebungsprogramme für statistische Zwecke so beschaffen sein, dass auch keine teilweise Registrierung oder Katalogisierung des Einzelnen möglich ist.[546]

Das Recht auf informationelle Selbstbestimmung wird sinngemäß als Grundrecht auf Datenschutz bezeichnet[547], worunter im Kern das Recht auf Privatheit und Intimität zu verstehen ist. Es umfasst die Befugnis des Einzelnen, grundsätzlich selbst zu entscheiden, wann und innerhalb welcher Grenzen persönliche Lebenssachver-

---

542 Simitis, KritV 2000, 359.
543 BVerfG v. 16.07.1969, BVerfGE 27, 1.
544 BVerfG v. 15.01.1970, BVerfGE 27, 344.
545 BVerfG v. 16.07.1969, BVerfGE 27, 1, 6 f.
546 BVerfG v. 15.12.1983, BVerfGE 65, 1, 52.
547 Vgl. dazu u. a. Entschließungen der 43a. Sonderkonferenz der Datenschutzbeauftragten des Bundes und der Länder am 28. April 1992: Grundrecht auf Datenschutz.

halte offenbart werden.[548] Eine Datenverarbeitung ist daher nur zulässig, wenn sie gesetzlich erlaubt ist oder die betroffene Person darin (informiert und ohne Zwang) eingewilligt hat (Modell des Verbots mit Erlaubnisvorbehalt). Die im Volkszählungsurteil formulierte Forderung nach **Beachtung des Gesetzesvorbehalts**[549] wird durch die Forderung nach Beachtung des **Gebots der Bestimmtheit und Normenklarheit** ergänzt. Zweck und Grenzen eines staatlichen Eingriffs in den Datenschutz müssen bereichsspezifisch, präzise und normenklar festgelegt werden.[550]

Im Volkszählungsurteil stellt das BVerfG zunächst ausführlich die Risiken der modernen Datenverarbeitung für die individuelle Selbstbestimmung dar:

> Unter den Bedingungen der modernen Datenverarbeitung wird der Schutz des Einzelnen gegen unbegrenzte Erhebung, Speicherung, Verwendung und Weitergabe seiner persönlichen Daten von dem allgemeinen Persönlichkeitsrecht aus Art. 2 Abs. 1 in Verbindung mit Art. 1 Abs. 1 GG gewährleistet. Das Grundrecht gewährleistet insoweit die Befugnis des Einzelnen, grundsätzlich selbst über die Preisgabe und Verwendung seiner persönlichen Daten zu bestimmen. Einschränkungen dieses Rechts auf „informationelle Selbstbestimmung" sind nur im überwiegenden Allgemeininteresse zulässig. Sie bedürfen einer verfassungsmäßigen gesetzlichen Grundlage, die dem rechtsstaatlichen Gebot der Normenklarheit entsprechen muss. Bei seinen Regelungen hat der Gesetzgeber ferner den Grundsatz der Verhältnismäßigkeit zu beachten. Auch hat er organisatorische und verfahrensrechtliche Vorkehrungen zu treffen, welche der Gefahr einer Verletzung des Persönlichkeitsrechts entgegenwirken.[551]

Mit seinen Ausführungen spricht das Gericht das „Ob" und das „Wie" der Datenverarbeitung an. Das Ob betrifft die Zulässigkeit, die wiederum regelmäßig vom Zweck abhängt, den der Verantwortliche mit der Datenverarbeitung verfolgt oder der seine geplante Aktion leitet. Der Zweck muss im Voraus festgelegt werden und hinreichend bestimmt sein (Zweckbindungsgrundsatz). Mit dem Fehlen der Zweckbestimmung auch hinsichtlich der weiteren Verwendung der Daten geht nach der Rechtsprechung des BVerfG eine grundrechtswidrige Unbestimmtheit im Falle der Datenerhebung einher.[552]

Das Wie der Datenverarbeitung betrifft die Mittel, also technische und organisatorische Aspekte (z. B. die Hard- und Software, die Art der Daten und die Zugriffsmöglichkeiten), die der Verantwortliche einsetzen will (Datenschutz durch Technik). Das Gericht fordert mithin **verfahrensmäßige Rahmenbedingungen** für die Durchführung einer Datenerhebung, aber auch für die weitere Datenverwendung zu bestimmten Zwecken.

---

548 Vgl. BVerfG v. 15.12.1983, BVerfGE 65, 1, 42; BVerfG v. 13.01.1981, BVerfGE 56, 37, 41.
549 BVerfG v. 15.12.1983, BVerfGE 65, 1, 45.
550 Vgl. BVerfG v. 13.01.1981, BVerfGE 65, 1, 42; BVerfG v. 03.03.2004, BVerfGE 110, 33, 52; BVerfG v. 27.07.2005, BVerfGE 113, 348, 375.
551 BVerfG v. 15.12.1983, BVerfGE 65, 1, 41.
552 Zum Problem der automatisierten Erfassung von Kraftfahrzeugkennzeichen vgl. BVerfG v. 11.03.2008, BVerfGE 120, 378.

Zu den flankierenden Schutzvorkehrungen zählen weitere datenschutzrechtliche Pflichten der verantwortlichen Stelle wie
- Transparenz der Datenvorgänge durch Aufklärung des Betroffenen, Auskunft an ihn und Sperrung bzw. Löschung seiner Daten zum gegebenen Zeitpunkt;
- Einrichtung und Beteiligung von Datenschutzinstanzen, die rechtlich unabhängig und faktisch befähigt sind, über die Rechte der Bürger zu wachen.

Mit dem prozeduralen Grundrechtsschutz schafft das Gericht Voraussetzungen dafür, dass der Betroffene über das Schicksal seiner Daten tatsächlich (mit-)bestimmen kann. Dabei handelt es sich teilweise um kommunikative Vorgänge zwischen den Beteiligten. Der Betroffene sollte allerdings auch in (automatisierten) digitalen Bewertungsprozessen einschließlich Profiling (z. B. bei Einstellung oder Kündigung eines Beschäftigten) Möglichkeiten der (interaktiven) Stellungnahme haben.[553]

Im Jahr 2011 wurde in der Bundesrepublik Deutschland unter der Bezeichnung „Zensus 2011" erneut eine Volkszählung durchgeführt. Der Zensus erfolgte dabei teilweise registergestützt. Dementsprechend wurden die für die Zählung erforderlichen Daten aus verschiedenen Verwaltungsregistern zusammengeführt; eine direkte Befragung erfolgte nur stichprobenartig. Im Gegensatz zur Volkszählung 1983 fielen Proteste weitgehend aus, möglicherweise weil der Gesetzgeber die im Volkszählungsurteil festgestellten verfassungsrechtlichen Voraussetzungen zumindest im Wesentlichen beachtet hat.[554]

Kommunikationsmöglichkeiten laufen leer, wenn derjenige, der etwas mitteilen möchte, wegen eines bestehenden Vorurteils (Fremdbilds), nicht gehört wird. Daher ist ein besonderer **Schutz vor Diskriminierungen** erforderlich.

Beispiel
Musiker werden häufig bei Probeanhörungen hinter einem Vorhang positioniert. Dadurch soll verhindert werden, dass die Auswahlkommission in stereotypen Bildern über die vermeintlich ideale Besetzung etwa mit einem Harfenisten aus Frankreich, einem Kontrabassisten aus Österreich oder mit einer Frau oder einem Mann verfangen ist.

Informationsverfügbarkeit und die Konstruktion von Persönlichkeit durch Fremde hängen miteinander zusammen. Eine besondere Gefährdung des informationellen Selbstbestimmungsrechts sah das BVerfG bereits im Volkszählungsurteil in der Möglichkeit, dass Einzelangaben über persönliche und sachliche Verhältnisse einer Person zu einem „teilweise oder weitgehend vollständigen Persönlichkeitsbild zusammengefügt werden, ohne dass der Betroffene dessen Richtigkeit und Verwen-

---

553 Vgl. Art. 22 DS-GVO EG 71.
554 Vgl. dazu z. B. Bayerischer LfD, Zensus 2011 (2011) unter: www.datenschutz-bayern.de unter Veröffentlichungen / Flyer (letzter Abruf 26.03.2012).

dung zureichend kontrollieren kann".[555] Das Unionsrecht hat darüber hinaus den Zusammenhang zwischen Fremdbild und informationeller Selbstbestimmung aufgegriffen und die Verarbeitung besonderer Kategorien von Daten (ethnische Herkunft, politische Meinungen und Überzeugungen, Daten über die Gesundheit usw.) grundsätzlich verboten.[556] Damit entfalten Diskriminierungsverbote als Instrumente des Datenschutzes auch eine mittelbare Drittwirkung.

Das Recht auf informationelle Selbstbestimmung kann nur lebenden Personen zukommen. Das heißt jedoch nicht, dass ein Toter schutzlos gestellt ist und sein Lebensbild verfälscht werden darf. Das Bundesverfassungsgericht geht hier von **Nachwirkungen der Menschenwürde** aus. Das Gericht hat im Fall der Kunstfreiheitsgarantie und dem verfassungsrechtlich geschützten Persönlichkeitsbereich des Schauspielers Gustav Gründgens im Rahmen des Mephisto-Romans von Klaus Mann 1971 entschieden: „Es würde mit dem verfassungsverbürgten Gebot der Unverletzlichkeit der Menschenwürde, das allen Grundrechten zugrunde liegt, unvereinbar sein, wenn der Mensch, dem Würde kraft seines Personseins zukommt, in diesem allgemeinen Achtungsanspruch auch nach seinem Tod herabgewürdigt oder erniedrigt werden dürfte. Dementsprechend endet die in Art. 1 Abs. 1 GG aller staatlichen Gewalt auferlegte Verpflichtung, dem Einzelnen Schutz gegen Angriffe auf seine Menschenwürde zu gewähren, nicht mit dem Tode."[557] Aus diesem Grund fallen die Daten Verstorbener bis zum Ablauf einer bestimmten Frist unter den **postmortalen** Persönlichkeitsschutz. Eine Frist von höchstens 30 Jahren, etwa die Dauer einer Generation, wird als angemessen betrachtet.[558]

1.5.1.6 Das Grundrecht auf Gewährleistung der Vertraulichkeit und Integrität informationstechnischer Systeme (IT-Grundrecht)

Das BVerfG hat das **„Grundrecht auf Gewährleistung der Vertraulichkeit und Integrität informationstechnischer Systeme"** (IT-Grundrecht) – ähnlich wie das Recht auf informationelle Selbstbestimmung – als Reaktion auf die aktuellen Entwicklungen der Informationstechnik und die daraus resultierenden Persönlichkeitsgefährdungen entwickelt.[559] Gegenstand des Schutzes ist das komplexe, technisch vernetzte System eines Nutzers. Nach Einschätzung des Gerichts biete das **eigene IT-**

---

[555] BVerfG v. 15.12.1983, BVerfGE 65, 1, 42; dazu weiterführend Albers, Informationelle Selbstbestimmung (2005), S. 157 f.
[556] Vgl. Art. 9 DS-GVO EG 51–56. S. a. Art. 10 DS-GVO zu personenbezogenen Daten über strafrechtliche Verurteilungen und Straftaten.
[557] BVerfG v. 24.02.1971, BVerfGE 30, 173, 194.
[558] Zum fehlendem Zugriff der Eltern auf Facebook-Account bzw. zum digitalen Nachlass der verstorbenen Tochter aufgrund des Fernmeldegeheimnis vgl. Urteil des KG Berlin v. 31.05.2017, DuD 2017, 510.
[559] BVerfG v. 27.02.2008, BVerfGE 120, 274; ausführlich dazu Bäcker, in: Uerpmann-Wittzack (Hg.), Das neue Computergrundrecht (2009), S. 1–30; zum technischen Hintergrund vgl. Kap. 1.1.

System dem Nutzer durch seinen Funktionsumfang zwar besonders weitreichende Entfaltungschancen, sei aber gleichzeitig für ihn nicht mehr beherrschbar.[560] Im Zusammenhang mit der **Online-Durchsuchung**(auch Online-Überwachung, Online-Datenerhebung[561] oder verdeckter Zugriff auf informationstechnische Systeme[562] genannt) betont das BVerfG, dass der bereits bestehende Schutz der Privatheit in der Telekommunikation nicht mehr ausreichend ist.[563] Der Einzelne sei darüber hinaus auf den Schutz der Integrität und Vertraulichkeit seines Systems angewiesen. Dies sei sachgerecht und auch notwendig, da etwa Speichermedien über Netzwerke angeschlossen werden und auch Ermittlungsbehörden entsprechende Zugriffsrechte erhalten haben.

Beispiel
Bei der Online-Überwachung setzen Sicherheitsbehörden Spionageprogramme (Staatstrojaner) ein, um die Kommunikation und abgelegte Daten auf internetfähigen Rechnern verdächtiger Personen heimlich zu erforschen.[564] Auf diese Weise können sie das Kommunikationsverhalten oder das sonstige Nutzungsverhalten des Betroffenen über einen längeren Zeitraum beobachten. Hierbei werden Informationen wahrnehmbar, die bei einer einmaligen Durchsicht des Systems nicht erlangt werden können. Die Heimlichkeit des Vorgehens verhindert die Einflussnahme des Betroffenen auf den Gang der Ermittlungen durch eine Änderung seines Verhaltens.[565]

Grundlage der Online-Durchsuchung ist eine Trojaner-Software. In der Informatik wird ein Trojaner als ein Programm definiert, dessen implementierte Ist-Funktionalität nicht mit der angegebenen Soll-Funktionalität übereinstimmt.[566] Die Ermittlungsbehörden nutzen verschiedene Möglichkeiten, ein „Trojanisches Pferd" bzw. einen Staatstrojaner heimlich auf einen Zielrechner zu installieren, durch Fern-Installation über das Internet in automatisierter oder manueller Weise durch unmittelbare manuelle Installation.[567] Bei der häufigeren manuellen Installation wird dem Verdächtigen für kurze Zeit der Laptop weggenommen, z. B. anlässlich einer polizeilichen Kontrolle. Während dieser Zeit spielt die Ermittlungsbehörde die Software auf. In den anderen Fällen wird ein sog. Remote-Zugriff durchgeführt, bei dem das System online infiziert wird. Dazu wird dem IT-System der verdächtigen Person eine E-Mail mit dem Trojaner im Anhang entweder zugespielt oder der Nutzer wird dazu gebracht, eine bestimmte Webseite zu öffnen, welche den Trojaner enthält.[568]

---
560 BVerfG v. 27.02.2008, BVerfGE 120, 274, 314.
561 So z. B. Art. 6e BayVSG.
562 So § 20k BKAG und Art. 34d BayPAG.
563 Vgl. BVerfG v. 27.02.2008, BVerfGE 120, 274.
564 Zu den technischen Einzelheiten vgl. BlnBDI, JB 2007, S. 29; Pohl, DuD 2007, 684.
565 BVerfG v. 27.02.2008, BVerfGE 120, 274, 325.
566 Eckert, IT-Sicherheit (6. A. 2009), S. 71.
567 Fox, DuD 2007, 827 f.
568 Vgl. dazu z. B. BayLT-Drs. 16/10082, S. 4.

> **Beispiel**
> Bei der Infiltration eines Rechners können die Ermittler auf tagebuchähnliche Aufzeichnungen stoßen, die weitaus intimere Daten enthalten, als sie in einer „normalen" Telekommunikation anzutreffen sind. Mindestens ebenso problematisch ist es, wenn Sicherheitsbehörden mithilfe der Auswertung technischer Hintergrundprozesse Eigenschaften des Nutzers erforschen. Dies ist etwa der Fall, wenn die Abstrahlung des Systems (z. B. von Monitor oder Tastatur) abgefangen wird, um so die Informationen sichtbar zu machen.

Vertraulichkeit und Integrität sind neben der Verfügbarkeit eines Systems die wichtigsten Schutzziele der Informationssicherheit.[569] Das IT-Grundrecht gewährleistet allerdings nicht die Verfügbarkeit, also die Betriebssicherheit eines Systems. Das Grundrecht erfasst die beiden eher nach „innen gerichteten Schutzziele" der Vertraulichkeit und Integrität[570]:

- Vertraulichkeit eines Systems bedeutet, dass nur Berechtigte Zugriff auf das eigene IT-System und die darauf erzeugten, verarbeiteten und gespeicherten Daten haben. Der heimliche Zugriff staatlicher Ermittlungsbehörden oder privater Täter verletzt die Vertraulichkeit des Systems und ggf. auch der Daten.
- Integrität eines Systems bedeutet, dass das System selbst oder seine Daten nicht durch Dritte beeinträchtigt werden. Das System ist verletzt, wenn etwa die Leistung oder Funktion eines Geräts verändert wird. Die Ergänzung, Modifikation und Löschung oder auch das neue Erzeugen von Daten berührt immer auch deren Integrität. Das IT-Grundrecht dient einem vorlaufenden Integrationsschutz.

Im Fall des „Staatstrojaners" ist die Software darauf angelegt, Informationen verdeckt aus dem Rechner herauszuschaffen und an eine andere Stelle zu übertragen. Aus technischer Sicht kann nicht ausgeschlossen werden, dass unter nicht vorhersehbaren Voraussetzungen Daten verloren gehen oder das IT-System kollabiert.[571] Ein Eingriff in das IT-Grundrecht ist deshalb auch anzunehmen, „wenn die Integrität des geschützten informationstechnischen Systems angetastet wird, indem auf das System so zugegriffen wird, dass dessen Leistungen, Funktionen und Speicherinhalte durch Dritte genutzt werden können; dann ist die entscheidende technische Hürde für eine Ausspähung, Überwachung oder Manipulation des Systems genommen".[572]

---

569 Vgl. Europarat, Übereinkommen über Computerkriminalität (2002), SEV-Nr. 185 s. Art. 2–6.
570 Brunst, Anonymität im Internet – rechtliche und tatsächliche Rahmenbedingungen (2009), S. 237 f.
571 Zum Programm des „Bundestrojaners" vgl. CCC, Analyse einer Regierungs-Malware (2011) unter: http://www.ccc.de/system/uploads/76/original/staatstrojaner-report23.pdf (letzter Abruf 26.03.2012).
572 BVerfG v. 27.02.2008, BVerfGE 120, 274, 314.

1.5.1.6.1 Abgrenzung zur Telekommunikation: Das Beispiel Quellen-TKÜ

In Fällen der sog. Quellen-Telekommunikationsüberwachung (Quellen-TKÜ) und der Online-Durchsuchung spähen Ermittlungsbehörden fremde Computersysteme heimlich mit einer staatlichen Trojanersoftware aus. Nach der heimlichen Installation der Überwachungssoftware unterscheiden sich Quellen-TKÜ und Online-Untersuchung erheblich. Die Online-Durchsuchung zielt auf alle gespeicherten Daten des infiltrierten IT-Systems einer betroffenen Person. Wenn daher ein Nutzer eine lokal gespeicherte verschlüsselte Datei öffnet und entschlüsselt, so ist nicht nur der technische Zugriff auf die Klarinhalte möglich. Sie können auch heimlich an die Strafverfolgungsbehörden ausgeliefert werden. Auch wenn ein Tatverdächtiger entfernt gespeicherte Daten aufruft (z. B. bei Cloud Storage), kann dieser Vorgang von den Ermittlungsbehörden verfolgt werden.[573] Der Online-Eingriff ist daher extrem eingriffsintensiv. Die Quellen-TKÜ soll sich dagegen ausschließlich auf übermittelte Daten, etwa eine Voice-over-IP-(VoIP-)Kommunikation beschränken, die mittels des Internet-Protokolls (IP) erfolgt. Dass es bedenklich ist, die Entscheidung über den Funktionsumfang einer Trojanersoftware in die Hand der Justiz zu legen, zeigt der Fall des LG Landshut vom 20. September 2011.[574]

Fall

Ein Ermittlungsrichter ordnet die Überwachung und Aufzeichnung des Telekommunikationsverkehrs auf Ton und Schriftträger unter gleichzeitiger Schaltung einer Zählervergleichseinrichtung bzw. Herausgabe von Gesprächsverbindungsdaten und Standorten des Mobiltelefons für den Telefonanschluss des Beschuldigten ...mit der Nummer ...des Netzbetreibers ...für 3 Monate an. Beim Vollzug dieses Beschlusses bringt das zuständige Landeskriminalamt zum Zwecke der Ausleitung der verschlüsselten Telekommunikation auf dem Computer des Beschuldigten eine Trojanersoftware auf, die insbesondere über zwei Überwachungsfunktionen verfügt: erstens die heimliche Überwachung und Ausleitung der verschlüsselten Skype-Kommunikation (Voice-over-IP sowie Chat) vor der Verschlüsselung bzw. nach der Entschlüsselung und zweitens das Erstellen von Screenshots der Skype-Software sowie des Internet-Browsers Firefox im Intervall von 30 Sekunden zur Überwachung der über https geführten Telekommunikation.

Die Quellen-TKÜ ist nach Ausführungen des BVerfG nur zulässig, wenn die Beschränkung der Überwachung auf einen „laufenden Telekommunikationsvorgang" „durch technische Vorkehrungen und rechtliche Vorgaben" sichergestellt ist.[575] Allerdings ist

---

573 Vgl. auch Brunst, DuD 2011, 618, 619.
574 Vgl. LG Landshut v. 20.01.2011, MMR 2011, 690, 691. m. Anm. Bär, das eine Rechtsgrundlage für das Kopieren und Speichern von grafischen Bildschirminhalten, also der Fertigung von Screenshots verneint, wenn zu diesem Zeitpunkt kein Telekommunikationsvorgang stattfindet. Das Bayerische Staatsministerium für Justiz und Verbraucherschutz hält demgegenüber auch die Ausleitung von Screenshots für zulässig, vgl. BayLT-Drs. 16/8125; s. a. CCC, Analyse einer Regierungs-Malware (2011) unter: http://www.ccc.de/system/uploads/76/original/staatstrojaner-report23.pdf (letzter Abruf 26.03.2012).
575 Vgl. BVerfG v. 27.02.2008, BVerfGE 120, 274, 309.

offen, inwieweit ein computerbasierter Spähangriff mit technischen Maßnahmen sicher auf Kommunikationsdaten eingegrenzt werden kann. Verschlüsselte Nachrichten können schlecht oder gar nicht von Sicherheitsbehörden überwacht werden. Eine Eingrenzung ist daher nur dann möglich, wenn Daten unverschlüsselt an Softwareschnittstellen abgegriffen werden, die nur Verkehrsdaten verarbeiten. In Fällen, in denen Daten aus anderen Quellen wie Tastatureingaben oder Bildschirmanzeigen erlangt werden, die u. a. auch verhaltensbezogene Daten enthalten, wird nicht „nur" das Fernmeldegeheimnis verletzt. Mit technisch vorprogrammierter Govware allein kann außerdem nur schwer festgestellt werden, ob die abgegriffenen Daten etwa beim Cloud Computing aus der Interaktion zwischen zwei Datenbeständen des Verdächtigen auf unterschiedlichen Computern stammen. Es ist auch denkbar, dass die erfassten Daten nur die Vorbereitung einer TK-Verbindung betreffen und daher nicht Teil einer laufenden Telekommunikation gem. Art. 10 Abs. 1 GG sind.

Beispiel
Eine E-Mail wird erst dann zum Server und damit in die Außenwelt transportiert, wenn der Nutzer den „Versenden-Button" betätigt hat. Ist sie verschlüsselt, dann kann der Empfänger mithilfe des richtigen Schlüssels das Chiffrat wieder in den Klartext zurückverwandeln. Diese Möglichkeit haben Ermittlungsbehörden nicht, die nur verschlüsselte Daten abgefangen haben. Die Quellen-TKÜ dient in solchen Fällen dazu, die Verschlüsselung der Kommunikation zu umgehen.

Es bestehen daher viele Gründe, wonach für die Quellen-TKÜ die gleichen gesetzlichen Schutzmaßnahmen wie für die Online-Durchsuchung gelten müssen.[576]

1.5.1.6.2 Abgrenzung zu anderen Grundrechten
Regelmäßig greift die Online-Überwachung nicht in das **Grundrecht auf Unverletzlichkeit der Wohnung** ein. Der Schutz des Art. 13 Abs. 1 GG erstreckt sich zwar auf solche Fälle, in denen Ermittlungsbehörden in eine Wohnung eindringen, um manuell dort befindliche informationstechnische Systeme zu manipulieren. Entsprechendes gilt für die Infiltration von IT-Systemen derart, dass räumliche Vorgänge in der Wohnung überwacht werden können.

Beispiel
Im Rahmen einer Online-Datenerhebung installieren die Sicherheitsbehörden eine Kamera oder ein Mikrofon an dem infiltrierten Computer, mit denen Raumgespräche aufgenommen werden können.[577] Dann wäre ausnahmsweise auch die Unverletzlichkeit der Wohnung betroffen.

---

[576] Vgl. Entschließungen der 79. Konferenz der Datenschutzbeauftragten des Bundes und der Länder am 17./18. März 2010: „Ohne gesetzliche Grundlage keine Telekommunikationsüberwachung auf Endgeräten!".
[577] Vgl. BVerfG v. 27.02.2008, BVerfGE 120, 274, 310.

Im Übrigen kann aber ein Eingriff unabhängig von dem Standort des informationstechnischen Systems erfolgen. Der raumbezogene Schutz des Art. 13 GG kann daher nicht die spezifische Gefährdung des IT-Systems abwehren.[578] Entsprechend den Feststellungen des BVerfG ist zwischen Eingriffen in die Garantie der Unverletzlichkeit der Wohnung einerseits und dem Eingriff in das IT-Grundrecht zu unterscheiden. Das heißt auch, dass Überwachungsmaßnahmen durch Systemprüfungen zu ergänzen sind. Berührt eine Ermittlungsmaßnahme (auch) die Garantie der Unverletzlichkeit der Wohnung, bedarf es hierfür einer besonderen Rechtsgrundlage.

Das BVerfG[579] grenzt mit folgenden Gründen das IT-Grundrecht vom **Recht auf informationelle Selbstbestimmung** ab:

> Das Recht auf informationelle Selbstbestimmung [trägt] den Persönlichkeitsgefährdungen nicht hinreichend Rechnung, die sich daraus ergeben, dass der Einzelne zu seiner Persönlichkeitsentfaltung auf die Nutzung informationstechnischer Systeme angewiesen ist und dabei dem System persönliche Daten anvertraut. Ein Dritter, der auf ein solches System zugreift, kann sich einen potentiell äußerst großen und aussagekräftigen Datenbestand verschaffen, ohne noch auf weitere Datenerhebungen und Datenverarbeitungsmaßnahmen angewiesen zu sein. Ein solcher Zugriff geht in seinem Gewicht für die Persönlichkeit des Betroffenen über einzelne Datenerhebungen, vor denen das Recht auf informationelle Selbstbestimmung schützt, weit hinaus.[580]

Das Wesen des informationellen Selbstbestimmungsrechts besteht darin, dass der Betroffene grundsätzlich ein Steuerungsrecht über die Erhebung und Verwendung ihn betreffender Daten hat.[581] Es soll daher keine Anwendung finden, wenn eine Steuerung des Datenflusses durch den Betroffenen schon aufgrund der technischen Gegebenheiten eines IT-Systems nicht möglich ist, wenn etwa Verbindungsdaten ohne Zutun des Nutzers auf Telekommunikationsendgeräten entstehen.[582] Inzwischen haben zwei nahezu zeitgleich ergangene Entscheidungen des BVerfG verdeutlicht, dass sich das Grundrecht auf informationelle Selbstbestimmung auch auf diejenigen personenbezogenen Daten erstreckt, von deren Erhebung und Verwendung der Betroffene nichts weiß.[583]

Beispiel
Die verantwortliche Stelle beschafft sich die personenbezogenen Daten nicht bei der betroffenen Person, sondern ohne ihr Wissen bei einem Dritten.

---

[578] A. A. noch Hornung, DuD 2007, 575, 577 f.; Kutscha, NJW 2007, 1169, 1170.
[579] Das Gericht grenzt auch von dem allgemeinen Persönlichkeitsrecht in seiner Ausprägung als Schutz der Privatsphäre ab, vgl. BVerfG v. 27.02.2008, BVerfGE 120, 274, 311.
[580] Vgl. BVerfG v. 27.02.2008, BVerfGE 120, 274, 313.
[581] Vgl. BVerfG v. 15.12.1983, BVerfGE 65, 1, 43 f.: „Das Grundrecht gewährleistet insoweit die Befugnis des Einzelnen, grundsätzlich selbst über die Preisgabe und die Verwendung seiner persönlichen Daten zu bestimmen."
[582] Vgl. BVerfG v. 02.03.2006, BVerfGE 115, 166, 189.
[583] Vgl. BVerfG v. 11.03.2008, BVerfGE 120, 378; BVerfG v. 10.03.2008, BVerfGE 120, 351.

Mit dem Zugriff auf ein IT-System ist zugleich die Integrität der gespeicherten personenbezogenen Daten gefährdet.[584]

> **Beispiel**
> Bei einem heimlichen Zugriff auf das IT-System ist nicht mehr sicher, dass die Informationen, die der Nutzer (z. B. als ein elektronisches Tagebuch, als einen elektronischen Terminkalender usw.) angelegt hat, unverändert bleiben.

Das allgemeine Persönlichkeitsrecht schützt vor dem Zugriff auf IT-Systeme unabhängig davon, ob es sich um die Erhebung oder Verwendung von personenbezogenen Daten handelt. Die Einzelfallprüfung von Überwachungsmaßnahmen muss daher durch Systemprüfungen ergänzt werden.

Die Entscheidungen des BVerfG können zum Politikum werden. So kann etwa die Aufhebung einer Online-Durchsuchung eine ganze Anti-Terror-Strategie beenden, „wenn es nicht bloß im konkreten Fall an den gesetzlichen Voraussetzungen für die Maßnahme fehlte, sondern wenn sich aus Anlass der Einzelfallprüfung herausstellt, dass die Voraussetzungen unvereinbar mit der Verfassung sind."[585]

Der Gestaltungskraft der Grundrechte insgesamt und der aus dem allgemeinen Persönlichkeitsrecht geschöpften Grundrechte im Besonderen kommt daher auch politisch eine wichtige Bedeutung zu. Das Bedürfnis nach einem IT-Grundrecht ist zunächst gegenüber dem Staat erkannt worden. Bei der Sicherung der Freiheitsrechte geht es aber nicht nur um Abwesenheit staatlichen Zwangs, sondern auch um die Freiheit des Einzelnen vor Beeinträchtigungen Dritter, hier Angriffen privater Hacker bzw. Cracker, organisierter Straftätergruppen und ausländischer Nachrichtendienste.[586] Der Staat muss daher darauf hinwirken, dass unzulässige Gefährdungen des IT-Systems auch durch Dritte unterbleiben.[587]

1.6 Bundes- und Landesrecht im Gefüge supra- und internationaler Rechtsquellen

In bundesstaatlich organisierten Staaten existieren oft auf zwei Ebenen Grundrechtsnormen, so auch in der deutschen Verfassungsordnung, nach der Bund und Länder Staatsqualität haben. Mit der sog. Ewigkeitsgarantie (Art. 79 Abs. 3 GG) erklärt das Grundgesetz die Gliederung des Bundes in Länder, die grundsätzliche Mitwirkung der Länder bei der Gesetzgebung und die Grundsätze in Art. 1 und Art. 20 GG für än-

---

584 Vgl. BVerfG v. 27.02.2008, BVerfGE 120, 274, 322.
585 Grimm, Was das Grundgesetz will, ist eine politische Frage, FAZ v. 22.12.2011, S. 30.
586 Sieber, Gut getarnt, FAZ v. 03.11.2011, S. 8.
587 Zur objektiven Schutzwirkung vgl. BVerfG v. 15.01.1958, BVerfGE 7, 198, 205; BVerfG v. 08.08.1978, BVerfGE 49, 89, 141 f.; BVerfG v. 09.05.1997, BVerfGE 96, 56, 64.

derungsfest. Die Landesverfassungen gelten aus eigenständige Verfassungskraft. Das trifft auch für Grundrechte zu, die sie im Rahmen der Vorgaben des Grundgesetzes selbstständig regeln können.

Grenzen der Selbstständigkeit ergeben sich aus dem homogenisierenden Charakter des Grundgesetzes als Gesamtverfassung, denn die verfassungsmäßige Ordnung in den Ländern muss den Grundsätzen des Rechtsstaats im Sinne des Grundgesetzes entsprechen (Art. 28 Abs. 1 S. 1 GG). Der Bund ist für die Gewährleistung des Rechtsstaats mit den Grundrechten als seinem Kern verantwortlich (Art. 28 Abs. 3 GG). Ein Mittel dazu ist der im Grundgesetz normierte Vorrang des Bundesrechts gegenüber dem Landesrecht (Art. 31 GG). Darüber hinaus bleiben Bestimmungen der Landesverfassungen insoweit in Kraft, als sie in Übereinstimmung mit dem Grundgesetz Grundrechte gewährleisten (Art. 142 GG). Nach heute h. M. gilt dies auch für diejenigen Landesverfassungen, die schon vor Inkrafttreten des Grundgesetzes über Grundrechte verfügten.[588]

Die Grundrechte in der Bundesverfassung haben eine harmonisierende Wirkung, weil sie nach Art. 1 Abs. 3 GG die gesamte „Gesetzgebung, Verwaltung und Rechtsprechung als unmittelbar geltendes Recht" binden. Sie unterliegen der vereinheitlichenden Kontrolle des BVerfG, das auf der deutschen, nationalen Ebene den Grundrechtsschutz wahrnimmt.[589]

Unter den Bedingungen des Unionsrechts ergeben sich neue Herausforderungen für das nationale Recht. Insgesamt müssen im jeweiligen Anwendungsbereich von Bundes- und Landesrecht das grundrechtsbezogene Unionsrecht und das menschenrechtlich bezogene Völkerrecht sowie die Rechtsprechung der zuständigen höchsten Gerichte beachtet werden.

Im föderativen deutschen Staat haben sowohl der Bund als auch die Länder bestimmte Kompetenzen zur Regelung des Datenschutzes. Die allgemeinen Datenschutzregelungen des Bundes im Bundesdatenschutzgesetz (BDSG) wie auch die der Länder in den jeweiligen Landesdatenschutzgesetzen (LDSG) sind **Querschnittsregelungen**, die für viele Lebensbereiche gelten.

Die Normadressaten der Bundesregelung sind v. a. öffentliche Stellen des Bundes und nicht-öffentliche (private) Stellen im Bereich von Wirtschaft, Handel und Arbeit. Die Normadressaten der Landesregelungen finden sich überwiegend im Verwaltungsrecht. Bei datenschutzrechtlichen Fragen aus dem Kommunalrecht, dem Polizeirecht oder dem Schulrecht muss jeweils auf landesrechtliche Eigenheiten geachtet werden. Grundbegriffe aus dem Verfassungsrecht lassen sich im Bundesrecht, aber auch im Landesrecht weitgehend vom Grundgesetz her darstellen.

Die bundesstaatliche (vertikale) Gewaltenteilung zwischen Bund und Ländern ergänzt die (horizontale) Gewaltenteilung zwischen den unterschiedlichen Organen

---

[588] BVerfG v. 15.10.1997, BVerfGE 96, 345, 364 f.; s. a. Nachweise bei Kunig, in: von Münch/Kunig (Hg.), GG, Bd. 2, (6. A. 2012), Art. 142 Rn. 5 ff.
[589] Kirchhof, NJW 2011, 3681.

der Gesetzgebung, Verwaltung und Rechtsprechung.[590] Die bundesstaatlichen Teilgewalten, also die Gesetzgebung des Bundes und die Gesetzgebung eines Landes, sind jeweils gesondert demokratisch zu legitimieren. Das Datenschutzrecht muss entsprechend eingebunden werden. Das gilt sowohl für staatsbezogene als auch für ökonomische Bereiche.

In digitaler Zeit ist auf europäischer Ebene das Ziel anerkannt, nationale Datenschutzregelungen in den EU-Mitgliedstaaten zu vereinheitlichen. Aus den Verträgen von Maastricht bis Lissabon ergeben sich datenschutzrelevante Kompetenzminderungen für die Mitgliedstaaten (Art. 253 AEUV). Auf diesem Weg gewinnt das **Unionsrecht** in seinem Anwendungsbereich **Vorrang vor dem mitgliedstaatlichen Recht** und kann einer zersplitterten Datenschutzlandschaft in den Mitgliedstaaten entgegenwirken.[591] Ein Mechanismus zur Herstellung von **Kohärenz** zwischen den unterschiedlichen Rechtsebenen ist die Grundrechtsrechtsprechung der verschiedenen Gerichte.

1.6.1 Kompetenzverteilung zwischen Bund und Ländern

Die **Gesetzgebungskompetenz** zwischen Bund und Ländern ist im **Grundgesetz** näher ausgestaltet (Art. 70 ff. GG). Den Ländern steht das Recht der Gesetzgebung zu, soweit keine Bundeskompetenz besteht (Art. 70 Abs. 1 GG). Es gibt aber keine spezifische Kompetenzgrundlage im Bereich des Datenschutzes. Die datenschutzrechtliche Zuständigkeit ergibt sich aus den entsprechenden Sektoren (z. B. Geheimdienste, Passgesetze, Bundesstatistikgesetz, Beschäftigtendatenschutz, Presse und Rundfunk), in denen der Datenschutz zu regeln ist.

Im **nicht-öffentlichen Bereich** greift vorwiegend die **konkurrierende Gesetzgebungskompetenz** (Art. 74 GG), wonach die Länder die Befugnis zur Gesetzgebung haben, „solange und soweit der Bund von seiner Gesetzgebungszuständigkeit nicht durch Gesetz Gebrauch gemacht hat (Art. 72 Abs. 1 GG). Für die „Herstellung gleichwertiger Lebensverhältnisse oder zur Wahrung der Rechts- und Wirtschaftseinheit" im Bundesgebiet hat der Bund etwa im Bereich der Wirtschaft (Art. 72 Abs. 2 Nr. 11 GG) die Kompetenz, eine bundeseinheitliche datenschutzrechtliche Regelung herzustellen, soweit sie „im gesamtstaatlichen Interesse" erforderlich ist. Im **Anwendungsbereich der öffentlichen Bundesverwaltung** ergibt sich die Gesetzgebungskompetenz aus der Annexkompetenz des Verwaltungsverfahrens der jeweiligen Sachkompetenzen (Art. 73 und Art. 74 GG).

---

590 Hesse, Grundlage des Verfassungsrechts der Bundesrepublik Deutschland (20. A. 1999), Rn. 231, 232, 476 ff.
591 Vgl. zum Anwendungsvorrang auch BVerfG v. 08.04.1987, BVerfGE 75, 223, 244; BVerfG v. 28.01.1992, BVerfGE 85, 191, 204.

Es gibt einige wichtige Sachbereiche, in denen sich die **ausschließliche Gesetzgebungskompetenz** der Länder (Art. 70 Abs. 1 GG) im Datenschutz praktisch auswirkt. Dazu gehören folgende Gebiete:
- das Polizeiwesen in den Ländern; alle in den letzten Jahren novellierten Polizeigesetze der Länder enthalten umfassende Datenschutzregelungen. Zu beachten ist, dass es daneben Bundespolizeibehörden für bestimmte Bereiche gibt (Art. 73 Nr. 10 GG).
- das Kommunalwesen (klassische Länderrechtsmaterie)
- Erziehung und Kultus
- öffentliches Gesundheitswesen

Der bereichsspezifische Datenschutz in der Telekommunikation etablierte sich als eigenständige Gesetzesmaterie im Zuge der Liberalisierung im TK-Markt zu Beginn der 1990er-Jahre. Er ist nunmehr der Wirtschaft zuzurechnen (Art. 74 Abs. 1 Nr. 11 GG). Dagegen ist die Zuordnung der Multimediadienste schwierig.[592] Die Einordnung hängt vom konkreten Leistungsumfang ab, der nicht immer einfach zu bestimmen ist. Mediendienste, die sich an die Öffentlichkeit richten, können teilweise unter den Rundfunkbegriff subsumiert werden.[593] Mangels Linearität, zeitgleichem Empfang und Sendeplan fallen soziale Medien ihrem Charakter nach dagegen nicht unter den Rundfunkbegriff. Eine andere Beurteilung ergibt sich dann, wenn Rundfunkangebote in die entsprechenden Angebote integriert werden.[594]

Von besonderer Bedeutung ist die seit 2003 geltende Neuordnung des Jugendschutzes in elektronischen Medien (Internet, Fernsehen und Hörfunk). Regelungsinstrument ist im Wesentlichen der Jugendmedienschutz-Staatsvertrag (JMStV) der Länder, zuletzt überarbeitet durch den am 1. Oktober 2016 in Kraft getretenen 19. Rundfunkänderungsstaatsvertrag (19. RÄndStV). Ergänzt wurde im Zuge der Reform u. a. das Nachrichtenprivileg nach § 5 Abs. 6 JMStV um eine Beweislastumkehr zugunsten journalistischer Berichterstattungen. Das Informationsinteresse auch an drastischen realen Bildern überwiegt demnach grundsätzlich die Interessen des Jugendschutzes, es sei denn, dass ausnahmsweise kein berechtigtes Interesse an der Form der Darstellung oder Berichterstattung besteht.[595]

Die Aufsicht über die Anbieter der Telemedien und die Anbieter des **privaten Rundfunks** wird durch die Kommission für den Jugendmedienschutz (KJM) als zentralem Aufsichtsorgan wahrgenommen. Auch hier greifen die Kompetenzräume von

---

592 Vgl. Enquete-Kommission, Zukunft der Medien in Wirtschaft und Gesellschaft. Vierter Zwischenbericht: Sicherheit und Schutz im Netz (1998), BT-Drs. 13/11002, S. 93.
593 Zu Vorfragen bei den Rundfunk-, Medien- und Telediensten vgl. Holznagel, in: Hoeren/Sieber/Holznagel (Hg.), Handbuch Multimedia-Recht (44. EL 2017), Teil 3 B.
594 Zur einfachrechtlichen Rundfunkeigenschaft von Social Media vgl. Beyerbach, in: Hornung/Müller-Terpitz (Hg.), Rechtshandbuch Social Media (2015), Kap. 9 Rn. 13 ff.
595 Zur Überarbeitung des JMStV s. Hopf, K&R 2016, 784.

Bund und Ländern ineinander über, was letztendlich seinen Ausdruck darin findet, dass der KJM neben den Mitgliedern der Länder auch zwei Mitglieder des Bundes angehören.[596]

Die Regelung des **öffentlich-rechtlichen Rundfunks** ist mit Ausnahme des Sonderfalls der Bundes-Rundfunkanstalt „Deutsche Welle" Ländersache. Es liegt in der Hoheit der Länder, ob sie privaten Rundfunk in ihrem Bereich überhaupt zulassen. So enthält die Bayerische Verfassung ein Verbot privaten Rundfunks (Art. 111a Abs. 2: „Rundfunk wird [...] in öffentlich-rechtlicher Trägerschaft betrieben"). Im Übrigen enthalten die Landesmedien- oder Landesrundfunkgesetze Datenschutzregelungen, die die Rundfunkfreiheit besonders berücksichtigen.

1.6.2 Rangordnung und Anwendbarkeit nationaler Parlamentsgesetze

Die nationalen parlamentarischen Datenschutzgesetze stehen in einem bestimmten Rangverhältnis. Die bereichsspezifischen Gesetze gehen den allgemeinen Gesetzen vor. Die jeweils zuständige Gerichtsbarkeit kann die Einhaltung der Schranken kontrollieren. Im Folgenden werden die Strukturen im föderalen Gesetzgebungssystem in vereinfachter Form dargestellt (siehe Abb. 1.4).

1.6.3 Rangverhältnis: Unionsrecht und nationales Recht

Bereits die Verträge von Amsterdam über Maastricht bis Nizza haben nach ständiger Rechtsprechung des EuGH eine **neue Rechtsordnung** geschaffen, zu deren Gunsten die Mitgliedstaaten ihre Souveränität eingeschränkt haben, um **Vorrang und einheitliche Geltung des Unionsrechts** (ehemals Gemeinschaftsrechts) nicht nur gegenüber den Mitgliedstaaten, sondern auch im Verhältnis zu den Unionsbürgern herzustellen.[597]

Datenschutz ist in erster Linie Grundrechtsschutz, mit dem sich auch die Rechtsprechung des BVerfG in Bezug auf das bisherige Gemeinschaftsrecht befasst hat. Nach der sog. Solange-Rechtsprechung des BVerfG darf abgeleitetes Gemeinschaftsrecht nicht am Maßstab der Grundrechte im GG überprüft werden, „solange die Europäischen Gemeinschaften, insbesondere die Rechtsprechung des Gerichtshofs der Gemeinschaften einen wirksamen Schutz der Grundrechte gegenüber der Hoheitsgewalt der Gemeinschaften generell gewährleisten, der dem vom Grundgesetz als

---

[596] S. dazu und zu der Vereinbarkeit mit dem Verbot der Mischverwaltung: Eredmir, in: Spindler/Schuster (Hg.), Recht der elektronischen Medien (3. A. 2015), § 14 JMStV Rn. 14.
[597] EuGH v. 15.07.1964, NJW 1964, 2371, 2372; zum Prüfungs- und Verwerfungsrecht der nationalen Gerichte: EuGH v. 22.06.1989, NVwZ 1990, 649; zu den Problemen in Deutschland: Streinz, Europarecht (10. A. 2016), Rn. 223 ff.

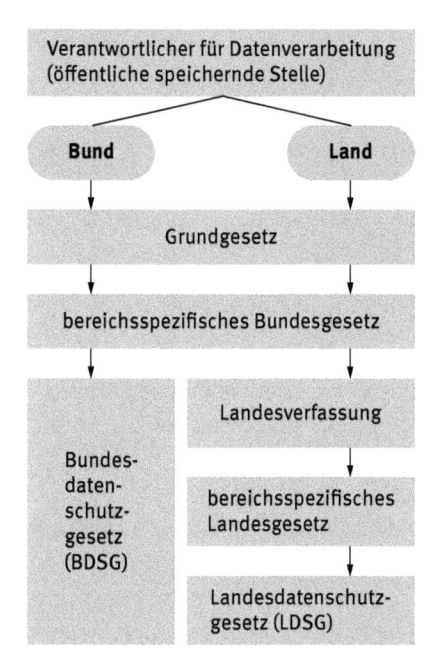

1.6 Bundes- und Landesrecht im Gefüge supra- und internationaler Rechtsquellen — 129

Abb. 1.4: Rangordnung und Anwendbarkeit der Parlamentsgesetze im öffentlichen Bereich.

unabdingbar gebotenen Grundrechtsschutz im Wesentlichen gleich zu achten ist, zumal er den Wesensgehalt der Grundrechte generell verbürgt".[598] Das BVerfG betont dementsprechend die Verzahnung der beiden Grundrechtskreise.

Das höchste deutsche Gericht ist ein selbstständiges Verfassungsgericht.[599] Seine Einsetzung ist nach der Rechts- und Verfassungsverwüstung in der Zeit des Nationalsozialismus 1949 im Grundgesetz angeordnet worden. Es hat weitgehende Kompetenzen, im Wesentlichen die Normenkontrolle, Organ- und Bund-Länderstreitigkeiten sowie die Entscheidung über Verfassungsbeschwerden. Das Gericht hat seine Arbeit 1951 begonnen und in vielen Entscheidungen auf die Entwicklung eines demokratischen Rechtsstaats Einfluss genommen, v. a. durch seine Rechtsprechung zu den Grundrechten. Es hat in herausragenden Entscheidungen europaweit auf eine einmalige Feinsteuerung des Persönlichkeitsschutzes in Form des Schutzes von Privatheit und Datenschutz hingewirkt.

Nach dem Verständnis des BVerfG gibt es keine „höherrangige" Grundrechtsebene zwischen der Union und ihren Mitgliedstaaten. Grob vereinfachend formuliert akzeptiert das Gericht in Ansehung des europäischen Integrationsprozesses Abstri-

---

[598] BVerfG v. 22.10.1986, BVerfGE 73, 339.
[599] Vgl. dagegen die Stellung des Supreme Court in den USA, der ein normales oberstes Gericht für Zivil- und Strafsachen ist, das seit 1803 gleichzeitig die Aufgabe der Normenkontrolle übernommen hat.

che am Grundrechtsschutz des Grundgesetzes – allerdings nur bis zu bestimmten Grenzen, die sich u. a. aus Art. 19 Abs. 2 GG (Wesensgehaltssperre) ergeben.

Der EuGH hat sich schon mehrfach mit dem Grundrecht auf Datenschutz befasst und ihm in seinen Urteilen ein bemerkenswert starkes Gewicht zugewiesen.[600] Das gilt auch hinsichtlich der besonders umstrittenen Safe-Harbor-Entscheidung, die sich mit dem Datenschutzniveau im Drittstaat USA befasst.[601] Das Urteil betrifft u. a. die Weitergabe von sicherheitskritischen personenbezogenen Daten durch US-Unternehmen an US-Sicherheitsbehörden. Der EuGH hat deutlich gezeigt, dass der europäische Grundrechtsschutz nicht unterschritten werden darf.[602]

Wenn die europäische Verfassung zur Schaffung politischer Integration dienen soll, dann muss ihr auch die Auslegung des Sekundärrechts widerspruchsfrei gelingen. In diesem Zusammenhang ist inhaltlich die Rechtsprechung von EuGH und BVerfG zu vergleichen. Die Frage wird an dieser Stelle mit Blick auf die europäische Richtlinie zur Vorratsdatenspeicherung (2006/24 EG – VDSRL) skizziert.

Im Falle der Richtlinie hat das BVerfG „nur" den grundsätzlichen Anwendungsvorrang des Unionsrechts bejaht.[603] In seinem richtungsweisenden Urteil hat der EuGH aufgrund eines Vorlageverfahrens des Österreichischen Verfassungsgerichtshofs die VDSRL wegen eines nicht verhältnismäßigen Eingriffs in die Unionsgrundrechte Art. 7 (Schutz der Privatsphäre und Kommunikation) und Art. 8 GRCh (Schutz personenbezogener Daten) für ungültig erklärt, die Maßnahme als solche aber nicht ausgeschlossen.[604] Gleichwohl begegnet aber auch die Vorratsdatenspeicherung als solche Vorbehalten und ist nach einer umfassenden Studie des Max-Planck-Instituts für ausländisches und internationales Strafrecht in Freiburg aus dem Jahre 2011 eher abzulehnen, da sie keine signifikante Auswirkung auf die Aufklärungsquote von Verbrechen habe.[605]

Im Übrigen verlangte der EuGH das Ende der Totalerfassung, soweit diese auch Personen betrifft, bei denen keinerlei Anhaltspunkte bestehen, dass ihr Verhalten auch nur in einem mittelbaren oder entfernten Zusammenhang mit schweren Straftaten stehen könnte. Der EuGH hatte zudem kritisiert, dass die VDSRL das Abgreifen und Speichern von Kommunikationsdaten etwa von Ärzten, Journalisten oder Anwälten vorgesehen hat, obwohl deren Kommunikationsvorgänge von einem besonderen Berufsgeheimnis geschützt sind.

---

[600] EuGH v. 06.11.2003, DuD 2004, 244; s. a. EuGH v. 07.05.2009, EuZW 2009, 546, 547.
[601] EuGH v. 06.10.2015, DuD 2015, 823.
[602] Zu den Verursachern des Scheiterns von Safe Harbour überzeugend Petri, DuD 2015, 801; Leutheusser-Schnarrenberger, DuD 2016, 354; a. A. Ronnellenfitsch, DuD 2016, 357.
[603] Vgl. BVerfG v. 02.03.2010, BVerfGE 125, 260, 306 f.
[604] EuGH v. 08.04.2014, DuD 2014, 488 – Digital Rights/Ireland.
[605] Max-Planck-Institut, Schutzlücken durch Wegfall der Vorratsdatenspeicherung?, 2. erweiterte Fassung (2011).

Die Anforderungen des EuGH an den Grundrechtsschutz sind zwar in Teilen höher als die des BVerfG.[606] Das höchste deutsche Gericht betont aber auch, dass zugunsten einer umfassenden unionsrechtlichen Harmonisierung die Mitgliedstaaten keinen weitergehenden Schutz als den im Anwendungsbereich des Unionsrechts vorgesehenen gewähren dürfen.[607] Trotz Bindung der Mitgliedstaaten an das Unionsrecht kann ein strittiger Sachverhalt nach nationalem Verfassungsrecht beurteilt werden, sofern die zur Prüfung stehende einzelstaatliche Maßnahme nicht vom Unionsrecht prä-determiniert ist.

Im Falle einer Richtlinienkollision mit nationalem Recht besteht eine Vorlagepflicht beim EuGH nur bei Gerichtsentscheidungen nationaler Fachgerichte in letzter Instanz,[608] damit der Konflikt zwischen höher- und niederrangigem Recht geklärt werden kann. Das Gesetz wird geprüft und gelangt ggf. mit einem Mängelbericht wieder zurück an die Legislative, die dann entsprechend korrigiert. Sollte eine gebotene Richtlinienvorlage unterbleiben, kann das BVerfG angerufen werden.

Das supranationale **Unionsrecht** hat wie das vorausgegangene supranationale Gemeinschaftsrecht[609] grundsätzlich **Vorrang** vor dem nationalen Recht. Das nationale Recht tritt im einzelnen Konfliktfall zurück und behält nur dann Geltung, wenn das (primäre und sekundäre) Unionsrecht nicht anwendbar ist. Einzelne grundgesetzliche Garantien, z. B. die **Tarifautonomie,** müssen ggf. mit europarechtlichen Regelungen abgeglichen werden.[610] Bei der Bestimmung der einschlägigen Rechtsgrundlage zum Erlass von datenschutzrechtlichen Regelungen ist zwischen Verfahren zur Datenverarbeitung im Rahmen des Binnenmarkts (Art. 16 Abs. 2 AEUV) und denjenigen im Rahmen der Gemeinsamen Außen- und Sicherheitspolitik (Art. 39 EUV) zu unterscheiden.

Der EU-Gesetzgeber hat am 27. April 2016 eine (Teil-)Reform des Datenschutzrechts verabschiedet. Der Datenschutz in den Mitgliedstaaten wird künftig vor allem durch folgende zwei Rechtsakte geprägt:
1. Die **Datenschutzgrundverordnung** (DS-GVO) der Union wird ab 25. Mai 2018 in den EU-Mitgliedstaaten wirksam.[611] Sie löst die Datenschutzrichtlinie aus dem Jahr 1995 ab.[612] Im Ausgangspunkt verfolgt die Verordnung ebenso wie die vorangegangene Richtlinie einen einheitlichen Regelungsansatz. Sie erfasst in ih-

---

[606] Roßnagel, MMR 2014, 372, 374; Kühling, NVwZ 2014, 681, 683 f.
[607] EuGH v. 24.11.2011, DuD 2012, 370, der in zwei Vorentscheidungsersuchen des Obersten Spanischen Gerichtshofs „nationale Alleingänge im Datenschutz" nach Art. 7 lit. f RL 95/46/EG (Datenschutzrichtlinie) verbieten will.
[608] Zur Vorlagepflicht beim EuGH BVerfG v. 09.01.2001, NJW 2001, 1267; zum EuGH als gesetzlichem Richter im Sinne von Art. 101 Abs. 1 S. 2 GG bereits BVerfG v. 22.10.1986, BVerfGE 73, 339.
[609] EuGH v. 11.01.2000, NJW 2000, 497.
[610] Zum Thema Grundrechte der Arbeit und Europa vgl. Bryde, RdA 2003, Sonderbeilage, Heft 5, 5.
[611] VO (EU) 2016/679 (DS-GVO)
[612] RL 95/46/EG (Datenschutzrichtlinie).

rem Anwendungsbereich die Datenverarbeitung im öffentlichen und im nichtöffentlichen Sektor. Diese deutsche Differenzierung hat keine Entsprechung im EU-Bereich. Allerdings können Mitgliedstaaten im Bürger-Staat-Verhältnis die Vorgaben der Verordnung durch spezifischere Regelungen ergänzen. Auch darüber hinaus räumt die Verordnung den Mitgliedstaaten in vielerlei Hinsicht die Möglichkeit ein, im einzelstaatlichen Recht spezifischere datenschutzrechtliche Vorgaben zu normieren.

2. Die **Richtlinie** (DSRLJ) der Union erfasst die Erhebung, Verarbeitung und Nutzung personenbezogener Daten im Bereich der Strafjustiz.[613] Sie ersetzt den Rahmenbeschluss des Rates vom 27.11.2008 über den Schutz personenbezogenerDaten, die im Rahmen der polizeilichen und justiziellen Zusammenarbeit in Strafsachen verarbeitet werden.[614] Die Mitgliedstaaten sind verpflichtet, die Vorgaben der Richtlinie bis zum 6. Mai 2016 im Hinblick auf die Verarbeitung zum Zwecke der Verhütung, Ermittlung, Aufdeckung oder Verfolgung von Straftaten oder der Strafvollstreckung „einschließlich des Schutzes vor und der Abwehr von Gefahren für die öffentliche Sicherheit" umzusetzen. Im Einzelnen bestehen Abgrenzungsfragen zwischen den beiden Rechtsakten wie etwa zum Verhältnis der allgemeinen polizeilichen Gefahrenabwehr (DS-GVO) zur polizeilichen Gefahrenabwehr im Rahmen der Straftatbekämpfung (DSRLJ).

Verordnungen der Union haben grundsätzlich eine allgemeine und verbindliche Geltung (Art. 288 DS-GVO). Sie wirken in den Mitgliedstaaten unmittelbar und lassen im Grundsatz keine oder nur wenige vorgesehene Umsetzungsspielräume offen (Art. 288 Abs. 2 AEUV). Sie verdrängen in ihrem Anwendungsbereich jede Form des mitgliedstaatlichen Rechts. Die DS-GVO sieht allerdings zahlreiche Klauseln vor, die den Mitgliedstaaten gewisse Gestaltungsmöglichkeiten eröffnen und Regelungsaufträge erteilen („Öffnungsklauseln").

Richtlinien sind für den Mitgliedstaat, an den sie sich richten, hinsichtlich der zu erreichenden Ziele zwar verbindlich, überlassen aber den innerstaatlichen Stellen die Wahl der Form und der Mittel (Art. 288 Abs. 3 AEUV).

Die DS-GVO ist ebenso wie die DSRLJ auf die Transformation in innerstaatliches Recht angewiesen. Insbesondere öffentliche Aufgaben lassen sich auf der Abstraktionshöhe einer übergreifenden Grundverordnung nicht abschließend regeln. Da die Mitgliedstaaten im Rahmen einer Richtlinie i. d. R. größere Handlungsspielräume als bei einer Verordnung haben, stellen sich die bereits angesprochenen Abgrenzungsfragen zwischen den beiden Rechtsakten. Nach der Entscheidung des Unionsgesetzgebers unterliegt speziell das deutsche Polizeirecht sowohl dem Anwendungsbereich

---

[613] RL 2016/680 (Richtlinie zum Datenschutz in Strafsachen).
[614] Rahmenbeschluss 2008/977/JI über den Schutz personenbezogener Daten, die im Rahmen der polizeilichen und justiziellen Zusammenarbeit in Strafsachen verarbeitet werden, ABl. v. 30.12.2008 L 350, S. 60.

der DSRLJ (in Bezug auf die vorbeugende Bekämpfung von Straftaten) als auch dem der DS-GVO (in Bezug auf die übrige polizeiliche Gefahrenabwehr). Zu klären bleibt, ob dennoch nur ein begrenzter Anpassungsbedarf an das Unionsrecht im deutschen Polizeirecht besteht. Denn auch nach der Grundverordnung (Art. 6 Abs. 2 DS-GVO) dürfen die Mitgliedstaaten im Rahmen ihrer Anwendung spezifische Regelungen beibehalten oder einführen, wenn sie der Umsetzung von Art. 6 Abs. 1 c) und e) oder von Sonderregelungen in Kapitel IX DS-GVO dienen. Es ist daher jeweils festzustellen, inwieweit eine innerstaatliche Regelung die Verordnung nur konkretisiert oder ob sie in ihrem Gehalt abweichende Regelungen trifft.

1.6.4 Völkerrecht, Unionsrecht und nationales Recht

Das **traditionelle Völkerrecht** ist im Kern das Recht für die Beziehungen zwischen souveränen Staaten. Es dient der Sicherung des Friedens der Staaten, die im Globalisierungsprozess immer abhängiger voneinander werden. Das Grundgesetz hat das Verhältnis des Völkerrechts zum nationalen Recht eigens geregelt:

Die „allgemeinen Regeln des Völkerrechts"[615] gehören zum **Bundesrecht** (Art. 25 Satz 1 GG) und gehen den nationalen Gesetzen vor (Art. 25 Satz 2 GG). Sie stehen im Rang unter der Verfassung, aber über den Bundesgesetzen (Zwischenrang).[616] **Völkerrechtliche Verträge** (z. B. das erste verbindliche Abkommen zum Datenschutz, die Datenschutzkonvention des Europarates vom 28. Januar 1981 und die Datenschutzregelungen in der Biomedizin-Konvention des Europarats vom 4. April 1997) wurden nach ihrer Ratifizierung in innerstaatliches Recht umgesetzt bzw. transformiert (Art. 59 Abs. 2 Satz 1 GG). Nach der Umsetzung haben sie Gesetzesrang und unterfallen dem Grundgesetz. Dies bedeutet, dass sie grundrechtskonform sein und mit der verfassungsrechtlichen Kompetenzverteilung zwischen Bund und Ländern im Einklang stehen müssen.

Durch das Inkrafttreten der GRCh mit Wirkung vom 1. Dezember 2009 ergibt sich für die EMRK folgende Rechtslage. Die Charta verfügt in Art. 52 Abs. 3 GRCh, dass die in ihr enthaltenen Rechte „die gleiche Bedeutung und Tragweite" haben, wie sie ihnen in der EMRK verliehen wird. Nach dem Vertrag über die Gründung der Europäischen Union (Art. 6 Abs. 1 EUV) gehört die Charta zum Primärrecht der Union. Damit haben auch die Grundrechte der EMRK mittelbar Primärrang in der EU-Rechtsordnung erhalten.[617] Als Teil der Unionsrechtsordnung kann daher die EMRK in den Mitgliedstaaten

---

615 Hierzu gehören vor allem das Völkergewohnheitsrecht (z. B. völkerrechtliches Notwehr- und Nachbarrecht) und die allgemeinen Rechtsgrundsätze des Völkerrechts (z. B. das Prinzip von Treu und Glauben, das Verbot des Rechtsmissbrauchs).
616 BVerfG v. 29.05.1974, BVerfGE 37, 271, 279.
617 Vgl. etwa Grewe, EuR 2012, 285, 291.

134 — 1 Grundfragen

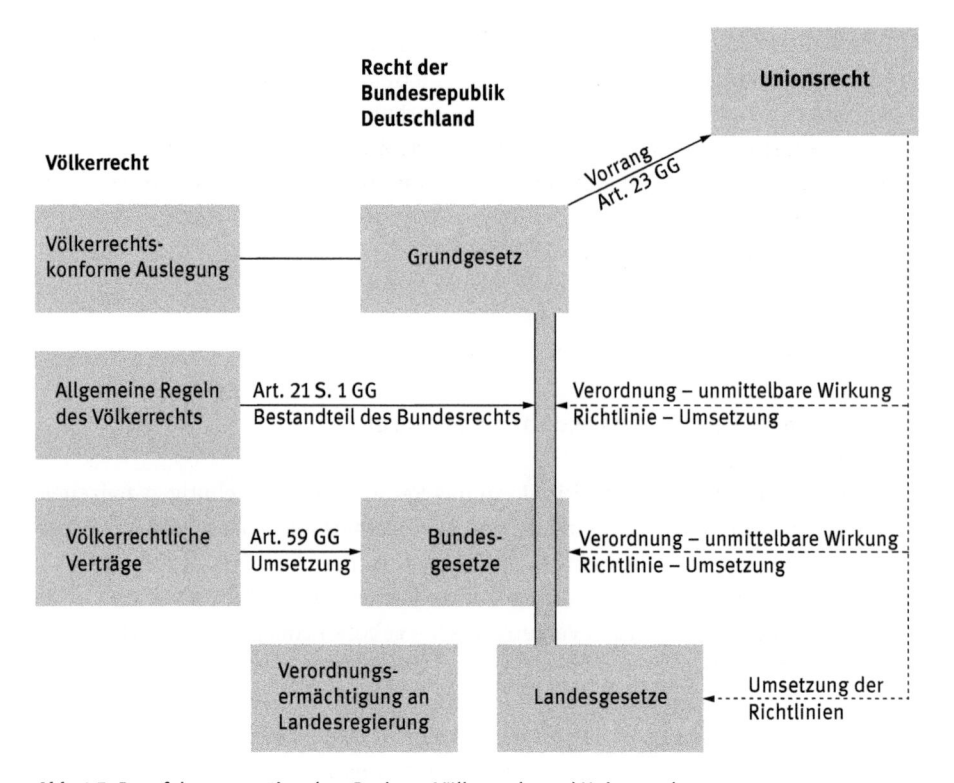

Abb. 1.5: Rangfolge von nationalem Recht zu Völkerrecht und Unionsrecht.

Geltung beanspruchen. In Abb. 1.5 wird das Verhältnis der genannten Rechtsebenen skizziert.

Nach der Rechtsprechung des EuGH ist davon auszugehen, dass die EMRK über die Charta auf das grundrechtsrelevante Sekundärrecht einwirkt und gleichzeitig das Exekutivhandeln unmittelbar (mit-)steuern kann. Denn der EuGH geht davon aus, dass er nicht nur an den Text der EMRK gebunden ist, sondern dass er auch dessen Interpretation durch den EGMR nachzuvollziehen hat.[618] Besonders sind hier die Ausführungen in den Rechtssachen Schecke und Eifert zu betrachten, wo die zuständige Generalanwältin die Rechtsprechung des EGMR für den Datenschutz nach EU-Recht ausgewertet hat.[619] Daraus kann auch die heutige Einstellung des EuGH zur EMRK entnommen werden.

---

[618] EuGH v. 05.10.2010, EuR 2011, 705, 712; EuGH v. 15.11.2011, NVwZ 2012, 97, 100.
[619] EuGH v. 09.11.2010, DuD 2011, 137, Schlussanträge Sharpston v. 17.06.2010, §§ 64, 27.

Die Diskussion um die Hierarchie von Grundgesetz, EMRK und einfachem Gesetzesrecht hat eher einen akademischen Charakter.[620] Sie spielt in der Praxis kaum eine Rolle. Faktisch wird die EMRK auch vom BVerfG innerstaatlich geprüft.[621] Schließlich kommt es auf ein kooperatives Miteinander des EGMR und des BVerfG an. Das BVerfG, das die Argumente des EGMR aufgreift, schärft den Blick des europäischen Gerichtshofs für rechtskulturelle Besonderheiten im eigenen und im nationalen Recht der anderen Signaturstaaten der EMRK.

1.6.5 Kooperation oder Konfrontation in der Union

Der komplexe Wechselprozess von Politik, Wirtschaft und Datenschutz sowie die wachsende europäische Zusammenarbeit im strafrechtlichen Bereich spielen eine zentrale Rolle im Aktionsplan der Europäischen Kommission zur Umsetzung des Stockholmer Programms[622] und in der Digitalen Agenda für Europa,[623] die Bestandteil der Wachstumsstrategie für Europa 2020 ist.[624] In praktischer Konsequenz hat der Unionsgesetzgeber – gestützt auf Art. 16 Abs. 2 S. 1 AEUV – eine Reform des Datenschutzes in Form der DS-GVO und der DSRLJ eingeleitet, die bis 2018 von den Mitgliedstaaten umzusetzen ist.

1.6.5.1 Grundsätze der Subsidiarität und Verhältnismäßigkeit

Eine extensive unionsweite Regelung des mitgliedstaatlichen Rechts berührt die im Primärrecht geregelten **Grundsätze der Subsidiarität und der Verhältnismäßigkeit** (Art. 5 Abs. 3 und Abs. 4 EUV). Danach wird die Union in Bereichen, die nicht in ihre ausschließliche Zuständigkeit fallen, nur dann tätig, sofern und soweit die Ziele der infrage kommenden Maßnahmen wegen ihres Umfangs oder ihrer Wirkung auf Unionsebene besser zu verwirklichen sind. Die genannten Grundsätze sind bei den Gesetzgebungsverfahren der Union zu beachten.[625] So hat die Kommission vor einem

---

620 Leutheusser-Schnarrenberger, in: Masuch/Hohmann-Dennhardt/Villiger (Hg.), FS für Renate Jäger (2011), S. 135, 138.
621 Vgl. die Auseinandersetzung des BVerfG mit der Rechtsprechung des EGMR in dem Beschluss des Zweiten Senats v. 20.06.2012, BVerfGE 131, 268, 295; s. a. Lübbe-Wolff, Dialogue between judges (2012), S. 11, 13; s. a. Michl, Die Überprüfung des Unionsrechts am Maßstab der EMRK (2014), S. 49 f.
622 KOM(2010) 171 endg.
623 KOM(2010) 245 endg.
624 KOM(2010) 2020 endg.
625 Vgl. Protokoll über die Anwendung der Grundsätze der Subsidiarität und der Verhältnismäßigkeit, die dem EUV und AEUV beigefügt sind, abgdr. in: Fischer, Der Vertrag von Lissabon (2008), S. 463.

Gesetzentwurf etwa öffentliche Anhörungen zum Datenschutz[626] und Gespräche mit Interessenvertretern oder Datenschutzbehörden der EU[627] vorzunehmen, um herauszufinden, wie eine einheitliche Anwendung der Datenschutzvorschriften erreicht werden kann. Für die Beachtung der Subsidiarität haben auch die Mitgliedstaaten Sorge zu tragen (Art. 69 AEUV).[628]

Der Grundsatz der **Subsidiarität** ist ein **Architekturprinzip der Union.** Die Maßnahmen der Union dürfen inhaltlich wie formal nicht über das zur Erreichung der Ziele der Verträge erforderliche Maß hinausgehen. Dient die „Vollharmonisierung" diesem Ziel? Ist es nicht auch durch „mildere" Maßnahmen zu erreichen? Sind die Gestaltungsspielräume der Mitgliedstaaten entsprechend der allgemeinen Kompetenzverteilung (Art. 5 Abs. 2 EUV) zugunsten der Mitgliedstaaten hinreichend beachtet worden?

1.6.5.2 Vollharmonisierung unter der Grundverordnung

Es entspricht der gefestigten Rechtsprechung des EuGH, dass bereits die Richtlinie (95/46/EG) auf eine **Vollharmonisierung des Datenschutzes** ausgerichtet ist.[629] Das Gericht hat in diesem Zusammenhang allerdings nie in Zweifel gezogen, dass diese Richtlinie den Mitgliedstaaten Gestaltungsspielräume offenhält und auch offenhalten sollte.[630]

Die DS-GVO vom 27. April 2016 zielt auf eine weitere gesamteuropäische Stärkung des Datenschutzes. Ihre zahlreichen Öffnungsklauseln sehen teils Regelungsaufträge vor, die die Mitgliedstaaten ausfüllen können, aber nicht müssen. Darüber hinaus sieht die Verordnung in bestimmten Fällen nicht-gesetzliche Umsetzungsmaßnahmen der Mitgliedstaaten vor. In der Regel berücksichtigen die Klauseln den Subsidiaritätsgedanken und sind daher EU-rechtskonform.[631] Soweit die Mitgliedstaaten aufgrund entsprechender Öffnungsklauseln spezifischere Regelungen verabschieden, dürfen sie Teile der DS-GVO in ihr nationales Recht aufnehmen, „soweit dies erforderlich ist, um die Kohärenz zu wahren und die nationalen Rechtsvorschriften, für die sie gelten, verständlicher zu machen" (EG 8). Diese Erwägung basiert auf der Rechtsprechung des EuGH, „wonach keine Bedenken dagegen bestehen, dass nationale Gesetze im In-

---

[626] Vgl. unter: http://ec.europa.eu/justice/news/consulting_public/news_consulting_0006_en.htm (letzter Abruf 24.03.2016).
[627] KOM(2010) 609 endg.
[628] Vgl. dazu den Beschluss des Bundesrats v. 30.03.2012, BR-Drs. 52/12.
[629] Vgl. zuletzt EuGH v. 24.11.2011, DuD 2012, 370, 371 m. w. N.; s. a. Kap. 1.4.3.
[630] Vgl. EuGH v. 06.11.2003, DuD 2004, 244; EuGH v. 29.01.2008, DuD 2008, 216, 223; EuGH v. 07.05.2009, EuZW 2009, 546, 548.
[631] So z. B. EuGH v. 11.11.1992, BeckEuRS 1992, 190387.

teresse ihres inneren Zusammenhangs und ihrer Verständlichkeit bestimmte Punkte aus ihren Gemeinschaftsordnungen wiederholen."[632]

Die DS-GVO gesteht den Mitgliedstaaten innerhalb ihres Anwendungsbereichs – eher im Stile einer Richtlinie – insbesondere die Möglichkeit zu, für den Bereich der staatlichen Datenverarbeitung spezifischere Anforderungen festzulegen.

Die DS-GVO ermöglicht den Mitgliedstaaten bspw. folgende Regelungen:
- Die Mitgliedstaaten haben die Befugnis, bestimmte nationale Erlaubnistatbestände zur Verarbeitung personenbezogener Daten auf nationaler Ebene zu spezifizieren (Art. 6 Abs. 2). Danach ist etwa für öffentliche Stellen eine Verarbeitung rechtmäßig, „wenn sie für die Wahrnehmung einer Aufgabe erforderlich (ist), die im öffentlichen Interesse liegt oder in Ausübung öffentlicher Gewalt erfolgt, die dem Verantwortlichen übertragen wurde" (Art. 6 Abs. 1 lit. e). Entsprechend Art. 6 Abs. 3 S. 1 muss die Rechtsgrundlage für die Verarbeitung (Art. 6 Abs. 1 lit. e) durch das Unionsrecht (Art. 6 Abs. 3 S. 1 lit. a) oder durch das Recht des Mitgliedstaats festgelegt werden, dem der Verantwortliche unterliegt (Art. 6 Abs. 3 S. 1 lit. b). Dabei ist das Tatbestandsmerkmal „Recht des Mitgliedstaats" im Sinn der jeweiligen mitgliedstaatlichen Verfassungsordnung auszulegen (EG 41). Das mitgliedstaatliche Recht umfasst nicht ausschließlich Parlamentsgesetze. Die Verarbeitung kann auch auf Rechtsverordnungen, Tarifverträge oder kommunale Satzungen gestützt werden. Die Regelungen müssen allerdings klar und präzise sein, sodass sie für die Betroffenen vorhersehbar sind.[633]
- In Fällen, in denen der nationale Gesetzgeber auf der Grundlage der DS-GVO (Art. 6 Abs. 1 lit. e) einen konkreten Verarbeitungsvorgang oder mehrere konkrete Verarbeitungsvorgänge regelt und in diesem Zusammenhang bereits eine Datenschutz-Folgabschätzung vornimmt, kann er entscheiden, ob der Verantwortliche vor der Aufnahme der Verarbeitung eine weitere Datenschutzfolge-Abschätzung vornehmen muss (Art. 6 Abs. 1 lit. c und lit. e, Abs. 3 und Art. 35 Abs. 10). Da die Verarbeitung personenbezogener Daten mit Risiken für die Rechte und Freiheiten natürlicher Personen verbunden ist, betont die DS-GVO die Notwendigkeit einer Datenschutz-Folgenabschätzung insbesondere dann, wenn die DS-GVO Forderungen an den Verantwortlichen (Art. 24) im Sinne des Umsetzens geeigneter technischer und organisatorischer Maßnahmen (Art. 25) stellt. Der Verantwortliche muss immer die Eintrittswahrscheinlichkeiten und Schwere der Risiken für die Rechte und Freiheiten der Person berücksichtigen. An diese allgemeinen Forderungen für jede Art der Verarbeitung von personenbezogenen Daten schließt sich eine spezielle Datenschutz-Folgabschätzung für die Fälle an, in denen die Verarbeitung voraussichtlich eine hohes Risiko birgt (Art. 35). Es

---

[632] Vgl. EuGH v. 28.03.1985, BeckEuRS 1985, 119196 Ls. 4.
[633] Zum Merkmal der Vorhersehbarkeit vgl. EuGH v. 08.04.2014, DuD 2014, 488 – Digital Rights/Ireland.

muss daher jeweils eine Abschätzung der Folgen für vorgesehene Verarbeitungsvorgänge hinsichtlich des Schutzes personenbezogener Daten getroffen werden (Art. 35 Abs. 1 S. 1). Das soll dazu dienen, dass die DS-GVO „besser eingehalten" wird, indem die Ergebnisse der Evaluation von „Ursache, Art Besonderheit und Schwere" der Risiken bei der Auswahl der geeigneten Maßnahmen berücksichtigt werden (EG 84).

- Die Mitgliedstaaten haben die Möglichkeit, das Mindestalter für die Einwilligungsfähigkeit Minderjähriger abweichend von den in der Verordnung vorgesehenen 16 Jahren auf bis zu 13 Jahre abzusenken (Art. 8 Abs. 1). Nach Art. 8 Abs. 1 S. 1 DS-GVO ist ansonsten im Falle, dass „Angebote" von „Diensten der Informationsgesellschaft"[634] einem Kind direkt gemacht werden, eine Einwilligung des Kindes nur rechtmäßig, wenn das Kind das sechzehnte Lebensjahr vollendet hat (Netzmündigkeit). Andernfalls ist eine solche Verarbeitung nur dann rechtmäßig, sofern und soweit die Einwilligung durch den Träger der elterlichen Verantwortung für das Kind oder mit dessen Zustimmung erteilt wird (Art. 8 Abs. 1 S. 2).

- Die Mitgliedstaaten können weitere Bedingungen, einschließlich möglicher Beschränkungen, für eine (risikoträchtige) Verarbeitung besonderer Arten personenbezogener Daten (Art. 9) normieren. In einem engen Rahmen sind Ausnahmen vom Verarbeitungsverbot möglich (Art. 9 Abs. 2), die abschließend geregelt sind. Das Verarbeitungsverbot gilt nicht, wenn die betroffene Person „für einen oder mehrere festgelegte Zwecke ausdrücklich eingewilligt" (Art. 9 Abs. 2 lit. a) hat. Die EU-Mitgliedstaaten können allerdings vorsehen, dass das Verbot der Verarbeitung nicht durch eine Einwilligung aufgehoben werden kann. Besondere Regelungen ergeben sich für die Verarbeitung von Gesundheitsdaten (Art. 9 Abs. 3 und 4). Die nationalen Gesetzgeber haben für die Verarbeitung von genetischen, biometrischen oder Gesundheitsdaten das Recht, zusätzliche Bedingungen einzuführen oder aufrechtzuerhalten (Art. 9 Abs. 4).

- Zur Verfolgung von Zwecken im öffentlichen Interesse können die Mitgliedstaaten Informationsrechte einer betroffenen Person wie das Recht auf Benachrichtigung einschränken (Art. 14 Abs. 5 lit. c und lit. d). Die Datenerhebung bei einem Betroffenen löst Informationspflichten aus, die abschließend geregelt sind (Art. 13). Im Fall, dass der Verantwortliche Daten nicht bei der betroffenen Person erhebt, hat er sie regelmäßig zu benachrichtigen (Art. 14). Eine Informationspflicht besteht dann nicht (Art. 14 Abs. 5 lit. c), wenn die Mitgliedstaaten durch Rechtsvorschrif-

---

[634] Zum Begriff „Dienst der Informationsgesellschaft" vgl. Richtlinie 2000/31/EG über bestimmte rechtliche Aspekte der Dienste der Informationsgesellschaft, insbesondere des elektronischen Geschäftsverkehrs, im Binnenmarkt (E-Commerce-Richtlinie), ABl. v. 17.07.2000 L 178, S. 1 EG 17, wonach er als „in der Regel gegen Entgelt elektronisch im Fernabsatz und auf individuellen Abruf eines Empfängers erbrachte Leistung" definiert wird. Es ist erforderlich, dass die Dienste durch Übertragung von Daten auf individuelle Anforderung erbracht werden und ein direktes Angebot für das Kind bzw. den Jugendlichen darstellen. Negativ-Beispiele: Sprachtelefonie, Telefaxdienste, Fernsehdienste.

ten erstens die Erlangung oder Offenlegung ausdrücklich geregelt haben, zweitens geeignete Maßnahmen zum Schutz der berechtigten Interessen der betroffenen Person vorsehen und drittens der Verantwortliche diesen Rechtsvorschriften unterliegt.
- Die Mitgliedstaaten haben die Befugnis, das Recht auf Löschung („Recht auf Vergessenwerden") der betroffenen Person einzuschränken (Art. 17 Abs. 3 lit. b). Die betroffene Person hat grundsätzlich das Recht, eine unverzügliche Löschung ihrer Daten zu verlangen (Art. 17 Abs. 1). Unabhängig davon ist eine Löschung geboten, wenn das Recht der Mitgliedstaaten sie gegenüber dem Verantwortlichen „zur Erfüllung einer rechtlichen Pflicht" fordert (Art. 17 Abs. 1 lit. e). Hat ein Verantwortlicher personenbezogene Daten veröffentlicht, muss er mögliche verantwortliche Empfänger darüber informieren (Art. 17 Abs. 2), dass die betroffene Person die Löschung verlangt (Nachberichtigungspflicht). Diese Pflicht besteht dann nicht (Art. 17 Abs. 3 lit. b), soweit die Verarbeitung zur Erfüllung einer rechtlichen Verpflichtung oder zur Wahrnehmung einer im öffentlichen Interesse liegenden Aufgabe oder in Ausübung öffentlicher Gewalt erfolgt.
- Durch mitgliedstaatliches Recht kann das Verbot der automatisierten Entscheidung im Einzelfall einschließlich Profiling (s. Definition in Art. 4 Nr. 4) eingeschränkt werden (Art. 22 Abs. 2 lit. b). Grundsätzlich hat eine betroffene Person den Anspruch, nicht ausschließlich aufgrund einer automatisierten Verarbeitung einschließlich Profiling beurteilt zu werden, wenn sie von der Entscheidung im Einzelfall oder in ähnlicher Weise erheblich beeinträchtigt wird. Dieser Unterlassungsanspruch ist dann ausgeschlossen, wenn die Entscheidung aufgrund von Rechtsvorschriften eines Mitgliedstaats erfolgt (Art. 22 Abs. 2 lit. b). Voraussetzung ist, dass die mitgliedstaatlichen Regelungen „angemessene Maßnahmen zur Wahrung der Rechte und Freiheiten sowie der berechtigten Interessen der betroffenen Person enthalten". Hervorzuheben ist, dass automatisierte Einzelentscheidungen (Art. 22 Abs. 2 lit. b) nicht auf besondere Kategorien personenbezogener Daten (Art. 9 Abs. 2) gestützt werden dürfen.
- Die Mitgliedstaaten können die Benennung eines Datenschutzbeauftragten auch über die in der Grundverordnung normierten Konstellationen hinaus vorsehen (Art. 37 Abs. 4). Die Bestellung eines Datenschutzbeauftragten ist in drei Fallkonstellationen zwingend vorgeschrieben (Art. 37 Abs. 1 lit. a – lit. c).
- Aufgegeben ist den Mitgliedstaaten auch das gesetzliche Austarieren von Datenschutz und Meinungs- sowie Informationsfreiheit einschließlich der Normierung von Abweichungen und Ausnahmen von den Vorgaben der Verordnung im Falle der Datenverarbeitung zu journalistischen, wissenschaftlichen, künstlerischen und literarischen Zwecken (Art. 85 Abs. 1 und 2). Jeder Mitgliedstaat ist verpflichtet, entsprechende Rechtsvorschriften, die er erlassen hat, der Kommission ebenso wie spätere Änderungen unverzüglich mitzuteilen (Art. 85 Abs. 3).

- Die EU-Mitgliedstaaten haben die Möglichkeit, spezifische Regelungen zum Beschäftigtendatenschutz zu verabschieden. Der nationale Gesetzgeber ist verpflichtet, die Anforderungen der Verordnung zu beachten (Art. 88 Abs. 2).
- Des Weiteren können die Mitgliedstaaten Ausnahmen von den Rechten einer betroffenen Person bei der Datenverarbeitung für Archivzwecke oder für wissenschaftliche, historische und statistische Zwecke normieren (Art. 89).

1.6.5.3 Delegierte Rechtsetzung durch die Kommission

Im Unterschied zu den großzügigen Regelungsspielräumen, die die Verordnung den Mitgliedstaaten zubilligt, ist von den zahlreichen Befugnissen der Kommission zu einer delegierten Rechtsetzung, die sich diese in ihrem ursprünglichen Entwurf von 2012 noch selbst eingeräumt hatte, letztlich nur wenig übrig geblieben.

Bei **delegierten Rechtsakten der Kommission** i. S. v. Art. 290 AEUV[635] handelt es sich um eine **exekutive Rechtsetzung** durch die Kommission, die mit dem Erlass einer Rechtsverordnung in der bundesdeutschen Rechtsordnung (Art. 80 GG) vergleichbar ist. Sie findet ihre Rechtsgrundlage nicht in Art. 290 Abs. 1 AEUV, sondern im jeweiligen Unionsgesetz, hier ggf. in der Datenschutzgrundverordnung. Die delegierten Rechtsakte stehen dem Rechtsakt des Unionsgesetzgebers im Rang nach. Entsprechend ihrer hierarchischen Unterordnung sind sie immer dann nichtig, „wenn sie mit der im delegierenden Gesetzgebungsakt enthaltenen Ermächtigung nicht vereinbar sind".[636] Als Ausdruck des **Gewaltenteilungsprinzips** des Unionsrechts müssen sie als „tertiäres Unionsrecht" mit dem Primärrecht (den Verträgen und der Charta), aber auch mit dem gesamten Sekundärrecht (einer Verordnung usw.) übereinstimmen.[637]

Die Ermächtigung bezieht sich auf die Ergänzung oder Änderung von Vorschriften, die nicht **wesentliche Aspekte**[638] eines Bereichs berühren. Sie ist in erster Linie darauf angelegt, die entsprechenden Normen detailliert und konkret auszufüllen. Die Befugnis zur Änderung soll der Kommission die Möglichkeit geben, den jeweiligen Gesetzgebungsakt zu aktualisieren, beispielsweise technische Detailbestimmungen zu regeln.[639] In dieser Hinsicht hat die Kommission substanziellen Gestaltungsspielraum. Die wesentlichen Aspekte eines Bereichs sind dagegen stets dem Unionsgesetzgeber selbst vorbehalten (Art. 290 Abs. 1 Uabs. 2. Satz 2 AEUV).[640] In den delegierenden Gesetzgebungsakt sind die Bedingungen aufzunehmen, unter denen die Ergänzungs-

---

635 Vgl. dazu Schild/Tinnefeld, DuD 2012, 312.
636 Gellermann, in: Streinz (Hg.), EUV, AEUV (2. A. 2012), Art. 290 AEUV Rn. 3–6; s. a. Vedder, in: Vedder/Heintschel von Heinegg (Hg.), Europäisches Unionsrecht (2012), Art. 290 AEUV Rn. 2.
637 Gellermann, in: Streinz (Hg.), EUV, AEUV (2. A. 2012), Art. 290 AEUV Rn. 3.
638 Vgl. EuGH v. 06.12.2005,BeckEuRS 2005, 418261 m. Anm. Ohler, JZ 2006, 359.
639 Gellermann, in: Streinz (Hg.), EUV, AEUV (2. A. 2012), Art. 290 AEUV Rn. 4.
640 Zur Entwicklung des Begriffs „wesentlicher Rechtsakt" vgl. etwa EuGH v. 17.12.1970, NJW 1971, 1006; EuGH v. 27.10.1992, NJW 1993, 47, 48; EuGH v. 06.05.2008, NVwZ 2008, 1223, 1224 f. m. w. N.

und Änderungsbefugnis steht, sodass sie von Parlament und Rat kontrolliert werden können (Art. 290 Abs. 2 AEUV).[641] Die Kommission kann sich beim Erlass delegierter Rechtsakte des Sachverstands der Mitgliedstaaten bedienen, muss dies aber nicht.[642]

Hatte der Kommissionsentwurf noch in 26 Fällen die Kompetenz der Kommission vorgesehen, unbestimmte Regelungen des Verordnungsentwurfs durch delegierte Rechtsakte nachträglich zu konkretisieren, so ist nunmehr die Befugnis der Kommission zum Erlass delegierter Rechtsakte auf nur noch zwei Punkte beschränkt: die Festlegung, auf welche Art und Weise standardisierte Icons als Informationsmittel eingesetzt werden können und welche Informationen diese präsentieren müssen (Art. 12 Abs. 8), sowie die Festlegung von Anforderungen, die bei Zertifizierungsverfahren zu berücksichtigen sind (Art. 43 Abs. 8).

Der ursprüngliche Ansatz, dass die Kommission im Wege (delegierter) Rechtsakte für eine einheitliche Konkretisierung der allgemeinen Vorgaben der Verordnung in allen Mitgliedstaaten sorgt, hat sich somit im Gesetzgebungsverfahren der Union nicht durchgesetzt. So wird es denn zunächst einmal Aufgabe von Aufsichtsbehörden und Rechtsprechung sein, den allgemeineren Vorgaben der Grundverordnung Konturen zu verleihen. Durch den Wechsel von der Richtlinie zu einer Grundverordnung werden nicht nur die Wirtschaft, sondern auch die deutschen Gerichte und Behörden den Regeln des Europarechts unterworfen, für dessen Auslegung ggf. der EuGH nach den Regeln des **Vorabentscheidungsverfahrens** (Art. 267 Abs. 1 lit. b AEUV) zuständig ist.[643] In diesem Licht ist auch das große Problem der Richter in Luxemburg ins Auge zu fassen: der dramatische Anstieg der Verfahren, die zusammen mit den Verfahrenszeiten vor den nationalen Gerichten eine Dauer von vier Jahren und länger aufweisen können.[644]

Ohne angemessene Einbeziehung eines optimalen Grundrechtsschutzes, ohne demokratische Mitwirkung der Gesellschaften und ihrer nationalen Gesetzgeber kann das Vertrauen der Bürger in die Stabilität supranationaler Regelungen leiden. Gefragt ist und infrage steht daher auch die Fähigkeit der Bürger zur politischen Mitgestaltung ihrer Lebensverhältnisse. Die Bürger in einem Land müssen wissen und spüren,

---

641 Dazu Schild/Tinnefeld, DuD 2012, 312.
642 Gellermann, in: Streinz (Hg.), EUV, AEUV (2. A. 2012), Art. 290 AEUV Rn. 12 m. w. N.
643 Grund dafür ist: Weist ein Rechtsstreit in den Mitgliedstaaten unionsrechtlich ungeklärte Fragen auf, dann muss der letztinstanzlich entscheidende Richter den Sachverhalt zur Vorabentscheidung dem EuGH vorlegen. Nach dessen Entscheidung darf er selbst in der Sache urteilen. Die Richter am EuGH sind mit einer Ausnahme nicht auf Fachbereiche spezialisiert. Die Ausnahme bildet das Gericht für den öffentlichen Dienst, das für beamtenrechtliche Fälle zuständig ist.
644 Zum Problem Rösler, Europas Gerichte unter Reformdruck (2012): Der Europarechtsexperte am Hamburger Max-Planck-Institut für ausländisches und internationales Privatrecht Hannes Rösler schlägt in seinem Werk vor, einen judikativen Föderalismus zwischen den mitgliedstaatlichen und europäischen Gerichten zu entwickeln. Erstrebenswert sei vor allem eine Strukturreform, die eine neue europäische Justizarchitektur bilde. Dazu gehöre auch eine europäische Gerichtsbarkeit für Bürger. Sie sollen den EuGH – anders als bisher – in festgelegten Grenzen unmittelbar anrufen können.

dass die Entscheidungen nicht allzu weit weg von ihnen fallen, sodass sie zustimmen können. Vertrauen ist daher auch Teil einer Erfahrung, die mit einer bestimmten (nationalen) **Rechtskultur** gewonnen werden kann.

Damit zeichnet sich ein Problem ab, das Friedrich Hebbel in seinem unvollendeten Trauerspiel „Demetrius" so beschrieben hat: „Wer damit anfängt, dass er allen traut, wird damit enden, das er jeden für einen Schurken hält."[645] Anders formuliert legt Hebbels „bedrohlicher" Spruch die Schlussfolgerung nahe, alles und jeden unter Kontrolle zu halten.

1.6.5.4 Durchführungsrechtsakte der Kommission

Die DS-GVO bestimmt in einigen Fällen, dass die Kommission **Durchführungsrechtsakte** i. S. v. Art. 291 AEUV vornehmen kann, die der Festlegung formaler Details dienen sollen.

> **Beispiel**
> Art. 45 Abs. 3 und Abs. 5 für die Feststellung eines angemessenen Schutzniveaus eines Drittlandes bzw. die Feststellung, dass ein solches nicht mehr besteht

> **Beispiel**
> Art. 61 Abs. 9 für die Festlegung von Form und Verfahren der Amtshilfe unter Aufsichtsbehörden

Bei Durchführungsrechtsakten geht es nicht um die Ergänzung oder Änderung von Gesetzesakten der Union. Art. 291 AEUV betont den **Grundsatz der mitgliedstaatlichen Durchführung** nach innerstaatlichem Recht (Abs. 1) und macht die Übertragung der Durchführungsbefugnisse an die Kommission (Abs. 2) von dem Erfordernis einheitlicher Bedingungen abhängig, deren Wahrnehmung (Abs. 3) unter mitgliedstaatliche Kontrolle gestellt werden soll.[646] Im Einzelnen dürfen der Kommission Durchführungsbefugnisse nur im Einklang mit dem Subsidiaritätsprinzip (Art. 5 Abs. 3 EUV) zustehen, wenn im Bereich des Datenschutzes eine gleichförmige Durchführung in den Mitgliedstaaten andernfalls nicht gesichert ist oder sich die Durchführungsmaßnahme ihres Umfangs oder ihrer Wirkung nach auf Unionsebene besser verwirklichen lässt.[647]

---

645 Hebbel, Demetrius, IV, Kap. 1 Vers 2394 ff.; s. a. Prantl, Wir sind viele (2011), S. 15 f.
646 Gellermann, in: Streinz (Hg.), EUV, AEUV (2. A. 2012), Art. 291 AEUV Rn. 2 f., 30 f.
647 Vedder, in: Vedder/Heintschel von Heinegg (Hg.), Europäisches Unionsrecht (2012), Art. 291 AEUV Rn. 9.

1.6.5.5 Einheitliche Rechtsanwendung durch Aufsichtsbehörden

Von zentraler Bedeutung für eine unionsweit einheitliche Rechtsanwendung sind auch die Regelungen zur Zuständigkeit und Zusammenarbeit von Aufsichtsbehörden sowohl innerhalb als auch zwischen den Mitgliedstaaten. Bereits während der Beratungen zur DSRL von 1995 zeichnete sich die Notwendigkeit ab, auf europäischer Ebene ein koordiniertes Verfahren für die Meinungsbildung und Abstimmung unter den Datenschutzbehörden in Europa zu schaffen. Durch die DS-GVO werden die Regeln zur gegenseitigen Amtshilfe daher erheblich ausgebaut (Art. 61) und die Behörden haben die Möglichkeit, gemeinsam Maßnahmen durchzuführen (Art. 62).

Das Urteil des EuGH[648] zur notwendigen Unabhängigkeit und somit Stärkung der Aufsichtsbehörden im Jahre 2010 hat in Deutschland dazu beigetragen, dass die ehemals gespaltene Datenschutzaufsicht im öffentlichen und nicht-öffentlichen Bereich nahezu (Ausnahme Bayern) ganz aufgehoben wurde und die Aufgaben nunmehr in einer Stelle koordiniert sind. Damit wurden die Stellen im öffentlichen Bereich (Bundesbeauftragter für den Datenschutz und die Informationsfreiheit BfDI sowie die jeweiligen Landesdatenschutzbeauftragten) mit den jeweiligen Aufsichtsbehörden im nicht-öffentlichen Bereich zusammengelegt.

Organisation, Aufgaben und Befugnisse der Aufsichtsbehörden werden in der DS-GVO umfassend geregelt. Auch Regelungen der Aufsicht, die unter Geltung des nationalen Rechts erfolgen, sind grundsätzlich neu zu gestalten. Die Datenschutzaufsicht im öffentlichen Bereich von Bund und Ländern muss auch unter dem Aspekt der DS-RLJ im Sinne des Unionsrechts reformiert werden.

Die Tätigkeit der Aufsichtsbehörden wird durch den Europäischen Datenschutzausschuss harmonisiert, dessen Aufgabe es ist, eine einheitliche Anwendung der Verordnung sicherzustellen (Art. 70).

Das Sanktionsrecht der Aufsichtsbehörden im wirtschaftlichen Bereich wird drastisch verschärft. Es soll ein begangenes Fehlverhalten von Verantwortlichen und Auftragsverarbeitern bestrafen und von der Begehung weiterer Verstöße abschrecken. Konkretisierungen für Geldbußen finden sich in den Erwägungsgründen (148, 150, 152 und 153) zu Art. 83. In Extremfällen kann die Behörde ein Bußgeld bis zu vier Prozent des gesamten weltweit erzielten Jahresumsatzes eines Unternehmens verhängen (Art. 83 Abs. 5).

Beispiel
Der Jahresumsatz von Google betrug im Jahre 2015 weltweit ungefähr 75 Milliarden Dollar.[649] Vier Prozent davon würden also 3 Milliarden Dollar ausmachen.

---

648 Vgl. EuGH v. 09.03.2010, DuD 2010, 2014, 488 – Digital Rights/Irland m. Anm. Petri/Tinnefeld, MMR 2010, 352; zur Unabhängigkeit der Aufsichtsbehörden s. a. Schild, DuD 2010, 549.
649 Unter: http://www.googlewatchblog.de/2016/02/google-alphabet-quartalszahlen-uebersicht/ (letzter Abruf 23.01.2016).

Die Mitgliedstaaten können die Befugnisse der Aufsichtsbehörden gegenüber Stellen, die dem Berufsgeheimnis oder einer gleichwertigen Geheimnispflicht unterliegen, regeln, soweit dies notwendig und verhältnismäßig ist, um das Recht auf Schutz der personenbezogenen Daten mit der Pflicht zur Geheimhaltung in Einklang zu bringen (Art. 90 Abs. 1).

Kirchen und religiösen Vereinigungen oder Gemeinschaften mit umfassenden Datenschutzregelungen (etwa der katholischen und evangelischen Kirche) ist es erlaubt, diese Regelungen auch weiter anzuwenden, „sofern sie mit der Verordnung in Einklang gebracht werden" (Art. 91 Abs. 1). Die Kontrolle durch eine unabhängige Aufsichtsbehörde kann spezifischer Art sein, sofern die in Kap. VI der DS-GVO niedergelegten Bedingungen erfüllt sind (Art. 91 Abs. 2).

Neben den zuständigen Aufsichtsbehörden haben die Mitgliedstaaten, der Europäische Datenschutzausschuss und die Kommission die Pflicht und damit auch die Befugnis, die Einführung von datenschutzspezifischen Zertifizierungsverfahren sowie von Datenschutzsiegeln und -prüfzeichen auf Unionsebene zu fördern (Art. 42).

Auch die Richtlinie über den Datenschutz im Bereich der Strafjustiz enthält neue Regeln zur Zuständigkeit der Aufsichtsbehörden.[650] Kapitel VI der DSRLJ sieht vor, dass die Mitgliedstaaten insbesondere „wirksame Untersuchungsbefugnisse", „wirksame Abhilfebefugnisse", „wirksame Beratungsbefugnisse" sowie die Befugnis der Aufsichtsbehörden vorsehen, Verstöße bei den Justizbehörden anzuzeigen bzw. ein gerichtliches Verfahren zu betreiben. Diese Mindestbefugnisse werden konkretisiert (Art. 47). Es obliegt dem nationalen Gesetzgeber, die Vorschriften zur Datenschutzkontrolle zu prüfen, um festzustellen, inwieweit es (noch) überschießende und von der DS-GVO abweichende Vorschriften gibt und inwieweit diese weiterhin Bestand haben können.

1.7 Bereichsspezifische Regelungen in Auswahl

„Recht ist ein spezielles Netzwerk gesellschaftlicher Selbstverständigung".[651] Es steuert Sektoren menschlichen Zusammenlebens, die sich rechtskulturell herausgebildet

---

[650] Art. 25 des Rahmenbeschlusses 2008/077/JI des Rates „über den Schutz personenbezogener Daten, die im Rahmen der polizeilichen und justiziellen Zusammenarbeit in Strafsachen verarbeitet werden" sah inhaltsgleich zu Art. 28 Abs. 3 DS-RL vor, dass den Mitgliedstaaten „Untersuchungsbefugnisse" und „wirksame Einwirkungsbefugnisse" sowie ein Klagerecht bzw. Anzeigerecht der mitgliedstaatlichen Kontrollstellen zustehen. Dabei konnten die Mitgliedstaaten zwischen sehr unterschiedlichen konkreten Befugnissen wählen. Dementsprechend kam es in der EU zu einer äußerst heterogenen Ausgestaltung der datenschutzbehördlichen Kompetenzen. Die DS-GVO soll diesen Missstand ändern.

[651] Stolleis, in: Der Präsident der Akademie der Wissenschaften (Hg.), Jahrbuch der Akademie der Wissenschaften zu Göttingen (2003), S. 45 ff.

haben, etwa beim Datenschutz im kirchlichen Bereich, im Bereich der Erbinformationen, bei Planungen und Kalkulationen der Forschung, bei Medienfreiheit, Medienmacht und Persönlichkeitsschutz, im individuellen und kollektiven Arbeitsrecht.

1.7.1 Beschäftigtendatenschutz in der Arbeitswelt 4.0

In kaum einem anderen Bereich ist die einzelne Person so vielen Informationsansprüchen ausgesetzt wie im Beschäftigtenverhältnis. Es geht dabei einerseits um das Informationsinteresse des Arbeitgebers oder Dienstherrn. Andererseits stehen zahlreiche gesetzliche Verpflichtungen der öffentlichen Verwaltung auf Speicherung oder Übermittlung von Beschäftigtendaten im Raum.[652] Hinzu kommen technikspezifische Risiken für das allgemeine Persönlichkeitsrecht, etwa durch Überwachungseinrichtungen. Die deutsche **Rechtsprechung** hat sich vielfach mit den Problemen einer **heimlichen Überwachung** von Beschäftigten befasst. Die Richter haben festgestellt, dass die nicht erkennbare Videoüberwachung[653] oder Schrankkontrolle,[654] die videounterstützte Observation durch einen Detektiv[655] oder das heimliche Mithören von Telefongesprächen grundsätzlich unzulässig ist: Die Heimlichkeit der Maßnahmen erhöhe die Grundrechtsbeeinträchtigung der betroffenen Person und führe dazu, dass ihr ein vorbeugender Rechtsschutz faktisch verwehrt und ein nachträglicher Rechtsschutz erheblich erschwert werde. Vor diesem Hintergrund sind **klare gesetzliche Regelungen** erforderlich, um **Rechtssicherheit** und **Transparenz** im Kontext des Beschäftigtenverhältnisses für alle Beteiligten herzustellen.

Zu den wesentlichen **Reformvorhaben** im Datenschutzrecht gehörte in Deutschland eine umfassende Neuregelung des Beschäftigtendatenschutzes.[656] Das Vorhaben war durch zahlreiche „Datenskandale" vorangetrieben worden, die seit Ende März 2008 öffentliches Aufsehen erregt hatten.[657] Viele der Skandale, die häufig durch eine verdeckte Überwachung selbst sanitärer Räume und eine entsprechenden Datenverarbeitung ausgelöst wurden, sind durch sog. Whistleblower öffentlich gemacht worden.[658]

---

[652] Vgl. § 38 Abs. 3 S. 1 EStG – Pflicht des Arbeitgebers, die Lohnsteuer des Arbeitnehmers einzubehalten; § 28a SGB IV – Meldepflicht des Arbeitgebers gegenüber den Trägern der gesetzlichen Sozialversicherungen usw.; zu den Anforderungen bei der Übermittlung von personenbezogenen Daten von Unternehmen an die Polizei-, Ermittlungs- und Finanzbehörden vgl. Schmidt, ZD 2012, 63.
[653] BAG v. 27.03.2003, DuD 2004, 747; BAG v. 13.12.2007, NZA 2008, 1008; BAG v. 21.06.2012, DuD 2012, 841.
[654] BAG v. 20.06.2013, BAGE 145, 278.
[655] BAG v. 23.04.2009, BAGE 130, 347.
[656] Zu den Reformvorschlägen vgl. Tinnefeld/Petri/Brink, MMR 2011, 427; dies., MMR 2010, 727.
[657] Zu den Skandalen bei Lidl, Telekom, Deutsche Bahn u. a. vgl. Däubler, Gläserne Belegschaften? Das Handbuch zum Arbeitnehmerdatenschutz (6. A. 2015), Rn. 2a–2g.
[658] Tinnefeld/Petri/Brink, MMR 2010, 728 m. w. N.

Der bekannte Soziologe Ulrich Beck notierte angesichts der wachsenden Überwachung und Bedrohung der digitalen Freiheit in seinem letzten posthum erschienenen Werk: „Der Mutige [kann] sich der Gegenmacht anschließen, zum zivilen Ungehorsam am Arbeitsplatz greifen und Widerstand leisten."[659] Und Beck fährt mit der Frage fort, ob den großen Digitalfirmen nicht gesetzlich eine „Pflicht zum Widerstand" am Arbeitsplatz auferlegt werden sollte.

1.7.1.1 Regelungen im Beschäftigtenkontext

Die DS-GVO enthält mit Art. 88 (s. a. EG 155) eine **Öffnungsklausel** für die **Mitgliedstaaten,** wonach diesen die Möglichkeit eröffnet ist, durch „spezifischere" Datenschutzvorschriften die Verarbeitung von personenbezogenen Daten im Beschäftigtenkontext selbst zu regeln (Art. 88 Abs. 1).

Umstritten ist, wie die Bezeichnung **spezifischere** Vorschriften einzuordnen ist. Es ist anzunehmen, dass die Union wie schon die vorangegangene Datenschutzrichtlinie (95/46/ EG) am Prinzip der **Vollharmonisierung** im Rahmen des Beschäftigtendatenschutzes festhalten wollte. Schon in seinem ASNEF-Urteil hat der EuGH ausdrücklich betont, dass nationale Alleingänge mit dem Prinzip der Vollharmonisierung des Datenschutzes im Binnenmarkt nicht zu vereinbaren sind.[660] Danach sind den Mitgliedstaaten Möglichkeiten der Typisierung und Konkretisierung, also die Art des „Wie", aber keine Abweichungen von den Grundsätzen in der Verordnung erlaubt.[661] Mit anderen Worten: Den Mitgliedstaaten steht nur eine **Konkretisierungs-,** aber **keine Verschärfungskompetenz** zu.[662]

Die Verordnung definiert zwar den verwendeten Beschäftigtenbegriff nicht. Zu seiner Auslegung kann aber der Rechtsprechung des EuGH entnommen werden, dass nicht zwischen dem Schutz von personenbezogenen Daten **Beschäftigter** in der **Privatwirtschaft** und im **öffentlichen Dienst** einschließlich der **Beamten** unterschieden werden soll.[663] Dafür, dass die Öffnungsklausel den nationalen Gesetzgeber ermächtigt, die Verarbeitung auch von Beschäftigtendaten im Rahmen des öffentlichen Dienstes zu regeln, spricht auch das Gaviero-Urteil des EuGH, das für eine Beamtin den persönlichen Anwendungsbereich des Unionsrechts eröffnet sah.[664] Danach fallen z. B. auch Richter und Richterinnen unter den Anwendungsbereich der DS-GVO. Es ist Aufgabe des nationalen Gesetzgebers, den Kreis der Beschäftigten nach diesen Vorgaben näher zu umreißen. Freie Mitarbeiter oder Selbständige oder andere Personen,

---

659 Ulrich Beck, Die Metamorphose der Welt (2017), S. 190 f.
660 EuGH v. 24.11.2011, DuD 2012, 370.
661 So bereits Kühling/Seidel/Sivridis, Datenschutzrecht (3. A. 2015), Rn. 145.
662 So auch Maschmann, in: Kühling/Buchner (Hg.) DS-GVO (2017), Art. 88 Rn. 31c m. w. N.
663 Zum Beschäftigtenbegriff vgl. EuGH v. 01.03.2012, EuZW 2012, 267.
664 EuGH v. 22.12.2010, BeckEuRS 2010, 554019; s. Meier/Ossoinig, in: Roßnagel (Hg.), DS-GVO (2017), § 4 Rn. 30 m. w. N.

die nicht dem Beschäftigtenbegriff unterfallen, gehören nicht in den Anwendungsbereich der Öffnungsklausel; die Verarbeitung ihrer Daten durch den Verantwortlichen muss sich nach der DS-GVO richten.

Die Verordnung selbst eröffnet den **Mitgliedstaaten** einen weiten **Regelungsspielraum,** innerhalb dessen die überwiegend abstrakt gehaltenen materiellen Vorgaben umgesetzt werden müssen (Art. 88 Abs. 2 DS-GVO). Die Vorschriften müssen sich an den allgemeinen Grundsätzen der DS-GVO ausrichten, d. h. dass die Datenverarbeitung dem Grundsatz von Treu und Glauben und der Rechtmäßigkeit (Art. 5 Abs. 1 lit. a DS-GVO) genügen muss.[665]

Die für die Verarbeitung festgelegten zulässigen **Zwecke** sind **nicht abschließend** geregelt, Art. 88 Abs. 1 DS-GVO spricht „insbesondere" von „der Einstellung, der Erfüllung des Arbeitsvertrags einschließlich der Erfüllung von durch Rechtsvorschriften oder durch Kollektivvereinbarungen festgelegten Pflichten, des Managements, der Planung und der Organisation der Arbeit, der Gleichheit und Diversität am Arbeitsplatz, der Gesundheit und Sicherheit am Arbeitsplatz, des Schutzes des Eigentums der Arbeitgeber oder der Kunden sowie für Zwecke der Inanspruchnahme der mit der Beschäftigung zusammenhängenden individuellen oder kollektiven Rechte und Leistungen und für Zwecke der Beendigung des Beschäftigtenverhältnisses". Zusätzlich besteht für die Verarbeitung **sensibler** (besonderer) **Daten,** wie etwa Gesundheitsdaten (Art. 9 Abs. 1 DS-GVO) eine Sonderregelung (Art. 9 Abs. 2 DS-GVO), die auch für die Datenverarbeitung im Beschäftigungskontext verbindlich ist.

Es ist nach der DS-GVO auch weiterhin möglich, dass die Mitgliedstaaten unter bestimmten Bedingungen Vorschriften erlassen können, nach denen Beschäftigtendaten auf der Grundlage einer **Einwilligung** der betroffenen Person verarbeitet werden dürfen (EG 155, Art. 88 DS-GVO). Wegen der Abhängigkeit des Beschäftigten ist die Einwilligung als **Befugnisnorm** häufig infrage gestellt worden. Ein grundsätzliches Verbot ist indessen schon aufgrund der primärrechtlichen Norm in der Grundrechtecharta (Art. 8 Ab. 2 GRCh) mehr als fraglich.[666] Denn danach ist die Einwilligung als **Rechtfertigungstatbestand** ausdrücklich zugelassen. Voraussetzung für eine wirksame Einwilligung ist allerdings, dass die folgenden **Grundelemente** einer Einwilligung (Art. 4 Nr. 11 DS-GVO) beachtet werden:
- Die Erklärung muss **unmissverständlich** sein.
- Die Erklärung kann **mündlich oder konkludent** erfolgen.
- Die Erklärung muss **freiwillig und für einen bestimmten Fall** (zweckgebunden) abgegeben werden, d. h. sie muss ggf. verweigert werden können, ohne dass daraus Nachteile für den Beschäftigten erwachsen (EG 42 S. 4, Art. 7 DS-GVO).
- Die Erklärung muss „in **Kenntnis** der **Sachlage**" abgegeben werden (Art. 7 Abs. 1) und der Verantwortliche muss dies nachweisen können.

---

665 Buchner, DuD 2016, 155.
666 Zu den Bedenken Kort, DB 2016, 715; Wybitul/Pötters, RDV 2016, 12.

- Die Erklärung muss **ausdrücklich** bei der Erhebung **sensibler Daten** (Art. 9 Abs. 2 lit. a DS-GVO) und beim sog. Profiling (Art. 22 Abs. 2 lit. c) erfolgen.[667]
- Die Erklärung kann **jederzeit** in der gleichen Form **widerrufen** werden (Art. 7 Abs. 3 S. 3), in der sie erteilt worden ist (Art. 7 Abs. 3 S. 4), es kann aber vereinbart werden, dass der Widerruf nur für zukünftige Datenverarbeitungen gilt (Art. 7 Abs. 3 S. 3 DS-GVO).
- Die Erklärung darf nicht zur Bedingung für das Bewerbungsverfahren, für den Abschluss des Arbeitsvertrages oder für bestimmte Leistungen (Koppelungsverbot – Art. 7 Abs. 4 DS-GVO) gemacht werden.[668]

Art. 88 Abs. 1 DS-GVO bezieht sich auf mitgliedstaatliche Regelungen durch **Rechtsvorschriften**[669] oder **Kollektivvereinbarungen.** Zu Letzteren zählen insbesondere auch **Betriebsvereinbarungen** (EG 155). Damit soll sichergestellt werden, dass die kollektiven Partner als Normadressaten auch zukünftig im Rahmen ihrer national ausgestalteten Autonomie präzise und konkret an den Bedürfnissen des Betriebes ausgerichtete Regelungen schaffen können, die allerdings dem **materiellen Schutzstandard** der DS-GVO entsprechen müssen.[670]

In der Verordnung finden sich Ausführungen zu einer Datenweitergabe im Konzern (EG 48). Danach enthält die DS-GVO zwar kein „Konzernprivileg". Es wird aber ein berechtigtes Interesse von Verantwortlichen, die Teil einer Unternehmensgruppe sind, anerkannt, innerhalb der Unternehmensgruppe für interne Verwaltungszwecke, einschließlich der Verarbeitung von personenbezogenen Daten von Kunden und Beschäftigten", zu übermitteln.

1.7.1.2 Nationaler Beschäftigtendatenschutz

Die zentrale nationale Vorschrift im Prozess der Europäisierung findet sich künftig in § 26 BDSG n. F. Sie erfasst – im Sinne der DS-GVO – jegliche Datenverarbeitung im Beschäftigungskontext unabhängig davon, ob es sich dabei um den öffentlichen oder nicht-öffentlichen Sektor handelt. Eine detaillierte Auflistung des Personenkreises findet sich im BDSG (§ 26 Abs. 8 Nr. 1 bis 7 BDSG n. F.).

Zu den **datenschutzrechtlich erfassten Phasen** gehören die Begründung (einschließlich der Bewerbung) und die Durchführung (einschließlich der Beendigung) der Beschäftigtenverhältnisse bzw. die „Ausübung oder Erfüllung der sich aus einem **Gesetz** oder einem **Tarifvertrag** oder einer **Betriebs- oder Dienstvereinbarung** (Kollektivvereinbarung) ergebenden Rechte und Pflichten der Interessenvertretung" (§ 26

---

667 Roßnagel/Nebel/Richter, ZD 2015, 457.
668 Wybitul/Pötters, RDV 2016, 13.
669 Zu den Rechtsvorschriften gehören nicht nur Parlamentsgesetze, sondern auch Gesetze im materiellen Sinn.
670 Pauly, in: Paal/Pauly (Hg.), DS-GVO (2017), Art. 88 Rn. 12.

Abs. 1 S. 1 BDSG n. F.). Das verfassungsrechtliche **Verhältnismäßigkeitsprinzip** gibt den Regelungen des Beschäftigtendatenschutzes Maß und Richtung vor. Dies gilt insbesondere auch bei der Aufdeckung von Straftaten im Kontext eines Beschäftigtenverhältnisses (§ 26 Abs. 1 S. 2 BDSG n. F.).

Eine freiwillige **Einwilligung** im Rahmen eines Beschäftigtenverhältnisses ist als Rechtsgrundlage dann anzunehmen, wenn zwischen der Position des Beschäftigten und des für die Verarbeitung Verantwortlichen kein erhebliches Ungleichgewicht besteht (§ 26 Abs. 2 BDSG n. F.). Je abhängiger eine beschäftigte Person ist, desto geringer ist die Wahrscheinlichkeit, dass sie ihre Rechte selbst gestalten kann. Die Einwilligung „bedarf der Schriftform, soweit nicht wegen besonderer Umstände eine andere Form angemessen ist" (§ 26 Abs. 2 S. 3 BDSG n. F.).[671] Sie ist bei besonderen Kategorien personenbezogener Daten i. S. d. Art. 9 Abs. 1 DS-GVO „ausdrücklich" (§ 26 Abs. 3 S. 2 BDSG n. F.) zu erteilen.

Die Verarbeitung von **diskriminierungsverdächtigen** und mithin **besonderen Kategorien personenbezogener Daten** (Rasse, ethnische Herkunft, politische Meinungen, religiöse oder weltanschauliche Zugehörigkeit, sexuelle Identität, genetische und biometrische Daten zur eindeutigen Identifizierung, Gewerkschaftszugehörigkeit u. a.; Art. 9 Abs. 1 DS-GVO soll für Zwecke des Beschäftigtenverhältnisses abweichend von Art. 9 Abs. 1 DS-GVO zulässig sein, wenn sie zur Ausübung von Rechten oder zur Erfüllung rechtlicher Pflichten aus dem Arbeits- oder Sozialrecht erforderlich ist und eine entsprechende Interessenabwägung dafür spricht.[672] Es ist fraglich, ob diese Regelung dem Konkretisierungsgebot der DS-GVO in Verbindung mit dem rechtsstaatlichen Gebot der Normenklarheit entspricht, wonach der Beschäftigte in nachvollziehbarer Weise den Ablauf des Verarbeitungsprozesses und die Voraussetzungen sowie den Umfang der Einschränkung seines Rechts auf Datenschutz erkennen können muss.[673]

Hinsichtlich **kollektiver Vereinbarungen** hält das geplante BDSG (§ 26 Abs. 4 BDSG n. F.) ausdrücklich an den Anforderungen der DS-GVO fest. Danach müssen die Regeln zur Datenverarbeitung einschließlich besonderer Kategorien von Daten den Anforderungen der DS-GVO (Art. 88 Abs. 2 DS-GVO) entsprechen.

1.7.1.3 Kollektivvereinbarungen

Der Begriff der Kollektivvereinbarungen ist i. S. d. Unionsrechts zu interpretieren, damit sie als Befugnisnormen für eine Datenverarbeitung in Betracht kommen. Sie müssen immer **normative Wirkung** entfalten.[674]

---

671 S. dazu auch Kap. 4.2.2.1.5.
672 § 26 Abs. 3 BDSG n. F.
673 S. a. BAG v. 03.06.2003, BAGE 106, 188.
674 Krebber, in: Calliess/Ruffert (Hg.), EUV/AEUV (5. A. 2016), Art. 135 AEUV Rn. 36.

Als datenschutzrelevante unmittelbar und zwingend geltende Kollektivvereinbarungen kommen in Betracht:
- **Tarifverträge** (§ 4 TVG), wobei es sich in Deutschland vorwiegend um firmentarifvertragliche Vorschriften handelt;
- **Betriebsvereinbarungen** (§ 77 Abs. 4 S. 1 BetrVG) und andere Kollektivverträge wie
- **Dienst- und Sprechervereinbarungen** (§ 73 BPersVG, § 28 Abs. 2 SprAuG).

Betriebsvereinbarungen sind wegen ihrer unmittelbaren und zwingenden Wirkung (§ 77 Abs. 4 S. 1 BetrVG) Akte innerbetrieblicher privater Normsetzung. Arbeitgeber und Betriebsrat sind verpflichtet, die freie Entfaltung der Persönlichkeit der im Betrieb Beschäftigten zu schützen.

Keine normative Wirkung entfalten dagegen **Regelungsabreden** zwischen dem Arbeitgeber und dem Betriebs- oder Personalrat, die nur den Belegschaftsvertretern Rechte einräumen. Entsprechendes gilt für die Richtlinien zwischen Arbeitgeber und Sprecherausschuss.

Die Beteiligungsrechte des Betriebsrats gemäß dem Betriebsverfassungsgesetz und des Personalrats gemäß dem Personalvertretungsrecht des Bundes bzw. der Länder decken sich vielfach in datenschutzrechtlich relevanten Bereichen. Ihre Anwendbarkeit ist abhängig von:
- dem **Zeitpunkt** der Beteiligung bei personellen Maßnahmen (z. B. bei Einstellung, Versetzung, Kündigung) und sachlichen Maßnahmen (z. B. bei der Planung, Einführung oder dem Ausbau von Computersystemen),
- dem **Gegenstand** der Beteiligung, d. h. es ist jeweils zu untersuchen, an welcher Maßnahme der Betriebsrat bzw. Personalrat konkret zu beteiligen ist (z. B. bei der Erstellung von Personalfragebögen oder Beurteilungsgrundsätzen),
- der **Form** der Beteiligung (Mitwirkungsrechte oder Mitbestimmungsrechte).

1.7.1.3.1 Beteiligung des Betriebsrats

Die kollektiven Regelungen dienen einem präventiven Persönlichkeitsschutz. Sie werden
- durch Einzelvorschriften präzisiert, insbesondere in der datenschutzrechtlichen Kernbestimmung (§ 87 Abs. 1 Nr. 6 BetrVG), wonach die „Einführung und Anwendung von technischen Einrichtungen, die dazu bestimmt sind, das Verhalten oder die Leistung des Arbeitnehmers zu überwachen" mitbestimmungspflichtig sind. Die Norm erfasst ausschließlich die **Überwachung durch eine technische Einrichtung**, die **objektiv geeignet** ist und zwar ohne Rücksicht darauf, ob der Arbeitgeber dieses Ziel verfolgt und die durch die Überwachung gewonnenen Daten auch auswerten.[675]

---

675 Etwa BAG v. 14.11.2006, BAGE 120, 146; BAG v. 27.01.2004, BAGE 109, 235.

- unterliegen abgestuften Beteiligungsrechten (§§ 92, 94 und 95 BetrVG) des Betriebsrats.

Das BetrVG knüpft teilweise die Beteiligung des Betriebsrats an unterschiedliche Zeitpunkte. Sie verlaufen von der „Rechtzeitigkeit" über die „Planung" bis zur „Einführung" einer Maßnahme.

Von **Rechtzeitigkeit** kann nur dann gesprochen werden, wenn der Betriebsrat durch eine Information in die Lage versetzt wird, auf den Prozess der Entscheidungsfindung des Arbeitgebers Einfluss zu nehmen, d. h. er ist bereits im Stadium der Planung einer Maßnahme zu beteiligen.

Beispiel: Unterrichtungs- und Beratungsrecht bei der Personalplanung (§ 92 BetrVG)
Der Arbeitgeber ist verpflichtet, den Betriebsrat rechtzeitig und umfassend über seine Personalplanung zu informieren (§ 92 Abs. 1 Satz 1) und von sich aus die Meinung des Betriebsrats einzuholen und die Sache mit ihm zu beraten (§ 92 Abs. 1 Satz 2). Solange er nur die Möglichkeiten einer Personalreduzierung erkundet, ist er noch nicht in das Stadium einer Planung eingetreten. Die Überprüfung eines Revisionsberichts, der den Arbeitgeber zu einer Änderung der Personalplanung anregt,[676] ist daher noch keine Planung. Sobald jedoch der Arbeitgeber in das Stadium der konkreten Planung eintritt und verlässliche Unterlagen (z. B. Ist-Analysen, Wirtschaftlichkeitsberechnungen) erstellt, ist der Betriebsrat einzuschalten.
Bei der **Einführung** einer Maßnahme geht es dagegen um die Umsetzung des Planungsergebnisses. Dazu gehören z. B. personelle Maßnahmen oder technische Veränderungen wie etwa die Vernetzung von Computerarbeitsplätzen mit Internet- und Intranetanschluss oder die Installierung von Videokameras.

Die **Beteiligungsrechte** des Betriebsrats an der Entscheidungsfindung lassen sich zwei Hauptgruppen zuordnen: den Mitbestimmungsrechten (siehe Tab. 1.1) und den Mitwirkungsrechten (siehe Tab. 1.2).
- **Mitwirkungsrechte** sind jene Beteiligungsrechte, welche die Entscheidungsbefugnis des Arbeitgebers letztlich unberührt lassen. Sie lassen sich kategorisieren in Informations-, Anhörungs-, Vorschlags- und Beratungsrechte.
- **Mitbestimmungsrechte** liegen dagegen vor, wenn eine Angelegenheit ohne Beteiligung des Betriebsrats nicht durchgeführt werden kann. Dabei muss wieder unterschieden werden zwischen einem bloßen Vetorecht (Zustimmungsverweigerungsrecht) und der gleichberechtigten, erzwingbaren Mitbestimmung (Einigungszwang). Die Mitbestimmung gilt v. a. für soziale Angelegenheiten (§ 87 Abs. 1 Nr. 1 bis 13 BetrVG) und hier insbesondere in Bezug auf die zentrale Mitbestimmungsregel bei der Überwachung der Mitarbeiter durch technische Einrichtungen (§ 87 Abs. 1 Nr. 6 BetrVG). Für Streitfälle sieht das Gesetz als Schlichtungs- und Entscheidungsorgan eine Einigungsstelle vor (§ 76 BetrVG).

---

676 BAG v. 27.06.1989, NZA 1989, 929.

> **Beispiel: Personalfragebogen (§ 94 BetrVG)**
> Der Arbeitgeber darf einen Personalfragebogen (schematisierte Zusammenstellung über die persönlichen Verhältnisse, Kenntnisse, Fähigkeiten eines Mitarbeiters in schriftlicher Form oder auf dem Bildschirm) nur verwenden, wenn er inhaltlich mit dem Betriebsrat abgestimmt ist (§ 94 Abs. 1 S.1 BetrVG). Dies gilt auch hinsichtlich des späteren Umgangs mit den aufgrund des Bogens erhobenen Daten.[677] Das Recht des Betriebsrats ist als Zustimmungserfordernis ausgestaltet, er hat also kein Initiativrecht. Im Streitfall entscheidet die Einigungsstelle über den Inhalt des Personalfragebogens (§ 94 Abs. 1 Satz 2 und 3 BetrVG). Ohne Einschaltung des Betriebsrats besteht für den Arbeitgeber eine Zugangssperre. Die Mitbestimmung erstreckt sich auf die weitere Verwendung der erhobenen bzw. am Bildschirm erfassten Daten.[678]

> **Beispiel: Betriebliche Ordnung und Verhalten der Arbeitnehmer im Betrieb (§ 87 Abs. 1 Nr. 1 BetrVG)**
> Der Betriebsrat hat nicht nur ein Mitbestimmungsrecht etwa bei Regeln zur Kantinenbenutzung, für Krankheitsrückgespräche usw., sondern auch dann, wenn es sich um psychosoziale Belastungen des Arbeitnehmers durch Mobbing und neuerdings auch durch persönliche Nachstellungen mittels Stalking handelt. Ebenfalls darunter fallen auch Diskriminierungen oder die sexuelle Belästigung einer anderen Person. Dabei ist gleichzeitig das Mitbestimmungsrecht des Betriebsrats beim Arbeits- und Gesundheitsschutz (§ 87 Abs. 1 Nr. 7 BetrVG) betroffen.

Die Beachtung der Mitbestimmungsrechte ist eine **unabdingbare Wirksamkeitsvoraussetzung** für eine vom Arbeitgeber zu treffende Regelung oder Maßnahme. Werden Arbeitnehmerdaten ohne eine erforderliche Einbeziehung des Betriebsrats etwa im Wege eines Fragebogens erhoben, so dürfen sie nicht verwendet werden. Die Verfassungsschutzbehörden (§ 3 BVerfSchG) dürfen allerdings von sich aus Sicherheitsüberprüfungen von Personen durchführen, die an sicherheitsempfindlichen Stellen tätig sind oder sein wollen (§ 2 Abs. 2 SÜG). Außerhalb der sicherheitsempfindlichen und entsprechend gleichgestellten Bereiche dürfen Sicherheitsbedenken keine Rolle spielen.

Zu den Mitwirkungsrechten des Betriebsrats gehört die Pflicht, über die **Einhaltung des Beschäftigtendatenschutzes** zu wachen (§ 80 Abs. 1 Nr. 1 BetrVG – Rechtmäßigkeitskontrolle). Die Kontrolle greift immer dann, wenn es sich um Normen mit arbeitnehmerschützendem Charakter handelt (insb. § 32 BDSG a. F., § 26 BDSG n. F.). Im Rahmen des Überwachungsauftrages kann der Betriebsrat eine Rechtsverletzung beanstanden und auf Abhilfe drängen. Es steht ihm ein **allgemeiner Unterrichtungsanspruch** gegenüber dem Arbeitgeber zu (§ 80 Abs. 2 S. 1 BetrVG), wonach dieser ihn zur Durchführung seiner Aufgaben rechtzeitig und umfassend zu unterrichten hat.

---

677 Gola/Pötters/Wronka, Handbuch Arbeitnehmerdatenschutz (7. A. 2016), Rn. 1918.
678 Vgl. Däubler, Gläserne Belegschaften? Das Handbuch zum Arbeitnehmerdatenschutz (6. A. 2015), Rn. 675 f.

Tab. 1.1: Mitbestimmungsrechte des Betriebsrats.

§ 94 Abs. 1 S. 1 und Abs. 2, 1. HS	**Mitbestimmungsrecht** bei der Erstellung von Personalfragebogen und persönlichen Angaben in Formulararbeitsverträgen für Arbeitnehmer und Bewerber insbesondere bei: – standardisierten Erhebungsformen ohne Rücksicht auf die konkrete Gestaltung (z. B. Dateneingabe am Computer) – allen standardisierten vergleichbaren Erhebungen (psychologische Tests u. a.) – weiterer Verwendung erhobener Daten – Abverlangen einer schriftlichen Einwilligung in eine erweiterte Datenverwendung
§ 94 Abs. 2, 2. HS	**Mitbestimmungsrecht** bei der Aufstellung allgemeiner Beurteilungsgrundsätze für Arbeitnehmer und Bewerber wie: – Festlegung katalogmäßiger Klassifikationsmerkmale für eine automatisierte Erstellung von Fähigkeits- und Eignungsprofilen u. a. – Festlegung von Verfahren (Abgleichverfahren) zur Beurteilung von Verhalten und Leistung mit Personalinformationssystemen – weiterer Verwendung erhobener Daten
§ 95 Abs. 1	**Mitbestimmungsrecht** bei Auswahlrichtlinien über personelle Maßnahmen wie: – Kriterien für die Auswahl (u. a. soziale Lage, Betriebszugehörigkeit) – Verfahren für die Festsetzung der Auswahlkriterien
§ 95 Abs. 2	**Anspruch auf die Aufstellung von Auswahlrichtlinien** über personelle Maßnahmen bei mehr als 500 Mitarbeitern im Betrieb.
§ 87 Abs. 1 Nr. 6 (Bezug zum technischen Charakter des Vorgangs)	**Mitbestimmungsrecht** bei der Einführung und Anwendung von EDV-Systemen, die geeignet sind, Verhalten oder Leistung von Arbeitnehmern zu kontrollieren wie: – Arbeitssysteme (Datenkasse, Bildschirmarbeitsplatz) – Abrechnungssysteme – Personalinformationssysteme und andere Kontrollsysteme (z. B. Telefondatenerfassungsanlagen, Audio- und Videoüberwachungsanlagen, nicht kodierte Zugangskontrollsysteme) – Festlegung von weiteren Verwendungszwecken erhobener und ausgewerteter Daten

Tab. 1.2: Mitwirkungsrechte des Betriebsrats.

§ 80 Abs. 1 Nr. 1 (Rechtmäßigkeitskontrolle)	**Überwachungsrecht** des Betriebsrats bei der Einhaltung von Vorschriften zum Arbeitnehmerdatenschutz: – Überwachung durch den Arbeitgeber – Überwachung bei der Datenverarbeitung im Auftrag
§ 80 Abs. 2	Anspruch auf **rechtzeitige Unterrichtung und Beratung** über die Einführung und Änderung von EDV-Systemen im Betrieb und Unternehmen wie: – Einführung von E-Mail inkl. Viren- und SPAM-Filterung – Einführung und Aufrüstung von Firewallsystemen – Einführung und Aufrüstung von Arbeitsplatzrechnern – Einführung und Aufrüstung von Buchhaltungs- und Personalverwaltungssystemen – Einführung und Aufrüstung von elektronischen Vorgangsverarbeitungssystemen – Einführung und Ausführung von Telekommunikationssystemen (einschließlich E-Mail) – Einführung und Änderung von Produktionssteuerungssystemen (CAD und CAM) – Einführung und Änderung von Kundenbetreuungssystemen (CRM)
§ 92 Abs. 1	Anspruch auf rechtzeitige, umfassende **Unterrichtung und Beratung** anhand entsprechender Unterlagen wie: – Personalstand, Fluktuation, Altersverteilung der Belegschaft, Krankenstand, Qualifikation der Mitarbeiter – Stellenbeschreibungen, Beschäftigungspläne – automatisierte Personalinformationssysteme
§ 92 Abs. 2	eigenes **Vorschlagsrecht** im Planungsstadium für die Einführung und Durchführung einer Personalplanung
§ 111	Anspruch auf **Unterrichtung und Beratung** in einem Unternehmen mit mehr als 20 wahlberechtigten Arbeitnehmern über geplante arbeitnehmer(daten)bezogene Maßnahmen wie: – Betriebseinschränkung durch reinen Personalabbau (§ 111 Satz 3 Nr. 1) – Änderung der Betriebsorganisation (durch Umstellung auf ein Inhouse-Netz, auf Telearbeit usw.), des Betriebszwecks (anderes Produkt u. a.) oder der Betriebsanlagen (Datensichtgeräte u. a.), (§ 111 S. 3 Nr. 4) – Einführung grundlegend neuer Arbeitsmethoden und Fertigungsverfahren (betriebsübergreifende Vernetzung, CAM u. a.), (§ 111 S. 3 Nr. 5)

Beispiel: Personalakte (§ 83 BetrVG)
Nach dem Grundsatz der „Vertraulichkeit der Personalakte" darf kein Unbefugter Einsicht in eine Personalakte nehmen. Gutachten, Vermerke über den Gesundheitszustand und die Persönlichkeitsstruktur des Arbeitnehmers müssen so aufbewahrt werden, dass nur befugte Sachbearbeiter darauf Zugriff nehmen können.[679] Es dürfen nur erforderliche Vermerke in der Personalakte aufbewahrt/gespeichert werden. Andernfalls müssen sie entfernt bzw. gelöscht werden. Das gilt insbesondere für besondere Daten wie Gesundheitsdaten. Zwar hat der Arbeitgeber ein legitimes Interesse an einer vollständigen Personalakte. Nach dem Grundsatz der Verhältnismäßigkeit sind jedoch nicht alle Daten in gleicher Weise geheim zu halten.

Beispiel: Informationsrecht des Betriebsrats (§ 80 Abs. 2 und 3 i. V. m. § 87 Abs. 1 Nr. 6 BetrVG)
Der Betriebsrat kann Auskunft darüber verlangen, welche Aussagen sich aus personenbezogenen Daten der Arbeitnehmer durch die Programme allein oder in Verknüpfung mit anderen Systemen gewinnen lassen (z. B. durch den Einsatz von Videokameras, bei Zugangskontrollsystemen, bei CAD, CAM, CRM[680], beim Einbau von GPS-Geräten in Fahrzeuge des Arbeitgebers, die von Beschäftigten dienstlich verwendet werden[681] usw.).[682] Auf diese Weise kann er feststellen, in welchem Umfang die Technologie zur Überwachung von Verhalten und Leistung des Arbeitnehmers geeignet ist (§ 87 Abs. 1 Nr. 6 BetrVG).[683] Zur Beurteilung der Observationstechnik kann er einen betriebsfremden Sachverständigen auf Kosten des Arbeitgebers dann heranziehen, wenn die betriebsinternen Informationsquellen ausgeschöpft sind (§ 80 Abs. 3 BetrVG).[684] Das gilt insbesondere auch für den Einsatz von Videokameras, die sich in Betrieben immer mehr ausbreiten.[685] Nach § 111 Abs. 1 S. 3 BetrVG kann der Betriebsrat zudem auch bei einer Betriebsänderung in einem Unternehmen von mehr als 300 Mitarbeitern zu seiner Unterstützung einen Berater heranziehen.

In einer „informationellen Rosette" zeigt Karl Linnenkohl die Vernetzung der betrieblichen Beteiligungsrechte im Kontext des Mitbestimmungsrechts in § 87 Abs. 1 Nr. 6 BetrVG (siehe Abb. 1.6).

1.7.1.3.2 Beteiligungsrechte des Personalrats

Die Beteiligungsrechte der Personalvertretung sind je nach Gesetzgebungszuständigkeit im Bundespersonalvertretungsgesetz (BPersVG) bzw. in den Landespersonalvertretungsgesetzen geregelt. Im personalvertretungsrechtlichen Beschäftigtendatenschutz fehlt eine dem § 75 Abs. 2 S. 1 BetrVG entsprechende Vorschrift, die es dem

---

679 BAG v. 12.09.2006, BAGE 119, 238.
680 CAD = Computer Aided Design; CAM = Computer Aided Manufacturing; CRM = Customer Relationship Management.
681 ArbG Kaiserslautern v. 27.08.2008, Az.: 1 BVGA 5/08.
682 BAG v. 28.01.1992, NZA 1992, 707; Fitting/Engels/Schmidt/Trebinger/Linsenmaier, BetrVG (28. A. 2016), § 80 Rn. 53, 67.
683 BAG v. 17.03.1987, BAGE 54, 278.
684 BAG v. 17.03.1987, BAGE 54, 278.
685 Schierbaum, CF 2002, 24.

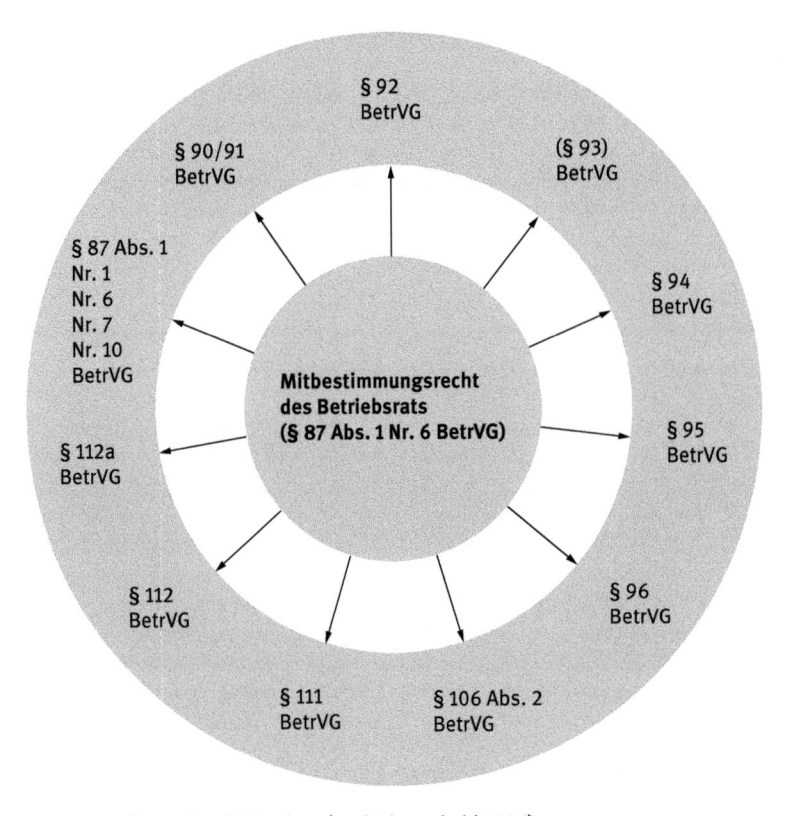

Abb. 1.6: Informationelle Rosette (nach Linnenkohl 1996).

Zentrum: Mitbestimmungsrecht des Betriebsrats (§ 87 Abs. 1 Nr. 6 BetrVG)

Umgebende Paragraphen:
- § 92 BetrVG
- (§ 93) BetrVG
- § 94 BetrVG
- § 95 BetrVG
- § 96 BetrVG
- § 106 Abs. 2 BetrVG
- § 111 BetrVG
- § 112 BetrVG
- § 112a BetrVG
- § 87 Abs. 1 Nr. 1, Nr. 6, Nr. 7, Nr. 10 BetrVG
- § 90/91 BetrVG

Dienstherrn und Personalrat ausdrücklich zur Pflicht macht, die freie Entfaltung der Persönlichkeit der Beschäftigten zu fördern.[686]

Auch die Personalräte verfügen über verschiedene Beteiligungsrechte im Beschäftigtendatenschutz, die nach § 32 Abs. 3 BDSG a. F. hinsichtlich öffentlicher Stellen des Bundes unberührt bleiben (entsprechendes gilt für Personalvertretungen der Länder, Kommunen etc.). Im Folgenden werden die datenschutzrelevanten Bestimmungen im **Bundespersonalvertretungsgesetz** knapp skizziert.

Der Personalrat hat ebenso wie der Betriebsrat darüber zu wachen, dass die den Beschäftigten betreffenden datenschutzrechtlichen Bestimmungen (Gesetze, Verordnungen, Tarifverträge oder Dienstvereinbarungen) bei der Verarbeitung personenbezogener Daten eingehalten werden (§ 68 Abs. 1 Nr. 2 BPersVG).[687] Er ist zur Durchführung seiner Aufgaben rechtzeitig und umfassend zu informieren (§ 68 Abs. 2 Satz 1

---

[686] Vgl. Graefl, in: Richardi/Dörner/Weber (Hg.), BPersVG (4. A. 2012), § 67 Rn. 4.
[687] Vgl. BVerwG v. 16.12.1987, NJW 1988, 1750.

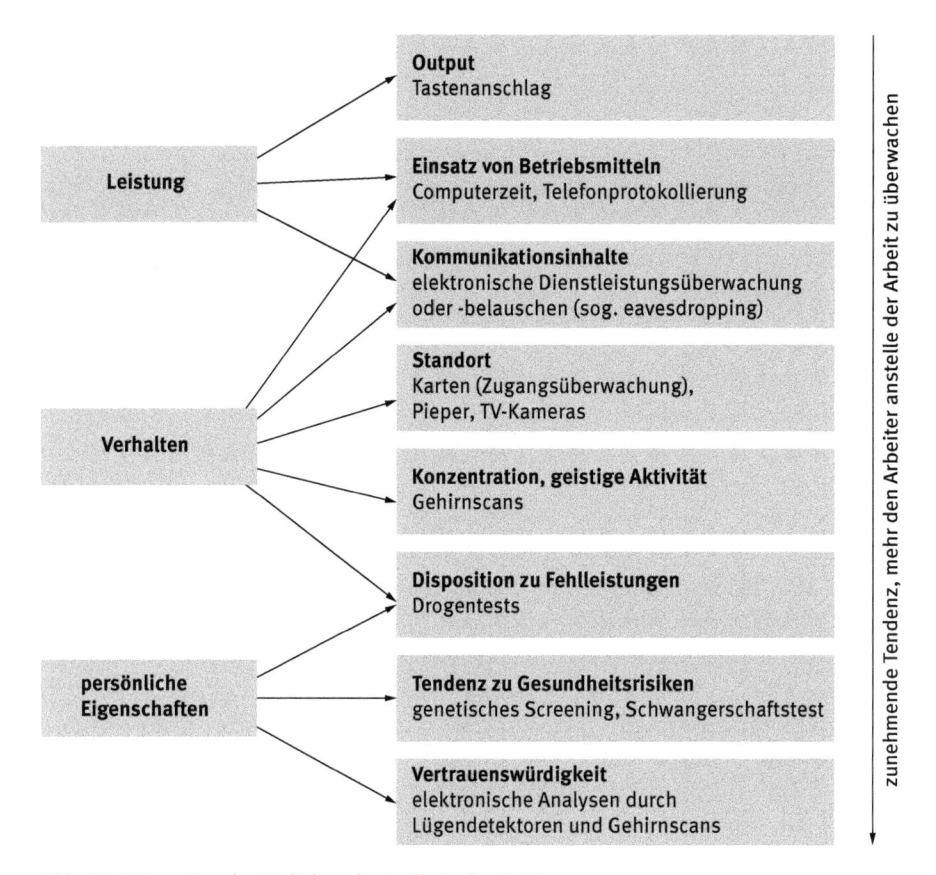

1.7 Bereichsspezifische Regelungen in Auswahl — 157

Leistung
- Output: Tastenanschlag
- Einsatz von Betriebsmitteln: Computerzeit, Telefonprotokollierung
- Kommunikationsinhalte: elektronische Dienstleistungsüberwachung oder -belauschen (sog. eavesdropping)

Verhalten
- Standort: Karten (Zugangsüberwachung), Pieper, TV-Kameras
- Konzentration, geistige Aktivität: Gehirnscans
- Disposition zu Fehlleistungen: Drogentests

persönliche Eigenschaften
- Tendenz zu Gesundheitsrisiken: genetisches Screening, Schwangerschaftstest
- Vertrauenswürdigkeit: elektronische Analysen durch Lügendetektoren und Gehirnscans

zunehmende Tendenz, mehr den Arbeiter anstelle der Arbeit zu überwachen

Abb. 1.7: Kategorien der Verhaltenskontrolle in den USA.

BPersVG) und kann zu diesem Zweck die Hard- und Softwarebeschreibungen der jeweils geplanten Technik verlangen.

Der Personalrat hat ebenso wie der Betriebsrat Mitbestimmungsrechte im Interesse des Beschäftigtendatenschutzes. So unterliegt z. B. der Inhalt von **Personalfragebögen** der Arbeitnehmer und Beamten der Mitbestimmung (§§ 75 Abs. 3 Nr. 8, 76 Abs. 2 Nr. 2 BPersVG), allerdings mit der Einschränkung, dass im Bereich von § 75 Abs. 3 Nr. 8 BPersVG dem Personalrat nach § 70 Abs. 1 BPersVG nur ein eingeschränktes Initiativrecht zusteht. Immer dann, wenn der Leiter einer Dienststelle einem schriftlichen Vorschlag des Personalrats, der sich auf die Mitbestimmung über den Inhalt von Personalfragebögen bezieht, nicht folgt, kann dieser das Problem auf dem Dienstweg der übergeordneten Behörde vorlegen. In den Fällen, in denen eine Einigung nicht zustande kommt, kann anders als im BetrVG kein Einigungsstellenverfahren eingeleitet werden.

Auch bei der **Einführung und Anwendung technischer Einrichtungen**, die dazu bestimmt sind, Verhalten oder Leistung der Beschäftigten im öffentlichen Dienst zu überwachen, verfügt der Personalrat ebenso wie der Betriebsrat über ein umfassendes Mitbestimmungsrecht (§ 75 Abs. 3 Nr. 17 BPersVG; vgl. die übereinstimmende Bestimmung in § 87 Abs. 1 Nr. 6 BetrVG).[688] Insoweit steht ihm auch ein Initiativrecht zu (§ 70 Abs. 1 BPersVG). Er kann dem Leiter der Dienststelle Maßnahmen im Bereich des Mitbestimmungsrechts schriftlich vorschlagen. In Fällen einer Ablehnung des Vorschlags entscheidet die Einigungsstelle verbindlich (§ 70 Abs. 1 i. V. m. § 69 Abs. 4 S. 1 BPersVG). Der Mitbestimmungstatbestand greift tief in die Organisationsbefugnisse der Dienststelle ein.

1.7.1.3.3 Mitbestimmung bei technischen Überwachungseinrichtungen

Im rechtskulturellen Vergleich zu Europa wird im angelsächsischen Raum eine weitreichende heimliche Arbeitsplatzüberwachung als „normal" angesehen.[689] In Abbildung 1.7 werden die Ebenen der Überwachung in einem Diagramm des „Office of Technology Assessment" (USA) aus dem Jahre 1987 gezeigt.

In der betrieblichen sowie behördlichen Praxis spielt die technische Überwachung der Mitarbeiter eine große Rolle. Daher werden in Deutschland kollektive Instanzen an der Regelung des Beschäftigtendatenschutzes intensiv beteiligt und von der Rechtsprechung der Arbeitsgerichte begleitet. Wie oben ausgeführt, hat der Betriebsrat ein Mitbestimmungsrecht in Bezug auf „die Einführung und Anwendung von technischen Einrichtungen, die dazu bestimmt sind, das Verhalten oder die Leistung von Arbeitnehmern zu überwachen" (§ 87 Abs. 1 Nr. 6 BetrVG; vgl. entsprechende Regelung in § 75 Abs. 3 Nr. 17 BPersVG). Dabei stehen regelmäßig folgende Fragestellungen im Zentrum: Was ist der eigentliche Zweck der Vorschrift? Was ist unter einer Überwachung zu verstehen? Wird auch die Überwachung einer Gruppe erfasst?

Nach der Rechtsprechung des BAG geht es um jene Gefahren, die gerade bei der technischen Überwachung entstehen.[690] Die Mitbestimmung greift nicht erst, wenn eine „gefährliche" Überwachungsmaßnahme begonnen hat, sondern bereits im Vorfeld, wenn die technische Einrichtung objektiv in der Lage ist, Verhalten und Leistung der Beschäftigten zu kontrollieren, also **objektiv zur Überwachung geeignet** ist.[691] Entsprechendes gilt für den Personalrat. Im Ganzen sind beide Gesetze **technikoffen** bzw. **technikneutral** (Art. 32 DS-GVO) verfasst, um Ziele des Beschäftigtendatenschutzes zu erreichen.

Das Mitbestimmungsrecht konkretisiert den Persönlichkeitsschutz des Beschäftigten (§ 75 Abs. 2 BetrVG) in mehrfacher Hinsicht. Der Betriebsrat hat das Recht,

---

688 Zu § 75 Abs. 3 Nr. 17 BPersVG s. etwa BVerwG v. 16.12.1987, NJW 1988, 1750; BVerwG v. 23.09.1992, BVerwGE 91, 45; zur übereinstimmenden Auslegung von § 75 Abs. 3 Nr. 17 BPersVG und § 87 Abs. 1 Nr. 6 BetrVG s. a. Kaiser, in: Richardi/Dörner/Weber (Hg.), BPersVG (4. A. 2012), § 75 Rn. 536.
689 Tinnefeld, RDV 1992, 216, 220.
690 690 BAGE 46, 367 – Inde-D-03-Entscheidung
691 BAG v. 09.09.1975, BAGE 27, 256.

- technische Einrichtungen abzuwehren, die das Persönlichkeitsrecht gefährden,
- von sich aus Regelungen zur Einführung einer datenschutzfreundlichen Einrichtung vorzuschlagen (das Initiativrecht schließt kein Recht ein, eine bisher nicht vorhandene Einrichtung zu fordern[692]),
- Betriebsvereinbarungen bei technisierten Überwachungsmöglichkeiten zu erzwingen.[693]

Das Mitbestimmungsrecht kommt dann nicht in Betracht, wenn ein Sachverhalt bereits durch Gesetz oder Tarifvertrag geregelt ist (§ 87 Abs. 1 BetrVG). Das ist z. B. dann der Fall, wenn ein zum Betrieb gehörender LKW aufgrund einer gesetzlichen Spezialvorschrift mit einem Fahrtenschreiber zu versehen ist (§ 57a StVZO).[694]

In der Praxis hat die Klärung der Tatbestandsmerkmale „technische Einrichtung", „(Arbeits-)Leistung", (arbeitsbezogenes) „Verhalten" und „Überwachung" zunächst Schwierigkeiten bereitet. Die Rechtsprechung des BAG und des BVerwG gingen in der Folge davon aus, dass vornehmlich programmgesteuerte Computersysteme in allen wesentlichen Eigenschaften eine **technische Einrichtung** darstellen und zur Überwachung geeignet sind.[695] Da beim Einsatz von neuer Hardware praktisch häufig Software beteiligt ist (etwa bei der Kamera, die beim Einsatz einer bestimmten Software zur Bilderkennung zur Überwachungskamera wird), bezieht sich das Mitbestimmungsrecht auch auf die Software. Schon der Begriff „Einrichtung" weist auf die Notwendigkeit einer ganzheitlichen Betrachtung hin.[696] Unklar war zunächst auch, ob die Mitbestimmung nur bei der Einführung eines Gesamtsystems oder auch auf der Ebene konkreter Softwareanwendungen infrage kommen sollte. Da fast alle Computersysteme ergänzungsfähig sind und auch nicht alle Möglichkeiten zum Zeitpunkt der Einführung feststehen, muss das Mitbestimmungsrecht auf beiden Ebenen greifen. Dies gilt erst recht, wenn einzelne Programmteile durch neue ersetzt werden, die eine speziellere Auswertung und Kontrolle ermöglichen.[697] Dem Betriebsrat steht auch dann ein Mitbestimmungsrecht zu, wenn er die Qualität eines Programmes (z. B. ein PC-Programm „Qualitätssicherung") unter Verwendung von Echtdaten prüfen lässt und dabei Leistungsdaten sichtbar werden bzw. werden können.[698]

---

[692] BAG v. 28.11.1989, BAGE 63, 283.
[693] Zur grundlegenden Frage der Erzwingbarkeit und zum Initiativrecht vgl. Fastricht, RdA 1994, 11.
[694] BAG v. 10.07.1979, DB 1979, 2428.
[695] Vgl. zur BAG-Rechtsprechung BAG v. 14.09.1984, BAGE 46, 367 – Intex-D-03-Entscheidung; BAG v. 06.12.1983, BAGE 44, 285 – Bildschirmarbeitsplatzentscheidung; BAG v. 23.04.1985, DuD 1987, 147 – rechnergesteuerte Textsysteme unter Verwendung von Namenskürzeln; zur Rechtsprechung des BVerwG: BVerwG v. 16.12.1987, NJW 1988, 750; BVerwG v. 30.08.1985, BVerwGE 72, 94 – Bildschirmgeräteentscheidung.
[696] Zutreffend Däubler, Gläserne Belegschaften? Das Handbuch zum Arbeitnehmerdatenschutz (6. A. 2015), Rn. 764 f.
[697] BAG v. 14.09.1984, BAGE 46, 367 – Intex-D-03-Entscheidung.
[698] Vgl. LAG Berlin v. 12.08.1986, CR 1987, 26, 27.

Datenbanksysteme mit flexiblen, frei formulierbaren Abfragemöglichkeiten (z. B. SAP R/3 oder SQL-Datenbanken) sind Einrichtungen, die zur Überwachung geeignet sind. Während die Verwendungsmöglichkeiten bei Berichten in Form von fest vordefinierten, nicht veränderbaren Abfragen zum Zeitpunkt der Einführung erkennbar sind, entfällt diese Möglichkeit bei den flexibel einsetzbaren frei formulierten Abfragen. Hier kann der Nutzer die Sicht (view) auf die Daten in dem Umfang und der Aggregationsstufe vornehmen, die er gerade für nützlich hält. Die Art und Weise des Dialogs lässt sich nur anhand der Protokollierung von Datenverarbeitungsabläufen nachträglich kontrollieren. Das Mitbestimmungsrecht (§ 87 Abs. 1 Nr. 6 BetrVG) knüpft jedoch an den Zeitpunkt der Einführung und Anwendung eines Systems an. Der Rahmen für den Einsatz von Abfragesprache könnte aber in Betriebsvereinbarungen vorab präzise festgelegt werden, in denen u. a. geklärt wird,
– für welche Fachaufgabe die Verwendung einer Abfragesprache erforderlich ist;
– welche Benutzer auf welche Daten zugreifen dürfen. Denkbar ist auch eine Regelung, wonach Zugriffsberechtigungen im Einzelfall nur an zwei Berechtigte gemeinsam vergeben werden dürfen, z. B. an einen Mitarbeiter in Kombination mit dem Datenschutzbeauftragten.

Unter **Verhaltens- und Leistungsdaten** fallen Aktivitäten, die auf den Beschäftigten bezogen werden können. Unter Verhalten fällt jedes Tun oder Unterlassen, das im betrieblichen und außerbetrieblichen Bereich arbeitsvertraglich relevant ist. So hat das BAG[699] Aussagen über unentschuldigte Fehlzeiten als Aussagen über das Verhalten des Arbeitnehmers gewertet. Mit Leistungsdaten sind alle personenbezogenen Informationen gemeint, die sich auf die Erfüllung der vertraglichen Arbeitspflichten beziehen (z. B. die Zuordnung von Seitenzahlen oder Buchungssätzen je Zeiteinheit, die Auswertung von Arbeitszeitbelegen, die Anzahl der Tastenanschläge – „keystrokes" – in einem bestimmten Zeitraum).

Beispiel: Steuerung der Personalplanung
Der Arbeitgeber will Fehler in der Personalplanung reduzieren. Er erfasst mittels des Personalinformationssystems „Paisy" Arbeitnehmerdaten nach Kriterien wie „hohe Fehlzeiten" oder „nicht für Überstunden einsetzbar" usw. Damit gewinnt er Informationen, die bei Entlassungen, Versetzungen oder Beförderungen von Bedeutung sind. Die Interessenvertretung hat ein Mitbestimmungsrecht, auch wenn die Mitarbeiterdaten nur erfasst und nicht auch automatisiert ausgewertet werden (z. B. im Hinblick auf Entlassungen).

---

699 BAG v. 11.03.1986, BAGE 51, 217.

Beispiel: Skilldatenbanken
Skilldatenbanken (Wissensdatenbanken) dienen der Übersicht über Mitarbeiterqualifikationen. Mit ihrer Hilfe können Planungen für den Personaleinsatz der Mitarbeiter für Projekte erleichtert werden. Einsatz und Anwendung der Systeme sind mitbestimmungspflichtig und allenfalls durch den Abschluss einer Betriebsvereinbarung zu rechtfertigen.[700]

Beispiel: Zugangskontrollsysteme
Zugangskontrollsysteme, die mit biometrischen Verfahren unverwechselbare Eigenschaften des Arbeitnehmers (z. B. Fingerabdruck, Augenhintergrund, Spracherkennung) erfassen, sind mitbestimmungspflichtig. Nichts anderes gilt bei „Badge"-Systemen mit elektronischen Erkennungsmarken, die die Zugangskontrolle, die Zeiterfassung oder die automatische Telefonrufumleitung kontaktlos tätigen, also ohne dass der Arbeitnehmer Eingaben an einem Rechner oder Telefon vornimmt. Die Systeme sind zur Verhaltens- und Leistungskontrolle geeignet, da sie Bewegungs- und Aufenthaltsprofile des Arbeitnehmers möglich machen („Wer hält sich wie lange und wie oft in der Kantine oder auf der Toilette auf?").[701]

Beispiel: Mithören von Telefongesprächen
Der Arbeitgeber will eine Mithöranlage installieren, um die Kundengespräche seiner Mitarbeiter zu überprüfen. Hierbei handelt es sich um eine überwachungsgeeignete Einrichtung, die ohne Mitbestimmung des Betriebsrats nicht eingesetzt werden kann. Im Rahmen des Persönlichkeitsschutzes kann in einer Betriebsvereinbarung allenfalls ein Mithören zugelassen werden, wenn der betroffene Arbeitnehmer **und** der Kunde Kenntnis durch einen Aufschaltton (z. B. Pfeifton) davon erlangen und das Gespräch ggf. abbrechen können.[702] In eng begrenzten Fällen (z. B. zu Zwecken der Ausbildung) soll dagegen das Mithören von Telefongesprächen zulässig sein.[703]

Beispiel: Einführung und Anwendung eines Arbeitsplatzrechners
Einführung und Inbetriebnahme eines Arbeitsplatzrechners sind mitbestimmungspflichtig, da alle Betriebssysteme heute umfangreiche personenbezogene Kontrollmöglichkeiten bieten. Sie protokollieren nicht nur das Hoch- oder Herunterfahren des Computers, sondern auch die Zugriffe auf Dateien, den E-Mail-Verkehr und die besuchten Web-Seiten. Im Rahmen der Mitbestimmung müssen die Einführung, das „Ob", und die Anwendung, das „Wie", geregelt werden (z. B. wie umfangreich protokolliert wird, wie lange die Protokolle aufbewahrt werden müssen, wer auf sie zugreifen darf usw.).

Beispiel: Einführung und Einsatz einer Firewall
Einführung und Einsatz einer Firewall unterliegen der Mitbestimmung, da auf ihr die gesamte Internet-Nutzung personenbezogen kontrolliert werden kann und i. d. R. auch protokolliert werden soll. Die

---

700 Dazu Petri/Knieper, DuD 2003, 611.
701 OLG Hamburg v. 04.07.1988, CR 1989, 838.
702 Ähnlich ArbG Berlin v. 23.11.1988, CR 1990, 132.
703 Vgl. BAG v. 30.08.1995, BAGE 80, 366 zur Zulässigkeit der Betriebsvereinbarung über ein ACD-System (II).

Nutzung unternehmenseigener Proxyserver zur Kontrolle des Arbeitnehmerverhaltens ermöglicht ihrer Konzeption nach sogar eine rasterfahndungsähnliche Ermittlung von vertragswidrigem Arbeitnehmerverhalten.[704] Leistungsfähige Router (Verbindung unterschiedlicher Netzwerke) oder Netzwerk-Switches (elektronisches Gerät zur Verbindung von Computern oder Netzwerksegmenten im lokalen Netz), die Protokollmöglichkeiten aufweisen, sind ebenfalls zur Überwachung geeignet.

Beispiel: Einführung von Fotokopierern/Faxgeräten
Auf einem Fotokopierer, der nicht mit der EDV vernetzt ist und der keine Speichermöglichkeit hat, können keine Aktivitäten der Nutzer protokolliert werden. Die Einführung und der Einsatz eines Faxgeräts, das ein Sende- und/oder Empfangsprotokoll erstellt, ist dagegen zur Überwachung der Beschäftigten geeignet und unterliegt der Mitbestimmung.

Beispiel: Einführung und Inbetriebnahme eines Workflowsystems
Workflowsysteme sind Softwaresysteme (z. B. zur Antragsbearbeitung oder für Bestellvorgänge), die der Durchführung und Kontrolle betrieblicher Abläufe dienen. Sie können zur Protokollierung der Aktivitäten von Mitarbeitern eingesetzt werden und sind daher mitbestimmungspflichtig.

Beispiel: EDV-System in einer wissenschaftlichen Einrichtung (Tendenzbetrieb)
Wissenschaftliche Einrichtungen zählen zu den Tendenzbetrieben (§ 118 Abs. 1 BetrVG). Wenn ein EDV-System (z. B. ein interaktives Datenerfassungssystem oder ein Simulationsrechner) „unmittelbar in die wissenschaftliche Forschung integriert" ist, steht die Einrichtung selbst und ihre konkrete Ausgestaltung nicht zur Disposition des Betriebsrats. Er kann jedoch den Einsatz zu Überwachungszwecken verhindern.[705]

Beispiel: Videoüberwachung
Die DS-GVO sieht keine spezielle Regelung zu Videoaufnahmen vor,[706] obwohl die technische Entwicklung der Einsatzmöglichkeiten von Kameras oder Smart Cams[707] und zugleich die Verwendungsmöglichkeiten der digital erzeugten Bilddaten überall ständig zunehmen.[708] Auch in Arbeitsbereichen wachsen die digitalen Risiken, wenn die Persönlichkeitsrechte der Beschäftigten aufgrund einer visuellen Erfassung unsichtbar und unverhältnismäßig im Rahmen einer umfassenden Überwachung beschnitten werden. Die visuelle Erfassung von Beschäftigtendaten erfolgt häufig durch ein Datenverarbeitungssystem, das objektiv geeignet ist, Leistung und Verhalten der Mitarbeiter während der Arbeitszeit zu überwachen. Dabei spielt es keine Rolle, wenn der Arbeitgeber die erfassten und festgehaltenen Daten nicht auswerten oder zu Reaktionen auf festgestellte Verhaltens- oder und Leistungs-

---

704 Im Einzelnen dazu Bijok/Class, RDV 2001, 52.
705 LAG München v. 17.09.1987, CR 1988, 562.
706 Ausführlich zur Videoüberwachung Kap. 2.2.3.3.
707 Sammelbegriff für mobile Kameras.
708 Rose, DuD 2017, 137.

arten verwenden will.⁷⁰⁹ Der Einsatz von Videokameras ist daher mitbestimmungspflichtig (§ 87 Abs. 1 Ziff. 6 BetrVG).

Dabei ist zu beachten, dass Betriebsstätten, die überwiegend der privaten Lebensgestaltung des Beschäftigten dienen (Sanitär-, Umkleide- und Schlafräume) den Kerngehalt der Persönlichkeit berühren und niemals per Video überwacht werden dürfen. Dies gilt auch unter der DS-GVO. Im Übrigen verlangt Art. 35 Abs. 1 DS-GVO im Rahmen der Datenschutz-Folgeabschätzung für Verarbeitungsformen, die mit einem hohen Risiko für Rechte der Betroffenen verbunden sind, besondere Schutzmaßnahmen. Als Beispiel für solche riskanten Verarbeitungsformen verweist die DS-GVO im Kontext der Datenschutzfolgenabschätzung (EG 89 und 91) auf „neue Technologien".⁷¹⁰ Die Video-Kamera ist in allen ihren neuen Varianten dabei, „zur wichtigsten Schnittstelle zwischen der realen Lebenswelt und Big Data" zu werden.⁷¹¹ Sie gehört damit zu den neuen Technologien, deren Anwendung für das Persönlichkeitsrecht des Beschäftigten riskant ist.

Beispiel: Einführung eines Brokerage System Redesign
Ein „Brokerage System Redesign" (BSR) soll zur Vereinheitlichung bei der Datenverarbeitung von Importsendungen eingeführt werden. Es soll in einem Speditionsunternehmen wie ein „Data-Warehouse" funktionieren. Dazu soll es die auf einem Flughafen vorhandenen Systeme miteinander verbinden und eine einheitliche Eingabemaske aufweisen. Das BAG hat entschieden, dass das BSR eine technische Einrichtung ist, die zur Überwachung der Leistung der Beschäftigten geeignet ist.⁷¹²
Im angesprochenen Fall ergab sich die Eignung zur Überwachung der Leistung schon daraus, dass die Aufnahme von Arbeitsleistungen auf individueller Ebene zur Evaluation von Trainings- und Weiterqualifikation möglich war. Es lagen zudem definierte Funktionalitäten für Trainings- und Quality-Management-Gruppen vor, wonach Eingaben und Bearbeitungsschritte der Beschäftigten analysiert und auf diese Weise **individualisierte und individualisierbare** Daten der Beschäftigten über deren Leistung zur Auswertung gewonnen werden konnten.

Der BSR-Fall macht deutlich, dass Verhaltens- und Leistungsdaten dem einzelnen Beschäftigten grundsätzlich **individuell** zugeordnet werden müssen. Das gilt auch für die Überwachung einer Gruppe. In der Rechtsprechung des BAG⁷¹³ war zunächst eine kleine, **überschaubare Gruppe** (z. B. im Gruppenakkord) benannt worden, bei der der durch die technische Einrichtung geschaffene Überwachungsdruck auf den Einzelnen durchschlägt.

Im Ergebnis ist festzuhalten, dass es für das Eingreifen des Mitbestimmungsrechts ausreicht, dass die technische Einrichtung objektiv **überwachungsgeeignet** ist, d. h. nach der konkreten Konstellation Verhalten bzw. Leistung des Beschäftigten kontrol-

---

709 Tinnefeld/Viethen, NZA 2003, 472 m. w. N.
710 S. a. Forum Privatheit, White Paper, Datenschutz-Folgenabschätzung, Ziff. 1 unter: https//www.forum-privatheit.de/forum-privatheit-de/texte//veroeffentlichungen-des-forums/themenpapiere-white-paper/Forum_privatheit_White_Paper_Datenschutz-Folgenabschaetzung_2016.pdf (letzter Abruf 26.05.2017).
711 Rose, DuD 2017, 137.
712 BAG v. 14.11.2006, BAGE 120, 146.
713 BAG v. 18.02.1986, BAGE 51, 143; BAG v. 26.07.1994, BAGE 77, 262.

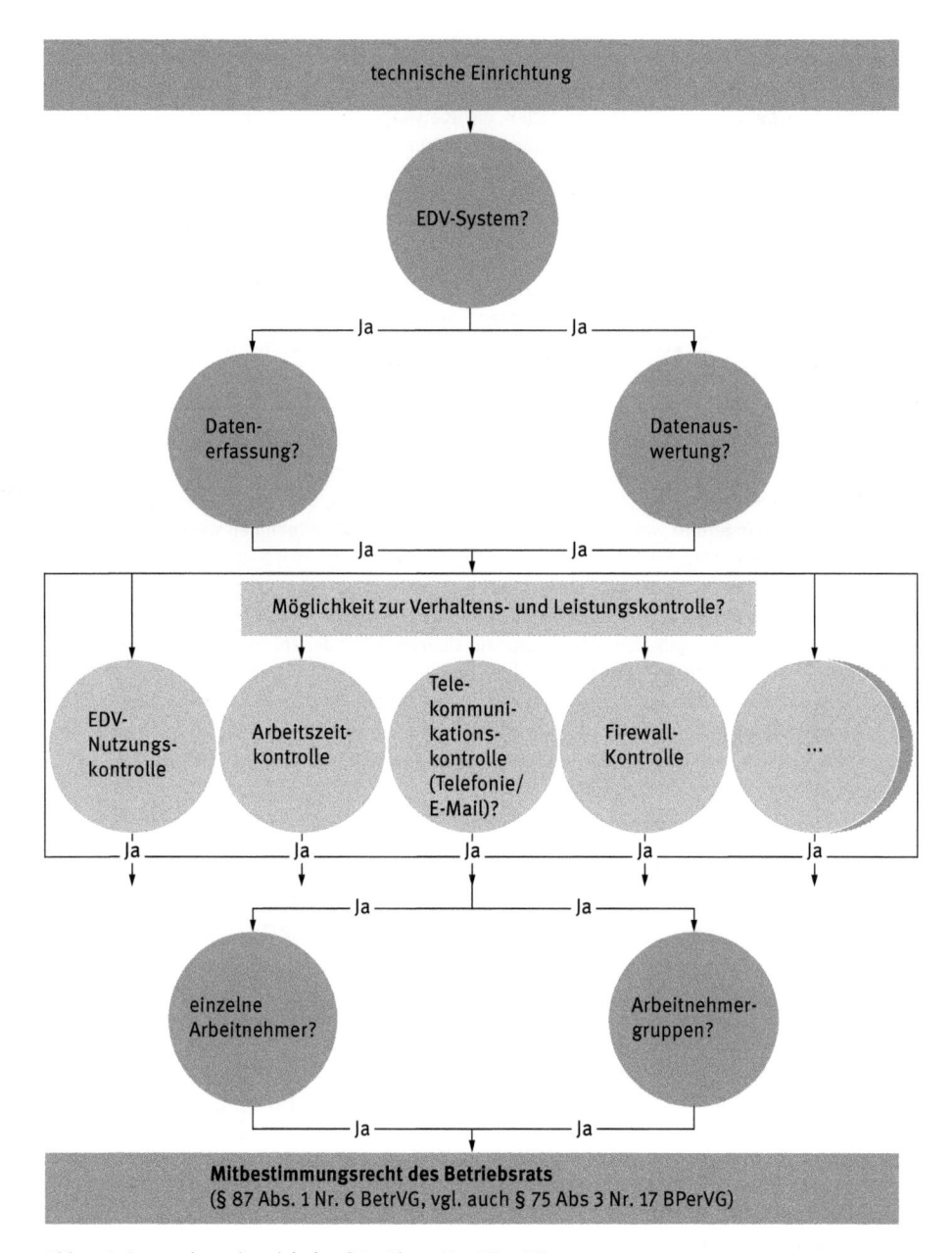

Abb. 1.8: Anwendungsbereich des § 87 Abs. 1 Nr. 6 BetrVG.

liert werden kann. Eine Stoppuhr ist in diesem Sinne kein technisches Überwachungsgerät, da sie nur Handlungen registriert (z. B. eines REFA-Fachmanns).[714] Darauf, ob der Arbeitgeber eine Überwachung tatsächlich beabsichtigt, kommt es nicht an.[715] Die potenzielle Gefahr einer Überwachung reicht aus. Es kann sowohl das bloße Erfassen (Sammeln) als auch die weitere Auswertung von Informationen zu einer Überwachung führen. Beide Phasen können zeitlich auseinanderfallen. Es genügt, wenn eine der Phasen automatisch durchgeführt wird.

Das Mitbestimmungsrecht des Betriebsrates (ggf. Gesamtbetriebsrat[716]) im Rahmen überwachungsgeeigneter Informations- und Kommunikationstechnik lässt sich unter Berücksichtigung der Besonderheiten im öffentlichen Dienst auf die entsprechenden Dienstvereinbarungen zwischen Personalrat und Dienstherrn übertragen (siehe § 75 Abs. 3 Nr. 17 BPersVG).

Beispiel: Telefondaten
Eine Entscheidung des BAG[717] betraf die Betriebsvereinbarung über eine computergesteuerte Telefonanlage, mittels derer Telefondaten wie Beginn und Ende des Gesprächs, Nebenstellenapparat, Zahl der vertelefonierten Einheiten und Zielnummern erfasst werden konnten, also alles Daten, die für eine Verhaltens- oder Leistungskontrolle des Arbeitnehmers geeignet sind. Zwar hat das Gericht zutreffend festgestellt, dass nicht nur der Inhalt, sondern auch die näheren Umstände der Kommunikation in den Schutzbereich des Fernmeldegeheimnisses fallen (Art. 10 GG). Dennoch hielt es die Erfassung der vollen Zielnummer bei Dienstgesprächen oder bei dienstlich veranlassten Privatgesprächen unter Kontrollgesichtspunkten grundsätzlich für rechtmäßig.

Inzwischen hat das BVerfG[718] im Zusammenhang mit einem Kündigungsschutzverfahren festgestellt, dass das heimliche Mithören von Telefongesprächen des Beschäftigten unzulässig ist und Kenntnisse des Arbeitgebers daraus nicht gerichtsverwertbar sind. Das Gericht leitet zutreffend aus dem verfassungsrechtlichen allgemeinen Persönlichkeitsrecht einen umfassenden Schutz für das **nicht-öffentlich gesprochene Wort** ab.

Diesen Schutz hat das BVerfG[719] anlässlich der Erfassung von Fernsprechdaten mittels Fangschaltung präzisiert und festgestellt, dass in erster Linie der (vertrauliche) **Kommunikationsinhalt** grundrechtlichen Schutz genießt. Der dienstliche oder rein

---

714 Vgl. BAG v. 08.11.1994, NZA 1995, 313.
715 Vgl. z. B. Rank-Xerox-Entscheidung des BAG v. 14.09.1984, BAGE 46, 367 – Intex-D-03-Entscheidung; s. a. BVerwG v. 16.12.1987, NJW 1988, 1750.
716 Auf Seiten der Arbeitnehmer kann auch der Gesamtbetriebsrat zuständig sein, aber nur, wenn ihm die Ausübung des Mitbestimmungsrechts obliegt (§ 50 Abs. 1 BetrVG) oder übertragen werden soll (§ 50 Abs. 2 BetrVG).
717 BAG v. 27.05.1986, BAGE 52, 88; zur Mitbestimmungspflicht von Telefonanlagen vgl. Kort, RdA 1992, 385.
718 BVerfG v. 19.12.1991, NJW 1992, 815.
719 BVerfG v. 25.03.1992, DuD 1993, 47.

geschäftliche Charakter des Telefongesprächs beseitige das Recht am eigenen Wort nicht ohne Weiteres. Aus diesem Grund dürfe auch ein Gesprächsteilnehmer einem Dritten keine Mithörgelegenheit ohne Einwilligung des Kommunikationspartners einräumen.[720]

Betriebsräte und Arbeitgeber können auch über mitbestimmungspflichtige Angelegenheiten, die über § 87 Abs. 1 Nr. 6 BetrVG hinausreichen, freiwillige Betriebsvereinbarungen mit Blick auf den Beschäftigtendatenschutz abschließen (§ 88 BetrVG).[721] So kann das für den Mitarbeiter wichtige Recht auf Personalakteneinsicht (§ 83 BetrVG) durch eine freiwillige Betriebsvereinbarung näher ausgestaltet werden. Gleiches gilt für den Einsatz „privater IT" im Unternehmen (Bring your own device – BYOD), die ein Mitbestimmungsrecht im Rahmen der Ordnung des Betriebs (§ 87 Abs. 1 Nr. 1 BetrVG) auslösen kann.

1.7.1.3.4 Private Nutzung von Internet und E-Mail

Ein besonders kritischer Bereich in der Praxis ist die private Nutzung von Internet und E-Mail. Grundsätzlich bestimmt der Arbeitgeber darüber, ob der Beschäftigte einen dienstlichen Telefonanschluss oder eine dienstliche Mailadresse oder einen Internetanschluss auch zu privaten Zwecken nutzen kann. Es gibt inzwischen zahlreiche Checklisten sowie Musterbetriebsvereinbarungen, die entsprechend der Situation und den Bedürfnissen im Unternehmen angepasst werden können.[722] Dazu gehören praxisrelevante Einzelfragen wie Vertretungsregelungen im Fall von Urlaub oder Krankheit des Beschäftigten, an den eine E-Mail gerichtet ist.

Damit ist aber das grundsätzliche Problem nicht gelöst. Die Nutzung von TK-Diensten durch Beschäftigte zu privaten Zwecken ist auch in den bisherigen Entwürfen zum Beschäftigtendatenschutz ausgespart worden.[723] Die Rechtslage stellt sich im Ergebnis (noch) so dar: Hat der Arbeitgeber eine private Nutzung des E-Mailsystems erlaubt, dann soll er als Anbieter von TK-Dienstleistungen i. S. v. § 3 Nr. 6 TKG gelten. In einem solchen Fall wäre er an das Fernmeldegeheimnis nach § 88 TKG gebunden.[724] Arbeitgeber dürften sich von den Inhalten und Umständen der Telekommunikation nur in dem Umfang Kenntnis verschaffen, wie es für die Erbringung der „TK-Dienste einschließlich des Schutzes ihrer technischen Systeme" erforderlich ist (§ 88 Abs. 2 S. 1 TKG).

> **Beispiel**
> Eine E-Mail des Beschäftigten, die zu privaten Zwecken ausgetauscht wird, fällt unter das TK-Fernmeldegeheimnis (§ 88 TKG), zu dessen Einhaltung jeder Diensteanbieter verpflichtet ist (vgl. zur unbefugten Weitergabe § 206 StGB). Zu den bei der Erbringung des Dienstes anfallenden Verkehrsdaten gehören die E-Mail-Adresse (kann zugleich Bestandsdatum sein), der Zeitpunkt der Sendung bzw. Zustellung und Routing-Informationen, also Angaben über die Rechner, die eine Mail durchgeleitet haben. Der Arbeitgeber, der geschäftsmäßig am Transport der Mail beteiligt ist, unterfällt den Regelungen zum TK-Datenschutz. Im konkreten Fall darf er bei einer als virenverseucht erkannten E-Mail die E-Mail-Adresse und die Verkehrsdaten erfassen, verarbeiten und nutzen, um Störungen und Fehler an seinem System zu verhindern.

> **Beispiel**
> In einer Betriebsvereinbarung wird die private Nutzung der dienstlichen Internet- und E-Mail-Systeme geregelt. Dabei geht es um „die private Nutzung der IT-TK-Infrastruktur des Unternehmens mit dienstlichen Geräten". Eine Regelung für Beschäftigte, die private Geräte einbringen und sie zu dienstlichen und privaten Zwecken einsetzen, fehlt häufig.[725] Die Filter- und Kontrollmaßnahmen dürften nicht umfassen, dass der Arbeitgeber auch auf die privaten Devices (BYOD) zugreift, etwa bei längerer Abwesenheit des Mitarbeiters.[726] Ebenso wird häufig eine Regelung für den Fall ausgespart, dass Beschäftigten dienstliche Geräte wie Smart-Phones oder Laptops[727] zur Verfügung gestellt werden, die sie regelmäßig auch zu privaten Zwecken nutzen.

Die Ansicht, dass ein Arbeitgeber zum Anbieter von TK-Dienstleistungen (§ 3 Nr. 6 TKG) wird, wenn er die private Nutzung von E-Mail und Telefon gestattet, wird infrage gestellt durch
- das Urteil des LAG Niedersachsen v. 31.05.2010[728] sowie
- das Urteil des LAG Berlin-Brandenburg v. 16.02.2011[729].

Nach den Entscheidungen wird ein Arbeitgeber, der einem Mitarbeiter auch die private Nutzung der betrieblichen Kommunikationsmittel gestattet, nicht zum Diensteanbieter. Die Gerichte gehen davon aus, dass der Beschäftigte nicht „Dritter" i. S. d.

---

720 BVerfG v. 09.10.2002, BVerfGE 106, 28, 44 ff.
721 St. Rspr., vgl. u. a. BAG v. 12.12.2006, BAGE 120, 308; BAG v. 07.11.1989, BAGE 63, 211; s. a. Fitting/Engels/Schmidt/Trebinger/Linsenmaier, BetrVG (28. A. 2016), § 77 Rn. 45, § 88 Rn. 2.
722 Vgl. Thüsing, Arbeitnehmerdatenschutz und Compliance (2010), Rn. 583.
723 Vgl. Tinnefeld/Petri/Brink, MMR 2010, 727, 733; s. a. Körner, AuR 2010, 416.
724 Zu den Folgen vgl. Wolff/Mullert, BB 2008, 442, 445.
725 Conrad/Schneider, ZD 2011, 153, 157.
726 Conrad/Schneider, ZD 2011, 153, 155.
727 Zur Kündigung eines Beschäftigten wegen Speicherung privater Dateien auf einem Firmen-Laptop und unternehmensbezogenen Dateien auf privater Festplatte vgl. BAG v. 24.03.2011, NZA 2011, 1029 m. Anm. Tiedemann.
728 LAG Niedersachsen v. 31.05.2010, MMR 2010, 639 m. Anm. Tiedemann.
729 LAG Berlin-Brandenburg v. 17.08.2010, ZD 2011, 43 m. Anm. Tiedemann.

§ 3 Nr. 10 TKG ist, da er auch bei der privaten Nutzung der betrieblichen Kommunikationsmittel in die Unternehmensorganisation eingebunden bleibe und daher nicht außerhalb des Unternehmens stehe. Insbesondere erbringe der Arbeitgeber aber keine TK-Dienste. Er sei selbst Bezieher der Dienste und erlaube dem Beschäftigten lediglich, die zu Unternehmenszwecken bezogenen Dienste zu nutzen.[730]

Betriebsvereinbarungen sind das Instrument, in denen über die Nutzung der Kommunikationssysteme unter Einbeziehung möglichst aller Formen der zur Verfügung stehenden Kommunikationsmittel betriebsnahe Regelungen getroffen werden können. Dazu gehören die etablierten TK-Mittel (Festnetztelefon, Telefax, E-Mail und Internet) ebenso wie neue Kommunikationsmittel (VoIP-Dienste, elektronische Kalender mit Gruppenfunktionen, Smart-Phones, Black-Berry, Desktop-PCs, Laptops mit und ohne Internetstick usw.).[731]

Schließlich stellt sich auch die Frage, ob in einem Unternehmen mit mehreren Betrieben der einzelne Betriebsrat oder der Gesamtbetriebsrat für Regelungen zur Nutzung von E-Mail und Internet-Diensten zuständig ist (§ 50 Abs. 1 BetrVG – originäre Zuständigkeit des Gesamtbetriebsrats; § 50 Abs. 2 BetrVG – Zuständigkeit kraft Beauftragung durch einen oder mehrere Betriebsräte des Unternehmens). Nach der Rechtsprechung liegt eine originäre Zuständigkeit dann vor, wenn andernfalls eine sinnvolle Regelung nicht möglich wäre.[732] Dies dürfte der Fall sein, wenn ein unternehmenseinheitliches System für die elektronische Kommunikation infrage steht.

Im Ganzen lässt sich festhalten, dass die Praxis der digitalen Überwachung eine zentrale Dimension der Arbeitswelt geworden ist. Im Zusammenhang von Kollektivvereinbarungen im Kontext der DS-GVO kann ein angemessener Schutz des Beschäftigten gegen riskante Überwachungsinstrumente geschaffen werden, sodass er nicht in einem „Bannoptikum"[733] endet, das zu seinem Ausschluss aus der Arbeitsgesellschaft führen kann.

1.7.2 Freiheit der Meinungsäußerung und Informationsfreiheit

Ziel der Aufklärung im 17./18. Jahrhundert war es, das Denken und Forschen auf eine rationale Basis zu stellen und somit auch die Meinungs-, Presse- und Kunstfreiheit aus den Fesseln einer weitreichenden Zensur zu lösen, die durch den Staat, aber auch durch religiöse Organisationen, Konzerne oder Medienbesitzer usw. ausgeübt werden kann.

---

[730] Dazu ausführlich Deiters, ZD 2012, 109; Wybitul, ZD 2011, 69.
[731] Conrad/Schneider, ZD 2011, 153.
[732] Übersicht bei Fitting/Engels/Schmidt/Trebinger/Linsenmaier, BetrVG (28. A. 2016), § 50 Rn. 20 ff.
[733] Bauman/Lyon, Daten, Drohnen, Disziplin (2013), S. 80; s. a. Prolog.

1.7.2.1 Meinungs- und Pressefreiheit

Die Freiheit der Meinungsäußerung, die **Informations- und Pressefreiheit** einschließlich des **Rundfunks und Fernsehens** (Medienfreiheit) sind grundlegend für die Persönlichkeitsentfaltung des Einzelnen. Sie sind in der Grundrechte-Charta (Art. 11 GRCh; s. a. Art. 10 EMRK; Art. 5 Abs. 1 S. 1 GG) geschützt, ausdrücklich gilt die Freiheit von Zensur (Art. 5 Abs. 1 S. 2 GG). In der hier vorliegenden Konstellation entfalten insbesondere die EMRK (Art. 10) und die Rechtsprechung des EGMR als Teil des Unionsrechts (Art. 6 Abs. 3 EUV und Art. 52 Abs. 3, 53 GRCh) Rechtswirkung in den Mitgliedstaaten.

Gleichviel, ob eine personenbezogene Information zugänglich oder unzugänglich ist,[734] liegt immer eine grundrechtliche Spannung zwischen dem Recht auf Privatheit und Datenschutz gegenüber der Presse und den sonstigen Medien vor, der es im Einzelfall nachzugehen gilt. In einer frühen Entscheidung des BVerfG[735] heißt es mit Blick auf Personen der Zeitgeschichte:

Wenn der einzelne als ein in der Gemeinschaft lebender Bürger in Kommunikation mit anderen tritt, [...] und dadurch die persönliche Sphäre von Mitmenschen berührt, können sich Einschränkungen seines ausschließlichen Bestimmungsrechts über seinen Privatbereich ergeben, soweit dieser nicht zum unantastbaren innersten Lebensbereich gehört.

Da die Freiheit des einen stets ihre Schranke in der Freiheit und dem Recht des anderen hat, enthält das Grundgesetz auch Schranken für die Medienfreiheit (Art. 5 Abs. 2 GG). Sie finden sich in den Vorschriften der allgemeinen Gesetze, den gesetzlichen Bestimmungen zum Schutz der Jugend[736] und in dem Recht der persönlichen Ehre (sog. Schrankentrias).[737] Schrankenbestimmungen finden sich auch in völkerrechtlichen Verträgen.[738]

Welcher Zusammenhang besteht nach der Unionsordnung zwischen den kommunikativen Grundrechten der Medien einerseits und dem Datenschutz bzw. dem Recht auf Privatheit andererseits? Wie viel Meinungsfreiheit darf es in Bezug auf welche Personen und unter welchen Bedingungen im Verhältnis zum Schutz ihrer Privatheit geben? Ist dieser Schutz nicht auch eine Voraussetzung der Meinungsfreiheit[739], sodass

---

[734] Zum Recht auf Schutz vor Indiskretion vgl. BVerfG v. 15.12.1999, BVerfGE 101, 361.
[735] BVerfG v. 05.06.1973, BVerfGE 35, 202.
[736] Zum besonderen Schutz der Jugend vgl. Ricker/Weberling, Handbuch des Presserechts (6. A. 2012), Kap. 11 Rn. 10.
[737] Zu den Schranken der Pressefreiheit und den Ausgestaltungsgesetzen vgl. Ladeur, in: Paschke/Berlit/Meyer (Hg.), Hamburger Kommentar Gesamtes Medienrecht (3. A. 2016), 4. Abschnitt, Rn. 65–67 m. w. N.
[738] Z. B. Art. 19 Abs. 3 des Internationalen Pakts über bürgerliche und politische Rechte (UN-Zivilpakt) abgeschlossen am 19.12.1966, von der Bundesrepublik Deutschland ratifiziert am 17.12.1973 (BGBl. II, S. 1533).
[739] Zur Meinungsfreiheit durch Datenschutz Tinnefeld, ZD 2015, 22.

Letztere unter bestimmten Umständen dem Schutz der Privatheit untergeordnet werden muss?[740] Oder ist grundsätzlich mehr Redefreiheit (free speech)[741] erforderlich?

Grenzen für die Freiheit der Meinungsäußerung können sich weltweit dann ergeben, wenn es um Hassreden, die Aufhetzung zu persönlicher Diskriminierung, Schmähung, Feindseligkeit und Gewalt geht.[742] Gänzlich unbestritten ist der absolute Schutz von Kindern, die durch extreme Formen der Kinderpornographie, insbesondere durch Pädophile, in ihrer Intimität und Privatheit verletzt werden.

Inzwischen haben 140 Staaten die UN-Kinderrechtskonvention unterzeichnet und ratifiziert.[743] Das Übereinkommen des Europarats zum Thema Computerkriminalität bezieht sich unter dem Titel *„Inhaltsbezogene Vergehen"* ausdrücklich auf Kinderpornografie. Das Übereinkommen wurde nicht nur von den Mitgliedern des Europarats, sondern von 11 weiteren Staaten akzeptiert und ratifiziert.[744]

1.7.2.2 Kunstfreiheit

Nicht ohne Grund sind in der Grundrechte-Charta (Art. 13 GRCh) und im Grundgesetz (Art. 5 Abs. 3 GG) Freiheit der **Kunst und Wissenschaft** zusammen gewährleistet. In den Charta-Erläuterungen wird die Freiheit der Kunst und Wissenschaft aus der Gedankenfreiheit und Freiheit der Meinungsäußerung abgeleitet.[745] Auch in der geschichtlichen Entwicklung der Grundrechte sind Kunst- und Wissenschaftsfreiheit stets in Parallele zueinander gesehen worden. Bei allen unterschiedlichen Sachstrukturen sind beide als ein einheitliches Grundrecht anzusehen, das trotz aller grundrechtlichen Freiräume an datenschutzrechtliche Schranken in einer Welt gebunden ist, die durch Technikfolgen und – je digitalisierter die Forschung wird – auch durch Forschungsfolgen für den Persönlichkeitsschutz betroffener Personen geprägt ist.

Die Freiheit der Kunst und Literatur spielen eine bedeutende Rolle in der europäischen Kulturpolitik.[746] Zwecke der Kunst und Literatur scheinen auf den ersten Blick wenig mit dem Datenschutz zu tun zu haben. Sie erfordern aber ebenso einen abwägenden Ausgleich mit dem Recht auf informationelle Selbstbestimmung wie die Informationsverarbeitung zu wissenschaftlichen Zwecken. Die künstlerische und belletristische Tätigkeit steht zwar in engem Verhältnis zur Meinungsfreiheit (Art. 13 GRCh,

---

740 Barendt, Freedom of Speech and Privacy, Free Speech Debate unter: http://freespeechedebate.com/en/discuss/freedom-of-speech-and-privacy/ (letzter Abruf 05.11.2016).
741 Vgl. The Guardian v. 12.05.2011, To Fight the Xenophobic populists. We need more Free Speech, Not less.
742 Vgl. Art. 19 des UN-Zivilpakts.
743 S. unter: https://treaties.un.org/pages/ViewDetails.aspx?src=IND&mtdsg_no=IV-11&chapter=4&lang=en (letzter Abruf 28.05.2017).
744 Europarat, Übereinkommen über Computerkriminalität (2001), SEV-Nr. 185.
745 Erläuterungen zur Charta der Grundrechte, ABl. v. 14.12.2007 C 303, S. 18.
746 Britz, EuR 2004, 1.

Art. 10 EMRK, Art. 5 Abs. 3 GG) und trägt häufig im besonderem Maß die kreative Handschrift des Künstlers. Dennoch ist zu berücksichtigen, dass sie typischerweise provozieren und gewisse Grenzen des Persönlichkeitsschutzes überschreiten kann.

Die Privilegierung der Datenverarbeitung zu künstlerischen und literarischen Zwecken in Art. 85 DS-GVO bezieht sich auf die Herstellung belletristischer, kultur- und geistesgeschichtlicher, aber auch fachbezogener Werke. Publikationen, die unter die Privilegierung des Art. 85 DS-GVO fallen, müssen ein Mindestmaß an künstlerischer bzw. literarischer Bearbeitung aufweisen. Das heißt, dass Datensammlungen oder Auflistungen wie Adress-, Telefon- Branchenverzeichnisse oder amtliche Mitteilungen nicht erfasst werden. Ähnliches gilt für Online-Informationsangebote. Sie können sich nicht durch Zusatzinformationen oder anderes schmückendes Beiwerk den grundsätzlich strengen Anforderungen der DS-GVO an eine personenbezogene Datenverarbeitung entziehen.

Soweit die Werke eine bestimmte Person erkennbar einbeziehen, kann es zu Auseinandersetzungen mit dieser kommen. Je stärker sich eine Publikation im Bereich einer strengen Faktenvermittlung bewegt, je weniger kann es erforderlich sein, auf die Interessen der betroffenen Person Rücksicht zu nehmen. Die Grenze ist jedoch erreicht, wenn die Resozialisierung einer Person[747] oder etwa in einem Roman erkennbar das Privat- und Intimleben einer Person bloßgestellt wird. Soweit ersichtlich gibt es noch kaum eine einschlägige europäische Rechtsprechung in diesem Bereich.[748] Hier sei daher auf Entscheidungen des BVerfG verwiesen, die den Konflikt deutlich machen.

In seinem Mephisto-Urteil von 1971 hat das BVerfG entschieden, dass ein Konflikt zwischen der Kunstfreiheit und dem verfassungsrechtlich geschützten Persönlichkeitsrecht nach Maßgabe der grundrechtlichen Wertordnung zu lösen, insbesondere die im GG (Art. 1 Abs. 1) geschützte Würde des Menschen zu achten ist.[749] Im Esra-Fall hat das BVerfG 2007 entschieden, dass die Kunstfreiheit für ein literarisches Werk eine kunstspezifische Betrachtung verlangt.[750] Die Kunstfreiheit schließe zwar das Recht zur Verwendung von Vorbildern nicht aus. Je stärker aber Abbild und Urbild übereinstimmen, desto schwerer wiege die Beeinträchtigung des Persönlichkeitsrechts. Mit anderen Worten, je mehr die künstlerische Darstellung besonders geschützte Dimensionen des Persönlichkeitsrechts berührt, desto stärker muss die Fiktionalisierung sein, um eine entsprechende Verletzung auszuschließen.

Zwischen der notwendigen Solidarität etwa mit den bedrohten Karikaturisten von Charlie Hebdo einerseits und der Zustimmung zu ihren Zeichnungen, die sie zur Ziel-

---

747 BVerfG v. 05.06.1973, BVerfGE 35, 202 zur Frage einer historischen Dokumentation in Rundfunk und Fernsehen unter dem Aspekt des Datenschutzes der betroffenen Person.
748 S. aber zur Satire EGMR v. 19.02.2015, AfP 2015, 323.
749 BVerfG v. 24.02.1971, BVerfGE 30, 173.
750 BVerfG v. 13.06.2007, BVerfGE 119, 1.

scheibe gemacht haben, andererseits können Spannungen entstehen.[751] Hier sei ein Satz notiert, der dem großen Aufklärer Voltaire zugeschrieben wird: „Ich mag verdammen, was du sagst, aber ich werde mein Leben dafür einsetzen, dass du es sagen darfst."[752] Man könnte hinzufügen, dass du es schreiben oder zeichnen darfst, vorbehaltlich bestimmter Tabuzonen.

1.7.2.3 Öffnungsklausel des Art. 85 DS-GVO

Die DS-GVO (Art. 85 Abs. 1) sieht eine weitreichende **Öffnungsklausel** vor, wonach die Mitgliedstaaten „durch Rechtsvorschriften das Recht auf den Schutz personenbezogener Daten gemäß dieser Verordnung mit dem Recht auf freie Meinungsäußerung und Informationsfreiheit, einschließlich der **Verarbeitung** zu **journalistischen Zwecken** und zu **wissenschaftlichen, künstlerischen** oder **literarischen Zwecken**, in Einklang [bringen]".

Die Öffnungsklausel lässt nur insoweit Raum für mitgliedstaatliche Regelungen als es sich um eine Datenverarbeitung zu den bezeichneten Zwecken handelt (Art. 85 Abs. 1). Für deren Verarbeitung steht den Mitgliedstaaten eine **regulatorische Gestaltungsfreiheit** zu (Art. 85 Abs. 2). Dabei geht es jeweils nicht um das Ob, sondern um das **konkrete Wie** der **Ausnahmen und Abweichungen** von den Vorgaben der DS-GVO.[753] Sie betreffen die Grundsätze (Kap II), die Rechte der betroffenen Person (Kap. III), den Verantwortlichen und Auftragsdatenverarbeiter (Kap. IV), Übermittlung personenbezogener Daten an Drittländer oder an internationale Organisationen (Kap. V), unabhängige Datenschutzbehörden (Kap. VI), Zusammenarbeit und Kohärenz (Kap. IX), Vorschriften für besondere Verarbeitungssituationen (Kap. IX). Diese sind rechtmäßig, wenn sie **erforderlich** sind, um den Datenschutz mit dem jeweiligen Kommunikationsgrundrecht i. S. d. **Verhältnismäßigkeitsprinzips** schonend auszugleichen (Art. 52 GRCh).

Voraussetzung ist, dass die von der DS-GVO privilegierte Datenverarbeitung „**ausschließlich**" zu den genannten **Zwecken** erfolgt (EG 153), ein vager Bezug zu diesen Zwecken, reicht nicht aus.

1.7.2.4 Journalistische Zwecke

Im Falle von Bewertungsportalen sind die Anforderungen an eine journalistisch-redaktionelle Bearbeitung nicht schon dann erfüllt, wenn sich das Angebot auf die bloße Erfassung von Bewertungen und deren Zusammenfassung in Form einer arithmetischen Berechnung des Mittelwerts beschränkt. Nach dem BGH weist eine Pu-

---

[751] Ausführlich Tinnefeld/Knieper, MMR 2016, 156.
[752] Pearson, Voltaire Almighty: A Life in Persuit of Freedom (2005), S. 409, 431.
[753] Kühling/Martini et al., Die DS-GVO und das nationale Recht (2016), S. 296 f.

blikation erst dann ein hinreichend journalistisch-redaktionelles Niveau auf, „wenn die meinungsbildende Wirkung für die Allgemeinheit prägender Bestandteil des Angebots und nicht nur schmückendes Beiwerk ist".[754] Blogger, etwa die chinesischen Blogger, die kritische Texte im JEPG-Format posten, damit sie von den Suchmaschinen der Zensoren nicht entdeckt werden, gehören dagegen in die Kategorie der Medien.

Im Google-Spain-Urteil hat der EuGH klargestellt, dass auch ein **Suchmaschinenbetreiber** nicht privilegiert ist, da er keine Datenverarbeitung zu journalistischen Zwecken betreibt.[755] Aus Sicht des Gerichtshofs ist es aber denkbar, dass ggf. eine Datenverarbeitung allein zu journalistischen Zwecken bei Webseiten infrage kommt, auf welche die Suchmaschine verweist. Dies ist auch folgerichtig, weil sich die Anbieter von Suchmaschinen i. d. R. nicht auf die infrage kommenden Kommunikationsgrundrechte (Art 11 GRCh; Art. 5 Abs. 1 GG) stützen können.[756]

Der Begriff „**journalistische Zweckbestimmung**" (Art. 85 Abs. 1 DS-GVO) ist nach der Santamedia-Entscheidung des EuGH weit auszulegen.[757] Grundsätzlich werden sämtliche Formen und Phasen einer journalistischen Datenverarbeitung erfasst: Recherchen, redaktionelle Entscheidungen, die publizistische Verwertung sowie auch deren Dokumentation und Archivierung; jede Phase kann sich auch auf personenbezogene Daten beziehen. Ausnahmen und Abweichungen gegenüber dem Datenschutz beziehen sich „insbesondere auf die Verarbeitung personenbezogener Daten im audiovisuellen Bereich sowie in Nachrichten und Pressearchiven" (EG 153). Unter die Sonderregel fallen v. a. **Zeitungs-, Zeitschriften- und Buchverlage**, aber auch **professionell tätige selbstständige Journalisten**. Dagegen gehören Foren oder Bewertungsportale im Internet im Zweifel nicht dazu. Entsprechendes gilt für die Betreiber von Bilddatenbanken, die Häuser- und Straßenansichten ohne journalistisch-redaktionell aufbereitete Zusatzinformationen veröffentlichen. Sie fallen nicht unter die Abweichungen und Ausnahmen i. S. der DS-GVO.

Da es bei den Medien um Meinungs- und Informationsfreiheit geht, ist die zentrale Frage immer auch eine nach den datenschutzrechtlichen Grenzen. Es leuchtet unmittelbar ein, dass das **Verbotsprinzip** mit Erlaubnisvorbehalt (Art. 6 DS-GVO) bei einer Datenverarbeitung zu journalistischen Zwecken nicht uneingeschränkt gelten kann. Der Gesetzgeber muss sicherstellen, dass Medien auch ohne Einwilligung der betroffenen Person deren personenbezogenen Daten verwenden dürfen, um die in den Menschen- und Grundrechten (Art. 10 EMRK, Art. 11 Abs. 2 GRCh, Art. 3 Abs. 1 GG) gewährleisteten Aufgaben wahrnehmen zu können, etwa im Bereich des investigativen Journalismus.[758] Auch die Rechte der betroffenen Person (Art. 13 ff.) können in besonderen Fällen nicht uneingeschränkt gelten wie im Fall des Quellen- bzw. In-

---

754 BGH v. 23.06.2009, DuD 2009, 565, 566 – Spickmich.
755 EuGH v. 13.05.2014, DuD 2014, 559 – Google Spain.
756 Petri, JRE 2015, 211, 212.
757 EuGH v. 16.12.2008, EuZW 2009, 108, 110.
758 Kap.1.2.2 c.

formantenschutzes.[759] So hat auch das Bundesverfassungsgericht ein Auskunftsrecht derbetroffenen Person gegenüber einem Redakteur vor einer Veröffentlichung der personenbezogenen Daten/Informationen (Redaktionsdatenschutz) verneint.[760] Würde man ein solches Auskunftsrecht bejahen, dann könnte der Persönlichkeitsschutz zu einem Instrument werden, mit dem der Einzelne bei einigem Geschick jegliche unbequeme Berichterstattung zu blockieren vermag.[761]

Der **Zweckbindungsgrundsatz** in der DS-GVO spielt auch im Verhältnis zu den Medien eine Rolle. Er kann als ein „Mechanismus zur Begrenzung der Daten- und Informationsströme bezeichnet werden, mit dem eine „Umwidmung der Information" erschwert wird.[762] Die Medien dürfen insbesondere die Datenbestände im audiovisuellen Bereich sowie in Nachrichten und Pressearchiven, die sie ausschließlich zu eigenen journalistisch-redaktionellen Zwecken angelegt haben, grundsätzlich nur für andere Zwecke nutzen, wenn dies gesetzlich vorgesehen ist oder eine Einwilligung der betroffenen Person vorliegt.

1.7.2.5 Nationales Medienrecht

Der deutsche Bundesgesetzgeber sieht eine Regelung für die Datenverarbeitung zu wissenschaftlichen oder historischen Forschungszwecken und zu statistischen Zwecken in § 27 BDSG n. F. vor. Eine Neuregelung der Datenverarbeitung für **journalistische Zwecke** fällt dagegen in die Kompetenz der **Landesgesetzgeber**.[763]

Die datenschutzrechtliche „Privilegierung" der Medien in Deutschland war bisher in einer Rahmenregelung des § 41 Abs. 1 BDSG a. F. sowie § 57 Abs. 1 RStV verankert, die von den Ländern in den Landesdatenschutz- und Pressegesetzen umgesetzt wurde. Die Datenschutzrichtlinie 95/46/EG hat diese bundesrechtliche Regelung maßgeblich beeinflusst. Sie fußt auf einer Sonderregelung (Art. 9 DSRL), wonach die Mitgliedstaaten für die Verarbeitung personenbezogener Daten, „die allein zu journalistischen, künstlerischen oder literarischen Zwecken erfolgt", von den Vorschriften über die materielle Zulässigkeit der Verarbeitung sowie über die Datenschutzkontrolle Abweichungen zur Sicherung der Medienfreiheit vorsehen können,[764] soweit sich dies als notwendig erweist, um das Recht auf Privatsphäre mit der Medienfreiheit in Einklang zu bringen.[765]

Es bestanden immer erhebliche Zweifel, ob die Medienklausel im BDSG a. F. die materiellen Verarbeitungsanforderungen der DSRL hinreichend berücksichtigt und

---

759 Kap. 1.2.2 b.
760 BVerfG v. 04.11.1992, BVerfGE 87, 290.
761 BVerfG v. 05.01.1958, BVerfGE 7, 198, 208.
762 Britz, EuGRZ 2009, 10.
763 Zur Rechtsstellung des Rundfunks in Bayern vgl. Art 111 Abs. 2 S. 2 Bayerische Verfassung.
764 Vgl. dazu EuGH v. 16.12. 2008, EuZW 2009, 108.
765 EuGH v. 06.11.2003, DuD 2004, 244; EuGH v. 16.12.2008, NJW 2009, 569.

die Vorgaben die Richtlinien erfüllt hat.[766] Sie begründet eine pauschale Freistellung von den materiell-rechtlichen Vorgaben der Datenverarbeitung, die in dieser Allgemeinheit jedenfalls mit den Vorgaben des Art. 85 DS-GVO unvereinbar ist.

Dem Deutschen Presserat soll die Aufgabe zukommen, die gesetzlichen Lücken durch einen „**Verhaltenskodex**" aufzufüllen.[767] Der **Deutsche Presserat** (Einrichtung der freiwilligen Selbstkontrolle) hat in seinem Pressekodex publizistische Grundsätze erarbeitet sowie eine Beschwerdeordnung geschaffen,[768] die seit dem 1. Januar 2009 auch für journalistisch-redaktionelle Online-Angebote von Presseunternehmen oder einzelnen Journalisten gelten, die sich dem Presseratsverfahren unterwerfen.[769] Der Kodex wurde 2010 im Zuge der Erweiterung des Presserats auf Telemedien überarbeitet und ergänzt und wird unter dem Aspekt der DS-GVO neu bearbeitet.

Instrumente der Selbstregulierung können ggf. dann an die Stelle von staatlichen Rechtsvorschriften treten, wenn deren ausnahmslose Beachtung durch die Adressaten gesichert sowie eine staatliche Implementationskontrolle eingerichtet ist. Presseunternehmen können sich nach derzeitiger Rechtslage einerseits der Selbstverpflichtungserklärung des Presserats entziehen und andererseits weiterhin das Medienprivileg in Anspruch nehmen.[770]

1.7.2.6 Struktur und Funktion von Medienarchiven

Die Geschichte der Pressearchive begann mit den „manuellen Presseausschnittsarchiven" in der Mitte des vorigen Jahrhunderts, als Zeitungen wie die Frankfurter Zeitung und die Neue Zürcher Zeitung anfingen, zuerst nur eigene, später auch fremde Zeitungsartikel systematisch auszuwerten.[771] Mit der Einführung von Computern entstanden sog. Pressedatenbanken. Heute sind über das Internet zahlreiche Pressearchive deutscher Tageszeitungen erreichbar.

Die Diskussion um den Datenschutz gegenüber den Medien hat sich ursprünglich an den Pressearchiven entzündet. Sie wurden plakativ sogar als „weißer Fleck auf

---

[766] Vgl. auch Dix, in: Simitis (Hg.), BDSG (8. A. 2014), § 41 Rn. 6; Buchner, in: Wolff/Brink (Hg.), BeckOK-DatenSR (19. Ed. 2017), § 41 Rn. 2.
[767] Dazu Begründung zum Regierungsentwurf, BT-Drs. 14/4329.
[768] Vgl. Deutscher Presserat, Publizistische Grundsätze (Pressekodex) i. d. F. v. 03.12.2008 sowie die Beschwerdeordnung i. d. F. v. 19.11.2008, abgdr. in: Deutscher Presserat (Hg.), Jahrbuch (2009), S. 132 ff., 157 ff. Darin wird u. a. vorgesehen: eine Zuspeicherung von Gegendarstellungen, ein Auskunftsanspruch nach Berichterstattung, eine Sperrung und Löschung von Daten, die entgegen den Anforderungen des Kodex gespeichert wurden, ein Redaktionsgeheimnis und ein Beschwerderecht bei angenommenen Verstößen gegen das Recht auf Datenschutz. Vgl. dazu Tillmanns in Götting/Schertz/Seitz (Hg.) Handbuch des Persönlichkeitsrechts (2008), § 5 Rn. 29 ff.
[769] Vgl. Tillmann, in: Deutscher Presserat (Hg.), Jahrbuch 2009 (2009), S. 21 ff.
[770] Kloepfer, AfP 2005, 124.
[771] Klee, Pressedatenbanken und datenschutzrechtliches Medienprivileg (1992), S. 31.

der Landkarte des Datenschutzes"[772] bezeichnet. Heute stehen zusätzlich Fragen der „elektronischen Pressefreiheit" im Raum. Rein tatsächlich stellen sich Struktur und Funktion von Medienarchiven u. a. wie folgt dar:

Manuelle Ausschnittsarchive:
- Sie verkörpern die einfachste Form: Ausschnitte aus Zeitungen und Zeitschriften sowie andere Textdokumente werden in Mappen aufgenommen, die nach Namen, Begriffen, Ereignissen und ähnlichen Kriterien geordnet sind.[773] Die Recherche ist relativ schwierig. Dieser Archivtypus ist weit verbreitet. Dazu gehört das fast legendäre „SPIEGEL-Archiv"[774].

Ausschnittsarchive mit Deskriptoren:
- Sie sind wie manuelle Ausschnittsarchive aufgebaut, doch ist jedes archivierte Dokument mit „Deskriptoren" (Stichworte mit Hinweisen auf seinen Inhalt) versehen. Es handelt sich um eine nicht-automatisierte Datei. Die Deskriptoren sind elektronisch gespeichert, was die Recherche erleichtert.

Vollelektronisches Archiv:
- Hier werden die archivierten Dokumente auf einem optischen Medium (Mikrofilm; Mikrofiche, Bildplatte) gespeichert und zusätzlich mit Deskriptoren versehen. Die Deskriptoren sind in einer eigenen Datenbank gespeichert. Ein bekanntes Beispiel für ein solches Archiv ist das des Verlages Gruner & Jahr.[775]

Volltextdatenbank:
- Hier werden die archivierten Originaldokumente mit ihrem vollständigen Wortlaut in einer Datenbank gespeichert und automatisch indiziert. Recherche und Zugriff sind dadurch stark erleichtert. Wichtiges Beispiel für diesen Archivtyp sind die Datenbanken von dpa.

In den genannten Archiven werden personenbezogene Daten in nicht-automatisierten Dateien oder unter digitalem Einsatz verarbeitet. Bei der Eigennutzung durch den Verlag bzw. seine Mitarbeiter greift ggf. die datenschutzrechtliche Privilegierung sowohl bei der Online- wie der Offline-Nutzung (materielle Datenträger wie CD-ROM, Disketten usw.). Entsprechendes gilt für verlagsexterne Personen, die Informationen aus den Archiven für eine publizistische Recherche nutzen.

---

[772] Bayerischer LfD, 9. TB (1986/1987), 1.6, 5.
[773] Damm, AfP 1990, 7, 11 f.
[774] Wie Wegel, Presse und Rundfunk im Datenschutzrecht (1994), S. 36 ff. darlegt, wäre die Bezeichnung „Spiegel-Dokumentation" treffender.
[775] Damm, AfP 1990, 7, 12.

Die **Sonderstellung entfällt,** wenn Presseunternehmen ihre personenbezogenen Informationsbestände (medienfremden) Dritten zu nicht-journalistischen, i. d. R. zu **kommerziellen Zwecken,** öffnen. Dann gelten die allgemeinen Normen der DS-GVO.

Online-Pressedatenbanken werden zunehmend in Form einer Direktverbindung zwischen dem Nutzer und dem anbietenden Verlag sowie als Service im Internet angeboten. Über das Internet sind Archive deutscher Tageszeitungen (Frankfurter Allgemeine Zeitung, Süddeutsche Zeitung usw.), aber auch Wochenzeitungen und Zeitschriften (Spiegel, Die Zeit, Focus usw.) auf dem digitalen Markt vertreten.

Beauftragt das Medienunternehmen einen Host-Provider mit der elektronischen Verbreitung seiner Erzeugnisse, dann trifft die medienrechtliche Sorgfaltspflicht das Unternehmen. Bei einer Funktionsübertragung liegt dagegen eine Datenübermittlung vor, die einer gesetzlichen Erlaubnis oder der Einwilligung der betroffenen Personen bedarf, wenn mit der Funktionsübertragung nicht ausschließlich journalistisch-redaktionelle Zwecke verfolgt werden. Auch Dokumente in Pressedatenbanken sind nicht für alle offen. Der Datenschutz, aber auch das Urheberrecht kann einer Verbreitung entgegenstehen.[776]

1.7.3 Freiraum der Wissenschaft und Forschung

Der **Freiraum für Zwecke der Wissenschaft und Forschung** beruht auf der Grundrechtecharta (Art. 13 GRCh, Art. 10 EMRK). Die GRCh gewährleistet die „Freiheit der Forschung" und achtet die „akademische Lehre". Der Begriff „Wissenschaftsfreiheit" in der Überschrift von Art. 13 GRCh schließt als Oberbegriff die Freiheit der Forschung und die akademische Freiheit ein.[777] Das deutsche **Grundgesetz** gewährleistet die **Existenz freier Wissenschaft, Forschung und Lehre** (Art. 5 Abs. 3 GG).

Der Begriff wissenschaftliche Zwecke (Art. 85 DS-GVO) ist weit auszulegen (EG 159, Art. 85 DS-GVO). Er umfasst die Freiheit der Forschung sowie ggf. die akademische Freiheit der Lehre.[778] In Anlehnung an die Rechtsprechung des BVerfG lässt sich der Begriff wissenschaftliche Forschung auf jede Tätigkeit beziehen, „die nach Inhalt und Form als ernsthafter planmäßiger Versuch zur Ermittlung von Wahrheit anzusehen ist".[779] Eine Abgrenzung zwischen den Begriffen Wissenschaft und Forschung ist daher nicht möglich. Als notwendige Bedingung der Wissenschaftsfreiheit und

---

776 Dazu Kleinke, Pressedatenbanken und Urheberrecht (1999), S. 17 ff., 73.
777 Ruffert, in: Calliess/Ruffert (Hg.), EUV/AEUV (5. A. 2016), Art. 13 GRCh Rn. 5.
778 Jarass, in: ders. (Hg.), GRCh (3. A. 2016), Art. 13 Rn. 6.
779 BVerfG v. 29.05.1973, BVerfGE 35, 79, 113 – Hochschulurteil; BVerfG v. 01.03.1978, BVerGE 47, 327, 367 – HUG. Vgl. aber Johannes, in: Roßnagel (Hg.), DS-GVO (2017), § 4 Rn. 59, der den Begriff unter Verweis auf EG 159 enger auslegt.

damit auch der Forschungsfreiheit wird u. a. die Einrichtung von Hochschulen angesehen.[780]

1.7.3.1 Wissenschaftliche Zwecke

Grundsätzlich ist die wissenschaftliche Arbeit und Forschung darauf angelegt, eine immer genauere Lesart der Menschen und ihrer Welt zu gewinnen. Ihr Ziel ist es, neue Erkenntnisse im Bereich der historischen, medizinischen oder soziologischen Forschung unter Zuhilfenahme digitaler Arbeitstechniken nicht nur zu erlangen, sondern auch Irrtümer zu bewältigen und falsche Lesarten auszuschließen. Nach Karl Popper[781] besteht ein Erkenntnisgewinn nicht darin, dass die Forschung ihre Hypothesen bestätigt sieht, sondern, dass sie falsche Hypothesen als solche erkennen und eliminieren kann. In diesem Sinn ist Wissenschaft und Forschung grundsätzlich immer ein offener Prozess und kann nicht vorweg festgelegt werden. Geschützt sind daher auch die Wahl der Fragestellung und Methode, Planung und Durchführung der Ausarbeitung. Bei der Auftragsforschung ist naturgemäß keine Garantie für die Wahl des Forschungsproblems erforderlich. Schranken ergeben sich indessen aus dem Grundrecht auf informationelle Selbstbestimmung der betroffenen Person. Wenn aber die Chance, Hypothesen zu überprüfen und Ergebnisse zu verifizieren, erhalten bleiben soll, muss ggf. der Rückgriff auf personenbezogene Ursprungsdaten möglich blieben. Denn vieles lässt sich theoretisch klären, aber nicht alles.

Beispiel
Im Rahmen eines Forschungsprojekts ergibt sich oft erst im Verlauf einer Untersuchung die Notwendigkeit, diese nach anderen Gesichtspunkten fortzuführen, etwa in der klinischen Forschung hinsichtlich der Nebenwirkung von Medikamenten (z. B. bei der Erforschung von Berufsrisiken im Zusammenhang mit der Schadstoffbelastung bei menschlicher Arbeit mit Chemikalien; bei der Untersuchung der Häufigkeit von Leukämieerkrankungen im Bereich der Sondermüllabfuhr). In solchen Fällen sind häufig personenbezogene wissenschaftliche Nachuntersuchungen erforderlich, die wissenschaftliche Forschung kann hier nicht auf anonyme Daten beschränkt bleiben.

1.7.3.2 Anbindung der Forschungszwecke an menschliche Würde und Autonomie: das Beispiel Hirnforschung

In der Allgemeinen Erklärung der Menschenrechte von 1948 werden in Art. 5 nicht nur ein Folterverbot, sondern auch alle anderen Formen von „cruel inhuman, or degrading treatment or punishment" ausgeschlossen. Damit sollten Verbrechen wie die medizinischen Experimente nationalsozialistischer Ärzte an Lagerinsassen und Behinderten ausgeschlossen werden. Die freie Forschung wird unverträglich, gefährlich

---

[780] Bizer, Forschungsfreiheit und informationelle Selbstbestimmung (1992), S. 62 m. w. N.
[781] Popper, Logik der Forschung (1935).

und mörderisch, wenn sie sich aus der Verantwortung für den Beforschten, von der Verantwortung für die Gesellschaft befreit. Die Erweiterung der Forschungsperspektive, bspw. durch **neue Erkenntnisse in der Hirnforschung,** verlangt die Anbindung an die Achtung der Würde und Autonomie des Menschen. In diesem Zusammenhang spielen die Anforderungen des Grundrechts auf Privatheit und Datenschutz eine wichtige Rolle: Weder der grundrechtliche Rang der Forschungsfreiheit noch ein daraus abgeleitetes Informationszugangsrecht legitimieren datenschutzfreie Enklaven der wissenschaftlichen Forschung.[782]

Die Forschung versucht mithilfe neurowissenschaftlicher Verfahren Erkenntnisse über die Gehirne der Menschen, über die Qualität ihrer Gedanken zu gewinnen. Sie untersucht z. B. Hirnaktivitäten per Lügendetektion, um herauszufinden, ob es Signale gibt, die bewusstes und unbewusstes Lügen einer Person aufdecken können. Im politischen Bereich werden darüber hinaus Wechselwähler, die sich keiner Partei fest zuordnen lassen und deren Stimme für eine Wahl ausschlaggebend sein könnte, per Hirnscan erforscht.[783]

Beispiel
Amerikanische Wissenschaftler laden zwanzig Wechselwähler in das Hirnzentrum ihrer Universität ein und untersuchten deren Reaktion auf Fotos und Videos von Top-Politikern mit der statistischen und funktionellen Magnetresonanztomographie (fMRT, auch Kernspintomografie genannt).

Im Zusammenhang mit der bildgebenden Hirnforschung sind manche Forscher überzeugt, dass sie den Charakter des Menschen, das Innerste seiner Psyche, nicht nur aufdecken können. Sie gehen auch davon aus, dass der Wille weitgehend determiniert ist. In diesem Zusammenhang ist eine Debatte um die Willensfreiheit des Menschen entstanden, die sich u. a. bei der Frage um seine strafrechtliche Verantwortung abzeichnet.[784] Es geht hier nicht darum, dass der zweifellos vorhandene Fundus der neurowissenschaftlichen Forschung ungenutzt bleibt. Aber Formen etwa der „Neuro-Prophezeiung" sind (noch) nicht valide und verlässlich genug und stoßen auf menschenrechtliche Grenzen. Insbesondere unter dem Aspekt des Grundrechts auf Privatheit und Datenschutz ist aber auch zu betonen, dass der einzelnen Person das Recht zustehen muss, „ungestraft die Tiefen und Untiefen ihrer Subjektivität erkunden" zu können.[785]

---

[782] Simitis, in: Fürst/Herzog/Umbach (Hg.), FS für Wolfgang Zeidler (1987), S. 1489 ff.
[783] Schleim, Die Neurogesellschaft (2011), S. 1 ff. m. w. N.
[784] Markowitsch/Merkel, in: Bonhoeffer/Gruss (Hg.), Zukunft Gehirn (2011), S. 210–240.
[785] Honneth, Das Recht auf Freiheit (2011), S. 133.

1.7.3.3 Regelung in der DS-GVO

Die DS-GVO strebt mit Art. 85 und Art. 89 eine einheitliche Regelung für den **gesamten Bereich der wissenschaftlichen Forschung** an und nicht lediglich eine punktuelle Regelung wie noch die Richtlinie 95/46/EG (Art. 6 Abs. 1 lit. b; Art. 11 Abs. 2 DSRL). Die Regelung soll den legitimen und legalen Informationsansprüchen bzw. den erforderlichen Informationszugangsrechten[786] der Wissenschaftler und Forscher Rechnung tragen und gleichzeitig den **Datenschutz** angemessen gewährleisten, beide Rechte also in einen **optimalen Ausgleich** bringen. In diesem Kontext spielen Informationsmöglichkeiten der wissenschaftlichen Forschung und der Datenschutz betroffener Personen eine konfliktträchtige Rolle, die seit Beginn der elektronischen bis zur digitalen Datenverarbeitung ständig zugenommen hat bzw. deren Gewicht durch die digitale Informationsverarbeitung wächst.[787]

Die wissenschaftliche Forschung ist auf weitreichende Informationszugangsrechte angewiesen. Dies beruht u. a. auf der Erkenntnis, dass sie nicht nur zugunsten der Meinungs- und Informationsfreiheit des einzelnen Wissenschaftlers, sondern im Interesse der Allgemeinheit (der Kenntnis der Gesellschaft über sich selbst) erforderlich ist.[788] Daher kann der Zugang zu Informationen für Forscher aber auch erleichtert werden. Das wäre etwa dann der Fall, wenn der Zugangsanspruch die Rechtfertigungslasten etwa gegenüber einer datenhaltenden Behörde erleichtert würde, weil es sich bei den benötigten Datenmaterialien nur um zusammengefasste (aggregierte) und keine personenbezogenen Daten handelt.

Beispiel

Die Forderung eines Wissenschaftlers aus den Niederlanden auf Zugang zu (statistischen) Pisawerten von „Schülern ohne Migrationshintergrund" (geordnet nach den einzelnen Bundesländern) für Zwecke der Eigenforschung ist von der Kultusministerkonferenz (KMK) abgelehnt worden.[789] Berührt die Zugangsverweigerung zu staatlichen Datenbeständen die Gewährleistung freier unabhängiger Forschung? Welche Rolle spielt der Schutz personenbezogener Daten im Rahmen statistischer Auswertungen?

Bei statistischen Untersuchungen ist wie auch bei der wissenschaftlichen Forschung die Zweckbestimmung der Untersuchung oft im Voraus nicht möglich. Auf dieses Problem ist das BVerfG eingegangen und hat festgestellt, dass die Wissenschaft regelmäßig nicht an der einzelnen Person interessiert [ist], „sondern an dem Individuum als

---

[786] Zum hohen Stellenwert des „people's right to know" in der nordamerikanischen Forschung vgl. Wollenteit, Informationsrechte des Forschers im Spannungsfeld von Transparenzforderungen und Datenschutz (1993), S. 89; DFG, Forschungsfreiheit (1996), S. 44 ff.
[787] Grundlegend Bizer, Forschungsfreiheit und informationelle Selbstbestimmung (1992), S. 25.
[788] BVerfG v. 01.03.1978, BVerfGE 47, 327, 368 – HUG.
[789] Vgl. Forscher, Pisa-Daten werden zensiert, SZ v. 30.01.2012, S. 1; dazu Schulz, Zensur der Pisa-Daten, SZ v. 30.01.2012, S. 5.

Träger bestimmter Merkmale".[790] Das BVerfG hat daher eine Vorratsdatenspeicherung bei der Datenverarbeitung für statistische Zwecke akzeptiert, sie allerdings mit vielen Kautelen verbunden,[791] die bei der Frage der Eigenforschung anderer Personen oder Stellen eine Rolle spielen. Die bloße Forschungsintention reicht für eine Weitergabe der Daten nicht aus.[792]

Grenzen für eine **Publikation von personenbezogenen Forschungsergebnissen** müssen sich nach der DS-GVO an dem jeweiligen Einzelfall ausrichten. Mit anderen Worten, die Forschung (Art. 13 GRCh) muss mit den datenschutzrechtlichen Anforderungen (Art. 8 und Art. 7 GRCh) in Einklang gebracht werden. Dazu gehört die Verpflichtung des Forschers, die sozialen Folgen seiner Tätigkeit zu berücksichtigen und auf gefährliche Forschungsergebnisse hinzuweisen,[793] etwa auf eine mögliche Kollision zwischen den Datenschutzinteressen betroffener Personen und dem Forschungsanliegen, das auf die Verfügbarkeit personenbezogener Daten im Rahmen eines Forschungsprojekts angewiesen ist.

Beispiel
Auf das Humangenomprojekt 2008 folgte das 1000-Genome-Projekt, das sich die Entschlüsselung von 2500 Genomen zum Ziel gesetzt hat. In diesem Zusammenhang untersucht Margret Höhe vom Max-Planck-Institut (MPI) für molekulare Genetik (Berlin), wie das Erbgut jedes Einzelnen die Wirkung von Medikamenten beeinflusst (z. B. bei sog. schizophrenen oder gesunden Probanden). Sie steuert ein **personalisiertes Genomprojekt** an, um den Einfluss beider Haplotypen[794] eines Gens auf Krankheiten festzustellen. Dazu benötigt sie jeweils (personenbezogene) Proben des Erbguts eines Menschen. Diese werden ihr auf freiwilliger Basis für die Zwecke der wissenschaftlichen Untersuchung im MPI zur Verfügung gestellt. Fraglich ist, ob sie diese personenbezogenen Daten veröffentlichen oder auf andere Weise bekannt machen darf. Ist eine Veröffentlichung nur mit Einwilligung des Probanden zulässig? Müssen nicht auch Dritte (z. B. Eltern) einer Veröffentlichung vorher zustimmen, wenn aus den Ergebnissen der Forschung auch deren genetische Daten bestimmt oder bestimmbar sind?

Von entscheidender Bedeutung ist im Rahmen wissenschaftlicher Forschung die funktionale Trennung zwischen der personenbezogenen Informationsverarbeitung für Forschungszwecke und jeder weiteren personenbezogenen Datenverwendung. So zählen Interviews etwa mit Drogenabhängigen im Rahmen kriminologischer Studien nicht nur zu einem Forschungsinstrument, sondern tendenziell auch zu möglichen Informationsquellen für Polizei und Staatsanwaltschaft.

---

790 BVerfG v 15.12.1983, BVerfGE 65, 1, 41; zum Spannungsverhältnis von Forschungsfreiheit und Datenzugangsanspruch der Forscher vgl. Bizer, Forschungsfreiheit und informationelle Selbstbestimmung (1992), S. 30 ff.
791 BVerfG v. 15.12.1983, BVerfGE 65, 1, 47.
792 Dazu Poppenschläger, in: Roßnagel (Hg.), Handbuch Datenschutzrecht (2003), Kap. 8.1 Rn. 28 f.
793 BVerfG v. 01.03.1973, BVerfGE 47, 327.
794 Bei Haplotypen handelt es sich um die beiden elterlichen Sequenzversionen eines jeden Chromosoms. Da der Einzelne jedes Chromosom in doppelter Ausführung hat, liegt jedes Chromosom in zwei Haplotypen vor.

Entsprechendes gilt für andere Bereiche der wissenschaftlichen Forschung, die sich häufig nicht mittels anonymisierter Daten durchführen lässt. Namentlich in der historischen oder der kriminologischen, medizinischen und pharmakologischen Forschung werden personenbezogene Daten benötigt.[795] Das gilt ebenso für Bild- und Tonaufnahmen, die nach dem Stand der Technik noch nicht anonymisiert werden können. Viele Forschungsvorhaben sind auf Wiederholung bzw. langzeitliche Beobachtung einzelner Personen angelegt, etwa bei der Klärung kriminologischer Zusammenhänge oder bei der Beurteilung von bestimmten Schulabschlüssen für den weiteren persönlichen Werdegang. Die Verknüpfung verschiedener Datensätze bildet ein wesentliches Element jeder Langzeit- bzw. Kohortenstudie.[796] Bei sog. „Querschnittsstudien" können dagegen personenbezogene Daten nach der Erhebung anonymisiert werden, wenn sie nicht mit Langzeitstudien verknüpft werden sollen.

Bei besonderen (sensiblen) Informationen (z. B. Gesundheitsdaten) wird der **Zielkonflikt** (der Zündstoff) zwischen dem Informationsinteresse der Forschung und dem Geheimhaltungsinteresse des Probanden besonders deutlich. Die Veröffentlichung solcher Daten (mittels Videos in der medizinischen Forschung, durch Hinweise auf das Sexualverhalten einer Person oder auf einen Täter in der kriminologischen Forschung) ist nicht nur datenschutzrechtlich problematisch, sondern kann auch dazu führen, dass Probanden ihre Mitwirkung an einem Forschungsprojekt verweigern. Für eine sichere, vertrauensvolle Arbeit wäre daher für den Forscher ein (Probanden-)Quellenschutz bzw. ein Forschungsgeheimnis[797] ebenso einzuräumen wie ein Zeugnisverweigerungsrecht.

Eine **Abschottung** solcher und anderer Informationen ist daher zum Schutz der Befragten dringend erforderlich. Ob vorgesehene Zugangsbarrieren tauglich und angemessen sind, ist ggf. am „Risiko der Zweckentfremdung" zu prüfen.

1.7.4 Datenverarbeitung zu Archiv-, Forschungs- und statistischen Zwecken

Die Verarbeitung personenbezogener Daten für die im öffentlichen Interesse liegenden Archivzwecke, zu wissenschaftlichen und historischen Forschungszwecken sowie zu statistischen Zwecken ist unter bestimmten Voraussetzungen nach Art. 89 DS-GVO privilegiert. Die Bestimmung selbst begründet **keinen Erlaubnistatbestand** für die genannten Zwecke. Ihr normativer Gehalt betrifft ausschließlich die Verarbeitung personenbezogener Daten zu **Auswertungszwecken**. Die **Privilegierung** setzt voraus, dass die **Verarbeitung**

---

795 Vgl. Fallbeispiele bei Bizer, Forschungsfreiheit und informationelle Selbstbestimmung (1992), S. 29 ff.
796 Dazu Gerling, DuD 1999, 385.
797 Vgl. Greiner, Das Forschungsgeheimnis (2001), S. 29–33, 255 ff.

– nach Maßgabe der **einschlägigen Vorschriften der DS-GVO** (Art. 6 Abs. 1 und Art. 9 Abs. 2) **zulässig** ist: Eine Weiterverarbeitung von personenbezogenen Daten zu den genannten Zwecken muss vereinbar mit den ursprünglichen Zwecken sein (Art. 5 Abs. 1 lit. 5). Die Daten dürfen auch „länger" gespeichert werden, wenn sie ausschließlich zu diesen Zwecken verarbeitet werden (Art. 5 Abs. 1 lit e). Der Verantwortliche ist unter bestimmten Voraussetzungen von seinen sonst erforderlichen Informationspflichten gegenüber der betroffenen Person befreit (Art. 14 Abs. 5 lit. B); Gleiches gilt hinsichtlich der Datenlöschung (Art. 17 Abs. 3 lit. d).
– unter dem **Vorbehalt von „geeigneten Garantien"** für die Rechte und Freiheiten der betroffenen Person nach Maßgabe der DSG-VO (Art. 89 Abs. 1) getroffen wird: Die technischen und organisatorischen Maßnahmen müssen dem Grundsatz der Datenminimierung (Art. 5 Abs. 1 lit. c) entsprechen, wozu insbesondere die Möglichkeit der Pseudonymisierung gehört (EG 156), die eigens definiert ist (Art. 4 Nr. 5). Die DS-GVO betont den Datenschutz durch Techникgestaltung/Privacy by design (EG 78, Art. 25). Zu berücksichtigen sind Grundsätze wie der der Vertraulichkeit und Integrität von Daten (Art. 5 Abs. 1 lit. f). In diesem Zusammenhang sind dann z. B. Verschlüsselungen oder Zugangs- und Zutrittskontrollen angebracht (Art. 32 Abs. 1).

1.7.4.1 Im öffentlichen Interesse liegende Archivzwecke

Im Fokus der Archive stehen Aufzeichnungen, die von Behörden, öffentlichen oder privaten Stellen im öffentlichen Interesse geführt werden. Dabei geht es um „Aufzeichnungen von bleibendem Wert", die im allgemeinen öffentlichen Interesse nicht nur erworben und erhalten, sondern auch bewertet, aufbereitet und verbreitet werden sollen (EG 158, Art. 89). Dazu gehörigen Archive zur Aufarbeitung des Unrechts von totalitären Regimen (z. B. Stasi-Akten-Archiv) und von Völkermord (EG 158 S. 4).

Nach dem Historiker Leopold von Ranke eröffnen archivierte Akten „das Universum vergangener Gegenwart und damit die Möglichkeit, hinter die Geschichte der Staats-Ereignisse zu dringen und das in Akten sedimentierte Leben wiederzufinden".[798] So gesehen können sich Archivzwecke mit Zwecken der historischen Forschung überschneiden. Davon zu unterscheiden ist die Aufbewahrung von Unterlagen, die zum Zwecke gesetzlicher Aufbewahrungspflichten erfolgt.

Geheime Akten gelten als das Gegenteil von Demokratie. Schon seit der Aufklärung bestehen politische Forderungen nach Einsehbarkeit und Zugänglichkeit von archivierten Akten. Entlang der Kämpfe um Akteneinsicht formieren sich die Forderun-

---

[798] Von Ranke, zit. nach Vismann, Akten: Medientechnik und Recht (2. A. 2001), S. 24; Prantl, in: Schmitt (Hg.), Alles, was Recht ist. Archivische Fragen – juristische Antworten. 81. Deutscher Archivtag (2012), S. 17–27.

gen nach Geheimnisschutz und Datenschutz. Der datenschutzrechtliche Konflikt ist allein Gegenstand der DS-GVO (Art. 89).

1.7.4.2 Wissenschaftliche Forschungszwecke

Wie bereits zu Art. 85 DS-GVO ausgeführt wurde, schließt der Begriff der Wissenschaftsfreiheit die Forschungsfreiheit ein. Daher kann der Begriff „wissenschaftliche Forschungszwecke" i. S. d. Art. 89 DS-GVO vom allgemeinen (Ober-)Begriff „wissenschaftliche Zwecke" nicht näher abgegrenzt werden. Grund für die dennoch getroffene Unterscheidung soll sein, dass nicht jedwede Analyse und Aufbereitung von Daten bereits als Forschung eingeordnet werden und damit unter die Privilegierung fallen soll.[799] Dass unkorrekte oder falsche Zitate in einem „wissenschaftlichen Werk" wie auch Plagiate keinen besonderen Schutz genießen, steht außer Zweifel. Nach Maßgabe der DS-GVO ist der Begriff „wissenschaftliche Forschung" jedenfalls grundsätzlich weit auszulegen (EG 159). Von Randbereichen abgesehen unterfallen daher nach der DS-GVO sowohl die Eigenforschung als auch die Auftragsforschung der **Markt- und Meinungsforschung** dem Begriff der wissenschaftlichen Forschung.[800]

1.7.4.3 Historische Forschungszwecke

Der Datenbedarf der historischen Forschung richtet sich in erster Linie auf bereits archiviertes und im Verwaltungsvollzug nicht mehr benötigtes Material. Soweit die historischen Forscher nicht mit quantitativen Methoden arbeiten, sind sie regelmäßig auf den Zugang zu personenbezogenen Daten angewiesen.[801] Die DS-GVO ist vor allem für die **zeitgeschichtliche Forschung** interessant, da sie nur lebende Personen schützt.

1.7.4.4 Statistische Zwecke

Statistik betrifft den methodischen Umgang mit empirischen Daten etwa im Feld der Jugendkriminalität und deren Beschreibung und Erklärung oder im Rahmen einer Volkszählung. So gesehen fasst die DS-GVO unter „statistische Zwecke" jeden für die Durchführung statistischer Untersuchungen und die Erstellung statistischer Ergebnisse erforderlichen Datenverarbeitungsprozess, dessen Ergebnisse keine personenbezogenen Daten enthalten und auch nicht für Maßnahmen und Entscheidungen gegenüber einzelnen Personen verwendet werden dürfen (EG 162, Art. 89).

---

[799] Albrecht/Jotzo, Das neue Datenschutzrecht der EU (2017), S. 81.
[800] Vgl. Hornung ZD-Beilage 4/217: zum Begriff 5 und zu den inhaltlichen Vorgaben 9 f.
[801] Bizer, Forschungsfreiheit und informationelle Selbstbestimmung (1992), S. 34 f.

1.7.4.5 Nationales Recht
Der deutsche Gesetzgeber trifft im künftigen BDSG zwei Regelungen:
- eine Regelung für die Datenverarbeitung zu wissenschaftlichen oder historischen Forschungszwecken und zu statistischen Zwecken (§ 27 BDSG n. F.)
- eine Regelung zu im öffentlichen Interesse liegenden Archivzwecken (§ 28 BDSG n. F.).

1.7.4.5.1 Privilegierung der Datenverarbeitung zu wissenschaftlichen oder historischen Forschungszwecken
Die Verarbeitung besonderer Kategorien personenbezogener Daten zu wissenschaftlichen und historischen Zwecken ist **ohne Einwilligung** der betroffenen Person zulässig, wenn
- die Verarbeitung zu den genannten Zwecken erforderlich ist,
- die Interessen der betroffenen Person am Schutz ihrer Daten nicht überwiegen (§ 27 Abs. 1 S. 1 BDSG n. F.).

Eine Datenverarbeitung ohne oder gegen den Willen der betroffenen Person ist ein rechtfertigungsbedürftiger Eingriff in das informationelle Selbstbestimmungsrecht. Insofern besteht ein Interessenkonflikt zwischen der Forschungsfreiheit einerseits und dem Datenschutz betroffener Personen andererseits.

Zum Umfang der Einwilligungserklärung (Einwilligungstiefe) in Bezug auf eine Auswertung bei der medizinischen Forschung kann auf die konkretisierende Selbstregelung des Weltärztebundes (WMA)[802] verwiesen werden. Das Gremium verabschiedete im Oktober 2000 eine neue Fassung der „Declaration of Helsinki" (DvH) unter dem Titel „Ethical Principles for Medical Research Involving Human Subjects",[803] die für die biomedizinische Forschung und die Genmedizin bestimmende Grundsätze enthält. Dabei handelt es sich um **internationales Standesrecht,** das in nationales Standesrecht übernommen werden kann.[804] Der Unionsgesetzgeber spricht sich in der DS-GVO (Art. 40) ausdrücklich für Verhaltensregeln aus, die sich mit den Besonderheiten einzelner Datenverarbeitungsbereiche befassen und gleichzeitig zur ordnungsgemäßen Anwendung der unionsrechtlichen Regelungen beitragen.[805]

Die DvH behandelt ausführlich den **„informed consent"** (B.22 f.): Die Aufklärung der Versuchsperson muss umfassend sein. Sie soll über die Ziele und Methoden sowie mögliche Risiken und Belästigungen informiert werden. Finanzierung, mögliche Interessenkonflikte und die Verbindungen der Forscher zu einer Institution sollen

---

[802] Im WMA dominieren europäische und nordamerikanische Ärzteverbände.
[803] Unter: http://www.wma.net/e/policy/17-ce.html (letzter Abruf 28.05.2017).
[804] Zur Bedeutung der DvH Deutsch/Taupitz, in: Winter/Fenger/Schreiber (Hg.), Genmedizin und Recht (2001), S. 213 ff.
[805] Vgl. DS-GVO, Kap. 1.1.1.6.2.

offengelegt werden. Die Einwilligung soll nach Möglichkeit schriftlich abgegeben werden. Sie ist in mündlicher Form ausreichend, wenn sie genügend dokumentiert wird und vor Zeugen stattfindet. Die Versuchsperson muss darüber informiert werden, dass sie nicht gezwungen ist, an dem Forschungsprojekt teilzunehmen, und jederzeit ihre Teilnahme beenden kann. Sie soll nicht vom Forscher abhängig sein (B.23).

Beispiel
Die Blutprobe eines Probanden wird zum Zwecke der Kontrolle einer Medikamentenentwicklung entnommen. Darf sie ohne eine erneute Einwilligung einem Aidstest unterzogen werden?

Die Einwilligung einer **Versuchsperson** ist nur wirksam, wenn sie auf einer freien Entscheidung beruht. Der Wille der beforschten Person steht im Vordergrund. Soweit es sich um die weitere Verwendung besonderer Daten handelt, muss sich die Einwilligung ausdrücklich auch auf diese Daten beziehen. Die Versuchsperson hat das Recht, ihre Einwilligung etwa bei einer genetischen Analyse im Hinblick auf Gegenstand und Umfang der zu untersuchenden Frage zu begrenzen. Bei einer neuen Fragestellung hat der Forscher immer zu prüfen, ob die vorgesehene Untersuchung mit der Einwilligung des Betroffenen „verträglich" ist.

Beispiel
Die Kernspinaufnahme des Hirns zur Feststellung möglicher Durchblutungsstörungen ergibt bei nachträglicher Auswertung Hinweise auf einen Hirntumor (Zufallsfund). Der Arzt darf ohne Einwilligung des Patienten nicht (personenbezogen) weiterforschen.

Beispiel
Ein besonderes Problem stellt die Einwilligung Minderjähriger dar. Das deutsche Recht orientiert sich bei der Einwilligung an der Einsichtsfähigkeit des Minderjährigen nach seinen Entwicklungsstufen. Nach deutschem Recht kann die Einwilligung einsichtsfähiger Minderjähriger in die personenbezogene Datenverarbeitung zu Forschungszwecken nur dann durch die Einwilligung der Eltern oder anderer Vertretungsberechtigten ersetzt werden, wenn eine gesetzliche Regelung dies eigens erlaubt. Grundsätzlich muss der einsichtsfähige Minderjährige selbst in die Verarbeitung seiner Daten einwilligen können. Die personenbezogenen Daten von Nichteinsichtsfähigen dürfen dagegen ohne eine gesetzliche Grundlage nicht verarbeitet werden. In die Datenverarbeitung von nicht einsichtsfähigen Minderjährigen können Sorgeberechtigte dann einwilligen, wenn sie dem Wohl des Kindes dient. Entsprechendes gilt für eine Einwilligung nicht einsichtsfähiger Volljähriger.[806]

Die **Rechte der betroffenen Person** bei der Verarbeitung zu wissenschaftlichen oder historischen Forschungszwecken oder zu statistischen Zwecken sind beschränkt,

---

[806] Dazu Bizer, Forschungsfreiheit und informationelle Selbstbestimmung (1992), S. 294 f.; zur Frage der Einsichtsfähigkeit von Jugendlichen mit zunehmendem Alter s. a. Jandt/Roßnagel, MMR 2011, 637 m. w. N.

wenn durch ihre Berücksichtigung die genannten Zwecke unmöglich oder ernsthaft gefährdet würden (§ 27 Abs. 2 S. 1 BDSG n. F.). Darüber hinaus kann die betroffene Person ihr Recht auf Auskunft nicht realisieren, wenn ihre Daten für die genannten Zwecke erforderlich sind **und** die Auskunftserteilung einen unverhältnismäßigen Aufwand erfordern würde (§ 27 Abs. 2 S. 2 BDSG n. F.).

Bei der Verwirklichung der Forschungs- und Statistikzwecke besteht für den Verantwortlichen die Verpflichtung, personenbezogene Daten im Ergebnis vollständig zu **anonymisieren,** unter Umständen auch über mehrere Zwischenstufen. Für die wissenschaftliche Forschung mit **aktuellen Daten** bedeutet dies, dass die Verwendung von personenbezogenen Daten die Ausnahme bleiben muss, also grundsätzlich nur mit anonymisierten Daten gearbeitet werden darf (§ 27 Abs. 3 S. 2). Wenn sich aber das konkrete Forschungsziel nicht anders als über die Verarbeitung von personenbezogenen Daten erreichen lässt, dann gilt das Gebot der sog. File-Trennung. Die Daten dürfen nur dann wieder mit den Einzelangaben zusammengeführt werden, soweit dies für Zwecke der Forschung und Statistik erforderlich ist (§ 27 Abs. 3 S. 3 BDSG n. F.).

Beispiel
Sicherung der „Anonymität" von Forschungsdaten[807]
    Der Aufbau eines Link-File-Systems kann mit drei Dateien erfolgen:
1. Datei mit personenbezogenen Forschungsdaten
2. Datei mit Identifikatoren
3. **Datei mit Schlüssel, mit dessen Hilfe erst die Zusammenführung der ersten beiden Dateien möglich wird;** die Schlüsseldatei könnte bei einem Treuhänder deponiert werden, bei dem eine Beschlagnahme rechtlich nicht möglich wäre.

Gesetzliche Regelungen, die zu einer Zweckentfremdung berechtigen, sind zwar eher selten. Sie können aber, wie die Beschlagnahme-Anordnungen nach der Strafprozessordnung zeigen (§§ 94 ff. StPO), die vertrauliche Verarbeitung von personenbezogenen Daten gefährden. An dieser Stelle wird die Notwendigkeit eines Forschungsgeheimnisses besonders deutlich.

Beispiel
Ein Staatsanwalt droht wegen eines Diebstahls einem Forschungsinstitut mit der Beschlagnahme einer Probandendatei über genetische und Sexualdaten, da vermutet wird, dass der Täter zu diesem Personenkreis gehört. Da derartige Untersuchungsergebnisse den absolut geschützten privaten Bereich berühren, ist deren Verwendung nach dem vom Bundesverfassungsgericht postulierten Grundsatz der Verhältnismäßigkeit nicht zulässig. Bei einem Zeugnisverweigerungsrecht wäre ein Zugriff auf die Daten durch den Staatsanwalt erst gar nicht versucht worden.

---

[807] Wollenteit, Informationsrechte des Forschers im Spannungsfeld von Transparenzforderungen und Datenschutz (1993), S. 224.

Viele Forschungsprojekte, etwa die Erforschung der Dunkelfeldkriminalität, Viktimologie oder Drogentherapie, können ohne eine vertrauensvolle Zusammenarbeit der Forscher mit den Betroffenen nicht durchgeführt werden. Zu Recht halten Forscher daher die **vertrauliche Behandlung** der ihnen überlassenen Daten für eine **unverzichtbare Bedingung** der eigenen Arbeit. Sie haben ein existenzielles Interesse an der **informationellen Abschottung** der Daten.

Ausschlaggebend für einen hinreichenden Datenzugang ist das Vertrauen in die Integrität der Wissenschaft. Die informationelle Abschottung wissenschaftlicher Daten gegenüber staatlichen Behörden ist daher eine unabdingbare Voraussetzung für die Forschung mit personenbezogenen Daten. Die Einführung eines Forschungsgeheimnisses als „testimonial privilege", das dem wissenschaftlichen Forscher ein Zeugnisverweigerungsrecht einräumt und Daten wissenschaftlicher Forschung vor einer Beschlagnahme schützt, wäre daher erforderlich.[808]

Die personenbezogene **Veröffentlichung** von Forschungsergebnissen berührt in der digitalisierten Welt nachhaltig das Recht auf Privatheit und Datenschutz. Der Verantwortliche darf daher personenbezogene Daten nur dann veröffentlichen (§ 27 Abs. 4 BDSG n. F.), wenn
- die betroffene Person eingewilligt hat oder
- dies für die Darstellung von Forschungsergebnissen über Ereignisse der Zeitgeschichte unerlässlich ist, sog. Historikerklausel.

Eine verfassungskonforme Veröffentlichung von personenbezogenen Daten in diversen wissenschaftlichen Disziplinen (z. B. psychologischer Forschung), ist demnach nur nach einer Einwilligung der betroffenen Person zulässig, es sei denn, diese hat die Daten bereits selbst veröffentlicht.

Die Erfahrungen in der **zeitgeschichtlichen Forschung** haben einerseits gezeigt, dass eine korrekte Darstellung möglicherweise davon abhängt, „dass gerade das Verhalten und die Funktion bestimmter Personen aufgegriffen und geschildert werden".[809] Andererseits ist eine Veröffentlichung i. d. R. die folgenreichste Form der Verbreitung von personenbezogenen Daten. Unter dem Aspekt des Datenschutzes ist deshalb immer auch die Situation anderer betroffener Personen einzubeziehen. Beispielsweise beziehen sich Daten eines politischen Funktionsträgers häufig nicht nur auf ihn, sondern auch auf seine Familienmitglieder. Für sie alle steht viel auf dem Spiel.[810] Der Forscher hat zwar nach dieser Regelung vor einer Veröffentlichung beides, die Interessen der jeweils Betroffenen wie auch die Aufgaben der historischen Forschung, zu bedenken. Die Abwägungskriterien sind jedoch relativ vage. Unter welchen Bedingungen ist eine Veröffentlichung „unerlässlich"? Im Sinne des Persön-

---

[808] Zur Zeugnispflicht als Eingriff in das Grundrecht der Forschungsfreiheit Greitemann, Das Forschungsgeheimnis (2001), S. 266 ff.
[809] Simitis, in: Fürst/Herzog/Umbach (Hg.), FS für Wolfgang Zeidler (1987), S. 1504.
[810] Vgl. SZ v. 28.11.1991, Gespräch mit dem ungarischen Schriftsteller György Konrad.

lichkeitsschutzes kommen im Zweifel nur solche Informationen in Betracht, die sich auf die konkrete Tätigkeit der zeitgeschichtlich interessanten Person beziehen.[811]

1.7.4.5.2 Privilegierung der Datenverarbeitung zu im öffentlichen Interesse liegenden Archivzwecken

Der Datenschutz soll die geheime Welt der Archive durchbrechen. Aber auch hier finden sich im BDSG neu (**§ 28 BDSG n. F.**) nach Maßgabe der DS-GVO Einschränkungen für betroffene Personen:
- Zulässig ist die Verarbeitung besonderer Kategorien personenbezogener Daten, „wenn sie im öffentlichen Interesse der Archivzwecke erforderlich ist" und der Verantwortliche entsprechende organisatorische und technische Maßnahmen im Interesse der betroffenen Person trifft (Abs. 1).
- Zulässig ist, dass der Betroffene kein Recht auf Auskunft hat, „wenn das Archivgut nicht durch den Namen der betroffenen Person erschlossen ist oder keine Angaben gemacht werden, die das Auffindendes betreffenden Archivgutes mit vertretbaren Aufwand ermöglichen" (Abs. 2).
- Zulässig ist, dass der betroffenen Person statt des Rechts auf Berichtigung die Möglichkeit einer Gegendarstellung eingeräumt wird, die zu den Unterlagen genommen werden muss (Abs. 3).
- Zulässig ist, die Rechte der betroffenen Person nach Art. 18 Abs. 1 lit. a, b und d wie auch nach Art. 20 und 21 DS-DS-GVO beschränkt werden, soweit diese Rechte voraussichtlich die Verwirklichung der im öffentliche Interesse liegenden Archivzwecke unmöglich machen oder ernsthaft beeinträchtigen und die Ausnahmen für die Erfüllung dieser Zwecke erforderlich sind" (Abs. 4).

Mit der DS-GVO ist es daher durchaus vereinbar, wenn die Rechte der betroffenen Person im Bundesarchivgesetz oder in den Landesarchivgesetzen näher ausgestaltet sind oder noch ausgestaltet werden müssen.

1.7.5 Geheimhaltungspflichten

In Titel V „Bürgerrechte" der Grundrechtecharta findet sich das Recht auf Zugang zu Dokumenten (Art. 42 GRCh). Dieses Recht steht in einem unmittelbaren Zusammenhang mit dem im Unionsrecht verankerten Transparenzgebot (Art. 1 Abs. 2 EUV, Art. 15 AEUV).[812] Der Zugang der Bürger zu Informationen der Verwaltung wurde da-

---

811 Zu den Schwierigkeiten einer Aufteilung der Daten in veröffentlichungsfähige und andere vgl. Simitis, in: Fürst/Herzog/Umbach (Hg.), FS für Wolfgang Zeidler (1987), S. 1505.
812 Jarass, in: ders. (Hg.), GRCh (3. A. 2016), Art. 42 Rn. 2.

gegen in Deutschland zunächst durch das Prinzip des Amtsgeheimnisses bestimmt.[813] Aufgrund der Informationsfreiheitsgesetze bzw. Transparenzgesetze in Deutschland ist die staatliche **Geheimhaltung von Informationen** nunmehr die Ausnahme. Behörden müssen begründen, warum Informationen unter ein **Staatsgeheimnis** (z. B. Geheimhaltungsbedürftigkeit einer militärischen Tatsache i. S. d. Staatsschutzrechts) oder unter ein **Amtsgeheimnis** oder/und **Dienstgeheimnis** fallen. Die alte „Geheimniskrämerei" ist im 21. Jahrhundert grundsätzlich durch das Transparenzgebot der öffentlichen Verwaltung ersetzt worden. Es greift dann nicht, wenn es sich um **Geheimhaltungspflichten** im Sinne des Art. 90 DS-GVO handelt.

Gesetzliche und nicht gesetzlich normierte Geheimhaltungspflichten sind kein Teil des eigentlichen Datenschutzrechts. Sie sind wie die ärztliche Schweigepflicht des Berufsgeheimnisträgers viel älter als das Datenschutzrecht. Geheimhaltungspflichten sind in unterschiedlichen Rechtsbereichen geregelt, wie etwa das Sozialgeheimnis, das sich im deutschen Sozialgesetzbuch auf den Aufgabenbereich der Sozialversicherungsträger bezieht. Es ist von einer **Parallelgeltung** von **Geheimnisschutz** und dem unionsrechtlichen **Datenschutz** auszugehen. Damit soll v. a. sichergestellt werden, dass der Geheimnisschutz in keiner Weise durch den Datenschutz reduziert werden kann. Andererseits sind auch Konstellationen möglich, bei denen der Datenschutz über den Geheimnisschutz hinausgeht. Im neuen BDSG (§ 29) sollen die Sonderregelungen für die Geheimhaltungspflichten nach Maßgabe der DS-GVO (Art. 90) gewährleistet werden.

1.7.5.1 Maßgebliche Vorschriften in der DS-GVO

Die maßgebliche **Öffnungsklausel** der DS-GVO bezieht sich auf die Befugnisse der **Aufsichtsbehörden** (Art. 90 DS-GVO). Die Mitgliedstaaten werden darin ermächtigt, die Befugnisse der kontrollierenden Behörde (Art. 58 Abs. 1 lit. e und f DS-GVO) gegenüber den Verantwortlichen oder den Auftragsverarbeitern auf Zugang zu allen personenbezogenen Daten und Informationen zu regeln, die zur Erfüllung ihrer Aufgaben notwendig und verhältnismäßig sind, um das Recht auf Schutz der personenbezogenen Daten mit der Pflicht zur Geheimhaltung in Einklang zu bringen (Art. 90 Abs. 1 S. 1 DS-GVO). Der Unionsgesetzgeber geht davon aus, dass die Mitgliedstaaten die datenschutzrechtliche Aufsicht von Geheimnisverpflichteten (Zugang zu personenbezogenen Daten und Zugang zu Geschäftsräumen einschließlich aller Datenverarbeitungsanlagen und -geräte) angemessen regeln können; das Modell einer Aufsicht mit sachlichen Sonderzuständigkeiten, um mögliche Konflikte der Geheimhaltung mit der datenschutzrechtlichen Aufsicht zu vermeiden, wurde vom Unionsgesetzgeber anders

---

[813] Hornung, Grundrechtsinnovationen (2015), S. 306 m. w. N.

als in der Sonderregelung zu Kirchen u. a. (Art. 91 Abs. 2 DS-GVO) weder bejaht noch abgelehnt.[814]

Der Anwendungsbereich von Art. 90 DS-GVO bezieht sich auf personenbezogene Daten, die bei einem Verantwortlichen oder Auftragsdatenverarbeiter erlangt oder erhoben worden sind und der Geheimnispflicht unterliegen.[815] Darüber hinaus sind im Kontext der Normen für **besondere Datenkategorien, Informationspflichten** und **Auftragsdatenverarbeiter** folgende Vorschriften von Relevanz:

- Die Datenverarbeitung im Interesse der öffentlichen Gesundheit oder zur Gewährleistung hoher Qualitäts- und Sicherheitsstandards bei der Gesundheitsversorgung sowie bei Arzneimitteln und Medizinprodukten ist unter dem Vorbehalt zulässig, dass das nationale Recht angemessene und spezifische Maßnahmen vorsieht, insbesondere zum Schutz von Verschwiegenheitspflichten (Art. 9 Abs. 2 lit. i DS-GVO).
- Die Datenverarbeitung im Gesundheits- und Sozialbereich (Art. 9 Abs. 2 lit. h DS-GVO) muss insbesondere auf der Grundlage des nationalen Rechts oder auf Grund eines Gesundheitsberufs und vorbehaltlich der in der Verordnung (Art. 9 Abs. 3 DS-GVO) genannten Bedingungen und Garantien erfolgen. Unter subjektiven Gesichtspunkten ist die Datenverarbeitung nur dann erlaubt, wenn sie vom Fachpersonal selbst oder in dessen Verantwortung erfolgt. Anderen Personen ist die Verarbeitung nur erlaubt, wenn sie ebenfalls einer Geheimhaltungspflicht unterliegen.
- Eine Informationspflicht entfällt auch dann, wenn die personenbezogenen Daten einer im Unionsrecht oder im einzelstaatlichen Recht normierten Geheimhaltungspflicht unterliegen (Art. 14 Abs. 5 lit. d DS-GVO).
- Die Auftragsverarbeitung ist nur dann zulässig, wenn sie aufgrund eines Vertrages oder eines anderen Regelungsinstrumentes erfolgt sowie besondere acht aufgelistete Vertragsinhalte aufweist (Art. 28 Abs. 3 DS-GVO). Dazu gehört insbesondere, dass ausschließlich Mitarbeiter eingesetzt werden, die sich zur Vertraulichkeit verpflichtet haben oder angemessenen gesetzlichen Verschwiegenheitspflichten unterliegen (Art. 28 Abs. 3 S. 2 lit. b DS-GVO).

Art. 90 Abs. 2 DS-GVO normiert die Pflicht der Mitgliedstaaten, der Kommission bis zum 25. Mai 2018, also dem Tag des Geltungsbeginns der Verordnung (Art. 99 Abs. 2 DS-GVO), etwa die Vorschriften im BDSG oder anderen Rechtsbereichen mitzuteilen, die sie aufgrund der Verordnung (Art. 90 Abs. 1 DS-GVO) erlassen; spätere Änderungen sind unverzüglich mitzuteilen.[816]

---

[814] Herbst, in: Kühling/Buchner (Hg.), DS-GVO (2017), Art. 90 Rn. 2.
[815] Zum Spannungsverhältnis zwischen Geheimhaltungspflichten und Datenschutz vgl. Zikesch/Kramer ZD 2015, 565, 566 f.
[816] Zur Funktion der Mitteilung vgl. Kühling/Martini et al., Die DS-GVO und das nationale Recht, S. 299.

1.7.5.2 Geheimhaltungspflichten im nationalen Recht

Bei einer Systematisierung von geheim zu haltenden Informationen im nationalen Recht ist zu beachten, dass es **Sonderregelungen** für
- bestimmte Sachbereiche und
- Angehörige privilegierter Berufe gibt.

Zudem muss unterschieden werden zwischen
- gesetzlichen Geheimhaltungspflichten,
- Berufsgeheimnissen ohne gesetzliche Kodifikation und
- besonderen Amtsgeheimnissen, die nicht gesetzlich geregelt sind.

Aufgrund von Amtsgeheimnissen können entweder die Stelle oder Institution, wie etwa beim Steuergeheimnis (§ 30 AO) oder dem Sozialgeheimnis (§ 35 SGB V), oder ihre Beschäftigten als Normadressaten verpflichtet sein, wie etwa beim Statistikgeheimnis (§ 16 Abs. 1 BStatG) oder Meldegeheimnis (§ 5 Abs. 1 MRRG).

> **Beispiel**
> Das Steuergeheimnis (§ 30 AO) verpflichtet die Amtsträger in der Finanzverwaltung und weitere genannte Personen, die „Verhältnisse eines anderen" sowie „fremde Betriebs- und Geschäftsgeheimnisse" zu schützen (Abs. 2). Die meisten dieser Daten sind personenbezogen: Angaben zum Einkommen und zur Art der Erwerbstätigkeit, zu Erbschaften, zu ehelichen und nicht-ehelichen Kindern, zu Aufwendungen wegen Krankheiten usw. Geschützt sind auch der Name und die Verhältnisse von Informanten des Finanzamtes.

> **Beispiel**
> Das Statistikgeheimnis (§ 16 Ab. 1 S. 1 BStatG) verpflichtet die mit der Durchführung von Bundesstatistiken betrauten Amtsträger und weitere für den öffentlichen Dienst verpflichtete Personen zur Geheimhaltung der Einzelangaben über persönliche und sachliche Verhältnisse (u. a. Betriebs- und Geschäftsdaten), soweit nicht durch besondere Rechtsvorschriften etwas anderes bestimmt ist. Statistiken erfassen praktisch alle Bereiche des staatlichen und öffentlichen Lebens.[817] Schon im Volkszählungsurteil betonte das BVerfG[818], dass amtlichen Statistiken ein hohes Gefährdungspotenzial für personenbezogene Daten innewohne. Das Wesen statistischer Datensammlungen und -verarbeitung liege in ihrer Multifunktionalität.

Die zu Zwecken der amtlichen Statistik freiwillig oder aufgrund spezieller gesetzlicher Grundlagen erhobenen Einzelangaben unterliegen dem Statistikgeheimnis nicht nur im Bund, sondern auch gemäß den entsprechenden Gesetzen der Länder. Vorrangiges Datenschutzziel ist es, die Anonymität der erhobenen Einzelangaben zu einer Per-

---

[817] Ausführlich zur Geschichte der Statistik Ziegler, Statistikgeheimnis und Datenschutz (1990), S. 2 ff.
[818] BVerfG v. 15.12.1983, BVerfGE 65, 1, 47 ff.

son zu gewährleisten und zu erhalten. Insbesondere vonseiten der Forschung besteht allerdings ein großes Interesse an den aggregierten, aber nicht veröffentlichten Daten der amtlichen Statistik. Ihre Übermittlung bedarf einer besonderen gesetzlichen Grundlage in den Statistikgesetzen. Soweit „Forschungsklauseln" vorgesehen sind, stützen sie sich auf das Konzept der „faktischen Anonymisierung".[819]

Hervorzuheben ist, dass das **amtliche Adoptionsgeheimnis** nicht nur Behördenmitarbeiter, sondern auch alle Dritten, die Kenntnis von Tatsachen und Umständen einer Adoption erhalten (§ 1785 BGB), bindet. Eine persönliche gesetzliche Verschwiegenheitspflicht wird zudem durch die Verleihung des Beamtenstatus begründet (§ 67 BBG – Beamte des Bundes – und § 37 Abs. 1 BeamtStG für sonstige Beamte in Ländern und Stiftungen u. a.).

Davon zu unterscheiden sind die **besonderen Berufsgeheimnisse**. Sie dienen dem Vertrauensschutz zwischen Geheimnisträger (z. B. Arzt oder Rechtsanwalt) und Geheimnisherrn (z. B. Patient oder Mandant). Der Geheimnisträger darf vertrauliche Informationen, die ihm im Rahmen seiner Aufgabenerfüllung anvertraut werden, nicht an unbefugte Dritte weitergeben (öffentlich machen/ übermitteln). Dazu gehören z. B. auch erfasste Zufallsfunde über Krankheiten oder andere Merkmale von Dritten, von denen der Arzt in Ausübung seines Berufes gleichsam nebenbei Kenntnis erhält.

Berufsgeheimnisse der Anwälte (§ 43 a Abs. 2 BRAO), Notare (§ 18 BnotO), Steuerberater (57 Abs. 1 StBerG), Wirtschaftsprüfer (§ 43 Abs. 1 WiPrG), des Bundes- oder Landesbeauftragten für den Datenschutz sind gesetzlich normiert. Dagegen sind die Berufsgeheimnisse der Ärzte oder die der Psychotherapeuten Gegenstand von landesrechtlichen Berufsordnungen, die nicht in Gesetze transformiert worden sind. Allerdings werden die standesrechtlichen Geheimhaltungspflichten regelmäßig durch entsprechende Strafvorschriften flankiert, sodass sie nicht als rein freiwillige Vorgaben im Sinne einer Berufsethik, sondern als gleichwertig mit den gesetzlichen Geheimhaltungsvorschriften eingestuft werden können.

Beispiele aus dem Bereich der Berufsgeheimnisse:
- **Mandantengeheimnis:** Rechtsanwälte werden durch die Bundesrechtsanwaltsordnung (§ 43 a Abs. 2 BRAO) zur Verschwiegenheit verpflichtet. Diese Pflicht ist in der Berufsordnung (§ 2 BerufO) konkretisiert. Sie umfasst ebenso wie die gesetzlich nicht geregelte ärztliche Schweigepflicht nicht nur „Geheimnisse", sondern alles, was den Verpflichteten in Ausübung ihres Berufes bekanntgeworden ist. Bei den standesrechtlichen gewachsenen Verschwiegenheitspflichten spielt neben dem persönlichkeitsrechtlichen Aspekt das Allgemeininteresse an der Funktionsfähigkeit des Berufsstandes eine elementare Rolle.

---

[819] Kap. 1.7.5.

– **Patientengeheimnis:** Die Schweigepflicht der Ärzte lässt sich bis auf den jahrtausendealten „Eid des Hippokrates"[820] zurückverfolgen. In Verbindung mit der Privatsphäre ist sie Zentrum des ärztlichen Berufsethos. Wer sich in ärztliche Behandlung begibt, muss und darf erwarten, dass alles, was der Arzt im Rahmen seiner Berufsausübung erfährt, geheim bleibt und nicht zur Kenntnis Unberufener gelangt.[821] Die Verschwiegenheitspflicht ist in der Musterberufsordnung für Ärzte (§ 9 MBO-Ä) definiert und von den Landesärztekammern in den jeweiligen Berufsordnungen der Länder entsprechend geregelt.[822] Sie gilt im Außenverhältnis gegenüber jedermann, der nicht an der Arzt-Patienten-Beziehung teilhat. Die Länder können internationales Standesrecht gemäß der Deklaration von Helsinki („Ethical Principles for Medical Research Involving Human Subjects") in ihre Berufsordnungen einbeziehen.[823] Gesetzliche Offenbarungspflichten ergeben sich u. a. aus dem Strafgesetzbuch (§ 138 StGB – „Nichtanzeige geplanter Straftaten") oder aus gesundheitlichen Meldevorschriften im Infektionsschutzgesetz (§§ 6 ff. IfSG).

Beispiel
Ein psychisch stark beeinträchtigter Patient berichtet seinem Arzt, dass er an der Chorea Huntington leidet, an einer Krankheit mit typischen Bewegungsstörungen und geistigem Abbau, die dominant vererbt wird, an der also auch seine Kinder mit einer beträchtlichen Wahrscheinlichkeit erkranken werden. Zugleich beschuldigt er seine geschiedene Ehefrau, ihn schlecht behandelt zu haben. Da es bei dem Sondergeheimnis nicht auf die Art des Inhalts, sondern auf dessen Nichtverbreitung ankommt, fallen alle anvertrauten Informationen unter das Patientengeheimnis. Auch die Kinder als potenzielle Träger der Erbkrankheit und die beschuldigte Ehefrau werden vom Schutzbereich des Sondergeheimnisses erfasst.

Jedem Arzt obliegt eine **Dokumentationspflicht**. Sie ist in den ärztlichen Berufsordnungen der Länder geregelt und auch Bestandteil der ärztlichen Rechenschaftspflicht gegenüber dem Patienten. Die Dokumentationspflicht bezieht sich auf Anamnese, Diagnose und Therapie. In diese Bereiche fallen diagnostische Bemühungen, Funktionsbefunde, Art und Dosierung einer Medikation, Abweichung von Standardbehandlungen, ärztliche Aufklärung, Operationsbericht, Narkoseprotokoll usw.

Die **elektronische Archivierung der Patientendaten** ist in Kliniken häufig Teil von Workflow-Systemen. Der sichere Zugang zur Akte soll in Deutschland über die elektronische Gesundheitskarte des Patienten zusammen mit dem elektronischen

---

820 Zum heute als gültig angesehenen Text der alten Eidesformel vgl. Heiberg, Corpus Medicorum Graecorum I 1 Lipsiae et Berolini (1927).
821 BVerfG v. 08.03.1972, BVerfGE 32, 373, 380.
822 Selbstgesetztes Satzungsrecht der Landesärztekammern auf Grundlage der für das jeweilige Bundesland geltenden Kammer- und Heilberufsgesetze.
823 Deutsch/Taupitz, in: Winter/Fenger/Schreiber (Hg.), Genmedizin und Recht (2001), Rn. 530 f.

Heilberufsausweis (Health Professional Card – HPC) erfolgen. Die neuen Lösungen müssen allerdings im Einklang mit dem besonderen Geheimnisschutz stehen und dürfen die Entscheidungsfreiheit des Patienten nicht verletzen, indem sie Dritten Zugang zu den Daten gewähren.

Eine **Verletzung** der Verschwiegenheitspflichten kann **strafbar** sein (§ 203 StGB).[824] Neben den genannten gesetzlichen und nicht gesetzlichen finden sich weitere gleichwertige strafrechtlich bewehrte Verschwiegenheitspflichten, so etwa für Berufspsychologen und Eheberater. Damit kann § 203 StGB als nationale Strafnorm und somit als „Recht der Mitgliedstaaten (Art. 90 Abs. 1 S. 1 DS-GVO) eine Verschwiegenheitspflicht festlegen, soweit sie nicht schon anderweitig normiert ist.[825]

In eine andere Kategorie gehören Verschwiegenheitspflichten, die an einen **privilegierten Datenzugang** anknüpfen oder aus der Verantwortlichkeit für potenziell den Datenschutz gefährdende technische Einrichtungen resultieren. Hier ist etwa das Postgeheimnis (§ 39 PostG) und insbesondere das Fernmeldegeheimnis (§ 88 TKG) zu nennen, welches **Personen** verpflichtet, die ganz oder teilweise **geschäftsmäßig Kommunikationsdienste** erbringen oder daran mitwirken. Sofern Inhaber oder Beschäftigte, also Dritte, Kenntnis von Inhalten der Umstände einer Telekommunikation haben und diese offenbaren, machen sie sich wegen Verletzung beruflicher Verschwiegenheitspflichten auch **strafbar** (§ 206 StGB).

Eine Sonderstellung nimmt das sog. **Bankgeheimnis** ein. Es hat im Kern gewohnheitsrechtlichen Charakter und wird an keiner Stelle gesetzlich erwähnt.[826] **Rechtsgrundlage** des Bankgeheimnisses sind die vertraglichen oder vorvertraglichen Beziehungen zwischen der Bank und dem Kunden.[827] Der Geheimnisschutz ist Bestandteil des **Bankvertrages** (z. B. Giro-, Darlehens- oder Depotvertrag)[828] und besteht auch nach der Beendigung weiter. In der Abgabenordnung (§ 30a AO) wird das Bankgeheimnis in gewissem Umfang anerkannt, indem auf das Vertrauensverhältnis zwischen Kreditinstitut und Kunden verwiesen wird und die Nachforschungsbefugnisse der Finanzämter bei Kreditinstituten in einem gewissen Umfang eingeschränkt werden.

Beispiel
Ein Medienunternehmer verlangt wegen einer Verletzung des Bankgeheimnisses Schadensersatz von einer Bank. Er wirft der Bank vor, mit dem durch den Vorstandssprecher im Fernsehen geäußerten Zweifel an seiner Kreditwürdigkeit mit dafür verantwortlich zu sein, dass sein Unternehmen zwei Monate später scheiterte. Aufgrund der Äußerungen sei der Finanzsektor nicht mehr bereit gewesen,

---

824 S. a. § 355 StGB bzw. § 353 b StGB, die für die Verletzung des gesetzlich normierten Steuergeheimnisses und Dienstgeheimnisses Strafbarkeit vorsehen.
825 Herbst, in: Kühling/Buchner, DS-GVO (2017), Art. 90 Rn. 16.
826 Dazu Grabau/Hundt/Hennecka, ZRP 2002, 430.
827 Vgl. Fisahn, CR 1995, 634 f. m. w. N.; Junker, DStR 1996, 224, 225.
828 BGH v. 27.02.2007, NJW 2007, 2106.

noch weitere Fremd- oder Eigenmittel zur Verfügung zu stellen. Das OLG München bejahte in diesem Fall die Verletzung des Bankgeheimnisses und damit auch eine entsprechende Haftung der Bank.[829]

DS-GVO und BDSG begrenzen die Geheimhaltungspflicht nicht auf bestimmte Bereiche des Verantwortlichen. So dürfen und müssen etwa Rechtsanwälte und Ärzte ganz allgemein schweigen: Sie dürfen keine Aussagen darüber treffen, ob eine Person bei ihnen als Mandant oder Patient war und was ihnen beruflich jeweils anvertraut wurde. Dagegen hat der Journalist nur eine eingeschränkte Schweigepflicht. Die berufsmäßig online oder offline an einem Presseprodukt mitwirkenden Personen sind **nur** berechtigt, aber nicht verpflichtet, das Zeugnis über die Person des Informanten, das ihnen übergebene und das von ihnen selbst recherchierte personenbezogene Quellenmaterial zu verweigern.[830] Dabei sind die Gefahren für den Berufsstand des Journalisten nur allzu deutlich, wenn etwa die „Quelle im Verborgenen" nicht unter allen Umständen durch das **Redaktionsgeheimnis** geschützt ist. Der journalistische Geheimnisschutz umfasst als Freiheit vom staatlichen Zwang grundsätzlich den Informantenschutz und den Schutz der Vertraulichkeit der Redaktionsarbeit.[831] Dazu bestimmt der deutsche Pressekodex, Ziff. 5: „Die Presse wahrt das Berufsgeheimnis, macht vom Zeugnisverweigerungsrecht Gebrauch und gibt Informanten ohne deren ausdrückliche Zustimmung nicht preis." Es ist zu überlegen, ob in diesem Sinn nicht auch von einer gleichwertigen (sektoralen) Pflicht zur Geheimhaltung personenbezogener Daten im Schutzbereich des Mediengrundrechts gesprochen werden könnte.[832]

1.7.5.3 Einschränkung der Betroffenenrechte

Eine Ausnahme von der Informationspflicht besteht nach § 29 Abs. 1 S. 1 BDSG n. F. „soweit durch ihre Erfüllung Informationen offenbart würden, die ihrem Wesen nach, insbesondere wegen der überwiegenden berechtigten Interessen eines Dritten, geheim gehalten werden müssen". Angesprochen sind Rechtsvorschriften, die Geheimnisse Dritter schützen, etwa in § 43 a BRAO oder § 203 StGB. Dabei handelt es sich zum Beispiel um Informationen, die gespeichert werden, um strafrechtlich relevante Taten aufzudecken. Ein Recht der betroffenen Person auf Auskunft (§ 29 Abs. 1 S. 2 Hs. 1 BDSG n. F., Art. 15 DS-GVO) und auf Benachrichtigung (§ 29 Abs. 1 S. 3 Hs. 2, Art. 34 Abs. 3 DS-GVO) besteht auch dann nicht, soweit dadurch „Informationen offenbart würden,

---

829 Vgl. FAZ v. 11.12.2003, Kirch obsiegt – Anspruch auf Schadensersatz.
830 Ricker/Weberling, Handbuch des Presserechts (6. A. 2012), Kap. 9 Rn. 430.
831 BVerfG v. 05.05.1966, BVerfGE 20, 162, 176, 187; BVerfG v. 25.01.1984, BVerfGE 66, 116, 133; BVerfG v. 12.03.2003, BVerfGE 107, 299, 331; BVerfG v. 27.02.2007, BVerfGE 117, 244.
832 Zum verfassungsrechtlich verankerten Medienschutz und zur Notwendigkeit des Berufs- bzw. Redaktionsgeheimnisses vgl. Tinnefeld, in: Heesen (Hg.), Handbuch Medien und Informationsethik (2016), Teil V, Rn. 138 m. w. N.

die nach einer Rechtsvorschrift oder ihrem Wesen nach, insbesondere wegen der überwiegenden berechtigten Interessen eines Dritten, geheim gehalten werden müssen".

Von besonderem Interesse ist die Frage nach dem Schutz Dritter im Zuge der Aufnahme oder im Rahmen eines Mandatsverhältnisses (§ 29 Abs. 2 BDSG n. F., Art. 13 Ab. 3 DS-GVO). Werden in derartigen Fällen Daten an einen Berufsgeheimnisträger übermittelt, so ist der Übermittelnde von der Pflicht zur Information der betroffenen Person entbunden; es sei denn, das Interesse der betroffenen Person an der Informationserteilung überwiegt. Hier werden Fälle angesprochen, in denen etwa Übermittelnde bedroht werden, z. B. in einer Ehe- oder Erbstreitigkeit.

1.7.5.4 Berufs- und funktionsbezogene Zeugnisverweigerungsrechte und Beschlagnahmeverbote

Die Gefährlichkeit des Lauschangriffs, der Vorratsdatenspeicherung sowie der „Staatstrojaner" für die Grundfreiheiten des (einfachen) Bürgers ist nicht auf bestimmte Bereiche begrenzt, sondern ist zunehmend auch wieder in den Blick geraten, soweit es um die **Geheimhaltungspflichten** von Personen, die einer bestimmten **Berufsgruppe** angehören, geht. Die geschützte Vertraulichkeit des seelsorglichen Gesprächs[833] oder des gesetzlich geschützten Gesprächs zwischen Beschuldigten und Verteidiger wird seit Jahrhunderten rechtlich anerkannt.[834] Die Strafprozessordnung sieht schon seit ihrer ersten Fassung von 1877[835] ein **Zeugnisverweigerungsrecht** für Geistliche, ähnlich für Verteidiger und sonstige Rechtsanwälte sowie für Ärzte vor und zwar „in Ansehung desjenigen, was ihnen bei Ausübung ihrer Berufes anvertraut ist" (§ 53 StPO). Es soll der besonderen Konfliktsituation bestimmter Geheimnisträger und ihrer Hilfspersonen (§ 53a StPO) Rechnung tragen.

Zahlreichen Berufsgruppen steht auch ohne eine gesetzliche Verschwiegenheitspflicht ein Zeugnisverweigerungsrecht nach der Strafprozessordnung zu.[836] Das verfassungsrechtlich garantierte Zeugnisverweigerungsrecht (Art. 47 GG) für den **Parlamentsabgeordneten** wurde vom Gesetzgeber konkretisiert (§ 53 Abs. 1 Nr. 4 StPO). Um die Vertraulichkeit der Informationen zwischen den Abgeordneten und Bürgern zu gewährleisten, werden auch die engen Mitarbeiter und Gehilfen der Abgeordneten von der Vorschrift erfasst.

---

833 Zum Seelsorge- bzw. Beichtgeheimnis vgl. Konkordat zwischen dem Heiligen Stuhl und dem Deutschen Reich v. 12.09.1933 (RGBl. II, S. 679). Art. 9 dieses Konkordats bestimmt, dass „Geistliche [...] von Gerichtsbehörden und anderen Behörden nicht um Auskünfte über Tatsachen angehalten werden (können), die ihnen bei Ausübung der Seelsorge anvertraut worden sind und deshalb unter die Pflicht der seelsorgerlichen Verschwiegenheit fallen".
834 Vgl. Wichmann, Das Berufsgeheimnis als Grenze des Zeugenbeweises (2000), S. 61 m. w. N.
835 Strafprozessordnung v. 01.02.1877 (RGBl., S. 253).
836 Ausführlich zu den selbstständigen Zeugnisverweigerungsrechten Kloepfer, Informationsrecht (2002), S. 398 f.

Ein selbstständiges Zeugnisverweigerungsrecht steht auch den **Redakteuren** von Presse und Rundfunk zu (§ 383 Abs. 1 Nr. 5 ZPO; § 53 Abs. 1 Nr. 5 StPO). Es bezieht sich u. a. „auf die Identität von Verfassern und Informanten von Beiträgen und die ihnen gemachten Mitteilungen".[837] Das Zeugnisverweigerungsrecht für Presseangehörige (§ 53 Abs. 1 Nr. 5 StPO) umfasst heute selbst erarbeitete Materialien und alle berufsbezogenen Wahrnehmungen. Sie sind bei strafprozessualen Zwangsmaßnahmen wie Durchsuchung und Beschlagnahme, die wegen einer Presseveröffentlichung oder im Zusammenhang damit etwa in Redaktionsräumen oder bei einem Journalisten vorgenommen werden, geschützt (§ 97 Abs. 5 StPO). Damit ist der staatliche Zugriff u. a. auf Notizen, Negative oder Fotos grundsätzlich versperrt. Maßgeblich für diesen Schutz ist die verfassungsrechtlich garantierte Pressefreiheit (Art. 5 Abs. 1 S. 2 Alt. 1 GG). Entsprechendes gilt für die Redakteure des (öffentlichen und privaten) Rundfunks und ihre Mitarbeiter, die unter dem Schutz der Rundfunkfreiheit stehen (Art. 5 Abs. 1 S. 2 Alt. 2 GG).

Beispiel
Bei der Durchsuchung von Räumen einer Zeitungsredaktion wird gezielt nach den Namen von Informanten der Zeitung gesucht. Die Durchsuchung und Beschlagnahme in einem Ermittlungsverfahren ist unzulässig, wenn sie ausschließlich oder vorwiegend dem Zweck dient, die Person des Informanten zu ermitteln.[838]

Aus Sicht der Strafverfolgungs- und Gefahrenabwehrbehörden ist die Gewährleistung von berufs- und funktionsbezogenen Vertraulichkeitssphären ein „Ärgernis". Die effektive Ausgestaltung eines Zeugnisverweigerungsrechts bedeutet, dass die zeugnisverweigerungsberechtigte Person über die ihr bekannten, strafrechtlich oder polizeirechtlich relevanten Sachverhalte schweigen darf. Zugleich werden dadurch „ermittlungsfreie Räume" geschaffen, nämlich Verbote, bestimmte Ermittlungsmethoden anzuwenden, um den Inhalt des vertraulichen Gesprächs ohne direkte Befragung des Gesprächsteilnehmers zu erfahren.[839]

Berufliche Zeugnisverweigerungsrechte können dem Schutz der **Menschenwürde** dienen. Dazu hat das BVerfG in seiner ersten Entscheidung zur Wohnraumüberwachung festgestellt:

§ 53 StPO schützt zwar seinem Grundgedanken nach das Vertrauensverhältnis zwischen dem Zeugen und dem Beschuldigten. Jedoch erfolgt auch dieser Schutz nicht in allen Fällen des § 53 StPO um der Menschenwürde des Beschuldigten oder der Gesprächspartner willen. Diese Annahme trifft allerdings auf das seelsorgerliche Gespräch mit einem Geistlichen zu.[...] **Auch** dem Gespräch mit dem Strafverteidiger kommt die zur Wahrung der Menschenwürde wichtige Funktion zu, darauf hinwirken zu können, dass der Beschuldigte nicht zum bloßen Objekt im Strafverfah-

---
[837] Kloepfer/Kutzschbach, MMR 1998, 399.
[838] BVerfG v. 10.12.2010, NJW 2011, 1859 – Durchsuchung der Rundfunk-Redaktion.
[839] Dazu Petri, KuR 2008, 217.

ren wird. Arztgespräche können im Einzelfall dem unantastbaren Kernbereich privater Lebensgestaltung zuzuordnen sein (BVerfGE 32, 373 [379]). Die Zeugnisverweigerungsrechte der Presseangehörigen und der Parlamentsabgeordneten weisen demgegenüber keinen unmittelbaren Bezug zum Kernbereich privater Lebensgestaltung auf. Sie werden um der Funktionsfähigkeit der Institutionen willen und nicht wegen des Persönlichkeitsschutzes des Beschuldigten gewährt.[840]

Schon aus dem Gegenstand der Entscheidung ergibt sich, dass der **grundrechtliche Schutz** nicht nur **gegen** den **Aussagezwang** (vgl. § 136a StPO),[841] sondern auch gegen die **Überwachung von schützenswerten vertraulichen Gesprächen** gerichtet ist. Das BVerfG hat in einer Reihe weiterer jüngerer Entscheidungen (z. B. zum IT-Grundrecht)[842] dargelegt, welche verfassungsrechtlichen Anforderungen vom Gesetzgeber und dem Rechtsanwender zu beachten sind, um den Kernbereichsschutz zu gewährleisten.

Das Zeugnisverweigerungsrecht des Seelsorgers wird seit dem Jahr 2002 durch die Befugnis flankiert, bestimmte schwere, an und für sich anzeigepflichtige Straftaten nicht anzuzeigen (§ 139 Abs. 2 StGB). Diese Befugnis geht weiter als diejenige für andere berufliche Zeugnisverweigerungsberechtigte (§ 139 Abs. 3 StGB).[843] Hier stellt sich die Frage, ob nicht Strafverteidiger, Rechtsanwälte, Ärzte sowie Psychotherapeuten, insbesondere Kinder- und Jugendpsychotherapeuten ähnlichen Gewissenskonflikten wie Geistliche ausgesetzt sind, sodass eine Gleichbehandlung angemessen wäre. Diese Berufsgruppen genießen nur einen abgeschwächten Schutz: Sie sind in Bezug auf Mord, auf Totschlag sowie einige vergleichbare Verbrechen stets zur Anzeige verpflichtet.

Die **Ungleichgewichtung der Zeugnisverweigerungsrechte** beruht darauf, im Bereich der vorbeugenden Straftatenbekämpfung und der Gefahrenabwehr einen möglichst kleinen Personenkreis von der Anzeigepflicht auszunehmen. Zu diesen Ausnahmen gehören nicht berufliche Geheimnisträger mit beratenden Hilfeleistungen, die etwa in Großstädten häufig an die Stelle von engen Familienangehörigen treten. Es stellt sich daher die Frage, ob bei einer gesamtgesellschaftlichen Betrachtungsweise der Respekt vor der Vertraulichkeit nicht einen erheblichen Beitrag dazu leisten kann, damit Menschen ihr Gewissen schärfen und soziales Verantwortungsgefühl entwickeln können.[844] Daher ist die Unterscheidung der verschiedenen Berufsgrup-

---

840 BVerfG v. 11.05.2007, BVerfGE 109, 279, 322 f.
841 Zur Wahrung der Menschenwürde als Schutzgegenstand von § 136a StPO vgl. statt vieler: Diemer, in: Pfeiffer (Hg.), StPO (5. A. 2003), § 136a Rn. 1 und Schmitt, in: Meyer-Goßner/Schmitt (Hg.), StPO (60. A. 2017), § 136a Rn. 1.
842 Vgl. BVerfG v. 27.07.2005, BVerfGE 113, 348, 391 f.; zuvor bereits Bergemann, in: Roggan (Hg.), Lauschen im Rechtsstaat (2004), S. 7, 9 f.; vgl. auch Warntjen, Heimliche Zwangsmaßnahmen und der Kernbereich des täglichen Lebens (2006), S. 139 ff.
843 Zu Einzelheiten vgl. Sternberg-Lieben, in: Schönke/Schröder (Hg.), StGB (29. A. 2014), § 139 Rn. 2.
844 Vgl. Denninger, Recht in globaler Unordnung (2005), S. 204 ff.

pen teilweise nicht nachvollziehbar.[845] Der Gesetzgeber hat zudem eine bedenkliche Regelvermutung aufgestellt, nach der bei erheblichen Straftaten das Strafverfolgungsinteresse regelmäßig höher als die Zeugnisverweigerungsrechte zu bewerten ist (§ 53 Abs. 2 StPO).

Die Entwicklung des Zeugnisverweigerungsrechts und der sie flankierenden Maßnahmen wurde vom Gesetzgeber in den letzten zwanzig Jahren ausgedehnt: So erhielten 1992 Berater für Fragen der Betäubungsmittelabhängigkeit in öffentlich-rechtlich anerkannten Beratungsstellen das Zeugnisverweigerungsrecht.[846] Im Jahr 2002 wurde der Kreis der zeugnisverweigerungsberechtigten Mitarbeiter von Medienunternehmen teilweise erweitert.[847] Im Rahmen des Gesetzes „zur Neuregelung der Telekommunikationsüberwachung und anderer verdeckter Ermittlungsmaßnahmen sowie zur Umsetzung der Richtlinie 2006/24/EG" regelte der Bundesgesetzgeber in § 160a StPO erstmals die Frage der Zulässigkeit aller Ermittlungsmaßnahmen, die sich gegen Berufsgeheimnisträger (§ 53 StPO) richten.[848]

1.7.6 Kirche, religiöse Vereinigungen oder Gemeinschaften

„Religion", so schreibt der polnische Philosoph Leszek Kolakowski, „ist [...] eine Lebensweise, bei der Verstehen, Glauben und Engagement zusammen in einem einzigen Akt auftreten." Deshalb werde „die religiöse Erfahrung in der Kontinuität der kollektiven Erfahrung bewahrt und weitergegeben".[849] Dies ist einer der Gründe, warum die Union nationale Rechtskulturen schützt, wozu auch gewachsene religiöse Kulturen bzw. das institutionelle Rechtsverhältnis zwischen einer religiösen Vereinigung oder Gemeinschaft und ihren Mitgliedern gehören können. Das ergibt sich aus dem Unionsvertrag (Art. 4 Abs. 2 EUV), insbesondere aber aus dem Vertrag über die Arbeitsweise der Union (Art. 17 Abs. 1 AEUV). Darin verpflichtet sich die Union, den rechtlichen Status, den Kirchen und religiöse Vereinigungen oder Gemeinschaften in den Mitgliedstaaten nach deren Rechtsvorschriften genießen, nicht zu beeinträchtigen. Vor diesem Hintergrund sind Ausnahmeregelungen für religiöse Sachverhalte in Rechtsakten der

---

845 Statt vieler vgl. Gola/Klug/Reif, NJW 2007, 2599, 2602. In Bezug auf die Presse fehlen diese Einschränkungen: Puschke/Singelnstein, NJW 2008, 113, 117.
846 Vgl. Gesetz zur Einführung eines Zeugnisverweigerungsrechts für Beratung in Fragen der Betäubungsmittelabhängigkeit v. 23.07.1992 (BGBl. I, S. 1366).
847 Vgl. Gesetz zur Änderung der Strafprozessordnung v. 15.02.2002 (BGBl. I, S. 682).
848 Gesetz zur Neuregelung der Telekommunikationsüberwachung und anderer verdeckter Ermittlungsmaßnahmen sowie zur Umsetzung der Richtlinie 2006/24/EG v. 21.12.2007 (BGBl. I, S. 3198); zu Problemen beim Einsatz verdeckter Ermittlungsmaßnahmen s. Kinzing, Die rechtliche Bewältigung von Erscheinungsformen organisierter Kriminalität (2000), S. 92.
849 Kolakowski, Falls es keinen Gott gibt (2008), S. 223 f.

Union selbst dann zulässig, wenn diese eine umfassende Harmonisierung zum Ziel haben.[850]

Die Union verfügt zwar selbst über **keine** eigene **Regelungskompetenz** für das nationale **Staatskirchenrecht** der Mitgliedstaaten. Dennoch kann die Datenschutzgrundverordnung als Rechtsakt der Union, die auf keiner religionsbezogenen Kompetenznorm beruht (Art. 16 Abs. 2 AEUV), auf die Tätigkeiten der kirchlichen bzw. entsprechenden Organisationen einwirken, wie etwa bei der **Datenverarbeitung.** Die Verordnung achtet im Einklang mit Art. 17 AEUV den Status, den die genannten religiösen institutionellen Organisationen in den Mitgliedstaaten nach deren bestehenden verfassungsrechtlichen Vorschriften genießen, und beeinträchtigt ihn nicht (EG 165, Art. 91 DS-GVO).

Art. 91 DS-GVO akzeptiert Datenschutzregeln, die sich Kirchen, religiöse Vereinigungen oder Gemeinschaften bis zum Zeitpunkt des Inkrafttretens der Verordnung am 25. Mai 2016 in den jeweiligen Mitgliedstaaten selbst gegeben haben. Nicht hierunter fallen jedoch z. B. Einrichtungen der öffentlich-rechtlichen Religionsgemeinschaften, die in privatrechtlichen Rechtsformen betrieben werden wie die Caritas der katholischen Kirche und das Diakonische Werk der EKD.

Die **Sonderregelung** legt fest, dass die **Datenschutznormen** von Kirchen, religiösen Vereinigungen oder Gemeinschaften **weiter gelten, sofern sie umfassend natürliche Personen bei der Datenverarbeitung schützen** (Art. 91 Abs. 1 DS-GVO). Die Regelungen können ggf. bis zum Geltungsbeginn der DS-GVO am 25. Mai 2018 mit denen der Verordnung in Einklang gebracht werden. Art. 91 Abs. 2 DS-GVO sieht auch eine Sonderregelung für die jeweilige **datenschutzrechtliche Aufsicht** vor.

1.7.6.1 Nationale religiöse Kulturen und Regelungen

Die Öffnungsklausel des Art. 91 DS-GVO ist vor dem Hintergrund der besonderen Stellung religiöser Vereinigungen und Gemeinschaften in den einzelnen Mitgliedstaaten zu sehen.[851] In der Union lassen sich im Wesentlichen drei Systemtypen unterscheiden:
- das Trennungsmodell (z. B. in Frankreich)
- das Kooperationsmodell (z. B. in Deutschland)
- das Modell der Staatskirche (z. B. in Griechenland und dem Vereinigten Königreich)[852]

---

850 Waldhoff, in: Calliess/Ruffert (Hg.), EUV/AEUV (5. A. 2016), Art. 17 AEUV Rn. 13.
851 Dazu Böckenförde, Der säkularisierte Staat (2007).
852 Waldhoff, in: Calliess/Ruffert (Hg.), EUV/AEUV (5. A. 2016), Art. 17 AEUV Rn. 3 ff. Vgl. auch Übersicht bei Robbers, Staat und Kirche in der Europäischen Union (2. A. 2005); zum deutschen Kirchenrecht Robbers, Staat und Kirche in der Europäischen Union (2. A. 2005), S. 83–101; s. a. Robbers, in: ders. (Hg.), Europäischer Datenschutz und die Kirchen (1994), S. 185 ff.

Das Kooperationsmodell, das eine Mittelstellung zwischen strikter Trennung von Kirche und Staat und Staatskirchentum einnimmt, wurde in Deutschland in der Weimarer Verfassung (Art. 137 ff. WRV) niedergelegt. Die Artikel wurden in das Grundgesetz inkorporiert (Art. 140 GG) und gelten als vollgültiges Verfassungsrecht weiter.

Das Grundgesetz versteht den Staat als säkularisierten Staat, der einen eigenen, von einer bestimmten Religion unabhängigen Boden hat (Art. 140 i. V. m. Art. 137 Abs. 1 WRV). Das Weimarer Gesetz garantiert den Religionsgemeinschaften, ihre Angelegenheiten selbstständig innerhalb der Schranken des für alle geltenden Gesetzes zu ordnen und zu verwalten (Art. 140 GG i. V. m. Art. 137 Abs. 3 Satz 1 WRV). Das verfassungsrechtlich statuierte institutionelle **kirchliche Selbstbestimmungsrecht** beruht zum einen auf dem individuellen Grundrecht der Religionsfreiheit (Art. 4 Abs. 1 und 2 GG) und dem Gebot, wonach niemand wegen der Zugehörigkeit zu einem Bekenntnis benachteiligt werden darf (vgl. Art. 33 Abs. 3 GG zur Bevorzugung oder Benachteiligung im öffentlichen Dienst, lex specialis zu Art. 3 Abs. 3 GG, s. a. vergleichbare Regelung in Art. 14 EMRK, angelehnte Regelung in Art. 21 GRCh)[853] und zum anderen auf der historischen Entwicklung des deutschen Staatskirchenrechts.

Nach der Rechtsprechung des BVerfG schützen beide **Benachteiligungsverbote** sowohl vor der direkten als auch vor der indirekten Diskriminierung aufgrund der Religion.[854] Das religionsbezogene Gleichheitsgebot (Art. 33 Abs. 3 GG) tritt allerdings in demselben Maße zurück wie die Religionsfreiheit (Art. 4 Abs. 1 und 2 GG).[855]

Wie schon der EGMR für den Schutzbereich der Religions- und Weltanschauungsfreiheit (Art. 9 Abs. 1 EMRK; s. a. Art 10 GRCh) entschieden hat, sind auch nach dem Grundgesetz die Begriffe „religiös" und „weltanschaulich" (Art. 4 Abs. 1 GG) formal und frei von inhaltlichen Werten zu bestimmen. So darf nach der Rechtsprechung des BVerfG das christliche Ziel einer christlichen Gemeinschaftsschule nicht christlich konfessionell fixiert sein. Einzelne genuin christliche Werte (Menschenwürde, Nächstenliebe, Toleranz für Andersdenkende, Solidarität usw.) seien jedoch Gemeingut des abendländischen Kulturkreises und als kulturelle Werte „säkularisiert".[856] Anders formuliert heißt dies auch, dass europäische Kulturen, die auf den Menschenrechten gründen, zivile Kulturen sind, die die Öffnung hin zu anderen Menschen und Kulturen bereits in sich tragen.[857]

---

853 Zum Problem Pottmeyer, Religiöse Kleidung in der öffentlichen Schule in Deutschland und England (2011), S. 264 ff. Zur übereinstimmenden Schutzdimension beider GG-Artikel vgl. Sachs, ZBR 1994, 135.
854 Grundlegend BVerfG v. 28.01.1992, BVerfGE 85, 191, 206; weiterführend BVerfG v. 27.11.1997, BverfGE 97, 35, 43; BVerfG v. 30.01.2002, BVerfGE 104, 373, 396.
855 Vgl. etwa BVerfG v. 24.09.2003, BVerfGE 108, 282, 307; Begründung der abweichenden Mindermeinung vgl. BVerfG v. 24.09.2003, BVerfGE 108, 282, 314 ff. S. a. Böckenförde, JZ 2004, 1183.
856 BVerfG v. 17.12.1975, BVerfGE 41, 29, 51 f.
857 Kap. 1.1.1.

Nach der Rechtsprechung des BVerfG ist die Trennung zwischen Kirche und Staat eher weit als eng zu ziehen ist. Dem „Eigenverständnis" der Kirchen kommt ein besonderes Gewicht zu.[858]

Mit der Freiheit des Glaubens sind bestimmte Aspekte einer institutionellen Verfestigung verbunden, die zu einem kirchlichen Recht führen können. Die Begrenzung des kirchlichen Selbstbestimmungsrechts ist durch die für alle geltenden Gesetze gemäß dem Verhältnismäßigkeitsprinzip zu beantworten.[859] Dies bedeutet für Kollisionsfälle, dass im religiös geistigen Bereich das kirchliche Selbstbestimmungsrecht mit dem Recht auf Datenschutz der Mitglieder oder Dritter zu einem für beide schonenden Ausgleich gebracht werden muss,[860] der an der DS-GVO zu messen ist.

Die kollektive Glaubensfreiheit (Art. 140 GG, Art. 137 Abs. 3 WRV) wird durch die Glaubensfreiheit bzw. Gewissensfreiheit des konkret betroffenen **Seelsorgers** (Art. 4 Abs. 1 und 2 GG) flankiert. Damit dieser nicht in einen unlösbaren Gewissenskonflikt zwischen seiner **kirchenrechtlichen Schweigepflicht** und staatlichen Aussagepflichten gestellt wird, schützt ihn der Staat durch das Zeugnisverweigerungsrecht in der Strafprozessordnung. Das **Prozessrecht** sieht für den Geistlichen ein **Zeugnisverweigerungsrecht,** aber keine Zeugnisverweigerungspflicht vor (§ 53 Abs. 1 Nr. 1 StPO).

Soweit allerdings seelsorgliche Gespräche erkennbar den **Kernbereich privater Lebensgestaltung** berühren, ist dieser Bereich auch gegenüber dem Richter tabu.[861] Ist im Einzelfall erkennbar, dass der Geistliche in einem Strafverfahren vom Beschuldigten von seiner (kirchenrechtlich begründeten)[862] Schweigepflicht entbunden worden ist und die Aussage gleichwohl kernbereichsrelevante Gesprächsinhalte berührt, dann ist insoweit ein (datenschutzrechtliches) Erhebungsverbot auch i. S. d. DS-GVO zu bejahen. Anders ist die Rechtslage, wenn der Kernbereich offenkundig nicht berührt ist. In solchen Fällen hat die durch Art. 4 GG geschützte individuelle Gewissensfreiheit des Geistlichen Vorrang (Art. 140 i. V. m. Art. 130 Abs. 3 WRV).[863]

Von datenschutzrechtlicher Relevanz ist die Unterscheidung zwischen Religionsgemeinschaften mit bürgerlich-rechtlichem und solchen mit öffentlich-rechtlichem Status. Die römisch-katholische und die evangelische Kirche (EKD) sind kraft verfassungsrechtlicher Garantie Körperschaften des öffentlichen Rechts (Art. 140 GG i. V. m. Art. 137 Abs. 5 WRV) mit besonderen Privilegien, die auch den Datenschutz betreffen (z. B. bei Angaben über die persönlichen Verhältnisse bei der Kirchensteuererhe-

---

858 BVerfG v. 25.03.1980, BVerfGE 53, 366, 401 m. w. N.
859 BVerfG v. 25.03.1980, BVerfGE 53, 366, 401; BVerfG v. 14.05.1986, BVerfGE 72, 278, 289.
860 Vgl. BVerfG v. 15.12.1983, BVerfGE 65, 1. Zur Erstreckung auf den Drittbereich BVerfG v. 11.06.1991, BVerfGE 84, 192, 194 f.
861 Zum Kernbereich privater Lebensführung, der der öffentlichen Gewalt schlechthin entzogen ist, vgl. ständige Rechtsprechung, etwa BVerfG v. 14.09.1989, BVerfGE 80, 367, 373 ff.; s. a. Kap 1.7.2.
862 Can. 1550 § 2 CIC.
863 Dazu ausführlich Petri, KuR 2008, 217.

bung). Zu den öffentlich-rechtlichen Körperschaften zählen u. a. die jüdischen Kultusgemeinden und seit einigen Jahren die Griechisch-Orthodoxe Metropolie, der auf Antrag die Eigenschaft einer Körperschaft des öffentlichen Rechts zuerkannt worden ist (Art. 140 GG i. V. m. Art. 137 Abs. 6 WRV), womit nicht alle eigens geregelten Privilegien der beiden christlichen (Groß)Kirchen verbunden sind.

In Deutschland haben die beiden großen Kirchen umfassende eigene Regelwerke geschaffen: die Evangelische Kirche das Kirchengesetz über den Datenschutz **(DSG-EKD)**[864] und die römisch-katholische Kirche die Anordnung über den kirchlichen Datenschutz **(KDO)**[865]. Die Regelungen müssen ggf. mit denen der DS-GVO in Einklang gebracht werden.

1.7.6.2 Datenschutzaufsicht

Anders als im Fall der Berufsgeheimnisträger (EG 164, Art. 90 Abs. 1 DS-GVO) erlaubt die Union den Mitgliedstaaten unter bestimmten Bedingungen, religiöse Organisationen, die umfassende Datenschutzregeln anwenden, einer **Aufsichtsbehörde spezifischer Art** zu unterstellen. Zu den Bedingungen gehören die datenschutzrechtlichen Anforderungen in der DS-GVO (Art. 51 bis 59 DS-GVO):
– Unabhängigkeit (Art. 52 DS-GVO)
– Ernennung der Mitglieder (Art. 53 Abs. 1 DS-GVO)
– Befugnisse (Art. 58 DS-GVO)

Zwar sind in den datenschutzrechtlichen Regelwerken jeweils unabhängige Datenschutzbeauftragte vorgesehen:
– Beauftragte für den Datenschutz (§§ 17 bis 21a DSG-EKD), die durch den Rat der EKD bestellt werden (§18a DSG-EKD)
– Diözesandatenschutzbeauftragte (§§ 15 bis 59 KDO), die durch den Bischof bestellt werden (§ 16 KDO)

Es ist jedoch fraglich, ob die Unabhängigkeit und insbesondere die Befugnisse der kirchlichen Beauftragten denen der DS-GVO (Art. 58) voll entsprechen bzw. entsprechen können.[866] Der deutsche Gesetzgeber ist befugt, hier Klarheit zu schaffen.

---

864 Kirchengesetz über den Datenschutz der Evangelischen Kirche in Deutschland (DSG-EKD), ABl. EKD v. 01.02.2013, S. 2, 34.
865 Anordnung über den kirchlichen Datenschutz (KDO), veröffentlicht im Kirchlichen Amtsblatt für die Erzdiözese Münster v. 15.04.2014, Nr. 8, Art. 123, S. 152.
866 Herbst, in: Kühling/Buchner (Hg.), DS-GVO (2017), Art. 91 Rn. 21 m. w. N.

1.7.7 Schalter des Erbguts

Die Bindungen und Belastungen für den Menschen, die sich aus den Erkenntnissen der Erbinformationen ergeben, sind hoch. Aus diesem Grund wird im Folgenden ein Abriss nationaler Gesetze und Anforderungen gegeben, die im Wesentlichen auch nach der DS-GVO Bestand haben werden.

Der Aufbau und die reproduktive Erhaltung des menschlichen Organismus sind wie alle wesentlichen Lebensvorgänge informationsgesteuert. Unter diesem Gesichtspunkt ist es naheliegend, dass **Erbinformationen** nach Prinzipien aufgebaut sind, die Auskunft über den einzelnen Menschen geben können. Sie beruhen auf dem genetischen Alphabet, das aus nur vier „Buchstaben" besteht, die aber eine enorme Zahl unterschiedlicher Sequenzen erzeugen. Die Sequenziermethoden haben sich geradezu explosionsartig fortentwickelt. Die Verfahren sind so weit ausgereift und digitalisiert, dass sich schon an einem einzigen Tag Hunderttausende von Genbausteinen analysieren lassen.

Alle Merkmale des lebenden Organismus sind in dessen Genen enthalten, die in ihrer Gesamtheit als Genom bezeichnet werden. Das **Genom enthält für jeden Menschen eine spezifische Kombination seiner Gene.** Damit ist die Vielfalt der Kombinationsmöglichkeiten der Gene auf die im Genom tatsächlich vorliegende Kombination beschränkt. Der Informationsgehalt des einzelnen Gens hängt von seinen physikalischen Milieubedingungen ebenso ab wie vom Informationsgehalt aller Gene. Die Gene selbst können daher nicht als selbstständige Informationseinheiten angesehen werden. Sie gewinnen ihre merkmalsbestimmenden Eigenschaften erst in ihrem Verhältnis zu anderen Genen und deren Expression. Der Umstand, dass die genetische Information in einem hohen Grad kontextabhängig ist, beruht auf der Tatsache, dass alle im lebenden Organismus ablaufenden Prozesse miteinander verbunden sind. Mit der ausgeklügelten „Genregulationsmaschinerie" befasst sich ein neuer Zweig der Genetik, die Epigenetik.[867] Sie ist eine Art Zusatzgenetik, die sich mit allem befasst, was eine Zelle außer dem Basencode der DNA noch an bleibenden Informationen an ihre Tochterzellen vererbt.[868]

1.7.7.1 Grundlagen genetischer Untersuchungen und Analysen

Die **Grundlage genetischer Analysen** sind die chemischen Bausteine des genetischen Alphabets. Von ihnen gibt es zwei verwandte Grundformen, die Desoxyribonukleinsäuren (DNS, engl. DNA) und die Ribonukleinsäuren (RNA). In der DNA finden sich Sequenzanordnungen, die in verschlüsselter Form codierende genetische Informationen enthalten, und solche, die (jedenfalls bislang keine bekannten) nicht-codierende Informationen beinhalten. Für Letztere werden etwa vom Bundes-

---

[867] Tinnefeld, RDV 2010, 209, 210 m. w. N.
[868] Spork, Der Zweite Code (4. A. 2009).

kriminalamt Merkmalssysteme für die Identifizierung einer Person verwendet. Diese beziehen sich auf Abschnitte der DNA, die nicht für Gesundheit bzw. Krankheit oder andere charakterisierende persönliche Eigenschaften zuständig sind. Sie bezeichnen vielmehr Anordnungen von Basenpaaren, die zwar nicht codieren, aber in ihrer Abfolge für jede Person charakteristisch sind, also identifizierende Informationen tragen. Diese sind geeignet, über die biologische Identität einer Person Auskunft zu geben, etwa über die Frage, wer als Vater oder Mutter eines Kindes infrage kommt. Die genetischen Informationen des Menschen können bereits aus kleinsten Mengen biologischen Materials (Hautpartikel, Blut, Speichel, Haarwurzeln) gewonnen werden.

Gezielte, punktuelle oder generelle genetische Untersuchungen und Analysen von Erbanlagen eines Menschen (Genomanalysen) werden durchgeführt im Zusammenhang mit:
- der genetischen Beratung und pränatalen Diagnostik,
- dem Neugeborenen-Screening zur Erkennung von Krankheiten,
- dem Abschluss und der Beendigung von Arbeitsverhältnissen,
- dem Abschluss von privaten Krankenversicherungen,
- dem Abschluss von Lebensversicherungen,
- genetischen Untersuchungen im Rahmen der medizinischen Behandlung und Forschung,
- der Täteridentifikation in strafrechtlichen Ermittlungsverfahren,
- der Vaterschaftsfeststellung in Kindschaftssachen.

Angesichts der Möglichkeiten der modernen Genanalyse stellt sich die Frage nach den Rechten der betroffenen Person(en).

1.7.7.2 Genetischer Fingerabdruck
Die **nicht-codierenden Sequenzen der DNA** sind in jeder Zelle eines bestimmten Menschen identisch aufgebaut. Jedes Individuum hat „seine", von denen anderer Personen verschiedenen Sequenzen, die sich abgestuft nach dem Grad der Blutsverwandtschaft ähneln. Diese unverwechselbare Struktur der DNA-Sequenzen im Zellaufbau jedes Individuums wird auch als **„genetischer Fingerabdruck"** bezeichnet. Er bildet die Grundlage für das „DNA-Fingerprinting-Verfahren", das in der kriminologischen Spurenanalyse für eine sichere Identifizierung des Täters von großer Bedeutung ist. Laut Bundesverfassungsgericht gehört es „zu den Methoden der Verbrechensaufklärung, am Tatort gefundene Spuren (z. B. Blutspritzer bei einer Verletzung, Spermien bei einer Vergewaltigung, Mundschleimhautzellen auf der Rückseite der Briefmarke eines Erpresserbriefes), die zur Feststellung des Täters führen kön-

nen, zu untersuchen."⁸⁶⁹ Das **Erheben** von Vergleichsmaterial (Vergleichsblutprobe) bei einem Verdächtigen, das durch einen körperlichen Eingriff gegen dessen Willen durchgeführt wird, berührt neben dem Grundrecht auf Datenschutz auch das Grundrecht auf körperliche Unversehrtheit (Art. 2 Abs. 2 Satz 1 GG) und bedarf daher einer zusätzlichen rechtlichen Grundlage, die mit der Regelung des § 81a StPO geschaffen wurde.

Nach einer Häufung schlimmer Sexualverbrechen an Kindern ist eine **DNA-Analysedatei** als zentrale Verbunddatei des Bundes und der Länder beim Bundeskriminalamt (BKA) errichtet worden. Laut BKA wurden mithilfe der DNA-Analyse bislang v. a. Diebstahlsdelikte aufgeklärt: In 186.527 Fällen konnten DNA-Spuren einem Spurenverursacher (Spurenleger in geografischer Nähe zum Tatort) zugeordnet werden; zum Vergleich: Sexualdelikte: 3303, Raub und Erpressung: 12.090.⁸⁷⁰ Das gespeicherte personenbezogene DNA-Identifizierungsmuster wird nur für erkennungsdienstliche Zwecke eingesetzt und enthält keine codierenden Angaben. Die DNA-Analysedatei enthielt Mitte 2016 über 1.1 Mio Datensätze.⁸⁷¹

Seit der Verabschiedung des DNA-Identitätsfeststellungsgesetzes⁸⁷² werden nicht nur Beschuldigte auf richterliche Anordnung⁸⁷³ und Spurenleger erfasst, sondern auch rechtskräftig Verurteilte zum Zweck der Identitätsfeststellung bei zukünftigen Strafverfahren einbezogen.⁸⁷⁴ Der Bundesgesetzgeber hat zudem eine Speicherung und Verwendung der DNA-Profile für Zwecke des Strafverfahrens und der Gefahrenabwehr im nationalen und internationalen Rahmen für zulässig erklärt.⁸⁷⁵

Im Rahmen der **Verbrechensbekämpfung** bietet das DNA-Fingerprinting eine effektive Chance, Personen ausfindig zu machen, die DNA-Spuren an einem Tatort, an einem Gegenstand oder an einer Person (z. B. bei Gewaltverbrechen) hinterlassen haben. In Verbindung mit der Anwendung der Polymerase-Kettenreaktion kann aus minimalen Ausgangsmengen biologischen Materials eine zuverlässige genetische Typisierung durchgeführt werden.⁸⁷⁶ Das gewonnene genetische Profil kann in einer DNA-Datenbank abgespeichert, zum Abruf bereitgehalten und mit einer beliebig großen Zahl von Personen (Tatverdächtige, Verwandte, schwer zu identifizierende

---

869 BVerfG v. 18.09.1995, NJW1996, 771.
870 Siehe unter: https://www.bka.de/DE/UnsereAufgaben/Ermittlungsunterstuetzung/DNA-Analyse/DNAstatistik/dnaStatistik_node.html (letzter Abruf 27.05.2017).
871 Angaben des BKA unter: https://www.bka.de/DE/UnsereAufgaben/Ermittlungsunterstuetzung/DNA-Analyse/DNAstatistik/dnaStatistik_node.html (letzter Abruf 27.05.2017).
872 DNA-Identitätsfeststellungsgesetz (DNA-IFG) v. 07.09.1998 (BGBl. I, S. 2646).
873 Vgl. § 81a StPO.
874 Vgl. § 81g Abs. 4 StPO. Zur verfassungsrechtlichen Vereinbarkeit der Regelung vgl. BVerfG v. 14.12.2000, DuD 2001, 169. Zum Problem des Einsatzes der DNA-Analyse zur künftigen Strafverfolgung auf Grundlage einer Einwilligung der Betroffenen BfD, 18. TB (1999–2000), 11.6 und Anlage 25.
875 Vgl. § 81 Abs. 5 StPO.
876 Zu den Verfahrensmethoden vgl. Tinnefeld/Böhm, DuD 1992, 62, 63.

Tote) bis hin zur Gesamtbevölkerung etwa zu Forschungszwecken (z. B. in Island) abgeglichen werden.

Datenschutzrechtlich bedenklich ist ein solches Verfahren spätestens dann, wenn nicht sichergestellt ist, dass keine über die Identifizierung des Betroffenen hinausgehenden Informationen (Überschussinformationen) gewonnen werden können.[877] Ein weiteres Problem stellt sich im Zusammenhang mit einem Datenbankbetrieb. Eine Quelle möglicher Gefahren für Betroffene besteht, wenn die Datenbankrecherche noch nicht „fehlertolerant" ist, z. B. mögliche Treffer bei Abweichung eines einzigen Merkmals angezeigt werden.

Hinsichtlich des Beweiswerts von DNA-Analysen hat der BGH darauf hingewiesen, dass bei der gerichtlichen Würdigung neben statistisch errechneten Häufigkeitswerten stets zu prüfen sei, ob zwischen der DNA-Spur und der Tat ein Zusammenhang bestehe.[878] Die Notwendigkeit einer sorgfältigen Prüfung zeigt der Fall des „Phantoms von Heilbronn": Über acht Jahre hatte die Polizei vergeblich nach dem Mörder einer Heilbronner Polizistin gefahndet und an Dutzenden von Tatorten stets gleiche DNA-Spuren vorgefunden. Erst nach mehreren Jahren stellte sich heraus, dass die Spuren stets mit demselben Typ Wattestäbchen aufgenommen wurden. Die DNA stammte nicht vom Mörder, sondern von einer Arbeiterin, die am Herstellungsprozess der Wattestäbchen beteiligt war.[879]

1.7.7.3 Besonderheiten genetischer Informationen

Die **codierenden Sequenzen der DNA** sind die „**erblichen Informationsträger**". Sie beziehen sich auf die biologische Existenz des einzelnen Menschen, über deren aktuelle und zukünftige Bedingungen sie Auskunft geben können. Muss daher jede Person das Recht haben, grundsätzlich selbst über den Umgang mit und den Gehalt ihrer genetischen Informationen bestimmen zu können?[880] Angesichts der Komplexität persönlicher Lebensvorgänge ist eine Antwort auf diese Frage nicht einfach. Welche Konsequenzen hat das Wissen um eine erbliche Disposition für die eigene Lebensqualität? Muss dem **Recht auf Wissen** des Betroffenen **ein Recht auf Nichtwissen** (über „Risikogene") zur Seite stehen?

Die Bandbreite von prognostischen bzw. **prädiktiven Befunden** ist groß: Sie können Krankheitsdispositionen aufdecken, für die es aktuell noch keine erkennbaren Symptome gibt, etwa bei der letal (tödlich) verlaufenden Erbkrankheit „Chorea Huntington", die erst zwischen dem 30. und 50. Altersjahr ausbricht. Sie können

---

877 Über Biobanken und die Rechte der Spender vgl. Rippe, digma 2005, 20.
878 Zur gerichtlichen Beweiswürdigung vgl. BGH v. 21.01.2009, NJW 2009, 1159.
879 Dazu z. B. FAZ v. 27.03.2009, Das „Phantom von Heilbronn" ist widerlegt unter: http://www.faz.net/aktuell/gesellschaft/kriminalitaet/dna-ermittlungspanne-das-phantom-von-heilbronn-ist-widerlegt-1925411.html (letzter Abruf 27.05.2017).
880 Grundlegend Mundt, Grundrechtsschutz und genetische Information (2005).

bestimmte Gene herausfinden, die ein erhöhtes Krebsrisiko bei Betroffenen signalisieren. Sie können aber auch Informationen über gefährliche Erbkrankheiten offenbaren, die zwar nicht geheilt, aber behandelt werden können, etwa bei der Erbkrankheit „Hämochromatose".

Die Befunde wirken sich auf Psyche und Lebensführung des Betroffenen aus. Wenn der Einzelne sich innerlich frei und selbstbestimmt entwickeln soll, muss ihm ein **Recht auf Nichtwissen** (Schutz vor Information) bzw. ein Recht auf Unkenntnis der eigenen genetischen Konstitution zugestanden werden.[881] Nach Jochen Taupitz[882] besteht „das Grundproblem des Rechts auf Nichtwissen [...] darin, dass eine autonome Entscheidung, bestimmte Informationen nicht erhalten zu wollen, Kenntnis von der Möglichkeit der Kenntnis voraussetzt." Dieser Gedanke spricht aus ethischen Gründen dafür, zumindest prädiktive Gentests mit einer qualifizierenden Beratung zu begleiten.

Im Sinne der EU-Grundrechte-Charta ist das Recht jeder Person auf körperliche und geistige Unversehrtheit zu achten (Art. 3 Abs. 1 GRCh). In seiner Rechtsprechung zum Recht auf Privatheit (Art. 8 EMRK) betonte der EGMR bereits im Jahr 1994, dass einer Person das Recht zustehe, ihren Gesundheitszustand geheim zu halten.[883] In einer Entscheidung vom 4. Dezember 2008[884] hat der EGMR zudem festgestellt, dass „die pauschale und unterschiedslose Befugnis zur Aufbewahrung von Fingerabdrücken, Zellproben und DNA-Profilen verdächtiger, aber keiner Straftat schuldig gesprochener Personen [...] keinen gerechten Ausgleich zwischen den widerstreitenden öffentlichen und privaten Belangen" herstelle. Dementsprechend findet sich in dem Menschenrechtsübereinkommen zur Biomedizin (Art. 10 Abs. 1 und 2) folgende Formulierung: „Jeder hat das Recht auf Wahrung der Privatsphäre in Bezug auf Angaben über seine Gesundheit".[885] Dieses Recht steht auch nichteinwilligungsfähigen Personen und Minderjährigen zu, die ein erhöhtes Schutzbedürfnis haben.

1.7.7.4 Das Gendiagnostikgesetz

Das in seinen wesentlichen Teilen am 1. Februar 2010 in Kraft getretene Gendiagnostikgesetz (GenDG)[886] stellt sicher, dass niemand gegen den eigenen Willen seine genetische Dispositionen zur Kenntnis nehmen muss, weil er andernfalls in seiner freien Persönlichkeitsentfaltung beeinträchtigt würde.[887] Das Gesetz soll der „staatlichen

---

881 Ablehnend Harris, Der Wert des Lebens (1995), S. 287 ff.
882 Taupitz, in: Wiese (Hg.), FS für Niederländer (1991), S. 583, 597 ff.; s. a. Duttge, DuD 2010, 34.
883 EuGH v. 05.10.1994, NJW 1994, 305.
884 EGMR v. 04.12.2008, NJOZ 2010, 696 – Marper/UK.
885 Europarat, Übereinkommen zum Schutz der Menschenrechte und der Menschenwürde im Hinblick auf die Anwendung von Biologie und Medizin (1997), SEV-Nr. 164, S. 4.
886 Gesetz über genetische Untersuchungen bei Menschen v. 31.07.2009 (BGBl. I, S. 2529).
887 Vertiefend Koppernock, Das Grundrecht auf bioethische Selbstbestimmung (1997).

Verpflichtung zur Achtung und zum Schutz der Würde des Menschen und des Rechts auf informationelle Selbstbestimmung" Ausdruck und Geltung verleihen (§ 1 GenDG). Dementsprechend stehen die **informierte Einwilligung** der betroffenen Person (§ 8 GenDG) und die **ärztliche Aufklärungspflicht** (§ 9 GenDG) im Vordergrund der Betrachtung. „Wesen, Bedeutung und Tragweite" einer bevorstehenden Untersuchung sind dem Betroffenen bzw. im Falle einer Einwilligungsunfähigkeit dem/den Vertreter/n (§ 14 GenDG) unter Berücksichtigung der hiermit verbundenen Risiken zu vermitteln.

Die betroffene Person oder deren Vertreter kann jederzeit verlangen, dass ein Untersuchungsergebnis vernichtet wird (§ 9 Abs. 2 Nr. 5 GenDG). Dieses Grundverständnis bildet neben der Forderung nach **Schutz vor einer genetischen Diskriminierung** die Basis für die Ermittlungs-, Kenntnisnahme- und Verwendungsverbote im arbeits- und versicherungsrechtlichen Bereich (§ 18 Abs. 1, § 19 GenDG).

Für (nicht-codierende) Informationen zu Fragen der **Abstammung** stellt das Gesetz v.ä. transparente Verfahren sicher (§ 17 GenDG). In seiner Entscheidung zum **heimlichen Vaterschaftstest** hat das BVerfG bereits betont, dass den Staat von Verfassungs wegen die Verpflichtung trifft, „dem Einzelnen Schutz davor zu bieten, dass private Dritte ohne sein Wissen und ohne seine Einwilligung Zugriff auf die seine Individualität kennzeichnenden Daten nehmen" (so jetzt § 1598a Abs. 1 BGB i. V. m. § 17 GenDG).[888]

Im Kontext einer humangenetischen Untersuchung zu medizinischen Zwecken werden zugleich **Informationen von genetischen Verwandten** miterfasst, die diese unter Umständen bislang nicht kannten. Ergibt die Analyse genetische Informationen für eine vermeidbare oder behandelbare Erkrankung, dann soll der beratende Arzt nach Befunderhebung die Empfehlung abgeben, „diesen Verwandten eine genetische Behandlung zu empfehlen" (§ 10 Abs. 3 S. 4 GenDG).

Im GenDG fehlt eine explizite Regelung für die **Forschung.** Nach tradierter Rechtsauffassung ist dem Patienten bzw. Probanden (im Fall seiner Einwilligungsunfähigkeit dem Vertreter)[889] die bevorstehende Intervention zu erklären.[890] Jedenfalls hat der aufklärungspflichtige Arzt im Zweifel immer den Nachweis zu führen, dass eine erforderliche Aufklärung durchgeführt wurde. Im Folgenden werden einige reale Probleme im geregelten Umgang mit genetischen Informationen in wichtigen Lebensbereichen angesprochen.

Beispiel: Vorgeburtliche Risikoabklärung (§ 15 GenDG)
Die weitgehenden medizinischen Diagnosemöglichkeiten bei einem Ungeborenen können Eltern die Angst vor einem kranken Kind nehmen. Sie können aber auch eine gezielte Abtreibungsstrategie zur Aussonderung von „defekten" Embryonen zur Folge haben und so zum Einfallstor einer pränatalen

---

888 BVerfG v. 13.02.2007, BVerfGE 117, 202.
889 Dazu Deutsch/Spickhoff, Medizinrecht (7. A. 2014), Rn. 447.
890 Vgl. auch § 40 Abs. 1 S. 3 Nr. 3a, Abs. 2 AMG.

Selektion werden. Das Gesetz regelt Beratungs- und Aufklärungsverfahren und hält fest, dass eine Krankheit, die erst nach Vollendung des 18. Lebensjahr auftritt, nicht berücksichtigt werden darf (§ 15 Abs. 2).

Die Schwangere hat einen ergänzenden Beratungsanspruch nach dem Schwangerschaftskonfliktgesetz (§ 2 i. V. m. § 15 Abs. 2 GenDG).[891]

Beispiel: Genetische Reihenuntersuchungen (§ 16 GenDG)
Das Neugeborenen-Screening ist eine wertvolle Erweiterung präventiver gesundheitlicher Maßnahmen, wenn es zur Erkennung von behandelbaren Erbkrankheiten eingesetzt wird. Das gilt allerdings nur dann, wenn eine Behandlung bereits vor dem Ausbruch der Krankheit in Betracht kommt, z. B. bei Enzymdefekten, die unbehandelt zum Schwachsinn führen, rechtzeitig behandelt aber eine annähernd normale geistige Entwicklung ermöglichen. Das Screening ist deshalb mit der elterlichen Zustimmung (§§ 1627, 1666 BGB) nur für behandelbare Krankheiten zulässig, weil „auch das Neugeborene ein Recht auf Selbstbestimmung und damit zugleich auf Nichtwissen" habe.[892] §16 GenDG erlaubt mit dieser Einschränkung die systematisch in der Gesamtbevölkerung oder einer bestimmten Personengruppe durchgeführte genetische Untersuchung zu medizinischen Zwecken (vgl. § 3 Nr. 9 GenDG).

Beispiel: Genetische Informationen im Versicherungsbereich (§ 18 GenDG)
Genetische Tests können für private Kranken- und Lebensversicherungen zur Auffindung von „Risikopersonen" und ggf. Ablehnung eines Vertrages ein attraktives „Hilfsmittel" sein. Das Sortieren der Menschen nach Risiken widerspricht einerseits dem Prinzip einer Solidargemeinschaft. Andererseits ist jedoch die Risikoabschätzung seit jeher das zentrale Element jeder Privatversicherung. Eine Ungleichbehandlung von Versicherungsnehmern aufgrund unterschiedlicher Risikoprognosen ist dem System der Privatversicherung immanent und nicht zuletzt auch deshalb notwendig, weil der Versicherer – im eigenen Interesse und im Interesse der von ihm gebildeten Versicherungsgemeinschaft – Leistung und Gegenleistung in ein angemessenes Verhältnis setzen und das übernommene Risiko kalkulierbar machen muss.

Das GenDG statuiert für die gesamte **Versicherungswirtschaft** ein grundsätzliches **Verbot, genetische Untersuchungen und Analysen zu verlangen oder entgegenzunehmen** (§ 18 Abs. 1 S. 1 GenDG). Eine Ausnahme gilt nur für Lebens-, Berufsunfähigkeits-, Erwerbsunfähigkeit- und Pflegeversicherungen mit einer Versicherungssumme von 300.000 Euro insgesamt oder 30.000 Euro Jahresrente, wenn solche Untersuchungen und Analysen bereits vorliegen (§ 18 Abs.1 Satz 2 GenDG).

---

[891] Das Schwangerschaftskonfliktgesetz garantiert einer Schwangeren wegen der psychologischen Ausnahmesituation nach auffälligem Befund infolge PND ein spezifisches Beratungsangebot; s. a. Bundesärztekammer, PND-Richtlinien, Ziff. 2.2 unter: https://www.google.de/url?sa=t&rct=j&q=&esrc=s&source=web&cd=1&ved=0ahUKEwiIjLzO5o_UAhWDKVAKHQtzDyMQFggiMAA&url=http%3A%2F%2Fwww.bundesaerztekammer.de%2Ffileadmin%2Fuser_upload%2Fdownloads%2FPraenatalDiagnostik.pdf&usg=AFQjCNGKE6jcFzwW1eVQL7fOq-lccLWQ0w&cad=rja (letzter Abruf 27.05.2017).
[892] Schimmelpfeng-Schütte, MedR 2003, 214.

Voraussetzung ist jedoch, dass das Ergebnis der präsymptomatischen genetischen Untersuchung prämienrelevant und wissenschaftlich zuverlässig ist. Bereits ausgebrochene genetisch bedingte Vorerkrankungen und Erkrankungen sind allerdings anzuzeigen (§16 Abs. 2 GenDG).

> **Beispiel: Genetische Informationen im Beschäftigtenbereich (§§ 19 ff. GenDG)**
> Die Verwendung genetischer Untersuchungen und Analysen im Arbeits- und Dienstbereich ist bei Einstellungsuntersuchungen und betriebsärztlichen Vorsorgeuntersuchungen mit erheblichen Risiken verbunden. Zwar ist es dem Arbeitgeber grundsätzlich erlaubt, die Beschäftigung von einer vorherigen Einstellungsuntersuchung abhängig zu machen, die den allgemeinen Gesundheitszustand und Eignung für den konkreten Arbeitsplatz offenlegt.[893] Der Arbeitgeber hat daran ein „berechtigtes, billigenswertes und schutzwürdiges Interesse im Hinblick auf das Beschäftigtenverhältnis".[894] Für den Arbeitgeber bzw. den Dienstherrn eröffnet sich dadurch die Möglichkeit, einen Stellenbewerber optimal einzugliedern und ihn vor unverträglichen Arbeitsstoffen zu schützen. Für den Beschäftigten ergibt sich allerdings eine abweichende Interessenlage, wenn vor und während des Beschäftigtenverhältnisses genetische Untersuchungen und Analysen zulässig wären und damit sein Recht auf Nichtwissen infrage gestellt würde.

Ein wichtiges Tätigkeitsfeld der **Arbeitsmedizin** ist zwar die Aufklärung genetisch bedingter Reaktionen auf bestimmte Arbeitsstoffe. Dabei können aber auch Dispositionen offenbar werden, die sich erst viel später oder nie im Arbeits- bzw. Dienstverhältnis auswirken. Gleichzeitig besteht die Gefahr, dass „nicht resistente" Arbeitnehmer durch ein **genetisches Ausleseverfahren** diskriminiert und aufgrund einer Erbkrankheit oder genetischen Disposition nachhaltig vom Erwerbsleben verdrängt werden.[895] Von Relevanz ist auch die Aussagekraft von Untersuchungsmethoden. Je präziser der Arbeitgeber die Anforderungen des einzelnen Arbeitsplatzes definiert, desto eher sind Rückschlüsse auf Krankheiten möglich. Es ist leichter und billiger, genetisch sensible Arbeitsplatzbewerber auszuschließen als die Arbeits- und Produktionsbedingungen gesundheitsverträglich zu gestalten.

Das GenDG statuiert für den Arbeitgeber bzw. den Dienstherrn das Verbot, genetische Untersuchungen und Analysen vor und nach Begründung des Beschäftigungsverhältnisses zu verlangen oder entgegenzunehmen (§ 19 GenDG für die Privatwirtschaft; § 22 GenDG für den öffentlichen Dienst). Der Arbeitgeber/Dienstherr darf sich also auch keine genetischen Informationen von einem „gesunden" Beschäftigten „aufdrängen" lassen.[896] Derjenige, der seine genetischen Daten nicht preisgeben will, soll auch nicht dadurch unter Druck geraten, dass andere – etwa Mitbewerber –

---

[893] Wiese, BB 2009, 2198, 2200.
[894] So schon BAG v. 30.07.1986, BAGE 51, 167.
[895] Tinnefeld, NJW 2001, 3082.
[896] Keine Gleichstellung von Einwilligung und Gesetz; dazu Schild/Tinnefeld, DuD 2009, 470; s. a. Buchner, in: Bauer et al. (Hg.), FS für Herbert Buchner (2009), S. 161 ff.

solche Daten freiwillig preisgeben. Ein Schweigen darf dem Beschäftigten nicht zum Nachteil gereichen, nur weil andere von diesem Recht keinen Gebrauch machen.[897]

Nur in ganz spezifischen Fällen dürfen im Rahmen der arbeitsmedizinischen Vorsorge zur Verhinderung von schweren Berufskrankheiten Vorsorgeuntersuchungen durch eine Genproduktanalyse (Produkte der Nukleinsäuren nach § 3 Nr. 2c) durchgeführt werden (§ 20 Abs. 2). Sie unterliegt einer strengen Zweckbindung. Ein Beschäftigter soll im Eigeninteresse in solchen Fällen Einschränkungen seines Rechts auf informationelle Selbstbestimmung hinnehmen müssen.

---

[897] Buchner, in: Bauer et al. (Hg.), FS für Herbert Buchner (2009), S. 161 ff.

Benedikt Buchner
2 Grundsätze des Datenschutzrechts

2.1 Das datenschutzrechtliche Regelungsgefüge

2.1.1 Datenverarbeitung im öffentlichen und nicht-öffentlichen Bereich

Eine der Grundfragen jedes datenschutzrechtlichen Regelungsmodells geht dahin, ob für die Datenverarbeitung im öffentlichen und im nicht-öffentlichen Bereich einheitliche Datenschutzregelungen oder ob jeweils andere datenschutzrechtliche Regelungen für staatliche und nicht-staatliche Datenverarbeiter gelten sollen. Wer für ein zweigeteiltes Datenschutzrecht plädiert, ist der Überzeugung, dass zwischen staatlicher und nicht-staatlicher Datenverarbeitung grundsätzliche Unterschiede bestehen, die sich auch in unterschiedlichen rechtlichen Rahmenbedingungen niederschlagen müssen. Die Befürworter eines einheitlichen Regelungsansatzes sind demgegenüber der Überzeugung, dass unter den Bedingungen moderner Datenverarbeitung eine Differenzierung nach den Gefahren staatlicher und nicht-staatlicher Datenverarbeitung nicht mehr sachgerecht ist, weil die informationelle Selbstbestimmung des Einzelnen weniger durch den „Großen Bruder" Staat, sondern v. a. durch private Unternehmen wie Google, Facebook und Co. gefährdet wird. Ein einheitliches Datenschutzrecht soll entsprechend gewährleisten, dass den Gefährdungen auch in beiden Bereichen gleich wirksam begegnet wird.

2.1.1.1 Traditionelle Zweiteilung im deutschen Datenschutzrecht
Das deutsche Datenschutzrecht sah bislang traditionell einen zweigeteilten Regelungsansatz mit unterschiedlichen Datenschutzvorschriften für öffentliche und nicht-öffentliche Stellen vor. Am deutlichsten kommt dies im bisherigen BDSG a. F. zum Ausdruck, dessen zweiter Abschnitt (§§ 12–26) die Verarbeitung von Daten durch öffentliche Stellen betrifft, wohingegen der dritte Abschnitt ganz überwiegend (§§ 27–31, 33–38a) den sog. nicht-öffentlichen Bereich betrifft.

Einer Differenzierung zwischen öffentlichem und nicht-öffentlichem Bereich liegt in erster Linie die Erwägung zugrunde, dass nur die öffentlichen Stellen unmittelbare Adressaten von informationellen Grundrechten sind, vgl. Art. 1 Abs. 3 GG. Die im Grundgesetz verbrieften Grundrechte sind im Ausgangspunkt Abwehrrechte allein gegenüber dem Staat. Für Private sind die Grundrechte demgegenüber regelmäßig nicht unmittelbar verpflichtendes Recht, sie kommen im Verhältnis Bürger – private verantwortliche Stelle lediglich mittelbar zur Geltung, indem der einfache Gesetzgeber Regelungen schafft, die für Private verbindlich sind. Durch diese Vorschriften und ihre Auslegung wirken sich Grundrechte mittelbar auch im Verhältnis der Privaten untereinander aus (sog. mittelbare Drittwirkung der Grundrechte im Privatrechtsverhältnis).[1] Nach herkömmlicher Auffassung wäre hieraus zu folgern, dass es grundlegende Unterschiede zwischen dem Datenschutz für öffentliche und für nicht-öffentliche Stellen geben muss, insbesondere weil der Gesetzgeber bei der Normierung datenschutzrechtlicher Regelungen nicht nur seine grundrechtliche Schutzpflicht gegenüber dem datenschutzrechtlich Betroffenen wahrnehmen muss, sondern zugleich auch verpflichtet ist, die Grundrechte der datenverarbeitenden Stellen zu beachten. Die Folge wären dann regelmäßig liberalere Regelungen des Datenschutzes im privatwirtschaftlichen Bereich.[2]

Fraglich ist allerdings, ob eine solche Perspektive auch heute noch zeitgemäß ist. Die Frage stellt sich nicht nur mit Blick auf die eingangs schon angesprochene Datenmacht der großen datenverarbeitenden Unternehmen v. a. in der Online-Welt. Zweifeln begegnet die strikte Unterscheidung zwischen öffentlich und nicht-öffentlich darüber hinaus auch deshalb, weil die Grenzen zwischen öffentlichen und nicht-öffentlichen Datenbeständen zunehmend durchlässiger geworden sind. Spätestens seit den Snowden-Enthüllungen muss man davon ausgehen, dass praktisch alle Daten, die sich in den Händen privater datenverarbeitender Unternehmen befinden, potenziell stets auch Daten sind, auf die staatliche Datenverarbeiter – rechtmäßig oder unrechtmäßig – Zugriff nehmen. Dies gilt keineswegs nur für die weitreichenden Zugriffsbefugnisse, die US-amerikanische Behörden für sich in Anspruch nehmen. Auch hierzulande sind die Beispiele für die „Indienstnahme" privater Datenbestände durch staatliche Behörden vielfältig und zahlreich, egal ob es um die Zugriffsrechte der Nachrichtendienste geht, um den automatisierten Abruf von Kontoinformationen durch Steuer-, Arbeits- und Sozialbehörden oder um die Vorratsdatenspeicherung von Telekommunikationsdaten. Gute Gründe sprechen daher zunächst einmal dafür, die Risiken staatlicher und privater Datenverarbeitung einer ganzheitlichen Betrachtungsweise zu unterziehen und dementsprechend auch einen einheitlichen Regelungsansatz zu wählen.

2.1.1.2 Einheitlicher Regelungsansatz auf europäischer Ebene
Der Trend zur Vereinheitlichung des Datenschutzrechts wird v. a. durch den Europäischen Integrationsprozess gefördert. Schon die beiden EU-Datenschutz-Richtlinien („allgemeine" Datenschutz-Richtlinie 95/46/EG und ePrivacy-Richtlinie 2002/58/EG) behandeln öffentliche und nicht-öffentliche Stellen grundsätzlich gleich. Die DS-GVO setzt diesen einheitlichen Ansatz fort und kennt ebenfalls keine Unterscheidung zwischen datenverarbeitenden Stellen des öffentlichen und solchen des nicht-öffentlichen Bereichs. Anders als im BDSG a. F. und in den meisten Landesdatenschutzgeset-

---

[1] Vgl. Kap. 1.5.
[2] Vgl. z. B. Zilkens, Datenschutz in der Kommunalverwaltung (4. A. 2014), Rn. 765.

zen, die jeweils ausführlich definieren, was unter öffentlichen und nicht-öffentlichen Stellen zu verstehen ist, findet sich daher weder in den Datenschutzrichtlinien noch in der Grundverordnung eine entsprechende Legaldefinition.

Die DS-GVO beschränkt sich auf eine allgemeine Definition des für die Verarbeitung Verantwortlichen – umfassend verstanden als „natürliche oder juristische Person, Behörde, Einrichtung oder andere Stelle, die allein oder gemeinsam mit anderen über die Zwecke und Mittel der Verarbeitung von personenbezogenen Daten entscheidet" (Art. 4 Abs. Nr. 7 DS-GVO).

Trotz dieses im Grunde einheitlichen Regelungsansatzes finden sich dann aber gleichwohl auch im europäischen Datenschutzrecht in vielerlei Hinsicht differenzierte Herangehensweisen an die Regulierung der Datenverarbeitung im öffentlichen und nicht-öffentlichen Bereich. So klammert die DS-GVO von vornherein bestimmte sicherheitsrelevante Handlungsfelder des Staates aus. Insbesondere findet die Verordnung keine Anwendung auf die behördliche Datenverarbeitung „zur Verhütung, Ermittlung, Aufdeckung oder Verfolgung von Straftaten oder der Strafvollstreckung, einschließlich des Schutzes vor und der Abwehr von Gefahren für die öffentliche Sicherheit" (Art. 2 Abs. 2 lit. d DS-GVO). Einschlägig ist insoweit stattdessen die Datenschutzrichtlinie 2016/680 (DSRLJ).

Eine Sonderbehandlung erfährt die Datenverarbeitung im öffentlichen Bereich durch die DS-GVO zudem dahingehend, dass den Mitgliedstaaten in weitem Umfang die Befugnis verbleibt, für den öffentlichen Bereich auch künftig im nationalen Recht Datenschutzregelungen zu normieren. Zahlreiche Mitgliedstaaten, insbesondere auch Deutschland, setzten sich im Gesetzgebungsverfahren zur DS-GVO für eine größere Flexibilität im öffentlichen Sektor ein, um die Regelungen an die verfassungsmäßigen, rechtlichen und institutionellen Gegebenheiten im jeweiligen Mitgliedstaat anpassen zu können. Teils gingen die Forderungen sogar so weit, den Datenschutz im öffentlichen Sektor überhaupt in einem gesonderten Rechtsakt zu regeln. Letztlich einigten sich die Mitgliedstaaten dann darauf, in Art. 6 Abs. 2 und Abs. 3 DS-GVO entsprechende Öffnungsklauseln zugunsten des mitgliedstaatlichen Rechts zu normieren. Die Mitgliedstaaten können danach „spezifische Bestimmungen zur Anpassung der Anwendung der Vorschriften dieser Verordnung" normieren, soweit es um die Verarbeitung personenbezogener Daten geht, die für die Erfüllung einer rechtlichen Verpflichtung oder für die Wahrnehmung einer Aufgabe erforderlich ist, die im öffentlichen Interesse liegt oder in Ausübung öffentlicher Gewalt erfolgt, die dem Verantwortlichen übertragen wurde.[3]

---

3 S. die Kompetenznorm des Art. 6 Abs. 3 S. 3 DS-GVO; ausführlich zum Verhältnis zwischen Art. 6 Abs. 2 und Abs. 3 DS-GVO Buchner/Petri, in: Kühling/Buchner (Hg.), DS-GVO (2017), Art. 6 Rn. 92 f.

2.1.2 Allgemeine und bereichsspezifische Datenschutzgesetzgebung

Das deutsche Datenschutzrecht ist bislang gekennzeichnet durch ein Nebeneinander von allgemeinen und bereichsspezifischen Datenschutzregelungen. Datenschutzrechtliche „Grundwerke" sind das BDSG a. F. und die Landesdatenschutzgesetze, die zunächst einmal umfassend anwendbar sind, wenn personenbezogene Daten erhoben, verarbeitet oder genutzt werden. Stets steht diese Anwendbarkeit jedoch unter dem Vorbehalt, dass keine bereichsspezifischen Datenschutzregelungen vorrangig anwendbar sind. Für das BDSG wird dieser Grundsatz der Subsidiarität in § 1 Abs. 3 BDSG a. F. normiert.

Bereichsspezifische Datenschutznormen und -gesetze finden sich sodann über das gesamte Recht hinweg verstreut und in den verschiedensten Formen. Teils haben diese einen umfassenden Regelungscharakter und führen einen bestimmten Bereich einer mehr oder weniger abschließenden Regelung zu – etwa das Telemediengesetz (TMG) für den Bereich der Telemedien oder die §§ 91 ff. des Telekommunikationsgesetzes (TKG) für den Bereich der Telekommunikation. Oftmals handelt es sich bei bereichsspezifischen Datenschutzregelungen aber auch nur um punktuelle Regelungen, die für eine ganz bestimmte Konstellation eine begrenzte Datenverarbeitungsbefugnis für eine bestimmte Stelle normieren. Die Zahl dieser datenschutzrechtlichen Normen ist unüberschaubar – und mit einer der Hauptgründe dafür, dass das Datenschutzrecht den Ruf einer undurchsichtigen Spezialmaterie hat, die selbst für ausgewiesene Datenschützer mitunter nicht mehr praktikabel ist.

Beispiele für bereichsspezifische Datenschutzvorschriften
- §§ 11 ff. TMG (Datenverarbeitung im Telemedienbereich)
- §§ 91 ff. TKG (Datenverarbeitung im Telekommunikationsbereich)
- §§ 100a ff. StPO (Telekommunikationsüberwachung und „Lauschangriff")
- §§ 8 ff. BVerfSchG (Befugnisse des Bundesamtes für Verfassungsschutz zur Erhebung, Verarbeitung und Nutzung personenbezogener Daten)
- §§ 67 ff. SGB X (Sozialdatenschutz)
- §§ 284 ff. SGB V (Datenverarbeitung in der Gesetzlichen Krankenversicherung)

Abzuwarten bleibt, wie sich die datenschutzrechtliche Landschaft unter Geltung der DS-GVO präsentieren wird. An sich verfolgt die DS-GVO einen umfassenden datenschutzrechtlichen Regelungsanspruch. Als Verordnung gilt sie in den Mitgliedstaaten unmittelbar und lässt in ihrem (umfassenden) Anwendungsbereich für zusätzliche mitgliedstaatliche Regelungen keinen Raum mehr.

Zweifel an der Vereinheitlichungskraft der DS-GVO werden jedoch v. a. mit Blick auf deren zahlreiche Öffnungsklauseln laut. Einen erheblichen Regelungsspielraum zugunsten der Mitgliedstaaten eröffnet die DS-GVO nicht nur für die Datenverarbeitung im öffentlichen Bereich (s. soeben). Vielmehr sieht die Verordnung auch ansonsten in vielerlei Hinsicht für Mitgliedstaaten die Möglichkeit oder sogar die Pflicht vor, im nationalen Recht datenschutzrechtliche Regeln zu normieren. Hierzu zählt u. a. die

Befugnis, weitere Bedingungen, einschließlich möglicher Beschränkungen, für eine Verarbeitung besonderer Arten personenbezogener Daten (Art. 9) zu normieren, insbesondere im Fall von genetischen und biometrischen sowie Gesundheitsdaten (Art. 9 Abs. 4), die Pflicht, einen Einklang zwischen Datenschutz und Meinungs- sowie Informationsfreiheit herzustellen (Art. 85), die Normierung spezifischerer Vorschriften zur Gewährleistung des Beschäftigtendatenschutzes (Art. 88) oder für Berufsgeheimnisträger (Art. 90).[4] All diese und andere Öffnungsklauseln bringen es mit sich, dass aller Voraussicht nach auch unter der DS-GVO das Nebeneinander von allgemeinem und bereichsspezifischem Datenschutzrecht weiter Bestand haben wird.

2.1.3 Anwendungsbereich des Datenschutzrechts

2.1.3.1 Internationale Anwendbarkeit

Die Frage der internationalen Anwendbarkeit stellt sich im Datenschutzrecht immer dann, wenn es um einen grenzüberschreitenden Datenverarbeitungsvorgang geht. Stets ist bei grenzüberschreitenden Sachverhalten als Vorfrage zu klären, welches Recht auf den Sachverhalt überhaupt anwendbar ist. Hierfür gilt als Grundregel des internationalen Datenschutzrechts zunächst das sog. **Territorialitätsprinzip,** wonach der Ort der Datenverarbeitung maßgeblich dafür ist, welches nationale Datenschutzrecht zur Anwendung kommt.

2.1.3.1.1 DSRL: Niederlassungsprinzip

Abweichend vom Territorialitätsprinzip gilt bislang für den EU-grenzüberschreitenden Datenverkehr das **Niederlassungsprinzip** (§ 1 Abs. 5 BDSG a. F. in Umsetzung des Art. 4 DSRL). Maßgeblich ist danach für die Anwendbarkeit des nationalen Datenschutzrechts, in welchem Staat die datenverarbeitende Stelle ihre Niederlassung hat. Datenverarbeitende Unternehmen, die grenzüberschreitend tätig sind und in verschiedenen Mitgliedstaaten personenbezogene Daten verarbeiten, sollen bei ihrer Datenverarbeitung nicht auf die verschiedenen nationalen Datenschutzrechte der jeweiligen Mitgliedstaaten Rücksicht nehmen müssen, sondern sich allein am Recht desjenigen Staates orientieren, in dem sie ihre Niederlassung haben.

Datenverarbeitenden Unternehmen ist es unter dem Niederlassungsprinzip möglich, durch Wahl ihres Niederlassungsorts gleichzeitig auch die nationale Rechtsordnung zu bestimmen, die für ihre Datenverarbeitung gelten soll. Problematisch ist dies aus Datenschutzperspektive dann, wenn Unternehmen diese Möglichkeit dazu nutzen, sich in einem Staat mit möglichst niedrigem Datenschutzniveau niederzulassen. Eben diese Gefahr sollte aber an sich im innereuropäischen Datenverkehr nicht bestehen, weil hier mit der EU-Datenschutzrichtlinie ein Regelwerk existiert, dessen Ziel

---
[4] S. Kap. 1.6.5.2.

die Gewährleistung eines gleichwertigen Datenschutzniveaus in allen Mitgliedstaaten ist.[5] In der Anwendungspraxis ist jedoch aus Sicht des europäischen Gesetzgebers dieses Ziel niemals erreicht worden. Eben deshalb hatte die EU-Kommission Anfang 2012 mit dem Ziel einer weiteren Vereinheitlichung des europäischen Datenschutzrechts einen ersten Vorschlag für eine EU-Datenschutz-Grundverordnung vorgelegt.[6] Mit dem Instrument der Verordnung, die nach Art. 288 Abs. 2 AEUV in allen ihren Teilen verbindlich ist und unmittelbar in jedem Mitgliedstaat gilt, sollte gewährleistet werden, dass der Datenschutz in der Union auch tatsächlich in allen Mitgliedstaaten einheitlich gehandhabt wird.

2.1.3.2 DS-GVO: Niederlassungs- und Marktortprinzip; Verhaltensbeobachtung

Mittlerweile ist die DS-GVO in Kraft getreten und ab dem 25. Mai 2018 gilt sie in allen Mitgliedstaaten der EU unmittelbar.[7] Damit entfällt dann im Anwendungsbereich der DS-GVO auch die Frage, das Recht welchen Mitgliedstaats im konkreten Fall anwendbar ist. Leidige Auseinandersetzungen wie etwa die mit Facebook, ob nun deutsches oder irisches Datenschutzrecht gilt,[8] bleibt Rechtsanwendern damit künftig erspart, weil unter der DS-GVO von vornherein keine Wahl mehr zwischen mehr oder weniger „attraktiven" mitgliedstaatlichen Rechtsordnungen besteht.

Was die Anwendbarkeit der DS-GVO als solcher angeht, schreibt Art. 3 Abs. 1 zunächst einmal das **Niederlassungsprinzip** der DSRL fort: Anwendbar ist die DS-GVO, wenn ein Verantwortlicher oder Auftragsdatenverarbeiter eine Niederlassung in der Union unterhält und im Rahmen der Tätigkeiten dieser Niederlassung personenbezogene Daten verarbeitet – und zwar unabhängig davon, ob auch die Datenverarbeitung selbst in der Union erfolgt. Gemäß Art. 3 Abs. 2 DS-GVO ist der Anwendungsbereich der Verordnung darüber hinaus auch für außerhalb der EU niedergelassene Datenverarbeiter eröffnet, wenn diese Daten verarbeiten, um betroffenen Personen in der EU – entgeltlich oder unentgeltlich – Waren oder Dienstleistungen anzubieten (Abs. 2 lit. a) oder um das Verhalten der betroffenen Personen zu beobachten, soweit sich dieses in der EU abspielt (Abs. 2 lit. b).

Mit Art. 3 Abs. 2 lit. a DS-GVO hat in die Verordnung das sog. **Marktortprinzip** Eingang gefunden: Wer innerhalb der EU Waren und Dienstleistungen anbietet, muss auch EU-Datenschutzrecht beachten – unabhängig davon, ob der Anbieter seine Niederlassung innerhalb oder außerhalb der EU hat. Entscheidend ist allein, ob das je-

---

5 EG 8 der Richtlinie.
6 Vorschlag für eine DS-GVO vom 25.01.2012, KOM(2012) 11 endg.
7 Vgl. Art. 99 Abs. 2 DS-GVO.
8 S. beispielhaft einerseits OVG Schleswig v. 22.04.2013, DuD 2013, 463 – Klarnamenpflicht bei Facebook: keine Anwendbarkeit des deutschen Datenschutzrechts; andererseits KG Berlin v. 24.01.2014, DuD 2014, 417 – Facebook-Freundefinder: Anwendbarkeit des deutschen Datenschutzrechts; dazu auch Caspar, DuD 2015, 589, 590.

weilige Angebot auf Personen ausgerichtet ist, die sich in der Union befinden. Von Bedeutung ist das Marktortprinzip der DS-GVO v. a. für die Datenverarbeitung in der **Onlinewelt,** hier eröffnet es in einem weiten Umfang den Anwendungsbereich der Verordnung.[9]

Beispiele
Dafür, dass ein Anbieter sein Angebot auf Personen in der Union ausrichtet, spricht nach EG 23 der DS-GVO etwa, dass eine Sprache oder Währung verwendet wird, die in der Union gebräuchlich ist, in Verbindung mit der Möglichkeit, Waren und Dienstleistungen in dieser Sprache zu bestellen. Auch die Erwähnung von Kunden oder Nutzern, die sich in der Union befinden, soll darauf hindeuten, dass ein Anbieter beabsichtigt, Personen in der Union seine Waren oder Dienstleistungen anzubieten.

Nicht berechtigt ist die Kritik an der Vorschrift des Art. 3 Abs. 2 lit. b DS-GVO, die die DS-GVO auch dann für anwendbar erklärt, wenn eine Datenverarbeitung dazu dient, das **Verhalten von Personen zu beobachten,** soweit deren Verhalten in der Union erfolgt.[10] EG 24 der DS-GVO macht deutlich, dass diese Alternative ersichtlich nicht schon allein deshalb greifen soll, weil irgendwo auf dieser weiten Welt ein Drittstaatenanbieter Cookies auf seiner Website verwendet – auch wenn Cookies grundsätzlich der Beobachtung des Nutzerverhaltens dienen. Ob ein Beobachten i. S. v. Art. 3 Abs. 2 lit. b DS-GVO anzunehmen ist, soll nach EG 24 vielmehr gerade auch von der „nachfolgenden Verwendung von Techniken zur Verarbeitung personenbezogener Daten" abhängen, konkret, ob „von einer natürlichen Person ein Profil erstellt wird, das insbesondere die Grundlage für sie betreffende Entscheidungen bildet oder anhand dessen ihre persönlichen Vorlieben, Verhaltensweisen oder Gepflogenheiten analysiert oder vorausgesagt werden sollen". Maßgeblich ist also nicht allein, ob eine Website generell Cookies oder andere potenzielle Tracking- und Profilingtechniken einsetzt, sondern ob diese Techniken gerade zu dem Zweck eingesetzt werden, mit ihrer Hilfe Persönlichkeitsprofile von Personen zu erstellen, die sich in der Union befinden und dort in ihrem Verhalten beobachtet werden. Ist Letzteres der Fall, kann einem Regelwerk, das auf einen wirksamen Datenschutz im europäischen Rechtsraum abzielt, wohl kaum ernsthaft ein Geltungsanspruch abgesprochen werden.[11]

---

[9] Klar, in: Kühling/Buchner (Hg.), DS-GVO (2017), Art. 3 Rn. 10.
[10] S. etwa die Kritik von Härting, BB 2012, 459, 461, der von einer „Weltgeltung" spricht, die die DS-GVO für sich beanspruchen soll.
[11] Wenig sinnstiftend daher auch der Verweis von Härting, BB 2012, 459, 461, dass man bei Verbotsvorschriften der „Regierung der Volksrepublik China", die „die Filterung, Sperrung oder Unterdrückung bestimmter Inhalte" betreffen, mit einem „ähnlichen Geltungsanspruch" im Sinne einer „Weltgeltung" auch nicht einverstanden wäre.

2.1.3.3 Personenbezogene Daten

Von zentraler Bedeutung für den Anwendungsbereich des Datenschutzrechts ist der Begriff der personenbezogenen Daten. Nur wenn Daten personenbezogen sind, wird deren Verarbeitung überhaupt vom Anwendungsbereich datenschutzrechtlicher Vorschriften wie etwa des BDSG oder künftig der DS-GVO erfasst.

2.1.3.3.1 Informationen über eine natürliche Person

§ 3 Abs. 1 BDSG a. F. definiert personenbezogene Daten als sämtliche „Einzelangaben über persönliche oder sachliche Verhältnisse einer bestimmten oder bestimmbaren natürlichen Person". Ähnlich, allerdings detaillierter, und weitgehend inhaltsgleich mit der bisherigen Begriffsbestimmung in der DSRL fällt die Definition der personenbezogenen Daten in Art. 4 Nr. 1 DS-GVO aus:

Art. 4 Nr. 1 DS-GVO (personenbezogene Daten):
„Im Sinne dieser Verordnung bezeichnet der Ausdruck „personenbezogene Daten" alle Informationen, die sich auf eine identifizierte oder identifizierbare natürliche Person (im Folgenden „betroffene Person") beziehen; als identifizierbar wird eine natürliche Person angesehen, die direkt oder indirekt, insbesondere mittels Zuordnung zu einer Kennung wie einem Namen, zu einer Kennnummer, zu Standortdaten, zu einer Onlinekennung oder zu einem oder mehreren besonderen Merkmalen, die Ausdruck der physischen, physiologischen, genetischen, psychischen, wirtschaftlichen, kulturellen oder sozialen Identität dieser natürlichen Person sind, identifiziert werden kann."

Der Begriff der personenbezogenen Daten ist weit zu verstehen („alle Informationen") und umfasst sachliche Informationen zu einer Person ebenso wie deren äußere Merkmale und innere Zustände.[12]

Beispiele für personenbezogene Daten sind insbesondere:
- körperliche und geistige Eigenschaften wie Aussehen, Gesundheit, Einstellungen und Vorlieben
- wirtschaftliche und berufliche Verhältnisse sowie gesellschaftliche und private Beziehungen
- identifizierende Angaben wie Name, Personenkennzeichen oder biometrische Daten

---

Nicht nur objektive Informationen, sondern auch **Werturteile** über eine Person wie die Einordnung als zuverlässig, kreditwürdig oder ehrlich zählen zum Kreis der personenbezogenen Daten. Unerheblich für die Einordnung einer Information als personenbezogenes Datum ist es, ob diese Information zutreffend oder bewiesen ist. Auch **unrichtige Informationen** sind als personenbezogene Daten einzuordnen; dies ergibt sich bereits aus der Normierung der Betroffenenrechte auf Berichtigung, Löschung und Sperrung von personenbezogenen Daten, die gerade voraussetzen,

---

12 Klar/Kühling, in: Kühling/Buchner (Hg.), DS-GVO (2017), Art. 4 Nr. 1 Rn. 8.

dass diese Daten unrichtig sind oder zumindest ihre Richtigkeit sich nicht feststellen lässt.

Geschützt sind nur die personenbezogenen Daten **natürlicher Personen.** Juristische Personen und andere Personenmehrheiten (Vereine, Gruppen, u. U. auch Personengesellschaften) fallen dagegen regelmäßig nicht in den Schutzbereich. Im Sinne einer Vorwirkung ist auch die Einbeziehung des ungeborenen Lebens in den Schutzbereich des Datenschutzrechts zu bejahen.[13] Daher sind etwa die vor Geburt mittels Genomanalyse gewonnenen Daten über die Erbanlagen eines Nasciturus ebenfalls als personenbezogene Daten einzuordnen.[14] Personenbezogene Daten Verstorbener werden dagegen nach überwiegender Meinung nicht vom Datenschutzrecht erfasst.[15] Für die DS-GVO ist insoweit EG 27 maßgeblich, wonach die personenbezogenen Daten Verstorbener nicht unter die Verordnung fallen sollen. Verstorbenendaten können allerdings auch personenbezogene Aussagen über lebende Personen enthalten und fallen insoweit dann doch wieder in den Anwendungsbereich von BDSG oder DS-GVO.

Beispiele
Angaben über das Vermögen eines Verstorbenen geben auch Aufschluss über die wirtschaftliche Situation der Erben. Informationen über eine genetisch bedingte Erkrankung des Verstorbenen sagen möglicherweise auch etwas über Krankheitsveranlagungen bei dessen Angehörigen aus.

2.1.3.3.2 Personenbezogenheit

Eine Personenbezogenheit von Daten ist unproblematisch immer dann anzunehmen, wenn sich ihr Informationsgehalt unmittelbar auf die persönlichen oder sachlichen Verhältnisse einer Person bezieht.

Beispiel
Eine Krankenakte enthält personenbezogene Daten über den Patienten, eine Beschäftigtenakte personenbezogene Daten über den Arbeitnehmer und eine Kundendatei personenbezogene Daten über den Kunden.

Personenbezogene Daten können aber auch dann vorliegen, wenn sich Daten primär etwa auf die Eigenschaften eines bestimmten Gegenstands oder Ereignisses beziehen, die Daten zugleich aber auch mit einer Person in Verbindung gebracht werden können.

---

[13] In diesem Sinne für das BDSG a. F. Weichert, in: Däubler/Klebe/Wedde/Weichert (Hg.), BDSG (5. A. 2016), § 3 Rn. 3.
[14] Weichert, DuD 2002, 133, 137.
[15] S. für das BDSG a. F. Dammann, in: Simitis (Hg.), BDSG (8. A. 2014), § 3 Rn. 17; Weichert, in: Däubler/Klebe/Wedde/Weichert (Hg.), BDSG (5. A. 2016), § 3 Rn. 4.

> **Beispiele**
> Auch der Wert einer Immobilie kann ein personenbezogenes Datum sein, wenn diese Information gegenüber dem Eigentümer zur Steuerfestsetzung herangezogen wird. Gleiches gilt für das Kundendienst-Scheckheft eines Fahrzeugs, wenn auf dessen Grundlage die Produktivität des für die Kundendienstmaßnahme zuständigen Mechanikers beurteilt wird.[16]

2.1.3.3.3 Identifizierte oder identifizierbare Person

Gemäß § 3 Abs. 1 BDSG a. F. liegen personenbezogene Daten dann vor, wenn sie sich auf die Verhältnisse einer „bestimmten oder bestimmbaren" natürlichen Person beziehen. **Art. 4 Nr. 1 DS-GVO** spricht – der Sache nach gleichbedeutend – von Informationen, die sich auf eine „identifizierte oder identifizierbare" natürliche Person beziehen.

„**Bestimmt**" bzw. „**identifiziert**" ist eine Person immer dann, wenn sie sich in einer Personengruppe von allen anderen Mitgliedern dieser Gruppe unterscheiden lässt; in erster Linie geschieht dies anhand ihres Namens. Die Information muss im konkreten Fall so beschaffen sein, dass sich **unmittelbar aus ihr selbst** die Identität der betroffenen Person ableiten lässt.[17]

„**Bestimmbar**" bzw. „**identifizierbar**" ist eine Person dann, wenn grundsätzlich die Möglichkeit besteht, ihre Identität festzustellen. Mögliche Identifizierungsmerkmale können wiederum der Name sein, ebenso aber auch alle anderen Arten von Daten wie etwa Telefon- oder Reisepassnummer. Auch eine Kombination verschiedener Kriterien wie Alter, Beruf und Wohnort können zur Identifizierbarkeit einer Person führen, wenn sie im konkreten Einzelfall die Wiedererkennung einer Person ermöglichen. Welche Informationen eine Person identifizierbar machen, lässt sich nicht abstrakt-generell beurteilen, sondern ist stets im Hinblick auf die konkreten Umstände des Einzelfalls zu beurteilen. Mitunter kann ein einzelnes Merkmal ausreichend sein, um Daten einer bestimmten Person zuordnen zu können, mitunter kann es hierfür einer ganzen Reihe von Einzelbeschreibungen bedürfen.

Die Bestimmbarkeit einer Person hängt auch davon ab, wie einfach oder schwierig es ist, die für eine Identifizierbarkeit notwendigen Kenntnisse zu erlangen. Nach EG 26 der DSRL sollen bei der Entscheidung, ob eine Person identifizierbar ist, alle Mittel berücksichtigt werden, die **„vernünftigerweise"** von dem verantwortlichen Datenverarbeiter oder von einem Dritten eingesetzt werden könnten, um die betreffende Person zu bestimmen. EG 26 der DS-GVO spricht von allen Mitteln, die **„nach allgemeinem Ermessen wahrscheinlich"** genutzt werden. Die rein hypothetische Möglichkeit, eine Person zu bestimmen, reicht daher jedenfalls nicht aus, um diese Person als identifizierbar anzusehen.[18] Entscheidend ist

---

16 Beispiele bei Art.-29-Datenschutzgruppe, Personenbezogene Daten, WP 136 (2007), S. 10 ff.
17 EuGH v. 19.10.2016, DuD 2017, 42, 43 – Breyer.
18 Art.-29-Datenschutzgruppe, Personenbezogene Daten, WP 136 (2007), S. 17.

vielmehr, ob es im Rahmen eines realistischen Aufwands an Zeit, Kosten und Arbeitskraft möglich ist, Informationen einer bestimmten Person zuzuordnen. Erfordert die Identifizierung dagegen einen unverhältnismäßigen Aufwand an Zeit, Kosten und/oder Arbeitskräften, ist eine Identifizierbarkeit abzulehnen, das Risiko einer Identifizierung ist dann – in den Worten des EuGH – „de facto vernachlässigbar".[19]

Beispiele: IP-Adressen
Eine in Rechtsprechung und Literatur seit langem umstrittene Frage ist, inwieweit IP-Adressen ein personenbezogenes Datum darstellen. IP-Adressen sind die technische Grundlage für die Kommunikation im Internet; sie weisen den an das Netz angeschlossenen Rechnern eine eindeutige Adresse zu und ermöglichen so den Datenaustausch zwischen diesen.

Zu unterscheiden ist bei der Frage der Personenbeziehbarkeit von IP-Adressen zunächst einmal zwischen statischen und dynamischen IP-Adressen. **Statische IP-Adressen** sind einem bestimmten Nutzer fest zugeordnet, der Accessprovider teilt hier bei jedem Einwählvorgang ins Netz die gleiche IP-Adresse zu. Ist der Nutzer eine natürliche Person, ist ein Personenbezug im Sinne des Abs. 1 regelmäßig zu bejahen.[20] **Dynamischen IP-Adressen** fehlt diese feste Zuordnung, sie werden Internetnutzern von ihren Accessprovidern vielmehr bei jedem Einwählvorgang neu zugeordnet. Gleichwohl ist auch bei dynamischen Adressen ein Personenbezug zu bejahen, da Accessprovider regelmäßig Datum, Zeitpunkt und Dauer der Internetverbindung und die dem Internetnutzer zugeteilte dynamische IP-Adresse festhalten.[21] Streitig ist allerdings, ob eine solche dynamische IP-Adresse nicht nur gegenüber dem Accessprovider selbst einen Personenbezug aufweist, sondern darüber hinaus auch gegenüber allen anderen Kommunikationspartnern. Nach der sog. **absoluten (objektiven) Theorie** ist auch Letzteres zu bejahen, da allein entscheidend sei, ob ein Personenbezug überhaupt – egal von wem – hergestellt werden kann.[22] Nach der sog. **relativen Theorie** soll es für die Frage einer Personenbezogenheit hingegen darauf ankommen, ob konkret die verantwortliche datenverarbeitende Stelle den Personenbezug herstellen kann, sei es, weil sie selbst die nötigen Informationen hierfür hat, sei es, weil sie sich das hierfür nötige Wissen bei Dritten ohne unverhältnismäßigen Aufwand beschaffen kann. Letzteres soll nach Ansicht des EuGH jedenfalls dann der Fall sein, wenn die

---

19 EuGH v. 19.10.2016, DuD 2017, 42, 44 – Breyer.
20 Dammann, in: Simitis (Hg.), BDSG (8. A. 2014), § 3 Rn. 63.
21 Art.-29-Datenschutzgruppe, Privatsphäre im Internet, WP 37 (2000), S. 17; vgl. auch dies., Stellungnahme zum Begriff „personenbezogene Daten", WP 136 (2007), S. 19 f., Beispiel 15.
22 Arbeitskreis Medien, Orientierungshilfe zum Umgang mit personenbezogenen Daten bei Internetdiensten, 3.1 Zugangs-Anbieter, abgedr. in: Hessischer Datenschutzbeauftragte, 31. TB (2002), 25.3; Art.-29-Datenschutzgruppe, Personenbezogene Daten, WP 136 (2007), S. 19; Düsseldorfer Kreis, Beschluss v. 26./27.11.2009, S. 1; aus der Rspr. s. etwa AG Berlin-Mitte v. 27.03.2007, DuD 2007, 856, 857; LG Düsseldorf v. 09.03.2016, DuD 2016, 397, 399.

verantwortliche Stelle über rechtliche Mittel verfügt, um sich die Daten des Dritten verfügbar zu machen.[23]

> **Beispiel**
> Als Beispiel verweist der EuGH auf die Möglichkeit, dass sich ein Anbieter von Onlinemediendiensten etwa im Fall von Cyberattacken an die zuständige Behörde wenden kann, um die für eine Identifizierung nötigen Informationen vom Accessprovider zu erlangen und die Strafverfolgung einzuleiten.

Die Definition des **Art. 4 Nr. 1 DS-GVO** gibt für die Frage, ob die Möglichkeit der Herstellung eines Personenbezugs nach absoluten (objektiven) oder relativen Maßstäben zu beurteilen ist, nur wenig her. Im Sinne eines absoluten Verständnisses könnte EG 26 interpretiert werden, wonach für die Frage, ob eine Person bestimmbar ist, alle Mittel zu berücksichtigen seien, die „von dem Verantwortlichen **oder einer anderen Person** nach allgemeinem Ermessen wahrscheinlich genutzt werden", um die Person direkt oder indirekt zu identifizieren. Dies kann man so deuten, dass die Identifizierbarkeit nicht nur nach den Kenntnissen und Möglichkeiten der datenverarbeitenden Stelle selbst zu beurteilen ist, sondern es für die Annahme eines Personenbezugs auch ausreicht, dass irgendein Dritter das hierfür nötige Zusatzwissen besitzt. Allerdings lautet die Maßgabe in EG 26 eben auch, dass die Nutzung von (Erkenntnis-)Mitteln **„nach allgemeinem Ermessen wahrscheinlich"** sein muss, es also auf die Identifizierbarkeit im konkreten Fall ankommt und hierfür dann jedenfalls nicht auf das Wissen jedes beliebigen Dritten oder so etwas wie das gesamte „Weltwissen" abgestellt werden kann.[24]

Abzuwarten bleibt, ob sich mit der Ablösung des IPv4-Standards durch **IPv6**[25] der bisherige Streit erledigen wird, weil es dann nicht mehr zu einer dynamischen Zuordnung von IP-Adressen kommen wird.[26] Anders als unter dem IPv4-Standard wird unter IPv6 nicht mehr die Adressknappheit herrschen, die den Einsatz dynamischer IP-Adressen nötig gemacht hatte. Zur Verfügung stehen künftig 340 Sextillionen IPv6-Adressen, die es ermöglichen, nicht nur allen Rechnern, sondern auch allen sonstigen Endgeräten wie Smartphones, Tablet-Computern oder Fernsehern eine statische IP-Adresse zuzuordnen. Gegen eine Personenbezogenheit dieser IP-Adressen könnte allerdings sprechen, dass es mithilfe sog. Privacy Extensions dem Nutzer ermöglicht werden soll, die Identifizierbarkeit von IPv6-Adressen auch wieder aufzuheben.[27]

---

23 EuGH v. 19.10.2016, DuD 2017, 42, 44 – Breyer.
24 Klar/Kühling, in: Kühling/Buchner (Hg.), DS-GVO (2017), Art. 4 Nr. 1 Rn. 26.
25 Internet Protocol Version 6.
26 S. dazu Freund/Schnabel, MMR 2011, 495, 497.
27 S. etwa Kaps, c't 2012, 160.

> **Beispiel: Vernetztes Kfz**
> Vernetzte Fahrzeuge produzieren Unmengen an Daten: mittels Sensorik und Datenverarbeitung per Bordcomputer, durch Nutzung von Navigations- und Online-Diensten sowie durch die Kommunikation untereinander (Car-2-Car) oder mit ihrer Umgebung (Car-2-X).[28] Aus datenschutzrechtlicher Perspektive stellt sich bei diesen Daten dann stets auch die Frage der Personenbeziehbarkeit: Sind diese Daten lediglich fahrzeugbezogene Daten oder darüber hinaus auch als personenbezogene Daten einzuordnen?

Im Ausgangspunkt sind Daten, die im Zuge der Kfz-Nutzung anfallen (Betriebs-, Komfort-, Fehler- und Wartungsdaten) zunächst einmal rein technische Daten, die Betrieb, Fehlerfreiheit und Sicherheit eines Kfz gewährleisten sollen. Darüber hinaus sind Daten über ein Fahrzeug aber potenziell stets auch Daten über dessen Fahrer bzw. Halter: So liefern sie etwa Informationen über den Umgang mit einem Fahrzeug, wenn es um Fragen der Gewährleistung geht, oder Informationen über das Fahrverhalten, wenn es um Versicherungstarife oder die Schuldfrage in einem Unfall geht. Die Tendenz in der datenschutzrechtlichen Literatur geht daher dahin, Fahrzeugdaten regelmäßig auch als personenbezogene Daten einzuordnen, selbst wenn es sich um rein technische Daten wie Sensordaten (bis hin zu Daten eines Reifendrucksensors) handelt.[29] Dafür, dass die Daten auch einer **bestimmten Person** zugeordnet werden können, soll es reichen, dass diese technischen Daten zunächst einem bestimmtem Fahrzeug zugeordnet werden können und dann mittels Fahrzeugidentifikationsnummer, Kfz-Kennzeichen oder sonstigem Zusatzwissen auch einem bestimmten Halter, Fahrer etc.

Es stellt sich allerdings die Frage, ob die pauschale Einordnung sämtlicher fahrzeugbezogener Daten auch als personenbezogene Daten den Anwendungsbereich des Datenschutzrechts nicht überstrapaziert. Fraglich ist insbesondere, ob auch all diejenigen Daten datenschutzrechtlich relevant sein sollen, die „flüchtig" sind, weil sie schon aus Gründen der Speicherkapazität nicht längerfristig gespeichert werden können, sondern fortlaufend gelöscht oder überschrieben werden.[30] Es bietet sich stattdessen an, das, was das Bundesverwaltungsgericht als Richtschnur für die automatisierte Erfassung von Kraftfahrzeugkennzeichen entwickelt hat, auch als Differenzierungskriterium für die fahrzeuginterne Erfassung von technischen Daten heranzuziehen: Datenschutzrechtlich irrelevant sind Datenerfassungen danach stets dann, wenn Daten „unmittelbar nach der Erfassung technisch wieder spurenlos, anonym und ohne die Möglichkeit, einen Personenbezug herzustellen, ausgesondert werden."[31] Vorzunehmen ist also eine Gesamtbetrachtung, wobei ausschlaggebend

---

28 Ausführlich Hansen, DuD 2015, 367.
29 In diesem Sinne etwa Lüdemann, ZD 2015, 247, 249 f.; Weisser/Färber, MMR 2015, 506, 508.
30 S. dazu schon Buchner, DuD 2015, 372, 373 f.
31 BVerwG v. 22.10.2014, DuD 2015, 196, 198 mit Verweis auf BVerfG v. 11.03.2008, DuD 2008, 352.

ist, ob mit Blick auf den durch den Verwendungszweck bestimmten Zusammenhang sich das „Interesse an den betroffenen Daten bereits derart verdichtet hat, dass ein Betroffensein in einer einen Grundrechtseingriff auslösenden Qualität zu bejahen ist".[32] Übertragen auf die im vernetzten Kfz anfallenden Daten heißt dies: Werden diese nur punktuell erhoben, um bestimmte Fahrzeugfunktionen zu ermöglichen, und ist technisch gesichert, dass sie sodann sofort spurenlos wieder gelöscht werden, ohne dass die Möglichkeit besteht, einen Personenbezug herzustellen, sind diese Daten ausschließlich als technische und fahrzeugbezogene Daten, nicht aber auch als personenbezogene Daten einzuordnen.[33]

> **Beispiel: Google Street View**
> Die Frage, ob personenbezogene Daten verarbeitet werden und damit überhaupt das Datenschutzrecht einschlägig ist, stellt sich auch bei Geodatendiensten wie Google Street View, die Straßen-, Gebäude- und Grundstückansichten fotografieren und dann im Internet veröffentlichen.

Unstreitig ist ein Personenbezug der online veröffentlichten Ansichten zu bejahen, soweit auf diesen Ansichten die Gesichter von Personen oder auch die Kennzeichen von Fahrzeugen erkennbar sind. Eine andere Frage ist jedoch, ob die abgebildeten Gebäudeansichten selbst personenbezogene Daten darstellen. Entscheidend ist auch hier wiederum, ob es im Rahmen eines realistischen Aufwands an Zeit, Kosten und Arbeitskraft möglich ist, die Gebäudeansichten einer bestimmten Person zuzuordnen. Dies wiederum ist jedenfalls all denjenigen möglich, die die Adresse einer bestimmten Person kennen und diese Adresse dann in Street View „googeln", um auf diese Weise gerade gezielt mehr Informationen über das Wohnumfeld der betroffenen Person zu verschaffen. Ein Personenbezug der Street-View-Daten ist daher grundsätzlich zu bejahen.[34]

2.1.3.4 Abgrenzung: anonymisierte und pseudonymisierte Daten
Fraglich ist, inwieweit im Falle anonymisierter oder pseudonymisierter Daten der Anwendungsbereich des Datenschutzrechts eröffnet ist.

2.1.3.4.1 Anonymisierte Daten
Nach EG 26 der DS-GVO sollen die Grundsätze des Datenschutzes nicht für „anonyme Informationen" gelten. Dabei werden anonyme Informationen näher konkretisiert

---

[32] BVerwG v. 22.10.2014, DuD 2015, 196, 198.
[33] Buchner, DuD 2015, 372, 374.
[34] Einen Personenbezug von Gebäudeansichten bejaht auch LG Köln v. 13.01.2010, DuD 2010, 258; aus Sicht des Gerichts fiel jedoch im konkreten Fall das Internetangebot unter das Medienprivileg des § 41 BDSG a. F. Zur Problematik s. a. Caspar, DÖV 2009, 965.

als Informationen, die sich „nicht auf eine identifizierte oder identifizierbare natürliche Person beziehen, oder personenbezogene Daten, die in einer Weise anonymisiert worden sind, dass die betroffene Person nicht oder nicht mehr identifiziert werden kann." Dass derlei Daten nicht in den Anwendungsbereich des Datenschutzrechts fallen, folgt schon daraus, dass ihnen jeglicher Personenbezug fehlt und damit gar keine „personenbezogenen" Daten vorliegen.

Beispiel: Anonymisierung bei IP-Adressen[35]
Bei IPv4-Adressen ist eine Anonymisierung dann zu anzunehmen, wenn mindestens das letzte Oktett (der letzte Abschnitt) gelöscht wird. Anonymisiert ist daher eine IPv4-Adresse in der Form von 91.97.51.xxx.
    Für eine Anonymisierung von IPv6-Adressen wird gefordert, dass bei diesen bis auf die ersten vier Bytes der IPv6-Adresse alles gelöscht werden muss (82. Konferenz der Datenschutzbeauftragten des Bundes und der Länder am 28./29.9.2011). Anonymisiert wäre daher eine IPv6-Adresse wie 2001:0db8:xxxx:xxxx:xxxx:xxxx:xxxx:xxxx.

Von einer Anonymisierung ist auch dann auszugehen, wenn Daten so verändert werden, dass sie nur noch (wie es bislang § 3 Abs. 6 BDSG a. F. formuliert) „mit einem unverhältnismäßig großen Aufwand an Zeit, Kosten und Arbeitskraft" einer Person zugeordnet werden können. Auch in dieser Alternative führt die Anonymisierung zugleich zu einer Aufhebung des Personenbezugs, da die bloß hypothetische Möglichkeit, eine Person zu bestimmen, gerade nicht ausreichend ist, um diese Person noch als „bestimmbar" (bzw. „identifizierbar"[36]) anzusehen und damit ein personenbezogenes Datum anzunehmen.[37]

2.1.3.4.2 Pseudonymisierte Daten

Das Pseudonymisieren wird bislang in § 3 Abs. 6a BDSG a. F. definiert als das „Ersetzen des Namens und anderer Identifikationsmerkmale durch ein Kennzeichen zu dem Zweck, die Bestimmung des Betroffenen auszuschließen oder wesentlich zu erschweren." Die **DS-GVO** definiert in **Art. 4 Nr. 5** das Pseudonymisieren als die Verarbeitung personenbezogener Daten in einer Weise, dass die personenbezogenen Daten ohne Hinzuziehung zusätzlicher Informationen nicht mehr einer spezifischen betroffenen Person zugeordnet werden können.

Die Grenze zwischen Anonymisieren und Pseudonymisieren ist fließend. Hier wie dort geht es darum, die Personenbezogenheit von Daten auszuschließen oder zumindest zu erschweren. Während jedoch das Anonymisieren von Daten darauf abzielt, deren Zuordnung zu einer Person möglichst dauerhaft gegenüber jedem auszuschließen,

---

35 Beispiel bei Venzke-Caprarese, in: Buchner (Hg.), Datenschutz im Gesundheitswesen (12. Lfg. 2017), Kap. C/12.1.3.
36 So die Terminologie der DS-GVO.
37 S. soeben Kap. 2.1.3.3.3.

existiert beim Pseudonymisieren eine **Zuordnungsregel,** die es zumindest dem Kenner dieser Regel ermöglicht, die Pseudonymisierung wieder rückgängig zu machen und den Personenbezug der pseudonymisierten Daten wieder herzustellen.[38] Art. 4 Nr. 5 DS-GVO spricht insoweit von **„zusätzlichen Informationen",** mittels derer die pseudonymisierten Daten einer bestimmten Person wieder zugeordnet werden können. Art. 4 Nr. 5 DS-GVO setzt des Weiteren für eine Pseudonymisierung auch noch voraus, dass diese zusätzlichen Informationen gesondert aufbewahrt werden und technischen und organisatorischen Maßnahmen unterliegen, die gewährleisten, dass die personenbezogenen Daten nicht einer identifizierten oder identifizierbaren natürlichen Person zugewiesen werden.

Ungeachtet solcherlei technischer und organisatorischer Maßnahmen zum Schutz vor einer Aufhebung des Pseudonyms sind jedoch pseudonymisierte Daten gleichwohl weiterhin als personenbezogene Daten einzuordnen (EG 26 DS-GVO). Dies gilt jedenfalls im Verhältnis zu derjenigen datenverarbeitenden Stelle, die die Zuordnungsregel für ein Pseudonym vergeben hat und dieses Pseudonym verwaltet. Viel spricht darüber hinaus dafür, die Daten auch im Verhältnis zu Dritten als personenbezogene Daten einzustufen – zumindest dann, wenn es sich bei der datenverarbeitenden Stelle nicht um eine Stelle handelt, die mit besonderen Vertraulichkeitspflichten und -rechten ausgestattet ist und daher nicht mit hinreichender Wahrscheinlichkeit für die Zukunft ausgeschlossen werden kann, dass die datenverarbeitende Stelle den Personenbezug der pseudonymisierten Daten gegenüber Dritten wieder herstellt.

Handelt es sich dagegen um ein sog. **„selbstgeneriertes Pseudonym",** hat also der Betroffene selbst sein Pseudonym ausgewählt und verfügt dieser allein über die Zuordnungsregel, fallen die pseudonymisierten Daten nicht in den Schutzbereich des Datenschutzrechts.[39] Voraussetzung ist jedoch, dass Außenstehende die Zuordnungsregel auch nicht entschlüsseln können bzw. auch sonst den Personenbezug der pseudonymisierten Daten nicht oder nur mit einem unverhältnismäßig großen Aufwand an Zeit, Kosten und Arbeitskraft wieder herstellen können. Gleiche Grundsätze gelten künftig auch unter der DS-GVO. Zwar sollen nach EG 26 pseudonymisierte Daten ebenfalls als personenbezogene Daten betrachtet werden. Aus der Zusammenschau mit der Definitionsnorm des Art. 4 Nr. 5 DS-GVO folgt jedoch, dass diese Gleichsetzung nur diejenigen Daten betrifft, die von der datenverarbeitenden Stelle selbst pseudonymisiert werden.

Sonderfall: Irreversibles Pseudonymisierungsverfahren
Zu berücksichtigen ist schließlich, dass auch ein Pseudonymisierungsverfahren so ausgestaltet werden kann, dass von einem Kennzeichen überhaupt nicht mehr auf eine konkrete Person rückgeschlossen werden kann und daher eine Reidentifizierung für niemanden mehr möglich ist (irre-

---

[38] Karg, DuD 2015, 520, 521; Roßnagel/Scholz, MMR 2000, 721, 724.
[39] Teils ist hier auch von einem „anonymen Pseudonym" die Rede; zu dieser Begrifflichkeit s. Karg, DuD 2015, 520, 521 f. sowie Roßnagel/Scholz, MMR 2000, 721, 727.

versibles Pseudonymisierungsverfahren). Die dergestalt pseudonymisierten Daten unterfallen dann ebenso wie anonymisierte Daten nicht mehr dem datenschutzrechtlichen Schutz.[40]

2.1.3.5 Datenverarbeitung

Handelt es sich bei Daten um personenbezogene Daten, so regelt das Datenschutzrecht deren Verarbeitung grundsätzlich umfassend für alle Phasen, beginnend bei der erstmaligen Erhebung dieser Daten über deren Speicherung wie auch Veränderung bis hin zur Übermittlung oder sonstigen Nutzung.

Unter dem **BDSG a. F.** galt bislang ein **enger Verarbeitungsbegriff.** § 3 Abs. 4 S. 1 BDSG a. F. definiert das Verarbeiten von personenbezogenen Daten als „Speichern, Verändern, Übermitteln, Sperren und Löschen personenbezogener Daten". Die Phasen des Erhebens und Nutzens personenbezogener Daten sind dagegen nicht vom Verarbeitungsbegriff des BDSG a. F. erfasst, sondern eigenständig definiert und teils auch mit eigenen Zulässigkeitsvoraussetzungen versehen.

Im Gegensatz dazu haben schon bislang die meisten Landesdatenschutzgesetze sowie die **EU-Datenschutzrichtlinie** einen **weiten Verarbeitungsbegriff** zugrunde gelegt, der neben dem Speichern, Verändern, Übermitteln, Sperren und Löschen auch noch die Phasen des Erhebens und Nutzens mit erfasst. Und auch unter der **DS-GVO** gilt künftig ein weiter Verarbeitungsbegriff. Beispielhaft zählt die Definitionsnorm des Art. 4 Nr. 2 DS-GVO zur Datenverarbeitung „das Erheben, das Erfassen, die Organisation, das Ordnen, die Speicherung, die Anpassung oder Veränderung, das Auslesen, das Abfragen, die Verwendung, die Offenlegung durch Übermittlung, Verbreitung oder eine andere Form der Bereitstellung, den Abgleich oder die Verknüpfung, die Einschränkung, das Löschen oder die Vernichtung".

Beachte
Soweit hier in diesem Buch von einer „Verarbeitung" oder „Datenverarbeitung" die Rede ist, so ist dieser Begriff grundsätzlich auch in einem weiten Sinne zu verstehen, d. h., dass er alle Phasen und Formen der Datenverwendung einschließlich Erhebung und Nutzung umfassen soll.

2.1.3.6 Verantwortlicher

Bei jeder Verarbeitung personenbezogener Daten ist schließlich auch zu klären, wer diese Verarbeitung zu verantworten hat und daher Adressat der datenschutzrechtlichen Vorgaben sein soll. Das BDSG a. F. spricht insoweit von der verantwortlichen Stelle und definiert diese in § 3 Abs. 7 als „Person oder Stelle, die personenbezogene Daten für sich selbst erhebt, verarbeitet oder nutzt oder dies durch andere im Auftrag vornehmen lässt."

---

40 Art.-29-Datenschutzgruppe, Personenbezogene Daten, WP 136 (2007), S. 21.

Die DS-GVO verwendet den Begriff des **Verantwortlichen** und definiert diesen in Art. 4 Nr. 7 DS-GVO (ebenso wie auch schon die DSRL) als „natürliche oder juristische Person, Behörde, Einrichtung oder andere Stelle, die allein oder gemeinsam mit anderen über die Zwecke und Mittel der Verarbeitung von personenbezogenen Daten entscheidet."

Die verschiedenen Akteure im Datenschutzrecht
Aus der Definitionsnorm des Art. 4 Nr. 10 DS-GVO („Dritter") wird deutlich, dass nach der Systematik der DS-GVO neben dem Verantwortlichen noch von folgenden Akteuren auszugehen ist: der betroffenen Person, dem Auftragsverarbeiter, den einem Auftragsverarbeiter oder Verantwortlichen unterstellten Personen sowie Dritten, welche im Fall einer Datenverarbeitung dann selbst zu Verantwortlichen werden.[41]

Der Begriff des Verantwortlichen ist grundsätzlich weit zu verstehen; ausreichend ist, dass die Verarbeitungstätigkeit im eigenen Tätigkeits- und Haftungsbereich stattfindet und die Möglichkeit besteht, in tatsächlicher Hinsicht auf den Verarbeitungsvorgang einzuwirken. Daher ist auch der Betreiber eines Internetforums für die Veröffentlichung von Daten in diesem Forum verantwortlich – unabhängig davon, dass die personenbezogenen Daten selbst von außenstehenden Dritten in das Internetforum eingestellt werden.[42]

Verantwortlichkeit für Facebook-Like-Button
In einem Verfahren der Verbraucherzentrale NRW gegen die Fashion ID (Peek & Cloppenburg) hatte das Landgericht Düsseldorf 2016 zu entscheiden, ob der Betreiber eines Onlineshops, der in seinen Webauftritt den „Gefällt mir"-Button von Facebook mittels eines sog. Plug-ins einbindet, für die durch das Plug-in ausgelösten Datenverarbeitungsprozesse verantwortlich ist.[43] Das Landgericht hat eine solche Verantwortlichkeit zu Recht bejaht, da es der Webseitenbetreiber ist, der durch die konkrete Gestaltung seiner Seite Facebook überhaupt erst die Möglichkeit verschafft, auf die IP-Adressen der Besucher dieser Webseite zuzugreifen und deren Daten weiter zu verarbeiten.[44]

Auch wenn in einem Unternehmen oder einer Behörde die personenbezogenen Daten durch einzelne natürliche Personen verarbeitet werden, sind regelmäßig nicht diese Einzelpersonen, sondern die dahinterstehenden Organisationen die Verantwortlichen im datenschutzrechtlichen Sinne. Dies gilt auch dann, wenn innerhalb dieser Organisation eine einzelne Person als Verantwortliche benannt wird und dieser die Verantwortung zugewiesen wird.[45] Dabei ist dann im Falle eines Unternehmens auf

---

41 Vgl. Hartung, in: Kühling/Buchner (Hg.), DS-GVO (2017), Art. 4 Nr. 7 Rn. 7.
42 OLG Hamburg v. 02.08.2011, DuD 2011, 897, 898.
43 LG Düsseldorf v. 09.03.2016, DuD 2016, 397.
44 Das OLG Düsseldorf hat in 2. Instanz mit Beschluss v. 19.01.2017, Az.: I-20 U 40/16, u. a. diese Frage der Verantwortlichkeit dem EuGH zur Vorabentscheidung vorgelegt.
45 Vgl. Hartung, in: Kühling/Buchner (Hg.), DS-GVO (2017), Art. 4 Nr. 7 Rn. 9.

die juristische Einheit abzustellen, also die juristische Person, die Gesellschaft oder andere Personenvereinigung, nicht dagegen auf die einzelne Abteilung oder unselbstständige Zweigstelle eines Unternehmens. Im öffentlichen Bereich sind nicht die juristischen Personen (Bund, Länder, Gemeinden), sondern die Behörden oder andere öffentlich-rechtlich organisierte Einrichtungen die „verantwortlichen Stellen". Für Behörden gilt wiederum nicht der funktionale, sondern der organisatorische Behördenbegriff. Verantwortliche Stellen sind daher niemals die unselbstständigen internen Untergliederungen einer Organisationseinheit (z. B. die einzelnen Abteilungen eines Ministeriums oder die Ämter einer Gemeinde), sondern stets nur die Organisationseinheiten im Ganzen (z. B. Ministerium, Gemeinde).[46]

Auch **Mitarbeitervertretungen** (Betriebsräte, Personalräte) werden nach ganz überwiegender Meinung nicht als verantwortliche Stelle, sondern als Teil des Unternehmens bzw. der Behörde angesehen. Dies schließt freilich nicht aus, dass der Datenfluss zur Mitarbeitervertretung als einem eigenständigen Betriebsteil datenschutzrechtlich besonderen Rahmenbedingungen unterliegt.[47]

Eine Sonderregelung enthält § 67 Abs. 9 SGB X a. F (§ 67 Abs. 4 n. F.). für den Bereich des Sozialdatenschutzrechts. Werden danach Sozialdaten von einem Leistungsträger erhoben und verwendet, dann ist die verantwortliche Stelle der Leistungsträger. Bei Gebietskörperschaften sind als verantwortliche Stellen die Organisationseinheiten anzusehen, die eine sozialrechtliche Aufgabe funktional durchführen.

Beispiel
Das Wohngeldamt und das Sozialamt einer Stadtverwaltung sind nach der Spezialregelung im SGB X jeweils als verantwortliche Stellen anzusehen.[48] Eine Datenweitergabe vom Wohngeldamt an das Sozialamt ist damit eine Datenübermittlung.

2.1.4 Umfassender versus punktueller Regelungsansatz

Eine weitere Grundfrage jedes datenschutzrechtlichen Regelungsmodells geht dahin, ob der Gesetzgeber einen umfassenden oder einen punktuellen Regelungsansatz wählen soll.

---

46 Buchner, in: Taeger/Gabel, BDSG (2. A. 2013), § 3 Rn. 53 f.
47 Gola/Schomerus, BDSG (12. A. 2015), § 3 Rn. 49; Weichert, in: Däubler/Klebe/Wedde/Weichert (Hg.), BDSG (5. A. 2016), § 3 Rn. 56.
48 Diering/Seidel, in: Diering/Timme/Waschull (Hg.), SGB X (4. A. 2016), § 67 Rn. 20.

2.1.4.1 USA: Beispiel für punktuellen Regelungsansatz

Das Datenschutzrecht in den USA ist, jedenfalls im Bereich nicht-staatlicher Datenverarbeitung, ein typisches Beispiel für ein punktuelles Regelungsmodell. Es gibt dort kein allgemeines und umfassend gültiges Datenschutzrecht für nicht-staatliche Datenverarbeiter. Stattdessen ist das Datenschutzrecht durch eine sektorspezifische Datenschutzgesetzgebung charakterisiert, die sich darauf beschränkt, mehr oder weniger spezielle datenschutzrechtliche Vorschriften als Reaktion auf konkrete Datenschutzprobleme in einem bestimmten Bereich zu normieren.[49] Manche dieser sektorspezifischen Gesetze regeln einen Bereich relativ umfangreich, z. B. der Fair Credit Reporting Act, der umfassend die Datenverarbeitung durch Auskunfteien regelt. Andere Gesetze wiederum beschränken sich auf ganz spezielle Aspekte, etwa der Video Privacy Protection Act, der allein die Preisgabe von Informationen über ausgeliehene Videokassetten oder vergleichbares Videomaterial *(rental records of „prerecorded video cassette tapes or similar audio visual material")* regelt. Findet sich demgegenüber für eine bestimmte Art und Weise der Datenverarbeitung kein einschlägiges bereichsspezifisches Gesetz, ist die verantwortliche Stelle grundsätzlich frei in ihrer Datenverarbeitung.

2.1.4.2 DS-GVO: Umfassender Regelungsansatz

In Deutschland wie in Europa ist demgegenüber seit jeher ein umfassender Regelungsansatz gewählt worden. Datenverarbeitende Stellen bedürfen für jede Form einer Verarbeitung von personenbezogenen Daten stets einer Legitimation, entweder in Form eines gesetzlichen Erlaubnistatbestands für die Datenverarbeitung oder in Form einer Einwilligung des Betroffenen selbst.

2.1.4.2.1 Verbotsprinzip mit Erlaubnisvorbehalt

Die datenschutzrechtliche Grundregel im deutschen und europäischen Datenschutzrecht ist damit ein **Verbotsprinzip mit Erlaubnisvorbehalt.** Personenbezogene Daten dürfen grundsätzlich zunächst einmal nicht verarbeitet werden, es sei denn, dies ist ausnahmsweise gesetzlich erlaubt oder durch den Betroffenen selbst legitimiert. So lautet auch die bisherige datenschutzrechtliche Grundregel des (bisherigen) § 4 Abs. 1 BDSG: „Die Erhebung, Verarbeitung und Nutzung personenbezogener Daten sind nur zulässig, soweit dieses Gesetz oder eine andere Rechtsvorschrift dies erlaubt oder anordnet oder der Betroffene eingewilligt hat."

---

[49] Vgl. Buchner, Informationelle Selbstbestimmung im Privatrecht (2006), S. 15 ff.; Determann, NVwZ 2016, 561, 563; für einen Überblick über den US-Datenschutz aus Perspektive der amerikanischen Federal Trade Commission s. a. Anhang IV Anlage A zum Durchführungsbeschluss (EU) 2016/1250 gemäß der Richtlinie 95/46/EG des Europäischen Parlaments und des Rates über die Angemessenheit des vom EU-US-Datenschutzschild gebotenen Schutzes, ABl. v. 01.08.2016 L 207, S. 1.

Bei dem umfassenden Regelungsansatz in Form eines Verbotsprinzips mit Erlaubnisvorbehalt bleibt es auch unter der DS-GVO. Schon die DSRL hat den Mitgliedstaaten aufgegeben, eine Datenverarbeitung nur dann zuzulassen, wenn eine der in Art. 7 DSRL abschließend bestimmten Voraussetzungen erfüllt ist. **Art. 6 Abs. 1 DS-GVO** nimmt dieses Grundprinzip auf und normiert entsprechend einen abschließenden Katalog der Fälle, in denen eine Verarbeitung personenbezogener Daten zulässig ist. Hierfür bedarf es entweder der Einwilligung des Betroffenen (Art. 6 Abs. 1 lit. a DS-GVO) oder aber die Datenverarbeitung muss für einen der folgenden Zwecke erforderlich sein (Art. 6 Abs. 1 lit. b–f DS-GVO):

- für die Erfüllung eines Vertrages oder die Durchführung vorvertraglicher Maßnahmen
- für die Erfüllung einer rechtlichen Verpflichtung
- für die Wahrung lebenswichtiger Interessen des Betroffenen oder einer anderen natürlichen Person
- für die Wahrnehmung einer Aufgabe im öffentlichen Interesse oder in Ausübung öffentlicher Gewalt
- für die Wahrung der berechtigten Interessen des Verantwortlichen oder eines Dritten, sofern nicht die Interessen oder Grundrechte und Grundfreiheiten betroffenen Person überwiegen.[50]

2.1.4.2.2 Zur Kritik am Verbotsprinzip

Das Verbotsprinzip des deutschen und europäischen Datenschutzrechts steht seit jeher in der Kritik. Die beiden zentralen Kritikpunkte gehen dahin, dass ein Verbotsprinzip die Grundrechtspositionen der datenverarbeitenden Stelle verkenne („Kommunikationsverbot") und alle Datenverarbeiter über einen Kamm schere (auch den harmlosen „Bäcker um die Ecke").[51] Als moderne und innovative Alternative zum Verbotsprinzip wird von den Kritikern demgegenüber ein sog. risikobasierter Regelungsansatz propagiert, der nicht pauschal sämtliche Datenverarbeitungsprozesse gleich behandelt, sondern diese je nach ihrem Risikopotential mehr oder weniger streng (bzw. gar nicht) reguliert.

An sich ist gegen einen solchen risikobasierten Ansatz nur wenig einzuwenden.[52] Nicht so recht nachvollziehbar ist allerdings, warum ein solcher Ansatz als mit dem Verbotsprinzip unvereinbar präsentiert wird. Der Regelungsansatz des Datenschutzrechts war schon immer ein risikobasierter – auch unter Geltung des Verbotsprinzips –

---

[50] Neu in der DS-GVO ist der Zusatz, dass letztere Interessenabwägungsklausel kein Erlaubnistatbestand für die Datenverarbeitung öffentlicher Stellen bei Erfüllung ihrer Aufgaben ist; extra hingewiesen wird zudem auf das Erfordernis, die Interessen von Kindern im besonderen Maße zu berücksichtigen.
[51] S. etwa DAV, Stellungnahme Nr. 47 (2012), S. 15; Schneider/Härting, ZD 2012, 199, 202; Veil, ZD 2015, 347; kritisch auch Kramer, DuD 2013, 380, 381.
[52] S. zum Folgenden schon Buchner, DuD 2016, 155, 157 f.

und daran wird sich auch unter der DS-GVO nichts ändern: Art. 9 DS-GVO differenziert nach mehr oder weniger sensiblen Daten, im Rahmen der gesetzlichen Erlaubnistatbestände kann das unterschiedliche Gefährdungspotenzial von Datenverarbeitungsprozessen berücksichtigt werden, etwa über die schutzwürdigen Interessen des Betroffenen (vgl. Art. 6 Abs. 1 lit. f), Art. 33 DS-GVO verpflichtet zur Durchführung einer Datenschutz-Folgeabschätzung (Art. 33) usw. Ebenso misst das Datenschutzrecht seit jeher auch den Grundrechtspositionen der datenverarbeitenden Stellen eine hohe Bedeutung bei – etwa in Form des Medienprivilegs, im Rahmen der gesetzlichen Erlaubnistatbestände oder auch durch die Möglichkeit, über den Weg des privatautonomen Interessenausgleichs (Einwilligung, Vertrag) die Erlaubnis zur Datenverarbeitung zu erlangen.

2.1.4.2.3 Ausnahmen

Auch bei einem an sich umfassenden Regelungsanspruch des Datenschutzrechts gibt es Konstellationen, die aus datenschutzrechtlicher Perspektive kein nennenswertes Gefährdungspotential aufweisen und daher vom Anwendungsbereich des Datenschutzrechts ausgenommen werden können:

– Zum einen handelt es sich hierbei um Konstellationen, in denen eine Verarbeitung personenbezogener Daten durch natürliche Personen „zur Ausübung **ausschließlich persönlicher oder familiärer Tätigkeiten**" erfolgt (Art. 2 Abs. 2 lit. c DS-GVO).[53]
– Zum anderen ist eine Datenverarbeitung auch dann vom datenschutzrechtlichen Anwendungsbereich ausgenommen, wenn die Verarbeitung **weder automatisiert noch dateibasiert** erfolgt[54], wenn also keine Datenverarbeitungsanlagen eingesetzt werden und die Datenverarbeitung im Ganzen auch mehr oder weniger unstrukturiert erfolgt.[55]

Beispiel: „Haushaltsausnahme"
Die auch als „Haushaltsausnahme" bezeichnete Ausnahme für eine Datenverarbeitung zur Ausübung ausschließlich persönlicher und familiärer Tätigkeiten kann nach EG 18 etwa auch bei der Nutzung sozialer Netze und bei Online-Tätigkeiten greifen, wenn diese keinen Bezug zu einer beruflichen oder wirtschaftlichen Tätigkeit haben. Dies kann allerdings nur soweit gelten, als online gestellte Informationen nicht einem unbestimmten Personenkreis zugänglich gemacht werden.[56]

---

[53] Ganz ähnlich bislang § 1 Abs. 2 Nr. 3 BDSG a. F.: Datenverarbeitung erfolgt „ausschließlich für persönliche oder familiäre Tätigkeiten" (in Umsetzung von Art. 3 Abs. 2 Spiegelstr. 2 DSRL).
[54] S. Art. 2 Abs. 1 DS-GVO.
[55] Art. 4 Nr. 6 DS-GVO definiert als Dateisystem „jede strukturierte Sammlung personenbezogener Daten, die nach bestimmten Kriterien zugänglich sind, unabhängig davon, ob diese Sammlung zentral, dezentral oder nach funktionalen oder geografischen Gesichtspunkten geordnet geführt wird"; ähnlich auch schon bislang § 3 Abs. 2 S. 2 BDSG a. F.
[56] Ausführlich Kühling/Raab, in: Kühling/Buchner (Hg.), DS-GVO (2017), Art. 2 Rn. 23 ff.

2.2 Datenschutzrechtliche Regelungsprinzipien

2.2.1 Allgemeine Grundsätze

Während das BDSG a. F. bislang keine eigenständige Norm für allgemeine datenschutzrechtliche Grundsätze vorgesehen hat, findet sich in der Datenschutz-Grundverordnung eine solche Vorschrift in **Art. 5 DS-GVO** (ebenso wie schon in der Datenschutzrichtlinie in Art. 6 DSRL). Der Sache nach handelt es sich bei den in Art. 5 DS-GVO normierten Grundsätzen um allgemein anerkannte datenschutzrechtliche Grundprinzipien, die auch als Konkretisierungen der grundrechtlichen Vorgaben aus Art. 8 Abs. 2 GRCh und Art. 8 EMRK verstanden werden können.[57]

2.2.1.1 Rechtmäßigkeit, Verarbeitung nach Treu und Glauben, Transparenz

Gemäß Art. 5 Abs. 1 lit. a DS-GVO müssen personenbezogene Daten „auf rechtmäßige Weise, nach Treu und Glauben und in einer für die betroffene Person nachvollziehbaren Weise" verarbeitet werden. Mit dem Gebot der **Rechtmäßigkeit** wird dem Grunde nach noch einmal wiederholt, dass jede Datenverarbeitung entweder auf einer Einwilligung der betroffenen Person oder aber auf einer anderweitigen Rechtsgrundlage beruhen muss (vgl. Art. 6 Abs. 1 DS-GVO). Das Gebot der **Transparenz** zielt zum einen auf einen Ausschluss heimlicher Datenverarbeitung und zum anderen auf eine umfassende Information der betroffenen Person über die Verarbeitung der sie betreffenden Daten ab. Die Vorgabe einer Datenverarbeitung nach **Treu und Glauben** schließlich ist als ein Auffangtatbestand zu verstehen, der dann greift, wenn eine Verarbeitung personenbezogener Daten trotz Einhaltung aller datenschutzrechtlichen Vorgaben im konkreten Einzelfall für die betroffene Person eine unbillige Härte mit sich bringt.[58]

2.2.1.2 Zweckbindung

Nach dem Grundsatz der Zweckbindung dürfen Daten von der verantwortlichen Stelle grundsätzlich nur zu dem Zweck verarbeitet und genutzt werden, zu dem sie erhoben worden sind. Es handelt sich spätestens seit dem Volkszählungsurteil des Bundesverfassungsgerichts um einen der zentralen datenschutzrechtlichen Grundsätze. Der Zweckbindungsgrundsatz gilt für alle Phasen des Umganges mit personenbezogenen Daten. Insbesondere eine Datenverarbeitung „auf Vorrat" ist mit dem Zweckbindungsgrundsatz nicht vereinbar.

---

[57] Herbst, in: Kühling/Buchner (Hg.), DS-GVO (2017), Art. 6 Rn. 1.
[58] S. ausführlich zu den drei Vorgaben Herbst, in: Kühling/Buchner (Hg.), DS-GVO (2017), Art. 6 Rn. 7 ff.

2.2.1.3 Zweckbindungsgrundsatz unter der DS-GVO

Auch in die DS-GVO hat der Grundsatz der Zweckbindung Eingang gefunden. Nach Art. 5 lit. b DS-GVO müssen personenbezogene Daten „für festgelegte, eindeutige und rechtmäßige Zwecke erhoben werden und dürfen nicht in einer mit diesen Zwecken nicht zu vereinbarenden Weise weiterverarbeitet werden". Die Zweckbestimmung muss im Moment der Datenerhebung grundsätzlich so präzise wie möglich erfolgen und es muss sichergestellt sein, dass personenbezogene Daten nicht für Zwecke verarbeitet werden, mit denen die betroffene Person bei der Erhebung nicht rechnen musste.[59]

Beispiel
Ausreichend genau und eindeutig ist bspw. eine Zweckbestimmung „Reise nach Mallorca im Mai 2015" oder „Bearbeitung des Antrags auf Sondernutzungsgenehmigung v. 15.7.2015".[60]

Für die Weiterverarbeitung von Daten zu öffentlichen **Archivzwecken,** zu **wissenschaftlichen, historischen** oder **statistischen Zwecken** stellt Art. 5 Abs. 1 lit. b Hs. 2 DS-GVO die Fiktion auf, dass diese Zwecke stets mit den ursprünglich verfolgten Zwecken vereinbar sind. Allerdings ist zu beachten, dass diese Fiktion eng zu verstehen ist.[61] Dafür spricht zum einen, dass es sich dabei um eine Ausnahme von einem der ganz zentralen datenschutzrechtlichen Grundprinzipien handelt. Zum anderen macht aber auch der Blick auf die detaillierten Ausführungen in den EG 156 ff., deutlich, dass die durch die Norm privilegierten Zwecksetzungen hohen Anforderungen genügen müssen.

Beispiel
Dafür, dass eine Datenverarbeitung nicht der Zweckbindung unterliegt, reicht es nicht aus, dass diese selbst eine irgendwie geartete wissenschaftliche, historische oder statistische Methode darstellt. Daher ist es auch von vornherein ausgeschlossen, dass etwa Profiling- und Scoring-Verfahren oder Big-Data-Analysen als „Statistik" vom Zweckbindungsgrundsatz ausgenommen sind.[62]

2.2.1.3.1 Zweckvereinbarkeit als Maßstab

Der Zweckbindungsgrundsatz geht nicht so weit, dass eine Datenverarbeitung zu einem anderen als dem ursprünglich verfolgten Zweck überhaupt nicht zulässig ist. Der Verantwortliche darf die bei ihm bereits vorhandenen Daten vielmehr auch zu einem anderen als dem ursprünglich Erhebungszweck weiterverarbeiten, vorausgesetzt er

---

59 Schantz, NJW 2016, 1841, 1844.
60 Beispiele bei Roßnagel/Nebel/Richter, ZD 2015, 455, 457 f.; zum notwendigen „Präzisionsgrad" der Zweckangabe s. a. von Grafenstein, DuD 2015, 789, 793 f.
61 S. a. schon Prolog.
62 Ausführlich dazu Richter, DuD 2015, 735, 737 f.; s. a. Buchner, DuD 2016, 155, 157; Roßnagel/Nebel/Richter, ZD 2015, 455, 457 f.

kann diese Weiterverarbeitung ebenfalls auf einen entsprechenden Erlaubnistatbestand stützen und der Zweck der Weiterverarbeitung ist **nicht unvereinbar** mit dem ursprünglichen Erhebungszweck. Zu Recht wird daher darauf verwiesen, dass es sich bei dem Zweckbindungsgrundsatz dem Grunde nach eher um einen Grundsatz der „Zweckvereinbarkeit" handelt.[63]

Für die Beurteilung, ob der Zweck einer Weiterverarbeitung von Daten mit dem ursprünglich verfolgten Erhebungszweck vereinbar ist oder nicht, führt **Art. 6 Abs. 4 DS-GVO** – nicht abschließend – eine Reihe von **Beurteilungskriterien** an:

- Die „Verbindung" zwischen dem ursprünglichen und dem neuen Zweck **(lit. a)**: Je weiter der Zweck der ursprünglichen Verarbeitung und der der Weiterverarbeitung auseinanderliegen, desto mehr spricht gegen eine Vereinbarkeit der beiden Zwecksetzungen.[64]
- Der „Zusammenhang" der Datenerhebung **(lit. b)**: Je überraschender und unvorhersehbarer für die betroffene Person eine weitere Verarbeitung ist, desto mehr spricht dafür, dass die weitere Verarbeitung der Daten mit dem ursprünglichen Zweck unvereinbar ist.
- Die Art der personenbezogenen Daten **(lit. c)**: Strenge Maßstäbe an die Vereinbarkeit sind v. a. dann anzulegen, wenn es sich um besondere Kategorien personenbezogener Daten i. S. v. Art. 9 DS-GVO oder Daten über strafrechtliche Verurteilungen und Straftaten i. S. v. Art. 10 DS-GVO handelt.
- Die „möglichen Folgen" der beabsichtigten Weiterverarbeitung für den Betroffenen **(lit. d)**: Je schwerer es für die betroffene Person im konkreten Fall ist, die Weiterverarbeitung ihrer Daten im Einzelnen nachvollziehen und ihre Folgen abschätzen zu können, desto mehr spricht dies für eine Unvereinbarkeit.
- Das Vorhandensein „geeigneter Garantien" **(lit. e)**: Zu berücksichtigen ist hier v. a., ob die Garantien bei der weiteren Verarbeitung im Vergleich zur bisherigen Verarbeitung ähnlich hoch sind.[65]

Art. 6 Abs. 4 DS-GVO kein Erlaubnistatbestand für eine zweckändernde Weiterverarbeitung
Umstritten ist, ob für den Fall, dass eine zweckändernde Weiterverarbeitung als „vereinbar" i. S. d. Art. 6 Abs. 4 DS-GVO eingestuft wird, diese Vorschrift dann zugleich auch als Erlaubnistatbestand für diese zweckändernde Weiterverarbeitung herangezogen werden kann. Dagegen sprechen jedoch sowohl Entstehungsgeschichte als auch Regelungssystematik und Wortlaut des Art. 6 Abs. 4 DS-GVO. Ob eine Datenverarbeitung als solche zulässig ist oder nicht, beurteilt sich allein nach Art. 6 Abs. 1 DS-GVO. Danach ist eine Datenverarbeitung „nur" rechtmäßig, wenn mindestens eine der Bedingungen nach Abs. 1 lit. a bis f erfüllt ist. Abs. 4 regelt demgegenüber allein die Frage, ob der neue mit einer Datenverarbeitung verfolgte Zweck mit dem ursprünglich verfolgten „vereinbar" ist und nimmt damit

---

63 Ausführlich Herbst, in: Kühling/Buchner (Hg.), DS-GVO (2017), Art. 5 Rn. 24 ff.
64 Art.-29-Datenschutzgruppe, Stellungnahme on purpose limitation, WP 203 (2013), S. 23.
65 Ausführlicher zu den Beurteilungskriterien des Art. 6 Abs. 4 DS-GVO sowie auch zum Folgenden Buchner/Petri, in: Kühling/Buchner (Hg.), DS-GVO (2017), Art. 6 Rn. 181 ff.

unmittelbar die Vorgabe der Vereinbarkeit in Art. 5 Abs. 1 lit. b DS-GVO auf, wo die Zweckbindung geregelt ist.

2.2.1.3.2 Keine Weiterverarbeitung bei Unvereinbarkeit

Ist der Zweck der Weiterverarbeitung mit dem ursprünglich verfolgten Erhebungszweck nicht vereinbar, muss der Verantwortliche auf Grundlage des Art. 6 Abs. 1 und unter Beachtung der Grundsätze nach Art. 5 einen gänzlich neuen Datenverarbeitungsprozess starten. Er darf dann also nicht auf bereits erhobene Daten zurückgreifen, sondern muss die Datenverarbeitung wieder **„bei Null" starten,** anstatt aus dem bereits bestehenden Datenvorrat schöpfen zu können. Die personenbezogenen Daten müssen wieder neu erhoben werden und entsprechend auch von neuem die Hürden des Art. 6 Abs. 1 DS-GVO genommen werden: Der Verantwortliche muss sich also etwa erneut um eine Einwilligung der betroffenen Person bemühen (Art. 6 Abs. 1 lit. a), er muss einen neuen Vertrag mit dieser schließen oder einen bestehenden einvernehmlich ändern (um darauf dann die Erforderlichkeit einer Datenerhebung stützen zu können, vgl. Art. 6 Abs. 1 lit. b) oder er muss, wenn Daten bei Dritten erhoben werden, dafür sorgen, dass die Voraussetzungen für eine zulässige Datenübermittlung gegeben sind.[66]

2.2.1.4 Datenminimierung

Schon bislang galt für die verantwortliche Stelle nach § 3a S. 1 BDSG a. F. die Zielvorgabe, keine (Datenvermeidung) oder so wenig personenbezogene Daten wie möglich (Datensparsamkeit) zu erheben, zu verarbeiten oder zu nutzen; gewährleistet werden soll dies bereits durch eine entsprechende Gestaltung der technischen Systeme. Im Vordergrund steht also eine datensparende und datenvermeidende Technikgestaltung, welche dafür sorgt, dass ausschließlich die für die Verarbeitung essentiellen Daten gesammelt werden.[67] Dem entspricht das Gebot der Datenminimierung in **Art. 5 Abs. 1 lit. c DS-GVO,** wonach personenbezogene Daten dem Zweck angemessen und erheblich sowie auf das für die Zwecke der Verarbeitung notwendige Maß beschränkt sein müssen.

Die Vorgabe der Datenminimierung gilt jedoch niemals absolut, sondern immer nur so weit, als der betriebene Aufwand und der damit bezweckte Datenschutzerfolg in einem angemessenen Verhältnis zum angestrebten Schutzzweck stehen. Schon § 3a S. 2 BDSG a. F. hat das allgemeine Gebot der Datenminimierung noch durch die Zielvorgabe der Anonymisierung und Pseudonymisierung konkretisiert. Nichts anderes gilt auch unter der DS-GVO: Lässt sich ein Verarbeitungszweck auch mit anonymisierten oder pseudonymisierten Daten erreichen, wäre es mit dem Grundsatz der Datenmi-

---

[66] Buchner/Petri, in: Kühling/Buchner (Hg.), DS-GVO (2017), Art. 6 Rn. 185.
[67] Gola/Klug, NJW 2001, 3747 f.

nimierung nicht vereinbar, wenn ein Verantwortlicher auf diese Möglichkeit bei der Datenverarbeitung nicht zurückgreifen würde – eine Datenverarbeitung wäre dann gerade nicht auf das „notwendige Maß beschränkt".

2.2.1.5 Richtigkeit
Gemäß Art. 5 Abs. 1 lit. d DS-GVO müssen personenbezogene Daten „sachlich richtig und erforderlichenfalls auf dem neuesten Stand sein". Letztere Einschränkung des „erforderlichenfalls" bei der Aktualität der Daten trägt dem Umstand Rechnung, dass Informationen oftmals gerade den Zustand zu einem bestimmten Zeitpunkt dokumentieren sollen.[68]

Der Verantwortliche muss nach Art. 5 Abs. 1 lit. d DS-GVO „alle angemessenen Maßnahmen" ergreifen, damit unrichtige Daten unverzüglich gelöscht oder berichtigt werden. Diese (objektive) Verpflichtung des Verantwortlichen geht einher mit den Betroffenenrechten auf Berichtigung und Löschung (Art. 16 und 17 DS-GVO) sowie der Verpflichtung auf Weitergabe dieser Informationen (Art. 19 DS-GVO).[69]

2.2.1.6 Speicherbegrenzung
Nach Art. 5 Abs. 1 lit. e DS-GVO müssen personenbezogene Daten in einer Form gespeichert werden, die die Identifizierung der betroffenen Personen nur so lange ermöglicht, wie es für die konkreten Verarbeitungszwecke erforderlich ist. Art. 5 Abs. 1 lit. e DS-GVO normiert damit eine **zeitliche Grenze** für die Datenverarbeitung: Die Speicherung personenbezogener Daten muss beendet werden, sobald deren Kenntnis für die mit der Verarbeitung verfolgten Zwecke nicht mehr erforderlich ist.[70]

In Halbsatz 2 findet sich sodann eine Ausnahme vom Grundsatz der Speicherbegrenzung für den Fall einer Weiterverarbeitung für im öffentlichen Interesse liegende Archivzwecke, für wissenschaftliche und historische Forschungszwecke sowie für statistische Zwecke normiert. Soweit diese Zwecksetzungen verfolgt werden, dürfen Daten auch länger gespeichert werden. Wie schon beim Zweckbindungsgrundsatz werden also auch insoweit wieder diese Zwecksetzungen datenschutzrechtlich privilegiert.

2.2.1.7 Datensicherheit („Integrität und Vertraulichkeit")
Art. 5 Abs. 1 lit. f DS-GVO mit seinen Vorgaben der Integrität und Vertraulichkeit zielt auf die sog. **Datensicherheit** ab: Personenbezogene Daten sollen so verarbeitet wer-

---

[68] Ausführlicher dazu beim Recht auf Berichtigung Kap. 2.2.8.4.
[69] S. dazu Kap. 2.2.8 (Betroffenenrechte).
[70] Herbst, in: Kühling/Buchner (Hg.), DS-GVO (2017), Art. 6 Rn. 64.

den, dass eine „angemessene Sicherheit" dieser Daten gewährleistet ist. Während „Datenschutz" ganz allgemein das Ziel verfolgt, den Einzelnen vor einer Verletzung seines Persönlichkeitsrechts beim Umgang mit seinen personenbezogenen Daten zu schützen, geht es bei der „Datensicherheit" speziell um den **technischen Datenschutz**.[71] Verletzt ist die Sicherheit der Daten nach der Definitionsnorm des Art. 4 Nr. 12, wenn es zur Vernichtung, zum Verlust, zur Veränderung oder zur unbefugten Offenlegung von bzw. zum unbefugten Zugang zu personenbezogenen Daten kommt.

2.2.1.7.1 Technische und organisatorische Maßnahmen

Die für die Sicherheit der Datenverarbeitung eigentlich zentrale Vorschrift ist die des **Art. 32 DS-GVO.** Ebenso wie schon bislang § 9 BDSG a. F. verpflichtet künftig Art. 32 DS-GVO die datenverarbeitenden Stellen dazu, **technische und organisatorische Maßnahmen** zur Gewährleistung der Datensicherheit zu ergreifen.[72] Abs. 1 S. 2 der Vorschrift führt dann in lit. a bis lit. d beispielhaft vier Ansätze auf, auf welche Art und Weise die Verpflichtung zur Datensicherheit erfüllt werden kann:

- In lit. a werden zwei konkrete technische Maßnahmen angesprochen, wie eine Sicherheit der Datenverarbeitung gewährleistet werden kann: die **Pseudonymisierung** und die **Verschlüsselung** personenbezogener Daten.
- Nach lit. b sollen die Systeme und Dienste über die Fähigkeit verfügen, **Vertraulichkeit, Integrität, Verfügbarkeit** und **Belastbarkeit** im Zusammenhang mit der Verarbeitung auf Dauer sicherzustellen.[73] Angesprochen werden damit die Anforderungen an die IT-Sicherheit, die als Grundbedingungen für die Datensicherheit gelten.[74]
- Nach lit. c muss gewährleistet sein, dass bei einem physischen oder technischen Zwischenfall die Verfügbarkeit der personenbezogenen Daten und der Zugang zu ihnen rasch wiederhergestellt werden kann.
- Und nach lit. d zählt zu den Maßnahmen der Datensicherheit auch ein Verfahren zur regelmäßigen Überprüfung, Bewertung und Evaluierung der Wirksamkeit der technischen und organisatorischen Maßnahmen.

Schließlich gilt bei allen Maßnahmen die Einschränkung, dass stets nur solche Maßnahmen verlangt werden können, deren Aufwand in einem angemessenen Verhältnis zu dem angestrebten Schutzzweck steht. Unter dem BDSG ergibt sich diese Einschrän-

---

71 Jandt, in: Kühling/Buchner (Hg.), DS-GVO (2017), Art. 32 Rn. 1.
72 Unter dem BDSG werden für die automatisierte Datenverarbeitung dann die Anforderungen an die technischen und organisatorischen Maßnahmen noch durch die Anlage zu § 9 S. 1 BDSG a. F. präzisiert.
73 Art. 32 DS-GVO geht insoweit über Art. 5 Abs. 1 lit. f DS-GVO hinaus, der mit der Vertraulichkeit und der Integrität lediglich zwei Teilaspekte der IT-Sicherheit anspricht.
74 Jandt, in: Kühling/Buchner (Hg.), DS-GVO (2017), Art. 32 Rn. 22.

kung aus § 9 S. 2 BDSG a. F., unter der DS-GVO aus Art. 32 Abs. 1 DS-GVO, der insbesondere auch auf die technische Machbarkeit und die Implementierungskosten abstellt.

2.2.1.7.2 Privacy by Design und Privacy by Default

Eng verwandt mit Art. 32 DS-GVO ist der Grundsatz von Privacy by Design und Privacy by Default – bzw. ausweislich der englischen Fassung der DS-GVO nun als Data Protection by Design and by Default bezeichnet – nach **Art. 25 DS-GVO.** Während Art. 32 DS-GVO als lex spezialis die datenverarbeitende Stelle verpflichtet, technische und organisatorische Maßnahmen zur Sicherstellung der Datensicherheit zu treffen, stellt Art. 25 DS-GVO diese Pflicht allgemein zur Sicherung der Grundsätze des Datenschutzes auf.[75]

Art. 25 Abs. 1 DS-GVO greift dabei den Grundgedanken von Data Protection by Design auf. Nach Art. 25 Abs. 1 DS-GVO sind unter Berücksichtigung des Stands der Technik, der Implementierungskosten, des Zwecks der Verarbeitung sowie der Eintrittswahrscheinlichkeit und der Schwere der mit der Verarbeitung verbundenen Risiken bereits zum Zeitpunkt der Planung der Datenverarbeitung gebotene und angemessene technische und organisatorische Maßnahmen zu treffen, mittels derer die Grundsätze des Datenschutzes sichergestellt werden. Art. 25 Abs. 1 DS-GVO verpflichtet die verarbeitende Stelle mithin, im Planungsstadium und damit **frühzeitig** und vor der eigentlichen Datenverarbeitung die Datenschutzgrundsätze angemessen zu berücksichtigen. Als Grundsatz, den es zu berücksichtigen gilt, führt Art. 25 Abs. 1 DS-GVO exemplarisch den der Datenminimierung an, welcher z. B. durch eine frühzeitige Pseudonymisierung personenbezogener Daten umgesetzt werden kann. Insoweit statuiert Art. 25 Abs. 1 DS-GVO eine Vorgabe, die in ähnlicher Weise auch schon § 3a BDSG a. F. festgelegt hat.[76] Zu ihrer Umsetzung haben datenverarbeitende Stellen bspw. eine Trennung von identifizierenden Merkmalen und dem weiteren Informationsgehalt eines Datums vorzunehmen.

Nach Art. 25 Abs. 2 DS-GVO besteht darüber hinaus eine Pflicht zu **datenschutzfreundlichen Voreinstellungen** *(data protection by default)*. Die verarbeitende Stelle muss mittels technischer und organisatorischer Maßnahmen sicherstellen, dass in der Grundeinstellung einer Anwendung nur diejenigen personenbezogenen Daten verarbeitet werden, die für den Zweck der Anwendung tatsächlich erforderlich sind. Eine darüber hinausgehende Verarbeitung von Daten darf hingegen nur erfolgen, wenn der Nutzer diesbezüglich aktiv geworden ist. Auch nach den Grundsätzen des Data Protection by Default ist es daher unzulässig, wenn ein Anbieter auf Einwilligungsklauseln setzt, die bereits vorangekreuzt sind, oder ein soziales Netzwerk auf Datenquellen wie

---

[75] Martini, in: Paal/Pauly (Hg.), DS-GVO (2017), Art. 25 Rn. 4.
[76] Hartung, in: Kühling/Buchner (Hg.), DS-GVO (2017), Art. 25 Rn. 3.

etwa Adressbücher zugreift, ohne dass der Nutzer vorher ausdrücklich zugestimmt hat.[77]

Die Grundsätze des Privacy by Design und Privacy by Default nimmt auch der Kommissionsvorschlag für eine ePrivacy-Verordnung[78] auf, wenn Art. 10 Abs. 2 des Entwurfs vorgibt, dass Software schon bei der Installation den Endnutzer über die Einstellungsmöglichkeiten zur Privatsphäre informieren und zur Fortsetzung der Installation vom Endnutzer die Einwilligung zu einer Einstellung verlangen muss. EG 23 f. führen konkret als Beispiel die bislang übliche Standardeinstellung „Alle Cookies annehmen" bei Webbrowsern an und fordern stattdessen ein, dass Endnutzer eine Option wie „Cookies von Drittanbietern annehmen" **aktiv auswählen** müssen.

2.2.1.8 Grundsatz der Direkterhebung

Ein weiterer, bis dato im deutschen Datenschutzrecht zentraler Grundsatz ist der der Direkterhebung: Personenbezogene Daten sind danach grundsätzlich beim Betroffenen selbst zu erheben.[79] Auf diese Weise lässt sich sicherstellen, dass eine Datenerhebung nur mit Kenntnis und unter Mitwirkung des Betroffenen erfolgt – gleichzeitig eine entscheidende Voraussetzung für die effektive Ausübung informationeller Selbstbestimmung. Darüber hinaus bietet die Erhebung an der Datenquelle die beste Gewähr für die Authentizität und Richtigkeit der personenbezogenen Informationen.[80]

Beispiel
Keine Direkterhebung ist die heimliche Datenbeschaffung etwa in Form einer versteckten Videoüberwachung oder mittels eines Funkchips (RFID), da es hier an der für eine Direkterhebung nötigen Mitwirkung des Betroffenen fehlt.[81]

Die DSRL hat (anders als das BDSG a. F.) einen Grundsatz der Direkterhebung nicht vorgesehen und auch in die DS-GVO hat dieser Grundsatz keinen Eingang gefunden.[82] Art. 14 DS-GVO sieht lediglich eine Reihe von Informationspflichten für den Fall vor, dass Daten nicht bei der betroffenen Person erhoben wurden. Unabhängig davon lässt sich aber auch unter der DS-GVO – zumindest mittelbar – aus dem Transparenz- und Verhältnismäßigkeitsprinzip ableiten, dass das Mittel „erster Wahl" für eine Datenbeschaffung stets die Direkterhebung beim Betroffenen sein muss.[83]

Umgekehrt kann der Verantwortliche von einer Direkterhebung stets dann absehen, wenn es gesetzlich vorgesehen ist, dass Daten ohne Mitwirkung des Betroffenen

---

77 Vgl. Hartung, in: Kühling/Buchner (Hg.), DS-GVO (2017), Art. 25 Rn. 24.
78 Ausführlicher zur ePrivacy-Verordnung Kap. 4.2.3.2 sowie Kap. 4.4.
79 Vgl. bislang § 4 Abs. 2 S. 1 BDSG a. F.
80 Weichert, in: Däubler/Klebe/Wedde/Weichert (Hg.), BDSG (5. A. 2016), § 4 Rn. 5.
81 Scholz/Sokol, in: Simitis (Hg.), BDSG (8. A. 2014), § 4 Rn. 23.
82 Ziegenhorn/von Heckel, NVwZ 2016, 1585, 1588.
83 Vgl. Bäcker, in: Kühling/Buchner (Hg.), DS-GVO (2017), Art. 13 Rn. 4; Buchner, DuD 2016, 155, 156.

erhoben werden können, wenn die zu erfüllende Verwaltungsaufgabe oder der Geschäftszweck eine Erhebung bei anderen Personen oder Stellen erforderlich macht oder wenn die Erhebung beim Betroffenen einen unverhältnismäßigen Aufwand erfordern würde und keine Anhaltspunkte dafür bestehen, dass überwiegende schutzwürdige Interessen des Betroffenen beeinträchtigt werden.[84]

Beispiel
Eine Direkterhebung scheidet v. a. im Bereich der staatlichen Ermittlungsmethoden wie zum Beispiel der Telefonüberwachung aus; hier ist eine sinnvolle Ermittlung nur möglich, wenn der Betroffene gerade keine Kenntnis von der Datenerhebung erlangt.[85]

2.2.2 Verarbeitung besonderer Kategorien personenbezogener Daten

Das bisherige BDSG a. F. differenziert – dem Vorbild der DSRL folgend – innerhalb der personenbezogenen Daten nochmals nach personenbezogenen Daten im Allgemeinen und einer speziellen Kategorie der „besonderen Arten" personenbezogener Daten. Die DS-GVO setzt diese Differenzierung fort und regelt in **Art. 9 DS-GVO** die Verarbeitung besonderer Kategorien personenbezogener Daten. Handelt es sich im konkreten Fall um derlei „besondere" Daten, ist der Umgang mit diesen Daten besonderen datenschutzrechtlichen Restriktionen unterworfen, insbesondere gelten teils strengere Anforderungen an die Zulässigkeit einer Verarbeitung.

Sinnhaftigkeit einer Differenzierung?
Darüber, ob eine Differenzierung nach mehr oder weniger „besonderen" Daten überhaupt Sinn ergibt, lässt sich trefflich streiten. Gegen eine solche Differenzierung spricht, dass sich die Schutzwürdigkeit personenbezogener Daten niemals abstrakt, sondern stets nur in Bezug auf den jeweiligen Verwendungszweck beurteilen lässt. Auch vermeintlich harmlose Daten können im entsprechenden Zusammenhang einen äußerst sensitiven Charakter annehmen. So mag etwa ein Name zunächst einmal kein besonders schutzwürdiges Datum sein, diese Einschätzung ändert sich allerdings spätestens dann, wenn sich dieser Name in der Kartei einer Heilanstalt oder Drogenberatungsstelle findet.[86] Folgerichtig hat bereits das BVerfG im Volkszählungsurteil betont, dass je nach Datenverarbeitungszweck und Datenverarbeitungsmöglichkeiten auch ein für sich gesehen belangloses Datum einen neuen Stellenwert bekommen kann und es daher unter den Bedingungen der automatischen Datenverarbeitung kein „belangloses" Datum mehr gibt.[87]

---

84 In diesem Sinne hat auch schon bislang § 4 Abs. 2 S. 2 BDSG a. F. entsprechende Ausnahmen vom Grundsatz der Direkterhebung vorgesehen.
85 Weichert, in: Däubler/Klebe/Wedde/Weichert (Hg.), BDSG (5. A. 2016), § 4 Rn. 7; s. für eine Vielzahl weiterer Beispiele Gola/Schomerus, BDSG (12. A. 2015), § 4 Rn. 23.
86 Vgl. Simitis, in: ders. (Hg.), BDSG (8. A. 2014), § 3 Rn. 251.
87 BVerfG v. 15.12.1983, BVerfGE 65, 1, 45.

2.2.2.1 Definition

Eine Definition der besonderen Arten von personenbezogenen Daten findet sich in § 3 Abs. 9 BDSG a. F. und in der DS-GVO in Art. 9 Abs. 1. Zu den besonderen Arten von personenbezogenen Daten gehören danach Angaben über die rassische und ethnische Herkunft, politische Meinungen, religiöse oder weltanschauliche Überzeugungen, Gewerkschaftszugehörigkeiten, Gesundheit oder Sexualleben.[88] Art. 9 Abs. 1 DS-GVO zählt darüber hinaus auch noch die genetischen und biometrischen Daten sowie die sexuelle Orientierung einer natürlichen Person auf. Die Auflistung dieser besonderen Gruppen von personenbezogenen Daten ist jeweils **abschließend**.

Beispiele
- Zu den Angaben über rassische und ethnische Herkunft gehören alle Angaben, die den Betroffenen einer bestimmten Rasse, Hautfarbe, Volksgruppe oder Minderheit zuordnen, nicht jedoch dessen Staatsangehörigkeit oder geografische Herkunft.[89]
- Angaben über politische Meinungen, religiöse oder weltanschauliche Überzeugungen erfassen nicht nur die Zugehörigkeit (oder Nicht-Zugehörigkeit) zu einer bestimmten Partei, Religions- oder sonstigen Glaubensgemeinschaft, sondern – vorgelagert – auch sämtliche Verhaltensweisen, die auf eine bestimmte politische, religiöse oder weltanschauliche Einstellung schließen lassen.
- Angaben über die Gesundheit sind alle Angaben, die den körperlichen und geistigen Zustand eines Menschen betreffen (Zustandsbeschreibungen, Befundmitteilungen, Krankheitsgeschichten etc.). Auch die Schwerbehinderteneigenschaft zählt hierzu.[90]

2.2.2.2 Spezifische Anforderungen

Die DS-GVO normiert, ebenso wie auch schon das BDSG a. F., spezifische Anforderungen an den Umgang mit besonderen Arten personenbezogener Daten:[91]

Im Ausgangspunkt gilt auch für besondere Kategorien personenbezogener Daten das Verbotsprinzip, das noch einmal als solches in Art. 9 DS-GVO normiert ist. Nach Art. 9 Abs. 1 DS-GVO ist eine Verarbeitung solcher Daten zunächst einmal „untersagt". Art. 9 Abs. 2 DS-GVO zählt dann in den lit. a bis lit. j eine Reihe von Fallkonstellationen auf, in denen dieses Verbot nicht gilt.

Spezifische Regelungen zum Datenschutz bei besonders schutzwürdigen Daten sind über Art. 9 DS-GVO hinaus auch noch an anderen Stellen in der DS-GVO vorge-

---

[88] Der Begriff „rassische Herkunft" lässt sich durchaus kritisch hinterfragen. Nach anthropologischer Vorstellung ist eine Unterteilung in verschiedene menschliche Rassen überlebt. Auch EG 51 der DS-GVO distanziert sich an sich deutlich von Rassentheorien jedweder Art, greift den Begriff dann aber gleichwohl auf; ausführlich dazu Petri, in: Simitis/Hornung/Spiecker (Hg.), DS-GVO (i. Ersch.), Art. 9 Abs. 1 Rn. 14 f.
[89] Bergmann/Möhrle/Herb, Datenschutzrecht (51. EL 2016), § 3 BDSG Rn. 168.
[90] Bergmann/Möhrle/Herb, Datenschutzrecht (51. EL 2016), § 3 BDSG Rn. 171 f.
[91] Vgl. konkret zum Gesundheitsdatenschutz Buchner/Schwichtenberg, GuP 2016, 218.

sehen. Dies gilt etwa für die Zweckbindung der Datenverarbeitung nach Art. 5 Abs. 1 lit. b DS-GVO, die nach Art. 6 Abs. 4 lit. c DS-GVO gerade bei der Verarbeitung von sensiblen Daten eine besondere Berücksichtigung erfahren soll. Die Ausnahmen vom Verbot der automatisierten Einzelentscheidung nach Art. 22 DS-GVO werden für den Fall, dass besondere Kategorien personenbezogener Daten verarbeitet werden, nochmals enger gezogen (Art. 22 Abs. 4 DS-GVO). Zu den weiteren Konsequenzen, die die DS-GVO an eine Verarbeitung von besonders schutzwürdigen personenbezogenen Daten knüpft, zählen:
- die Pflicht zur Erstellung eines Verarbeitungsverzeichnisses (Art. 30 Abs. 5),
- die Erforderlichkeit einer Datenschutzfolgenabschätzung (Art. 35 Abs. 3 lit. b),
- die Pflicht zur Benennung eines Datenschutzbeauftragten (Art. 37 Abs. 1 lit. c).

Strafrechtliche Verurteilungen und Straftaten (Art. 10 DS-GVO)
Auch personenbezogene Daten über strafrechtliche Verurteilungen und Straftaten sind als besonders sensible Daten einzustufen, da das Strafrecht mit seinen Sanktionen für die betroffene Person besonders einschneidende und stigmatisierende Konsequenzen haben kann.[92] Nach Art. 10 DS-GVO ist daher deren Verarbeitung nur unter engen Voraussetzungen (behördliche Aufsicht; geeignete Garantien) zulässig.

2.2.3 Videoüberwachung

Videoüberwachung ist aufgrund ihres Kontroll- und Einschüchterungspotenzials seit Langem eines der zentralen datenschutzrechtlichen Themen. Europäischer „Vorreiter" in Sachen Videoüberwachung ist Großbritannien, wo seit 1999 massiv in sog. CCTV (Closed Circuit Television – Videoüberwachungsanlagen) investiert worden ist; für 2016 gehen Schätzungen von 6 Millionen solcher CCTV-Kameras aus (eine Kamera für je 10 Bürger).[93] Aber auch hierzulande drängen Politik und Sicherheitsbehörden unter dem Eindruck einer zunehmend angespannten Sicherheitslage auf eine Ausweitung der Videoüberwachung, was sich nicht zuletzt auch rechtlich niederschlägt, jüngst etwa im „Videoüberwachungsverbesserungsgesetz".[94] Gewährleistet werden soll durch dieses Gesetz, dass künftig bei Abwägungsentscheidungen für oder gegen die Zulässigkeit einer Videoüberwachung der Sicherheit und dem Schutz der Bevölkerung ein größeres Gewicht beigemessen wird, indem ausdrücklich normiert wird,

---

[92] Weichert, in: Kühling/Buchner (Hg.), DS-GVO (2017), Art. 10 Rn. 1.
[93] Greenwood, One CCTV camera for every 10 people: Report says there are now six million across the UK...but many of them are useless, Daily Mail Online v. 26.10.2016 unter: http://www.dailymail.co.uk/news/article-3872818/One-CCTV-camera-10-people-Report-says-six-million-UK-useless.html (letzter Abruf 03.02.2017).
[94] BT-Drs. 18/10941; näher dazu Kap. 2.2.3.2.5.

dass der Schutz von Leben, Gesundheit oder Freiheit von Personen an bestimmten, stark frequentierten Orten als besonders wichtiges Interesse gilt.

2.2.3.1 Überblick

Konfliktstoff bietet die Videoüberwachung in vielen Bereichen, nicht nur beim Einsatz von Kameras zur Verbrechensprävention oder -aufklärung, sondern etwa auch bei der Videoüberwachung am Arbeitsplatz oder der privaten Videoüberwachung im öffentlichen Raum mittels sog. Dashcams. Im Jahr 2001 wurde der zunehmenden Bedeutung und besonderen Eingriffsqualität der Videoüberwachung durch die Aufnahme einer eigenen Sondervorschrift in das BDSG a. F. Rechnung getragen, die die Zulässigkeit einer **Videoüberwachung von öffentlich zugänglichen Räumen** regelt (§ 6b BDSG a. F.). Als § 4 BDSG n. F. soll diese Vorschrift auch künftig unter der DS-GVO fortgelten, soweit Art. 6 Abs. 1 lit. e, Abs. 3 DS-GVO den Mitgliedstaaten für den öffentlichen Bereich einen Regelungsspielraum belässt. Nicht § 4 BDSG n. F., sondern Art. 6 Abs. 1 lit. f DS-GVO wird demgegenüber einschlägig sein, soweit **nicht-öffentliche Stellen** auf Videoüberwachung zurückgreifen, um damit Interessen zu verfolgen, die nicht unter die öffentlichen Interessen i. S. d Art. 6 Abs. 1 lit. e, Abs. 3 fallen.[95]

Soweit die Videoüberwachung zu Zwecken der Verhütung, Ermittlung, Aufdeckung oder Verfolgung von **Straftaten** oder der Strafvollstreckung erfolgt, fällt diese nicht in den Anwendungsbereich der DS-GVO, sondern der Datenschutzrichtlinie 2016/680 (DSRLJ). Nicht in den Anwendungsbereich der DSRLJ fällt jedoch die **allgemeine Gefahrenabwehr.** Daher bleibt es bspw. im Bereich des öffentlichen Personennahverkehrs bei der Anwendbarkeit der DS-GVO, wenn eine Videoüberwachung dort unmittelbar auf den Schutz von Leben, Gesundheit oder Eigentum abzielt und die Straftatenbekämpfung demgegenüber nur als zweckändernde Datenverarbeitung zulässig ist.[96]

2.2.3.2 Videoüberwachung öffentlich zugänglicher Räume

Bislang ist die Videoüberwachung öffentlich zugänglicher Räume in § 6b BDSG a. F. geregelt, der auch unter der DS-GVO als § 4 BDSG n. F. fortgelten soll. „Öffentlich zugänglich" sind all diejenigen Räume, die ihrem Zweck nach dazu bestimmt sind, von einem unbestimmten oder nach nur allgemeinen Merkmalen bestimmten Personenkreis betreten und genutzt zu werden.[97]

---

[95] Buchner/Petri, in: Kühling/Buchner (Hg.), DS-GVO (2017), Art. 6 Rn. 172.
[96] Buchner/Petri, in: Kühling/Buchner (Hg.), DS-GVO (2017), Art. 6 Rn. 138.
[97] Scholz, in: Simitis (Hg.), BDSG (8. A. 2014), § 6b Rn. 42.

> **Beispiel**
> Zu öffentlich zugänglichen Räumen zählen etwa Bahnsteige, Schalterhallen, Ladenpassagen, Kaufhäuser, Tankstellen, Banken, Museen oder Biergärten. Auch die allgemein betretbaren Flächen eines Wohnungs- oder Bürogebäudes wie Treppenhäuser oder Fahrstühle zählen zu den öffentlich zugänglichen Räumlichkeiten.[98]

Unerheblich für die Einordnung als öffentlich zugänglich ist, ob der Zugang von der Zahlung eines Eintrittsgeldes abhängt; auch auf die Eigentumsverhältnisse kommt es nicht an. Sofern Behörden öffentliche Plätze mithilfe von Videoüberwachung kontrollieren, ist darin nach Feststellung des BVerfG ein nicht unerheblicher Eingriff in das Persönlichkeitsrecht zu sehen, der eine hinreichend bestimmte Befugnisnorm erfordert.[99]

2.2.3.2.1 Beobachtung mit optisch-elektronischen Einrichtungen

Gesetzlich definiert wird die Videoüberwachung als „Beobachtung öffentlich zugänglicher Räume mit optisch-elektronischen Einrichtungen".[100] Unter den Begriff der Beobachtung fällt dabei jede Tätigkeit, die darauf abzielt, Geschehnisse und Personen mittels geeigneter Geräte und Einrichtungen zu betrachten; unerheblich ist, ob eine anschließende Speicherung der Bilder erfolgt oder beabsichtigt ist.[101]

> **Beispiel**
> Zu den optisch-elektronischen Einrichtungen zählen Kameras jeglicher Art und Größe, einzige Voraussetzung ist, dass sie dazu geeignet sind, für Beobachtungen genutzt zu werden.[102] Unerheblich ist, ob es sich um fest oder mobil installierte Kameras handelt, auch sog. Dashcams oder Kameradrohnen werden daher erfasst. Dagegen spricht auch nicht, dass sich bei mobilen Kameras die Hinweispflicht des § 6b Abs. 2 BDSG a. F. (§ 4 Abs. 2 BDSG n. F.) nur schwer oder gar nicht umsetzen lässt. Die Erfüllbarkeit dieser Hinweispflicht ist kein konstitutives Merkmal für die Annahme einer Videoüberwachung.[103] Ebenso wenig folgt aus einem unterlassenen Hinweis automatisch die Rechtswidrigkeit einer Videoüberwachung.[104]

Der Betrieb einer bloßen **Videokameraattrappe** fällt demgegenüber nicht unter den Begriff der Videoüberwachung. Gleichwohl unterliegt auch der Betrieb solcher Kameraattrappen rechtlichen Grenzen, die zwar nicht aus dem Datenschutzrecht, wohl aber aus dem Persönlichkeitsrecht des (vermeintlich) Überwachten folgen. Auch Kame-

---

98 Stöber, NJW 2015, 3681, 3683 m. w. N.
99 S. BVerfG v. 23.02.2007, DuD 2007, 703.
100 Vgl. § 6b Abs. 1 BDSG a. F. und ebenso auch § 4 Abs. 1 BDSG n. F.
101 S. zum bisherigen § 6b BDSG a. F.: BT-Drs. 14/4329, S. 38.
102 Wedde, in: Däubler/Klebe/Wedde/Weichert (Hg.), BDSG (5. A. 2016), § 6b Rn. 16.
103 In diesem Sinne etwa auch LG Memmingen v. 14.01.2016, DuD 2016, 401, 402.
104 S. für die heimliche Videoüberwachung am Arbeitsplatz BAG v. 21.06.2012, DuD 2012, 841, 843.

raattrappen können, ebenso wie echte Kameras, einen erheblichen „Überwachungsdruck" ausüben und allein deshalb schon in das Persönlichkeitsrecht eingreifen.[105] Rechtfertigen lässt sich ein solcher Eingriff allenfalls dann, wenn der Einsatz von Kameraattrappen zur Abwehr schwerwiegender Rechtsverletzungen erforderlich ist, die auf andere Weise nicht wirksam verhindert werden können.[106]

2.2.3.2.2 BDSG-Regelungen zur Videoüberwachung unter der DS-GVO

Mit § 4 BDSG n. F. soll unter der DS-GVO die Videoüberwachung öffentlich zugänglicher Räume im nationalen Recht eine Regelung erfahren, die weitgehend der Vorgängerregelung des § 6b BDSG a. F. entspricht. Spielraum für die Beibehaltung der bisherigen nationalen Regelung zur Videoüberwachung sieht der Gesetzgeber unter Verweis auf die Öffnungsklausel des Art. 6 Abs. 1 lit. e i. V. m. Art. 6 Abs. 3 S. 1 DS-GVO. Zutreffend ist dies sicherlich insoweit, als es sich um eine Videoüberwachung durch **öffentliche Stellen** handelt, die Aufgaben im öffentlichen Interesse oder in Ausübung öffentlicher Gewalt wahrnehmen.

§ 4 BDSG n. F. geht allerdings darüber hinaus und soll auch die Videoüberwachung durch **nicht-öffentliche Stellen** erfassen, wenn die Videoüberwachung zur Wahrnehmung des Hausrechts (Abs. 1 Nr. 2) oder zur Wahrnehmung berechtigter Interessen (Abs. 1 Nr. 3) erfolgt. Mit Art. 6 Abs. 1 lit. e i. V. m. Art. 6 Abs. 3 S. 1 DS-GVO ist eine so weitgehende nationale Regelung jedoch nicht mehr vereinbar. Zwar kann grundsätzlich auch die Datenverarbeitung nicht-öffentlicher Stellen unter diese Öffnungsklausel fallen, dies setzt jedoch voraus, dass diesen nicht-öffentlichen Stellen zunächst einmal die **Wahrnehmung einer öffentlichen Aufgabe übertragen** worden ist. Weder in der Wahrnehmung des Hausrechts noch in der Wahrnehmung „berechtigter Interessen" kann eine solche öffentliche Aufgabe gesehen werden. Unabhängig davon fehlt es auch an einer entsprechenden Aufgabenübertragung auf nicht-öffentliche Stellen, die nicht einfach so angenommen werden kann und zudem durch ein öffentliches Interesse gerechtfertigt sein muss.[107]

Wie eine mit der DS-GVO zu vereinbarende Regelung der Videoüberwachung hätte aussehen können, lässt sich noch in einem der früheren Entwürfe zum neuen BDSG nachlesen.[108] Geregelt ist dort zum einen eine Videoüberwachung durch öffentliche Stellen zur Wahrnehmung von Aufgaben im öffentlichen Interesse und zum anderen eine Videoüberwachung durch nicht-öffentliche Stellen – Letztere beschränkt auf eine Videoüberwachung zum Schutz von Leben, Gesundheit oder Freiheit von Personen an bestimmten, stark frequentierten Orten. In der Gesetzesbegründung ist zudem ausführlich

---

[105] LG Berlin v. 28.10.2015, DuD 2016, 249 m. Anm. Widegreen. Zum sog. Überwachungsdruck durch Videoüberwachung s. schon BGH v. 16.03.2010, DuD 2010, 497, 498.
[106] Vgl. Widegreen, DuD 2016, 249, 250. mit zahlreichen Nachweisen aus der Rspr.
[107] S. EG 45 der DS-GVO (a. E.).
[108] Referentenentwurf des BMI v. 11.11.2016.

begründet, warum insoweit eine Aufgabenübertragung auf nicht-öffentliche Stellen (Wahrung der öffentlichen Sicherheit) auch im öffentlichen Interesse liegt.

Festzuhalten bleibt damit, dass unter Geltung der DS-GVO bei nicht-öffentlichen Stellen eine Videoüberwachung, die nicht ausnahmsweise in Wahrnehmung öffentlicher Aufgaben erfolgt, nicht nach § 4 BDSG n. F., sondern stattdessen nach Art. 6 Abs. 1 lit. f DS-GVO zu beurteilen ist.

2.2.3.2.3 Videoüberwachung zur Aufgabenerfüllung öffentlicher Stellen

In seiner ersten Variante regelt § 6b BDSG a. F. (bzw. künftig § 4b BDSG n. F.) die Videoüberwachung durch öffentliche Stellen im Rahmen ihrer Aufgabenerfüllung (Abs. 1 Nr.1). Zulässig ist eine solche Videoüberwachung,
- wenn sie zur Aufgabenerfüllung der öffentlichen Stelle erforderlich ist,
- wenn keine Anhaltspunkte dafür bestehen, dass schutzwürdige Interessen der Betroffenen überwiegen
- und wenn schließlich sowohl der Umstand der Beobachtung als auch die verantwortliche Stelle durch geeignete Maßnahmen erkennbar gemacht werden (Abs. 2 – Transparenzgebot).

Maßstab für die Zulässigkeit einer Videoüberwachung durch öffentliche Stellen ist damit zunächst einmal die Aufgabe, die die öffentliche Stelle aufgrund Gesetzes oder anderer Rechtsvorschriften zu erfüllen hat. Oftmals sind jedoch in dieser Konstellation ohnehin speziellere bereichsspezifische Vorschriften einschlägig, nach denen sich die Zulässigkeit einer Beobachtung richtet.[109]

2.2.3.2.4 Videoüberwachung zur Wahrnehmung des Hausrechts

In seiner zweiten Variante regelt § 6b BDSG a. F. (bzw. künftig § 4 BDSG n. F.) die Videoüberwachung zur Wahrnehmung des Hausrechts (Abs. 1 Nr. 2). Die Videoüberwachung kann dabei sowohl präventiven Zwecken (Vermeidung von Diebstählen, Sachbeschädigungen oder Störungen) als auch repressiven Zwecken (Beweissicherung bei bereits erfolgten Verstößen) dienen.[110] Auch hier sind dann wieder die schutzwürdigen Interessen des Betroffenen zu berücksichtigen und das Transparenzgebot zu wahren.[111]

An sich steht die Wahrnehmung des Hausrechts als Legitimationsgrundlage für eine Videoüberwachung sowohl öffentlichen als auch nicht-öffentlichen Stellen zur

---

[109] Scholz, in: Simitis (Hg.), BDSG (8. A. 2014), § 6b Rn. 72.
[110] Bergmann/Möhrle/Herb, Datenschutzrecht (51. EL 2016), § 6b BDSG a. F. Rn. 34.
[111] S. Kap. 2.2.3.2.3; es handelt sich um Vorgaben, die für alle drei Varianten des § 6b BDSG a. F. bzw. § 4 BDSG n. F. gelten.

Verfügung.[112] Mit Blick auf die DS-GVO ist jedoch zu berücksichtigen, dass es sich bei der Wahrnehmung des Hausrechts durch nicht-öffentliche Stellen nicht um eine Wahrnehmung öffentlicher Aufgaben handelt und damit der nationale Gesetzgeber insoweit unter der DS-GVO auch keinen Regelungsspielraum mehr hat, die Zulässigkeit einer Videoüberwachung durch nicht-öffentliche Stellen zu regeln. Einschlägig ist stattdessen künftig die allgemeine Interessenabwägungsklausel des Art. 6 Abs. 1 lit. f DS-GVO.

2.2.3.2.5 Videoüberwachung zur Wahrnehmung berechtigter Interessen

In seiner dritten Variante regelt § 6b BDSG a. F. die Videoüberwachung „zur Wahrnehmung berechtigter Interessen für konkret festgelegte Zwecke" (Abs. 1 Nr. 3). Auch diese Regelung soll künftig unter der DS-GVO ihre Fortsetzung in § 4b Abs. 1 S. 1 Nr. 3 BDSG n. F. finden, ergänzt um eine Klarstellung, in welchen Konstellationen bestimmte Interessen der überwachenden Stelle als „besonders wichtig" einzuordnen sind.

Dem Grunde nach handelt es sich bei der dritten Zulässigkeitsvariante um eine allgemeine Interessenabwägungsklausel, die auf die Videoüberwachung durch **nicht-öffentliche Stellen** zugeschnitten ist. Bereits für § 6b BDSG a. F. wird daher zu Recht vertreten, dass diese Variante allein für den nicht-öffentlichen Bereich von Relevanz ist.[113] Für die DS-GVO stellt Art. 6 Abs. 1 S. 2 klar, dass lediglich nicht-öffentliche Stellen die Zulässigkeit ihrer Datenverarbeitung auf eine Interessenabwägungsklausel stützen können. Damit wird aber im Ergebnis die Nachfolgeregelung des § 4b Abs. 1 S. 1 Nr. 3 BDSG n. F. unter der DS-GVO leerlaufen: Für die Videoüberwachung durch öffentliche Stellen gilt die Regelung von vornherein nicht und für die Videoüberwachung durch nicht-öffentliche Stellen verbleibt dem deutschen Gesetzgeber unter der DS-GVO kein Regelungsspielraum mehr.

Einschlägig für die Zulässigkeit einer Videoüberwachung durch nicht-öffentliche Stellen zur Wahrnehmung berechtigter Interessen ist künftig vielmehr **Art. 6 Abs. 1 lit. f DS-GVO.** Der Sache nach gehen damit allerdings keine wesentlichen Unterschiede einher, da so oder so eine Interessenabwägung vorzunehmen ist, und auch die sonstigen spezifischen Vorgaben, wie sie in § 6b BDSG a. F. bzw. § 4 BDSG n. F. für die Rechtmäßigkeit einer Videoüberwachung normiert sind, im Rahmen einer Interessenabwägung nach Art. 6 Abs. 1 lit. f DS-GVO ebenso Berücksichtigung finden können.

Zu wessen Gunsten die Interessenabwägung ausfällt, hängt stets von den konkreten Umständen des Einzelfalls ab. Abzustellen ist im Ausgangspunkt einerseits auf das Persönlichkeitsrecht der Betroffenen sowie die Auswirkungen, die eine Videoüberwachung für diese mit sich bringt, andererseits auf die berechtigten Interessen des Ver-

---

112 Für § 6b BDSG a. F. s. Bericht und Beschlussempfehlung des Innenausschusses, BT-Drs. 14/5793, S. 61.
113 Vgl. Scholz, in: Simitis (Hg.), BDSG (8. A. 2014), § 6b Rn. 77 mit Verweis auf BT-Drs. 14/5793, S. 61.

antwortlichen. Soweit berechtigte Interessen vorhanden sind, müssen diese bereits vor der Videoüberwachung für konkret festgelegte Zwecke bestimmt und dokumentiert worden sein. Allgemeine Umschreibungen sind hierfür nicht ausreichend. Stets ausgeschlossen ist ein berechtigtes Interesse, wenn die Beobachtung selbst der Hauptzweck oder ein Nebenzweck der Geschäftstätigkeit ist. Eine Videoüberwachung zum Zweck der Vermarktung hierdurch gewonnener Bilder ist daher niemals zulässig.[114]

Mit dem sog. **Videoüberwachungsverbesserungsgesetz**[115] möchte der Gesetzgeber dafür Sorge tragen, dass künftig im Rahmen der Interessenabwägung den Belangen der öffentlichen Sicherheit und des Bevölkerungsschutzes noch mehr Gewicht beigemessen wird. Zu diesem Zweck wird für die Interessenabwägung im Rahmen des § 6b BDSG a. F. bzw. § 4 BDSG n. F. festgeschrieben, dass bei einer Videoüberwachung in öffentlich zugänglichen großflächigen Anlagen (Sport- und Vergnügungsstätten, Einkaufszentren, Parkplätze) sowie im öffentlichen Personenverkehr der Schutz von Leben, Gesundheit oder Freiheit von dort aufhältigen Personen als **„besonders wichtiges Interesse"** gilt. Auch insoweit ist allerdings wieder zu berücksichtigen, dass unter Geltung der DS-GVO für eine Interessenabwägung nach § 4 BDSG n. F. überhaupt kein Raum mehr verbleibt, und die Einordnung bestimmter Interessen als besonders wichtig stattdessen allenfalls im Rahmen des Art. 6 Abs. 1 lit. f DS-GVO eine Rolle spielen kann.[116]

2.2.3.2.6 Fallbeispiel: Videoüberwachung im Kaffeehaus

Fall
B ist Betreiber einer Kaffeehauskette. Weil es immer wieder zu Ladendiebstählen durch Kunden und Unterschlagungen durch Mitarbeiter kommt, installiert er zur Beweissicherung und Prävention in den Kaffeehausfilialen an verschiedenen Stellen Überwachungskameras: im Bereich des Kassentresens, wo die Kunden ihren Kaffee bestellen und bezahlen, im Bereich der Warenregale, wo Produkte des B angeboten werden, die der Kunde ebenfalls an dem Kassentresen bezahlt, und im Kundenbereich mit Tischen und Sitzgelegenheiten, wo die Kunden die verkauften Waren verzehren können. B möchte wissen, ob die Videoüberwachung dieser Bereiche rechtlich zulässig ist. [117]

Rechtliche Einordnung: B kann sich für den Einsatz der Videoüberwachung nach bisheriger Rechtslage (§ 6b BDSG a. F.) sowohl auf die Wahrnehmung seines Haus-

---

114 BT-Drs. 14/5793, S. 61.
115 Entwurf der Bundesregierung für ein Gesetz zur Änderung des Bundesdatenschutzgesetzes – Erhöhung der Sicherheit in öffentlich zugänglichen großflächigen Anlagen und im öffentlichen Personenverkehr durch optisch-elektronische Einrichtungen (Videoüberwachungsverbesserungsgesetz); BT-Drs. 18/10941.
116 Vorausgesetzt die Übernahme dieser Grundwertung des deutschen Gesetzgebers gerät nicht mit dem Gebot einer unionsweit einheitlichen Auslegung der Verschriften der DS-GVO in Konflikt; s. dazu auch Buchner/Petri, in: Kühling/Buchner (Hg.), DS-GVO (2017), Art. 6 Rn. 145.
117 Fallbeispiel in Anlehnung an AG Hamburg v. 22.04.2008, CR 2009, 129 f.

rechts als auch auf die Wahrnehmung berechtigter Interessen stützen (Abs. 1 Nr. 2 und Nr. 3). Zum einen verfügt er als Betreiber der Kaffeehauskette über das Hausrecht und kann zu dessen Wahrnehmung sowohl für präventive als auch für repressive Zwecke eine Videoüberwachung einsetzen. Zum anderen nimmt er mit der Videoüberwachung berechtigte Interessen für konkret festgelegte Zwecke, nämlich Beweissicherung und Prävention, wahr. Der Sache nach ändert sich hieran auch unter der DS-GVO nichts. Einschlägige Rechtsgrundlage ist dann allerdings die Interessenabwägungsklausel des Art. 6 Abs. 1 lit. f DS-GVO, da B im Fallbeispiel die Videoüberwachung nicht in Wahrnehmung öffentlicher Aufgaben einsetzt. Bei der Interessenabwägung nach Art. 6 Abs. 1 lit. f DS-GVO kann dann ebenfalls auch das Hausrecht des B zu seinen Gunsten berücksichtigt werden.

Jede Videoüberwachung muss darüber hinaus zur Erreichung des verfolgten Zwecks **erforderlich** sein (§ 6b Abs. 1 BDSG a. F. bzw. Art. 6 Abs. 1 lit. f DS-GVO). Es darf also kein Mittel geben, welches das informationelle Selbstbestimmungsrecht weniger beeinträchtigt, zur Erreichung der verfolgten Zwecke jedoch gleichermaßen geeignet ist. Schließlich bedarf es für die Frage der Zulässigkeit einer Videoüberwachung stets einer **Interessenabwägung** zwischen dem Interesse an der Durchführung einer Videoüberwachung einerseits und den schutzwürdigen Interessen der von der Videoüberwachung betroffenen Personen andererseits. Aufseiten des Betroffenen ist hierbei v. a. dessen Interesse zu berücksichtigen, sich in der Öffentlichkeit frei und ungezwungen bewegen zu können; er soll nicht befürchten müssen, ungewollt zum Gegenstand einer Videoüberwachung gemacht zu werden. Je tiefer durch eine Videoüberwachung in die Privat- und Intimsphäre des Betroffenen eingegriffen wird, umso mehr Gewicht ist dem Persönlichkeitsrecht des Betroffenen einzuräumen. Eine Videoüberwachung von Toiletten oder Umkleidekabinen zum Zweck der Diebstahlsprävention wäre dementsprechend unter keinen Umständen zulässig.[118]

Im **Beispiel des Kaffeehauses** ist die **Erforderlichkeit** der Videoüberwachung zu bejahen. Ein zumutbares milderes Mittel, mit dem B die Zwecke der Prävention und Beweissicherung ebenso wirksam erreichen könnte, ist nicht ersichtlich. Zwar könnte man auch an den Einsatz von Wachpersonal denken. Jedoch ist B diese Alternative schon aus Kostengründen nicht zumutbar. Zudem dürfte der Einsatz von Wachpersonal zumindest mit Blick auf den Zweck der Beweissicherung auch nicht gleichermaßen geeignet sein, da ein Irrtum bei der Identifizierung eines Täters nur im Fall der Videoaufzeichnung regelmäßig ausgeschlossen werden kann, nicht aber im Fall der Aussage eines Wachmannes als Augenzeuge.

Unterschiedlich zu beurteilen ist die Zulässigkeit der Videoüberwachung in den verschiedenen Bereichen schließlich mit Blick auf die nach § 6b Abs. 1 BDSG a. F. bzw. Art. 6 Abs. 1 lit. f DS-GVO gebotene **Interessenabwägung**. Jedenfalls unzulässig ist diese Überwachung, soweit sie sich auch auf den Kundenbereich mit seinen Tischen

---

[118] S. BT-Drs. 14/5793, S. 62.

und Sitzgelegenheiten erstreckt, wo die Kunden die verkauften Waren verzehren können. Die Schutzbedürftigkeit der Kunden ist in diesem Bereich, in dem sie sich regelmäßig länger aufhalten und miteinander kommunizieren, als besonders hoch einzustufen. Entsprechend überwiegt hier das Persönlichkeitsrecht der Gäste das Interesse des Betreibers an Beweissicherung und Prävention.

Anders fällt die Interessenabwägung im Regalbereich aus – hier ist eine Videoüberwachung gerechtfertigt. Zum einen halten sich die Kunden in diesen Bereichen regelmäßig ohnehin nur kurzfristig zur Besorgung der gewünschten Produkte auf und sind daher in ihrem Persönlichkeitsrecht nur geringfügig beeinträchtigt; zum anderen ist die Gefahr von Diebstählen gerade in diesen Bereichen besonders hoch, sodass hier der Betreiber ein entsprechend großes Interesse an einer effektiven Prävention und Strafverfolgung hat.[119]

Was schließlich die Zulässigkeit der Überwachung im Bereich des Kassentresens angeht, sind hier zusätzlich auch die Interessen der Beschäftigten in die Interessenabwägung mit einzustellen (dazu Kap. 2.2.3.3).

Last but not least trifft B darüber hinaus auch die Pflicht, den Einsatz von Videokameras in den Filialen **transparent** zu machen. Sowohl der Umstand der Videoüberwachung als solcher als auch die verantwortliche Stelle sind durch geeignete Maßnahmen erkennbar zu machen, etwa durch den Einsatz von Piktogrammen, verbunden mit dem (möglichst konkret gehaltenen) Hinweis, welcher Räume von wem videoüberwacht werden einschließlich der Angabe einer Ansprechperson.[120] Im bisherigen BDSG ist diese Hinweispflicht in § 6a Abs. 2 BDSG a. F. normiert. Soweit zukünftig die Zulässigkeit einer Videoüberwachung nach Art. 6 Abs. 1 lit. f DS-GVO zu beurteilen ist, folgt die Pflicht zur Transparenz aus der allgemeinen Vorgabe des Art. 5 Abs. 1 lit. a DS-GVO; wird die Videoüberwachung nicht transparent gemacht, ist dies zulasten des Verantwortlichen in der Interessenabwägung nach Art. 6 Abs. 1 lit. f zu berücksichtigen.

2.2.3.2.7 Weitere Verarbeitung und Nutzung der Daten

Während § 6b Abs. 1 BDSG a. F. (ebenso wie § 4 Abs. 1 BDSG n. F.) die Zulässigkeit einer Beobachtung als solche betrifft, regelt § 6 Abs. 3 BDSG a. F. (bzw. § 4 Abs. 3 BDSG n. F.) die Voraussetzungen für die weitere Verarbeitung der gemäß Absatz 1 erhobenen Daten. Soll die weitere Verarbeitung zur Erreichung des mit der Beobachtung originär verfolgten Zwecks erfolgen, ist dies zulässig, wenn dies zum Erreichen des verfolgten Zwecks erforderlich ist und keine Anhaltspunkte bestehen, dass schutzwürdige Interessen der Betroffenen überwiegen. Der Sache nach gilt das Gleiche auch, wenn die Zulässigkeit einer Datenverarbeitung unter der DS-GVO auf Art. 6 Abs. 1 lit. f DS-GVO gestützt wird.

---

119 Ausführlich AG Hamburg v. 22.04.2008, CR 2009, 129, 130.
120 Vgl. Brink, in: Wolff/Brink (Hg.), BeckOK-DatenSR (19. Ed. 2017), § 6b BDSG Rn. 82 ff.

Soll hingegen eine Verarbeitung für neue Zwecke stattfinden, ist dies nur unter den engen Voraussetzungen des § 6b Abs. 3 S. 2 BDSG a. F. zulässig, also nur, soweit dies zur Abwehr von Gefahren für die staatliche und öffentliche Sicherheit oder zur Verfolgung von Straftaten erforderlich ist. Gleiches soll nach § 4 Abs. 3 S. 2 BDSG n. F. auch unter der DS-GVO gelten, wobei hier allerdings wieder zu berücksichtigen ist, dass § 4 BDSG n. F. regelmäßig nur bei der Videoüberwachung durch öffentliche Stellen greift. Für die zweckändernde Verwendung von Videoaufzeichnungen, die durch nicht-öffentliche Stellen erfolgt sind, gelten demgegenüber die Vorgaben des Art. 6 DS-GVO, die zweckändernde Verwendung muss also rechtmäßig sein (Art. 6 Abs. 1 DS-GVO) und sie muss die Voraussetzungen des Art. 6 Abs. 4 DS-GVO erfüllen (Einwilligung, Rechtsgrundlage oder Kompatibilität).[121]

2.2.3.2.8 Informations- und Löschungspflichten; Datenschutz-Folgeabschätzung

Werden durch Videoüberwachung erhobene Daten einer bestimmten Person zugeordnet, so muss diese über die Verarbeitung **informiert** werden.[122] Dem Betroffenen soll es auf diese Weise ermöglicht werden, seine Rechte effektiv zu verfolgen.[123]

Auch ist die verantwortliche Stelle verpflichtet, die Daten aus der Videoüberwachung unverzüglich zu **löschen,** wenn diese Daten zur Erreichung des Zwecks nicht mehr erforderlich sind oder schutzwürdige Interessen des Betroffenen einer weiteren Speicherung entgegenstehen.[124]

Art. 35 Abs. 3 lit. c DS-GVO schließlich schreibt vor, dass bei einer Überwachung öffentlich zugänglicher Bereiche eine Datenschutz-Folgenabschätzung erforderlich ist (s. a. EG 91 DS-GVO).

2.2.3.3 Videoüberwachung am Arbeitsplatz

Die Videoüberwachung am Arbeitsplatz ist seit jeher von besonderer Brisanz. Das gesteigerte Informationsinteresse des Arbeitgebers kollidiert hier mit der besonderen Schutzbedürftigkeit des Arbeitnehmers, der sich in einem sozialen Abhängigkeitsverhältnis befindet und sich einer Überwachung am Arbeitsplatz nicht einfach durch Fernbleiben entziehen kann. Das Bundesarbeitsgericht hat in einer Entscheidung aus dem Jahr 2004 eine Videoüberwachung von Arbeitnehmern als einen schwerwiegenden Eingriff in das allgemeine Persönlichkeitsrecht eingeordnet, wenn diese während ihrer gesamten Arbeitszeit davon ausgehen müssen, dass ihre Verhaltens-

---

[121] S. ausführlich zur Zweckänderung Kap. 2.2.1.2.
[122] § 4 Abs. 4 BDSG n. F. i. V. m. Art. 14 DS-GVO oder, im Fall der Videoüberwachung durch nicht-öffentliche Stellen, allein Art. 14 DS-GVO.
[123] Scholz, in: Simitis (Hg.), BDSG (8. A. 2014), § 6b Rn. 102.
[124] § 6b Abs. 5 BDSG a. F. bzw. § 4 Abs. 5 BDSG n. F.; die gleiche Verpflichtung folgt für den Fall der Videoüberwachung durch nicht-öffentliche Stellen aus Art. 17 Abs. 1 lit. a DS-GVO.

weisen möglicherweise gerade aufgezeichnet und später anhand der Aufzeichnungen rekonstruiert und kontrolliert werden. Arbeitnehmer würden damit dem Druck ausgesetzt, sich möglichst unauffällig zu benehmen, um sich nicht der Gefahr auszusetzen, später wegen abweichender Verhaltensweisen Gegenstand von Kritik, Spott oder gar Sanktionen zu werden. Dieser Anpassungsdruck wird aus Sicht des BAG auch nicht dadurch entscheidend gemildert, dass der Arbeitgeber die Videoüberwachung ausschließlich zur Vorbeugung und Aufklärung von Straftaten betreibt.[125]

2.2.3.3.1 Videoüberwachung öffentlich zugänglicher Betriebsstätten

Viele Arbeitnehmer haben ihren Arbeitsplatz in öffentlich zugänglichen Räumen wie Verkaufsräumen, Gaststätten oder Serviceschaltern. Die Zulässigkeit einer Videoüberwachung richtet sich hier bislang nach § 6b BDSG a. F. und zwar unabhängig davon, ob Ziel der Beobachtung die Allgemeinheit ist oder die dort beschäftigten Arbeitnehmer.[126] Bei der nach § 6b Abs. 1 Nr. 3 BDSG a. F. durchzuführenden Interessenabwägung muss dann v. a. das Persönlichkeitsrecht der Beschäftigten eine besondere Berücksichtigung erfahren. Dieses überwiegt jedenfalls immer dann die Interessen des Arbeitgebers, wenn die Beschäftigten für die gesamte Dauer ihrer Arbeitszeit mit einer Videoaufzeichnung zu rechnen haben und sie damit einem ganz erheblichen Überwachungs- und Anpassungsdruck ausgesetzt werden.[127]

Das AG Hamburg ist im obigen **Beispiel der Videoüberwachung im Kaffeehaus** für den Bereich des Kassentresens von einer Zulässigkeit der Videoüberwachung ausgegangen. Die Gefahr von Diebstählen oder Unterschlagungen durch Kunden oder Mitarbeiter sei dort besonders hoch, weshalb das Interesse des Betreibers an einer effektiven Strafverfolgung entsprechend schwer wiege. Jedoch muss auch in einer solchen Konstellation gelten, dass die Beschäftigten keinem ständigen Überwachungsdruck ausgesetzt sein dürfen. Das Persönlichkeitsrecht der Beschäftigten muss daher zumindest dann im Rahmen einer Interessenabwägung überwiegen, wenn sich diese dauerhaft beobachtet fühlen und ihnen keine kontrollfreien Arbeitsbereiche verbleiben, in denen sie einer Beobachtung nicht ausgesetzt sind.

Unter der DS-GVO findet § 6b BDSG a. F. zwar in § 4 BDSG n. F. seine Fortsetzung. Aus den oben genannten Gründen[128] bleibt jedoch im Fall der Videoüberwachung durch nicht-öffentliche Stellen für § 4 BDSG n. F. regelmäßig kein Raum. Einschlägig ist stattdessen die allgemeine Interessenabwägungsklausel des Art. 6 Abs. 1 lit. f DS-GVO bzw. im Fall der Videoüberwachung am Arbeitsplatz vorrangig § 26 BDSG n. F., der in Fortsetzung des bisherigen § 32 BDSG a. F. den Beschäftigtendatenschutz

---

[125] BAG v. 29.06.2004, BAGE 111, 173.
[126] BAG v. 21.06.2012, DuD 2012, 841, 843.
[127] BAG v. 29.06.2004, BAGE 111, 173.
[128] S. Kap. 2.2.3.2.2.

regelt.[129] Daraus folgt dann nicht zuletzt, dass unter der DS-GVO für die Frage der einschlägigen Rechtsvorschrift nicht mehr nach öffentlich und nicht öffentlich zugänglichen Betriebsstätten differenziert werden muss.[130] Künftig ist vielmehr die Videoüberwachung am Arbeitsplatz einheitlich nach § 26 BDSG n. F. zu beurteilen. Zu begrüßen ist dies v. a. auch deshalb, weil der Sache nach schon bislang – unabhängig von der konkret anwendbaren Norm – die Zulässigkeit der Videoüberwachung am Arbeitsplatz letztlich stets auf einer Abwägungsentscheidung im Einzelfall nach Maßgabe des Grundsatzes der Verhältnismäßigkeit beruhte.[131]

2.2.3.3.2 Videoüberwachung nicht öffentlich zugänglicher Betriebsstätten

Bislang beurteilt sich die Videoüberwachung nicht öffentlich zugänglicher Räumlichkeiten nach § 32 Abs. 1 BDSG a. F., wobei je nach dem mit der Videoüberwachung verfolgten Zweck dann entweder Satz 1 oder Satz 2 einschlägig ist. Unter der DS-GVO wird § 26 BDSG n. F. den bisherigen § 32 BDSG a. F. fortführen und insoweit für die Beurteilung der Zulässigkeit einer Videoüberwachung keine Änderungen mit sich bringen.

Auch nach § 32 Abs. 1 BDSG a. F. bzw. § 26 Abs. 1 BDSG n. F. beurteilt sich die Zulässigkeit einer Videoüberwachung am Arbeitsplatz auf Grundlage einer Interessenabwägung. Im Rahmen der Erforderlichkeitsprüfung sind die widerstreitenden Grundrechtspositionen gegeneinander abzuwägen und die Interessen des Arbeitgebers an einer Videoüberwachung mit dem Persönlichkeitsrecht der Beschäftigten in Einklang zu bringen.[132] Bezweckt die Videoüberwachung eine Aufdeckung von Straftaten, müssen konkrete Anhaltspunkte für den Verdacht einer Straftat bestehen, die vor Beginn der Überwachung zu dokumentieren sind (§ 32 Abs. 1 S. 2 BDSG a. F. bzw. § 26 Abs. 1 S. 2 BDSG n. F.).

Grundsätzlich gilt auch im Rahmen des § 32 BDSG a. F. bzw. § 26 BDSG n. F., dass die Beschäftigten keinem ständigen Überwachungsdruck ausgesetzt sein dürfen, sondern diesen kontrollfreie Arbeitsbereiche verbleiben müssen, in denen sie einer Beobachtung nicht ausgesetzt sind. Regelmäßig unzulässig wird daher eine Videoüberwachung von Betriebsräumen sein, die überwiegend der privaten Lebensgestaltung des Beschäftigten dienen, also insbesondere Sanitär-, Umkleide- oder Ruhe- und Pausenräume.

2.2.3.3.3 Heimliche Videoüberwachung

Nach der Rechtsprechung des BAG ist auch eine heimliche Videoüberwachung zulässig, wenn der konkrete Verdacht einer strafbaren Handlung oder einer anderen schwe-

---

129 Zur Öffnungsklausel des Art. 88 DS-GVO und dem daraus folgenden Regelungsspielraum der Mitgliedstaaten beim Beschäftigtendatenschutz s. Kap. 1.7.1.1.
130 Kritisch zu dieser Zweiteilung Kort, ZD 2016, 555, 559.
131 So zutreffend Alter, NJW 2015, 2375.
132 S. zu § 26 BDSG n. F. den Referentenentwurf des BMI v. 11.11.2016, Begründung zu § 26, S. 101.

ren Verfehlung zu Lasten des Arbeitgebers besteht, weniger einschneidende Mittel zur Aufklärung des Verdachts ausgeschöpft sind, die heimliche Videoüberwachung praktisch das einzig verbleibende Mittel darstellt und diese insgesamt nicht unverhältnismäßig ist.[133] Auch die Hinweispflicht nach § 6b Abs. 2 BDSG a. F. (bzw. § 4 Abs. 2 BDSG n. F.) steht der Rechtmäßigkeit einer heimlichen Videoüberwachung nicht entgegen, die Erkennbarkeit der Videoüberwachung ist nach Ansicht des BAG keine zwingende materielle Voraussetzung für den rechtmäßigen Einsatz von Videokameras. Vielmehr bedürfe es einer Beurteilung der Zulässigkeit im Einzelfall mittels Abwägung der gegenläufigen Grundrechtspositionen unter Wahrung des Grundsatzes der Verhältnismäßigkeit.[134] Überzeugend ist dies auch deshalb, weil jedenfalls im Rahmen dieser Abwägung dann auch die Heimlichkeit der Überwachung zulasten des Verantwortlichen und zugunsten des Betroffenen Berücksichtigung finden kann.

Betriebsvereinbarung
Die Einführung einer Videoüberwachung in einem Unternehmen kann auf Grundlage einer entsprechenden Betriebsvereinbarung zwischen Arbeitgeber und Betriebsrat erfolgen.[135] Auch unter der DS-GVO räumt Art. 88 Abs. 1 DS-GVO die Möglichkeit ein, den Beschäftigtendatenschutz in Betriebsvereinbarungen im Einzelnen zu regeln.

2.2.4 Automatisierte Entscheidungen

Oftmals liegt das Problem moderner Datenverarbeitung nicht so sehr in der Offenlegung privater Daten als vielmehr in dem Automatismus und der Undurchschaubarkeit eines anonymen Datenverarbeitungssystems, das den Einzelnen mittels mehr oder weniger nachvollziehbarer Kriterien auf einzelne Persönlichkeitsmerkmale reduziert und hieran bestimmte Konsequenzen knüpft.

Beispiele
Die automatisierte Bewertung der Kreditwürdigkeit auf Grundlage von Algorithmen *(credit score)* ist ausschlaggebend dafür, dass der Bankkunde keinen Kredit oder nur einen zu deutlich ungünstigeren Konditionen bekommt. Die schlechte Bewertung der Motivation und Belastbarkeit auf Grundlage einer computergestützten Sprachanalyse führt dazu, dass die Bewerberin für einen Arbeitsplatz nicht in die nächste Auswahlrunde kommt.

Die Aufgabe des Rechts ist es in diesen und vergleichbaren Konstellationen, dafür Sorge zu tragen, dass der Einzelne hier nicht zu einem bloßen Objekt computergestütz-

---
[133] St. Rspr. – s. etwa BAG v. 27.03.2003, DuD 2004, 747; BAG v. 21.06.2012, DuD 2012, 841; BAG v. 22.09.2016, DuD 2017, 314.
[134] BAG v. 21.06.2012, DuD 2012, 841, 843.
[135] BAG v. 26.08.2008, DuD 2009, 115.

ter Programme wird und eine Entscheidung über Individuen nicht allein Maschinen und Algorithmen überantwortet wird.

Schon die Datenschutzrichtlinie hat dieser spezifischen Problematik mit Art. 15 DSRL Rechnung getragen, der im deutschen Datenschutzrecht in § 6a BDSG a. F. seine Umsetzung gefunden hat. Art. 15 DSRL und § 6a BDSG a. F. stellen klar, dass die verantwortliche Stelle Entscheidungen, die für den Betroffenen eine rechtliche Folge nach sich ziehen oder ihn erheblich beeinträchtigen, nicht ausschließlich auf eine automatisierte Verarbeitung personenbezogener Daten stützen darf, die der Bewertung einzelner Persönlichkeitsmerkmale dient. Art. 15 DSRL zählt beispielhaft bestimmte Persönlichkeitsmerkmale auf, auf deren Bewertung eine automatisierte Datenverarbeitung i. S. d. Art. 15 DSRL ausgerichtet sein kann: die berufliche Leistungsfähigkeit einer Person, ihre Kreditwürdigkeit, ihre Zuverlässigkeit oder auch allgemein ihr Verhalten.

In der DS-GVO ist die Zulässigkeit einer automatisierten Entscheidung in Art. 22 geregelt. Ebenso wie Art. 15 DSRL und § 6a BDSG a. F. erfasst auch Art. 22 DS-GVO lediglich solche Entscheidungen, die **„ausschließlich"** auf einer automatisierten Datenverarbeitung beruhen. Auch schützt Art. 22 von vornherein nur vor solchen Entscheidungen, die gegenüber der betroffenen Person eine **rechtliche Wirkung** entfalten oder diese in ähnlicher Weise **erheblich beeinträchtigen.** Nach Abs. 2 ist eine automatisierte Entscheidung ausnahmsweise zulässig, wenn diese für den Abschluss oder die Erfüllung eines Vertrages erforderlich ist, sie aufgrund einer unions- oder mitgliedstaatlichen Rechtsvorschrift zulässig ist oder wenn die betroffene Person ausdrücklich eingewilligt hat. Voraussetzung ist hierfür jedoch stets, dass eine solche Entscheidung mit angemessenen Garantien zum Schutz der betroffenen Person verbunden ist. Nochmals engere Voraussetzungen normiert Abs. 4 für eine automatisierte Entscheidungsfindung auf der Grundlage besonderer Kategorien von personenbezogenen Daten.

2.2.4.1 Beispiel Credit Scoring

Ein wichtiger Anwendungsfall für die Vorschriften zur automatisierten Entscheidung ist das Credit Reporting und hier insbesondere der Einsatz des **Credit Scorings.** Mit dem Begriff des Scorings werden all diejenigen Datenverarbeitungsvorgänge erfasst, bei denen es darum geht, die Zuverlässigkeit, Kreditwürdigkeit etc. einer Einzelperson anhand eines bestimmten Punktewertes zu beurteilen.[136] Dieser Punktewert wird regelmäßig durch ein komplexes mathematisch-statistisches Berechnungsverfahren gewonnen.

§ 6a BDSG n. F. und künftig Art. 22 DS-GVO schützen beim Credit Scoring vor der Situation, dass der von einer Auskunftei an das Kreditinstitut übermittelte Scorewert direkt automatisiert in andere Parameter des Kreditinstituts eingearbeitet wird und

---

[136] Ausführlicher zum Credit Scoring als Unterfall des Profiling Kap. 2.2.5.2.

sich der Kreditsachbearbeiter nur noch darauf beschränkt, dem Kreditsuchenden das Ergebnis der Computeranalyse „Kreditgewährung ja/nein" zu übermitteln, ohne dass die einzelnen, zu dem Ergebnis führenden Berechnungen noch nachvollzogen, geschweige denn hinterfragt würden. Die Vorschriften sollen hier gewährleisten, dass Kreditanträge nicht allein mit der pauschalen Berufung auf eine „schlechte SCHUFA" oder einen „schlechten Score" abgelehnt werden können. Die betroffene Person soll zumindest die Möglichkeit haben, die Berechtigung und Richtigkeit eines Scorewerts in Frage zu stellen und überprüfen zu lassen.

2.2.4.2 Ausgangspunkt: Verbot automatisierter Entscheidungen

Im Ausgangspunkt normiert die bisherige Regelung des § 6a Abs. 1 S. 1 BDSG a. F. ebenso wie künftig Art. 22 DS-GVO ein grundsätzliches Verbot von Entscheidungen, die **ausschließlich** auf einer automatisierten Datenverarbeitung beruhen und für die betroffene Person eine **rechtliche Wirkung** entfalten oder sie **erheblich beeinträchtigen**.

Beispiele für eine rechtliche Wirkung
sind z. B. im öffentlichen Recht die Entscheidung über den Erlass von leistungsgewährenden Verwaltungsakten, die Kündigung eines öffentlich-rechtlichen Vertrages oder ordnungsrechtliche Verfügungen. Im Privatrecht fallen unter diesen Begriff sowohl die Entscheidung über einen Vertragsabschluss überhaupt als auch die konkrete Ausgestaltung von Verträgen.[137]

Während es nach § 6a BDSG a. F. für die Annahme einer rechtlichen Wirkung unerheblich ist, ob diese für den Einzelnen nachteilig oder günstig ist, geht Art. 22 DS-GVO davon aus, dass mit der rechtlichen Wirkung eine nachteilige Konsequenz einhergehen muss. Dafür spricht der Wortlaut des Art. 22 DS-GVO, wenn dieser von einer Entscheidung spricht, die der betroffenen Person gegenüber „rechtliche Wirkung entfaltet oder sie **in ähnlicher Weise erheblich beeinträchtigt**" (Hervorhebung durch d. Verf.). Entscheidungen, die einem Begehren der betroffenen Person vollumfänglich stattgeben, fallen also von vornherein nicht unter das Verbot des Art. 22 DS-GVO.

Von einer **erheblichen Beeinträchtigung** ist immer dann auszugehen, wenn der Betroffene durch die Entscheidung in seiner wirtschaftlichen oder persönlichen Entfaltung nachhaltig gestört wird.[138]

Beispiele für erhebliche Beeinträchtigungen
sind die Kündigung eines Kredites, ein erhöhter Zinssatz oder die Versagung einer behördlichen Genehmigung. Umstritten ist, ob auch in einer Belästigung eine erhebliche Beeinträchtigung lie-

---

[137] Weichert, in: Däubler/Klebe/Wedde/Weichert (Hg.), BDSG (5. A. 2016), § 6a Rn. 8.
[138] Kühling/Seidel/Sivridis, Datenschutzrecht (3. A. 2015), Rn. 353.

gen kann, etwa in einer Nutzung von Kommunikationsdaten für unerwünschte Telefon-, Fax- oder E-Mail-Werbung.[139]

§ 6a BDSG a. F. und Art. 22 Abs. 1 DS-GVO schließen Entscheidungen auf Grundlage einer automatisierten Verarbeitung nicht schlechthin aus, sondern nur dann, wenn die automatisierte Verarbeitung **alleinige Grundlage** einer Entscheidung ist.[140] § 6a BDSG a. F., der die Vorgaben des bisherigen Art. 15 DSRL in nationales Recht umsetzt, konkretisiert in seinem Abs. 1 S. 2 das Kriterium der Ausschließlichkeit dahingehend, dass eine ausschließlich auf eine automatisierte Verarbeitung gestützte Entscheidung insbesondere dann anzunehmen ist, „wenn keine inhaltliche Bewertung und darauf gestützte Entscheidung durch eine natürliche Person stattgefunden hat". Diese Wertung kann auch für Art. 22 übernommen werden.[141] Dabei ist eine rein automatisierte Entscheidung nicht nur dann anzunehmen, wenn eine Überprüfung der Entscheidung durch eine Person überhaupt nicht stattfindet, sondern auch dann, wenn eine automatisiert getroffene Entscheidung durch eine Person ohne Weiteres übernommen wird. Indiz für eine automatisierte Einzelentscheidung ist, dass die Grundlagen und Bedingungen, unter denen die Entscheidung letztlich getroffen wird, einseitig von der verantwortlichen Stelle festgelegt werden und der Betroffene der Entscheidung damit gewissermaßen unterworfen wird.[142]

Beispiele
Bei einer Bonitätsprüfung ist die automatisierte Datenverarbeitung dann nicht mehr „ausschließlich" Grundlage der Entscheidung, wenn der Sachbearbeiter die Bonitätseinstufung inhaltlich überprüft und hierfür die erforderlichen Entscheidungskompetenzen sowie Beurteilungsgrundlagen hat. Dagegen vermag eine bloß formale Nachbearbeitung eines automatisiert ermittelten Scorewerts das Merkmal der Ausschließlichkeit nicht zu beseitigen. Bei einem Bewerberauswahlprogramm ist eine ausschließlich automatisierte Entscheidung dann anzunehmen, wenn die Bewerber online Bewerbungsdaten eingeben oder das erste Vorstellungsgespräch mit einem Computer führen und auf dieser Grundlage entschieden wird, ob sie in die nächste Auswahlrunde kommen (etwa weil sie eine bestimmte Punktzahl erreicht haben oder die computergestützte Sprachanalyse Motivation und Belastbarkeit attestiert).[143]

Einschlägig ist das Verbot automatisierter Einzelentscheidungen allerdings nur dann, wenn sich diese Entscheidungen auf Verfahren stützen, die der **Bewertung** einzelner Persönlichkeitsmerkmale dienen. Nicht erfasst sind also automatisiert voreingestellte einfache „Wenn-Dann-Entscheidungen", etwa die biometrische oder chipkartenba-

---
139 Bejahend Weichert, in: Däubler/Klebe/Wedde/Weichert (Hg.), BDSG (5. A. 2016), § 6a Rn. 9; a. A. Gola/Schomerus, BDSG (12. A. 2015), § 6a Rn. 10.
140 EG 71 DS-GVO: „ohne jegliches menschliche Eingreifen".
141 Buchner, in: Kühling/Buchner (Hg.), DS-GVO (2017), Art. 22 Rn. 15.
142 S. für § 6a BDSG Gola/Schomerus, BDSG (12. A. 2015), § 6a Rn. 3.
143 Vgl. Buchner, in: Kühling/Buchner (Hg.), DS-GVO (2017), Art. 22 Rn. 16.

sierte Zutrittskontrolle oder auch die Geldausgabe am Automaten je nach Verfügungsrahmen.[144]

2.2.4.3 Ausnahmen vom Verbot
§ 6a Abs. 2 BDSG a. F. sieht von dem Verbot automatisierter Einzelentscheidungen **zwei Ausnahmen** vor. Gemäß Abs. 2 Nr. 1 ist eine automatisierte Einzelentscheidung dann zulässig, wenn die Entscheidung im Rahmen des Abschlusses oder der Erfüllung eines Vertragsverhältnisses oder eines sonstigen Rechtsverhältnisses ergeht und dem Begehren des Betroffenen stattgegeben wurde. Und gemäß Abs. 2 Nr. 2 gilt das Verbot automatisierter Einzelentscheidungen auch dann nicht, wenn die Wahrung der berechtigten Interessen des Betroffenen durch geeignete Maßnahmen gewährleistet ist und die verantwortliche Stelle dem Betroffenen die Tatsache des Vorliegens einer Entscheidung im Sinne des § 6a Abs. 1 BDSG a. F. mitteilt sowie auf Verlangen die wesentlichen Gründe dieser Entscheidung mitteilt und erläutert.

Art. 22 Abs. 2 DS-GVO sieht künftig **drei Ausnahmetatbestände** vor. Nach Abs. 2 lit. a ist eine automatisierte Entscheidung dann zulässig, wenn die Entscheidung für den Abschluss oder die Erfüllung eines Vertrages zwischen der betroffenen Person und dem Verantwortlichen erforderlich ist, nach Abs. 2 lit. b, wenn sie aufgrund von Unions- oder mitgliedstaatlichem Recht zulässig ist, vorausgesetzt es sind angemessene Schutzmaßnahmen vorgesehen, und nach Abs. 2 lit. c ist eine automatisierte Entscheidung dann zulässig, wenn sie mit ausdrücklicher Einwilligung des Betroffenen erfolgt.

2.2.4.3.1 Vertrag (Art. 22 Abs. 2 lit. a, Abs. 3 DS-GVO)
Nach Art. 22 Abs. 2 lit. a DS-GVO ist eine automatisierte Entscheidung zulässig, wenn diese für den Abschluss oder die Erfüllung eines Vertrages zwischen der betroffenen Person und dem Verantwortlichen erforderlich ist.

Beispiele
Bei einem Darlehensvertrag ist eine automatisierte Entscheidung erforderlich, wenn die Entscheidung über die Einräumung eines Kredits oder die Höhe des Zinssatzes auf Basis eines Credit Scorings getroffen wird.

Anders als noch § 6a Abs. 2 Nr. 1 BDSG a. F. macht Art. 22 Abs. 2 lit. a DS-GVO die Zulässigkeit einer automatisierten Entscheidung nicht davon abhängig, dass mit dieser dem Begehren der betroffenen Person stattgegeben wird. Zulässig ist eine automati-

---
[144] Für § 6a BDSG a. F. vgl. Weichert, in: Däubler/Klebe/Wedde/Weichert (Hg.), BDSG (5. A. 2016), § 6a Rn. 3. Auch für Art. 22 DS-GVO gilt nichts anderes, ausführlich dazu Buchner, in: Kühling/Buchner (Hg.), DS-GVO (2017), Art. 22 Rn. 17 ff.

sierte Entscheidung nach Abs. 2 lit. a vielmehr auch dann, wenn der Abschluss oder die Erfüllung eines Vertrags abgelehnt wird, nur zu schlechteren Konditionen als beantragt angeboten wird oder auf sonstige Weise dem Ersuchen der betroffenen Person nicht nachkommt.

Eine Absenkung des Schutzniveaus gegenüber dem bisherigen Recht geht mit Art. 22 DS-GVO im Ergebnis gleichwohl nicht einher, da die Ausnahme des Abs. 2 lit. a unter dem zusätzlichen Vorbehalt steht, dass der Verantwortliche **„angemessene Maßnahmen"** getroffen hat, „um die Rechte und Freiheiten sowie die berechtigten Interessen der betroffenen Person zu wahren" (Art. 22 Abs. 3 DS-GVO). Als Mindestanforderungen zählt Abs. 3 hierzu das Recht der betroffenen Person, das Eingreifen einer Person seitens des Verantwortlichen zu erwirken, sowie das Recht auf Darlegung des eigenen Standpunkts und auf Anfechtung der Entscheidung.

Die betroffene Person muss also die Möglichkeit haben, eine Entscheidung, die zunächst einmal ausschließlich automatisiert erfolgen sollte, wieder zu einer Entscheidung zu machen, die **inhaltlich von einer Person zu verantworten** ist und die hierbei insbesondere auch die **individuelle Perspektive** des einzelnen Betroffenen berücksichtigt.[145]

2.2.4.3.2 Rechtsvorschrift (Art. 22 Abs. 2 lit. b, Abs. 3 DS-GVO)

Art. 22 Abs. 2 lit. b DS-GVO erlaubt es den Mitgliedstaaten, im nationalen Recht zusätzliche Ausnahmen zu normieren, die eine automatisierte Entscheidung zulassen, vorausgesetzt es sind auch insoweit wieder **angemessene Schutzmaßnahmen** vorgesehen. Beispielhaft führt EG 71 der DS-GVO Rechtsvorschriften an, die eine automatisierte Entscheidung erlauben, „um Betrug und Steuerhinterziehung zu überwachen und zu verhindern und die Sicherheit und Zuverlässigkeit eines von dem Verantwortlichen bereitgestellten Dienstes zu gewährleisten".

Beispiele: § 37 BDSG n. F.: Ausnahme für die Versicherungswirtschaft
Der deutsche Gesetzgeber möchte die Öffnungsklausel des Art. 22 Abs. 2 lit. b DS-GVO nutzen, indem mit einem § 37 BDSG n. F. den „spezifischen Belangen der Versicherungswirtschaft" Rechnung getragen wird. Auf Grundlage des § 37 Abs. 1 BDSG n. F. soll insbesondere eine automatisierte Schadensregulierung zwischen der Kfz-Haftpflichtversicherung des Schädigers und dem Geschädigten sowie eine automatisierte Entscheidung über Versicherungsleistungen der Privaten Krankenversicherung (Abs. 1 Nr. 2) ermöglicht werden.[146]

Aus dem Verwaltungsverfahrensrecht lässt sich die nationale Regelung des § 35a VwVfG zum automatisierten Erlass von Verwaltungsakten im Rahmen vollautomati-

---

[145] Buchner, in: Kühling/Buchner (Hg.), DS-GVO (2017), Art. 22 Rn. 31.
[146] Regierungsentwurf DSAnpUG-EU, BR-Drs. 110/17, S. 107 f.

sierter Verwaltungsverfahren auf die Öffnungsklausel der Art. 22 Abs. 2 lit. b DS-GVO stützen.[147]

2.2.4.3.3 Ausdrückliche Einwilligung (Art. 22 Abs. 2 lit. c DS-GVO)

Eine automatisierte Entscheidung ist nach Art. 22 Abs. 2 lit. c DS-GVO schließlich auch dann zulässig, wenn sie auf einer Einwilligung der betroffenen Person beruht. Diese Einwilligung muss **ausdrücklich** erteilt werden, muss sich also explizit gerade auch darauf beziehen, dass eine den Einzelnen betreffende Entscheidung ausschließlich auf einer automatisierten Datenverarbeitung beruht. Und wie auch schon bei Abs. 1 lit. a müssen auch hier wieder **angemessene Maßnahmen** ergriffen werden, die sicherstellen, dass der gesamte Prozess der Entscheidungsfindung fair und transparent verläuft und die betroffene Person die Möglichkeit hat, eine automatisiert getroffene Entscheidung doch noch einmal einer Überprüfung durch eine Person unter Berücksichtigung des eigenen Standpunkts zu unterziehen.[148]

2.2.4.3.4 Besondere Kategorien personenbezogener Daten (Art. 22 Abs. 4 DS-GVO)

Art. 22 Abs. 4 DS-GVO normiert eine **Rückausnahme** zur Zulässigkeit automatisierter Entscheidungen nach Abs. 2, wenn Entscheidungen auf besonderen Kategorien personenbezogener Daten i. S. d. Art. 9 Abs. 1 DS-GVO beruhen.[149] Für diesen Fall untersagt Art. 22 Abs. 4 DS-GVO automatisierte Entscheidungen im Ausgangspunkt selbst dann, wenn sie nach Abs. 2 eigentlich zulässig wären. Ausschlaggebend für diese Rückausnahme ist, dass der Gesetzgeber solcherlei Daten ein besonderes **Diskriminierungspotenzial** beimisst, weshalb eine faire und transparente Datenverarbeitung sowie die Möglichkeit, individuelle Korrekturen bei etwaigen Pauschalisierungen vorzunehmen, von besonderer Bedeutung sind (s. EG 71 DS-GVO). Jedoch sind auch automatisierte Entscheidungen auf der Grundlage besonderer Kategorien personenbezogener Daten nicht ausnahmslos untersagt. Art. 22 Abs. 4 DS-GVO sieht insoweit von der Rückausnahme wiederum für zwei Konstellationen Ausnahmen vor: zum einen, wenn die automatisierte Verarbeitung als solche auf einer Einwilligung der betroffenen Person beruht, und zum anderen, wenn eine Verarbeitung aus Gründen eines erheblichen öffentlichen Interesses erforderlich ist und die sonstigen Voraussetzungen des Art. 9 Abs. 2 lit. g DS-GVO erfüllt sind.

Beispiel

Eine private Krankenversicherung, die in einem automatisierten Verfahren die Prämienhöhe anhand der mittels eines Fitnesstrackers erhobenen Gesundheitsdaten über einen Versicherungsnehmer bestimmen möchte, muss sowohl eine Einwilligung hinsichtlich der Erhebung der Gesundheitsdaten als

---

147 Regierungsentwurf DSAnpUG-EU, BR-Drs. 110/17, S. 107.
148 Buchner, in: Kühling/Buchner (Hg.), DS-GVO (2017), Art. 22 Rn. 43.
149 Ausführlich Buchner, in: Kühling/Buchner (Hg.), DS-GVO (2017), Art. 22 Rn. 44 ff.

auch eine Einwilligung hinsichtlich der automatisierten Entscheidung über die Prämienhöhe einholen.

2.2.4.4 Transparenz

Ein Fokus der Regulierung liegt bei automatisierten Entscheidungen auf der Gewährleistung von Transparenz; das gilt für das bisherige BDSG ebenso wie künftig für die DS-GVO. Soll nach § 6a Abs. 2 Nr. 2 BDSG a. F. eine automatisierte Entscheidung ausnahmsweise zulässig sein, so ist Voraussetzung hierfür gerade, dass die verantwortliche Stelle den Betroffenen über das **Vorliegen** einer automatisierten Entscheidung informiert und ihm auf sein Verlangen hin verständlich und transparent die **wesentlichen Entscheidungsgründe** mitteilt. Darüber hinaus spricht § 6a Abs. 3 BDSG a. F. dem durch die automatisierte Datenverarbeitung Betroffenen ein im Vergleich zu den §§ 19 und 34 BDSG a. F. nochmals erweitertes Auskunftsrecht gegenüber der für die Entscheidung verantwortlichen Stelle zu. Der Betroffene soll nachvollziehen können, nach welcher **Logik** er einer Bewertung und Entscheidung unterworfen wird, damit er überhaupt Aspekte vorbringen kann, welche die inhaltliche Überprüfung der getroffenen Entscheidung ermöglichen.[150]

Gleiche Transparenzvorgaben gelten künftig auch unter der **DS-GVO.** Die Informationspflichten des Art. 13 Abs. 2 lit. f und Art. 14 Abs. 2 lit. g DS-GVO geben vor, dass der Verantwortliche sowohl über das **Bestehen einer automatisierten Entscheidungsfindung** informieren muss als auch über die **involvierte Logik** sowie die Tragweite und die angestrebten Auswirkungen einer derartigen Datenverarbeitung für die betroffene Person.

Auskunft auch über Algorithmen?

Streitig ist, ob die Informationspflichten hinsichtlich der „involvierten Logik" so weit gehen, dass der Verantwortliche auch die einer Entscheidung zugrunde liegenden Algorithmen offenlegen muss.[151] Gegen eine solch weitreichende Informationspflicht spricht in erster Linie EG 63 der DS-GVO, wonach das Auskunftsrecht der betroffenen Person nicht zu einer Beeinträchtigung von Geschäftsgeheimnissen führen darf, sondern lediglich umgekehrt der Schutz von Geschäftsgeheimnissen nicht dazu führen darf, dass „jegliche Auskunft verweigert wird". Diese Wertung des EG 63 spricht dafür, dass auch unter der DS-GVO eine Offenlegung der Algorithmen selbst nicht verlangt werden kann, sondern es vielmehr bei den Grundsätzen bleibt, wie sie der BGH zum Auskunftsrecht nach § 34 Abs. 4 S. 1 Nr. 4 BDSG a. F. im Zusammenhang mit der SCHUFA-Scoreformel entwickelt hat.[152]

---

[150] Weichert, in: Däubler/Klebe/Wedde/Weichert (Hg.), BDSG (5. A. 2016), § 6a Rn. 14; Gola/Schomerus, BDSG (12. A. 2015), § 6a Rn. 18.
[151] Bejahend Roßnagel/Nebel/Richter, ZD 2015, 455, 458; a. A. Martini, in: Paal/Pauly (Hg.), DS-GVO (2017), Art. 22 Rn. 36.
[152] BGH v. 28.01.2014, DuD 2014, 34; s. zum Ganzen auch Buchner, in: Kühling/Buchner (Hg.), DS-GVO (2017), Art. 22 Rn. 35.

2.2.5 Profiling

Zu unterscheiden von der gerade eben dargestellten automatisierten Entscheidung ist das sog. Profiling. Auch wenn die DS-GVO an mehreren Stellen automatisierte Entscheidung und Profiling im selben Atemzug nennt,[153] sind beide tatsächlich auf **zwei verschiedenen Ebenen** angesiedelt:[154]
- **Profiling** – definiert in Art. 4 Nr. 4 DS-GVO als automatisierte Datenverarbeitung zu Zwecken der Persönlichkeitsbewertung – ist ein Prozess der Datenverarbeitung, für den die allgemeinen datenschutzrechtlichen Vorgaben gelten.
- Als ein solcher Prozess der Datenverarbeitung bildet er die Grundlage, auf der dann eine **automatisierte Entscheidung** des Verantwortlichen aufsetzt. Die automatisierte Entscheidung betrifft also allein die Nutzung bestimmter Ergebnisse eines vorgeschalteten Datenverarbeitungsprozesses.

2.2.5.1 Definition

Art. 4 Nr. 4 DS-GVO definiert Profiling als automatisierte Verarbeitung personenbezogener Daten; die bloß manuelle Verknüpfung von Daten zum Zweck der Persönlichkeitsbewertung fällt nicht darunter. Abgesehen von dieser Einschränkung knüpft die Definition des Profilings in Art. 4 Nr. 4 DS-GVO allein an den mit der Datenverarbeitung verfolgten **Zweck:** die Bewertung bestimmter persönlicher Aspekte einer natürlichen Person.[155] Die Definition des Profilings ist damit offen für alle denkbaren technischen Varianten und Entwicklungen einer automatisierten Datenverarbeitung, solange nur der Datenverarbeitungsprozess eine Persönlichkeitsbewertung bezweckt.

Zu den Persönlichkeitsaspekten, auf deren Bewertung ein Profiling abzielen kann, zählt Art. 4 Nr. 4 DS-GVO „insbesondere" die Arbeitsleistung einer natürlichen Person, deren wirtschaftliche Lage, Gesundheit, persönliche Vorlieben, Interessen, Zuverlässigkeit, Verhalten, Aufenthaltsort und Ortswechsel. Die Weite dieser – beispielhaft aufgezählten – Persönlichkeitsaspekte legt es nahe, dass Profiling umfassend als Bewertung sämtlicher Aspekte einer Persönlichkeit zu verstehen ist.

2.2.5.2 Beispiel Credit Scoring

Eines der bekanntesten und praktisch bedeutsamsten Beispiele für Profiling ist das bereits genannte Credit Scoring[156], das darauf abzielt, die in Art. 4 Nr. 4 DS-GVO ge-

---
[153] S. v. a. die Überschrift bei Art. 22: „Automatisierte Entscheidungen im Einzelfall einschließlich Profiling"; ähnlich ist in den Art. 13 Abs. 2 lit. f, Art. 14 Abs. 2 lit. g und Art. 15 Abs. 1 lit. h von einer „automatisierten Entscheidungsfindung einschließlich Profiling" die Rede.
[154] Vgl. Buchner, in: Kühling/Buchner (Hg.), DS-GVO (2017), Art. 4 Nr. 4 Rn. 1.
[155] Martini, in: Paal/Pauly (Hg.), DS-GVO (2017), Art. 22 Rn. 21.
[156] S. Kap. 2.2.4.1.

nannten Aspekte der wirtschaftlichen Lage und Zuverlässigkeit einer Person zu bewerten.

Credit Scoring soll mittels einer Zahl die Wahrscheinlichkeit eines vertragsgemäßen Verhaltens v. a. bei Geschäftsverläufen auf Kredit- bzw. Vorleistungsbasis beziffern. Auskunfteien geben mit den von ihnen berechneten Scores ihren Vertragspartnern gegenüber eine Prognose darüber ab, ob ein potenzieller Kreditnehmer, Telefonkunde, Versandhandelsbesteller etc. ordnungsgemäß seine vertraglichen Pflichten, insbesondere die Zahlungspflicht, erfüllen wird oder nicht. Berechnet wird dieser Scorewert auf der Basis standardisierter, mathematisch-statistischer Methoden. Durch eine Auswertung verschiedenster, bereits vorhandener Datensätze werden verschiedene Merkmalsgruppen mit jeweils unterschiedlichen Risikowahrscheinlichkeiten gebildet. Sodann werden die Daten der angefragten Person der Risikowahrscheinlichkeit einer Gruppe mit gleichartigen Merkmalen und damit einer bestimmten Risikoklasse zugeordnet. Schließlich wird mittels des Scorewerts die so erfolgte Risikoklassifizierung in Form eines Punktewerts ausgedrückt. Je höher der Punktewert ist, desto besser waren in der Vergangenheit die Erfahrungen mit der entsprechenden Vergleichsgruppe und desto positiver fällt damit auch die Risikoprognose für die konkret angefragte Person aus, die dieser Vergleichsgruppe zugeordnet wird.

Beispiel: Die Scores der Schufa
Die SCHUFA berechnet zweierlei Arten von Scores – den sog. Basicscore und die SCHUFA-Branchenscores:
– Mit dem Basicscore wird die generelle Wahrscheinlichkeit angegeben, mit der der einzelne Verbraucher ein Geschäft vertragsgemäß begleichen wird. Der Basicscore soll als „Orientierungswert" für den Verbraucher dienen, der alle drei Monate neu berechnet wird und dessen bester Wert theoretisch 100 Prozent beträgt.
– Die SCHUFA-Branchenscores sind demgegenüber branchenspezifische Scores, die für die Vertragspartnerunternehmen der Schufa bestimmt sind. Diese Branchenscores können für ein und denselben Verbraucher je nach Branche unterschiedlich gut oder schlecht ausfallen. Die Wahrscheinlichkeit etwa, dass jemand einen Kredit zur Finanzierung eines Hauses zurückzahlen wird, mag von der Schufa im Rahmen ihrer Scorewert-Berechnung höher eingestuft werden als die Wahrscheinlichkeit, dass eine Rechnung nach einer Bestellung im Versandhandel rechtzeitig beglichen wird.

2.2.5.3 Zulässigkeit des Profilings

Ob und wie personenbezogene Daten zu Zwecken des Profilings verarbeitet werden dürfen, bestimmt sich nach den allgemeinen datenschutzrechtlichen Regeln der DS-GVO. Laut EG 72 der DS-GVO unterliegt das Profiling „den Vorschriften dieser Verordnung für die Verarbeitung personenbezogener Daten, wie etwa die Rechtsgrundlage für die Verarbeitung oder die Datenschutzgrundsätze."

Für das Credit Scoring und ähnliche Verfahren bedeutet dies, dass die Datenverarbeitung in Form des gerade beschriebenen mathematisch-statistischen Verfahrens durch einen datenschutzrechtlichen Erlaubnistatbestand, etwa Art. 6 Abs. 1 lit. f DS-GVO, legitimiert sein muss. Die Zulässigkeit der daran anknüpfenden Entscheidung über eine Kreditgewährung muss sodann wiederum mit den Vorgaben für eine automatisierte Entscheidung nach Art. 22 DS-GVO im Einklang stehen.

2.2.5.3.1 Datenqualität

Mit Blick auf die besondere Eingriffstiefe, die mit einer Persönlichkeitsbewertung regelmäßig einhergeht, sind die Rechtmäßigkeitsanforderungen an ein Profiling hoch anzusetzen. So sind etwa, wenn die Zulässigkeit eines Profilings auf Grundlage der allgemeinen Interessenabwägung des Art. 6 Abs. 1 lit. f DS-GVO zu beurteilen ist, die Betroffeneninteressen grundsätzlich als besonders schutzwürdig einzuordnen. Von zentraler Bedeutung bei der Interessenabwägung ist dann insbesondere der Aspekt der Datenqualität: Nur wenn Richtigkeit und Vollständigkeit in den Datenbeständen gewährleistet werden, kann sich der Verantwortliche für das Profiling überhaupt auf ein berechtigtes Interesse berufen.[157] Auch kann die Wertung des § 28b BDSG a. F. bzw. des § 31 Abs. 1 Nr. 2 BDSG n. F. zum Scoring[158] für jede andere Art des Profilings übernommen werden: Die Zulässigkeit eines Profilings kommt danach stets nur dann in Betracht, wenn der Verantwortliche auf Basis eines wissenschaftlich anerkannten mathematisch-statistischen Verfahrens nachweisen kann, dass die von ihm verarbeiteten Daten für die Bewertung eines bestimmten Persönlichkeitsaspekts erheblich sind.

2.2.5.3.2 Sonderfall Credit Scoring

Im bisherigen nationalen Recht findet sich seit der BDSG-Novelle 2009 mit § 28b BDSG a. F. eine Regelung, die die Zulässigkeit des Credit Scorings detailliert regelt. An sich ist unter Geltung der DS-GVO für eine Fortgeltung dieser Norm kein Raum, da die DS-GVO insoweit keine Öffnungsklausel vorsieht. Gleichwohl möchte der deutsche Gesetzgeber den „materiellen Schutzstandard" des § 28b BDSG a. F. (ebenso wie auch den des § 28a BDSG a. F.) auch unter der DS-GVO nicht aufgeben.[159] Daher ist auch künftig mit § 31 Abs. 1 BDSG n. F. eine Regelung für die Zulässigkeit des Scorings vorgesehen, die inhaltlich dem bisherigen § 28b BDSG a. F. entspricht.

Als Begründung für die Fortgeltung der bisherigen Regelungen führt der Regierungsentwurf schwere argumentative Geschütze auf. Die bisherigen Regelungen seien für Betroffene wie auch für die Wirtschaft von „überragender Bedeutung". Verbraucher vor Überschuldung zu schützen, liege im Interesse sowohl der Verbraucher als

---

[157] Buchner, in: Kühling/Buchner (Hg.), DS-GVO (2017), Art. 4 Nr. 4 Rn. 8.
[158] Dazu auch noch sogleich (Sonderfall Credit Scoring).
[159] Begründung zum Regierungsentwurf DSAnpUG-EU, BR-Drs. 110/17, S. 101.

auch der Wirtschaft. Die Beurteilung der Kreditwürdigkeit und die Erteilung von Bonitätsauskünften bildeten „das Fundament des deutschen Kreditwesens und damit auch der Funktionsfähigkeit der Wirtschaft."

> **Beachte**
> Auch all diese Wortgewalt ändert nichts daran, dass für nationalstaatliche Regelungen wie die des § 31 BDSG n. F. unter der DS-GVO kein Raum ist, wenn nicht die Verordnung selbst insoweit irgendwelche Öffnungsklauseln vorgesehen hat – was für das Profiling im Allgemeinen und das Scoring im Besonderen gerade nicht der Fall ist.

Selbst wenn man aber davon ausgeht, dass § 31 BDSG n. F. nicht europarechtskonform ist, können gleichwohl die dort normierten Vorgaben inhaltlich Berücksichtigung finden, da es sich bei diesen Vorgaben um Aspekte handelt, die auch im Rahmen der ansonsten einschlägigen Erlaubnistatbestände für ein Profiling berücksichtigt werden können. Dies gilt zumindest für die zentrale Vorgabe des § 28b Nr. 1 BDSG a. F. bzw. § 31 Abs. 1 Nr. 2 BDSG n. F., wonach ein Scoring nur dann zulässig ist, wenn die zum Scoring genutzten Daten „unter Zugrundelegung eines wissenschaftlich anerkannten mathematisch-statistischen Verfahrens nachweisbar für die Berechnung der Wahrscheinlichkeit des bestimmten Verhaltens erheblich sind." Stets ist es am Verantwortlichen, plausibel und nachvollziehbar zu belegen, dass die verwendeten Daten für die Scorewert-Berechnung von unmittelbarer Relevanz sind.[160] Nur dann kann eine Datenverarbeitung auch als erforderlich i. S. d. Art. 6 Abs. 1 lit. a DS-GVO eingeordnet werden oder von einem berechtigten Interesse des Verantwortlichen i. S. d. Art. 6 Abs. 1 lit. f DS-GVO getragen sein.

Normiert ist in § 28b Nr. 3 und 4 BDSG a. F. bzw. § 31 Abs. 1 Nr. 3 und 4 BDSG n. F. darüber hinaus auch, ob und inwieweit Daten über eine „gute" oder „weniger gute" **Wohngegend** in die Scorewert-Berechnung mit einfließen dürfen.

> In der Vergangenheit hatten Auskunfteien teils offensiv dafür geworben, auch adressbezogene Wohnumfelddaten in die Scorewert-Berechnung mit einzubeziehen. Fragwürdig ist diese Praxis insbesondere, weil es hier zu einer diskriminierenden „Sippenhaft" für die Nachbarschaft und zu einer Form von „Redlining" kommt, indem die Bewohner bestimmter Gebiete pauschal schlechter eingestuft und behandelt werden.

§ 28b Nr. 3 BDSG a. F. (bzw. § 31 Abs. 1 Nr. 3 BDSG n. F.) verbietet die Nutzung von Anschriftendaten nicht ausnahmslos, sondern nur für den Fall, dass ausschließlich diese für eine Scorewert-Berechnung herangezogen werden. Gemäß § 28b Nr. 4 BDSG (§ 31 Abs. 2 Nr. 4 BDSG n. F.) besteht zudem im Falle der Nutzung von Anschriftendaten die Pflicht zur Information und Dokumentation. Unter der DS-GVO können diese Vorgaben allerdings nicht mehr fortgelten, wenn man davon ausgeht, dass die DS-GVO man-

---

[160] Weichert, in: Däubler/Klebe/Wedde/Weichert (Hg.), BDSG (5. A. 2016), § 28b Rn. 5.

gels einschlägiger Öffnungsklausel das Profiling (inkl. Scoring) abschließend regelt. Zumindest das Verbot einer ausschließlichen Heranziehung von Wohnumfelddaten kann man aber – je nach Auslegung – auch in die gesetzlichen Erlaubnistatbestände der DS-GVO hineinlesen.

2.2.6 Auftragsverarbeitung

Kostendruck und Effizienzstreben in Verwaltung und Wirtschaft führen dazu, dass sich Behörden und Unternehmen mehr und mehr des Instruments der Arbeitsteilung bedienen und auch Datenverarbeitungsprozesse an andere Unternehmen „outsourcen". Die Beispiele hierfür sind vielfältiger Art, etwa die Bearbeitung der Gehaltsabrechnung durch ein externes Rechenzentrum, die Übernahme der Administration eines E-Mail-Servers durch ein externes Unternehmen, die Einschaltung eines externen Callcenters zur Kundengewinnung oder auch die Vernichtung von Datenträgern durch ein externes Unternehmen.

Datenverarbeitung in der „Wolke" (Cloud Computing)
Eine Form des Outsourcings, die ganz besonders im Fokus der datenschutzrechtlichen Diskussion steht, ist das Cloud Computing. Cloud Computing steht für die mehr oder weniger umfangreiche Auslagerung der eigenen Datenverarbeitung in besagte „Wolken" (= Rechnerlandschaften, die von externen Anbietern über Netze, v. a. über das Internet, bereitgehalten werden).[161] Cloud Computing kann sich auf die Nutzung extern zur Verfügung gestellter Software oder Speicherkapazitäten beschränken,[162] kann aber auch bis hin zur Nutzung der gesamten IT-Infrastruktur gehen.[163]

Einschlägige gesetzliche Regelung für das Outsourcing von Datenverarbeitungsprozessen bzw. die Auftragsverarbeitung allgemein ist bislang § 11 BDSG a. F. und künftig Art. 28 DS-GVO. Beiden Vorschriften liegt die Idee einer **Einheit von Auftraggeber und Auftragnehmer** zugrunde. Soweit eine andere Stelle als Auftragsverarbeiter weisungsgebunden (s. dazu sogleich unten) personenbezogene Daten verarbeitet, ist diese kein „Dritter" im datenschutzrechtlichen Sinne.[164] Auftragnehmer und Auftraggeber werden vielmehr vom Gesetz als rechtliche Einheit behandelt und es bedarf daher auch keines datenschutzrechtlichen Erlaubnistatbestands für eine Datenwei-

---

161 Weichert, DuD 2010, 679.
162 Sog. Software-as-a-Service (SaaS) oder Storage-as-a-Service.
163 Sog. Infrastructure-as-a-Service (IaaS); ausführlich zum Cloud Computing Kap. 5.1.7.
164 S. § 3 Abs. 8 S. 3 BDSG a. F.: „Dritte sind nicht der Betroffene sowie Personen und Stellen, die ... personenbezogene Daten im Auftrag erheben, verarbeiten oder nutzen"; im selben Sinne künftig Art. 4 Nr. 10 DS-GVO: „‚Dritter' eine natürliche oder juristische Person ... außer der betroffenen Person, dem Verantwortlichen, dem Auftragsverarbeiter ...".

tergabe zwischen den beiden (sog. **Privilegierung** der Auftragsverarbeitung[165]). Verantwortlich für die Einhaltung der datenschutzrechtlichen Vorschriften bleibt grundsätzlich allein der Auftraggeber; dieser ist weiterhin „Herr der Daten" und bestimmt als solcher über die Art und Weise der Datenverarbeitung. Der Auftragsverarbeiter hingegen fungiert lediglich als eine Art „verlängerter Arm" des weiterhin allein verantwortlichen Auftraggebers.[166]

Privilegierungswirkung auch unter der DS-GVO
Dass eine Privilegierung der Auftragsverarbeitung auch unter der DS-GVO gilt, ist nicht unumstritten.[167] Eine Reihe von Gründen spricht jedoch dafür, dass sich an dieser Privilegierung unter der DS-GVO nichts ändern soll:[168] Die Bindung des Auftragsverarbeiters an die Weisungen des Auftraggebers (i. V. m. der Verantwortlichkeit des Letzteren) gilt auch unter der DS-GVO. Nur wenn der Auftragsverarbeiter entgegen seiner eigentlichen Rolle eigenständig über Zweck und Mittel der Datenverarbeitung entscheidet, wird er selbst zu einem Verantwortlichen (Art. 28 Abs. 10 DS-GVO). Und auch die Definitionen in BDSG und DS-GVO sind im entscheidenden Punkt die gleichen: Jeweils wird der Auftragsverarbeiter im Verhältnis zum Verantwortlichen gerade nicht als außenstehender „Dritter" eingeordnet.[169]

Zu beachten ist jedoch, dass die datenschutzrechtliche Fiktion einer Einheit von Auftraggeber und Auftragnehmer **andere Geheimhaltungspflichten unberührt** lässt.[170]

Beispiele
Auch im Falle der Auftragsverarbeitung ist etwa die ärztliche Schweigepflicht zu wahren. Eine Preisgabe von Patientendaten gegenüber einem externen Dienstleister würde daher ungeachtet einer datenschutzrechtlichen Privilegierung der Auftragsverarbeitung die ärztliche Schweigepflicht verletzen, wenn diese Preisgabe nicht durch eine gesetzliche Erlaubnisnorm oder durch die Einwilligung des Betroffenen selbst gedeckt ist.

2.2.6.1 Begriff der Auftragsverarbeitung

Eine Auftragsverarbeitung liegt dann vor, wenn die beauftragte Stelle **weisungsgebunden** für den Auftraggeber handelt, sie also keinen eigenen Wertungs- und Entscheidungsspielraum hat.[171] Führt die beauftragte Stelle den Auftrag hingegen

---

165 Zum Begriff der Privilegierung (für die Auftragsverarbeitung unter dem BDSG) Petri, in: Simitis (Hg.), BDSG (8. A. 2014), § 11 Rn. 43.
166 Gola/Schomerus, BDSG (12. A. 2015), § 11 Rn. 3.
167 Anderer Ansicht etwa Barlag, in: Roßnagel (Hg.), DS-GVO (2017), § 3 Rn. 4; Spoerr, in: Wolff/Brink (Hg.), BeckOK-DatenSR (19. Ed. 2017), Art. 28 DS-GVO Rn. 29 ff.; Hofmann, in: Roßnagel (Hg.), DS-GVO (2017), § 3 Rn. 251; Eckhardt/Kramer/Mester, DuD 2013, 623, 626.
168 Ausführlich zum Folgenden Hartung, in: Kühling/Buchner (Hg.), DS-GVO (2017), Art. 28 Rn. 16 ff.
169 S. Fn. 164.
170 Petri, in: Simitis (Hg.), BDSG (8. A. 2014), § 11 Rn. 44.
171 Zur Weisungsgebundenheit des Auftragsverarbeiters s. a. Art. 29 DS-GVO.

eigenverantwortlich durch, ohne dass der Auftraggeber noch einen nennenswerten rechtlichen oder tatsächlichen Einfluss darauf hat, ob und zu welchem Zweck personenbezogene Daten verarbeitet werden, so handelt es sich nicht mehr um Auftragsverarbeitung.[172] Dementsprechend sind im letzteren Fall dann die allgemeinen datenschutzrechtlichen Vorgaben zu beachten, insbesondere unterliegt eine Übermittlung personenbezogener Daten an solch eine eigenverantwortlich handelnde Stelle dem datenschutzrechtlichen Verbotsprinzip mit Erlaubnisvorbehalt.

Streitig ist, ob eine Auftragsverarbeitung auch noch in denjenigen Konstellationen zu bejahen ist, die bislang unter dem BDSG a. F. als sog. **Funktionsübertragung** eingeordnet werden. Im Falle der Funktionsübertragung geht die Tätigkeit der beauftragten Stelle über eine bloße Hilfs- und Unterstützungstätigkeit beim Prozess der Datenverarbeitung hinaus. Der beauftragten Stelle werden hier bestimmte Aufgaben oder Funktionen vollständig überlassen, sie erbringt also bspw. nicht mehr allein bloße Rechenzentrumsleistungen, sondern erledigt einen bestimmten Aufgabenbereich (Einkauf, Vertrieb, Schadensregulierung etc.) vollumfänglich.[173]

- Nach bislang h. M. handelt es sich in einem solchen Fall nicht mehr um eine Auftragsverarbeitung.[174]
- Nach anderer Ansicht soll es hingegen für die Frage der Auftragsverarbeitung nicht darauf ankommen, **was** an Aufgaben und Funktionen übertragen wird, sondern allein darauf, **wie** diese Aufgaben und Funktionen übertragen werden, konkret ob sich die beauftragte Stelle bei ihrer Funktions- und Aufgabenwahrnehmung den Weisungen des Auftraggebers unterordnet (dann Auftragsverarbeitung) oder ob sie eigenverantwortlich und weisungsunabhängig tätig wird (dann keine Auftragsverarbeitung).[175]

So unterschiedlich sich die beiden Ansätze auf den ersten Blick präsentieren, so unwahrscheinlich ist es doch, dass sie im konkreten Fall auch zu unterschiedlichen Ergebnissen kommen. Regelmäßig wird eine Funktionsübertragung gerade auch dadurch gekennzeichnet sein, dass derjenige Datenverarbeiter, auf den nicht nur einzelne Hilfstätigkeiten, sondern ein umfassender Aufgabenbereich übertragen worden ist, diesen Aufgabenbereich auch mit der entsprechenden Eigenverantwortlichkeit übernimmt.

Die typischen Fallgestaltungen einer Funktionsübertragung[176] – eigenverantwortliche Gewährleistung von Zulässigkeit und Richtigkeit des Datenumgangs durch „Auftragnehmer", inhaltliche Organisation auch des Geschäftsablaufs durch diesen, keine Möglichkeit des „Auftraggebers" zur Beeinflussung einzelner Phasen der Datenverar-

---
172 Gabel, in: Taeger/Gabel (Hg.), BDSG (2. A. 2013), § 11 Rn. 12.
173 S. für § 11 BDSG a. F. Gabel, in: Taeger/Gabel (Hg.), BDSG (2. A. 2013), § 11 Rn. 14.
174 S. etwa Wedde, in: Däubler/Klebe/Wedde/Weichert (Hg.), BDSG (5. A. 2016), § 11 Rn. 14.
175 Gabel, in: Taeger/Gabel (Hg.) BDSG (2. A. 2013), § 11 Rn. 15.
176 S. dazu Petri, in: Simitis (Hg.), BDSG (8. A. 2014), § 11 Rn. 23.

beitung – sind ebenso auch typische Eigenheiten einer *eigenverantwortlichen* Durchführung der Datenverarbeitung. In solchen Konstellationen ist daher so oder so eine Auftragsverarbeitung abzulehnen. Umgekehrt heißt dies aber auch, dass in all den Fällen, in denen sich der Auftraggeber die Entscheidungs- und Weisungshoheit über die grundsätzliche Art und Weise der Datenverarbeitung vorbehält, von einer Auftragsverarbeitung ausgegangen werden kann – auch dann, wenn der beauftragten Stelle bei der Umsetzung des Auftrags im Einzelnen noch ein gewisser Spielraum verbleibt.

Beispiele für eine Auftragsverarbeitung
- Entsorgung von Datenträgern
- Einschaltung von List-Brokern oder Letter Shops für das Marketing
- IT-Outsourcing
- Entgeltabrechnung (im Unterschied zum Inkasso- und Forderungsmanagement)
- Callcenter (jdf. Auftragsdatenverarbeitung, soweit lediglich vorgegebene Dienstleistungen ohne eigenen Entscheidungsspielraum)[177]

2.2.6.2 Verantwortlichkeit von Auftraggeber und Auftragsverarbeiter

Grundsätzlich liegt auch im Fall der Auftragsverarbeitung die Verantwortlichkeit für die Einhaltung der einschlägigen datenschutzrechtlichen Vorschriften weiterhin beim Auftraggeber. Dieser soll sich seiner datenschutzrechtlichen Verantwortlichkeit nicht einfach dadurch entziehen können, dass er die Verarbeitung personenbezogener Daten einer externen Stelle überlässt. Auch im Fall der Auftragsverarbeitung ist es daher am Auftraggeber, die datenschutzrechtlichen Vorgaben für eine Verarbeitung personenbezogener Daten zu wahren. Insbesondere muss er
- die allgemeinen und bereichsspezifischen Zulässigkeitsvorschriften für eine Datenverarbeitung beachten,
- die Betroffenenrechte wahren,
- für eventuelle Schäden durch eine unzulässige oder unrichtige Datenverarbeitung einstehen.

Nach der bisherigen Rechtslage unter dem BDSG a. F. ist der Auftraggeber weitgehend allein verantwortlich für die Einhaltung der datenschutzrechtlichen Vorgaben. Im Unterschied dazu geht künftig mit der DS-GVO auch für den Auftragsverarbeiter ein Mehr an Eigenverantwortlichkeit und Haftung einher, weil zahlreiche Normen auch den Auftragsverarbeiter unmittelbar als Normadressaten ansprechen.[178]

---

[177] Zu diesen und vielen anderen Beipielen s. ausführlich Petri, in: Simitis (Hg.), BDSG (8. A. 2014), § 11 Rn. 25 ff.
[178] Hartung, in: Kühling/Buchner (Hg.), DS-GVO (2017), Art. 28 Rn. 31.

2.2.6.3 Auswahl und Überprüfung des Auftragsverarbeiters

Der Auftraggeber ist zunächst einmal verpflichtet, den Auftragsverarbeiter sorgfältig auszuwählen.[179] Für die Auswahl gilt, dass der vom Auftragsverarbeiter zu gewährleistende Schutzstandard umso höher sein muss, je sensibler die betroffenen personenbezogenen Daten sind.[180] Es dürfen nur solche Auftragsverarbeiter ausgewählt werden, die mittels **geeigneter technischer und organisatorischer Maßnahmen** gewährleisten können, dass die Datenverarbeitung im Einklang mit den datenschutzrechtlichen Anforderungen erfolgt und die Betroffenenrechte gewahrt werden.

Art. 28 DS-GVO schreibt, anders als noch § 11 Abs. 2 S. 4 BDSG a. F., nicht mehr ausdrücklich vor, dass der Auftragsverarbeiter auch während der Ausführung des Auftrags fortlaufend zu überprüfen ist. Gleichwohl ist auch unter der DS-GVO von einer solchen Pflicht zur Überprüfung auszugehen – schon mit Blick auf die ganz grundsätzliche Rechenschaftspflicht und Verantwortung des Auftraggebers nach Art. 5 Abs. 2, Art. 24 DS-GVO.[181] Die Kontrollintensität kann bei den laufenden Kontrollen allerdings geringer sein als bei der erstmaligen Kontrolle vor Beginn der Datenverarbeitung.[182]

2.2.6.4 Auftragserteilung

Der Auftrag selbst ist schriftlich zu erteilen.[183] Regelmäßig wird dies auf Grundlage eines Vertrages erfolgen, wie dies auch Art. 28 Abs. 3 S. 1 DS-GVO in seiner ersten Alternative vorsieht.[184] Darüber hinaus muss der Auftrag eine ganze Reihe von Mindestbestandteilen enthalten, wie sie bislang in § 11 Abs. 2 BDSG a. F. im Einzelnen aufgeführt sind und künftig (im Wesentlichen vergleichbar) nach Art. 28 Abs. 3 DS-GVO vorgegeben sind.

Festzulegen sind danach bei der Auftragserteilung „insbesondere" die folgenden Punkte:
- die Datenverarbeitung selbst, konkret Gegenstand und Dauer sowie Art und Zweck der Verarbeitung, Art der Daten und Kreis der betroffenen Personen (§ 11 Abs. 2 S. 2 Nr. 1 und 2 BDSG; Art. 28 Abs. 3 S. 1 DS-GVO),
- die Pflichten und Rechte des Verantwortlichen (Art. 28 Abs. 3 S. 1 DS-GVO),
- die Bindung des Auftragsverarbeiters an die Weisungen des Auftraggebers (Art. 28 Abs. 3 S. 2 lit. a DS-GVO),

---

179 S. bislang § 11 Abs. 2 S. 1 BDSG a. F.; künftig Art. 28 Abs. 1 DS-GVO.
180 Vgl. Wedde, in: Däubler/Klebe/Wedde/Weichert (Hg.), BDSG (5. A. 2016), § 11 Rn. 27.
181 Hartung, in: Kühling/Buchner (Hg.), DS-GVO (2017), Art. 28 Rn. 60; Müthlein, RDV 2016, 74, 77.
182 Gabel, in: Taeger/Gabel (Hg.), BDSG (2. A. 2013), § 11 Rn. 37.
183 S. bislang § 11 Abs. 2 S. 2 BDSG a. F.; künftig Art. 28 Abs. 9 DS-GVO.
184 Ob die zweite Alternative („auf Grundlage ...eines anderen Rechtsinstruments") jemals praktisch relevant werden wird, bleibt abzuwarten. Denkbar wäre unter dieser Alternative etwa eine Bestimmung des Auftragsverarbeiters durch Gesetz, s. dazu Hartung, in: Kühling/Buchner (Hg.), DS-GVO (2017), Art. 28 Rn. 63.

- die Verschwiegenheitspflicht der zur Verarbeitung eingesetzten Personen (Art. 28 Abs. 3 S. 2 lit. b DS-GVO),
- die nach § 9 BDSG bzw. Art. 32 DS-GVO zu treffenden technischen und organisatorischen Maßnahmen (§ 11 Abs. 2 S. 2 Nr. 3 BDSG; Art. 28 Abs. 3 S. 2 lit. c DS-GVO),
- die Bedingungen für die Inanspruchnahme von Unter-Auftragsverarbeitern (§ 11 Abs. 2 S. 2 Nr. 6 BDSG; Art. 28 Abs. 3 S. 2 lit. d DS-GVO),
- die Pflicht des Auftragsverarbeiters, den Auftraggeber zu unterstützen, und zwar zum einen bei der Umsetzung der Betroffenenrechte (§ 11 Abs. 2 S. 2 Nr. 4 BDSG; Art. 28 Abs. 3 S. 2 lit. e DS-GVO), zum anderen bei der Einhaltung der in Art. 32 bis 36 DS-GVO genannten Pflichten (Art. 28 Abs. 3 S. 2 lit. f DS-GVO),
- die Rückgabe und Löschung aller personenbezogenen Daten nach Abschluss der Auftragsverarbeitung (§ 11 Abs. 2 S. 2 Nr. 10 BDSG; Art. 28 Abs. 3 S. 2 lit. g DS-GVO),
- die Kontrolle und Überprüfung durch den Auftraggeber sowie die entsprechenden Mitwirkungspflichten des Auftragnehmers (§ 11 Abs. 2 S. 2 Nr. 7 BDSG; Art. 28 Abs. 3 S. 2 lit. h DS-GVO).

2.2.6.5 Weisungsgebundenheit des Auftragsverarbeiters

Grundsätzlich darf der Auftragsverarbeiter personenbezogene Daten nur im Rahmen der Weisungen des Auftraggebers verarbeiten (§ 11 Abs. 3 S. 1 BDSG a. F.; Art. 29 DS-GVO). Falls er der Auffassung sein sollte, dass eine Weisung des Auftraggebers gegen datenschutzrechtliche Vorschriften verstößt, hat er den Auftraggeber unverzüglich darauf aufmerksam zu machen (§ 11 Abs. 3 S. 2 BDSG n. F.; Art. 28 Abs. 3 S. 3 DS-GVO). Allerdings trifft den Auftragsverarbeiter keine spezifische Verpflichtung, jeden Auftrag vollständig auf die Einhaltung der datenschutzrechtlichen Vorgaben zu überprüfen. Es bleibt vielmehr dabei, dass die grundsätzliche Verantwortung einer rechtmäßigen Auftragsdatenverarbeitung beim Auftraggeber liegt. Weicht ein Auftragsverarbeiter von den vertraglichen Vereinbarungen und/oder Weisungen des Auftraggebers ab, führt dies dazu, dass der Auftragsverarbeiter selbst als Verantwortlicher eingeordnet wird (s. Art. 28 Abs. 10 DS-GVO).

Weitere Auftragsverarbeiter darf der „erste" Auftragsverarbeiter nur nach vorheriger gesonderter oder allgemeiner schriftlicher Genehmigung des Auftraggebers in Anspruch nehmen (Art. 28 Abs. 2 DS-GVO). Beide müssen dann nach Art. 28 Abs. 4 S. 1 DS-GVO einen entsprechenden Vertrag über eine Auftragsverarbeitung abschließen, der dem weiteren Auftragsverarbeiter dieselben Datenschutzpflichten auferlegt, wie sie gemäß Art. 28 Abs. 3 DS-GVO schon dem „ersten" Auftragsverarbeiter auferlegt worden sind.

2.2.6.6 Auftragsverarbeitung in einem Drittstaat

Unter der Geltung des BDSG a. F. war es bislang umstritten, ob eine Auftragsdatenverarbeitung auch in einem sog. Drittstaat, also einem Staat außerhalb der EU oder des

EWR, angenommen werden kann. Insbesondere nach Auffassung der Datenschutzaufsichtsbehörden ist dies nicht möglich – mit der Konsequenz, dass im Fall einer Weitergabe von Daten an einen „Auftragnehmer" in einem Drittstaat nicht die datenschutzrechtliche Fiktion einer Einheit von Auftraggeber und Auftragnehmer gilt.[185] Vielmehr handelt es sich dann um eine *Übermittlung* personenbezogener Daten an einen Dritten und entsprechend müssen auch die datenschutzrechtlichen Zulässigkeitsvoraussetzungen für eine Datenübermittlung erfüllt sein.

Für die DS-GVO wird vertreten, dass sich diese Frage künftig nicht mehr stellt, sondern die DS-GVO offensichtlich davon ausgeht, dass eine Auftragsverarbeitung auch in einem Drittstaat stattfinden kann.[186] Dafür spricht, dass an verschiedenen Stellen in der DS-GVO ausdrücklich auch von einer Auftragsverarbeitung in einem Drittstaat die Rede ist, etwa in Art. 3 Abs. 2 DS-GVO, in Art. 46 Abs. 2 lit. e und Abs. 3 lit. a DS-GVO oder auch in EG 80.[187]

2.2.7 Grenzüberschreitender Datenverkehr

Grundsätzlich sind zwei Konstellationen beim grenzüberschreitenden Datenverkehr zu unterscheiden:
- Datenübermittlungen innerhalb des datenschutzrechtlichen **Binnenraums,** in dem aufgrund der EU-Datenschutzrichtlinie ein einheitliches Datenschutzniveau gewährleistet ist bzw. künftig unter der DS-GVO ein einheitliches Regelungsregime gilt,
- Datenübermittlungen an **Drittländer oder internationale Organisationen,** die diesem Binnenraum nicht angehören.

Bislang ist der grenzüberschreitende Datenverkehr in den §§ 4b und 4c BDSG a. F. geregelt, die ihrerseits die Art. 25 ff. DSRL umsetzen. Künftig sind die Vorschriften der DS-GVO einschlägig, deren Kap. V (Art. 44 ff. DS-GVO) die Datenübermittlung an Drittländer und internationale Organisationen regelt.

2.2.7.1 Datenübermittlung innerhalb des datenschutzrechtlichen Binnenraums

Im bisherigen nationalen Datenschutzrecht ist die Datenübermittlung innerhalb des datenschutzrechtlichen Binnenraums in § 4b Abs. 1 BDSG a. F. geregelt. Zum daten-

---

185 Gola/Schomerus, BDSG (12. A. 2015), § 11 Rn. 16.
186 In diesem Sinne etwa Schmidt/Freund, ZD 2017, 14, 16; Schmid/Kahl, ZD 2017, 54, 56.
187 Vgl. Hartung, in: Kühling/Buchner (Hg.), DS-GVO (2017), Art. 28 Rn. 106.

schutzrechtlichen Binnenraum zählen die Mitgliedstaaten der EU und des EWR[188] sowie die Organe und Einrichtungen der EU. Findet eine Datenübermittlung innerhalb dieses Binnenraums statt, stellt § 4b Abs. 1 BDSG a. F. klar, dass für diese Datenübermittlung die gleichen rechtlichen Grenzen (aber auch nur diese) gelten, wie sie auch für eine rein innerstaatliche Übermittlung gelten.[189] Ausschlaggebend hierfür ist, dass aufgrund der EU-Datenschutzrichtlinie innerhalb dieses Binnenraums ein einheitliches Datenschutzniveau gewährleistet ist und es daher keinen Unterschied macht, ob eine Datenübermittlung nur innerhalb eines Landes oder über Grenzen hinweg stattfindet.

Nichts anderes gilt für Datenübermittlungen, soweit diese künftig innerhalb des datenschutzrechtlichen Binnenraums der DS-GVO stattfinden. Gesonderte Regelungen sieht die DS-GVO hier von vornherein nur für grenzüberschreitende Datenübermittlungen **an Drittländer** (oder an internationale Organisationen) vor, um sicherzustellen, dass auch dann, wenn personenbezogene Daten den Schutzraum der DS-GVO verlassen, das von der DS-GVO gewährleistete Schutzniveau nicht „untergraben" wird.[190] Zum datenschutzrechtlichen Binnenraum zählen dabei auch künftig neben den Staaten der EU diejenigen des EWR, sobald Letztere die DS-GVO in das EWR-Abkommen integriert haben.[191]

2.2.7.2 Datenübermittlung auf Grundlage eines Angemessenheitsbeschlusses

Findet eine **Datenübermittlung in ein sog. Drittland** statt, so gilt für diese Datenübermittlung bislang – in Umsetzung von Art. 25 DSRL – die zusätzliche Schranke des § 4b Abs. 2 S. 2 BDSG a. F. Eine Datenübermittlung hat danach zu unterbleiben, „soweit der Betroffene ein schutzwürdiges Interesse an dem Ausschluss der Übermittlung hat", was insbesondere dann der Fall ist, wenn beim Datenempfänger kein angemessenes Schutzniveau gewährleistet ist.

Die Beurteilung der Angemessenheit des Schutzniveaus in einem Drittland kann durch eine verbindliche Feststellung der Europäischen Kommission gem. Art. 25 Abs. 6 DSRL erfolgen. Gleiches gilt künftig gemäß **Art. 45 DS-GVO.** Die Kommission kann danach beschließen, dass ein bestimmtes Drittland ein „angemessenes Schutzniveau" bietet – mit der Konsequenz, dass dann eine Datenübermittlung in dieses Drittland keinen zusätzlichen Anforderungen nach den Art. 44 ff DS-GVO mehr un-

---

188 Die zum EWR gehörenden Länder Island, Norwegen und Liechtenstein haben ebenfalls die DSRL umgesetzt, so dass diese Länder über ein der EU vergleichbares Schutzniveau verfügen; Däubler, in: Däubler/Klebe/Wedde/Weichert (Hg.), BDSG (5. A. 2016), § 4b Rn. 5.
189 Konkret die §§ 15 Abs. 1, 16 Abs. 1 (für den öffentlichen Bereich) sowie die §§ 28 bis 30a BDSG a. F. (für den nicht-öffentlichen Bereich).
190 S. Art. 44 S. 2 DS-GVO: „...um sicherzustellen, dass das durch diese Verordnung gewährleistete Schutzniveau für natürliche Personen nicht untergraben wird."
191 Vgl. Schröder, in: Kühling/Buchner (Hg.), DS-GVO (2017), Art. 44 Rn. 17.

2.2.7.2.1 Das Safe-Harbor-Urteil des EuGH: kein „sicherer Hafen" für personenbezogene Daten in den USA

Mit Urteil vom 6.10.2015 hat der EuGH die Safe-Harbor-Entscheidung der Europäischen Kommission für ungültig erklärt.[192] Mit letzterer Entscheidung, gestützt auf Art. 25 Abs. 6 DSRL, hatte die Kommission ein angemessenes Datenschutzniveau in den USA bejaht, soweit personenbezogene Daten an Organisationen in den USA übermittelt werden, die sich auf die Einhaltung der sog. Safe-Harbor-Grundsätze verpflichtet haben. Diese Entscheidung der Kommission war von Anfang an umstritten, insbesondere mit Blick auf die unzureichenden Mechanismen einer *Durchsetzung* der Safe-Harbor-Grundsätze in den USA.[193] Tatsächlich bestanden bei der praktischen Umsetzung der Safe Harbor-Grundsätze erhebliche Defizite, ein Großteil der an Safe Harbor teilnehmenden Datenverarbeiter erfüllten nicht einmal die grundlegenden Anforderungen des Safe-Harbor-Pakets.[194]

Maximilian Schrems / Data Protection Commissioner

Das Urteil des EuGH zu Safe Harbor hat seinen Ursprung in einer Beschwerde des Österreichers Maximilian Schrems bei der irischen Datenschutzbehörde (Data Protection Commissioner) wegen der Übermittlung personenbezogener Nutzerdaten durch Facebook in die USA. Schrems machte geltend, dass es in den USA an einem angemessenen Datenschutzniveau fehle, und verwies in diesem Zusammenhang insbesondere auch auf die Snowden-Enthüllungen zu den Überwachungsaktivitäten der NSA und anderer Nachrichtendienste. Der irische Commissioner sah sich gleichwohl nicht zu einer inhaltlichen Prüfung der Beschwerde veranlasst und verwies stattdessen lediglich darauf, dass für die Frage eines angemessenen Datenschutzniveaus in den USA die Safe-Harbor-Entscheidung der Kommission maßgeblich sei und diese festgestellt habe, dass in den USA ein angemessenes Schutzniveau gewährleistet sei.

Gegen die Entscheidung der Aufsichtsbehörde klagte Schrems beim irischen High Court, der die Aktivitäten von NSA und Co. als „erhebliche Exzesse" einordnete und ein angemessenes Datenschutzniveau in den USA nicht als gewährleistet ansah. Vor diesem Hintergrund legte der irische High Court dem EuGH die Frage vor, ob die irische Aufsichtsbehörde an die Safe-Harbor-Entscheidung der Kommission gebunden sei und daher eine eigene Prüfung nicht mehr durchführen dürfe.

---

[192] EuGH v. 06.10.2015, DuD 2015, 823 m. Anm. Petri, DuD 2015, 801.
[193] Problematisch ist die damalige Entscheidung der Kommission darüber hinaus auch schon deshalb, weil die Kommission gerade nicht geprüft hat, ob die USA ein angemessenes Schutzniveau gewährleisten. Sie hat vielmehr mit den USA Rahmenbedingungen ausgehandelt, die sie möglicherweise gar nicht hätte aushandeln dürfen – weil sie eigentlich nach Art. 26 DSRL in die Zuständigkeit der Mitgliedstaaten (und der mitgliedstaatlichen Aufsichtsbehörden) fallen.
[194] S. schon ausführlich Connolly (Galexia), The US Safe Harbor – Fact or Fiction? (2008) unter: http://www.galexia.com/public/research/assets/\penalty\z@safe_harbor_fact_or_fiction_2008/safe_harbor_fact_or_fiction.html (letzter Abruf 06.03.2017).

Der EuGH hat diese Frage im Ergebnis verneint und entschieden, dass auch eine Angemessenheitsentscheidung der Kommission die Datenschutzbehörden nicht an einer Prüfung hindert, ob bei der Datenübermittlung in ein Drittland die europäischen Datenschutzvorgaben eingehalten werden. Darüber hinaus hat der EuGH auch die Safe-Harbor-Entscheidung der Kommission als solche für ungültig erklärt, weil es schon an ausreichenden Feststellungen fehle, warum in den USA ein angemessenes Datenschutzniveau angenommen werden kann, und die Entscheidung den Sicherheitsinteressen der USA einseitig Vorrang gegenüber den Grundrechten der EU-Bürger einräume.[195]

Ein „Datenschutzschild" als Nachfolger: das EU-U.S. Privacy Shield
Am 12. Juli 2016 hat die Kommission das EU-U.S. Privacy Shield[196] angenommen, welches als Nachfolger von Safe Harbor künftig die Grundlage für eine Übermittlung personenbezogener Daten in die USA bilden soll. Das Privacy Shield beruht ähnlich wie das Safe-Harbor-Programm auf einem System der Selbstzertifizierung, wonach sich US-Unternehmen zur Einhaltung bestimmter Datenschutzgrundsätze verpflichten, die vom US-Handelsministerium herausgegeben wurden.[197] Auch das Privacy Shield ist wieder nicht unumstritten und es bleibt daher abzuwarten, ob es letztlich vor dem EuGH Bestand haben wird.[198]

2.2.7.2.2 Angemessenheitsprüfung

Künftig richtet sich für die Kommission die Prüfung der Angemessenheit des gebotenen Schutzniveaus nach Art. 45 Abs. 2 DS-GVO. Die dort aufgeführten Prüfungskriterien entsprechen im Wesentlichen den Anforderungen an ein angemessenes Datenschutzniveau, wie sie der EuGH in seinem Safe-Harbor-Urteil aufgestellt hat.[199] Die Vorschrift führt – nicht abschließend („insbesondere") – in lit. a bis lit. c drei Kategorien von Beurteilungskriterien an, die für die Prüfung einer Angemessenheit des Datenschutzniveaus in einem Drittland zu berücksichtigen sind:
1. die rechtlichen Rahmenbedingungen in dem betreffenden Staat einschließlich Rechtsprechung und Rechtsdurchsetzung,
2. die Existenz und wirksame Funktionsweise von Datenschutzaufsichtsbehörden,
3. die von dem betreffenden Drittland eingegangenen (internationalen) Verpflichtungen.

---

195 S. Rn. 83 ff. des Safe-Harbor-Urteils v. 06.10.2015, DuD 2015, 823, 828 m. Anm. Petri, DuD 2015, 801, 803 f. und m. Anm. Bergt, MMR 2015, 759, 760.
196 Durchführungsbeschluss (EU) 2016/1250 (über die Angemessenheit des EU-US-Datenschutzschildes).
197 Niedergeschrieben sind diese Grundsätze im Anhang II zum Durchführungsbeschluss (EU) 2016/1250 (über die Angemessenheit des EU-US-Datenschutzschildes).
198 Ausführlich dazu Schröder, in: Kühling/Buchner (Hg.), DS-GVO (2017), Art. 45 Rn. 40 ff.
199 Schröder, in: Kühling/Buchner (Hg.), DS-GVO (2017), Art. 44 Rn. 7.

Anders als noch unter DSRL und BDSG a. F. ist es unter der DS-GVO nicht mehr vorgesehen, dass auch die verantwortliche Stelle selbst die Angemessenheit des Schutzniveaus in einem Drittland beurteilt, um auf dieser Grundlage dann ggf. personenbezogene Daten in ein Drittland zu übermitteln.[200] Raum für eine eigene Bewertung des Schutzniveaus in einem Drittland bleibt der verantwortlichen Stelle allenfalls im Rahmen des Art. 49 Abs. 1 UAbs. 2 DS-GVO, wenn es um die Frage einer auf Einzelfälle beschränkten Zulässigkeit der Datenübermittlung geht.

Beachte
Grundsätzlich hat nach der DS-GVO die Prüfung der Zulässigkeit einer Datenübermittlung in Drittländer in zwei Stufen zu erfolgen.[201]
Auf einer **ersten Stufe** ist zu prüfen, ob die allgemeinen Rechtmäßigkeitsvoraussetzungen für eine Datenübermittlung nach den Art. 5 ff. DS-GVO erfüllt sind.[202] Sodann ist auf einer **zweiten Stufe** zu prüfen, ob auch die zusätzlichen Anforderungen an die Datenübermittlung in ein Drittland nach den Art. 45 ff. DS-GVO erfüllt sind, ob also ein Angemessenheitsbeschluss der Kommission nach Art. 45 DS-GVO vorliegt, geeignete Garantien nach Art. 46 DS-GVO bestehen (s. Kap. 2.7.3) oder eine der in Art. 49 DS-GVO geregelten Konstellationen einschlägig ist (s. Kap. 2.7.4).

2.2.7.3 Datenübermittlung vorbehaltlich geeigneter Garantien

Sollen personenbezogene Daten in ein Drittland übermittelt werden, dessen Datenschutzniveau von der Kommission (noch) nicht durch Beschluss als angemessen beurteilt worden ist, lässt sich die Zulässigkeit einer Datenübermittlung alternativ auch auf geeignete **Garantien** stützen.

Einschlägige Vorschrift hierfür ist bislang § 4c Abs. 2 S. 1 BDSG a. F., der Art. 26 Abs. 2 DSRL umsetzt. Danach kann die zuständige Aufsichtsbehörde einzelne Übermittlungen oder bestimmte Arten von Übermittlungen personenbezogener Daten in Drittländer genehmigen, wenn die verantwortliche Stelle ausreichende Garantien hinsichtlich des Schutzes des Persönlichkeitsrechts und der Ausübung der damit verbundenen Rechte vorweist. Solche ausreichenden Garantien im Sinne des § 4 Abs. 2 S. 1 BDSG a. F. können sich insbesondere aus **Vertragsklauseln** oder **verbindlichen Unternehmensregelungen** ergeben.

Unter der DS-GVO findet dieser Ansatz seine Fortsetzung in **Art. 46 DS-GVO**. Nach dessen Abs. 1 ist die Datenübermittlung in ein Drittland zulässig, wenn **geeignete**

---

200 S. bislang § 4b Abs. 5 BDSG a. F., wonach die Verantwortung für die Zulässigkeit der Übermittlung bei der übermittelnden Stelle liegt und diese daher auch beurteilen muss, ob im Empfängerstaat ein angemessenes Datenschutzniveau gewährleistet ist; dazu Schantz, in: Wolff/Brink (Hg.), BeckOK-DatenSR (19. Ed. 2017), § 4b BDSG Rn. 38.
201 Zur zweistufigen Prüfung auch schon nach dem BDSG a. F. s. Düsseldorfer Kreis, Beschluss vom 11./12.09. 2013: „Datenübermittlung in Drittstaaten erfordert Prüfung in zwei Stufen"; Karg, VuR 2016, 457, 458 f.
202 Art. 44 S. 1 DS-GVO: „die sonstigen Bestimmungen dieser Verordnung".

Garantien vorgesehen sind und den betroffenen Personen zusätzlich **durchsetzbare Rechte** und **wirksame Rechtsbehelfe** gewährt werden. Mit diesen Garantien soll laut EG 108 sichergestellt werden, dass „die Datenschutzvorschriften und die Rechte der betroffenen Personen auf eine der Verarbeitung innerhalb der Union angemessene Art und Weise beachtet werden". Eine besondere Berücksichtigung soll dabei die Einhaltung der allgemeinen datenschutzrechtlichen Grundsätze sowie der Grundsätze des Datenschutzes durch Technik und durch datenschutzfreundliche Voreinstellungen finden.

2.2.7.3.1 Standarddatenschutzklauseln

Die bislang – und voraussichtlich auch unter der DS-GVO – wichtigste Grundlage für eine Datenübermittlung in Drittländer ist der Rückgriff auf die von der Kommission erlassenen Standarddatenschutzklauseln.[203] Art. 46 Abs. 2 lit. c DS-GVO zählt die Standarddatenschutzklauseln zu den **genehmigungsfreien Garantien,** die keiner besonderen Genehmigung mehr durch eine Aufsichtsbehörde bedürfen.

Gleiches gilt auch schon für DSRL und BDSG a. F., obwohl die DSRL an sich davon ausgeht, dass es für die Zulässigkeit einer Datenübermittlung auf Grundlage ausreichender Garantien stets einer **zusätzlichen Genehmigung** bedarf.[204] Gleichwohl ist, zumindest in Deutschland, auch schon unter der DSRL anerkannt, dass eine zusätzliche Genehmigung im Fall der Verwendung von Standardvertragsklauseln entbehrlich ist, weil es sich hier um Regelwerke handelt, die von der EU-Kommission auf der Grundlage des Art. 26 Abs. 4 DSRL entwickelt worden sind und die schon deshalb eine besondere Legitimation für sich beanspruchen können.[205] Die Kommissionsentscheidungen zu den Standarddatenschutzklauseln sind bindend und verpflichten die Mitgliedstaaten anzuerkennen, dass Unternehmen, die diese verwenden, ein angemessenes Datenschutzniveau bieten.[206] Voraussetzung ist jedoch, dass die verantwortlichen Stellen die Klauseln auch unverändert übernehmen.[207]

Folgende Standardvertragsklauseln[208] hat die EU-Kommission auf Grundlage des Art. 26 Abs. 4 DSRL verabschiedet, die gemäß Art. 46 Abs. 5 S. 2 DS-GVO auch unter der DS-GVO so lange in Kraft bleiben, bis sie durch die Kommission geändert, ersetzt oder aufgehoben werden:

---

203 Vgl. Schröder, in: Kühling/Buchner (Hg.), DS-GVO (2017), Art. 46 Rn. 25.
204 S. Art. 26 Abs. 2 DSRL und in Umsetzung § 4c Abs. 2 BDSG a. F.
205 Vgl. Gola/Schomerus, BDSG (12. A. 2015), § 4c Rn. 12.
206 Gola/Schomerus, BDSG (12. A. 2015), § 4c Rn. 12.
207 Vgl. Gabel, in: Taeger/Gabel (Hg.), BDSG (2. A. 2013), § 4c Rn. 22.
208 Während die DS-GVO nunmehr von **Standarddatenschutzklauseln** spricht, war bislang entsprechend der Terminologie von **Standardvertragsklauseln** die Rede; in der Sache gehen mit diesen beiden Begrifflichkeiten keine Unterschiede einher.

- Standardvertragsklauseln für die Übermittlung personenbezogener Daten in Drittländer vom 15.6.2001 (Standardvertrag I)[209]
- Alternative Standardvertragsklauseln für die Übermittlung personenbezogener Daten in Drittländer vom 27.12.2004 (Standardvertrag II)[210]
- Standardvertragsklauseln für die Übermittlung personenbezogener Daten an Auftragsverarbeiter in Drittländer vom 5.2.2010.[211]

Die Standardvertragsklauseln formulieren jeweils die von der übermittelnden Stelle und dem Datenempfänger zu unterzeichnenden Vertragstexte. Festgelegt werden durch diese Vertragstexte insbesondere die wechselseitigen Rechte und Pflichten einschließlich der Haftung der Parteien, die Zusammenarbeit mit Kontrollstellen, die Rechte der Betroffenen, Beendigungs- und Änderungsmöglichkeiten, das anwendbare Recht und Streitbeilegungsmechanismen.[212] Die Standardverträge I und II betreffen die Übermittlung personenbezogener Daten in Drittländer und sind alternativ anwendbar. Die Standardvertragsklauseln vom 5.2.2010 betreffen die Auftragsdatenverarbeitung durch einen im Drittland ansässigen Auftragnehmer.

2.2.7.3.2 Verbindliche interne Datenschutzvorschriften

§ 4c Abs. 2 S. 1 BDSG a. F. verweist zur Einhaltung des Schutzniveaus im Drittländerraum auch auf „verbindliche Unternehmensregelungen" (**sog. Binding Corporate Rules – BCR**). Auch unter der DS-GVO zählen die BCR (bezeichnet als „verbindliche interne Datenschutzvorschriften") gemäß Art. 46 Abs. 2 lit. b DS-GVO zu den geeigneten Garantien, die eine Datenübermittlung legitimieren können, und werden in Art. 47 DS-GVO nochmals ausführlich geregelt.

Definition: Verbindliche interne Datenschutzvorschriften
Art. 4 Nr. 20 DS-GVO definiert die verbindlichen internen Datenschutzvorschriften als „Maßnahmen zum Schutz personenbezogener Daten, zu deren Einhaltung sich ein im Hoheitsgebiet eines Mitgliedstaats niedergelassener Verantwortlicher oder Auftragsverarbeiter verpflichtet im Hinblick auf Datenübermittlungen oder eine Kategorie von Datenübermittlungen personenbezogener Daten an einen Verantwortlichen oder Auftragsverarbeiter derselben Unternehmensgruppe oder derselben Gruppe

---

[209] Entscheidung der Kommission hinsichtlich Standardvertragsklauseln für die Übermittlung personenbezogener Daten in Drittländer nach der Richtlinie 95/46/EG, ABl. v. 04.07.2001 L 181, S. 19.
[210] Entscheidung der Kommission zur Änderung der Entscheidung 2001/497/EG bezüglich der Einführung alternativer Standardvertragsklauseln für die Übermittlung personenbezogener Daten in Drittländer, ABl. v. 29.12.2004 L 385, S. 74.
[211] Beschluss der Kommission über Standardvertragsklauseln für die Übermittlung personenbezogener Daten an Auftragsverarbeiter in Drittländern nach der Richtlinie 95/46/EG des Europäischen Parlaments und des Rates; ABl. v. 12.02.2010 L 39, S. 5.
[212] Gabel, in: Taeger/Gabel (Hg.), BDSG (2. A. 2013), § 4c Rn. 23; detailliert zu den Inhalten Simitis, in: ders. (Hg.), BDSG (8. A. 2014), § 4c Rn. 52 ff.

von Unternehmen, die eine gemeinsame Wirtschaftstätigkeit ausüben, in einem oder mehreren Drittländern".

BCR können damit also nicht nur für die konzerninterne Datenübermittlung genutzt werden („derselben Unternehmensgruppe"), sondern auch für Datenübermittlungen innerhalb einer Gruppe von Unternehmen, die nicht in einem rechtlichen Abhängigkeitsverhältnis zueinander stehen, sondern lediglich eine „gemeinsame Wirtschaftstätigkeit" ausüben. Eine nur lose Kooperation zwischen Unternehmen wird allerdings nicht ausreichen, um BCR als geeignete Garantien einsetzen zu können; die hohen rechtlichen Anforderungen, die BCR nach der DS-GVO erfüllen müssen, sprechen dafür, dass zwischen den Unternehmen eine engere wirtschaftliche Verbindung bestehen muss und diese nicht im Wettbewerb zueinander stehen dürfen.[213]

Verbindlich sind BCR dann, wenn eine Umsetzung der Regelungen sowohl nach innen als auch nach außen gewährleistet ist. Bloße „Wohlverhaltenserklärungen" reichen nicht aus.[214] Intern wird die Verbindlichkeit v. a. durch die Verpflichtungen der Gruppenmitglieder und ihrer Mitarbeiter, die Regelungen korrekt zu befolgen, hergestellt. Nach außen hin muss die konkrete Umsetzung der BCR dadurch gewährleistet werden, dass den durch die Datenverarbeitung Betroffenen durchsetzbare Kontrollrechte eingeräumt werden.[215] Was den **Mindestinhalt** der BCR angeht, ist dieser künftig in Art. 47 Abs. 2 DS-GVO überaus detailliert in insgesamt 14 Unterabsätzen geregelt.

Klarheit schafft die DS-GVO schließlich beim Erfordernis einer **behördlichen Genehmigung.** Art. 47 DS-GVO stellt zum einen klar, dass BCR einer Genehmigung durch die zuständige Behörde bedürfen, zum anderen aber auch, dass, wenn Unternehmen diese Genehmigung erst einmal eingeholt haben, sie dann für die Datenübermittlungen selbst, die auf Grundlage dieser BCR stattfinden, keiner gesonderten behördlichen Genehmigung mehr bedürfen. Unter BDSG a. F. und DSRL war demgegenüber bislang hinsichtlich des Erfordernisses und des Gegenstands einer behördlichen Genehmigung vieles umstritten.[216]

---

213 Ausführlich zum Ganzen Schröder, in: Kühling/Buchner (Hg.), DS-GVO (2017), Art. 47 Rn. 13.
214 Gabel, in: Taeger/Gabel (Hg.), BDSG (2. A. 2013), § 4c Rn. 30.
215 S. Art. 47 Abs. 1 lit. b DS-GVO; zu BDSG a. F. und DSRL s. Däubler, in: Däubler/Klebe/Wedde/Weichert (Hg.), BDSG (5. A. 2016), § 4c Rn. 22.
216 Vgl. Schröder, in: Kühling/Buchner (Hg.), DS-GVO (2017), Art. 46 Rn. 24 und Art. 47 Rn. 24; zur Frage der Genehmigung nach § 4c Abs. 2 BDSG a. F. ausführlich Gabel, in: Taeger/Gabel (Hg.), BDSG (2. A. 2013), § 4c Rn. 31 f. und Gola/Schomerus, BDSG (12. A. 2015), § 4c Rn. 16 ff.

2.2.7.3.3 Genehmigte Verhaltensregeln und Zertifizierungsmechanismen

Art. 46 Abs. 2 lit. e und lit. f DS-GVO sehen als weitere Möglichkeiten für eine Datenübermittlung aufgrund geeigneter Garantien genehmigte Verhaltensregeln nach Art. 40 DS-GVO und genehmigte Zertifizierungsmechanismen nach Art. 42 DS-GVO vor. In beiden Fällen bedarf es für die Datenübermittlung selbst keiner gesonderten behördlichen Genehmigung mehr – vorausgesetzt, diese Garantien sind für die datenverarbeitende Stelle im Drittland mit **rechtsverbindlichen und durchsetzbaren Verpflichtungen** zur Anwendung dieser Garantien verbunden.

Verhaltensregeln und Zertifizierungen
Verhaltensregeln nach Art. 40 DS-GVO sollen in erster Linie zu einer Konkretisierung der Rechte und Pflichten unter der DS-GVO beitragen, während Zertifizierungen nach Art. 42 DS-GVO die Transparenz der Datenverarbeitung sowie die Einhaltung der datenschutzrechtlichen Vorgaben verbessern sollen.

2.2.7.3.4 Individuelle Vereinbarung

Nach Art. 46 Abs. 3 DS-GVO, ebenso wie auch schon nach § 4c Abs. 2 BDSG a. F., kann die Datenübermittlung in ein Drittland auch auf eine individuelle Vereinbarung in Form eines **Vertrages** zwischen übermittelnder Stelle und Datenempfänger im Drittland (bzw. in Form einer **Verwaltungsvereinbarung** zwischen Behörden[217]) gestützt werden. Die Vereinbarung muss einen angemessenen Schutz der personenbezogenen Daten der betroffenen Personen gewährleisten.[218] Der Datenempfänger in einem Drittland verpflichtet sich individuell dazu, die Grundregeln des europäischen Datenschutzrechts einzuhalten.[219] Bei der inhaltlichen Ausgestaltung solcher Verträge sind insbesondere die Punkte Zweckbindung, Sicherung der Betroffenenrechte sowie Kontrolle der Vertragseinhaltung durch eine unabhängige Stelle von Bedeutung.[220]

Zu beachten ist schließlich, dass die Vereinbarungen als Grundlage für die Datenübermittlung in ein Drittland erst dann herangezogen werden können, nachdem sie der zuständigen Aufsichtsbehörde zur **Genehmigung** vorgelegt worden sind.

2.2.7.4 Datenübermittlung in bestimmten Fällen

Auch wenn weder ein Angemessenheitsbeschluss der Kommission nach Art. 45 DS-GVO vorliegt noch geeignete Garantien i. S. d. Art. 46 DS-GVO bestehen, kann die Datenübermittlung in ein Drittland gleichwohl in bestimmten Fällen zulässig sein, wenn

---

217 Von der individuellen Verwaltungsvereinbarung zu unterscheiden ist die – genehmigungsfreie – Garantievereinbarung in Form eines rechtlich bindenden und durchsetzbaren Dokuments zwischen Behörden oder öffentlichen Stellen i. S. v. Art. 46 Abs. 2 lit. a DS-GVO.
218 Vgl. Däubler, in: Däubler/Klebe/Wedde/Weichert (Hg.), BDSG (5. A. 2016), § 4c Rn. 17.
219 Gola/Schomerus, BDSG (12. A. 2015), § 4c Rn. 11.
220 Vgl. Däubler, in: Däubler/Klebe/Wedde/Weichert (Hg.), BDSG (5. A. 2016), § 4c Rn. 17b.

eine der in **Art. 49 Abs. 1 DS-GVO** aufgeführten Bedingungen erfüllt ist. Bei diesen Bedingungen handelt es sich um dieselben, die auch schon bislang in Art. 26 Abs. 1 DSRL als Ausnahmen normiert sind (umgesetzt in § 4c Abs. 1 BDSG a. F.). Zusätzlich sieht allerdings Art. 49 Abs. 1 UAbs. 2 DS-GVO nunmehr auch noch eine auf den Einzelfall beschränkte Zulässigkeit der Datenübermittlung auf Grundlage einer Interessenabwägung vor.

Art. 49 Abs. 1 UAbs. 1 DS-GVO zählt sieben Bedingungen auf, unter denen die Datenübermittlung an ein Drittland ausnahmsweise zulässig ist:

2.2.7.4.1 Einwilligung (Abs. 1 lit. a)

Zulässig ist die Datenübermittlung in ein Drittland, wenn die betroffene Person ausdrücklich in diese eingewilligt hat. Die Einwilligung muss sämtlichen Wirksamkeitsvoraussetzungen genügen und insbesondere auch **informiert** erfolgen, weshalb die betroffene Person u. a. über die für sie bestehenden möglichen Risiken einer Datenübermittlung ohne Vorliegen eines Angemessenheitsbeschlusses und ohne geeignete Garantien unterrichtet werden muss.

2.2.7.4.2 Vertrag mit der betroffenen Person (Abs. 1 lit. b)

Zulässig ist eine Datenübermittlung, wenn sie für die Erfüllung eines Vertrags zwischen der betroffenen Person und dem Verantwortlichen oder zur Durchführung von vorvertraglichen Maßnahmen auf Antrag der betroffenen Person erforderlich ist.

Beispiel
Zulässig ist die Datenübermittlung in ein Drittland etwa, wenn die betroffene Person dort ein Hotelzimmer bucht oder einen Mietwagen reserviert.[221]

2.2.7.4.3 Vertrag mit einem Dritten (Abs. 1 lit. c)

Zulässig ist die Datenübermittlung in ein Drittland auch zum Abschluss oder zur Erfüllung eines Vertrags, der **im Interesse der betroffenen Person** vom Verantwortlichen mit einem Dritten geschlossen wird.

Beispiel
Ein Arbeitgeber schließt zugunsten der Beschäftigten bei einer ausländischen Gesellschaft eine Mitarbeiterversicherung ab.[222]

---

[221] Vgl. Simitis, in: ders. (Hg.), BDSG (8. A. 2014), § 4c Rn. 13.
[222] Gola/Schomerus, BDSG (12. A. 2015), § 4c Rn. 6a.

2.2.7.4.4 Wichtige Gründe des öffentlichen Interesses (Abs. 1 lit. d; Abs. 4)

Art. 49 Abs. 1 lit. d DS-GVO erlaubt die Datenübermittlung in ein Drittland, wenn diese aus wichtigen Gründen des öffentlichen Interesses notwendig ist.

Beispiel
EG 112 führt als Beispiele für wichtige Gründe des öffentlichen Interesses den internationalen Datenaustausch zwischen Wettbewerbs-, Steuer- oder Zollbehörden und zwischen Finanzaufsichtsbehörden an.
Ein weiteres Beispiel ist der grenzüberschreitende Datenaustausch zwischen Gesundheitsdiensten, etwa bei ansteckenden Krankheiten oder zur Dopingbekämpfung im Sport.

Art. 49 Abs. 4 DS-GVO stellt klar, dass das öffentliche Interesse im Unionsrecht oder dem des betroffenen Mitgliedstaats anerkannt sein muss.

2.2.7.4.5 Geltendmachung, Ausübung oder Verteidigung von Rechtsansprüchen (Abs. 1 lit. e)

Die Datenübermittlung in ein Drittland ist auch zulässig, wenn dies zur Geltendmachung, Ausübung oder Verteidigung von Rechtsansprüchen erforderlich ist. Anders als noch die DSRL beschränkt Art. 49 Abs. 1 lit. e DS-GVO diese Ausnahme nicht mehr auf Rechtsansprüche „vor Gericht".

Zulässig kann daher eine Datenübermittlung nach Art. 49 Abs. 1 lit. e DS-GVO auch dann sein, wenn diese im Rahmen eines **Pre-Trial-Discovery-Verfahrens** oder eines **schiedsgerichtlichen Verfahrens** erfolgt – vorausgesetzt allein, dass die Übermittlung zur Geltendmachung, Ausübung oder Verteidigung von Rechtsansprüchen erforderlich ist.[223]

2.2.7.4.6 Schutz lebenswichtiger Interessen (Abs. 1 lit. f)

Art. 49 Abs. 1 lit. f DS-GVO erlaubt die Datenübermittlung in ein Drittland, wenn dies zum Schutz lebenswichtiger Interessen der betroffenen Person oder anderer Personen erforderlich ist und die betroffene Person außerstande ist, ihre Einwilligung in eine Datenübermittlung zu geben.

Diese Regelung betrifft etwa die Weitergabe medizinischer Daten in Fällen, in denen sich der Betroffene in einer lebensgefährlichen Situation befindet und selbst nicht einwilligen kann.[224]

---

[223] Ausführlich Schröder, in: Kühling/Buchner (Hg.), DS-GVO (2017), Art. 49 Rn. 27 ff.
[224] Vgl. Däubler, in: Däubler/Klebe/Wedde/Weichert (Hg.), BDSG (5. A. 2016), § 4c Rn. 9.

2.2.7.4.7 Datenübermittlung aus einem Register (Abs. 1 lit. g; Abs. 2)

Zulässig ist auch die Datenübermittlung aus einem Register, wenn dieses zur Information der Öffentlichkeit bestimmt ist. Erfasst werden sowohl Register, die der gesamten Öffentlichkeit zur Einsichtnahme offenstehen (z. B. Handels- oder Vereinsregister) als auch Register, die Personen, die ein berechtigtes Interesse nachweisen können, zur Einsichtnahme offenstehen (z. B. Grundbuch, Bundeszentralregister oder Schuldnerverzeichnis).[225] Im letzteren Fall darf dann allerdings auch die Datenübermittlung nur auf Anfrage solcher Personen mit berechtigtem Interesse bzw. nur an diese erfolgen (Abs. 2 S. 2).

2.2.7.4.8 Datenübermittlung im Einzelfall auf Grundlage einer Interessenabwägung (Abs. 1 UAbs. 2; Abs. 6)

Fehlt es sowohl an einem Angemessenheitsbeschluss nach Art. 45 DS-GVO als auch an geeigneten Garantien nach Art. 46 DS-GVO und ist auch keine der oben angeführten Ausnahmen nach Art. 49 Abs. 1 UAbs. 1 DS-GVO einschlägig, kann eine Datenübermittlung – wenn diese **nicht wiederholt** erfolgt und nur eine **begrenzte Zahl von betroffenen Personen** betrifft – auch auf Grundlage einer Interessenabwägung zulässig sein. Dafür muss die Datenübermittlung für die Wahrung der **zwingenden berechtigten Interessen des Verantwortlichen** erforderlich sein und es dürfen nicht die **Interessen oder die Rechte und Freiheiten der betroffenen Person überwiegen.** Des Weiteren muss der Verantwortliche auch noch eine Reihe von Schutz-, Informations- und Dokumentationspflichten wahren.[226]

2.2.8 Betroffenenrechte

Das Datenschutzrecht räumt der von der Datenverarbeitung betroffenen Person eine ganze Reihe von sog. Betroffenenrechten ein, etwa Auskunfts-, Berichtigungs- oder Löschungsansprüche. Die Betroffenenrechte sollen gewährleisten, dass der Einzelne nicht zum bloßen „Objekt" der Datenverarbeitung herabsinkt. Die betroffene Person soll Datenverarbeitern auf gleicher Augenhöhe begegnen, sie soll die Verarbeitung der sie betreffenden Daten nachvollziehen und kontrollieren können.

Mit der DS-GVO ist der Schutz der Betroffenenrechte nochmals ausgebaut worden, ein Hauptanliegen der Reform ging dahin, den Betroffenenrechten im Vergleich zur bisherigen Richtlinie noch mehr Gewicht zu verleihen.[227] Auch hat sich der Katalog der Betroffenenrechte erweitert: Zusätzlich zu den klassischen Betroffenenrechten führt die DS-GVO ein Recht auf Datenübertragbarkeit ein (Art. 20 DS-GVO). Erstmals

---

[225] Vgl. Gola/Schomerus, BDSG (12. A. 2015), § 4c Rn. 8.
[226] Im Einzelnen Art. 49 Abs. 1 UAbs. 2 sowie Abs. 6 DS-GVO.
[227] Albrecht/Jotzo, Das neue Datenschutzrecht der EU (2017), S. 38, 83 m. w. N.

ist zudem ausdrücklich von einem Recht der betroffenen Person auf „Vergessenwerden" die Rede (Art. 17 DS-GVO).

Öffnungsklausel des Art. 23 DS-GVO
Auch wenn die DS-GVO die Betroffenenrechte selbst bereits umfangreich regelt, wird gleichwohl auch künftig das nationale Recht daneben einschlägig sein, weil Art. 23 DS-GVO es den Mitgliedstaaten in weitem Umfang erlaubt, die Betroffenenrechte im nationalen Recht einzuschränken. Voraussetzung hierfür ist, dass dabei der Wesensgehalt der Grundrechte und Grundfreiheiten geachtet wird und die Beschränkung notwendig und verhältnismäßig ist, um eines der in Art. 23 Abs. 1 DS-GVO angeführten öffentlichen Interessen sicherzustellen. Diese öffentlichen Interessen sind umfangreich und vielfältig, sie reichen von der nationalen und öffentlichen Sicherheit über Strafverfolgung sowie öffentliche Gesundheit und soziale Sicherheit bis hin zur Durchsetzung zivilrechtlicher Ansprüche.[228]

Im deutschen Recht sollen die §§ 32 ff. BDSG n. F. den durch die DS-GVO eröffneten Regelungsspielraum ausfüllen. Zu klären wird allerdings noch sein, ob und inwieweit dies tatsächlich gelungen ist oder aber der Gesetzgeber mit den §§ 32 ff. BDSG n. F. den nationalen Regelungsspielraum nicht lediglich ausgefüllt, sondern vielmehr überschritten hat.

2.2.8.1 Allgemeine Transparenz- und Verfahrensregelungen

Mit der DS-GVO wird es erstmals eine den Betroffenenrechten vorgeschaltete allgemeine Rahmenregelung geben (Art. 12 DS-GVO), in der Transparenz- und verfahrensrechtliche Vorgaben normiert sind, die für alle (oder zumindest mehrere) Betroffenenrechte gemeinsam gelten.[229]

2.2.8.1.1 Transparenz

Art. 12 Abs. 1 DS-GVO verpflichtet den Verantwortlichen dazu, Informationen und Mitteilungen über die Verarbeitung personenbezogener Daten in **präziser, transparenter, verständlicher und leicht zugänglicher Form** zu präsentieren. Dies kann grundsätzlich **schriftlich** oder auch **in elektronischer Form** erfolgen (Art. 12 Abs. 1 S. 2 DS-GVO); letztere Form ist insbesondere dann zu wählen, wenn die betroffene Person bei der Wahrnehmung ihrer Betroffenenrechte bereits ihren Antrag in elektronischer Form gestellt hat.[230] Die mündliche Form ist demgegenüber grundsätzlich unzureichend, es sei denn, die betroffene Person verlangt dies und konnte zudem ihre Identität in anderer Form nachweisen (Art. 12 Abs. 1 S. 3 DS-GVO).

Um für den Einzelnen das Ob und Wie einer Datenverarbeitung transparenter darzustellen, sieht Art. 12 Abs. 7 DS-GVO zudem die Möglichkeit vor, Informationen auch in Form von **Bildsymbolen (Icons)** darzustellen. Mehr als einen „aussagekräftigen Überblick"[231] können solcherlei Bildsymbole jedoch nicht vermitteln, weshalb sie die

---

228 S. im Einzelnen die Buchstaben a bis j in Art. 23 Abs. 1 DS-GVO.
229 Bäcker, in: Kühling/Buchner (Hg.), DS-GVO (2017), Art. 12 Rn. 1, 5 ff.
230 Im Einzelnen Art. 12 Abs. 3 S. 4 DS-GVO.
231 Art. 12 Abs. 7 S. 1 DS-GVO.

klassische Informationsvermittlung auch nicht ersetzen, sondern lediglich ergänzen sollen.

Die Idee, überlange und detaillierte Datenschutzerklärungen, die ohnehin von niemandem gelesen geschweige denn verstanden werden, durch eingängige und aussagekräftige Privacy Icons zu ersetzen oder zumindest zu ergänzen, existiert schon seit Längerem.[232] Das bis heute meist zitierte Beispiel sind die **Mozilla Privacy Icons,** die in einer ersten Version 2010 vorgestellt wurden.[233] Ob sich jemals ein einheitliches Set von Privacy Icons in der Praxis durchsetzen wird, bleibt abzuwarten. So attraktiv sich die Idee auf den ersten Blick präsentiert,[234] so schwierig ist es tatsächlich, die Komplexität der Datenverarbeitungsprozesse mit einigen wenigen Symbolen abzubilden. Gewährleistet müsste zudem sein, dass die Betroffenen überhaupt wissen, für welche Informationen die jeweiligen Symbole stehen, was wiederum ein gehöriges Maß an Kommunikation und Aufklärung im Vorfeld bedingt.[235]

Erfolgversprechender ist vor diesem Hintergrund möglicherweise die weitere Vorgabe des Art. 12 Abs. 7 S. 2 DS-GVO, wonach für den Fall, dass Bildsymbole in elektronischer Form dargestellt werden, diese auch **maschinenlesbar** sein müssen. Letztlich soll damit die Möglichkeit eröffnet werden, dass künftig nicht mehr die betroffene Person selbst, sondern an deren Stelle technische Systeme als „Alter Ego" die jeweiligen Privacy Policies im Einzelfall mit den vorgegebenen Datenschutzpräferenzen der betroffenen Person abgleichen und je nach Voreinstellung eine Einwilligung in die Datenverarbeitung erteilen oder ablehnen.[236]

2.2.8.1.2 Verfahren

Das gesamte Verfahren zur Umsetzung der Betroffenenrechte steht unter der Maxime, dass der Verantwortliche der betroffenen Person die Ausübung ihrer Rechte **zu erleichtern** hat (Art. 12 Abs. 2 S. 1 DS-GVO). Neben diesem allgemeinen Erleichterungsgebot statuieren Art. 12 Abs. 3 und Abs. 4 DS-GVO ein **Beantwortungs-** und ein **Beschleunigungsgebot.**[237] Der Verantwortliche muss der betroffenen Person, die ihre Rechte geltend macht, mitteilen, welche Maßnahmen er daraufhin ergriffen hat bzw.,

---

[232] Schon 2007 ist auf netzpolitik.org ein Iconset für Datenschutzerklärungen vorgestellt worden, welches mit Hilfe von 30 Bildsymbolen erklären sollte, welche Daten wie und zu welchen Zwecken wie lange verarbeitet werden unter: https://netzpolitik.org//2007/iconset-fuer-datenschutzerklaerungen/ (letzter Abruf 31.05.2017).
[233] S. dazu unter: https://netzpolitik.org/2010/erste-version-fur-das-mozilla-privacy-icons-project/ (letzter Abruf 31.05.2017).
[234] S. dazu Pollmann/Kipker, DuD 2016, 378, 379 f.
[235] Vgl. Kelley, Privacy as Iconography – [Failing to] Reduce Complex Concepts to Pixels unter: https://www.ftc.gov/system/files/documents/public_comments/2015/10/00073-98121.pdf (letzter Abruf 31.05.2017).
[236] S. dazu Roßnagel/Geminn/Jandt/Richter, Datenschutzrecht 2016 – „Smart" genug für die Zukunft? (2016), S. 134 f.
[237] Bäcker, in: Kühling/Buchner (Hg.), DS-GVO (2017), Art. 12 Rn. 31.

wenn er nicht tätig wird, dass und warum dem so ist. In beiden Fällen muss dies unverzüglich, spätestens aber binnen eines Monats nach Antragseingang geschehen.

Nach Art. 12 Abs. 5 DS-GVO kann die betroffene Person ihre Rechte grundsätzlich **kostenfrei** wahrnehmen. Art. 12 lit. a DSRL sieht demgegenüber für das Auskunftsrecht noch vor, dass dieses lediglich nicht mit „übermäßigen Kosten" verbunden sein darf. Künftig kommt eine Entgeltpflichtigkeit nur noch bei einer missbräuchlichen Ausübung von Betroffenenrechten in Betracht (Art. 12 Abs. 5 S. 2 lit. a DS-GVO).

2.2.8.2 Informationspflicht

Damit der Einzelne von seinen Betroffenenrechten effektiv Gebrauch machen kann, muss er zuallererst einmal wissen, dass und auf welche Art und Weise Daten zu seiner Person verarbeitet werden. Um dies sicherzustellen, sieht das Datenschutzrecht vor, dass der Verantwortliche die betroffenen Personen **aktiv von sich aus** über eine Datenverarbeitung zu informieren hat.[238]

In der DS-GVO sind diese Informationspflichten in den Art. 13 und 14 DS-GVO geregelt, wobei wie schon unter DSRL und BDSG a. F. danach differenziert wird, ob die Daten **direkt bei der betroffenen Person (Art. 13)** oder **aus anderen Quellen (Art. 14)** erhoben werden.[239] Teils ist insoweit der Inhalt der Informationspflichten ein anderer, insbesondere gelten aber jeweils andere Vorgaben für den Zeitpunkt der Information.[240] Nach Art. 13 DS-GVO muss der Verantwortliche die betroffene Person grundsätzlich zum Zeitpunkt der Datenerhebung informieren. Nach Art. 14 DS-GVO hat die Information grundsätzlich innerhalb einer angemessenen Frist nach Erlangung der Daten zu erfolgen, spätestens jedoch binnen eines Monats.[241]

2.2.8.2.1 Inhalt der Informationspflicht

Inhaltlich reichen die Informationspflichten der DS-GVO weiter als die bisherigen Informationspflichten unter dem BDSG a. F.[242] In den Absätzen 1 und 2 von Art. 13 und Art. 14 DS-GVO ist jeweils normiert, welchen Inhalt die Informationen haben müssen, die der Verantwortliche der betroffenen Person mitteilen muss. Dabei handelt es sich in **Absatz 1** jeweils um eine Art von „Pflichtinformationen"[243] oder „Basisinformationen"[244], die bei jeder Datenverarbeitung zur Verfügung gestellt werden müssen, u. a. Informationen zur Identität der verantwortlichen Stelle, zur Zweckbestimmung der

---

[238] Albrecht/Jotzo, Das neue Datenschutzrecht der EU (2017), S. 83 f.
[239] Albrecht/Jotzo, Das neue Datenschutzrecht der EU (2017), S. 83 f.
[240] Bäcker, in: Kühling/Buchner (Hg.), DS-GVO (2017), Art. 14 Rn. 3.
[241] Art. 14 Abs. 3 lit. a DS-GVO.
[242] Bäcker, in: Kühling/Buchner (Hg.), DS-GVO (2017), Art. 13 Rn. 99 und Art. 14 Rn. 73.
[243] Schantz, NJW 2016, 1841, 1845.
[244] Bäcker, in: Kühling/Buchner (Hg.), DS-GVO (2017), Art. 13 Rn. 20.

Datenverarbeitung sowie ggf. auch zu den Empfängern bzw. Kategorien von Empfängern der Daten.[245] Was die Art der verarbeiteten Daten als solche angeht, ist dazu in Art. 13 DS-GVO nichts erwähnt – wohl aus der Erwägung heraus, dass der Betroffene bei der Direkterhebung mitwirkt und schon deshalb weiß, um welche Daten es geht. In der Konstellation des Art. 14 DS-GVO hingegen (Datenerhebung nicht bei der betroffenen Person selbst) müssen zumindest die verarbeiteten Datenkategorien beschrieben werden.

Die in **Absatz 2** normierten Informationspflichten werden dann als situations- oder risikobezogen eingeordnet und sollen nur soweit greifen, als dies notwendig ist, „um eine faire und transparente Verarbeitung zu gewährleisten" (Art. 13 Abs. 2, Art. 14 Abs. 2 DS-GVO).[246] Zu den Informationen nach Abs. 2 zählen etwa die Speicherdauer, der Umstand einer automatisierten Entscheidungsfindung und (im Fall des Art. 14 DS-GVO) auch die Quelle der Daten.

Anmerkung
Sonderlich nachvollziehbar ist die Differenzierung nach Pflicht- und sonstigen Informationen in den Absätzen 1 und 2 nicht – v. a. mit Blick darauf, dass die in Absatz 2 jeweils aufgezählten Informationen für den Betroffenen regelmäßig kaum weniger „wichtig" sind als die in Absatz 1 aufgezählten. Zu Recht wird daher gefordert, dass im Ergebnis die Informationspflichten aus Absatz 1 und Absatz 2 gleichermaßen vollständig zu erfüllen sind.[247]

Art. 13 Abs. 3 sowie Art. 14 Abs. 4 DS-GVO normieren eine zusätzliche Informationspflicht für den Fall, dass der Verantwortliche die personenbezogenen Daten zu einem **anderen Zweck** weiterverarbeiten möchte als demjenigen, für den sie ursprünglich erhoben wurden.

2.2.8.2.2 Ausnahmen von der Informationspflicht

Das Datenschutzrecht sieht eine ganze Reihe von Ausnahmen von der Informationspflicht vor, sowohl im bisherigen BDSG als auch künftig unter der DS-GVO. Dabei sind die Ausnahmen von den Informationspflichten nach der DS-GVO zum einen in der Verordnung selbst normiert, zum anderen aber auch im neuen BDSG, welches den Regelungsspielraum ausfüllen soll, den Art. 23 DS-GVO den Mitgliedstaaten belässt.[248]

---

[245] Besonders detailliert müssen letztere Informationen ausfallen, wenn sich der Datenempfänger in einem Drittland (s. dazu Kap. 2.2.7) befindet; s. Art. 13 Abs. 1 lit. f, Art. 14 Abs. 1 lit. f DS-GVO.
[246] Albrecht/Jotzo, Das neue Datenschutzrecht der EU (2017), S. 84; Schantz, NJW 2016, 1841, 1845; Veil, ZD 2015, 347, 349.
[247] Bäcker, in: Kühling/Buchner (Hg.), DS-GVO (2017), Art. 13 Rn. 20.
[248] S. Kap. 2.2.8 (Einleitung).

Beschränkungen der Informationspflichten im BDSG n. F.
Bei den Informationspflichten füllen die §§ 32, 33 BDSG n. F. künftig den durch die DS-GVO belassenen Regelungsspielraum aus. § 32 BDSG n. F. betrifft die Konstellation, dass personenbezogene Daten bei der betroffenen Person selbst erhoben werden, und beschränkt hier die Informationspflicht nach Art. 13 Abs. 3 DS-GVO, wonach über eine zweckändernde Datenverarbeitung zu informieren ist. § 33 BDSG n. F. betrifft die Konstellation, dass personenbezogene Daten aus anderen Quellen erhoben werden, und ergänzt hier die Ausnahmen nach Art. 14 Abs. 5 DS-GVO um eine Reihe weiterer Ausnahmetatbestände, wie sie auch schon im bisherigen BDSG vorgesehen sind (u. a. Gefährdung der ordnungsgemäßen Aufgabenerfüllung durch eine öffentliche Stelle, Gefährdung der öffentlichen Sicherheit und Ordnung, Beeinträchtigung der Geltendmachung zivilrechtlicher Ansprüche).

Nach Art. 13 Abs. 4, Art. 14 Abs. 5 lit. a DS-GVO muss der Verantwortliche über die Datenverarbeitung nicht informieren, wenn und soweit die betroffene Person bereits auf andere Weise die entsprechenden Informationen erlangt hat und über diese verfügt.[249] Wurden die Daten nicht bei der betroffenen Person selbst erhoben, müssen Informationen auch dann nicht erteilt werden, wenn dies unmöglich ist (etwa weil die betroffene Person gar nicht bekannt ist) oder mit einem unverhältnismäßigen Einwand einhergeht (Art. 14 Abs. 5 lit. b DS-GVO).[250]

Verdeckte Datenerhebung
Die Ausnahmevorschrift des Art. 14 Abs. 5 lit. b DS-GVO soll auch eine verdeckte Datenerhebung ermöglichen, da insoweit eine Benachrichtigung des Betroffenen die mit der Datenverarbeitung verfolgten Ziele unmöglich machen oder ernsthaft beeinträchtigen würde (Abs. 5 lit. b S. 1 Hs. 2 Alt. 2). Daher darf etwa ein Privatdetektiv, der das Fehlverhalten einer Person aufklären soll, die nach Art. 14 DS-GVO vorgeschriebenen Informationen so lange zurückhalten, bis er seine Ermittlungen abgeschlossen hat.[251]

Die Informationspflicht entfällt nach Art. 14 Abs. 5 lit. c DS-GVO auch dann, wenn die Erlangung oder Offenlegung bestimmter Daten durch eine Rechtsvorschrift **ausdrücklich geregelt** ist – vorausgesetzt diese Rechtsvorschrift ist so konkret gefasst, dass die betroffene Person bereits aus dieser Vorschrift selbst einen hinreichenden Überblick über die Bedingungen der Datenverarbeitung gewinnen kann.[252]

---

249 Ebenso auch bislang schon § 19a Abs. 2 S. 1 Nr. 1, § 33 Abs. 2 Nr. 1 BDSG a. F.
250 S. a. schon § 19a Abs. 2 S. 1 Nr. 2, § 33 Abs. 2 Nr. 2, 5, 7, 8 und 9 BDSG a. F.
251 Beispiel bei Bäcker, in: Kühling/Buchner (Hg.), DS-GVO (2017), Art. 14 Rn. 60 (ausführlich zum Ganzen Rn. 57 ff.).
252 Bäcker, in: Kühling/Buchner (Hg.), DS-GVO (2017), Art. 14 Rn. 64 f.

> **Beispiel**
> Finanzbehörden oder Versicherungsträger, die von einem Arbeitgeber Informationen zur Beschäftigung und den Bezügen von Arbeitnehmern aufgrund gesetzlicher Meldepflichten erhalten, unterliegen nicht den Informationspflichten des Art. 14 DS-GVO.[253]

Schließlich entfallen nach Art. 14 Abs. 5 lit. d DS-GVO die Informationspflichten auch dann, wenn personenbezogene Daten nach dem Unionsrecht oder dem Recht der Mitgliedstaaten dem Berufsgeheimnis (einschl. einer satzungsmäßigen Geheimhaltungspflicht) unterliegen und daher vertraulich behandelt werden müssen. Aus Sinn und Zweck der Norm folgt, dass diese Ausnahme den Verantwortlichen lediglich von einer Informationspflicht **gegenüber Dritten** befreien soll, nicht aber auch gegenüber demjenigen, zu dessen Gunsten dieses Berufsgeheimnis normiert ist.

> **Beispiel**
> Eine Ärztin erhält von ihrem Patienten therapeutisch bedeutsame Gesundheitsdaten über dessen Familienangehörige. Nach Art. 14 Abs. 5 lit. d DS-GVO muss sie darüber nicht die Angehörigen ihres Patienten informieren.[254]

2.2.8.2.3 Sonderfall Sicherheitsbehörden

Besonderheiten für die Benachrichtigungspflicht gelten aus Gründen einer effektiven Strafverfolgung und Gefahrenabwehr v. a. für den Bereich der Sicherheitsbehörden. **Heimliche Überwachungsmaßnahmen durch Sicherheitsbehörden** erhöhen die Schwere des Eingriffs zumeist erheblich,[255] weil die Möglichkeit der betroffenen Person unterlaufen wird, Rechtsschutz zur Abwehr eines staatlichen Eingriffs in Anspruch zu nehmen. Der Heimlichkeit der Überwachungsmaßnahme entspricht deshalb regelmäßig ein Benachrichtigungsanspruch des Betroffenen, sobald die Voraussetzungen für den heimlich erfolgten Grundrechtseingriff entfallen sind. Dieser Benachrichtigungsanspruch folgt aus der Rechtsschutzgarantie nach Art. 19 Abs. 4 GG, wenn die Unterrichtung Voraussetzung für die Möglichkeit der Inanspruchnahme gerichtlichen Rechtsschutzes ist.[256] Sie soll den Betroffenen in die Lage versetzen, wenigstens nachträglich die Rechtmäßigkeit der Informationsgewinnung gerichtlich

---

[253] Beispiel (zum inhaltlich vergleichbaren Art. 11 Abs. 2 DSRL) bei Dammann, in: Dammann/Simitis (Hg.), EG-Datenschutzrichtlinie (1997), Art. 11 Rn. 7.
[254] S. zum Ganzen Bäcker, in: Kühling/Buchner (Hg.), DS-GVO (2017), Art. 14 Rn. 69.
[255] Vgl. BVerfG v. 02.03.2006, BVerfGE 115, 166, 194; BayVerfGH v. 07.02.2006, NVwZ 2006, 1284, 1285 (Abschnitt III 3 der Gründe).
[256] Vgl. dazu BVerfG v. 14.07.1999, BVerfGE 100, 313, 364; BVerfG v. 18.02.2004, BVerfGE 109, 270, 364 f.; BVerfG v. 02.03.2010, BVerfGE 125, 260, 336 f.

überprüfen zu lassen und ggf. etwaige Rechte auf Löschung von Aufzeichnungen durchzusetzen.[257]

Beispiel
Für die Strafverfolgung sieht **§ 101 StPO** in Absatz 4 eine Pflicht der Strafverfolgungsbehörden vor, die Personen zu benachrichtigen, die Ziel von näher bestimmten verdeckten Maßnahmen waren (etwa Rasterfahndung, Telekommunikationsüberwachung usw.). Die Benachrichtigung hat zu erfolgen, sobald sie ohne Gefährdung des Untersuchungszwecks, des Lebens, der körperlichen Unversehrtheit und der persönlichen Freiheit einer Person und von bedeutenden Vermögenswerten möglich ist (§ 101 Abs. 5 StPO).

Stellt die Sicherheitsbehörde eine Benachrichtigung aufgrund von Sicherheitsbedenken zurück, hat sie die Gründe hierfür aktenkundig zu machen. Soll eine Benachrichtigung über einen bestimmten Zeitraum hinaus aufgeschoben werden, ist zumeist eine richterliche Entscheidung herbeizuführen, ob und inwieweit noch unter rechtsstaatlichen Gesichtspunkten auf eine Benachrichtigung verzichtet werden kann.

Informationspflichten nach der Datenschutzrichtlinie 2016/680 (DSRLJ)
Im genannten Beispiel der Strafverfolgung richten sich die Informationspflichten des Verantwortlichen nicht nach der DS-GVO, sondern nach der Datenschutzrichtlinie 2016/680 (DSRLJ). Art. 13 Abs. 1 und Abs. 2 DSRLJ verpflichtet die Mitgliedstaaten zu einer Normierung von Informationspflichten (inhaltlich vergleichbar den Art. 13 und 14 DS-GVO). Art. 13 Abs. 3 DSRLJ erlaubt dann u. a. ein Aufschieben der Unterrichtung, wie es in § 101 Abs. 5 StPO vorgesehen ist.[258]

2.2.8.3 Auskunftsrecht

Das Auskunftsrecht ist das Recht eines jeden von der Datenverarbeitung Betroffenen auf Auskunft über die zu seiner Person gespeicherten Daten. Das Auskunftsrecht gilt als das „fundamentale Datenschutzrecht"[259] für den Betroffenen und erfährt durch Art. 8 Abs. 2 S. 2 GRCh auch eine grundrechtliche Absicherung.[260] Der Einzelne hat ein Recht darauf zu erfahren, „wer was wann und bei welcher Gelegenheit über (ihn) weiß".[261]

---

257 Vgl. BVerfG v. 14.07.1999, BVerfGE 100, 313, 361; BVerfG v. 18.02.2004, BVerfGE 109, 270, 363.
258 RL 2016/680 zum Datenschutz in Strafsachen.
259 Dix, in: Simitis (Hg.), BDSG (8. A. 2014), § 34 Rn. 1.
260 Art. 8 Abs. 2 S. 2 GRCh: „Jede Person hat das Recht, Auskunft über die sie betreffenden erhobenen Daten zu erhalten und die Berichtigung der Daten zu erwirken."
261 BVerfG v. 15.12.1983, BVerfGE 65, 1 – Volkszählung.

2.2.8.3.1 Anspruchsinhalt

Der Anspruch auf Auskunft umfasst alle Informationen, die für den konkreten Datenverarbeitungsprozess prägend sind: Zweck der Datenverarbeitung, die verarbeiteten Daten, Datenquelle sowie Datenempfänger, Dauer der Datenspeicherung. Zu informieren ist der Einzelne auch über seine Betroffenenrechte einschließlich Beschwerderecht sowie – ggf. – über den Umstand einer automatisierten Entscheidungsfindung und die geeigneten Garantien im Fall einer Datenübermittlung in ein Drittland.

Auch für das Auskunftsrecht gilt nach Art. 12 Abs. 5 DS-GVO, dass die betroffene Person dieses Recht **kostenfrei** wahrnehmen kann.[262] Diese Kostenfreiheit erstreckt sich auch auf das Zurverfügungstellen einer Datenkopie, die alle Daten umfasst, die beim Verantwortlichen zum Zeitpunkt der Auskunftserteilung vorhanden sind. Lediglich für „weitere Kopien" kann der Verantwortliche ein angemessenes Entgelt verlangen. Im Unterschied zur bisherigen Regelung nach § 34 Abs. 8 BDSG a. F. ist dabei nicht schon dann von einer „weiteren" Kopie auszugehen, wenn diese innerhalb eines Kalenderjahres verlangt wird. Entscheidend ist vielmehr, ob sich seit der letzten Auskunftserteilung der Datenbestand signifikant verändert hat.[263] Ist Letzteres der Fall, kann die betroffene Person auch mehrmals im selben Kalenderjahr in angemessenen Abständen eine kostenfreie Datenkopie verlangen.

Praktische Konsequenzen hat dies etwa für die SCHUFA-Eigenauskunft.[264] Bislang ist diese zwar ebenfalls gemäß § 34 Abs. 8 S. 2 BDSG a. F. unentgeltlich zu erteilen. Wenn jedoch mehr als eine Anfrage pro Kalenderjahr gestellt wird, sind diese weiteren Anfragen gemäß § 34 Abs. 8 S. 3 BDSG a. F. kostenpflichtig, soweit die betroffene Person die Auskunft auch gegenüber Dritten zu wirtschaftlichen Zwecken nutzen kann, wovon bei einer SCHUFA-Eigenauskunft regelmäßig ausgegangen wird.

2.2.8.3.2 Ausnahmen

Art. 15 Abs. 4 DS-GVO schränkt das Recht der betroffenen Person auf Erhalt einer Kopie der personenbezogenen Daten ein, soweit dem Rechte und Freiheiten anderer Personen entgegenstehen. Darüber hinaus ist eine Vielzahl von Einschränkungen des Auskunftsanspruchs im nationalen Recht normiert.

Grundlage für die Einschränkungen des Auskunftsrechts durch nationales Recht ist zum einen auch hier wieder wie schon oben bei den Informationspflichten die Öffnungsklausel der **Art. 23 DS-GVO**. Darauf aufbauend schränkt etwa § 34 Abs. 1 Nr. 1 BDSG n. F. das Auskunftsrecht für dieselben Konstellationen ein, die auch eine Informationspflicht nach § 33 Abs. 1 Nr. 2b und Abs. 3 BDSG n. F. entfallen lassen (u. a. Gefährdung der öffentlichen Sicherheit und Ordnung).

---

262 So auch schon bislang für das Auskunftsrecht § 19 Abs. 7 und § 34 Abs. 8 S. 1 BDSG a. F.
263 S. Bäcker, in: Kühling/Buchner (Hg.), DS-GVO (2017), Art. 15 Rn. 44.
264 Wobei die SCHUFA-Eigenauskunft (als besonders prominentes Beispiel) stellvertretend steht für Eigenauskünfte auch hinsichtlich aller anderen Auskunfteien.

Zum anderen fußen die Einschränkungen des Auskunftsrechts durch nationales Recht aber auch auf der Öffnungsklausel des **Art. 89 Abs. 2 DS-GVO,** die bei einer Datenverarbeitung zu Archiv-, Forschungs- oder statistischen Zwecken eine Normierung von Ausnahmen u. a. vom Auskunftsrecht in den mitgliedstaatlichen Rechtsordnungen erlaubt. Einschlägig sind insoweit im nationalen Recht künftig die §§ 27 Abs. 2, 28 Abs. 2 und 29 Abs. 1 S. 2 BDSG n. F.

Werden personenbezogene Daten nur zu Archivierungszwecken oder ausschließlich zu Zwecken der Datensicherung oder der Datenschutzkontrolle gespeichert, unterliegen sie einer strikten Zweckbindung. Für solche Fälle unterstellt § 34 Abs. 1 Nr. 2 BDSG n. F.,[265] dass von den gespeicherten Daten generell eine nur geringfügige Gefährdung für die betroffenen Personen ausgeht, und befreit deshalb die verantwortliche Stelle von einer Auskunftserteilung, soweit diese einen „unverhältnismäßigen Aufwand" erfordern würde. Bei der Entscheidung, ob der Aufwand unverhältnismäßig ist, ist allerdings ein etwaiges Informationsinteresse des Betroffenen angemessen zu berücksichtigen.[266] In einigen Landesdatenschutzgesetzen werden personenbezogene Daten generell von dem datenschutzrechtlichen Auskunftsanspruch ausgeklammert, die ausschließlich zu Zwecken der Datensicherheit oder der Datenschutzkontrolle gespeichert sind, vgl. z. B. die bisherigen Art. 10 Abs. 1 Satz 2 BayDSG, § 16 Abs. 3 BlnDSG, § 18 Abs. 1 Satz 2 DSG NRW. Die praktische Bedeutung der Vorschriften dürfte freilich begrenzt sein; es gibt auch Landesdatenschutzgesetze, die eine derartige Einschränkung des Auskunftsrechts nicht vorsehen, vgl. z. B. § 18 SächsDSG.

Besonderheiten sind schließlich auch im **Arzt-Patienten-Verhältnis** zu berücksichtigen. Das Recht des Patienten auf Einsichtnahme in die Patientenakten ist seit dem Patientenrechtegesetz von 2013 für den Behandlungsvertrag gesetzlich in § 630g Abs. 1 BGB verankert. Ebenso finden sich dort auch die Einschränkungen des Einsichtnahmerechts normiert. Danach darf der Arzt einem Patienten ausnahmsweise die Einsichtnahme in dessen Behandlungsunterlagen verweigern, wenn sich bei Herausgabe und Kenntnis des Patienten von diesen Aufzeichnungen in therapeutischer Hinsicht negative gesundheitliche Konsequenzen für den Patienten ergeben können (sog. therapeutischer Vorbehalt). Auch im Falle subjektiver Beurteilungen des Krankheitsbildes durch den Behandelnden soll das Einsichtsrecht ausgeschlossen sein, soweit die Patientenakten auch Einblick in die Persönlichkeit des Behandelnden gewähren und die Offenlegung daher dessen Persönlichkeit berühren könnte.[267]

---

[265] Wie auch schon bislang § 19 Abs. 2 und § 33 Abs. 2 S. 1 Nr. 2 BDSG a. F. Über die bisherigen Vorgaben hinaus hat der Verantwortliche künftig jedoch zudem durch geeignete technische und organisatorische Maßnahmen sicherzustellen, dass eine Verarbeitung zu anderen Zwecken ausgeschlossen ist.
[266] Vgl. zum bisherigen BDSG Mallmann, in: Simitis (Hg.), BDSG (8. A. 2014), § 19 Rn. 69.
[267] S. schon BVerfG v. 09.01.2006, NJW 2006, 1116.

2.2.8.3.3 Sonderfall Sicherheitsbehörden

Auch beim Auskunftsrecht gelten für den Bereich der sicherheitsbehördlichen Datenverarbeitung wieder Besonderheiten. Würden die Sicherheitsbehörden pauschal Anträge auf Auskunftserteilung vollumfänglich beantworten, könnte dies die Erfüllung ihrer Aufgabe gefährden, die **öffentliche Sicherheit** zu schützen. Vor allem Sicherheitsgesetze sehen deshalb Einschränkungen des Auskunftsanspruchs vor.

> **Beispiel**
> Das Mitglied einer extremistischen Partei stellt einen Auskunftsantrag bei einer Verfassungsschutzbehörde. Mit einem Bescheid erteilt diese Behörde dem Antragsteller nur teilweise Auskunft über die bei der Verfassungsschutzbehörde gespeicherten Daten. Es handelt sich hierbei neben persönlichen Daten (Vor- und Zuname, Beruf und Berufsbezeichnung, Lichtbild und Anschriften seit einigen Jahren) um Einzelinformationen insbesondere zu politischen Aktivitäten des Antragstellers als Mitglied der Partei. Eine weitergehende Auskunft lehnt die Verfassungsschutzbehörde ohne nähere Begründung ab und verweist auf die Möglichkeit, die Rechtmäßigkeit der Auskunftsverweigerung durch die zuständige Landesdatenschutzbeauftragte überprüfen zu lassen.

Die meisten Verfassungsschutzgesetze sehen zunächst vor, dass das jeweilige Verfassungsschutzamt einer betroffenen Person Auskunft über ihre Daten nur erteilen muss, soweit sie hierzu auf einen konkreten Sachverhalt hinweist und ein **besonderes Interesse an einer Auskunft darlegt.**

Diese Begründungspflicht in § 15 BVerfSchG und vergleichbaren Vorschriften wird in der Fachliteratur zu Recht als rechtsstaatlich bedenklich kritisiert.[268] Denn ihrem Wortlaut nach verlangt sie von betroffenen Personen, ihren Auskunftsanspruch zu begründen und hierzu einen konkreten Sachverhalt anzugeben. Das kann dazu führen, dass ein Betroffener seinen Auskunftsanspruch nur deshalb nicht geltend machen kann, weil er keine Ahnung hat, in welchem Zusammenhang er Gegenstand einer nachrichtendienstlichen Erfassung sein könnte. Zugleich wird dem Betroffenen damit mittelbar die Chance genommen, fehlerhafte Speicherungen mithilfe von Berichtigungsansprüchen zu unterbinden, was nach Art. 19 Abs. 4 GG ein nicht unwesentlicher Zweck der Auskunft ist. Zumindest sind derartige Vorschriften in der Weise auszulegen, dass der Antrag nicht von vornherein abgelehnt werden darf, nur weil der Betroffene keine Angaben machen kann.[269] Dasselbe gilt, soweit der Betroffene ein Interesse an der Auskunftserteilung darzulegen hat. Im Ergebnis ist stets eine Ermessensentscheidung zu treffen, die die grundrechtlichen Belange des Betroffenen im Rahmen einer Abwägung mit einer entgegenstehenden Ausforschungsgefahr angemessen berücksichtigt.[270]

---

[268] Hierzu und zum Folgenden Bergemann, in: Denninger/Lisken (Hg.), Handbuch Polizeirecht (5. A. 2012), Kap. H Rn. 82.
[269] BVerfG v. 10.10.2000, NVwZ 2001, 185, 186.
[270] BVerfG v. 10.10.2000, NVwZ 2001, 185, 186.

Das Verfassungsschutzamt erteilt keine Auskunft, soweit dadurch seine Aufgabenerfüllung gefährdet sein könnte, Risiken für Quellen begründet werden oder andere Geheimhaltungspflichten zu beachten sind. Generell ist eine Auskunft über die Herkunft von Daten ausgeschlossen, vgl. z. B. § 15 Abs. 3 BVerfSchG. Diese Beschränkungen des Auskunftsrechts haben zur Folge, dass die Verfassungsschutzämter häufig nur gespeicherte Daten mitteilen, die aus allgemein zugänglichen Quellen (Zeitungsartikel, öffentliche Veranstaltungen mit großem Publikum usw.) stammen. Soweit eine weitergehende Auskunft unterbleibt, muss die jeweilige Behörde von sich aus die betroffene Person darauf aufmerksam machen, dass der zuständige Datenschutzbeauftragte die Rechtmäßigkeit der Auskunftsbeschränkung überprüfen kann.

Lehnt eine Behörde die Auskunftserteilung ganz oder teilweise ab, ist hierin ein Verwaltungsakt zu sehen, der regelmäßig zu begründen ist, vgl. z. B. § 39 VwVfG. Allerdings muss die Ablehnung nicht begründet werden, soweit die Mitteilung der Gründe, auf die die ablehnende Entscheidung gestützt wird, den mit der Auskunftsverweigerung verfolgten Zweck gefährden würde, vgl. z. B. § 15 Abs. 4 S. 1 BVerfSchG.

Beachte
Die Regelungen des Bundesverfassungsschutzgesetzes, ebenso wie die des MAD- und des BND-Gesetzes gelten auch unter DS-GVO und DSRLJ fort, da die Datenverarbeitung durch Verfassungsschutz, MAD und BND nicht in den Anwendungsbereich des Unionsrechts fällt (vgl. Art. 2 Abs. 2 lit. a, EG 16 DS-GVO, Art. 2 Abs. 3 lit. a DSRLJ).

Verfassungsschutzbehörden verteidigen ihre Auskunftsablehnung regelmäßig mit dem Hinweis, schon aus Gründen des Quellenschutzes könne eine Mitteilung über die Informationen nicht erfolgen. Darüber hinaus enthielten die Erkenntnisse personenbezogene Daten Dritter, die aus Datenschutzgründen nicht vorgelegt oder bekannt gegeben werden dürften. Schließlich bestehe auch ein öffentliches Interesse an der Geheimhaltung der nachrichtendienstlichen Arbeitsmethoden und Mittel der Gewinnung von Erkenntnissen.[271] Tatsächlich soll es in der Vergangenheit vorgekommen sein, dass durch gezielte Auskunftsersuchen durch mehrere Personen Quellen von Verfassungsschutzämtern enttarnt wurden.[272] Freilich ändert dieser Umstand nichts daran, dass formelhafte Standarderwägungen eine Auskunftsverweigerung nicht rechtfertigen.[273]

---

[271] S. z. B. OVG Berlin-Brandenburg v. 17.11.2011, BeckRS 2012, 45786 oder VG Potsdam v. 24.03.2011, DVBl 2011, 1116.
[272] Vgl. z. B. VG Berlin v. 30.01.2008, BeckRS 2009, 42131; s. dazu auch Berliner Zeitung v. 28.06.2006, Grottian lässt Verfassungsschutz-Spitzel auffliegen.
[273] Hiervon zu unterscheiden ist die Frage, ob die Auskunftsablehnung nur eingeschränkt begründet werden muss, weil dies durch übergeordnete Geheimhaltungsgründe gerechtfertigt ist, dazu z. B. BVerwG v. 01.08.2007, BeckRS 2007, 25990.

Eine **Auskunftsverweigerung durch die Polizei** kommt vor, ist aber deutlich seltener als die teilweise oder völlige Auskunftsverweigerung durch Verfassungsschutzbehörden.

> **Beispiel**
> Die Kriminalpolizei ermittelt in einem Fall der organisierten Autoschieberei, ohne dass der Sachverhalt abschließend aufgeklärt ist. Ein mutmaßlicher Mittäter beantragt Auskunft über die über ihn gespeicherten Daten. Soweit die Polizei befürchten muss, dass der mutmaßliche Täter durch eine Auskunft gewarnt wird und durch geeignete Gegenmaßnahmen die Ermittlungen behindern kann, wird sie die Auskunft verweigern.

Raum für eine entsprechende Einschränkung des Auskunftsrechts im nationalen Recht lässt künftig Art. 15 DSRLJ (umgesetzt in § 57 Abs. 4 BDSG n. F.).

2.2.8.4 Recht auf Berichtigung

Ebenso wie das Auskunftsrecht hat auch das Recht auf Berichtigung in Art. 8 Abs. 2 S. 2 GRCh ausdrücklich eine grundrechtliche Absicherung erfahren.[274] Datenverarbeitende Stellen sind verpflichtet, personenbezogene Daten „sachlich richtig und erforderlichenfalls auf dem neuesten Stand" zu halten (Grundsatz der „Richtigkeit"; Art. 5 Abs. 1 lit. d DS-GVO). Werden personenbezogene Daten unrichtig oder erweisen sie sich als unrichtig, sind diese zu berichtigen.[275] Dazu ist der Verantwortliche zum einen **objektiv verpflichtet** nach Art. 5 Abs. 1 lit. d DS-GVO und zum anderen kann insoweit die betroffene Person auch ein **subjektives Recht** auf Berichtigung nach Art. 16 DS-GVO geltend machen.

Von einer Unrichtigkeit personenbezogener Daten ist stets auszugehen, wenn die Daten Informationen enthalten, die nicht mit der Realität übereinstimmen, sei es, weil sie schlicht falsch sind, sei es, weil sie unvollständig sind oder im falschen Kontext präsentiert werden. Unrichtig können stets **nur Tatsachenangaben** sein, nicht aber Werturteile. Sind die personenbezogenen Daten **unvollständig,** kann die betroffene Person eine Vervollständigung der Daten verlangen und zwar auch „mittels einer ergänzenden Erklärung".

Auch wenn sich die tatsächlichen Gegebenheiten geändert haben, können Daten unrichtig werden.

> **Beispiel**
> Eine Behörde speichert die Wohnanschrift eines Antragstellers. Diese ursprünglich erfasste Adresse wird nach einem Umzug des Verantwortlichen „unrichtig" und ist zu berichtigen.

---

[274] Art. 8 Abs. 2 S. 2 GRCh: „Jede Person hat das Recht, Auskunft über die sie betreffenden erhobenen Daten zu erhalten und die Berichtigung der Daten zu erwirken."
[275] S. bislang §§ 20 Abs. 1 S. 1, 35 Abs. 1 S. 1 BDSG a. F.

Anderes gilt aber, wenn die Informationen einen Umstand gerade zu einem bestimmten Zeitpunkt dokumentieren sollen.

> **Beispiel**
> Die Meldebehörden haben neben der aktuellen Wohnanschrift einer meldepflichtigen Person[276] auch die früheren Wohnanschriften zu speichern, § 3 Abs. 1 Nr. 12 BMG.

Die Bestimmung der jeweiligen Wohnsitze kann zu verschiedenen Zeitpunkten erforderlich sein und daher auch dann „richtig" bleiben, wenn die betroffene Person erneut ihren Wohnsitz ändert. Deshalb halten die Meldebehörden auch frühere Wohnsitze fest. Insoweit kommt eine Ergänzung der Informationen dahingehend in Betracht, dass der Betroffene ab dem Zeitpunkt seines Wohnsitzwechsels einen anderen Wohnsitz innehat.

Hat die datenverarbeitende Stelle unrichtige Daten an Dritte übermittelt, muss sie im Fall einer später eintretenden Berichtigungspflicht grundsätzlich auch die Datenempfänger über die Unrichtigkeit der Daten benachrichtigen **(Nachberichtspflicht)**, vgl. Art. 19 DS-GVO.[277] Mit dieser nachträglichen Benachrichtigung sollen die Datenempfänger in die Lage versetzt werden, zu überprüfen, ob sie ihrerseits die empfangenen Daten ebenfalls zu berichtigen, zu löschen oder zu sperren haben. Diese Nachberichtspflicht besteht ausnahmsweise nicht, wenn sie sich als unmöglich erweist oder mit einem unverhältnismäßigen Aufwand verbunden ist.

> **Beispiel**
> Ein unverhältnismäßiger Aufwand kommt in Betracht, wenn die Berichtigung nur marginale Fehler betrifft.[278]

2.2.8.5 Recht auf Löschung („Recht auf Vergessenwerden")
Art. 17 DS-GVO normiert zugunsten der betroffenen Person einen klassischen Löschungsanspruch, wie er auch schon aus dem bisherigen Datenschutzrecht bekannt ist.[279] Begleitet wird dieses Recht auf Löschung ausweislich der Überschrift zu Art. 17 DS-GVO von einem sog. „Recht auf Vergessenwerden", dessen Bezeichnung allerdings mehr Erwartungen weckt, als es tatsächlich nach seinem Regelungsgehalt erfüllen kann.

---

276 Meldepflichtig sind alle Einwohner, also die Personen, die im Zuständigkeitsbereich einer Meldebehörde wohnhaft sind.
277 Bislang § 20 Abs. 8 BDSG a. F. für den öffentlichen sowie § 35 Abs. 7 BDSG a. F. für den nichtöffentlichen Bereich.
278 Vgl. Gola/Schomerus, BDSG (12. A. 2015), § 20 Rn. 38.
279 § 20 Abs. 2, § 35 Abs. 2 BDSG a. F.

2.2.8.5.1 Löschungsgründe

Nach Art. 17 Abs. 1 lit. a DS-GVO sind personenbezogene Daten dann zu löschen, wenn diese **für die Zwecke,** für die sie erhoben oder auf sonstige Weise verarbeitet wurden, **nicht mehr notwendig** sind. Dem Verantwortlichen wird damit also eine laufende Kontrolle der Notwendigkeit einer weiteren Speicherung abverlangt.

Zu löschen sind personenbezogene Daten nach Art. 17 Abs. 1 DS-GVO auch dann, wenn es an einer Rechtsgrundlage für die Datenverarbeitung fehlt oder die Verarbeitung aus sonstigen Gründen unrechtmäßig ist (lit. b und lit. d). Gleiches gilt für den Fall, dass die betroffene Person Widerspruch gegen die Datenverarbeitung einlegt (im Einzelnen lit. c) oder eine Rechtspflicht zur Löschung besteht (lit. e). Und schließlich ist ein Löschungsgrund auch dann gegeben, wenn im Fall von Onlinediensten die Datenverarbeitung auf der Einwilligung eines Kindes beruht (lit. f) – im letzteren Fall unabhängig davon, ob sich die Datenverarbeitung auch auf eine andere Rechtsgrundlage als die Einwilligung stützen ließe.[280]

2.2.8.5.2 Löschen

Beim Löschen handelt es sich um ein Unkenntlichmachen gespeicherter personenbezogener Daten.[281] Ein solches Unkenntlichmachen setzt voraus, dass ein Rückgriff auf die gespeicherten Daten nicht mehr möglich ist. Es kann durch Unleserlichmachen, Überschreiben oder sonstige Formen der Datenbeseitigung erfolgen; auch die Vernichtung des Datenträgers selbst ist eine Datenlöschung.

Selbstredend ist noch nicht von einer Löschung im datenschutzrechtlichen Sinne auszugehen, wenn ein soziales Netzwerk vom Nutzer gelöschte Daten lediglich mit dem Vermerk **„Deleted true"** versieht, die Löschung der Daten selbst jedoch gerade nicht vollzieht.[282]

2.2.8.5.3 Ausnahmen

Art. 17 Abs. 3 DS-GVO sieht diverse Ausnahmen vom Recht auf bzw. der Pflicht zur Löschung personenbezogener Daten vor, etwa wenn die Datenverarbeitung zur Ausübung des Rechts auf freie Meinungsäußerung und Information erforderlich ist (lit. a).

Die Ausnahme ist nicht auf Journalismus und klassische Medien beschränkt, sondern erfasst auch freie Meinungsäußerungen im nicht-professionellen Bereich (Blogger, soziale Medien etc.).[283]

---

[280] Albrecht/Jotzo, Das neue Datenschutzrecht der EU (2017), S. 86 f.
[281] S. die Definition im bisherigen BDSG: § 3 Abs. 2 Nr. 5 BDSG a. F.
[282] Zu dieser Praxis von Facebook s. Schrems, Auf Facebook kannst du nichts löschen, FAZ v. 26.10.2011; unter http://www.faz.net/aktuell/feuilleton/debatten/soziale-netzwerke-auf-facebook-kannst-du-nichts-loeschen-11504650.html (letzter Abruf 09.06.2017).
[283] Herbst, in: Kühling/Buchner (Hg.), DS-GVO (2017), Art. 17 Rn. 72.

Eine weitere Ausnahme gilt für die Datenverarbeitung zur Erfüllung einer Rechtspflicht oder einer öffentlichen Aufgabe (lit. b).

Beispiel
Ein Beispiel ist die Erfüllung gesetzlicher Aufbewahrungs- oder Dokumentationspflichten, etwa aus dem Handels-, Gewerbe- oder Steuerrecht.[284]

Schließlich kommt eine Ausnahme auch noch bei der Datenverarbeitung im Bereich der öffentlichen Gesundheit in Betracht (lit. c), bei der Datenverarbeitung zu Archiv-, wissenschaftlichen und statistischen Zwecken (lit. d) sowie bei einer Datenverarbeitung zur Geltendmachung von Rechtsansprüchen (lit. e).

Ausnahme im nationalen Recht
Zum Ausnahmekatalog des Art. 17 Abs. 3 DS-GVO gesellen sich zusätzlich auch noch diverse Ausnahmetatbestände aus dem nationalen Recht. Diese lassen sich zum einen auf die Öffnungsklausel des Art. 23 DS-GVO stützen, zum anderen aber auch auf die Öffnungsklausel des Art. 9 Abs. 4 DS-GVO oder den Regelungsauftrag des Art. 85 Abs. 2 DS-GVO.

Gestützt auf Art. 23 DS-GVO sieht etwa § 35 Abs. 2 BDSG n. F. vor, dass personenbezogene Daten nicht gelöscht werden, sondern lediglich deren Verarbeitung eingeschränkt wird, soweit der Verantwortliche „Grund zu der Annahme hat, dass durch eine Löschung schutzwürdige Interessen der betroffenen Person beeinträchtigt würden".[285] An die Stelle der Löschung tritt insoweit eine Einschränkung der Datenverarbeitung. Allerdings kann bei der rechtswidrigen Erfassung besonders sensibler Daten selbst eine Einschränkung der Datenverarbeitung das Persönlichkeitsrecht der betroffenen Person noch unverhältnismäßig beeinträchtigen. Teils sehen daher die bereichsspezifischen Regelungen v. a. im Bereich der Eingriffsverwaltung vor, dass dann die Daten zu löschen sind.

Beispiel
Sofern Strafverfolgungsbehörden eine akustische Wohnraumüberwachung durchführen, müssen die Aufzeichnungen unverzüglich gelöscht werden, wenn die Daten zur Abwehr der Gefahr oder für eine vorgerichtliche oder gerichtliche Überprüfung der zur Gefahrenabwehr getroffenen Maßnahmen nicht mehr erforderlich sind (vgl. § 100d Abs. 5 Nr. 2 S. 3 StPO).

Um den Anspruch des Betroffenen auf effektiven Rechtsschutz in diesen Fällen nicht leer laufen zu lassen, ist es dann aber geboten, zumindest die Datenvernichtung aktenkundig zu machen (vgl. § 100d Abs. 5 Nr. 2 S. 4 StPO).

---

284 Herbst, in: Kühling/Buchner (Hg.), DS-GVO (2017), Art. 17 Rn. 76; zu den **satzungsmäßigen** und **vertraglichen** Aufbewahrungsfristen s. § 35 Abs. 3 BDSG n. F.
285 So auch schon bislang § 20 Abs. 3 Nr. 2, § 35 Abs. 3 Nr. 2 BDSG a. F.

2.2.8.5.4 „Recht auf Vergessenwerden" (Art. 17 Abs. 2 DS-GVO)

Art. 17 Abs. 2 DS-GVO erweitert das Recht auf Löschung dahingehend, dass ein Verantwortlicher, der personenbezogene Daten öffentlich gemacht hat, auch dazu verpflichtet wird, anderen Verantwortlichen, die diese personenbezogenen Daten verarbeiten, mitzuteilen, alle Links zu diesen personenbezogenen Daten oder Kopien oder Replikationen der personenbezogenen Daten zu löschen. Auf diese Weise soll dem „Recht auf Vergessenwerden" im Netz mehr Geltung verschafft werden.[286] Im Internet reicht es oftmals gerade nicht aus, lediglich die Daten am Ort ihrer ersten Speicherung und Veröffentlichung zu löschen, da diese Daten auch bereits an anderer Stelle veröffentlicht, archiviert oder verlinkt worden sind („Das Internet vergisst nichts"). Art. 17 Abs. 2 DS-GVO verpflichtet den Verantwortlichen daher zu Maßnahmen, die über das Löschen der Daten bei ihm selbst hinausgehen und darauf abzielen, die Daten auch überall sonst „aus der (Online-)Welt zu schaffen".[287]

Die Pflicht nach Art. 17 Abs. 2 DS-GVO trifft den Verantwortlichen, wenn er personenbezogene Daten öffentlich gemacht hat und gemäß Art. 17 Abs. 1 DS-GVO zu deren Löschung verpflichtet ist. In diesem Fall muss er – unter Berücksichtigung der verfügbaren Technologie und der Implementierungskosten – „angemessene Maßnahmen", auch technischer Art, treffen, um andere Verantwortliche, die diese personenbezogenen Daten ebenfalls verarbeiten, über den Antrag auf Löschung zu informieren.

„Recht auf Vergessenwerden" à la Google Spain
Große Aufmerksamkeit hat das „Recht auf Vergessenwerden"[288] auch im Zusammenhang mit der Google-Spain-Entscheidung des EuGH erlangt.[289] Der EuGH verpflichtete in dieser Entscheidung den Suchmaschinenbetreiber Google dazu, aus seiner Ergebnisliste bestimmte Links zu online veröffentlichten personenbezogenen Daten zu löschen, weil im konkreten Fall die Grundrechte auf Achtung des Privatlebens und Schutz personenbezogener Daten die wirtschaftlichen Interessen von Google und das Informationsinteresse der Öffentlichkeit überwogen.[290] Ausschlaggebend hierfür war, dass sich im zugrunde liegenden Fall die Suchergebnisse zu dem Namen der betroffenen Person auf einen bereits 16 Jahre zurückliegenden Vorgang bezogen (Grundstücksversteigerung infolge Pfändung). Der EuGH sieht hier ein berechtigtes Interesse der betroffenen Person, nach so langer Zeit nicht mehr allein aufgrund einer einfachen Google-Recherche zu ihrem Namen mit diesen sensiblen Informationen in Verbindung gebracht zu werden.

Der EuGH selbst hat sich in seiner Entscheidung nicht auf den Begriff des „Rechts auf Vergessen(werden)" gestützt. Auch ist das in dieser Entscheidung begründete Recht seinem Inhalt nach ein anderes als das Recht aus Art. 17 Abs. 2 DS-GVO.[291] Art. 17

---

286 EG 66 DS-GVO.
287 Ausführlich zum Ganzen Herbst, in: Kühling/Buchner (Hg.), DS-GVO (2017), Art. 17 Rn. 49.
288 Teils auch – gleichbedeutend – als „Recht auf Vergessen" bezeichnet.
289 EuGH v. 13.05.2014, DuD 2014, 559 – Google Spain.
290 Vgl. dazu von Danwitz, DuD 2015, 581, 584.
291 Jandt, MMR-Aktuell 2014, 358242.

Abs. 2 DS-GVO verpflichtet den **Erstveröffentlicher** von Daten zu bestimmten Maßnahmen, wohingegen sich in Google Spain das Recht lediglich gegen den **„Weiterverbreiter"** von bereits anderswo veröffentlichten Daten richtet. Unabhängig davon ist aber beiden Rechten die Zielsetzung gemeinsam, dass personenbezogene Daten unter bestimmten Voraussetzungen im Netz nicht mehr oder zumindest nicht mehr so leicht auffindbar sein sollen und somit die Chance auf ein „Vergessenwerden" auch in der Onlinewelt gewahrt bleiben soll.[292]

2.2.8.6 Recht auf Einschränkung der Verarbeitung

In bestimmten Fällen tritt an die Stelle der Löschung von Daten nach Art. 18 DS-GVO eine Einschränkung der Verarbeitung als eine Art von „milderer" Maßnahme. Die Daten sollen oder dürfen einerseits aus bestimmten Gründen nicht vollständig gelöscht werden, andererseits aber auch nicht mehr weiterverarbeitet werden. Im bisherigen BDSG ist insoweit von einem „Sperren" personenbezogener Daten die Rede, definiert als das „Kennzeichnen gespeicherter personenbezogener Daten, um ihre weitere Verarbeitung oder Nutzung einzuschränken" (§ 3 Abs. 4 S. 2 Nr. 4 BDSG a. F.).[293]

Einzuschränken ist die Verarbeitung personenbezogener Daten etwa dann, wenn ihre Richtigkeit von der betroffenen Person bestritten wird (Art. 18 Abs. 1 lit. a DS-GVO).[294] Der Zeitraum einer solchen eingeschränkten Datenverarbeitung ist unter der DS-GVO allerdings von vornherein beschränkt. Lässt sich nach Ablauf einer angemessenen Frist zur Prüfung weder die Richtigkeit noch die Unrichtigkeit der Daten feststellen, sind diese zu löschen bzw. zu berichtigen. Der Verantwortliche darf sich dann nicht mehr auf eine bloße Einschränkung der Datenverarbeitung zurückziehen, wie dies noch nach den bisherigen §§ 20 Abs. 4, 35 Abs. 4 BDSG a. F. vorgesehen ist.[295]

Ein Recht auf Einschränkung der Datenverarbeitung besteht nach Art. 18 Abs. 1 DS-GVO des Weiteren dann, wenn

– die Datenverarbeitung unrechtmäßig ist, die betroffene Person aber statt der Löschung die Einschränkung der Datennutzung verlangt (lit. b),
– die Daten für die Zwecke der Verarbeitung nicht länger erforderlich sind, die betroffene Person diese jedoch zur Geltendmachung von Rechtsansprüchen benötigt (lit. c),
– die betroffene Person Widerspruch gegen die Datenverarbeitung eingelegt hat und noch nicht feststeht, ob die berechtigten Gründe des Verantwortlichen gegenüber denen der betroffenen Person überwiegen (lit. d).

---

[292] Vgl. Herbst, in: Kühling/Buchner (Hg.), DS-GVO (2017), Art. 17 Rn. 68.
[293] Die DS-GVO spricht, der Sache nach vergleichbar, statt von einem Kennzeichnen von einer „Markierung" der Daten (Art. 4 Nr. 3 DS-GVO).
[294] Bislang §§ 20 Abs. 4, 35 Abs. 4 BDSG a. F.
[295] Ausführlich Herbst, in: Kühling/Buchner (Hg.), DS-GVO (2017), Art. 18 Rn. 13.

§ 35 Abs. 3 BDSG n. F. sieht, unter Verweis auf die Öffnungsklausel des Art. 23 Abs. 2 lit. i DS-GVO, eine Einschränkung der Datenverarbeitung auch dann vor, wenn einer Löschung der Daten **satzungsmäßige oder vertragliche Aufbewahrungsfristen** entgegenstehen, um so den Verantwortlichen vor einer Pflichtenkollision zu schützen.[296]

Art. 4 Nr. 3 DS-GVO definiert die Einschränkung der Verarbeitung als eine Markierung gespeicherter personenbezogener Daten mit dem Ziel, ihre künftige Verarbeitung einzuschränken. Grundsätzlich steht es dem Verantwortlichen frei, auf welche Weise er diese Markierung vornehmen will. Je nachdem, ob es sich um eine automatisierte oder nicht automatisierte Datenverarbeitung handelt und ob es um die Markierung einzelner Daten oder von ganzen Dateien geht, kann diese technisch oder textlich erfolgen, sie kann in den Datenbeständen selbst, auf den Datenträgern oder auch auf deren „Verpackung" vorgenommen werden.[297] EG 67 führt als Beispiele für eine Einschränkung an, dass Daten vorübergehend auf ein anderes Verarbeitungssystem übertragen werden, sie für Nutzer gesperrt werden oder veröffentlichte Daten vorübergehend von einer Website entfernt werden. Der Verantwortliche muss sicherstellen, dass die betreffenden Daten – von ihrer Speicherung abgesehen – nur noch mit Einwilligung der betroffenen Person oder ausschließlich zu den in Art. 18 Abs. 2 DS-GVO im Einzelnen genannten Zwecken[298] verarbeitet werden.

2.2.8.7 Recht auf Datenübertragbarkeit

Ein neues Betroffenenrecht ist das in Art. 20 DS-GVO normierte Recht auf Datenübertragbarkeit. Der Einzelne kann danach verlangen, dass die ihn betreffenden Daten von der datenverarbeitenden Stelle in einem strukturierten, gängigen und maschinenlesbaren Format zur Verfügung gestellt werden, damit er diese Daten an einen anderen Datenverarbeiter übermitteln kann. Das Recht auf Datenübertragbarkeit zielt zum einen auf eine Stärkung der Selbstbestimmung des Einzelnen über „seine" Daten ab. Zum anderen soll aber auch der marktbeherrschenden Stellung einiger weniger Datenverarbeiter vorgebeugt werden, indem der Wettbewerb zwischen Unternehmen um personenbezogene Daten erleichtert wird. Dem Einzelnen soll es ermöglicht werden, leichter zwischen den Anbietern von sozialen Netzwerken, E-Mail- oder Cloud-Diensten zu wechseln.[299] Mit Blick auf letztere Zielsetzung wird dem Recht auf Datenübertragbarkeit daher auch ein expli-

---

[296] Für den Fall einer **rechtlichen** Aufbewahrungs- oder Dokumentationspflicht greift die Ausnahme nach Art. 17 Abs. 3 lit. b DS-GVO.
[297] Vgl. zur Sperrung nach BDSG Schaffland/Wiltfang, BDSG (2. Lfg. 2017), § 3 Rn. 73a.
[298] Konkret zur Geltendmachung, Ausübung oder Verteidigung von Rechtsansprüchen, zum Schutz der Rechte einer anderen natürlichen oder juristischen Person oder aus Gründen eines wichtigen öffentlichen Interesses der Union oder eines Mitgliedstaats (Art. 18 Abs. 2 DS-GVO).
[299] Albrecht/Jotzo, Das neue Datenschutzrecht der EU (2017), S. 87.

zit wettbewerbsrechtlicher Charakter zugesprochen.[300] Es sollen „Lock-in-Effekte" verringert werden, die dadurch entstehen, dass der Wechsel zu einem anderen Dienstanbieter umso mühsamer und damit unattraktiver wird, je mehr Daten man bei seinem ursprünglichen Dienstanbieter angesammelt, aufbereitet und verknüpft hat.

2.2.8.7.1 Voraussetzungen
Der Einzelne kann ein Recht auf Datenübertragbarkeit geltend machen, wenn die Datenverarbeitung auf seiner Einwilligung nach Art. 6 Abs. 1 lit. a DS-GVO beruht oder diese im Zuge einer Vertragserfüllung nach Art. 6 Abs. 1 lit. b DS-GVO erfolgt und es sich um eine automatisierte Datenverarbeitung handelt. Die Daten müssen sich auf diejenige Person beziehen, die das Recht auf Datenübertragbarkeit geltend macht, und sie müssen von dieser Person auch bereitgestellt worden sein. Von einer solchen Bereitstellung ist ohne Weiteres dann auszugehen, wenn der Einzelne seine Daten aktiv und bewusst zur Verfügung gestellt hat (z. B. durch Angabe seiner E-Mail-Adresse, seines Nutzernamens oder Alters). „Bereitgestellt" sind personenbezogene Daten aber auch dann, wenn diese im Zuge der Nutzung eines Dienstes oder Geräts anfallen.[301]

Beispiel
Als Beispiele führt die Art.-29-Datenschutzgruppe in ihren Leitlinien zum Recht auf Datenübertragbarkeit die Suchhistorie einer Person und deren verkehrs- oder standortbezogenen Daten an. Auch „Rohdaten" wie der von einem Fitnesstracker erfasste Herzschlag zählen zu den „bereitgestellten" Daten.[302] Davon zu unterscheiden sind abgeleitete Daten, die erst im Zuge eines zusätzlichen Datenverarbeitungsprozesses gewonnen werden (z. B. Profiling oder Scorewertberechnung).[303]

Sein Recht auf Datenübertragbarkeit kann der Einzelne auch dann ausüben, wenn von der Übertragung nicht nur die eigenen Daten, sondern darüber hinaus auch **Daten Dritter** betroffen sind (z. B. Adressbuchdaten, Kommunikationsdaten oder Bilder).[304] Nach Art. 20 Abs. 4 DS-GVO dürfen in diesem Fall allerdings die Rechte und Freiheiten dieser dritten Person nicht beeinträchtigt werden. Diese – sehr allgemein gehaltene – Vorgabe ist in erster Linie dahingehend zu verstehen, dass für die Datenübertragung und Weiterverarbeitung bei dem neuen Datenverarbeiter eine entsprechende Rechtsgrundlage gegeben sein muss. Neben dieser datenschutzrechtlichen Schranke ist dar-

---

300 Albrecht/Jotzo, Das neue Datenschutzrecht der EU (2017), S. 87; Kühling/Martini, EuZW 2016, 448, 450; Schantz, NJW 2016, 1841, 1845.
301 Art.-29-Datenschutzgruppe, Guidelines on the right of data portability, WP 242 (2016), S. 8.
302 Art.-29-Datenschutzgruppe, Guidelines on the right of data portability, WP 242 (2016), S. 8.
303 Art.-29-Datenschutzgruppe, Guidelines on the right of data portability, WP 242 (2016), S. 8 f.
304 Herbst, in: Kühling/Buchner (Hg.), DS-GVO (2017), Art. 20 Rn. 3; Schantz, NJW 2016, 1841, 1845; a. A. Jülicher/Röttgen/v. Schönfeld, ZD 2016, 358, 359.

über hinaus auch an immaterialgüterrechtliche Schranken zu denken (etwa Urheberrechte) sowie an den Schutz von Geschäftsgeheimnissen.[305]

Ausgeschlossen ist das Recht auf Datenübertragbarkeit im Fall der Datenverarbeitung durch die öffentliche Verwaltung (Art. 20 Abs. 3 S. 2 DS-GVO).[306]

2.2.8.7.2 Inhalt

Art. 20 Abs. 1 DS-GVO spricht dem Betroffenen das Recht zu, seine Daten in einem „strukturierten, gängigen und maschinenlesbaren Format" zu erhalten. EG 68 DS-GVO ergänzt diese Vorgaben um die übergeordnete Zielsetzung der **Interoperabilität** und fordert die Verantwortlichen auf, Formate zu entwickeln, die eine Datenübertragbarkeit ermöglichen. Eine weitere Konkretisierung dieser abstrakten Formatvorgaben findet sich in der DS-GVO nicht. Und auch der Ansatz der Art.-29-Datenschutzgruppe, auf die Legaldefinitionen in anderen Regelwerken zurückzugreifen, trägt nur wenig zu einem spezifischeren Anforderungsprofil bei.[307] In Anbetracht der Vielfalt potenziell betroffener Datenbestände wird es v. a. auch vom jeweiligen Sektor abhängen, welches Format den Anforderungen des Art. 20 DS-GVO am ehesten entspricht.[308] Entscheidend ist letztlich, dass der Einzelne seine Daten **ohne größeren Aufwand** an einen neuen Datenverarbeiter weitergeben kann, insbesondere muss sichergestellt sein, dass er die vom bisherigen Datenverarbeiter erhaltenen Daten nicht erst mit unzumutbarem Aufwand umstrukturieren oder sonst verändern muss, bevor diese weitergenutzt werden können.[309]

Nach Art. 20 Abs. 2 DS-GVO hat der Einzelne, soweit technisch machbar, nicht nur einen Anspruch auf Herausgabe der Daten in einem interoperablen Format, sondern kann darüber hinaus verlangen, dass seine Daten vom bisherigen Datenverarbeiter **direkt** an einen anderen Datenverarbeiter übermittelt werden.

---

305 Herbst, in: Kühling/Buchner (Hg.), DS-GVO (2017), Art. 20 Rn. 18.
306 Albrecht/Jotzo, Das neue Datenschutzrecht der EU (2017), S. 87 f.; Herbst, in: Kühling/Buchner (Hg.), DS-GVO (2017), Art. 20 Rn. 14.
307 Für die Interoperabilität verweist die Art.-29-Datenschutzgruppe auf die Definition in Art. 2 lit. a des Beschlusses 922/2009/EG über Interoperabilitätslösungen für europäische öffentliche Verwaltungen (ISA), ABl. v. 03.10.2009 L 260, S. 23: „Fähigkeit [...] zur Interaktion [inkl.] Austausch von Informationen und Wissen zwischen den beteiligten Organisationen durch von ihnen unterstützte Geschäftsprozesse mittels Datenaustausch zwischen ihren jeweiligen IKT-Systemen". Für die Maschinenlesbarkeit wird auf EG 21 der Richtlinie 2013/37/EU über die Weiterverwendung von Informationen des öffentlichen Sektors, ABl. v. 27.07.2013 L 175, S. 3 verwiesen: „Ein Dokument sollte als maschinenlesbar gelten, wenn es in einem Dateiformat vorliegt, das so strukturiert ist, dass Softwareanwendungen die konkreten Daten einfach identifizieren, erkennen und extrahieren können. [...] Maschinenlesbare Formate können offen oder geschützt sein; sie können einem formellen Standard entsprechen oder nicht"; Art.-29-Datenschutzgruppe, Guidelines on the right of data portability, WP 242 (2016), S. 13.
308 Art.-29-Datenschutzgruppe, Guidelines on the right of data portability, WP 242 (2016), S. 13.
309 Herbst, in: Kühling/Buchner (Hg.), DS-GVO (2017), Art. 20 Rn. 20.

2.2.8.8 Widerspruchsrecht

Das Datenschutzrecht räumt dem Einzelnen ausnahmsweise auch im Fall einer an sich rechtmäßigen Datenverarbeitung ein Widerspruchsrecht ein, wenn eine Prüfung ergibt, dass das schutzwürdige Interesse der betroffenen Person wegen ihrer besonderen persönlichen Situation das Interesse der verantwortlichen Stelle an einer Datenverarbeitung überwiegt. Einschlägig sind bislang insoweit die §§ 20 Abs. 5, 35 Abs. 5 BDSG a. F. in Umsetzung von Art. 14 UAbs. 1 lit. a DSRL. Darüber hinaus steht dem Einzelnen auch – ohne jede weitere Begründung – ein Widerspruchsrecht im Fall der Datenverarbeitung zu Zwecken des Direktmarketings zu (§ 28 Abs. 4 BDSG a. F. in Umsetzung von Art. 14 UAbs. 1 lit. b DSRL).

Art. 21 DS-GVO knüpft an die bisherigen Regelungen zum Widerspruchsrecht an und entwickelt diese noch weiter **zugunsten der betroffenen Person** fort.[310] Geändert hat sich zugunsten der betroffenen Person v. a. die Beweislast im Rahmen der Interessenabwägung: Während hier bislang ein Widerspruchsrecht nur dann greift, wenn feststeht, dass die Interessen der betroffenen Person überwiegen, ist es künftig am Verantwortlichen nachzuweisen, dass ausnahmsweise zu seinen Gunsten überwiegende Gründe für eine Fortsetzung der Datenverarbeitung sprechen.[311] Solange die Prüfung andauert, ob die Gründe des Verantwortlichen ausnahmsweise überwiegen, kann die betroffene Person nach Art. 18 Abs. 1 lit. d DS-GVO eine Einschränkung der Datenverarbeitung verlangen.

Art. 21 Abs. 5 DS-GVO fordert für „Dienste der Informationsgesellschaft"[312] die Möglichkeit ein, ein Widerspruchsrecht auch mittels automatisierter Verfahren auszuüben, bei denen technische Spezifikationen verwendet werden. Zu diesen Spezifikationen zählen etwa entsprechende Browsereinstellungen *(do not track)*, mittels derer der Einzelne in der Onlinewelt steuern kann, ob und wie seine Daten beim Webtracking verwendet werden dürfen.[313]

2.2.8.8.1 Widerspruchsrecht nach Interessenabwägung (Art. 21 Abs. 1 DS-GVO)

Ein Widerspruchsrecht nach Art. 21 Abs. 1 DS-GVO setzt voraus, dass eine Datenverarbeitung entweder nach Art. 6 Abs. 1 lit. e DS-GVO erfolgt, also zur Wahrnehmung öffentlicher Aufgaben, oder nach Art. 6 Abs. 1 lit. f DS-GVO, also auf Grundlage einer allgemeinen Interessenabwägung. Die betroffene Person kann in einem solchen Fall

---

310 Albrecht/Jotzo, Das neue Datenschutzrecht der EU (2017), S. 88.
311 Albrecht/Jotzo, Das neue Datenschutzrecht der EU (2017), S. 88; Herbst, in: Kühling/Buchner (Hg.), DS-GVO (2017), Art. 21 Rn. 7.
312 Definiert sind die Dienste der Informationsgesellschaft in Art. 4 Rn. 25 DS-GVO unter Verweis auf Art. 1 Nr. 1 lit. b Richtlinie (EU) 2015/1535 über ein Informationsverfahren auf dem Gebiet der technischen Vorschriften und der Vorschriften für Dienste der Informationsgesellschaft, ABl. v. 17.09.2015 L 241, S. 1: „jede in der Regel gegen Entgelt elektronisch im Fernabsatz und auf individuellen Abruf eines Empfängers erbrachte Dienstleistung".
313 Albrecht/Jotzo, Das neue Datenschutzrecht der EU (2017), S. 88.

jederzeit ein Widerspruchsrecht ausüben, indem sie Gründe gegen eine Datenverarbeitung geltend macht, „die sich aus ihrer besonderen Situation ergeben". Möchte der Verantwortliche die Datenverarbeitung gleichwohl fortsetzen, ist dies nur möglich, wenn er darlegen und beweisen kann, dass zwingende schutzwürdige Gründe für eine Datenverarbeitung ausnahmsweise die Interessen der betroffenen Person überwiegen. Zulässig ist des Weiteren eine Weiterverarbeitung ausnahmsweise auch dann, wenn die Datenverarbeitung der Geltendmachung, Ausübung oder Verteidigung von Rechtsansprüchen dient (Art. 21 Abs. 1 S. 2 Var. 2 DS-GVO).

2.2.8.8.2 Widerspruchsrecht bei Direktwerbung (Art. 21 Abs. 2 DS-GVO)
Jederzeit und ohne jede Begründung kann der Einzelne einer Datenverarbeitung zu Zwecken der Direktwerbung widersprechen. Die Datenverarbeitung ist in einem solchen Fall unmittelbar zu beenden (Art. 21 Abs. 3 DS-GVO).

2.2.8.8.3 Widerspruchsrecht bei Datenverarbeitung zu Forschungs- oder statistischen Zwecken (Art. 21 Abs. 6 DS-GVO)
Neu ist das Widerspruchsrechts des Betroffenen gegenüber einer Datenverarbeitung zu Forschungs- oder statistischen Zwecken. Das Widerspruchsrecht kann als eine Art von Ausgleich dafür gesehen werden, dass ansonsten die Datenverarbeitung zu Forschungs- und statistischen Zwecken in vielerlei Hinsicht durch die DS-GVO eine Privilegierung erfährt und der Einzelne eine Datenverarbeitung zu diesen Zwecken in größerem Maße hinnehmen muss als dies bei einer „normalen" Datenverarbeitung der Fall ist.[314]

2.2.9 Datenschutzkontrolle

Die Kontrolle des rechtmäßigen Umgangs mit personenbezogenen Daten kann sowohl in Form einer externen als auch in Form einer internen Kontrolle stattfinden. Im ersteren Fall sind selbstständige und unabhängige Datenschutzbehörden für die Datenschutzkontrolle zuständig, im letzteren Fall ist es der behördliche bzw. betriebliche Datenschutzbeauftragte. Nach dem Konzept der **Datenschutzrichtlinie** ist die Datenschutzkontrolle primär durch externe Kontrollstellen zu verwirklichen, der Selbstkontrolle durch behördliche und betriebliche Datenschutzbeauftragte soll demgegenüber lediglich eine ergänzende Funktion zukommen.[315] Das **BDSG a. F.** hat jedenfalls im Bereich der nicht-staatlichen Datenverarbeitung lange Zeit der Selbstkontrolle den

---

[314] Herbst, in: Kühling/Buchner (Hg.), DS-GVO (2017), Art. 21 Rn. 46.
[315] Simitis, in: ders. (Hg.), BDSG (8. A. 2014), § 4f Rn. 5.

Vorrang eingeräumt, eine externe Kontrolle durch staatliche Kontrollinstanzen sollte (und soll) demgegenüber nur „begleitend" stattfinden.[316]

Im Gesetzgebungsverfahren zur **DS-GVO** war bis zuletzt umstritten, ob und unter welchen Voraussetzungen eine Pflicht zur Bestellung eines Datenschutzbeauftragten normiert werden soll. Letztlich hat sich das „deutsche Modell" durchgesetzt und die Bestellung eines behördlichen oder betrieblichen Datenschutzbeauftragten wird künftig in weiten Bereichen zwingend sein.[317] Dies fügt sich in die generelle Zielrichtung der DS-GVO ein, den Datenschutz zu entbürokratisieren und die Verantwortung für einen rechtskonformen Datenschutz stärker in den Unternehmen selbst zu verankern.[318]

2.2.9.1 Interne Datenschutzkontrolle

Nach der Datenschutzrichtlinie ist die Bestellung eines behördlichen bzw. betrieblichen Datenschutzbeauftragten nicht verpflichtend, sondern lediglich eine Option, um von der allgemeinen Meldepflicht nach Art. 18 Abs. 1 DSRL befreit werden zu können (Art. 18 Abs. 2 zweiter Spiegelstrich). Darüber hinausgehend sind jedoch nach deutschem Recht auch schon bislang gemäß § 4f Abs. 1 S. 1 BDSG a. F. öffentliche und nicht-öffentliche Stellen, die automatisiert Daten verarbeiten, grundsätzlich verpflichtet, einen Datenschutzbeauftragten zu bestellen.[319] Die DS-GVO hat dieses deutsche Modell übernommen und eine entsprechende Verpflichtung in Art. 37 DS-GVO normiert.

2.2.9.1.1 Bestellpflicht nach DS-GVO und nationalem Recht

Art. 37 Abs. 1 DS-GVO sieht die Pflicht zur Bestellung eines Datenschutzbeauftragten vor
- für alle Behörden und öffentlichen Stellen[320] (lit. a)
- sowie für nicht-öffentliche Stellen, soweit deren Kerntätigkeit eine Datenverarbeitung ist, die aufgrund ihrer Art, ihres Umfangs und/oder ihrer Zwecke eine umfangreiche regelmäßige und systematische Überwachung von betroffenen Personen erforderlich macht (lit. b)
- oder deren Kerntätigkeit eine Datenverarbeitung ist, die in der umfangreichen Verarbeitung besonderer Kategorien von Daten i. S. v. Art. 9 DS-GVO oder von per-

---

316 Gola/Schomerus, BDSG (12. A. 2015), § 4f Rn. 1; Simitis, in: ders. (Hg.), BDSG (8. A. 2014), § 4f Rn. 1 f.
317 Kühling/Martini et al., Die Datenschutz-Grundverordnung und das nationale Recht (2016), S. 96.
318 Bergt, in: Kühling/Buchner (Hg.), DS-GVO (2017), Art. 37 Rn. 3.
319 Werden Daten nicht automatisiert verarbeitet, gilt nach § 4f Abs. 1 S. 3 BDSG a. F. eine Bestellpflicht, wenn mindestens 20 Personen mit der Datenverarbeitung beschäftigt sind.
320 Mit Ausnahme von Gerichten, die im Rahmen ihrer justiziellen Tätigkeit handeln.

sonenbezogenen Daten über strafrechtliche Verurteilungen und Straftaten i. S. v. Art. 10 DS-GVO besteht (lit. c).

Beispiel
Typisches Beispiel für eine Kerntätigkeit i. S. d. lit. b ist die Datenverarbeitung durch Auskunfteien, Detekteien oder Personal- und Partnervermittlungen. Eine Kerntätigkeit i. S. d. lit. c ist etwa die Datenverarbeitung durch eine Gesundheitseinrichtung.[321]

Art. 37 Abs. 4 S. 1 Hs. 2 DS-GVO erlaubt es den Mitgliedstaaten darüber hinaus, eine Pflicht zur Benennung eines Datenschutzbeauftragten auch über die in Abs. 1 geregelten Fälle hinaus vorzusehen. In § 38 Abs. 1 S. 1 BDSG n. F. macht der deutsche Gesetzgeber von dieser Möglichkeit Gebrauch und sieht die Pflicht zur Benennung eines Datenschutzbeauftragten für nicht-öffentliche Stellen vor, wenn diese i. d. R. mindestens zehn Personen ständig mit der automatisierten Verarbeitung personenbezogener Daten beschäftigen. Unabhängig von der Anzahl der Beschäftigten besteht eine Pflicht zur Benennung darüber hinaus dann, wenn die datenverarbeitenden Stellen eine Datenverarbeitung vornehmen, die einer Datenschutz-Folgabschätzung nach Art. 35 DS-GVO unterliegt, oder sie personenbezogene Daten geschäftsmäßig zum Zweck der Übermittlung, der anonymisierten Übermittlung oder für Zwecke der Markt- oder Meinungsforschung verarbeiten (§ 38 Abs. 1 S. 2 BDSG n. F.). Inhaltlich setzen sich damit im Wesentlichen die Vorgaben fort, wie sie auch schon bislang nach § 4f Abs. 1 BDSG a. F. gegolten haben.

Datenschutzbeauftragte öffentlicher Stellen des Bundes
Die Pflicht zur Benennung eines Datenschutzbeauftragten für öffentliche Stellen sieht nicht nur die DS-GVO vor, sondern auch die DSRLJ (Datenschutz bei der Datenverarbeitung durch die zuständigen Behörden zum Zwecke der Verhütung, Ermittlung, Aufdeckung oder Verfolgung von Straftaten oder der Strafvollstreckung). Die **§§ 5 bis 7 BDSG n. F.** zielen vor diesem Hintergrund darauf ab, die Benennung, Stellung und Aufgaben des Datenschutzbeauftragten für alle öffentlichen Stellen des Bundes einheitlich zu regeln – auch einschließlich derjenigen Behörden, die mit ihrer Datenverarbeitung nicht in den Anwendungsbereich des Unionsrechts fallen (z. B. Nachrichtendienste).

2.2.9.1.2 Benennung des Datenschutzbeauftragten

Ist eine datenverarbeitende Stelle zur Bestellung eines Datenschutzbeauftragten verpflichtet, steht es ihr grundsätzlich frei, ob sie eine im Betrieb bzw. in der Behörde beschäftigte Person zum Datenschutzbeauftragten bestellen möchte oder auf eine externe Person zurückgreifen möchte.[322] Externe Datenschutzbeauftragte bieten v. a.

---

[321] Zu diesen und weiteren Beispielen s. ausführlich Bergt, in: Kühling/Buchner (Hg.), DS-GVO (2017), Art. 37 Rn. 20, 24.
[322] S. Art. 37 Abs. 6 DS-GVO.

den Vorteil der Fachkunde und Flexibilität. Ein Beschäftigter aus dem eigenen Betrieb bzw. der eigenen Behörde als Datenschutzbeauftragter hat demgegenüber den Vorteil, dass er intern gut vernetzt ist und die Besonderheiten des Betriebs bzw. der Behörde besser kennt.

Unternehmensgruppen[323] können gemäß Art. 37 Abs. 2 DS-GVO einen **gemeinsamen Datenschutzbeauftragten** benennen, sofern dieser von jeder Niederlassung aus leicht erreicht werden kann. Auch mehrere **Behörden** können einen gemeinsamen Datenschutzbeauftragten benennen (Art. 37 Abs. 3 DS-GVO).

Anders als nach der bisherigen Regelung gemäß § 4f Abs. 1 S. 1 BDSG a. F. sieht die DS-GVO nicht zwingend vor, dass die Benennung des Datenschutzbeauftragten schriftlich erfolgen muss. Gleichwohl wird auch für die DS-GVO eine schriftliche Form der Benennung empfohlen, da sowohl für die datenverarbeitende Stelle als auch für den Datenschutzbeauftragten selbst eine Reihe von Rechtsfolgen an die Benennung geknüpft ist.[324] In der Urkunde sind dann insbesondere auch Aufgabe und organisatorische Stellung des Datenschutzbeauftragten zu konkretisieren.[325]

Wird ein Beschäftigter zum Datenschutzbeauftragten bestellt, ändert sich das bisherige Arbeitsverhältnis: Die Aufgabe des Datenschutzbeauftragten wird zur zusätzlichen Arbeitsaufgabe. Der Vertrag muss geändert werden, die Aufgaben können nicht per Direktionsrecht des Arbeitgebers angewiesen werden.[326] Wird ein externer Datenschutzbeauftragter bestellt, ist ein entsprechender Dienstleistungsvertrag zu schließen.

Der Datenschutzbeauftragte kann **unbefristet** auf unbestimmte Zeit, aber auch **befristet** bestellt werden. Jedoch darf eine Befristung nicht darauf abzielen, die Unabhängigkeit des Datenschutzbeauftragten zu schwächen. Zu Recht wird kritisch darauf verwiesen, dass es der verantwortlichen Stelle umso leichter fällt, sich von einem unbequemen Datenschutzbeauftragten wieder zu trennen, je kürzer die Bestelldauer ist.[327] Die Normierung einer Mindestdauer, wie sie noch der Kommissions- und der Parlamentsentwurf für die DS-GVO vorgesehen hatten, konnte sich allerdings nicht durchsetzen; nach Art. 35 Abs. 7 des Kommissionsentwurfs sollte der Datenschutzbeauftragte „für einen Zeitraum von mindestens zwei Jahren" benannt werden. Auch ohne eine solche ausdrückliche Normierung ist aber davon auszugehen, dass eine befristete Benennung für weniger als zwei Jahre regelmäßig unzulässig sein wird, weil

---

[323] Definiert in Art. 4 Nr 19 DS-GVO als „eine Gruppe, die aus einem herrschenden Unternehmen und den von diesem abhängigen Unternehmen besteht".
[324] Bergt, in: Kühling/Buchner (Hg.), DS-GVO (2017), Art. 37 Rn. 32.
[325] S. für die Benennung nach BDSG Gola/Schomerus, BDSG (12. A. 2015), § 4f Rn. 30.
[326] BAG v. 13.03.2007, DuD 2007, 853.
[327] Simitis, in: ders. (Hg.), BDSG (8. A. 2014), § 4f Rn. 61.

der Datenschutzbeauftragte bei einer zu kurzen Benennung kaum mehr in der Lage sein wird, seinen Aufgaben nach Art. 39 DS-GVO ordnungsgemäß nachzukommen.[328]

2.2.9.1.3 Persönliche Voraussetzungen

Zum Datenschutzbeauftragten darf nach der bisherigen Regelung des § 4f Abs. 2 S. 1 BDSG a. F. bestellt werden, „wer die zur Erfüllung seiner Aufgaben erforderliche Fachkunde und Zuverlässigkeit besitzt." Art. 37 Abs. 5 DS-GVO geht explizit nur auf die Fachkunde als Grundlage einer Benennung zum Datenschutzbeauftragten ein.[329] Da die Regelung darüber hinaus jedoch ganz allgemein die Fähigkeit voraussetzt, die einem Datenschutzbeauftragten zugedachten Aufgaben zu erfüllen, kann zumindest unter letzteres Kriterium auch die Zuverlässigkeit gefasst werden.[330]

Der Datenschutzbeauftragte muss zwar keine bestimmte Ausbildung haben, er muss jedoch, um die erforderliche **Fachkunde** aufzuweisen, neben Grundkompetenzen im Datenschutzrecht insbesondere auch Grundlagenkenntnisse der Informations- und Telekommunikationstechnologie haben.[331] Als wichtig angesehen werden daneben auch Fertigkeiten wie Management-, Koordinierungs- oder Kommunikationsfähigkeiten. Andererseits können letztere Fähigkeiten kaum genau festgestellt und daher auch nicht zwingend verlangt werden.[332]

Auch für die **Zuverlässigkeit** gilt, dass viele (subjektive) Eigenschaften, die eine solche Zuverlässigkeit belegen sollen, nur schwer feststellbar sind – insbesondere Charaktereigenschaften wie Durchsetzungsfähigkeit, Loyalität oder persönliche Integrität. Letztere ist allerdings unter Umständen offensichtlich nicht gegeben, wenn es etwa zu einer rechtskräftigen Verurteilung wegen Verletzung des strafrechtlich bewehrten Geheimnisschutzes gekommen ist.[333] In objektiver Hinsicht setzt das Kriterium der Zuverlässigkeit insbesondere voraus, dass die Tätigkeit des Datenschutzbeauftragten nicht zu Interessenkonflikten mit anderen Tätigkeiten führt (s. Art. 38 Abs. 6 S. 2 DS-GVO).[334] Ein solcher Interessenkonflikt ist v. a. in Situationen gegeben, in denen ein und dieselbe Person als Datenschutzbeauftragter einen bestimmten Datenverarbeitungsprozess kontrollieren soll, für den sie zugleich auch als ausführende Person verantwortlich ist.

---

[328] Bergt, in: Kühling/Buchner (Hg.), DS-GVO (2017), Art. 38 Rn. 29.
[329] Art. 37 Abs. 5 DS-GVO: „Der Datenschutzbeauftragte wird auf der Grundlage seiner beruflichen Qualifikation und insbesondere des Fachwissens benannt, das er auf dem Gebiet des Datenschutzrechts und der Datenschutzpraxis besitzt, sowie auf der Grundlage seiner Fähigkeit zur Erfüllung der in Artikel 39 genannten Aufgaben."
[330] Bergt, in: Kühling/Buchner (Hg.), DS-GVO (2017), Art. 37 Rn. 35.
[331] S. BvD, Leitbild Datenschutzbeauftragter (3. A. 2016), S. 9 ff.
[332] Däubler, in: Däubler/Klebe/Wedde/Weichert (Hg.), BDSG (5. A. 2016), § 4f Rn. 28.
[333] Vgl. BvD, Leitbild Datenschutzbeauftragter (3. A. 2016), S. 11.
[334] Däubler, in: Däubler/Klebe/Wedde/Weichert (Hg.), BDSG (5. A. 2016), § 4f Rn. 30.

Beispiel
Ein Administrator, der Benutzerkonten einrichtet und Einstellungen konfiguriert, kann diese nicht gleichzeitig als Datenschutzbeauftragter unter Datenschutzgesichtspunkten kontrollieren. Auch ein Personalchef, der die Erhebung von Personaldaten anordnet, kann diese Erhebung nicht gleichzeitig als Datenschutzbeauftragter kontrollieren.[335]

2.2.9.1.4 Rechtsstellung des Datenschutzbeauftragten

Unter dem bisherigen BDSG ist der Datenschutzbeauftragte dem Leiter der öffentlichen oder nicht-öffentlichen Einrichtung unmittelbar zu unterstellen (§ 4f Abs. 3 S. 1 BDSG a. F.) und handelt weisungsfrei (§ 4f Abs. 3 S. 2 BDSG a. F.). Gleiches gilt künftig auch unter der DS-GVO: Nach Art. 38 Abs. 3 S. 3 DS-GVO berichtet der Datenschutzbeauftragte **„unmittelbar der höchsten Managementebene"** und nach Art. 38 Abs. 3 S. 1 DS-GVO ist sicherzustellen, dass der Datenschutzbeauftragte bei der Erfüllung seiner Aufgaben **keine Weisungen** erhält. Jede inhaltliche Beeinflussung seiner Tätigkeit ist also von vornherein ausgeschlossen, es bleibt dem Datenschutzbeauftragten allein überlassen, wann und wie er seinen Beratungs- und Kontrollaufgaben nachkommt.[336] Auch das in § 4f Abs. 3 S. 3 BDSG a. F. und Art. 38 Abs. 3 S. 2 DS-GVO normierte Benachteiligungsverbot soll diese Unabhängigkeit des Datenschutzbeauftragten nochmals untermauern.

2.2.9.1.5 Beendigung

Eine Abberufung des Datenschutzbeauftragten ist in der DS-GVO, anders als noch unter dem bisherigen BDSG (§ 4f Abs. 3 S. 4 BDSG a. F.) nicht geregelt. Art. 38 Abs. 3 S. 2 DS-GVO sieht lediglich vor, dass der Datenschutzbeauftragte nicht wegen der Erfüllung seiner Aufgaben abberufen werden darf. Darüber hinaus muss aber auch – selbst wenn nicht ausdrücklich so geregelt – die Möglichkeit einer grundlosen Abberufung ausgeschlossen sein, da sich eine solche Möglichkeit mit der Unabhängigkeit des Datenschutzbeauftragten (Art. 38 Abs. 3 DS-GVO) nicht vereinbaren ließe.

Abberufung nach BDSG n. F.
§ 6 Abs. 4 BDSG n. F. schreibt zur Abberufung die bisherigen Regelungen des § 4f Abs. 3 S. 4 bis 6 BDSG a. F. fort.[337] Eine Abberufung des Datenschutzbeauftragten ist danach nur in entsprechender Anwendung des § 626 BGB möglich. Eine weitere Tätigkeit des Datenschutzbeauftragten muss also unter Berücksichtigung der Umstände des Einzelfalls sowie unter Abwägung der Interessen beider Seiten unzumutbar sein. Aus Sicht des deutschen Gesetzgebers handelt es sich bei dem besonde-

---

335 Biewald, in: Buchner (Hg.), Datenschutz im Gesundheitswesen (12. Lfg. 2017), Kap. B/1.1.3.
336 Für das bisherige BDSG Däubler, in: Däubler/Klebe/Wedde/Weichert (Hg.), BDSG (5. A. 2016), § 4f Rn. 44.
337 § 6 Abs. 4 BDSG n. F. gilt für öffentliche Stellen; über den Verweis in § 38 Abs. 2 BDSG n. F. gilt die Vorschrift aber auch für nicht-öffentliche Stellen.

ren Abberufungsschutz des Datenschutzbeauftragten um eine **arbeitsrechtliche Regelung**, für deren Normierung auch unter der DS-GVO noch Raum bleibt.

Nach § 40 Abs. 5 S. 2 BDSG n. F.[338] kann die Aufsichtsbehörde zudem im nicht-öffentlichen Bereich die Abberufung des Datenschutzbeauftragten verlangen, wenn der Datenschutzbeauftragte die zur Erfüllung seiner Aufgaben erforderliche Fachkunde nicht besitzt oder im Fall des Art. 38 Abs. 6 DS-GVO ein schwerwiegender Interessenkonflikt vorliegt. Zulässig ist die Übertragung einer solchen zusätzlichen Befugnis durch nationales Recht gemäß Art. 58 Abs. 6 DS-GVO.

Nach § 6 Abs. 4 S. 2 (ggf. i. V. m. § 38 Abs. 2) BDSG n. F.[339] kann darüber hinaus im Falle des internen Datenschutzbeauftragten auch dessen Arbeitsverhältnis nur noch aus wichtigem Grund nach § 626 BGB gekündigt werden. Auch insoweit ist also eine ordentliche Kündigung ausgeschlossen, gekündigt werden kann dieses Arbeitsverhältnis ebenfalls nur, wenn es in unzumutbarer Weise gestört ist.

Beispiel
Der Datenschutzbeauftragte hat eine gegen den Arbeitgeber gerichtete Straftat verübt; er hat Betriebs- oder Geschäftsgeheimnisse verraten.[340]

Schließlich ist nach § 6 Abs. 4 S. 3 BDSG n. F.[341] die ordentliche Kündigung auch noch innerhalb eines Jahres nach der Abberufung des Datenschutzbeauftragten unzulässig.

2.2.9.1.6 Aufgaben des Datenschutzbeauftragten

Die Aufgaben des Datenschutzbeauftragten sind bislang in § 4g Abs. 1 S. 1 BDSG a. F. geregelt und künftig – in Form eines Mindestprogramms – in Art. 39 DS-GVO. Folgende Aufgaben zählt Art. 39 DS-GVO in seinen lit. a bis lit. e auf:
– Unterrichtung und Beratung der datenverarbeitenden Stelle und ihrer Beschäftigten,
– Überwachung der Einhaltung datenschutzrechtlicher Vorschriften,
– Beratung und Überwachung im Zusammenhang mit einer Datenschutz-Folgenabschätzung nach Art. 35 DS-GVO,
– Zusammenarbeit mit der Aufsichtsbehörde,
– Tätigkeit als Anlaufstelle für die Aufsichtsbehörde und Beratung zu allen sonstigen Fragen.

---

338 Bei nicht-öffentlichen Stellen i. V. m. § 38 Abs. 2 BDSG n. F.; s. zum bisherigen Recht s. § 38 Abs. 5 S. 3 BDSG a. F..
339 Bei nicht-öffentlichen Stellen i. V. m. § 38 Abs. 2 BDSG n. F.; s. zum bisherigen Recht s. § 4f Abs. 3 S. 5 BDSG a. F.
340 Däubler, in: Däubler/Klebe/Wedde/Weichert (Hg.), BDSG (5. A. 2016), § 4f Rn. 73.
341 Bei nicht-öffentlichen Stellen i. V. m. § 38 Abs. 2 BDSG n. F.; s. zum bisherigen Recht s. § 4f Abs. 3 S. 6 BDSG a. F.

Im Rahmen der Überwachung der Einhaltung datenschutzrechtlicher Vorschriften hat der Datenschutzbeauftragte insbesondere[342]
- den datenschutzrechtlichen Status quo zu untersuchen und zu bewerten,
- etwaige Schutzdefizite und datenschutzrechtliche Verstöße festzustellen und der Leitung zu melden,
- Vorschläge und Konzepte für eine Verbesserung des Datenschutzes zu entwickeln.

2.2.9.1.7 „Verantwortung" und „Verantwortlichkeit"

Die „Verantwortung" des Datenschutzbeauftragten für bestimmte Aufgaben darf nicht ohne Weiteres mit einer „Verantwortlichkeit" gleichgesetzt werden. Zwar beschränkt Art. 39 DS-GVO die Pflicht des Datenschutzbeauftragten nicht mehr allein darauf, auf eine Einhaltung datenschutzrechtlicher Vorgaben „hinzuwirken", sondern schreibt diesem eine **umfassende Überwachungspflicht** zu.[343] Aber auch unter der DS-GVO bleibt es dabei, dass dem Datenschutzbeauftragten für eine Verantwortlichkeit die nötigen Entscheidungskompetenzen zur tatsächlichen Sicherstellung datenschutzkonformer Verfahren fehlen. Diese Kompetenzen hat vielmehr nur das Leitungspersonal der verantwortlichen Stelle; der Datenschutzbeauftragte ist lediglich Teil der verantwortlichen Stelle, nicht aber selbst Verantwortlicher.[344]

Ob gleichwohl eine Haftung des Datenschutzbeauftragten für schwerwiegende Rechtsverstöße in Betracht kommt, ist umstritten. Anknüpfungspunkt ist eine Entscheidung des BGH aus dem Jahr 2009,[345] in der die strafrechtliche Garantenpflicht eines Leiters der Innenrevision einer Anstalt des öffentlichen Rechts bejaht wurde, betrügerische Abrechnungen zu unterbinden. Bislang ist noch nicht abschließend geklärt, ob auch den betrieblichen Datenschutzbeauftragten eine vergleichbare Garantenpflicht treffen kann. Der Verweis auf die bloße „Hinwirkungspflicht" nach § 4g Abs. 1 S. 1 BDSG a. F.[346] greift als Argument gegen eine solche Garantenpflicht spätestens unter der DS-GVO nicht mehr. Angesichts der deutlich klarer gefassten Überwachungspflicht und auch weiterer konkreter Pflichten nach Art. 39 DS-GVO spricht viel dafür, dass Gerichte und Aufsichtsbehörden den Datenschutzbeauftragten künftig als einen Überwachungsgaranten im straf- und ordnungsrechtlichen Sinne einstufen werden.[347]

---

342 Beispiele im Folgenden bei Scheja, in: Taeger/Gabel (Hg.), BDSG (2. A. 2013), § 4g Rn. 8.
343 Wybitul, ZD 2016, 203, 205 f.
344 S. für das bisherige BDSG Simitis, in: ders. (Hg.), BDSG (8. A. 2014), § 4g Rn. 29; zur DS-GVO s. Bergt, in: Kühling/Buchner (Hg.), DS-GVO (2017), Art. 37 Rn. 51.
345 BGH v. 17.07.2009, NJW 2009, 3173.
346 In diesem Sinne etwa Bongers/Krupna, ZD 2013, 594, 597 f.
347 Bergt, in: Kühling/Buchner (Hg.), DS-GVO (2017), Art. 37 Rn. 55; Wybitul, ZD 2016, 203, 204 f.

2.2.9.1.8 Vorabkontrolle (BDSG) und Datenschutz-Folgeabschätzung (DS-GVO)

Nach § 4d Abs. 6 BDSG a. F. kommt dem Datenschutzbeauftragten bislang auch die Aufgabe der sog. Vorabkontrolle zu. In Umsetzung von Art. 20 Abs. 1 DSRL bestimmt § 4d Abs. 5 BDSG a. F., dass automatisierte Verarbeitungen, die besondere Risiken für die Rechte und Freiheiten der Betroffenen aufweisen, der Prüfung **vor** Beginn der Verarbeitung unterliegen **(Vorabkontrolle)**.

Unter der **DS-GVO** wird diese Vorabkontrolle durch die **Datenschutz-Folgeabschätzung** nach Art. 35 DS-GVO abgelöst.[348] Auch bei der Datenschutz-Folgeabschätzung geht es darum, im Fall besonders riskanter Datenverarbeitungsvorgänge deren mögliche Folgen vorab zu prüfen. Auf Grundlage dieser Prüfung sollen dann risikominimierende Abhilfemaßnahmen ergriffen werden (Art. 35 Abs. 7 lit. d DS-GVO).[349] Anders als bislang nach § 4d Abs. 6 BDSG a. F. ist der Datenschutzbeauftragte allerdings unter der DS-GVO nicht mehr für die Durchführung der Datenschutz-Folgeabschätzung zuständig. Seine Aufgabe beschränkt sich vielmehr auf die Beratung und Überwachung (Art. 39 Abs. 1 lit. c DS-GVO). Um zu gewährleisten, dass der Datenschutzbeauftragte diese Aufgaben erfüllen kann, verpflichtet Art. 35 Abs. 2 DS-GVO die verantwortliche Stelle, bei der Durchführung der Datenschutz-Folgeabschätzung den Rat des Datenschutzbeauftragten einzuholen.

2.2.9.2 Externe Datenschutzkontrolle in Deutschland

Neben der stelleninternen Datenschutzkontrolle durch behördliche bzw. betriebliche Datenschutzbeauftragte wird der rechtmäßige Umgang mit personenbezogenen Daten auch extern durch unabhängige Datenschutzbehörden kontrolliert.[350] In den meisten Bundesländern wird dabei die Kontrolle der öffentlichen Verwaltung und der nicht-öffentlichen Stellen jeweils durch dieselbe Datenschutzbehörde ausgeübt. Nur im Freistaat Bayern kontrolliert der Bayerische Landesbeauftragte für den Datenschutz lediglich die öffentlichen Stellen, der Umgang mit personenbezogenen Daten durch Stellen der Privatwirtschaft wird hingegen durch das Landesamt für Datenschutzaufsicht überwacht.

Die Kontrolle von öffentlichen Stellen des Bundes wird durch die **Bundesbeauftragte für den Datenschutz und die Informationsfreiheit** wahrgenommen, vgl. § 9 BDSG n. F. Nach § 115 Abs. 4 TKG ist die Bundesbeauftragte für den Datenschutz und die Informationsfreiheit auch für die Kontrolle von Telekommunikationsdiensten zuständig.

Die Kontrolle der öffentlichen Stellen der Länder durch die **Landesbeauftragten für Datenschutz** wird gesetzlich in den jeweiligen Landesdatenschutzgesetzen fest-

---

[348] Jandt, in: Kühling/Buchner (Hg.), DS-GVO (2017), Art. 35 Rn. 2.
[349] Jandt, in: Kühling/Buchner (Hg.), DS-GVO (2017), Art. 35 Rn. 1, 47 ff.
[350] Dazu und zur Kontrolle nicht-öffentlicher Stellen vgl. die Kommentierung von Petri, in: Simitis, BDSG (8. A. 2014), § 38.

gelegt. Demgegenüber werden die Befugnisse der Datenschutzaufsicht über „nicht-öffentliche Stellen" bundeseinheitlich in § 40 BDSG n. F. beschrieben. Diese Vorschrift regelt die Zuständigkeit der Aufsichtsbehörden, die Einhaltung datenschutzrechtlicher Vorschriften durch nicht-öffentliche Stellen zu kontrollieren.

2.2.9.2.1 Externe Datenschutzkontrolle als vorgezogener Rechtsschutz

Mit der Einrichtung einer externen Datenschutzkontrolle versuchen die Gesetzgeber des Bundes und der Länder zunächst die Anforderungen zu erfüllen, die das allgemeine Persönlichkeitsrecht aus Art. 1 Abs. 1, Art. 2 Abs. 1 GG in Bezug auf den Umgang mit personenbezogenen Daten an verfahrens- und organisationsrechtlichen Schutzvorkehrungen verlangt. Hierfür hat das Bundesverfassungsgericht bereits im Jahr 1983 Kriterien entwickelt, die seither einen Minimalschutzstandard der datenschutzbehördlichen Kontrolle definieren:

> „Wegen der für den Bürger bestehenden Undurchsichtigkeit ... der Verwendung von Daten unter den Bedingungen der automatischen Datenverarbeitung und auch im Interesse eines vorgezogenen Rechtsschutzes durch rechtzeitige Vorkehrungen ist die Beteiligung unabhängiger Datenschutzbeauftragter von erheblicher Bedeutung für einen effektiven Schutz des Rechts auf informationelle Selbstbestimmung."[351]

Mit der externen behördlichen Datenschutzkontrolle reagiert der Staat also institutionell auf eine fehlende Informationstransparenz der automatisierten Datenverarbeitung für die betroffenen Personen. Solange nicht zuverlässig sichergestellt ist, dass die Betroffenen wissen können, wer was wann wo und bei welcher Gelegenheit über sie weiß, sind sie auf einen aktiven Beistand einer unabhängigen Kontrollinstanz gegenüber verantwortlichen Stellen angewiesen. Die Datenschutzkontrolle dient damit einem vorgezogenen Rechtsschutz der Betroffenen, der aus dem Gebot des effektiven Grundrechtsschutzes folgt. Grundsätzlich hat dabei jedermann in eigenen Datenschutzbelangen das Recht zur Anrufung der Datenschutzbehörden.

Eine besondere Bedeutung erhält die externe Datenschutzkontrolle durch Datenschutzbehörden dort, wo personenbezogene Daten heimlich verarbeitet werden. Im Anwendungsbereich der DSRLJ etwa unterliegen **verdeckte Überwachungsmaßnahmen** der Strafjustizbehörden von Verfassung wegen einer gesteigerten Kontrolle. Verdeckt durchgeführte Verarbeitungen sind für die Betroffenen oftmals nicht unmittelbar wahrnehmbar. Ihre freiheitsgefährdende Bedeutung kommt daher vielfach nur mittelbar oder erst später im Zusammenwirken mit weiteren Maßnahmen zum Tragen. Deshalb müssen diese durch eine wirksame aufsichtsbehördliche Kontrolle eingehegt werden.[352] Je weniger die betroffenen Personen in der Lage sind, Rechts-

---

351 Vgl. dazu BVerfG v. 15.12.1983, BVerfGE 65, 1, 44, 46.
352 Vgl. BVerfG v. 24.04.2013, BVerfGE 133, 277, 366 f.

schutz zu erlangen, desto größere Bedeutung erhalten die Anforderungen an eine wirksame aufsichtsbehördliche Kontrolle und an die Transparenz des Behördenhandelns gegenüber der Öffentlichkeit.[353]

„Die Gewährleistung einer wirksamen aufsichtlichen Kontrolle setzt zunächst eine mit wirksamen Befugnissen ausgestattete Stelle … voraus.… Angesichts der **Kompensationsfunktion der aufsichtlichen Kontrolle** für den schwach ausgestalteten Individualrechtsschutz kommt deren regelmäßiger Durchführung besondere Bedeutung zu und sind solche Kontrollen in angemessenen Abständen … durchzuführen."[354]

Vor dem Hintergrund der dargestellten Kompensationsfunktion der aufsichtsbehördlichen Kontrolle ist § 29 Abs. 3 Satz 1 BDSG n. F. verfassungsrechtlich bedenklich unbestimmt und unklar. Die Vorschrift beschränkt die Mitwirkungs- und Offenbarungspflichten von geheimhaltungspflichtigen Verantwortlichen gegenüber der Aufsichtsbehörde, „soweit die Inanspruchnahme der Befugnisse (der Aufsichtsbehörde) zu einem Verstoß gegen die Geheimhaltungspflichten dieser Personen führen würde." Ein Verstoß gegen die Geheimhaltungspflichten kann naturgemäß jedoch nur vorliegen, wenn eine Mitwirkung bzw. Offenbarung unbefugt erfolgt. Hierfür bietet das Gesetz keine Kriterien an. Ausweislich der Gesetzesbegründung denkt der Gesetzgeber zwar hierbei offenbar an Mandatsverhältnisse, die der anwaltlichen Schweigepflicht unterliegen.[355] Diese Einschränkung auf mandatsbezogene Berufsgeheimnisträger kommt im Gesetzestext nicht hinreichend klar zum Ausdruck.[356]

Nicht nur das Grundgesetz, sondern auch die EMRK und Art. 8 Abs. 3 Charta der Grundrechte der Europäischen Union gewährleisten eine effektive Kontrolle durch unabhängige Datenschutzbehörden.

2.2.9.2.2 Völlige Unabhängigkeit

Im Hinblick auf die gebotene Effektivität des Grundrechtsschutzes ist die Kontrolle **durch eine unabhängige Instanz** zu verlangen. Unstreitig setzt eine solche „Unabhängigkeit" neben der Freiheit von sachfremden Einflüssen mindestens eine funktional zu verstehende, personell-institutionelle Unabhängigkeit des Kontrollierenden vom Kontrollierten voraus. Dementsprechend haben die Datenschutzaufsichtsbehör-

---

353 BVerfG v. 20.04.2016, BVerfGE 141, 220, 282; BVerfG v. 24.04.2013, BVerfGE 133, 277, 366 f.
354 BVerfG v. 20.04.2016, BVerfGE 141, 220, 284 f.
355 Vgl. BT-Drs. 18/11325, S. 100 (zu § 29 BDSG n. F.): „Gerade bei den freien Berufen schützt die berufsrechtliche Schweigepflicht das Vertrauen des Mandanten und der Öffentlichkeit in den Berufsstand. Nach bundesverfassungsgerichtlicher Rechtsprechung darf das Mandatsverhältnis nicht mit Unsicherheiten hinsichtlich seiner Vertraulichkeit belastet sein (vgl. BVerfG v. 12.04.2005, BVerfGE 113, 29)."
356 Zu aufsichtsbehördlichen Kompetenzen gegenüber Rechtsanwälten vgl. KG Berlin v. 20.08.2010, NJW 2011, 324 f.

den gemäß Art. 52 Abs. 1 DS-GVO die ihnen zugewiesenen Aufgaben in „völliger Unabhängigkeit" wahrzunehmen. Der Europäische Gerichtshof hat hierzu wiederholt klargestellt, dass die Kontrollstellen keinerlei äußerer Einflussnahme, sei sie unmittelbar oder mittelbar, unterworfen sein dürfen.[357]

2.2.9.2.3 Aufgaben

Nach dem EU-Datenschutzrecht haben die Datenschutzaufsichtsbehörden einen umfangreichen Katalog von **Aufgaben** zu erfüllen, vgl. Art. 57 DS-GVO, Art. 46 DSRLJ, § 14 BDSG n. F. Im Kern haben die Aufsichtsbehörden die Einhaltung der Unionsvorschriften über den Schutz natürlicher Personen bei der Verarbeitung personenbezogener Daten wirksam und zuverlässig zu kontrollieren. Diese Kontrollaufgabe schließt eine Reihe von Genehmigungsaufträgen an die Aufsichtsbehörden ein.[358] Daneben erfüllen die Aufsichtsbehörden vielfältige Informations- und Beratungsaufgaben.

Die Einrichtung solcher Datenschutzaufsichtsbehörden in den Mitgliedstaaten der EU ist ein wesentliches Element zur Wahrung des Grundrechtsschutzes aus Art. 8 GRCh.[359] Die DS-GVO stellt allerdings in Art. 57 Abs. 1 klar, dass die Datenschutzaufsichtsbehörden nicht nur für einen möglichst effektiven Datenschutz eintreten sollen, sondern die Einhaltung der DS-GVO insgesamt zu überwachen haben. Angesprochen ist damit auch die **Kontrolle des freien Datenverkehrs,** vgl. Art. 1 Abs. 1, Abs. 3 DS-GVO. Mit den Worten des EuGH müssen die Datenschutzaufsichtsbehörden „unter anderem einen angemessenen Ausgleich zwischen der Achtung des Grundrechts auf Privatsphäre und den Interessen sorgen, die einen freien Verkehr personenbezogener Daten gebieten."[360]

2.2.9.2.4 Befugnisse

Damit die Datenschutzbehörden diese Kernaufgabe effektiv erfüllen können, stattet sie Art. 58 DS-GVO mit wirkmächtigen **Untersuchungs-, Abhilfe- und Genehmigungsbefugnissen** aus. Hält eine Datenschutzaufsichtsbehörde die Beschwerde einer Person für begründet, muss sie überdies im Lichte des Grundrechtsschutzes nach Art. 8 Abs. 3 GRCh ein **Klagerecht** haben.[361] Kontrolle setzt dabei begrifflich keine Be-

---

[357] EuGH v. 06.09.2016, BeckEuRS 2016, 483608; EuGH v. 09.03.2010, DuD 2010, 335.
[358] Vgl. z.B. Art. 46 Abs. 2 lit. d und Abs. 3 DS-GVO (Festlegung von Standardvertragsklauseln und Genehmigung sonstiger Vertragsklauseln zum Schutz personenbezogener Daten beim Datentransfer in sog. Drittländer), Art. 40 Abs. 5 DS-GVO (Billigung von Verhaltensregeln insbesondere von Berufsverbänden, welche die Vorgaben der DS-GVO branchenspezifisch konkretisieren sollen), Art. 42 Abs. 5 (Genehmigung von Zertifizierungskriterien), Art. 47 DS-GVO (Genehmigung verbindlicher interner Datenschutzvorschriften von Unternehmensgruppen).
[359] Vgl. z. B. EuGH v. 06.10.2015, DuD 2015, 823.
[360] EuGH v. 06.10.2015, DuD 2015, 823; EuGH v. 09.03.2010, DuD 2010, 335.
[361] EuGH v. 06.10.2015, DuD 2015, 823.

schränkung auf einen Einzelfall oder einen konkreten Anlass voraus. Überprüfungen nach dem Zufallsprinzip sind also denkbar, wenngleich sie aufgrund der begrenzten Ressourcen der Datenschutzbehörden in der aufsichtsbehördlichen Praxis eher selten vorkommen.

Die kontrollierten Stellen sind verpflichtet, mit der Aufsichtsbehörde zusammenzuarbeiten, Art. 31 DS-GVO.

Stellt die Datenschutzbehörde erhebliche datenschutzrechtliche Mängel fest, kann sie diesen Verstoß mit empfindlichen **Geldbußen** ahnden, vgl. Art. 83 DS-GVO. Im Hinblick auf Behörden und öffentliche Stellen haben die Mitgliedstaaten die Befugnis festzulegen, ob und in welchem Umfang Aufsichtsbehörden Geldbußen verhängen können. Der Bundesgesetzgeber sieht dazu vor, dass im Anwendungsbereich des BDSG n. F. und des Sozialgesetzbuchs gegen Behörden und sonstige öffentliche Stellen keine Bußgelder verhängt werden, vgl. § 43 Abs. 3 BDSG n. F., § 85a Abs. 3 SGB X.

2.2.9.2.5 Zusammenarbeit

Ein ganzes Kapitel (Kapitel VII, Art. 60–76) widmet die DS-GVO der **Zusammenarbeit der Aufsichtsbehörden und dem Europäischen Datenschutzausschuss (EDA)**. Die einheitliche und effektive Durchsetzung des Datenschutzrechts ist eines der Kernanliegen der DS-GVO. Deshalb beauftragt sie die Aufsichtsbehörden der EU-Mitgliedstaaten ausdrücklich zur engen Zusammenarbeit mit den Aufsichtsbehörden und mit der Kommission, vgl. Art. 51 Abs. 2 DS-GVO. Die Aufsichtsbehörden sollen einander Amtshilfe gewähren und bei grenzüberschreitenden Sachverhalten auch gemeinsame Maßnahmen durchführen können (vgl. Art. 61, 62 DS-GVO). Um unnötige Zuständigkeitsstreitigkeiten bei grenzüberschreitenden Verarbeitungen auszuräumen, sieht die DS-GVO vor, dass für jeden Verantwortlichen eine **federführende Behörde** der einzige Ansprechpartner ist (One-Stop-Shop-Prinzip).[362] Regelmäßig dürfte die für die Hauptniederlassung eines Unternehmens örtlich zuständige Behörde zugleich die federführende Behörde sein. Sie ist damit als einzige Behörde befugt, verbindliche Maßnahmen an die verantwortliche Stelle zu richten.[363] Um die Belange anderer ebenfalls betroffener Behörden[364] zu wahren, ist die federführende Aufsichtsbehörde verpflichtet, mit diesen anderen betroffenen Aufsichtsbehörden zusammenzuarbeiten, Art. 60 Abs. 1 DS-GVO.

Ausgehend von den Erfahrungen mit der freiwilligen Zusammenarbeit zwischen den europäischen Datenschutzbehörden unter dem Regelungsregime der Richtlinie

---

[362] Zum Begriff der grenzüberschreitenden Verarbeitung s. Art. 4 Nr. 23 DS-GVO. Einzelheiten zur federführenden Aufsichtsbehörde sind in Art. 56 DS-GVO geregelt. Zur Bestimmung der federführenden Aufsichtsbehörde im Einzelnen vgl. Art.-29-Datenschutzgruppe, Guidelines for identifying a controller or processor's lead supervisory authority, WP 244 (2016).
[363] Vgl. Nguyen, ZD 2015, 265, 266.
[364] Betroffen kann beispielsweise eine Behörde sein, die bei mehreren Niederlassungen eines Verantwortlichen für eine der Niederlassungen örtlich zuständig ist.

95/46/EG errichtet die DS-GVO mit dem EDA ein Koordinierungsgremium mit eigener Rechtspersönlichkeit (vgl. Art. 68–76 DS-GVO). Der EDA setzt sich aus den Leitern einer Aufsichtsbehörde eines jeden Mitgliedstaats zusammen. Unter anderem tauschen die Aufsichtsbehörden im EDA Informationen aus, legen im Rahmen eines (bürokratisch anmutenden) **Kohärenzverfahrens** (Art. 63 DS-GVO) Meinungsverschiedenheiten bei und verabschieden Leitlinien, Empfehlungen und Hinweise zu Best Practices. Daneben berät der EDA die Kommission in Fragen des Datenschutzes. Im Ergebnis soll der EDA für eine einheitliche Auslegung und Anwendung der DS-GVO in den Mitgliedstaaten sorgen. Der EDA wird durch ein Sekretariat unterstützt, das beim Europäischen Datenschutzbeauftragten angesiedelt ist, Art. 75 DS-GVO.

2.2.9.2.6 Zusammenarbeit der unabhängigen Datenschutzbehörden von Bund und Ländern in Deutschland im EU-Kontext

Das EU-Datenschutzrecht sieht vor, dass im EDA jeder Mitgliedstaat lediglich mit einer Datenschutzbehörde vertreten ist. Wie ein föderal gegliederter Mitgliedstaat mit mehreren Aufsichtsbehörden den Vertreter im EDA zu bestimmen hat, regelt die DS-GVO nicht konkret. Anders als bisher in der Richtlinie 95/46/EG überlässt die DS-GVO die Frage allerdings auch nicht den Aufsichtsbehörden des Mitgliedstaats. Stattdessen regeln Art. 51 Abs. 1, Art. 68 Abs. 4 DS-GVO für solche Fälle, dass dann der Mitgliedstaat die Aufsichtsbehörde bestimmt, der die Aufsichtsbehörden im EDA vertritt. Zugleich haben diese Mitgliedstaaten ein Verfahren einzuführen, mit dem sichergestellt wird, dass die nicht unmittelbar im EDA vertretenen Behörden die Regeln über das Kohärenzverfahren einhalten.

Der Bundesgesetzgeber steht damit vor dem Dilemma, dass er einerseits typischerweise dem Bund die Außenvertretung deutscher Interessen zuschreibt, andererseits die Aufsicht ganz überwiegend von den Länderbehörden ausgeübt wird. Die §§ 17–18 BDSG n. F. stellen den Versuch eines Ausgleichs zwischen diesen Interessen dar. Danach ist die Bundesbeauftragte die gemeinsame Vertreterin im EDA. Als Stellvertreter des gemeinsamen Vertreters wählt der Bundesrat den Leiter einer Länderbehörde. In definierten Länderangelegenheiten hat der gemeinsame Vertreter dann dem Vertreter der Länderinteressen das Wort im EDA zu überlassen. Für das Innenverhältnis sieht § 18 BDSG n. F. Regeln der Zusammenarbeit vor. Im Ergebnis kann die Datenschutzkonferenz gemeinsame Standpunkte verabschieden, an die die Vertretung im EDA gebunden ist.

2.2.10 Sanktionen

Sanktionen für den Fall einer unrechtmäßigen Datenverarbeitung kommen in Form zivilrechtlicher Schadensersatzansprüche sowie als verwaltungs- und strafrechtliche Sanktionen in Betracht.

2.2.10.1 Schadensersatzanspruch

Eine unrechtmäßige Verarbeitung personenbezogener Daten kann Schadensersatzansprüche des Betroffenen gegen die für den Verstoß verantwortliche Stelle oder ihren jeweiligen Träger auslösen. Neben den allgemeinen zivilrechtlichen Vorschriften des Vertragsrechts (§§ 280 I, 311 II BGB) sowie des Deliktsrechts (§§ 823 ff. BGB) enthält auch das Datenschutzrecht spezielle Haftungstatbestände, welche bei einem Verstoß zu Schadensersatzansprüchen führen können. Ein eventuelles Mitverschulden an der Schadensentstehung muss sich der Betroffene gemäß § 254 BGB anspruchsmindernd zurechnen lassen.

2.2.10.1.1 Problem der sog. „Streuschäden"

An sich kommt dem Haftungsrecht nicht nur eine Ausgleichs-, sondern auch eine **Präventivfunktion** zu. Indem das Haftungsrecht eine Schadensersatzpflicht für Rechtsverstöße normiert, setzt es für alle Beteiligten den Anreiz, sich rechtskonform zu verhalten, um so eine mögliche Schadensersatzpflicht von vornherein zu vermeiden. Gerade im Datenschutzrecht hat allerdings bislang das Haftungsrecht kaum eine Präventivkraft entfalten und Datenverarbeiter zu einem rechtmäßigen Umgang mit personenbezogenen Daten anhalten können. Dies liegt v. a. daran, dass es sich bei Schäden infolge einer unzulässigen oder unrichtigen Datenverarbeitung oftmals um sog. **Streuschäden** handelt: Durch einen Datenschutzverstoß wird zwar eine Vielzahl von Personen geschädigt, der individuelle Schaden fällt bei jeder einzelnen Person aber typischerweise nur gering aus.

Beispiel
Typisches Beispiel ist etwa die unzulässige Weitergabe von personenbezogenen Daten im Wege des Adresshandels. „Adressen" (= nach bestimmten Merkmalen sortierte personenbezogene Informationen) werden hier hunderttausendfach an interessierte Werbetreibende weitergegeben. Ist diese Weitergabe unzulässig, sind zwar zahllose Betroffene in ihrem informationellen Selbstbestimmungsrecht verletzt, der individuelle Schaden des einzelnen Betroffenen ist jedoch regelmäßig marginal. Die Betroffenen sehen dann von einer Rechtsdurchsetzung schon deshalb ab, weil sie die Kosten und Mühen einer Rechtsverfolgung in Anbetracht des geringen Schadensbetrages scheuen. Die Präventivfunktion des Haftungsrechts fällt damit aus.

2.2.10.1.2 Datenschutzrecht

Im Datenschutzrecht ist ein eigenständiger Schadensersatzanspruch bislang in §§ 7, 8 BDSG a. F. normiert. Nach § 7 BDSG a. F. muss der Betroffene darlegen und im Zweifel nachweisen können, dass seine Daten rechtswidrig verarbeitet wurden. Die Ersatzpflicht entfällt, wenn die verantwortliche Stelle zwar durch ihr rechtswidriges Handeln einen Schaden verursacht, dies aber nicht zu verschulden hat, weil sie die nach den Umständen des jeweiligen Einzelfalles gebotene Sorgfalt beachtet hat. Gemäß § 7

S. 2 BDSG a. F. trägt die verantwortliche Stelle die Beweislast für ihr fehlendes Verschulden.

Unter **Art. 82 DS-GVO** verschiebt sich die Beweislastverteilung nochmals deutlich zugunsten des Betroffenen. Nachweisen muss die verantwortliche Stelle nicht nur, dass sie kein Verschulden trifft.[365] Nachweisen muss sie vielmehr auch, dass sie sich bei der Datenverarbeitung datenschutzrechtskonform verhalten hat bzw. ein Datenschutzrechtsverstoß für den eingetretenen Schaden nicht ursächlich war.[366] Neu ist unter Art. 82 DS-GVO auch, dass neben dem Verantwortlichen auch der Auftragsverarbeiter schadensersatzpflichtig sein kann. Eine verschuldensunabhängige Haftung, wie sie bislang für den Fall einer rechtswidrigen automatisierten Datenverarbeitung durch öffentliche Stellen § 8 BDSG a. F. vorsieht, kennt die DS-GVO nicht mehr.

2.2.10.2 Vertrag

Soweit zwischen Datenverarbeiter und Betroffenem eine vertragliche Beziehung besteht, kann ein Anspruch auf Schadensersatz infolge einer unzulässigen oder unrichtigen Datenverarbeitung auf die §§ 280 Abs. 1, 249 ff. BGB gestützt werden. Der rechtmäßige Umgang mit personenbezogenen Daten ist regelmäßig eine vertragliche Nebenpflicht, deren Verletzung einen Schadensersatzanspruch nach § 280 BGB begründet. Gemäß § 278 BGB haftet die datenverarbeitende Stelle auch für sog. Erfüllungsgehilfen; hierzu zählen alle Personen, derer sich die datenverarbeitende Stelle bei der Vertragserfüllung bedient, auch selbständige Unternehmer, die unabhängig und nicht weisungsgebunden arbeiten.

2.2.10.3 Deliktsrecht

Das informationelle Selbstbestimmungsrecht des Einzelnen ist auch deliktsrechtlich geschützt. Ein unzulässiger Umgang mit personenbezogenen Daten kann einen Anspruch nach § 823 BGB begründen. Im Rahmen ihrer Organisationspflicht hat die datenverarbeitende Stelle für ein Fehlverhalten ihrer Beschäftigten ebenso einzustehen wie für Fehlfunktionen der von ihr eingesetzten Technik.[367] Ist der Schaden durch einen weisungsgebundenen Gehilfen verursacht worden, so haftet die verantwortliche Stelle daneben auch nach § 831 BGB, sofern sie nicht belegen kann, dass sie ihre Mitarbeiter sorgfältig ausgewählt und angeleitet hat (sog. „Exkulpation"). Mehrere

---

[365] Art. 82 Abs. 3 DS-GVO; wenn in der deutschen Sprachfassung des Art. 82 Abs. 3 DS-GVO von „verantwortlich" die Rede ist, ist damit nicht die Verantwortlichkeit im datenschutzrechtlichen Sinne gemeint, sondern das Verschulden im haftungsrechtlichen Sinne, s. Albrecht/Jotzo, Das neue Datenschutzrecht der EU (2017), S. 126 f.
[366] Ausführlich zum Ganzen Bergt, in: Kühling/Buchner (Hg.), DS-GVO (2017), Art. 82 Rn. 46 ff.
[367] Simitis, in: ders. (Hg.), BDSG (8. A. 2014), § 7 Rn. 61.

verantwortliche Stellen haften als Gesamtschuldner gemäß den §§ 840 Abs. 1, 421 ff. BGB.

Soweit der Betroffene einen **materiellen Schadensersatzanspruch** geltend macht, steht ihm für die Berechnung der konkreten Schadenshöhe die sog. **dreifache Schadensberechnung** offen, wie sie seit jeher aus dem Immaterialgüterrecht bekannt ist.[368] Der Betroffene kann also auch dann, wenn ihm durch eine unzulässige Datenverarbeitung kein tatsächlicher Schaden entstanden ist, zumindest einen abstrakten Wertausgleich nach der Lizenzanalogie verlangen oder wahlweise den vom Datenverarbeiter durch die unzulässige Datenverarbeitung erzielten Gewinn herausverlangen.

Beispiele

Der Betroffene kann gegenüber einem Adresshändler, der seine Daten unzulässigerweise verkauft oder vermietet hat, wahlweise den auf diese Weise erzielten Gewinn beanspruchen oder nach den Grundsätzen der Lizenzanalogie den Betrag geltend machen, bei dessen Zahlung er sich gegenüber dem Adresshändler mit einer kommerziellen Nutzung seiner Daten einverstanden erklärt hätte. Ebenso kann er etwa gegenüber einer Auskunftei einen Anspruch auf Herausgabe des Gewinns geltend machen, den jene durch die entgeltliche Übermittlung von Kreditauskünften und Credit Scores zu seiner Person erzielt hat.

2.2.10.4 Immaterieller Schadensersatz

Unabhängig davon, ob der Betroffene einen materiellen Schaden erlitten hat, liegt der Schwerpunkt der Rechtsverletzung im Falle einer unrechtmäßigen Datenverarbeitung oftmals im ideellen Bereich und kann daher nur durch einen Anspruch auf **immateriellen Schadensersatz** angemessen ausgeglichen werden.

Beispiele

Der Betroffene wird sozial diskriminiert, er fühlt sich als bloßes Objekt der Datenverarbeitung, ist in seiner freien Persönlichkeitsentfaltung gehemmt oder auf andere Weise psychisch belastet.

Das BDSG a. F. sieht bislang einen Ersatzanspruch für immaterielle Schäden nur für den Fall einer automatisierten Datenverarbeitung durch öffentliche Stellen vor (§ 8 Abs. 2 BDSG a. F.). Der Streit, ob darüber hinaus § 7 BDSG a. F. richtlinienkonform ebenfalls dahingehend auszulegen ist, dass auch von dieser Norm ein Ersatz immaterieller Schäden erfasst wird,[369] spielt unter der DS-GVO keine Rolle mehr, da Art. **82 Abs. 1 DS-GVO** ausdrücklich sowohl einen materiellen als auch einen immateriellen Schadensersatzanspruch zuspricht.

---

368 So die Marlene-Dietrich-Entscheidung des BGH v. 01.12.1999; BGHZ 143, 214, 231 f.
369 Ausführlicher Überblick über den Meinungsstand bei BGH v. 29.11.2016, NJW 2017, 800, 802.

Auch schon bislang ist ein Anspruch auf immateriellen Schadensersatz zumindest nach **Deliktsrecht** möglich. Voraussetzung hierfür ist nach ständiger Rechtsprechung eine schwerwiegende Verletzung des Persönlichkeitsrechts, die anders als durch eine Geldentschädigung nicht befriedigend ausgeglichen werden kann.[370] Wann ein datenschutzrechtlicher Verstoß als solch eine schwerwiegende Persönlichkeitsverletzung einzuordnen ist, lässt sich nur nach den Umständen des Einzelfalls beurteilen. Maßgebliche Faktoren sind insbesondere die Art und Schwere der Beeinträchtigung, Anlass und Beweggrund des Handelns und der Grad des Verschuldens.[371] Von Bedeutung ist darüber hinaus auch, in welche geschützte Sphäre eingedrungen worden ist.[372]

Beispiele
Die ungefragte Veröffentlichung eines Persönlichkeitsprofils mit sensitiven Informationen wird eine schwerwiegende Persönlichkeitsverletzung eher begründen als die unzulässige Übermittlung einer SCHUFA-Meldung.

2.2.10.5 Ordnungswidrigkeiten- und Strafrecht

Verstöße gegen datenschutzrechtliche Bestimmungen können neben Schadensersatzansprüchen auch bußgeld- oder strafbewehrte Folgen nach sich ziehen. Die DSRL überlässt die Ausgestaltung des Sanktionssystems noch vollständig den Mitgliedstaaten, die je nach ihrer Rechtstradition eher auf die Abschreckungswirkung von Strafvorschriften oder aber auf verwaltungsrechtliche Sanktionen setzen können.[373]

Grundnorm im deutschen Recht ist bislang § 43 BDSG a. F., der für vornehmlich formale Verstöße[374] einen Höchstbetrag von 50.000 Euro vorsieht (§ 43 Abs. 1, Abs. 3 BDSG a. F.). Für Verstöße gegen Pflichten, die sich unmittelbar auf den Umgang mit personenbezogenen Daten beziehen,[375] ist ein Bußgeld bis zu 300.000 Euro vorgesehen (§ 43 Abs. 2, Abs. 3 BDSG a. F.).[376] Werden die in § 43 Abs. 2 BDSG a. F. geahndeten materiellen Verstöße vorsätzlich gegen Entgelt oder in Bereicherungs- bzw. Schädi-

---

[370] Die Rechtsprechung hat diesen Anspruch anfänglich in Analogie zu § 847 BGB a. F. entwickelt, leitet ihn jetzt aber unmittelbar aus § 823 BGB i. V. m. Art. 1 Abs. 1 und Art. 2 Abs. 1 GG her; zunächst BGH v. 14.02.1958, BGHZ 26, 349 (Analogie zu § 847 BGB); BGH v. 19.09.1961, BGHZ 35, 363 (§ 823 BGB i. V. m. Art. 1 Abs. 1, 2 Abs. 1 GG); bestätigt durch BVerfG v. 19.02.1973, BVerfGE 34, 269, 287 ff.
[371] St. Rspr. – s. etwa BGH v. 15.11.1994, BGHZ 128, 1, 12; BGH v. 30.01.1996, BGHZ 132, 13, 27.
[372] BGH v. 22.01.1985, NJW 1985, 1617, 1619.
[373] Dammann, in: Dammann/Simitis (Hg.), EG-Datenschutzrichtlinie (1997), Art. 24 Rn. 5.
[374] Z. B. die Nichtbestellung eines Datenschutzbeauftragten, Verstöße gegen Benachrichtigungs- und Unterrichtungspflichten oder gegen Übermittlungs- und Nutzungsverbote.
[375] Z. B. die unbefugte Verarbeitung von nicht allgemein zugänglichen Daten.
[376] Diese Beträge stellen allerdings keine absoluten Obergrenzen dar. Die Geldbußen sollen vielmehr gemäß § 43 Abs. 3 S. 2 BDSG a. F. den wirtschaftlichen Vorteil, der dem Täter durch den Verstoß entstanden ist, übersteigen, so dass die Geldbußen im Einzelfall auch höher ausfallen können.

gungsabsicht begangen, qualifiziert § 44 BDSG a. F. diese als Straftat und sieht eine Geldstrafe oder Freiheitsstrafe von bis zu zwei Jahren vor.

Im Unterschied zur DSRL regelt die **DS-GVO** die verwaltungsrechtlichen Sanktionen selbst, um diesen Sanktionen zu mehr Durchschlagskraft zu verhelfen und die Sanktionierungspraxis zu vereinheitlichen.[377] Nach Art. 58 Abs. 2 lit. i DS-GVO sind Aufsichtsbehörden befugt, Geldbußen zu verhängen, die gemäß Art. 83 Abs. 1 DS-GVO in jedem Einzelfall wirksam, verhältnismäßig und v. a. auch **abschreckend** sein müssen. Um letztere Abschreckungswirkung sicherzustellen, sieht die DS-GVO eine **drastische Verschärfung** der Sanktionen bei Datenschutzverstößen vor.[378] Bei schwerwiegenderen Verstößen können Geldbußen von bis zu 20 Mio. Euro oder im Fall von Unternehmen von bis zu 4 Prozent des gesamten weltweit erzielten Jahresumsatzes des vorausgegangenen Geschäftsjahrs verhängt werden (Art. 83 Abs. 5 DS-GVO).[379] Art. 84 DS-GVO gibt darüber hinaus den Mitgliedstaaten auf, im nationalen Recht noch weitere Sanktionen, insbesondere strafrechtlicher Art, vorzusehen.

2.2.10.6 Melde- und Benachrichtigungspflichten

Keine Sanktion im eigentlichen Sinne sind die im Datenschutzrecht vorgesehenen Pflichten zur Meldung und Benachrichtigung im Falle einer Verletzung des Schutzes personenbezogener Daten. Vergleichbar den klassischen Sanktionen kommt jedoch auch diesen Melde- und Benachrichtigungspflichten ein gewisser **Sanktions- und Präventionscharakter** zu: Die „Drohkulisse" einer negativen Publicity soll die verantwortlichen Stellen gerade zu einem besonders sorgsamen Umgang mit sensiblen personenbezogenen Daten anhalten.[380]

Im bisherigen Datenschutzrecht ist für die Melde- und Benachrichtigungspflichten in erster Linie § 42a BDSG a. F. von Relevanz.[381] Die Vorschrift sieht für den Fall bestimmter besonders schwerwiegender Datenschutzverstöße eine Verpflichtung der verantwortlichen Stelle zur Benachrichtigung der Betroffenen und der Aufsichtsbehörden vor. Betroffenen und Aufsichtsbehörden soll es auf diese Weise ermöglicht werden, bei Datenverlusten die Folgeschäden so weit wie möglich in Grenzen zu halten.[382] Im Einzelnen normiert § 42a BDSG a. F. eine Benachrichtigungspflicht für nicht-

---

[377] Albrecht/Jotzo, Das neue Datenschutzrecht der EU (2017), S. 130.
[378] Albrecht/Jotzo, Das neue Datenschutzrecht der EU (2017), S. 131; Bergt, in: Kühling/Buchner (Hg.), DS-GVO (2017), Art. 83 Rn. 2.
[379] S. dazu Kap. 1.6.5.5.
[380] Vgl. in diesem Sinne für Art. 33, 34 DS-GVO auch Brink, in: Wolff/Brink (Hg.), BeckOK-DatenSR (19. Ed. 2017), Art. 33 DS-GVO Rn. 2 ff.
[381] Entsprechende Pflichten finden sich darüber hinaus auch in § 83a SGB X, § 15a TMG und § 109a TKG.
[382] Gola/Schomerus, BDSG (12. A. 2015), § 42a Rn. 1.

öffentliche Stellen sowie für öffentlich-rechtliche Wettbewerbsunternehmen, wenn diese feststellen, dass bei ihnen gespeicherte personenbezogene Daten unrechtmäßig übermittelt oder auf sonstige Weise Dritten unrechtmäßig zur Kenntnis gelangt sind, und deshalb schwerwiegende Beeinträchtigungen für die Rechte oder schutzwürdigen Interessen der Betroffenen zu befürchten sind. Öffentliche Stellen sind demgegenüber von der Informationspflicht nach § 42a BDSG a. F. nicht erfasst, was unter dem Aspekt eines effektiven Persönlichkeitsschutzes kaum nachvollziehbar ist.

Art. 33 und Art. 34 DS-GVO erfassen demgegenüber unterschiedslos alle öffentlichen und nicht-öffentlichen Stellen, wobei Art. 33 DS-GVO die Meldung von Datenschutzverletzungen an die Aufsichtsbehörde und Art. 34 DS-GVO die Benachrichtigung der von einer Datenschutzverletzung betroffen Personen adressiert. Anders als noch nach § 42a BDSG a. F. ist es für die Melde- und Benachrichtigungspflichten nach Art. 33, 34 DS-GVO nicht Voraussetzung, dass es sich bei den betroffenen Daten um besonders schutzwürdige Daten handelt. Einen **risikobasierten Ansatz** wählt die DS-GVO stattdessen in der Form, dass sie eine Ausnahme von der Meldepflicht gegenüber Aufsichtsbehörden vorsieht, wenn die Datenschutzverletzung „voraussichtlich nicht zu einem Risiko für die Rechte und Freiheiten natürlicher Personen führt". Und nach Art. 34 Abs. 3 lit. a und lit. b DS-GVO ist eine Benachrichtigung der betroffenen Personen nicht erforderlich, wenn entweder durch Sicherheitsvorkehrungen oder durch nachfolgende Maßnahmen das Risiko für die Rechte und Freiheiten der betroffenen Personen deutlich reduziert wird.[383]

---

[383] Jandt, in: Kühling/Buchner (Hg.), DS-GVO (2017), Art. 34 Rn. 13.

Thomas Petri
3 Datenverarbeitung im öffentlichen Interesse

3.1 Überblick

Das deutsche Datenschutzrecht unterscheidet traditionell zwischen der Verarbeitung durch öffentliche Stellen und der Verarbeitung durch nicht-öffentliche Stellen. Dem liegt die Vorstellung zugrunde, dass in grundrechtlicher Hinsicht öffentliche Stellen sich wesentlich von nicht-öffentlichen Stellen unterscheiden: Öffentliche Stellen sind nach Art. 1 Abs. 3 GG unmittelbar an die Grundrechte gebunden, nicht-öffentliche Stellen unterliegen regelmäßig keiner unmittelbaren Grundrechtsbindung. Man kann trefflich darüber streiten, ob diese Sichtweise aus grundrechtsdogmatischer Sicht noch zeitgemäß ist (s. Kap. 2.1.1). Jedenfalls knüpft die DS-GVO nicht an die Verarbeitung durch öffentliche oder nicht-öffentliche Stellen, sondern an eine Verarbeitung „im öffentlichen Interesse" an, während auch das BDSG n. F. nach wie vor Wert auf die Unterscheidung zwischen öffentlichen und nicht-öffentlichen Stellen legt.

In Deutschland sind damit im Bereich der Verarbeitung durch öffentliche Stellen drei verschiedene Regelungsregime anzuwenden:

Die öffentliche Verwaltung hat nur deutsches Datenschutzrecht zu beachten, soweit die Verarbeitung im Rahmen einer Tätigkeit erfolgt, die nicht im Anwendungsbereich des EU-Rechts erfolgt, Art. 2 Abs. 2 lit. a DS-GVO.

Beispiel
Soweit deutsche Nachrichtendienste Informationen über verfassungsfeindliche Bestrebungen sammeln, dient diese Tätigkeit der nationalen Sicherheit der Bundesrepublik Deutschland. Sie fällt nicht in den Anwendungsbereich des EU-Rechts, vgl. EG 16 DSRLJ.

Für die Verarbeitung zuständiger Behörden zum Zwecke der Verhütung, Ermittlung, Aufdeckung oder Verfolgung von Straftaten oder der Strafvollstreckung einschließlich des Schutzes vor und der Abwehr von Gefahren für die öffentliche Sicherheit ist unmittelbar zwar deutsches Recht anzuwenden (z. B. das BDSG n. F. und die Landesdatenschutzgesetze sowie bereichsspezifische Datenschutzgesetze). Die deutschen Verarbeitungsregeln setzen aber die Vorgaben der EU-Richtlinie über den Datenschutz der Strafjustiz um, vgl. Art. 1 Abs. 1 DSRLJ.[1]

---

[1] Vgl. auch Art. 2 Abs. 2 lit. d DS-GVO, wonach die Verarbeitung zu diesen Zwecken nicht in den Anwendungsbereich der DS-GVO fällt.

> **Beispiel**
> Soweit die Polizei personenbezogene Daten von mutmaßlichen Straftätern zur Kriminalitätsbekämpfung in polizeilichen Datenbanken speichert, gilt die Richtlinie über den Datenschutz der Strafjustiz, vgl. EG 12 DSRLJ.

Teilweise kann die Polizei zum Zeitpunkt der Verarbeitung noch nicht abschätzen, ob eine Situation in eine Straftat münden wird oder nicht. Auch in einem solchen Fall soll die Richtlinie gelten, vgl. EG 12 DSRLJ.

Im Übrigen ist für die Verarbeitung im öffentlichen Interesse die DS-GVO anzuwenden. Behörden und sonstige öffentliche Stellen werden dabei als Rechtsgrundlage für ihre Verarbeitung zumeist Art. 6 Abs. 1 lit. e DS-GVO heranziehen.

> **Beispiel**
> Verarbeiten Sozialbehörden personenbezogene Daten von Antragstellern, unterliegt diese Verarbeitung der DS-GVO. Die Verarbeitung erfolgt damit regelmäßig zur Erfüllung von Aufgaben, die im öffentlichen Interesse liegen (nämlich zur Versorgung im Gesundheits- und Sozialbereich). Hierfür können die Mitgliedstaaten „spezifische Bestimmungen zur Anpassung der Anwendung der Vorschriften" der DS-GVO beibehalten oder einführen, vgl. Art. 6 Abs. 2, Abs. 3, Abs. 1 lit. e DS-GVO. Mit anderen Worten dürfen die Mitgliedstaaten die Vorgaben der DS-GVO durch eigene Regelungen konkretisieren.

Die DS-GVO gilt ab 25. Mai 2018 in den Mitgliedstaaten unmittelbar und allgemein. Da dieser Rechtsakt eine Reihe von Öffnungsklauseln enthält, haben die Mitgliedstaaten ihre Rechtsordnung bis dahin anzupassen. Die Richtlinie über den Datenschutz der Strafjustiz ist in den Mitgliedstaaten bereits bis zum 5. Mai 2018 umzusetzen. Der deutsche Bundesgesetzgeber hat sich dazu entschlossen, zunächst in zwei Paketen die **allgemeinen Datenschutzgesetze** (BDSG sowie SGB I und X) an den Europäischen Datenschutzrechtsrahmen anzupassen. Das BDSG ist im Rahmen des Datenschutz-Anpassungs- und Umsetzungsgesetzes EU (DSAnpUG EU) neu gefasst worden.[2] Im Sozialbereich hat der Gesetzgeber lediglich die vorhandenen Vorschriften verändert, für das Abgaberecht eine Vollregelung des Datenschutzrechts neu geschaffen.[3] Neben diesen allgemeinen Datenschutzgesetzen sollen jedoch in weiteren Schritten auch die **bereichsspezifischen Datenschutzregeln** an das EU-Recht angepasst werden bzw. sollen dieses Recht umsetzen.

---

[2] Vgl. BGBl. 2017 I, S. 2097.
[3] Vgl. BGBl. 2017 I. S. 2541, 2555 ff.

> **Beispiel**
> Die Verarbeitung personenbezogener Daten durch das Bundeskriminalamtsgesetz sowie die Zusammenarbeit zwischen den Bundes- und Landeskriminalpolizeibehörden wird im Bundeskriminalamtsgesetz (BKAG) neu geregelt. Das neue BKAG soll u. a.[4] die Richtlinie EU/2016/680 umsetzen.

3.2 Verarbeitung außerhalb des Anwendungsbereichs des EU-Datenschutzrechts

Nach Art. 2 Abs. 3 lit. a DSRLJ und Art. 2 Abs. 2 lit. a DS-GVO wird eine Verarbeitung personenbezogener Daten nicht durch EU-Datenschutzrecht geregelt, wenn sie nicht in den Anwendungsbereich des EU-Rechts fällt. Allerdings definieren weder die DS-GVO noch die Richtlinie über den Datenschutz der Strafjustiz (DSRLJ) noch das allgemeine deutsche Datenschutzrecht[5] abschließend, welche Verarbeitungen nicht in den Anwendungsbereich des EU-Rechts fallen. Das EU-Datenschutzrecht nennt als Beispiele lediglich die Verarbeitung im Zusammenhang mit Tätigkeiten, welche die **nationale Sicherheit** des jeweiligen Mitgliedstaats betreffen, EG 16 DS-GVO, EG 14 DSRLJ.[6] Im Grundsatz regelt das EU-Datenschutzrecht insbesondere nicht die militärische Verarbeitung personenbezogener Daten und die Informationssammlung durch Nachrichtendienste. Ausnahmen sind jedoch denkbar, soweit die Verarbeitung Tätigkeiten betrifft, die nicht der nationalen Sicherheit dienen.

> **Beispiel**
> Gemäß Art. 3 Satz 2 BayVSG beobachtet das Landesamt für Verfassungsschutz zum Schutz der verfassungsmäßigen Ordnung Bestrebungen und Tätigkeiten der Organisierten Kriminalität[7] im Geltungsbereich des Grundgesetzes. Es ist zumindest näher zu prüfen, ob eine solche Beobachtungstätigkeit

---

4 Das BKAG n. F. soll auch die verfassungsrechtlichen Vorgaben umsetzen, wie sie in der Entscheidung des BVerfG vom 20.04.2016, BVerfGE 141, 220 festgestellt wurden. Sehr kritisch zur Novellierung Baum/Hirsch/Leutheusser-Schnarrenberger, DuD 2017, 337, 339 ff.
5 S. inbes. BDSG n. F. Teil 4.
6 Der Begriff der nationalen Sicherheit ist wohl ähnlich zu verstehen wie in Art. 4 Abs. 2 S. 2 EUV. Er ist deutlich enger zu verstehen als der Begriff der inneren Sicherheit. Wohl überwiegend wird dazu vertreten, dass er allein das fundamentale Bestandsinteresse des Staats betrifft. Im Einzelnen vgl. Obwexer, in: von der Groeben/Schwarze/Hatje (Hg.), Europäisches Unionsrecht (7. A. 2015), Art. 4 EUV Rn. 45 m. w. N.; Hatje, in: Schwarze (Hg.), EU-Kommentar (3. A. 2012), Art. 4 EUV Rn. 15. Für dieses enge Verständnis spricht Art. 4 Abs. 2 S. 3 EUV, wonach die nationale Sicherheit in die *alleinige* Verantwortung der Mitgliedstaaten fällt. Würde man die nationale Sicherheit weit i. S. d. inneren Sicherheit verstehen, wäre eine Zusammenarbeit im Raum der Freiheit, der Sicherheit und des Rechts nicht möglich, vgl. Art. 67 ff. AEUV.
7 Zum Begriff der Organisierten Kriminalität vgl. Art. 4 Abs. 2 BayVSG.

tatsächlich die nationale Sicherheit betrifft.[8] Falls man dies verneint,[9] könnte die Verarbeitung in den Anwendungsbereich der DSRLJ fallen, weil und soweit sie der Aufklärung von Straftaten dient.[10]

Nachrichtendienste (hierzu zählen in Deutschland der Militärische Abschirmdienst MAD, der Bundesnachrichtendienst BND und die Verfassungsschutzämter des Bundes und der Länder) nehmen dabei traditionell die Funktion einer „strategischen Aufklärung" von Vorgängen wahr, die den Bestand des Staates gefährden könnten. Nachrichtendienste haben keine polizeilichen Befugnisse. Dementsprechend können sie personenbezogene Daten nicht mithilfe von Zwangsmaßnahmen erheben. Zugleich gehen Nachrichtendienste typischerweise heimlich vor.

> **Beispiel**
> Die Observation[11] von verdächtigen Personen, verdeckte technische Überwachungsmittel[12] und der Einsatz von sog. „V-Leuten"[13] werden heute noch gelegentlich als nachrichtendienstliche Ermittlungsmethoden bezeichnet, obwohl sie schon seit geraumer Zeit auch von der Polizei angewandt werden.

Insbesondere der Einsatz von V-Leuten hat für die Geheimdienste eine erhebliche Bedeutung, weil diese Personen der zu überwachenden „Szene" angehören. Sie werden durch die Nachrichtendienste mittels konkreter Vorgaben „geführt". Zugleich sind V-Leute nicht nur ethisch, sondern auch verfassungsrechtlich problematisch. Denn der Rechtsstaat nutzt dabei den Vertrauensbruch einzelner Bürger (eben der „V-Leute"), um sich Informationen über potenziell gefährliche Personen zu beschaffen. Der V-Mann-Einsatz ist zwar nicht generell menschenrechtswidrig; er muss aber im Rahmen klarer gesetzlicher Grenzen stattfinden. Der Europäische Gerichtshof für Menschenrechte (EGMR) hat darauf hingewiesen, dass die Menschenrechte insbesondere ein eindeutiges und vorhersehbares Verfahren gebieten, um die fraglichen Ermittlungen zu genehmigen, durchzuführen und zu überwachen.[14]

---

8 Hierfür könnte sprechen, dass die Beobachtung nach Art. 3 S. 2 nur zum Schutz der verfassungsmäßigen Ordnung erfolgt.
9 Dafür spricht die Definition der Organisierten Kriminalität, die selbst auf kleine kriminelle Organisationen zutrifft, die offenkundig nicht in der Lage sind, die nationale Sicherheit auch nur ansatzweise zu gefährden.
10 Ob im Ergebnis der Anwendungsbereich der Richtlinie eröffnet ist, hängt u. a. davon ab, in welcher Intensität das Landesamt für Verfassungsschutz Daten an die Behörden der Strafjustiz übermittelt.
11 Unter Observation wird die regelmäßig heimliche, auf gewisse Dauer angelegte Beobachtung einzelner Personen bzw. Personengruppen verstanden, vgl. u. a. Lensch, in: Möllers (Hg.), Wörterbuch Polizei (2001), Stichwort Observation.
12 Hierzu zählen insbesondere das heimliche Abhören von Telefongesprächen, das Abhören von Gesprächen in oder aus Wohnungen, verdeckte Videoüberwachung usw.
13 V-Leute sind Privatpersonen, die bereit sind, mit staatlichen Behörden über einen längeren Zeitraum zu kooperieren. „V" ist damit ein Kürzel, das für „vertrauensvolle Zusammenarbeit" steht.
14 EGMR v. 05.02.2008, NJW 2009, 3565.

Beispiel
Die Bundesregierung strengte in den Jahren 2002 und 2003 ein Parteiverbotsverfahren gegen die NPD an, weil sie diese Partei als verfassungswidrig ansah. Das Bundesverfassungsgericht stellte dieses Verbotsverfahren ein, weil die NPD seinerzeit in extensiver Weise von V-Leuten unterschiedlicher Nachrichtendienste durchsetzt war.

Das Gericht sah darin u. a. die Gefahr, dass geheime Mitarbeiter der Nachrichtendienste die Zielsetzungen und die Tätigkeit der Partei maßgeblich mitbestimmt hätten.[15] Anlässlich der Aufklärung einer Mordserie durch eine Gruppe von Neonazis („Nationalsozialistischer Untergrund" – NSU) ist die Diskussion um ein Verbot der NPD wiederbelebt worden.[16] Ein angestrebtes Parteienverbot wurde vom BVerfG allerdings sinngemäß mit der Begründung abgelehnt, die Partei verfolge zwar verfassungsfeindliche Ziele. Es fehle jedoch an konkreten Anhaltspunkten von Gewicht, die es zumindest möglich erscheinen ließen, dass dieses Handeln zum Erfolg führe.[17]

Die Verarbeitung personenbezogener Daten durch Nachrichtendienste ebenso wie durch die Bundeswehr wird bereichsspezifisch in besonderen Gesetzen geregelt. Mit § 85 BDSG n. F. befasst sich nur eine Vorschrift des neuen BDSG eingehender mit der Verarbeitung personenbezogener Daten außerhalb der DS-GVO und der DSRLJ. Zunächst erklärt § 85 Abs. 1 für Datenübermittlungen an einen Drittstaat oder an über- oder zwischenstaatliche Stellen oder internationale Organisationen sinngemäß die Regeln der DS-GVO für anwendbar. Darüber hinaus lässt die Vorschrift derartige Übermittlungen auch zu, wenn sie zur Erfüllung eigener Aufgaben aus zwingenden Gründen der Verteidigung oder zur Erfüllung über- oder zwischenstaatlicher Verpflichtungen einer öffentlichen Stelle des Bundes auf dem Gebiet der Krisenbewältigung oder Konfliktverhinderung oder für humanitäre Maßnahmen erforderlich sind.

Für Verarbeitungen, die nicht in den Anwendungsbereich des EU-Datenschutzrechts fallen, bestimmt § 85 Abs. 3 BDSG n. F., dass die Informationspflichten des Art. 13 Abs. 1 und Abs. 2 DS-GVO nicht – auch nicht entsprechend – gelten. Insoweit soll auch kein Auskunftsrecht bestehen.

3.3 Verarbeitung zu Zwecken der Straftatenbekämpfung

Die Verarbeitung zu Zwecken der Straftatenbekämpfung ist nicht in der DS-GVO, sondern in der Richtlinie über den Datenschutz der Strafjustiz RL 2016/680/EU geregelt. Hintergrund ist eine Vereinbarung, die die EU-Mitgliedstaaten im Rahmen des Ver-

---
15 BVerfG v. 18.03.2003, BVerfGE 107, 339.
16 Überblick zum Diskussionsstand unter: http://www.politische-bildung.de/rechtsextremismus.html (letzter Abruf 02.06.2017).
17 BVerfG v. 27.01.2017, NJW 2017, 611.

trags von Lissabon getroffen haben. In der Erklärung Nr. 21 zum Schutz personenbezogener Daten im Bereich der justiziellen Zusammenarbeit im Anhang der Schlussakte erklärte die Regierungskonferenz sinngemäß, die Besonderheiten der Strafjustiz erforderten „spezifische Vorschriften" über den Schutz und den freien Verkehr personenbezogener Daten im Bereich der justiziellen Zusammenarbeit in Strafsachen und der (kriminal)polizeilichen Zusammenarbeit, vgl. EG 10 DSRLJ.

Der Vorschlag der Kommission für eine Richtlinie über den Datenschutz der Strafjustiz wurde zwar weitgehend an die Standards der DS-GVO angeglichen. Es gibt aber auch zahlreiche Regelungen, die von der DS-GVO abweichen.

> **Beispiel**
> Die DS-GVO geht von einem EU-weit einheitlichen Datenschutz aus. Abgesehen von wenigen Ausnahmen gestattet sie deshalb den Mitgliedstaaten auch nicht, höhere Datenschutzstandards vorzusehen. Anders die Richtlinie: Sie erlaubt den Mitgliedstaaten in Art. 2 Abs. 3 ausdrücklich, „zum Schutz der Rechte und Freiheiten der betroffenen Person bei der Verarbeitung personenbezogener Daten durch die zuständigen Behörden Garantien festzulegen, die strenger sind als die Garantien dieser Richtlinie."

> **Beispiel**
> Zentraler Adressat der Verarbeitungspflichten in der DS-GVO ist der **Verantwortliche.** Er wird in Art. 4 Nr. 7 DS-GVO als Stelle definiert, die allein oder gemeinsam mit anderen über die Zwecke und Mittel der Verarbeitung personenbezogener Daten entscheidet." Demgegenüber knüpft die Richtlinie an **„zuständige Behörden"** an, die für eine Aufgabe der Strafjustiz zuständig sind. Das können auch Stellen sein, denen eine solche Aufgabe gesetzlich übertragen worden ist[18], vgl. Art. 3 Nr. 7 DSRLJ. Den Begriff des „Verantwortlichen" verwendet die Richtlinie zwar auch häufig. Nach DSRLJ können Verantwortliche aber nur zuständige Behörden sein, die über die Verarbeitungsmittel und -zwecke entscheiden, vgl. Art. 3 Nr. 8 DSRLJ.

> **Beispiel**
> Art. 5 DS-GVO regelt zentrale Grundsätze für die Verarbeitung personenbezogener Daten. Die Schwestervorschrift in Art. 4 DSRLJ regelt die Verarbeitungsgrundsätze in Abs. 1 und 4 fast wortgleich – bis auf den Grundsatz der **Transparenz.** Dieser Grundsatz ist in der Richtlinie über den Datenschutz der Strafjustiz schlichtweg nicht vorgesehen.

Gründe für die besondere Behandlung der Strafjustiz könnte man darin vermuten, dass die zuständigen Behörden der Strafjustiz typischerweise und regelhaft intensiv in die Grundrechte von betroffenen Menschen eingreifen. Die Verarbeitung personenbezogener Daten im Bereich der Strafjustiz ist damit eine besonders sensible Rege-

---

[18] Das können auch sog. „Beliehene" sein, als Private, denen öffentliche Aufgaben der Strafjustiz übertragen worden sind, vgl. § 2 Abs. 4 BDSG n. F.

lungsmaterie.[19] Näher liegt freilich die Erklärung, dass die Verarbeitung thematisch enge Bezüge zum Raum der Freiheit, der Sicherheit und Rechts (Art. 67–76 AEUV) aufweist. Insbesondere die Verarbeitung zur Gewährleistung der inneren Sicherheit berührt damit Souveränitätsinteressen der Mitgliedstaaten.[20] Die Richtlinie räumt den Mitgliedstaaten tendenziell größere Gestaltungsspielräume als die DS-GVO ein.

Die Verarbeitung personenbezogener Daten durch solche Behörden findet regelmäßig zur Erfüllung einer Aufgabe statt, die **„in Ausübung öffentlicher Gewalt"** erfolgt, die den zuständigen Behörden gesetzlich übertragen wurde. In diesem Sinne können einige rechtsstaatliche Besonderheiten der Richtlinie eine Auslegungshilfe für Verarbeitungen bieten, die zwar in den Anwendungsbereich der DS-GVO fallen, aber ebenfalls zur Erfüllung von Aufgaben durchgeführt werden, die in Ausübung öffentlicher Gewalt erfolgen.

Anders als EU-Verordnungen gelten **EU-Richtlinien** in den Mitgliedstaaten nicht unmittelbar und allgemein. Vielmehr geben sie den Mitgliedstaaten verbindliche Ziele vor, die die Mitgliedstaaten in ihr nationales Recht umsetzen, vgl. Art. 288 Abs. 3 AEUV. In Deutschland geschieht diese Umsetzung durch die §§ 45–84 BDSG, durch Landesdatenschutzgesetze und durch bereichsspezifische Datenschutzvorschriften in den jeweiligen Fachgesetzen (Polizeigesetze, Strafprozessordnung, Strafvollstreckungsgesetzen usw.).

3.3.1 Gegenstand und Ziele

Die Richtlinie über den Datenschutz der Strafjustiz gilt für die Verarbeitung zum Zwecke der Verhütung, Ermittlung, Aufdeckung oder Verfolgung von Straftaten oder der Strafvollstreckung. Sie soll allerdings auch die den Schutz vor und die Abwehr von Gefahren für die öffentliche Sicherheit einschließen, Art. 1 Abs. 1 DSRLJ.

Der Begriff der **„Straftat"** soll dabei ein „eigenständiger Begriff des Unionsrechts in der Auslegung durch den Gerichtshof der Europäischen Union" sein, vgl. EG 13 DSRLJ. Das ist sachgerecht, weil der Begriff der Straftat in den Mitgliedstaaten mit unterschiedlichen Bedeutungen belegt ist.[21] Ob eine Straftat i. S. d. EU-Rechts vorliegt, prüft der EuGH häufig in Anlehnung an die EGMR-Rechtsprechung[22] anhand von drei Kriterien: Erstens ist zu berücksichtigen, wie der Mitgliedstaat selbst das Tatgesche-

---

19 Vgl. Schwichtenberg, DuD 2016, 605.
20 Vgl. dazu Breitenmoser/Weyeneth, in: von der Groeben/Schwarze/Hatje (Hg.), Europäisches Unionsrecht (7. A. 2015), Vorb. Art. 67 – 76 AEUV.
21 Auch der Straftatenbegriff des Art. 6 EMRK ist autonom auszulegen, weil es ansonsten im Belieben der Mitgliedstaaten läge, bestimmte Kategorien von Sanktionen vom Schutz der EMRK auszuschließen, vgl. EGMR v. 21.02.1984, NJW 1985, 1273 Rn. 49 f. – Öztürk/Deutschland.
22 Grundlegend: EGMR v. 08.06.1976, Az.:E-Nr. 5100/71 Rn. 80 ff. – Engel/Niederlande. Vgl auch EGMR v. 26.03.1982, EuGRZ 1982, 297 Rn. 30 – Adolf/Österreich; EGMR v. 26.02.1984, NJW 1985, 1273 Rn. 49 f. – Öztürk/Deutschland.

hen einordnet. Ordnet er eine Tat dem strafrechtlichen Bereich zu, wird regelmäßig auch eine Straftat i. S. d. EU-Rechts vorliegen. Das innerstaatliche Recht hat für die Beurteilung jedoch nur eine relative Aussagekraft. Beispielsweise werden **Ordnungswidrigkeiten** im deutschen Recht nicht dem Strafrecht zugeordnet, obwohl das Verfahrensrecht dem Strafprozessrecht nachgebildet ist. Im Ergebnis hat der EGMR deutsche Ordnungswidrigkeiten regelmäßig als Straftat eingeordnet.[23] Diese Einordnung ergibt sich aus den beiden weiteren Kriterien: Weitere Beurteilungsmaßstäbe sind nämlich zweitens die Art der sanktionierten Zuwiderhandlung sowie drittens die Art und Schwere der Sanktion.[24] Tatbestände, die in Deutschland als Ordnungswidrigkeiten ausgestaltet werden, sind auch vom EuGH als „Straftat" angesehen worden.[25] Insofern setzt der Bundesgesetzgeber die Vorgaben der Richtlinie korrekt um, wenn er in § 45 S. 1 BDSG n. F. Ordnungswidrigkeiten in den Anwendungsbereich der Bestimmungen einbezieht, die zur Umsetzung der Richtlinie dienen. Die Verarbeitung durch Ordnungsbehörden fällt allerdings nur in den Anwendungsbereich der Richtlinie, soweit das jeweilige Fachverfahren in ein konkretes Bußgeldverfahren übergeht.[26] Das Fachverfahren selbst ist nach der DS-GVO zu beurteilen.

> **Beispiel**
> Wer eine Wohnung neu bezieht, hat sich innerhalb von zwei Wochen bei der örtlichen Meldebehörde anzumelden, § 17 Abs. 1 BMG. Wer gegen diese Regel verstößt, begeht nach § 54 Abs. 2 Nr. 1 BMG eine Ordnungswidrigkeit, die mit Bußgeld bis zu tausend Euro geahndet werden kann. Die mit der Einleitung und Durchführung des Bußgeldverfahrens verbundene Verarbeitung ist an der Richtlinie für den Datenschutz der Strafjustiz zu messen. Für die Verarbeitung personenbezogener Daten für das melderechtliche Verfahren gilt weiterhin die DS-GVO, vgl. EG 19 DS-GVO.

Der Anwendungsbereich der Richtlinie schließt auch die **vorbeugende Kriminalitätsbekämpfung** ein. Nichts anderes ist unter der Formulierung „einschließlich des Schutzes vor und der Abwehr von Gefahren für die öffentliche Sicherheit" zu verstehen, EG 12 DSRLJ.

> **Beachte**
> Die Richtlinie ist nicht auf die polizeiliche Abwehr von Gefahren für die öffentliche Sicherheit und Ordnung anwendbar, die in keinem Zusammenhang mit der Kriminalitätsbekämpfung stehen.

Die Abwehr von Gefahren für die öffentliche Sicherheit soll sich allerdings auch auf „lebenswichtige Interessen" der betroffenen Person erstrecken, EG 35 DSRLJ.

---

[23] Einzelheiten bei Meyer-Ladewig/Harrendorf/König, in: Meyer-Ladewig/Nettesheim/von Raumer (Hg.), EMRK (4. A. 2017), Art. 6 Rn. 24 mit Hinweis u. a. auf EGMR v. 21.02.1984, NJW 1985, 1273.
[24] Vgl. EuGH v. 26.02.2013, NJW 2013, 1415 Rn. 35; EuGH v. 05.06.2012, EuZW 2012, 543 Rn. 37.
[25] Vgl. etwa EuGH v. 26.02.2013, NJW 2013, 1415.
[26] Vgl. BT-Drs. 18/11325, S. 110 f.

3.3.2 Grundsätze für die Verarbeitung

Wie bereits angedeutet, sieht DS-GVO in Art. 5 allgemeine Grundsätze für die Verarbeitung vor. Die Richtlinie übernimmt diese Grundsätze in Art. 4 Abs. 1 und Abs. 4 – mit Ausnahme des Transparenzprinzips. Dem liegt wohl die Überlegung zugrunde, dass die Strafverfolgungsbehörden teilweise auch verdeckte Ermittlungen durchführen müssen, um Straftaten aufzuklären und zu verfolgen, vgl. EG 26 DSRLJ. Daneben werden Verarbeitungsgrundsätze in der Richtlinie teilweise anders konkretisiert als in der DS-GVO. Im Rahmen seiner **Rechenschaftspflicht** ist der nach der Richtlinie Verantwortliche aber – ähnlich wie der Verantwortliche nach der DS-GVO[27] – für die Einhaltung der Verarbeitungsgrundsätze verantwortlich und muss sie auch nachweisen können, Art. 4 Abs. 4 DSRLJ. Die Rechenschaftspflicht ist EU-rechtlich vorgegeben, im BDSG n. F. aber nicht ausdrücklich umgesetzt. Es mag sein, dass der Bundesgesetzgeber die Rechenschaftspflicht nach Art. 4 Abs. 4 DSRLJ in den Begriff des Verantwortlichen „hineinliest".[28] Gleichwohl begeht er aus rechtsstaatlicher Sicht eine erhebliche Unterlassungssünde. Die Rechenschaftspflicht nach dem Unionsrecht geht nämlich mit einer ausdrücklichen Beweislastverteilung zulasten der Verantwortlichen einher, die zu einer Beweislastverschiebung im deutschen Recht führt. Auch wenn eine richtlinienkonforme Auslegung des Verantwortlichkeitsbegriffs dazu führen kann, dass der Verantwortliche die Einhaltung der Verarbeitungsgrundsätze nachweisen können muss, wäre zumindest im Bereich der umsetzungsbedürftigen Richtlinie eine gesetzgeberische Klarstellung angebracht gewesen.

Das gilt insbesondere für das Prinzip der **rechtmäßigen Verarbeitung** i. S. v. Art. 4 Abs. 1 lit. a DSRLJ, § 47 Nr. 1 BDSG. Dazu sieht Art. 8 DSRLJ vor, dass eine Verarbeitung nur dann rechtmäßig ist, wenn und soweit sie zur Erfüllung einer Aufgabe der Strafjustiz[29] erforderlich ist. Damit gilt auch für die Richtlinie das sog. **„Verbot mit Erlaubnisvorbehalt."**[30]

Damit sieht die Richtlinie nur eine Art der Rechtsgrundlage für die Verarbeitung ausdrücklich vor. Anders als Art. 6 Abs. 1 lit. a DS-GVO ist insbesondere die **Einwilligung** als eigenständige Rechtsgrundlage in der Richtlinie nicht vorgesehen. Denn die Behörden der Strafjustiz können bei der Wahrnehmung ihrer gesetzlichen Aufgaben natürliche Personen dazu zwingen, ihren Anordnungen zu folgen. Wird eine Person

---

[27] Vgl. Art. 5 Abs. 2 DS-GVO.
[28] Ausweislich der Gesetzesbegründung erhebt der Gesetzgeber hinsichtlich der Auflistung der allgemeinen Verarbeitungsgrundsätze offenkundig keinen Vollständigkeitsanspruch, vgl. BT-Drs. 18/11325, S. 111, wonach § 47 nicht alle, sondern nur „einige allgemeine Verarbeitungsgrundsätze" zusammenführt.
[29] Mit diesem Begriff sind nachfolgend Aufgaben i. S. v. Art. 1 Abs. 1 RLDSJ gemeint.
[30] Schwichtenberg, DuD 2016, 605; bezogen auf die DS-GVO ausführlich zum Verbot mit Erlaubnisvorbehalt Buchner, DuD 2016, 155, 157 f.

aufgefordert, einer rechtlichen Verpflichtung nachzukommen, bleibt ihr keine echte Wahlfreiheit. Die freie Entscheidung ist aber eine wesentliche Voraussetzung für eine wirksame Einwilligungserklärung.

> **Beispiel**
> § 19 Abs. 1 Satz 3 BKAG sieht vor, dass das Bundeskriminalamt zur Verhütung oder Vorsorge für die künftige Verfolgung von Straftaten erheblicher Bedeutung personenbezogene Daten von potentiellen Opfern, Zeugen und sonstigen Auskunftspersonen regelmäßig nur mit deren Einwilligung speichern darf.

§ 19 BKAG regelt damit eine Ausnahmesituation, in der die Freiwilligkeit einer **Zustimmung** regelmäßig nicht infrage steht.

Im Übrigen schließt die Richtlinie die Einwilligung aus. Als ergänzendes Mittel zur Legitimation hoheitlicher Verarbeitung ist allerdings eine Zustimmung möglich, wenn die Mitgliedstaaten durch Rechtsvorschriften vorsehen, dass die betroffene Person der Verarbeitung ihrer personenbezogenen Daten für die Zwecke der Richtlinie zustimmen kann. Da die für eine Einwilligung erforderliche Freiwilligkeit im Anwendungsbereich der Richtlinie zumeist fehlt, wird die Verarbeitungsbefugnis durch eine Rechtsvorschrift legitimiert. Sieht der Gesetzgeber dabei eine Zustimmung vor, muss allerdings die konkrete Verarbeitung auf eine Zustimmung gestützt werden. Abgesehen von der eher zweifelhaften Freiwilligkeit dürften die Voraussetzungen für eine wirksame Zustimmung den Wirksamkeitsvoraussetzungen einer Einwilligung entsprechen. Bei derartigen Tatbeständen liegt es am Gesetzgeber und den Justizbehörden, die Wirksamkeitsvoraussetzungen der Zustimmung durch entsprechende Rahmenbedingungen zu garantieren.

> **Beispiel**
> Die Richtlinie nennt in EG 35 DSRLJ beispielhaft DNA-Tests in strafrechtlichen Ermittlungen oder die Überwachung des Aufenthaltsorts strafrechtlich Verurteilter mittels „elektronischer Fußfessel" zur Strafvollstreckung.

Nach der Richtlinie kann eine Zustimmung die Verarbeitung nur legitimieren, wenn aus einer gesetzlichen Regelung eindeutig hervorgeht, dass eine Zustimmung als Rechtsgrundlage in Betracht kommen soll. In Deutschland sehen dementsprechend einige ältere und zahlreiche neue Rechtsvorschriften die Einwilligung ausdrücklich als Erlaubnistatbestand vor. § 81h Abs. 1 StPO erlaubt die Durchführung von **DNA-Reihenuntersuchungen** nur auf Grundlage einer schriftlichen Einwilligung. Will das Bundeskriminalamt DNA-Identitätsmuster nicht von eigenen Beschäftigten, sondern von Dritten speichern, um sog. Trugspuren auszuschließen, muss es nach § 24 Abs. 2 BKAG n. F. ebenfalls eine schriftliche Einwilligung einholen. Möglicherweise kann eine solche schriftliche Einwilligung als „Zustimmung" im Sinne der DSRLJ angesehen werden.

Anderes gilt für § 56 BKAG n. F. Die rechtsstaatlich außerordentlich problematische[31] Vorschrift betrifft die Anordnung einer präventiv-polizeilichen elektronischen Aufenthaltsüberwachung (**„elektronische Fußfessel"**). § 56 Abs. 2 Satz 3 BKAG n. F. sieht vor, dass die mithilfe einer elektronischen Fußfessel erhobenen Daten „ohne Einwilligung der betroffenen Person nur verwendet werden" dürfen, soweit dies erforderlich ist, um einen Zweck nach § 56 Abs. 2 Satz 3 Nr. 1–5 BKAG n. F. zu erfüllen. Nach der Gesetzesbegründung soll diese Regelung „klarstellen", dass personenbezogene Daten mit Einwilligung der betroffenen Person auch für andere als in Abs. 2 Satz 3 Nr. 1–5 genannten Zwecke verwendet werden dürfe. Zu denken sei etwa an eine Verwendung zur Aufklärung anderer Straftaten.[32] Aus der Vorschrift geht jedoch nicht hinreichend klar hervor, für welche weiteren Zwecke eine Einwilligung erteilt werden kann. Zudem unterlässt es der Gesetzgeber, konkrete Rahmenbedingungen für die Freiwilligkeit der Einwilligung zu schaffen – angesichts der Eingriffsintensität der Maßnahme ein schwerwiegender rechtsstaatlicher Mangel.

Aus dem Wortlaut des Art. 8 Abs. 1 DSRLJ ergibt sich überdies, dass die Verarbeitung selbst bei Vorliegen einer Einwilligung zur Erfüllung einer Aufgabe der Strafjustiz erforderlich sein muss. Überdies ergibt sich aus dem Gesamtzusammenhang, dass die Einwilligung im Anwendungsbereich der Richtlinie nur dann in Betracht kommt, wenn der Betroffene keiner Mitwirkungs- oder Duldungspflicht unterliegt.[33]

Soweit die Verarbeitung personenbezogener Daten nach einer Rechtsvorschrift auf der Grundlage einer Einwilligung erfolgen kann, beschreibt § 51 BDSG n. F. die Voraussetzungen, die eine Einwilligung erfüllen muss, um wirksam zu sein.

Das Recht der Mitgliedstaaten, das eine Verarbeitung i. S. v. Art. 8 DSRLJ erlaubt, muss zumindest die **Ziele der Verarbeitung,** die **verwendeten Daten** und die **Verarbeitungszwecke** angeben, Art. 8 Abs. 2 DSRLJ. Regelmäßig sieht das bereichsspezifische Fachrecht (Polizeirecht, Strafverfahrensrecht, Strafvollstreckungsrecht usw.) entsprechende Rechtsgrundlagen vor.

Beispiel
Um Regelungslücken zu vermeiden, sieht § 3 BDSG n. F. eine Generalklausel vor, wonach eine Verarbeitung durch eine öffentliche Stelle zulässig ist, „wenn sie zur Erfüllung der in der Zuständigkeit des Verantwortlichen liegenden Aufgaben oder in Ausübung öffentlicher Gewalt, die dem Verantwortlichen übertragen wurde, erforderlich ist." Es ist fraglich, ob diese Vorschrift eine hinreichend klare und bestimmte Rechtsgrundlage i. S. v. Art. 8 Abs. 2 DSRLJ darstellt. Jedenfalls wird sie allenfalls geringfügige Eingriffe in das Persönlichkeitsrecht rechtfertigen können.

---

31 Vgl. dazu Baum/Hirsch/Leutheusser-Schnarrenberger, DuD 2017, 337, 340. Die präventiv-polizeiliche elektronische Fußfessel setzt keine Verurteilung wegen einer begangenen Straftat voraus. Die Maßnahme unterscheidet sich insoweit von der in EG 35 RLDSJ genannten elektronischen Fußfessel zur Strafvollstreckung, die eine Lockerung des Strafvollzugs ermöglicht.
32 BT-Drs. 18/11163, S. 124 (zu § 56 Abs. 2 Satz 3 BKAG n. F.).
33 So gut nachvollziehbar Schwichtenberg, DuD 2016, 605, 606. Anderenfalls wäre das Merkmal der Freiwilligkeit der Einwilligungserklärung infrage gestellt.

Der Grundsatz der **Verarbeitung nach Treu und Glauben** in Art. 4 Abs. 1 lit. a DSRLJ, § 47 Nr. 1 BDSG n. F. hat gegenüber der DS-GVO eine eigenständige Bedeutung. Danach sollen natürliche Personen über die Risiken, Vorschriften, Garantien und Rechte im Zusammenhang mit der Verarbeitung ihrer personenbezogenen Daten informiert und darüber aufgeklärt werden, wie sie ihre diesbezüglichen Rechte geltend machen können, vgl. EG 26 DSRLJ. Der Sache nach beinhaltet der Grundsatz der Verarbeitung nach Treu und Glauben damit im Anwendungsbereich der Richtlinie Elemente, die bei der DS-GVO (auch?) durch den Grundsatz der Transparenz geschützt werden.

Beispiel
Im Rahmen der Vernehmung zu einem strafverfahrensrechtlichen Ermittlungsverfahren unterlässt es der vernehmende Polizeibeamte entgegen § 136 Abs. 1 Satz 2 StPO, den Beschuldigten über das Recht zu schweigen aufzuklären. Die darauf fußende Verarbeitung dürfte gegen die Grundsätze einer Verarbeitung nach Treu und Glauben verstoßen.[34]

Ähnlich wie bei der DS-GVO hat der Grundsatz der **Zweckbindung** nach Art. 4 Abs. 1 lit. b DSRLJ, § 47 Nr. 2 BDSG n. F. auch im Anwendungsbereich der Richtlinie eine zentrale Bedeutung. Er besagt, dass die zuständigen Behörden personenbezogene Daten nur für festgelegte, eindeutige und rechtmäßige Zwecke erheben und nicht in einer mit diesen Zwecken unvereinbaren Weise verarbeiten dürfen. Um die Zweckbindung auch bei Datenübermittlungen zu gewährleisten, sind die zuständigen Behörden verpflichtet, Datenempfänger auf etwaig bestehende **besondere Verarbeitungsbedingungen** hinzuweisen, vgl. Art. 9 Abs. 3 DSRLJ, Art. 9 Abs. 1 S. 2 DSRLJ.

Beispiel
Nach dem deutschen Recht unterliegt die Verarbeitung von verdeckt erhobenen Daten zumeist besonderen Verarbeitungsvoraussetzungen. Derartige Daten sind deshalb nach § 101 Abs. 1, Abs. 3 S. 1 StPO besonders zu kennzeichnen. Nach § 101 Abs. 3 S. 2 StPO ist die Kennzeichnung nach erfolgter Übermittlung aufrechtzuerhalten.

Bei **Zweckänderungen** ist danach zu unterscheiden, ob derselbe oder andere Verantwortliche die Daten zu Zwecken der Strafjustiz nach Art. 1 Abs. 1 DSRLJ verarbeiten – oder ob die Verarbeitung zu anderen Zwecken erfolgen soll. Soll die Verarbeitung zu Zwecken der Strafjustiz erfolgen, erlauben Art. 4 Abs. 2 DSRLJ, § 49 BDSG n. F. die zweckändernde Verarbeitung, wenn der Verantwortliche befugt ist, die Daten zum jeweiligen Zweck zu verarbeiten.[35] Außerdem muss die Verarbeitung zu diesem Zweck

---

34 Vgl. BGH v. 27.02.1992, NJW 1992, 1463.
35 Nach Art. 4 Abs. 3 RLDSJ sollen die Archivierung im öffentlichen Interesse, die wissenschaftliche, statistische oder historische Verwendung für die in Art. 1 Abs. 1 RLDSJ genannten Zwecke zulässige Verarbeitungsgründe sein, sofern „geeignete Garantien für die Rechte und Freiheiten der betroffenen Personen vorhanden sind."

erforderlich und angemessen sein. Haben zuständige Behörden personenbezogene Daten zu Zwecken der Strafjustiz erhoben, dürfen sie diese Daten im Grundsatz nicht für andere Zwecke weiterverarbeiten – es sei denn, die Weiterverarbeitung ist nach dem Unionsrecht oder nach dem Recht eines Mitgliedstaats zulässig, Art. 9 Abs. 1 S. 1 DSRLJ, § 49 BDSG n. F. Regelmäßig[36] muss die zuständige Behörde dann die Vorgaben der DS-GVO beachten, vgl. Art. 9 Abs. 1 S. 2 DSRLJ.

Die Grundsätze der **Datenminimierung** und der **Speicherminimierung** sind in Art. 4 Abs. 1 lit. c und e DSRLJ, § 47 Nr. 3 und 5 BDSG n. F. vorgesehen. Sie werden durch einige besondere Regelungen der Richtlinie konkretisiert, die keine ausdrückliche Entsprechung in der DS-GVO finden. Insbesondere schreibt Art. 5 DSRLJ **Fristen** vor, innerhalb derer die zuständigen Behörden gespeicherte Daten entweder zu löschen haben oder auf die Notwendigkeit einer weiteren Speicherung überprüfen müssen. Die zuständigen Behörden müssen technisch-organisatorische Maßnahmen ergreifen, die eine Einhaltung der Fristen gewährleisten. Derartige **Löschprüffristen** sind im Zusammenhang mit der Verarbeitung personenbezogener Daten zur vorbeugenden Kriminalitätsbekämpfung bereits heute üblich, vgl. etwa § 32 Abs. 3, Abs. 4 BKA a. F. (heute § 77 Abs. 1, Abs. 2 BKAG n. F.).

Für die Festlegung von konkreten Speicherfristen ist auch relevant, ob eine Person strafrechtlich verurteilt worden ist oder im Verdacht steht, eine Straftat begangen zu haben oder künftig zu begehen (s. unter Grundsatz der Aktualität und Richtigkeit). Unabhängig von der Zuordnung zu bestimmten Personengruppen muss der Verantwortliche bei der Festlegung von Speicherfristen berücksichtigen, wenn bestimmte Personengruppen besonders schutzwürdig sind.

Beispiel
Kinder sind auch nach der Richtlinie besonders schutzwürdig, vgl. z. B. EG 51. Speichert die Polizei Daten von Kindern, weil sie Straftaten begangen haben (oder verdächtig sind), muss sie berücksichtigen, dass Kinder häufig noch nicht über eine gefestigte Persönlichkeit verfügen. Die deutschen Polizeigesetze sehen deshalb regelmäßig vor, dass die Speicherfristen für Kinder kürzer ausfallen als für Erwachsene.

Der Grundsatz der **Aktualität und Richtigkeit** in Art. 4 Abs. 1 lit. d DSRLJ, § 47 Nr. 4 BDSG n. F. besagt, dass Daten sachlich richtig und – erforderlichenfalls – auf dem neuesten Stand sein müssen. Dabei sind alle „angemessenen" Maßnahmen zu treffen, damit nicht mehr aktuelle oder unrichtige Daten unverzüglich entweder gelöscht oder berichtigt werden. Die Einschränkung, dass Daten nur „erforderlichenfalls" auf dem neuesten Stand sein müssen, wurde durch den Rat durchgesetzt. Sie soll verhindern, dass Betroffene sich gegen vermeintlich nicht mehr aktuelle Daten wehren können, die für die Aufklärung einer Straftat noch relevant sind.

---

[36] Ausnahme: Die beabsichtigte zweckändernde Verarbeitung fällt nicht in den Anwendungsbereich des EU-Rechts.

> **Beispiel**
> Ein mutmaßlicher Täter hat zur Tatzeit unter der Adresse A gewohnt, ist aber zwischenzeitlich nach B umgezogen. Er kann sich nicht dagegen wenden, dass die Polizei als seinen Wohnsitz zur Tatzeit weiterhin die Adresse A speichert.

Im Anwendungsbereich der Richtlinie wird der Grundsatz der Aktualität und Richtigkeit durch **Verarbeitungsvorgaben zu Personenkategorien** und zur Datenqualität ergänzt. Nach Art. 6 DSRLJ, § 72 BDSG n. F. hat der Verantwortliche so weit wie möglich zwischen personenbezogenen Daten verschiedener Kategorien von betroffenen Personen klar zu unterscheiden. Die Unterscheidung betrifft insbesondere folgende Personengruppen:
1. Straftatverdächtige
2. Personen, gegen die ein Verdacht besteht, dass sie künftig Straftaten begehen werden
3. verurteilte Straftäter
4. Opfer und mögliche künftige Opfer von Straftaten
5. sonstige Personen wie Zeugen, Hinweisgeber oder Kontaktpersonen

Die Unterscheidung nach Personengruppen ist erheblich für die Frage, ob und unter welchen Voraussetzungen personenbezogene Daten verarbeitet werden können.

> **Beispiel**
> Für die Festlegung von Speicherfristen bei der vorbeugenden Kriminalitätsbekämpfung ist es wesentlich, ob die Polizei eine Person nur verdächtigt, eine Straftat begangen zu haben[37] oder ob die Person bereits wegen einer Straftat gerichtlich verurteilt worden ist.

Die **Speicherung von strafgerichtlichen Verurteilungen** ist im Bundeszentralregistergesetz (BZRG) geregelt. Nach § 1 Abs. 1 BRZG wird das Bundeszentralregister durch das Bundesamt für Justiz geführt. Parallel dazu führt das Bundesamt ein Erziehungsregister, in dem Entscheidungen und Anordnungen nach dem Jugendgerichtsgesetz erfasst sind. In das Bundeszentralregister werden die strafgerichtlichen Verurteilungen eingetragen. Sie werden nach gesetzlich festgelegten Fristen getilgt. Die Frist beginnt mit dem Tag des Urteils zu laufen. Die Länge der jeweiligen Speicherfristen orientiert sich am jeweiligen Strafmaß, vgl. §§ 45 ff. BZRG. Verurteilungen zu Bagatelldelikten (Geldstrafe bis zu 90 Tagessätzen, Freiheitsstrafen oder Strafarrest bis zu höchstens 3 Monaten) werden fünf Jahre lang gespeichert, wenn keine weiteren Strafen eingetragen sind.[38] Demgegenüber werden lebenslange Freiheitsstrafen gar

---

[37] S. bereits nach dem Beispiel 2.
[38] Bei mehreren Eintragungen ist die Tilgung einer Eintragung erst zulässig, wenn für alle Verurteilungen die Voraussetzungen für eine Tilgung vorliegen, vgl. § 47 Abs. 3 BZRG.

nicht getilgt. Bußgelder nach dem Recht der Ordnungswidrigkeiten werden nicht in das Bundeszentralregister eingetragen.

Die Unterscheidung nach unterschiedlichen Personenkategorien ist im Hinblick auf den Erforderlichkeitsgrundsatz sachlich geboten. Allerdings muss sie auch im Einklang mit der **Unschuldsvermutung** nach Art. 48 GRCh, Art. 6 Abs. 2 EMRK stehen, vgl. EG 31 DSRLJ. Denn die Unschuldsvermutung bindet die Gerichte ebenso wie die Strafverfolgungsbehörden (Staatsanwaltschaften, Polizeibehörden). Eine Speicherung von Tatverdächtigen in polizeilichen Dateien steht der Unschuldsvermutung zwar nicht entgegen, sofern der Tatverdacht nicht ausgeräumt und eine Wiederholungsgefahr im Raum steht.[39] Die Unschuldsvermutung gebietet aber eine zutreffende Einordnung von Straftätern und von Straftatverdächtigten.[40]

Beispiel
Ein Mann wird wegen mutmaßlich begangenen Bandendiebstahls in Untersuchungshaft genommen. Er wird vor Gericht angeklagt. Im Rahmen eines Fernsehinterviews äußert sich ein Polizeibeamter zu dem Tatgeschehen. Dabei spricht er vom Angeklagten als „Täter" und „Bandenmitglied".[41]

Die Unschuldsvermutung wird verletzt, wenn die Äußerung eines Amtsträgers zu erkennen gibt, die einer Straftat angeklagte Person sei schuldig, obwohl der gesetzliche Beweis ihrer Schuld noch nicht erbracht ist. Nach der Rechtsprechung soll allerdings die konkrete Wortwahl zwar ein ganz wesentliches Kriterium sein, eine „unglückliche Wortwahl" allein müsse allerdings nicht zwingend zu einem Verstoß gegen die Unschuldsvermutung führen, wenn sich aus den Gesamtumständen der Ausführungen eindeutig ergebe, dass die Schuldfrage nicht geklärt ist.[42]

Der Verantwortliche hat auch im Übrigen für eine hinreichende **Qualität der personenbezogenen Daten** zu sorgen. Nach Art. 7 Abs. 1 DSRLJ, § 73 BDSG n. F. hat der Verantwortliche bei der Verarbeitung so weit wie möglich danach zu unterscheiden, ob personenbezogene Daten auf Tatsachen oder auf persönlichen Einschätzungen beruhen. Auf persönlichen Einschätzungen beruhende Beurteilungen soll der Verantwortliche als solche kenntlich machen. Nach § 73 Satz 2 muss außerdem feststellbar sein, welche Stelle die Unterlagen führt, die der auf einer persönlichen Einschätzung beruhenden Beurteilung zugrunde liegen. In Streitfällen können so persönliche Einschätzungen effektiver überprüft werden.

Nach Art. 4 Abs. 2 DSRLJ haben die zuständigen Behörden besonders für Datenqualität zu sorgen, wenn die personenbezogenen Daten an Dritte übermittelt werden

---

39 BVerwG v. 09.06.2010, BVerwGE 137, 113 – Gewalttäter Sport.
40 Vgl. EGMR v. 12.11.2015, NJW 2016, 3645 – E/Deutschland.
41 Das Fallbeispiel ist BGH v. 07.09.2016, NJW 2016, 3670 nachgebildet.
42 Der BGH bezieht sich dabei auf entsprechende Rechtsprechung des EGMR, vgl. z. B. EGMR v. 15.01.2015, NJW 2016, 3225, 3227 Rn. 55 – Cleve/Deutschland. Die Rspr. ist von Meyer-Mews, NJW 2016, 3672 f. nachvollziehbar kritisiert worden.

sollen oder etwa in Verbunddateien zum Abruf bereitgestellt werden sollen. § 74 BDSG n. F. verpflichtet den Verantwortlichen zu angemessenen Maßnahmen, die gewährleisten sollen, dass personenbezogene Daten, die unrichtig oder nicht mehr aktuell sind, nicht übermittelt oder sonst zur Verfügung gestellt werden. Im angemessenen Rahmen hat er die Qualität der Daten vor ihrer Übermittlung oder Bereitstellung zu überprüfen. Bei jeder Übermittlung personenbezogener Daten hat er zudem dem Empfänger nach Möglichkeit so zu informieren, dass er die Richtigkeit, die Vollständigkeit und die Zuverlässigkeit der Daten sowie deren Aktualität beurteilen kann. Wurden gleichwohl unrichtige Daten übermittelt, hat der Verantwortliche eine Nachberichtigungspflicht. Aufgrund einer solchen Nachberichtigung kann Empfänger zur Löschung, Berichtigung oder zur Einschränkung der Verwendung der übermittelten personenbezogenen Daten verpflichtet sein, vgl. Art. 4 Abs. 3, 16 DSRLJ, § 75 BDSG n. F.

3.3.3 Risikoträchtige Verarbeitungen, insbesondere besondere Kategorien personenbezogener Daten, automatisierte Entscheidungsfindung

Wie risikoträchtig eine Verarbeitung personenbezogener Daten für die betroffene Person ist, hängt im Allgemeinen von dem jeweiligen Zusammenhang der Verarbeitung ab.

Beispiel
Dass A der Halter eines grünen PKW ist, dürfte im Allgemeinen keine besonders sensible Information sein. Diese Beurteilung ändert sich schlagartig, wenn die Polizei im Rahmen eines Ermittlungsverfahrens den Verdacht hat, dass der Halter eines grünen PKW in einen Mordfall verwickelt sein könnte.

Bereits ganz allgemein sind die in den Anwendungsbereich der Richtlinie fallenden Verarbeitungen für die Betroffenen typischerweise risikoträchtig. Trotzdem geht die Richtlinie ebenso wie die DS-GVO davon aus, dass es personenbezogene Daten gibt, die bereits dem Wesen nach hinsichtlich der Grundrechte und Grundfreiheiten besonders sensibel sind. Die DS-GVO und die Richtlinie über den Datenschutz der Strafjustiz sprechen insoweit von „besonderen Kategorien personenbezogener Daten" und stellen diese sensiblen Datenarten unter einen besonderen Schutz gestellt.

Zu solchen besonderen Kategorien personenbezogener Daten zählen personenbezogene Daten
– über die rassische oder ethnische Herkunft,
– über politische Meinungen,
– über religiöse oder weltanschauliche Überzeugungen
– über die Gewerkschaftszugehörigkeit
– genetische Daten

- biometrische Daten zur eindeutigen Identifizierung einer natürlichen Person
- Gesundheitsdaten oder
- Daten zum Sexualleben oder der sexuellen Orientierung.

Art. 10 Abs. 1 DSRLJ erlaubt eine Verarbeitung solch sensibler Daten nur, wenn sie unbedingt erforderlich ist, vorbehaltlich geeigneter Garantien für die Rechte und Freiheiten der betroffenen Person erfolgt und
- wenn sie nach dem Unionsrecht oder dem Recht der Mitgliedstaaten zulässig ist,
- der Wahrung lebenswichtiger Interessen der betroffenen oder einer anderen natürlichen Person dient oder
- wenn sie sich auf Daten bezieht, die die betroffene Person offensichtlich öffentlich gemacht hat.

Wenn die Richtlinie verlangt, dass eine Verarbeitung personenbezogener Daten zur Erfüllung einer Aufgabe nach Art. 1 Abs. 1 DSRLJ unbedingt erforderlich sein muss, dann ist angesichts der gesteigerten Schutzbedürftigkeit der Daten an die unbedingte Erforderlichkeit ein strenger Maßstab anzulegen.

Exkurs
In Umsetzung der Richtlinie 2006/24/EG verpflichteten die Mitgliedstaaten Anbieter von Telekommunikationsdiensten, die Telekommunikationsverkehrsdaten ihrer Nutzer unabhängig von vertraglichen Notwendigkeiten mindestens sechs Monate zu speichern. Diese Vorratsspeicherung dient der effektiven Bekämpfung schwerwiegender Kriminalität, indem den Sicherheitsbehörden der Zugriff auf die Verkehrsdaten ermöglicht wird. Der EuGH stellte allerdings fest, dass eine pauschale Verpflichtung zur anlassfreien Vorratsspeicherung gegen Art. 7 und 8 GRCh verstößt, weil sie zur Kriminalitätsbekämpfung nicht unbedingt erforderlich ist.[43] Dementsprechend erklärte der EuGH die Richtlinie 2006/24/EG für ungültig.

Die Entscheidung überprüft zwar nicht die Erforderlichkeit einer Einzelmaßnahme, sondern die Erforderlichkeit eines Rechtsakts (EG-Richtlinie) unter grundrechtlichen Gesichtspunkten. Die vom Gericht angestellten Überlegungen sind jedoch auch für die datenschutzrechtliche Prüfung einzelner Verarbeitungen relevant.

Wichtig ist zunächst die Feststellung des EuGH, dass zwar die Zielsetzung der Bekämpfung schwerer Kriminalität legitim ist, eine legitime Zielsetzung für sich genommen aber nicht die Erforderlichkeit einer Speichermaßnahme begründen kann.[44] Daraus folgt der EuGH dogmatisch gut nachvollziehbar, dass bereits die Vorratsspeicherung als solche erforderlich sein muss. Mit den Worten des EuGH müssen sich „die Ausnahmen vom Schutz personenbezogener Daten und dessen Einschränkungen

---

[43] Vgl. EuGH v. 08.04.2014, DuD 2010, 2014, 488 – Digital Rights/Irland; bestätigt in EuGH v. 21.12.2016, DuD 2017, 187.
[44] Vgl. EuGH a. a. O. Rn. 51.

auf das absolut Notwendige beschränken."⁴⁵ Diesen Anforderungen ist die Richtlinie nicht annähernd gerecht geworden. Im Rahmen einer wertenden Gesamtbetrachtung war dem EU-Gesetzgeber vorzuwerfen, die RL 2006/24/EG „generell auf alle Personen und alle elektronischen Kommunikationsmittel sowie auf sämtliche Verkehrsdaten" zu erstrecken, „ohne irgendeine Differenzierung, Einschränkung oder Ausnahme anhand des Ziels der Bekämpfung schwerer Straftaten vorzusehen."⁴⁶. Dabei fiel u. a. ins Gewicht, dass die RL 2006/24/EG eine Vorratsspeicherung von Telekommunikationsverkehrsdaten vorschrieb, ohne dass ein auch nur entfernter Zusammenhang mit schweren Straftaten verlangt wurde.⁴⁷ Auch der zentrale Speicherzweck wurde nicht näher bestimmt, eine Legaldefinition der schweren Straftat fehlte.⁴⁸ Weitere Voraussetzungen für den Zugang der zuständigen nationalen Behörden fehlten ebenso wie eine Zuordnung bestimmter Datenkategorien zur Speicherdauer.⁴⁹

Aus der Entscheidung zur Vorratsdatenspeicherung kann man für die Beurteilung von Verarbeitungen lernen, dass diese nicht schon dann „erforderlich" sind, wenn sie einer legitimen Zielsetzung irgendwie dienlich oder förderlich sind. Voraussetzung ist vielmehr, dass es zur beabsichtigten Art und Weise der Datenverarbeitung keine sinnvolle oder zumutbare Alternative gibt, um das jeweils verfolgte legitime Ziel zu erreichen.⁵⁰

Eine Verarbeitung besonderer Kategorien personenbezogener Daten ist nur zulässig, soweit sie **Gegenstand geeigneter Garantien für die Rechte und Freiheiten der betroffenen Person** ist, Art. 10 DSRLJ, § 48 Abs. 2 S. 1 BDSG n. F. Beispielhaft zählt § 48 Abs. 2 S. 2 BDSG n. F. dazu mögliche Maßnahmen auf. Diese Aufzählung soll allerdings nur unverbindliche Beispielsfälle wiedergeben, wie geeignete Garantien aussehen können.⁵¹ Sie müssen nicht nur – wie in § 48 Abs. 2 vorgesehen – in technisch-organisatorischen Maßnahmen bestehen, sondern können auch materiell-rechtliche Bestimmungen sein (wie etwa besondere Zweckbindungsregeln oder besondere Betroffenenrechte).⁵²

§ 48 BDSG n. F. als Umsetzung von Art. 10 Abs. 1 DSRLJ soll ausweislich der Gesetzesbegründung zugleich eine **eigene Rechtsgrundlage** für die Verarbeitung sen-

---

45 Vgl. EuGH a. a. O. Rn. 52.
46 Vgl. EuGH a. a. O. Rn. 57.
47 Vgl. EuGH a. a. O. Rn. 58 f. Der EuGH folgt insoweit der Rspr. des EGMR v. 04.12.2008, NJOZ 2010, 696 Rn. 119 – Marper/UK.
48 Vgl. EuGH a. a. O. Rn. 60.
49 Vgl. EuGH a. a. O. Rn. 61–63.
50 Allgemein zum Erforderlichkeitsprinzip vgl. z. B. Buchner/Petri, in: Kühling/Buchner (Hg.), DS-GVO (2017), Art. 6 Rn. 15.
51 BT-Drs. 18/11325, S. 110 (zu § 48).
52 Beispielsweise sieht Art. 22 Abs. 3 DS-GVO im Zusammenhang mit der automatisierten Einzelfallentscheidung als eine angemessene Maßnahme zum Schutz von Rechten und Freiheiten ein besonderes Anfechtungsrecht der betroffenen Person vor.

sibler Daten sein.[53] Ob die Vorschrift dies hinreichend normenklar und bestimmt zum Ausdruck bringt, darf bezweifelt werden. Der Wortlaut des § 48 BDSG n. F. deutet viel eher auf eine bloße Beschränkung der zulässigen Verarbeitung hin als auf eine Rechtsgrundlage. Überdies soll § 48 BDSG n. F. alle Fallvarianten des Art. 10 DSRLJ umfassen,[54] obwohl sich sein Wortlaut nur allgemein auf die Aufgabenerfüllung bezieht.

Nicht nur bestimmte Datenkategorien können für die Betroffenen risikoträchtig sein. Wesentlich gefährlicher sind bestimmte Arten von Verarbeitungsverfahren. Die Richtlinie sieht insbesondere die **automatisierte Entscheidungsfindung**[55] **im Einzelfall** als ein solches risikoträchtiges Verarbeitungsverfahren an. Gemeint sind Entscheidungen, die ausschließlich auf einer automatisierten Verarbeitung beruhen, Art. 11 DSRLJ. Sie beziehen automatisierte Profilbildungen (Profiling[56]) ausdrücklich ein. Führt eine solche automatisierte Einzelentscheidung bzw. Entscheidungsfindung zu nachteiligen Rechtsfolgen oder sonstigen erheblichen Beeinträchtigungen, soll sie grundsätzlich verboten sein – es sei denn, sie wird durch Unionsrecht oder dem Recht des Mitgliedstaats erlaubt.

Beispiel
Im Science-Fiction-Film „Minority Report" verwendet die Washingtoner Polizei der Zukunft zur Verhinderung von Mordfällen ein Präkognitionsverfahren an. Dabei werden drei mit hellseherischen Fähigkeiten ausgestattete junge Frauen als „Precogs" eingesetzt. Ihre Visionen sagen künftige Morde so präzise voraus, dass die Polizei rechtzeitig einschreiten kann, um die Verbrechen zu verhindern. Dabei werden Name von Täter und Opfer in Holzkugeln graviert.

Weltweit gibt es mehrere Staaten, in denen Polizeibehörden an automatisierten Vorhersageverfahren experimentieren. Einige Verfahren zielen tatsächlich auf die automatisierte Vorhersage ab, ob, wo und wann bestimmte Personen schwere Straftaten begehen werden. Natürlich stützt sich die Polizei dabei nicht auf die Visionen von Precogs, sondern auf Big-Data-Methoden moderner Analysesysteme. Derartige Programme dürften gleichwohl als automatisierte Entscheidungsfindung anzusehen sein. Ob sie unter Art. 11 DSRLJ zu subsumieren wären, wäre eine Frage des Einzelfalls. Nach der Begründung zu § 54 BDSG n. F., der deutschen Umsetzungsvorschrift zu Art. 11 DSRLJ, sind „interne Zwischenfestlegungen oder -auswertungen, die Ausfluss automatisierter Prozesse sind", nicht als automatisierte Entscheidung anzusehen.[57]

---

53 Vgl. BT-Drs. 18/11325, S. 110 (zu § 48).
54 Vgl. BT-Drs. 18/11325, S. 110 (zu § 48).
55 Die Terminologie ist in den verschiedenen Sprachfassungen der Richtlinie nicht einheitlich. Die französische Fassung stellt auf eine „décision individuelle automatisée", also auf eine „automatisierte Einzelentscheidung" ab. Das entspricht auch der alten Terminologie des Art. 15 RL 95/46/EG (Datenschutzrichtlinie). Demgegenüber stellt die englische Fassung auf „automated individual decision-making" ab, also auf einen Prozess der Entscheidungsfindung.
56 Zur genauen Definition des Profiling vgl. Art. 3 Nr. 4 RLDSJ.
57 Vgl. BT-Drs. 18/11325, S. 112 (zu § 54 BDSG n. F.).

In Deutschland verwenden Polizeibehörden einiger Länder das **Analysesystem „Precobs"**. Dabei werden Falldaten aus operativen Datenbanken in das Analysesystem eingespeist und dort auf statistische Korrelationen hin analysiert. Precobs prognostiziert dann, wo in nächster Zeit voraussichtlich ein Einbruchsdiebstahl stattfinden wird. Jedenfalls in Bayern dürfte das Verfahren Precobs nicht die Kriterien der automatisierten Entscheidungsfindung erfüllen, weil Precobs mit anonymisierten Daten auskommt und auch keine personalisierten Vorhersagen trifft.[58]

Die rechtliche Erlaubnis zur automatisierten Entscheidungsfindung muss „geeignete Garantien" für die Rechte und Freiheiten der Betroffenen vorsehen. Art. 11 Abs. 1 DSRLJ zählt hierzu den Anspruch des Betroffenen gegenüber dem Verantwortlichen, dass er persönlich eingreift. Mit dem **„persönlichen Eingreifen seitens des Verantwortlichen"** gemeint ist die Überprüfung von automatisiert generierten Entscheidungen durch menschliche Funktionsträger des Verantwortlichen. Um im gebildeten Science-Fiction-Beispiel zu bleiben: Die Polizei darf nicht die Visionen der Precogs ohne eigene kritische Prüfung übernehmen, sondern soll die Anspruchsvoraussetzungen für ein polizeiliches Einschreiten eigenständig prüfen. Ohne geeignete Schutzmaßnahmen zugunsten der betroffenen Personen dürfen automatisierte Entscheidungen nicht auf besonderen Kategorien personenbezogener Daten beruhen, Art. 11 Abs. 2 DSRLJ.

Ausnahmslos verboten ist **Profiling,** das auf Grundlage sensibler Daten dazu führt, dass betroffene Personen diskriminiert werden. Profiling ist eine Art automatisierte Persönlichkeitsanalyse.[59] Während Art. 11 Abs. 1 und 2 auf Entscheidungen der zuständigen Behörde abstellt, regelt Art. 11 Abs. 3 DSRLJ automatisierte Analyseverfahren.

3.3.4 Rechte der Betroffenen nach der Richtlinie

Wie bereits angesprochen sieht die Richtlinie – anders als die DS-GVO in Art. 5 Abs. 1 lit. a – keinen Verarbeitungsgrundsatz der Transparenz vor. Auch im Übrigen sind die Betroffenenrechte in der Richtlinie relativ schwach ausgestaltet. Beispielsweise sehen die Artikel der Richtlinie kein Widerspruchsrecht des Betroffenen vor, das mit Art. 21 DS-GVO vergleichbar wäre.[60] Auch das Recht auf Datenübertragbarkeit i. S. d. Art. 20 DS-GVO kennt die Richtlinie nicht, ebenso wenig die Benachrichtigung von Personen über Datenerhebungen. Aus verfassungsrechtlichen Gründen[61] werden die Gesetzge-

---

[58] Das gilt jedenfalls für die in Bayern eingesetzte Version von Precobs, vgl. Bayerischer LfD, 27. TB (2015/2016), 3.1.2.
[59] Die genaue Definition aus Art. 3 Nr. 4 RLDSJ.
[60] EG 40 RLDSJ erwähnt zwar ein solches Recht, dies dürfte aber auf einem redaktionellen Versehen beruhen.
[61] Vgl. BVerfG v. 20.04.2016, BVerfGE 141, 220, 282 f.

ber von Bund und Ländern die Möglichkeit nach Art. 2 Abs. 3 DSRLJ ausschöpfen und strengere Datenschutzgarantien vorsehen müssen.

Beispiel
Die §§ 74 ff. BKAG sehen für verdeckte und eingriffsintensive Maßnahmen vor, dass das Bundeskriminalamt die von den Maßnahmen betroffenen Personen zu benachrichtigen hat. Die Benachrichtigung erfolgt, sobald und soweit sie möglich ist, ohne den Zweck der Überwachungsmaßnahme oder hochwertige Rechtsgüter zu gefährden.

Immerhin sieht Art. 17 RDSJ sinngemäß vor, dass die betroffene Person ihre Rechte auch über die zuständige Aufsichtsbehörde ausüben kann. Darüber muss der Verantwortliche die betroffene Person unterrichten.

Art. 12 DSRLJ sieht die Verpflichtung der Verantwortlichen zu einem angemessenen **Informationsmanagement** vor. Die Informationspflichten beschränken sich allerdings auf Mitteilungspflichten bei Datenerhebungen (Art. 13 DSRLJ) und auf das Auskunftsrecht (Art. 14 DSRLJ). Zudem sieht die Richtlinie vor, dass die Mitgliedstaaten aus den fünf folgenden Gründen die Informationsrechte teilweise oder vollständig einschränken können:
- Gewährleistung, dass behördliche oder gerichtliche Untersuchungen, Ermittlungen oder Verfahren nicht behindert werden
- Gewährleistung, dass die Verhütung, Aufdeckung, Ermittlung oder Verfolgung von Straftaten oder die Strafvollstreckung nicht beeinträchtigt werden
- Schutz der öffentlichen Sicherheit
- Schutz der nationalen Sicherheit
- Schutz der Rechte und Freiheiten anderer

Die Mitgliedstaaten können die Beschränkungen der Informationsrechte nur im begrenzten Umfang vornehmen. Eine Beschränkung darf nur im erforderlichen und angemessenen Rahmen erfolgen. Die Richtlinie stellt insoweit darauf ab, dass die Beschränkung „in einer demokratischen Gesellschaft erforderlich und verhältnismäßig ist." Damit wird ein deutlicher Bezug zur Europäischen Menschenrechtskonvention und zur Grundrechtecharta der EU hergestellt. Auch Art. 8 Abs. 2 EMRK erlaubt einen Eingriff in das Recht auf Privatleben nur, „soweit (er...) in einer demokratischen Gesellschaft notwendig ist", um bestimmte Rechtsgüter zu schützen.[62]

Dem Wortlaut nach verlangt Art. 15 Abs. 1 DSRLJ zusätzlich die Wahrung der Verhältnismäßigkeit und außerdem, dass „den Grundrechten und den berechtigten Interessen der betroffenen natürlichen Person Rechnung getragen wird." Mit dem ausdrücklich erwähnten Grundsatz der Verhältnismäßigkeit und dem Gebot der Beachtung der Grundrechte spricht der Richtliniengeber eigentlich Selbstverständ-

---
[62] Vgl. dazu auch EG 46 RLDSJ.

lichkeiten aus. Insbesondere das Erfordernis, die **berechtigten Interessen der Betroffenen** angemessen zu berücksichtigen, geht allerdings über den grundrechtlich gebotenen Schutz hinaus – wie weit, ist allerdings noch unklar. Auch die Erwägungsgründe der Richtlinie tragen nur bedingt zur Klärung bei. Immerhin sieht EG 44 vor, dass der Verantwortliche im Wege einer konkreten Einzelfallprüfung feststellen sollte, ob das Auskunftsrecht teilweise oder vollständig eingeschränkt werden sollte. Das setzt gesetzliche Regelungen voraus, die Informationsrechte nicht strikt unterbinden, sondern den Strafjustizbehörden Beurteilungs- und Ermessensspielräume eröffnen.

Ähnlich wie die DS-GVO sieht die Richtlinie auch das **Recht** der Betroffenen **auf Berichtigung, Löschung oder Einschränkung** personenbezogener Daten vor, Art. 16 DSRLJ. Art. 16 DSRLJ soll durch § 58 BDSG n. F. umgesetzt werden.

Das Recht auf Berichtigung umfasst auch das Recht, die Vervollständigung unvollständiger personenbezogener Daten zu verlangen. Diese Vervollständigung kann auch in einer ergänzenden Erklärung bestehen, Art. 16 Abs. 1 Satz 2 DSRLJ. § 58 Abs. 1 Satz 2 BDSG n. F. stellt dazu klar, dass der Berichtigungsanspruch insbesondere im Fall von Aussagen nicht den Inhalt einer Aussage beeinflussen kann, sondern allenfalls den Umstand, ob eine Aussage getroffen worden ist.

Beispiel
Sagt der Zeuge A aus, er habe den Betroffenen gesehen, wie er auf ein Opfer eingeschlagen habe, so steht dem Betroffenen kein Berichtigungsanspruch hinsichtlich dieser Aussage zu, selbst wenn der Betroffene meint, dass die Aussage nicht stimmen kann.

Mit anderen Worten kann der Betroffene sein Recht auf Berichtigung unrichtiger Daten nicht dazu nutzen, missliebige Bewertungen zu korrigieren.

Kommt eine Datenlöschung nicht in Betracht, weil die Richtigkeit der Datenspeicherung (noch) streitig ist oder die erfassten personenbezogenen Daten aus Beweisgründen weiter aufbewahrt werden müssen, kann die betroffene Person nach Maßgabe des Art. 16 Abs. 3 DSRLJ die Einschränkung der weiteren Datenverwendung verlangen.

Nach Art. 18 DSRLJ können die Mitgliedstaaten regeln, dass die Ausübung der Betroffenenrechte „im Einklang mit dem Recht der Mitgliedstaaten erfolgt, wenn es um personenbezogene Daten in einer **gerichtlichen Entscheidung** oder einem Dokument oder einer Verfahrensakte geht, die in **strafrechtlichen Ermittlungen** und in **Strafverfahren** verarbeitet werden." Der Bedeutungsgehalt ist unklar. Möglicherweise soll die Vorschrift lediglich klarstellen, dass die Verarbeitungsregeln der Richtlinie keinen Einfluss auf das Strafverfahren als solches nehmen sollen. Allerdings ist zu beachten, dass die Vorschrift den Mitgliedstaaten lediglich die autonome Regelung der **Ausübung** der Betroffenenrechte gestattet. Es geht also nicht um die Betroffenenrechte als solche, sondern um die Frage, wie sie im Rahmen des einzelstaatlichen Strafverfahrensrechts ausgeübt werden können.

3.3.5 Übermittlung personenbezogener Daten an Drittstaaten oder internationale Organisationen nach der Richtlinie (EU) 2016/680

Die Richtlinie (EU) 2016/680) geht von einem **einheitlichen Datenschutzniveau in allen Mitgliedstaaten der EU** aus. Dementsprechend sind Datenübermittlungen zwischen den zuständigen Behörden verschiedener Mitgliedstaaten so beurteilen wie Datenübermittlungen zwischen zuständigen Behörden innerhalb eines Mitgliedstaats, vgl. Art. 1 Abs. 2 lit. b DSRLJ.

Anderes gilt für die Weitergabe personenbezogener Daten an Staaten außerhalb des EU-Raums und an internationale Organisationen. Bei solchen Übermittlungen kann eine zuständige Behörde nicht ohne Weiteres von gleichen oder auch nur annähernd gleichwertigen Datenschutzniveau ausgehen. Die Art. 35–40 DSRLJ sollen sicherstellen, dass bei solchen Datentransfers aus dem EU-Raum das Schutzniveau der Richtlinie (EU) 2016/680 nicht untergraben wird, vgl. EG 64 DSRLJ. Deshalb haben die zuständigen Behörden bei Übermittlungen an Drittländer und internationale Organisationen die in Art. 35 DSRLJ festgelegten Übermittlungsgrundsätze zu beachten, die in den Art. 36–40 konkretisiert werden.

Der erste Grundsatz besagt, dass eine **Datenübermittlung nur zulässig** ist, wenn sie **zur Erfüllung von Aufgaben der Strafjustiz** nach Art. 1 Abs. 1 DSRLJ **erforderlich** ist. Dieser Grundsatz gilt für jede Verarbeitung, die im Anwendungsbereich der Richtlinie (EU) 2016/680 erfolgt. Die Vorschrift hat aber wohl nicht nur eine klarstellende Funktion. Sie ist eine Spezialvorschrift, welche die allgemeine Zweckänderungsregel in Art. 9 Abs. 1 DSRLJ abändert. Nach Art. 9 Abs. 1 DSRLJ darf eine zuständige Behörde personenbezogene Daten, die sie zur Erfüllung ihrer Aufgaben nach Art. 1 Abs. 1 DSRLJ erhoben hat, regelmäßig nicht für andere Zwecke verarbeiten. Ausnahmsweise ist eine derartige Verarbeitung aber zulässig, wenn sie durch Unionsrecht oder einzelstaatliches Recht gestattet wird. Dann soll grundsätzlich die DS-GVO anzuwenden sein, vgl. Art. 9 Abs. 1 Satz 2 DSRLJ. Eine solche Ausnahme sieht Art. 35 Abs. 1 DSRLJ nicht vor. Vielmehr ist eine Übermittlung nach Art. 35 DSRLJ „nur unter Einhaltung der nach Maßgabe anderer Bestimmungen dieser Richtlinie erlassenen nationalen Bestimmungen zulässig, wenn die in diesem Kapitel festgelegten Bedingungen eingehalten werden."

Beispiel
Bei einem Verkehrsunfall beschädigt der Betroffene das Fahrzeug seines Unfallgegners. Der Unfall wird von der Polizei aufgenommen. Der Unfallgegner bittet die Polizei um Übersendung des Unfallberichts, um einen zivilrechtlichen Schadensersatzprozess vorzubereiten.

Beispiel
Der Unfallgegner aus Beispiel 1 stammt aus den USA, kehrt nach dem Unfall in seine Heimat zurück und bittet von dort aus die deutsche Polizei um die Übersendung des Unfallberichts.

Das erste Beispiel betrifft einen Fall, bei dem die Polizei personenbezogene Daten zwar ursprünglich zu Zwecken der Strafjustiz i. S. d. Art. 1 Abs. 1 DSRLJ erhoben haben dürfte. Die Übermittlung erfolgt aber, um dem Unfallgegner die Vorbereitung eines zivilrechtlichen Schadensersatzprozesses zu ermöglichen. Eine solche Übermittlung gehört nicht zu den Aufgaben der Strafjustiz, Straftaten aufzuklären, zu ermitteln, aufzudecken, zu verfolgen oder Strafen zu vollstrecken. Sie entspricht damit keinem der in Artikel 1 Abs. 1 DSRLJ genannten Zwecke. Es liegt also eine zweckändernde Verarbeitung vor, die nicht nach Art. 4 Abs. 2 DSRLJ, sondern nach Art. 9 Abs. 1 Satz 2 DSRLJ zu beurteilen ist. Art. 9 Abs. 1 Satz 2 DSRLJ besagt, dass eine Verarbeitung, die keinem Zweck des Art. 1 Abs. 1 DSRLJ entspricht, regelmäßig an der DS-GVO zu messen ist. Eine solche Übermittlung setzt zunächst eine Verarbeitungsgrundlage i. S. d. Art. 6 Abs. 1 DS-GVO voraus. Man könnte zu der Einschätzung kommen, dass es nicht zu den Aufgaben einer Ordnungsbehörde nach Art. 6 Abs. 1 lit. e DS-GVO gehört und auch keiner rechtlichen Pflicht i. S. d. Art. 6 Abs. 1 lit. c DS-GVO entspricht, personenbezogene Daten an einen Verkehrsunfallteilnehmer zu senden, damit dieser etwaige zivilrechtliche Schadensersatzansprüche durchsetzen kann. Dann kommt als Rechtsgrundlage nur noch Art. 6 Abs. 1 lit. f DS-GVO in Betracht.[63] , Da es sich hier um eine zweckändernde Verarbeitung handelt, müsste man nach Art. 6 Abs. 4 DS-GVO eine Abwägung zwischen dem berechtigten Erhebungsinteresse des Unfallopfers einerseits und den widerstreitenden Interessen der betroffenen Person vornehmen. Die Regelung des § 25 BDSG n. F. könnte nicht herangezogen werden, weil die Mitgliedstaaten nach Art. 6 Abs. 2 und 3 DS-GVO keine Regelungsbefugnisse hinsichtlich der Verarbeitung nach Art. 6 Abs.1 lit. f DS-GVO haben.

Gegen eine Anwendung des Art. 6 Abs. 1 lit. f DS-GVO könnte man einwenden, dass Abs. 1 lit. f. nicht für Verarbeitungen von Behörden in Erfüllung ihrer Aufgaben gilt, vgl. Art. 6 Abs. 1 Satz 2 DS-GVO.[64] Dann bliebe nur die Möglichkeit, die Verarbeitung nach Art. 6 Abs. 1 lit. e[65], i. V. m. Abs. 3 DS-GVO zu beurteilen. Die Polizei müsste also eine entsprechende im öffentlichen Interesse liegende Aufgabe haben. In der Tat sieht § 25 Abs. 2 Nr. 3 BDSG n. F. vor, dass die Übermittlung unter bestimmten Voraussetzungen zulässig sein kann, wenn sie zur Geltendmachung, Ausübung oder Verteidigung rechtlicher Ansprüche erforderlich ist. Die Übermittlung zur Durchsetzung

---

[63] Der EuGH hat in einem vergleichbaren Fall die Vorgängervorschrift zu Art. 6 Abs. 1 lit. f DS-GVO herangezogen (Art. 7 Abs. 1 lit. f DSRL), vgl. EuGH v. 04.05.2017, Az.: C-13/16.

[64] Art. 7 Abs. 1 DSRL sieht eine solche Vorschrift noch nicht vor, sodass der EuGH sich nicht mit der Frage auseinandersetzen musste, ob Behörden personenbezogene Daten auf Grundlage einer Interessabwägung verarbeiten dürfen. M. E. ist es gut vertretbar anzunehmen, dass hier keine Verarbeitung „in Erfüllung" einer Aufgabe vorlag. Denn die Behörde befriedigt mit der Übermittlung lediglich ein privates Übermittlungsinteresse, das nicht im unmittelbaren Zusammenhang mit ihrer gesetzlichen Aufgabe steht, Ordnungswidrigkeiten zu verfolgen.

[65] Die Gesetzesbegründung zu § 25 scheint davon auszugehen, dass die Übermittlung an nichtöffentliche Stellen als im öffentlichen Interesse liegende Aufgabe angesehen werden kann, vgl. BT-Drs. 18/11325, S. 96 (zu § 25 BDSG n. F.).

eines zivilrechtlichen Anspruchs müsste dann als eine Aufgabe im öffentlichen Interesse angesehen werden. Das ist im Hinblick auf Art. 23 Abs. 1 lit. j DS-GVO zumindest vertretbar. Inhaltlich würde dann die Behörde einen Beitrag zur Sicherheit des Rechtsverkehrs leisten.

Das zweite Beispiel zum Verkehrsunfall betrifft einen Datentransfer in ein Drittland. Art. 35 Abs. 1 lit. a DSRLJ sieht dazu vor, dass solche Datenübermittlungen nur zulässig sind, wenn sie einem Zweck der Strafjustiz dienen. Der Wortlaut ist zweideutig und kann dahin ausgelegt werden, dass die Strafjustizbehörden personenbezogene Daten an Drittländer *nur* zu Zwecken der Strafjustiz übermitteln können. Plausibler erscheint es aber, dass Art. 35 Abs. 1 lit. a zum Ausdruck bringen will, dass eine Datenübermittlung auf Grundlage der Richtlinie nur bei Verarbeitungen zu Zwecken der Strafjustiz in Betracht kommt. Eine Verarbeitung zu anderen Zwecken kann aber nach Maßgabe des Art. 9 Abs. 1 DSRLJ auf Grundlage der DS-GVO erfolgen. Neben den allgemeinen Verarbeitungsvoraussetzungen der Art. 5 ff. DS-GVO müssten dann die Voraussetzungen für einen internationalen Datentransfer nach Art. 44 ff. DS-GVO erfüllt sein.

Um auf die Grundsätze der DSRLJ zu Datenübermittlungen in Drittländer zurückzukommen: Der zweite wesentliche Grundsatz besagt, dass eine Übermittlung von personenbezogenen Daten in ein Drittland nach Maßgabe der Richtlinie ausschließlich dann erfolgen kann, **wenn die Übermittlung einem Zweck nach Art. 1 Abs. 1 DSRLJ dient und der Datenempfänger selbst eine zuständige Behörde i. S. d. Richtlinie ist.** Eine Übermittlung kann dann v. a. zulässig sein, wenn auf der Empfängerseite ein angemessenes Schutzniveau gewährleistet wird. Das ist gegeben, entweder weil das Drittland ein angemessenes Schutzniveau gewährleistet (vgl. Art. 36 DSRLJ) oder der Datenempfänger selbst „geeignete Garantien" für den Schutz des Betroffenen bietet (vgl. Art. 37 DSRLJ). Bietet die Empfängerseite kein hinreichendes Schutzniveau, kommt eine Übermittlung nur ausnahmsweise in Betracht (z. B. zum Schutz lebenswichtiger Interessen, vgl. Art. 38 DSRLJ).

3.3.6 Weitere Bestimmungen in der Richtlinie (EU) 2016/680

Ähnlich wie die DS-GVO sieht auch die Richtlinie (EU) 2016/680 Bestimmungen zu **Verantwortlichen und Auftragsverarbeitern** vor (siehe dazu Kap. 2.2.6). Art. 19 DSRLJ beschreibt die datenschutzrechtlichen Pflichten des Verantwortlichen. Art. 21 DSRLJ geht auf die Situation ein, bei der mehrere Verantwortliche gemeinsam die Zwecke und Mittel der Verarbeitung festlegen. Die Auftragsverarbeitung bestimmt sich nach den Regeln des Art. 22 DSRLJ. Art. 23 DSRLJ stellt klar, dass Auftragsverarbeiter und Beschäftigte des Verantwortlichen und von Auftragsverarbeitern personenbezogene Daten regelmäßig nur auf Weisung des Verantwortlichen verarbeiten dürfen. Der Verantwortliche ist zu technisch-organisatorischen Maßnahmen verpflichtet (zu Datenschutz by Design and Default nach Art. 20, zur Erstellung von

Verarbeitungsverzeichnissen nach Art. 24, zur Zusammenarbeit mit der Aufsichtsbehörde nach Art. 26, zur Datenschutz-Folgenabschätzung nach Art. 27 und 28 sowie zu IT-Sicherheitsmaßnahmen nach Art. 29, zur Meldung von Datenschutzverletzungen nach Art. 30 und 3, zur Bestellung von Datenschutzbeauftragten nach Art. 33-34 DS-RLJ). Diese Verpflichtungen unterscheiden sich nur punktuell von den Pflichten des Verantwortlichen nach der DS-GVO. Das rechtfertigt es, hier nur auf diese Ausführungen zu verweisen (s. Kap. 3.4).

Die Regelungen zur **Datenschutzaufsicht** in den Kapiteln V und VI der Richtlinie (EU) 2016/680 (Art. 41–51 DSRLJ) werden ebenfalls an anderer Stelle erörtert (s. Kap. 2.2.8.2). Entsprechendes gilt für die Regeln zu Rechtsbehelfen, zur Haftung und zu Sanktionen (Kapitel VIII, Art. 52–58 DSRLJ).

3.4 Verarbeitung zur Erfüllung einer im öffentlichen Interesse liegenden Aufgabe nach der DS-GVO

Ein Markenkern der Europäischen Union ist der Europäische Binnenmarkt, der für alle Wirtschaftsteilnehmer des EU-Binnenraums gleiche Wettbewerbsbedingungen gewährleisten soll. Vor allem für die Verarbeitung personenbezogener Daten durch Wirtschaftsunternehmen sind EU-weit einheitliche Verarbeitungsregeln eine logische Schlussfolgerung. Was die **Verarbeitung personenbezogener Daten im öffentlichen Interesse** anbelangt, hat insbesondere Deutschland darauf gedrungen, dass den Mitgliedstaaten Spielraum für eigenständige Regelungen verbleibt.[66] Hintergrund für dieses Bemühen war der Umstand, dass Deutschland nicht zuletzt aufgrund verfassungsrechtlicher Vorgaben insbesondere für die öffentliche Verwaltung eine Vielzahl von bereichsspezifischen Gesetzen geschaffen hat.[67]

Im Ergebnis einigten sich die Gesetzgebungsorgane darauf, dass die Mitgliedstaaten bei der Verarbeitung personenbezogener Daten im öffentlichen Interesse zwar auch die Vorgaben der DS-GVO zu beachten haben. Sie haben aber das Recht, konkretere Bestimmungen einzuführen oder beizubehalten, um eine rechtmäßige, nach Treu und Glauben erfolgende Verarbeitung zu gewährleisten, vgl. Art. 6 Abs. 2 DS-GVO. Überdies sieht Art. 6 Abs. 3 DS-GVO vor, dass Rechtsgrundlagen für die im öffentlichen Interesse liegende Verarbeitung personenbezogener Daten entweder durch Unionsrecht oder das einzelstaatliche Recht der Mitgliedstaaten festzulegen sind.

---

66 Vgl. dazu u. a. IMK, Sammlung der zur Veröffentlichung freigegebenen Beschlüsse der 204. Sitzung der Ständigen Konferenz der Innenminister und -senatoren der Länder, Beschl. 16 Ziff. 2.
67 Vgl. BVerfG v. BVerfGE 65, 1. Zur Kritik vgl. u. a. Bäumler, in: ders., Der neue Datenschutz (1998), S. 1 f.: „Auf diesem Wege ist eine durchaus beeindruckende Gesetzesfülle entstanden, die aber für den Datenschutz der Bürgerinnen und Bürger …eher kontraproduktiv ist." Durchaus nachvollziehbar macht Bäumler einen unübersichtlichen Wust von kaum lesbaren Paragrafengebilden aus.

3.4.1 Folgen weitreichender Öffnungsklauseln am Beispiel der Verantwortlichkeit

Die weitreichenden **Öffnungsklauseln** der DS-GVO sind für sich allein betrachtet durchaus geeignet, eine beträchtliche Rechtsunsicherheit bei der Anpassung des einzelstaatlichen Rechts an die DS-GVO und sodann beim Vollzug des Datenschutzrechts erzeugen.

Beispiel
Nach Art. 4 Nr. 7 DS-GVO ist grundsätzlich Verantwortlicher, wer über die Zwecke und Mittel einer Verarbeitung entscheidet. Eine solche Entscheidungshoheit über die Verarbeitung personenbezogener Daten rechtfertigt es, den Verantwortlichen zum Adressaten von Betroffenenrechten, Auskunftsersuchen der Aufsichtsbehörden usw. zu machen. Was aber geschieht, wenn ein Gesetzgeber selbst die Zwecke und Mittel der Verarbeitung konkret regelt, wie es der Bundesgesetzgeber in Deutschland für Großregister (Melderegister, Personenstandsregister usw.) tut – wer ist dann verantwortlich?

Der Gesetzgeber selbst nimmt keine Verarbeitungen personenbezogener Daten vor. Er ist daher als Adressat für Betroffenenrechte oder Auskunftsersuchen von Aufsichtsbehörden denkbar ungeeignet. Die zuständigen Behörden verarbeiten zwar nach Maßgabe des Gesetzesrechts personenbezogene Daten, bei großer Detailgenauigkeit der gesetzlichen Regelungen entscheiden sie aber nicht mehr über Zwecke und Mittel der Verarbeitung. An diesen Umstand hat der EU-Verordnungsgeber allerdings gedacht. Nach dem letzten Halbsatz von Art. 4 Nr. 7 DS-GVO kann der Gesetzgeber dann einen Verantwortlichen bestimmen oder Kriterien benennen, mit deren Hilfe ein Verantwortlicher ermittelt werden kann.

Beispiel
§ 1 AZRG bestimmt, dass das Bundesverwaltungsamt (BVA) das Ausländerzentralregister im Auftrag des Bundesamts für Migration und Flüchtlinge (BAMF) führt.

Umgekehrt hat die DS-GVO auch berücksichtigt, dass der Verantwortliche bei entsprechend konkreten gesetzlichen Verarbeitungsregeln zum Schutz der Betroffenen relativ wenige Gestaltungsspielräume hinsichtlich der Verarbeitung personenbezogener Daten hat, wenn der Gesetzgeber diese Gestaltungsspielräume ausgefüllt hat. Verfahrensregeln der DS-GVO, die an die Entscheidungshoheit des Verantwortlichen anknüpfen, ergeben dann unter Umständen keinen Sinn.

Beispiel
Art. 35 Abs. 1 DS-GVO schreibt für besonders risikoträchtige Verarbeitungen vor, dass der Verantwortliche eine (recht aufwendige) Datenschutz-Folgeabschätzung vorzunehmen hat, um verfahrensrechtlich einen angemessenen Grundrechtsschutz sicherzustellen.

Wenn eine Behörde aufgrund konkreter gesetzlicher Verarbeitungsregeln nicht selbst über die Zwecke, die Mittel und den Umfang einer Verarbeitung entscheiden kann, hat sie allenfalls hinsichtlich der technisch-organisatorischen Ausgestaltung der Verarbeitung gewisse Entscheidungsspielräume. Das berücksichtigt Art. 35 Abs. 10 DS-GVO: Danach kann ein Gesetzgeber bei Verarbeitungen nach Art. 6 Abs. 1 lit. c und e DS-GVO unter bestimmten Voraussetzungen die Datenschutz-Folgeabschätzung in die allgemeine Gesetzesfolgenabschätzung integrieren. Ob dann die Verantwortlichen noch eine Datenschutz-Folgeabschätzung vornehmen müssen, hängt vom Ermessen des Mitgliedstaats ab. Schweigt der Gesetzgeber zu diesem Punkt, wird der Verantwortliche stets eine **Datenschutz-Folgenabschätzung** vornehmen müssen. Empfehlenswert ist daher eine ausdrückliche gesetzliche Regelung wie bspw. Art. 14 Abs. 2 BayDSG n. F.: Liegt eine konkrete gesetzliche Regelung einer Verarbeitung vor und ist im Rahmen des Gesetzgebungsverfahrens bereits eine Datenschutzfolgenabschätzung erfolgt, muss der Verantwortliche nach Art. 14 Abs. 2 BayDSG n. F. eine (weitere) Datenschutz-Folgeabschätzung nur noch vornehmen, wenn dies durch Gesetz ausdrücklich vorgesehen ist.

3.4.2 Überblick zu bereichsspezifischem Recht

Wie bereits angedeutet, regeln die allgemeinen Datenschutzgesetze in Deutschland den Umgang mit personenbezogenen Daten, soweit nicht bereichsspezifische Rechtsvorschriften Anwendung finden. Im Zusammenhang mit der Tätigkeit der öffentlichen Verwaltung gibt es eine Vielzahl von solchen bereichsspezifischen Gesetzen, die den Umgang mit personenbezogenen Daten betreffen. Ohne Anspruch auf Vollständigkeit werden nachfolgend einige Gebiete des **bereichsspezifischen Datenschutzrechts** vorgestellt, die herkömmlich dem öffentlichen Bereich zuzuordnen sind. Die gängige Verwaltungsrechtsliteratur unterscheidet u. a. zwischen der Eingriffsverwaltung (ohne die bereits behandelte Verarbeitung zu Zwecken der Strafjustiz), der Leistungsverwaltung, der Bildungsverwaltung und der planenden Verwaltung.

Allerdings sind diese Verwaltungstypen nicht trennscharf voneinander zu unterscheiden. So kann eine Eingriffsverwaltung ebenso auch Leistungselemente enthalten wie umgekehrt Träger der Leistungsverwaltung auch zu Eingriffsmaßnahmen berechtigt sein können.

3.4.2.1 Eingriffsverwaltung
Einige Bereiche der öffentlichen Verwaltung sind überwiegend dadurch gekennzeichnet, dass die Behörden durch Ge- und Verbote, notfalls auch mit Zwang in die Freiheit

und das Eigentum des Bürgers eingreifen („Eingriffsverwaltung").[68] Für sie gilt im besonderen Maße der Grundsatz des grundrechtlichen Gesetzesvorbehalts. Zu diesen Verwaltungen zählen bspw. die Ordnungsverwaltung sowie die Finanz- und Steuerverwaltung. Sicherheitsbehörden zählen auch zur Eingriffsverwaltung, fallen aber entweder aus dem Rahmen des EU-Datenschutzrechts oder werden überwiegend durch die bereits behandelte DSRLJ geregelt.

3.4.2.1.1 Ordnungsverwaltung

Die öffentliche Sicherheit wird üblicherweise als „Unverletzlichkeit der Rechtsordnung, der subjektiven Rechte und Rechtsgüter des Einzelnen sowie der Einrichtungen und Veranstaltungen des Staates oder sonstiger Träger der Hoheitsgewalt" definiert.[69] Nach der Rechtsprechung berührt grundsätzlich jede drohende oder bereits begangene Verletzung einer Rechtsnorm die Rechtsordnung. Bei Vorschriften des öffentlichen Rechts soll mit einem Rechtsverstoß stets auch eine Gefahr für die öffentliche Sicherheit verbunden sein. Dabei kommt es nicht darauf an, ob der Rechtsverstoß schuldhaft erfolgt oder gar mit Strafe geahndet werden kann.[70]

Die Gewährleistung der öffentlichen Sicherheit ist Aufgabe der Ordnungsverwaltung und der (bereits behandelten) Behörden, die für die innere Sicherheit und das Justizwesen zuständig sind.

Die Ordnungsverwaltung umfasst einen vielfältigen Aufgabenbereich. Zu den gesetzlich beschriebenen Aufgaben der Ordnungsverwaltung, die besondere Regelungen zum Datenumgang enthalten, zählen bspw. das Asyl- und Aufenthaltsrecht (früher: Ausländerrecht), das Bauordnungsrecht, das Gesundheitsrecht (u. a. mit Lebensmittel-, Seuchenbekämpfungs-, Arzneimittel- und Betäubungsmittelrecht), Gewerberecht (hierzu zählen u. a. Gewerbeordnung, Handwerksordnung, Gaststättenrecht und besonderes Wirtschaftsverwaltungsrecht), das Hilfeleistungsrecht (betreffend Feuerwehr, Rettungsdienste, Katastrophen- und Zivilschutz usw.), das Straßenverkehrsrecht, das Umweltrecht, das öffentliche Vereinsrecht, das Waffenrecht sowie das Melde-, Pass- und Ausweisrecht.

Teilweise werden diese ordnungsrechtlichen Aufgaben durch Spezialbehörden („Sonderordnungsbehörden") wahrgenommen.

Beispiel
Für aufenthalts- und passrechtliche Maßnahmen und Entscheidungen nach dem Aufenthaltsgesetz sind in erster Linie die Ausländerbehörden zuständig.

---

68 Vgl. dazu bspw. Stober, in: Wolff/Bachof/Stober/Kluth, Verwaltungsrecht I (12. A. 2007), § 4 Rn. 11, die insoweit auch von ordnender Verwaltung sprechen.
69 S. dazu und zu den folgenden Ausführungen: Rachor, in: Lisken/Denninger (Hg.), Handbuch Polizeirecht (5. A. 2012), Kap. E Rn. 16 ff. m. w. N.
70 Vgl. z. B. BVerwG v. 08.09.1981, BVerwGE 64, 55, 61.

Im Übrigen nehmen insbesondere die allgemeinen Kommunal- und Landesverwaltungen zahlreiche ordnungsrechtliche Aufgaben wahr. Ihre Verarbeitung bestimmt sich zumeist nach Art. 6 Abs. 1 lit. e DS-GVO. Danach ist eine Verarbeitung rechtmäßig, wenn sie „für die Wahrnehmung einer Aufgabe erforderlich (ist), die im öffentlichen Interesse liegt oder in Ausübung öffentlicher Gewalt erfolgt, die dem Verantwortlichen übertragen wurde."

Art. 6 Abs. 1 lit. e DS-GVO setzt damit voraus, dass eine im öffentlichen Interesse liegende Aufgabe definiert worden ist. Wer Art. 6 Abs. 2 und 3 liest, stellt fest, dass die DS-GVO solche Aufgaben nicht selbst definiert, sondern anderen Gesetzen überlässt (Unionsrecht oder Recht der Mitgliedstaaten), sie sieht damit eine **Öffnungsklausel** auch für einzelstaatliche Regelungen vor. In Absatz 3 macht allerdings die DS-GVO Vorgaben, wie solche Rechtsgrundlagen auszusehen haben: Zunächst muss der Zweck der Verarbeitung deutlich erkennbar sein. Entweder hat die Rechtsgrundlage den Zweck selbst festzulegen oder sie muss die öffentliche Aufgabe so klar definieren, dass der Verarbeitungszweck aus der Aufgabe abgeleitet werden kann, vgl. EG 41 DS-GVO.

In Deutschland soll § 3 BDSG n. F. eine **Generalklausel** für die Verarbeitung durch öffentliche Stellen (des Bundes) schaffen, wenn bereichsspezifische Regelungen fehlen. Nach § 3 BDSG n. F. ist eine Verarbeitung zulässig, wenn sie zur Erfüllung der in der Zuständigkeit des Verantwortlichen liegenden Aufgabe oder in Ausübung öffentlicher Gewalt erforderlich ist, die dem Verantwortlichen übertragen wurde. Da § 3 BDSG n. F. eine Generalverarbeitungsklausel ist, wird der jeweilige Zweck nicht genannt, sondern ergibt sich aus dem jeweiligen Fachrecht. Das ist EU-rechtlich zulässig: Nach Art. 6 Abs. 3 S. 2 DS-GVO genügt es, dass der Zweck der Verarbeitung für die Erfüllung einer im öffentlichen Interesse liegenden Aufgabe erforderlich ist.

Beispiel

Nach § 5 Abs. 1 Asylgesetz (AsylG) entscheidet das Bundesamt für Migration und Flüchtlinge (BAMF) über Asylanträge. Es ist nach Maßgabe des Asylgesetzes auch für ausländerrechtliche Maßnahmen und Entscheidungen zuständig.

Gegenwärtig regelt das AsylG die Verarbeitung personenbezogener Daten nur bruchstückhaft. Abgesehen von einigen Spezialvorschriften sieht das AsylG lediglich in § 7 AsylG Regelungen zur Datenerhebung und in § 8 AsylG zu Datenübermittlungen vor. Lücken wie diese soll § 3 BDSG n. F. schließen. Zu berücksichtigen ist allerdings, dass allgemeine Verarbeitungsregeln wie § 3 BDSG n. F. aus verfassungsrechtlichen Gründen nur Maßnahmen rechtfertigen können, die nicht erheblich in die Grundrechte der Bürgerinnen und Bürger eingreifen.[71]

---

[71] So zu Recht bereits Gola/Schomerus, BDSG (12. A. 2015), § 13 Rn. 2.

Neben Art. 6 Abs. 1 lit. e DS-GVO sind andere Rechtsgrundlagen, die eine Datenverarbeitung legitimieren, selten. Insbesondere wird die Ordnungsverwaltung ihre Verarbeitung nur selten auf die **Einwilligung** der betroffenen Personen stützen können. Nach Art. 4 Nr. 11 DS-GVO ist schon begrifflich eine Einwilligung nur gegeben, wenn die betroffene Person einer Verarbeitung freiwillig für den bestimmten Fall, in informierter Weise und unmissverständlich zustimmt. Nach Art. 7 Abs. 1 DS-GVO muss der Verantwortliche das Vorliegen einer wirksamen Einwilligung nachweisen können. Bei der Einwilligung gegenüber Behörden der Eingriffsverwaltung wird es indes häufig an der Voraussetzung der Freiwilligkeit der Zustimmungserklärung fehlen. Etwas zu kompliziert führt EG 43 DS-GVO dazu aus:

> Um sicherzustellen, dass die Einwilligung freiwillig erfolgt ist, sollte diese in besonderen Fällen, wenn zwischen der betroffenen Person und dem Verantwortlichen ein klares Ungleichgewicht besteht, insbesondere wenn es sich bei dem Verantwortlichen um eine Behörde handelt, und es deshalb in Anbetracht aller Umstände in dem speziellen Fall unwahrscheinlich ist, dass die Einwilligung freiwillig gegeben wurde, keine gültige Rechtsgrundlage liefern.

Wie der Verordnungsgeber zu dieser Einschätzung gelangt ist, erklärt die DS-GVO zwar nicht näher. Jedoch führt die DSRLJ in Erwägungsgrund 35 aus:

> Bei der Wahrnehmung der ihnen als gesetzlich begründeter Institution übertragenen Aufgaben, können die zuständigen Behörden ... natürliche Personen auffordern oder anweisen, ihren Anordnungen nachzukommen. ... Wird die betroffene Person aufgefordert, einer rechtlichen Verpflichtung nachzukommen, so hat sie keine echte Wahlfreiheit, weshalb ihre Reaktion nicht als freiwillig abgegebene Willensbekundung betrachtet werden kann.

Wie bereits angedeutet, können Behörden der Strafjustiz trotzdem eine Verarbeitung auf die Einwilligung stützen, wenn das einzelstaatliche Gesetzesrecht eines Mitgliedstaats dies ausdrücklich vorsieht und die allgemeinen Voraussetzungen einer wirksamen Einwilligung vorliegen, vgl. EG 35 DSRLJ, § 51 BDSG n. F. Daraus wird man für die Verarbeitung im Anwendungsbereich der DS-GVO die Schlussfolgerung ziehen, dass **Behörden der Eingriffsverwaltung nur in Ausnahmefällen personenbezogene Daten auf Grundlage einer Einwilligung verarbeiten können.** Insbesondere kann eine Ordnungsbehörde nicht die vom Gesetzgeber gezogenen rechtsstaatlichen Grenzen ihrer Eingriffsbefugnisse umgehen, indem sie massenhaft Einwilligungen von Betroffenen einholt. Soweit allerdings in Anbetracht aller Umstände die Freiwilligkeit einer Einwilligung gewährleistet ist, ist sie auch im Bereich der Ordnungsverwaltung nicht generell ausgeschlossen.

In seltenen Fällen kommt zudem eine Legitimation der Verarbeitung personenbezogener Daten nach Art. 6 Abs. 1 lit. d DS-GVO zum Schutz lebenswichtiger Interessen in Betracht. Unter den Voraussetzungen einer wirksamen Einwilligung ist des Weiteren eine Legitimation nach Art. 6 Abs. 1 lit. b DS-GVO denkbar. Namentlich scheidet ein Vertrag aus, wenn die Bedingungen für eine freiwillige Zustimmung nicht gegeben sind. Die Verarbeitung auf Grundlage einer **Interessenabwägung** nach Art. 6 Abs. 1

lit. f DS-GVO kommt für Behörden in Erfüllung ihrer Aufgaben nicht in Betracht, vgl. Art. 6 Abs. 1 Satz 2 DS-GVO. Ordnungsbehörden können allerdings personenbezogene Daten auf Grundlage eines Vertrags mit Betroffenen oder auf Grundlage einer Interessenabwägung verarbeiten, soweit die Verarbeitung nur **„bei Gelegenheit der Aufgabenerfüllung"** und nicht „in Erfüllung ihrer Aufgaben" erfolgt.

> **Beispiel**
> Eine Ordnungsbehörde bestellt Toilettenartikel und verarbeitet dabei personenbezogene Daten ihres Lieferanten. Derartige **fiskalische Hilfsgeschäfte** können nach Maßgabe des Art. 6 Abs. 1 lit. b DS-GVO auf einen Vertrag mit den betroffenen Lieferanten gestützt werden.

Eine Verarbeitung auf der Grundlage einer Abwägung der berechtigten Verarbeitungsinteressen mit etwaigen schutzwürdigen Interessen der betroffenen Person kommt auch bei Zweckänderungen in Betracht, etwa wenn eine Behörde personenbezogene Daten übermittelt, um privatrechtlich motivierte Auskunftsersuchen zu befriedigen. Abgesehen von speziellen Fallgestaltungen liegt es eigentlich nahe, derartige Datenübermittlungen an nicht-öffentliche Stellen nicht als eine im öffentlichen Interesse liegende Aufgabe anzusehen. Anderes kann gelten, wenn die Befriedigung privater Interessen am Erhalt personenbezogener Daten auch im öffentlichen Interesse liegt.

> **Beispiel**
> Zahlreiche Register (z. B. Handelsregister, Vollstreckungsregister, z. T. auch das Melderegister) verfolgen das Ziel, mithilfe von personenbezogenen Daten Grundlagen für einen sicheren Wirtschafts- und Rechtsverkehr zu gewährleisten. In diesem Sinne befriedigen Datenübermittlungen aus diesen Registern nicht nur privatrechtliche Interessen von Datenempfängern, sondern dienen gleichzeitig einem öffentlichen Zweck.

3.4.2.1.2 Finanz- und Steuerverwaltung

Die Finanz- und Steuerverwaltung erhebt und verwendet im Rahmen der Abgabenerhebung eine Vielzahl von Informationen über die Einkommens- und Vermögensverhältnisse der Bevölkerung. Anders als bspw. in den skandinavischen Staaten werden diese Daten in der deutschen Gesellschaft als schutzwürdig angesehen. Da die Finanzverwaltung im besonderen Maß auf die Mitwirkung der Steuerpflichtigen angewiesen ist, wird sie ausdrücklich auf das **Steuergeheimnis** nach § 30 AO verpflichtet. Das Bundesverfassungsgericht beschreibt die verfassungsrechtliche Funktion des Steuergeheimnisses wie folgt:

> Angesichts der Gefahren der automatisierten Datenverarbeitung ist ein – amtshilfefester – Schutz gegen Zweckentfremdung durch Weitergabe und Verwertungsverbot erforderlich ...Diesen Anforderungen genügt § 30 AO, der das Steuergeheimnis als Gegenstück zu den weitgehenden Offenbarungspflichten schützt. Diese Vorschrift dient den privaten Geheimhaltungsinteressen des Steuerpflichtigen und anderer zur Auskunftserteilung verpflichteten Personen. Zugleich wird mit ihr der Zweck verfolgt, durch besonderen Schutz des Vertrauens in die Amtsverschwiegenheit die

Bereitschaft zur Offenlegung steuerlicher Sachverhalte zu fördern, um so das Steuerverfahren zu erleichtern [...][72]

Dieser Schutz ist allerdings durch zahlreiche Ausnahmen stark relativiert worden und gilt keineswegs uneingeschränkt.

Den Finanzbehörden stehen im Rahmen der Besteuerungsverfahren überdies **umfangreiche Datenerhebungsbefugnisse** zu, wie die folgenden beiden Beispiele veranschaulichen:

Beispiel
Jeder Bürger erhält von der Finanzverwaltung eine sog. Steuer-Identifikationsnummer. Die Steuer-ID setzt sich aus elf „nichtsprechenden"[73] Ziffern zusammen, sie wird bereits mit der Geburt vergeben und bleibt – jedenfalls grundsätzlich – ein Leben lang gültig. Sie dient der zuverlässigen Identifizierung in Besteuerungsverfahren.

Gestützt wird die Vergabe und Verwendung der Steuer-ID auf die §§ 139 a bis d AO. Ihre Verwendung soll zwar auf den Steuerbereich beschränkt bleiben (§ 139 b Abs. 2 AO). Die Datenschutzbeauftragten des Bundes und der Länder haben jedoch auf das Risiko hingewiesen, dass ein derart zentraler und umfassender Datenbestand über kurz oder lang die Begehrlichkeiten anderer Verwaltungszweige wecken werde.[74] Bei der Verwendung der Steuer-ID über reine Besteuerungsverfahren hinaus würde sich die ID zu einem einheitlichen Personenkennzeichen entwickeln. Ein solches Personenkennzeichen wäre der Anknüpfungspunkt für umfassende Profilbildungen und würde eine schwerwiegende Beeinträchtigung des Rechts auf informationelle Selbstbestimmung darstellen.[75] Gleichwohl hat der BFH in einer Grundsatzentscheidung festgestellt, dass die obligatorische Zuordnung der Steuer-ID im Grundsatz verfassungskonform sei. Das Ziel, auf effektive Weise sowohl hinsichtlich der Festsetzung als auch der Erhebung von Steuern für Belastungsgleichheit zu sorgen, sei ein Allgemeingut von herausgehobener Bedeutung. Die Steuer-ID unterstütze diese Zielsetzung in vielfältiger Weise. Angesichts einer relativ strikten Zweckbindung sei sie deshalb nicht als unverhältnismäßiger Eingriff in das Persönlichkeitsrecht der Steuerpflichtigen anzusehen.[76]

Die Steuer-ID steht – jedenfalls im Grundsatz – auch im Einklang mit der DS-GVO. Nach Art. 87 DS-GVO können die Mitgliedstaaten nämlich näher bestimmen, unter

---

[72] BVerfG v. 27.06.1991, BVerfGE 84, 239, 280 f. Das Gericht weist a. a. O. u. a. auch darauf hin, dass das Steuergeheimnis durch § 355 StGB strafrechtlich bewehrt ist.
[73] Gemeint ist damit, dass die Ziffernabfolge nicht auf einer Zusammensetzung von personenbezogenen Kennziffern wie etwa dem Geburtsdatum beruht, sondern nach Zufallsprinzip gebildet wird.
[74] Vgl. Entschließung der 74. Konferenz der Datenschutzbeauftragten des Bundes und der Länder vom 25./26. Oktober 2007: Zentrale Steuerdatei droht zum Datenmoloch zu werden.
[75] Ähnlich BfDI, Datenschutz in der Finanzverwaltung – Chancen und Risiken der Steuer-ID (2010).
[76] Vgl. BFH v. 18.01.2012, DuD 2012, 275.

welchen spezifischen Bedingungen eine **nationale Kennziffer** oder andere Kennzeichen von allgemeiner Bedeutung Gegenstand einer Verarbeitung sein dürfen. Eine solche Verarbeitung darf zwar nur unter „Wahrung geeigneter Garantien für die Rechte und Freiheiten der betroffenen Personen" erfolgen. Die relativ strikte Zweckbindung kann aber durchaus als eine solche geeignete Garantie angesehen werden.

Beispiel
Finanzbehörden können durch einen automatisierten Abruf von Kontoinformationen auch Kontobewegungen und Kontostände von Abgabenpflichtigen erfragen.

Der automatisierte Abruf von Kontoinformationen findet seine verfassungskonforme[77] Rechtsgrundlage in § 93 Abs. 7 bis 10, § 93b AO. Danach darf das Bundeszentralamt für Steuern auf Ersuchen der für die Besteuerung zuständigen Finanzbehörden bei den Kreditinstituten einzelne Stammdatensätze im automatisierten Verfahren abrufen und an die ersuchenden Finanzbehörden weiterleiten. Abgefragt werden können „Kontostammdaten", v. a. also Kontonummer, Name und Geburtstag des Kontoinhabers und der Verfügungsberechtigten. Ein Abruf ist nur zulässig, wenn er zur Festsetzung oder Erhebung von Steuern erforderlich ist und ein Auskunftsersuchen an den Steuerpflichtigen entweder erfolglos geblieben ist oder keinen Erfolg verspricht.[78] Auskunftsverlangen im Zuge von Ermittlungen „ins Blaue hinein" wären unzulässig.[79]

3.4.2.2 Leistungsverwaltung

Während die Gewährleistung der öffentlichen Sicherheit und das Ordnungsrecht typischerweise dadurch geprägt sind, dass Hoheitsträger zur Verfolgung von Allgemeininteressen in die Grundrechte der Bürgerinnen und Bürger eingreifen, sind die Sozial- und die Gesundheitsverwaltung dadurch gekennzeichnet, dass sie gegenüber den Bürgerinnen und Bürgern Leistungen erbringen. Man nennt solche Verwaltungsbereiche deshalb auch **„Leistungsverwaltung"**. Wie bei der Verarbeitung im Bereich der Ordnungsverwaltung ist auch die Verarbeitung der Leistungsverwaltung zumeist an Art. 6 Abs. 1 lit. e DS-GVO zu messen. Danach ist eine Verarbeitung rechtmäßig, wenn sie „für die Wahrnehmung einer Aufgabe erforderlich (ist), die im öffentlichen Interesse liegt oder in Ausübung öffentlicher Gewalt erfolgt, die dem Verantwortlichen übertragen wurde." Art. 6 Abs. 1 lit. e DS-GVO setzt damit auch im Bereich der Leistungsverwaltung voraus, dass eine im öffentlichen Interesse liegende Aufgabe definiert worden ist. Art. 6 Abs. 2 und 3 DS-GVO überlässt diese Definition der Aufgaben anderen Gesetzen (Unionsrecht oder Recht der Mitgliedstaaten), sie sieht damit

---

77 Vgl. BVerfG v. 13.06.2007, BVerfGE 118, 168 Ls. 2.
78 Vgl. dazu Bayerischer LfD, 23. TB (2008), 11.2.; ders., 24. TB (2010), 9.5.
79 Vgl. BVerfG v. 13.06.2007, BVerfGE 118, 168, 192 f.

eine **Öffnungsklausel** auch für einzelstaatliche Regelungen vor. In Absatz 3 macht allerdings die DS-GVO Vorgaben, wie solche Rechtsgrundlagen auszusehen haben: Zunächst muss der Zweck der Verarbeitung deutlich erkennbar sein. Entweder hat die Rechtsgrundlage den Zweck selbst festzulegen oder sie muss die öffentliche Aufgabe so klar definieren, dass der Verarbeitungszweck aus der Aufgabe abgeleitet werden kann, vgl. EG 41 DS-GVO.

Allerdings sind im Bereich der Leistungsverwaltung Grundrechtseingriffe nicht ausgeschlossen.

Beispiel
Das Kinder- und Jugendhilferecht im Sozialgesetzbuch VIII ist geprägt durch vielfältige personenbezogene Dienstleistungen (Beratung, Unterstützung, Erziehung), welche die Jugendhilfe gegenüber Minderjährigen und ihren Erziehungsberechtigten erbringt. Zugleich hat die Jugendhilfe aber auch nach § 1 Abs. 3 Nr. 3 SGB VIII die Aufgabe, Kinder und Jugendliche vor Gefahren für ihr Wohl zu schützen.

Aus diesem Schutzauftrag folgt bspw. die Eingriffsbefugnis der Jugendhilfe, Kinder und Jugendliche nach Maßgabe des § 42 SGB VIII in Obhut zu nehmen. Die Inobhutnahme ist mit schwerwiegenden Eingriffen v. a. in das grundrechtlich geschützte Elternrecht verbunden, vgl. Art. 6 Abs. 2 GG. Zugleich verdeutlicht u. a. Art. 8 DS-GVO, dass Minderjährige nicht nur im allgemeinen Rechtsverkehr, sondern auch im Datenschutzrecht einen besonderen Schutz genießen. Soweit es keine speziellen Schutzregelungen gibt, kann das Alter von betroffenen Personen im Rahmen von Interessenabwägungen einen besonders abwägungsrelevanten Gesichtspunkt darstellen.[80]

Es gibt zahlreiche Erscheinungsformen der öffentlichen Leistungsverwaltung. Aus datenschutzrechtlicher Sicht besonders bedeutsam sind Verwaltungszweige, die typischerweise mit risikoträchtigen personenbezogen Daten umzugehen haben. Angesprochen sind damit bspw. der Sozialdatenschutz und datenschutzrechtliche Bestimmungen des Gesundheitswesens.

3.4.2.2.1 Sozialdatenschutz
Im Allgemeinen soll das **Sozialrecht** „zur Verwirklichung sozialer Gerechtigkeit und sozialer Sicherheit Sozialleistungen einschließlich sozialer und erzieherischer Hilfen gestalten", § 1 Abs. 1 SGB I. Typisch für das Sozialrecht und damit auch für den Sozialdatenschutz ist der Umstand, dass Sozialbehörden **hilfebedürftigen Menschen** beistehen. Sozialdaten[81] sind deshalb besonders risikoträchtig für die betroffenen Personen.

---
80 Vgl. z. B. EuGH v. 04.05.2017, Az.: C-13/16 Rn. 22.
81 Zum Begriff: § 67 Abs. 1 SGB X.

> **Beispiel**
> Sozialdaten betreffen Arbeitslosigkeit (SGB II, III), krankheitsbedingte Hilfsbedürftigkeit (SGB IV–VI), Gefährdungen einer gesunden Entwicklung bei Kindern und Jugendlichen (SGB VIII), Behinderungen (SGB IX) usw.

Deshalb sieht das Sozialgesetzbuch in § 35 Abs. 1 SGB I ein besonderes **Sozialgeheimnis** vor. Danach hat jeder einen Anspruch darauf, dass die ihn betreffenden Sozialdaten von den Sozialleistungsträgern nicht unbefugt erhoben, verarbeitet und genutzt werden. Der Umgang der Sozialverwaltung mit Sozialdaten ist abschließend in den Sozialgesetzbüchern geregelt. Sie enthalten regelmäßig ein gesteigertes Datenschutzniveau. Das Sozialgesetzbuch X enthält allgemeine Regeln zum Sozialverwaltungsverfahren und insbesondere zum Sozialdatenschutz (§§ 67 ff. SGB X). Für einzelne Bereiche des Sozialdatenschutzes sind zusätzliche Schutzvorschriften zu beachten.

> **Beispiel**
> Nach § 35 SGB I Satz 2 n. F. umfasst die Wahrung des Sozialgeheimnisses die Verpflichtung, auch innerhalb des Leistungsträgers sicherzustellen, dass Sozialdaten nur Befugten zugänglich sind oder nur an diese weitergegeben werden. Sozialdaten, die Jugendamtsmitarbeitern anvertraut werden, unterliegen dem besonderen Schutz des § 65 SGB VIII.

Leistungsverwaltung ist u. a. dadurch gekennzeichnet, dass staatliche Hilfen nur auf **Antrag** des Hilfebedürftigen gewährt werden. Der Umgang der Sozialbehörden mit Sozialdaten betrifft in erster Linie die Frage, ob die den Antrag stellende Person die Voraussetzungen für die beantragte Leistung erfüllt.

> **Beispiel**
> Erwerbsfähige Arbeitslose haben nach Maßgabe des SGB II einen Anspruch auf Arbeitslosengeld II zur Sicherung ihres Lebensunterhalts. Die für die Leistungserbringung zuständigen Träger der Grundsicherung[82] haben u. a. zu prüfen, ob der jeweilige Antragsteller im Sinne des SGB II hilfebedürftig ist. Insbesondere muss geprüft werden, ob der Antragsteller über Einkommen und Vermögen verfügt, das einen etwaigen Geldanspruch mindert oder ganz ausschließt.

Die Grundsicherung für Arbeitsuchende nach dem SGB II wird dabei vor Ort durch sog. **Jobcenter** gewährleistet. Dies sind lokale Behörden im Gebiet eines Kreises oder einer kreisfreien Stadt in Deutschland. Jobcenter können sich in alleiniger kommunaler Trägerschaft befinden („Optionskommunen", vgl. § 6d SGB II), aber auch gemeinsame Einrichtungen sein, die von der Bundesagentur für Arbeit und dem kommunalen Träger gebildet werden (vgl. § 44b SGB II). Jobcenter sollen Leistungen nach dem SGB II gewähren und durch das Prinzip des Förderns und Forderns den betroffenen

---

[82] Nach § 6 SGB II sind dies die Bundesagentur für Arbeit und die kreisfreien Städte und die Kreise.

Personen die Möglichkeit eröffnen, ihren Lebensunterhalt künftig aus eigenen Mitteln und Kräften bestreiten zu können.

Die Datenerhebung und -verwendung in den Bereichen der Leistungsverwaltung ist dabei geprägt von zahlreichen **Mitwirkungspflichten** des Antragstellers bzw. der Antragstellerin. Im Sozialwesen ergibt sich der Umfang der Mitwirkungspflichten aus den §§ 60 ff. SGB I.

Beispiel
Ein Jobcenter verlangt von einem Arbeitsuchenden, dass er Kontoauszüge der letzten drei Monate und seine Lohnsteuerkarte vorlegt, um seine Einkommenssituation zu belegen.

Wer Sozialleistungen beantragt oder erhält, ist nach § 60 Abs. 1 S. 1 Nr. 3 SGB I grundsätzlich verpflichtet, die maßgeblichen Beweismittel zu bezeichnen und auf Verlangen des zuständigen Leistungsträgers auch Beweisurkunden vorzulegen. Diese allgemeinen Mitwirkungspflichten gelten regelmäßig auch im Bereich der Grundsicherung für Arbeitsuchende. Eine solche Mitwirkungspflicht verstößt auch nicht gegen das Datenschutzrecht. Jobcenter müssen prüfen können, ob die Voraussetzungen für einen Anspruch auf Grundsicherungsleistungen gegeben sind. Für eine solche Prüfung sind Kontoauszüge und eine Kontenübersicht erforderlich. Das Bundessozialgericht hat es im Jahr 2008 als nicht unverhältnismäßig angesehen, dass ein Jobcenter die Vorlage von Kontoauszügen der letzten drei Monate verlangt, selbst wenn kein konkreter Verdacht auf Missbrauch besteht.[83] Allerdings hat es dem Grundsicherungsempfänger in engen Grenzen die Möglichkeit zugebilligt, Kontoauszüge auf der Ausgabenseite zu schwärzen. Das Jobcenter ist grundsätzlich gehalten, in seinen Mitwirkungsaufforderungen auf die aufgezeigten Möglichkeiten der Schwärzung von Angaben zu Zahlungsempfängern hinzuweisen.

Kommt derjenige, der eine Sozialleistung beantragt oder erhält, seinen Mitwirkungspflichten nicht nach und wird hierdurch die Aufklärung des Sachverhalts erheblich erschwert, kann das Jobcenter wie grundsätzlich jeder Sozialleistungsträger gemäß § 66 SGB I ohne weitere Ermittlungen die Leistung bis zur Nachholung der Mitwirkung ganz oder teilweise versagen oder entziehen, soweit die Voraussetzungen der Leistung nicht nachgewiesen sind. Allerdings müssen die Leistungsberechtigten zuvor auf die Möglichkeit der Leistungsversagung bzw. -entziehung schriftlich hingewiesen werden und der Mitwirkungspflicht innerhalb einer gesetzten angemessenen Frist nicht nachgekommen sein.

Sozialleistungsträger neigen allerdings erfahrungsgemäß dazu, solche Mitwirkungspflichten der Antragstellenden sehr weit zu verstehen.

---

83 Vgl. BSG v. 19.09.2008, NVwZ-RR 2009, 1005 auch zum Folgenden.

> **Beispiel**
> Außendienstmitarbeiter von Sozialbehörden führen – überwiegend unangekündigt – **Hausbesuche** bei Antragstellern von Sozialleistungen durch.

Zur Rechtfertigung solcher Maßnahmen berufen sich die Sozialbehörden zumeist auf §§ 20, 21 SGB X. Diese Vorschriften sehen den **Grundsatz der Amtsermittlung** vor, wonach Sozialbehörden einen leistungsrelevanten Sachverhalt von Amts wegen zu ermitteln haben. Nach § 21 Abs. 1 Nr. 4 SGB X kann eine Behörde insbesondere auch „den Augenschein einnehmen." Dies ändert allerdings nichts an dem Umstand, dass Hausbesuche ohne eine (freiwillige) Einwilligung der betroffenen Personen einen rechtfertigungsbedürftigen Eingriff in das Grundrecht auf Unverletzlichkeit der Wohnung aus Art. 13 GG darstellen.[84] Weder die Mitwirkungspflichten des Antragstellers nach § 21 Abs. 2 SGB X noch diejenigen nach §§ 60 ff. SGB I umfassen die Duldung eines Hausbesuchs.[85] Ein Sozialleistungsträger kann deshalb die Angaben eines Leistungsempfängers zu seinen Wohnverhältnissen durch Inaugenscheinnahme der Wohnung allenfalls auf Grundlage einer wirksamen Einwilligung überprüfen, wenn berechtigte Zweifel an der Richtigkeit der gemachten Angaben bestehen und dem Leistungsempfänger diese Zweifel auch kundgetan wurden.[86] Falls der Antragsteller den Hausbesuch verweigert, darf der Sozialleistungsträger dies bei seiner Entscheidung über den Antrag nicht im Rahmen seiner Beweiswürdigung berücksichtigen.[87] Dieses Berücksichtigungsverbot ändert nichts an dem Umstand, dass der Antragsteller je nach Maßgabe der gesetzlichen Beweislastregeln die den Anspruch begründenden Tatsachen beweisen muss.

> **Beispiel**
> Eine solche Bedarfsgemeinschaft setzt voraus, dass ein wechselseitiger Wille besteht, Verantwortung füreinander zu tragen und füreinander einzustehen. Nach § 7a Abs. 3a Nr. 1 SGB II wird vermutet, dass ein solcher Einstandswille bei Partnern besteht, die länger als ein Jahr zusammenleben.

§ 7a Abs. 3a SGB II stellt eine sozial- und rechtsstaatlich nicht unproblematische gesetzliche Tatsachenvermutung dar, die eine für Antragsteller nachteilige Beweislastverteilung zur Folge hat. Sie bewirkt, dass die betroffenen Antragsteller abweichend von den allgemeinen Beweislastregeln das Fehlen einer Bedarfsgemeinschaft nachweisen müssen.[88]

---

[84] Zu dieser Grundrechtsgewährleistung s. Kap. 1.5.1.1.
[85] Streitig, in Bezug auf § 21 SGB X a. A. Luthe, jurisPR-SozR 14/2007 Anm. 3 in Verkennung der grundrechtlichen Voraussetzungen, die in Bezug auf eine Duldungspflicht erfüllt sein müssen.
[86] So SG Koblenz v. 30.05.2007, Az.: S 2 AS 595/06. Ebenso Siefert, in: von Wulffen/Schütze (Hg.), SGB X (8. A. 2014), § 21 Rn. 18.
[87] LSG Sachsen-Anhalt v. 22.04.2005, NZS 2006, 262, 265.
[88] Im Einzelnen dazu Spellbrink, NZS 2007, 121, 126 unter Berufung auf BT-Drs. 16/1410, S. 19.

Im Sozialdatenschutz gilt gemäß dem traditionellen deutschen Datenschutzrecht der Grundsatz der **Direkterhebung beim Betroffenen,** § 67a Abs. 2 Satz 1 SGB X n. F. Als Konkretisierung der allgemeinen Grundsätze der Verarbeitung nach Treu und Glauben sowie der Transparenz[89] steht das Prinzip der Direkterhebung beim Betroffenen im Einklang mit der DS-GVO. Die betroffene Person ist dabei nach Maßgabe des Art. 13 DS-GVO i. V. m. § 82 SGB X insbesondere über die Zwecke der beabsichtigten Verarbeitung zu unterrichten.

Bei **Dritten** darf eine Sozialbehörde Daten deshalb nur ausnahmsweise unter den Voraussetzungen des § 67a Abs. 2 Satz 2 SGB X erheben. Tut sie dies, hat sie die betroffene Person nach Maßgabe des Art. 14 DS-GVO i. V. m. § 82a SGB X n. F. zu unterrichten.

Im Vergleich zum BDSG n. F. sieht das SGB X n. F. relativ wenige Ausnahmen von den Unterrichtungspflichten vor. Sie betreffen u. a. Fälle der öffentlichen Sicherheit. Informationen über Datenerhebungen bei Dritten können überdies unterbleiben, soweit sie die ordnungsgemäße Erfüllung der in der Zuständigkeit des Verantwortlichen liegenden Aufgaben gefährden würden.

Beispiel
In einer Familie kommt es wiederholt zu Kindermisshandlungen. Daraufhin entzieht das Familiengericht den heillos zerstrittenen Eltern das Aufenthaltsbestimmungsrecht für zwei Kinder und überträgt das Recht auf das Jugendamt. Das Jugendamt bringt die beiden Kinder bei einer Pflegefamilie unter.

In Fällen wie im letztgenannten Beispiel unterlassen Jugendämter den Eltern gegenüber regelmäßig die Unterrichtung über den Aufenthaltsort ihrer Kinder, um das Kindeswohl zu schützen. Je nach Umständen des Einzelfalls kann es aber auch zulässig sein, auch weitere gespeicherte Informationen nicht erteilen.

3.4.2.2.2 Datenschutz in der Gesundheitsverwaltung[90]
Der Umgang mit medizinischen Daten verdeutlicht die bereits erwähnten Schwierigkeiten bei der Abgrenzung zwischen öffentlichem und nicht-öffentlichem Bereich.

Beispiel
Ob eine Klinik in öffentlicher oder nicht-öffentlicher Trägerschaft steht, müsste hinsichtlich der Daten, die im Behandlungsverhältnis zu erheben sind, völlig belanglos sein. Gleichwohl sind teilweise unterschiedliche Regelungen anwendbar.

---

89 Vgl. Art. 5 Abs. 1 Nr. 1 DS-GVO.
90 Die nachfolgenden Ausführungen lehnen sich großenteils an Informationen des Bayerischen Landesbeauftragten für den Datenschutz an, die unter www.datenschutz-bayern.de unter „Häufige Fragen" und „Themen" bzw. unter Veröffentlichungen abrufbar sind. Auf Zitate wurde insoweit weitgehend verzichtet.

Für den medizinischen Datenschutz prägend ist das **Patientengeheimnis**.[91] Gesundheitsdaten gehören zu besonderen Arten personenbezogener Daten, die per se eine herausgehobene Schutzwürdigkeit besitzen, vgl. Art. 9 Abs. 1 DS-GVO. Die Vertraulichkeit nach außen ist für Ärzte deshalb ein strenges Gebot, das überdies strafrechtlich bewehrt ist, § 203 Abs. 1 Nr. 1 StGB. Vor diesem Hintergrund stellt jede Weitergabe von personenbezogenen Patientendaten eine Durchbrechung der ärztlichen Schweigepflicht dar, die einer Rechtfertigung bedarf. Art. 9 Abs. 2 DS-GVO lässt Ausnahmen vom Verarbeitungsverbot nur für bestimmte Fallgruppen zu. Dem bereits weitgehend entsprechend gelten für den Datenschutz im **öffentlich-rechtlichen Krankenhaus** häufig besondere Datenverarbeitungsregeln, z. B. in Bayern Art. 27 des Bayerischen Krankenhausgesetzes (BayKrG). Nach Art. 27 Abs. 2 BayKrG dürfen Patientendaten erhoben und aufbewahrt werden, soweit dies zur Erfüllung der Aufgaben des Krankenhauses oder im Rahmen des krankenhausärztlichen Behandlungsverhältnisses erforderlich ist oder die betroffenen Personen eingewilligt haben. Ist die Einwilligung des Patienten aufgrund seines Gesundheitszustands oder anderer Umstände bei der Aufnahme nicht möglich, bietet Art. 27 Abs. 2 BayKrG eine Rechtsgrundlage für eine etwaig erforderliche Erhebung der Patientendaten.

Die Übermittlung von Patientendaten durch ein Krankenhaus an Dritte kann insbesondere im Rahmen des Behandlungsverhältnisses oder dessen verwaltungsmäßiger Abwicklung zulässig sein. Gleiches gilt, wenn eine Rechtsvorschrift die Übermittlung erlaubt. Weitergehende Übermittlungen können wiederum nur im Fall der Einwilligung erfolgen. Eine Offenbarung von Patientendaten an Vor-, Mit- bzw. Nachbehandelnde (z. B. Hausarzt) ist zulässig, soweit das Einverständnis der Patienten anzunehmen ist, vgl. z. B. Art. 27 Abs. 5 BayKrG. Dies dürfte regelmäßig der Fall sein, wobei sich im Einzelfall aus besonderen Umständen auch anderes ergeben kann.

Das auch insoweit zu wahrende Patientengeheimnis umfasst alle Informationen, die mit der ärztlichen Behandlung in Zusammenhang stehen.

Beispiel
Die Pforte eines Krankenhauses darf etwaigen Besuchern ohne eine wirksame Einwilligung keine Auskünfte über Patienten erteilen.

Die ärztliche Schweigepflicht gilt selbstverständlich auch im Verhältnis zu den **Angehörigen** eines Patienten. Ist ein Patient ohne Bewusstsein in das Krankenhaus eingeliefert worden, kann der Arzt (oder sonst Verpflichtete wie z. B. Pfleger) nach bisherigem Recht allerdings aufgrund von Indizien davon ausgehen, dass der Patient dieses Einverständnis, wenn er es erteilten könnte, abgeben würde (Fall der **mutmaßlichen Einwilligung**). In diesem Sinne ist eine Information enger Angehöriger häufig zulässig. Aus datenschutzrechtlicher Sicht wird der Rückgriff auf eine mutmaßliche Einwil-

---

[91] Zu Grundfragen des Patientengeheimnisses vgl. auch Kap. 1.7.5.2.

ligung künftig nicht mehr notwendig sein, weil Art. 6 Abs. 1 lit. d DS-GVO ausdrücklich die Verarbeitung personenbezogener Daten erlaubt, um lebenswichtige Interessen der betroffenen Person oder Dritter zu schützen. In diesem Fall greift auch nicht das für Gesundheitsdaten regelmäßig geltende Verarbeitungsverbot nach Art. 9 Abs. 1, vgl. Art. 9 Abs. 2 lit. c DS-GVO.

Ist allerdings der Patient bei der Aufnahme bei Bewusstsein, ist eine möglichst frühzeitige Klärung datenschutzrechtlich zu empfehlen. Manche Kliniken klären bereits im Rahmen des Aufnahmebogens formularmäßig die Frage, ob und in welchem Umfang von einer Entbindung von der Schweigepflicht ausgegangen werden kann.

Im Rahmen des Datenschutzes ist auch zu berücksichtigen, dass Ärzte und Pflegepersonal nicht generell auf die Daten aller Patienten im gesamten Krankenhaus zugreifen dürfen.

Beispiel
und Pflegekräfte dürfen nur auf die Daten der von ihnen behandelten Patienten zugreifen, d. h. bspw. nur auf die Daten von Patienten in der eigenen Fachabteilung.

Ein Zugriff ist nur im Rahmen des konkreten Behandlungsverhältnisses im **erforderlichen Umfang** rechtlich gestattet.

Ein eigenes, hochkomplexes Regelungsgebiet betrifft den Umgang der **gesetzlichen Krankenkassen** mit den Versichertendaten und die gebotenen Datenübermittlungen durch die behandelnden Ärzte bzw. Krankenhäuser (vgl. dazu insbesondere die Regelungen im SGB V).

3.4.2.3 Bildungsverwaltung

Die öffentliche Bildungsverwaltung hat verschiedene grundrechtliche Wurzeln. Gemäß Art. 7 Abs. 1 GG steht das gesamte Schulwesen unter staatlicher Aufsicht, selbst wenn Privatschulen zuzulassen sind. Nach gängiger Auffassung wird Art. 7 Abs. 1 GG als ein staatlicher Bildungs- und Erziehungsauftrag im Rahmen des Schulwesens angesehen.[92] Art. 5 Abs. 3 GG gewährleistet demgegenüber insbesondere die Freiheit von Wissenschaft, Forschung und Lehre. Auch dieses Grundrecht beinhaltet „eine objektive, das Verhältnis von Wissenschaft, Forschung und Lehre zum Staat regelnde wertentscheidende Grundsatznorm,"[93] die – gemeinsam mit dem Grundrecht auf freie Berufsausbildungswahl aus Art. 12 Abs. 1 GG – eine Grundlage für weitreichende Leistungs- und Teilhaberechte ist.[94] Aus datenschutzrechtlicher Sicht sind im Rahmen

---
[92] Vgl. z. B. Jarass, in: Jarass/Pieroth (Hg.), GG (14. A. 2016), Art. 7 Rn. 1.
[93] Vgl. ständige Rspr., z. B. BVerfG v. 26.10.2004, BVerfGE 111, 333, 353 m. w. N.
[94] Grundlegend BVerfG v. 29.05.1973, BVerfGE 35, 79 – Hochschulurteil; vgl. weiterhin Jarass, in: Jarass/Pieroth (Hg.), GG (14. A. 2016), Art. 5 Rn. 145 m. w. N.

der **Inanspruchnahme staatlicher Bildungseinrichtungen** mindestens zwei Personengruppen betroffen: die im weitesten Sinne Auszubildenden und die Lehrkräfte. Während die Datenverarbeitung zu Forschungszwecken nach Art. 6 Abs. 1 DS-GVO auf unterschiedliche Rechtsgrundlage gestützt werden kann, findet die Verarbeitung durch staatliche Bildungseinrichtungen regelmäßig in Wahrnehmung einer Aufgabe statt, „die im öffentlichen Interesse liegt oder in Ausübung öffentlicher Gewalt erfolgt, die dem Verantwortlichen übertragen wurde", Art. 6 Abs. 1 lit. e DS-GVO. Wie bereits ausgeführt, sieht die DS-GVO in Art. 6 Abs. 2 und 3 **Öffnungsklauseln** auch für einzelstaatliche Regelungen vor. In Absatz 3 macht allerdings die DS-GVO Vorgaben, wie solche Rechtsgrundlagen auszusehen haben; insbesondere muss der Zweck der Verarbeitung deutlich erkennbar sein (siehe oben Kap. 3.4.2.1 und 3.4.2.2).

3.4.2.3.1 Schulen

Charakteristisch für Schulen ist ihr gesetzlicher **Bildungs- und Erziehungsauftrag**. Hierzu erheben und verwenden sie nicht nur personenbezogene Grunddaten (wie Name, Adresse usw.), sondern auch eine Vielzahl sensibler Daten.

> **Beispiel**
> Erfasst werden Noten, soziales Verhalten, besondere Förderbedarfe, Gesundheitsdaten usw.

Ein besonderer Schutzbedarf von Schülerdaten erwächst bereits aus dem Umstand, dass sie typischerweise **Kinder und Jugendliche** betreffen.[95] Schulen verwenden allerdings auch Daten von Lehrkräften und Erziehungsberechtigten. Die schulrechtlichen Vorschriften einiger Bundesländer zählen die personenbezogenen Daten, die von Schulen erhoben und verwendet werden, abschließend auf (vgl. z. B. § 30 Abs. 1 SchulG, § 3 DSVO Schule nebst Anlage).[96] Ansonsten gilt der Grundsatz, dass Schulen nur die personenbezogenen Daten verarbeiten dürfen, die zur Erfüllung ihres gesetzlichen Auftrags erforderlich sind.

Im Grundsatz gilt der Datenschutz auch im Verhältnis des Lehrers zu seinen Schülern.

> **Beispiel**
> Ein Lehrer macht Noten eines Schülers vor der gesamten Klasse bekannt.

Prinzipiell ist eine solche Bekanntgabe, wie sie früher gang und gäbe war, nicht mehr ohne Weiteres zulässig: Denn die Bekanntgabe der Noten kann ebenso unter vier Au-

---

[95] Der EU-Entwurf einer Datenschutz-Grundverordnung betont in EG 29 die besondere Schutzbedürftigkeit von Minderjährigen und sieht für sie eine ganze Reihe von Schutzvorschriften vor, z. B. Art. 8 DS-GVO-E.
[96] Vgl. dazu ULD SH, Praxishandbuch Schuldatenschutz (2. A. 2007), S. 30 ff.

gen stattfinden. Um den Schülern eine Orientierung ihrer eigenen Leistung zu geben, genügt ein Notenspiegel. Pädagogisch begründete Ausnahmen in Einzelfällen sind allerdings denkbar.

Beispiel
Ein Lehrer hebt die besondere Verbesserung eines ehemals schwachen Schülers im Sinne einer Vorbildwirkung hervor.

Ein weitergehender Umgang mit personenbezogenen Daten ist nur auf Grundlage einer wirksamen **Einwilligung** zulässig.

Beispiel
Fotos mit oder ohne Namensangabe auf der Homepage einer Schule sind regelmäßig nicht zur Erfüllung des gesetzlichen Bildungs- und Erziehungsauftrags erforderlich. Sie dürfen nur auf der Grundlage einer datenschutzkonformen Einwilligung der Betroffenen veröffentlicht werden.

Bei Minderjährigen bis zur Vollendung des 14. Lebensjahres muss die Einwilligung regelmäßig durch die Erziehungsberechtigten erteilt werden.[97] In Bezug auf Lehrkräfte ist eine Einwilligung ausnahmsweise nicht geboten, wenn auf der Webseite dienstliche Kommunikationsdaten der Schulleitung und von solchen Lehrkräften veröffentlicht werden, die an der Schule eine Funktion mit Außenwirkung wahrnehmen.[98]

Auch im Rahmen von Kooperationsverhältnissen mit externen Stellen dürfen Schülerdaten nicht herausgegeben werden.

Beispiel
Die marode Sporthalle einer Schule wird mit finanzieller Unterstützung eines privaten Sponsors instand gesetzt. Im Gegenzug gibt die Schulleitung die Schülerdaten an den Sponsor weiter, der sie zu Werbezwecken nutzt.

Einer solchen Datenübermittlung steht bereits die Fürsorgepflicht der Schule gegenüber ihren Schülern entgegen. Darüber hinaus ist sie nicht für die Erfüllung der gesetzlich vorgesehenen Aufgaben erforderlich. Eine Übermittlung auf Grundlage des Art. 6 Abs. 1 lit. f DS-GVO i. V. m. Art. 6 Abs. 4 DS-GVO dürfte ebenfalls nicht in Betracht kommen, weil schutzwürdige Belange insbesondere der minderjährigen Schülerinnen und Schüler einer Datenweitergabe entgegenstehen.

---

[97] Vgl. Bayerischer LfD, 24. TB (2010), 10.2.
[98] Vgl. BVerwG v. 12.03.2008, DuD 2008, 696 bezogen auf einen Mitarbeiter einer Landesbibliothek.

3.4.2.3.2 Hochschulen

Hochschulen dienen – je nach ihrer institutionellen Ausrichtung – der Forschung, der Lehre, dem Studium und der Weiterbildung in einem freiheitlichen, demokratischen und sozialen Rechtsstaat. Sie verfolgen damit insgesamt einen umfassenden Bildungs- und Forschungsauftrag. Die DS-GVO berücksichtigt u. a. die Wissenschaftsfreiheit, indem sie **besondere Regeln für die Verarbeitung zu im öffentlichen Interesse liegenden Archivzwecken, zu wissenschaftlichen Zwecken oder historischen Forschungszwecken und zu statistischen Zwecken** vorsieht. Unter anderem sieht sie Lockerungen des Zweckbindungsgrundsatzes vor (Art. 5 Abs.1 lit. b DS-GVO) und ermöglicht nach Maßgabe des Art. 89 Abs. 2 DS-GVO gewisse Beschränkungen von Betroffenenrechten. Allerdings verpflichtet die DS-GVO in Art. 89 Abs. 1 auch zu „geeigneten Garantien" zum Schutz der Grundrechte und Freiheiten der betroffenen Personen. Zugleich stellt Art. 89 Abs. 4 DS-GVO klar, dass die für die Wissenschaft vorgesehenen Lockerungen der Verarbeitungsvoraussetzungen nicht für andere Zwecke gelten, die der Verantwortliche verfolgt.

Was die **Lehre** anbelangt, ist der Umgang mit personenbezogenen Daten von einem intensiven **Nutzungsverhältnis** geprägt, wenngleich die Fürsorgepflicht der Hochschulen für die meist volljährigen Studierenden im Vergleich zu Schulen abgeschwächt sein mag. Im Hochschulbereich gibt es keine abschließende Datenschutzvollregelung wie bspw. im Sozialdatenschutz. Der Umgang mit personenbezogenen Daten wird also teils bereichsspezifisch, teils durch die allgemeinen Datenschutzgesetze geregelt.

Zahlreiche Grunddaten[99] der Studierenden werden im Rahmen der Immatrikulation direkt bei den Betroffenen erhoben. Dabei wird an jeden Studenten eine **Matrikelnummer** vergeben, die ihn das gesamte Studium an der Hochschule über begleitet. Sie dient der Verwaltung und Lehre als Identifikations- und Steuerungselement.[100] Sie wird von der Verwaltung häufig bei der Mitteilung von Leistungsergebnissen als Pseudonym verwendet. Falls dies geschieht, hat die Hochschule nach Möglichkeit sicherzustellen, dass eine Zusammenführung der Matrikelnummer mit personenbezogenen Daten der betroffenen Studierenden unbefugten Dritten nicht ermöglicht wird.

---

[99] Sie betreffen in erster Linie die Identität der Studierenden und ihre Vorqualifikation, insbesondere den Nachweis der Hochschulreife. Vgl. z. B. Art. 42 Abs. 4 S. 2 BayHSchG.
[100] Vgl. dazu und zum Folgenden: ULD SH/Ministerium für Wissenschaft, Wirtschaft und Verkehr Schleswig-Holstein, Gemeinsame Handreichung zum Datenschutz in den Hochschulen unter: www.datenschutzzentrum.de (letzter Abruf 02.06.2017).

Beispiel
Sollen Leistungsergebnisse über den Internetauftritt der Hochschule veröffentlicht werden, hat diese sicherzustellen, dass die Ergebnisse nur den Betroffenen zugänglich sind. Das setzt zumindest sichere Zugangsberechtigungssysteme inklusive passwortgeschützter, individueller Benutzeranmeldung voraus.[101]

Datenschutzrechtliche Besonderheiten bergen auch die Datenerhebungen der staatlichen Prüfungsämter im Zusammenhang mit **Prüfungssituationen.**

Beispiel
Ein Student erkrankt vor seiner Abschlussprüfung. Welche Anforderungen stellen sich an den Inhalt eines ärztlichen Attests zum Nachweis krankheitsbedingter Prüfungsunfähigkeit?

Die staatlichen Prüfungsämter neigen häufig dazu, generell die Vorlage eines Attests mit medizinischer Diagnose zu verlangen. Aus datenschutzrechtlicher Sicht ist die Angabe einer solchen Diagnose regelmäßig nicht erforderlich.[102] Nach der Rechtsprechung ist es allerdings auch nicht ausreichend, wenn dem Prüfling in dem Zeugnis lediglich die Prüfungsunfähigkeit attestiert wird. Vielmehr muss das Attest die aktuellen krankheitsbedingten und zugleich prüfungsrelevanten körperlichen, geistigen und/oder seelischen Funktionsstörungen aus ärztlicher Sicht so konkret und nachvollziehbar beschreiben, dass der Prüfungsausschuss auf dieser Grundlage beurteilen kann, ob am Prüfungstag tatsächlich eine Prüfungsunfähigkeit bestanden hat.[103]

In Bezug auf das Lehrpersonal kommt in jüngerer Zeit der **Evaluation von Lehrveranstaltungen** und ihrer Veröffentlichung gesteigerte Bedeutung zu. Datenschutzrechtlich relevant ist zunächst der Umstand einer Bewertung der Dozenten als solche, weil bei der Evaluation in den Hochschulen Amtsfunktionen auf grundrechtliche Gewährleistungen des eingesetzten Lehrpersonals treffen. Eine hochschulinterne Evaluation der Hochschullehre muss anhand von wissenschaftsadäquaten Kriterien erfolgen. Dabei ist der Gesetzgeber im gegenwärtigen Stadium der Erprobung und erst allmählichen Herausbildung bewährter Praktiken der Wissenschaftsevaluation grundsätzlich noch nicht gehalten, Evaluationskriterien festzuschreiben. Er kann also ein Modell etablieren, in dem die Herausarbeitung von Kriterien dem inneruniversitären Prozess überlassen bleibt. Allerdings hat er insoweit die Evaluationsprozesse zu beobachten und ggf. die rechtlichen Vorgaben nachzubessern, sobald Gefahren für die Wissenschaftsfreiheit auftreten.[104]

---

101 Vgl. ULD SH/Ministerium für Wissenschaft, Wirtschaft und Verkehr Schleswig-Holstein, Gemeinsame Handreichung zum Datenschutz in den Hochschulen, 3. Fall unter: www.datenschutzzentrum.de (letzter Abruf 02.06.2017).
102 Vgl. Bayerischer LfD, 20. TB (2002), 16.2.2.; BlnBDI, JB 2006, 4.3.5.
103 Grundlegend BVerwG v. 10.04.1990, NVwZ-RR 1990, 481.
104 Vgl. BVerfG v. 26.10.2004, BVerfGE 111, 333 m. w. N.

Die Rechtmäßigkeit einer Evaluation besagt noch nichts über die Zulässigkeit, die Einzelergebnisse einer hochschulinternen Evaluierung zu veröffentlichen. Aus datenschutzrechtlicher Sicht ist insoweit eine zurückhaltende Veröffentlichungspraxis geboten.

Beispiel
Die Hochschulgesetze einiger Länder erlauben es den Hochschulen, die konkreten personenbezogenen Ergebnisse der studentischen Einzelevaluationen der Lehrveranstaltungen nicht nur dem Fakultätsrat und der Hochschulleitung, sondern auch allen Studierenden der Fakultät bekannt zu geben.[105] Diese weite Bestimmung des Empfängerkreises soll zur Verbesserung des Instruments der studentischen Evaluation der Lehre und damit zur Verbesserung der Qualität der Lehre insgesamt führen.

Der Verbesserung der Qualität der Lehre an den Hochschulen kommt ein hohes Gewicht zu, erst recht, soweit sich die Studierenden mit Studiengebühren auch unmittelbar an den Kosten der Hochschulausbildung zu beteiligen haben. Insofern ist eine auch personenbeziehbare Bekanntgabe der wesentlichen Ergebnisse nachvollziehbar.

Allerdings ist es durchaus fraglich, ob eine vollständige Weitergabe der Evaluierungsergebnisse an alle Studierenden der Fakultät sich nicht eher kontraproduktiv auf die Qualität der Lehre auswirkt. Eine Evaluation soll in erster Linie der betroffenen Lehrperson eine eigene Einschätzung der Qualität der von ihr angebotenen Lehrveranstaltung ermöglichen. Müssen die Lehrkräfte aber befürchten, dass ihre bei der studentischen Evaluation von den Hochschulen erhobenen personenbezogenen Daten detailliert weltweit verbreitet werden, hat dies auch Auswirkungen auf ihre Bereitschaft, die Evaluation als Instrument zur Verbesserung von Lehre und Studium zu akzeptieren.[106] Zu berücksichtigen ist auch, dass Bewertungen der Lehre einen Eingriff in das Persönlichkeitsrecht der Lehrperson darstellen, die je nach Art und Umfang der Evaluierungskriterien erheblich sein können.[107] Von einer solchen hochschulinternen Evaluierung zu unterscheiden ist die Frage, inwieweit die Erhebung, Speicherung und Übermittlung von personengebundenen Daten im Rahmen eines von Schülern bzw. Studenten betriebenen Bewertungsforums im Internet zulässig sind. Im Rahmen der anzustellenden Interessenabwägung muss der Verantwortliche dem allgemeinen Persönlichkeitsrecht und den Kommunikationsgrundrechten gleichermaßen Rechnung tragen.[108] Die Mitgliedstaaten haben durch Rechtsvorschriften sicherzustellen, dass das Recht auf Datenschutz mit den Grundrechten auf Meinungsfreiheit und Informationsfreiheit in Einklang gebracht wird, vgl. Art. 85 DS-GVO.

---

[105] Vgl. z. B. Art. 10 Abs. 3 S. 2 Hs. 1 BayHSchG.
[106] Zu Bewertungen durch Hörer bzw. Schüler auf Internetplattformen vgl. BayVGH v. 10.03.2010, K&R 2010, 610.
[107] Vgl. Bayerischer LfD, 24. TB (2010), 10.7.
[108] Vgl. BGH v. 23.06.2009, DuD 2009, 565 – Spickmich.

Auch in Bezug auf die **Forschung** an Hochschulen gilt, dass ihre Forschungseinrichtungen häufig personenbezogene Daten erheben und auswerten, die für die betroffenen Personen äußerst risikoträchtig sind.

Beispiel
Hochschulen forschen mit Gesundheitsdaten, führen kriminologische Untersuchungen zu rückfallgefährdeten Straftätern durch usw.

Die grundgesetzlich aus Art. 5 Abs. 3 GG gewährleistete Forschungsfreiheit steht insoweit in einem Spannungsverhältnis zum allgemeinen Persönlichkeitsrecht der betroffenen „beforschten" Personen. Die allgemeinen Datenschutzgesetze und Hochschulgesetze der Länder lösten dieses Spannungsverhältnis bislang dahingehend auf, dass personenbezogene Daten zumeist auf Grundlage von Einwilligungen der betroffenen Personen erhoben und verwendet werden können. Die so gewonnenen personenbezogenen Daten unterlagen dann einer relativ strengen Zweckbindung. Das bedeutet, dass für Zwecke der wissenschaftlichen Forschung gewonnene Daten nicht oder nur unter sehr engen Voraussetzungen für andere Zwecke verwendet werden dürfen. Möglicherweise führt Art. 5 Abs. 1 lit. b DS-GVO zu einer gewissen Lockerung der datenschutzrechtlichen Anforderungen. Jedenfalls gilt die Weiterverarbeitung von einmal erhobenen personenbezogenen Daten zu wissenschaftlichen Zwecken als nicht unvereinbar mit den ursprünglichen Zwecken, wenn die Voraussetzungen des Art. 89 DS-GVO eingehalten werden. Insbesondere müssen „geeignete Garantien" einen angemessenen Schutz des Persönlichkeitsrechts sicherstellen, vgl. Art. 89 Abs. 1 DS-GVO. Zu derartigen Maßnahmen kann insbesondere die frühzeitige Anonymisierung oder Pseudonymisierung von Daten gehören.

Dementsprechend dürfen in **Forschungsberichten** personenbezogene Daten nur veröffentlicht werden, wenn die betroffene Person hierin eingewilligt hat oder das öffentliche Interesse an der Darstellung des Forschungsergebnisses die schutzwürdigen Belange der betroffenen Person erheblich überwiegt.

Beispiel
Ein Forschungsbericht bereitet begangenes Staatsunrecht aus der Zeit der „DDR" in Bezug auf eine bestimmte Großstadt auf. Er weist darauf hin, dass konkret bezeichnete, frühere Funktionäre der DDR für begangene Menschenrechtsverletzungen verantwortlich gewesen seien.

Eine solche Aufbereitung greift intensiv in die Grundrechte der betroffenen Personen ein, u. a. weil sie erhebliche negative Auswirkungen im beruflichen und gesellschaftlichen Umfeld der betroffenen Personen haben können. Gleichwohl kann eine solche Aufbereitung datenschutzkonform sein. Der Zugang der Forschung über die Staatssicherheit der ehemaligen Deutschen Demokratischen Republik („Stasi") wird dabei weitgehend durch das sog. Stasi-Unterlagengesetz geregelt, das für bestimmte Fälle die Veröffentlichung auch von personenbezogenen Daten gestattet, vgl. § 32 Abs. 3

Stasi-Unterlagengesetz. Daten über betroffene Opfer hingegen müssen im Regelfall anonymisiert werden.[109]

Im Allgemeinen gilt allerdings der Grundsatz, dass personenbezogene Daten bereits im Rahmen der Forschung zu anonymisieren sind, sobald dies nach dem Forschungszweck möglich ist, Art. 89 Abs. 1 DS-GVO. Falls dies nicht möglich ist, ist zumindest eine wirksame Pseudonymisierung durchzuführen.

In einigen Bundesländern können Hochschulen den hochschulinternen Datenschutz in **Satzungen** regeln. Solche Regelungen haben allerdings den datenschutzgesetzlich vorgegebenen Rahmen zu beachten.[110]

3.4.2.4 Planende Verwaltung, staatliche Register

Die Öffentliche Verwaltung ist auch darauf ausgerichtet, zukünftige Veränderungen des Gemeinwesens zu berücksichtigen und in geordnete Bahnen zu lenken. Diese Aufgabe setzt insbesondere im Bauwesen **Planungen** voraus.

> **Beispiel**
> Zur Planungsverwaltung gehören bspw. die Planfeststellungsverfahren. Diese Verfahren werden in den §§ 72 ff. VwVfG geregelt, wobei das jeweilige Fachrecht (Baurecht, Wasserrecht, Immissionsschutzrecht, Naturschutzrecht usw.) im Rahmen der Planungsfeststellung zu beachten ist.

Besonderes Charakteristikum der Planungsverwaltung ist das regelmäßig zu beachtende Gebot einer **umfassenden Abwägung** der widerstreitenden Interessen.[111] Das setzt die Beteiligung Dritter im Verfahren voraus. Zugleich ist damit die Frage aufgeworfen, inwieweit die Offenbarung auch personenbezogener Daten im Planungsverfahren erforderlich ist.

> **Beispiel**
> Im Rahmen eines Planfeststellungsverfahrens wenden sich einige Landwirte gegen den geplanten Ausbau des nahegelegenen Flughafens. Der Planfeststellungsbeschluss führt konkrete Angaben u. a. zu den bewirtschafteten Flächen, den Einkünften sowie zu den Flächen- und Einkommensverlusten der namentlich bezeichneten Einwender auf, die durch den geplanten Flughafenausbau voraussichtlich entstehen.

---

[109] Anschaulich zum Beispiel Forschungsbericht der LStU Sachsen-Anhalt über die „Torgau-Urnen" unter: http://www.zeit-geschichten.de/th_03d_c18.htm (letzter Abruf 02.06.2017).
[110] Zur Vertiefung: BlnBDI, JB 2010, S. 131. In Berlin kann eine hochschulinterne Datenschutzsatzung unter den Voraussetzungen des § 61 Abs. 1 Nr. 4 BerlHG beschlossen werden.
[111] St. Rspr., vgl. dazu bereits BVerwG v. 12.12.1969, BVerwGE 34, 301, 309, s. weiterhin Ramsauer, in: Kopp/Ramsauer (Hg.), VwVfG (17. A. 2016), § 40 Rn. 152 m. w. N.

Die Veröffentlichung dieser Daten im Rahmen des Planfeststellungsverfahrens ist nicht notwendig, um etwa eine gerichtliche Anfechtung des Planfeststellungsbeschlusses zu ermöglichen. Hierzu würden auch nicht namentliche Angaben zu den betroffenen Betrieben ausreichen. Zugleich führt die Veröffentlichung der personenbezogenen Daten dazu, dass diese Daten einem breiten Personenkreis zur nicht kontrollierbaren Verwendung überlassen werden.[112]

Ausgangspunkt von planerischen, aber auch sonstigen Entscheidungen sowohl der öffentlichen Verwaltung als auch von Privaten sind häufig Daten aus **staatlichen Registern**. Angesichts der Vielfalt von Registern würde es den Rahmen sprengen, hier einen abschließenden Überblick zu geben.

Beispiele
Bundeszentralregister, Grundbuch (Liegenschaftskataster), Handelsregister, Krebsregister, Melderegister, Personenstandsregister, Schuldnerverzeichnisse der Amtsgerichte, Urkundenregister, Verkehrszentralregister.

In den vergangenen Jahren sind eine Vielzahl von Registern „internetfähig" gemacht worden, um ihre Nutzung effektiv und kostengünstig zu gestalten. Das betrifft insbesondere die Errichtung von zentralen **Justizportalen**[113] und die Veröffentlichung von **Geodaten.**[114]

Die Besonderheit derartiger Register besteht darin, dass sie häufig das Informationsinteresse auch von privaten Datenempfängern befriedigen sollen. Ein öffentliches Interesse wird wohl dann damit begründet, dass die Verarbeitung personenbezogener Daten in oder aus staatlichen Registern das Vertrauen in die Integrität des Geschäfts- und Rechtsverkehrs stärken soll. Auskünfte aus Registern erfolgen daher in aller Regel auf der Grundlage von Art. 6 Abs. 1 lit. e DS-GVO.

Das unterscheidet staatliche Informationsregister von der einzelfallbezogenen Auskunftserteilung der allgemeinen Ordnungs- und Leistungsverwaltung. Erteilt eine Behörde dort auf Anfrage einer dritten Privatperson eine Auskunft zu einer betroffenen Person, kann Art. 6 Abs. 1 lit. f DS-GVO als Rechtsgrundlage in Betracht kommen, soweit eine derartige Auskunft wohl nicht „in Erfüllung" einer öffentlichen Aufgabe liegt.

---

112 Zu diesem Fall vgl. BVerfG v. 14.10.1987, BVerfGE 77, 121.
113 Dazu vgl. Petri/Dorfner, ZD 2011, 122 sowie speziell zur Schuldnerverzeichnisführungsverordnung Petri, ZD 2012, 145 f.
114 Grundlegend dazu die Studien des ULD SH „Geodaten und Datenschutz", „Datenschutzrechtliche Rahmenbedingungen für die Bereitstellung von Geodaten für die Wirtschaft" und „Bereitstellung von Geodaten unter Berücksichtigung datenschutzrechtlicher Aspekte anhand des Datenclusters ‚Denkmalschutz' der öffentlichen Verwaltung für die Wirtschaft"; alle unter: www.datenschutzzentrum.de/geodaten/ (letzter Abruf 02.06.2017).

3.4.3 Anwendungsbereiche der allgemeinen Datenschutzgesetze

Nach Art. 70 Abs. 1 GG haben die Länder das Recht der Gesetzgebung, soweit das Grundgesetz nicht dem Bund Gesetzgebungsbefugnisse zuweist. Diese Kompetenzregel gilt auch für die allgemeinen Datenschutzgesetze. Abgesehen von den bereits erörterten bereichsspezifischen Regelungen gilt das BDSG im Bereich der staatlichen Datenverarbeitung folglich regelmäßig nur für öffentliche Stellen des Bundes, § 1 Abs. 1 BDSG n. F. Soweit diese Stellen des Bundes als **öffentlich-rechtliche Unternehmen am Wettbewerb** teilnehmen, gelten sie zumeist als nicht-öffentliche Stellen; insoweit gelten für sie dann insbesondere die Verarbeitungsregeln der DS-GVO unmittelbar und allgemein.

Soweit bereichsspezifische Regelungen fehlen, werden **Beschäftigungsverhältnisse** einheitlich nach Art. 88 DS-GVO und § 26 BDSG n. F. geregelt, gleich ob das Beschäftigungsverhältnis auf der Arbeitgeberseite einer öffentlichen Stelle (des Bundes) oder einer nicht-öffentlichen Stelle zuzuordnen ist.

3.5 Datentransfers

Mit der Datenübermittlung[115] wird der Kreis der Stellen erweitert, welche die Daten des Betroffenen verwenden. Die Erweiterung des Kreises von Datenverarbeitern kann durchaus im Interesse der betroffenen Person sein.

> **Beispiel**
> Kommunen richten häufig „Bürgerbüros" ein, in die die betroffenen Personen alle wichtigen Anliegen der Kommunalverwaltung zur Bearbeitung bringen können. In den Bürgerbüros werden z. B. melderechtliche An- und Abmeldungen, Anträge auf Zulassung von Kraftfahrzeugen, Bauanträge usw. bearbeitet.

Die Weitergabe von Daten ist für die betroffene Person allerdings nicht immer nutzbringend. Sie kann auch neue Risiken für sie begründen. Dabei ist die Art und Weise der Weitergabe für die rechtliche Einordnung als Übermittlung belanglos. Die mündliche Bekanntgabe steht der schriftlichen oder elektronischen Weitergabe von Informationen bzw. einem elektronischen Datenabruf gleich. Wesensmerkmal der Übermittlung ist es, dass Informationen **an einen Dritten** bekannt gegeben werden. Dritter ist jede Person oder Stelle außerhalb der verantwortlichen Stelle, vgl. Art. 4 Nr. 10 DS-GVO. Der Begriff der verantwortlichen Stelle begrenzt die Weitergabe sowohl in organisatorischer als auch funktionaler Hinsicht. Eine Datenübermittlung liegt da-

---

[115] Die DS-GVO verzichtet auf eine Legaldefinition der Übermittlung, verwendet den Begriff aber im Zusammenhang mit internationalen Datentransfers, vgl. Art. 44 DS-GVO. Dazu ausführlich Zerdick, in: Ehmann/Selmayr (Hg.), DS-GVO (2017), Art. 44 Rn. 7.

her zunächst vor, wenn ein Datenfluss zwischen zwei Behörden stattfindet, selbst wenn beide Behörden identische Aufgabenstellungen haben (organisatorische Begrenzung). Eine Datenübermittlung kann jedoch auch vorliegen, wenn innerhalb eines Behördenträgers Stellen mit unterschiedlichen Aufgaben personenbezogene Informationen austauschen. Diese Qualifizierung des innerbehördlichen Datenflusses als Übermittlung mag zunächst befremdlich erscheinen, ist jedoch Ausfluss des Prinzips der **informationellen Gewaltenteilung:**[116] Zum einen hängt die Gefährlichkeit personenbezogener Informationen für den Betroffenen von ihrem jeweiligen Verwendungszusammenhang ab.[117] Zum anderen soll der Staat durch die organisatorische Zusammenfassung verschiedener Aufgaben in einer Behörde das Recht auf informationelle Selbstbestimmung nicht unbegrenzt beeinträchtigen können.

Die Datenübermittlung ist von der **Amtshilfe** zu unterscheiden. Nach § 4 VwVfG und den entsprechenden landesrechtlichen Bestimmungen hat jede Behörde unter bestimmten Voraussetzungen einer anderen Behörde auf Ersuchen Amtshilfe zu leisten. In Bezug auf den Umgang mit personenbezogenen Daten schränkt jedoch das Datenschutzrecht die Grundsätze der Amtshilfe ein.[118] Eine Übermittlung personenbezogener Informationen zum Zwecke der Amtshilfe ist nur zulässig, wenn sie gesetzlich besonders gestattet ist.

3.5.1 Auftragsverarbeitung als Sonderfall der Datenweitergabe

Keine Datenübermittlung, sondern lediglich eine Weitergabe von Daten erfolgt im Rahmen der sog. **Auftragsverarbeitung,** vgl. Art. 28 DS-GVO, § 38, § 39 BDSG n. F., § 80 SGB X n. F.).[119] Bei der Auftragsverarbeitung delegiert der Auftraggeber Datenverarbeitungsaufgaben an den Auftragnehmer, der die übertragenen Daten ausschließlich im Rahmen der Weisungen des Auftraggebers verwenden darf, Art. 29 DS-GVO. Der Auftragnehmer ist von dem Auftraggeber auch regelmäßig zu kontrollieren, Art. 28 Abs. 3 lit. h DS-GVO. Dementsprechend bleibt der Auftraggeber im Außenverhältnis voll verantwortlich für die Rechtmäßigkeit der Verarbeitung, während der Auftragnehmer im Verhältnis zu Dritten datenschutzrechtlich auch weiterhin nur sehr eingeschränkt haftet. Durch die Auftragsverarbeitung wird also weder eine Erweiterung von behördlichen Befugnissen für den Auftragnehmer noch generell eine Zuständigkeitsverlagerung bewirkt.

---

116 Vgl. BVerfG v. 15.12.1983, BVerfGE 65, 1, 69.
117 Vgl. BVerfG v. 15.12.1983, BVerfGE 65, 1, 69, 44 ff.
118 Vgl. ebenso Gola/Schomerus, BDSG (12. A. 2015), § 15 Rn. 9 für die Regelungen des BDSG.
119 S. dazu Kap. 2.2.7.1.

> **Beispiel**
> Das Bundeskriminalamt kann Datenverarbeitung „im Auftrag" der Länderpolizeien betreiben, § 2 Abs. 5 Satz 2 BKAG.

Eine solche gesetzliche Beschreibung der Auftragsverarbeitung ist aus datenschutzrechtlicher Sicht problematisch. Denn hiervon können Daten betroffen sein, die nicht bundesweit relevant sind, sondern aus verfassungsrechtlichen Gründen grundsätzlich nur auf Länderebene verarbeitet werden dürfen. In diesem Fall besteht die Gefahr, dass die von den jeweiligen Gesetzgebern getroffenen Aufgabenverteilungen zwischen Bundes- und Länderpolizeien unter dem Etikett der Auftragsverarbeitung unterlaufen werden (vgl. dazu §§ 1, 2 BKAG). Die gesetzliche Erlaubnis, dass das Bundeskriminalamt als Zentralstelle die Länder auf deren Ersuchen hin bei deren Datenverarbeitung „unterstützt", sollte deshalb eigentlich als Ausnahmeregelung für Einzelfälle zu verstehen sein,[120] entwickelt sich aber zunehmend zur Regel.

3.5.2 Wesentliche Grundsätze der Datenübermittlung

Auch für die Datenübermittlung gilt das **Prinzip der Zweckbindung.** Das Zweckbindungsgebot ist gerade in Bezug auf die Datenübermittlung von zentraler Bedeutung, weil der Betroffene ansonsten die für ihn entstehenden Risiken einer hoheitlichen Datenverwendung nicht mehr überblicken kann. Deshalb können öffentliche Stellen personenbezogene Daten im Grundsatz nur zu Zwecken übermitteln, die mit dem Zweck der ursprünglichen Datenerhebung übereinstimmen oder zumindest nicht unvereinbar sind, vgl. Art. 5 Abs. 1 lit. b DS-GVO, § 23 BDSG n. F. Auch die Daten empfangende öffentliche Stelle darf die ihr übermittelten Daten grundsätzlich nur zu dem Zweck nutzen, zu dem sie ihr übermittelt worden sind. Freilich wird der Grundsatz der Zweckbindung auch in Bezug auf die Datenübermittlung vielfach durchbrochen, vgl. Art. 6 Abs. 4, Art. 23 Abs. 1 DS-GVO, § 25 Abs. 1 BDSG n. F. i. V. m. § 23 BDSG n. F.

Wie bereits erwähnt ist in Bezug auf heimliche Ermittlungen von Sicherheitsbehörden die Zweckbindung in besonderer Weise technisch-organisatorisch zu gewährleisten. Da sie regelmäßig erheblich in die Grundrechte der beobachteten Personen eingreifen, sind zumeist besondere Anforderungen an die Rechtmäßigkeit der Datenverarbeitung zu beachten. Um diese im Rahmen einer Datenübermittlung auch beim Datenempfänger zu gewährleisten, muss die übermittelnde Stelle typischerweise Daten kennzeichnen, die sie durch verdeckte Ermittlungsmaßnahmen gewonnen hat.

---

120 Ahlf, in: Ahlf/Daub/Lersch/Störzer (Hg.), BKAG (2000), § 2 Rn. 57 f.

Die **Kennzeichnungspflicht** soll die Einhaltung von Zweckbindungsgeboten bei der weiteren Verwendung der Daten, insbesondere der Datenweitergabe, sicherstellen.[121]

Ähnlich wichtig wie der Grundsatz der Zweckbindung ist das **Erforderlichkeitsprinzip**. Es besagt, dass eine öffentliche Stelle nur die personenbezogenen Daten übermitteln darf, die für die Erfüllung des konkreten Übermittlungszwecks erforderlich sind. In der DS-GVO wird das Prinzip der Erforderlichkeit auch durch die Verarbeitungsgrundsätze der Datenminimierung und Speicherminimierung konkretisiert, vgl. Art. 5 Abs. 1 lit. c und e DS-GVO.

Beispiel
Der Bürgermeister einer Gemeinde lehnt – gemeinsam mit einer Bürgerbewegung – die Errichtung einer Kläranlage in der Gemeinde ab. Demgegenüber unterstützt die Mehrheit des Gemeinderats das Projekt. Im Rahmen einer öffentlichen Gemeinderatssitzung verliest der Bürgermeister die Vornamen, Familiennamen und Straßenangaben von Personen, die ein Bürgerbegehren gegen die Errichtung einer Anlage in der Gemeinde unterstützt hatten. Er will auf diese Weise dem Gemeinderat vor Augen führen, dass das Bürgerbegehren von Bürgern aus dem gesamten Gemeindegebiet unterstützt wird.

Sofern eine Einwilligung der betroffenen Personen in die Verlesung der Daten fehlt, dürfen Unterschriftenlisten im Rahmen eines Bürgerbegehrens nur hinsichtlich der Frage ausgewertet werden, ob sie von einer ausreichenden Zahl antragsberechtigter Bürger unterschrieben worden sind. Die Unterschriftenlisten dürfen zu anderen Zwecken weder innerhalb einer Gemeindeverwaltung noch an Dritte weitergegeben werden. Die Unzulässigkeit von Datenübermittlungen ergibt sich dabei bereits aus dem Grundsatz der Erforderlichkeit. Die kommunalen Organe benötigen für die Behandlung eines Bürgerbegehrens nur die Information, dass das erforderliche Quorum erreicht worden ist. Wer das Bürgerbegehren konkret unterstützt hat, ist für die inhaltliche Behandlung des Bürgerbegehrens ohne Belang. Erst recht ist die Weitergabe der Daten an die Öffentlichkeit nicht erforderlich.[122]

3.5.3 Anforderungen an die Zulässigkeit der Datenübermittlung

Hinsichtlich der Voraussetzungen von Datenübermittlungen unterscheiden die Datenschutzgesetze danach, ob der Datenempfänger eine öffentliche oder eine nichtöffentliche Stelle ist.

---

[121] Vgl. BVerfG v. 14.07.1999, BVerfGE 100, 313, 360 f.; BVerfG v. 03.03.2004, BVerfGE 110, 33, 70 f.; BVerfG v. 02.03.2010, BVerfGE 125, 260, 333.
[122] Vgl. z. B. Bayerischer LfD, 19. TB (2002), 8.6.

3.5.3.1 Öffentliche Stellen als Datenempfänger

In Bezug auf **öffentliche Datenempfänger** unterstellt der Gesetzgeber regelmäßig, dass sie das Zweckbindungsprinzip kennen, vgl. § 25 Abs. 1 BDSG n. F. Entspricht der Zweck der Datenverarbeitung bei der Daten empfangenden Stelle dem Zweck, zu dem die übermittelnde Dienststelle die Daten gespeichert hat, unterliegt die Datenübermittlung deshalb dem pflichtgemäßen Ermessen der übermittelnden Stelle, zumeist ohne dass sie weitere Zulässigkeitsvoraussetzungen beachten muss.

Es gibt bereichsspezifische gesetzliche Regelungen, die bestimmte Datenübermittlungen sogar verbindlich anordnen.

> **Beispiel**
> Die Bundespolizei ist nach § 32 Abs. 5 BPolG i. V. m. § 87 Abs. 2 AufenthG generell verpflichtet, die zuständige Ausländerbehörde zu unterrichten, wenn sie von gesetzlich näher bestimmten ausländerrechtlichen Sachverhalten erfährt.

In dem Beispiel nimmt der Gesetzgeber verfassungsrechtlich nicht unproblematisch einen generellen Vorrang staatlicher Verarbeitungsinteressen zulasten des Betroffenen an. Ein Gegenbeispiel hierzu bildet die nur grundsätzliche Übermittlungspflicht der Polizei nach § 8 Abs. 1 AsylG. Danach hat regelmäßig eine Weitergabe von Daten über einen Asylbewerber an die mit dem Vollzug des AsylG betrauten Stellen zu unterbleiben, wenn überwiegende schutzwürdige Interessen des Betroffenen entgegenstehen.

Gleich ob eine generelle Übermittlungspflicht oder nur eine Übermittlungsbefugnis vorgesehen ist, trägt die übermittelnde Stelle die Verantwortung für die Zulässigkeit der Datenübermittlung. Sie hat deshalb sorgfältig zu prüfen, ob die Voraussetzungen für eine Datenübermittlung vorliegen. Die aus der Verantwortlichkeit resultierende **Pflicht zur Prüfung der Rechtmäßigkeit einer Übermittlung** besteht zeitlich vor der Datenweitergabe. Dabei muss die Behörde zumindest den konkreten Übermittlungszweck (wozu soll übermittelt werden?) und die Frage klären, ob die Daten empfangende Stelle zur Verfolgung dieses Zwecks zuständig ist. Soll die Übermittlung zu einem anderen Zweck als dem Erhebungszweck erfolgen, muss die übermittelnde Stelle auch die Voraussetzungen der Zweckänderung prüfen, vgl. Art. 6 Abs. 4 DS-GVO, § 25 Abs. 1 Satz 1 i. V. m. § 23 BDSG n. F.

> **Beispiel**
> Anders als nach bisherigem Recht[123] unterscheidet die DS-GVO hinsichtlich der Verantwortlichkeit nicht mehr zwischen der eigeninitiativen Datenübermittlung und Datenübermittlung auf Ersuchen. Die übermittelnde Stelle bleibt für die Einhaltung der Verarbeitungsprinzipien verantwortlich.

---

123 Vgl. § 15 Abs. 2 S. 1, 2 BDSG a. F.: „Die Verantwortung für die Zulässigkeit der Übermittlung trägt die übermittelnde Stelle. Erfolgt die Übermittlung auf Ersuchen des Dritten, an den die Daten übermittelt werden, trägt dieser die Verantwortung."

Erfolgt die Übermittlung **aufgrund eines Ersuchens einer Behörde oder anderen öffentlichen Stelle,** galt die beschriebene Prüfpflicht bislang nur eingeschränkt. Die übermittelnde Behörde hatte dann regelmäßig nur zu untersuchen, ob das Übermittlungsersuchen noch im Rahmen der Aufgaben des Datenempfängers liegt.[124] Regelmäßig hatte die übermittelnde Behörde dann also lediglich darauf zu achten, ob die Daten empfangende Behörde eine Zuständigkeit hat, die das Auskunftsbegehren trägt. Hintergrund dieser Regelung ist der Umstand, dass das Ersuchen auf eine Datenerhebung gerichtet ist. Die deutschen Gesetzgeber gingen davon aus, dass bereits die ersuchende Behörde die rechtlichen Voraussetzungen ihrer Datenerhebung selbst geprüft hat. Für Datenübermittlungen innerhalb des Bereichs der „öffentlichen Verwaltung" sahen sie deshalb lediglich eine Plausibilitätsprüfung durch die übermittelnde Behörde vor. Weitergehende Prüfpflichten hatte die übermittelnde Stelle danach nur, wenn „ein besonderer Anlass" zur Prüfung der Rechtmäßigkeit besteht. Diese Gesetzeslage ist nunmehr Vergangenheit.

Zu beachten sind auch etwaige **Beschränkungen von Übermittlungsbefugnissen.** Eine besondere Prüfpflicht haben Sicherheitsbehörden etwa in Bezug auf besondere Amts- und Berufsgeheimnisse oder wenn sie als übermittelnde Dienststelle die Daten im Wege besonderer (verdeckter) Ermittlungsmethoden gewonnen haben.

Beispiel
Die Polizei darf nicht Daten einer Telekommunikationsüberwachung an eine Ordnungsbehörde zur Verfolgung einer Ordnungswidrigkeit weitergeben.

In diesem Fall ist eine Übermittlung unzulässig, wenn und weil die Daten empfangende Stelle keine Befugnis zu derartigen verdeckten Ermittlungsmethoden hat. Im Anwendungsbereich der DSRLJ ist vorgesehen, dass die zuständigen Strafjustizbehörden bei der EU-internen Übermittlung den Datenempfänger auf etwaige Beschränkungen der Verarbeitung hinweisen müssen, vgl. Art. 9 Abs. 3 DSRLJ, § 74 Abs. 2 BDSG n. F.

Im Rahmen der Ausübung dieses pflichtgemäßen Ermessens hat die übermittelnde Dienststelle eine Datenübermittlung auch zu unterlassen, wenn erkennbar ist, dass sie schutzwürdige Interessen der betroffenen Person verletzt. Bei der Abwägung der widerstreitenden Interessen muss die öffentliche Stelle also insbesondere berücksichtigen, ob die Weitergabe der Daten für den Betroffenen eine hohe Eingriffsintensität bedeutet.[125] Einschränkungen von Übermittlungsbefugnissen können sich wie beschrieben aus besonderen gesetzlichen Verwendungsregeln, insbesondere be-

---

[124] Vgl. § 15 Abs. 2 S. 3 BDSG a. F.: „In diesem Fall prüft die übermittelnde Stelle nur, ob das Übermittlungsersuchen im Rahmen der Aufgaben des Dritten, an den die Daten übermittelt werden, liegt, es sei denn, dass besonderer Anlass zur Prüfung der Zulässigkeit der Übermittlung besteht."
[125] In Bezug auf den Polizeibereich ebenso Drewes, in: Blümel/Drewes/Malmberg/Walter (Hg.), BPolG (5. A. 2015), § 33 Rn. 13.

sondern Berufs- oder Amtsgeheimnissen, ergeben. Einschränkungen können sich aber auch aus den **Regelungszielen bestimmter Gesetze** ergeben.

> **Beispiel**
> Auskünfte nach dem Bundeszentralregistergesetz (BZRG) darf die Polizei nur an andere öffentliche Stellen weitergeben, wenn dies gesetzlich ausdrücklich vorgesehen ist (wie z. B. in § 33 V BPolG).

Wenn man von der Datenweitergabe im Rahmen eines Strafverfahrens absieht, ist eine solche Datenübermittlung an nicht-polizeiliche Stellen grundsätzlich unzulässig. Denn das BZRG enthält insoweit eine Regelung, die der Registerbehörde eine vorrangige Übermittlungsbefugnis einräumt. Eine Auskunft durch die Polizei ist nicht vorgesehen. Erst recht gilt dies für Informationen, die bereits aus dem Bundeszentralregister gelöscht sind. Nach dem insoweit eindeutigen Willen des Gesetzgebers sollen diese Daten regelmäßig nicht mehr beauskunftet werden.

Werden Daten im Anwendungsbereich der DSRLJ übermittelt, hat die zuständige Strafjustizbehörde zuvor möglichst die **Qualität der Daten** zu überprüfen, Art. 7 Abs. 2 DSRLJ, § 74 Abs. 1 BDSG n. F. Dazu hat sie den Datenempfänger im angemessenen Umfang über die **Qualität der Daten** zu informieren.

Eine spezielle datenschutzrechtliche Problematik besteht, wenn öffentliche Stellen sich wechselseitig den automatisierten Zugriff auf ihre Datenbestände einräumen. In diesen Fällen der **gemeinsamen Verfahren** ist auch eine **gemeinsame Verantwortlichkeit** der teilnehmenden Stellen begründet, vgl. Art. 26 DS-GVO. Danach haben die gemeinsamen Verantwortlichen im Rahmen einer Vereinbarung „in transparenter Weise" die Verantwortlichkeit untereinander aufzuteilen. Das Erfordernis der „transparenten" Aufteilung nimmt Bezug auf den Grundsatz der Transparenz in Art. 5 Abs. 1 Nr. 1 DS-GVO und bedeutet, dass die vereinbarte Aufgabenverteilung für die jeweils betroffenen Personen transparent ausgestaltet sein muss. Die Vereinbarung muss dabei klar erkennen lassen, wer für welche Verarbeitungs- und Verfahrensschritte konkret verantwortlich ist. Zugleich gibt die DS-GVO den gemeinsamen Verantwortlichen auf, dass die Vereinbarung im Wesentlichen die tatsächliche Aufgaben- und Funktionsaufteilung abbilden muss.

> **Beispiel**
> Bei dem Betrieb eines Bürgerportals ist der Portalbetreiber für die Verarbeitungsprozesse verantwortlich, die für den Aufbau und den Betrieb der Kommunikationsinfrastruktur erforderlich ist. Teilnehmende Fachbehörden hingegen sind für die eigenen Kommunikationsinhalte verantwortlich.

Gleich wie die Vereinbarung ausgestaltet ist: Art. 26 Abs. 3 DS-GVO erleichtert den betroffenen Personen die **Ausübung ihrer Betroffenenrechte,** indem sie ausdrücklich vorsieht, dass Betroffene ihre Rechte gegenüber jedem der gemeinsamen Verantwortlichen geltend machen können. Ist eine teilnehmende Behörde für das Anliegen der betroffenen Person nach der internen Aufgabenverteilung nicht zuständig, leitet sie es an den intern zuständigen Verantwortlichen weiter. Je nach Ausgestaltung eines gemeinsam betriebenen Verfahrens können sich die gemeinsamen Verantwortlichen insbesondere nach Maßgabe des Art. 28 Abs. 3 lit. e DS-GVO von Auftragsverarbeitern unterstützen lassen, um die Betroffenenrechte zu wahren.

Für die **Einrichtung automatisierter Abrufverfahren** sieht dazu § 10 Abs. 1 BDSG a. F. vor, dass ein solches Verfahren nur eingerichtet werden darf, soweit es „unter Berücksichtigung der schutzwürdigen Interessen der Betroffenen und der Aufgaben" der beteiligten Stellen „angemessen ist".[126] Die Einzelfallprüfung durch die übermittelnde Stelle wird dann durch die Pflicht zur Protokollierung der Abrufe, der abrufenden Stellen und der Abrufzwecke „ersetzt". Die abrufende Stelle trägt dann die alleinige Verantwortlichkeit für die Rechtmäßigkeit des Abrufs, während die übermittelnde Stelle regelmäßig nur bei konkreten Anlässen die Zulässigkeit der Abrufe kontrolliert. Ob eine solche Verfahrensweise dem Schutz des Persönlichkeitsrechts hinreichend Rechnung trägt, darf auch in Bezug auf öffentliche Stellen bezweifelt werden. Zumindest muss bei der Einrichtung von gemeinsamen Verfahren sichergestellt werden, dass die Rechtmäßigkeit eines solchen Verfahrens zuvor eingehend geprüft wird, die Verantwortlichkeiten eindeutig festgelegt sind und die hiervon betroffenen Personen ihre Datenschutzrechte einfach ausüben können.[127] Dies entspricht auch der Konzeption der gemeinsamen Verantwortlichkeit, vgl. Art. 26 DS-GVO.

Beispiel
Ein Verbund von Kreiskrankenhäusern räumt sich wechselseitig den Zugriff auf ihre Datenbestände ein. Dies geschieht im Rahmen eines „Krankenhausinformationssystems" (KIS).[128]

Bei derartigen Krankenhausinformationsverbünden stellt sich insbesondere die Frage, wie die ärztliche Schweigepflicht durch technisch-organisatorische Maßnahmen gewahrt werden kann.

3.5.3.2 Datenübermittlungen außerhalb des öffentlichen Bereichs
Bei der Übermittlung von Daten an nicht-öffentliche Stellen sind im Wesentlichen zwei unterschiedliche Fallgruppen zu untersuchen.

Erstens kann die Behörde Daten an nicht-öffentliche Stellen übermitteln, **um ihre im öffentlichen Interesse liegende Aufgabe zu erfüllen,** Art. 6 Abs. 1 lit. e DS-GVO. In diesem Fall hat sie gemäß § 25 Abs. 2 Nr. 1 BDSG n. F. zu prüfen, ob die Verarbeitung

---

126 Allgemein zur Einrichtung automatisierter Abrufverfahren s. Kap. 2.2.5.
127 Vgl. Entschließung der 79. Konferenz der Datenschutzbeauftragten des Bundes und der Länder vom 17./18. März 2010: Ein modernes Datenschutzrecht für das 21. Jahrhundert, S. 15 f.
128 Zur Vertiefung: Entschließung der 81. Konferenz der Datenschutzbeauftragten des Bundes und der Länder, Entschließung vom 16./17. März 2011: Datenschutzkonforme Gestaltung und Nutzung von Krankenhausinformationssystemen.

zur Aufgabenerfüllung erforderlich ist und ob die Voraussetzungen vorliegen, die eine zweckändernde Verarbeitung nach § 23 BDSG n. F. zulassen würden.

Erfolgt zweitens eine Datenübermittlung nicht zur Aufgabenerfüllung der übermittelnden Stelle, muss die erhebende Stelle bestimmte Darlegungspflichten erfüllen. Sie hat zumeist glaubhaft darzulegen, dass sie ein **berechtigtes Interesse** an der Kenntnis der zu übermittelnden Daten hat, vgl. § 25 Abs. 2 Nr. 2 BDSG. Die übermittelnde Behörde hat dann im Rahmen einer Interessenabwägung zu prüfen, ob schutzwürdige Interessen der betroffenen Person einer Übermittlung entgegenstehen, vgl. Art. 6 Abs. 1 lit. f DS-GVO. Überdies müssen die Voraussetzungen für eine zweckändernde Verarbeitung nach Art. 6 Abs. 4 DS-GVO vorliegen. Häufig bedingt diese Prüfung, dass die betroffene Person vor der entsprechenden Datenübermittlung informiert wird und Gelegenheit zur Stellungnahme erhält.

Benötigt der nicht-öffentliche Datenempfänger die personenbezogenen Daten zur **Geltendmachung, Ausübung oder Verteidigung rechtlicher Ansprüche,** sieht § 25 Abs. 2 Nr. 3 BDSG n. F. eine Übermittlung auch ohne Abwägung mit schutzwürdigen Interessen der betroffenen Person vor. Das gilt zumindest dann, wenn der Datenempfänger sich gegenüber der übermittelnden Behörde verpflichtet hat, die Daten ausschließlich zu dem geltend gemachten Zweck zu verwenden. Diese Vorschrift dürfte in einem Spannungsverhältnis zu Art. 6 Abs. 1 lit. f DS-GVO stehen, der ausdrücklich eine Interessenabwägung vorschreibt.[129]

Weniger streng sind zumeist die Voraussetzungen für die Einsichtnahme in **öffentliche Register.**

Beispiel
§ 12 Abs. 1 Satz 1 Grundbuchordnung (GBO) sieht vor, dass die Einsicht in das **Grundbuch** jedem gestattet ist, der ein berechtigtes Interesse darlegt. Weder verlangt der Wortlaut der Vorschrift, dass das berechtigte Interesse „glaubhaft" dargelegt wird, noch hat die Registerbehörde die betroffene Person anzuhören, um etwaige schutzwürdige Interessen in Erfahrung zu bringen, die einer Einsichtnahme entgegenstehen.

---

[129] Möglicherweise hat sich der deutsche Gesetzgeber davon leiten lassen, dass Art. 9 Abs. 2 lit. j DS-GVO eine Ausnahme vom Verarbeitungsverbot nach Art. 9 Abs. 1 DS-GVO für Verarbeitungen vorsieht, die für die Geltendmachung, Ausübung oder Verteidigung rechtlicher Ansprüche erforderlich sind. Art. 9 Abs. 2 DS-GVO sieht aber nur eine Ausnahme von einem Verarbeitungsverbot vor und bietet keine eigenständige Verarbeitungsgrundlage, vgl. z. B. Schiff, in: Ehmann/Selmayr (Hg.), DS-GVO (2017), Art. 9 Rn. 27. Die Erlaubnistatbestände werden abschließend und erschöpfend in Art. 6 Abs. 1 DS-GVO aufgezählt, vgl. Buchner/Petri, in: Kühling/Buchner (Hg.), DS-GVO (2017), Art. 6 Rn. 1. Mit anderen Worten entbindet Art. 9 Abs. 2 lit. j DS-GVO nicht von dem Erfordernis einer Interessenabwägung, auch wenn diese regelmäßig zugunsten des Datenempfängers ausfallen dürfte. Vgl. dazu etwa EuGH v. 04.05.2017, Az.: C-13/16 (ohne ausdrückliche Bezugnahme auf die Frage der Verarbeitung sensibler Daten).

In Bezug auf öffentliche Register sind die Prüfanforderungen also nicht so streng wie bei einzelfallbezogenen Datenübermittlungen. Vermutlich hängt dies mit dem Umstand zusammen, dass Datenübermittlungen aus Registern sehr häufig erbeten und vollzogen werden (Datenübermittlungen als „Massengeschäft"). Eine eingehende Prüfung ist für die registerführende Behörde deshalb selbst dann praktisch schwer möglich, wenn es um sensible Daten geht.

Beispiel
Die Amtsgerichte führen in ihrer Eigenschaft als Vollstreckungsgerichte sog. „**Schuldnerverzeichnisse**". Darin sind u. a. Personen erfasst, die in einem beim Amtsgericht anhängigen Verfahren einen „Offenbarungseid" über ihre wirtschaftlichen Verhältnisse abgeben mussten oder gegen die eine „Schuldnerhaft" angeordnet ist.[130] Personenbezogene Informationen aus dem Schuldnerverzeichnis dürfen nur für Zwecke der Zwangsvollstreckung verwendet werden sowie um gesetzliche Pflichten zur Prüfung der wirtschaftlichen Zuverlässigkeit zu erfüllen, um Voraussetzungen für die Gewährung von öffentlichen Leistungen zu prüfen oder um wirtschaftliche Nachteile abzuwenden, die daraus entstehen können, dass Schuldner ihren Zahlungsverpflichtungen nicht nachkommen, oder soweit dies zur Verfolgung von Straftaten erforderlich ist. Die Daten dürfen nur für den Zweck verwendet werden, für den sie übermittelt worden sind. Der Urkundsbeamte der Geschäftsstelle erteilt auf Antrag Auskunft, welche Angaben über eine bestimmte Person in dem Schuldnerverzeichnis eingetragen sind, wenn dargelegt wird, dass die Auskunft für einen der bezeichneten Zwecke erforderlich ist, § 915b ZPO.

Schuldnerverzeichnisdaten sind für die betroffenen Personen äußerst sensibel. Denn wer in einem Schuldnerverzeichnis eingetragen ist, genießt im Geschäftsverkehr keine Bonität mehr. Solche Daten sind überdies geeignet, die betroffenen Personen auch in ihrem gesellschaftlichen Umfeld zu ächten. Diese Risiken fallen umso mehr ins Gewicht, als in der Vergangenheit immer wieder Personen nur aufgrund von Namensgleichheiten versehentlich als eingetragene Schuldner angesehen wurden.[131]

Trotzdem sollen ab 2013 die Schuldnerverzeichnisse sogar über ein zentrales Internetportal verfügbar gemacht werden.[132] Dadurch soll die Einsichtnahme im Interesse eines effektiven Gläubigerschutzes vereinfacht werden. Die Übermittlung äußerst sensibler Daten im Wege eines Internetportals wirft allerdings zahlreiche datenschutzrechtliche Fragestellungen auf. Insbesondere ist durch geeignete technisch-organisatorische Verfahren sicherzustellen, dass nur Personen oder Stellen Schuldnerdaten erhalten, die ein berechtigtes Informationsinteresse haben (z. B. Registrierung). Des Weiteren muss der Umfang der übermittelten Daten strikt auf das erforderliche Maß begrenzt werden.[133]

---

130 Vgl. dazu § 915 ZPO.
131 Vgl. Petri, ZD 2012, 145 f.
132 Vgl. dazu Gesetz zur Reform der Sachaufklärung in der Zwangsvollstreckung vom 29.07.2009 (BGBl. I, S. 2258).
133 Zur Problematik s. LDI NRW, 20. TB (2011), 13.8.

3.5.3.3 Protokollierungs- und Dokumentationspflichten

Mit Datenübermittlungen typischerweise verbunden sind Protokollierungs- und Dokumentationspflichten. Sie ergeben sich aus der datenschutzrechtlichen Verantwortlichkeit der übermittelnden Stelle (**Rechenschaftspflicht**, vgl. Art. 5 Abs. 2, Art. 24 Abs. 1 DS-GVO). Zwingend notwendig sind solche Pflichten insbesondere bei gemeinsamen Verfahren, die schon aufgrund der Art und Weise der Datenübermittlungen für die Betroffenen besonders risikoträchtig sind. Jedenfalls dann, wenn die Datenübermittlung einen erheblichen Grundrechtseingriff darstellt und mit ihr erhebliche Risiken für den Betroffenen entstehen, ist die Pflicht zur Protokollierung bzw. Dokumentation im Hinblick auf den grundrechtlichen Anspruch auf effektiven Rechtsschutz verfassungsrechtlich begründet. Die Protokollierung bzw. Dokumentation hat die Angaben zu umfassen, die erforderlich sind, um die Berechtigung einer Datenübermittlung überprüfen zu können. Damit sind regelmäßig der Anlass, der Inhalt, der oder die Empfänger und der Tag der Übermittlung zu erfassen.

3.5.4 Besonderheiten beim Datentransfer in Drittländer oder an internationale Organisationen

Während Übermittlungen an Dritte innerhalb des EU-Raums wie innerstaatliche Datenübermittlungen zu behandeln sind, gelten für Datentransfers an Drittländer oder an internationale Organisationen Regeln, die zusätzlich zu den allgemeinen Verarbeitungsprinzipien zu beachten sind. Diese Vorschriften soll sicherstellen, dass das durch die DS-GVO und DSRLJ gewährleistete Schutzniveau für betroffene natürliche Personen nicht untergraben wird, vgl. Art. 44 Satz 2 DS-GVO, Art. 35 Abs. 3 DSRLJ. **Auftragsverarbeiter** mit Sitz in einem Drittland verarbeiten personenbezogene Daten regelmäßig auf Grundlage eines Vertrags mit dem Verantwortlichen. Für Datenübermittlungen gelten – wie bei Datenübermittlungen an Verantwortliche in Drittländern – die Art. 44–47 und 49 DS-GVO (bzw. die entsprechenden Regeln in Art. 35 ff. DSRLJ in Verbindung mit dem jeweiligen Umsetzungsgesetz).

Eine ausführliche Behandlung der zu beachtenden Vorgaben würde den Rahmen einer Einführung sprengen. Deshalb wird hier nur darauf hingewiesen, dass Verantwortliche internationale Übermittlungen anhand von mehreren Schritten zu prüfen haben:

1. Zunächst sollte der Verantwortliche klären, ob das angesteuerte Drittland bzw. die Daten empfangende internationale Organisation allgemein ein angemessenes Schutzniveau bietet, vgl. Art. 45 DS-GVO. Ein solches **angemessenes Schutzniveau** wird von der EU-Kommission nach Durchführung eines umfassenden Prüfverfahrens förmlich in Gestalt eines **Angemessenheitsbeschlusses** festgestellt. Liegt ein solcher Angemessenheitsbeschluss vor, ist die Übermittlung unter den Bedingungen zulässig, wie sie für Übermittlungen im EU-Raum gelten. Beispiel für einen derartigen Angemessenheitsbeschluss bietet der datenschutzpolitisch

und -rechtlich umstrittene **EU/US Privacy Shield**.[134] § 78 Abs. 2 BDSG n. F. sieht vor, dass eine Übermittlung trotz Vorliegen eines Angemessenheitsbeschlusses zu unterbleiben hat, wenn im Einzelfall ein datenschutzrechtlich angemessener und die elementaren Menschenrechte wahrender Umgang mit den Daten nicht hinreichend gesichert ist oder sonst überwiegende schutzwürdige Interessen einer betroffenen Person entgegenstehen. Diese Vorgabe dient der Umsetzung verfassungsrechtlicher Vorgaben.[135] Die Vorschrift darf nicht zum Vorwand genommen werden, einen Angemessenheitsbeschluss der Kommission pauschal zu unterlaufen. Mit dieser Maßgabe kann sie im Bereich der im öffentlichen Interesse erfolgenden Verarbeitung als Konkretisierung der Grundsätze des Art. 5 Abs. 1 DS-GVO angesehen werden.

2. Liegt kein Angemessenheitsbeschluss vor, darf eine Übermittlung nur erfolgen, wenn der Datenempfänger **geeignete Garantien** vorgesehen hat und sofern den betroffenen Personen **durchsetzbare Rechte und wirksame Rechtsbehelfe** zur Verfügung stehen, vgl. Art. 46 DS-GVO. Art. 46 Abs. 2, 3 DS-GVO sieht dazu einen abschließenden Katalog von geeigneten Garantien vor. Für öffentliche Stellen sieht bspw. Art. 46 Abs. 3 lit. b DS-GVO vor, dass Behörden eine **Verwaltungsvereinbarung** schließen, die entsprechende durchsetzbare und wirksame Betroffenenrechte einschließt. Diese Verwaltungsvereinbarungen stehen unter dem Vorbehalt der Genehmigung durch die zuständige Datenschutz-Aufsichtsbehörde.

3. Fehlt ein Angemessenheitsbeschluss und gibt es auch keine geeigneten Garantien auf der Empfängerseite, sind Datenübermittlungen nur ausnahmsweise nach Maßgabe des Art. 49 DS-GVO zulässig. **Gerichtsurteile** und **behördliche Entscheidungen eines Drittlands** begründen nur dann eine Übermittlungsbefugnis, wenn sie auf eine **wirksame internationale Übereinkunft** gestützt werden, Art. 48 DS-GVO. Beispielhaft nennt Art. 48 Rechtshilfeabkommen mit Beteiligung der EU oder eines EU-Mitgliedstaats und dem ersuchenden Drittland. Unverbindliche Empfehlungen genügen nicht, selbst wenn sie in internationalen Übereinkommen ausgesprochen werden.[136] Andere Ausnahmetatbestände sind in Art. 49 DS-GVO vorgesehen. Für Behörden besonders relevant sind Übermittlungen, die aus **wichtigen Gründen des öffentlichen Interesses notwendig** sind, Art. 49 Abs. 1 Satz 1 lit. d DS-GVO. Nach Abs. 4 muss das öffentliche Interesse im Unionsrecht oder im Recht der Mitgliedstaaten anerkannt sein. Die öffentlichen Interessen müssen „wichtig" sein; das trifft beileibe nicht auf jedes Interesse der Allgemeinheit zu. Partikular- oder Privatinteressen Einzelner genügen hierfür offenkundig nicht.[137] Das öffentliche Interesse muss im Unionsrecht oder im einzelstaatlichen Recht des Mitgliedstaats „festgelegt" oder zumindest anerkannt sein.

---

134 Umfassend dazu Schröder, in: Kühling/Buchner (Hg.), DS-GVO (2017), Art. 45 Rn. 40 ff.
135 Vgl. BT-Drs. 18/11325, S. 120 unter Berufung auf BVerfG v. 20.04.2016, BVerfGE 141, 220.
136 So zu Recht Schröder, in: Kühling/Buchner (Hg.), DS-GVO (2017), Art. 48 Rn. 16.
137 Vgl. im Einzelnen Schiff, in: Ehmann/Selmayr (Hg.), DS-GVO (2017), Art. 9 Rn. 45–47.

Das setzt eine entsprechende normative Verankerung voraus.[138] Art. 23 Abs. 1 DS-GVO zählt bspw. Verarbeitungszwecke im öffentlichen Interesse auf, die bei einem entsprechenden Gewicht Datenübermittlungen rechtfertigen können. Eine weitere relevante Spezialregelung in Art. 49 Abs. 1 Satz 1 lit. g DS-GVO betrifft die **Übermittlung aus öffentlichen Registern.** Insoweit ist zu beachten, dass Datenübermittlungen nicht die Gesamtheit oder ganze Kategorien der im Register enthaltenen personenbezogenen Daten umfassen dürfen, vgl. Art. 49 Abs. 2 DS-GVO.

4. Falls alle diese Voraussetzungen nicht erfüllt sind, sind einzelfallbezogene und begrenzte Übermittlungen unter den strengen Voraussetzungen des Art. 49 Abs. 1 Satz 2 DS-GVO gestattet. Eine dieser Voraussetzungen ist das Vorliegen eines zwingenden berechtigten Interesses des Verantwortlichen. Diese Ausnahmevorschrift ist auf Behörden, die Daten in Erfüllung ihrer gesetzlichen Aufgaben verarbeiten, nicht anwendbar, vgl. Art. 49 Abs. 3 DS-GVO.

---

138 Vgl. Zerdick, in; Ehmann/Selmayr (Hg.), DS-GVO (2017), Art. 49 Rn. 14.

Benedikt Buchner
4 Datenverarbeitung im nicht-öffentlichen Bereich

4.1 Öffentlicher und nicht-öffentlicher Bereich

Ungeachtet dessen, dass die datenschutzrechtliche Entwicklung von einem Trend hin zu einheitlichen Regelungsansätzen geprägt ist,[1] wird auch in Zukunft die Differenzierung nach Datenschutz im öffentlichen und nicht-öffentlichen Bereich nicht hinfällig sein. Dies gilt insbesondere auch für die DS-GVO, die zwar im Ausgangspunkt einheitliche Regelungen für öffentliche und nicht-öffentliche Stellen vorsieht, gleichwohl aber aus den verschiedensten Gründen unterschiedliche datenschutzrechtliche Rahmenbedingungen für den öffentlichen und den nicht-öffentlichen Bereich mit sich bringen wird.

4.1.1 Bislang: zweigeteilter Regelungsansatz

Das BDSG a. F. hat für die Datenverarbeitung im öffentlichen Bereich und im nicht-öffentlichen Bereich jeweils noch getrennte Regelungsabschnitte bereitgehalten.[2] Im 2. Abschnitt finden sich die Vorschriften für die Datenverarbeitung öffentlicher Stellen (§§ 12–26 BDSG a. F.), im 3. Abschnitt die Vorschriften für dieDatenverarbeitung nicht-öffentlicher Stellen und öffentlich-rechtlicher Wettbewerbsunternehmen (§§ 27–38a BDSG a. F.).

Sichtbarste Ausprägung dieses zweigeteilten Regelungsansatzes sind die unterschiedlich ausgestalteten gesetzlichen Datenverarbeitungsbefugnisse öffentlicher und nicht-öffentlicher Stellen. Für die Datenverarbeitung durch öffentliche Stellen beschränken sich die §§ 13 ff. BDSG a. F. dem Grund nach auf die allgemeine Vorgabe, dass die Datenverarbeitung im Rahmen staatlicher Aufgabenerfüllung erfolgen muss; notwendig, aber auch ausreichend ist, dass sich der verfolgte Zweck der Datenverarbeitung als staatliche Aufgabe in einem Gesetz, einer Verordnung oder einer sonstigen Rechtsvorschrift findet.[3] Letztlich wird damit die Entscheidung über die Datenverarbeitungsbefugnis öffentlicher Stellen diesen anderen Rechtsvorschriften überlassen. Was hingegen die Datenverarbeitung nicht-öffentlicher Stellen angeht, findet sich im BDSG selbst in den §§ 28 ff. BDSG a. F. ein ausdifferenzierter Katalog der verschiedensten Zulässigkeitstatbestände, bei deren Erfüllung nicht-öffentliche Stellen grundsätzlich zur Datenverarbeitung befugt sind.

---

[1] Kap. 2.1.1.2
[2] Zu diesem zweigeteilten Ansatz s. schon Kap. 2.1.1.1.
[3] Gola/Schomerus, BDSG (12. A. 2015), § 13 Rn. 2.

4.1.2 DS-GVO: Öffnungsklauseln für die Datenverarbeitung im öffentlichen Interesse

Die DS-GVO verfolgt demgegenüber einen einheitlichen Regelungsansatz und differenziert im Ausgangspunkt nicht zwischen einer Datenverarbeitung im öffentlichen Bereich und im nicht-öffentlichen Bereich. Jedoch erfährt dieser einheitliche Regelungsansatz sogleich wieder eine Einschränkung dahingehend, dass die Mitgliedstaaten für eine Datenverarbeitung im öffentlichen Interesse in vielerlei Hinsicht auch weiterhin einen Regelungsspielraum im nationalen Recht haben werden. Zwar findet sich diese Einschränkung in der endgültigen Fassung nicht mehr an so prominenter Stelle wie noch im Standpunkt des Rates. Letzterer sah bereits in Art. 1 die Einschränkung vor, dass die Mitgliedstaaten für den öffentlichen Bereich die Vorgaben der Verordnung durch spezifischere Regelungen ergänzen können.[4] Jedoch ergibt sich nunmehr aus Art. 6 Abs. 2 und Abs. 3 DS-GVO sowie einer Vielzahl anderer Öffnungsklauseln, die in erster Linie auf den öffentlichen Bereich zugeschnitten sind, dass das Datenschutzrecht auch unter der DS-GVO im öffentlichen und nicht-öffentlichen Bereich unterschiedliche Wege einschlagen wird.

Gemäß Art. 6 Abs. 2, Abs. 3 S. 3 DS-GVO können die Mitgliedstaaten für die Verarbeitung personenbezogener Daten zur Erfüllung einer rechtlichen Verpflichtung und für die Datenverarbeitung zur Wahrnehmung einer Aufgabe, die im öffentlichen Interesse liegt oder in Ausübung öffentlicher Gewalt erfolgt, im nationalen Recht **spezifischere bzw. spezifische Bestimmungen** zur Anpassung der Anwendung der Vorschriften der DS-GVO vorsehen.[5] Sinn und Zweck dieser Öffnungsklauseln ist es in erster Linie, den Mitgliedstaaten eine Befugnis zur Bewahrung und Fortentwicklung des nationalen Datenschutzrechts im öffentlichen Bereich einzuräumen.[6] Schon deshalb werden die datenschutzrechtlichen Vorgaben auch unter dem einheitlichen Regelungsmodell der DS-GVO im öffentlichen und nicht-öffentlichen Bereich weiterhin unterschiedlich ausfallen.

---

4 Vgl. BR-Drs. 290/15, S. 2.
5 Der Regelungsgehalt in Abs. 2 und in Abs. 3 des Art. 6 DS-GVO wiederholt und überschneidet sich in vielerlei Hinsicht, was auf die kontroverse Entstehungsgeschichte dieser Regelungen zurückzuführen ist. Die eigentliche Kompetenzgrundlage für mitgliedstaatliche Regelungen im Bereich der öffentlichen Datenverarbeitung ist in Abs. 3 S. 3 zu sehen, während Abs. 2 im Wesentlichen nur eine klarstellende Funktion zukommt; ausführlicher dazu Buchner/Petri, in: Kühling/Buchner (Hg.), DS-GVO (2017), Art. 6 Rn. 92 ff.
6 Vgl. BR-Drs. 290/15, S. 2; Will, ZD 2015, 345.

4.1.3 Rechtmäßigkeit der Datenverarbeitung im öffentlichen und nicht-öffentlichen Bereich

Unabhängig davon bedingen es aber auch die regelungsspezifischen Besonderheiten im öffentlichen und nicht-öffentlichen Bereich, dass selbst bei einem einheitlichen Regelungsansatz die datenschutzrechtlichen Rahmenbedingungen der Sache nach in beiden Bereichen stets unterschiedlich ausfallen werden. Dies zeigt sich v. a. bei den Regelungen zur Rechtmäßigkeit einer Datenverarbeitung. Die DS-GVO normiert insoweit in Art. 6 diverse Erlaubnistatbestände, auf deren Grundlage eine Verarbeitung personenbezogener Daten zulässig sein soll. Inhaltlich entsprechen diese Erlaubnistatbestände weitestgehend denen der bisherigen DSRL und zählen folgende Konstellationen auf, die im Rahmen der Erforderlichkeit eine Datenverarbeitung legitimieren können (Art. 6 Abs. 1 lit. a bis f):

a   Datenverarbeitung auf Grundlage einer Einwilligung der betroffenen Person
b   Datenverarbeitung zur Durchführung eines Schuldverhältnisses
c   Datenverarbeitung zur Erfüllung einer rechtlichen Verpflichtung
d   Datenverarbeitung zum Schutz lebenswichtiger Interessen
e   Datenverarbeitung zur Wahrnehmung einer Aufgabe, die im öffentlichen Interesse liegt oder in Ausübung öffentlicher Gewalt erfolgt
f   Datenverarbeitung auf Grundlage einer Interessenabwägung

Wie schon bislang wird auch unter DS-GVO diesen Erlaubnistatbeständen je nach Datenverarbeitung im öffentlichen oder nicht-öffentlichen Bereich eine **unterschiedliche Bedeutung** zukommen. Von Relevanz für den öffentlichen Bereich sind v. a. die Erlaubnistatbestände für eine Datenverarbeitung zur Erfüllung einer rechtlichen Verpflichtung und zur Wahrnehmung einer Aufgabe, die im öffentlichen Interesse liegt oder in Ausübung öffentlicher Gewalt erfolgt (lit. c und e). Demgegenüber sind die Erlaubnistatbestände, die eine Datenverarbeitung zur Durchführung eines Schuldverhältnisses oder auf Grundlage einer Interessenabwägung legitimieren (lit. b und f), in erster Linie für den Bereich der nicht-staatlichen Datenverarbeitung von Relevanz. Die Zulässigkeit einer Datenverarbeitung auf Grundlage einer Interessenabwägung schließt Art. 6 Abs. 1 UAbs. 2 DS-GVO für die Datenverarbeitung durch Behörden in Erfüllung ihrer Aufgaben sogar ausdrücklich aus.

Und schließlich ist auch der Erlaubnistatbestand der **Einwilligung** zuallererst für den Bereich der nicht-staatlichen Datenverarbeitung von Bedeutung. Nach dem Regelungskonzept der DS-GVO kann sich zwar im Ausgangspunkt jede datenverarbeitende Stelle für die Verarbeitung personenbezogener Daten auf den Erlaubnistatbestand der Einwilligung stützen; eine Unterscheidung nach staatlichen und nicht-staatlichen Datenverarbeitern sieht die DS-GVO mit ihrem einheitlichen Regelungsansatz für den Erlaubnistatbestand der Einwilligung gerade nicht vor. Gleichwohl ist aber die Bedeutung der Einwilligung im Bereich der staatlichen Datenverarbeitung nicht mit der im Bereich der nicht-staatlichen Datenverarbeitung vergleichbar. Für staatliche Stellen gilt primär das Gebot der Gesetzmäßigkeit der Verwaltung, die Grenzen zulässiger Datenverarbeitung sind für staatliche Stellen grundsätzlich durch ihre gesetzlich definierten Aufgaben vorgegeben.[7] Im Rahmen dieser Aufgabenerfüllung dürfen staatliche Stellen ohnehin Daten erheben, soweit dies erforderlich ist; insoweit hängt ihre Befugnis nicht von einem Einverständnis der betroffenen Person ab. Umgekehrt dürfen staatliche Stellen ihre Hoheitsbefugnisse aber auch nicht über diese Grenzen hinaus ausdehnen, indem sie sich von Betroffenen eine entsprechende Einwilligung erteilen lassen.[8]

Anders ist die Situation im Bereich der nicht-staatlichen Datenverarbeitung. Die Datenverarbeitung auf Grundlage einer Einwilligung des Betroffenen ist hier an der Tagesordnung, gerade auch, um solche Formen der Datenverarbeitung zu legitimieren, die nicht bereits gesetzlich erlaubt sind.[9]

4.2 Der Erlaubnistatbestand der Einwilligung

Unter dem BDSG a. F. kommt der Einwilligung eine zentrale Bedeutung als Erlaubnistatbestand für die Datenverarbeitung zu. Und daran wird sich auch künftig unter der DS-GVO nichts ändern. In Art. 6 DS-GVO ist die Einwilligung – wie auch schon in Art. 7 DSRL – an erster Stelle der Erlaubnistatbestände normiert. Sie ist genuiner Ausdruck informationeller Selbstbestimmung.[10] Die betroffene Person entscheidet sich – zumindest nach der gesetzgeberischen Idealvorstellung – frei und selbstbestimmt dafür, dass ein bestimmter Datenverarbeiter in einem bestimmten Umfang auf eine bestimmte Art und Weise ihre personenbezogenen Daten nutzen darf.

4.2.1 Allgemeines

Die Einwilligung wird wie im Bürgerlichen Recht so auch im Datenschutzrecht als **vorherige Zustimmung** verstanden und muss daher im Vorfeld einer beabsichtigten Datenverarbeitung erteilt werden. Mit ihrer Einwilligung bringt die betroffene Person zum Ausdruck, dass eine Datenverarbeitung – ausnahmsweise – in den Grenzen der erteilten Einwilligung zulässig sein soll und sie insoweit auf den Schutz ihrer

---

[7] Kühling, in: Wolff/Brink (Hg.), BeckOK-DatenSR (19. Ed. 2017), § 4a BDSG Rn. 6.
[8] S. schon für die Richtlinie Dammann, in: Dammann/Simitis (Hg.), EG-Datenschutzrichtlinie (1997), Art. 8 Rn. 9. Für die DS-GVO s. a. EG 43, wonach „insbesondere" bei der Einholung einer Einwilligung durch eine Behörde davon auszugehen ist, dass zwischen den Beteiligten ein klares Ungleichgewicht besteht und schon deshalb die Einwilligung keine rechtliche Handhabe für eine Datenverarbeitung liefern soll.
[9] Zur Einwilligung im Bereich der nicht-staatlichen Datenverarbeitung s. Buchner, DuD 2010, 39.
[10] Kühling/Seidel/Sivridis, Datenschutzrecht (3. A. 2015), Rn. 311.

personenbezogenen Daten verzichtet. Diese Willensbekundung muss sich notwendig auf einen erst bevorstehenden Eingriff in das Recht auf informationelle Selbstbestimmung beziehen.[11] Eine erst nachträgliche Einwilligung (Genehmigung) sieht das Datenschutzrecht demgegenüber nicht vor; eine verspätete Zustimmung kann daher einen bereits erfolgten Eingriff in das Recht auf informationelle Selbstbestimmung nicht mehr legitimieren.[12]

4.2.1.1 Regelungen zur Einwilligung – ein erster Überblick
Im bisherigen nationalen Recht ist der Erlaubnistatbestand der Einwilligung sowohl im BDSG als auch in bereichsspezifischen Datenschutzgesetzen wie etwa TKG und TMG normiert.[13] Regelungen zur Einwilligung finden sich daneben in den unterschiedlichsten Gesetzen und zwar gerade auch solchen, die im Kern keinen spezifisch datenschutzrechtlichen Regelungsanspruch verfolgen, etwa im Krankenhausrecht oder im (Hoch-)Schulrecht. Darüber hinaus gibt es auch in den verschiedenen Landesdatenschutzgesetzen Einwilligungsregeln, die jedoch den Regelungen im BDSG weitgehend entsprechen.[14]

Im **bisherigen BDSG** ist neben § 4 BDSG a. F. die Vorschrift des § 4a Abs. 1 BDSG a. F. von zentraler Bedeutung, die eine Reihe von inhaltlichen und formalen Anforderungen an die Einwilligung stellt, welche erfüllt sein müssen, damit die Einwilligung als wirksam eingeordnet werden kann. Die Anforderungen sollen v. a. sicherstellen, dass der einzelne Betroffene freiwillig und informiert in eine Verarbeitung seiner personenbezogenen Daten einwilligt (§ 4a Abs. 1 S. 1 und 2 BDSG a. F.). Mit der Schriftform nach Abs. 1 S. 3 möchte der Gesetzgeber gewährleisten, dass nicht übereilt und unüberlegt in eine Datenverarbeitung eingewilligt wird. Und das sog. Hervorhebungsgebot des Abs. 1 S. 4 soll sicherstellen, dass Datenverarbeiter datenschutzrelevante Einwilligungsklauseln nicht in ihren oft seitenlangen Formularverträgen „verstecken".

Mit Geltung der DS-GVO werden die Regelungen des BDSG a. F. zur Einwilligung durch diejenigen der **DS-GVO** ersetzt, da die Verordnung die Bedingungen, die für die Einwilligung als datenschutzrechtlicher Legitimationstatbestand gelten, weitestgehend abschließend regelt. In ihrer Rolle als Erlaubnistatbestand für die Verarbeitung personenbezogener Daten ist die Einwilligung in Art. 6 Abs. 1 lit. a DS-GVO geregelt. Art. 7 DS-GVO normiert sodann, vergleichbar dem § 4a BDSG a. F., eine Reihe von Bedingungen, die für die Einwilligung gelten, damit diese eine Verarbei-

---

[11] Buchner/Kühling, in: Kühling/Buchner (Hg.), DS-GVO (2017), Art. 7 Rn. 30.
[12] S. schon für das BDSG OLG Köln v. 15.01.1992, MDR 1992, 447.
[13] S. § 13 Abs. 2 TMG und § 94 TKG; s. darüber hinaus (beispielhaft) auch noch die Regelungen im Sozialdatenschutzrecht (§§ 67 ff. SGB X; insbesondere § 67b SGB X).
[14] Vgl. etwa § 4 BbgDSG, § 4 DSG LSA, § 7 DSG MV, § 4 LDSG BW, § 7 HDSG, § 4 DSG NRW, § 4 NDSG, § 4 SächsDSG, § 4 ThürDSG.

tung personenbezogener Daten legitimieren kann. In einem ersten Absatz wird dem für die Datenverarbeitung Verantwortlichen die Beweislast dafür aufgebürdet, dass überhaupt eine wirksame Einwilligung erteilt worden ist. In Abs. 2 findet sich ein Transparenz- und Hervorhebungsgebot für den Fall einer schriftlich erteilten Einwilligung. Abs. 3 normiert die jederzeitige Widerrufbarkeit der Einwilligung und Abs. 4 liefert einen Beurteilungsmaßstab dafür, ob eine Einwilligung freiwillig erteilt worden ist. Die klassischen Wirksamkeitsvoraussetzungen für eine Einwilligung wie Freiwilligkeit, Informiertheit oder auch Bestimmtheit finden sich allerdings nicht in Art. 7 DS-GVO, sondern stattdessen in erster Linie in der Definitionsnorm des Art. 4 Nr. 11 DS-GVO.

Im Großen und Ganzen sind die Bedingungen, wie sie für die Einwilligung bislang nach dem BDSG a. F. galten und künftig unter der DS-GVO gelten, die gleichen. Wegfallen wird allerdings das grundsätzliche Schriftformerfordernis des § 4a Abs. 1 S. 3 BDSG a. F. Ein Mehr an Rechtsklarheit bringt die Verordnung darüber hinaus v. a. hinsichtlich des in Art. 4 Nr. 11 DS-GVO normierten Erfordernisses einer unmissverständlich erteilten Einwilligung.[15]

4.2.1.2 Einwilligung und gesetzliche Erlaubnistatbestände
Sowohl nach der Regelungssystematik des BDSG a. F. als auch nach der der DS-GVO kommen neben der Einwilligung als mögliche Legitimationsgrundlage für eine Verarbeitung personenbezogener Daten auch die gesetzlichen Erlaubnistatbestände in Betracht. Immer wieder diskutiert wird dann aber, in welchem Verhältnis diese beiden Arten von Erlaubnistatbeständen zueinander stehen.

4.2.1.2.1 Der Wunsch: Vorrang gesetzlicher Erlaubnistatbestände
Im Ausgangspunkt steht es datenverarbeitenden Stellen an sich frei, ob sie ihre Datenverarbeitung auf den Erlaubnistatbestand der Einwilligung oder auf einen gesetzlichen Erlaubnistatbestand stützen möchten. Sowohl das bisherige BDSG als auch die DS-GVO stellen die Einwilligung in eine Reihe mit den sonstigen gesetzlichen Erlaubnistatbeständen, ohne dabei irgendwelche Aussagen zu einem Rangverhältnis zu treffen. Gleichwohl wenden sich viele Stimmen in der Literatur gegen ein gleichrangiges Verhältnis zwischen Einwilligung und gesetzlichem Erlaubnistatbestand und sehen stattdessen für die Einholung einer Einwilligung nur dann Raum, wenn die Verarbeitung personenbezogener Daten nicht durch einen gesetzlichen Erlaubnistatbestand legitimiert werden kann.[16] Dahinter steht in erster Linie die Erwägung, dass den Be-

---

[15] Zu diesen beiden Aspekten ausführlicher Kap. 4.2.2.3.1 und Kap. 4.2.2.6.
[16] S. etwa Gola/Schomerus, BDSG (12. A. 2015), § 4 Rn. 16; Däubler, in: Däubler/Klebe/Wedde/Weichert (Hg.), BDSG (5. A. 2016), § 4 Rn. 4; Scholz/Sokol, in: Simitis (Hg.), BDSG (8. A. 2014), § 4 Rn. 6; Holznagel/Sonntag, in: Roßnagel (Hg.), Handbuch Datenschutzrecht (2003), Kap. 4.8 Rn. 16.

troffenen ansonsten eine Entscheidungsmacht suggeriert wird, die so gar nicht besteht: Indem die datenverarbeitende Stelle beim einzelnen Betroffenen eine Einwilligung einholt, erweckt sie den Eindruck, dass es für die Zulässigkeit einer Datenverarbeitung gerade auf dessen Entscheidung ankomme; steht jedoch alternativ ohnehin auch ein gesetzlicher Erlaubnistatbestand zur Verfügung, existiert eine solche Entscheidungskompetenz des einzelnen Betroffenen gerade nicht. Möchte man vermeiden, dass solch ein falscher Eindruck aufseiten des Betroffenen entsteht, sprechen gute Gründe dafür, die Einholung einer Einwilligung auf die Fälle zu beschränken, in denen für den konkreten Datenverarbeitungsvorgang kein gesetzlicher Erlaubnistatbestand existiert.

4.2.1.2.2 Die Praxis: Einwilligung als Erlaubnistatbestand erster Wahl
Wenn in der Praxis – gerade im Bereich der nicht-staatlichen Datenverarbeitung – gleichwohl in weitem Umfang unabhängig vom Bestehen eines gesetzlichen Erlaubnistatbestands auf die Einwilligung als Legitimationsgrundlage zurückgegriffen wird, so v. a. deshalb, weil es oftmals für Datenverarbeiter mehr oder weniger unklar ist, ob und in welchem Umfang ein gesetzlicher Erlaubnistatbestand für die konkret beabsichtigte Datenverarbeitung zur Verfügung steht. Die Rechtssicherheit, auf die Datenverarbeiter angewiesen sind, können die gesetzlichen Erlaubnistatbestände oftmals nicht bieten. Daran wird sich auch in Zukunft nichts ändern, da die gesetzlichen Erlaubnistatbestände des Art. 6 DS-GVO ebenfalls sehr allgemein gehalten sind. Daher ist davon auszugehen, dass auch künftig Datenverarbeiter gerade bei weitreichenden Datenverarbeitungswünschen oftmals nicht rechtssicher abschätzen können, ob und in welchem Umfang die gesetzlichen Erlaubnistatbestände der Verordnung eine beabsichtigte Datenverarbeitung legitimieren können, und diese daher ein berechtigtes Interesse daran haben, auf den Erlaubnistatbestand der Einwilligung als alternative Legitimationsgrundlage für eine Datenverarbeitung zurückzugreifen.

Im Ergebnis muss daher datenverarbeitenden Stellen die Einholung einer Einwilligung auch dann möglich sein, wenn sich die Verarbeitung personenbezogener Daten an sich bereits auf einen gesetzlichen Erlaubnistatbestand stützen ließe. Einschränkend muss dann jedoch gelten, dass mit dem Einholen einer Einwilligung die Möglichkeit wegfällt, sich alternativ auch weiterhin zusätzlich auf einen möglichen gesetzlichen Erlaubnistatbestand als Legitimationsgrundlage für eine Datenverarbeitung zu stützen. Wenn bei der betroffenen Person erst einmal der Eindruck erweckt worden ist, dass es auf ihre Entscheidung ankommt, ob eine Datenverarbeitung zulässig ist oder nicht, kann sich die verantwortliche Stelle dann auch nur noch auf eben diese Legitimationsgrundlage stützen. Es wäre ein in sich widersprüchliches Verhalten und damit unzulässig, etwa im Falle der Verweigerung oder auch einer Unwirksamkeit der

Einwilligung alternativ doch wieder auf einen gesetzlichen Erlaubnistatbestand zurückgreifen zu wollen.[17]

Nochmals anders ist der Fall zu beurteilen, dass ein gesetzlicher Erlaubnistatbestand dem Grunde nach nicht lediglich eine Erlaubnis zur Datenverarbeitung verschafft, sondern stattdessen eine **Pflicht** zur Datenverarbeitung begründet – etwa in Form eine behördlichen Anordnungsbefugnis oder einer gesetzlichen Verarbeitungspflicht. In solcherlei Konstellationen scheidet eine Einwilligung als (alternative) Rechtsgrundlage regelmäßig aus. Etwas anderes kann allenfalls gelten, wenn eine Behörde etwa über ihre Anordnungsbefugnis frei disponieren und daher auch auf diese verzichten kann.[18]

4.2.1.3 Für und Wider der Einwilligung

Die Einwilligung in ihrer Funktion als datenschutzrechtlicher Erlaubnistatbestand ist seit jeher umstritten.[19] Teils wird der Einwilligung eine ganz zentrale Rolle als Legitimationstatbestand für eine Datenverarbeitung zugesprochen.[20] Teils wird die Einwilligung aber auch massiv kritisiert, sie wird als „stumpfes Schwert des Datenschutzes"[21] eingeordnet und dem Gesetzgeber wird vorgeworfen, wider besseres Wissen mit der Einwilligung an einer „Fiktion" festzuhalten.[22]

4.2.1.3.1 Vorteile der Einwilligung

Dem Grunde nach ist die Einwilligung zunächst einmal genuiner Ausdruck informationeller Selbstbestimmung. Der Einzelne hat die Möglichkeit, mittels Einwilligung privatautonom über das Ob und Wie der Verarbeitung „seiner" personenbezogenen Daten zu bestimmen; er entscheidet, ob er einen Eingriff in sein Recht auf informationelle Selbstbestimmung erlauben und damit „legalisieren" möchte oder nicht.[23] Und zumindest nach der gesetzlichen Grundidee trifft der Einzelne diese Entscheidung auch selbstbestimmt, d. h. bewusst, freiwillig und informiert, da andernfalls eine Einwilligung gar nicht wirksam und damit auch keine Legitimationsgrundlage für die Datenverarbeitung vorhanden wäre. Zugleich ist die Einwilligung, wie angesprochen, auch für die Datenverarbeiter von zentraler Bedeutung, da oftmals nur die

---

17 Vgl. etwa Gola/Schomerus, BDSG (12. A. 2015), § 4 Rn. 16; Scholz/Sokol, in: Simitis (Hg.), BDSG (8. A. 2014), § 4 Rn. 6.
18 Buchner/Petri, in: Kühling/Buchner (Hg.), DS-GVO (2017), Art. 6 Rn. 24.
19 So war bereits die Einwilligung als gleichwertige Zulässigkeitsvariante neben den gesetzlichen Erlaubnistatbeständen im BDSG 77 nicht unumstritten; vgl. dazu v. Uckermann, DuD 1979, 63.
20 Vgl. etwa Buchner/Kühling, in: Kühling/Buchner (Hg.), DS-GVO (2017), Art. 7 Rn. 9 ff.; Buchner, Informationelle Selbstbestimmung (2006), S. 231 ff.; Menzel, DuD 2008, 400, 401; Roßnagel/Pfitzmann/Garstka, Modernisierung des Datenschutzrechts, Gutachten i. A. des BMI (2001), S. 90 f.
21 Iraschko-Luscher, DuD 2006, 706.
22 Grundlegend Simitis, in: ders. (Hg.), BDSG (8. A. 2014), § 4a Rn. 1 ff. (m. w. N.).
23 Kühling/Seidel/Sivridis, Datenschutzrecht (3. A. 2015), Rn. 311.

Einwilligung das nötige Maß an Rechtssicherheit für Datenverarbeiter gewährleisten kann.[24]

4.2.1.3.2 Nachteile der Einwilligung

Trotz dieser Vorteile wird der Erlaubnistatbestand der Einwilligung gleichwohl zum Teil massiv kritisiert, v. a. weil die Einwilligung oftmals allein zu dem Zweck instrumentalisiert wird, eine Datenverarbeitung in ganz weitem Umfang zu ermöglichen. Die Rede ist von der Einwilligung als dem „Schlüssel zu einem nahezu unbegrenzten, von allen ansonsten zu beachtenden Schranken befreiten Zugang" zu den jeweils gewünschten Angaben.[25] Problematisch ist dies v. a. deshalb, weil die Einwilligung des einzelnen Betroffenen oftmals gerade nicht auf einer freien und informierten Entscheidung beruht. Gesetzlich mag zwar vorgeschrieben sein, dass es für die Wirksamkeit einer Einwilligung der Freiwilligkeit und Informiertheit bedarf; tatsächlich erweisen sich diese rechtlichen Vorgaben nicht selten aber als bloßer Papiertiger, dem keinerlei Beachtung zuteilwird.[26]

Die Betroffenen selbst tragen ihr Übriges dazu bei, die Legitimation der Einwilligung als datenschutzrechtlichen Erlaubnistatbestand weiter infrage zu stellen. Mehr und mehr ist zu beobachten, dass die Einwilligung in erster Linie als eine Art von Kommerzialisierungsinstrument genutzt wird, um die eigenen personenbezogenen Daten zu „versilbern". Der Einzelne macht sich den wirtschaftlichen Wert seiner personenbezogenen Daten mittels Einwilligung zunutze, indem er in eine Verarbeitung seiner Daten einwilligt, um dafür im Gegenzug vom Datenverarbeiter etwas zu erhalten, seien es Werbegeschenke, Rabatte, kostenlose Onlinedienste oder Ähnliches. Der Einzelne tauscht seine personenbezogenen Daten ein; statt mit Geld bezahlt er mit einer Preisgabe seiner persönlichen Informationen.[27]

Beispiel
Vor allem in der Onlinewelt werden personenbezogene Daten als Ersatzwährung eingesetzt. Paradebeispiel ist Facebook, das die Nutzer „kostenlos" an seinem sozialen Netzwerk teilhaben lässt, dafür aber auf der Grundlage einer Einwilligung deren personenbezogene Daten in vielfältiger Art und Weise wirtschaftlich verwertet.

Auch Kundenbindungssysteme wie etwa Payback sind ein Beispiel für das Tauschmodell „Privatsphäre gegen Häkel-Set"[28]: Kunden sammeln eifrig Bonuspunkte, die sie in Prämien umwandeln können, und willigen dafür im Gegenzug darin ein, dass ihr Konsumverhalten protokolliert und zu Marketingzwecken ausgewertet wird.[29]

---

24 S. soeben Kap. 4.2.1.2.2.
25 Simitis, in: ders. (Hg.), BDSG (8. A. 2014), § 4a Rn. 4.
26 Ausführlicher zu den Vorgaben der Freiwilligkeit und Informiertheit in Kap. 4.2.2.
27 Buchner, DuD 2010, 39; Simitis, in: ders. (Hg.), BDSG (8. A. 2014), § 4a Rn. 5.
28 Maier, 15 Jahre Payback – Tausche Privatsphäre gegen Häkel-Set, SZ v. 03.02.2015.
29 S. dazu Wagner, DuD 2010, 30.

Problematisch ist diese Tendenz hin zur Kommerzialisierung der eigenen Daten mittels Einwilligung v. a. deshalb, weil sich der Betroffene bei Erteilung dieser Einwilligung oftmals gar nicht der Tragweite seiner Entscheidung bewusst ist. Im Vordergrund steht für ihn der vermeintlich „kostenlose" Erhalt der angebotenen Dienstleistungen. Dass er dafür mit seinen Daten bezahlt, nimmt er hingegen allenfalls am Rande wahr, geschweige denn weiß er im Einzelnen, in welche Art der Datenverarbeitung er einwilligt, in welchem Umfang seine Daten nach Erteilung der Einwilligung weiterverarbeitet werden oder auch an welche Unternehmen seine Daten für welche Zwecke übermittelt werden. Die ursprüngliche datenschutzrechtliche Grundidee, mit der Einwilligung den Betroffenen ein Instrument zur Verfügung zu stellen, mittels dessen diese bewusst, informiert und selbstbestimmt ihr Recht auf informationelle Selbstbestimmung wahrnehmen, ist damit aber in weite Ferne gerückt.[30]

4.2.1.4 Formularmäßige Einwilligung
Eine Einwilligung in die Verarbeitung personenbezogener Daten wird heutzutage in den seltensten Fällen nach einem individuellen Aushandeln zwischen den Vertragsparteien erteilt. An der Tagesordnung ist vielmehr die Erteilung einer Einwilligung im Rahmen von vorformulierten Vertragsbedingungen (sog. Allgemeine Geschäftsbedingungen – AGB[31]). Einwilligungsklauseln sind regelmäßig ein selbstverständlicher und unvermeidbarer Bestandteil von Formularverträgen.

Beispiel
Wer einen Antrag auf Kontoeröffnung oder einen Mobilfunkvertrag unterschreibt, unterzeichnet damit regelmäßig auch die SCHUFA-Klausel.[32] Wer eine Versicherung beantragt, wird auch in die Weitergabe seiner Daten an andere Versicherungsunternehmen oder Hinweis- und Informationssysteme einwilligen. Wer sich für eine Kundenkarte anmeldet, unterzeichnet in der Regel auch Marketingklauseln, mit denen in eine Datennutzung für Werbezwecke eingewilligt wird.

Was in der Offlinewelt Praxis ist, setzt sich auf gleiche Weise auch in der Onlinewelt fort.

---

30 Vgl. Simitis, in: ders. (Hg.), BDSG (8. A. 2014), § 4a Rn. 6.
31 Allgemeine Geschäftsbedingungen sind in § 305 Abs. 1 S. 1 BGB definiert als alle für eine Vielzahl von Verträgen vorformulierten Vertragsbedingungen, die eine Vertragspartei der anderen Vertragspartei bei Abschluss eines Vertrages stellt.
32 Ausführlicher zur SCHUFA-KlauselKap. 4.3.6.3.4.

Beispiel
Möchte man die Dienste von WhatsApp nutzen, muss man dessen „Datenpraktiken [...] gemäß Darlegung in unserer Datenschutzrichtlinie" akzeptieren.[33] Und wer die „interessanten und individuellen Erlebnisse" auf Facebook genießen möchte,[34] muss laut Nutzungsbedingungen zustimmen, dass Facebook „Inhalte und Informationen im Einklang mit der Datenrichtlinie in ihrer jeweils geänderten Fassung sammeln und verwenden" kann.[35]

4.2.1.4.1 Für und Wider der formularmäßigen Einwilligung

Für datenverarbeitende Unternehmen ist die Einholung einer formularmäßigen Einwilligung in die Datenverarbeitung der einfachste und sicherste Weg, um sich eine Verarbeitung personenbezogener Daten in weitem Umfang legitimieren zu lassen. Entsprechend gerne greifen Unternehmen auf Einwilligungsklauseln zurück. Gerade weil über die Reichweite der gesetzlichen Erlaubnistatbestände so viel Unsicherheit besteht, bemühen sich Unternehmen um eine kalkulierbare Legitimationsgrundlage, wie sie die Einwilligung bietet.

Teils stößt dies auf Kritik, insbesondere dann, wenn Datenverarbeiter ungeachtet möglicher gesetzlicher Datenverarbeitungsbefugnisse bereits „vorsorglich" auf eine Einwilligung des Betroffenen zurückgreifen. Die Rede ist von **„Angstklauseln"** der Unternehmen, welche aus Unsicherheit über die gesetzlichen Rahmenbedingungen sicherheitshalber Einwilligungen einholen.[36]

Problematisch ist allerdings v. a. ein anderer Aspekt, der mit der Einholung von formularmäßigen Einwilligungen einhergeht: die Möglichkeit für Datenverarbeiter, Art und Umfang der Verarbeitung personenbezogener Daten mittels weitreichender Einwilligungserklärungen in erheblichem Maße auszudehnen und so das datenschutzrechtliche Ziel der Datensparsamkeit faktisch leerlaufen zu lassen. Auch insoweit sei beispielhaft noch einmal auf die eben angesprochene sog. Datenrichtlinie von Facebook verwiesen. Der Sache nach zielt diese Richtlinie auf nichts anderes ab, als Facebook im Ergebnis sämtliche Möglichkeiten für eine Verarbeitung der personenbezogenen Daten seiner Nutzer offenzuhalten. Liest man Facebooks Datenrichtlinie im Einzelnen durch, fällt es schwer, sich irgendeine Variante des Datensammelns vorzustellen, die von dieser Richtlinie nicht legitimiert werden soll.[37]

---

33 Unter: https://www.whatsapp.com/legal/#terms-of-service (letzter Abruf 20.01.2017).
34 Solche Erlebnisse zu schaffen, erhebt Facebook in seinen Datenrichtlinien zu nichts weniger als seinem Herzensanliegen: „Uns liegt es am Herzen, interessante und individuelle Erlebnisse für Menschen zu schaffen" unter: https://de-de.facebook.com/about/privacy/# (letzter Abruf 20.01.2017).
35 Unter: https://de-de.facebook.com/terms (letzter Abruf 20.01.2017).
36 Wächter, Datenschutz im Unternehmen (4. A. 2013), Rn. 303.
37 Ausführlicher Buchner, DuD 2015, 402.

4.2.1.4.2 AGB-rechtliche Kontrolle

Das Beispiel Facebook zeigt, dass es gerade im Falle einer formularmäßig eingeholten Einwilligung besonders wichtig ist, die allgemeinen Bedingungen für die Wirksamkeit einer Einwilligung – Freiwilligkeit, Informiertheit und Bestimmtheit – sicherzustellen. Eine Möglichkeit, dies zu überprüfen, stellt die **AGB-rechtliche Kontrolle von Einwilligungsklauseln** nach den §§ 305 ff. BGB dar. Über das Unterlassungsklagengesetz (UKlaG) ist hier auch den Verbraucherverbänden die Möglichkeit eröffnet, auf eine gerichtliche Überprüfung der Wirksamkeit von Allgemeinen Geschäftsbedingungen hinzuwirken.[38] Verbraucherverbände können gemäß §§ 1, 3 Abs. S. 1 Nr. 1 UKlaG als sog. qualifizierte Einrichtungen im Falle unwirksamer AGBs einen Anspruch auf Unterlassung und Widerruf geltend machen.

Setzt sich die Rechtsprechung mit der AGB-rechtlichen Wirksamkeit einer Einwilligungsklausel auseinander, wird regelmäßig in einem ersten Schritt klargestellt, dass derlei Einwilligungsklauseln überhaupt von der AGB-Kontrolle erfasst werden.[39] Dies ist deshalb nicht selbstverständlich, weil in § 305 Abs. 1 S. 1 BGB von „Vertragsbedingungen" die Rede ist, also von Regelungen, die den Vertragsinhalt gestalten sollen. Bei Einwilligungsklauseln handelt es sich hingegen um einseitige rechtsgeschäftliche Erklärungen, die nicht notwendigerweise zum Inhalt eines gleichzeitig abgeschlossenen Vertrages gehören.

Gleichwohl ist im Ergebnis anerkannt, dass auch Einwilligungen unter § 305 Abs. 1 BGB fallen sollen, soweit sie nur im Zusammenhang mit einer vertraglichen Beziehung stehen. Entscheidend ist, dass hier wie auch sonst bei der Vorformulierung eines Vertragstextes der Verwender für sich allein die rechtsgeschäftliche Gestaltungsfreiheit in Anspruch nimmt, während die andere Seite keinen Einfluss auf die inhaltliche Ausgestaltung der Erklärung hat, sondern lediglich entscheiden kann, ob sie die vorformulierte Erklärung so abgeben will oder nicht.

4.2.1.4.3 Datenschutzgesetze als Verbraucherschutzgesetze

Mit dem Gesetz zur Verbesserung der zivilrechtlichen Durchsetzung von verbraucherschützenden Vorschriften des Datenschutzrechts vom 17.2.2016 haben die datenschutzrechtlichen Regelungen auch Aufnahme in den Katalog der **Verbraucherschutzgesetze nach § 2 Abs. 2 UKlaG** gefunden. Damit ist es künftig Verbraucherverbänden möglich, Datenschutzverstöße auch **außerhalb von Allgemeinen Geschäftsbedingungen** nach § 2 UKlaG gerichtlich überprüfen zu lassen.

---

[38] Vgl. auch Art. 80 DS-GVO, der ebenfalls den Gedanken der Interessenvertretung durch Verbraucherschutzorganisationen aufgreift.
[39] BGH v. 27.01.2000, NJW 2000, 2677.

Beispiel
Personenbezogene Daten werden zweckwidrig weiterverwendet. Für die Teilnahme an einem Gewinnspiel im Internet werden von Kindern zu viele Daten abgefragt. Das berechtigte Löschungsbegehren eines Verbrauchers wird ignoriert.[40]

4.2.1.4.4 Wettbewerbsrecht

Schließlich eröffnet auch der Weg über das **UWG** (Gesetz gegen den unlauteren Wettbewerb) die Möglichkeit, die Rechtmäßigkeit einer formularmäßigen Einwilligung gerichtlich überprüfen zu lassen.[41] In Rechtsprechung und Literatur wird schon seit Längerem diskutiert, ob und wie sich datenschutzrechtliche Vorgaben auch auf Grundlage des Wettbewerbsrechts durchsetzen lassen.[42] Allerdings ist dieser Ansatz nicht unumstritten. Vorbehalte gegen den Weg über das UWG stützen sich in erster Linie darauf, dass das Wettbewerbsrecht nicht als eine Art von „Hilfssheriff" oder „Lückenbüßer" dafür herhalten soll, beliebige Vorschriften aus anderen Rechtsbereichen durchzusetzen, nur weil die für diese Rechtsbereiche eigentlich vorgesehenen Sanktionsmechanismen nicht greifen und man sich eine effektivere Rechtsdurchsetzung mittels des Wettbewerbsrechts erhofft.[43]

Eine Durchsetzung datenschutzrechtlicher Vorgaben über das UWG setzt voraus, dass ein datenschutzrechtlicher Verstoß auch ein unlauteres Verhalten im Sinne des UWG darstellen kann. Ob dies der Fall ist, wird in Literatur und Rechtsprechung regelmäßig im Zusammenhang mit dem Rechtsbruchtatbestand des UWG diskutiert (§ 3a UWG[44]).

§ 3a UWG – Rechtsbruch
Unlauter handelt, wer einer gesetzlichen Vorschrift zuwiderhandelt, die auch dazu bestimmt ist, im Interesse der Marktteilnehmer das Marktverhalten zu regeln, und der Verstoß geeignet ist, die Interessen von Verbrauchern, sonstigen Marktteilnehmern oder Mitbewerbern spürbar zu beeinträchtigen.

Entscheidend ist also, ob datenschutzrechtliche Normen gleichzeitig auch als Normen eingeordnet werden können, die dazu bestimmt sind, „im Interesse der Marktteilneh-

---

[40] Beispiele aus der Stellungnahme des Verbraucherzentrale Bundesverbandes (vzbv) zum Referentenentwurf für ein Gesetz zur Verbesserung der zivilrechtlichen Durchsetzung von verbraucherschützenden Vorschriften des Datenschutzrechts v. 15.08.2014, S. 9.
[41] Ausführlich dazu (am Beispiel Facebook) Buchner, in: Alexander/Bornkamm/Buchner/Fritzsche/Lettl (Hg.), FS für Helmut Köhler (2014), S. 51 ff.
[42] Aus der Rspr. s. etwa OLG Hamburg v. 27.06.2013, GRUR-RR 2013, 482; OLG Karlsruhe v. 09.05.2012, NJW 2012, 3312; OLG München v. 12.01.2012, MMR 2012, 317; KG Berlin v. 24.01.2014, DuD 2014, 417 – Facebook-Freundefinder. Aus der Lit. s. Linsenbarth/Schiller, WRP 2013, 576; Schaffert, in: Büscher (Hg.), FS für Joachim Bornkamm (2014), S. 463 ff.; Zech, WRP 2013, 1434.
[43] S. etwa Köhler, GRUR 2001, 777, 782 oder Zech, WRP 2013, 1434, 1435.
[44] Vor der UWG-Novelle 2015 § 4 Nr. 11 UWG.

mer das Marktverhalten zu regeln". Dafür spricht, dass das Datenschutzrecht den Einzelnen nicht nur als Person, sondern **gerade auch als Marktteilnehmer** schützen soll. Die Bedeutung des Datenschutzes erschöpft sich keineswegs im Schutz ideeller Werte wie Würde, Persönlichkeit und Identität, sondern ist darüber hinaus auch auf das Austarieren wirtschaftlicher Interessen gerichtet.[45] Nicht ohne Grund ist v. a. in der Onlinewelt immer wieder von „Daten als Währung" die Rede, personenbezogene Daten werden im Internet ständig kommerzialisiert.[46] Entsprechend sollen die hohen Anforderungen, die das Datenschutzrecht an eine wirksame Einwilligung stellt (bewusst, informiert, bestimmt, freiwillig), gerade auch gewährleisten, dass der Einzelne seine informationelle Selbstbestimmung nicht ungewollt und unter Wert verkauft; er soll unbeeinflusst und selbstbestimmt eine Entscheidung treffen, ob und zu welchen Bedingungen er seine personenbezogenen Daten als Währung oder Tauschgut einsetzen möchte.[47] Mit anderen Worten: Das Datenschutzrecht soll gerade auch gewährleisten, dass der Betroffene im Umgang mit seinen personenbezogenen Daten ein ebenbürtiger Verhandlungspartner ist. Damit kommt den datenschutzrechtlichen Regelungen aber ohne Zweifel auch die Funktion zu, „im Interesse der Marktteilnehmer das Marktverhalten zu regeln".[48]

4.2.1.4.5 Rechtsprechung

Die Rechtsprechung hat sich bislang mit der Frage der Wirksamkeit von datenschutzrechtlichen Einwilligungsklauseln in erster Linie im Rahmen einer AGB-rechtlichen Prüfung auseinandergesetzt. In letzter Zeit ist dann zunehmend auch der Weg über das UWG beschritten worden, um Einwilligungsklauseln auf ihre Wirksamkeit hin zu überprüfen. Die inhaltlichen Maßstäbe sind letztlich aber so oder so die gleichen, da

---

[45] Buchner, Informationelle Selbstbestimmung im Privatrecht (2006), S. 217; aus der Rspr. s. etwa KG Berlin v. 24.01.2014, DuD 2014, 417, 421 – Facebook-Freundefinder: „[D]as BDSG wie auch die EG-Datenschutzrichtlinie reglementieren nicht nur eine Datenverarbeitung im persönlichen, nicht geschäftlichen Lebensbereich der Bürger, sondern auch in ihrer wirtschaftlichen Betätigung als Verbraucher."
[46] S. dazu schon Kap. 4.2.1.3.2.
[47] S. a. LG Düsseldorf v. 09.03.2016, DuD 2016, 397, 401: „Gesetze, die die Erhebung von Daten betreffen, schützen im Einzelfall nicht nur das Persönlichkeitsrecht und das informationelle Selbstbestimmungsrecht, sondern auch den Wettbewerb an sich [...], und es ist zu berücksichtigen, dass die zunehmende wirtschaftliche Bedeutung der Erhebung elektronischer Daten diese nicht nur als Wirtschaftsgut erscheinen lässt, sondern auch die Entwicklung des Verständnisses des Datenschutzrechts beeinflusst."
[48] Ausführlich dazu Buchner, in: Alexander/Bornkamm/Buchner/Fritzsche/Lettl (Hg.), FS für Helmut Köhler (2014), S. 51, 58 ff.

die datenschutzrechtlichen Grundwertungen über § 307 BGB und über § 3a UWG auch in die AGB- und wettbewerbsrechtliche Prüfung Eingang finden.[49]

Beispiele aus der Rechtsprechung zur Wirksamkeit formularmäßiger Einwilligungserklärungen
- BGHZ 95, 362 (SCHUFA-Klausel): Eine pauschale Einwilligungsklausel, die sich nicht auf bestimmte Daten beschränkt, ist mit den Grundgedanken des BDSG nicht vereinbar und daher unwirksam.
- BGH NJW 2003, 1237: Eine widersprüchlich oder unklar gefasste Einwilligungsklausel stellt eine unangemessene Benachteiligung nach § 307 Abs. 1 S. 2 BGB dar.
- OLG Köln DuD 2002, 436: Eine in Fettdruck gehaltene Einwilligungsklausel genügt nicht dem Hervorhebungsgebot des § 4a Abs. 1 S. 4 BDSG a. F., wenn daneben auch andere Einwilligungsklauseln im Fettdruck gestaltet sind.
- BGH DuD 2010, 493 (Happy Digits): Eine freiwillige Entscheidung des Verbrauchers i. S. v. § 4a Abs. 1 S. 1 BDSG a. F. ist gewahrt, wenn auf die Möglichkeit der Streichung der Einwilligungsklausel hingewiesen wird.
- LG Berlin DuD 2015, 259 (Facebook-App-Zentrum): Eine generelle Einwilligung ohne Angaben dazu, welchem Zweck eine Datenübermittlung dient und was beim Dritten mit den Daten geschieht, ist mit der Vorgabe einer freien und informierten Einwilligung nach § 4a Abs. 1 S. 1 und 2 BDSG a. F. nicht vereinbar.
- KG Berlin DuD 2014, 417 (Facebook AGB): Eine Einwilligung ist nach § 307 Abs. 2 Nr. 1 BGB i. V. m. § 4a Abs. 1 S. 1 BDSG a. F. unwirksam, wenn sie mit der Betätigung eines Buttons „Registrieren" gegeben werden soll, die Information zur Bedeutung dieser Betätigung (als Einwilligung) aber erst unterhalb dieses Buttons gegeben wird.
- LG Frankfurt DuD 2016, 613 (Samsung Smart-TV): Die wiederholte Verwendung von Formulierungen wie „möglicherweise" und „beispielsweise" ist unzulässig, wenn hierdurch das datenschutzrechtliche Transparenzgebot erheblich beeinträchtigt wird.

4.2.2 Wirksamkeit der Einwilligung

Damit eine Einwilligung wirksam ist und eine Datenverarbeitung legitimieren kann, müssen verschiedene formale und inhaltliche Voraussetzungen erfüllt sein. Ist dies nicht der Fall, bleibt es beim grundsätzlichen Verbot der Datenverarbeitung, insbesondere kann sich die datenverarbeitende Stelle nicht hilfsweise doch wieder auf einen gesetzlichen Erlaubnistatbestand stützen, wenn sie gegenüber dem Betroffenen zum Ausdruck gebracht hat, dass es für die Zulässigkeit der Datenverarbeitung auf seine Entscheidung ankommen soll.[50]

---

49 Für die Rechtsprechung zu datenschutzrechtlichen Regelungen als „wesentliche Grundgedanken" i. S. d. § 307 Abs. 2 Nr. 1 BGB s. den Überblick bei Wurmnest, in: Säcker/Rixecker/Oetker/Limperg (Hg.), Münchener Kommentar zum BGB (7. A. 2016), § 307 Rn. 69.
50 Zum Verhältnis zwischen Einwilligung und gesetzlichen Erlaubnistatbeständen s. Kap. 4.2.1.2.

4.2.2.1 Freiwilligkeit der Einwilligung

Nach § 4a Abs. 1 Satz 1 BDSG a. F. muss die Einwilligung insbesondere „auf der freien Entscheidung des Betroffenen" beruhen. Der Gesetzgeber hat damit Art. 2 lit. h DSRL umgesetzt, wonach eine Einwilligung „ohne Zwang" des Betroffenen abgegeben werden muss.[51] Ebenso definiert künftig Art. 4 Ziff. 11 DS-GVO die Einwilligung als eine Erklärung, die „freiwillig" abgegeben werden muss. Legitimationsgrundlage für eine Verarbeitung personenbezogener Daten ist die Einwilligung also stets nur dann, wenn sich der Betroffene bei Abgabe der Einwilligung nicht in einer faktischen Zwangssituation befunden hat.[52]

4.2.2.1.1 Das Problem der faktischen Zwangs

Eben in einer solchen faktischen Zwangssituation befindet sich der Betroffene aber in vielen Fällen, oftmals hat der Einzelne praktisch gar keine andere Wahl, als eine Einwilligung in die Verarbeitung seiner personenbezogenen Daten zu erteilen.

Beispiele
Der Einzelne muss die SCHUFA-Klausel der Banken unterschreiben, wenn er ein Konto eröffnen oder einen Kredit in Anspruch nehmen möchte; der Bewerber für einen Arbeitsplatz muss, möchte er einen Arbeitsvertrag bekommen, einer Erfassung seiner Daten zustimmen; der potenzielle Versicherungsnehmer muss sich mit einer Verarbeitung seiner gesundheitsbezogenen Daten einverstanden erklären, möchte er eine Lebens- oder Krankenversicherung abschließen.

Die Möglichkeit, sich den Informationsinteressen der verantwortlichen Stellen zu entziehen oder zumindest Einfluss auf deren Art und Weise der Datenverarbeitung auszuüben, ist in all diesen und ähnlichen Fällen tatsächlich nicht gegeben.[53] Zwar ist man immer noch „frei", den Vertrag als Ganzen abzulehnen und sich damit auch der Datenverarbeitung zu entziehen. Gerade in solchen Fällen wie dem Abschluss eines Girokonto-, Arbeits- oder Versicherungsvertrags ist diese Freiheit aber nur eine theoretische, weil der Einzelne tatsächlich auf solcherlei Leistungen angewiesen ist.

SCHUFA-Entscheidung des BGH
Der BGH hat das Problem der fehlenden Freiwilligkeit bereits vor mehr als zwanzig Jahren in seiner SCHUFA-Entscheidung kritisiert. Der Gerichtshof betont in dieser Entscheidung, dass in all den Fällen, in denen der Betroffene auf einen Vertragsschluss **angewiesen** ist, dieser Vertragsschluss aber von einer Einwilligung in die Datenverarbeitung abhängig gemacht wird, tatsächlich keine echte Ent-

---

[51] S. auch Däubler, in: Däubler/Klebe/Wedde/Weichert (Hg.), BDSG (5. A. 2016), § 4a Rn. 20; Gola/Schomerus, BDSG (12. A. 2015), § 4a Rn. 6.
[52] Simitis, in: ders. (Hg.), BDSG (8. A. 2014), § 4a Rn. 62.
[53] Vgl. BVerfG v. 19.10.1993, BVerfGE, 89, 214, 232; BVerfG v. 26.07.2005, BVerfGE 114, 1, 34 f.; BVerfG v. 23.10.2006, DuD 2006, 817. Zum Problem des faktischen Zwanges auch Petri, RDV 2007, 153, 154; Buchner, Informationelle Selbstbestimmung (2006), S. 139.

scheidungsfreiheit besteht, sondern die Einwilligung in solcherlei Konstellationen zu einer **"reinen Formalität absinkt"**.[54]

Grundsätzlich gilt nach der Rechtsprechung des BGH, dass es immer dann an einer Freiwilligkeit der Einwilligung fehlt, „wenn die Einwilligung in einer Situation wirtschaftlicher oder sozialer Schwäche oder Unterordnung erteilt wird".[55]

4.2.2.1.2 Klares Ungleichgewicht

Die DS-GVO nimmt diesen Grundgedanken auf und geht grundsätzlich von einer Zwangssituation aus, wenn zwischen Betroffenem und Datenverarbeiter ein **„klares Ungleichgewicht"** besteht und es daher „in Anbetracht aller Umstände in dem speziellen Fall unwahrscheinlich ist", dass die Einwilligung freiwillig erteilt worden ist.[56] Beispielhaft wird in den Erwägungsgründen die Konstellation angeführt, dass es sich bei dem für die Verarbeitung Verantwortlichen um eine Behörde handelt.

Da die DS-GVO für die Frage der Freiwilligkeit einer Einwilligung ausdrücklich auf die konkreten Umstände des jeweiligen Einzelfalls verweist, reicht es nicht aus, pauschal mit Verweis auf die abstrakten Größen- oder Machtverhältnisse zwischen den Beteiligten ein klares Ungleichgewicht und damit eine Unfreiwilligkeit der Einwilligung anzunehmen. Daher kann insbesondere auch im Verhältnis zwischen Verbraucher und Unternehmen ein klares Ungleichgewicht nur dann angenommen werden, wenn die konkreten Umstände des Einzelfalls ein solches belegen können, etwa weil der Einzelne im konkreten Fall auf die Dienstleistungen oder Produkte eines bestimmten Unternehmens angewiesen ist und Letzteres insoweit eine Monopolstellung am Markt hat.

Zu berücksichtigen ist in diesem Zusammenhang dann auch die konkrete Ausgestaltung der abverlangten Einwilligung. Ein Indiz für die Freiwilligkeit oder Unfreiwilligkeit einer Einwilligung ist nicht zuletzt auch deren Umfang. Je allgemeiner eine Einwilligungsklausel ausfällt, desto mehr spricht dafür, dass diese nicht mehr „ohne Zwang" erteilt worden ist. Umgekehrt muss in Anlehnung an die Rechtsprechung des BVerfG zur Wirksamkeit einer Schweigepflichtentbindungsklausel selbst in Konstellationen, in denen zwischen den Beteiligten ein Ungleichgewicht anzunehmen ist, eine Einwilligung nicht unbedingt als unwirksam eingeordnet werden. Maßgeblich ist vielmehr auch, ob und inwieweit sich das Ungleichgewicht im konkreten Fall auch in einer missbräuchlichen Instrumentalisierung der Einwilligung niedergeschlagen hat, indem diese zu pauschal ausfällt.

---

54 BGH v. 19.09.1985, BGHZ 95, 362, 368.
55 BGH v. 16.07.2008, DuD 2008, 818, 820; BGH v. 11.11.2009, DuD 2010, 493, 495 – Happy Digits.
56 EG 34 DS-GVO.

Wirksamkeit einer Schweigepflichtentbindungsklausel (BVerfG)
Im konkreten Fall ging es um die Wirksamkeit einer Schweigepflichtentbindungserklärung, die in einem Antragsformular für Leistungen aus einer Berufsunfähigkeitsversicherung enthalten war und das Versicherungsunternehmen ermächtigte, „von allen Ärzten, Krankenhäusern und Krankenanstalten, bei denen ich in Behandlung war oder sein werde sowie von meiner Krankenkasse ... und von Versicherungsgesellschaften, Sozialversicherungsträgern, Behörden, derzeitigen und früheren Arbeitgebern sachdienliche Auskünfte einzuholen." [57]

Das Bundesverfassungsgericht stellt in seiner Entscheidung klar, dass in Konstellationen, in denen zwischen den Beteiligten ein „erhebliches Verhandlungsungleichgewicht" besteht, eine Schweigepflichtentbindungserklärung nicht mehr als Ausdruck einer freien und selbstbestimmten Entscheidung des Betroffenen über den Umgang mit seinen personenbezogenen Daten gewertet werden kann. Wenn wie im konkreten Fall der Betroffene auf einen Vertragsschluss angewiesen ist und die Vertragsbedingungen für ihn **„praktisch nicht verhandelbar"** sind, ist es nach Überzeugung des Bundesverfassungsgerichts mit dem Recht auf informationelle Selbstbestimmung nicht mehr vereinbar, wenn sich der Betroffene in nahezu unbeschränktem Umfang mit einer Erhebung von sensiblen Gesundheitsinformationen einverstanden erklären muss, soweit diese nur irgendeinen Bezug zum Versicherungsfall haben. Das Gericht verweist darauf, dass es durchaus datenschutzfreundlichere Alternativen gibt, um auch den Informationsinteressen des Versicherungsunternehmens Rechnung zu tragen, etwa die Einholung von Einzelermächtigungen oder die Einräumung einer Widerspruchsmöglichkeit.

Die Ausführungen des Bundesverfassungsgerichts sind von ganz grundsätzlicher Bedeutung für die Rolle der Einwilligung als datenschutzrechtlicher Erlaubnistatbestand. Das Gericht geht nicht so weit, die Rolle der Einwilligung als Legitimationsgrundlage gänzlich in Frage zu stellen, auch nicht in Konstellationen, in denen zwischen den Beteiligten ein Verhandlungsungleichgewicht besteht. Was das Bundesverfassungsgericht jedoch zu Recht fordert, ist ein **Einsatz von Einwilligungsklauseln mit Augenmaß**.[58] Je weniger frei der einzelne Betroffene in seiner Entscheidung ist, ob er sich mit einer Nutzung seiner Daten einverstanden erklären möchte oder nicht, desto sorgsamer muss bei der Formulierung einer Einwilligungserklärung darauf geachtet werden, dass diese nicht zu pauschal ausfällt und auf eine Datenverarbeitung auch über das im konkreten (Vertrags-)Verhältnis erforderliche Maß hinaus abzielt.

---

57 BVerfG v. 23.10.2006, DuD 2006, 817.
58 Vgl. Buchner, in: ders. (Hg.), Datenschutz im Gesundheitswesen (12. Lfg. 2017), Kap. A/2.2.2.

4.2.2.1.3 Erforderlichkeit der Datenverarbeitung?

Auch nach Art. 7 Abs. 4 DS-GVO ist für die Beurteilung, ob eine Einwilligung ohne Zwang erteilt wurde, insbesondere zu berücksichtigen, ob die Erfüllung eines Vertrages von der Einwilligung zur Verarbeitung von Daten abhängig gemacht wird, „die für die Erfüllung des Vertrags nicht erforderlich ist." Untersagt ist damit also nicht generell, dass Anbieter ihre Leistung im Sinne eines „take it or leave it" davon abhängig machen, dass die betroffene Person auch in die Verarbeitung ihrer personenbezogenen Daten einwilligt. Als unfreiwillig und damit unwirksam ist eine solchermaßen eingeholte Einwilligung vielmehr nur dann einzuordnen, wenn sie eine Datenverarbeitung legitimieren soll, die über das hinausgeht, was für eine Vertragserfüllung erforderlich ist.[59]

Zulässig ist es demgegenüber also insbesondere, die Leistungserbringung von der Erteilung einer Einwilligung in die Datenverarbeitung abhängig zu machen, wenn erst diese Datenverarbeitung die notwendige Entscheidungs- und Kalkulationsgrundlage für das konkrete Rechtsgeschäft bietet.

Beispiele
Datenschutzrechtlich ist es daher etwa zulässig, dass in den oben angeführten Beispielen der Kreditnehmer die Schufa-Klausel unterzeichnen muss, um ein Darlehen zu erhalten, der Bewerber um einen Arbeitsplatz einer Erfassung seiner Daten zustimmen muss und der potentielle Versicherungsnehmer für eine Lebensversicherung sich mit einer Verarbeitung seiner gesundheitsbezogenen Daten einverstanden erklären muss – vorausgesetzt stets, dass sich diese Einwilligung im erforderlichen Rahmen bewegt.

Umgekehrt sind insbesondere die in der Onlinewelt häufig anzutreffenden Geschäftsmodelle, die eine „kostenlose" Leistung im Tausch gegen die Einwilligung in die Datenverarbeitung anbieten, unter dem Erforderlichkeitsgrundsatz des Art. 7 Abs. 4 DS-GVO nicht mehr zulässig. Regelmäßig ist hier die beabsichtigte Datenverarbeitung, die über eine Einwilligung legitimiert werden soll, gerade nicht erforderlich, um die vertragscharakteristische Leistung des jeweiligen Schuldverhältnisses erbringen zu können.[60]

Beispiele
Um etwa eine Suchdienstleistung anbieten zu können, ist es gerade nicht erforderlich, alle online verfügbaren Daten eines Nutzers auszuwerten und zu verknüpfen, um auf dieser Grundlage maßgeschneiderte Werbung anzubieten. Ebenso wenig ist es für die Erbringung der Grundfunktionen eines sozialen Netzwerks erforderlich, Clickstream, Kommunikation, Kontakte und sonstige Informationen über die Nutzer zu kommerziellen Zwecken auszuwerten und an Dritte zu übermitteln.

---

59 Ausführlich zum Ganzen Buchner/Kühling, in: Kühling/Buchner (Hg.), DS-GVO (2017), Art. 7 Rn. 46 ff.
60 Vgl. Buchner/Kühling, in: Kühling/Buchner (Hg.), DS-GVO (2017), Art. 7 Rn. 49 ff.

4.2.2.1.4 Koppelungsverbot

Eine besondere Ausprägung hat die Freiwilligkeitsmaxime im deutschen Recht bislang im sog. Koppelungsverbot gefunden, wie es in § 28 Abs. 3b BDSG a. F. und § 95 Abs. 5 TKG normiert ist. Danach darf die datenverarbeitende Stelle einen Vertragsschluss nicht von einer Einwilligung des Betroffenen abhängig machen, „wenn dem Betroffenen ein anderer Zugang zu gleichwertigen vertraglichen Leistungen ohne die Einwilligung nicht oder nicht in zumutbarer Weise möglich ist". Das Koppelungsverbot zielt damit auf die gerade eben behandelten Konstellationen des „take it or leave it" ab – eingeschränkt allerdings dahingehend, dass kein anderer Zugang zu gleichwertigen Angeboten in zumutbarer Weise eröffnet ist. Letztere Einschränkung findet sich so in der DS-GVO zwar nicht, muss aber gleichwohl auch unter dieser in die – stets vorzunehmende – Gesamtbetrachtung der konkreten Umstände des Einzelfalls einfließen.

Damit stellt sich aber die Frage, wann davon auszugehen ist, dass ein anderer Zugang zu gleichwertigen vertraglichen Leistungen nicht in zumutbarer Weise möglich ist. Mitunter wird argumentiert, dass eine solche Unzumutbarkeit schon dann vorliegt, wenn ein Alternativangebot teurer, schlechter oder nur mit größerem Zeitaufwand zu erhalten ist. All die Anbieter von kostenlosen Onlinedienstleistungen, die ihr Angebot mit einer Marketingklausel verknüpfen, fallen nach dieser Ansicht also schon dann unter das Koppelungsverbot, wenn es zwar vergleichbare Alternativangebote gibt, diese aber nicht kostenlos sind.

Zwingend oder auch sonderlich überzeugend ist dies allerdings nicht: Zumutbar ist die Inanspruchnahme einer Leistung sehr wohl auch dann noch, wenn für sie ein normales Marktentgelt entrichtet werden muss. Ebenso ist etwa im Beispiel der Kundenkarten durchaus ein zumutbares Alternativangebot darin zu sehen, dass die gleichen Waren auch ohne Kundenkarte erworben werden können, wenn auch ohne Prämiengeschenke oder zu einem höheren Preis. Insoweit ist es wenig überzeugend, wenn ein Verstoß gegen das Koppelungsverbot allein damit begründet wird, dass die Kundenkarte selbst ohne eine Einwilligung in die Datenverarbeitung zu Marketingzwecken nicht verfügbar ist.[61]

4.2.2.1.5 Beschäftigungsverhältnisse

Umstritten ist die Einwilligung als Erlaubnistatbestand v. a. im Rahmen von Beschäftigungsverhältnissen. Zweifelhaft ist hier, ob Beschäftigte eine Einwilligung in die betriebliche Datenverarbeitung jemals freiwillig erteilen oder ob nicht vielmehr mit Blick auf das Über-/Unterordnungsverhältnis zwischen Arbeitgeber und Beschäftigtem regelmäßig davon auszugehen ist, dass sich eine Einwilligung in die Datenverarbeitung in einem bloßen Formalismus erschöpft.

---

[61] Ausführlich dazu Buchner/Kühling, in: Kühling/Buchner (Hg.), DS-GVO (2017), Art. 7 Rn. 52 f.

Das BAG hat allerdings die Möglichkeit einer Einwilligung in die Datenverarbeitung im Rahmen eines Beschäftigungsverhältnisses nicht generell ausgeschlossen. In einer Entscheidung zur Onlineveröffentlichung von Videoaufnahmen im Rahmen der Öffentlichkeitsarbeit eines Unternehmens hat das Gericht festgehalten, dass sich Beschäftigte auch im Rahmen eines Arbeitsverhältnisses grundsätzlich „frei entscheiden" könnten, wie sie ihr Grundrecht auf informationelle Selbstbestimmung ausüben wollten. Dem stehe weder der Umstand, dass Arbeitnehmer abhängig Beschäftigte sind, noch das Weisungsrecht des Arbeitgebers entgegen.[62]

Auch unter der DS-GVO kann der Einwilligung im Beschäftigungsverhältnis grundsätzlich die Rolle eines Erlaubnistatbestands für die Verarbeitung personenbezogener Daten zukommen. Anders als noch im Kommissionsentwurf spricht EG 43 in seiner endgültigen Fassung nicht mehr davon, dass aufgrund eines klaren Ungleichgewichts im Verhältnis zwischen Arbeitgeber und Arbeitnehmer die Einwilligung „keine rechtliche Handhabe für die Verarbeitung personenbezogener Daten" liefern könne. Stattdessen beschränkt sich EG 155 auf die Feststellung, dass das mitgliedstaatliche Recht und Kollektivvereinbarungen im Rahmen des nach Art. 88 bestehenden Regelungsspielraums insbes. auch „Vorschriften über die Bedingungen, unter denen personenbezogene Daten im Beschäftigungskontext auf der Grundlage der Einwilligung des Beschäftigten verarbeitet werden dürfen" vorsehen können.

§ 26 BDSG n. F. greift diesen Regelungsspielraum auf und regelt in seinem Abs. 2 nunmehr ausführlich die Wirksamkeit einer Einwilligung als Legitimationsgrundlage für eine Datenverarbeitung im Rahmen von Beschäftigungsverhältnissen. Der Fokus der Regelung liegt hierbei auf der Frage der Freiwilligkeit einer Einwilligung. Ob eine solche anzunehmen ist, soll von der im Beschäftigungsverhältnis bestehenden Abhängigkeit der beschäftigten Person sowie von den Umständen, unter denen die Einwilligung erteilt worden ist, abhängen. Zu bejahen soll eine Freiwilligkeit insbesondere dann sein, „wenn für die beschäftigte Person ein rechtlicher oder wirtschaftlicher Vorteil erreicht wird oder Arbeitgeber und beschäftigte Person gleichgelagerte Interessen verfolgen."

Nach § 26 Abs. 2 S. 3 BDSG n. F. bedarf die Einwilligung der **Schriftform,** soweit nicht wegen besonderer Umstände eine andere Form angemessen ist. Der Arbeitgeber hat die beschäftigte Person außerdem über den Zweck der Datenverarbeitung und über ihr Widerrufsrecht nach Artikel 7 Abs. 3 DS-GVO in Textform aufzuklären.

4.2.2.2 Informierte Einwilligung

Soll eine Einwilligung in die Datenverarbeitung wirksam sein, muss sie nicht nur freiwillig, sondern auch informiert erteilt werden.

---

[62] BAG v. 11.12.2014, DuD 2015, 553.

4.2.2.2.1 Informed Consent

Einer Einwilligung kann überhaupt nur dann eine Legitimation als datenschutzrechtlicher Erlaubnistatbestand zukommen, wenn der einzelne Betroffene weiß, in was er einwilligt. Ebenso wie ein Patient nur dann wirksam in eine ärztliche Heilbehandlung einwilligen kann, wenn ihn der Arzt zuvor umfassend über alle wichtigen Aspekte der Heilbehandlung aufgeklärt hat, kann auch der einzelne Betroffene nur dann wirksam in eine Verarbeitung seiner personenbezogenen Daten einwilligen, wenn er zuvor über die näheren Umstände der Datenverarbeitung informiert worden ist, insbesondere über Art und Weise, Umfang und Zweck der Datenverarbeitung.

§ 4a Abs. 1 Satz 2 BDSG a. F. hat diese Grundidee aufgenommen und normiert, dass der Betroffene „auf den vorgesehenen Zweck der Erhebung, Verarbeitung oder Nutzung sowie [...] auf die Folgen der Verweigerung hinzuweisen ist". Ebenso verlangt künftig Art. 4 Nr. 11 DS-GVO, dass die Einwilligung „in informierter Weise" abgegeben werden muss. Der Betroffene muss abschätzen können, welche Auswirkungen die Erteilung einer Einwilligung für ihn hat, er muss daher die Umstände der Datenverarbeitung, die Tragweite seiner Einwilligung eindeutig und klar erkennen können (sog. *informed consent*). Dieser Grundsatz der informierten Einwilligung ist zugleich auch eine konkrete Ausprägung des allgemeinen Transparenzgebots.[63]

4.2.2.2.2 Art und Umfang

In welcher Art und in welchem Umfang der einzelne Betroffene über die beabsichtigte Datenverarbeitung informiert werden muss, lässt sich den gesetzlichen Vorgaben nicht eindeutig entnehmen. Allein eine Information über die Zweckbestimmung der Datenverarbeitung ist aber jedenfalls nicht ausreichend.[64] Vielmehr müssen dem Betroffenen all diejenigen Informationen rechtzeitig, d. h. *vor* Beginn der Datenerhebung zur Verfügung gestellt werden, die dieser benötigt, um abschätzen zu können, auf welche Weise und in welchem Umfang personenbezogene Daten auf Grundlage seiner Einwilligung verarbeitet werden.[65]

Beispiele
Informiert werden muss der einzelne Betroffene insbesondere darüber, welche Arten von Daten verarbeitet werden, wer die verantwortliche datenverarbeitende Stelle ist und wie diese zu erreichen ist sowie an welche Dritten die Daten im Falle der Übermittlung weitergegeben werden.[66]

---

63 Zur „Kultur der Transparenz" s. schon Kap. 1.2.1.
64 So die allgemeine Ansicht; vgl. etwa Simitis, in: ders. (Hg.), BDSG (8. A. 2014), § 4a Rn. 70 ff.; Däubler, in: Däubler/Klebe/Wedde/Weichert (Hg.), BDSG (5. A. 2016), § 4a Rn. 8; Holznagel/Sonntag, in: Roßnagel (Hg.), Handbuch Datenschutzrecht (2003), Kap. 4.8 Rn. 45; Buchner, Informationelle Selbstbestimmung (2006), S. 241 ff.
65 S. Holznagel/Sonntag, in: Roßnagel (Hg.), Handbuch Datenschutzrecht (2003), Kap. 4.8 Rn. 48.
66 Däubler, in: Däubler/Klebe/Wedde/Weichert (Hg.), BDSG (5. A. 2016), § 4a Rn. 8.

In der Praxis wird die Idee des Informed Consent gerade in der Onlinewelt häufig dadurch ad absurdum geführt, dass der Einzelne mit überlangen Datenverwendungsrichtlinien, Privacy Policies u. Ä. konfrontiert wird, die bei lebensnaher Betrachtung niemals gelesen geschweige denn verstanden werden.[67] Eine echte Informiertheit der betroffenen Person stellt sich in solcherlei Konstellationen eines Information Overload nicht ein; damit fehlt es dann aber auch an einer wirksamen Einwilligung. Zu Recht wird für eine Einwilligung „in informierter Weise" gefordert, dass Informationen **überschaubar und verständlich** sein müssen. Sie müssen für denjenigen, der „grundsätzlich zu einer sachlichen Befassung mit Inhalt und Umfang der Einwilligungserklärung bereit ist, die Möglichkeit einer realistischen Prüfung eröffnen" und dürfen nicht die Gefahr einer „vorschnellen Einwilligung" begründen.[68] Die bloß theoretische Möglichkeit, dass sich die betroffene Person auf Grundlage der präsentierten Informationen ein Bild von den Umständen der Datenverarbeitung macht, reicht für die Annahme einer informierten Einwilligung gerade nicht aus, wenn tatsächlich der damit verbundene Aufwand unverhältnismäßig hoch ist.[69]

4.2.2.2.3 Besondere Kategorien personenbezogener Daten
Für den Fall, dass besondere Kategorien personenbezogener Daten (§ 3 Abs. 9 BDSG a. F.; Art. 9 Abs. 1 DS-GVO) verarbeitet werden, muss auch dieser Umstand der betroffenen Person deutlich kommuniziert werden, schon weil diese ihre Einwilligung gerade auch auf diesen Umstand erstrecken (§ 4a Abs. 3 BDSG a. F.) bzw. „ausdrücklich" in eine Verarbeitung solcher Daten einwilligen muss (Art. 9 Abs. 2 lit. a DS-GVO).

4.2.2.3 Bewusste und verständige Einwilligung
Selbstverständliche Wirksamkeitsvoraussetzung jeder Einwilligung ist, dass sich der Einzelne der Erteilung einer solchen überhaupt bewusst ist und er für die Erteilung einer solchen die nötige Einsichtsfähigkeit besitzt.

4.2.2.3.1 Einwilligungsbewusstsein
Für das Erfordernis eines Einwilligungsbewusstseins kann die Parallele zum Bürgerlichen Recht gezogen werden: Was das Einwilligungsbewusstsein für die Einwilligung im Datenschutzrecht ist, ist für die Willenserklärung im Bürgerlichen Recht das sog. Erklärungsbewusstsein, definiert als das **Bewusstsein, überhaupt eine verbindli-**

---

[67] Zum Beispiel Facebook s. Buchner, DuD 2015, 402.
[68] S. OLG Frankfurt a. M. v. 17.12.2015, DuD 2016, 246 für die Einwilligung in telefonische Werbung.
[69] A. a. O.

che rechtsgeschäftliche Erklärung abzugeben.[70] Ebenso wie im Bürgerlichen Recht das sog. Erklärungsbewusstsein ein Teil des subjektiven Tatbestands jeder Willenserklärung ist, muss auch das Einwilligungsbewusstsein im Datenschutzrecht ein Element des subjektiven Tatbestands jeder Einwilligung sein. Fehlt es an einem solchen (Erklärungs-/Einwilligungs-)Bewusstsein, so führt dies jedenfalls dann zur Unwirksamkeit des Erklärten, wenn der Erklärungsempfänger nicht berechtigterweise darauf vertrauen durfte, dass der Erklärende sich auch tatsächlich seiner Erklärungshandlung bewusst war.[71]

Für die elektronische Einwilligungserklärung ist das Einwilligungsbewusstsein als eine eigenständige Wirksamkeitsvoraussetzung für die Einwilligung auch schon im bisherigen Datenschutzrecht in den §§ 15 TMG und 94 TKG formuliert, wenn diese es den Diensteanbietern aufgeben, sicherzustellen, dass der Nutzer „seine Einwilligung bewusst und eindeutig erteilt hat". Mit der DS-GVO wird das Erfordernis eines Einwilligungsbewusstseins künftig ausdrücklich für alle Arten einer Einwilligung festgeschrieben sein. Nach Art. 4 Nr. 11 DS-GVO setzt die Einwilligung eine **„unmissverständlich"** abgegebene Willensbekundung in Form einer Erklärung oder einer sonstigen **„eindeutigen"** Handlung voraus.

4.2.2.3.2 Opt-in und Opt-out

EG 32 der DS-GVO führt diese Vorgaben der Eindeutigkeit und Unmissverständlichkeit mittels konkreter Beispiele näher aus. Unmissverständlich und eindeutig ist danach etwa das Anklicken eines Kästchens beim Besuch einer Website, die Auswahl entsprechender technischer Einstellungen oder auch jede sonstige Erklärung oder Verhaltensweise, „mit der die betroffene Person in dem jeweiligen Kontext eindeutig ihr Einverständnis mit der beabsichtigten Verarbeitung ihrer personenbezogenen Daten signalisiert". All diesen Beispielen ist gemein, dass es sich dabei um die Einholung einer Einwilligung im Wege des sog. **Opt-in** handelt, indem der einzelne Betroffene seine Einwilligung in die Datenverarbeitung aktiv erklärt.

Dagegen sollen „stillschweigendes Einverständnis, standardmäßig angekreuzte Kästchen oder Untätigkeit der betroffenen Person" gerade keine Einwilligung darstellen (EG 32). Damit wird also eben die Praxis als (Negativ-)Beispiel angeführt, die bis dato hierzulande in Konsequenz der BGH-Rechtsprechung ganz überwiegend als zulässig eingeordnet worden ist:[72] die Einholung einer Einwilligung im Wege des **Opt-**

---

70 Vgl. Armbrüster, in: Säcker/Rixecker/Oetker/Limperg (Hg.), Münchener Kommentar zum BGB (7. A. 2015), § 119 Rn. 93 (dort auch Darstellung des klassischen Schulbeispiels der „Trierer Weinversteigerung").
71 Vgl. BGH v. 07.06.1984, NJW 1984, 2279, 2280: Annahme einer Willenserklärung bei fehlendem Erklärungsbewusstsein nur dann, wenn der Erklärende hätte erkennen und vermeiden können, dass seine Erklärung „vom Empfänger nach Treu und Glauben und mit Rücksicht auf die Verkehrssitte als Willenserklärung aufgefasst werden durfte".
72 S. etwa erst jüngst noch OLG Frankfurt a. M. v. 17.12.2015, DuD 2016, 246.

out, bei der dem Betroffenen ein Einverständnis mit der Datenverarbeitung allein deshalb unterstellt wird, weil sich eine entsprechende Einwilligungsklausel bereits vorformuliert im Vertragswerk befindet und der Betroffene es unterlassen hat, durch Auskreuzen, Ausklicken, Durchstreichen o. Ä. diese Einwilligung im konkreten Fall wieder hinfällig zu machen.

In seinen beiden Entscheidungen zu den Kundenbindungs- und Rabattsystemen Payback und HappyDigits hatte der BGH noch herausgearbeitet, dass die Wirksamkeit einer datenschutzrechtlichen Einwilligung auch im Falle eines Opt-out-Modells grundsätzlich zu bejahen sein soll.[73]

Die Payback-Entscheidung des BGH
Gegenstand des Payback-Verfahrens war eine vorformulierte Klausel, mit der sich die Teilnehmer am Payback-Programm damit einverstanden erklären, dass zu Zwecken der Werbung und Marktforschung ihre Daten verarbeitet werden – sowohl die persönlichen Daten (Name, Geburtsdatum, Anschrift) als auch freiwillige Daten (etwa zu Familienstand, Kindern oder Einkommen) sowie die sog. Programmdaten (Art der gekauften Waren und Dienstleistungen, Preis, Rabattbetrag, Ort und Datum des Vorgangs). Die Einwilligungsklausel ist in dem Anmeldeformular enthalten, welches die Teilnehmer vor Ausstellung der Kundenkarte ausfüllen müssen. Die Klausel befindet sich am Schluss des Textes unmittelbar vor der Unterschriftenzeile und ist schwarz umrandet sowie durch Fettdruck hervorgehoben. Rechts neben dem Einwilligungstext befindet sich ein Kästchen mit dem Text: „Hier ankreuzen, falls die Einwilligung nicht erteilt wird."

Die HappyDigits-Entscheidung des BGH
Auch bei HappyDigits ging es um eine vorformulierte Einwilligungsklausel im Anmeldeformular für das HappyDigits-Programm. Unter der Überschrift „Einwilligung in Beratung, Information (Werbung) und Marketing" erklärt sich der Teilnehmer damit einverstanden, dass seine persönlichen und freiwilligen Daten sowie seine Programmdaten zu Zwecken der Werbung und Marktforschung verarbeitet werden. Die Einwilligungsklausel ist zusätzlich umrandet und ergänzt durch den in Fettdruck gehaltenen Zusatz: „Sind Sie nicht einverstanden, streichen Sie die Klausel."

Sowohl im Fall Payback als auch im Fall HappyDigits handelt es sich damit um klassische Beispiele für ein Opt-out-Modell: Den Teilnehmern, die das Anmeldeformular unterschreiben, wird im Ausgangspunkt eine Einwilligung in die Datenverarbeitung unterstellt und es ist an diesen, diese Einwilligung wieder aus der Welt zu schaffen, indem sie sich auskreuzen (Beispiel Payback) oder sie die entsprechende Einwilligungsklausel streichen (Beispiel HappyDigits). Nach Auffassung des BGH sind solcherlei Opt-out-Modelle datenschutzrechtlich nicht zu beanstanden. Den Umstand, dass in diesen und ähnlichen Konstellationen dem einzelnen Betroffenen oftmals überhaupt nicht bewusst ist, welche rechtlichen Konsequenzen seine Untätigkeit nach sich zieht, blendet der BGH u. a. mit Verweis auf das Leitbild des sog. mündigen Verbrauchers aus. Tatsächlich wird damit aber der „Verbraucher" mit fragwürdiger rechtspolitischer Begründung für seine Nachlässigkeit, Unkenntnis oder auch Scheu bestraft, indem

---

[73] BGH v. 16.07.2008, DuD 2008, 818, 820; BGH v. 11.11.2009, DuD 2010, 493, 495 – Happy Digits.

ihm eine Einwilligung in die Datenverarbeitung ohne Weiteres unterstellt wird. Schon aus diesem Grund ist es zu begrüßen, dass unter der DS-GVO die Praxis des Opt-out nicht mehr zulässig ist und eine Einwilligung in die Datenverarbeitung nur noch dann angenommen wird, wenn der einzelne Betroffene diese in Form einer aktiven Willensbetätigung und damit bewusst erteilt hat.[74]

4.2.2.3.3 Hervorhebungsgebot

In engem Zusammenhang mit dem Erfordernis einer bewussten Einwilligungserteilung steht das sog. Hervorhebungsgebot, wie es bislang in § 4a Abs. 1 Satz 4 BDSG a. F. und künftig in Art. 7 Abs. 2 S. 1 DS-GVO normiert ist. Art. 7 Abs. 2 S. 1 DS-GVO verlangt von der verantwortlichen Stelle die transparente Ausgestaltung einer schriftlichen Einwilligungserklärung für den Fall, dass die Erklärung noch andere Sachverhalte betrifft. Das Ersuchen um eine Einwilligung muss in diesem Fall „in verständlicher und leicht zugänglicher Form" sowie „in einer klaren und einfachen Sprache" erfolgen, damit es von den anderen Sachverhalten klar zu unterscheiden ist.

Von besonderer Bedeutung ist dieses Hervorhebungsgebot gerade dann, wenn Einwilligungen im Rahmen von **Allgemeinen Geschäftsbedingungen** vorformuliert sind. Das Hervorhebungsgebot soll in solchen Fällen verhindern, dass die Einwilligung im sog. Kleingedruckten der Formularverträge versteckt wird und sich der Betroffene daher bei seiner Unterschrift unter den gesamten Vertragstext gar nicht bewusst ist, dass er damit u. a. auch eine Einwilligung in die Datenverarbeitung erteilt.[75] Um dem Hervorhebungsgebot zu genügen, muss daher die Einwilligungsklausel so platziert sein, dass sie der Betroffene gerade nicht übersehen kann, etwa durch einen besonderen Abstand zum übrigen Text, durch eine Einrahmung oder Hervorhebung mittels Fettdruck.[76]

Art. 7 Abs. 2 S. 1 DS-GVO verlangt über diese gestalterische Transparenz hinaus auch noch eine **inhaltliche Transparenz:** Der betroffenen Person muss das „Ob" und „Wie" einer Einwilligungserteilung in einer klaren und einfachen Sprache vor Augen geführt werden. Fehlt es an einer solchen Klarheit, ist die Einwilligung unwirksam und kann damit kein wirksamer Erlaubnistatbestand für die Datenverarbeitung sein.

4.2.2.3.4 Einsichtsfähigkeit

Die betroffene Person muss für eine wirksame Einwilligung nicht nur ein entsprechendes Einwilligungsbewusstsein haben, sondern sie muss auch einwilligungsfähig sein. Grundsätzlich kommt es für solche eine Einwilligungsfähigkeit nicht auf die

---

[74] Buchner/Kühling, in: Kühling/Buchner (Hg.), DS-GVO (2017), Art. 7 Rn. 58.
[75] BGH v. 16.07.2008, DuD 2008, 818; BGH v. 11.11.2009, DuD 2010, 493 – Happy Digits.
[76] Holznagel/Sonntag, in: Roßnagel (Hg.), Handbuch Datenschutzrecht (2003), Kap. 4.8 Rn. 41; Gola/Schomerus, BDSG (12. A. 2015), § 4a Rn. 14; vgl. auch OLG Köln v. 11.01.2002, DuD 2002, 436.

Geschäftsfähigkeit der betroffenen Person im Sinne der bürgerlich-rechtlichen Vorschriften an, sondern stattdessen auf deren sog. Einsichtsfähigkeit. Ob Minderjährige einsichtsfähig sind, ist dabei einzelfallbezogen zu beurteilen und hängt zum einen von der Fähigkeit des Minderjährigen zu selbstständigem und verantwortungsbewusstem Handeln ab, zum anderen von Art und Zweck der konkreten Datenpreisgabe. Teils werden für die Annahme einer Einsichtsfähigkeit auch bestimmte Altersgrenzen vorgeschlagen, jedoch können diese stets nur eine erste Orientierung liefern und ändern nichts an der grundsätzlichen Vorgabe einer einzelfallbezogenen Beurteilung.

Abweichend von diesen Grundsätzen gilt künftig unter Art. 8 DS-GVO für eine bestimmte Konstellation eine konkrete Altersgrenze, die für die Annahme der Einsichtsfähigkeit eines Minderjährigen ausschlaggebend sein soll. In Fällen, in denen einem Minderjährigen sog. Dienste der Informationsgesellschaft angeboten werden,[77] geht Art. 8 Abs. 1 DS-GVO von einer Einsichtsfähigkeit des Minderjährigen ab Vollendung des 16. Lebensjahres aus. Allerdings wird den Mitgliedstaaten die Möglichkeit eröffnet, diese Altersgrenze weiter abzusenken, nicht jedoch unter die Altersgrenze von 13 Jahren.

Beispiel
Die bisherige Praxis von Facebook, ab einem Alter von 13 Jahren pauschal von einer eigenverantwortlichen Entscheidung der Nutzer zur Preisgabe personenbezogener Daten auszugehen, ist bereits mit dem geltenden Recht nicht vereinbar. Zukünftig ließe sich diese Praxis unter der DS-GVO allenfalls dann fortsetzen, wenn der deutsche Gesetzgeber von der in Art. 8 DS-GVO vorgesehenen Öffnungsklausel Gebrauch machen sollte. Ansonsten gilt künftig die Altersgrenze von 16 Jahren.

4.2.2.4 Bestimmtheitserfordernis

Dritte zentrale Wirksamkeitsvoraussetzung neben der Freiwilligkeit und Informiertheit einer Einwilligung ist deren Bestimmtheit. Eine pauschale Einwilligungsklausel, die sich nicht auf bestimmte Verarbeitungszwecke beschränkt, ist unwirksam. Dies gilt bislang nach BDSG a. F. ebenso wie künftig unter der DS-GVO. Art. 6 Abs. 1 lit. a DS-GVO schreibt ausdrücklich vor, dass die Einwilligung in eine Datenverarbeitung **„für einen oder mehrere festgelegte Zwecke"** erteilt werden muss. Aus Art. 5 Abs. 1 lit. b DS-GVO, der den Zweckbindungsgrundsatz allgemein regelt, folgt zudem, dass diese Zweckfestlegung **„eindeutig"** sein muss.

---

[77] Die Definition des Dienstes der Informationsgesellschaft in Art. 4 Nr. 25 DS-GVO verweist auf die entsprechende Definition in der Richtlinie (EU) 2015/1535 über ein Informationsverfahren auf dem Gebiet der technischen Vorschriften und der Vorschriften für die Dienste der Informationsgesellschaft, ABl. v. 17.09.2015 L 241, S. 1. Danach muss es sich um eine regelmäßig gegen Entgelt, elektronisch, im Fernabsatz und auf individuellen Abruf eines Empfängers erbrachte Dienstleistung handeln.

Allgemeine Formulierungen und Zweckbestimmungen genügen dem Bestimmtheitsgebot nicht. Für den Betroffenen muss hinreichend klar erkennbar sein, welche Daten in welchem Umfang und zu welchem Zweck verarbeitet werden und an welche dritten Stellen diese Daten gegebenenfalls übermittelt werden.

> **Beispiele**
> Zu unbestimmt und damit unwirksam sind etwa
> – die Einwilligungsklausel in einem Kontoeröffnungsantrag, wonach eine Bank Daten des Kunden über seine finanziellen und persönlichen Verhältnisse „im Rahmen des Bankvertrages erheben, verarbeiten und nutzen" darf;[78]
> – die AGB-Klausel eines Rabattvereins, wonach „die jeweiligen Partnerunternehmen" und „die in diesem Zusammenhang beauftragten Dienstleistungsunternehmen" zur Verarbeitung und Nutzung personenbezogener Daten berechtigt sein sollen;[79]
> – die Einwilligung in eine Datenverarbeitung zu dem Zweck, „Dienste, Inhalte und Werbung zu entwickeln und anzubieten und zu verbessern".[80]

Allein der Umstand, dass mittels einer Einwilligung eine sehr weitreichende Nutzung von Daten gestattet wird, führt jedoch noch nicht zu einer Verletzung des Bestimmtheitserfordernisses. Selbst wenn die von einer Einwilligung abgedeckten Daten weitreichende Einsichten in das Privatleben des Betroffenen ermöglichen, ist dies zulässig, vorausgesetzt, die Einwilligungsklausel listet die entsprechenden Daten im Einzelnen übersichtlich auf.[81]

4.2.2.5 Widerruf der Einwilligung
4.2.2.5.1 Grundsatz der freien Widerrufbarkeit

Grundsätzlich hat der einzelne Betroffene jederzeit die Möglichkeit, eine einmal erteilte Einwilligung zu widerrufen.[82] Auch wenn die DSRL und das bisherige BDSG, anders als die meisten Landesdatenschutzgesetze,[83] ein solches Widerrufsrecht nicht ausdrücklich erwähnt haben, ist ein solches seit jeher allgemein anerkannt. Künftig spricht Art. 7 Abs. 3 DS-GVO dem Einzelnen ausdrücklich das Recht zu, seine Einwilligung jederzeit zu widerrufen. Konsequenz einer widerrufenen Einwilligung ist die Unzulässigkeit einer weiteren Datenverarbeitung für die Zukunft. Die Rechtmäßigkeit

---

[78] OLG Frankfurt v. 26.02.1998, DuD 1999, 231, 233.
[79] LG München I v. 01.02.2001, DuD 2001, 292, 294.
[80] LG Berlin v. 30.04.2013, DuD 2013, 598, 600 – Datenschutzklauseln von Apple.
[81] OLG Köln v. 17.06.2011, DuD 2011, 820, 821.
[82] Däubler, in: Däubler/Klebe/Wedde/Weichert (Hg.), BDSG (5. A. 2016), § 4a Rn. 35; Gola/Schomerus, BDSG (12. A. 2015), § 4a Rn. 18; Schaffland/Wiltfang, BDSG (2. Lfg. 2017), § 4a Rn. 26; Schaar, MMR 2001, 644, 647.
[83] Vgl. zum Beispiel die § 4 Abs. 2 S. 4 LDSG BW; § 5 Abs. 2 S. 2 HmbDSG; § 7 Abs. 2 S. 5 HDSG; § 4 Abs. 1 S. 5 DSG NRW; weitere Nachweise bei Simitis, in: ders. (Hg.), BDSG (8. A. 2014), § 4a Rn. 94.

der aufgrund der Einwilligung bis zum Widerruf erfolgten Verarbeitung wird hingegen durch den Widerruf nicht berührt, Art. 7 Abs. 3 S. 2 DS-GVO.

Als Ausprägung des Rechts auf informationelle Selbstbestimmung kann der einzelne Betroffene auch auf sein Widerrufsrecht nicht endgültig und abschließend verzichten.[84] Es bleibt der freien Entscheidung des einzelnen Betroffenen überlassen, ob und in welchem Umfang er seine Einwilligung widerrufen möchte.[85] Er kann seine erteilte Einwilligung also auch nur ausschnittsweise widerrufen und nur in einer ganz bestimmten Form der ursprünglich erlaubten Datenverarbeitung widersprechen, die Einwilligungserklärung im Übrigen aber aufrechterhalten.

Von zentraler Bedeutung ist der Grundsatz der freien Widerrufbarkeit der Einwilligung v. a. deshalb, weil dem einzelnen Betroffenen zum Zeitpunkt der Erteilung seiner Einwilligung oftmals gar nicht bewusst ist – und auch noch gar nicht bewusst sein kann – welche Tragweite diese Einwilligung möglicherweise für seine informationelle Selbstbestimmung und für die Vertraulichkeit seiner Daten hat. Die tatsächlichen Konsequenzen einer einmal erteilten Einwilligung kann der Betroffene oftmals erst im Laufe der Zeit richtig abschätzen und dann möglicherweise auch seine datenschutzrechtlichen Präferenzen anders beurteilen. Es muss dem Einzelnen daher auch im Nachhinein noch möglich sein, seine informationelle Selbstbestimmung gegebenenfalls restriktiver zu handhaben, indem er der datenverarbeitenden Stelle die einmal erteilte Legitimation für eine Datenverarbeitung auch wieder entzieht.

4.2.2.5.2 Einschränkungen

Der Grundsatz der freien Widerrufbarkeit einer Einwilligung gilt nur dann uneingeschränkt, wenn die Einwilligung in eine Datenverarbeitung einseitig und isoliert erteilt worden ist. Oftmals wird die Einwilligung in der Praxis jedoch im Rahmen eines umfassenderen Vertragsverhältnisses erteilt oder ist sogar unverzichtbare Voraussetzung für ein solches Vertragsverhältnis. Entsprechend ist dann auch bei der Frage der Widerrufbarkeit diese rechtsgeschäftliche Einbindung der Einwilligung zu berücksichtigen. Die datenschutzrechtliche Literatur trägt dem dadurch Rechnung, dass sie einen Widerruf der Einwilligung nur noch unter bestimmten Voraussetzungen zulässt; möglich soll ein Widerruf nur dann sein, wenn die Fortsetzung der Datenverarbeitung dem Betroffenen nicht mehr zumutbar ist oder wenn sich die für die Datenverarbeitung maßgeblichen Umstände wesentlich geändert haben.[86]

---

84 Holznagel/Sonntag, in: Roßnagel (Hg.), Handbuch Datenschutzrecht (2003), Kap. 4.8 Rn. 65.
85 Allgemeine Ansicht, vgl. statt aller Simitis, in: ders. (Hg.), BDSG (8. A. 2014), § 4a Rn. 97.
86 Däubler, in: Däubler/Klebe/Wedde/Weichert (Hg.), BDSG (5. A. 2016), § 4a Rn. 38; Gola, DuD 2001, 278, 279; Simitis, in: ders. (Hg.), BDSG (8. A. 2014), § 4a Rn. 100 ff.

4.2.2.6 Form der Einwilligung

Die DS-GVO sieht, ebenso wie schon die DSRL, für die Erteilung der Einwilligung kein Schriftformerfordernis vor.[87] Demgegenüber bedarf bislang die Einwilligung nach § 4a Abs. 1 S. 3 BDSG a. F. grundsätzlich der Schriftform, muss also gemäß § 126 BGB vom Betroffenen mit seiner eigenhändigen Unterschrift versehen worden sein. Das Schriftformerfordernis hat in erster Linie eine Warnfunktion. Die Notwendigkeit einer eigenhändigen Unterschrift schützt den einzelnen Betroffenen vor einer unüberlegten und vorschnellen Entscheidung; ihm wird nochmals bewusst gemacht, dass er im Begriff ist, etwas rechtlich Erhebliches zu erklären. Darüber hinaus schafft das Schriftformerfordernis für alle Beteiligten auch ein höheres Maß an Rechtssicherheit.

Diese Rechtssicherheit ist unter der DS-GVO zunächst einmal nicht mehr in gleichem Umfang gewährleistet. Möglicherweise führt aber gerade dieser Aspekt letztlich dazu, dass in der Praxis die Schriftform auch weiterhin eine wichtige Rolle spielen wird – v. a. auch mit Blick darauf, dass die datenverarbeitende Stelle nach Art. 7 Abs. 1 DS-GVO nachweisen muss, dass der Betroffene seine Einwilligung zu der Verarbeitung seiner personenbezogenen Daten erteilt hat. Im Falle einer bloß mündlich oder konkludent erteilten Einwilligung wird dieser Nachweis oftmals nur schwer zu führen sein.[88]

4.2.3 Einwilligung im Online- und Telekommunikationsbereich

Für den Online- und Telekommunikationsbereich sehen bislang die §§ 13 Abs. 2 TMG und 94 TKG die Möglichkeit einer elektronischen Erklärung der Einwilligung vor. Unter der DS-GVO werden diese beiden Regelungen nicht mehr fortgelten.[89] Stattdessen gelten künftig die Vorgaben der DS-GVO, ggf. modifiziert und ergänzt durch die geplante ePrivacy-Verordnung.[90]

4.2.3.1 Bisherige Vorgaben

Voraussetzung für eine elektronische Erteilung der Einwilligung ist bislang nach § 13 Abs. 2 TMG, § 94 TKG, dass die Einwilligung

---

[87] S. aber die Ausnahme im Fall einer Datenverarbeitung für Zwecke des Beschäftigungsverhältnisses nach § 26 Abs. 2 S. 3 BDSG n. F.
[88] Zum Formerfordernis bei einer Einwilligung im Rahmen von Beschäftigungsverhältnissen s. Kap. 4.2.2.1.5.
[89] Buchner/Kühling, in: Kühling/Buchner (Hg.), DS-GVO (2017), Art. 7 Rn. 74 f.
[90] Kommissionsvorschlag für eine Verordnung über die Achtung des Privatlebens und den Schutz personenbezogener Daten in der elektronischen Kommunikation und zur Aufhebung der Richtlinie 2002/58/EG (Verordnung über Privatsphäre und elektronische Kommunikation), KOM(2017) 10 endg.; vgl. dazu Kap. 4.4.3.

- bewusst und eindeutig erteilt wird,
- protokolliert wird,
- ihr Inhalt jederzeit abgerufen werden kann und
- jederzeit mit Wirkung für die Zukunft widerrufen werden kann.[91]

Auch wenn diese Vorgaben von TMG und TKG so künftig nicht mehr fortgelten werden, wird sich doch auch unter der DS-GVO der Sache nach nichts Wesentliches ändern.[92] Die Vorgaben einer bewussten, eindeutigen und widerrufbaren Einwilligung finden sich als solche auch in der DS-GVO. Auf die Protokollierung einer elektronischen Einwilligung werden datenverarbeitende Stellen schon aus Gründen der Nachweisbarkeit einer Einwilligungserteilung nicht verzichten können. Und schließlich ist auch die jederzeitige Abrufbarkeit des Inhalts der Einwilligung für den Nutzer durch die Verordnung zumindest mittelbar mit Blick auf die jederzeitige Widerrufbarkeit der Einwilligung vorgegeben. Sinnvoll kann das Recht zum Widerruf nur ausgeübt werden, wenn die betroffene Person überhaupt eine verlässliche Informationsgrundlage hat, mit welchem Inhalt sie in der Vergangenheit eine Einwilligung in die Datenverarbeitung erteilt hat. Nur dann ist im Sinne des Art. 7 Abs. 3 S. 4 der Widerruf der Einwilligung „so einfach wie die Erteilung der Einwilligung".

4.2.3.2 Vorgaben der ePrivacy-Verordnung

Sonderregelungen zur Einwilligung in die Datenverarbeitung bei elektronischen Kommunikationsdiensten sind darüber hinaus künftig in der **ePrivacy-Verordnung** vorgesehen. Die Verordnung soll die bisherige ePrivacy-Richtlinie ablösen und die Regelungen der DS-GVO ergänzen, wenn elektronische Kommunikationsdaten verarbeitet werden oder es um Informationen geht, die in sog. Endeinrichtungen der Endnutzer gespeichert sind oder sich auf diese beziehen.[93]

4.2.3.2.1 Einwilligung als zentraler Erlaubnistatbestand

Nach dem Verordnungsentwurf der Kommission soll die Einwilligung als Grundlage für eine rechtmäßige Datenverarbeitung „im Mittelpunkt" der Verordnung stehen.[94]

---

[91] S. dazu auch Spindler/Nink, in: Spindler/Schuster (Hg.), Recht der elektronischen Medien (3. A. 2015), § 13 TMG Rn. 13; Eckhardt, in: Spindler/Schuster (Hg.), Recht der elektronischen Medien (3. A. 2015), § 94 TKG Rn. 8 ff.
[92] Zum Folgenden bereits Buchner/Kühling, in: Kühling/Buchner (Hg.), DS-GVO (2017), Art. 7 Rn. 28.
[93] Zu solchen Endeinrichtungen zählen z. B. Smartphones, Tablets oder PCs; näher dazu sowie allgemein zur ePrivacy-Verordnung Kap. 4.4.3.
[94] Kommissionsvorschlag für eine Verordnung über die Achtung des Privatlebens und den Schutz personenbezogener Daten in der elektronischen Kommunikation und zur Aufhebung der Richtlinie 2002/58/EG (Verordnung über Privatsphäre und elektronische Kommunikation), KOM(2017) 10 endg., S. 11; ebenso die Position des Europäischen Parlaments v. 26.10.2017

Vorgesehen ist die Einwilligung als Erlaubnistatbestand für eine Datenverarbeitung insbesondere in Art. 6 (Verarbeitung elektronischer Kommunikationsdaten) und in Art. 8 (Schutz der in Endeinrichtungen der Nutzer gespeicherter oder sich auf diese beziehenden Informationen). Art. 8 Abs. 1 des Entwurfs sieht vor, dass der Einsatz von Tracking Tools wie etwa Cookies ohne Einwilligung des Nutzers nur noch in ganz eng begrenzten Ausnahmefällen zulässig sein soll, etwa wenn dies allein für die Bereitstellung des vom Endnutzer gewünschten Dienstes nötig ist (Bsp. Warenkorb-Cookie) oder unter engen Voraussetzungen im Fall der Messung des Webpublikums. Ansonsten soll der Einsatz von Tracking Tools nur bei einer ausdrücklichen Einwilligung des Endnutzers selbst erlaubt sein – was aus Sicht der Kritiker dieses Entwurfs zu nichts weniger als zu einem „Ende des werbefinanzierten Internets" führen würde.[95]

4.2.3.2.2 Wirksamkeit der Einwilligung

Für die Wirksamkeit einer Einwilligung verweist Art. 9 Abs. 1 des Entwurfs auf die in der DS-GVO festgelegten Begriffsbestimmungen und Voraussetzungen. Damit gilt dann also insbesondere auch die Vorgabe einer **unmissverständlichen und eindeutigen Einwilligungserteilung**, wie sie in Art. 4 Nr. 11 DS-GVO vorgesehen ist und in EG 32 DS-GVO näher erläutert wird **(Opt-in)**. Gerade online ist die Gefahr besonders groß, dass mittels Mausklicks oder ähnlich flüchtiger Handlungen übereilt und unbewusst Erklärungen abgegeben werden, die so weder vom Willen noch vom Bewusstsein des Nutzers getragen sind. EG 24 des Kommissionsentwurfs führt als Beispiel für eine eindeutige bestätigende Handlung die Konstellation an, dass der Endnutzer zur Einwilligung die Option „Cookies von Drittanbietern annehmen" aktiv auswählen muss und ihm die dazu notwendigen Informationen gegeben werden.

Um wirksam zu sein, muss die Einwilligung des Endnutzers darüber hinaus auch **freiwillig** erteilt worden sein. Gerade in der Onlinewelt zeichnen sich viele Angebote dadurch aus, dass sie nicht gegen Entgelt erbracht werden, sondern auf dem Tauschmodell „Leistung gegen Einwilligung" beruhen. Wenn aber Diensteanbieter ihre Leistungserbringung zwingend von einer Einwilligung des Nutzers in die Datenverarbeitung abhängig machen, stellt sich die Frage, ob eine solche Einwilligung noch als freiwillig eingeordnet werden kann. Nach dem sog. Koppelungsverbot – als Ausprägung des allgemeinen Freiwilligkeitsgrundsatzes – dürfen Diensteanbieter ihre Leistungserbringung nicht davon abhängig machen, dass der Nutzer in eine Datenverarbeitung zu kommerziellen Zwecken einwilligt, wenn es für diesen nicht möglich bzw. nicht zumutbar ist, eine gleichwertige Leistung auch ohne eine solche Einwilligung zu erlangen.[96] Im Einzelnen ist hier vieles streitig, insbesondere wann

---

[95] S. etwa BVDW, Factsheet – Die neue ePrivacy-Verordnung, Ziff. 3; unter: www.bvdw.org/fileadmin/downloads/mepo/Die%20neue%20ePrivacy-Verordnung-Factsheet_170227.pdf (letzter Abruf 07.06.2017).
[96] Zur Berücksichtigung des Koppelungsverbots auch unter der DS-GVO s. Kap. 4.2.2.1.4.

ein zumutbarer Zugang zu einer gleichwertigen Leistungsalternative anzunehmen ist. Grundsätzlich sollte aber das Koppelungsverbot nicht zu streng ausgelegt werden.[97]

Beispiel
Grundsätzlich ist der Einzelne in seiner Entscheidung auch dann noch frei, wenn er im Internet die Wahl hat, entweder unter Verzicht auf Vertraulichkeit kostenlose und besonders innovative Dienste in Anspruch zu nehmen oder aber stattdessen auf datenschutzfreundlichere Angebote auszuweichen, auch wenn diese kostenpflichtig oder weniger innovativ sein sollten.

4.2.3.2.3 Einwilligung mittels Webbrowsers
Art. 9 Abs. 2 des Entwurfs sieht die Möglichkeit vor, dass die Einwilligung auch durch entsprechende technische Einstellungen eines Webbrowsers erteilt werden kann. Berücksichtigt werden soll damit der Umstand, dass im Onlinebereich schon seit langem aus Sicht des Nutzers eine Flut von Einwilligungsanfragen zu verzeichnen ist, mit der der Einzelne bei lebensnaher Betrachtung nicht mehr sinnvoll umgehen kann (EG 22).

4.2.3.2.4 Einwilligung in Direktwerbung
Ein Fremdkörper – zumindest aus datenschutzrechtlicher Perspektive – sind schließlich die Regelungen zur Einwilligung im Fall der Direktwerbung über elektronische Kommunikationsdienste (Art. 16). Dem Regelungsgehalt nach handelt es sich hierbei um Fragen des **Werbe- und Verbraucherschutzrechts,** die so in der ePrivacy-Verordnung „systematisch falsch einsortiert" sind.[98]

4.2.4 Einwilligung und ärztliche Schweigepflicht

Auch im Gesundheitsbereich ist die Einwilligung als Erlaubnistatbestand für eine Datenverarbeitung von zentraler Bedeutung. Überlagert werden die rechtlichen Rahmenbedingungen der Einwilligung hier allerdings durch die Grundsätze der ärztlichen Schweigepflicht.

4.2.4.1 Vorrang der Grundsätze der ärztlichen Schweigepflicht
Was das Verhältnis zwischen allgemeinem Datenschutzrecht und ärztlicher Schweigepflicht angeht, ist bislang § 1 Abs. 3 S. 2 BDSG a. F. maßgeblich, der bestimmt:

---

[97] S. dazu schon Kap. 4.2.2.1.4.
[98] So zu Recht die Kritik des DAV, Stellungnahme Nr. 29 (2017), S. 9.

> „Die Verpflichtung zur Wahrung gesetzlicher Geheimhaltungspflichten oder von Berufs- oder besonderen Amtsgeheimnissen, die nicht auf gesetzlichen Vorschriften beruhen, bleibt unberührt."

Auch die ärztliche Schweigepflicht zählt zu diesen gesetzlich kodifizierten Berufsgeheimnissen und bleibt entsprechend „unberührt" von den Vorschriften des allgemeinen Datenschutzrechts. Daraus lässt sich ein Vorrang der ärztlichen Schweigepflicht gegenüber den datenschutzrechtlichen Vorschriften ableiten – mit der Konsequenz, dass derjenige, der die Grundsätze der ärztlichen Schweigepflicht einhält, zugleich auch datenschutzrechtskonform agiert.[99] Und auch unter der **DS-GVO** wird sich an dem Verhältnis zwischen ärztlicher Schweigepflicht und allgemeinem Datenschutzrecht nichts ändern, da die Öffnungsklauseln des Art. 9 Abs. 2 lit. g bis lit. i und Abs. 3 DS-GVO auch künftig entsprechenden Spielraum für eine Fortgeltung des Vorrangs der ärztlichen Schweigepflicht im nationalen Recht lassen.[100]

4.2.4.2 Grundsätze der ärztlichen Schweigepflicht

Die ärztliche Schweigepflicht zählt zum Kernbereich der ärztlichen Berufsethik und ist Grundlage der besonderen Vertrauensbeziehung zwischen Arzt und Patient. Geregelt ist die ärztliche Schweigepflicht nach dem Vorbild des § 9 MBO-Ä[101] in den Berufsordnungen der Landesärztekammern. Danach haben Ärztinnen und Ärzte „über das, was ihnen in ihrer Eigenschaft als Ärztin oder Arzt anvertraut oder bekannt geworden ist – auch über den Tod der Patientin oder des Patienten hinaus – zu schweigen." § 203 Abs. 1 Nr. 1 StGB stellt die Verletzung der ärztlichen Schweigepflicht unter Strafe.

4.2.4.2.1 Schutzbereich

Die ärztliche Schweigepflicht gilt grundsätzlich umfassend, insbesondere auch gegenüber anderen Ärzten und Familienangehörigen und auch über den Tod des Patienten hinaus. Umfasst vom Geheimnisbegriff des § 203 StGB sind alle Tatsachen, die nur einem bestimmten, abgrenzbaren Personenkreis bekannt sind und an deren Geheimhaltung der Betroffene ein sachlich begründetes Interesse hat. Hierzu zählen nicht nur die behandlungsspezifischen Tatsachen selbst, sondern etwa auch die persönlichen, beruflichen oder wirtschaftlichen Verhältnisse des Patienten, dessen Identität sowie der Umstand, dass der Patient überhaupt in ärztlicher Behandlung ist. Stets müssen jedoch die Informationen dem Arzt gerade in seiner Eigenschaft als Arzt bekannt geworden sein; erforderlich ist ein innerer Zusammenhang zwischen Kenntnisnahme und ärztlicher Tätigkeit.[102]

---

99 In diesem Sinne etwa Lippert, in: Ratzel/Lippert (Hg.), MBO-Ä (6. A. 2015), § 9 Rn 82.
100 Weichert, in: Kühling/Buchner (Hg.), DS-GVO (2017), Art. 9 Rn. 50.
101 Musterberufsordnung für die in Deutschland tätigen Ärztinnen und Ärzte (1997).
102 Ulsenheimer, in: Laufs/Kern (Hg.), Handbuch des Arztrechts (4. A. 2010), § 66 Rn. 5.

4.2.4.2.2 Ausnahmen von der ärztlichen Schweigepflicht

Jedoch gilt auch für die ärztliche Schweigepflicht wieder das aus dem allgemeinen Datenschutzrecht bekannte Grundmuster, dass im Ausgangspunkt zwar ein Datenverarbeitungsverbot besteht, eine Datenverarbeitung jedoch dann zulässig ist, wenn dies entweder gesetzlich vorgesehen ist oder wenn der Patient selbst darin eingewilligt hat.

Vorschriften, die für den Arzt nicht nur eine Erlaubnis, sondern sogar eine Pflicht zur Offenbarung von Patientendaten begründen, finden sich in den verschiedensten Gesetzen, angefangen bei spezifisch gesundheitsbezogenen Gesetzen wie dem Infektionsschutzgesetz bis hin zu allgemeinen Gesetzen wie dem Strafgesetzbuch oder der Insolvenzordnung. Befugt ist ein Arzt zur Offenbarung von Patientendaten darüber hinaus insbesondere auch dann, wenn eine gegenwärtige Gefahr für ein wesentlich überwiegendes Rechtsgut wie Leib oder Leben besteht und diese Gefahr nicht anders als durch eine Verletzung der ärztlichen Schweigepflicht abgewendet werden kann. § 34 StGB nimmt für eine solche Konstellation einen sog. **rechtfertigenden Notstand** an, der die Rechtswidrigkeit einer Verletzung der ärztlichen Schweigepflicht ausschließen kann.

Beispiele
- Ein Arzt informiert den Lebenspartner eines Patienten über dessen lebensbedrohliche übertragbare Erkrankung.
- Ein Patient wird von seinem Arzt als fahruntauglich eingestuft, darüber wird die Verkehrsbehörde in Kenntnis gesetzt.
- Ein Kinderarzt informiert das Jugendamt über gewichtige Anhaltspunkte für eine mögliche Kindesmisshandlung.

4.2.4.3 Einwilligung

Fehlt es an einer gesetzlich normierten Offenbarungspflicht oder -befugnis des Arztes, hängt die Zulässigkeit einer Weitergabe von Patientendaten davon ab, ob der Patient selbst in eine solche Weitergabe eingewilligt hat, indem er den Arzt von seiner Schweigepflicht entbunden hat. § 9 Abs. 2 MBO-Ä regelt ausdrücklich, dass ein Arzt zur Offenbarung von Patientendaten befugt ist, soweit er von der Schweigepflicht entbunden worden ist. Ebenso stellt die Einwilligung des Patienten einen Rechtfertigungsgrund im Rahmen des § 203 StGB dar. Die Grundidee ist jeweils, dass in erster Linie der Wille des Patienten maßgeblich dafür sein soll, wie mit den ihn betreffenden Daten umzugehen ist.

4.2.4.3.1 Konkludente Einwilligung

Nach den Grundsätzen der ärztlichen Schweigepflicht kann eine Einwilligung in die Datenverarbeitung auch konkludent erfolgen.[103] Vor allem für die Kommunikation unter Ärzten wird für die Zulässigkeit einer Datenweitergabe auf eine konkludente (stillschweigende) Einwilligung des Patienten zurückgegriffen.

Zulässig ist eine Datenweitergabe auf Grundlage einer konkludenten Einwilligung etwa in den folgenden Fällen:
- Datenaustausch zwischen Behandlungseinrichtungen verschiedener Fachrichtungen in einem Krankenhaus, soweit dies zur Erfüllung des Behandlungsvertrags erforderlich ist
- Datenweitergabe an den nachbehandelnden Arzt bei Einweisung in ein Krankenhaus
- Datenweitergabe durch den Hausarzt bei Überweisung an den Facharzt
- Datenaustausch in einer Gemeinschaftspraxis von Eheleuten oder von wenigen Ärzten derselben Fachrichtung[104]

4.2.4.3.2 Ausdrückliche Einwilligung

Von den oben angeführten Konstellationen zu unterscheiden sind Konstellationen, in denen eine Datenweitergabe zwar mit der ärztlichen Behandlung in einem Zusammenhang steht, die Datenweitergabe aber für die Durchführung der Behandlung nicht erforderlich, sondern allenfalls hilfreich ist.

Beispiele
Typische Beispiele sind Fälle, in denen es im Zuge einer Inanspruchnahme externer Dienstleister auch zu einer Preisgabe von Patientendaten gegenüber diesen Dienstleistern kommt (oder dies zumindest nicht sicher ausgeschlossen werden kann) – etwa im Fall der Einschaltung von externen Abrechnungsstellen oder der Einschaltung von Callcentern für die Abwicklung der Patientenkommunikation.[105]

In solchen Konstellationen sind über die Vorgaben der ärztlichen Schweigepflicht hinaus auch die Formvorgaben des allgemeinen Datenschutzrechts zu beachten, wenn dieses strengere Anforderungen aufstellt. Ausreichend ist dann nicht allein die konkludente Erteilung einer Einwilligung, vielmehr bedarf es einer **ausdrücklichen** Einwilligung (Art. 9 Abs. 2 lit. a DS-GVO).

4.2.4.3.3 Mutmaßliche Einwilligung

Nicht immer kann ein Patient seine Einwilligung in die Datenweitergabe eindeutig oder auch nur stillschweigend zum Ausdruck bringen. Ist dies etwa in Notfällen bei Bewusstlosigkeit des Patienten nicht möglich, darf ausnahmsweise für die Zulässig-

---
103 Vgl. Kirchner, in: Kingreen/Kühling (Hg.), Gesundheitsdatenschutzrecht (2015), S. 219.
104 Vgl. Buchner, in: ders. (Hg.), Datenschutz im Gesundheitswesen (12. Lfg. 2017), Kap. A/1.3.3.
105 Ausführlich dazu Buchner, MedR 2013, 337, 340 ff.

keit einer Datenweitergabe auf die mutmaßliche Einwilligung des Patienten abgestellt werden. Eine solche kann angenommen werden, wenn die Datenweitergabe im Interesse des Patienten ist oder er zuvor bereits einmal in eine vergleichbare Datenübermittlung eingewilligt hatte.

Beispiel
Zulässig ist etwa eine Datenübermittlung vom Notarzt an den nachbehandelnden Krankenhausarzt.

Auch die Unterrichtung naher Verwandter kann auf eine mutmaßliche Einwilligung gestützt werden, sofern keine Anhaltspunkte für einen entgegenstehenden Willen des Patienten vorliegen.[106]

Beispiele
Unmittelbare Verwandte wie der Ehepartner dürfen in Notsituationen auf Grundlage einer mutmaßlichen Einwilligung informiert werden. Ebenso ist regelmäßig von einer mutmaßlichen Einwilligung des (verstorbenen) Patienten in eine Einsichtnahme in die Patientenakten durch nahe Angehörige auszugehen, wenn es um die Verfolgung möglicher Behandlungsfehler geht.[107]

4.3 Gesetzliche Erlaubnistatbestände

Eine der zentralen Vorgaben, die das Bundesverfassungsgericht im Volkszählungsurteil für das Datenschutzrecht festgehalten hat, lautet, dass Einschränkungen des Rechts auf informationelle Selbstbestimmung stets einer verfassungsmäßigen gesetzlichen Grundlage bedürfen (sog. Gesetzesvorbehalt). Nur der – demokratisch legitimierte – Gesetzgeber soll über das Ob und Wie einer zulässigen Datenverarbeitung bestimmen dürfen. Soweit daher der einzelne Betroffene nicht selbst in eine Verarbeitung seiner personenbezogenen Daten eingewilligt hat, dürfen diese Daten nur dann verarbeitet werden, wenn dies durch eine gesetzliche Vorschrift erlaubt ist. Ebenso gilt auch nach Art. 8 Abs. 2 GRCh, dass jede Verarbeitung personenbezogener Daten entweder einer Einwilligung der betroffenen Person oder einer gesetzlichen Legitimationsgrundlage bedarf. Auch der Unionsgesetzgeber konnte daher bei der DS-GVO nicht vom Prinzip des Gesetzesvorbehalts abweichen.[108]

So gut gemeint der Gesetzesvorbehalt ist, so unpraktikabel ist das Datenschutzrecht allerdings gerade auch durch diesen geworden. Die Vorgabe, für jede Art der Datenverarbeitung entsprechende gesetzliche Erlaubnistatbestände zu normieren,

---
106 Ulsenheimer, in: ders. (Hg.), Arztstrafrecht in der Praxis (5. A. 2015), Teil 8 Rn. 887.
107 Aus der Rspr. s. z. B. OLG München v. 09.10.2006, MedR 2009, 49; s. a. Buchner, in: ders. (Hg.), Datenschutz im Gesundheitswesen (12. Lfg. 2017), Kap. A/1.3.3 und Kap. A/3.2.4; Ulsenheimer, in: ders. (Hg.), Arztstrafrecht in der Praxis (5. A. 2015), Teil 8 Rn. 887.
108 Albrecht/Jotzo, Das neue Datenschutzrecht der EU (2017), S. 50.

hat zu einer Flut datenschutzrechtlicher Regelwerke geführt, die selbst für Datenschutzrechtsexperten mitunter kaum noch überschaubar und handhabbar ist. Gesetzgeber wie Rechtsanwender sehen sich dabei v. a. zwei Problemen gegenüber: Sollen gesetzliche Erlaubnistatbestände für eine zulässige Datenverarbeitung möglichst eindeutig und präzise formuliert werden, führt dies schnell zu einer Detailversessenheit und Überregulierung, aufgrund derer sich das Datenschutzrecht seinen Ruf als unverständliche und überreglementierte Spezialmaterie eingehandelt hat. Wird demgegenüber die Alternative gewählt, möglichst allgemein gehaltene Erlaubnistatbestände zu normieren, so sind solcherlei Generalklauseln zwar flexibel handhabbar, lassen aber aufgrund der Allgemeinheit ihrer Vorgaben den Rechtsanwender oftmals gerade im Unklaren darüber, welche Art der Datenverarbeitung nun konkret noch erlaubt oder nicht mehr erlaubt ist. Paradebeispiel für solche allgemeinen Generalklauseln sind die allgemeinen Interessenabwägungsklauseln wie etwa § 29 Abs. 1 S. 1 Nr. 1 BDSG a. F. oder (künftig) Art. 6 Abs. 1 lit. f DS-GVO.

4.3.1 Überblick

Unter der DS-GVO finden sich die gesetzlichen Erlaubnistatbestände für eine Verarbeitung personenbezogener Daten abschließend in Art. 6 Abs. 1 DS-GVO normiert. Die Vorschrift unterscheidet – zusätzlich zum Erlaubnistatbestand der Einwilligung – nach fünf Kategorien möglicher gesetzlicher Erlaubnistatbestände. Rechtmäßig ist danach eine Datenverarbeitung in folgenden Konstellationen:

1. Die Verarbeitung ist für die Erfüllung eines Vertrags, dessen Vertragspartei die betroffene Person ist, oder zur Durchführung vorvertraglicher Maßnahmen erforderlich, die auf Antrag der betroffenen Person erfolgen.
2. Die Verarbeitung ist zur Erfüllung einer rechtlichen Verpflichtung erforderlich, der der für die Verarbeitung Verantwortliche unterliegt.
3. Die Verarbeitung ist erforderlich, um lebenswichtige Interessen der betroffenen Person oder einer anderen natürlichen Person zu schützen.
4. Die Verarbeitung ist für die Wahrnehmung einer Aufgabe erforderlich, die im öffentlichen Interesse liegt oder in Ausübung öffentlicher Gewalt erfolgt, die dem für die Verarbeitung Verantwortlichen übertragen wurde.
5. Die Verarbeitung ist zur Wahrung der berechtigten Interessen des für die Verarbeitung Verantwortlichen oder eines Dritten erforderlich, sofern nicht die Interessen oder Grundrechte und Grundfreiheiten der betroffenen Person, die den Schutz personenbezogener Daten erfordern, überwiegen.

Für den Bereich der nicht-staatlichen Datenverarbeitung sind v. a. die beiden Erlaubnistatbestände von Bedeutung, die die Datenverarbeitung **im Rahmen eines (vor-)vertraglichen Schuldverhältnisses (lit. b)** oder auf Grundlage einer **Interessenab-**

wägung (lit. f) legitimieren. Unter diese beiden Kategorien lassen sich die meisten der praktisch wichtigen Datenverarbeitungsvorgänge im privaten Bereich fassen.

4.3.2 Durchführung eines (vor-)vertraglichen Schuldverhältnisses

Ein gesetzlicher Erlaubnistatbestand, der eine Datenverarbeitung zur Erfüllung eines Vertrages oder zur Durchführung vorvertraglicher Maßnahmen legitimiert, normiert zunächst einmal eine Selbstverständlichkeit. Dass eine Datenverarbeitung, die im Rahmen eines (vor-)vertraglichen Schuldverhältnisses erforderlich ist, erlaubt sein muss, folgt schon aus der Natur der Sache. Stets muss eine Verarbeitung solcher Daten zulässig sein, ohne deren Kenntnis der datenverarbeitenden Stelle die Durchführung eines (vor-)vertraglichen Schuldverhältnisses überhaupt nicht möglich wäre.

Zentraler Erlaubnistatbestand für eine Datenverarbeitung im Rahmen von Schuldverhältnissen ist bislang im deutschen Datenschutzrecht § 28 Abs. 1 S. 1 Nr. 1 BDSG a. F. Die Vorschrift knüpft die Zulässigkeit einer Datenverarbeitung an einen bestimmten rechtsgeschäftlichen Zweck und erlaubt eine Verarbeitung personenbezogener Daten, wenn dies für die Begründung, Durchführung oder Beendigung eines rechtsgeschäftlichen (1. Alt.) oder rechtsgeschäftsähnlichen Schuldverhältnisses (2. Alt.) mit dem Betroffenen erforderlich ist. Das BDSG setzt damit die Vorgabe des Art. 7 lit. b DSRL um, deren Regelungsinhalt sich jetzt weitestgehend wortgleich auch in **Art. 6 Abs. 1 lit. b DS-GVO** findet: Zulässig ist danach die Verarbeitung personenbezogener Daten, wenn diese „für die Erfüllung eines Vertrags, dessen Vertragspartei die betroffene Person ist, oder zur Durchführung vorvertraglicher Maßnahmen erforderlich [ist], die auf Antrag der betroffenen Person erfolgen".

4.3.2.1 Kriterium der Erforderlichkeit

Ob eine Verarbeitung personenbezogener Daten zur Erfüllung eines Vertrags (Alt. 1) erforderlich ist, hängt davon ab, ob ein unmittelbarer sachlicher Zusammenhang zwischen der beabsichtigten Datenverarbeitung und dem konkreten Zweck des rechtsgeschäftlichen Schuldverhältnisses besteht.[109] Beurteilungsgrundlage hierfür ist in erster Linie der Vertragsinhalt. Stets kann der Erlaubnistatbestand des Art. 6 Abs. 1 lit. b DS-GVO nur insoweit eine Legitimationsgrundlage für die Datenverarbeitung liefern, als es sich um Daten handelt, deren Verarbeitung objektiv für die Erfüllung des konkreten rechtsgeschäftlichen Schuldverhältnisses erforderlich ist. In vielen Konstellationen lässt sich eine solche Erforderlichkeit relativ eindeutig bejahen oder auch verneinen.

---

[109] In diesem Sinne für § 28 BDSG Simitis, in: ders. (Hg.), BDSG (8. A. 2014), § 28 Rn. 57.

> **Beispiel**
> Unstreitig bedarf es zur Abwicklung einer telefonischen Bestellung der Verarbeitung von personenbezogenen Daten wie Namen, Anschrift und Zahlungsdaten. Ebenso unstreitig ist es aber nicht erforderlich, diese Informationen auch nach Abwicklung der Bestellung noch zu Zwecken des Marketings zu speichern.

4.3.2.1.1 Zweckbestimmung des Vertrags?

In anderen Konstellationen lässt sich die Frage nach der Erforderlichkeit einer bestimmten Datenverarbeitung im Rahmen eines Schuldverhältnisses nicht so klar und eindeutig beantworten. Vielmehr bedarf es zunächst einmal der Herausarbeitung dessen, was der eigentliche Zweck des konkreten Schuldverhältnisses ist und welche Datenverarbeitung somit für dessen Erreichung erforderlich ist.[110]

Fraglich ist etwa, wie die Erforderlichkeit einer Datenverarbeitung bei Geschäftsmodellen zu beurteilen ist, die auf der Idee einer „kostenlosen" Leistung im Tausch gegen personenbezogene Daten basieren: die „kostenlose" **Suchmaschine,** das „kostenlose" **soziale Netzwerk** usw. Im Ausgangspunkt ist hier zunächst einmal festzuhalten, dass es etwa für eine Suchdienstleistung gerade nicht erforderlich, alle online verfügbaren Daten eines Nutzers auszuwerten und zu verknüpfen, um auf dieser Grundlage maßgeschneiderte Werbung anzubieten. Ebenso wenig ist es für die Erbringung der Grundfunktionen eines sozialen Netzwerks erforderlich, Clickstream, Kommunikation, Kontakte und sonstige Informationen über die Nutzer zu kommerziellen Zwecken auszuwerten und an Dritte zu übermitteln.

Anders ist die Erforderlichkeit allerdings zu beurteilen, wenn man nicht auf die vordergründig präsentierte Dienstleistung (Suchdienst, Netzwerk etc.) abstellt, sondern stattdessen auf das eigentlich zugrunde liegende Wirtschaftsmodell eines Tauschs zwischen Dienstleistung und Datenüberlassung. Tatsächlich handelt es sich bei den meisten Dienstleistungen in der Onlinewelt um nichts anderes als einen **schlichten Datenhandel:** Der Diensteanbieter möchte vom Nutzer die Lizenz (= Einwilligung) erteilt bekommen, die personenbezogenen Daten des Nutzers wirtschaftlich verwerten zu dürfen, und bietet dafür im Gegenzug als Entgelt diese oder jene Leistung (Suchergebnisse, soziale Nutzungserlebnisse o. Ä.) an.[111] Sieht man in eben diesem Datenhandel das charakteristische Gepräge des Vertrages, kann man es dann aber ohne Weiteres auch als „erforderlich" einordnen, dass in weitem Umfang personenbezogene Daten im Zuge der Vertragsdurchführung verarbeitet werden – je nachdem, in welchem Umfang und in welcher Art der Nutzer seine Daten als Wirtschaftsgut verwerten möchte.

---

[110] Siehe zum Folgenden auch Buchner/Petri, in: Kühling/Buchner (Hg.), DS-GVO (2017), Art. 6 Rn. 41.
[111] S. dazu Buchner/Kühling, in: Kühling/Buchner (Hg.), DS-GVO (2017), Art. 7 Rn. 51.

Allererste und zentrale Voraussetzung für einen solchen Ansatz ist allerdings, dass dieses spezifische Charakteristikum der angebotenen Dienste in ihrer Ausprägung als Datenhandel dem Nutzer auch als solches eindeutig und klar kommuniziert wird (**Transparenzgebot**). Angeboten werden eben keine „kostenlosen" Suchdienste, sozialen Netzwerke o. Ä., angeboten wird vielmehr der entgeltliche Erwerb einer Lizenz zu einer mehr oder weniger unbeschränkten kommerziellen Verwertung personenbezogener Daten und eben dieses Angebot muss auch unmissverständlich als solches transparent gemacht werden.

Eben an dieser Transparenz fehlt es, wenn etwa ein Anbieter wie Facebook sich auf seiner Homepage mit der Aussage „Facebook ist und bleibt kostenlos" präsentiert.[112]

4.3.2.1.2 Beispiel Kundenbindungssysteme

Auch am Beispiel von Kundenbindungssystemen wie Payback lässt sich zeigen, dass es für die Auslegung des Kriteriums der Erforderlichkeit entscheidend darauf ankommt, welche Zweckbestimmung man einem Vertrag zuschreibt.

Moderne Kundenbindungssysteme bezwecken anders als die herkömmlichen Rabattheftchen nicht mehr allein die Bindung des Kunden an ein Unternehmen, sondern insbesondere auch die Erhebung von Kundendaten. Indem der Einzelne beim Einkauf seine Bonus-, Treue- oder ähnliche Karte vorlegt, hebt er die bis dahin bestehende Anonymität der Kundenbeziehung auf und ermöglicht dem Unternehmen die Speicherung personenbezogener Daten wie Name und Adresse sowie Kaufgewohnheiten.[113] Diese Daten wiederum werden als Grundlage gezielter Kundenanalysen herangezogen, um Kaufgewohnheiten zu erforschen und individuelle Angebote unterbreiten zu können.[114] Motiviert werden die Kunden zur Teilnahme an solchen Kundenbindungssystemen und zur Preisgabe ihrer persönlichen Daten durch Geschenke, Vergünstigungen oder vergleichbare materielle Anreize.

Die Frage, in welchem Umfang eine Datenverarbeitung im Rahmen von Kundenbindungssystemen auf den Erlaubnistatbestand der Vertragserfüllung gestützt werden kann, hängt entscheidend davon ab, ob man den konkreten Zweck von Kundenbindungssystemen eher enger oder weiter auffasst.
– Bei einem **engen Verständnis** ist der Zweck darauf beschränkt, dem Kunden im Gegenzug für den Einsatz seiner Karte Gegenleistungen in Form von Geschenken etc. zukommen zu lassen. Entsprechend ist nur die Verarbeitung solcher personenbezogenen Daten zulässig, auf deren Kenntnis der Betreiber des Kundenbin-

---

112 S. unter: https://de-de.facebook.com/ (letzter Abruf 07.06.2017).
113 S. schon Weichert, WRP 1996, 522, 523.
114 ULD SH, Kundenbindungssysteme, S. 18 unter: https://www.google.de/url?sa=t&rct=j&q=&esrc=s&source=web&cd=1&ved=0ahUKEwis6srA163AhXCVRQKHWPbBJgQFggtMAA&url=https%3A%2F%2Fwww.datenschutzzentrum.de%2Fwirtschaft%2FKundenbindungssysteme.pdf&usg=AFQjCNEMgWZgO4kIQkUh8lMFSM9Bd0a7IA&cad=rja (letzter Abruf 07.06.2017).

dungsprogrammes angewiesen ist, um entscheiden zu können, wem überhaupt ein Rabatt gutzuschreiben ist, in welcher Höhe etc. Soweit eine Datenverarbeitung hierzu erforderlich ist, lässt sich diese auf einen gesetzlichen Erlaubnistatbestand stützen.[115]

– Bei einem **weiten Verständnis** geht der Zweck eines Kundenbindungsprogramms darüber hinaus auch dahin, dass ein möglichst genaues Kundenprofil erstellt wird, um die Teilnehmer individuell bewerben zu können. Entsprechend ließe sich dann auf den gesetzlichen Erlaubnistatbestand auch die zu diesen Marketingzwecken erforderliche Datenverarbeitung stützen. Zulässig ist dann insbesondere auch eine Verarbeitung sog. Programmdaten, die Auskunft darüber geben, wer welche Produkte und Dienstleistungen in welchem Umfang in Anspruch genommen hat, damit der Betreiber des Kundenbindungssystems daran die eigenen Marketingbemühungen ausrichten kann.

4.3.2.1.3 Beispiel Beschäftigtendatenschutz

§ 26 Abs. 1 S. 1 BDSG n. F. stellt (ebenso wie schon § 32 Abs. 1 S. 1 BDSG a. F.) auch für die Zulässigkeit einer Datenverarbeitung im Beschäftigungsverhältnis auf den Erforderlichkeitsgrundsatz ab. Erlaubt ist danach eine Verarbeitung von Beschäftigtendaten, wenn dies für einen der in § 26 Abs. 1 S. 1 BDSG n. F. normierten **Zwecke** erforderlich ist:

– Entscheidung über die Begründung eines Beschäftigungsverhältnisses
– Durchführung eines Beschäftigungsverhältnisses
– Beendigung eines Beschäftigungsverhältnisses
– Ausübung oder Erfüllung von sich aus einem Gesetz oder einer Kollektivvereinbarung ergebenden Rechten und Pflichten der Interessenvertretung der Beschäftigten

Die Frage der **Erforderlichkeit** wiederum ist – entsprechend der bisherigen arbeitsgerichtlichen Rechtsprechung – auf Grundlage einer Abwägung zwischen den Datenverarbeitungsinteressen des Arbeitgebers einerseits und dem Persönlichkeitsschutz der Beschäftigten andererseits zu beurteilen.[116] In der Begründung des Regierungsentwurf zum BDSG n. F. heißt es entsprechend: „Im Rahmen der Erforderlichkeitsprüfung sind die widerstreitenden Grundrechtspositionen zur Herstellung praktischer Konkordanz abzuwägen. Dabei sind die Interessen des Arbeitgebers an der Datenverarbei-

---

[115] Hierzu zählen zum einen die sog. Stammdaten des Kunden (persönliche Daten wie Name, Adresse und Geburtsjahr), zum anderen die entsprechenden Programmdaten (d. h. die erhobenen Daten anlässlich des einzelnen Geschäftsvorgangs, insb. Höhe des Rabattbetrags, Ort und Zeitpunkt des Vorgangs, Kennung des Partnerunternehmens und Preis der Ware oder Dienstleistung); s. näher dazu ULD SH, Kundenbindungssysteme, S. 27 ff.
[116] Wybitul, NZA 2017, 413, 414 f.

tung und das Persönlichkeitsrecht des Beschäftigten zu einem schonenden Ausgleich zu bringen, der beide Interessen möglichst weitgehend berücksichtigt."[117]

4.3.2.2 Erforderlichkeit versus bloße Nützlichkeit

„Erforderlich" zur Erfüllung eines Vertrages ist eine Datenverarbeitung nicht schon deshalb, weil diese für die Abwicklung einer vertraglichen Beziehung irgendwie „dienlich" oder „nützlich" ist. Die Erforderlichkeit einer Datenverarbeitung lässt sich daher nicht allein damit begründen, dass auf ihrer Grundlage dem einzelnen Kunden über die eigentliche Vertragsleistung hinaus passgenaue personalisierte Angebote o. Ä. unterbreitet werden können.[118]

Beispiel
Onlinedienste können ihre Datenverarbeitung nicht allein damit rechtfertigen, dass diese darauf abzielt, dem Nutzer gegenüber Leistungen möglichst „bedarfsgerecht" erbringen zu können (personalisierte Informationen, Angebote, Suchergebnisse etc.).

Auch ansonsten ginge es zu weit, allein mit Verweis auf Kundeninteressen und Serviceorientierung eine Verarbeitung von Kundendaten als „erforderlich" legitimieren zu wollen. Erforderlich ist die Datenverarbeitung im Zuge einer Vertragserfüllung nicht schon dann, wenn dies allgemein der Zufriedenheit und dem Wohlbefinden des Kunden förderlich ist und damit die Kundenbindung verstärkt wird.[119] Entscheidend ist vielmehr, ob die Datenverarbeitung für die Erfüllung der eigentlichen, den Vertrag prägenden Haupt- und Nebenpflichten erforderlich ist. Alle darüber hinausgehenden Datenverarbeitungsprozesse, die zuallererst der Kundenbindung und -zufriedenheit oder vergleichbaren Zielsetzungen zuzuordnen sind, lassen sich demgegenüber nur über eine entsprechende Einwilligung der betroffenen Person legitimieren.[120]

4.3.2.3 Rechtsgeschäftsähnliche und vorvertragliche Schuldverhältnisse

§ 28 Abs. 1 S. 1 Nr. 1 BDSG a. F. spricht in einer zweiten Alternative neben dem rechtsgeschäftlichen Schuldverhältnis auch das sog. rechtsgeschäftsähnliche Schuldverhältnis an. Als ein solches rechtsgeschäftsähnliches Schuldverhältnis kommen vor- oder nachvertragliche Schuldverhältnisse, Gefälligkeitsverträge, unwirksame Verträge,

---
117 BT-Drs. 18/11325, S. 97.
118 Ausführlich dazu Buchner/Petri, in: Kühling/Buchner (Hg.), DS-GVO (2017), Art. 6 Rn. 42 ff.
119 S. etwa das Beispiel der gehobenen Hotellerie bei Taeger, in: Taeger/Gabel (Hg.), BDSG (2. A. 2013), § 28 Rn. 53.
120 Buchner/Petri, in: Kühling/Buchner (Hg.), DS-GVO (2017), Art. 6 Rn. 44.

Mitgliedschaften wie bspw. in Vereinen, Gewerkschaften oder Arbeitgeberverbänden sowie die Geschäftsführung ohne Auftrag (§§ 677 ff. BGB) in Betracht.[121]

In **Art. 6 Abs. 1 lit. b DS-GVO** findet dagegen das rechtsgeschäftsähnliche Schuldverhältnis keine Erwähnung mehr; angesprochen ist hier nur noch ein Unterfall des rechtsgeschäftsähnlichen Schuldverhältnisses, nämlich das **vorvertragliche Schuldverhältnis.**

Beispiel

Für die Entscheidung, ob eine Datenverarbeitung zur Durchführung eines vorvertraglichen Schuldverhältnisses erforderlich ist, kommt es dann wieder darauf an, ob diese in einem sachlichen Zusammenhang mit dem eigentlichen Zweck des (beabsichtigten) Vertragsverhältnisses steht. Ein solcher sachlicher Zusammenhang kann zum Beispiel bei der Erhebung und Speicherung der Bonitätsdaten eines möglichen Vertragspartners im Rahmen der Vertragsanbahnung gegeben sein, da diese für die Entscheidung über den Abschluss des spezifischen Vertrages erheblich sein können.[122]

Was die anderen, zuvor erwähnten Konstellationen eines rechtsgeschäftsähnlichen Schuldverhältnisses angeht, können diese unter der DS-GVO zumindest zum Teil auch unter die Alternative des „Vertrags" i. S. d. Art. 6 Abs. 1 lit. b DS-GVO gezogen werden. Dies gilt jedenfalls für diejenigen Schuldverhältnisse, die der Betroffene, ebenso wie auch beim Vertrag, auf Grundlage einer autonomen Entscheidung eingegangen ist, also etwa die Mitgliedschaft in einem Verein (oder einer anderen Organisation) oder auch ein Gefälligkeitsverhältnis, welches mit rechtgeschäftlich begründeten (Neben-)-Pflichten verbunden ist.[123]

4.3.3 Erfüllung einer rechtlichen Verpflichtung

Art. 6 Abs. 1 lit. c DS-GVO stellt, ebenso wie bislang schon Art. 7 lit. c DSRL, klar, dass eine Datenverarbeitung stets auch dann gesetzlich legitimiert ist, wenn diese für die Erfüllung einer rechtlichen Verpflichtung erforderlich ist, der die für die Verarbeitung verantwortliche Stelle unterliegt. Art. 6 Abs. 1 lit. c DS-GVO selbst ist jedoch keine Rechtsgrundlage für eine Datenverarbeitung, es bedarf vielmehr stets einer entsprechenden Vorschrift im Unions- oder mitgliedstaatlichen Recht.[124] **Aufzeichnungs- und Aufbewahrungspflichten,** wie sie etwa das Handels-, Gewerbe-, Steuer- oder Sozialrecht normieren, zählen hierzu ebenso wie die ärztliche Dokumentationspflicht.

Auch **Auskunftspflichten** wie etwa die der Telekommunikationsanbieter gegenüber Sicherheitsbehörden nach §§ 110 ff. TKG fallen unter Art. 6 Abs. 1 lit. c DS-GVO.

---

121 Vgl. Kühling/Seidel/Sivridis, Datenschutzrecht (3. A. 2015), Rn. 377.
122 Gola/Schomerus, BDSG (12. A. 2015), § 28 Rn. 27.
123 Ausführlich Buchner/Petri, in: Kühling/Buchner (Hg.), DS-GVO (2017), Art. 6 Rn. 29 ff.
124 S. EG 45 DS-GVO.

Generell gilt für die Zulässigkeit einer Datenweitergabe an staatliche Behörden, dass diese nicht schon dann erlaubt ist, wenn sich die jeweilige Behörde auf eine Befugnis zur Datenerhebung stützen kann. Vielmehr bedarf es darüber hinaus – spiegelbildlich – stets auch einer entsprechenden Befugnis zur Datenweitergabe seitens der übermittelnden Stelle. Eben dieser Vorgabe trägt der Erlaubnistatbestand des Art. 6 Abs. 1 lit. c DS-GVO Rechnung und setzt damit auch das aus dem deutschen Verfassungsrecht bekannte **Doppeltürmodell** um.[125]

Nach dem „Bild einer Doppeltür"[126] muss der Gesetzgeber von Verfassung wegen jeden Verarbeitungsschritt gesetzlich regeln, muss also nicht nur die Tür zur Datenabfrage durch die Behörde öffnen, sondern auch die zur Weitergabe von Daten durch die übermittelnde Stelle.

4.3.4 Wahrung lebenswichtiger Interessen

Nach **Art. 6 Abs. 1 lit. d DS-GVO** ist eine Verarbeitung personenbezogener Daten auch dann zulässig, wenn diese erforderlich ist, „um lebenswichtige Interessen der betroffenen Person oder einer anderen natürlichen Person zu schützen". Der Erlaubnistatbestand der DS-GVO geht damit insoweit über die Vorgängervorschrift des Art. 7 lit. d DSRL hinaus, als nicht nur die lebenswichtigen Interessen der betroffenen Person selbst eine Datenverarbeitung legitimieren können, sondern **auch die Interessen eines Dritten** („einer anderen natürlichen Person").

Allerdings sollen nach EG 46 DS-GVO personenbezogene Daten aufgrund eines lebenswichtigen Interesses einer anderen natürlichen Person auf Grundlage des Art. 6 Abs. 1 lit. d DS-GVO nur dann verarbeitet werden, wenn die Datenverarbeitung „offensichtlich nicht auf eine andere Rechtsgrundlage gestützt werden kann". Gerade in den für lit. d typischen Konstellationen (Epidemien, humanitäre Notfälle, Katastrophen) wird sich eine Datenverarbeitung aber regelmäßig schon auf den Erlaubnistatbestand des Art. 6 Abs. 1 lit. e DS-GVO stützen lassen (Wahrnehmung einer Aufgabe im öffentlichen Interesse).

Auch ansonsten wird sich die praktische Relevanz des Art. 6 Abs. 1 lit. d DS-GVO – ebenso wie schon die der Vorgängervorschrift Art. 7 lit. d DSRL – auf einige wenige Spezialfälle beschränken.[127] Bei der DSRL hatte der Gesetzgeber als Beispiel „schwere medizinische Fälle" vor Augen.[128] Ein in der Literatur regelmäßig angeführtes Beispiel

---

125 Vgl. dazu Buchner/Petri, in: Kühling/Buchner (Hg.), DS-GVO (2017), Art. 6 Rn. 78 f.
126 BVerfG v. 20.04.2016, NJW 2016, 1781, 1803 – BKA-Gesetz.
127 Buchner/Petri, in: Kühling/Buchner (Hg.), DS-GVO (2017), Art. 6 Rn. 106.
128 Begründung der Kommission zu Art. 7 des geänderten Richtlinienvorschlags (ABl. v. 27.11.1992 C 311, S. 30), abgedr. in: Dammann/Simitis, EG-Datenschutzrichtlinie (1997), vor Art. 7.

ist die Verarbeitung von Gesundheitsdaten im Falle hochinfektiöser Krankheiten.[129] Jedoch werden solche Konstellationen regelmäßig von den vorrangigen Regelungen des Art. 9 Abs. 2 DS-GVO erfasst sein, da es insoweit um eine Verarbeitung von besonderen Kategorien personenbezogener Daten (Gesundheitsdaten) geht und hier insbesondere die Erlaubnistatbestände des Art. 9 Abs. 2 lit. c und lit. i DS-GVO greifen werden.

4.3.5 Aufgabe im öffentlichen Interesse oder in Ausübung öffentlicher Gewalt

Art. 6 Abs. 1 lit. e DS-GVO erlaubt eine Datenverarbeitung, wenn diese für die Wahrnehmung einer Aufgabe erforderlich ist, die „im öffentlichen Interesse liegt oder in Ausübung öffentlicher Gewalt erfolgt, die dem Verantwortlichen übertragen wurde". Für datenverarbeitende Stellen aus dem nicht-öffentlichen Bereich ist dieser Erlaubnistatbestand nur von untergeordneter Bedeutung. Zwar verfolgt Art. 6 Abs. 1 lit. e DS-GVO einen streng funktionalen Ansatz und macht keinen Unterschied danach, ob die datenverarbeitende Stelle eine Behörde oder eine Organisation des privaten Rechts ist. Klassischerweise werden die im öffentlichen Interesse liegenden Aufgaben jedoch als Staatsaufgaben verstanden und auch durch Behörden ausgeführt.[130]

Ausführlich zur Datenverarbeitung auf Grundlage des Art. 6 Abs. 1 lit. e DS-GVO die Ausführungen in Kap. 3 (Datenverarbeitung im öffentlichen Interesse).

4.3.6 Datenverarbeitung auf Grundlage einer Interessenabwägung

Von zentraler Bedeutung für die Datenverarbeitung im nicht-öffentlichen Bereich ist der Erlaubnistatbestand des Art. 6 Abs. 1 lit. f DS-GVO (Interessenabwägungsklausel). Eine Datenverarbeitung ist danach zulässig, wenn diese zur Wahrung der berechtigten Interessen des Verantwortlichen oder eines Dritten erforderlich ist, sofern nicht die Interessen oder Grundrechte und Grundfreiheiten der betroffenen Person, die den Schutz personenbezogener Daten erfordern, überwiegen.

---

[129] Simitis, in: ders. (Hg.), BDSG (8. A. 2014), § 28 Rn. 300; Wedde, in: Däubler/Klebe/Wedde/Weichert (Hg.), BDSG (5. A. 2016), § 28 Rn. 170.
[130] S. schon für die DSRL Dammann, in: Dammann/Simitis (Hg.), EG-Datenschutzrichtlinie (1997), Art. 7 Rn. 10.

4.3.6.1 Sinn und Zweck einer Interessenabwägungsklausel
Gesetzliche Erlaubnistatbestände, die eine Datenverarbeitung auf Grundlage einer Interessenabwägung erlauben (sog. **Interessenabwägungsklauseln**), finden sich bislang im nationalen Datenschutzrecht an verschiedenen Stellen.

4.3.6.1.1 Problem der Rechtsunsicherheit
Der Vorteil von Interessenabwägungsklauseln, ihre Flexibilität, ist zugleich auch einer ihrer zentralen Problempunkte. Ob die Interessen des von einer Datenverarbeitung Betroffenen schutzwürdig sind und insoweit einer Datenverarbeitung entgegenstehen, kann je nach datenschutzrechtlicher Sensibilität so oder so entschieden werden. Gleiches gilt für die Frage, welche Datenverarbeitungsinteressen als „berechtigt" einzuordnen sind. Es entspricht allgemeiner Auffassung, dass zu den „berechtigten Interessen" nicht nur ein rechtliches Interesse, sondern auch tatsächliche, wirtschaftliche oder ideelle Interessen der verantwortlichen Stellen zählen.[131] Wenig überraschend verstehen datenverarbeitende Unternehmen diesen ohnehin schon weiten Rahmen tendenziell großzügig und setzen umgekehrt die Schwelle für eine Schutzwürdigkeit der Interessen aufseiten der Betroffenen umso höher an. Im Ergebnis führt dies dazu, dass auf der Grundlage allgemeiner Interessenabwägungsklauseln in großzügigem Umfang Daten verarbeitet werden, was sich wiederum – gerade weil die Begriffe des berechtigten Interesses und des schutzwürdigen Interesses so schwer greifbar sind – auch nur schwer kontrollieren und beschränken lässt.

Gleichwohl sind allgemeine Interessenabwägungsklauseln in jedem datenschutzrechtlichen Regulierungssystem unverzichtbar, weil es nur mit ihnen möglich ist, eine Vielzahl unterschiedlichster Sachverhalte zu erfassen und insbesondere auch auf die Folgen des rasanten Fortschritts in der Datenverarbeitungstechnik zu reagieren. Tatsächlich gibt es zu Interessenabwägungsklauseln keine wirkliche Alternative. Zwar könnte der Gesetzgeber zu jedem datenschutzrechtlichen Problembereich ein sektorspezifisches Gesetz erlassen und auf diese Weise der Forderung des BVerfG nach „einer verfassungsmäßigen gesetzlichen Grundlage, die dem rechtsstaatlichen Gebot der Normenklarheit entsprechen muss"[132], nachkommen. In der Praxis besteht jedoch schon heute das Problem, dass selbst mit der Materie vertraute Fachleute die Vielzahl an datenschutzrechtlichen Gesetzen kaum mehr überblicken können. Immer weitere sektorspezifische Gesetze würden diese Entwicklung nur noch beschleunigen und damit letztlich zu einem noch größeren Vollzugs- und Verständnisdefizit im Datenschutzrecht führen.

Im Regelungssystem der DS-GVO ist die Interessenabwägungsklausel des Art. 6 Abs. 1 lit. f DS-GVO ohnehin unverzichtbar, weil der Katalog möglicher Erlaubnistat-

---
[131] S. etwa Gola/Schomerus, BDSG (12. A. 2015), § 28 Rn. 33, § 29 Rn. 11; Schaffland/Wiltfang, BDSG (2. Lfg. 2017), § 28 Rn. 85.
[132] BVerfG v. 15.12.1983, BVerfGE 65, 1.

bestände in Art. 6 DS-GVO abschließend ist und es daher einer Auffangklausel bedarf, die die Vielzahl unterschiedlichster Sachverhalte erfassen kann. Die Erlaubnisnorm des Art. 6 Abs. 1 lit. f DS-GVO wird vor diesem Hintergrund zu Recht als eine der **„zentralen Stellschrauben"** in der DS-GVO eingeordnet, um die Interessen von Betroffenen und Verantwortlichen in einen angemessenen Ausgleich zu bringen.[133]

4.3.6.1.2 Konkretisierung?

Dem Grunde nach lassen sich bei den Interessenabwägungsklauseln zwei Arten unterscheiden und zwar allgemeine und konkretisierte Interessenabwägungsklauseln:

1. Allgemeine Interessenabwägungsklauseln – wie § 28 Abs. 1 S. 1 Nr. 2 BDSG a. F. oder auch Art. 6 Abs. 1 lit. f DS-GVO – beschränken sich auf die allgemeine Vorgabe, eine Abwägung zwischen den „berechtigten Interessen" der verantwortlichen Stelle an einer Datenverarbeitung einerseits und den „schutzwürdigen Interessen" des Betroffenen an einer Vertraulichkeit seiner Daten andererseits vorzunehmen.
2. Konkretisierte Interessenabwägungsklauseln hingegen sind regelmäßig dahingehend enger gefasst, dass sie bestimmte Datenverarbeitungszwecke als „berechtigte" Datenverarbeitungsinteressen einordnen, die sich dann aber gleichwohl einer Abwägung mit den schutzwürdigen Interessen der Betroffenen stellen müssen. Als solche berechtigten Interessen ordnet das bisherige nationale Recht z. B. die Forschung,[134] die Werbung,[135] das Credit Reporting[136] oder die Markt- und Meinungsforschung[137] ein.

Unter der DS-GVO bleibt allerdings – anders als noch unter der DSRL – für den nationalen Gesetzgeber kein Spielraum mehr, den Erlaubnistatbestand des Art. 6 Abs. 1 lit. f DS-GVO bereichs- und problemspezifisch weiter zu konkretisieren.[138] Das Problem der mangelnden Bestimmtheit dieses Erlaubnistatbestands wurde im Zuge des EU-Gesetzgebungsverfahrens zwar erkannt und diskutiert.[139] Letztlich konnte sich aber weder der Ansatz der Kommission, im Wege delegierter Rechtsakte die Interessenabwägung näher zu regeln, noch der Vorschlag des Parlaments, in der DS-GVO konkretere Vorschriften zu verankern, durchsetzen.

---

133 Albrecht, CR 2016, 88, 92.
134 S. § 28 Abs. 2 Nr. 3 und Abs. 6 Nr. 4 BDSG a. F.
135 S. § 28 Abs. 3 BDSG a. F.
136 S. §§ 28a und 28b BDSG a. F.
137 S. § 30a BDSG a. F.
138 Vgl. Roßnagel/Nebel/Richter, ZD 2015, 455, 460.
139 S. dazu Buchner/Petri, in: Kühling/Buchner (Hg.), DS-GVO (2017), Art. 6 Rn. 142.

4.3.6.2 Interessenabwägung

Abzuwägen sind im Rahmen des Art. 6 Abs. 1 lit. f DS-GVO das Persönlichkeitsrecht des Betroffenen sowie die Auswirkungen, die eine Verarbeitung der betreffenden Daten für diesen mit sich bringt, auf der einen Seite mit den Interessen des Verantwortlichen oder Dritten auf der anderen Seite. Im Ausgangspunkt ist dabei zunächst einmal von einer **Schutzwürdigkeit der Betroffeneninteressen** auszugehen. Auch für die DS-GVO gilt das, was der BGH bereits für das BDSG festgehalten hat: Grundsätzlich hat sich das Datenschutzrecht „für den Schutz der personenbezogenen Daten entschieden und den Interessen Dritter an ständiger Verbesserung der Beschaffung und Übermittlung solcher Daten deutliche Grenzen gesetzt".[140]

Zugunsten des Verantwortlichen oder Dritten sind in die Abwägung v. a. dessen **Grundrechte** einzustellen. Von zentraler Bedeutung sind insoweit die Meinungs-, Presse- und Rundfunkfreiheit (oft auch zusammengefasst unter dem Schlagwort der **„Kommunikationsfreiheit"**).[141] Aber auch der Schutz der Berufsfreiheit kann einschlägig sein, etwa wenn es um das Anbieten und Vermitteln gewerblicher Informationen geht.[142]

In den Erwägungsgründen der DS-GVO (EG 47 ff.) werden als berechtigte Interessen beispielhaft die Verhinderung von Betrug, die Direktwerbung, der Datenaustausch innerhalb einer Unternehmensgruppe sowie die Gewährleistung der IT-Sicherheit angesprochen.

Zu berücksichtigen ist bei der Interessenabwägung insbesondere auch, welche **Zwecke** mit einer Datenverarbeitung verfolgt werden.

Beispiel
Zielt die Datenverarbeitung auf die Erstellung eines Persönlichkeitsprofils ab, muss eine Interessenabwägung mit Blick auf den erheblichen Eingriff in die Persönlichkeitssphäre des Betroffenen regelmäßig zu dessen Gunsten ausfallen.[143]

Daneben stellt EG 47 die **vernünftigen Erwartungen** der betroffenen Person in das Zentrum, entscheidend soll sein, ob die betroffene Person zum Zeitpunkt der Datenerhebung angesichts der näheren Umstände „vernünftigerweise absehen kann", dass eine Datenverarbeitung für einen bestimmten Zweck stattfinden wird.

Gemäß Art. 6 Abs. 1 lit. f DS-GVO ist außerdem von einer überwiegenden Schutzbedürftigkeit der Betroffeneninteressen auch dann auszugehen, wenn es sich bei der

---

140 BGH v. 07.07.1983, DuD 1984, 138, 139.
141 S. aus der Rspr. etwa BGH v. 23.06.2009, DuD 2009, 565, 567 – Spickmich.
142 Weichert, in: Däubler/Klebe/Wedde/Weichert (Hg.), BDSG (5. A. 2016), § 29 Rn 15.
143 Gola/Schomerus, BDSG (12. A. 2015), § 29 Rn 18.

betroffenen Person um ein **Kind** handelt.[144] Und last but not least stellt Unterabs. 2 des Art. 6 Abs. 1 DS-GVO klar, dass die Zulässigkeit einer Datenverarbeitung auf Grundlage der Interessenabwägungsklausel des Abs. 1 lit. f nicht „für die von **Behörden** in Erfüllung ihrer Aufgaben vorgenommene Verarbeitung" gilt.

4.3.6.3 Beispiel Credit Reporting
Von zentraler Bedeutung ist die allgemeine Interessenabwägungsklausel des Art. 6 Abs. 1 lit. f DS-GVO für den Bereich des Credit Reportings.

4.3.6.3.1 Credit Reporting und Schufa
Wird heutzutage ein Mobilfunkvertrag abgeschlossen, ein Kredit eingeräumt oder ein Girokonto eröffnet, ist dem regelmäßig die Einholung einer sog. Bonitätsauskunft *(credit report)* vorgeschaltet. Unternehmen, die in irgendeiner Form gegenüber Verbrauchern in Vorleistung gehen, wollen im Vorfeld eines Vertrags zunächst einmal wissen, ob ihr Gegenüber eine vertrauenswürdige Person ist, die ihre vertraglichen Verpflichtungen erfüllen wird, egal ob es um die Einräumung eines Kredits, um die Lieferung auf Rechnung oder um das Überlassen eines kostspieligen Smartphones bei Abschluss eines Mobilfunkvertrags geht.

Größte und bekannteste Auskunftei in Deutschland ist die **Schufa** („Schutzgemeinschaft für allgemeine Kreditsicherung"). Um die Kreditwürdigkeit der Verbraucher zu beurteilen, greift die Schufa auf eine Vielzahl von Daten zurück, die sie teils aus öffentlichen Verzeichnissen bezieht wie etwa Schuldnerverzeichnissen (mit Informationen zur Abgabe von eidesstattlichen Versicherungen) oder Verzeichnissen zu Verbraucherinsolvenzverfahren. Vor allem aber erhält die Schufa Informationen von ihren zahlreichen Vertragspartnern (Kreditkartenunternehmen, Kreditinstitute, Versandhandel, Online- und Telekommunikationsunternehmen usw.).

4.3.6.3.2 Positivdaten und Negativdaten
Die Vertragspartner der Schufa übermitteln dieser sowohl sog. **Positivdaten,** also z. B. Informationen über die Beantragung, Aufnahme und Abwicklung von Krediten oder den Abschluss eines Telekommunikationsvertrages, als auch sog. **Negativdaten,** also z. B. Informationen über die Kündigung eines Kredits oder gemahnte und unbestrittene offene Forderungen. Im Gegenzug erhalten die Vertragspartner von der Schufa wiederum die bei ihr gesammelten und ausgewerteten Informationen zu einer

---

[144] Als Kind ist dabei zunächst einmal „jede Person bis zur Vollendung des achtzehnten Lebensjahrs" einzuordnen. Zwar findet sich diese Definition aus den Entwürfen von Kommission und Parlament (Art. 4 Nr. 18 DSGVO-E) so in der endgültigen Fassung der DS-GVO nicht mehr wieder, kann aber gleichwohl in Anlehnung an die Begriffsbestimmung der UN-Kinderrechtskonvention als Ausgangspunkt herangezogen werden (s. Art. 1 der Konvention über die Rechte des Kindes v. 20.11.1989).

bestimmten Einzelperson, um so die Kreditwürdigkeit eines potenziellen Kreditnehmers, Bestellers oder Mobilfunkkunden einschätzen zu können.

Die gerade skizzierte Unterscheidung nach Positiv- und Negativdaten schlägt sich dann auch rechtlich in der Interessenabwägung nach Art. 6 Abs. 1 lit. f DS-GVO nieder, wenn es um die Frage der Zulässigkeit der verschiedenen Datenverarbeitungsvorgänge geht, die im Zusammenhang mit der Tätigkeit von Auskunfteien anfallen:

4.3.6.3.3 Die Übermittlung von Negativdaten an Auskunfteien

Die Zulässigkeit einer Übermittlung von Negativdaten an Auskunfteien ist bislang in § 28a Abs. 1 BDSG a. F. geregelt. Übermittelt werden dürfen danach Informationen zu offenen Forderungen, soweit die geschuldete Leistung trotz Fälligkeit nicht erbracht worden ist, die Übermittlung zur Wahrung berechtigter Interessen der verantwortlichen Stelle oder eines Dritten erforderlich ist und überdies bestimmte eindeutige Negativmerkmale vorliegen, die die Kreditunwürdigkeit der betroffenen Person unstreitig belegen (rechtskräftiges Urteil; Feststellung nach § 178 InsO; ausdrückliches Anerkenntnis des Schuldners; zweimalige Mahnung ohne Bestreiten seitens des Betroffenen; fristlose Kündigung aufgrund von Zahlungsrückständen).

Als „materieller Schutzstandard"[145] hat die bisherige Regelung des § 28a Abs. 1 BDSG a. F. auch Eingang in das neue BDSG gefunden (§ 31 Abs. 2 BDSG n. F.). Allerdings regelt § 31 Abs. 2 BDSG n. F. nicht mehr die Frage, welche Negativdaten an Auskunfteien übermittelt werden dürfen, sondern stattdessen die Frage, welche Negativdaten im Rahmen einer Scorewert-Berechnung berücksichtigt werden dürfen.[146] Mittelbar lässt sich daraus dann aber auch herauslesen, welchen (Negativ-)Daten der nationale Gesetzgeber überhaupt eine Relevanz für das Credit Scoring zuspricht – mit der Konsequenz, dass sich auch nur bei diesen Daten eine Übermittlung an Auskunfteien rechtfertigen lässt.

Eine andere Frage ist, ob für die Regelungen des § 31 BDSG n. F. unter der DS-GVO überhaupt noch Raum ist. Dagegen spricht, dass die DS-GVO für das Credit Reporting gerade keine Öffnungsklausel zugunsten des nationalen Rechts vorsieht. Im Ergebnis dürfte es aber ohnehin nicht von Relevanz sein, ob § 31 BDSG n. F. europarechtskonform ist oder nicht. Die Grenzziehung, die diese Norm (ebenso wie die Vorgängernorm des § 28a Abs. 1 BDSG a. F.) vornimmt, um die für das Credit Reporting relevanten Negativdaten zu definieren, ist so oder so sachgerecht, weil die dort angeführten Negativdaten eindeutig und unstreitig Rückschlüsse auf die Zahlungsunfähigkeit oder -unwilligkeit einer Person zulassen. Der Regelungsgehalt der Norm kann daher im Rahmen der Auslegung des Art. 6 Abs. 1 lit. f DS-GVO in der Weise berücksichtigt werden, dass das Interesse an einer Weitergabe von Negativdaten an Auskunfteien die In-

---

145 Begründung zum Regierungsentwurf, BT-Drs. 18/11325, S. 101.
146 Ausführlich zum Credit Scoring s. Kap. 2.2.4.1.

teressen des Betroffenen an einer Vertraulichkeit dieser Daten immer dann überwiegt, wenn es sich um die in § 31 Abs. 2 BDSG n. F. aufgeführten Daten handelt.

4.3.6.3.4 Die Übermittlung von Positivdaten an Auskunfteien

Auch für die Zulässigkeit einer Übermittlung von Positivdaten findet sich im bisherigen BDSG eine Regelung: § 28a Abs. 2 BDSG a. F. regelt die Übermittlung von Daten über die „Begründung, ordnungsgemäße Durchführung und Beendigung eines Vertragsverhältnisses betreffend ein Bankgeschäft".[147] Kreditinstitute dürfen diese Daten grundsätzlich an Auskunfteien übermitteln, es sei denn, dass „das schutzwürdige Interesse des Betroffenen an dem Ausschluss der Übermittlung gegenüber dem Interesse der Auskunftei an der Kenntnis der Daten offensichtlich überwiegt" (Abs. 2 S. 1). Der Betroffene ist vor Abschluss des Vertrags über die Übermittlung zu unterrichten (Abs. 2 S. 2).

Wollen andere Unternehmen als Kreditinstitute (z. B. Telekommunikations- und Onlineunternehmen oder Versandhandelsunternehmen) Positivdaten an Auskunfteien vermitteln, soll dies nach bislang herrschender Auffassung nur auf Grundlage einer Einwilligung der betroffenen Person zulässig sein. Bekannt ist diese Einwilligung weithin als sog. „Schufa-Klausel", wobei dieser Begriff umfassend für alle Einwilligungsklauseln verwandt wird, mittels derer der Betroffene in die Übermittlung von Positivdaten an Auskunfteien (nicht notwendigerweise nur an die Schufa, sondern auch andere Auskunfteien) einwilligt. Ergänzt wird diese Einwilligung regelmäßig um weitere Informationen über die Datenübermittlung von und an Auskunfteien sowie über sonstige Datenverarbeitungsvorgänge im Rahmen des Credit Reportings.

Beispiel für Schufa-Klausel zu Telekommunikationsanträgen (Telekom)
„Ich/Wir willige(n) ein, dass die Telekom der SCHUFA HOLDING AG, Komoranweg 5, 65201 Wiesbaden, Daten über die Beantragung, Aufnahme und Beendigung dieses Telekommunikationsvertrags übermittelt und Auskünfte über mich/uns von der SCHUFA erhält.

Unabhängig davon wird die Telekom der SCHUFA auch Daten über ihre gegen mich/uns bestehenden fälligen Forderungen übermitteln. Dies ist nach dem Bundesdatenschutzgesetz (§ 28 Absatz 1 Satz 1) zulässig, wenn [...].

Darüber hinaus wird die Telekom der SCHUFA auch Daten über sonstiges nicht vertragsgemäßes Verhalten (Konten- oder Kreditkartenmissbrauch oder sonstiges betrügerisches Verhalten) übermitteln. Diese Meldungen dürfen nach dem Bundesdatenschutzgesetz (§ 28 Absatz 2) nur erfolgen, soweit dies zur Wahrung berechtigter Interessen der Telekom oder Dritter erforderlich ist und kein Grund zu der Annahme besteht, dass das schutzwürdige Interesse des Betroffenen an dem Ausschluss der Übermittlung überwiegt. [...]"[148]

---

147 § 28a Abs. 2 S. 1 BDSG a. F. bezieht sich auf Bankgeschäfte nach „§ 1 Abs. 1 Satz 2 Nr. 2, 8 oder Nr. 9 des Kreditwesengesetzes", also konkret auf Kredit-, Garantie- und Girogeschäfte.
148 Unter: www.telekom.de/dlp/agb/pdf/42774.pdf (letzter Abruf 07.06.2017).

Künftig beurteilt sich die Zulässigkeit einer Übermittlung von Positivdaten an Auskunfteien einheitlich nach **Art. 6 Abs. 1 lit. f DS-GVO.** Dabei ist dann im Rahmen der Interessenabwägung grundsätzlich von einem überwiegenden Interesse an einer Datenübermittlung auszugehen. Die bisherige Ansicht, wonach ein überwiegendes Interesse an einer Datenübermittlung im Fall von Positivdaten nicht angenommen werden könne, überzeugt demgegenüber nicht. Den Interessen der betroffenen Person ist mit einer Einschränkung der Übermittlung von Positivdaten nur wenig geholfen, da sich die Beurteilung der Kreditwürdigkeit einer Person gerade auch daran orientiert, mit welchem Gewicht und in welchem Umfang sich positive und negative Bewertungsfaktoren gegenüberstehen. Eine möglichst vollständige Übermittlung von Positivdaten ist somit im ureigenen Interesse der betroffenen Person – vorausgesetzt es ist gewährleistet, dass die übermittelten Positivdaten die Einstufung der Kreditwürdigkeit und das Scoring auch tatsächlich **ausschließlich positiv beeinflussen.** Gedient ist dem Einzelnen nicht damit, dass seine Kreditwürdigkeit möglichst vertraulich behandelt wird, sondern vielmehr damit, dass seine Kreditwürdigkeit so zutreffend und vollständig wie möglich wiedergegeben wird.[149]

Beachte
Fällt die Interessenabwägung nach Art. 6 Abs. 1 lit. f DS-GVO zugunsten der Zulässigkeit einer Übermittlung von Positivdaten an Auskunfteien aus, bedarf es an sich einer dahingehenden Einwilligung (wie im ersten Absatz der oben angeführten Schufa-Klausel) gar nicht mehr, da sich die Übermittlung bereits auf einen gesetzlichen Erlaubnistatbestand stützen kann.[150] Ohnehin ist die Schufa-Klausel als Erlaubnistatbestand fragwürdig: Regelmäßig hat der Einzelne gar keine echte Wahl, ob er in eine Datenübermittlung einwilligen möchte oder nicht, da die Schufa-Klausel fester Bestandteil des vertraglichen Regelwerks zwischen Unternehmen und Kunde ist und ein Vertragsschluss vonseiten des Unternehmens im Zweifel von der Erteilung dieser Einwilligung abhängig gemacht wird *(take it or leave it)*.[151]

4.3.6.3.5 Die Datenverarbeitung durch Auskunfteien
Auch die Zulässigkeit einer Datenverarbeitung durch die Auskunfteien selbst einschließlich der Datenübermittlung an ihre Vertragspartner beurteilt sich nach der Interessenabwägungsklausel des Art. 6 Abs. 1 lit. f DS-GVO. Von zentraler Bedeutung ist bei dieser Abwägung dann der Aspekt der Datenqualität. Ein überwiegendes Interesse an einer Datenverarbeitung und -übermittlung kommt von vornherein nur dann

---

149 S. ausführlich dazu schon Buchner, Informationelle Selbstbestimmung im Privatrecht (2006), S. 126 ff.
150 Zum Nebeneinander von Einwilligung und gesetzlichen Erlaubnistatbeständen s. schon Kap. 4.2.1.2.
151 Entsprechend wurde auch die damalige Neuregelung des § 28a BDSG a. F. von der Bundesregierung im Jahr 2008 damit begründet, dass es „in der derzeitigen Praxis sehr zweifelhaft ist, ob die von den Betroffenen erteilten Einwilligungen noch als freiwillig anzusehen sind", vgl. BT-Drs. 16/10529, S. 12 (rechte Spalte).

in Betracht, wenn Auskunfteien die Richtigkeit und Vollständigkeit ihrer Datenbestände gewährleisten können.[152] Für das Credit Scoring hat der Aspekt der Datenqualität eine spezielle Regelung in § 28b Nr. 1 BDSG a. F. bzw. § 31 Abs. 1 Nr. 2 BDSG n. F. gefunden. Danach ist es am Verantwortlichen, auf Basis eines wissenschaftlich anerkannten mathematisch-statistischen Verfahrens nachzuweisen, dass die von ihm verarbeiteten Daten für die Bildung eines Scorewerts erheblich sind.[153]

4.3.6.4 Weitere Beispiele
4.3.6.4.1 Warn- und Hinweisdienste

Warn- und Hinweisdienste zielen ebenso wie Auskunfteien darauf ab, Auskunft über die Zuverlässigkeit von potenziellen Vertragspartnern, Kunden etc. zu geben. Jedoch ist ein zentraler Unterschied zwischen Kreditauskunfteien einerseits und Warn- und Hinweisdiensten andererseits zu berücksichtigen:

Auskunfteien zielen grundsätzlich auf eine **vollständige**, d. h. sowohl positive als auch negative Aspekte umfassende Wiedergabe des wirtschaftlichen Bildes einer Person ab. Kreditauskunfteien kategorisieren gleichermaßen „gute" wie „schlechte" Schuldner; ist ein Verbraucher überhaupt nicht aktenkundig bei Auskunfteien, wird dies im Zweifel negativ ausgelegt.

Im Falle der **Warn- und Hinweisdienste** verhält es sich gerade umgekehrt, diese zielen allein darauf ab, die **„schwarzen Schafe"** ausfindig zu machen. Allein der Umstand, dass eine Person in besagten Systemen gespeichert ist, macht diese bereits zu einer unerwünschten Person und führt i. d. R. zum Ausschluss von bestimmten Transaktionen. Warn- und Hinweisdienste spielen etwa im Bereich der Privatversicherung eine zentrale Rolle. Versicherungsunternehmen bedienen sich brancheninterner Warn- und Hinweissysteme, um das Risiko potenzieller Versicherungsnehmer abschätzen zu können. Dabei geht es zum einen darum, solche Personen ausfindig zu machen, die aus Sicht der Versicherungswirtschaft ein besonderes Risiko darstellen. Zum anderen geht es darum, die Vertrauenswürdigkeit potenzieller und aktueller Versicherungsnehmer abzuschätzen, um auf diese Weise Versicherungsmissbräuchen vorzubeugen und versuchte Missbräuche aufzudecken.

Zentrale Warn- und Hinweisdatei für die Versicherer in Deutschland ist das Hinweis- und Informationssystem der deutschen Versicherer **(HIS)**, betrieben von der Informa Insurance Risk and Fraud Prevention GmbH.

Nach EG 47 der DS-GVO stellt eine Datenverarbeitung „im für die Verhinderung von Betrug unbedingt erforderlichen Umfang" ein berechtigtes Interesse des jeweiligen

---

152 Buchner/Petri, in: Kühling/Buchner (Hg.), DS-GVO (2017), Art. 6 Rn. 165.
153 S. dazu auch Kap. 2.2.5.3.2.

Verantwortlichen dar und legitimiert insoweit gerade auch die Tätigkeit von Warn- und Hinweisdiensten. Ebenso wie für Auskunfteien gilt aber auch für Warn- und Hinweisdienste, dass im Rahmen der Interessenabwägung der Aspekt der Datenqualität von zentraler Bedeutung ist.[154] Stets dürfen nur solche Daten für die Bewertung einer Person herangezogen werden, die nachweisbar für die Beurteilung als unzuverlässig, risikoträchtig o. Ä. erheblich sind. Kann der Verantwortliche diesen Nachweis nicht erbringen, ist dem schutzwürdigen Interesse des Betroffenen an einem Ausschluss der Datenverarbeitung Rechnung zu tragen.[155]

4.3.6.4.2 Personenbewertungsportale

Personenbewertungsportale bieten im Internet eine Plattform dafür, einzelne Personen in einer bestimmten Rolle oder Funktion zu bewerten. Die Rechtsprechung hat sich bislang v. a. mit der Zulässigkeit von Lehrer- und Arztbewertungsportalen auseinandergesetzt (spickmich.de; jameda.de).[156] Bewertungsportale gibt es aber auch für zahlreiche andere Berufs- und Personengruppen: Professoren, Nachbarn, Mieter oder auch Autofahrer.[157]

Die Rechtsprechung ist bislang von einem grundsätzlichen Wohlwollen gegenüber solchen Personenbewertungsportalen geprägt, wenn es um die Zulässigkeit einer Datenverarbeitung durch diese Portale geht. Ausschlaggebend hierfür ist die hohe Bedeutung, die dem Recht auf **Kommunikationsfreiheit** insbesondere im Onlinebereich beigemessen wird, weshalb eine Interessenabwägung oftmals zugunsten der Portalbetreiber ausfällt.

Grundlegend hierfür ist die Entscheidung des BGH zum Lehrerbewertungsportal spickmich.de.[158] Unter dem Menüpunkt „Lehrerzimmer" fand sich auf der Seite ein Bewertungsmodul mit Kriterien wie „cool und witzig", „menschlich", „guter Unterrichtëtc. und der Möglichkeit der Notenvergabe von 1 bis 6. Eine Lehrerin hatte in dem Portal die Gesamtnote 4,3 erhalten und beantragte daraufhin Löschung und Unterlassung der Veröffentlichung u. a. ihres Namens im Zusammenhang mit der Gesamt- und Einzelbewertung ihrer Person.

Für die Zulässigkeit des Lehrerbewertungsportals sprach damals aus Sicht des BGH u. a., dass die Lehrerin durch die Bewertung lediglich in ihrer Sozialsphäre berührt würde, die Daten nicht über Suchmaschinen abrufbar waren und aus sich heraus auch als „substanzarm" einzuordnen wären. Den Umstand, dass die Bewertungen

---

154 S. soeben Kap. 4.3.6.3.5.
155 Buchner/Petri, in: Kühling/Buchner (Hg.), DS-GVO (2017), Art. 6 Rn. 174.
156 Zur Spickmich-Entscheidung des BGH s. sogleich; aus der sonstigen Rspr. s. etwa BGH v. 01.03.2016, DuD 2016, 534 – www.jameda.de; BGH v. 01.07.2014, DuD 2014, 715 – Ärztebewertung I; BGH v. 23.09.2014, DuD 2015, 117 – Ärztebewertung II; LG Köln v. 13.01.2010, DuD 2010, 258.
157 Zur (Un-)Zulässigkeit eines Fahrerbewertungsportals s. VG Köln v. 16.02.2017, DuD 2017, 380.
158 BGH v. 23.06.2009, DuD 2009, 565 – Spickmich.

anonym abgegeben werden konnten, ordnete der BGH ebenfalls nicht als problematisch ein; die anonyme Nutzung sei dem Internet vielmehr „immanent", auch bestehe ansonsten die Gefahr einer „Selbstzensur" seitens der Schüler aus Angst vor möglichen Konsequenzen einer negativen Bewertung. Und schließlich sei das Recht auf Meinungsfreiheit auch nicht beschränkt auf objektivierbare, allgemein gültige Werturteile; den Nutzern sei bewusst, dass Bewertungen durch Schüler nicht die gleiche Bedeutung hätten „wie beispielsweise ein Warentest für ein bestimmtes Produkt, der von neutralen, objektiven und sachkundigen Testern durchgeführt wird".

All diese Erwägungen des BGH lassen sich durchaus kritisch hinterfragen. Dem **besonderen Verletzungspotenzial** von Veröffentlichungen gerade im Internet wird dadurch nicht hinreichend Rechnung getragen. Dies gilt insbesondere auch mit Blick auf die Anonymität der Meinungsäußerungen und die fragwürdige Qualität vieler Onlinebewertungen. Bewertungen im Internet sind potenziell weltweit und auf Dauer für jeden abrufbar und werden auf vielfältigste Weise geteilt und weiterverbreitet. Selbst wenn daher die Bewertungen für sich genommen nicht übermäßig gravierend oder ehrverletzend sein sollten und, wie bei berufsbezogenen Bewertungsportalen, allein die Sozialsphäre betreffen, befindet sich die betroffene Person hier nichtsdestotrotz in einer Situation, in der sie regelmäßig nicht mehr übersehen und kontrollieren kann, wer was wann und bei welcher Gelegenheit über sie kommuniziert.[159] Der Vorrang der Kommunikationsfreiheit im Rahmen einer Interessenabwägung nach Art. 6 Abs. 1 lit. f DS-GVO sollte daher gerade bei Veröffentlichungen im Internet keineswegs die Regel, sondern umgekehrt vielmehr besonders rechtfertigungsbedürftig sein.

4.3.6.4.3 Suchdienste

Suchmaschinenbetreiber verarbeiten personenbezogene Daten i. S. d. Art. 4 Nr. 2 DS-GVO und sind hinsichtlich dieser Datenverarbeitung als Verantwortliche i. S. d. Art. 4 Nr. 7 DS-GVO einzuordnen.[160] Die Zulässigkeit einer Datenverarbeitung ist auf Grundlage einer Interessenabwägung nach Art. 6 Abs.1 lit. f DS-GVO zu beurteilen. Nach der Entscheidung des EuGH in Google Spain[161] kann die Datenverarbeitung durch Suchmaschinen zu einem erheblichen Eingriff in die Grundrechte auf Privatheit und informationelle Selbstbestimmung führen, welcher nicht allein mit den wirtschaftlichen Interessen des Suchmaschinenbetreibers gerechtfertigt werden kann. Und auch gegenüber dem Informationsinteresse der Öffentlichkeit sollen die Grundrechte auf Privatheit und informationelle Selbstbestimmung „im Allgemeinen" überwiegen. Ledig-

---

[159] Ausführlich dazu schon Buchner, in: Wolff/Brink (Hg.), BeckOK Daten-SR (19. Ed. 2017), § 29 BDSG Rn. 70 ff.
[160] EuGH v. 13.05.2014, DuD 2014, 559, 560 f. – Google Spain.
[161] S. zu dieser Entscheidung auch schon Kap. 2.2.9.4.

lich in besonders gelagerten Fällen sei dies anders zu beurteilen, etwa mit Blick auf die Rolle, die eine von der Datenverarbeitung betroffene Person im öffentlichen Leben spielt.[162]

4.3.6.4.4 Videoüberwachung

Die Zulässigkeit einer Videoüberwachung beurteilt sich nach der Interessenabwägungsklausel des Art. 6 Abs. 1 lit. f DS-GVO, soweit es um eine Videoüberwachung **durch nicht-öffentliche Stellen** geht. Für § 4 BDSG n. F., der nach Vorstellung des deutschen Gesetzgebers die Vorgängerregelung des § 6b BDSG a. F. mit weitgehend gleichem Regelungsinhalt ersetzen soll, bleibt demgegenüber unter der DS-GVO nur insoweit Raum, als es sich um eine Videoüberwachung durch öffentliche Stellen handelt, die Aufgaben im öffentlichen Interesse oder in Ausübung öffentlicher Gewalt wahrnehmen.[163]

4.4 Datenverarbeitung im Bereich Telemedien und Telekommunikation

Werden personenbezogene Daten im Bereich Telemedien und Telekommunikation verarbeitet, so gelten hierfür bislang in erster Linie die bereichsspezifischen Datenschutzvorschriften des TMG und TKG. Das Verhältnis von TKG und TMG, teils auch noch im Zusammenspiel mit dem BDSG, ist im Einzelnen in vielerlei Hinsicht überkompliziert bzw. ungeklärt. Abzuwarten bleibt, ob und inwieweit sich die Abgrenzungsprobleme unter der DS-GVO fortsetzen werden. Dies wird v. a. auch davon abhängen, ob – wie derzeit noch geplant – mit Geltung der DS-GVO ab Mai 2018 zeitgleich auch die geplante ePrivacy-Verordnung in Kraft treten wird. Entscheidend wird zudem auch sein, ob und inwieweit der deutsche Gesetzgeber tatsächliche oder vermeintliche Regelungsspielräume, wie sie auch künftig für das nationale Recht der Mitgliedstaaten fortbestehen, ausschöpfen wird, um Regelungen für den Telemedien- und Telekommunikationsbereich im nationalen Recht zu erlassen bzw. beizubehalten.

4.4.1 Überblick Telemediengesetz (TMG)

Der Regelungsinhalt des Telemediengesetzes ist nicht auf den Datenschutz beschränkt. Im ersten Abschnitt des TMG finden sich zunächst einmal allgemeine Bestimmungen zu Anwendungsbereich und Begrifflichkeiten. Geregelt ist dort außerdem

---

[162] EuGH v. 13.05.2014, DuD 2014, 559, 564 – Google Spain.
[163] Ausführlich dazu Kap. 2.2.3.2.2.

das sog. **Herkunftslandprinzip,** nach dem in Deutschland niedergelassene Diensteanbieter und ihre Telemedien dem deutschen Recht auch dann unterliegen, wenn sie ihre Dienste in einem anderen EU-Mitgliedstaat anbieten oder erbringen. Gemäß § 3 Abs. 3 Nr. 4 TMG gilt das Herkunftslandprinzip jedoch nicht für das Datenschutzrecht, insoweit gelten vielmehr die datenschutzrechtlichen Anknüpfungsregelungen.[164]

In Abschnitt 2 sind die Zulassungs- und Anmeldefreiheit für Telemedien sowie allgemeine und besondere Informationspflichten für Anbieter von Telemediendiensten geregelt. § 5 TMG (allgemeine Informationspflichten) normiert für geschäftsmäßige Onlineangebote eine Pflicht zur Anbieterkennzeichnung – regelmäßig als „Impressum" bezeichnet. § 6 TMG normiert darüber hinaus besondere Informationspflichten für sog. kommerzielle Kommunikation, um für den Verbraucher bei Werbe- und sonstigen Marketingmaßnahmen ein Mindestmaß an Transparenz zu gewährleisten.

In Abschnitt 3 regelt das TMG sodann die „Verantwortlichkeit" der Anbieter von Telemediendiensten. Die § 7 ff. TMG sehen ein **abgestuftes Verantwortlichkeitskonzept** vor,[165] je nachdem, ob es sich um eigene Informationen des Diensteanbieters handelt oder um fremde Informationen, die vom Diensteanbieter durchgeleitet (§ 8 TMG), zwischengespeichert (§ 9 TMG) oder gespeichert (§ 10 TMG) werden. In letzteren Konstellationen ist ein Diensteanbieter für solch fremde Informationen jeweils nur unter bestimmten Voraussetzungen verantwortlich, wobei diese privilegierte „Verantwortlichkeit" allerdings nur vor einer Inanspruchnahme auf Schadensersatz schützt, nicht dagegen vor einer Inanspruchnahme auf Unterlassung oder Beseitigung (sog. Störerhaftung).

Für eine mögliche **datenschutzrechtliche Verantwortlichkeit** von Diensteanbietern heißt das: Diese können sich, sollte es sich um fremde Informationen handeln, für die sie nach den §§ 8 ff. TMG möglicherweise nicht einstehen müssen, lediglich vor möglichen Schadensersatzansprüchen wegen unzulässiger oder unrichtiger Datenverarbeitung schützen; unberührt von der Haftungsprivilegierung der §§ 8 ff. TMG bleibt jedoch die Pflicht, eine unrichtige oder unzulässige Datenverarbeitung zu unterlassen sowie ggfs. Daten zu löschen, zu korrigieren oder zu sperren.

Beachte
Auch unter der DS-GVO bleibt es beim Verantwortlichkeitskonzept der §§ 7 ff. TMG. Die §§ 7 bis 10 TMG setzen die Art. 12 bis 15 der Richtlinie 2000/31/EG (E-Commerce-Richtlinie) um und Art. 2 Abs. 4 DS-GVO gibt vor, dass diese Vorschriften von der DS-GVO unberührt bleiben sollen.

---

164 S. zu diesen Kap. 2.1.3.1.
165 Vgl. dazu auch Petri, ZD 2015, 103.

4.4.2 Bereichsspezifischer Datenschutz für Telemedien

Bereichsspezifische Datenschutzregelungen für den Telemedienbereich finden sich bis dato in den §§ 11 ff. TMG.

4.4.2.1 Anwendbarkeit

Ob und inwieweit die §§ 11 ff. TMG zur Anwendung kommen, hängt bislang davon ab, wie sich der Anwendungsbereich der §§ 11 ff. TMG in Abgrenzung zu BDSG und TKG definiert. Künftig wird entscheidend sein, inwieweit unter DS-GVO und (ggf.) ePrivacy-Verordnung überhaupt noch Raum für bereichsspezifische Regelungen im nationalen Recht bleiben wird und inwieweit der deutsche Gesetzgeber diesen Regelungsspielraum ausfüllen wird.

4.4.2.1.1 Ausnahme Telekommunikation

Nicht alle Datenverarbeitungsvorgänge, die im Onlinebereich stattfinden, fallen ohne Weiteres auch unter die §§ 11 ff. TMG. Zwar ist gemäß § 1 TMG der Anwendungsbereich des Telemediengesetzes zunächst einmal sehr weit, weil das TMG für „alle elektronischen Informations- und Kommunikationsdienste" gelten soll. Allerdings nimmt § 1 TMG von diesem umfassenden Oberbegriff sogleich bestimmte Dienste wieder aus.

Nicht erfasst vom TMG sind nach dessen § 1 Abs. 1 alle Telekommunikationsdienste i. S. d. § 3 Nr. 24 TKG.[166]

---

§ 3 Nr. 24 TKG definiert **Telekommunikationsdienste** als „in der Regel gegen Entgelt erbrachte Dienste, die ganz oder überwiegend in der Übertragung von Signalen über Telekommunikationsnetze bestehen, einschließlich Übertragungsdienste in Rundfunknetzen".

Im Zentrum der Auseinandersetzung stand in letzter Zeit v. a. die Frage, ob auch sog. **OTT-Kommunikationsdienste** als Telekommunikationsdienste i. S. d. § 3 Nr. 24 TKG einzuordnen sind.

Kommunikation „over the top"
Bei **OTT-Diensten** („Over-the-top-Diensten") handelt es sich um Kommunikationsdienste, die über das offene Internet abgewickelt werden. Auch bei OTT-Kommunikationsdiensten geht es im Kern darum, Nutzern eine Individualkommunikation zu ermöglichen, jedoch erfolgt die Datenübertragung dabei „over the top" und damit vorbei an und in Konkurrenz zu den Anbietern traditioneller Kommunikati-

---

[166] Ebenfalls nicht erfasst sind nach § 1 Abs. 1 TMG sog. telekommunikationsgestützte Dienste i. S. d. § 3 Nr. 25 TKG, also insbesondere sog. Mehrwert-Rufnummern (0190er-Nummern), die gegen Bezahlung bestimmte Informations-, Kommunikations- oder vergleichbare Dienste anbieten.

onsdienste.¹⁶⁷ Zu den OTT-Diensten zählen Webmail-Dienste wie Gmail oder GMX, Instant-Messenger-Dienste wie insbesondere WhatsApp und auch Videotelefondienste wie Skype.

Das VG Köln hatte Ende 2015 in einer viel diskutierten Entscheidung den Webmail-Dienst Gmail als Telekommunikationsdienst i. S. d. TKG eingeordnet.¹⁶⁸ In der Entscheidung des VG Köln ging es um die Frage, ob Google Inc. seinen Dienst Gmail als Telekommunikationsdienst bei der Bundesnetzagentur anmelden muss. Google hatte dies mit der Begründung abgelehnt, dass bei dem von ihm angebotenen Dienst die Signalübertragung ausschließlich durch den Internet Access Provider stattfinde und es daher an einer Signalübertragung über Telekommunikationsnetze i. S. d. § 3 Nr. 24 TKG fehle, die der Verantwortung von Google zugerechnet werden könne. Das VG Köln ist dieser Argumentation im Ergebnis nicht gefolgt. Zwar nutze Google für die Signalübertragung keine eigenen Telekommunikationsnetze, sondern das offene Internet; gleichwohl sei aber auch in einer solchen Konstellation bei einer **„wertend-funktionalen Betrachtung"** die Signalübertragung überwiegend dem E-Mail-Dienst zuzurechnen.¹⁶⁹

Datenschutzrechtliche Konsequenz einer Einordung von OTT-Diensten als Telekommunikationsdienste ist, dass sich die Zulässigkeit einer Datenverarbeitung nicht nach den bereichsspezifischen Vorschriften für den Telemedienbereich (bislang also nach den §§ 11 ff. TMG), sondern nach denjenigen für den Telekommunikationsbereich (bislang also nach den §§ 91 ff. TKG) richtet. Für die **Rechtslage ab Mai 2018** unter Geltung der DS-GVO kommt es darauf an, ob zu diesem Zeitpunkt wie bislang vorgesehen auch die geplante ePrivacy-Verordnung in Kraft treten wird. Wird dem so sein, gilt künftig für OTT-Dienste in erster Linie diese ePrivacy-Verordnung (und ergänzend die DS-GVO).

> **Beachte**
> Nach dem Kommissionsentwurf für die ePrivacy-Verordnung soll sich deren Anwendungsbereich ausdrücklich auch auf OTT-Dienste erstrecken. Nach EG 11 soll die Begriffsbestimmung für elektronische Kommunikationsdienste zur „Gewährleistung eines wirksamen und einheitlichen Schutzes der Endnutzer bei der Benutzung funktional gleichwertiger Dienste" gerade auch „interpersonelle Kommunikationsdienste, die nummerngebunden oder nummernunabhängig sein können, beispielsweise VoIP-Telefonie, Nachrichtenübermittlung und webgestützte E-Mail-Dienste" umfassen.

---

167 Grünwald/Nüßing, Ad Legendum 2017, 161.
168 VG Köln v. 11.11.2015, K&R 2016, 141; s. dazu auch Kühling/Schall, K&R 2016, 185 sowie Gersdorf, K&R 2016, 91 und Schuster, CR 2016, 173.
169 VG Köln, Mitteilung v. 25.11.2015: „Googles Email-Dienst ‚Gmail' ist ein Telekommunikationsdienst" unter: http://www.vg-koeln.nrw.de/behoerde/presse/Pressemitteilungen/Archiv/2015/55_151125/index.php (letzter Abruf 26.05.2017).

4.4.2.1.2 Ausnahme Rundfunk
Ausgenommen vom Begriff der Telemedien ist gemäß § 1 Abs. 1 Satz 1 TMG des Weiteren auch der „Rundfunk nach § 2 des Rundfunkstaatsvertrages".

Rundfunk ist in **§ 2 RStV** definiert als ein linearer Informations- und Kommunikationsdienst im Sinne einer für die Allgemeinheit und zum zeitgleichen Empfang bestimmten Veranstaltung und Verbreitung von Angeboten in Bewegtbild oder Ton entlang eines Sendeplans unter Benutzung elektromagnetischer Schwingungen.

Rundfunk unterscheidet sich damit von Telemedien durch die **fehlende Interaktivität** mit dem Nutzer und die **Passivität** des Rezeptionsvorgangs, d. h. der Nutzer nimmt regelmäßig keinen Einfluss auf Art und Zeitpunkt der Inanspruchnahme des Rundfunkangebots, sondern „konsumiert" stattdessen lediglich dieses Angebot.

4.4.2.1.3 Typische Telemediendienste
Zu den Informations- und Kommunikationsdiensten, die gemäß § 1 Abs. 1 TMG als Telemediendienste einzuordnen sind, zählen typischerweise:
- Meinungsforen, Weblogs
- Suchmaschinen
- Verkehrs-, Wetter-, Umwelt-, Börsendatendienste
- Bestell- und Buchungsdienste
- Maklerdienste
- Internetauktionen
- Onlinespiele
- elektronische Presse

Bislang gilt für diese Telemediendienste der datenschutzrechtliche Regelungsrahmen der §§ 11 ff. TMG. Unter Geltung der **DS-GVO** wird allerdings für eine solche bereichsspezifische Regulierung der Telemediendienste weitestgehend kein Platz mehr sein. Die DS-GVO verfolgt ausdrücklich einen „technologieneutralen" Regelungsansatz.[170] Raum für eine Fortgeltung bereichsspezifischer Vorschriften lässt Art. 95 DS-GVO nur für solche Vorschriften, die auf der Richtlinie 2002/58/EG (ePrivacy-Richtlinie) beruhen. Letzteres ist bei den Vorschriften des TMG gerade nicht der Fall.[171] Künftig fallen daher auch all die soeben aufgezählten Dienste in den Anwendungsbereich der DS-GVO.

---

[170] S. EG 15.
[171] Ausführlich Keppeler, MMR 2015, 779, 780 f.

> **Beachte**
> Dass den datenschutzrechtlichen Vorschriften des TMG unter der DS-GVO überhaupt keine Bedeutung mehr zukommen soll,[172] ist nicht unumstritten. Teils wird detailliert herausgearbeitet, dass punktuell Regelungselemente der §§ 11 ff. TMG auch unter der DS-GVO Geltung behalten (können).[173] Verwiesen wird zudem auch auf die Öffnungsklausel des Art. 6 Abs. 2, Abs. 3 DS-GVO für eine mitgliedstaatliche Regelung der Datenverarbeitung im öffentlichen Interesse.[174] So könnten die §§ 11 ff. TMG auch unter der DS-GVO etwa für alle Diensteanbieter, die ihre Dienste in Ausübung öffentlicher Gewalt anbieten (also alle Behörden und auch sog. Beliehene), weiterhin fortgelten.[175] Sonderlich sinnstiftend wäre eine solche punktuelle und fragmentierte Fortgeltung des bereichsspezifischen Datenschutzrechts für Telemediendienste jedoch sicherlich nicht.

4.4.2.1.4 Medienprivileg

Schließlich ist auch für die Datenverarbeitung durch Telemediendienste das sog. Medienprivileg zu beachten. Nach diesem Medienprivileg sind Unternehmen und Hilfsunternehmen der Presse, soweit sie Daten ausschließlich zu eigenen journalistisch-redaktionellen oder literarischen Zwecken verarbeiten, weitestgehend von den datenschutzrechtlichen Vorgaben befreit. Mit dieser Privilegierung soll der verfassungsrechtlich gewährleisteten Medienfreiheit des Art. 5 Abs. 1 GG Rechnung getragen werden, die bei einer uneingeschränkten Geltung der datenschutzrechtlichen Vorgaben über Gebühr eingeschränkt werden würde. Gemäß § 57 Abs. 1 Rundfunkstaatsvertrag gilt dieses Medienprivileg auch für Presseunternehmen, die als Anbieter von Telemedien eine solche journalistisch-redaktionelle oder literarische Zweckbestimmung verfolgen.

> **Differenziere**
> Nicht einschlägig ist das Medienprivileg, wenn Daten nicht ausschließlich mit journalistisch-redaktioneller oder literarischer Zweckbestimmung verarbeitet werden. Dies ist etwa der Fall beim Umgang mit Daten aus der Abonnentenverwaltung oder auch bei einer Datenverarbeitung zum Zwecke von Leseranalysen.[176]

Auch unter der **DS-GVO** ist eine datenschutzrechtliche Privilegierung der Medien vorgesehen. Art. 85 Abs. 1 DS-GVO gibt den Mitgliedstaaten auf, „durch Rechtsvorschriften das Recht auf den Schutz personenbezogener Daten gemäß dieser Verordnung mit dem Recht auf freie Meinungsäußerung und Informationsfreiheit, einschließlich der **Verarbeitung** zu **journalistischen Zwecken** und zu **wissenschaftlichen,**

---

[172] In diesem Sinne etwa Keppeler, MMR 2015, 779, 781: „Aus dem bisher Gesagten wird klar: Das Datenschutzrecht des TMG wird in der Zukunft schlichtweg nicht mehr anwendbar sein."
[173] S. insbesondere Geminn/Richter, in: Roßnagel (Hg.), DS-GVO (2017), § 4 Rn. 271 ff.
[174] S. dazu auch Kap. 2.1.1.2.
[175] Vgl. Geminn/Richter, in: Roßnagel (Hg.), DS-GVO (2017), § 4 Rn. 270.
[176] Ausführlich Buchner, in: Wolff/Brink (Hg.), BeckOK-DatenSR (19. Ed. 2017), § 41 BDSG Rn. 23 ff.

künstlerischen oder **literarischen Zwecken,** in Einklang [zu bringen]". Dabei geht die DS-GVO allerdings nicht von einem generellen Vorrang der Kommunikationsfreiheit aus, weshalb auch die bisherige mehr oder weniger pauschale Freistellung von fast allen materiell-rechtlichen Datenverarbeitungsregeln zugunsten der Meinungs- und Informationsfreiheit im deutschen Recht mit Art. 85 DS-GVO nicht vereinbar ist.[177]

4.4.2.2 Datenschutzrechtliche Regelungsprinzipien

Zumindest in den Grundzügen wird sich an den datenschutzrechtlichen Regelungsprinzipien für eine Datenverarbeitung durch Telemediendienste nichts ändern, wenn mit Geltung der DS-GVO ab Mai 2018 deren Vorgaben an die Stelle derjenigen der §§ 11 ff. TMG treten.

4.4.2.2.1 Verbotsprinzip und Zweckbindungsgrundsatz

Das **Verbotsprinzip mit Erlaubnisvorbehalt,** wie es § 12 Abs. 1 TMG noch einmal für den Telemedienbereich normiert, gilt so oder so künftig auch nach Art. 6 Abs. 1 DS-GVO. Und was den in § 12 Abs. 2 TMG normierten **Zweckbindungsgrundsatz** angeht, wonach die erhobenen Daten allein für den angegebenen Zweck genutzt werden dürfen, sofern nicht für eine anderweitige Verwendung auf eine Rechtsvorschrift oder eine Einwilligung zurückgegriffen werden kann, werden insoweit künftig die Art. 5 Abs. 1 lit. b und Art. 6 Abs. 4 DS-GVO gelten.

4.4.2.2.2 Allgemeine Pflichten des Diensteanbieters

Allgemeine Pflichten der Anbieter von Telemediendiensten sind bislang in § 13 TMG geregelt. Die Vorschrift normiert in Abs. 1 eine ganze Reihe von Informationspflichten gegenüber dem Nutzer; künftig werden insoweit die (deutlich detaillierteren) Vorgaben der Art. 12, 13 und 14 DS-GVO gelten.[178]

Was die Vorgaben zur elektronischen Einwilligung angeht, wie sie bislang in § 13 Abs. 2, Abs. 3 TMG geregelt sind, wird sich unter der DS-GVO der Sache nach nichts Wesentliches ändern.[179]

§ 13 Abs. 4 TMG verpflichtet den Diensteanbieter zu bestimmten technischen und organisatorischen Maßnahmen, um die übergeordneten datenschutzrechtlichen Vorgaben der Datenvermeidung und -sparsamkeit sowie der Datensicherung zu erfüllen. Ebenso zielt auch Abs. 6 (Ermöglichung der anonymen und pseudonymen Nutzung) auf das Ziel der Datenvermeidung ab. Künftig werden insoweit die Vorgaben

---

[177] S. dazu auch Buchner/Tinnefeld, in: Kühling/Buchner (Hg.) DS-GVO (2017), Art. 85 Rn. 31.
[178] Vgl. Geminn/Richter, in: Roßnagel (Hg.), DS-GVO (2017), § 4 Rn. 277.
[179] Ausführlich dazu schon Kap 4.2.3.

der Art. 24, 25 und 32 DS-GVO einschlägig sein, die allerdings in der Konkretisierung der technischen und organisatorischen Maßnahmen hinter dem Regelungsgehalt des § 13 TMG zurückbleiben.[180]

4.4.2.3 Zulässigkeit einer Datenverarbeitung

Die Zulässigkeit einer Verarbeitung personenbezogener Daten durch Telemediendienste ist bislang in §§ 14 und 15 TMG geregelt. Die Vorschriften differenzieren hierfür nach verschiedenen Arten von Daten:
- Bestandsdaten als „Grunddaten" eines Vertragsverhältnisses[181] (z. B. Name, Anschrift, Geburtsdatum, E Mail-Adresse, Zahlungsart und Zahlungsdaten)
- Nutzungsdaten als Daten, die im Zuge der Abwicklung eines Vertragsverhältnisses anfallen (z. B. Merkmale zur Identifikation des Nutzers, Angaben über die vom Nutzer in Anspruch genommenen Telemedien)
- Abrechnungsdaten

4.4.2.3.1 Erforderlichkeitsgrundsatz

Die **Grundidee** der §§ 14 und 15 TMG lässt sich dahingehend – vereinfacht – zusammenfassen, dass all die Datenverarbeitungsvorgänge erlaubt sein sollen, die erforderlich sind, um einen Telemediendienst ordnungsgemäß erbringen zu können **(Erforderlichkeitsgrundsatz)**: Bestandsdaten dürfen nach § 14 Abs. 1 TMG verarbeitet werden, soweit dies für die Begründung, Ausgestaltung und Änderung des Vertragsverhältnisses erforderlich ist. Nutzungs- und Abrechnungsdaten nach § 15 Abs. 1 S. 1, Abs. 4 ff. TMG verarbeitet werden, soweit dies für die Diensteerbringung und Abrechnung erforderlich ist.

§ 15 TMG ist vom EuGH in einer Entscheidung Ende 2016 als unvereinbar mit Art. 7 lit. f DSRL eingeordnet worden.[182] So oder so werden aber die Erlaubnistatbestände des TMG unter der DS-GVO nicht mehr weiter fortgelten, sondern von denen der DS-GVO abgelöst.[183] Was den materiellen Regelungsgehalt angeht, werden damit allerdings keine nennenswerten Änderungen einhergehen. Mit Art. 6 Abs. 1 lit. b DS-GVO wird auch unter der DS-GVO ein Erlaubnistatbestand einschlägig sein, der auf dem eben skizzierten Grundsatz der Erforderlichkeit beruht. Die Ablösung der §§ 14, 15 TMG durch Art. 6 Abs. 1 lit. b DS-GVO wird überdies den Vorteil mit sich bringen, dass die oben dargestellte Differenzierung nach Bestands-, Nutzungs- und Abrechnungsdaten

---

180 Ausführlich dazu Geminn/Richter, in: Roßnagel (Hg.), DS-GVO (2017), § 4 Rn. 280 ff.; s. dort auch zum weiteren Regelungsgehalt des § 13 Abs. 5, 7 und 8 TMG und dessen Entsprechung in der DS-GVO.
181 Spindler/Nink, in: Spindler/Schuster (Hg.), Recht der elektronischen Medien (3. A. 2015), § 14 TMG Rn. 3.
182 EuGH v. 19.10.2016, DuD 2017, 42 – Breyer.
183 S. Kap. 4.4.2.1.3.

künftig hinfällig sein wird und sich v. a. auch die nur wenig sinnstiftende Diskussion um die datenschutzrechtliche Einordnung von sog. Inhaltsdaten erübrigen wird.

4.4.2.3.2 Die Verarbeitung sogenannter Inhaltsdaten

Die Verarbeitung sog. Inhaltsdaten ist in den bisherigen §§ 14 f. TMG nicht geregelt, zumindest nicht explizit. Zu diesen Inhaltsdaten sollen v. a. solche Daten zählen, die zwischen Nutzer und Anbieter zwar online ausgetauscht werden, dies allerdings, um ein Vertrags- und Leistungsverhältnis zu begründen, das isoliert betrachtet gerade keinen Telemediendienst mehr darstellt.[184]

Beispiel
Klassisches Beispiel ist der Bücherkauf bei Amazon: Obwohl der Besuch der Amazon-Website zunächst einmal ein typisches Anbieter-Nutzer-Verhältnis im Sinne des TMG begründet, hat der Bücherkauf als solcher mit diesem Anbieter-Nutzer-Verhältnis nur noch mittelbar etwas zu tun, die Abwicklung des Kaufs (Bezahlung, Zusendung) gleicht vielmehr einem „normalen" Offlinesachverhalt.

Streitig ist bislang, wie die Verarbeitung der Inhaltsdaten zu behandeln ist, die im Rahmen eines solchen „hinter" dem eigentlichen Telemediendienst stehenden (Vertrags-)Verhältnisses anfallen (im konkreten Beispiel also etwa die Daten zu Buchbestellung und Lieferadresse). Teils wird vertreten, dass die Datenschutzregeln des TMG insoweit überhaupt keine Anwendung finden sollen, also selbst die online erfolgende Dateneingabe des Nutzers zur Bestellung des Buches nicht unter das TMG, sondern unter das BDSG fallen soll. Sehr wohl soll das TMG aber auf denselben Onlinebestellvorgang anzuwenden sein, wenn das betreffende Buch nicht in Papierform bestellt wird, sondern als E-Book direkt vom Nutzer heruntergeladen wird.

Zu Recht wird gegen eine solche Differenzierung eingewandt, dass die damit einhergehenden Wertungswidersprüche nur schwer zu erklären sind.[185] Ohnehin stellt sich die Frage nach der Sinnhaftigkeit einer Differenzierung zwischen Nutzungsdaten und Inhaltsdaten bei einem einheitlichen Vorgang wie etwa dem Onlinekauf. Es ist kein Grund ersichtlich, warum nicht der gesamte Vorgang – Besuch einer Website, Surfen auf dieser Website und ggf. eben auch Bestellung bestimmter Artikel bei dieser Website – als eine „Inanspruchnahme von Telemedien" i. S. d. § 15 Abs. 1 TMG eingeordnet und damit dann auch die Zulässigkeit der damit einhergehenden Datenverarbeitung nach dieser Vorschrift beurteilt werden sollte. Gerade aus Datenschutzperspektive ist eine solche einheitliche Betrachtungsweise geboten, damit der Schutzstandard in der Onlinewelt einheitlich hoch ist.

---

[184] Ausführlich Schmitz, in: Hoeren/Sieber/Holznagel (Hg.), Handbuch Multimedia-Recht (44. EL 2017), Teil 16.2 F Rn. 258 ff.
[185] Schmitz, in: Hoeren/Sieber/Holznagel (Hg.), Handbuch Multimedia-Recht (44. EL 2017), Teil 16.2 F Rn. 260.

> **Beispiel**
> Im Beispiel Amazon etwa ergibt es kaum Sinn, die Zulässigkeit einer Profilbildung einmal nach TMG, einmal nach BDSG zu beurteilen, abhängig allein davon, ob der Amazon-Kunde im konkreten Fall auf der Amazon-Website nur herumgesurft ist oder auch etwas bestellt hat.

Mit der Ablösung der §§ 14, 15 TMG durch Art. 6 Abs. 1 lit. b DS-GVO wird sich diese Diskussion künftig erübrigen und die Zulässigkeit einer Datenverarbeitung bei Onlinediensten wird sich einheitlich nach Art. 6 Abs. 1 lit. b DS-GVO bestimmen. Daneben ist als möglicher Erlaubnistatbestand stets auch Art. 6 Abs. 1 lit. f zu berücksichtigen, etwa wenn es um die Zulässigkeit einer Protokollierung von IP-Adressen zum Zweck der IT-Sicherheit geht.[186]

4.4.2.3.3 Nutzungsprofile und Tracking

Die Zulässigkeit einer Erstellung von Onlinenutzungsprofilen ist bislang in § 15 Abs. 3 TMG geregelt. Nutzungsprofile zeichnen sich dadurch aus, dass bestimmte Einzeldaten (z. B. IP-Adresse oder Zeitpunkt und Dauer einer bestimmten Dienstenutzung), die für sich genommen wenig aussagekräftig sind, durch ihre Zusammenführung zueinander in Bezug gesetzt werden und auf diese Weise einen neuen, eigenständigen und im Vergleich zu den Einzeldaten deutlich aussagekräftigeren Informationsgehalt aufweisen. Dieses „Mehr" an Aussagekraft gegenüber bloßen Nutzungsdaten macht die Nutzungsprofile zu besonders sensiblen Daten, vergleichbar einem klassischen Persönlichkeitsprofil, weshalb § 15 Abs. 3 TMG eine Erstellung solcher Nutzungsprofile nur unter engen Voraussetzungen erlaubt.

Grundsätzlich darf eine Profilbildung ausschließlich für Zwecke der Werbung, Marktforschung oder zur bedarfsgerechten Gestaltung der Telemedien erfolgen. Weiterhin müssen sämtliche Profile unter Verwendung von **Pseudonymen** erstellt werden (§ 15 Abs. 3 S. 1 TMG), wobei es nach § 15 Abs. 3 S. 3 TMG ausdrücklich untersagt ist, die erstellten Nutzungsprofile mit Daten über den Träger des Pseudonyms zusammenzuführen. Selbst wenn diese Voraussetzungen erfüllt sind, hat der einzelne Nutzer jedoch stets die Möglichkeit, der Erstellung eines Nutzungsprofils zu **widersprechen** und diese damit zu unterbinden.

Werden Nutzungsprofile mittels **Cookies** oder vergleichbarer **Tracking-Technologien** erstellt, ist zusätzlich Art. 5 Abs. 3 der ePrivacy-Richtlinie zu berücksichtigen. Die „Speicherung von Informationen oder der Zugriff auf Informationen, die bereits im Endgerät eines Teilnehmers oder Nutzers gespeichert sind," sollen danach nur zulässig sein, „wenn der betreffende Teilnehmer oder Nutzer auf der Grundlage von **klaren und umfassenden Informationen**, die er [...] über die Zwecke der Verarbeitung erhält, seine **Einwilligung** gegeben hat." Der Nutzer muss also sowohl über die Nut-

---
[186] Vgl. dazu EuGH v. 19.10.2016, DuD 2017, 42 – Breyer.

zung von Cookies bzw. vergleichbaren Technologien aufgeklärt werden als auch seine Einwilligung dazu geben.[187]

Ob und inwieweit diese Vorgaben der ePrivacy-Richtlinie hierzulande im nationalen Recht in Gestalt der TMG-Regelungen hinreichend Umsetzung erfahren haben, wird kontrovers beurteilt.[188] Diese Diskussion wird allerdings hinfällig sein, wenn die geplante **ePrivacy-Verordnung** in Kraft tritt, die anders als die Richtlinie dann unmittelbar in allen Mitgliedstaaten gelten wird. Nach dem Kommissionsentwurf soll die Nutzung der Verarbeitungs- und Speicherfunktionen von Endeinrichtungen wie PCs, Tablets oder Smartphones oder der Zugriff auf in solchen Endeinrichtungen gespeicherte Informationen grundsätzlich nur mit der **Einwilligung** des Endnutzers zulässig sein.[189] Nur ausnahmsweise, wenn mit der Nutzung oder dem Informationszugriff „kein oder nur ein geringfügiger Eingriff in die Privatsphäre" einhergeht, soll auf eine Einwilligung seitens des Nutzers verzichtet werden können, etwa um eine vom Endnutzer ausdrücklich gewünschte Nutzung eines bestimmten Dienstes zu ermöglichen, um die Eingaben des Endnutzers beim Ausfüllen von Online-Formularen, die sich über mehrere Seiten erstrecken, mitverfolgen zu können, oder auch um den Webdatenverkehr zu einer Website zu messen.[190]

4.4.2.3.4 Einwilligung des Nutzers

Für den Telemedienbereich sieht bislang § 13 Abs. 2 TMG die Möglichkeit einer elektronischen Erklärung der Einwilligung vor. Unter der DS-GVO wird diese Regelung nicht mehr fortgelten. Stattdessen gelten künftig die Vorgaben der DS-GVO, ggf. modifiziert und ergänzt durch die geplante ePrivacy-Verordnung.[191]

Auch in der Onlinewelt wird eine Einwilligung oftmals mittels Allgemeiner Geschäftsbedingungen eingeholt. In diesen Fällen unterliegt die Einwilligungserklärung der AGB-rechtlichen Inhaltskontrolle und ist unwirksam, wenn sie den Vertragspartner des Verwenders „unangemessen benachteiligt" (§ 307 Abs. 1 S. 1 BGB). Letzteres ist nach § 307 Abs. 2 Nr. 1 BGB im Zweifel immer dann anzunehmen, wenn die Einwilligungsklausel mit wesentlichen Grundgedanken der gesetzlichen Regelung, von der

---

[187] Zur Geltung des Art. 5 Abs. 3 ePrivacy-Richtlinie (trotz ihrer weit verbreiteten Bezeichnung als „Cookie-Richtlinie") auch für andere Tracking-Technologien als Cookies s. Dietrich, ZD 2015, 199.
[188] S. dazu Schleipfer, ZD 2015, 399 (m. w. N.; a. a. O. Fn. 7).
[189] Geregelt ist diese Einwilligung als Erlaubnistatbestand in Art. 8 Abs. 1 lit. b des Entwurfs. Die näheren Vorgaben für die Wirksamkeit einer Einwilligung finden sich in Art. 9 des Entwurfs (mit einem weitgehenden Verweis auf die Vorgaben der DS-GVO); ebenso die Position des Europäischen Parlaments v. 26.10.2017
[190] S. EG 21 sowie die entsprechenden Erlaubnistatbestände in Art. 8 Abs. 1 lit. a, c und d des Kommissionsvorschlags für eine Verordnung über die Achtung des Privatlebens und den Schutz personenbezogener Daten in der elektronischen Kommunikation und zur Aufhebung der Richtlinie 2002/58/EG (Verordnung über Privatsphäre und elektronische Kommunikation), KOM(2017) 10 endg.
[191] Ausführlich dazu Kap. 4.2.3.

abgewichen wird, nicht zu vereinbaren ist. Solche gesetzlichen Regelungen sind im vorliegenden Falle in erster Linie die datenschutzrechtlichen Vorgaben für eine wirksame Einwilligung, künftig v. a. Art. 4 Nr. 11, Art. 7 DS-GVO.[192]

4.4.3 TKG und ePrivacy-Verordnung

Bereichsspezifische Datenschutzvorschriften für den Telekommunikationsbereich sind bis dato in den §§ 91 ff. TKG normiert. Vorgeschaltet finden sich in einem eigenen Abschnitt Regelungen zum Fernmeldegeheimnis (s. insbes. § 88 TKG). Mit Inkrafttreten der ePrivacy-Verordnung[193] werden deren Bestimmungen diejenigen des TKG zum Fernmeldegeheimnis und zum Telekommunikationsdatenschutz (§§ 88 ff. TKG) ablösen.

4.4.3.1 Fernmeldegeheimnis

Die Verarbeitung personenbezogener Daten im Telekommunikationsbereich muss sich nicht nur am Recht auf informationelle Selbstbestimmung, sondern auch am Fernmeldegeheimnis messen lassen.[194]

4.4.3.1.1 Grundlagen

Verfassungsrechtlich garantiert ist das Fernmeldegeheimnis in Art. 10 GG. Staatliche Stellen werden durch dieses Grundrecht unmittelbar verpflichtet. Eine einfachgesetzliche Regelung zum Schutze des Fernmeldegeheimnisses findet sich bislang in § 88 TKG; die Vorschrift gewährleistet Schutz gegenüber den nicht-staatlichen Diensteanbietern, die im Zuge der Liberalisierung des Telekommunikationsmarkts die Deutsche Bundespost als (alleinigen staatlichen) TK-Anbieter abgelöst haben.

Geschützt werden soll durch das Fernmeldegeheimnis (ebenso wie durch das Brief- und Postgeheimnis) „die freie Entfaltung der Persönlichkeit durch einen privaten, vor der Öffentlichkeit verborgenen Austausch von Informationen".[195] Die Vertraulichkeit individueller Kommunikation soll gerade auch dann erhalten bleiben, wenn diese wegen der räumlichen Distanz zwischen den Kommunikationsteilnehmern und den damit einhergehenden Zugriffsmöglichkeiten Dritter auf den Kommunikationsvorgang besonders „verletzlich" ist. Das Fernmeldegeheimnis gewährleistet hier – als ein wesentlicher Bestandteil des Schutzes der Privatsphäre – eine **„Privatheit**

---

[192] Ausführlich dazu Kap. 4.2.2.
[193] Kommissionsvorschlag für eine Verordnung über die Achtung des Privatlebens und den Schutz personenbezogener Daten in der elektronischen Kommunikation und zur Aufhebung der Richtlinie 2002/58/EG (Verordnung über Privatsphäre und elektronische Kommunikation), KOM(2017) 10 endg.
[194] S. zum Fernmeldegeheimnis auch schon Kap. 1.5.1.2.
[195] BVerfG v. 02.03.2006, BVerfGE 115, 166, 182 ff.

auf Distanz".[196] Wie diese Distanz überbrückt wird, (Kabel, Funk, analog, digital) ist für den Privatheitsschutz ebenso unerheblich wie die Form der Kommunikation (Worte, Bilder, Töne, Zeichen etc.); auch die Kommunikationsdienste des Internet (etwa E-Mail) sind erfasst.[197]

Das Fernmeldegeheimnis schützt nicht nur den eigentlichen **Inhalt** des Telekommunikationsvorgangs, sondern auch dessen **nähere Umstände,** also insbesondere wer mit wem wann und wie oft kommuniziert hat. Dahinter steckt die Erwägung, dass auch Informationen wie Häufigkeit, Dauer und Zeitpunkt von Kommunikationsverbindungen eine erhebliche Aussagekraft entfalten können, weil sie Rückschlüsse auf die Art und Intensität von Beziehungen zulassen und damit auch auf den Inhalt bezogene Schlussfolgerungen ermöglichen.[198]

Die **ePrivacy-Verordnung** regelt das Fernmeldegeheimnis in ihrem Art. 5 und schützt umfassend die Vertraulichkeit sämtlicher elektronischer Kommunikationsdaten. Auch insoweit gilt, dass zu den geschützten elektronischen Kommunikationsdaten nicht nur die Kommunikationsinhalte zählen, sondern auch alle sonstigen Informationen wie Ausgangs- und Zielpunkt des Kommunikationsvorgangs, geografischer Standort sowie Datum, Uhrzeit, Dauer und Art der Kommunikation. Ebenso gilt auch unter Art. 5 ePrivacy-Verordnung, dass der Schutz der Vertraulichkeit nicht von der Übertragungsart (Kabel, Funk, optische oder elektromagnetische Medien etc.) abhängt.[199]

4.4.3.1.2 Abgrenzung zum Recht auf informationelle Selbstbestimmung

Die besondere Schutzbedürftigkeit des Fernmeldegeheimnisses sieht das Bundesverfassungsgericht in dem Umstand begründet, dass die Kommunikationsteilnehmer den Übertragungsvorgang selbst nicht kontrollieren können und dieser den erleichterten Zugriffsmöglichkeiten Dritter ausgesetzt ist. Konsequenterweise lehnt daher das Gericht einen Grundrechtsschutz aus Art. 10 Abs. 1 GG ab, wenn Kommunikationsdaten nach Abschluss des Kommunikationsvorgangs im Herrschaftsbereich eines Telekommunikationsteilnehmers gespeichert sind. Die Teilnehmer können in solchen Konstellationen eigene Schutzvorkehrungen gegen einen ungewollten Datenzugriff durch Dritte treffen, sodass es gerade an den „spezifischen Gefahren der räumlich distanzierten Kommunikation" fehlt.[200] Statt des Fernmeldegeheimnisses gilt für solche beim Teilnehmer gespeicherten Kommunikationsdaten der Schutz der informationel-

---

[196] BVerfG v. 02.03.2006, BVerfGE 115, 166, 184 ff.
[197] BVerfG v. 27.02.2008, BVerfGE 120, 274, 307 ff.
[198] BVerfG v. 02.03.2006, BVerfGE 115, 166, 184 ff.
[199] EG 14 des Kommissionsvorschlags für eine Verordnung über die Achtung des Privatlebens und den Schutz personenbezogener Daten in der elektronischen Kommunikation und zur Aufhebung der Richtlinie 2002/58/EG (Verordnung über Privatsphäre und elektronische Kommunikation), KOM(2017) 10 endg.
[200] BVerfG v. 02.03.2006, BVerfGE 115, 166, 184.

len Selbstbestimmung (Art. 2 Abs. 1 i. V. m. Art. 1 Abs. 1 GG) und ggf. das Recht auf Unverletzlichkeit der Wohnung (Art. 13 GG).[201]

> **Beispiel E-Mail**
> Entsprechend den dargelegten Grundsätzen hat das Bundesverfassungsgericht einen Schutz durch das Fernmeldegeheimnis abgelehnt, wenn eine E-Mail beim Empfänger angekommen und der Übertragungsvorgang beendet ist. Soweit E-Mails hingegen auf dem Mailserver eines Providers gespeichert sind, bleibt es beim Schutz durch das Fernmeldegeheimnis, weil diese Nachrichten gerade nicht im Herrschaftsbereich des Kommunikationsteilnehmers gespeichert sind. Die allgemeine Gewährleistung des Rechts auf informationelle Selbstbestimmung tritt in diesem Fall hinter das Fernmeldegeheimnis zurück.[202]

4.4.3.2 Anwendbarkeit

Der Anwendungsbereich der datenschutzrechtlichen Vorschriften des TKG bestimmt sich nach § 91 TKG. Danach regeln die §§ 91 ff. TKG „den Schutz personenbezogener Daten der Teilnehmer und Nutzer von Telekommunikation bei der Erhebung und Verwendung dieser Daten durch Unternehmen und Personen, die geschäftsmäßig Telekommunikationsdienste erbringen oder an deren Erbringung mitwirken."

Unter Telekommunikation im Sinne des TKG fallen i. e. L. die sog. Telekommunikationsdienste, definiert in § 3 Nr. 24 TKG als „in der Regel gegen Entgelt erbrachte Dienste, die ganz oder überwiegend in der Übertragung von Signalen über Telekommunikationsnetze bestehen, einschließlich Übertragungsdienste in Rundfunknetzen".

> **Beispiele**
> Beispiele für Telekommunikationsdienste im Sinne des § 3 Nr. 24 TKG sind nicht nur Sprachtelefoniedienste, sondern auch Datenübertragungsdienste und Internetprovider, die den Netzzugang vermitteln.[203]

Geht es künftig um die Frage der Anwendbarkeit der **ePrivacy-Verordnung**, gilt deren Art. 2 Abs. 1. Danach gilt die Verordnung „für die Verarbeitung elektronischer Kommunikationsdaten, die in Verbindung mit der Bereitstellung und Nutzung elektronischer Kommunikationsdienste erfolgt, und für Informationen in Bezug auf die Endeinrichtungen der Endnutzer".

---

201 BVerfG v. 02.03.2006, BVerfGE 115, 166.
202 BVerfG v. 16.06.2009, NJW 2009, 2431, 2432 f.
203 Des Weiteren fallen unter die Telekommunikation auch sog. telekommunikationsgestützte Dienste i. S. d. § 3 Nr. 25 TKG, definiert als „Dienste, die keinen räumlich und zeitlich trennbaren Leistungsfluss auslösen, sondern bei denen die Inhaltsleistung noch während der Telekommunikationsverbindung erfüllt wird". Ein Beispiel sind die 0900er-Sonderrufnummern, deren Abrechnung über die Telefonrechnung erfolgt.

Zu den **elektronischen Kommunikationsdiensten** zählen „gewöhnlich gegen Entgelt über elektronische Kommunikationsnetze erbrachte Dienste".[204] Erfasst sind hiervon nicht nur Internetzugangsdienste sowie klassische Festnetz- und Mobiltelefonie, sondern auch sog. „interpersonelle Kommunikationsdienste" wie VoIP-Telefonie, Messaging und webgestützte E-Mail-Dienste **(OTT-Dienste)**.[205] Darüber hinaus soll die Verordnung auch für die Übermittlung von Kommunikationsvorgängen von Maschine zu Maschine **(M2M-Kommunikation)** gelten, um auch im Zeitalter des Internet of Things einen vollständigen Schutz der Rechte auf Privatsphäre und Vertraulichkeit der Kommunikation zu gewährleisten.[206]

4.4.3.3 Datenschutzrechtliche Vorgaben

Hinsichtlich Inhalt und Regelungssystematik lassen sich die bisherigen datenschutzrechtlichen Vorschriften der **§§ 91 ff. TKG** dahingehend zusammenfassen, dass sie bestimmte Informationspflichten für die Diensteanbieter vorsehen (§ 93 TKG), unter bestimmten Voraussetzungen eine elektronische Erteilung der Einwilligung erlauben (§ 94 TKG) und ansonsten hinsichtlich der Zulässigkeit der Datenverarbeitung nach bestimmten Datenkategorien (Bestandsdaten, Verkehrsdaten, Abrechnungsdaten als Unterfall der Verkehrsdaten sowie Standortdaten) differenzieren (§§ 95 ff. TKG).

Die geplante **ePrivacy-Verordnung** baut mit ihren Regelungsansätzen auf denen der DS-GVO auf, sie ergänzt und präzisiert deren Regelungsansätze um spezifische Regelungen für den Bereich der elektronischen Kommunikationsdienste.[207]

4.4.3.3.1 Erforderlichkeitsgrundsatz

Die Zulässigkeit einer Datenverarbeitung beruht sowohl nach TKG als auch nach ePrivacy-Verordnung im Wesentlichen auf zwei Säulen: Entweder ist die Datenverarbeitung für bestimmte Zwecke wie Diensteerbringung, Abrechnung oder IT-Sicherheit erforderlich oder sie beruht auf einer Einwilligung der betroffenen Personen.

Im **TKG** findet sich der Erforderlichkeitsgrundsatz an den verschiedensten Stellen normiert:

---

204 Die ePrivacy-Verordnung verweist für die Definition der elektronischen Kommunikationsdienste auf Art. 2 Nr. 4 der Richtlinie über den europäischen Kodex für die elektronische Kommunikation; s. dazu den Vorschlag der Kommission Vorschlag für eine Richtlinie über den europäischen Kodex für die elektronische Kommunikation, KOM(2016) 590 endg.
205 Zu den sog. OTT-Diensten s. schon Kap. 4.4.2.1.1.
206 S. EG 12 des Kommissionsvorschlags für eine Verordnung über die Achtung des Privatlebens und den Schutz personenbezogener Daten in der elektronischen Kommunikation und zur Aufhebung der Richtlinie 2002/58/EG (Verordnung über Privatsphäre und elektronische Kommunikation), KOM(2017) 10 endg.
207 Art. 1 Abs. 3 des Kommissionsvorschlags für eine Verordnung über die Achtung des Privatlebens und den Schutz personenbezogener Daten in der elektronischen Kommunikation und zur Aufhebung der Richtlinie 2002/58/EG (Verordnung über Privatsphäre und elektronische Kommunikation), KOM(2017) 10 endg.

- Eine Verarbeitung von **Bestandsdaten**[208] ist nach § 95 Abs. 1 S. 1 TKG zulässig, soweit dies für die Begründung, inhaltliche Ausgestaltung, Änderung oder Beendigung eines TK-Vertrages erforderlich ist. Zulässig ist – im Rahmen des Erforderlichen – nach § 95 Abs. 1 S. 2 TKG auch der Austausch von Bestandsdaten im Rahmen der Zusammenarbeit von Diensteanbietern.[209]
- Auch für die Erhebung und weitere Verwendung von **Verkehrsdaten**[210] gilt nach § 96 TKG wieder der Erforderlichkeitsgrundsatz. Der Sache nach soll § 96 TKG die Erhebung und Verwendung von Verkehrsdaten legitimieren, soweit dies für die Erbringung eines Telekommunikationsdienstes erforderlich ist.
- § 97 TKG regelt in Ergänzung zu § 96 TKG die Erhebung und Verwendung von Verkehrsdaten zu Zwecken der **Entgeltermittlung und -abrechnung.** Auch die Grundidee des § 97 TKG erschöpft sich weitgehend im Erforderlichkeitsgrundsatz. Verkehrsdaten dürfen stets insoweit erhoben und verwendet werden, als dies für die Entgeltermittlung und -abrechnung erforderlich ist. Unübersichtlich wird die Regelung des § 97 TKG dadurch, dass die verschiedensten Konstellationen einer Entgeltzahlung im Einzelnen geregelt werden.[211]

Die Zulässigkeit einer Datenverarbeitung im Rahmen des Erforderlichen (bzw. „Nötigen") findet sich als Regelungsansatz auch in der **ePrivacy-Verordnung.** Nach Art. 6 Abs. 1 und 2 des Kommissionsvorschlags dürfen elektronische Kommunikationsdaten verarbeitet werden, soweit dies zur Übermittlung der Kommunikation oder zu Zwecken der Sicherheit oder Fehlererkennung nötig ist; sog. Kommunikationsmetadaten, als Unterfall des Kommunikationsdaten,[212] dürfen auch verarbeitet werden, soweit

---

208 Definiert in § 3 Nr. 3 TKG als „Daten eines Teilnehmers, die für die Begründung, inhaltliche Ausgestaltung, Änderung oder Beendigung eines Vertragsverhältnisses über Telekommunikationsdienste erhoben werden"; typische Beispiele sind Name, Vorname und Anschrift des Teilnehmers, Anschlussnummer, die technischen Merkmale des Anschlusses und rechnungsrelevante Daten.
209 Zum Beispiel bei Call-by-Call-Angeboten Eckhardt, in: Spindler/Schuster (Hg.), Recht der elektronischen Medien (3. A. 2015), § 95 TKG Rn. 4.
210 Verkehrsdaten sind in § 3 Nr. 30 TKG definiert als „Daten, die bei der Erbringung eines Telekommunikationsdienstes erhoben, verarbeitet oder genutzt werden". Vergleichbar den Nutzungsdaten im Sinne des § 15 TMG handelt es sich dabei um Daten, die beim Telekommunikationsvorgang selbst anfallen.
211 S. im Einzelnen: Entgelte für Leistungen, die Diensteanbieter über ihr eigenes Telefonnetz erbracht haben (Abs. 1 S. 1); Entgelte für Leistungen, die Diensteanbieter mittels eines fremden Netzbetreibers erbracht haben (Abs. 1 S. 2); Entgelte, mit deren Einzug Diensteanbieter einen Dritten beauftragt haben (Abs. 1 S. 3 bis 5); Entgelte, die der Diensteanbieter mit anderen Diensteanbietern abrechnet, weil bspw. mehrere Diensteanbieter gemeinsam eine Leistung erbracht haben (Abs. 4); Entgelte, die der Diensteanbieter für Leistungen Dritter einzieht.
212 Sog. elektronische Kommunikationsmetadaten sind in Art. 4 Abs. 3 lit. c des Kommissionsvorschlag für eine Verordnung über die Achtung des Privatlebens und den Schutz personenbezogener Daten in der elektronischen Kommunikation und zur Aufhebung der Richtlinie 2002/58/EG (Verordnung über Privatsphäre und elektronische Kommunikation), KOM(2017) 10 endg. definiert als „Daten,

dies zur Qualitätssicherung, zur Abrechnung oder zur Betrugs- und Missbrauchsprävention nötig ist.

4.4.3.3.2 Einwilligung
Außerhalb dieser gesetzlich definierten Zwecke hängt die Zulässigkeit einer Datenverarbeitung grundsätzlich von einer entsprechenden Einwilligung der betroffenen Personen ab.

Im **TKG** sind insoweit insbesondere folgende Regelungen relevant:
- Nach § 95 Abs. 2 TKG ist die Verarbeitung von **Bestandsdaten** für Zwecke der Beratung, Werbung und Marktforschung grundsätzlich nur mit zusätzlicher Einwilligung des Teilnehmers zulässig.[213]
- Ebenso erlaubt § 96 Abs. 3 TKG dem Diensteanbieter die Verwendung teilnehmerbezogener **Verkehrsdaten** zum Zwecke der Vermarktung von Telekommunikationsdiensten, zu ihrer bedarfsgerechten Gestaltung oder zur Bereitstellung von Diensten mit Zusatznutzen (z. B. Navigationsdienste) nur „im dazu erforderlichen Zeitraum [...], sofern der Betroffene in diese Verwendung eingewilligt hat."
- Und nach § 98 Abs. 1 S. 1 TKG ist eine Verarbeitung von **Standortdaten** – selbst im Rahmen der Erforderlichkeit einer Datenverarbeitung – nur zulässig, wenn entweder die Daten anonymisiert wurden (Alt. 1) oder der Teilnehmer seine Einwilligung erteilt hat (Alt. 2).

Nach dem Vorschlag der Kommission für die geplante **ePrivacy-Verordnung** soll die Einwilligung als Grundlage für eine rechtmäßige Datenverarbeitung künftig „im Mittelpunkt" stehen.[214] So dürfen Kommunkationsmetadaten, abgesehen von bestimmten Ausnahmen,[215] grundsätzlich nur mit Einwilligung des Endnutzers verarbeitet werden. Gleiches gilt für die Verarbeitung elektronischer Kommunikationsinhalte. Für die Wirksamkeit der Einwilligung gelten die Vorgaben der DS-GVO, auf die die ePrivacy-Verordnung in ihrem Art. 9 verweist.

---

die in einem elektronischen Kommunikationsnetz zu Zwecken der Übermittlung, der Verbreitung oder des Austauschs elektronischer Kommunikationsinhalte verarbeitet werden; dazu zählen die zur Verfolgung und Identifizierung des Ausgangs- und Zielpunkts einer Kommunikation verwendeten Daten, die im Zusammenhang mit der Bereitstellung elektronischer Kommunikationsdienste erzeugten Daten über den Standort des Geräts sowie Datum, Uhrzeit, Dauer und Art der Kommunikation".
213 Eine Ausnahme vom Einwilligungserfordernis normiert § 95 Abs. 2 S. 2 TKG für die Verwendung von Rufnummer und Postadresse (incl. E Mail-Adresse). Wenn der Diensteanbieter im Rahmen einer bestehenden Kundenbeziehung von diesen Daten rechtmäßig Kenntnis erlangt hat, darf er sie für die Versendung von Text- oder Bildmitteilungen verwenden (nicht für Anrufe!).
214 Kommissionsvorschlag für eine Verordnung über die Achtung des Privatlebens und den Schutz personenbezogener Daten in der elektronischen Kommunikation und zur Aufhebung der Richtlinie 2002/58/EG (Verordnung über Privatsphäre und elektronische Kommunikation), KOM(2017) 10 endg., S. 11; ebenso die Position des Europäischen Parlaments v. 26.10.2017.
215 S. dazu soeben (unter Erforderlichkeitsgrundsatz).

Zusätzlich eingeschränkt wird die Einwilligung in ihrer Funktion als Erlaubnistatbestand allerdings noch durch eine Reihe von Vorbehalten in der ePrivacy-Verordnung selbst. So soll eine Einwilligung als Erlaubnistatbestand ausscheiden, wenn der Zweck der Datenverarbeitung auch durch eine Verarbeitung anonymisierter Informationen erreicht werden kann (Art. 6 Abs. 2 lit. c, Abs. 3 lit. b) oder eine bestimmte Dienstleistung auch ohne Verarbeitung von Kommunikationsinhalten erbracht werden kann (Art. 6 Abs. 3 lit. a). Die ePrivacy-Verordnung kombiniert insoweit das Einwilligungserfordernis mit einem strikten Erforderlichkeitsgrundsatz und dem Gebot der Datenminimierung. Kritisiert wird dieser Ansatz v. a. deshalb, weil sich damit der Gesetzgeber an die Stelle der Betroffenen selbst setze; den Nutzern werde die Möglichkeit genommen, „Nachteile bei der Privatheit gegen Vorteile in anderen Bereichen abzuwägen und auf Basis der Gesamtbetrachtung der Vor- und Nachteile eine Einwilligung abzugeben."[216]

4.4.3.3.3 Standortdaten

Eine besondere und v. a. detaillierte Regelung hat im TKG noch die Verarbeitung sog. Standortdaten gefunden (**§ 98 TKG**). Der Begriff der Standortdaten ist in § 3 Nr. 19 TKG definiert; danach handelt es sich um „Daten, die in einem Telekommunikationsnetz erhoben oder verwendet werden und die den Standort des Endgeräts eines Endnutzers eines Telekommunikationsdienstes für die Öffentlichkeit angeben". Allgemein werden Standortdaten als **besonders sensible Daten** eingestuft; das Wissen, wer sich wann wo aufhält, lässt weitreichende Rückschlüsse auf Lebensgewohnheiten und Persönlichkeit des Betroffenen zu (Stichwort „Bewegungsprofil"). Eben diese besonders sensiblen Daten fallen aber in immer umfangreicherem Maße im TK-Bereich an, weil das Angebot an Location Based Services (LBS) ständig zunimmt.

Bei **Location Based Services** handelt es sich um sog. Dienste mit Zusatznutzen,[217] welche die Position des Nutzers eines mobilen Endgeräts ermitteln, um ihm dann Dienste anzubieten, die auf seinen jeweiligen Aufenthaltsort zugeschnitten sind. Beispiele für solche Location Based Services sind etwa Navigationsdienste, Informationen zu Restaurants und Sehenswürdigkeiten vor Ort oder auch ortsgebundene Werbung.[218]

---

§ 98 TKG sieht – in Umsetzung von Art. 9 der ePrivacy-Richtlinie – für den Umgang mit Standortdaten einen eigenständigen und engen Regelungsrahmen vor, um der Bedeutung und Sensibilität von Standortdaten adäquat Rechnung zu tragen. Nach der Ausgangsregelung des § 98 Abs. 1 S. 1 TKG ist eine Verarbeitung der Standortdaten von

---

[216] DAV, Stellungnahme Nr. 29 (2017).
[217] Definiert in § 3 Nr. 5 TKG als Dienste, die eine Verarbeitung von Verkehrs- oder Standortdaten in einem Maße erfordern, „das über das für die Übermittlung einer Nachricht oder die Entgeltabrechnung dieses Vorganges erforderliche Maß hinausgeht".
[218] Vgl. Jandt/Laue, K&R 2006, 316, 316; Jandt/Schnabel, K&R 2008, 723, 723 (jeweils m. w. N.).

Endnutzern „nur im zur Bereitstellung von Diensten mit Zusatznutzen erforderlichen Maß und innerhalb des dafür erforderlichen Zeitraums" erlaubt und auch dies nur dann, wenn
- entweder die Daten anonymisiert wurden (Alt. 1)
- oder wenn der Teilnehmer seine Einwilligung erteilt hat (Alt. 2).

§ 98 Abs. 1 S. 1 TKG normiert also einen strikten **Erforderlichkeitsgrundsatz,** sowohl hinsichtlich des Umfangs zulässiger Datenverarbeitung als auch hinsichtlich der zulässigen Verwendungsdauer. Selbst im Rahmen dieser Erforderlichkeit ist aber eine Verarbeitung von Standortdaten nur zulässig, wenn entweder die Daten **anonymisiert** wurden oder die Datenverarbeitung durch eine **Einwilligung** legitimiert ist.

Durch ein ausdifferenziertes Regelungssystem versucht der Gesetzgeber zudem in § 98 TKG, dem besonderen Missbrauchspotenzial im Fall von Ortungsdiensten gerecht zu werden. Problematisch sind bei Ortungsdiensten, die den jeweiligen Standort eines Mobiltelefons bestimmen, v. a. die Konstellationen, in denen Teilnehmer[219] und Nutzer[220] personenverschieden sind, aber nur der Teilnehmer seine Einwilligung in eine Ortung des Mobiltelefons erteilen muss. Es besteht hier die Gefahr, dass der eigentliche Nutzer des Mobiltelefons ohne sein Wissen und Wollen geortet wird.

Beispiele
- Die Eltern schließen als „Teilnehmer" einen Mobilfunkvertrag ab und überlassen das Endgerät ihrer Tochter („Nutzer"), um diese heimlich zu überwachen.
- Der Arbeitnehmer („Nutzer") wird von seinem Arbeitgeber („Teilnehmer") mit einem Geschäftshandy ausgestattet, welches der Arbeitgeber dann ohne weitere Absprache zur Erstellung von Bewegungsprofilen nutzt.

Die geplante **ePrivacy-Verordnung** sieht anders als noch die ePrivacy-Richtlinie für die Verarbeitung von Standortdaten keine eigenständige Regelung mehr vor. Art. 4 Abs. 3 lit. c des Kommissionsvorschlags zählt Standortdaten grundsätzlich zu den sog. Kommunikationsmetadaten, deren Verarbeitung in Art. 6 Abs. 2 geregelt ist. Nach EG 17 des Kommissionsvorschlags sollen Standortdaten allerdings dann nicht mehr als Metadaten betrachtet werden, wenn sie „in einem anderen Zusammenhang als dem der Bereitstellung elektronischer Kommunikationsdienste erzeugt werden". Welche Konsequenzen aus dieser Differenzierung zu ziehen sind, lässt sich der Verordnung allerdings nicht entnehmen.

---

[219] Gemäß § 3 Nr. 20 TKG gilt als Teilnehmer „jede natürliche oder juristische Person, die mit einem Anbieter von Telekommunikationsdiensten einen Vertrag über die Erbringung derartiger Dienste geschlossen hat".
[220] Nutzer ist gem. § 3 Nr. 14 TKG „jede natürliche Person, die einen Telekommunikationsdienst für private oder geschäftliche Zwecke nutzt, ohne notwendigerweise Teilnehmer zu sein". Entscheidend für die Einordnung als Nutzer ist also allein die **tatsächliche** Inanspruchnahme eines Telekommunikationsdienstes, ein Vertragsverhältnis mit dem Diensteanbieter muss hingegen nicht bestehen.

Hans-Joachim Hof
5 Datenschutz mittels IT-Sicherheit

IT-Sicherheit ist der Bereich der Informatik, der sich mit dem **Schutz von Systemen und Informationen** in allen ihren Erscheinungsformen beschäftigt. Der Schutz umfasst insbesondere die Abwehr von mutwilligen, bösartigen **Angriffen** auf Systeme oder Informationen. Ein Beispiel für einen Angriff ist das Abhören von übertragenen Daten. **Der Informationsbegriff der IT-Sicherheit** ist weit gefasst und umfasst personenbezogene Daten, ist jedoch nicht nur darauf beschränkt.

IT-Sicherheit umfasst sowohl technische als auch nicht-technische Maßnahmen. Methoden aus beiden Bereichen können zum Schutz von personenbezogenen Daten verwendet werden, somit sind beide Bereiche für die Realisierung von Datenschutz geeignet. Entsprechend befasst sich auch die DS-GVO unter dem Titel „Sicherheit in der Verarbeitung" (Art. 32 DS-GVO) mit dem Thema **Datensicherheit**. Sie wendet sich sowohl an den Verantwortlichen wie auch an den **Auftragsverarbeiter** (Art. 32 Abs. 1 DS-GVO), die beide geeignete technische und organisatorische Maßnahmen treffen müssen, um eine sichere Verarbeitung zu gewährleisten. Die Datensicherheit ist zudem als zentraler Grundsatz in der DS-GVO verankert (Art. 5 Abs. 1 lit. f DS-GVO). Dabei verfolgt die DS-GVO einen **risikobasierten Ansatz**: Die Maßnahmen sollen ein dem Risiko angemessenes Schutzniveau gewährleisten, Datenverarbeiter sollen vor jeder Datenverarbeitung eine **Risikobewertung** für den Einzelfall durchführen und ein entsprechendes Schutzkonzept entwickeln. Dazu gibt Art. 32 Abs. 1 lit. a bis lit. d DS-GVO einen nicht abschließenden Katalog von Instrumenten, Eigenschaften und Verfahrensanforderungen anhand, welche im Zusammenspiel mit den in Art. 32 Abs. 1 Hs. 1 DS-GVO aufgezählten Kriterien wie etwa dem Stand der Technik, Implementierungskosten etc. zu berücksichtigen sind. Bei der Beurteilung des angemessenen Schutzniveaus sind insbesondere die in Art. 32 Abs. 2 DS-GVO aufgeführten Risiken der Datenverarbeitung zu berücksichtigen.

Das **Informationssicherheitsmanagement** beschäftigt sich mit der Steuerung von IT-Sicherheit und ist damit ein Beispiel für den nichttechnischen Bereich der IT-Sicherheit. Maßnahmen des Informationssicherheitsmanagements sind z. B. Prozesse zur informationssicherheitstechnischen Freigabe von Neusystemen. Natürlich können Maßnahmen des Informationssicherheitsmanagements durch entsprechende technische Werkzeuge begleitet werden. Viele Prozesse des Informationssicherheitsmanagements können mit entsprechenden Prozessen des Datenschutzes gekoppelt werden, z. B. verfolgt das Informationssicherheitsmanagement ebenso wie die DS-GVO einen risikobasierten Ansatz. Die gemeinsame Erhebung von Risiken kann Synergien erzeugen. Im Beispiel der informationssicherheitstechnischen Freigabe ist in den meisten Fällen auch eine Datenschutzfreigabe erforderlich. Ebenso ist für die Planung von Neusystemen im Informationssicherheitsmanagement eine Bedrohungs-

und Risikoanalyse vorgesehen, welche gekoppelt werden kann mit einer Privacy-Impact-Analysis.

Der technische Bereich der IT-Sicherheit umfasst z. B. Methoden zur **Verschlüsselung** von gespeicherten Daten, zur Verschlüsselung von Daten während der Übertragung oder Architekturen zum Identitätsmanagement. Technische Maßnahmen der IT-Sicherheit werden häufig eingesetzt, um Datenschutzanforderungen umzusetzen. Beim Einsatz von technischen Maßnahmen muss jedoch immer berücksichtigt werden, dass diese Qualitätsmängel aufweisen können, welche in der Praxis zu erfolgreichen Angriffen führen, und somit den Schutz von personenbezogenen Daten nicht gewährleisten können.[1]

5.1 Aktuelle Entwicklung der IT-Sicherheit

IT-Sicherheit ist ein Querschnittsthema, das viele andere Themenbereiche beeinflusst und von vielen anderen Themenbereichen beeinflusst wird. Sie muss immer im Kontext der zu schützenden Informationen gesehen werden und für die jeweilige Einsatzdomäne angepasst werden. Deswegen wird die Entwicklung der IT-Sicherheit durch Trends der EDV und aktuelle Angriffe stark geprägt. Ein aktuell sehr prägender Trend ist die **Digitalisierung,** die immer neue Anwendungsdomänen für EDV-Systeme erschließt. Die Welt sieht aktuell eine rasante Zunahme an datenverarbeitenden Systemen, z. B. durch das **Internet der Dinge.** Dieser Abschnitt wirft einen kurzen Blick auf das Thema Digitalisierung und stellt danach weitere aktuelle Trends in der EDV vor, die in Zukunft auch in den durch die Digitalisierung neu erschlossenen Anwendungsdomänen von Interesse sein werden. Ein sehr bedenklicher Trend ist die gleichbleibend **schlechte Qualität von Software,** was sich insbesondere in der hohen Anzahl von **Sicherheitsschwachstellen** in aktuellen Softwareprodukten ausdrückt, die eine massive Bedrohung für den Datenschutz durch Technik darstellt.

5.1.1 Digitalisierung

Digitalisierung ist ein aktueller disruptiver Trend, der im Moment viele Anwendungsdomänen transformiert oder in naher Zukunft transformieren wird. Digitalisierung zeichnet sich besonders dadurch aus, dass technische Systeme „informatikalisiert" werden, d. h. dass diese Systeme mehr und mehr aus Standard-IT-Komponenten bestehen und in hohem Maße Software einsetzen, um den Zweck des Systems zu erfüllen. Beispielsweise nimmt die Bedeutung von Software aktuell in Automobilen stark zu, insbesondere durch neue **Online-Funktionalitäten und Fahrerassistenzsys-**

---

[1] Für eine ausführliche Diskussion s. Hof, DuD 2014, 601 ff.

teme beziehungsweise durch Software für neue Anwendungsfälle wie das **Autonome Fahren.** Fahrzeuge im Premiumsegment verfügen über Software mit einem Umfang von mehr als 100 Millionen Zeilen Code.[2] Die Metrik **„Anzahl Zeilen Code"** ist dabei ein Maß für die Komplexität der Software, sie gibt die Anzahl der Zeilen Quelltext an, aus der eine Software erstellt wurde. Zwar variiert die Anzahl von Zeilen Code, die zur Lösung einer gegebenen Problemlösung notwendig sind, von Programmiersprache zu Programmiersprache, das Maß „Anzahl Zeilen Code" ist jedoch eine anerkannte Messgröße in der Softwareerstellung. Die Komplexität der in Autos eingesetzten Software bewegt sich damit in einer Größenordnung über der Komplexität der Software Windows 7 (40 Millionen Zeilen Code[3]). Es ist damit zu rechnen, dass die Menge an Software in einem Auto durch den neuen Anwendungsfall Autonomes Fahren noch deutlich zunehmen wird. Auch in vielen anderen Geräten ist zu beobachten, dass Software eine immer größere Bedeutung bekommt, z. B. in Fernsehern („Smart TVs") und in der **Automatisierungstechnik („Industrie 4.0").** Neben der Zunahme an Software sowie der Verwendung von Standard-Komponenten geht die Digitalisierung oft einher mit einer weitgehenden Vernetzung der Geräte untereinander und mit anderen Komponenten, oft unter Verwendung des Internets.

Standard-IT-Komponenten, mehr Software und Vernetzung über das Internet führen dazu, dass Geräte nicht mehr für sich alleine betrachtet werden können, sondern ein ganzes Ökosystem von Diensten betrachtet werden muss, mit dem die Geräte verbunden sind und die zur Erbringung der Dienste des Geräts notwendig sind. Dieses Ökosystem kreiert einen Mehrwert für den Kunden. Jedoch geht die Verwendung der Dienste üblicherweise einher mit der Übertragung von personenbezogenen Daten über öffentliche Netze. Da Dienste wiederum auf andere Dienste zugreifen können, um ihre Funktionalität zu realisieren, führt die Digitalisierung oft dazu, dass **Datenflüsse unübersichtlich werden und damit schlecht zu kontrollieren sind.** Darüber hinaus werden durch die unterstützenden Ökosysteme auch Abhängigkeiten erzeugt, welche der Ausfallsicherheit der Geräte entgegenstehen.

5.1.2 Internet der Dinge

Als Internet der Dinge (engl. IoT für *internet of things*) wird ein **Netzwerk aus intelligenten Alltagsgegenständen bezeichnet, welche über das Internet mittelbar miteinander verbunden sind.** Meist verbinden sich die Geräte nicht direkt mit

---

[2] Newcomb, The Next Big OS War is in Your Dashboard, Wired v. 12.03.12 unter: https://www.wired.com/2012/12/automotive-os-war/ (letzter Abruf 01.01.2017).
[3] McCandless, Codebases – Millions of lines of code unter: http://www.informationisbeautiful.net/visualizations/million-lines-of-code/ (letzter Abruf 01.01.2017); Sinofsky, Going behind the scenes building Windows 8 unter: https://blogs.msdn.microsoft.com/b8/2012/03/06/going-behind-the-scenes-building-windows-8/ (letzter Abruf 01.01.2017).

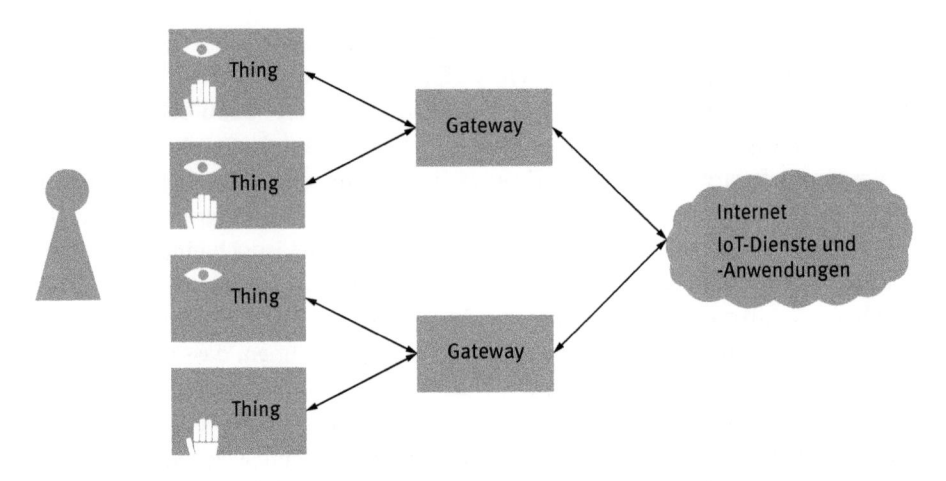

Abb. 5.1: Vereinfachte Darstellung des Internets der Dinge.

dem Internet, sondern über ein sog. **Gateway** (siehe Abb. 5.1). Beispielsweise verbindet sich die Apple Watch (Gerät des Internets der Dinge) über ein iPhone (Gateway) mit dem Internet. Die Gateways können diese Daten speichern und kommunizieren wiederum mit **Diensten des Internets der Dinge (IoT-Dienste).** Schließlich nutzen Anwendungen des Internets der Dinge (IoT-Anwendungen) die IoT-Dienste, um ihren Zweck zu erfüllen. Ein Beispiel für eine IoT-Anwendung ist IFTTT. Die Webanwendung ermöglicht es, beliebige sog. Rezepte zu erstellen. Jedes Rezept beinhaltet einen Auslöser, z. B. ein Ereignis, das von einem Gerät des Internets der Dinge ausgelöst wird, und eine Aktion, die als Reaktion auf das Ereignis ausgelöst wird. Die Reaktion kann z. B. ein Schaltbefehl an ein anderes Gerät des Internets der Dinge sein. Diese Wenn-Dann-Funktionsweise von IFTTT gab der Anwendung auch Ihren Namen: **If This Then That**. Ein Rezept von IFTTT nennt sich z. B. „Make a grand entrance with Philips hue + IFTTT". Als Auslöser verwendet das Rezept eine Meldung des GPS-Sensors eines Smartphones, dass das Telefon in einen zuvor definierten Bereich bewegt wurde. Als Reaktion werden intelligente Glühbirnen der Firma Philips aktiviert, welche eine voreingestellte Lightshow vorführen. Der Zugriff auf die intelligenten Glühbirnen erfolgt dabei über einen von Philips zur Verfügung gestellten IoT Dienst und über ein Gateway (Hue Bridge genannt), über welches die Glühbirnen an das Internet angeschlossen sind.

Intelligente Dinge finden sich heutzutage meist im Bereich Lifestyle (z. B. Smart-Watch, Fitnesstracker ...), Spielzeug (z. B. Drohnen, Hello Barbie) oder Hauselektronik (Philips Hue ...). Es sind aber auch kommerzielle Anwendungen bekannt, z. B. zur Parkraumüberwachung.[4]

Aus Datenschutzsicht relevant ist das Internet der Dinge, weil die intelligenten Dinge über sensible personenbezogene Daten verfügen (z. B. Gesundheitsdaten) oder sich permanent in der Nähe eines Benutzers befinden und so tief in seine Privatsphäre eingreifen oder Eingriffe ermöglichen. Da im Internet der Dinge der Internetaspekt betont wird, d. h. die Geräte sich in einem ständigen Austausch mit anderen Geräten oder mit Diensten der Infrastruktur befinden, liegen vielfältige Datenströme vor. Oft sind diese Datenströme von den Benutzern nur schwer zu erkennen geschweige denn zu kontrollieren, oft auch aufgrund der sehr begrenzten Benutzerinterfaces. Für den Datenschutz von Interesse sind ebenfalls zwischengeschaltete Systeme wie z. B. die erwähnten Gateways. Die Bedrohungen auf den einzelnen Ebenen des Internets der Dinge zeigt Abbildung 5.2. Die einzelnen Bedrohungen werden in den folgenden Kapiteln weiter ausgeführt.

5.1.3 Big Data

Das in Kapitel 5.1.2 beschriebene Internet der Dinge hat das Potenzial, **große** Datenmengen zu erzeugen. Mit der Auswertung solcher großer Datenmengen beschäftigen sich Techniken, die aktuell unter dem Begriff Big Data große Beachtung finden. Im engeren Sinne bezeichnet Big Data **Datenmengen, deren Auswertung mit klassischen Methoden der Datenverarbeitung schwierig ist,** z. B. weil die Datenmengen zu groß oder zu komplex sind, sich zu häufig ändern oder nur schwach strukturiert vorliegen. Im Deutschen ist der Begriff **Massendaten** gebräuchlich. Im aktuellen Sprachgebrauch werden unter Big Data nicht nur die Daten an sich verstanden, sondern ebenfalls spezialisierte **Methoden zur Erhebung, Sammlung und Auswertung von Massendaten,** die je nach Anwendungsbereich verschieden sind. Der Begriff Big Data wird dadurch überladen und unscharf. Ziel von Big Data ist es in vielen Anwendungsfällen, Korrelationen zwischen verschiedenen Datensätzen zu erkennen und diese gewinnbringend zu verwenden, z. B. zur Optimierung von Geschäftsprozessen. Vereinfachend bedeutet die Korrelation einer Datenquelle A mit einer Datenquelle B, dass die aus den Werten von A erzeugte Kurve eine ähnliche Form hat wie die aus den Werten von B erzeugte Kurve. **Zu bemängeln ist an diesem Ansatz, dass Korre-**

---

[4] Überblick bei Hof, in: Wagner/Wattenhofer (Hg.), Algorithms for Sensor and Ad Hoc Networks (2007), Lecture Notes in Computer Science, Vol. 4621, S. 1–20; Falk/Hof, Industrial Sensor Network Security Architecture, Fourth International Conference on Emerging Security Information, Systems and Technologies; Venedig, Italien, 2010, S. 97–102; Falk/Hof/Meyer/Nierdermeier/Sollacher/Vicari, From Academia to the Field: Wireless Sensor Networks for Industrial Use, in: Ritter/Terfloth/Wittenburg/Schiller, 7. GI/ITG KuVS Fachgespräch Drahtlose Sensornetze, B 08-12 (2008), S. 93–96; Falk/Hof, Security Design for Industrial Sensor Networks, it-Information Technology 06/2010, S. 331 ff.

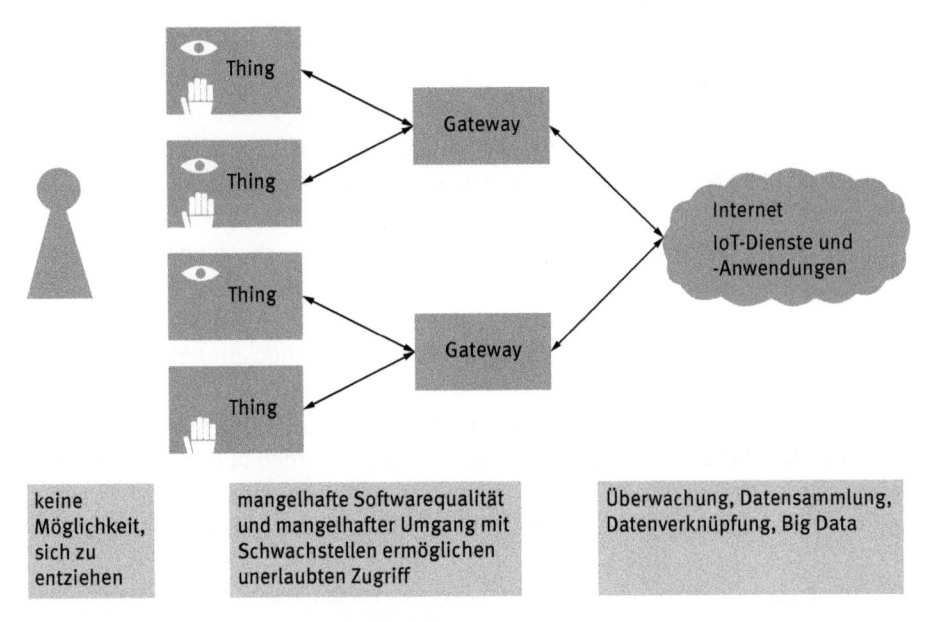

Abb. 5.2: Bedrohungen durch das Internet der Dinge.

lationen mit Kausalzusammenhängen gleichgesetzt werden, was jedoch nicht immer der Fall sein muss, denn eine Korrelation beschreibt keine Ursache-Wirkung-Beziehung. Der Fehlschluss von Korrelation auf Kausalität wird auch als *cum hoc ergo propter hoc* bezeichnet. Ein Beispiel für eine Korrelation, die nicht mit einer Kausalität einhergeht, findet sich in Vigen[5] und ist in Abbildung 5.3 zu sehen: Die Scheidungsrate im US-Bundesstaat Main korreliert in den Jahren 2000 bis 2009 mit dem Prokopfverbrauch von Margarine in den USA. Es ist offensichtlich, dass zwischen diesen beiden Datenreihen kein kausaler Zusammenhang besteht.

Aus IT-Sicherheitssicht stellt Big Data eine Gefahr dar, da die Auswertung von großen Datenmengen oft dazu führt, dass alle auszuwertenden Daten auf einem System zusammengeführt werden. Dieses System stellt für Angreifer ein lohnendes Angriffsziel dar. Solche Angriffe meldet das Bundesamt für Sicherheit für Informationstechnik bereits für Cloud Computing (siehe Kap. 5.1.4), wo ein ähnliches Problem besteht.[6]

---

[5] Vigen, Spurious Correlations (2015).
[6] BSI, Die Lage der IT-Sicherheit in Deutschland 2016, BSI-LB16/505, 2016.

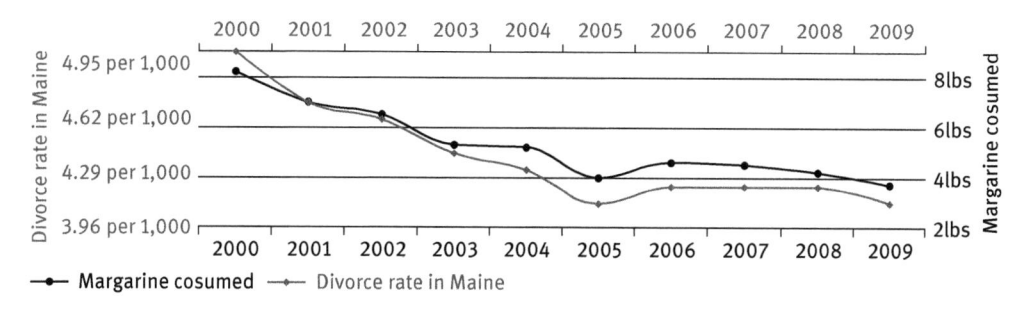

Abb. 5.3: Beispiel für eine Korrelation mit der keine Kausalität einhergeht (nach Vigen[7]).

5.1.4 Selbstlernende Maschinen

Maschinenlernen ist in der Informatik ein Teilgebiet der Künstlichen Intelligenz. In Kapitel 5.1.3 wurde die Hoffnung vorgestellt, aus großen Mengen von Daten neuartige Erkenntnisse gewinnen zu können. Dieser unter dem Begriff Big Data bekannt gewordene Trend geht einher mit großen Erwartungen an selbstlernende Maschinen, d. h. **Maschinen, welche über Algorithmen verfügen, die selbstständig aus großen Datenmengen Regelmäßigkeiten erkennen und daraus Regeln ableiten können, welche Sie für autonome Problemlösungen einsetzen.** Einen Schub bekam das Maschinenlernen durch die **Technik Deep Learning,** die eine optimierte innere Struktur für die beim Maschinenlernen eingesetzten neuronalen Netze einsetzt. Mittels Deep Learning können neue Problemklassen erfolgreich angegangen werden. Das große Potenzial von Deep Learning zeigte der Sieg des Programms AlphaGo in einer Partie Go gegen einen der stärksten menschlichen Spieler.[8] Das Programm AlphaGo erarbeitete sich selbstständig eine Strategie durch die Beobachtung einer Vielzahl von Go-Partien. Bisher war es schwierig, starke Computergegner für das Spiel Go zu programmieren, da es bei Go im Gegensatz zu Schach nicht möglich ist, eine Vielzahl von Zügen vorauszuberechnen und zu bewerten. Aktuell wird versucht, Deep Learning in einer Vielzahl von Anwendungsdomänen einzusetzen. So stellt Deep Learning z. B. eine wichtige Komponente für das Autonome Fahren dar und wird in der Bilderkennung zur Identifizierung von Personen und Gegenständen eingesetzt.

Aus Sicht der IT-Sicherheit bestehen mehrere Gefahren durch selbstlernende Algorithmen.

---

[7] Vigen, Spurious Correlation unter: http://www.tylervigen.com/spurious-correlations (letzter Abruf 01.01.2017).
[8] Spiegel Online v. 12.03.2016, Go-Duell Mensch vs. Software Technisches K.o. unter: http://www.spiegel.de/netzwelt/gadgets/go-duell-software-alphago-siegt-gegen-lee-sedol-a-1081975.html (letzter Abruf 01.01.2017).

Zuallererst fehlt oft die Möglichkeit, die inneren Zustände von bei selbstlernenden Algorithmen eingesetzten neuronalen Netzwerken sinnvoll zu überprüfen. Der Informatikprofessor und Maschinenlernenexperte Ryans Adams fasst es mit folgendem Zitat zusammen: „Diese Deep-Learning-Systeme machen coole Sachen. Wir verstehen sie kaum, aber sie funktionieren".[9] Die mangelnde Überprüfbarkeit der Korrektheit der Ergebnisse einer Funktion macht es unmöglich, die IT-Sicherheit dieser Funktion zu bewerten, da Angreifer gezielt Schwächen der inneren Zustände ausnutzen können. Diese Schwächen sind vergleichbar mit Denkfehlern bei Menschen, welche zu reproduzierbaren Fehlern führen.

Aktuelle selbstlernende Systeme lernen oft ständig weiter, d. h. der Lernprozess ist nach dem ersten Einsatz des Algorithmus nicht abgeschlossen. Dabei werden Eingabedaten kontinuierlich für den Lernprozess verwendet. Die Eingabedaten manipulieren damit den inneren Zustand („das Gelernte") des selbstlernenden Algorithmus. **Ein Angreifer kann durch gezielt erzeugte Eingabedaten versuchen, das Verhalten des Algorithmus vorhersagbar zu manipulieren.**

Darüber hinaus bestehen die bereits beim Trend Big Data genannten Probleme, z. B. dass die gewonnen Erkenntnisse oft lediglich Korrelationen sind und keine Kausalitäten. In den USA wird dieses Problem aktuell stark diskutiert unter dem Begriff **diskriminierende Algorithmen.** Als Beispiel wird oft ein Algorithmus der US-Justiz genannt, der das Risiko berechnet, dass eine Person in Zukunft ein Verbrechen begeht. Es wird aktuell diskutiert, ob dieser Algorithmus Afroamerikaner benachteiligt.[10]

5.1.5 Gleichbleibend schlechte Softwarequalität

Mit der zunehmenden Bedeutung von Software in Geräten des täglichen Lebens nimmt auch die Qualität dieser Software eine immer größer werdende Rolle ein. Ein wichtiges Qualitätsmerkmal von Software ist laut ISO 9126[11] bzw. ISO 25010[12] die Funktionalität, die auch IT-Sicherheit umfasst, d. h. die Fähigkeit, unberechtigt Zugriffe auf Programm und Daten zu verhindern. Qualitätsmängel in Software zeichnen sich durch sog. Softwareschwachstellen aus. Eine **Softwareschwachstelle** ist dabei laut Bundesamt für Sicherheit in der Informationstechnik (BSI)[13] „ein sicherheits-

---

[9] Byrnes, Disruptive Zeiten bei Künstlicher Intelligenz, heise online v. 08.04.2016 unter: http://heise.de/-3164251 (letzter Abruf 01.01.2017).
[10] Kirkpatrick, Battling Algorithmic Bias, in: Communications of the ACM (2016), Vol. 59, No. 10, S. 16 f.
[11] ISO/IEC 9126-1:2001, 2001.
[12] ISO/IEC 25010:2011, 2011.
[13] BSI, IT-Grundschutz Katalog – 15. Ergänzungslieferung – 2016, 2016 unter: https://download.gsb.bund.de/BSI/ITGSK/IT-Grundschutz-Kataloge_2016_EL15_DE.pdf (letzter Abruf 01.01.2017).

relevanter Fehler eines IT-Systems oder einer Institution. Ursachen können in der Konzeption, den verwendeten Algorithmen, der Implementation, der Konfiguration, dem Betrieb sowie der Organisation liegen. Eine Schwachstelle kann dazu führen, dass eine Bedrohung wirksam wird und eine Institution oder ein System geschädigt wird. Durch eine Schwachstelle wird ein Objekt (eine Institution oder ein System) anfällig für Bedrohungen". Eine aktuelle Studie des Bundesamt für Sicherheit in der Informationstechnik[14] untersucht das Vorkommen von Schwachstellen in den zehn am häufigsten verwendeten Anwendungen auf Desktopcomputern vom Jahr 2012 bis zum Jahr 2016. Dabei wird zusätzlich zwischen Schwachstellen und kritischen Schwachstellen unterschieden. Die kritischen Schwachstellen zeichnen sich dadurch aus, dass sie für Angriffe auf die Software erfolgreich verwendet werden können. Der Bericht stellt fest, dass die **kritischen Schwachstellen seit 2012 zugenommen haben,** zuletzt wurden im Jahr 2016 bis Ende September 2016 ganze 717 kritische Schwachstellen gefunden. Das BSI konstatiert, dass sich die Softwarequalität der betrachteten Produkte seit 2012 nicht verbessert hat und dass sowohl neu entwickelte Produkte als auch Altprodukte nicht dem Stand der Technik in der Informationssicherheit genügen und ein immenser Nachholbedarf besteht. Wohlgemerkt betrachtet das BSI ausschließlich häufig benutzte Anwendungen von etablierten Herstellern. Es ist deshalb zu erwarten, dass bei Firmen, die noch nicht über jahrzehntelange Erfahrung mit der Erstellung von Software verfügen, noch weitgehendere Qualitätsprobleme vorherrschen. Dies zeigte sich insbesondere in spektakulären IT-Sicherheitsvorfällen bei Autos[15] bzw. Geräten des Internets der Dinge[16].

Die mangelnde Softwarequalität aktueller Anwendungen sowohl auf Desktop-PCs als auch in vielen anderen Systemen, wie z. B. Autos oder dem Internet der Dinge, stellt ein maßgebliches Problem für den Datenschutz dar, da durch die Ausnutzung von Schwachstellen in Produkten mit niedriger Softwarequalität **technische Maßnahmen zum Schutz von personenbezogenen Daten unterlaufen werden** können. Bekannt ist, dass Geheimdienste Cyberwaffen zur Aufklärung nutzen[17], vermutet wird, dass staatliche Hacker oder Cybersöldner die gleichen Maßnahmen nutzen, um Wahlkämpfe zu beeinflussen[18]. Eine große Gefahr für den Datenschutz stellen beide Gruppen dar.

---

14 BSI, Die Lage der IT-Sicherheit in Deutschland 2016, BSI-LB16/505, 2016.
15 Greenback, The jeep hackers are back to prove car hacking can get much worse, Wired v. 08.01.2016 unter: https://www.wired.com/2016/08/jeep-hackers- return-high-speed-steering-acceleration-hacks/ (letzter Abruf 01.01.2017).
16 Schirrmacher, Rekord-DDoS-Attacke mit 1,1 Terabit pro Sekunde gesichtet, heise online v. 29.09.2016 unter: https://heise.de/-3336494 (letzter Abruf 01.01.2017).
17 Beuth, NSA – Mut zur Sicherheitslücke, Zeit Online v. 22.08.2016 unter: http://www.zeit.de/digital/datenschutz/2016-08/nsa-shadow-brokers-zero-days-zitis (letzter Abruf 01.01.2017).
18 Rötzer, Staatliche Hackergruppen oder Cyber-Söldner? USA und Russland im Cyber Konflikt, heise online v. 17.10.2016 unter: https://www.heise.de/tp/features/Staatliche-Hackergruppen-oder-Cyber-Soeldner-USA-und-Russland-im-Cyber-Konflikt-3351584.html (letzter Abruf 01.01.2017).

5.1.6 Zunehmende Verwendung von Fremdkomponenten

Bei modernen Softwareprodukten handelt es sich heutzutage um komplexe Produkte, die eine Vielzahl von **Fremdkomponenten** nutzen. Fremdkomponenten genügen dem Prinzip **„Wiederverwendung von Code"**. Dieses Prinzip wird in der Informatik gefördert, da man annimmt, dass Code, der bereits an anderer Stelle im Einsatz ist, ausführlich getestet wurde und in der Praxis Probleme erkannt wurden, die in der Entwicklung übersehen wurden. Die Wiederverwendung von Code ist also grundsätzlich zu begrüßen.

Arten von Fremdkomponenten in Software-Produkten umfassen z. B.

- **Plattformen:** Eine Plattform bietet eine einheitliche Umgebung für Anwendungen und dient dazu, die Anwendung von unterliegenden technischen Details abzuschirmen.
- **Frameworks:** Ein Framework (dt. Rahmenstruktur) bietet einen Rahmen, in dem Anwendungen erstellt werden können. Frameworks dienen zur Vereinheitlichung und Vereinfachung typischer Aufgaben der jeweiligen Anwendungsdomäne.
- **Bibliotheken:** Bibliotheken (engl. *libraries*) stellen eine Sammlung von Funktionalitäten zur Verfügung, die durch die Verwendung der Bibliothek im eigenen Programmcode genutzt werden können.
- **Treiber:** Treiber stellen Funktionen zur Verfügung, um auf dedizierte Hardware zugreifen zu können. Sie bieten Anwendungen eine Abstraktion von der zugrunde liegenden Hardware.

Obwohl das Prinzip der Wiederverwendung von Code auch aus IT-Sicherheitssicht zu begrüßen ist, da mögliche Softwareschwachstellen mit hoher Wahrscheinlichkeit bereits bei früheren Nutzungen entdeckt wurden, ist jedoch anzumerken, **dass mit der Verwendung von Fremdkomponenten auch deren Sicherheitsrisiken in die eigene Software übernommen werden.** Eine Überprüfung der Fremdkomponenten wird von Softwareherstellern nur selten vorgenommen, da diese Überprüfung aufwändig ist, entsprechendes Spezialwissen voraussetzt und die Fremdkomponenten zum Teil nur im Binärformat vorliegen und damit schlecht zu untersuchen sind.

Neben unerkannten Sicherheitsrisiken spielen jedoch auch die Interessen der Hersteller der Fremdkomponenten eine wichtige Rolle bei der Beurteilung des Einsatzes dieser Komponenten. Insbesondere von Interesse für die Beurteilung ist dabei, welche Dienste die Fremdkomponenten anbieten und welche Daten zur Erbringung der Dienste an Systeme des Herstellers kommuniziert werden.

Ein weiteres Problem stellt die **mangelnde Diversität von Fremdkomponenten** für manche Aufgaben dar. Wird eine Komponente in einer Großzahl von Softwareprodukten eingesetzt, so führt eine kritische Softwareschwachstelle in dieser Komponente zu einer Vielzahl an verwundbaren Softwareprodukten, die auch noch meist mit dem gleichen Angriffscode, also ohne großen Aufwand, attackiert werden können. Genau dies ist im Jahr 2014 geschehen durch eine kritische Softwareschwachstelle in einer Bibliothek zur Verschlüsselung von Verbindungen mit Servern.[19] Das Resultat war eine Vielzahl von verwundbaren Servern im Internet.

Schließlich werden Fremdkomponenten auch oft für Anwendungsdomänen und Zwecke eingesetzt, für die sie ursprünglich nicht vorgesehen waren. Die geänderten Rahmenbedingungen können dazu führen, dass neue, noch unbekannte Sicherheitsschwachstellen auftreten.

Aufgrund der kurzen Innovationszyklen und des damit einhergehenden Zeitdrucks in typischen Softwareprojekten ist in Zukunft damit zu rechnen, dass noch mehr Fremdkomponenten eingesetzt werden, da die Nutzung von Fremdkomponenten die Entwicklung vereinfacht und die Realisierung von Softwareprojekten beschleunigen kann. In den durch die Digitalisierung neu erschlossenen Anwendungsdomänen ist ebenfalls mit einer hohen Anzahl von Fremdkomponenten zu rechnen, da zu erwarten ist, dass sich die Domänenexperten auf die Erzeugung der Anwendungen konzentrieren werden und dazu Softwareabstraktionen durch Fremdkomponenten nutzen.

5.1.7 Cloud Computing

Beim Cloud Computing werden IT-Dienstleistungen (z. B. aufwändige Berechnungen, umfangreiche Datenverarbeitung oder Speicherung von großen Datenmengen) nicht mehr auf eigenen Systemen durchgeführt, sondern **an Dienstleister ausgelagert.** Es handelt sich also um eine Form des Outsourcings. Die externen Dienstleistungen können sich auf Anwendungen, Plattformen für Anwendungsentwicklungen und Anwendungsbetrieb sowie auf die Basisinfrastrukturen beziehen. Die drei wichtigsten Organisationsformen sind:
- **Software as a Service (SaaS),**
- **Plattform as a Service (PaaS),**
- **Infrastructure as a Service (IaaS).**

Da der innere Aufbau der Systeme des IT-Dienstleistungserbringers für den Nutzer nicht transparent ist, das System aus mehreren weltweit verteilten Rechenzentren bestehen kann, spricht man oft davon, dass ein Dienst „durch eine Cloud" erbracht wird, ein Dienst „in der Cloud" ausgeführt wird oder Daten „in der Cloud" gespeichert werden. Unterschieden wird hierbei noch zwischen **Public Clouds** und **Private Clouds.** Dienste einer Public Cloud werden dem Nutzer von einem fremden Hersteller durch fremde Systeme über das Internet zur Verfügung gestellt. Eine Private Cloud wird hingegen von einem Unternehmen selbst angeboten. Sie bietet auch nur dem eigenen Un-

---

[19] Schmidt, Der GAU für Verschlüsselung im Web: Horror-Bug in OpenSSL, heise online v. 08.04.2014 unter: https://www.heise.de/newsticker/meldung/Der-GAU-fuer-Verschluesselung-im-Web-Horror-Bug-in-OpenSSL-2165517.html (letzter Abruf 01.01.2017).

ternehmen IT-Dienstleistungen an. Eine Private Cloud kann aber sehr wohl von einem Dienstleister betrieben werden.

Problematisch ist die Verwendung einer Public Cloud dadurch, dass Daten bzw. Anwendungen aus dem eigenen Verantwortungsbereich herausgegeben werden. Je nach Cloud-Computing-Dienstleister verlassen damit Daten die Bundesrepublik Deutschland oder sogar die Europäische Union. Es müssen deshalb die Vorschriften der DSGVO zur Auftragsdatenverarbeitung eingehalten werden. 2011 wurde bekannt, dass amerikanische Cloud-Anbieter auf Anforderung staatlicher Stellen die Daten europäischer Unternehmen an US-amerikanische Behörden geben, selbst wenn die Daten in der Europäischen Union gespeichert werden. Der „Patriot Act" macht es möglich.[20] Nicht nur der Standort des Cloud-Computing-Anbieters ist von Interesse, sondern auch die Frage, ob Unteraufträge an andere Firmen vergeben werden, wo diese Firmen ihren Standort haben und wie die IT-Sicherheit durch den Cloud-Computing-Anbieter und eventuelle Unterauftragnehmer sichergestellt wird. **Zur Sicherstellung eines angemessenen Datenschutzniveaus sind deshalb umfangreiche Vertragswerke notwendig.**[21]

Ein weiteres Sicherheitsrisiko stellt die gemeinsame Nutzung einer einzigen Infrastruktur durch mehrere Auftraggeber dar. Gelingt einem Angreifer der Einbruch bei einem Auftraggeber, so muss sichergestellt sein, dass sich dieser nicht auch auf Systeme anderer Auftraggeber ausbreiten kann. Weitere Vorbehalte gegenüber dem Cloud Computing betreffen die Verfügbarkeit. Denn Cloud-Computing-Dienste einer Public Cloud sind nur nutzbar, wenn auch eine Internetverbindung besteht.

Aus all diesen Gründen prognostiziert das Bundesamt für Sicherheit in der IT-Technik ein zunehmendes Gefährdungspotenzial durch Cloud Computing[22] und betonte zuletzt, dass Cloud-Anbieter ein attraktives Ziel für Angreifer darstellen, da dort Kundendaten „stark kumuliert" vorliegen.[23]

Cloud Computing wird vermehrt von mobilen Geräten wie z. B. dem Apple iPhone und Geräten des Internets der Dinge verwendet. Dadurch werden i. d. R. eine große Menge personenbezogener Daten erhoben und gespeichert. Das bedeutet, dass Cloud Computing eine ernstzunehmende Herausforderung für den Datenschutz darstellt.

Wenn Beschäftigte das Outsourcing eigenmächtig selbst betreiben, da ihnen die Unternehmens-IT die „wirklich benötigten" Anwendungen vermeintlich nicht oder nur in „unakzeptabler" Qualität zur Verfügung stellt, spricht man auch vom Personal Outsourcing oder eigenmächtigen Outsourcing. Diese eigenmächtige, ungeprüfte und damit unberechtigte Nutzung externer Dienstleistungen durch Beschäftigte ist

---

20 Böken, iX 01/2012, S. 110.
21 Zu den rechtlichen Vorgaben im Einzelnen s. Kap. 2.2.7.3
22 BSI, Die Lage der IT-Sicherheit in Deutschland 2011, BSI-LB11502, 2011, S. 39.
23 BSI, Die Lage der IT-Sicherheit in Deutschland 2016, BSI-LB16/505, 2016.

sowohl aus datenschutzrechtlichen als auch aus IT-sicherheitstechnischen Gründen abzulehnen und gefährdet das Unternehmen.[24]

5.1.8 Smart Grid, Smart Metering, Smart Home und Smart City

Mit **Smart Grid** wird das **intelligente Stromnetz der Zukunft** bezeichnet. Die „Intelligenz" des Stromnetzes entsteht durch eine **umfassende Vernetzung von Stromerzeugern und Stromnutzern.** Dadurch werden intelligente Steuerungen der Stromerzeugung und der Stromnutzung möglich, die geeignet sind, Lastspitzen und Unterlastsituationen im Stromnetz kostengünstig zu beseitigen. In den heute diskutierten Systemarchitekturen werden Haushaltsgeräte aus den Haushalten der Nutzer ins Stromnetz integriert, man spricht dann auch von einem **Smart Home**. Diese Haushaltsgeräte übermitteln Daten über den aktuellen Verbrauch und geplante Aktivitäten. So kann z. B. eine intelligente Waschmaschine dem intelligenten Stromnetz mitteilen, dass beabsichtigt ist, Wäsche zu waschen. Das intelligente Stromnetz ermittelt dann einen geeigneten Zeitpunkt, zu dem günstig Strom für diese Aktion zur Verfügung steht und startet zum gegebenen Zeitpunkt die Waschmaschine. Bei einer übergreifenden Koordination von Smart Homes spricht man auch von einer **Smart City.** Oft sind in das Smart Grid auch Smart-Metering-Infrastrukturen integriert. Mit **Smart Metering** wird das elektronische Auslesen von Strom-, Wasser- und Gaszählern bezeichnet. Die heutigen Smart-Metering-Infrastrukturen ermöglichen es, den aktuellen Verbrauch minutengenau aus der Ferne zu erheben. Da inzwischen sowohl Smart Metering, Smart Grid als auch Smart Home **bis in die Wohnung der Nutzer hineinreichen** und dadurch die Stromanbieter problemlos eine Vielzahl von personenbezogenen Daten erheben können, sind Smart Grid, Smart Metering und Smart Home von erheblicher Datenschutzrelevanz.

Der Begriff Smart Home hat sich in den letzten Jahren weiterentwickelt und beinhaltet heute auch Unterhaltungselektronik, wie z. B. Smart-TVs und Geräte des Internets der Dinge, wie z. B. Heizungssteuerungen oder intelligente Glühbirnen. **Da viele dieser Geräte über Kamera und Mikrofon verfügen und aus Gründen der Benutzbarkeit zunehmend auf Sprachsteuerung setzen, sind diese Geräte und die von ihnen erhobenen Daten von großer Bedeutung für den Datenschutz.**

5.1.9 Web-Anwendungen ersetzen Desktop-Anwendungen

Ein langlaufender Trend der letzten Jahre ist, dass Anwendungen für Nutzer in Form von **Web-Anwendungen** zur Verfügung gestellt werden, d. h. über das Internet oder

---
[24] Gerling, Datenschutz-Praxis 06/2012, S. 2 ff.

ein Intranet basierend auf Technologien des Web 2.0. Dies geht einher mit der Abnahme von traditionellen Desktop-Anwendungen. Web-Anwendungen bieten zahlreiche Vorteile, z. B. Plattformunabhängigkeit, installationslose Bereitstellung von Funktionalität, einfache Erweiterbarkeit und vereinfachtes Einspielen von Updates. Bedingt durch die **Bereitstellung von zentralen Servern** werden vielfältige Daten von und über Nutzer auf zentralen Systemen gespeichert. Web-Anwendungen sind für Unternehmen insbesondere deshalb von Interesse, weil sie **Pay-per-Use-Geschäftsmodelle** ermöglichen. Pay-per-Use-Geschäftsmodelle verlangen keinen einmaligen Kaufpreis für eine Anwendung sondern eine kontinuierliche Zahlungen über den Nutzungszeitraum. Dadurch generieren diese Anwendungen kontinuierliche Einnahmen und die Eintrittshürde für die Verwendung einer Anwendung ist geringer, da die monatlichen Kosten meist deutlich geringer sind als die Einmalkosten einer Anschaffung.

Web-Anwendungen sind, bedingt durch die Bereitstellung über ein Netzwerk, in diesem Netzwerk exponiert und können deshalb einfach über Netzwerke aus der Ferne angegriffen werden. Dies erweitert den Angreiferkreis enorm im Vergleich zu einer lokalen Installation von Desktop-Software, die vielleicht überhaupt keinen Zugang zum Internet benötigt. Zudem lässt die Softwarequalität von Web-Anwendungen oft zu wünschen übrig, so dass vielfältige Angriffe möglich sind. Das Open Web Application Security Project (OWASP)[25] listet eine Reihe der häufigsten Angriffe auf Web-Anwendungen. Regelmäßig steht hier der Angriff SQL Injection, ein Angriff auf Vertraulichkeit und Integrität von gespeicherten Daten, auf den ersten Plätzen. Naturgemäß speichern Web-Anwendungen eine Vielzahl personenbezogener Daten, zu deren Schutz erforderliche Datenschutzmaßnahmen implementiert werden müssen.

Auch die in Kapitel 5.1.10 besprochenen Apps werden technologisch oft als Web-Anwendungen gestaltet, auch wenn dies aus dem Design der Anwendung nicht ersichtlich ist.

5.1.10 Allgegenwärtige Nutzung von Smartphones und Apps

Das **Smartphone** hat sich in den letzten Jahren zu dem zentralen Gerät entwickelt, das in allen Lebenslagen eingesetzt wird. Laut Statista hat sich die Anzahl der Smartphonenutzer in Deutschland von Januar 2009 bis April 2016 mehr als versiebenfacht (von 6,31 Mio Nutzern auf 49 Mio Nutzer).[26] Im Jahr 2016 nutzten 76 % der Bundes-

---

25 Unter: www.owasp.org (letzter Abruf 01.01.2017).
26 Statista, Anzahl der Smartphone-Nutzer in Deutschland in den Jahren 2009 bis 2016, 2016 unter: https://de.statista.com/statistik/daten/studie/198959/umfrage/anzahl-der-smartphonenutzer-in-deutschland-seit-2010/ (letzter Abruf 01.01.2017).

bürger ein Smartphone.[27] Als Smartphone wird eine Klasse von Mobiltelefonen bezeichnet, die sich durch vergleichsweise große Rechenkapazität, vielfältigen Funktionsumfang und Erweiterbarkeit auszeichnen. Obwohl Smartphones bereits vor dem iPhone existierten, führte erst die Markteinführung des iPhones zu einem Boom dieser Geräteklasse. In Deutschland haben Smartphones andere Arten von Mobiltelefonen, z. B. die im Leistungsumfang stark eingeschränkten Feature Phones, nahezu verdrängt. Im Jahr 2016 wird der Markt für Smartphone-Betriebssysteme in Deutschland von zwei US-amerikanischen Firmen dominiert. Das Betriebssystem iOS der Firma Apple kommt auf einen Marktanteil von rund 20 %, während das Betriebssystem Android der Firma Google einen Marktanteil von rund 70 % erreicht. Betriebssysteme anderer Hersteller, z. B. Microsoft, Research in Motion und Nokia spielen in Deutschland praktisch keine Rolle mehr.

Üblicherweise kann der Funktionsumfang eines Smartphones durch spezielle Anwendungen, sog. **Apps,** deutlich erweitert werden. Die populären Smartphone-Betriebssysteme bieten den Bezug dieser Anwendungen über sog. **Marktplätze** an. Beispiele sind der App Store in iOS sowie der Marketplace in Android. Android ermöglicht aber auch die Installation von Anwendungen aus anderen Quellen.

Problematisch für Datenschutz und IT-Sicherheit erweisen sich folgende Eigenschaften: Smartphones sind üblicherweise in technischen Systemen eingebettet, die als „Fenced Gardens" ausgelegt sind, d. h. das System wird vom Hersteller gegen die Umgebung abgekapselt und der Hersteller sichert sich meist einen weitreichenden Durchgriff auf die Smartphones. Dies dient primär dem Schutz der Businessmodelle der Hersteller. Für den Nutzer geht dies bspw. mit **eingeschränkten Konfigurationsmöglichkeiten** des Smartphones einher. So können in iOS z. B. nur Apps installiert werden, die durch den App Store zur Verfügung gestellt werden. In den App Store dürfen nur Anwendungen eingestellt werden, die den Richtlinien von Apple genügen. Problematisch wird dies dadurch, dass die Hersteller der gängigsten Smartphones nicht in Deutschland oder Europa angesiedelt sind. Zudem haben die Nutzer **keinen vollen Zugriff auf die Konfiguration des Geräts** und können dadurch auch nicht vollständig über ihre Daten und deren Verwendung entscheiden.

Klassische Schutzmaßnahmen wie Virenscanner und Personal Firewall sind auf Smartphones üblicherweise nicht oder nur mit eingeschränkter Funktionalität vorhanden. **Die Smartphones sind deshalb anfällig für alle Arten von Angriffen.** So ist z. B. ein Überspringen von Schadsoftware von einem Computer auf ein Smartphone technisch möglich. Da das Aufladen von Smartphones oft über den USB-Anschluss geschieht, der ebenfalls für den Datenaustausch mit einem PC verwendet wird, werden auch öffentliche „Stromtankstellen" (z. B. an Flughäfen) für Smartphones zur Gefahr,

---

[27] Statista, Anteil der Smartphone-Nutzer in Deutschland in den Jahren 2012 bis 2016, 2016 unter: https://de.statista.com/statistik/daten/studie/585883/umfrage/anteil-der-smartphone-nutzer-in-deutschland/ (letzter Abruf 01.01.2017).

da es oft möglich ist, über die Austauschfunktion Daten von diesen zu erhalten. Angriffe sind ebenfalls durch bösartige Apps möglich, welche z. B. **Spionagefunktionalitäten** enthalten oder **Hintertüren** für den Fernzugriff bieten. **Eine zentrale Rolle beim Schutz vor bösartigen Apps kommt dabei dem Marktplatz zu, der für die Verteilung von Apps verwendet wird.** Der App Store von Apple setzt ein umfangreiches Sicherheitskonzept um, welches ausführliche Tests von Apps vor deren Veröffentlichung im App Store beinhaltet. Die Nutzung anderer Marktplätze ist mit unmanipulierten iPhones oder iPads nicht möglich. Dadurch sind Angriffe durch bösartige Apps auf Apple-Geräten selten. Auf Android-Geräten stellen diese Angriffe jedoch eine ernsthafte Gefahr da. Symantec berichtet, dass die Anzahl der als bösartige klassifizierten Android Apps sich von 2014 auf 2015 mehr als verdreifacht hat.[28] Auch McAfee sieht eine ähnlich starke Zunahme von Schadsoftware für Mobilgeräte von 2014 auf 2015.[29] Da das Android-Betriebssystem von verschiedenen Smartphoneherstellern für die eigenen Produkte angepasst wurde, gibt es eine Vielzahl von Marktplätzen für Android Apps, es können sogar Apps ohne die Nutzung eines Marktplatzes installiert werden. Dadurch hängt die Sicherheit des Smartphones jedoch stark vom Nutzerverhalten ab.

Darüber hinaus sind heutige Smartphones mit einem **GPS-Chip** ausgerüstet, sodass sie genaue Bewegungsprofile erfassen können. 2011 wurde festgestellt, dass iPhones Bewegungsdaten erfassten und heimlich an Apple übermittelten.[30] Zugriff auf den GPS-Chip haben üblicherweise auch Apps. **Ortsabhängige Dienste** über Apps können oft den Aufenthaltsort an die Systeme des App-Herstellers kommunizieren. Auf diese Weise ist es nicht nur Geräteherstellern, sondern auch den Herstellern von Apps möglich, umfassende Bewegungsprofile von Nutzern anzulegen.

Darüber hinaus werden **Cloud-Computing-Dienste** (siehe Kap. 5.1.7) **auf Smartphones** benutzt, um auch rechenintensive Dienste auf Smartphones verwenden zu können und alle Geräte eines Nutzers zu synchronisieren. Ein Beispiel für die Nutzung eines Cloud-Dienstes ist Siri, die Sprachsteuerung von Apple-iPhones ab Version 4S. Nutzer können Siri einen Sprachbefehl geben. Der gesprochene Befehl wird vom Smartphone aufgezeichnet, aufbereitet und an die Apple Cloud zur Auswertung gesendet. In den Rechenzentren von Apple liegen also potenziell nicht nur vielfältige Stimmproben der iPhone-Besitzer vor, sondern auch eine Sammlung von Kommandos, welche die jeweiligen Anwender durchführen.

---

[28] Symantec, Internet Security Threat Report, 2016, unter: https://www.symantec.com/content/dam/symantec/docs/reports/istr-21-2016-en.pdf (letzter Abruf 01.01.2017).
[29] McAfee, Mobile Threat Report – What's on the Horizon for 2016, 2016 unter: http://www.mcafee.com/us/resources/reports/rp-mobile-threat-report-2016.pdf (letzter Abruf 01.01.2017).
[30] Becker, Mac-Software liest gespeicherte iPhone-Aufenthaltsorte aus, heise online v. 24.04.2011 unter: http://www.heise.de/mac-and-i/meldung/Mac-Software-liest-gespeicherte-iPhone-Aufenthaltsorte-aus-1231120.html (letzter Abruf 01.01.2017).

Beispiele für Sprachkommandos
- „Rufe Anika Hof an"
- „Welche Termine habe ich morgen?"
- „Erstelle für Freitag um 10:00 Uhr einen Termin zur Besprechung der Leistungsbewertung Maier!"

Beispiel für Nutzung eines Cloud Services
Der Photostream im iPhone kann mit dem Smartphone aufgenommene Fotos in der Apple Cloud speichern und mit anderen Systemen (z. B. dem eigenen Computer) abgleichen. Damit liegen alle Fotos, die mit einem iPhone aufgenommen werden, bei aktiviertem Photostream auch auf einem zentralen System von Apple vor.

5.1.11 Social Media als wichtige Kommunikationsplattform und Nachrichtenquelle

Das Aufkommen sog. **sozialer Netze** hat den Umgang mit persönlichen Daten stark verändert.[31] Soziale Netze ermöglichen es Nutzern, **Profile** anzulegen und sich mit anderen Nutzern virtuell zu vernetzen („befreunden"). Über regelmäßige **Kurzmeldungen (Status-Updates genannt)** besteht die Möglichkeit, allen befreundeten **Kontakten** Nachrichten zukommen zu lassen. Fotos können den Kontakten zur Verfügung gestellt werden. Die bekanntesten sozialen Netze sind derzeit Facebook im privaten und LinkedIn bzw. XING im geschäftlichen Bereich. Facebook nimmt inzwischen einen wichtigen Rang als Kommunikationsplattform und Nachrichtenquelle ein. Es bietet neben Status-Updates auch noch die Möglichkeit eines Chats mit einzelnen Personen. Für Firmen wie für politische Gruppierungen bietet Facebook einen wichtigen Kommunikationskanal zu den Kunden/Wählern unter Umgehung der traditionellen Presse. Die gezielte Ansprache einzelner Gruppen wird dabei **Microtargeting** genannt.[32]

Durch die Nutzung von Facebook entsteht eine große Anzahl an Daten. Diese Daten geben wegen der Bedeutung der Plattform Facebook für die persönliche Kommunikation sowie als Nachrichtenquelle einen vielfältigen Einblick in die Privatsphäre der Nutzer. Datenschutzrelevante Risiken entstehen u. a. dadurch, dass persönliche Daten auf Servern außerhalb Deutschlands und der EU gespeichert werden. Eine kritische Situation ergibt sich durch besonders sensible Datenverknüpfungen. So bietet z. B. Facebook Webseitenbetreibern einen „Like-Button" an, der schon bei Besuch einer Seite mit diesem Button personenbezogene Daten an Facebook sendet. Tech-

---

[31] Vgl. auch Kap. 1.1.3.
[32] Zeit Online diskutiert den Einsatz der Methode in Kombination mit Big Data im Zusammenhang mit der Wahl von Donald Trump zum amerikanischen Präsidenten ausführlich: Beuth, Big Data allein entscheidet keine Wahl, Zeit Online v. 06.12.2016 unter: http://www.zeit.de/digital/internet/2016-12/us-wahl-donald-trump-facebook-big-data-cambridge-analytica (letzter Abruf 01.01.2017).

nisch ermöglicht dieser Button die Überwachung von Nutzern. Ebenfalls kritisch zu sehen sind Facebook Apps, kleine Anwendungen mit Verbindung zu den Facebook-Profildaten, die über Statusmeldungen beworben werden. Diese Apps können z. B. dazu verwendet werden, um psychologische Profile für Microtargeting zu erstellen. Insbesondere kritisch zu sehen ist der soziale Druck, der durch die weite Verbreitung von sozialen Netzen entsteht und es schwierig macht, sich sozialen Netzen zu entziehen.

5.1.12 Geschäftsmodelle im Internet

Ganz im Gegensatz zu Vorläufernetzen wie z. B. BTX wird das Internet vorwiegend von einer **„Umsonstkultur"** bestimmt, vielfältige Dienstleistungen und Informationen werden für den Nutzer kostenlos zur Verfügung gestellt. **Die Geschäftsmodelle der Dienstanbieter basieren oft auf Werbung oder auf dem Verkauf von Nutzerdaten.**[33] Höhere Werbeumsätze sind insbesondere dadurch zu erzielen, dass das Nutzerverhalten und persönliche Daten ausführlich analysiert werden. Dies ist z. B. in Google Mail zu beobachten, wenn einem Nutzer passend zum Inhalt der gerade angezeigten E-Mail kontextbezogene Werbung angezeigt wird. Kritisch zu sehen sind solche kontextbezogenen Werbungen insbesondere dann, wenn ein einziges Unternehmen oder ein Verbund von Unternehmen viele Dienste anbietet und die gewonnenen Daten über die Nutzer zusammenführt. Ein solcher dominierender Anbieter ist z. B. Google. Bruce Schneier führte dazu aus: „We're not Google's customers; we're Google's product that they sell to their customers."[34]

Ein weiterer Trend ist der Verkauf von Software als **Abomodell.** Wurde Software in der Vergangenheit oft als Ganzes verkauft, so wird heute Software oft nur noch vermietet mit einer Monats- oder Jahresgebühr. Damit werden auch teure Softwarepakete (z. B. die Adobe Creative Suite) für Heimanwender erschwinglich und die Softwarefirmen erhalten kontinuierliche Einnahmen. Realisiert werden die Abomodelle heute meist über Cloud-Anwendungen, d. h. Teile der Anwendung oder sogar die gesamte Anwendung laufen nicht lokal auf den Rechnern der Kunden, sondern in einem Rechenzentrum. Aus Datenschutzsicht ist hier zu bemängeln, dass durch diese Architektur zwangsläufig eine Vielzahl von Daten während der Nutzung der Anwendung über das Internet übertragen werden. Neben den in der Anwendung bearbeiteten Daten betrifft dies auch Daten zum Nutzungsverhalten der Anwendung.

---

[33] Vgl. Doesinger, Der veruntreute Bürger, NZZ v. 30.04.2012, S. 17; Kurz/Rieger, Die Datenfresser (2011).
[34] Schneier, Security in 2020 unter: http://www.schneier.com/blog/archives/2010/12/security_in_202.html (letzter Abruf 08.03.2012).

5.1.13 Entwicklung von Angreifern und Angriffen

Auch in den letzten Jahren hat sich der **Trend zur Professionalisierung von Angreifern und Angriffen** fortgesetzt. In den letzten Jahren wurde insbesondere deutlich, dass viele Nationen auf staatlich finanzierte Hacker zurückgreifen. Erstmals wurde mit der Schadsoftware Stuxnet[35] der Einsatz einer Cyberwaffe öffentlich. Recherchen der New York Times ergaben, dass Stuxnet wahrscheinlich von den USA entwickelt wurde und in den Jahren 2010/2011 erfolgreich zwischen 1000 und 5000 Zentrifugen einer Urananreicherungsanlage im Iran zerstörte, wodurch das iranische Atomwaffenprogramm schätzungsweise um 18 Monate bis zwei Jahre zurückgeworfen wurde.[36]

Im Jahr 2013 enthüllte der US-amerikanische Whistleblower Edward Snowden in Zusammenarbeit mit dem britischen Guardian und der US-amerikanischen Washington Post ein weitreichendes Internet-Überwachungsprogramm des amerikanischen Geheimdienstes National Security Agency (NSA) und löste damit die NSA-Affäre aus.[37] Zusammenfassend wird klar, dass die NSA über eine sehr effiziente und umfangreiche Datensammelmaschinerie verfügt, die zur großflächigen Überwachung jeglicher Kommunikation geeignet ist und aktiv eingesetzt wird. Überwacht wurden neben Millionen von Menschen u. a. die Telefongespräche von 122 Regierungschefs aus aller Welt (einschließlich Bundeskanzlerin Angela Merkel) sowie Unternehmer, Anwälte und Aktivisten von NGOs. Die Überwachung umfasste Telefongespräche, Chats, E-Mails, private Webcams und viele andere Arten der elektronischen Kommunikation.

Im Mai 2015 wurde ein Angriff auf den Deutschen Bundestag bekannt, im Rahmen dessen über Monate eine große Anzahl an Daten aus einer Vielzahl von Systemen des Bundestags abgeflossen ist. Deutsche Sicherheitsbehörden gehen laut einem Bericht in DIE ZEIT[38] davon aus, dass der Angriff der russischen Regierung oder nahestehenden Organisationen zuzuschreiben ist. Der Angriff zeigte nicht nur die großen Fähigkeiten, die heutzutage staatliche Angreifer mitbringen, sondern auch die Unfähigkeit der Bundestagsverwaltung, sich gegen solche Angriffe zu schützen. Die Sprecherin des Chaos Computer Clubs, Constanze Kurz, wird in DIE ZEIT dazu mit folgenden Wor-

---

[35] Falliere/Murchu/Chien, W32.Stuxnet Dossier Version 1.4, Symantec Security Response, 2011 unter: https://www.symantec.com/content/en/us/enterprise/media/security_response/whitepapers/w32_stuxnet_dossier.pdf (letzter Abruf 01.01.2017).
[36] Sanger, Obama Order Sped Up Wave of Cyberattacks Against Iran, NYT v. 01.06.2012, S. A1.
[37] Einen Überblick über die NSA-Affäre gibt ein Hintergrundbericht der Zeit: Beuth, Alles Wichtige zum NSA-Skandal, Zeit Online v. 28.10.2013 unter: http://www.zeit.de/digital/datenschutz/2013-10/hintergrund-nsa-skandal (letzter Abruf 01.01.2017).
[38] Zeit Online v. 30.01.2016, Hackerangriff wurde aus Russland gesteuert unter: http://www.zeit.de/digital/2016-01/hackerangriff-bundestag-russland-nachrichtendienst-bundesanwaltschaft (letzter Abruf 01.01.2017).

ten zitiert: „Man muss davon ausgehen, dass der Bundestag für Monate ein offenes Buch für Angreifer war". Das sei aus ihrer Sicht peinlich für das Parlament.[39]

Die drei erwähnten Vorfälle zeigen exemplarisch, dass staatliche Stellen ihre Fähigkeit, im Cyberraum zu agieren, in den letzten Jahren ausgebaut haben und bereit sind, Cyberwaffen und fortschrittliche Überwachungsmaßnahmen einzusetzen. Besonders gefährlich sind die sog. Advanced Persistent Threats, die oft von staatlichen Stellen ausgehen. Ein Advanced Persistent Threat (dt: fortschrittliche, andauernde Bedrohung) bezeichnet zielgerichtete Angriffe auf IT-Infrastrukturen, die von Angreifern meist über einen längeren Zeitraum mit großem Aufwand und unter größter Vorsicht vorgenommen werden. Um einer Entdeckung insbesondere in der frühen Phase eines Angriffs zu entgehen, gehen Angreifer meist händisch vor oder verwenden Werkzeuge, die nur selten zum Einsatz kommen. Dies erschwert die Erkennung solcher Angriffe enorm. Dabei dienen schlechter gesicherte, weniger gefährdete Systeme oft als Sprungbrett, um gut gesicherte Systeme in gleichen oder in benachbarten Netzwerken zu infiltrieren. Der Angriff auf den Bundestag im Jahr 2015 ist ein Beispiel für einen Advanced Persistent Threat. Advanced Persistent Threats sind für Angreifer mit einem großen Aufwand verbunden, weswegen naheliegt, dass sie oft von staatlichen Stellen oder im Auftrag von staatlichen Stellen vorgenommen werden. Sie grenzen sich von anderen Angriffen, z. B. durch Computerwürmer, durch das wenig automatisierte und sehr vorsichtige und zielgerichtete Vorgehen des Angreifers ab, der in den frühen Phasen des Angriffs versucht, einer Entdeckung zu entgehen. Eine Erkennung solcher Angriffe ist sehr schwer und erfordert große Expertise.

Ein weiterer Trend bei Angreifern und Angriffen ist die **strikte Gewinnorientierung der Angreifer.** Dazu gehört sog. **Ransomware,** auch **Verschlüsselungstrojaner** genannt. Als Ransomware werden laut Bundesamt für Sicherheit in der Informationstechnik (BSI) „Schadprogramme bezeichnet, die den Zugriff auf Daten und Systeme einschränken oder verhindern und diese Ressourcen nur gegen Zahlung eines Lösegeldes („ransom") wieder freigeben. [...] Cyber-Angriffe durch Ransomware sind eine Form digitaler Erpressung".[40] Das BSI spricht davon, dass sich die Bedrohung durch Ransomware seit Ende 2015 deutlich verschärft hat und die Angriffe großes Schadpotenzial haben, z. B. wenn dadurch Krankenhäuser, Unternehmen oder Verwaltungen lahmgelegt werden.[41] Ein weiterer Hinweis auf die Gewinnorientierung von Angreifern ist die Existenz von großen Netzen gehackter Rechner (sog. Botnetze), welche gemietet werden können, um durch eine große Anzahl von Anfragen an ein mit dem Internet verbundenes Opfersystem dieses System durch Überlastung an seiner korrekten Funktion zu hindern. Oft sind solche **Distributed-Denial-of-Service-Angriffe (DDoS)** mit einer Erpressungsforderung verbunden. Im Oktober 2016 wurde

---

[39] Zeit Online v. 20.08.2015, Der Bundestag ist offline unter: http://www.zeit.de/digital/datenschutz/2015-08/hacker-angriff-bundestag-computer-system (letzter Abruf 01.01.2017).
[40] BSI, Die Lage der IT-Sicherheit in Deutschland 2016, BSI-LB16/505, 2016, S. 20.
[41] BSI, Die Lage der IT-Sicherheit in Deutschland 2016, BSI-LB16/505, 2016, S. 3.

ein Angriff durch ein Botnetz bekannt, welches zentrale Komponenten der Internetinfrastruktur deaktivierte, sodass viele bekannte US-Webseites über mehrere Stunden nicht zu erreichen waren, u. a. die Webseite der New York Times, von Ebay und Twitter.[42] Das Besondere an diesem Angriff war nicht nur die bisher nicht gesehene Kapazität des Botnetzes, sondern auch, dass das Botnetz nicht nur aus normalen Computern bestand, sondern eine große Vielzahl von Internet-der–Dinge-Geräten beinhaltete, z. B. Überwachungskameras.

Sowohl die zunehmenden staatlichen Hacking-Aktivitäten als auch die Geschäftsorientierung „privater" Hacking-Aktivitäten stellen für Datenschutz und IT-Sicherheit ein großes Problem dar. In beiden Fällen herrscht großes Interesse an personenbezogenen Daten, einerseits weil diese Daten zur Profilbildung und Überwachung verwendet werden und andererseits weil diese Daten im Rahmen von großen Datensätzen gewinnbringend verkauft werden können.

5.1.14 Zukünftige Trends

Die Sicherheit verschiedener asymmetrischer Verfahren zur Ver- und Entschlüsselung sowie zur Erzeugung und Prüfung von Signaturen beruht auf der Annahme, dass gewisse Probleme aus der algorithmischen Zahlentheorie mit aktuellen Rechnerarchitekturen schwierig zu lösen sind. Es konnte jedoch gezeigt werden, dass einige dieser Probleme theoretisch durch **Quantencomputer** effizient gelöst werden können. **Der Quantencomputer bedeutet das Aus für die heute häufig für Schlüsselaustausch, Ver- und Entschlüsselung sowie Signierung und Signaturprüfung genutzten asymmetrischen Algorithmen.** Schlimmer noch, es ist damit zu rechnen, dass durch Quantencomputer auch alte, aufgezeichnete verschlüsselte Nachrichten mit geringem Aufwand entschlüsselt werden können. Aktuell bereits realisierte Prototypen von Quantencomputern sind jedoch noch weit davon entfernt, für die bei asymmetrischen Algorithmen verwendeten Schlüssellängen einsetzbar zu sein. Führende Wissenschaftler im Bereich Quanten Computing rechnen mit einer 50-%-Chance, dass ein praktisch nutzbarer Quantencomputer im Jahre 2031 vorliegt.[43] Trotzdem ist damit zu rechnen, dass in den nächsten Jahren vermehrt Quantencomputer-resistente Algorithmen entwickelt werden. Insbesondere Systeme mit langer Laufzeit (z. B. Industriesteuerungsanlagen, Gebäudetechnik, Fahrzeugsysteme) sollten deshalb schon heute so ausgelegt werden, dass ein Austausch der verwendeten Sicherheitsalgorithmen ohne großen Aufwand möglich ist. Es empfiehlt

---

[42] Zeit Online v. 22.10.2016, Der nächste große Angriff aus dem Internet der Dinge unter: http://www.zeit.de/digital/internet/2016-10/dyn-internetdienstleister-hacker-angriff-twitter-spotify (letzter Abruf 01.01.2017).
[43] Mosca, Cybersecurity in an ear with quntum computers: will we be ready?, Cryptology ePrint Archive v. 05.11.2015 unter: http://eprint.iacr.org/2015/1075 (letzter Abruf 01.01.2017).

sich, bei der Planung von Neusystemen oder bei der Änderung von Altsystemen die BSI-Richtlinien zu kryptographischen Verfahren[44] zu berücksichtigen, welche jedes Jahr herausgegeben wird.

Staatliche Stellen entdecken zunehmend das Potenzial von Cyberwaffen bzw. werden sich der Gefährlichkeit von Cyberwaffen bewusst. **Es ist für die Zukunft davon auszugehen, dass die Anzahl der staatlich bezahlten Hacker stark steigen wird.** Dies wird einhergehen mit zunehmend fortschrittlicheren Angriffen, die über einen längeren Zeitraum und mit hohem Ressourcenaufwand durchgeführt werden. Ziele werden nicht nur die sog. kritischen Infrastrukturen sein, sondern auch Systeme von Privatpersonen, die potenziell für weitere Angriffe oder Informationsbeschaffung genutzt werden können. Es ist zu hoffen, dass es in Zukunft gelingen wird, die Qualität von Software deutlich zu verbessern und neue, wirksame Schutzmaßnahmen zu entwickeln, um für die neuen Bedrohungen gewappnet zu sein. Ein Blick in die jüngere Vergangenheit lässt jedoch Zweifel aufkommen, ob die Schutzmaßnahmen mit den Bedrohungen Schritt halten können. Auch in Zukunft werden traditionelle Schutzmaßnahmen immer weniger Schutz bieten können.

5.2 Informationstechnische Bedrohungen

Informationstechnische Systeme sind heutzutage einer Vielzahl von Gefahren ausgesetzt. Nicht alle Gefahren berühren jedoch den Bereich des Datenschutzes. Für Datenschutz und IT-Sicherheit gleichermaßen relevante Gefahren umfassen u. a.
- Schadsoftware (Malware),
- Ausnutzen von Sicherheitslücken,
- Social Engineering,
- Abfangen und Ausspähen von Daten,
- Ausnutzen schlechter Konfiguration,
- Bedienfehler aufgrund von mangelhafter Benutzbarkeit oder lückenhaftem Wissen der Nutzer.

Auf diese Gefahren wird im Folgenden eingegangen.

5.2.1 Schadsoftware

Mit dem Begriff **Malware** wird Schadsoftware aller Art bezeichnet, z. B. Viren, Würmer, Spyware, Trojaner oder Ransomware. Malware wird oft nicht nur dazu eingesetzt, um Nutzern zu schaden, sondern die Rechner der Nutzer werden zu sog. **Bot-**

---

44 BSI, Kryptographische Verfahren: Empfehlungen und Schlüssellängen, BSI TR-02102-1, 2016.

netzen zusammengeschaltet, die von Kriminellen gesteuert werden. Botnetze werden v. a. genutzt, um ungewünschte Werbesendungen (Spam) zu versenden und Angriffe auf die Verfügbarkeit von mit dem Internet verbundenen Systemen durchzuführen (Distributed-Denial-of-Service-Angriffe).[45] Jedoch werden oft auch systematisch Passwörter und andere sensible Informationen der Nutzer ausgespäht. Das Bundesamt für Sicherheit in der Informationstechnik (BSI) nimmt sich inzwischen mit einer Initiative dieser Problematik an.

Malware umfasst u. a.:
- **Viren:** Programme, die eine Kopie ihrer selbst (Reproduktion) in andere Programme integrieren (Infektion) und bei deren Ausführung Schaden anrichten können,
- **Würmer:** ablauffähige Programme, die sich vervielfältigen und über Netzwerke verbreiten,
- **Trojanische Pferde:** Programme mit unerwünschten Zusatzfunktionen, z. B. zum Ausspähen von Daten,
- **Rootkits:** Programme, die eine Hintertür zum System und/oder den eigentlichen Schadcode verbergen,
- **Scareware:** Programme, die durch psychologische Tricks (insbesondere Angst und Schrecken) den Nutzer dazu bringen wollen, eine vom Angreifer vorgesehene Handlung durchzuführen,
- **Ransomware:** Programme, die den Zugriff zu Daten und/oder Systemen blockieren und erst gegen Zahlung eines Lösegelds *(ransom)* wieder freigeben.

Mittlerweile ist es nicht mehr möglich, einen Arbeitsplatzrechner und einen E-Mailserver ohne Virenschutzmaßnahmen zu betreiben. Es sollte jedoch darauf hingewiesen werden, dass Virenschutzmaßnahmen nur ein kleiner Teil der notwendigen Sicherheitsmaßnahmen darstellt. Die Malware wird technisch immer raffinierter, insbesondere wird Malware immer besser darin, sich vor gängigen Antivirenprodukten zu verstecken.

Neben den Einfallstoren durch das Netz (im Wesentlichen durch Web-Surfen, E-Mail) ist auch das Einschleppen von Malware über Notebooks, die wechselweise in der Firma ans Netz und außerhalb der Firma – möglicherweise ungeschützt – ans Internet angeschlossen werden, eine neue Bedrohung, die besonders dadurch Vorschub bekommt, dass immer mehr Firmen dazu übergehen, ihren Benutzern die Nutzung von privaten Laptops im Firmennetz im Rahmen eines **„Bring-your-own-Device-Programms"** zu ermöglichen. Infizierte Datenträger wie z. B. USB-Sticks sind ebenfalls dazu geeignet, Schadprogramme auf geschützte Systeme in internen Netzen zu übertragen.

---

[45] S. dazu Kap. 5.1.13.

Während für PCs und Laptops effektive Schutzmaßnahmen existieren und große Verbreitung finden, existieren für Smartphones bisher nur wenige Virenscanner. Malware kann auf einem System durch den Nutzer unabsichtlich zur Ausführung gebracht werden (z. B. als versehentlich angeklickter E-Mail-Anhang) oder Malware nutzt eine Softwareschwachstelle auf dem Zielsystem aus. Weiterhin sind beruflich genutzte Smartphones auch heute schon in die Netzwerke von Unternehmen integriert oder werden mit beruflich genutzten Rechnern verbunden, sodass sie als Einfallstor in Unternehmensnetze verwendet werden können.

5.2.2 Ausnutzen von Sicherheitslücken

In Kapitel 5.1.5 wurde bereits auf die **gleichbleibend schlechte Softwarequalität** eingegangen, die zu einer hohen Zahl an **kritischen Software-Schwachstellen** führt. Die Ursachen für Softwareschwachstellen sind dabei vielfältig. Einerseits ignorieren viele Entwickler nach wie vor den Themenbereich IT-Sicherheit, bedingt auch durch einen großen Termin- und Kostendruck. Andererseits bieten moderne Softwareentwicklungsprozesse wie z. B. Scrum wenig Unterstützung zur Entwicklung von sicherer Software. Obwohl auch für agile Softwareentwicklungsprozesse Sicherheitsmechanismen bestehen (z. B. Secure Scrum[46] für den agilen Softwareentwicklungsprozess Scrum), werden diese in der Praxis selten eingesetzt.

Bei den Sicherheitsschwachstellen unterscheidet man zwischen Sicherheitsschwachstellen, die durch **Coding-Fehler** ausgelöst werden, und Sicherheitsschwachstellen, die **durch Design-Fehler** entstehen. Während Coding-Fehler üblicherweise durch **Patches („Updates")** beseitigt werden können, sind Design-Fehler deutlich schwieriger zu beheben – sie bedingen meist ein **Redesign der Software**.

Ein gravierendes Problem in Bezug auf Softwareschwachstellen sind Web-Anwendungen. Web-Anwendungen bieten vielfältige Angriffsmöglichkeiten, da sie per se über Netzwerke exponiert sind. Ein populärer Angriff ist die sog. **SQL-Injection**. SQL an sich ist eine Anfragesprache für Datenbanken. Da heutige Web-Anwendungen meist auf einer Datenbank basieren, findet SQL breite Anwendung. SQL-Injection wird ermöglicht durch eine fehlende oder fehlerhafte Eingabeüberprüfung von Nutzereingaben, die für einen Datenbankzugriff verwendet werden. Durch geschickte Wahl der Eingabe gelingt es einem Angreifer, von ihm festgelegte SQL-Befehle durchzuführen, die den Absichten des Programmierers der eigentlichen Abfrage zuwiderlaufen. Ein Angreifer kann durch SQL-Injection Zugriff auf alle in einer Datenbank abgelegten Daten erhalten und im schlimmsten Fall Systemzugriff auf den Datenbankserver er-

---

[46] Pohl/Hof, Secure Scrum: Development of Secure Software with Scrum, The Ninth International Conference on Emerging Security Information, Systems and Technologies, Venedig, Italien, 2015, S. 15–20.

langen. Damit sind nicht nur die Daten auf dem Datenbankserver in Gefahr, sondern eine Web-Anwendung kann als Einfallstor in interne Netze dienen.

Das Auftreten von Softwareschwachstellen führt zu einer stetige Folge von sog. **Sicherheitspatches**, also kleinen Reparaturprogrammen, die von dem Hersteller der Software zur Fehlerbehebung angeboten und in der Regel über das Internet heruntergeladen und sodann in die Software eingespielt werden. IT-Abteilungen sind dazu nicht in der Lage, wenn die Konzepte für ein sicheres und automatisches Patchmanagement fehlen. Im Unternehmen müssen Patches vor ihrem Einspielen sorgfältig geprüft werden. Für Heimanwender ergeben sich u. U. besondere Bedrohungen. Softwarehersteller veröffentlichen Patches für bekannte Sicherheitslücken heute oft nicht mehr sofort, sondern nur noch periodisch an sog. Patch Days. Am 07.03.2012 veröffentlichte z. B. Apple ein Update für das iPhone, welches 91 Schwachstellen schloss. Die verzögerte gesammelte Bereitstellung von Patches kann dazu führen, dass eine bekannte Verwundbarkeit längere Zeit nicht geschlossen wird und Administratoren deshalb provisorische Schutzmaßnahmen ergreifen müssen, um die von ihnen betreuten Systeme bis zur Herausgabe des Patches zu schützen. Dies erzeugt regelmäßig großen Aufwand. Sobald Patches zur Verfügung stehen, müssen diese vor dem Einspielen getestet und dann auf alle infrage kommenden Rechner verteilt werden. Dies geschieht unter großem Zeitdruck, weil der Patch verteilt sein soll, bevor die ersten Angriffstools, die die entsprechende Sicherheitslücke ausnutzen, verfügbar sind. Unter diesen Bedingungen sind weitere Fehler nicht ausgeschlossen.

Darüber hinaus muss berücksichtigt werden, dass auf kritischen Systemen Patches u. U. nicht sofort eingespielt werden können, um deren Betrieb nicht zu stören. Beispielsweise darf ein Rechner zur Ansteuerung eines Endoskops in einem Operationssaal nur gepatcht werden, soweit keine Operation stattfindet und der Operationssaal nicht in Bereitschaft gehalten werden muss. Oft schließen Zertifizierungen eine Veränderung am zertifizierten System im Nachhinein aus. Schließlich existieren heute auch Systeme, bei denen keine Möglichkeit zum Einspielen von Patches vorgesehen ist und für welche die Hersteller keine Patches herausgeben. Dies ist z. B. bei vielen Geräten im Internet der Dinge der Fall, dort arbeiten die Hersteller oft nach dem **Motto „verkauft und vergessen"**.[47] Auch der Faktor Mensch spielt eine wichtige Rolle. Im Jahr 2014 führte ein schwerer Fehler in einer häufig verwendeten Softwarekomponente, OpenSSL, dazu, dass Angreifer geschützte Kommunikation mitlesen können, z. B. Kommunikation über HTTPS. Es gelang nur 8,6 % der Administratoren, alle notwendigen Schritte zur Beseitigung dieser Sicherheitsschwachstelle auf Anhieb vorzunehmen, was insbesondere einem nur oberflächlichen Verständnis der der eingesetzten Software zugrunde liegenden Sicherheitskon-

---

47 Gerstl, IoT-Security ist auf dem Niveau von PCs der 90er Jahre – Interview mit Prof. Dr.-Ing. Hans-Joachim Hof, Elektrotechnik Praxis v. 27.10.2016 unter: http://www.elektronikpraxis.vogel.de/iot/articles/555850/ (letzter Abruf 01.01.2017).

zepte geschuldet ist.[48] Schließlich kündigen Softwarehersteller nach einer gewissen Zeit die Unterstützung von Geräten auf, was die Bereitstellung von Sicherheitsupdates beinhaltet. In diesem Fall sollten die Geräte nicht mehr eingesetzt werden, in der Praxis werden die Geräte jedoch oft noch weiter benutzt, oft von Privatanwendern.

5.2.3 Social Engineering und Phishing

Mit **Social Engineering** bezeichnet man in der IT-Sicherheit einen Angriff, der auf die **Ausnutzung menschlicher Schwächen**, insbesondere durch gezielte Manipulation bzw. Beeinflussung durch den Angreifer zielt. Dazu gehört z. B. ein Anruf bei einem Mitarbeiter unter einem falschen Vorwand, um Passwörter für einen Zugang zu erfragen.

Ein Beispiel für Social Engineering ist der **Phishing-Angriff**. Ziel des Angreifers ist es meist, personenbezogene Daten und geheime Daten wie Passwörter zu erhalten. Dazu bedient sich der Angreifer meist einer gefälschten E-Mail, die einer offiziellen E-Mail z. B. einer Bank gleicht. Diese E-Mail lockt den Angreifer jedoch auf eine gefälschte Webseite, welche wiederum einen offiziellen Eindruck erweckt. Auf dieser Webseite sollen dann Zugangsdaten eingegeben werden. Abbildung 5.4 zeigt ein Beispiel einer für einen Phishing-Angriff genutzten E-Mail.

Spear-Phishing ist ein gezielter Phishing-Angriff. Während Phishing-Angriffe wenig personalisiert sind und auf eine größere Benutzergruppe zielen, sind Spear-Phishing-Angriffe hochgradig personalisiert. Dem Angriff geht üblicherweise eine **aufwändige Hintergrundrecherche** voraus, durch die der Angreifer den sozialen Kontext des ausgewählten Opfers recherchiert. Ein Angreifer kann z. B. bei einer solchen Recherche herausfinden, dass sein Opfer an einer Konferenz teilgenommen hat und als Angriff eine Mail mit Malware versenden, die sich als Videoaufzeichnung eines Vortrags von dieser Konferenz tarnt. Spear-Phishing-Angriffe kommen oft in der Frühphase von **Advanced Persistent Threats** zum Einsatz, wobei oft Personen mit untergeordneter Funktion im Fokus des Angriffs stehen, da der Angreifer dort weniger Sicherheitssensibilität erwartet. Spear-Phising-Angriffe sind meist sehr schwer als solche zu erkennen.

---

[48] Durumeric/Kasten/Adrin/Halderman/Bailey/Li/Weaver/Amann/Beekman/Payer/Paxson, The Matter of Heartbleed, Proceedings of the 2014 Conference on Internet Measurement Conference, Vancouver, BC, Canada, 2014, S. 475488.

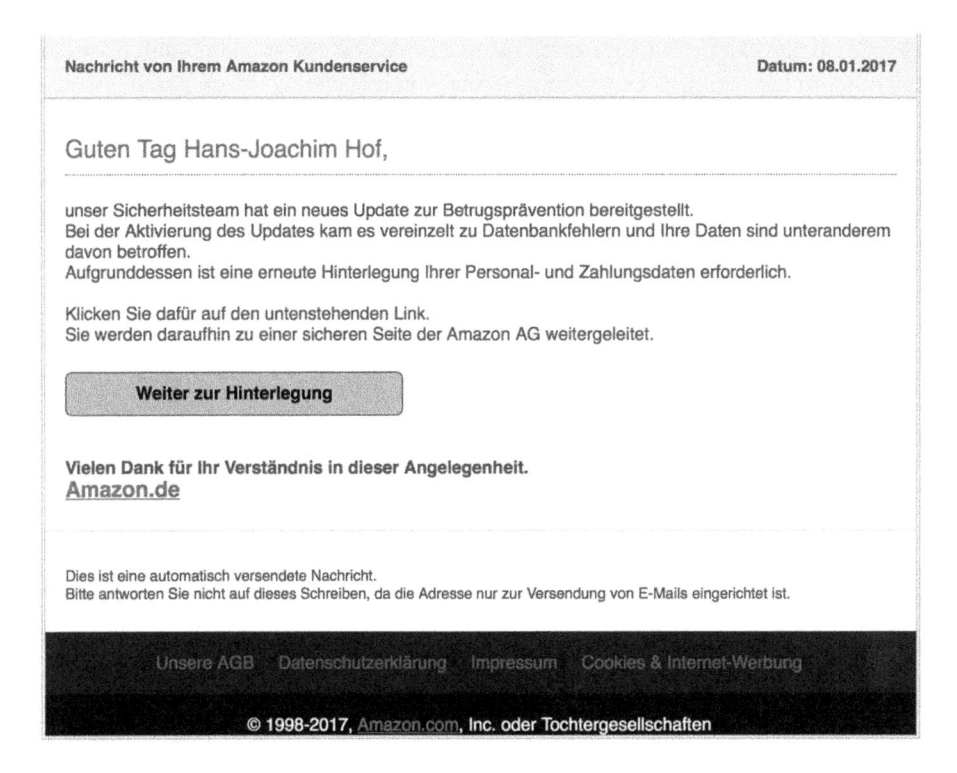

> **Nachricht von Ihrem Amazon Kundenservice**   Datum: 08.01.2017
>
> Guten Tag Hans-Joachim Hof,
>
> unser Sicherheitsteam hat ein neues Update zur Betrugsprävention bereitgestellt.
> Bei der Aktivierung des Updates kam es vereinzelt zu Datenbankfehlern und Ihre Daten sind unteranderem davon betroffen.
> Aufgrunddessen ist eine erneute Hinterlegung Ihrer Personal- und Zahlungsdaten erforderlich.
>
> Klicken Sie dafür auf den untenstehenden Link.
> Sie werden daraufhin zu einer sicheren Seite der Amazon AG weitergeleitet.
>
> [Weiter zur Hinterlegung]
>
> Vielen Dank für Ihr Verständnis in dieser Angelegenheit.
> Amazon.de
>
> Dies ist eine automatisch versendete Nachricht.
> Bitte antworten Sie nicht auf dieses Schreiben, da die Adresse nur zur Versendung von E-Mails eingerichtet ist.
>
> Unsere AGB   Datenschutzerklärung   Impressum   Cookies & Internet-Werbung
>
> © 1998-2017, Amazon.com, Inc. oder Tochtergesellschaften

Abb. 5.4: Beispiel einer personalisierten Phishing-E-Mail.

5.2.4 Lauschangriff

Mit **Lauschangriff** wird in der IT-Sicherheit jedweder Angriff bezeichnet, der auf einem System oder in einem Netzwerk Daten unberechtigt mitliest. Es existieren vielfältige Methoden, um Informationen unautorisiert abzuhören, z. B. durch einen **Key Logger**, eine Software oder eine Hardware, die alle Tastenanschläge auf einem System mitschreibt. Malware verfügt oft über die Möglichkeit des Lauschangriffs. Informationen können aber auch im Netz abgehört werden. Hierzu werden üblicherweise sog. **Packet Sniffer** eingesetzt, die Nachrichten aus dem Netzwerk aufnehmen und in aufbereiteter Version dem Angreifer zur Verfügung stellen. So können z. B. Bestelldaten, Kreditkarteninformationen und die Anschrift eines Kunden mitgelesen werden, falls der Webshop, in dem der Nutzer seine Bestellung aufgibt, keine Verschlüsselung einsetzt. **Die National Security Agency (NSA), einer der Geheimdienste der USA, hat eine effektive Infrastruktur zum Belauschen jedweder elektronischer Kommunikation aufgebaut.**[49]

---

49 S. Kap. 5.1.13.

Lauschangriffe dienen aber nicht nur dazu, personenbezogene Daten mitzuhören, sondern können auch als erste Stufe eines Angriffs genutzt werden, z. B. um eine Information zu erlangen, die im weiteren Ablauf des Angriffs genutzt werden kann, um Zugang zu Systemen zu erlangen. Diesen Angriff zeigte das Angriffswerkzeug Fire Sheep[4] sehr eindrucksvoll: Das Werkzeug lauscht in ungeschützten WLAN-Netzen, z. B. in einem Internetcafé, auf Anmeldungen in Sozialen Netzen (Facebook, XING ...) der anderen Nutzer des WLAN-Netzes. Im Fall einer Anmeldung über eine ungesicherte Verbindung speichert das Angriffswerkzeug Fire Sheep[50] eine Information (Cookie mit Session-ID), die später eine unautorisierte Anmeldung des Angreifers unter dem Namen des abgehörten Nutzers ermöglicht.

5.2.5 Ausnutzen von schlechter Konfiguration

In der Regel wird Software in Grundkonfigurationen ausgeliefert, die nicht unter Sicherheitsaspekten erstellt worden sind. Häufig stehen für den Hersteller (und auch für den Anwender) zunächst die Lauffähigkeit in den vorgesehenen Anwendungsumgebungen und eine gute Benutzbarkeit im Vordergrund. Betriebssysteme aktivieren Dienste (Web-Server, Mail-Server, Name-Server u. v. a.), die in diesem Umfang häufig nicht benötigt werden.

Grundsatz der Systemkonfiguration muss aber sein, dass auf einem Rechner **nur die Software** installiert ist, die zur Aufgabenerfüllung des Rechners auch **erforderlich** ist. Jedwede andere Software muss deinstalliert werden. Nur so kann sichergestellt werden, dass die Zahl der Angriffsmöglichkeiten auf den Rechner minimiert wird. Die benötigte Software darf nur berechtigten Anwendern zugänglich sein.

Anwendungsprogramme besitzen jedoch im Auslieferungszustand häufig mächtige **Superuser-Berechtigungen**, die nur schwer oder gar nicht reduziert werden können. Das führt dazu, dass viele Nutzer mit Administratorrechten oder unter Verwendung der Administrator-Nutzerkennung arbeiten. Sie können so alle Daten lesen, ändern oder löschen, auch versehentlich. Eine besondere Risikolage entsteht, wenn ein solcher Nutzer schadensstiftende Software auf dem System installiert und diese mit den Rechten des Administrators startet. Die Folgen der inkriminierten Software können für das Gesamtsystem schwerwiegend sein.

Auch Anwendungen verfügen heute über vielfältige Konfigurationsoptionen. Das für Systeme Gesagte gilt daher analog auch für Anwendungen: Oft sind sie im Auslieferungszustand nicht nach Sicherheitsaspekten konfiguriert. Das **Prinzip „Secure Default"** aus der IT-Sicherheit besagt, dass Anwendungen im Auslieferungszustand so konfiguriert sein müssen, dass sie sicher sind. Ein erhöhter Konfigurationsaufwand

---

50 Unter: https://github.com/codebutler/firesheep.

für den Nutzer zur Aktivierung zusätzlicher Funktionen wird billigend in Kauf genommen.

Im Hinblick auf den Datenschutz muss insbesondere die Konfiguration bezüglich der Datenübertragung berücksichtigt werden. Heutige Anwendungen verfügen oft über Komponenten, welche Cloud-Computing (siehe Kap. 5.1.7) nutzen, z. B. automatische Datenbackups in der Cloud. Obwohl diese Komponenten meist für die Grundfunktionalität der Anwendung nicht notwendig sind, ist zu beobachten, dass diese Komponenten oft bei Auslieferung der Software aktiviert sind.

5.2.6 Fehler aufgrund von mangelhafter Benutzbarkeit

Eine weitere Gefahr ist der Nutzer selbst, der mit seinen Daten und Geheimnissen (Schlüssel kryptografischer Verfahren etc.) oft zu arglos vorgeht. In diesem Bereich ist zu beobachten, dass sowohl die Angriffe als auch die Schutzmechanismen gegen diese Angriffe komplexer werden und von durchschnittlichen Nutzern nur noch mit Schwierigkeiten verstanden werden können. Die Problematik wird noch dadurch verschärft, dass die **Benutzbarkeit von Sicherheitsmechanismen** heutzutage der Komplexität derselben in keiner Weise angemessen ist. Obwohl Richtlinien für benutzbare IT-Sicherheitsmechanismen existieren[51] werden diese in der Praxis noch nicht ausreichend häufig eingesetzt.

5.3 IT-Sicherheitskriterien und IT-Sicherheitsmanagement

Schon früh wurde (insb. im militärischen Bereich) deutlich, dass die technischen Anforderungen an die IT-Sicherheit formalisiert vorgegeben werden sollten. Der militärische Hintergrund führte lange zu einer Überbetonung der Vertraulichkeit, während z. B. der Schutz vor Viren oder die Garantie der Verfügbarkeit nur von untergeordneter Bedeutung waren.

Mit dem **Orange Book** (1983, DoD Trusted Computer System Evaluation Criteria) wurde in den USA Anfang der 1980er-Jahre eine erste Richtlinie zur IT-Sicherheit eingeführt. Die Schutzklasse C2 erlangte eine gewisse Berühmtheit, weil das Micro-

---

[51] Hof/Socher, Security Design Patterns with Good Usability, 9th ACM Conference on Security and Privacy in Wireless and Mobile Networks, Darmstadt, Deutschland, 2016; Hof, Towards Enhanced Usability of IT Security Mechanism – How to Design Usable IT Security Mechanism Using the Example of Email Encryption, in: International Journal On Advances in Security (2013), Vol. 6, No. 1&2, S. 78 ff.; Hof, User-Centric IT Security – How to Design Usable Security Mechanisms, The Fifth International Conference on Advances in Human-oriented and Personalized Mechanisms, Technologies, and Services, Lissabon, Portugal, 2012, S. 7–12.

soft Windows NT 3.5 Service Pack 3 unter gewissen Voraussetzungen[52] diese Schutzklasse erreichte.

In Deutschland wurden 1989 die **„Kriterien für die Bewertung der Sicherheit von Systemen der IT" (Grünbuch)** zwischen 1989 und 1990 von der damaligen Zentralstelle für Sicherheit in der Informationstechnik (ZSI), dem Vorläufer des heutigen Bundesamtes für die Sicherheit in der Informationstechnik (BSI)[53], entwickelt und veröffentlicht. Sie trennen erstmals die Funktionalität von der Qualität der Implementierung.

In Europa wurden 1998 die **„Information Technology Security Evaluation Criteria" (ITSEC)** im Rahmen des europäischen Abkommens zur gegenseitigen Anerkennung der Zertifikate der ITSEC-Evaluation in Kraft gesetzt. In Analogie zum Grünbuch wird in den ITSEC zwischen Funktionalität und Vertrauenswürdigkeit unterschieden. Zur Definition geeigneter funktionaler Anforderungen bieten die ITSEC z. T. in Anlehnung an die Nomenklatur des Orange Books vordefinierte Beispielklassen (Funktionalitätsklassen) an. Bei der Vertrauenswürdigkeit wird zwischen Korrektheit (Evaluationsstufen von E1 bis E6) und Wirksamkeit (Bewertung der Stärke der Mechanismen nach niedrig, mittel und hoch) unterschieden.

Die **„Gemeinsamen Kriterien für die Prüfung und Bewertung der Sicherheit von Informationstechnik"** *(common criteria)* sind schließlich in der Version 2.0 im Jahr 1998 unter Beteiligung Deutschlands, Frankreichs, Großbritanniens, Kanadas, der Niederlande und der USA abschließend fertiggestellt worden. In der Version 2.1 (2000) sind die Common Criteria durch die ISO unter der Nummer 15408 ein internationaler Standard geworden. Die Common Criteria führen sog. Schutzprofile ein. Diese werden von Anwendergruppen geschrieben und definieren die IT-Sicherheitsfunktionalität von Produktgruppen. Bekannt ist das Controlled Access Protection Profile der NSA in der Version 1.d vom Oktober 1999: Es ist die Basis der Evaluierung für Microsoft Windows 2000.

Der **Britisch Standard (BS) 7799** (auch als ISO/IEC 17799 genormt) befasst sich vorrangig mit dem Aufbau eines IT-Sicherheitsmanagements und seiner Verankerung in der Unternehmensorganisation. In diesem Standard finden sich keine detaillierten Umsetzungshinweise, aber übergreifende allgemeine Organisationsanforderungen, die unter den konkreten Anwendungsbedingungen präzisiert werden müssen. Der Schwerpunkt liegt in der Beschreibung des IT-Sicherheitsmanagementsystems. Es wird dargestellt, „was" gemacht werden soll, jedoch nicht „wie". Der Standard enthält weder konkrete Sicherheitsmaßnahmen noch die Beschreibung möglicher Vorgehensweisen. Im Unterschied zu dem eben skizzierten BS 7799 beschreibt der **deutsche BSI-IT-Grundschutzkatalog** detailliert Standardsicherheitsmaßnahmen,

---

[52] Spezielle Konfigurationsvorgaben müssen erfüllt sein und der Rechner darf keinerlei Netzwerkfunktionalität haben.
[53] Errichtungsgesetz BSIG v. 17.12.1990 (BGBl. I, S. 2834).

die praktisch für jedes IT-System zu beachten sind. Anhand von ausführlichen Checklisten kann eine IT-Sicherheitsanalyse im Unternehmen durchgeführt werden, um dann die geeigneten Sicherheitsmaßnahmen auszuwählen und umzusetzen. Der IT-Grundschutzkatalog besteht aus folgenden Teilen:
- **Einstieg und Vorgehensweise:** Konzeption und Vorgehensweise zur Erstellung eines Sicherheitskonzepts
- **Informationssicherheitsmanagement:** Planung- und Lenkungsaufgaben zum Aufbau eines Sicherheitsmanagements
- **Bausteine:** Bausteine für IT-Sicherheit, gegliedert in
    - übergreifende Aspekte der Informationssicherheit
    - Sicherheit der Infrastruktur
    - Sicherheit der IT-Systeme
    - Sicherheit im Netz
    - Sicherheit in Anwendungen
- **Gefährdungskatalog:** Beschreibung der Gefährdungen, die in den Bausteinen angenommen wurden, insbesondere höhere Gewalt, organisatorische Mängel, menschliche Fehlhandlungen, technisches Versagen und vorsätzliche Handlungen
- **Maßnahmenkatalog:** konkrete Maßnahmen, die in den Bausteinen eingesetzt werden, gegliedert in
    - Infrastruktur
    - Organisation
    - Personal
    - Hard- und Software
    - Kommunikation
    - Notfallvorsorge
- **Hilfsmittel:** Checklisten, Formulare, Muster etc.

Der IT-Grundschutzkatalog wird regelmäßig aktualisiert und an neuere technische Entwicklungen angepasst. Die aktuellste Ausgabe[54] zur Drucklegung ist die 15. Ergänzungslieferung des IT-Grundschutzkatalogs. Ein Unternehmen kann sich die Konformität seiner Maßnahmen durch das BSI bestätigen lassen **(IT-Grundschutz-Zertifikat).**[55] Eine Modernisierung des Grundschutzes durch das BSI[56] soll insbesondere die bisherigen Kritikpunkte beseitigen. So wird der IT-Grundschutz in Zukunft eine **Basisabsicherung** enthalten, die als Einstieg in das IT-Sicherheitsmanagement

---
54 BSI, IT-Grundschutz Katalog – 15. Ergänzungslieferung – 2016 (Stand 2016), unter: https://download.gsb.bund.de/BSI/ITGSK/IT-Grundschutz-Kataloge_2016_EL15_DE.pdf (letzter Abruf 01.01.2017).
55 Vgl. Verordnung der Erteilung des Sicherheitszertifikats durch das BSI v. 07.07.1992, BGBl. I, 1230.
56 BSI, Die Modernisierung des IT-Grundschutzes – Informationssicherheit im Cyber-Raum – aktuell, flexibel, praxisnah, BSI-Fbl16/CK01, 2016.

mit geringem Aufwand realisierbar ist. Dies begegnet bisherigen Vorwürfen insbesondere aus dem Mittelstand, dass die Einführung eines IT-Grundschutzes in mittelständischen Unternehmen unverhältnismäßig viele Ressourcen bündelt. Die **Standardabsicherung** wird weitestgehend dem bisherigen BSI-Grundschutz nach BSI-Standard 100-2 entsprechen und eine ISO 27001 Zertifizierung ermöglichen. Schließlich wird eine zusätzliche neue Absicherung, die **Kernabsicherung,** für eine kleine Anzahl von Daten und Systemen mit hohem Schutzbedarf eingeführt. Dies begegnet Kritik am bisherigen IT-Grundschutz, dass das erreichte Schutzniveau zwar umfassend, aber für einzelne Bereiche zu niedrig ist.

Ebenso werden aktuell die bisherigen Bausteine des BSI-Grundschutzes überarbeitet und um neue Themen wie ICS, Detektion und Reaktion erweitert. Dies begegnet Kritik an veralteten Bausteinen sowie fehlenden Bausteinen für aktuell relevante Themenbereiche. Auch die Prozesse zur Erstellung von Bausteinen sollen angepasst werden, sodass Bausteine schneller veröffentlicht und aktualisiert werden. Schließlich werden mit der Modernisierung des Grundschutzes sog. „**IT-Grundschutz-Profile**" eingeführt, die notwendige Anpassungen des IT-Grundschutzes für typische Anwendergruppen schablonenhaft darstellen. Hiermit soll Kritik am bisherigen IT-Grundschutz begegnet werden, dass der IT-Grundschutz in konkreten Szenarien schwierig anzuwenden ist. Zusammenfassend kann gesagt werden, dass das BSI mit der Modernisierung des IT-Grundschutzes Anregungen und Kritikpunkte aus der Praxis aufnimmt und so umsetzt, dass der IT-Grundschutz in Zukunft noch einfacher und von einer breiteren Masse an Nutzern umsetzbar sein wird. Das BSI wird damit der Rolle gerecht, die es angesichts der zunehmenden Bedrohungen aktueller IT-Systeme in Deutschland hat.

5.3.1 Vorgehensweise bei einem IT-Sicherheitskonzept

Ein Sicherheitskonzept muss immer an die konkreten Umstände angepasst werden. Bei einem datenschutzbezogenen Konzept empfiehlt sich unter Einbeziehung der Sicherheitsstandards des BSI folgende Vorgehensweise:
- Bewertung der zu schützenden Daten (Art und Brisanz der Daten, Zweck und Bedeutung ihrer Verarbeitung)
- Analyse der Anforderungen (Rahmenbedingungen)
- Ermittlung der Bedrohungen
- Bewerten der konkreten Risiken unter Berücksichtigung der Eintrittswahrscheinlichkeiten der Bedrohungen
- Ermittlung möglicher Maßnahmen
- Bewertung der Maßnahmen
- Nutzwert-Analyse
- Auswahl, Abstimmung und Implementierung
- Kontrolle (DSB/Revision/Zertifikat/Audit)

Wie bereits ausgeführt bewegen sich die **Ziele** der IT-Sicherheit auch im Dienst des Persönlichkeitsschutzes in den klassischen Bereichen: Vertraulichkeit, Integrität und Authentizität, Verfügbarkeit und Kontrollierbarkeit der personenbezogenen Daten. Hersteller und Entwickler von Hard- und Software befassen sich mit den Anforderungen.

5.3.2 Allgemeine Ziele der IT-Sicherheit

Zu den allgemeinen Zielen der IT-Sicherheit zählen zunächst einmal Wahrung von **Vertraulichkeit, Integrität und Authentizität.**

Vertraulichkeit bedeutet in der IT-Sicherheit, dass kein unautorisierter Erkenntnisgewinn geschehen darf, d. h. nur autorisierte Nutzer dürfen die Möglichkeit haben, im Rahmen ihrer Befugnisse auf personenbezogene Daten zuzugreifen. Die Vertraulichkeit bezieht sich sowohl auf gespeicherte als auch auf solche Daten, die in Netzwerken übertragen werden. Zur Realisierung der Vertraulichkeit können folgende Maßnahmen eingesetzt werden:
- Schutz gespeicherter oder übertragener Daten vor unbefugter Einsichtnahme (z. B. durch Verschlüsselung)
- Zutrittskontrolle durch bauliche Maßnahmen
- Nutzerauthentifikation und -identifikation in Kombination mit Autorisierung zum Zugriff
- Rechteverwaltung
- Wiederaufbereitung von freigegebenen Speicherbereichen, physikalisches Löschen oder Überschreiben
- Klassifikation von Dokumenten in Kombination mit Vorschriften zum Umgang mit Dokumenten aus einer Klasse, bspw. Einteilung aller Dokumente in die Klassen „Internal use only", „Confidential", „Secret" und „Top Secret" sowie Vorgaben wie z. B. Dokumente der Klasse Confidential dürfen nur mittels verschlüsselter E-Mail versendet werden.

Unter das Sicherheitsziel **Integrität** fällt die Unversehrtheit von gespeicherten oder übertragenen Daten und Programmen. Eine Veränderung von Daten, Programmen oder Systemen darf nur durch berechtigte Nutzer erfolgen bzw. unautorisierte Veränderungen dürfen nicht unbemerkt erfolgen können. Das Einschleusen von Viren, Würmern und Trojanischen Pferden muss verhindert werden. Integrität meint also den Schutz vor beabsichtigter oder unbeabsichtigter Veränderung, unabhängig davon, ob es sich um gespeicherte oder übertragene Daten handelt. Hierbei sei jedoch darauf hingewiesen, dass in der IT-Sicherheit die eigentliche Manipulation der Daten nicht verhindert wird, da dies oft nicht möglich ist, z. B. bei der Übertragung über öffentliche Netze. Jedoch wird sichergestellt, dass Manipulationen erkannt und manipulierte Nachrichten nicht akzeptiert werden.

Maßnahmen zur Wahrung der Integrität von Daten und Programmen sind all diejenigen, die eine unbefugte Manipulation des Systems oder der Daten vermeiden bzw. dazu führen, dass Veränderungen bemerkt werden können. Dies kann etwa erfolgen durch:
- kryptografische Maßnahmen (z. B. Message Authentication Code, digitale Signatur),
- Fernladen der Programme von einem sicheren System (z. B. einem besonders gesicherten Server),
- Zugangskontrollen zu Rechnern, Datenträgern und Datenleitungen, Rechtevergabe und ,
- regelmäßige Überprüfung der Systemintegrität durch Virenscanner,
- Einsatz einer Trusted-Computing-Plattform.

Authentizität meint die nachweisbare Bindung von Daten an eine Identität, z. B. den Absender. In vielen Fällen schließt Authentizität bereits Integrität ein. Sie wird sichergestellt durch
- digitale Signatur zum Nachweis der Echtheit eines Dokuments und der eindeutigen Zuordnung zum Unterzeichner durch ein digitales Zertifikat,
- Message Authentication Code (z. B. HMAC),
- alle anderen Maßnahmen zur Authentifikation von Rechnern, Programmen, Nutzern und Daten.

Weitere Ziele der IT-Sicherheit sind **Verfügbarkeit** und **Kontrollierbarkeit**.

Verfügbarkeit heißt, dass keine unautorisierte Beeinträchtigung von durch ein System angebotenen Diensten möglich ist. Das beinhaltet die Sicherung vor Verlusten und Ausfällen. Einzelne Maßnahmen zur Gewährleistung der Verfügbarkeit sind:
- bauliche Maßnahmen,
- Schutz vor unbefugtem Löschen (durch Vergabe von Zugriffsrechten),
- Maßnahmen zur Fehlererkennung und Fehlerkorrektur,
- redundante Systeme oder Systemkomponenten (z. B. Spiegelplatten, RAID-Systeme, redundante Server),
- Sicherheitskopien (Backup) zur schnellen Wiederherstellung von zerstörten Daten,
- Verwendung von Captchas (Bild mit verzerrter Ziffern- und Zahlenfolge, welche von einem Benutzer eingegeben werden muss) für den Zugang zu rechenintensiven Diensten, um automatisierte Angriffe durch Botnetze zu verhindern.

Kontrollierbarkeit bedeutet, Instrumentarien zu schaffen, um die Ordnungsmäßigkeit der Datenverarbeitung (z. B. durch die Revision) zu prüfen. Dies kann sowohl durch organisatorische als auch durch technische Maßnahmen geschehen:
- Protokollierung,
- technische Sicherstellung der Ordnungsmäßigkeit.

Im Folgenden sollen einige aktuelle technische Sicherungsmaßnahmen näher beschrieben und eingeschätzt werden.

5.3.2.1 Firewalls

Firewalls fungieren als „virtuelle Pförtner" am Übergang von Netzen oder Subnetzen. Dort kontrollieren sie den ein- und ausgehenden Datenverkehr nach vorgegebenen Regeln. Genau wie bei einem richtigen Pförtner ist die Kontrolltiefe je nach Firewalltyp unterschiedlich.

Ein **Paketfilter** als einfachste Form einer Firewall überprüft auf Basis von IP-Adressen und Portnummern, ob der Datenverkehr erlaubt ist oder nicht. Dieses Verfahren ist sehr schnell, hat aber klare Grenzen. Viele Router[57] haben heute die Möglichkeit, gleichzeitig auch als Paketfilter zu fungieren. Diese Fähigkeit der Router dient der Sicherheit.

Eine **Firewall mit Stateful Inspection** baut Tabellen auf, in denen aktive Verbindungen eingetragen werden. Es werden dann nur noch Pakete durchgelassen, die aufgrund dieser Tabelleneinträge einer bestehenden Verbindung zugeordnet werden können. Nur noch das erste Paket einer Verbindung muss nach den Paketfilterregeln überprüft werden.

Beide Firewalltypen können nicht feststellen, ob über eine Verbindung auch ein zur Portnummer passender Dienst läuft. Technisch ist es jedenfalls kein Problem, z. B. über Port 80 (http[58]) einen anderen Dienst (z. B. telnet[59], eigentlich Port 23) auszuführen.

Eine weitergehende Kontrolle von Datenverkehr bieten sog. **Application Gateways:** Sie analysieren den Datenverkehr einzelner Anwendungen und ermöglichen eine feingranulare Kontrolle basierend auf den übermittelten Anwendungsdaten. Jedoch wird für jede Anwendungsklasse ein eigenes Application Gateway benötigt.

Für den Einsatz von Firewalls in Netzwerken gibt es viele mögliche Konfigurationen. Abbildung 5.5 zeigt ein weit verbreitetes, klassisches Beispiel. Die Firewall unterscheidet zwischen internen und externen Netzen. Gleichzeitig wird eine **neutrale Zone (DMZ = demilitarisierte Zone)** eingerichtet, in der die Server aufgestellt werden, die aus dem externen Netz erreicht werden müssen. Damit sind diese Server durch die Firewall geschützt, aber einem Angreifer, der in eines dieser Systeme einbricht, ist noch kein Zugriff auf das interne Netz möglich. Die Trennung von DMZ und internem Netz ermöglicht es, striktere Filterregeln an den Netzgrenzen einzusetzen, da mehr über die verwendeten Dienste bekannt ist.

---

57 Router vermitteln die Datenpakete zwischen unterschiedlichen Netzen. Sie bilden die Kerninfrastruktur des Internet.
58 Hypertext Transfer Protocol, das Internetprotokoll für die Übertragung von Webseiten.
59 Terminalprotokoll zur Bedienung eines entfernten Rechners.

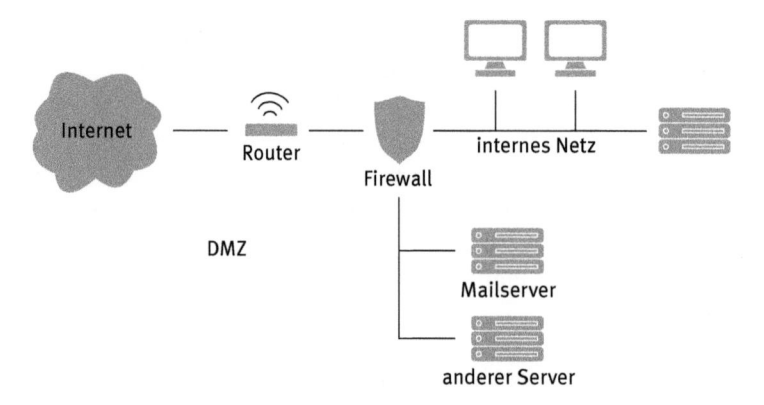

Abb. 5.5: Typische Firewallkonfiguration.

Firewalls bieten keine absolute Sicherheit. Insbesondere erkennen sie keine Angriffe, die im Inneren der Firma (hinter der Firewall) stattfinden, da dieser Datenverkehr die Firewall nicht passieren muss. Zunehmend erlauben es Firmen Ihren Mitarbeitern, im Rahmen von **„Bring-your-own-Device-Programmen"** mit privaten Rechnern im Firmennetz zu arbeiten. Dieser Trend erfordert es, Firewalls auch innerhalb des eigenen Firmennetzes einzusetzen z. B. zur Abschottung einzelner Abteilungen. Es ist zu beobachten, dass das Paradigma „Perimeterschutz" (Schutzmaßnahmen an der Grenze des eigenen Netzes) zunehmend vom **Paradigma „Defence in Depth"** (Schutzmaßnahmen überall im Netz und auf verschiedenen Stufen) abgelöst wird.

Firewalls sind nicht in der Lage, verschlüsselten Datenverkehr zu kontrollieren. Hierbei spielt es keine Rolle, ob es sich um die Dienste https[60], ssh[61] oder pptp[62] und IPsec[63] handelt. Deshalb muss beim Einsatz entsprechender Protokolle mit Verschlüsselung darauf geachtet werden, dass die Daten entschlüsselt werden, bevor sie die Firewall passieren. Verschlüsselte Tunnel können einfach umgesetzt werden. Bei der Endanwenderverschlüsselung, z. B. Mailverschlüsselung mit OpenPGP oder S/MIME, ist dies technisch aufwändig. Es wird allerdings teilweise von Unternehmen zum Schutz vor Spionage gefordert. Wenn die Daten vor der Firewall entschlüsselt werden, kann der Schlüssel nicht mehr im alleinigen Besitz des Endverbrauchers (z. B. des Empfängers einer E-Mail) sein.

Der aktuelle Trend besteht darin, immer mehr Dienste über Port 80 (http) zu leiten. Da dieser in vielen Firewalls geöffnet ist, konterkarieren solche Konzepte den Schutzmechanismus Firewall. In diesen Fällen muss ein Application Gateway aufwändig den Datenverkehr auf seine Inhalte kontrollieren.

---

[60] Sicheres http, genauer: http über SSL (Secure Socket Layer).
[61] Secure Shell, eine sichere Alternative zu telnet.
[62] Point-to-point tunneling protocol.
[63] IP Secure, Protokoll zum vertraulichen und authentischen Transport von IP-Paketen.

Aufgrund der zunehmenden Bedeutung von Web-Anwendungen (siehe Abschnitt 5.1.9) und der gleichbleibend schlechten Softwarequalität (siehe Abschnitt 5.1.5) kommt einer Klasse von Firewalls, den **Web Application Firewalls**, eine große Bedeutung zu. Web Application Firewalls[64] überwachen dabei den Datenverkehr zu Web-Anwendungen auf Anwendungsschicht und vermeiden eine große Anzahl von Angriffsklassen (siehe z. B. OWASP Top 10[65]).

5.3.3 Intrusion Detection

Angriffe auf Sicherheitsmaßnahmen sollen entdeckt werden können. Aus diesem Grunde werden **Einbruchserkennungswerkzeuge (sog. Intrusion Detection Systems – IDS)** eingesetzt. Man unterscheidet zwischen netzwerkbasierten und hostbasierten IDS. In gewissem Sinne ist ein netzwerkbasiertes IDS die Erweiterung des Virenscannens auf das interne Netz. Ein Virenscanner untersucht jede Datei der Festplatte auf Zeichenfolgen, die einem Virus zuzuordnen sind. Ein IDS untersucht jedes Datenpaket im Netz auf Zeichenfolgen, die einem Angriff zuzuordnen sind. Hierzu ist ein Mitlesen des gesamten Netzwerkverkehrs erforderlich.

In aktuellen, strukturiert verkabelten Netzen ist es mitunter schwierig, eine Stelle zu finden, an der der komplette Datenverkehr überwacht werden kann. Hier sind mehrere „Messpunkte" erforderlich. Wichtige Messpunkte liegen unmittelbar hinter der Firewall und vor den internen Servern. Nahe an der Firewall kann der gesamte ein- und auslaufende Datenverkehr beobachtet werden. An Messpunkten vor den internen Servern kann man Angriffe entdecken, die aus dem internen Netz kommen.

Beim **hostbasierten IDS** werden die Log-Dateien in Echtzeit ausgewertet, um Angriffsspuren zu finden. Viele Anwendungen protokollieren *(loggen)* relevante Ereignisse, sodass auf ohnehin vorhandene Daten zurückgegriffen werden kann. Der Nachteil dieser Methode ist, dass der Angriff bereits stattgefunden hat, wenn seine Spuren in der Log-Datei erscheinen.

5.3.4 Verschlüsselung

Der Datenschutz fordert den **Schutz der Vertraulichkeit und Integrität der personenbezogenen Daten.** Da technisch nicht immer ausgeschlossen werden kann, dass

---

[64] Pohl/Hof, The All Seeing Eye and Apate: Bridging the Gap between IDS and Honeypots, in: International Journal On Advances in Security (2016), Vol. 9, No. 1&2, S. 1–13; Pohl/Hof, The All-Seeing Eye: A Massive-Multi-Sensor Zero-Configuration Intrusion Detection System for Web Applications, The Seventh International Conference on Emerging Security Information, Systems and Technologies, Barcelona, Spanien, S. 66–71.
[65] Unter: https://www.owasp.org/index.php/Top_10_2013 (letzter Abruf 01.01.2017).

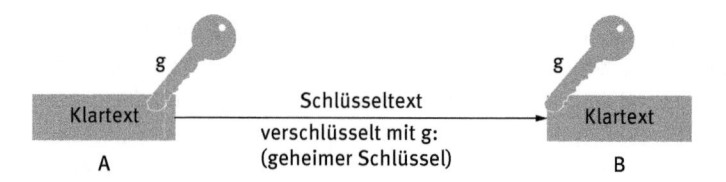

Abb. 5.6: Symmetrische Verschlüsselung.

Unbefugte Zugriff auf Datenströme oder Dateien haben, muss sichergestellt werden, dass sie trotz Zugriff den Inhalt nicht in Erfahrung bringen können. Dies ist insbesondere dann der Fall, wenn Daten über öffentliche Netze wie das Internet übertragen werden. Die klassische Methode, dies sicherzustellen, ist der Einsatz von Verschlüsselungsverfahren (zum Schutz der Vertraulichkeit) in Kombination mit digitalen Signaturen oder Message Authentification Codes (zum Schutz der Integrität).

Verschlüsselungstechnik galt viele Jahre als eine Domäne für Geheimdienste. Heute ist die Verschlüsselungstechnik ein Teilgebiet der modernen Mathematik und damit auch Gegenstand einer freien wissenschaftlichen Forschung.

Um verantwortungsvoll mit Verschlüsselungsverfahren umgehen zu können, muss der Einzelne einige grundlegende Kenntnisse über die Verfahren haben. Dabei geht es nicht um ein mathematisches Verständnis, sondern um ein Wissen um die Art der Benutzung, z. B. um den Unterschied zwischen öffentlichen *(public)* und privaten *(private)* Schlüsseln und den richtigen Umgang mit diesen Schlüsseln.

5.3.4.1 Symmetrische Verfahren

Die klassischen Verschlüsselungsverfahren nutzen für die Verschlüsselung und die Entschlüsselung den gleichen Schlüssel (**symmetrische Verfahren)** (siehe Abb. 5.6). Der Schlüssel muss bei symmetrischen Verfahren geheim gehalten werden und jedes Paar aus Sender und Empfänger benötigt einen eigenen Schlüssel. Aus diesem Grund skalieren symmetrische Verschlüsselungsalgorithmen schlecht in Fällen, in denen viele Sender und Empfänger von zu verschlüsselnden Nachrichten existieren. Ein weiteres Problem stellt der Schlüsselaustausch dar, da der verwendete Schlüssel jederzeit geheim gehalten werden muss.

Bekannte symmetrische Verschlüsselungsalgorithmen sind DES, 3DES, und AES.[66] Heutzutage ist der Einsatz von AES zu empfehlen.

AES ist ein aktueller Verschlüsselungsalgorithmus, der von 1997 bis 2001 von der NSA in einem offenen und transparenten Wettbewerb als DES-Nachfolger ermittelt wurde. Er gilt derzeit als sicher. Empfehlungen für kryptografische Algorithmen und zu verwendende Schlüssellängen werden regelmäßig vom Bundesamt für Sicher-

---

[66] Schneier, Applied Cryptography: Protocols, Algorithms and Source Code (2. A. 1996).

heit in der Informationstechnik (BSI) ausgesprochen.[67] Es empfiehlt sich sehr, diese Empfehlungen bei der Auswahl und Konfiguration kryptografischer Algorithmen zu berücksichtigen. Die verwendete Schlüssellänge bestimmt maßgeblich die Sicherheit der Verschlüsselung mit.

5.3.4.2 Asymmetrische Verschlüsselungsverfahren

Bei den **asymmetrischen Verfahren** werden für die Verschlüsselung und für die Entschlüsselung verschiedene Schlüssel verwendet (siehe Abb. 5.7). Die beiden Schlüssel gehören zusammen und werden nicht vom Anwender ausgewählt, sondern mit einigem mathematischen Aufwand berechnet. 1977 publizierten Rivest, Shamir und Adleman das bisher berühmteste asymmetrische Kryptosystem: den RSA-Algorithmus. Möchte ein Sender eine Nachricht an einen Empfänger senden, so verwendet er für die Verschlüsselung den öffentlichen Schlüssel des Empfängers. Möchte der Empfänger die Nachricht entschlüsseln, so verwendet er dazu seinen eigenen privaten Schlüssel, welcher geheim gehalten werden muss. Öffentliche Schlüssel können publiziert werden und jeder Empfänger benötigt lediglich einen einzigen öffentlichen Schlüssel, der von allen Sendern verwendet werden kann. Aus diesem Grund skalieren asymmetrische Verschlüsselungsverfahren deutlich besser als symmetrische Verschlüsselungsverfahren bei steigender Zahl von Sendern und Empfängern. Auch das Schlüsselaustauschproblem ist abgeschwächt, da der öffentliche Schlüssel nicht geheim gehalten werden muss. Jedoch kommt einem authentischen Schlüsselaustausch eine große Bedeutung bei.

In der praktischen Anwendung ist der RSA-Algorithmus zum Verschlüsseln großer Textmengen viel zu langsam. Außerdem tendiert er dazu, beim Verschlüsseln die Datenmenge im Mittel zu vergrößern. Deshalb werden in der Praxis fast immer hybride Verschlüsselungsverfahren eingesetzt. Dabei werden die Daten mit einem symmetrischen Algorithmus verschlüsselt. Als Schlüssel wird dabei ein zufällig generierter sog. Sitzungsschlüssel verwendet. Lediglich dieser Sitzungsschlüssel wird mit dem RSA-Verfahren und dem öffentlichen Schlüssel des Empfängers verschlüsselt. Sowohl der verschlüsselte Sitzungsschlüssel als auch die mit dem Sitzungsschlüssel verschlüssel-

Abb. 5.7: Asymmetrische Verschlüsselung.

---

67 BSI, Kryptographische Verfahren: Empfehlungen und Schlüssellängen, BSI TR-02102-1, 2016.

ten Daten werden an den Empfänger übermittelt. Dieser entschlüsselt mit seinem privaten Schüssel und dem asymmetrischen Entschlüsselungsverfahren den Sitzungsschlüssel und entschlüsselt dann mit dem Sitzungsschlüssel die eigentlichen Daten.

Bei diesem Hybridverfahren wird die Geschwindigkeit eines symmetrischen Verfahrens mit den Vorteilen eines asymmetrischen Verfahrens kombiniert, insbesondere der besseren Skalierung und dem vereinfachten Schlüsselaustausch.

Große Sorgfalt muss bei der **Generierung der Sitzungsschlüssel** angewandt werden. Normalerweise werden die Sitzungsschlüssel über **Pseudo-Zufallszahlengeneratoren** erzeugt. Werden kryptografisch schlechte, d. h. vorhersagbare, Pseudozufallszahlengeneratoren verwendet, kann der Sitzungsschlüssel durch Ausprobieren ermittelt werden. Dann ist es unter Umständen sehr einfach, eine Nachricht zu entschlüsseln. Ein typisches Beispiel ist das Erzeugen des Sitzungsschlüssels aus der Systemzeit eines Rechners. Wird eine E-Mail mit einem solchen Sitzungsschlüssel verschlüsselt, dann kann über das Absendedatum der E-Mail die ungefähre Systemzeit und damit der Sitzungsschlüssel bestimmt werden. Es muss nicht mehr der gesamte Schlüsselraum (z. B. 2^{128} Schlüssel) durchsucht werden, sondern nur einige Zehntausend Schlüssel. Und das ist mittels schneller Rechner kein Problem mehr.

Neben RSA werden heutzutage oft auch asymmetrische Algorithmen auf Basis von **Elliptischen Kurven** verwendet. Das BSI veröffentlicht regelmäßig Empfehlungen zum Einsatz von asymmetrischen Algorithmen sowie zur Konfiguration dieser Algorithmen (z. B. empfohlene Schlüssellängen). Es empfiehlt sich, diese Empfehlungen regelmäßig zu konsultieren, gerade im Hinblick auf Fortschritt bei der Entwicklung des Quantencomputers (siehe Kap. 5.1.14).

5.3.4.3 Digitale Signaturen

Um sicherzustellen, dass eine Nachricht nicht verändert worden ist, wird eine Nachricht digital signiert. Die **digitale Signatur** verwendet ebenfalls ein asymmetrisches Verfahren, das einen öffentlichen Schlüssel und einen privaten Schlüssel verwendet (siehe Abb. 5.8). Ein Nutzer erzeugt eine digitale Unterschrift mit seinem eigenen privaten Schlüssel. Andere Nutzer können die Unterschrift mit dem öffentlichen Schlüssel des Unterschreibenden überprüfen. In vielen Fällen soll eine digitale Signatur eindeutig einer Person zuordenbar sein. Deshalb wird eine Zuordnung zwischen einer Identität (Unterschreibender) und dem öffentlichen Schlüssel des Unterschreibenden, die zur Prüfung der Unterschrift verwendet wird, benötigt. Eine solche Zuordnung zwischen einer Identität und einem öffentlichen Schlüssel bieten digitale Zertifikate.

Auch bei der digitalen Signatur wird aus Geschwindigkeitsgründen ähnlich wie bei den Hybridverfahren gearbeitet.

Dazu wird ein sog. Hashwert der Nachricht berechnet. Dies ist eine Art **digitaler Fingerabdruck** der Nachricht. Und nur dieser Fingerabdruck wird mit dem privaten Schlüssel des Absenders verschlüsselt. Hash-Werte werden über eine **Hash-Funktion** berechnet. Eine Hash-Funktion ist eine kryptografische Einwegfunktion, d. h. mit rea-

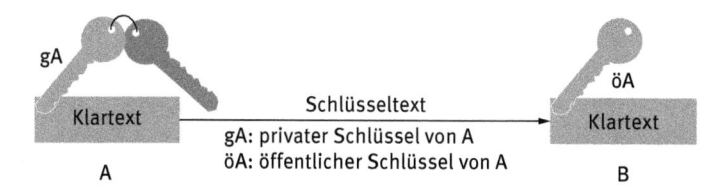

Abb. 5.8: Elektronische Unterschrift.

listischem Aufwand ist es nicht möglich, zu einem Hash-Wert einen zweiten Ausgangstext zu finden, der den gleichen Hash-Wert erzeugt. Durch diese Eigenschaft kommt die Verwendung als Fingerabdruck eines zu unterzeichnenden Dokuments zustande.

Theoretisch ist es zwar möglich, eine zweite Nachricht zu finden, die den gleichen Hash-Wert hat; dies ist aber mit großem Aufwand verbunden. Kleine Veränderungen an der Nachricht führen immer zu einem anderen Hash-Wert. Jeder kann nun, indem er den Hash-Wert erneut berechnet, und ihn mit dem entschlüsselten Hash-Wert vergleicht (möglich mit dem öffentlichen Schlüssel des Absenders), die Unversehrtheit und die Urheberschaft der Nachricht überprüfen (siehe Abb. 5.9). Dieses Verfahren wird auch „Digitale Signatur" genannt.

Ein weiterer Vorteil dieser Signaturverfahren über den Hash-Wert ist die Unversehrtheit der Nachricht. Die Signatur kann unabhängig von der Nachricht gespeichert werden. Damit ist sichergestellt, dass die Nachricht trotz Signatur noch ohne Hilfsmittel gelesen werden kann.

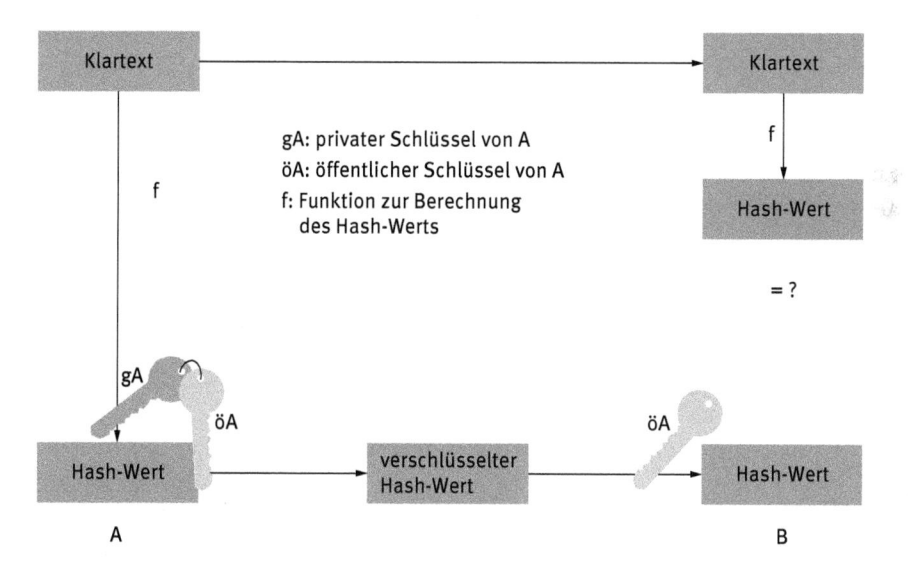

Abb. 5.9: Digitale Signatur.

5.3.4.4 Verschlüsselung in der Praxis

Früher war das Verbot bzw. eine umfassende Regulierung des Zugriffs auf starke Verschlüsselungsverfahren ein Weg, um vertrauliche Nachrichten zu kontrollieren. Spätestens seitdem Software aus dem Internet heruntergeladen werden kann, lassen sich derartige Regelungen ebenso wie ausgefeilte In- und Exportverbote nur noch unzureichend umsetzen, auch wenn die Regelungen teilweise noch rechtlichen Bestand haben. Wenn Unternehmer vertrauliche Korrespondenz an potenzielle Kunden oder Bürgerrechtler in autoritären Regimes Nachrichten in der Weltöffentlichkeit verbreiten wollen, dann sind sie auf die Nutzung von effektiven Verschlüsselungsverfahren angewiesen. Zu der Software, mit der E-Mails effektiv verschlüsselt werden können, gehört einerseits der **Open-PGP-Standard** und andererseits der **S/Mime-Standard**, der in vielen E-Mail-Programmen fest eingebaut ist. In beiden Standards wird auch das **digitale Signieren der E-Mails** unterstützt.

Die **Verschlüsselung von Dateien** ist auf viele Arten möglich. Einen Standard gibt es nicht. Eine verschlüsselte Dateiablage ist in vielen Bereichen üblich. Allerdings ist eine sorgfältige Planung mit geeigneten **Zugriffskonzepten** erforderlich, damit nicht versehentlich die eigenen Daten ausgesperrt werden. In Unternehmen müssen Zugriffsmöglichkeiten für den Fall des Todes oder des Ausscheidens eines Mitarbeiters existieren.

Oft werden nicht einzelne Dateien verschlüsselt, sondern es werden sog. **verschlüsselte Container** erzeugt. Diese Container lassen sich in das Betriebssystem ähnlich einem Laufwerk einbinden und verschlüsseln auf diesem Laufwerk abgelegte Daten transparent. Einen Schritt weiter geht Festplattenverschlüsselung: Alle Daten, die auf die Festplatte geschrieben werden, werden automatisch und transparent verschlüsselt. Eine bekannte Software zur Festplattenverschlüsselung ist BitLocker. Betriebssysteme wie Apple Mac OS X oder Windows 10 bringen bereits eine Festplattenverschlüsselung mit. Festplattenverschlüsselung ist eine einfache, umfangreiche und komfortable Schutzmaßnahme und heute unbedingt zu empfehlen, insbesondere bei mobilen Systemen, die einer erhöhten Diebstahlgefahr ausgesetzt sind. Performanceverluste durch die Verschlüsselung fallen auf aktuellen Systemen bei der täglichen Arbeit nicht weiter ins Gewicht. In aktuellen iPhones werden bspw. alle gespeicherten Daten automatisch verschlüsselt. Da die Verschlüsselung in Hardware realisiert wurde, sind die Performanceeinbußen marginal.

Die **Verschlüsselung des Netzwerkverkehrs** ist u. a. durch **SSL/TLS, Secure Shell (SSH)** und **IPsec** möglich. Secure Shell ist das Standardwerkzeug der Systemadministratoren, um aus der Ferne Unix- und Linux-Rechner zu warten. Telearbeitsplätze erhalten über IPsec-verschlüsselte Verbindungen Zugriff auf die EDV-Ressourcen der Firma. Beim Internetbanking oder -shopping kommen https-verschlüsselte Verbindungen infrage – dabei wird das Protokoll http über eine verschlüsselte SSL/TLS-Verbindung transportiert. Zur Überprüfung der Echtheit von Webseiten setzt https **Zertifikate** ein. Diese Zertifikate werden von **Zertifizierungs-**

stellen für **Webseitenbetreiber** ausgegeben. Die Deutsche Telekom betreibt z. B. solch eine Zertifizierungsstelle. Gängige Browser sind bereits mit einer Anzahl vertrauenswürdiger Zertifizierungsstellen vorkonfiguriert, was das Sicherheitskonzept schwächt, da ein Angriff auf eine einzige Zertifizierungsstelle ausreichen kann, um die Webseiten-Authentifizierung zu unterlaufen. Bei einem Angriff[68] auf die Zertifizierungsstellen DigiNotar gelang es einem Angreifer, Zertifikate für beliebige Webseiten zu erstellen. Die Echtheitsüberprüfung wurde damit unterlaufen. Heute werden zusätzliche Schutzmaßnahmen wie z. B. **Certificate Pinning** eingesetzt, um solche Angriffe zu verhindern. Beim Certificate Pinning wird das erste gültige , das eine Webseite sendet, für zukünftige Zugriffe auf diese Webseite gespeichert. Präsentiert die Webseite in der Zukunft ein anderes Zertifikat, so wird eine Warnung erzeugt.

5.3.5 Biometrie

Herkömmliche Authentisierungsverfahren beruhen entweder auf dem Wissen eines Geheimnisses (Passwort, PIN) oder dem Besitz eines Gegenstandes (Schlüssel, Chipkarte, RSA-Token). Sowohl Wissen als auch Besitz kann weitergegeben, gestohlen oder verloren werden. Biometrische Verfahren versuchen dagegen die physiologischen oder verhaltenstypischen besonderen Merkmale **(biometrische Daten)** einer Person zu erfassen. Sie werden insbesondere im Zusammenhang mit Ausweisdokumenten diskutiert oder bereits eingesetzt.

Folgende Eigenschaften müssen erfüllt sein, damit ein biometrisches Merkmal für ein biometrisches Verfahren eingesetzt werden kann:
- **Universalität:** Jeder verfügt über das Merkmal.
- **Eindeutigkeit:** Das Merkmal ist für jede Person verschieden.
- **Beständigkeit:** Das Merkmal ändert sich nicht.
- **Erfassbarkeit: Das** Merkmal muss mit Sensoren quantitativ erfassbar sein.
- **Performance**: Genauigkeit und Geschwindigkeit
- **Akzeptanz** durch Nutzer
- **Fälschungssicherheit**

Diskutiert wird der Einsatz einzelner biometrischer Verfahren bzw. deren Kombination:
- **Fingerabdruckverfahren** (Handgeometrie-, Handvenenmuster): Im Rahmen von kriminaltechnischen Verfahren werden etwa das Muster der Hautleisten auf den Fingerkuppen aufgenommen und die Verzweigungs- und Endpunte der Linien (Minutien) analysiert.

---

[68] Kunz, iX 04/2012, S. 88 ff.

- **Iris- oder Retinaerkennung:** Das Muster auf dem Gewebe um die Pupille (Iris) gilt als eindeutig und ist für die Identifizierung einer Person geeignet. Aufnahmen des Augenhintergrunds (Retina) lassen Hinweise auf Krankheiten wie Diabetes, Bluthochdruck usw. zu. Es handelt sich also um sensitive Daten.
- **Gesichtserkennungsverfahren:** Hier handelt es sich um die optische Vermessung der Geometrie des Gesichts z. B. Augenabstand, Größe der Nase. Bei passiven Verfahren ist es immer wichtig, eine Lebenderkennung durchzuführen, damit der Messsensor nicht durch ein nachgemachtes Merkmal (Gummifinger oder Foto des Gesichts) getäuscht werden kann.
- **Sprech- oder Schrifterkennung** (verhaltensbasierte Merkmale): Es handelt sich um aktive Verfahren. So wird bei der Unterschrift nicht nur das optische Muster, sondern auch die Geschwindigkeit und die Druckverteilung des Stiftes beim Schreiben erfasst und mit ausgewertet.

Allen Verfahren gemeinsam ist die vorhergehende Aufnahme des Merkmals *(enrollment)* zur Erstellung eines Templates. Das Template dient als Referenzdatensatz für den biometrischen Vergleich. Abbildung 5.10 zeigt diesen Vorgang im Zusammenhang mit der (schematisch dargestellten) Funktionsweise von biometrischen Verfahren.

5.3.5.1 Erfassung von Biometriedaten

Je nach natürlicher Variation des Merkmals (Unterschriften sind nie genau gleich) muss das Merkmal mehrfach erfasst werden. Mit der Genauigkeit der Erfassung und der Auswertung der Parameter fällt die **False Acceptance Rate (FAR)**, es werden nur wenige (im Idealfall keine) Nutzer unberechtigt vom System zugelassen. Mit kleiner werdender FAR steigt die **False Rejection Rate**: Berechtigte Nutzer werden vom System fälschlicherweise abgewiesen. Die FAR und die FRR eines Systems können nicht unabhängig voneinander optimiert werden. Abbildung 5.11 zeigt schematisch die prinzipielle Form der Kurven.

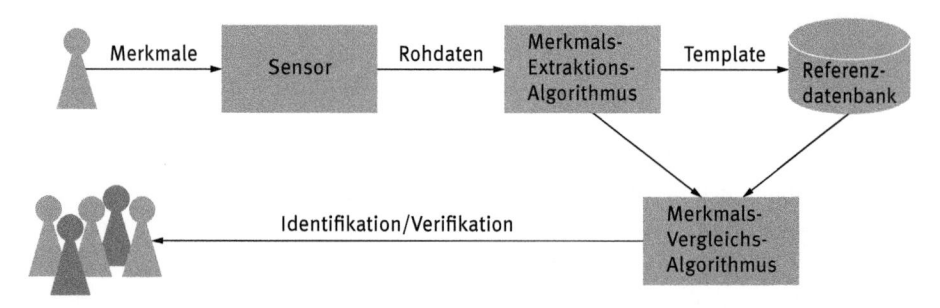

Abb. 5.10: Schematische Funktionsweise biometrischer Verfahren.

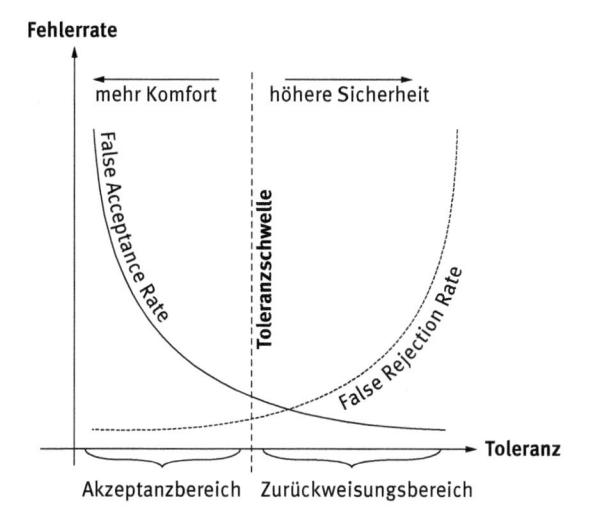

Abb. 5.11: Zusammenhang False Acceptance Rate (FAR) und False Rejection Rate (FRR).

Prinzipiell muss zwischen **Identifizierung** und **Verifikation Authentifizierung** des Nutzers unterschieden werden. Bei der Identifizierung muss das System aufgrund der hinterlegten Templates den Nutzer erkennen. Der Einsatz von Überwachungskameras zum Erkennen von gesuchten Straftätern ist immer eine Identifizierung. Die Identifizierung setzt eine zentral vorgehaltene Templatedatenbank voraus. Technisch weniger anspruchsvoll ist dagegen die Authentifizierung. Durch die Eingabe einer Nutzerkennung oder durch das Einstecken einer Chipkarte gibt der Nutzer dem System an, wer er ist. Das System nimmt sodann eine Überprüfung auf Basis der biometrischen Merkmale vor und überprüft, ob es sich wirklich um den angegebenen Nutzer handelt. Abbildung 5.12 zeigt den Unterschied zwischen Identifizierung und Authentifizierung, wobei die dunkelgrauen Kreise den gespeicherten Referenzwerten im Merkmalraum entsprechen. Hellgrau dargestellt ist der Akzeptanzbereich bei der Authentifikation, das x markiert einen gemessenen Wert im Merkmalraum.

Von besonderer datenschutzrechtlicher Relevanz ist bei einem Biometrieeinsatz die Frage des **Speicherorts der Merkmale** bzw. Templates. Sie werden entweder dezentral (z. B. auf einer Chipkarte) oder zentral auf einem Server gespeichert. Die zentrale Speicherung weckt Ängste, wenn z. B. bei der Speicherung von Fingerabdrücken zu Authentisierungszwecken eine Datenbank entsteht, die Begehrlichkeiten weckt.

Bei schlechter Implementierung der Authentifizierung ist **eine zentrale Speicherung** der Merkmale bzw. Templates u. U. kontraproduktiv. Der naive Ansatz, einen biometrischen Datensatz wie ein statisches Passwort zum Server zwecks Prüfung zu schicken, ist riskant. Genau wie das Passwort kann der biometrische Datensatz abgehört und dann missbraucht werden. Während das Passwort nach einer bekannt gewordenen Kompromittierung gewechselt werden kann, ist das Körpermerkmal nicht

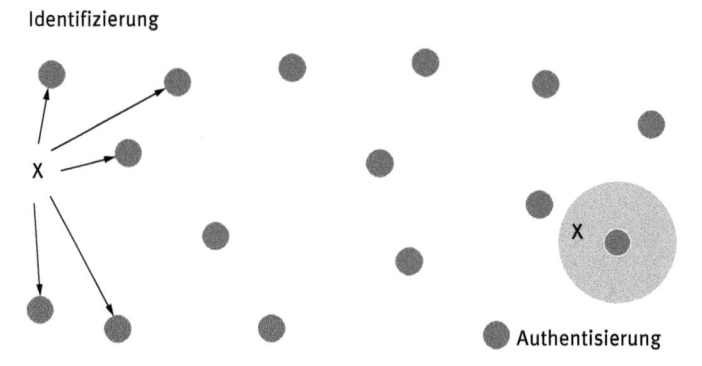

Abb. 5.12: Unterschied Identifizierung und Verifikation (Authentisierung).

änderbar. Die Kompromittierung der biometrischen Datensätze muss verhindert werden. Ein Vorteil biometrischer Verfahren ist die fehlende Möglichkeit, das Merkmal weiterzugeben oder auszuleihen. Über die Einbeziehung biometrischer Merkmale in die Authentifizierung werden Berechtigungen eng an den Nutzer gebunden.

Eine im Jahr 2016 weitverbreitete Anwendung von Biometrie ist der Fingerabdrucksensor in aktuellen Smartphones der Firma Apple. Der Fingerabdruckscanner wird dabei zur Authentisierung (Bereitstellung eines Merkmals für die Authentifizierung) am Smartphone verwendet, d. h. das Smartphone wird durch Auflegen des Fingers auf den Sensor entriegelt. Aus Sicherheitsgründen können kritische Aktionen, z. B. das Einspielen eines Updates, nur nach Eingabe eines zusätzlichen PIN-Codes durchgeführt werden. Auf diese Weise umgeht Apple den Zielkonflikt zwischen Benutzbarkeit und Sicherheit. Die Ausführung des Fingerabdrucksensors ist dabei auf maximale Sicherheit hin optimiert, die gespeicherten Merkmale bzw. Templates mehrerer Finger werden im Sensor selbst durch Hardware geschützt gespeichert. Die Realisierung ist aus Sicherheits- und Benutzbarkeitssicht als sehr gelungen zu bezeichnen.

Glossar

Advanced Persistent Threats: Ein Advanced Persistent Threat (deutsch: fortgeschrittene, andauernde Bedrohung) bezeichnet zielgerichtete Angriffe auf IT-Infrastrukturen, welche von Angreifern meist über einen längeren Zeitraum und mit großem Aufwand unter größter Vorsicht vorgenommen werden. Um einer Entdeckung insbesondere in der frühen Phase eines Angriffs zu entgehen, gehen Angreifer meist händisch vor oder verwenden Werkzeuge, die nur selten zum Einsatz kommen. Dabei dienen schlechter gesicherte, weniger gefährdete Systeme oft als Sprungbrett, um gut gesicherte Systeme zu infiltrieren. Der Angriff auf den Bundestag im Jahr 2015 ist ein Beispiel für einen Advanced Persistent Threat. Advanced Persistent Threats sind für Angreifer mit einem großen Aufwand verbunden, weswegen naheliegt, dass sie oft von staatlichen Stellen oder im Auftrag von staatlichen Stellen vorgenommen werden. Advanced Persistent Threats grenzen sich von anderen Angriffen, z. B. durch Computer-Würmer (siehe *Malware*) durch das wenig automatisierte und sehr vorsichtige und zielgerichtete Vorgehen des Angreifers ab, der in den frühen Phasen des Angriffs versucht, einer Entdeckung zu entgehen.

AES: Der Advanced Encryption Standard (AES) ist ein kryptografischer Algorithmus zur Ver- und Entschlüsselung von Daten. Es handelt sich um einen symmetrischen Algorithmus, d. h. sowohl zum Ver- als auch zum Entschlüsseln wird derselbe Schlüssel verwendet. Dieser symmetrische Schlüssel muss unbedingt geheim gehalten werden. Die Sicherheit der Verschlüsselung wird maßgeblich durch die Länge des verwendeten Schlüssels bestimmt, aktuell sind 128 Bit, 192 Bit sowie 256 Bit Schlüssellänge möglich. Das Bundesamt für Sicherheit in der Informationstechnik gibt regelmäßig Empfehlungen für Schlüssellängen für verschiedene Anwendungen heraus.

AJAX: Die Abkürzung AJAX bezeichnet das Technologiebündel Asynchronous JavaScript and XML. Die genannten Techniken ermöglichen in der Webentwicklung die Erstellung von interaktiven Webanwendungen und sind damit ein Wegbereiter für das Web 2.0 (siehe *Web 2.0*) und User Generated Content (siehe *User Generated Content*).

Algorithmus: Der Algorithmus kann als rein mathematisches Konstrukt definiert werden, also als eine Abbildung der Eingabe auf eine Ausgabe. Um einem Algorithmus ein „Gedächtnis" hinzuzufügen, kann als Eingabe auch ein interner Zustand des Algorithmus verwendet werden – über die mehrfache Anwendung des Algorithmus kann sich dieser Zustand dann weiterentwickeln. Den Entscheidungskriterien eines Algorithmus kann ein statistisches Modell oder eine Heuristik zugrunde liegen, welches fest im Algorithmus integriert ist. Der Algorithmus kann aber auch das statistische Modell selbst bilden. In einer Lernphase (oder kontinuierlich) wird er mit einer großen Menge an Daten gespeist, von denen einzelne markiert werden. Der Algorithmus sucht dann nach den Gemeinsamkeiten in den übergebenen Daten und erstellt darauf basierend das statistische Modell. Häufig kommen Mischformen der beiden Arten vor.

App: Als App (kurz von Application, deutsch: Anwendung) wird allgemein Anwendungssoftware bezeichnet, welche auf Desktops, auf Webservern oder auf Mobilgeräten (z. B. Tablet Computer, Smartphone) zum Einsatz kommt. Im heutigen Sprachgebrauch wird App meist als Kurzform von Mobile App verwendet, d. h. mit dem Begriff App wird eine Anwendungssoftware für Mobilgeräte bezeichnet. Apps zeichnen sich dadurch aus, dass sie als Paket üblicherweise aus einem Marktplatz (z. B. Apple App Store) erhältlich sind. Das App-Konzept auf Mobilgeräten (App als Paket, Bezug aus einem App Store) reduziert den Verwaltungsaufwand für Benutzer von Mobilgeräten auf ein Minimum und hat damit zum Siegeszug von Apps beigetragen.

Authentifizierung: siehe *Authentizität*

Authentisierung: siehe *Authentizität*

Authentizität: Authentizität ist ein Sicherheitsziel in der IT-Sicherheit. Mit Authentizität bezeichnet man die Echtheit von Informationen oder Subjekten, die anhand eindeutiger Identität oder hilfsweise anhand von charakterisierenden Eigenschaften überprüfbar ist. Mit Authentisierung bezeichnet man den Vorgang, die Echtheit nachzuweisen, mit Authentifizierung den Vorgang, Echtheit von Informationen oder Subjekten zu überprüfen. Im heutigen Sprachgebrauch werden Authentifizierung und Authentisierung jedoch oft nicht voneinander unterschieden und synonym verwendet.

Autonomes Fahren: Autonomes Fahren bezeichnet bei einem selbstfahrenden Kraftfahrzeug den Fahrvorgang, der in der meisten Zeit ohne menschlichen Einfluss vonstatten geht. Aktuelle rechtliche Rahmenbedingungen erfordern jedoch meist nach wie vor einen Fahrer, welcher in Gefahrensituationen die Kontrolle übernimmt. Die Vision des autonomen Fahrens sieht jedoch fahrerlose Roboterautos vor, die nicht einmal mehr über Pedale und Lenkrad verfügen. AutonomesFahren umfasst auch aktuell bereits im Einsatz befindliche Techniken, wie z. B. Einparkassistenten. Ein Einparkassistent übernimmt beim Einparkvorgang die Lenkbewegungen, der menschliche Fahrer gibt jedoch aus Haftungsfragen Gas.

Autorisierung: Autorisierung ist der Vorgang, die Berechtigungen eines Subjekts (z. B. eines Benutzers) für einen durchzuführenden Vorgang zu überprüfen. Beispielsweise findet eine Autorisierung statt, wenn ein Benutzer eine Datei öffnen möchte. In diesem Fall überprüft das Betriebssystem, ob der Benutzer zum Zugriff auf diese Datei berechtigt ist. Einer Autorisierung geht invielen Fällen eine Authentifizierung voraus, wobei überprüft wird, ob ein Benutzer eine behauptete Identität (z. B. einen Benutzername) besitzt. Die Verwaltung von Rechten (Rechteverwaltung) ist aufwändig, weswegen in heutigen Systemen oft eine Rollenbasierte Rechteverwaltung vorgenommen wird. Bei einer Rollenbasierten Rechteverwaltung (engl. Roll-Based Access Control) werden Rollen definiert (z. B. „Projektleiter") und diesen Rollen Zugriffsrechte zugeordnet. Anschließend werden Identitäten zu Rollen zugeordnet.
Nach der Authentifizierung (Überprüfung einer Identität) erfolgt die Autorisierung, indem überprüft wird, welche Rollen eine Identität besitzt und welche zugehörigen Rechte für diese Rollen gewährt wurden.

Betriebssystemvirtualisierung: siehe *Virtualisierung*

Big Data: Im engeren Sinne bezeichnet Big Data Datenmengen, deren Auswertung mit klassischen Methoden der Datenverarbeitung schwierig ist, z. B. weil die Datenmengen zu groß oder zu komplex sind, sich zu häufig ändern oder nur schwach strukturiert vorliegen. Im Deutschen ist der Begriff Massendaten gebräuchlich. Im aktuellen Sprachgebrauch werden unter Big Data nicht nur die Daten an sich subsumiert, sondern ebenfalls spezialisierte Methoden zur Erhebung, Sammlung und Auswertung von Massendaten, welche je nach Anwendungsbereich verschieden sind. Der Begriff Big Data wird dadurch überladen und unscharf. Ziel von Big Data ist es in vielen Anwendungsfällen, Korrelationen zwischen verschiedenen Datensätzen zu erkennen und diese gewinnbringend zu verwenden, z. B. zur Optimierung von Geschäftsprozessen. Zu bemängeln ist an diesem Ansatz, dass Korrelationen mit Kausalzusammenhängen gleichgesetzt werden, was jedoch nicht immer der Fall sein muss, denn eine Korrelation beschreibt keine Ursache-Wirkung-Beziehung. Der Fehlschluss von Korrelation auf Kausalität wird auch als „Cum hoc ergo propter hoc" bezeichnet.

Biometrie: Biometrie ist im Allgemeinen die Wissenschaft der Vermessung von Lebewesen. In der IT-Sicherheit werden oft Biometrische Authentifizierungsverfahren eingesetzt, um die Authentizität von Personen zu überprüfen. Ein typisches Beispiel ist ein Iris-Scanner, welcher das Muster der Iris im Auge einer Person mit dem für die Person hinterlegten Referenzwert vergleicht. Liegt nur eine geringe Abweichung vom Referenzwert vor, so wird davon ausgegangen, dass es sich um die Person handelt, für welche der Referenzwert hinterlegt wurde. Davon zu unterscheiden sind ebenfalls in der Informatik eingesetzte Biometrische Identifizierungsverfahren. Diese überprüfen jedoch nicht die Authentizität einer Person, sondern identifizieren die Person. Als Beispiel ist hier Gesichtserkennung zu nennen, welche z. B. in einer Videoaufzeichnung anhand der Gesichtsgeometrie und dem Abgleich mit gespeicherten Referenzwerten Personen identifiziert.

Blackbox Test: siehe *Penetration Testing*

Blog: Ein Blog bezeichnet eine Webseite, die üblicherweise chronologisch absteigend sortierte Artikel aufführt, welche meist in Ich-Perspektive geschrieben sind. Das regelmäßige Veröffentlichen in einem Blog wird Bloggen bzw. Blogging genannt.

Bring your Own Device (BYOD): Mit BYOD wird ein aktuelle Konzept der Büro-IT bezeichnet. In klassischen Büro-IT-Konzepten werden üblicherweise Desktop-PCs, also fest installierte PCs, eingesetzt, welche Firmeneigentum sind. Heute kommen meist Laptops statt Desktop-PCs zum Einsatz, um z. B. Shared Offices und Heimarbeit problemlos und kostengünstig zu ermöglichen. Wird BYOD eingesetzt, so gehören die eingesetzten Geräte (meist Laptops oder Tablet Computer) nicht der Firma, sondern dem Mitarbeiter. Um weiterhin die Kontrolle über Daten und verwendete Anwendungen zu haben, kommen oft ausschließlich virtualisierte Anwendungen zum Einsatz, welche den Zugriff auf global gespeicherte Daten schützen.

Certificate Authority: siehe *Public Key Infrastructure*

Cloud Computing: Cloud Computing beschreibt einen Ansatz zur Bereitstellung von IT-Ressourcen über Netze. Dabei wird die für Cloud Computing notwendige Hardware von einem Cloud-Computing-Anbieter verwaltet. Anbieter können die benötigten Dienste und deren Qualität üblicherweise dynamisch an aktuelle Anforderungen anpassen. Man unterscheidet verschiedene Service-Modelle für Cloud Computing, gebräuchlich sind Infrastructure as a Service (IaaS), Platform as a Service (PaaS) und Software as a Service (SaaS). Im Fall von Infrastructure as a Service stellt der Cloud-Computing-Anbieter virtualisierte (siehe *Virtualisierung*) Computer-Hardware-Ressourcen zur Verfügung (Speicher, Netze, Rechner). Benutzer können damit eigene virtuelle Computer-Cluster erstellen. Die Benutzer sind für die Installation und Verwaltung der Server selbst verantwortlich. Ein Beispiel für Infrastructure as a Sevice ist ein virtualisierter Root Server. Im Falle von Platform as a Service stellt der Cloud-Computing-Betreiber den Zugang zu einer Laufzeitumgebung zur Verfügung mit dynamisch anpassbaren Ressourcen. Ein Beispiel für Platform as a Service ist ein virtualisierter Windows-Rechner, auf dem beliebige Programme installiert werden können. Im Falle von Software as a Service bietet der Cloud-Computing-Betreiber eine Reihe von virtualisierten Anwendungen an. Ein Beispiel für Software as a Service sind Microsoft® Office 365 oder auch Adobe Creative Cloud.

Cyber-Physical System: Bei einem Cyber-Physical System (CPS) handelt es sich um ein komplexes System von miteinander vernetzten Komponenten, welche mittels Sensoren Werte der realen Welt (Physical World) messen, in informationstechnische Repräsentationen umwandeln (Cyberspace) und basierend auf diesen Repräsentationen auf die physikalische Welt über Aktoren einwirken.

Data Science: Data Science bezeichnet eine Wissenschaft, die sich mit der Frage auseinandersetzt, wie Erkenntnisse aus Datenmengen gewonnen werden können. Data Science spielt insbesondere bei Big Data (siehe *Big Data*) eine wichtige Rolle.

Deep Learning: Maschinenlernen hat zum Ziel, dass Computer automatisiert aus Datenmengen lernen. Dem Computer sollen möglichst keine Regeln im Vorhinein einprogrammiert werden, wie das z. B. bei Expertensystemen der Fall ist. Bei klassischen Verfahren des Maschinenlernens ist es jedoch notwendig, dass Experten die charakteristischen Merkmale (Features) definieren, welche betrachtet werden sollen, um Entscheidungen zu treffen. Diese Feature-Extraktion stellt ein wichtiges Problem des Maschinenlernens dar. Deep Learning ist eine Unterkategorie des Maschinenlernens, welche insbesondere das Problem der Feature Extraction umgeht, da Deep-Learning-Verfahren selbst die relevanten charakteristischen Merkmale erkennen. Deep Learning eignet sich sehr gut für Probleme wie Bilderkennung, Übersetzung in andere Sprachen oder auch die Erkennung von unerwünschten Werbe-E-Mails.

Digitale Signatur: Digitale Signaturen werden verwendet, um die Authentizität (siehe *Authentizität*) von Daten zu überprüfen. Digitale Signaturen gehören zur Klasse der Public-Key-Kryptografie. Bei Verfahren der Public-Key-Kryptografie werden zwei Schlüssel verwendet: ein geheim zu haltender geheimer Schüssel und ein öffentlicher Schlüssel. Zur Erzeugung einer Digitalen Signatur wird der private Schlüssel eines Benutzers verwendet, zur Überprüfung der Gültigkeit einer Digitalen Signatur kommt der öffentliche Schlüssel des Signaturerzeugers zum Einsatz. Die überprüfende Instanz muss also den öffentlichen Schlüssel des Signaturerzeugers kennen. Dies führt zum Problem des authentifizierten Schlüsselaustauschs. Digitale Signaturen kommen z. B. zum Einsatz in Digitalen Zertifikaten.

Digitalisierung: Mit Digitalisierung wird im Allgemeinen die Überführung von analogen Größen in diskrete Größen bezeichnet. Im heutigen Sprachgebrauch wird der Begriff jedoch häufig in Verbindung mit der Digitalen Revolution als Bezeichnung eines Prozesses genutzt, bei dem bisher nicht von IT-Systemen durchdrungene Systeme mit IT-Systemen angereichert werden bzw. Systeme mit proprietärer Technik durch IT-Systeme ersetzt werden. Häufig spielt die Vernetzung der digitalisierten Systeme mit existierenden IT-Systemen z. B. über das Internet eine wichtige Rolle. Ein Beispiel für Digitalisierung als Prozess sind die Bemühungen zu Industrie 4.0 (siehe *Industrie 4.0*), bei denen bestehende Industrieanlagen für Standard-IT-Systeme geöffnet und über Netzwerke miteinander verbunden werden sollen. Existierende, proprietäre Kommunikationssysteme der Industrieautomatisierung müssen dazu mit Standard-IT-Komponenten kombiniert werden.

Digitales Zertifikat: Ein Digitales Zertifikat ist eine Versicherung eines Ausstellers, z. B. einer Zertifizierungsstelle (Certificate Authority) (siehe *Certificate Authority*). Eine oft genutzte Klasse von Digitalen Zertifikaten sind Identitätszertifikate. Im Falle eines Identitätszertifikats bestätigt ein Aussteller die Zuordnung einer Identität (z. B. ein Name) zu einem öffentlichen Schlüssel mittels einer Digitalen Signatur (siehe *Digitale Signatur*). Ein Identitätszertifikat kann weitere Attribute enthalten. Alternativ kann für weitere Attributzuordnungen auch ein Attributzertifikat verwendet werden. Durch die Verwendung von Identitätszertifikaten wird das Problem des authentischen Schlüsselaustauschs darauf reduziert, dass die Zertifikate (und damit öffentliche Schlüssel) der Aussteller bekannt und authentisch sein müssen.

Domäne: In der Informatik bezeichnet der Begriff Domäne einen Bereich, der einheitlich administriert wird. In einem Firmennetz können mehrere Domänen existieren, z. B. getrennte Domänen für die Abteilung „Forschung und Entwicklung" sowie „Marketing" und „Vertrieb". Die Verwendung mehrerer Domänen ist den unterschiedlichen Anforderungen geschuldet, so hat z. B. die Domäne für die Abteilung „Forschung und Entwicklung" höhere Anforderungen an die IT-Sicherheit, da Industriespionage zu befürchten ist.

Im Internet existieren ebenfalls Domänen, diese werden mit Domänennamen bezeichnet, z. B. sensornetze.de.

Einparkassistent: siehe *Autonomes Fahren*

Gatekeeper: Ein Gatekeeper bezeichnet in Systemen eine Komponente, die an einem zentralen Punkt Überprüfungen oder Konvertierungen vornimmt. In der IT-Sicherheit kann mittels Gatekeeper das Entwurfsmuster „Single Access Point" umgesetzt werden. Dabei wird jede Verbindung zwischen zwei Bereichen im System über einen einzigen Punkt, den Gatekeeper, geleitet. Der Gatekeeper kann damit alle Verbindungen überprüfen und beeinflussen. Er realisiert üblicherweise eine Sicherheitsrichtlinie. Im Telefoniebereich kommen Gatekeeper zum Einsatz, um Telefonverbindungen über verschiedene Telefonietechnologien hinweg zu ermöglichen. So kann ein Gatekeeper z. B. am Übergang von einem IP-Netz zu einem klassischen Telefonnetz eingesetzt werden.

Hypervisor: siehe *Virtualisierung*

Industrie 4.0: Als Industrie 4.0 wird die vierte Industrielle Revolution bezeichnet, die sich dadurch auszeichnet, dass Industriesysteme miteinander über öffentliche Netze wie z. B. das Internet vernetzt werden, um größere Flexibilität, eine effizientere Ressourcennutzung und Kosten- und Zeiteffizienz zu erreichen. Industrie 4.0 geht mit der Digitalisierung (siehe *Digitalisierung*) der Industrieautomatisierung einher.

Infrastructure as a Service: siehe *Cloud Computing*

Integrität: Integrität ist ein Sicherheitsziel in der IT-Sicherheit. Integrität bedeutet, dass unautorisierte und unbemerkte Manipulation nicht möglich ist. Ein technisches Mittel, um Integrität zu erreichen, ist z. B. die Digitale Signatur (siehe *Digitale Signatur*), welche in Digitalen Zertifikaten (siehe *Digitales Zertifikat*) verwendet wird und verhindert, dass Angreifer die zertifizierten Inhalte verändern (z. B. den enthaltenen öffentlichen Schlüssel austauschen).

Integritätsschutz: Technische Maßnahme zur Erreichung des Sicherheitsziels Integrität (siehe *Integrität*). Häufig verwendete Maßnahmen zum Integritätsschutz sind Digitale Signaturen (siehe *Digitale Signatur*) und Message Authentication Codes (siehe *Message Authentication Code*).

Intelligente Transportsysteme: Intelligente Transportsysteme (ITS), im Deutschen auch Verkehrstelematiksysteme genannt, sind Systeme zur Verkehrslenkung durch Datenerfassung, Datenübermittlung und Datennutzung mittels Informations- und Kommunikationstechnologie. Die erhobenen Daten zum Fahrzeugverkehr werden als Verkehrsdaten bezeichnet, nicht zu verwechseln mit dem juristischen Begriff Verkehrsdaten für Verbindungsdaten. Verkehrsdaten können in ITS durch feste Stationen (Roadside Units) oder durch die Fahrzeuge selbst erhoben werden.

Internet der Dinge: Das Internet der Dinge bezeichnet die Vernetzung von intelligenten Dingen der realen Welt. Als intelligentes Ding werden Gegenstände bezeichnet, die um Rechen- und Kommunikationsfähigkeiten erweitert wurde. Ein Beispiel für das Internet der Dinge sind intelligente Parkuhren, die automatisch erkennen, ob ein Parkplatz besetzt ist oder nicht, und die freie Parkplätze an eine Webseite melden, die durch eine Smartphone App (siehe *App*) freie Parkplätze in der Nähe des Benutzers anzeigt.

Instant Messaging: Mit Instant Messaging wird ein System zur Übermittlung von Kurznachrichten zwischen Benutzern bezeichnet. Die Programme auf der Seite der Benutzer werden Instant Messenger genannt. Beispiele für Instant Messaging sind WhatsApp und Threema.

IP-Adresse: Adresse eines Versenders bzw. Empfängers von Internetkommunikation auf Verbindungsebene. Ursprünglich bezeichneten IP-Adressen Endsysteme. Aus Sicherheitsgründen und wegen des Mangels an IP-Adressen im Internet Protokoll Version 4 (IPv4) ist heute eine Verbindung zu Endsystemen nicht immer gegeben. Gerade in Firmennetzen sind heutzutage viele Endsysteme hinter einer einzigen IP-Adresse verborgen. IP-Adressen können statisch oder dynamisch zugeteilt werden. Statische IP-Adressen werden einmalig zugewiesen und ändern sich nicht. Dynamische IP-Adressen werden dagegen nur auf Zeit aus einem Pool von Adressen zugeordnet. Das Internet Protokoll Version 6 (IPv6) beseitigt u. a. das Problem der Adressknappheit, sodass wieder jedem Endsystem eindeutige IP-Adressen zugeordnet werden können.

M2M: Gebräuchliche Abkürzung für Maschine to Machine Communcation, deutsch Maschine-zu-Maschine-Kommunikation (siehe *Maschine-zu-Maschine-Kommunikation*).

Malware: Malware ist ein Sammelbegriff für Schadsoftware, also Viren, Würmer und Trojaner. Schadsoftware zeichnet sich dadurch aus, dass sie auf IT-Systemen nicht autorisierten Code ausführt, der meist eine Schadfunktion hat. Malware spielt eine wichtige Rolle bei vielen Angriffen auf IT-Systeme, insbesondere bei Advanced Persistent Threats. Schadfunktion kann z. B. das Öffnen einer Hintertür zum System für einen Angreifer sein. In jüngster Zeit steht sog. Ransomware im Mittelpunkt des Interesses. Bei dieser Art von Malware besteht die Schadfunktion in der Verschlüsselung aller verfügbarer Daten auf den befallenen IT-Systemen und allen verbundenen IT-Systemen. Die Angreifer bieten an, gegen Zahlung eines Lösegelds (Ransom) den zur Entschlüsselung benötigten Schlüssel bekanntzugeben.

Man-in-the-Middle-Angriff: Der Man-in-the-Middle Angriff ist ein Angriff auf Kommunikationsbeziehungen. Dabei schaltet sich der Angreifer unbemerkt zwischen Sender und Empfänger der Kommunikationsbeziehung. Der Angreifer nimmt Nachrichten vom Sender entgegen, manipuliert diese u. U. und leitet sie dann an den Empfänger weiter. Der Rückweg wird analog manipuliert. Man-in-the-Middle-Angriffe sind üblicherweise möglich, wenn Daten nicht authentisch (siehe *Authentizität*) ausgetauscht werden.

Maschinenlernen: siehe *Deep Learning*

Maschine-zu-Maschine-Kommunikation: Kommunikationsvorgang, welcher von Maschinen vorgenommen wird, die nicht durch einen Benutzer interaktiv gesteuert werden.

Message Authentication Code: Technische Maßnahme zum Schutz der Integrität (siehe *Integrität*) und der Authentizität (siehe *Authentizität*) von Daten. Im Gegensatz zu Digitalen Signaturen (siehe *Digitale Signatur*) gehören Message Authentication Codes zu den symmetrischen kryptografischen Verfahren, d. h. es wird lediglich ein einziger Schlüssel verwendet, den Nachrichtenersteller und die überprüfende Instanz kennen müssen. Der Schlüssel muss geheim gehalten werden. Message Authentication Codes kommen oft zum Schutz von Kommunikationsverbindungen zum Einsatz, da sie effizienter zu berechnen sind als Digitale Signaturen. Digitale Signaturen werden dagegen oft auf Anwendungsebene verwendet, also zum Schutz der Dateninhalte, welche z. B. über die oben erwähnten Kommunikationsverbindungen versendet werden.

Netzwerk privat/beruflich: siehe *Social Network*

Mobile Payment: Mit Mobile Payment werden Bezahlfunktionen bezeichnet, welche Smartphones einsetzen. Die Autorisierung (siehe *Autorisierung*) von Zahlungen geschieht dabei z. B. durch eine bestätigende SMS oder durch die Verwendung eines in das Smartphone eingebauten NFC-Chips (Near Field Communication Chip).

Platform as a Service: siehe *Cloud Computing*

Penetration Testing: Mit Penetration Testing (kurz: Pentesting) wird eine Methode zum Überprüfen der Sicherheit von existierenden IT-Systemen bezeichnet. Dabei geht der Durchführer des Tests (Penetration Tester) wie ein Angreifer vor, d. h. er sammelt Daten über das zu testende System, identifiziert mögliche Angriffsvektoren, testet die Angriffsmöglichkeiten und führt den eigentlichen Angriff aus. Penetration Testing endet, sobald eine Angriffsmöglichkeit als existierend bestätigt wurde. Im Gegensatz zu einem echten Angriff wird keine Schadfunktion durchgeführt und negative Auswirkungen auf das getestete IT-System werden soweit möglich verhindert. Penetration-Tests ohne initiales Wissen über das zu testende System werden als Blackbox-Tests bezeichnet, Angriffe mit initialem Wissen (z. B. bekannter Source Code von laufenden Anwendungen, bekannte Konfiguration) werden als Whitebox-Tests bezeichnet.

Phishing: Als Phishing werden Angriffe bezeichnet, die versuchen, über gefälschte E-Mails oder Webseiten persönliche Daten von Benutzern zu erlangen, welche z. B. zum Identitätsdiebstahl verwendet werden. Ein Beispiel für Phishing sind E-Mails, die wie eine E-Mail der eigenen Bank aussehen und dazu auffordern, sich auf der Webseite der Bank anzumelden und drei TANs einzugeben, weil ansonsten der Account gesperrt wird. Der in der Phising-E-Mail enthaltene Link führt auf eine der Webseite der Bank nachempfundene Webseite, welche jedoch unter der Kontrolle des Angreifers ist. Geben Phishing-Opfer auf dieser gefälschten Webseite die geforderten Daten ein, kann der Angreifer diese Daten (Benutzername, Passwort, TANs) nutzen, um auf der echten Webseite der Bank auf das Konto zuzugreifen.

Plattform: Der Begriff Plattform bezeichnet in der Informatik eine Abstraktionsebene, auf der Anwendungen erstellt oder ausgeführt werden können. Eine Plattform bietet eine einheitliche Umgebung für Anwendungen und dient dazu, die Anwendung von unterliegenden technischen Details abzuschirmen.

Pretty Good Privacy (PGP): Pretty Good Privacy (PGP) ist ein populäres Software-Bündel zur Ver- und Entschlüsselung sowie zur Signierung von Daten, welches insbesondere zum Schutz der E-Mail-Kommunikation zum Einsatz kommt. PGP verwendet ein Public-Key-Verfahren (siehe *Public-Key-Verfahren*).

Public Key Infrastructure (PKI): Eine Public-Key-Infrastruktur bezeichnet ein System zur Erstellung, Verteilung und Prüfung von digitalen Zertifikaten (siehe *Digitales Zertifikat*). Üblicherweise verfügt eine PKI über eine Registrierungsstelle (Registration Authority, RA), bei welcher Instanzen (Menschen oder Maschinen) digitale Zertifikate beantragen können. Die RA prüft die Richtigkeit der Angaben der Instanz (z. B. wird die Identität mittels eines Ausweises überprüft). Digitale Zertifikate werden nach der Prüfung durch die RA in von einer Zertifizierungsstelle (Certificate Authority, CA) (siehe *Certificate Authority*) ausgegeben. Eine Zertifikatsperrliste listet alle gesperrten und damit ungültigen Zertifikate auf. Ein Verzeichnisdienst erlaubt es Benutzern, nach ausgestellten Zertifikaten zu suchen. Darüber hinaus kann auch ein Validierungsdienst in einer Public-Key-Infrastruktur enthalten sein, welcher eine Überprüfung von Zertifikaten in Echtzeit ermöglicht und z. B. auch erst kürzlich erfolge Zertifikatssperrungen berücksichtigt. Certificate Authorities können hierarchisch angeordnet sein. Das Zertifikat (siehe *Zertifikat*) der obersten Instanz einer Hierarchie wird auch als Wurzelzertifikat bezeichnet. Das Wurzelzertifikat dient als Vertrauensanker. Um die von einer PKI ausgestellten Zertifikate überprüfen zu können, muss ein Benutzer dem Wurzelzertifikat vertrauen. Handelt es sich um eine Hierarchie von Certificate Authorities, so kann ein Zertifikatspfad vom Wurzelzertifikat zum zu überprüfenden Zertifikat aufgebaut werden, wobei die Zertifikate zwischen dem Wurzelzertifikat und dem zu überprüfenden Zertifikat zu den jeweils einander untergeordneten Certificate Authorities gehören.

Public-Key-Verfahren: Public-Key-Verfahren sind eine Klasse von kryptografischen Algorithmen, die sich dadurch auszeichnen, dass sie ein Schlüsselpaar aus öffentlichem Schlüssel (Public Key) und geheimem Schlüssel (Private Key) verwenden. Der geheime Schüssel muss dabei geheim gehalten werden, der öffentliche Schlüssel muss den Kommunikationspartner bekannt sein, muss aber nicht geheim gehalten werden. Public-Key-Verfahren vereinfachen den Schlüsselaustausch, da der öffentliche Schlüssel auch im Klartext übermittelt werden kann, da er nicht geheim gehalten werden muss. Um einen Man-in-the-Middle-Angriff (siehe *Man-in-the-Middle-Angriff*) zu verhindern, ist es jedoch notwendig, die Authentizität (siehe *Authentizität*) von öffentlichen Schlüsseln sicherzustellen. Oft kommen dazu digitale Zertifikate (siehe *Digitales Zertifikat*) zum Einsatz.

Ransomware: siehe *Malware*

Rechteverwaltung: siehe *Autorisierung*

Registration Authority: siehe *Public Key Infrastructure*

Reputationssystem: Ein Reputationssystem dient der Verwaltung und Berechnung von Reputationswerten für Identitäten. Reputationswerte basieren dabei z. B. auf beobachtetem, vergangenem Verhalten von mit Identitäten assoziierten Benutzern oder auf Benutzerbewertungen anderer Benutzer. Üblicherweise berücksichtigen Reputationssysteme nur einen oder eine sehrbeschränkte Anzahl von Kontexten. Der Reputationswert kann herangezogen werden, um zu entscheiden, ob einem Benutzer vertraut wird, z. B. für eine zukünftige Aktion. Dabei ist zu beachten, dass der Reputationswert nur für den Kontext gültig ist, in dem er erhoben wurde. Ein Beispiel eines Reputationssystems ist das Bewertungssystem von eBay.

Rollenbasierte Rechteverwaltung: siehe *Autorisierung*

RSA: RSA ist ein asymmetrisches kryptografisches Verfahren, ein sog. Public-Key-Verfahren (siehe *Public-Key-Verfahren*), zur Ver- und Entschlüsselung von Daten sowie zur Signatur von Daten. Das Verfahren verwendet einen öffentlichen und privaten Schlüssel, wobei der private Schlüssel geheim gehalten werden muss und der öffentliche Schlüssel bekannt gemacht wird. Bei der Ver- und Entschlüsselung kommt der öffentliche Schlüssel des Empfängers zur Verschlüsselung der Daten für einen Empfänger zum Einsatz. Der Empfänger der Daten benutzt seinen privaten Schlüssel zur Entschlüsselung. Bei der Signatur verwendet der Signaturersteller zur Erzeugung der Signatur seinen privaten Schlüssel. Signaturen können mit dem öffentlichen Schlüssel des Signaturerstellers überprüft werden. Die Sicherheit des Verfahrens hängt maßgeblich von der Länge der verwendeten Schlüssel ab. Das Bundesamt für Sicherheit in der Informationstechnik gibt regelmäßig Empfehlungen für Schlüssellängen für verschiedene Anwendungen heraus. Wie bei allen Public-Key-Verfahren besteht das Problem des authentischen Schlüsselaustauschs.

Semantic Web: siehe *Web 3.0*

Service Provider: Mit Service Provider wird ein Anbieter von IT-Diensten bezeichnet. Der Begriff kommt in vielen Kontexten vor. Zum Beispiel wird im Internet die Instanz, welche den Zugang zum Internet bereitstellt, als Internet Service Provider (ISP) benannt.

Smart Factory: Die Smart Factory, im Deutschen auch intelligente Fabrik genannt, ist eine Fertigungsumgebung, in der sich die vorhandenen Produktionssysteme selbst organisieren, um auf einzelne Kunden zugeschnittene Produkte zu fertigen. Grundlage der Smart Factory sind das Internet der Dinge (siehe *Internet der Dinge*) und Cyber-Physical Systems (siehe *Cyber-Physical System*). Insbesondere verfügen in der intelligenten Fabrik die Werksstücke über die Fähigkeit, sich selbst zu beschreiben und ihre Fertigungsinformationen an die Fertigungssysteme zu kommunizieren. Die Smart Factory ist ein Baustein von Industrie 4.0 (siehe *Industrie 4.0*).

Smart Grid: Mit Smart Grid, im Deutschen auch intelligentes Stromnetz, wird eine Erweiterung des bestehenden Stromnetzes um dezentrale Stromerzeugung und dynamische Lastenregelung auch in privaten Haushalten verstanden. Ziel ist eine Optimierung des Stromnetzes im Bezug auf Energieerzeugung und Energieverbrauch durch Einbeziehung aller Energieerzeuger und Energienutzer, auch der privaten Haushalte. Das Smart Grid wird möglich durch die Vernetzung der beteiligten Komponenten, z. B. intelligenter Stromzähler (siehe *Smart Metering*), dezentraler Energieerzeuger (z. B. Photovoltaikanlage in einem Privathaushalt) und energieintensiven Haushaltsgeräten (z. B. Waschmaschine, Kühltruhe).

Smart Home: Der Begriff Smart Home bezeichnet Systeme, die in Gebäuden zur Erhöhung der Wohn- und Lebensqualität sowie für erhöhte Sicherheit und optimierten Energieverbrauch eingesetzt werden. Basis des Smart Homes ist eine Vernetzung der verschiedenen in einem Haushalt vorhandenen Geräte mit dem Ziel, über Sensoren die Umgebungsbedingungen zu ermitteln (z. B. Temperatur) und diese über Aktoren zu steuern (z. B. Rollladensteuerung). Üblicherweise werden Geräte der Haustechnik mit Haushaltsgeräten (z. B. Kühlschrank), Unterhaltungselektronik (z. B. TV) und Standard IT (z. B. Laptop) verbunden. Als zentrale Verbindungstechnik in privaten Haushalten kommt heutzutage zunehmend WLAN zum Einsatz, proprietäre Systeme werden über Gateways in das Haus-WLAN integriert. In geschäftlich genutzten Gebäuden überwiegen noch klassische Hausbustechniken.

Smart Metering: Smart Metering bezeichnet ein System zur automatisierten Erfassung und Übermittlung von Verbrauchswerten, z. B. Erfassung des Stromverbrauchs. Dazu kommen sog. Smart Meter zum Einsatz, z. B. intelligente Stromzähler. Als Übermittlungstechnologie kommen beim Smart Metering oft Powerline Communication oder zellulare Kommunikation zum Einsatz.

Social Engineering: Social Engineering ist ein Angriff, bei dem ein Angreifer menschliche Schwächen ausnutzt. Ein Beispiel für einen Social-Engineering-Angriff ist z. B. ein als Paketbote getarnter Angreifer, der sich unter dem Vorwand eines persönlichen Zustellungsauftrags Zugang zu einem gesicherten Gebäude verschafft.

Social Media: Als Soziale Medien (Social Media) werden Technologien bezeichnet, die es Nutzern ermöglichen, sich untereinander auszutauschen und Inhalte einzeln oder gemeinsam zu erstellen (siehe *User Generated Content*). Eine bekannte Anwendung von Social Media ist Facebook.

Social Network: Als Soziales Netz (Social Network) wird eine Web 2.0-Anwendung bezeichnet, welche auf Social Media basiert und meist den Benutzer und dessen Vernetzung in den Mittelpunkt der Anwendung stellt. Ein Beispiel für ein Soziales Netz im persönlichen Bereich ist Facebook, im beruflichen Bereich XING (v. a. in Deutschland) bzw. LinkedIn (v. a. im angelsächsischen Raum). Ein Soziales Netzwerk ermöglicht es Benutzern üblicherweise, ein Profil anzulegen, sich mit anderen Benutzern zu vernetzen (z. B. in Form von sog. virtuellen Freundschaften), öffentliche Statusmeldungen abzugeben und private Nachrichten mit anderen Mitgliedern des Sozialen Netzes auszutauschen.

Software as a Service: siehe *Cloud Computing*

Spear Phishing: Spear Phishing ist ein gezielter Phishing-Angriff (siehe *Phishing*). Während Phishing-Angriffe wenig personalisiert sind und auf eine größere Benutzergruppe zielen, sind Spear-Phishing-Angriffe hochgradig personalisiert. Dem Angriff geht üblicherweise eine aufwändige Hintergrundrecherche voraus, durch welche der Angreifer den sozialen Kontext des ausgewählten Opfers recherchiert. Ein Angreifer kann z. B. bei einer solchen Recherche herausfinden, dass sein Opfer an einer Konferenz teilgenommen hat und als Angriff eine Mail mit Malware versenden, die sich als Videoaufzeichnung eines Vortrags von dieser Konferenz tarnt. Spear-Phishing-Angriffe kommen oft in der Frühphase von Advanced Persistent Threats zum Einsatz, wobei oft Personen mit untergeordneter Funktion im Angriffsziel im Fokus des Angriffs stehen, da der Angreifer dort weniger Sicherheitssensibilität erwartet.

Suchmaschinen: Eine Suchmaschine ist ein Programm zum Auffinden von Medien in Computernetzwerken. Suchmaschinen erschließen eine Medienbasis üblicherweise durch die Erstellung eines Schlüsselwort-Index, welcher Medien relevante Schlüsselwörter zuweist. Bei Suchanfragen wird der Schlüsselwort-Index bemüht, um anhand der Suchanfrage relevante Medien aufzulisten, wobei oft Algorithmen zum Einsatz kommen, welche die Reihung der Ergebnisse anhand einer Bewertung der vermuteten Relevanz der gefundenen Medien zur Suchanfrage festlegen. Ein Beispiel ist Google, eine Suchmaschine für das World Wide Web, die es insbesondere ermöglicht, Webseiten, Dokumente oder Bilder zu finden. Die Bewertung der Relevanz der zu einer Suchanfrage gefundenen Medien geschieht anhand des geheim gehaltenen Page-Rank-Algorithmus.

Systemvirtualisierung: siehe *Virtualisierung*

Tracking: Mit Tracking werden im Allgemeinen Methoden zum Verfolgen von Objekten bezeichnet. Im Kontext Datenschutz werden mit Tracking Methoden bezeichnet, die dazu dienen, die von Benutzern besuchten Webseiten nachzuverfolgen. Ebenfalls datenschutzrelevant sind Methoden zum Nachverfolgen besuchter Orte, z. B. GPS Tracking oder Location Tracking. Location Tracking kann z. B. auf einer Standortbestimmung von Smartphones durch Betrachtung der genutzten Mobilfunkmasten vorgenommen werden oder auf Basis der Namen der WLAN-Netzwerke in der Umgebung.

Trojaner/Trojanisches Pferd: siehe *Malware*

Tor-Netzwerk: Das Tor-Netzwerk ist ein Netzwerk zur Anonymisierung von TCP-Verbindungsdaten. Ziel ist es, das Ziel von TCP-Verbindungen (z. B. eine aufgerufene Webseite) geheim zu halten. Mittels des Tor-Netzwerks kann z. B. anonymes Websurfen oder Instant Messaging (siehe *Instant Messaging*) realisiert werden. Die Anonymisierung ist aber nur bedingt wirksam, wie aktuelle Angriffe auf das Tor-Netzwerk gezeigt haben.

Ubiquitous Computing: Mit Ubiquitous Computing wird die Allgegenwart von informationsverarbeitenden Systemen bezeichnet. Durch die Allgegenwart von Rechnern werden alle Lebensbereiche mit Rechnersystemen durchsetzt. Ein Beispiel für Ubiquitous Computing ist z. B. das Internet der Dinge (siehe *Internet der Dinge*).

User Generated Content (UGC): siehe *Web 2.0*

Verfügbarkeit: Verfügbarkeit ist ein Sicherheitsziel in der IT-Sicherheit. Verfügbarkeit besagt, dass es keine unautorisierte Beeinträchtigung von Funktionalität oder Diensten gibt.

Vertrauensanker: siehe *Public Key Infrastructure*

Vertraulichkeit: Vertraulichkeit ist ein Sicherheitsziel in der IT-Sicherheit. Vertraulichkeit ist gewährleistet, wenn kein unautorisierter Erkenntnisgewinn über Daten oder einen Kommunikationsvorgang möglich ist. Ein Mittel zur Realisierung von Vertraulichkeit ist Verschlüsselung (siehe *Verschlüsselung*).

Verschlüsselung: Verschlüsselungsverfahren verwandeln Daten mittels eines Schlüssels in ein Chiffrat, welches nur mit Kenntnis eines bestimmten Schlüssels gelesen werden kann. Man unterscheidet Public-Key-Verschlüsselungsverfahren (siehe *Public-Key-Verfahren*) wie z. B. RSA (siehe *RSA*) und symmetrische Verschlüsselungsverfahren wie z. B. AES (siehe *AES*).

Verzeichnisdienst: siehe *Public Key Infrastructure*

Virtualisierung: Virtualisierung bedeutet die Simulation einer Hardware- oder Softwareumgebung mittels einer speziellen Software. Die Virtualisierungssoftware abstrahiert insbesondere von den darunterliegenden physikalischen Ressourcen. Dadurch können andere physikalische Bedingungen als vorhanden vorgegeben werden und es wird eine gemeinsame Nutzung von Ressourcen möglich. Weiterhin ist es möglich, auf einer heterogenen Ansammlung von Systemen eine homogene Umgebung zur Verfügung zu stellen. Virtualisierung kann auf verschiedenen Ebenen geschehen. Man unterscheidet Betriebssystemvirtualisierung, Systemvirtualisierung und Anwendungsvirtualisierung. Weitere Virtualisierungsarten existieren, z. B. Netzwerkvirtualisierung. Betriebssystemvirtualisierung stellt virtualisierte Laufzeitumgebungen des vorhandenen Betriebssystems zur Verfügung. So können z. B. mittels Containern einzelne Anwendungen voneinander getrennt werden. Systemvirtualisierung stellt ein virtualisiertes Rechnersystem zur Verfügung mittels eines sog. Hypervisors. Im Gegensatz zu Betriebssystemvirtualisierung können bei der Systemvirtualisierung auf einem physikalischen Rechner verschiedene Betriebssysteme laufen. Anwendungsvirtualisierung isoliert durch eine Zwischenschicht (eine sog. Laufzeitumgebung) Anwendungen vom Betriebssystem. Vollständig virtualisierte Anwendungen sind damit nur noch von der Laufzeitumgebung abhängig und nicht von dem unterliegenden Betriebssystem. Bei der Anwendungsvirtualisierung sind die Anwendungen also im Gegensatz zur Betriebssystemvirtualisierung vom verwendeten Betriebssystem unabhängig. Virtualisierung wird verwendet, um Cloud Computing (siehe *Cloud Computing*) zur Verfügung zu stellen.

Virus: siehe *Malware*

Wallet: Ein Wallet (dt.: Geldbeutel) kommt in manchen digitalen Zahlungssystemen, wie z. B. Bitcoin, zur sicheren Aufbewahrung von Guthaben zum Einsatz.

Waterhole Attack: Angriff, bei dem ein Angreifer eine Webseite, die das ausgewählte Opfer oder die ausgewählten Opfere mutmaßlich besuchen werden, infiltriert und darüber Malware (siehe *Malware*) an die Besucher verteilt.

Wearables: Wearables sind kleine Computer, die am Körper getragen werden oder in Kleidung integriert sind. Beispiele für Wearables sind Smart Watches, z. B. die Apple iWatch.

Web 2.0: Web 2.0 bezeichnet eine veränderte Nutzung von Webseiten und Webanwendungen. Während im ursprünglichen World Wide Web Webseiten von den Webseitenbetreibern erstellt werden, zeichnet sich das Web 2.0 durch eine Beteiligung der Webseitenbesucher an der Webseite aus. Die Besucher erhalten in Web 2.0-Anwendungen die Möglichkeit, Inhalte zu erstellen. Man spricht in diesem Fall von User Generated Content. Möglich wird das Web 2.0 insbesondere durch den Technikmix AJAX (siehe *AJAX*).

Web 3.0: In Anlehnung an den Begriff Web 2.0 (siehe *Web 2.0*) wird mit Web 3.0 die Anreicherung des Web 2.0 mit semantischen Informationen (Semantic Web) und Web Services bezeichnet. Semantische Informationen werden benutzt, um ansonsten unstrukturierte Daten mit Informationen zu deren Bedeutung zu hinterlegen. Während es Menschen durch den Kontext gelingt, bei mehrdeutigen Begriffen die richtige Bedeutung zu wählen, können Maschinen dies nur durch diese zusätzlichen Bedeutungsinformationen. Ziel ist eine maschinelle Weiterverarbeitung der Daten im Web 3.0 und insbesondere eine Verknüpfung mit anderen dort vorhandenen Daten. Die Kommunikation zum Austausch von Daten wird über sog. Web Services (siehe *Web Service*) vereinheitlicht.

Web Service: Web Services sind eine Technik zur standardisierten Bereitstellung von Diensten im Web, speziell für die Maschine-zu-Maschine-Kommunikation (siehe *Maschine-zu-Maschine-Kommunikation*). Eine wichtige Rolle spielen dabei die maschinenlesbare Bereitstellung der Zugriffsregeln (Interface) der Web Services ebenso wie standardisierte Austauschformate wie z. B. SOAP:

Whatsapp: Ein weitverbreiteter Instant Messenger (siehe *Instant Messaging*).

Whitebox Test: siehe *Penetration Testing*

Wiki: Ein Wiki ist eine Software, welche Webseiten erzeugt und verwaltet, die von Benutzern direkt online im Webbrowser geändert werden können. Ziel der Verwendung ist oft die Verwaltung von Wissen oder die gemeinsame Erstellung von Texten. Wikis sind typische Erscheinungen des Web 2.0 (siehe *Web 2.0*). Das bekannteste Wiki ist die Online-Enzyklopädie Wikipedia.

Wurm: siehe *Malware*

Zertifikat: siehe *Digitales Zertifikat*

Zertifikatsperrliste: siehe *Public Key Infrastructure*

Zertifikatspfad: siehe *Public Key Infrastructure*

Zertifizierungsstelle: siehe *Certificate Authority*

Verzeichnis der häufig zitierten Literatur

Albers, Marion, Informationelle Selbstbestimmung, Baden-Baden 2005
Albrecht, Jan Philipp/ Jotzo, Florian, Das neue Datenschutzrecht der EU, Baden-Baden 2017
Benda, Ernst/ Maihofer, Werner/ Vogel, Hans-Jochen (Hg.), Handbuch des Verfassungsrechts, 2. A., Berlin 1995
Bergmann, Lutz/ Möhrle, Roland/ Herb, Armin, Datenschutzrecht. Kommentar Loseblattsammlung, Stuttgart Stand: 51. EL 2016
Blümel, Karl-Heinz/ Drewes, Michael/ Malmberg, Karl Magnus/ Walter, Bernd, Bundespolizeigesetz, 5. A., Stuttgart u. a. 2015
Buchner, Benedikt, Informationelle Selbstbestimmung im Privatrecht, Tübingen 2006
Buchner, Benedikt (Hg.), Praxishandbuch Datenschutz im Gesundheitswesen, Loseblattsammlung, Remagen Stand: 12. EL 2017
Dammann, Ulrich/ Simitis, Spiros, EG-Datenschutzrichtlinie. Kommentar, Baden-Baden 1997
Däubler, Wolfgang, Gläserne Belegschaften?, 6. A., Frankfurt a. M. 2015
Däubler, Wolfgang/ Klebe, Thomas/ Wedde, Peter/ Weichert, Thilo, BDSG Kommentar, 5. A., Frankfurt a. M. 2016
Ehmann, Eugen/ Selmayr, Martin (Hg.), Kommentar DS-GVO, München 2017.
Fischer, Klemens, Der Vertrag von Lissabon, Baden-Baden 2008
Gersdorf, Hubertus/ Paal, Boris (Hg.) , Informations- und Medienrecht, Kommentar, München 2014
Gola, Peter/ Schomerus, Rudolf, BDSG Kommentar, 12. A., München 2015
Götting, Horst-Peter/ Schertz, Christian/ Seitz, Walter, Handbuch des Persönlichkeitsrechts, München 2008
Hesse, Konrad, Grundzüge des Verfassungsrechts der Bundesrepublik Deutschland, 20. A., Heidelberg 1999
Hoeren, Thomas/ Sieber, Ulrich/ Holznagel, Bernd (Hg.), Handbuch Multimedia Recht, Loseblattsammlung, München Stand: 44. EL 2017
Hornung. Gerrit, Grundrechtsinnovationen, Tübingen 2015
Jarass, Hans D. (Hg.), GRCh Kommentar, 3. A. München 2016
Jarass, Hans D./ Pieroth, Bodo (Hg.), Grundgesetz Kommentar, 14. A., München 2016
Kloepfer, Michael, Informationsrecht, München 2002
Kingreen, Thorsten/ Kühling, Jürgen (Hg.), Gesundheitsdatenschutz, Baden-Baden 2015
Kühling, Jürgen/ Martini, Mario et al., Die Datenschutz-Grundverordnung und das nationale Recht, Münster 2016
Kühling, Jürgen/ Buchner, Benedikt (Hg.), Kommentar DS-GVO, München 2017
Kühling, Jürgen/ Seidel, Christian/ Sivridis, Anastasios, Datenschutzrecht, 3. A., Heidelberg 2015
Laufs, Adolf/ Kern, Bernd-Rüdiger (Hg.), Handbuch des Arztrechts, 4. A., München 2010
Meyer, Jürgen (Hg.), Kommentar GRCh, 4. A., Baden-Baden 2014
Paal, Boris/ Pauly, Daniel (Hg.), Kommentar DS-GVO, München 2016
Paschke, Marian/ Berlit, Wolfgang/ Meyer, Claus (Hg.), Hamburger Kommentar: gesamtes Medienrecht, 3. A., Baden-Baden 2016
Ratzel, Rudolf/ Lippert, Hans-Dieter, Kommentar zur Musterberufsordnung der deutschen Ärzte (MBO), 6. A., Berlin/Heidelberg 2015
Ricker, Reinhart/ Weberling, Johannes, Handbuch des Presserechts, 6. A., München 2012
Roßnagel, Alexander (Hg.), Handbuch Datenschutzrecht, München 2003
Roßnagel, Alexander (Hg.), Europäische Datenschutz-Grundverordnung, Baden-Baden 2017
Roßnagel, Alexander/ Pfitzmann, Andreas/ Garstka, Hansjürgen, Modernisierung des Datenschutzrechts. Gutachten im Auftrag des Bundesministerium des Innern, Berlin 2002

Schaffland, Hans-Jürgen/ Wiltfang, Noeme, BDSG Kommentar, Loseblattsammlung, Berlin
    Stand: 2. EL 2017
Schiedermair, Stephanie, Der Schutz des Privaten als internationales Grundrecht, Tübingen 2012
Schoch, Friedrich (Hg.), Kommentar IFG, 2. A., München 2016
Simitis, Spiros (Hg.), Bundesdatenschutzgesetz Kommentar, 8. A., Baden-Baden 2014
Spindler, Gerald/ Schuster, Fabian (Hg.), Recht der elektronischen Medien, 3. A., München 2011
Streinz, Rudolf, Europarecht, 10. A., Heidelberg 2016
Streinz, Rudolf (Hg.), EUV/ AEUV Kommentar, 2. A., München 2012
Taeger, Jürgen/ Gabel, Detlev (Hg.), Kommentar zum BDSG und den einschlägigen Vorschriften des
    TMG und TKG, 2. A., Frankfurt a. M. 2013
Thüsing, Gregor, Arbeitnehmerdatenschutz und Compliance, München 2010
Vedder, Christoph/ Heintschel von Heinegg, Wolf (Hg.), Europäisches Unionsrecht. Handkommentar,
    Baden-Baden 2012
von Wulffen, Matthias, SGB X, 8. A., München 2014
Wächter, Michael, Datenschutz im Unternehmen, 4. A., München 2013
Wolff, Hans J./ Brink, Stefan (Hg.), Beck'scher Online-Kommentar Datenschutzrecht, München
    Stand: 19. Ed. 2017
Wronka, Georg/ Gola, Peter/ Pötters, Stephan, Handbuch Arbeitnehmerdatenschutz, 7. A.,
    Frechen 2016
Zilkens, Martin, Datenschutz in der Kommunalverwaltung, 4. A., Berlin 2014

Stichwortverzeichnis

Abfrage 492
Abhören 469
Abrechnungsdaten 456
Abruf von Kontoinformationen, automatisierter 364
Abrufverfahren 387
Abrufverfahren, automatisiertes 387
Absolute Theorie 225
Adoptionsgeheimnis 193
Adressat 97, 125, 215
Adresshandel 326
Adresshändler 326
Advanced Persistent Threat 488, 494
AGB-Kontrolle 404
Akte 40, 75, 76, 91, 194
Aktualität und Richtigkeit 343
Algorithmus XIV, 266
Algorithmus, diskriminierender 476
Algorithmus, selbstlernender 475
Allgemeine Geschäftsbedingungen (AGB) 402, 404, 407, 418, 420, 459
Allgemeines Persönlichkeitsrecht 5, 108
Amtsermittlungsgrundsatz 368
Amtsgeheimnis 72, 190
Amtshilfe 79, 381
Angemessenheitsbeschluss 390
Angriff 469
Anonymisierung 17, 18, 26, 81, 87, 193, 228, 229, 231, 240, 312, 378, 465, 467
Anonymisierungsdienst 18
Anonymität 15–18, 37, 64, 120, 192, 433
App 2, 21, 482–484
Application Gateway 503, 504
Arbeitgeber 16, 24, 34, 64, 109, 151, 152, 155, 160, 161, 165–168, 257, 316, 467
Arbeitgebers, Fragerecht des 64
Arbeitnehmer 1, 34, 64, 89, 145, 150, 155, 157, 158, 160–162, 165, 223, 256, 257, 467
Arbeitsmedizin 212
Archivzweck 189
Aufbewahrungsfrist 306
Auftragsdatenverarbeitung 271, 274, 276, 283
Auftragsverarbeitung 381
Auftragsverarbeitung, Privilegierung der 272
Auskunft 75, 87, 93, 107, 117, 155, 174, 175, 260, 266, 288, 295–300, 362, 386, 389, 434

Auskunftei 234, 260, 268, 270, 326, 442, 444, 446
Auskunftsanspruch 298
Auskunftsrecht 295
Auskunftsverweigerung 298–300
Ausländerbehörde 384
Authentifikation 501, 502
Authentifizierung 513
Authentisierung 511, 513
Authentizität 50, 244, 501, 502
Automatisierte Entscheidung 81, 259–266, 349
Autonomes Fahren 471, 475
Autorisierung 501

Bankgeheimnis 195
Basicscore 268
Behörde, zuständige 336
Beichtgeheimnis 66, 197
Beliehener 336
Benachrichtigung 76, 291, 293–295, 301, 328, 350
Benachrichtigungspflicht 328
Berichtigung 87, 222, 288, 300, 301, 502
Berufsgeheimnis 193, 197, 200, 385
Beschäftigtendatenschutz 27, 37, 81, 145, 149, 155–158, 166, 434
Beschäftigungsverhältnis 145, 412, 413
Beschlagnahmeverbot 58, 66
Bestandsdaten 456, 464
Beteiligungsrechte 150, 151, 155, 156
Betriebsgeheimnis 49, 72
Betriebsrat 150–152, 155–159, 161, 162, 168
Betriebsvereinbarung 159–161, 165–168
Betriebsverfassungsgesetz 150
Betroffenenrechte 222, 274, 288–310
Big Data 61, 349, 473, 475, 476
Bildsymbol 289
Bildungsverwaltung 371
Binding Corporate Rules (BCR) 283
Bioethik-Konvention 88
Biomedizin 88
Biometrie 3, 511–513
Blogger 24
Bonität 389, 436, 442
Botnetz 22, 488, 491, 502
Brain Scanning 78

Branchenscore 268
Briefgeheimnis 76, 78, 102, 460
Bring your own Device 491, 504
Bundesamt für Sicherheit in der Informationstechnik 480, 491, 498, 499, 507, 508
Bundeskriminalamtsgesetz 333
Bundespolizei 384
Bundeszentralregister 288, 344, 379, 386
Bußgeld 327

Callcenter 274, 428
Captcha 502
Car-2-Car 227
Car-2-X 227
Carrier 27
CCC 22
Certificate Pinning 511
Charta der digitalen Grundrechte 45
Chipkarte 1, 511, 513
Cloud Computing 26, 122, 271, 474, 479, 480, 484
Coding-Fehler 492
Compliance 41, 42, 47, 167
Computervirus 490, 491, 501
Container, verschlüsselter 510
Cookie 27, 221, 458, 496
Cracker 22, 30, 124
Credit Reporting 442
Credit Scoring 260, 267, 269, 443
Cyberangriff 20
Cybercrime 36, 89, 120
Cybercrime Convention 89
Cybermobbing 24
Cyberwaffe 477, 488, 490

Dashcam 249
Data Mining 61
Datenhandel 432
Datenminimierung 240, 343
Datenschutz durch Technik 38
Datenschutz-Folgenabschätzung 256, 318, 358
Datenschutzbeauftragter 98, 115, 122, 160, 299, 310–319, 327, 363, 387
Datenschutzbehörde 41, 136, 310, 318, 319, 322
Datenschutzkonvention 83, 84, 87, 88, 133
Datensicherheit 26, 108, 119, 241, 242, 297, 469, 470, 480, 483, 490, 492, 494–497, 499, 501

Datensicherung 84, 297, 455
Datensparsamkeit 38, 64, 240
Datenträger 176, 271, 274, 306, 491, 502
Datenverarbeitung, Begriff 231
Datenvermeidung 38, 64, 240, 455
De-Anonymisierung 17
Dedicated Denial of Service 20
Deep Learning 475
Defence in Depth 504
Design-Fehler 492
Deutsche Welle 128
Dienst der Informationsgesellschaft 419
Dienst mit Zusatznutzen 466
Diensteanbieter 167, 424, 450, 455, 463, 465, 467
Dienstvereinbarung 156, 165
Digitalisierung 471
Direkterhebung 62, 244, 369
Direktwerbung 310, 425
Distributed-Denial-of-Service-Angriffe (DDoS) 488
Disziplinarverfahren 79
DMZ 503
DNA 16, 87, 205, 206
DNA-Test 340
Dokumentation, ärztliche 436
Dokumentationspflicht 194, 390, 436
Dritter 57, 123, 124, 167, 203, 271, 299, 378, 380, 460, 461
Drittstaat 41, 97, 276–278
Drohne XVI

Eingriffsverwaltung 358
Einschränkung der Verarbeitung 305, 352
Einsichtsfähigkeit 78, 418
Einwilligung 79, 83, 89, 93, 113, 147, 149, 166, 181, 207, 234, 235, 272, 339, 368, 370, 373, 383, 395–404, 406–410, 412–422, 424, 427, 428, 430, 445, 455, 459, 463, 465, 467
Einwilligung, konkludente 428
Einwilligung, mutmaßliche 370, 428
Einwilligungsfähigkeit 418
Elliptische Kurve 508
Entgeltabrechnung 274
ePrivacy-Verordnung 422, 423, 452, 459, 461–463, 467
Erforderlichkeitsprinzip 383
Erlaubnisvorbehalt 79, 116, 234, 235, 455
Eurojust 98, 100

Europäische Akte (EEA) 91
Europäische Datenschutzkonvention 87
Europäische Kommission 41, 81, 82, 92, 94–98,
    127, 135, 136, 140–142, 220, 278, 282, 283
Europäische Menschenrechtskonvention 10
Europäischen Datenschutzausschuss 322
Europäischen Menschenrechtskonvention 85
Europäischer Gerichtshof für
    Menschenrechte 11, 13, 17–19, 43, 50, 52,
    55–58, 73, 85, 86, 92, 110, 112, 113, 202,
    209, 334
Europäischer Rat 93, 94
Europäisches Parlament 92, 94, 107, 283
Europäisches Polizeiamt 98
Europarat 36, 82–85, 87–89, 91
Europol 98–100

Facebook 20, 21, 23, 25, 29, 30, 215, 401, 403,
    433, 485, 496
Fair Credit Reporting Act 234
Fake News 45
False Acceptance Rate (FAR) 512
False Rejection Rate (FRR) 512
Fernladen 502
Fernmeldegeheimnis 6, 76, 78, 102, 105–107,
    122, 165–167, 195, 460–462
Fernsehen 49, 76, 195
Festplattenverschlüsselung 510
File-Trennung 187
Finanz- und Steuerverwaltung 362
Finanzbehörde 364
Fingerabdruck 161, 508, 511
Firewall 161, 483, 503–505
Fitnesstracker 307
Fluggastdaten 97, 98
Forschung 30, 31, 67, 72, 76, 88, 89, 145, 162,
    178, 180, 181, 193, 371, 374, 377, 378, 506
Forschungszweck, historischer 184
Forschungszweck, wissenschaftlicher 184
Fremdkomponente 478, 479
Funktionsübertragung 273
Fußfessel, elektronische 341

Garantenpflicht 317
Gefälligkeitsvertrag 435
Gegendarstellung 55–57
Geheimhaltungspflicht 57, 66, 73, 189, 192,
    197, 272, 299
Geheimnisschutz 65, 189, 195

Gemeinderat 383
Gemeinschaftsrecht 85, 128, 131
Gendiagnostikgesetz 209
Genetischer Fingerabdruck 206
Genomanalyse 223
Geodaten 228, 379
Gesamtbetriebsrat 165
Geschäftsfähigkeit 419
Geschäftsgeheimnis 72, 192, 316
Geschäftszweck 245
Gesetz gegen den unlauteren Wettbewerb
    (UWG) 405
Gesetzesvorbehalt 116, 359, 429
Gesetzgebungskompetenz 126, 127
Gesichtserkennung 512
Gesundheitskarte, elektronische 194
Gesundheitsverwaltung 369
Gewaltenteilung, informationelle 381
Google 23, 25, 29, 143, 215, 228, 486
Google Street View 228
Google-Spain-Entscheidung 304
GPS 2, 484
Grundbuch 288, 379, 388
Grundrechte, Drittwirkung der 216
Grundsatz der begrenzten
    Einzelermächtigung 96
Grundsatz von Treu und Glauben 68

Hacker 21, 22, 30, 49, 124
Haftung 196, 283, 317, 324, 450
Haftungsprivileg 450
Handelsregister 379
HappyDigits-Entscheidung 417
Hash-Funktion 508
Haushaltsausnahme 236
Hausrecht 250, 254
Health Professional Card (HPC) 195
Herkunftslandprinzip 450
Hervorhebungsgebot 418
Hippokrates 39, 194
Hirnforschung 67
HMAC 502
Hochschule 374–378

Identifizierung 513
IDS 505
Impressum 450
Industrie 4.0 471
Information Overload 415

Informationsfreiheit 6, 10, 11, 17, 22, 32, 40, 45–48, 50, 57–59, 70–72, 76, 318
Informationsfreiheitsgesetz 47, 72, 73, 77
Informationsmanagement 351
Informationspflicht 291
Informationssicherheitsmanagement 469
Informationszugangsgesetz 46
Informed Consent 185, 414
Infrastructure as a Service (IaaS) 479
Inhaltsdaten 457
Integrität 8, 38, 65, 68, 80, 110, 118, 120, 124, 314, 482, 501, 502, 505
Internationale Arbeitsorganisation (ILO) 89
Internet der Dinge 2, 463, 470–473, 477, 481, 489, 493
Intranet 151, 482
Intrusion Detection 505
Intrusion Detection System (IDS) 505
IP-Adresse 27, 31, 225, 226, 229, 503
IPsec 510
IPv4-Standard 226
IPv6-Standard 226
IT-Grundrecht 8, 118
IT-Grundschutz 500
IT-Grundschutzkatalog 498, 499
IT-Outsourcing 274
IT-Sicherheit 87, 469
IT-Sicherheitsanalyse 499
IT-Sicherheitskonzept 500
ITK 1, 4, 7, 10, 11
ITSEC 498

Jobcenter 366
Jugendmedienschutz 127

Kameraattrappe 249, 250
Kameradrohne 249
Kennzeichnung 342
Kennzeichnungspflicht 383
Key Logger 495
Kinder 343
Kirche 12, 66, 144, 200–204
Kohärenzverfahren 323
Kollektivvereinbarungen 149
Kommunikationsdienst, elektronischer 463
Kommunikationsfreiheit 447, 448
Kompetenzdatenbank 34
Kontrollierbarkeit 502
Koppelungsverbot 424

Kraftfahrzeug, vernetztes 227
Kraftfahrzeugkennzeichen 227
Krankenhaus 105, 370, 371
Krankenhausinformationssystem 387
Krebsregister 379
Kreditinstitut 106, 195, 260, 442, 444
Kriminalität, organisierte 333
Kriminalitätsbekämpfung 332
Kryptografie 497
Kundenbindungssystem 433, 434
Kundenkarte 402, 412, 417
Künstliche Intelligenz 475

Landesdatenschutzgesetz 80, 125, 217, 420
Lauschangriff 104, 197, 218, 495, 496
Leistungsverwaltung 364
Lissabon-Urteil 90
Lizenzanalogie 326
Location Based Services 466
Log-Datei 505
Löschprüffristen 343
Löschung 46, 87, 117, 120, 175, 222, 276, 288, 295, 301–305
Lügendetektion 65

M2M-Kommunikation 463
Mailverschlüsselung 504
Malware 22, 120, 121, 490–492, 495
Markt- und Meinungsforschung 312
Marktortprinzip 220
Maschine, selbstlernende 475
Maschinenlernen 475
Massendaten 473
Mediendienste 127
Medienfreiheit 40, 43, 55, 58, 66, 145, 169, 174, 454
Medienprivileg 55, 175, 454
Meinungsfreiheit 17, 42, 43, 45, 52–54, 56, 57, 59
Meldebehörde 338
Meldepflicht 16, 145, 301, 311, 328
Melderegister 115, 379
Menschenrechtskommission 86
Menschenrechtskonvention 10, 85
Menschenwürde 9, 13, 14, 55, 92, 104, 115, 118, 198, 199, 202
Microtargeting 485, 486
Minderjähriger 419
Minority Report 349

Mitarbeitervertretung 233
Mitbestimmungsrecht 150–152, 155, 157–160, 163, 165, 166
Mitgliedschaft 436
Mitwirkungspflicht 367
Mitwirkungsrecht 150–152, 155
Multimediadienste 127

Nachrichtendienst 34, 64, 124, 298, 299, 334, 335
Nasciturus 223
Nationale Kennziffer 364
Nationale Sicherheit 333
Negativdaten 442
Negativinformation 442, 443
Netzneutralität 31
Niederlassungsprinzip 219, 220
Normenklarheit 116, 439
NSA-Affäre 487
Nutzungsdaten 456–458
Nutzungsprofil 458

OECD 68, 82–84, 87, 91
Öffentliche Stelle, Datenempfänger 384
Öffnungsklausel 146, 172, 190, 217, 218, 289, 357, 394, 443, 454
One-Stop-Shop-Prinzip 322
Online-Dienst 24, 401, 412
Online-Durchsuchung 119
Open Web Application Security Project 482
Opt-in 416
Opt-out 416
Ordnungsverwaltung 359
Ordnungswidrigkeit 327, 338, 385
OTT-Dienst 451, 452, 463
Outsourcing 271, 479, 480

Packet Sniffer 495
Paketfilter 503
Patch 492
Patient 1, 16, 66, 109, 193, 194, 370, 371, 414, 426–428
Patientenakte 297
Patientendaten 194, 272, 370, 427
Patientengeheimnis 16, 39, 78, 109, 194, 370
Pay-per-Use-Geschäftsmodell 482
Payback-Entscheidung 417
Perimeterschutz 504
Personal Firewall 483

Personalakte 155
Personalakteneinsicht 166
Personalfragebogen 150, 152, 157
Personalinformationssystem 160
Personalrat 150, 155–158, 165
Personalvertretungsgesetz 155, 156
Personenbewertungsportal 447
Personenbezogene Daten, besondere Kategorien 244, 245, 263, 344
Personenstandsregister 379
Persönlichkeitsprofil 34, 327, 458
Pferd, trojanisches 119, 491, 499
Phishing 22, 494
Planfeststellungsverfahren 378
Plattform as a Service (PaaS) 479
Polizei 9, 34, 54, 96, 97, 99, 100, 106, 114, 119, 145, 300, 334, 384–386
Polizeigesetz 127
Positivdaten 442
Positivinformation 442, 444
Postgeheimnis 76, 78, 102, 460
Precobs 350
Pressefreiheit 17, 19, 40, 43, 44, 58, 73, 169, 176, 198
Pressekodex 40
Presserat 40, 175
Presseunternehmen 454
Privacy by Default 243
Privacy by Design 243
Privacy Shield 280, 391
Private Cloud 479, 480
Private Lebensgestaltung, Kernbereich 9
Privatsphäre 3–5, 13, 19, 39, 56, 62, 64, 72, 76, 102, 104, 108, 111, 123, 174, 194, 225, 460
Profil, psychologisches 486
Profiling 139, 267, 349
Protokollierung 502
Protokollierungspflicht 390
Provider 26–28, 36, 177, 225, 462
Prüfungssituationen 375
Pseudonym 17, 18, 64, 65, 230, 231, 240, 374, 378, 455, 458
Pseudonym, selbstgeneriertes 230
Pseudonymisierung 228, 378
Pseudonymisierungsverfahren, irreversibles 230
Pseudonymität 15, 18, 64
Public Cloud 479, 480

Qualitätssicherung 159
Quantencomputer 489
Quellen-TKÜ 121
Quellenschutz 57

RAID 502
Ransomware 488, 490, 491
Rasterfahndung 7, 8, 56, 295
Raum, öffentlich zugänglicher 248, 249
Rechenschaftspflicht 339
Recht am eigenen Bild 73, 113, 114
Recht am geistigen Eigentum 72
Recht auf Berichtigung 352
Recht auf Datenübertragbarkeit 306, 308, 350
Recht auf Nichtwissen 63, 88, 208, 209
Recht auf Vergessen 67
Recht auf Vergessenwerden 304
Rechtekontrolle 502
Rechtevergabe 502
Rechteverwaltung 501
Redaktionsdatenschutz 40, 174
Redaktionsgeheimnis 57, 196
Redefreiheit 44
Register 115, 117, 288, 378, 379, 386, 388, 389
Register, öffentliches 388
Register, staatliches 378
Registerbehörde 386, 388
Relative Theorie 225
Retinaerkennung 512
RFID 1, 3, 244
Risikoanalyse 470
Risikobewertung 469
Rootkit 491
Rundfunk 45, 127, 128, 174, 176, 198, 453
Rundfunkfreiheit 59, 128, 198
Rundfunkstaatsvertrag 453, 454

Safe Harbor 279
Safe-Harbor-Urteil 279
Sanktion 143, 257, 328
Scareware 491
Schadensersatz 195, 324–327, 450
Schadensersatz, immaterieller 326
Schadsoftware 483, 490
Schengen 98, 99
Schengener Informationssystem 99
Schlüssel 506, 507
Schlüssel, öffentlicher 507, 508
Schlüssel, privater 508

Schlüsselaustausch 506, 507
Schlüssellänge 508
Schmähkritik 55
Schrifterkennung 512
Schriftform 413, 422
SCHUFA 261, 268, 327, 402, 407, 408, 442, 444, 445
SCHUFA-Eigenauskunft 296
SCHUFA-Entscheidung 408
SCHUFA-Klausel 408, 411, 444
Schuldnerverzeichnis 288, 379, 389, 442
Schuldverhältnis, rechtsgeschäftsähnliches 435
Schuldverhältnis, vorvertragliches 436
Schule 202, 371–374
Schutzkonzept 469
Schwachstelle 476
Schweigepflicht 66, 193, 194, 203, 272, 370, 371, 387, 410, 426, 427
Schweigepflichtentbindungsklausel 409, 410
Scorewert 260, 261, 268, 270, 326
Scrum 492
Secure Shell (SSH) 510
Selbstdatenschutz 17, 30
Selbstkontrolle 40, 175, 310
Selbstregulierung 37–39, 41, 50, 69, 81, 84
Shitstorm 24
Sicherheitsüberprüfung 152
Sicherheitsbehörde 294, 298, 436
Sicherheitskonzept 500
Sicherheitskopie 502
Sicherheitsmaßnahme 8, 498, 499, 505
Sicherheitspatch 493
Signatur, digitale 502
Siri 484
Sitzprinzip 219
Sitzungsschlüssel 507, 508
Smart City 481
Smart Grid 481
Smart Home 481
Smart Metering 481
Smart TV 471, 481
Smartphone 2, 226, 482–485, 492
Social Engineering 22, 30, 490, 494
Social Media 3, 485
Software als Abo 486
Software as a Service (SaaS) 479
Softwarequalität 473, 476, 477, 492, 505
Softwareschwachstelle 478, 492, 493

Sondergeheimnis 78, 194
Sozialbehörde 332
Sozialdaten 233
Sozialdatenschutz 365
Sozialgeheimnis 78, 366
Spam 20, 22, 491
Spear Phishing 494
Speicherminimierung 343
Sperrung 117, 175, 222, 231, 305
Spickmich.de 447
Sprachsteuerung 481
Spyware 490
SQL Injection 482, 492
SSL 510
Standarddatenschutzklauseln 282
Standardvertragsklausel 282, 283
Standesregel 39, 40, 50
Stasi 72–76, 377
Stasi-Akte 74–77
Statistikgeheimnis 192
Steuer-ID 363
Steuergeheimnis 192, 362, 363
Störerhaftung 450
Strafprozessordnung 76, 197, 200, 203
Strafverfolgungsbehörde 6, 16, 36, 106, 109, 121, 295, 303
Straßburger Vertrag 87
Stuxnet 487
Subsidiarität 135, 136, 142
Suchdienst 411
Suchmaschine 28, 29, 173, 432, 448, 453
System, redundantes 502
System, selbstlernendes 476

Tarifvertrag 156, 159
Technik, Stand der 469
Technische und organisatorische Maßnahmen 242
Technischer Datenschutz 242
Telearbeit 510
Telefax 168
Telefon 9, 18, 32, 34, 87, 105, 106, 121, 161, 165–167, 224, 262, 334, 462, 467, 483
Telefonüberwachung 245
Telekommunikationsdienst 451, 462
Telekommunikationsgeheimnis 6, 16, 36
Telemediendienste 450, 453, 456, 457
Territorialitätsprinzip 219
Terrorismusbekämpfung 87

TLS 510
Tracking 458
Tracking Tools 424
Treu und Glauben 68, 87, 93, 133
Trojaner 490
Trojanisches Pferd 501
Trugspur 340
Trusted-Computing-Plattform 502

Überwachungsmaßnahme 488
Ubiquitous Computing 1
Universität 26, 79
Unschuldsvermutung 345
Unterlassungsklagengesetz (UKlaG) 404
Update 492
Urkundenregister 379

V-Leute 334
Verantwortlicher, Definition 232
Verantwortlichkeit, gemeinsame 386
Verantwortungsethik 67, 68
Verbotsprinzip 234, 235
Verbunddatei 346
Vereinsregister 288
Vereinte Nationen 82
Verfassungsschutz 8, 114, 218, 299
Verfassungsschutzgesetz 8, 298
Verfügbarkeit 1, 36, 117, 120, 480, 491, 497, 501, 502
Verhaltens- und Leistungsdaten 160
Verhaltenskodex 175
Verhaltensregel 38, 40, 69, 285
Verhältnismäßigkeit 7, 8, 38, 65, 87, 108–110, 116, 135, 149, 155, 172, 203, 504
Verkehrsdaten 8, 15, 36, 105, 107, 108, 122, 167, 347, 463–465
Verkehrszentralregister 379
Verschlüsselung 16, 26, 121, 122, 470, 495, 497, 501, 504–507, 510
Verschlüsselungstrojaner 488
Verschlüsselungsverfahren, hybrides 507
Verschwiegenheitspflicht 193–195
Vertragsverhältnis 263, 421, 444, 456
Vertraulichkeit 8, 15, 18, 80, 86, 102, 109, 118–120, 155, 197, 199, 370, 421, 425, 440, 460, 482, 497, 501, 505, 506
Verwaltung, planende 378
Verwaltungsregister 117
Videotelefondienst 452

Videoüberwachung 16, 162, 244, 247–259, 334, 449
Videoüberwachung, Arbeitsplatz 256
Videoüberwachung, heimliche 258
Viren 154, 497
Virenscanner 483, 492, 502, 505
Virenschutz 491
Virus 490, 491, 501
VoIP 114, 121, 168
Völkerrecht 49, 68, 82, 84, 133
Volkszählungsurteil 5, 79–81, 106, 108, 112, 115–117, 192, 237, 245, 429
Vollharmonisierung 146
Vorabkontrolle 318
Vorratsdatenspeicherung 8, 36, 89, 98, 107, 108, 130, 131, 181, 197, 347

Warn- und Hinweisdienst 446
Web Application Firewall 505
Web-Anwendung 481, 482, 505
Werturteil 222
Wettbewerbsrecht 405
Wettbewerbsunternehmen 329, 393
WhatsApp 403, 452
Whistleblower 58

Widerrufsrecht 420
Widerspruchsrecht 309, 350
Wohnumfelddaten 270
Wohnung, Unverletzlichkeit der 102, 104, 122, 368, 462
Wohnungsschutz 6, 9, 19, 62, 76, 86, 102, 104, 105, 122, 123, 368, 462, 481
Wurm 490, 491, 501

Zensur 51
Zertifikat 502, 508, 511
Zertifizierung 285
Zertifizierungsstelle 511
Zeugnisverweigerungsrecht 58, 66, 197–200, 203
Zone, demilitarisierte 503
Zugangskontrolle 161, 502
Zugriffsrecht 502
Zutrittskontrolle 501
Zweck, statistischer 184
Zweckänderung 342
Zweckbindung 12, 60, 87, 237, 285, 297, 342, 363, 377, 382, 383
Zweckbindungsgrundsatz 237
Zweckvereinbarkeit 238